U0531013

孙周兴　主编

尼采著作全集
第 1 卷

悲剧的诞生
不合时宜的考察 I–IV
1870—1873年遗著

孙周兴　彭正梅　李超杰　余明锋　译

商务印书馆
创于1897　The Commercial Press

Friedrich Nietzsche
Die Geburt der Tragödie
Unzeitgemäße Betrachtungen I—IV
Nachgelassene Schriften 1870—1873

Sämtliche Werke, Kritische Studienausgabe in 15 Bänden
KSA 1: Die Geburt der Tragödie
Unzeitgemäße Betrachtungen I—IV
Nachgelassene Schriften 1870—1873

Herausgegeben von Giorgio Colli und Mazzino Montinari
2. durchgesehene Auflage 1988
© Walter de Gruyter GmbH & Co. KG，Berlin · New York

本书根据科利/蒙提那里考订研究版《尼采著作全集》(KSA)第1卷译出，并根据第14卷补译了相应的编者注释。

国家社会科学基金重大项目成果

德文版《尼采著作全集》(KSA)

编者

乔尔乔·科利（Giorgio Colli）
马志诺·蒙提那里（Mazzino Montinari）

《尼采著作全集》中文版编委会

主编

孙周兴

编委

（以姓氏笔画为序）

石　磊　孙周兴　李超杰　汪　洋　余明锋
张　柯　张振华　杨　光　赵千帆　彭正梅

中文版前言

德国哲学家弗里德里希·尼采（Friedrich Nietzsche，1844—1900年）生前落寞，死后却很快走红。1908年心理分析大师弗洛伊德在维也纳组织了第一次尼采研讨会，之后在两次世界大战期间，尼采阅读和研究达到了高峰，尤其是马丁·海德格尔，在1930—40年代的战乱中讲尼采哲学，居然一口气讲了10年。"二战"以后，尼采更成为一个持续的学术热点，也成了世界上被阅读得最多的现代哲人。

尼采于1889年1月初发疯后不再写作。1894年，19卷本《尼采著作全集》开始出版，即所谓"大八开本版"。1920年代有理查德·厄勒（Richard Oehler）编的23卷本；继之有阿尔弗雷德·博伊姆勒（Alfred Bäumler）编的12卷本（1930年起出版）；卡尔·施莱希塔（Karl Schlechta）编的三卷本《尼采著作集》于1956年出版，也是一个影响不小的袖珍文集。

1967年至1980年，意大利学者乔尔乔·科利（Giorgio Colli）和他的学生马志诺·蒙提那里（Mazzino Montinari）编辑了15卷本的考订研究版《尼采著作全集》（*Sämtliche Werke*，*Kritische Studienausgabe*，德文简称 KSA，中文简称"科利版"）以及规模更大的考订版《尼采全集》（*Kritische Gesamtausgabe*，德文简称 KGW，著作部分与 KSA 相同）；此后又编辑了8卷本的《尼采书信全集》(*Sämtliche Briefe*，德文版简称 KSB)。科利版(KSA)校订严谨，包含大量编注、考证性前言和疏解性后记，出版后广为流传，逐渐取代了此前各版本，成为国际学界通用的定本，也是世界上多个尼采译本的底本。

有鉴于此，我们决定以科利版《尼采著作全集》(15卷)为基础，编译符合国际学界惯例的中文版《尼采著作全集》。中文版在版式上严格对应于科利版原版，同时标出原版页码。科利版原版把编者注释单独编为第14卷；中文版为了方便读者直观阅读和对照异文，把这一卷的内容改成了当页脚注，分别编入第1—13卷中，并标识为"编注"。所以，中文版共计14卷，包括正文的第1—13卷，加上第14卷，即科利版原版第15卷(《尼采生平编年史》《尼采著作全集总索引》)。

编者主要组织了哲学界的尼采研究者，邀请他们参与中文版《尼采著作全集》的翻译工作。尽管做了一些沟通的努力，但各位译者的译文风格和用词偏好仍旧是难以统一的。我们退而求其次，只能要求中文版译文体例的基本统一性。

尼采哲学影响中国已逾一个世纪。中文世界的尼采翻译可谓丰富而精彩，形成了一些优秀中译本，有的译本本身已成为现代汉语学术和汉语文学的经典；但毋庸讳言，尼采汉译一直比较芜杂。我们唯希望能够为学术界提供一个版本可靠、译文成熟、哲学性强的中文版《尼采著作全集》。真诚期待学界朋友提供批评意见，帮助我们做好这项学术基础工作。

孙周兴

2019年9月28日于波恩

中文版凡例

一、本书根据科利/蒙提那里编辑的15卷本考订研究版《尼采著作全集》(*Sämtliche Werke，Kritische Studienausgabe in 15 Bänden*，简称"科利版")第1卷(KSA 1：*Die Geburt der Tragödie，Unzeitgemäße Betrachtungen I－IV，Nachgelassene Schriften 1870-1873*)译出。

二、中文版力求严格对应于原版。凡文中出现的各式符号均予以保留。唯在标点符号上，如引号的运用，稍有变动，以合乎现代汉语的习惯用法。原版疏排体在中文版中以重点号标示。译文中保留的原版符号，需要特别说明的有：

／：表示分行。

[ ]：表示作者所删去者。

〈 〉：表示编者对文字遗缺部分的补全。

「 」：表示作者所加者。

[—]：表示一个无法释读的词。

[——]：表示两个无法释读的词。

[———]：表示三个或三个以上无法释读的词。

———：表示不完整的句子。

[+]：表示残缺。

三、文中注释分为"编注"和"译注"两种。"编注"是译者根据科利版《尼采著作全集》第14卷第41—114页（对科利版第1卷的注解）译出的，作为当页脚注补入正文相应文字中，以方便读者阅读和研究。

四、科利版原版页码在中文版相应位置中被标为边码。"编注"中出现的对本书内的文献指引，中文版以原版页码标识。由于中文版把原版单独成卷（第14卷）的"编注"改为当页脚注，故已没有必要标出原版为方便注释而作的行号。相应地，"编注"中出现的行号说明也予以放弃，而改为如下形式：×××××……]，表明该"编注"涵盖的范围从×××××到该"编注"号码所标记之处。

五、中译者主张最大汉化的翻译原则，在译文中尽量不采用原版编注中使用的缩写和简写形式，而是把它们还原为相应的中文全称。原版编注中对尼采本人著作的文献指引（包括不同版本的文集、单行本）均以缩写形式标示，如以"JGB"表示《善恶的彼岸》，在中文版中一概还原为著作名；原版编注中对科利版《尼采著作全集》诸卷的文献指引，中文版均以中文简写形式"科利版第××卷"的方式标示；唯原版编注中对尼采不同时期手稿和笔记的文献指引，因内容解说过于繁琐，中文版也只好采用原版的简写法，并在书后附上"尼采手稿和笔记简写表"。

目 录

前言 …………………………………………………… 1

悲剧的诞生

一种自我批评的尝试 ………………………………… 5
序言:致理查德·瓦格纳 ……………………………… 21
一 ……………………………………………………… 23
二 ……………………………………………………… 30
三 ……………………………………………………… 35
四 ……………………………………………………… 40
五 ……………………………………………………… 45
六 ……………………………………………………… 53
七 ……………………………………………………… 57
八 ……………………………………………………… 64
九 ……………………………………………………… 73
十 ……………………………………………………… 80
十一 …………………………………………………… 85
十二 …………………………………………………… 92

十三	101
十四	105
十五	111
十六	118
十七	126
十八	134
十九	139
二十	150
二十一	154
二十二	163
二十三	169
二十四	175
二十五	180

不合时宜的考察 Ⅰ

大卫·施特劳斯——自白者与作家

一	185
二	191
三	201
四	205
五	214
六	218
七	224
八	232

九	240
十	248
十一	253
十二	261

不合时宜的考察 Ⅱ
论历史对于生命的利弊

前言	279
一	283
二	295
三	302
四	309
五	318
六	325
七	336
八	345
九	355
十	369

不合时宜的考察 Ⅲ
作为教育者的叔本华

一	383
二	388
三	398

四 …………………………………………………… 412
五 …………………………………………………… 426
六 …………………………………………………… 435
七 …………………………………………………… 455
八 …………………………………………………… 464

不合时宜的考察 Ⅳ
理查德·瓦格纳在拜罗伊特

一 …………………………………………………… 485
二 …………………………………………………… 489
三 …………………………………………………… 495
四 …………………………………………………… 504
五 …………………………………………………… 512
六 …………………………………………………… 522
七 …………………………………………………… 527
八 …………………………………………………… 534
九 …………………………………………………… 549
十 …………………………………………………… 563
十一 ………………………………………………… 573

1870—1873 年遗著

关于希腊悲剧的两个公开演讲 …………………… 581
狄奥尼索斯的世界观 ……………………………… 623
悲剧思想的诞生 …………………………………… 653

苏格拉底与希腊悲剧 ································· 675
论我们教育机构的未来 ································· 715
为五部未成之作而写的五篇前言 ····················· 833
致《新王国》周刊编者的新年贺词 ··················· 875
希腊悲剧时代的哲学 ································· 881
在道德之外的意义上论真理与谎言 ··················· 963
告德国人书 ································· 981

科利版编后记 ································· 987
尼采手稿和笔记简写表 ································· 1011

译后记 ································· 1013
　《悲剧的诞生》译后记 ················· 孙周兴　1015
　《不合时宜的考察》译后记 ············· 彭正梅　1027
　《1870—1873年遗著》译后记 ·········· 孙周兴　1058
关于本卷的编译 ································· 1061

前　言

考订研究版第1卷收入下列由尼采本人编辑的著作：

《悲剧从音乐精神中的诞生》(1872年第一版,1874年第二版[1878年])=《悲剧的诞生》。或者:《希腊文化与悲观主义》。新版附有"一种自我批评的尝试"(1886年)。

《不合时宜的考察》：

第一篇:大卫·施特劳斯——自白者与作家(1873年)。

第二篇:论历史对于生命的利弊(1874年)。

第三篇:作为教育者的叔本华(1874年)。

第四篇:理查德·瓦格纳在拜罗伊特(1876年)。

此外,本卷还收入尼采巴塞尔时期的全部遗著:1870年两个演讲《希腊音乐剧》和《苏格拉底与悲剧》;同一年所做的论著《狄奥尼索斯的世界观》和《悲剧思想的诞生》;私人印刷品《苏格拉底与希腊悲剧》(1871年);演讲《论我们教育机构的未来》(1872年);1872年圣诞节献给柯西玛·瓦格纳的《为五部未成之作而写的五篇前言》;未完成的著作《希腊悲剧时代的哲学》(1873年);论著《在道德之外的意义上论真理与谎言》(1873年);为支持瓦格纳的事业而撰的《告德国人书》(1873年)。包括《致〈新王国〉周刊编者的新年贺词》——尽管尼采自己已经于1873年把它发表在弗里奇

(E.W.Fritzsch)的《音乐周刊》上——在此也被当作"遗著"处理。

  对编者来说重要的似乎是，在一个地方为读者——哪怕会重复——端出《悲剧的诞生》的最终稿本以前的全部论著。出于这个原因，我们也把1871年的私人印刷品《苏格拉底与希腊悲剧》收入本卷中，尽管该文——撇开少数几处调整和异文——在字面上与《悲剧的诞生》第八至十五节相合。梅特(H.J.Mett)的文本结构：弗里德里希·尼采《苏格拉底与希腊悲剧》，慕尼黑1933年，在注释中(考订研究版第14卷)得到了考虑。

  与本卷相应的是考订全集版(KGW)下列卷本和页码：第3卷第一册(柏林/纽约1972年)，第4卷第一册，第1—82页(柏林1967年)，第3卷第二册(柏林/纽约1973年)。

  本卷结尾处译出的"编后记"，乃乔尔乔·科利[①]为尼采《悲剧的诞生》《不合时宜的考察》和巴塞尔遗著意大利文版所撰写的(出版于1972年，1967年和1973年，阿德菲出版社，米兰)。对于这位已故的友人，我的老师和尼采著作新版的发起人，我要表达我深深的哀悼和感恩。

马志诺·蒙提那里

[①] 乔尔乔·科利(Giorgio Colli)：科利版《尼采全集》主编。——译注

悲剧的诞生

一种自我批评的尝试[①]

一

无论这本可疑的书是以什么为根基的,它都必定含着一个头等重要的、富有吸引力的问题,而且还是一个十分个人化的问

[①] 参看科利版第12卷:2［110,111,113,114］。笔记本 W I 8［译按:四开本。290页。计划、构思、残篇。有关《善恶的彼岸》以及 1886/1887 年序言的笔记。1885 年秋至 1886 年秋。科利版第 12 卷:2］,第 107—108 页(最初稿本):也许我现在会更小心、更少确信地来谈论如此艰难的心理学问题,一如它们在希腊人那里构成悲剧的起源。一个基本问题是希腊人对于痛苦的关系,希腊人的敏感性程度,以及希腊人对美的要求是否起于一种对假象中的自欺的要求,起于对"真理"和"现实性"的厌恶。这一点是我当时所相信的;现在我会在其中发现一种个人的浪漫主义的表达(——据此我诚然注定要有一会儿屈服于以往所有伟大的浪漫主义者的魔力——)。——希腊人那里的狄奥尼索斯的疯狂具有何种意义?这个难题是语文学家和喜欢古代的人们根本没有感受到的;我在答案中置入了关于一般希腊本质的可理解性的问题。希腊人被设定为迄今为止的人类中最完美和最强大的类型:悲观主义与他们的关系如何?悲观主义只是失败的征兆吗?还有,如果在希腊人身上也不无悲观主义,那么,也许悲观主义就表现为下降力量的标志、正在临近的衰老、生理上的败坏?不是的,完全相反:希腊人,以其丰富的力量,以充沛年轻健康,乃是悲观主义者;随着不断增长的虚弱,他们恰恰变得越来越乐观主义、越来越肤浅了,越来越热切地追求逻辑和对世界的逻辑化了。——难题:怎么回事?莫非恰恰乐观主义才是虚弱感的征兆么?——所以我觉得伊壁鸠鲁——是受苦者。［107］求悲观主义的意志乃是强壮和威严的标志:人们不怕承认可怕之物。在它背后站着勇气、骄傲、对一个伟大敌人的要求。此乃我的全新视角。

题——相关的证据是本书的写作年代,尽管是在1870—1871年普法战争那骚动不安的年头,它还是成书了。当沃尔特①会战的炮声响彻欧洲时,本书作者,一个爱好冥思和猜谜的人,却坐在阿尔卑斯山的一隅,沉浸于冥想和解谜,因而既忧心忡忡又无忧无虑,记下了他有关希腊人的种种思想——那是这本奇特而艰深的书的核心所在。眼下这篇晚到的序言(或者说后记)就是为这本书而作的。②几个星期以后,本书作者身处梅斯③城下,总还摆脱不了他对

——遗憾的是,当时我还没有勇气在任何方面都用一种本己的语言来表达如此本己的观点;而且我寻求用叔本华的公式来表达事物,而在叔本华的心灵内部,不可能有一种体验是与这些事物相吻合的:人们倒是听说叔本华是怎样谈论希腊悲剧的——而且这样一种沮丧的、道德上的弃世断念态度对于一位狄奥尼索斯的青年人来说必定显得多么遥远和虚假。——还更遗憾的是,通过把最现代的事物混合在一起,我败坏了伟大的希腊问题——我把希望与所有可能的艺术运动中最非希腊的运动联系起来,与瓦格纳的运动联系起来,并且开始虚构德国本质,仿佛它正好要发现自己似的。此间我学会了毫不留情地思考这种"德国本质",同时也思考德国音乐的危险性——后者乃是头等的神经损害者,对于一个喜欢陶醉、把模糊当作美德的民族来说,以其双重特性既使人陶醉又令人发昏,是有双重危险的。现在,哪里有一个与在瓦格纳信徒那里一样的由模糊和病态神秘组成的泥潭呢?我有幸在某个时刻恍然大悟自己是归属于何方的——:在这个时刻,理查德·瓦格纳跟我谈论他善于从基督教圣餐中获得的心醉神迷。后来他还为此[+++]制作了音乐……[108]关于笔记本WI8,第108页的第一段文字:求悲观主义的意志……全新视角,可参看《人性的,太人性的》(1886年版),序言第7节。——编注

① 沃尔特(Wörth):德国西南小城,1870年8月上旬法国军队与普鲁士军队在此会战,法国落败。——译注

② 当沃尔特会战的炮声……]最初稿本:当沃尔特会战的炮声响彻震惊的欧洲时——我在阿尔卑斯山的一隅记下了本书的关键思想:根本上不怎么为我自己,而是为理查德·瓦格纳,直到那时,没有人对瓦格纳的希腊化和南方化特别上心。笔记本WI8,第97页。——编注

③ 梅斯(Metz):法国东北部城市。——译注

于人们所谓的希腊人和希腊艺术的"明朗"①的疑问;直到最后,在那最紧张的一个月里,当人们在凡尔赛进行和谈时,他也与自己达成了和解,慢慢从一种从战场上带回来的疾病中恢复过来,终于把《悲剧从音乐精神中的诞生》②一书定稿了。——是从音乐中吗?是音乐与悲剧吗?是希腊人与悲剧音乐吗?是希腊人与悲观主义艺术作品③吗?迄今为止人类最完美、最美好、最令人羡慕、最具生命魅力的种类,这些希腊人——怎么?恰恰是他们必需悲剧吗?更有甚者——必需艺术吗?希腊艺术——究竟何为?……

人们猜得出来,我们于是把此在④之价值的大问号打在哪里了。难道悲观主义必然地是没落、沉沦、失败的标志,是疲惫和虚弱的本能的标志吗?——就如同在印度人那里,按照种种迹象来看,也如同在我们这里,在"现代"人和欧洲人这里?有一种强者的悲观主义吗?是一种基于惬意舒适、基于充溢的健康、基于此在之充沛而产生的对于此在之艰难、恐怖、凶恶、疑难的智性上的偏爱吗?兴许有一种因过度丰富而生的痛苦?一种极犀利的目光的试探性的勇敢,它渴求可怕之物有如渴求敌人,渴求那种相称的敌

---

① 此处"明朗"德语原文为 Heiterkeit,基本含义为"明亮"和"喜悦",英译本作 serenity(宁静、明朗),前有"乐天""达观"之类的汉语译名,我以为并不恰当。尼采这里所指,或与温克尔曼在描述希腊古典时期雕塑作品时的著名说法"高贵的单纯,静穆的伟大"(edle Einfalt und stille Größe)相关,尽管后者并没有使用 Heiterkeit 一词。我们试把这个 Heiterkeit 译为"明朗",似未尽其"喜悦"之义,不过中文的"朗"亦附带着一点欢快色彩的。——译注

② 此为全称,简称为《悲剧的诞生》。——译注

③ 艺术作品]付印稿:问题。——编注

④ 尼采未必是在哲学术语意义上使用 Dasein(此在)的,而经常取其"人生、生命"之义。我们在译文中把尼采使用的 Dasein 处理为"此在"或"人生此在"。——译注

人，以便能够以此来考验自己的力量？它要以此来了解什么是"恐惧"①吗？恰恰在最美好、最强大、最勇敢时代的希腊人那里，悲剧神话意味着什么呢？还有，那狄奥尼索斯的伟大现象意味着什么？从中诞生的悲剧又意味着什么？——另外，致使悲剧死亡的是道德的苏格拉底主义、辩证法、理论家的自满和快乐吗？——怎么？难道不就是这种苏格拉底主义，成了衰退、疲惫、疾病和错乱地消解的本能的标志吗？还有，后期希腊那种"希腊式的明朗"只不过是一种回光返照吗？反对悲观主义的伊壁鸠鲁意志，只不过是一种苦难者的谨慎吗？还有科学本身，我们的科学——是的，被视为生命之征兆的全部科学，究竟意味着什么呢？一切科学何为，更糟糕地，一切科学从何而来？怎么？兴许科学性只不过是一种对于悲观主义的恐惧和逃避？一种敏锐的对真理的正当防卫？用道德的说法，是某种怯懦和虚伪的东西？而用非道德的说法，则是一种狡诈？呵，苏格拉底，苏格拉底啊，莫非这就是你的奥秘？呵，神秘的讽刺家啊，莫非这就是你的——反讽？

二

当时我着手把握的乃是某种可怕而危险的东西，是一个带角的难题，未必就是一头公牛，但无论如何都是一道全新的难题：今天我会说，它就是科学问题本身——科学第一次被理解为成问题的、可置疑的。可是，这本书，这本当年释放了我年轻的勇气和怀

---

① 了解什么是"恐惧"］影射瓦格纳的西格弗里德。——编注

疑的书——从一项如此违逆青春的使命当中，必定产生出一本多么不可能的书啊！它是根据纯然超前的、极不成熟的自身体验而建构起来的，这些自身体验全都艰难地碰触到了可传达性的门槛，被置于艺术的基础上——因为科学问题是不可能在科学基础上被认识的——，也许是一本为兼具分析与反省能力的艺术家而写的书（也即一个例外的艺术家种类，人们必须寻找、但甚至于不愿寻找的一个艺术家种类……），充满心理学的创新和艺术家的秘密，背景里有一种艺术家的形而上学，是一部充满青春勇气和青春忧伤的青春作品，即便在表面上看来屈服于某种权威和个人敬仰之处，也还是独立的、倔强的、自主的，质言之，是一部处女作（哪怕是取此词的所有贬义），尽管它的问题是老旧的，尽管它沾染了青年人的全部毛病，特别是它"过于冗长"，带有"狂飙突进"色彩①。另一方面，从它所取得的成果来看（特别是在伟大艺术家理查德·瓦格纳那里——这本书原就是献给他的，好比一场与他的对话），它是一本已经得到证明的书，我指的是，它是一本至少使"它那个时代最优秀的人物"②满意的书。有鉴于此，它本来是该得到某种顾惜和默许的；尽管如此，我仍不愿完全隐瞒，它现在让我觉得多么不快，十六年后的今天，它是多么陌生地摆在我的面前，——现在我有了一双益发老辣的、挑剔百倍的，但绝没有变得更冷酷些的眼睛，对于这本大胆之书首次敢于接近的那个使命本身，这双眼睛也还没有变得更陌生些，——这个使命就是：用艺术家的透镜看科

---

① 冗长"，带有"狂飙突进"色彩］付印稿：大量"，它的"从不及时"。——编注
② "它那个时代最优秀的人物"］参看席勒：《华伦斯坦的阵营》序幕。——编注

学，而用生命的透镜看艺术……

三

再说一遍，今天在我看来，这是一本不可能的书，——我的意思是说，它写得并不好，笨拙、难堪、比喻过度而形象混乱、易动感情、有时甜腻腻变得女人气、速度不均、毫无追求逻辑清晰性的意志、过于自信因而疏于证明、甚至怀疑证明的适恰性，作为一本写给知情人的书，作为给那些受过音乐洗礼、自始就根据共同而稀罕的艺术经验而联系在一起的人们演奏的"音乐"，作为那些在 artibus ［艺术］上血缘相近者的识别标志，——这是一本高傲而狂热的书，从一开始就更多地拒绝"有教养者"的 profanum vulgus ［俗众］，更甚于拒绝"民众百姓"，但正如它的效果已经证明并且还将证明的那样，它也必定十分善于寻找自己的狂热同盟，把他们引诱到新的隐秘小路和舞场上来。无论如何，在此说话的——人们带着好奇，同样也带着反感承认了这一点——乃是一种陌生的①声音，是一位依然"未知的神"的信徒，他暂时躲藏在学者的兜帽下，躲藏在德国人的严酷和辩证的厌倦乏味中，甚于躲藏在瓦格纳信徒糟糕的举止态度中；这里有一种具有陌生而依然无名的需要的精神，一种充满着那些更多的像加一个问号那样被冠以狄奥尼索斯之名的问题、经验、隐秘之物的记忆；在这里说话的——人们狐疑地如是对自己说——乃是一个神秘的、近乎女祭司般狂乱的心灵，它劳累而任性，几乎不能决

---

① 陌生的］付印稿：全新的。——编注

定它是要传达自己还是要隐瞒自己,仿佛是用他人的口舌结结巴巴地说话。它本当歌唱,这"全新的心灵"——而不是说话!多么遗憾啊,我不敢作为诗人说出当时必须说的话:也许我本来是做得到的!或者至少是作为语言学家——但即便在今天,对于语言学家来说,这个领域里几乎一切都有待发现和发掘!尤其是下面这个难题,即:这里有一个难题这样一个实情,——还有,只要我们还没有获得"什么是狄奥尼索斯的?"这一问题的答案,希腊人就一如既往地是完全未知的和不可设想的……

四

是啊,什么是狄奥尼索斯的呢?——本书对此作了解答,——其中讲话的是一位"有识之士",是他自己的上帝的知情者和信徒。也许现在来谈论希腊悲剧的起源这样一个艰难的心理学问题,我会更谨慎一些了,更讷于辞令了。一个基本问题乃是希腊人与痛苦的关系,希腊人的敏感程度,——这种关系是一成不变的呢,还是发生了转变?——就是这样一个问题:希腊人越来越强烈的对美的渴求,对节庆、快乐、新崇拜的渴求,真的起于缺失、匮乏、伤感和痛苦吗?因为假如这恰恰是真的——而且伯里克利[1](或者修昔底德[2])在伟大的悼词中让我们明白了这一点,那么,在时间上

---

[1] 伯里克利(Perikles,约公元前495—约前429年):古希腊政治家,雅典民主派领导人。——译注

[2] 修昔底德(Thukydides,约公元前460—约前400年):古希腊历史学家,曾任雅典将军。著有《伯罗奔尼撒战争史》八卷。——译注

16 更早地显露出来的渴求必定从何而来,那种对丑的渴求,更古老的海勒人①那种追求悲观主义、追求悲剧神话、追求此在基础上一切恐怖的、邪恶的、神秘的、毁灭性的和灾难性的东西的美好而严肃的意志,——悲剧必定从何而来呢?莫非来自快乐,来自力量,来自充沛的健康,来自过大的丰富么?还有,在生理上来追问,那种产生出悲剧艺术和喜剧艺术的癫狂,狄奥尼索斯的癫狂,究竟有何意义呢?怎么?莫非癫狂未必是蜕化、衰败、迟暮文化的征兆么?也许有——一个对精神病医生提出的问题——一种健康的神经病?民族少年时代和民族青春期的神经病?萨蒂尔②身上神与羊的综合指示着什么呢?希腊人出于何种自身体验、根据何种冲动,才必定把狄奥尼索斯式的狂热者和原始人设想为萨蒂尔?还有,就悲剧歌队的起源而言:在希腊人的身体蓬勃盛开、希腊人的心灵活力迸发的那几个世纪里,兴许就有一种本地特有的心醉神迷?幻景和幻觉弥漫于整个城邦、整个祭祀集会吗?③ 如果说希腊人正处于青春的丰富当中,具有追求悲剧的意志,成了悲观主义者,那又如何呢?如果说正是癫狂——用柏拉图的一句话④来说——给希腊带来了极大的福祉,那又如何呢?而另一方面,反过来说,

---

① 海勒人(Hellene):古希腊人的自称。——译注

② 萨蒂尔(Satyr):希腊神话中耽于淫欲的森林之神,有尾巴和羊足。——译注

③ 还有,在生理上来追问……]最初稿本:最艰难的心理学问题之一:希腊人出于何种需要发明了萨蒂尔?根据何种体验?本地特有的心醉神迷,使整个城邦得以直观它所虚构和祈求的神衹,这一点似乎是所有古老文化所共有的(幻觉作为画家的原始力量传布于城邦);各种程式,为的是达到这样一种高度的感性的和崇拜的激动。笔记本WⅠ8,第109页。——编注

④ 柏拉图的一句话]参看《斐德若篇》,244a;该引文也见于《人性的,太人性的》1878年版第144节和《曙光》1881年版第14节。——编注

如果希腊人正处于崩溃和虚弱时代,变得越来越乐观、肤浅、虚伪,越来越热衷于逻辑和对世界的逻辑化,因而也变得"更快乐"和"更科学"了,那又如何?怎么?也许,与一切"现代观念"和民主趣味的偏见相反,乐观主义的胜利,已经占了上风的理性,实践上和理论上的功利主义,类似于与它同时代的民主制,——可能是精力下降、暮年将至、生理疲惫的一个征兆?而且,那不就是悲观主义吗?难道伊壁鸠鲁是一个乐观主义者——恰恰是因为他是受苦者?大家看到,这本书承荷着一大堆艰难的问题,——我们还要加上一个最艰难的问题!用生命的透镜来看,道德——意味着什么?……

五

在致理查德·瓦格纳的序言中,艺术——而不是道德——被说成是人类的真正形而上学的活动;正文中多次重复了如下若有所指的命题,即:唯有作为审美现象,世界之此在才是合理的。①实际上,全书只知道一切事件背后有一种艺术家的意义和艺术家的隐含意义,——如果人们愿意,也可以说只知道一位"神",诚然只不过是一位毫无疑虑的和非道德的艺术家之神,这位神无论在建设中还是在破坏中,无论在善事中还是在坏事中,都想领受他同样的快乐和骄横,他在创造世界之际摆脱了由于丰富和过于丰富而引起的困厄,摆脱了在他身上麋集的种种矛盾带来的痛苦。世

---

① 正文中的表述不尽相同,如第5节中谓:唯有作为审美现象,此在与世界才是永远合理的。第24节中谓:唯有作为审美现象,此在与世界才显得是合理的。——译注

界，在任何一个瞬间里已经达到的神之拯救，作为那个只善于在假象(Schein)中自我解脱的最苦难者、最富于冲突和矛盾者的永远变化多端的、常新的幻觉：人们可以把这整个艺术家形而上学①称为任意的、多余的和幻想的——，个中要义却在于，它已然透露出一种精神，这种精神终将不顾一切危险，抵御和反抗有关此在的道德解释和道德意蕴。在这里，也许首次昭示出一种"超善恶"②的悲观主义，在这里，叔本华③不倦地先行用他最激愤的诅咒和责难加以抨击的那种"心智反常"④得到了表达，——此乃一种哲学，它敢于把道德本身置入现象世界中，加以贬低，而且不是把它置于"现象界"（在唯心主义的 terminus technicus［专门术语］意义上）中，而是把它归入"欺骗"(Täuschungen)——作为假象、妄想、错误、解释、装扮、艺术。这种反道德倾向的深度，也许最好是根据我在全书中处理基督教时采用的谨慎而敌对的沉默姿态来加以考量，——基督教乃是迄今为止人类听到过的关于道德主题的最放纵的形象表现。事实上，与这本书中传授的纯粹审美的世界解释和世界辩护构成最大的对立的，莫过于基督教的学说了，后者只是道德的，而且只想是道德的，它以自己的绝对尺度，例如上帝的真实性，把艺术，把任何一种艺术，都逐入谎言王国之中，——也就是对艺术进行否定、诅咒和谴责。在这样一种只消有一定程度的真

---

① 此处"艺术家形而上学"原文为 Artisten-Metaphysik。尼采在本书中把艺术理解为"真正的形而上学活动"。——译注

② 尼采有同名著作《超善恶》(1886年)，常被汉译为《善恶的彼岸》。——译注

③ 叔本华］参看《补遗》第2卷，第107页。——编注

④ 此处"心智反常"原文为 Perversität der Gesinnung，是叔本华在《补遗》第2卷中的表述。——译注

诚感、就一定以艺术为敌的思想方式和评价方式背后，我向来也感受到那种对生命的敌视，那种对生命本身的愤怒的、有强烈复仇欲的厌恶：因为一切生命都基于假象、艺术、欺骗、外观，以及透视和错误的必然性之上。基督教根本上自始就彻底地是生命对于生命的厌恶和厌倦，只不过是用对"另一种"或者"更好的"生命的信仰来伪装、隐藏和装饰自己。对"世界"的仇恨、对情绪的诅咒、对美和感性的恐惧，为了更好地诽谤此岸而虚构了一个彼岸，根本上就是一种对虚无、终结、安息的要求，直至对"最后安息日"①的要求——在我看来，恰如基督教那种只承认道德价值的绝对意志一样，所有这一切始终有如一种"求没落的意志"的一切可能形式中最危险的和最阴森可怕的形式，至少是生命重病、疲惫、郁闷、衰竭的标志，——因为在道德面前（尤其是在基督教的、亦即绝对的道德面前），生命由于是某种本质上非道德的东西而必定持续不断而无可避免地遭受到不公，——最后在蔑视和永恒否定的重压下，生命必定被感受为不值得追求的、本身无价值的东西。道德本身——怎么？难道道德不会是一种"力求否定生命的意志"，一种隐秘的毁灭本能，一种沦落、萎缩、诽谤的原则，一种末日的开始吗？还有，难道它因此不会是危险中的危险吗？……所以，在当时，以这本可疑的书，我的本能，我那种为生命代言的本能，就转而反对道德，并且发明了一种根本性的有关生命的相反学说和相反评价，一种纯粹艺术的学说和评价，一种反基督教的学说和评价。

---

① 此处"最后安息日"原文为 Sabbat der Sabbate。"安息日"是犹太教徒的休息日，周五晚上起至周六晚上止。——译注

怎样来命名它呢？作为语言学家和话语行家，不无随意地——因为有谁会知道敌基督者的恰当名字呢？——我用一位希腊神祇的名字来命名它:我把它叫作狄奥尼索斯的〔学说和评价〕①。——

六

人们理解我已经以这本书大胆触及了何种任务吗？……现在我感到多么遗憾，当时我还没有勇气（或者一种苛求？），在任何方面都用自己特有的语言来表达如此独特的直观和冒险，——我是多么吃力地力求用叔本华和康德的套路来表达与他们的精神以及趣味彻底相反的疏异而全新的价值评估！叔本华到底是怎么来设想悲剧的呢？在《作为意志和表象的世界》第2篇第495页上，叔本华说:"使一切悲剧因素获得特殊的提升动力的，乃是下列认识的升起，即:世界、生命不可能给出一种真正的满足，因而不值得我们亲近和依恋:悲剧精神即在于此——，因此它引导人们听天由命。"②狄奥尼索斯对我讲的话是多么不同啊！当时恰恰这整个听天由命的态度离我是多么遥远啊！——可是，这本书里有某种糟糕得多的东西，这是我现在更觉得遗憾的，比我用叔本华的套路来掩盖和败坏狄奥尼索斯的预感更遗憾，那就是:我通过搀入最现代的事物，根本上败坏了我所明白的伟大的希腊问题！在无可指望的地方，在一切皆太过清晰地指向终结的地方，我却生出了希望！

---

① 〔〕表示译者所做的补充。——译注
② "使一切悲剧因素获得……〕引文据弗劳恩斯达特版。——编注

我根据近来的德国音乐开始编造"德国精神",仿佛它正好在发现自己、重新寻获自己似的——而且当其时也,德国精神不久前还有统治欧洲的意志、领导欧洲的力量,刚刚按遗嘱最终退位,并以建立帝国为堂皇借口,完成了向平庸化、民主制和"现代理念"的过渡!实际上,此间我已经学会了毫无指望和毫不留情地来看待"德国精神",同样地也如此这般来看待现在的德国音乐,后者彻头彻尾地是浪漫主义,而且是一切可能的艺术形式中最没有希腊性的;而此外它还是一种头等的神经腐败剂,对于一个嗜酒并且把暧昧当作德性来尊重的民族来说具有双重的危险,也就是说,它作为既使人陶醉又使人发昏的麻醉剂具有双重特性。——诚然,撇开所有对于当今的急促希望和错误利用(它们在当时使我败坏了我的第一本书),但伟大的狄奥尼索斯问号,一如它在书中所提出的那样,即便在音乐方面也还继续存在着:一种不再像德国音乐那样具有浪漫主义起源,而是具有狄奥尼索斯起源的音乐,必须具有怎样的特性?……

<h1 style="text-align:center">七</h1>

——可是先生,如果您的书不是浪漫主义,那么全世界还有什么是浪漫主义呢?您的艺术家形而上学宁可相信虚无,宁可相信魔鬼,也不愿相信"现在"——对于"现时"、"现实"和"现代观念"的深仇大恨,难道还有比您做得更加厉害的吗?在您所有的对位法声音艺术和听觉诱惑术当中,不是有一种饱含愤怒和毁灭欲的固定低音在嗡嗡作响么,不是有一种反对一切"现在"之物的狂暴决

心，不是有一种与实践上的虚无主义相去不远的意志么？——这种意志似乎在说："宁可无物为真，也胜过你们得理，也胜过你们的真理得理！"我的悲观主义的和把艺术神化的先生啊，您自己张开耳朵，来听听从您书中选出来的一段独特的话，那段不无雄辩的有关屠龙者的话，对于年轻的耳朵和心灵来说，它听起来是颇具蛊惑作用的：怎么？这难道不是1830年的地道浪漫主义的自白，戴上了1850年的悲观主义面具吗？背后也已经奏起了通常的浪漫派最后乐章的序曲，——断裂、崩溃、皈依和膜拜一种古老信仰，这位古老的神祇……怎么？难道您的悲观主义者之书，本身不就是一部反希腊精神的和浪漫主义的作品吗？本身不就是某种"既使人陶醉又使人发昏"的东西吗？至少是一种麻醉剂，甚至于是一曲音乐，一曲德国音乐吧？但你们听：

　　让我们来想象一下正在茁壮成长的一代人，他们有着这样一种无所惧怕的目光，他们有着这样一种直面凶险的英雄气概；让我们来想象一下这些屠龙勇士的刚毅步伐，他们壮志凌云，毅然抗拒那种乐观主义的所有虚弱教条，力求完完全全"果敢地生活"①——那么，这种文化的悲剧人物，在进行自我教育以培养严肃和畏惧精神时，岂非必定要渴求一种全新的艺术，一种具有形而上学慰藉的艺术，把悲剧当作他自己的海伦来渴求吗？他岂非必定要跟浮士德一道高呼：

　　而我岂能不以无比渴慕的强力，②

---

① 力求完完全全"果敢地生活"：]参看歌德：《总忏悔》。——编注
② 而我岂能不以无比……]参看歌德：《浮士德》第2部，第7438—7439行。——编注

让那无与伦比的形象重现生机?①

"岂非必定要么?"……不,决不是! 你们这些年轻的浪漫主义者啊:这并非必定! 但很有可能,事情会如此终结,你们会如此终结,亦即会"得到慰藉",如书上所记,②尽管你们有全部的自我教育以获得严肃和畏惧之心,但仍旧会"得到形而上学的慰藉",简言之,像浪漫主义者那样终结,以基督教方式……不! 你们首先应当学会尘世慰藉的艺术,——我年轻的朋友们啊,如果你们完全愿意继续做悲观主义者,你们就应当学会大笑;也许作为大笑者,你们因此会在某个时候,让一切形而上学的慰藉——而且首先是形而上学! ——统统见鬼去! 抑或,用那个名叫查拉图斯特拉的狄奥尼索斯恶魔的话来说:

我的兄弟们呵,提升你们的心灵吧,高些! 更高些! 也不要忘记你们的双腿! 也提升你们的双腿吧,你们这些优秀的舞蹈者,更好地:你们也倒立起来吧!

这欢笑者的王冠,这玫瑰花冠:我自己戴上了这顶王冠,我自己宣告我的欢笑是神圣的。今天我没有发现任何一个人在这事上足够强壮。

查拉图斯特拉这个舞蹈者,查拉图斯特拉这个轻盈者,他以羽翼招摇,一个准备飞翔者,向所有鸟儿示意,准备停当了,一个福乐

---

① 让我们来想象一下正在……] 参看本书第 118 页第 34 行,第 119 页第 11 行[译按:指本书第 18 节]。——编注

② 如书上所记]《新约全书》用法,如《马太福音》第 4 章。参看尼采:《悲剧的诞生》,英译本,道格拉斯·施密斯译,牛津大学出版社,2000 年,第 136 页。——译注

而轻率者：——

查拉图斯特拉这个预言者，查拉图斯特拉这个真实欢笑者，并非一个不耐烦者，并非一个绝对者，一个喜欢跳跃和出轨的人；我自己戴上了这顶王冠！

这欢笑者的王冠，这玫瑰花冠：你们，我的兄弟们呵，我要把这顶王冠投给你们！我已宣告这种欢笑是神圣的；你们这些高等人呵，为我学习——欢笑吧！

《查拉图斯特拉如是说》第四部，第 87 页。①

---

① 中译文可见尼采：《查拉图斯特拉如是说》，孙周兴译，上海人民出版社，2009年，第 379 页。——译注

序言:致理查德·瓦格纳

由于我们审美公众的特有性格①,我在这本著作中集中传达的思想会引发种种可能的疑虑、骚动和误解。为了远离所有这些东西,也为了使自己能够以同样平静的欢快之情来写这本著作的引言(作为美好而庄严时光的化石,这本著作里的每一页都带有这种欢快之情的标志),我想象着您——我最尊敬的朋友——收到这本著作的那一瞬间:也许是在一个冬日的傍晚,您从雪地中漫步回来,打量着扉页上被释的普罗米修斯,念着我的名字,立刻就坚信,不论这本著作想要表达什么,这位作者一定是有严肃而紧迫的东西要说的,同样地您也相信,以他所设想的一切,他与您的交谈就如同当面倾诉,他只能把与这种当面倾诉相应的东西记录下来。于此您会忆及,正是在您撰写纪念贝多芬的精彩文章的时候②,也就是在那场刚刚爆发的战争的恐怖和肃穆当中,我正专心沉思眼下这本著作的思想。然而,倘若有人竟在这种专心沉思中,见出一种爱国主义的激动与审美上的纵情享乐、勇敢的严肃与快乐的游戏之间的对立,那他们就犯了错。相反,只消认真读一下这本著

---

① 由于我们审美公众的特有性格]准备稿:也许由于混杂的读者群。——编注
② 瓦格纳于1870年撰写了一篇讨论贝多芬的论文。——译注

作，他们就会惊讶地看到，我们要处理的是哪一个严肃的德国问题，我们是真正地把这个问题置于德国的希望之中心，视之为脊梁骨和转折点①。但也许，恰恰对于这些人来说，如此严肃地来观看②一个美学问题，根本就是有失体统的——如果他们只会认为，艺术无非是一种搞笑的无关紧要的东西，无非是一个对于"此在的严肃"可有可无的小铃铛：似乎没有人知道，与这样一种"此在的严肃"的对照有何重要意义。对于这些严肃认真的人们，我可以提供的教益是：我坚信艺术乃是这种生命的最高使命，是这种生命的真正形而上学的活动，而这恰好也是那个人③的想法——他是我④这条道上崇高的先驱，我在此愿意把这本著作献给他。

1871年岁末于巴塞尔⑤

---

① 脊梁骨和转折点］1872年第一版：一个"其存在的脊梁骨"。——编注
② 观看］1872年第一版：看待。——编注
③ 指瓦格纳。——译注
④ 我］1872年第一版付印稿中为：这个。——编注
⑤ 1872年第一版中没有此行。1872年第一版付印稿结尾处删除了：弗里德里希·尼采。在1872年第一版付印稿第III页之后就是标题：悲剧从音乐精神中的［起源］诞生。——编注

一①

如果我们不仅达到了逻辑的洞见，而且也达到了直接可靠的直观，认识到艺术的进展是与阿波罗和狄奥尼索斯之二元性联系在一起的，恰如世代繁衍取决于持续地斗争着的、只会周期性地出现和解的两性关系，那么，我们就在美学科学上多有创获了。这两个名词，我们是从希腊人那里借用来的；希腊人虽然没有用概念、但却用他们的诸神世界透彻而清晰的形象，让明智之士感受到他们的艺术观深邃而隐秘的信条。与希腊人的这两个艺术神祇——阿波罗（Apollo）与狄奥尼索斯（Dionysus）——紧密相联的，是我们的以下认识：在希腊世界里存在着一种巨大的对立，按照起源和目标来讲，就是造型艺术（即阿波罗艺术）与非造型的音乐艺术（即狄奥尼索斯艺术）之间的巨大对立。两种十分不同的本能并行共存，多半处于公开的相互分裂中，相互刺激而达致常新的更为有力的生育，以便在其中保持那种对立的斗争，而"艺术"这个共同的名词只不过是在表面上消除了那种对立；直到最后，通过希腊"意志"的一种形而上学的神奇行为，两者又似乎相互结合起来了，在这种交合中，终于产生出既是狄奥尼索斯式的又是阿波罗式的阿提卡②悲剧的艺术作品。③

---

① 1872年第一版付印稿上方：［音乐与悲剧。一系列美学考察。］——编注

② 阿提卡（Attika）：以雅典为中心的希腊中东部地区，是古希腊城邦文化的发达区。古希腊语即以阿提卡方言为主体。——译注

③ 在希腊世界里存在着……］1872年第一版：在希腊艺术中存在着一种风格上的对立：两种不同的本能在其中并行共存，多半处于相互分裂之中，相互刺激而达致常新的更为有力的生育，以便在其中保持那种对立的斗争，直到最后，在希腊"意志"的鼎盛时期，它们似乎融合起来了，共同产生出阿提卡悲剧的艺术作品。——编注

为了更细致地了解这两种本能,让我们首先把它们设想为由梦(Traum)与醉(Rausch)构成的两个分离的艺术世界;在这两种生理现象之间,可以看出一种相应的①对立,犹如在阿波罗与狄奥尼索斯之间一样。按照卢克莱修②的观点③,庄严的诸神形象首先是在梦中向人类心灵显现出来的,伟大的雕塑家是在梦中看到超凡神灵的迷人形体的,而且,若要向这位希腊诗人探听诗歌创作的奥秘,他同样也会提到梦,给出一种类似于诗人汉斯·萨克斯④的教诲——这位德国诗人在《工匠歌手》中唱道:

> 我的朋友,解释和记录自己的梦,
> 这正是诗人的事业。
> 相信我,人最真实的幻想
> 总是在梦中向他开启:
> 所有诗艺和诗体
> 无非是真实之梦的解释。⑤

---

① 相应的]1872年第一版:类似的。——编注
② 卢克莱修]*De Rerum Natura*[《物性论》]第1169—1182行。——编注
③ 卢克莱修(Titus Luoretius Carus,约公元前99—前55年):古罗马哲学家、诗人,唯物论者,代表作有《物性论》。——译注
④ 汉斯·萨克斯(Hans Sachs,1494—1576):德国诗人,市民文学的代表。因在长诗《维滕贝格的夜莺》中歌颂马丁·路德而受到迫害。——译注
⑤ 而且,若要向这位希腊诗人……]1872年第一版:在梦中,这位希腊诗人自己经验到弗里德里希·海贝尔(Friedrich Hebbel)的一首深刻的箴言诗用下列诗句表达出来的东西:大量其他可能的人们纠缠于现在世界中,睡眠又把他们从缠绕中解放出来,无论是掌握了所有人的夜间幽梦,还是只侵袭诗人的白日梦;而因此,为了大全的自耗,它们也通过人类精神进入到一种无常的存在中。参看科利版第7卷[179]。——编注

在梦境的创造方面,每个人都是完全的艺术家。梦境的美的假象①乃是一切造型艺术的前提,其实,正如我们将会看到的,也是一大半诗歌的前提。我们在直接的形象领悟中尽情享受,所有形式都对我们说话,根本没有无关紧要的和不必要的东西。而即便在这种梦之现实性的至高生命中,我们却仍然具有对其假象的朦胧感觉:至少我的经验是这样,这种经验是经常的,甚至是一种常态,为此我蛮可以提供许多证据,也可以提供出诗人们的名言来作证。哲学人士甚至预感到,在我们生活和存在于其中的这种现实性中,还隐藏着第二种完全不同的现实性,因而前一种现实性也是一种假象。叔本华就径直把这种天赋,即人们偶尔会把人类和万物都看作单纯的幻影或者梦境,称为哲学才能的标志。就如同哲学家之于此在之现实性,艺术上敏感的人也是这样对待梦之现实性的;他明察秋毫,乐于观察:因为他根据这些形象来解说生活,靠着这些事件来历练自己的生活。他以那种普遍明智(Allverständigkeit)②在自己身上经验到的,绝非只是一些适意而友好的形象而已:③还有严肃的、忧郁的、悲伤的、阴沉的东西,突

---

① 此处"美的假象"原文为 der schöne Schein,现在的译法未能传达其中"假象"(Schein)与动词 scheinen(闪耀、发光)的关联;若考虑这种关联,则我们这里暂译为"假象"的 Schein 似可改译为"显像"。——译注

② 普遍明智(Allverständigkeit)] 誊清稿;1872 年第一版付印稿;1872 年第一版;1874/78 年第二版付印稿;1874/78 年第二版:普遍理解(Allverständlichkeit)。大八开本版。——编注

③ 哲学人士甚至预感到……] 1872 年第一版:在这种假象感完全终止之际,就开始出现病态的和反常的效应,在其中梦态具有疗救作用的自然力消退了。但在那道界限之内,绝非只有一些我们以那种普遍的明智在自己身上经验到的适意而友好的图像。——编注

发的障碍,偶然的戏弄,惊恐的期待,简言之,生命的整个"神曲",连同"地狱篇",都在他①身旁掠过,不光像一出皮影戏——因为他就在此场景中生活,一道受苦受难②——但也不无那种倏忽而过的假象感觉。还有,也许有些人会像我一样记得③,在梦的危险和恐怖场景中有时自己④会鼓足勇气,成功地喊出:"这是一个梦啊!我要把它继续做下去!"也曾有人跟我讲过,有些人能够超过三个晚上接着做同一个梦,继续这同一个梦的因果联系。此类事实⑤清楚地给出了证据,表明我们最内在的本质,我们所有人的共同根底,本身就带着深沉欢愉和快乐必然性去体验梦境。

　　这种梦境体验的快乐必然性,希腊人同样也在他们的阿波罗形象中表达出来了:阿波罗,作为一切造型力量的神,同时也是预言之神⑥。按其词根来讲,阿波罗乃是"闪耀者、发光者",是光明之神,他也掌管着内心幻想世界⑦的美的假象。⑧ 这种更高的真理,这些与无法完全理解的日常现实性相对立的状态的完满性,还有对在睡和梦中起治疗和帮助作用的自然的深度意识,同时也是

---

　　① 他]1872年第一版:我们。——编注
　　② 他就在此场景中……]1872年第一版:我们就在此场景中生活,一道受苦受难。——编注
　　③ 还有,也许有些人会……]1872年第一版:确实,我记得。——编注
　　④ 自己]1872年第一版:我自己。——编注
　　⑤ 此类事实]1872年第一版:作为此类事实。——编注
　　⑥ 一切造型力量的神……]1872年第一版:梦之表象的神同时也是预言和艺术之神。——编注
　　⑦ 内心幻想世界]1872年第一版:梦境。——编注
　　⑧ 注意此句中的"闪耀者、发光者"(der Scheinende)与"假象"(Schein)的字面和意义联系。——译注

预言能力的象征性类似物,一般地就是使生活变得可能、变得富有价值的①各门艺术②的象征性类似物。然而,有一条柔弱的界线,梦境不可逾越之,方不至于产生病态的作用,不然的话,假象就会充当粗鄙的现实性来欺骗我们③——这条界线在阿波罗形象中也是不可或缺的:造型之神(Bildnergott)的那种适度的自制,那种对粗野冲动的解脱,那种充满智慧的宁静。按其来源来讲,他的眼睛必须是"太阳般发光的"④;即便在流露愤怒而不满的眼神时,它也依然沐浴于美的假象的庄严中。于是,在某种古怪的意义上,叔本华⑤关于那个囿于摩耶面纱⑥下的人所讲的话,大抵也适用于阿波罗。《作为意志和表象的世界》第一篇第416页⑦:"有如在汹涌大海上,无边无际,咆哮的波峰⑧起伏不定,一个船夫坐在一只小船上面,只好信赖这脆弱的航船;同样地,在一个充满痛苦的世界里面,孤独的人也安坐其中,只好依靠和信赖 principium individu-

---

① 变得可能、变得富有价值]1872年第一版:使生活变得富有价值并且使将来变成当前。——编注

② 各门艺术]1872年第一版:艺术。——编注

③ 充当粗鄙的现实性来欺骗我们]1872年第一版:不只迷惑我们,而是欺骗我们。——编注

④ 他的眼睛必须是"太阳般发光的"]参看歌德:《温和的赠辞》III:"倘若眼睛不是太阳般发光的,/就决不能看见太阳"。——编注

⑤ 叔本华]1872年第一版:我们伟大的叔本华。——编注

⑥ 摩耶面纱(Schleier der Maja):为叔本华所采用的古印度哲学术语。摩耶面纱指人类感觉的虚幻世界。——译注

⑦ 《作为意志和表象……]引文据第三版(1859年),后者之页码同弗劳恩斯达特版(1873/1874年)。——编注

⑧ 波峰]1872年第一版;1874/1878年第一版。在弗劳恩斯达特版、大八开本版中则为:水峰。——编注

ationis［个体化原理］了。"①是的，对于阿波罗，我们或许可以说，对个体化原理的坚定②信赖，以及受缚于其中者的安坐，在阿波罗身上得到了最突出的表达，而且我们可以把阿波罗本身称为个体化原理的壮丽神像，其表情和眼神向我们道出了"假象"的全部③快乐和智慧，连同它的美。

在同一处，叔本华为我们描述了那种巨大的恐惧，即当人由于根据律④在其某个形态中似乎遭遇到例外、从而突然对现象的认识形式生出怀疑时，人就会感到无比恐惧。如果我们在这种恐惧之外还加上那种充满喜悦的陶醉，即在 principii individuationis［个体化原理］⑤破碎时从人的内心深处、其实就是从本性中升起的那种迷人陶醉，那么，我们就能洞察到狄奥尼索斯的本质——用醉来加以类比是最能让我们理解它的。无论是通过所有原始人类和原始民族在颂歌中所讲的烈酒的影响，还是在使整个自然欣欣向荣的春天强有力的脚步声中，那种狄奥尼索斯式的激情都苏醒过来了，而在激情高涨时，主体便隐失于完全的自身遗忘状态。即便在中世纪的德意志，受同一种狄奥尼索斯强力的支配，也还有总是不断扩大的队伍，载歌载舞，辗转各地：在这些圣约翰节和圣维

---

① 参看叔本华：《作为意志和表象的世界》，中译本，石冲白译，商务印书馆，1986年，第483—484页。——译注

② 坚定］1872年第一版：不可动摇的。——编注

③ 个体化原理的壮丽神像……］据誊清稿：变成形象的个体化原理，连同。——编注

④ 或译"充足理由律"。此处指叔本华的《充足理由律的四重根》(1813)。——译注

⑤ 此处拉丁语词语为第二格。——译注

托节舞者①身上,重又现出希腊人的酒神歌队,其前史可溯源于小亚细亚,直到巴比伦和放纵的萨卡人②。如今有些人,由于缺乏经验或者由于呆头呆脑,③感觉自己是健康的,便讥讽地或者怜悯地躲避④此类现象,有如对待"民间流行病":这些可怜虫当然不会知道,当狄奥尼索斯的狂热者的炽热生命从他们身旁奔腾而过时,恰恰是他们这种"健康"显得多么苍白、多么阴森。⑤

在狄奥尼索斯的魔力之下,不仅人与人之间得以重新缔结联盟:连那疏远的、敌意的或者被征服的自然,也重新庆祝它与自己失散之子——人类——的和解节日。大地自愿地献出自己的赠礼,山崖荒漠间的野兽温顺地走来。狄奥尼索斯的战车缀满鲜花和花环:豹和虎在它的轭下行进。我们不妨把贝多芬的《欢乐颂》转换成一幅画,让我们的想象力跟进,想象万民令人恐怖地落入尘埃,化为乌有:于是我们就能接近狄奥尼索斯了。现在,奴隶也成了自由人;现在,困顿、专横或者"无耻的风尚"⑥在人与人之间固

---

① 圣约翰节和圣维托节舞者(Sanct-Johann-und Sanct-Veittänzer):均为基督教节日,"圣约翰节"又称"施洗者圣约翰节",为每年 6 月 24 日;"圣维托节"则在每年 6 月 28 日。——译注

② 萨卡人(Sakäen):古代居住在伊朗北部草原的游牧民族,中国史书中所谓的"塞人"。——译注

③ 如今有些人,由于……] 1872 年第一版:如今可取的是。——编注

④ 躲避] 1872 年第一版:去躲避。——编注

⑤ 这些可怜虫当然不会知道……] 1872 年第一版:人们恰恰因此要让人明白,他们是"健康的",站在某个森林边缘的缪斯们,与她们中间的狄奥尼索斯一道,惊恐地遁入灌木丛中,实即遁入汪洋波涛中——如果这样一个健康的"纸上大师"(Meister Zettel)突然出现在她们面前的话。——编注

⑥ "无耻的风尚"] 参看瓦格纳:《贝多芬》,莱比锡,1870 年,第 68 页以下,第 73 页,尼采藏书,有关贝多芬对席勒《欢乐颂》一诗第 6 节的改动。——编注

定起来的全部顽固而敌意的藩篱，全都分崩离析了。现在，有了世界和谐的福音，人人都感到自己与邻人不仅是联合了、和解了、融合了，而且是合为一体了，仿佛摩耶面纱已经被撕碎了，只还有些碎片在神秘的"太一"(das Ur-Eine)面前飘零。载歌载舞之际，人表现为一个更高的共同体的成员：他忘掉了行走和说话，正要起舞凌空飞翔。他的神态透露出一种陶醉。正如现在野兽也能说话，大地流出乳汁和蜂蜜，同样地，人身上发出某种超自然之物的声音：人感觉自己就是神，正如人在梦中看见诸神的变幻，现在人自己也陶醉而飘然地变幻。人不再是艺术家，人变成了艺术品：在这里，在醉的战栗中，整个自然的艺术强力得到了彰显，臻至"太一"最高的狂喜满足。人这种最高贵的陶土，这种最可珍爱的大理石，在这里得到捏制和雕琢，而向着狄奥尼索斯的宇宙艺术家的雕凿之声，响起了厄琉西斯[①]的秘仪呼声："万民啊，你们倒下来了？[②]宇宙啊，你能预感到造物主吗？"——[③]

二

前面我们已经把阿波罗与它的对立面，即狄奥尼索斯，看作两

---

① 厄琉西斯(Eleusis)：古希腊地名，位于雅典西北约30公里的一个小镇。"厄琉西斯秘仪"是当地一个秘密教派的年度入会仪式，该教派崇拜得墨忒耳和珀耳塞福涅。"厄琉西斯秘仪"被认为是古代所有神秘崇拜中最重要的一种。这些崇拜和仪式处于严格的保密中，全体信徒都要参加的入会仪式是信徒与神直接沟通的通道，以获得神力的庇护和来世的回报。该秘仪后来也传到了古罗马。——译注
② 万民啊，你们倒下来了……]参看《欢乐颂》，第34—35行。——编注
③ 宇宙啊，你能预感到……]此句为1872年第一版所没有的。——编注

种艺术力量,它们是从自然本身中突现出来的,无需人类艺术家的中介作用;而且在其中,两者的艺术冲动首先是直接地获得满足的:一方面作为梦的形象世界,其完美性与个体的知识程度和艺术修养①毫无联系,另一方面乃作为醉的现实性,它同样也不重视个体,甚至力求消灭个体,通过一种神秘的统一感使个体得到解脱。相对于这两种直接的自然之艺术状态,任何一个艺术家就都是"模仿者"了,而且,要么是阿波罗式的梦之艺术家,要么是狄奥尼索斯式的醉之艺术家,要不然就是——举例说,就像在希腊悲剧中那样——两者兼有,既是醉之艺术家,又是梦之艺术家。对于后一类型,我们大抵要这样来设想:在狄奥尼索斯的醉态和神秘的忘我境界中,他孑然一人,离开了狂热的歌队,一头倒在地上了;尔后,通过阿波罗式的梦境感应,他自己的状态,亦即他与宇宙最内在根源的统一,以一种比喻性的梦之图景向他彰显出来了。

有了上述一般性的前提和对照,我们现在就能进一步来理解希腊人,来看看那种自然的艺术冲动在希腊人身上曾经发展到了何种程度和何等高度:由此,我们就能够更深入地理解和评估希腊艺术家与其原型的关系,或者用亚里士多德的说法,就是"模仿②自然"。说到希腊人的梦,虽然他们留下了种种关于梦的文献和大量有关梦的逸闻,我们也只能作一些猜测了,不过这种猜测还是有相当把握的:他们的眼睛有着难以置信的确定而可靠的造型能力,外加他们对于色彩有着敏锐而坦诚的爱好,有鉴于此,我们不得不

---

① 修养]1872年第一版:才能。——编注
② 模仿]参看亚里士多德:《诗学》,1447a 16。——编注

假定,即便对他们的梦来说也有一种线条和轮廓、色彩和布局的逻辑关系,一种与他们的最佳浮雕相类似的场景序列——这一点是足以让所有后人大感羞愧的。他们的梦的完美性——倘若可以做一种比照——无疑使我们有权把做梦的希腊人称为[①]荷马,而把荷马称为做梦的希腊人。这种比照是在一种更深刻的意义上讲的,其深度胜于现代人着眼于自己的梦而胆敢自诩为莎士比亚。

与之相反,如果说可以把狄奥尼索斯的希腊人与狄奥尼索斯的野蛮人区分开来的巨大鸿沟提示出来,那么,我们就无需猜测性地说话了。在古代世界的所有地方——这里姑且撇开现代世界不谈——从罗马到巴比伦,我们都能证明狄奥尼索斯节日的存在,其类型与希腊狄奥尼索斯节日的关系,充其量就像长胡子的萨蒂尔(其名称和特征取自山羊)[②]之于狄奥尼索斯本身。几乎在所有地方,这些节日的核心都在于一种激情洋溢的性放纵,其汹涌大潮冲破了任何家庭生活及其可敬的规章;在这里,恰恰最粗野的自然兽性被释放出来,乃至于造成肉欲与残暴的可恶混合,这种混合在我看来永远是真正的"妖精淫酒"。关于这些节日的知识,是从海陆路各方面传入希腊的。看起来,有一阵子,希腊人对这些节日的狂热激情,似乎进行了充分的抵制和防御,其手段就是在此以其全部高傲树立起来的阿波罗形象,这个阿波罗用美杜莎[③]的头颅也

---

① 把做梦的希腊人称为]1872 年第一版:把希腊人称为做梦的。——编注
② 萨蒂尔(其名称和特征取自山羊)]1874/1978 年第一版:山羊腿的萨蒂尔。——编注
③ 美杜莎(Meduse):希腊神话中的蛇发女妖,其目光所触及者皆化为石头。阿波罗将她杀死后用其头颅作武器。——译注

对付不了一种比丑陋粗野的狄奥尼索斯力量更加危险的力量。正是在多立克艺术①中,阿波罗那种威严拒斥的姿态得以永垂不朽。当类似的冲动终于从希腊人的本根深处开出一条道路时,这种抵抗就变得更加可疑了,甚至于变得不可能了:现在,德尔斐之神②的作用就仅限于,及时与强敌达成和解,从而卸去他手中的毁灭性武器。这次和解乃是希腊崇拜史上最重要的时刻:无论从哪个角度看,均可明见这个事件引发的大变革。此乃两个敌人之间的和解,清楚地划定了两者今后必须遵守的界线,而且也定期互赠礼物;而根本上,鸿沟并没有消除③。然而,如果我们来看看在那种媾和的压力下,狄奥尼索斯的强力是怎样彰显出来的,那么,我们就会认识到,与巴比伦的那些萨卡人及其由人变成虎和猿的倒退相比较,希腊人的狄奥尼索斯狂欢是具有救世节日和神化之日的意义的。唯有在这些日子里,自然才获得了它的艺术欢呼声,principii individuationis[个体化原理]的破碎才成为一个艺术现象。在这里,那种由肉欲与残暴组成的可恶的妖精淫酒是全无功效的:就像药物让人想起致命毒鸩,只有狄奥尼索斯狂热信徒的情绪中那种奇妙的混合和双重性才使我们想起了它,才使我们想到那样一种现象,即:痛苦引发快感,欢呼释放胸中悲苦。极乐中响起惊恐的叫声,或者对一种无可弥补的失落的热切哀鸣。在希腊

---

① 多立克艺术:古希腊艺术风格,与爱奥尼亚式和科林斯式并称希腊艺术三大风格类型。——译注
② 德尔斐之神(delphischer Gott):指阿波罗神。德尔斐(Delphi)为希腊宗教圣地,以阿波罗神庙著称,位于雅典西北部170公里处的帕尔纳索斯山。——译注
③ 消除]1872年第一版付印稿;大八开本版为:überbrückt。1872年第一版;1874/1878年第一版付印稿;1874/1878年第一版为:überdrückt。——编注

的那些节日里，自然似乎吐露出一种伤感的气息，仿佛它要为自己肢解为个体而叹息。对于荷马时代的希腊世界来说，此类双重情调的狂热者的歌声和姿态是某种闻所未闻的新鲜事；更有甚者，狄奥尼索斯的音乐激起了他们的惊骇和恐惧感。如果说音乐似乎已经作为一种①阿波罗艺术而得到了承认，那么，准确地讲，它实际上只是作为节奏之波的拍打，其造型力量乃是为了表现阿波罗状态而发展起来的。阿波罗的音乐乃是音调上的多立克建筑，不过，那只是像竖琴所特有的那种暗示性的音调。而恰恰是构成狄奥尼索斯音乐之特性、因而也构成一般音乐之特性的那个元素，即音调的震撼力，统一的旋律之流②，以及无与伦比的和声境界，被当作非阿波罗元素而小心谨慎地摈弃掉了。在狄奥尼索斯的酒神颂歌（Dithyrambus）中，人受到刺激，把自己的象征能力提高到极致；某种从未有过的感受急于发泄出来，那就是摩耶面纱的消灭，作为种类之神、甚至自然之神的一元性（das Einssein）。现在，自然的本质就要得到象征的表达；必须有一个全新的象征世界，首先是整个身体的象征意义，不只是嘴、脸、话的象征意义，而是丰满的让所有肢体有节奏地运动的舞姿。然后，其他象征力量，音乐的象征力量，表现在节奏、力度和和声中的象征力量，突然间热烈地生长起来。为了把握这种对全部象征力量的总释放，人必须已经达到了那种忘我境界的高度，这种忘我境界想要通过那些力量象征性地表达自己；所以，咏唱酒神颂歌的狄奥尼索斯信徒只能被自己的同

---

① 似乎已经作为一种］1872 年第一版：已经作为。——编注
② 统一的旋律之流］为 1872 年第一版所没有的。——编注

类所理解！阿波罗式的希腊人必定会带着何种惊讶看着他①啊！当他这种惊讶掺入了恐惧,感到那一切对他来说并非真的如此陌生,其实呢,他的阿波罗意识也只是像一层纱掩盖了他面前的这个狄奥尼索斯世界,这时候,他的惊讶就愈加厉害了。

三

为了把握这一点,我们必须仿佛一砖一石地来拆掉那幢漂亮的阿波罗文化大厦,直到我们见到它所立足的基础为止。在这里,我们发觉那些矗立在大厦山墙②上的壮美的奥林匹斯诸神形象,他们的事迹在光芒四射的浮雕中表现出来,装饰着它的雕饰花纹③。尽管作为与诸神并列的一个神祇,阿波罗也置身于诸神中间,并没有要求取得头等地位,但我们却不可因此受到迷惑。毕竟,正是在阿波罗身上体现出来的同一种冲动,创造了那整个奥林匹斯世界,在此意义上,我们就可以把阿波罗视为奥林匹斯世界之父。那么,使一个如此辉煌的奥林匹斯神界得以产生出来的,究竟是何种巨大的需要呢?

若是有谁心怀另一种宗教去面对奥林匹斯诸神,试图在他们那里寻找道德的高尚(实即圣洁),寻找非肉体的超凡脱俗,寻找慈爱的目光,那么,他必将大感郁闷和失望,立刻掉头而去。在这里没有任何东西让人想到禁欲、教养和义务之类;在这里,我们只听

---

① 指上句的狄奥尼索斯信徒。——译注
② 山墙〕1872 年第一版:顶盖和山墙。——编注
③ 它的雕饰花纹〕1872 年第一版:雕饰花纹及其墙体。——编注

到一种丰盛的、实即欢欣的人生此在,在其中一切现成事物,不论善的恶的,都被神化了。而且这样一来,观看者站在这样一种奇妙的充溢生命面前,就会大感震惊,就会问自己:这些个豪放纵情的人们是服了何种神奇魔药,竟能如此享受生命,以至于无论他们往何方看,"在甜蜜感性中飘浮的"海伦①,他们的本己实存的理想形象,都对他们笑脸相迎。而对于这个已然转过头去的观看者,我们必须大喊一声:"别离开啊,且先来听听希腊的民间格言对这种生命,对这种以如此妙不可言的欢快展现在你面前的生命,说了些什么"。有一个古老的传说,说国王弥达斯②曾在森林里长久地追捕狄奥尼索斯的同伴——聪明的西勒尼③,却没有捉到。后来西勒尼终于落到他手上了,国王就问他:对于人来说,什么是绝佳最妙的东西呢?这个魔鬼僵在那儿,默不吱声;到最后,在国王的强迫下,他终于尖声大笑起来,道出了下面这番话:"可怜的短命鬼,无常忧苦之子呵,你为何要强迫我说些你最好不要听到的话呢?那绝佳的东西是你压根儿得不到的,那就是:不要生下来,不要存在,要成为虚无。而对你来说次等美妙的事体便是——快快死掉。"

奥林匹斯诸神世界与这民间格言的关系如何呢?犹如受折磨的殉道者的迷人幻觉之于自己的苦难。

眼下,奥林匹斯魔山仿佛对我们敞开了,向我们显露出它的根

---

① 海伦(Helena):主神宙斯之女,相传为古希腊第一美女,因她引发了特洛伊战争。——译注

② 弥达斯(Midas):古希腊神话中佛里吉亚的国王,相传他曾捕获狄奥尼索斯的同伴西勒尼,后来释放了后者,狄奥尼索斯为报答他而授他点石成金的本领。——译注

③ 西勒尼(Silen):希腊神话中酒神狄奥尼索斯的老师和同伴。——译注

基了。希腊人认识和感受到了人生此在的恐怖和可怕:为了终究能够生活下去,他们不得不在这种恐怖和可怕面前设立了光辉灿烂的奥林匹斯诸神的梦之诞生。① 那种对自然之泰坦②式强力的巨大怀疑,那冷酷地高踞于一切知识之上的命运(Moira),那伟大的人类之友普罗米修斯③的兀鹰,那聪明的俄狄浦斯④的可怕命运,那迫使⑤俄瑞斯忒斯去干弑母勾当的阿特里德斯的家族咒语,⑥质言之,那整个森林之神的哲学,连同它那些使忧郁的伊特鲁利亚人⑦走向毁灭的神秘榜样——所有这一切,都被希腊人通过奥林匹斯诸神的艺术的中间世界持续不断地重新⑧克服掉了,至少是被掩盖起来了,从视野中消失了。为了能够生活下去,希腊人基于最深的强制性不得不创造了这些诸神:我们也许要这样来

---

① 为了终究能够生活下去……]誊清稿:并且为了能够生活下去而把它们掩盖起来。——编注

② 泰坦(Titan):希腊神话中的巨神。"泰坦式的"转义为"巨大的"。——译注

③ 普罗米修斯(Prometheus):希腊神话中最有智慧的神之一,泰坦巨人之一,人类的创造者和保护者,相传为了人类过上幸福生活而盗取火种,被主神宙斯缚在高加索山上。——译注

④ 俄狄浦斯]誊清稿:俄狄浦斯,[阿喀琉斯的过早死亡]。——编注

⑤ 迫使]1872年第一版:迫使那些戈耳工(Gorgonen)和美杜莎(Medusen)[译按:均为希腊神话中的蛇发女妖]。——编注

⑥ 俄瑞斯忒斯(Orestes)为迈锡尼国王阿特柔斯(Atreus)的孙子,阿伽门农的儿子。相传阿特柔斯杀死了意欲篡位的弟弟梯厄斯忒斯的两个儿子,并把人肉煮了给他吃,当他发现吃的竟是儿子的肉时便诅咒阿特柔斯家族——又作阿特里德斯(Atrides)家族——,后在阿特柔斯的孙子俄瑞斯忒斯身上应验了这一诅咒:俄瑞斯忒斯为报弑父之仇杀死了自己的母亲。悲剧作家埃斯库罗斯的著名作品《俄瑞斯忒斯》描写了这个神话故事。——译注

⑦ 伊特鲁利亚人(Etrurier):约公元前900年开始定居于意大利中部的一个种族,公元前5世纪左右处于文化鼎盛期,后为罗马人同化,直至消失。——译注

⑧ 持续不断地重新]为1872年第一版所没有的。——编注

设想这个过程，即由于那种阿波罗的美之冲动，经过缓慢的过渡，原始的泰坦式的恐怖诸神制度演变为奥林匹斯的快乐诸神制度了，有如玫瑰花从荆棘丛中绽放出来。倘若人生此在没有被一种更高的灵光所环绕，已经在其诸神世界中向这个民族显示出来了，那么，这个如此敏感、如此狂热地欲求①、如此独一无二地能承受痛苦的民族，又怎么能忍受人生此在呢？把艺术创建出来的同一种冲动，作为引诱人们生活下去的对人生此在的补充和完成，也使得奥林匹斯世界得以产生，而在这个世界中，希腊人的"意志"就有了一面具有美化作用的镜子。于是，诸神因为自己过上了人的生活，从而就为人类生活做出辩护——此乃唯一充分的神正论②！在这些诸神的明媚阳光之下的人生此在，才被认为是本身值得追求的，而荷马式的人类的真正痛苦，就在于与这种此在相分离，尤其是快速的分离，以至于我们现在可以把西勒尼的格言颠倒一下来说他们："对于他们来说，最糟的事体是快快死掉，其次则是终有一死。"这种悲叹一旦响起，听起来就又是对短命的阿喀琉斯③的悲叹，对于人类落叶般变幻和转变的悲叹，对于英雄时代的没落的悲叹。渴望继续活下去，哪怕是当临时劳工，也不失旷世英雄的体面。在阿波罗阶段，"意志"是如此狂热地要求这种人生此在④，而荷马式的人类感到自己与人生此在融为一体了，以至于连悲叹也

---

① 如此狂热地欲求］1872年第一版：无限敏感的。——编注

② 神正论（Theodicee）：又译"神义论"，词根上由希腊文的"神"（theos）和"正义"（dike）构成，是关于恶的起源和性质的解释，旨在为神的正义辩护。——译注

③ 阿喀琉斯（Achilles）：荷马史诗《伊利亚特》中的英雄，为希腊最伟大的英雄，在特洛伊战争中被杀死。——译注

④ 这种人生此在］誊清稿：持存。——编注

变成了人生此在的颂歌。

　　至此我们必须指出的是：这种为现代人如此渴望地直观到的和谐，实即人类与自然的统一性，席勒用"朴素的"①这一术语来表示的统一性，绝对不是一种十分简单的、自发产生的、仿佛不可避免的状态，我们在每一种文化的入口处必定会当作一个人类天堂来发现的状态：只有一个时代才会相信这一点，这个时代力求把卢梭的爱弥儿也设想为艺术家，误以为在荷马身上找到了在自然怀抱里培育起来的艺术家爱弥儿。凡在艺术中发现"朴素"之处，我们都必须认识到阿波罗文化的至高效果：这种文化②总是首先要推翻泰坦王国，杀死巨魔，并且必须通过有力的幻觉和快乐的幻想，战胜了那种可怕而深刻的世界沉思和极为敏感的受苦能力。然而③，要达到这种朴素，即与假象之美完全交织在一起，这是多么难得！因此，荷马的崇高是多么难以言说，他作为个体与阿波罗的民族文化的关系，有如个别的梦之艺术家之于一般民族的和自然的梦想能力。荷马式的"朴素性"只能被把握为阿波罗幻想的完全胜利：正是这样一种幻想，是自然为了达到自己的意图而经常要使用的。真正的目标被某种幻象所掩盖：我们伸手去抓取这个幻象，自然则由于我们的错觉而达到了真正的目标。在希腊人那里，"意志"力求在天才和艺术世界的美化作用中直观自身；为了颂扬自己，"意志"的产物必须首先感觉到自己是值得颂扬的，它们必须在一个更高的领域里重新审视

---

　　①　席勒在《论朴素的诗和感伤的诗》中以"朴素的"（naiv）与"感伤的"（sentimentalisch）来区分古代诗歌与现代诗歌。——编注
　　②　这种文化］1872年第一版：作为这种文化。——编注
　　③　然而］1872年第一版：啊。——编注

自己,而这个完美的直观世界又没有发挥命令或者责备的作用。此乃美的领域,希腊人在其中看到了自己的镜像,即奥林匹斯诸神。藉着这种美的反映,希腊人的"意志"来对抗那种与艺术天赋相关的忍受苦难和富于苦难智慧的天赋;而作为这种"意志"胜利的纪念碑,荷马这位朴素的艺术家矗立在我们面前。

四[①]

关于这个朴素的艺术家,梦的类比可以给我们若干教益。如果我们来想象这样一个做梦者,他沉湎于梦境的幻觉中而未受扰乱,对着自己大喊一声:"这是一个梦啊,我要把它继续做下去!"如果我们必须由此推断出一种梦之直观的深刻的内心快乐,而另一方面,如果为了能够带着这种观照的内心快乐去做梦,我们必须完全遗忘了白昼及其可怕的烦心纠缠;那么,对于所有这些现象,我们也许就可以用下面的方式,[②]在释梦的阿波罗的指导下做出解释了。尽管在生活的两半当中,醒的一半与梦的一半,前者在我们看来无疑是更受优待的,要重要得多,更有价值,更值得体验,其实是唯一地得到经历的;但我却愿意主张——虽然给人种种荒谬的假象——,对于我们的本质(我们就是它的现象)的神秘根基而言,我们恰恰反而[③]要重视梦。因为我越是在自然中觉察到那些万能的艺术冲动,觉察到在艺术冲动中有一种对假象的热烈渴望,对通

---

① 参看 9[5]。——编注
② 方式,]1872 年第一版付印稿;1872 年第一版:方式。——编注
③ 恰恰反而]据誊清稿:也许倒另外。——编注

过假象而获救的热烈渴望，我就越是觉得自己不得不做出一个形而上学的假定，即真正存在者和太一①，作为永恒受苦和充满矛盾的东西，为了自身得到永远的解脱，也需要迷醉的幻景、快乐的假象：我们完全囿于这种假象中，而且是由这种假象所构成的，就不得不把这种假象看作真正非存在者，亦即一种在时间、空间和因果性中的持续生成，换言之，就是经验的实在性。所以，如果我们暂且撇开我们自己的"实在性"，如果我们把我们的经验此在与一般世界的此在一样，把握为一种随时被生产出来的太一之表象，那么，我们此时就必定会把梦视为假象之假象，②从而视之为对于假象的原始欲望的一种更高的满足③。由于这同一个理由，自然天性中最内在的核心具有那种对于朴素艺术家和朴素艺术作品（它同样只不过是"假象之假象"）的不可名状的快乐。拉斐尔④，本身是那些不朽的"朴素者"之一，在一幅具有比喻性质的画中向我们描绘了那种从假象到假象的贬降，朴素艺术家的原始过程，同时也是阿波罗文化的原始过程。在他的《基督变容图》⑤中，下半部分

---

① 此处"真正存在者和太一"原文为 das Wahrhaft-Seiende und Ur-Eine，或可译为"真实存在者与原始统一性"。——译注

② 此处"太一之表象"原文为 Vorstellung des Ur-Einen，"假象之假象"原文为 Schein des Scheins。——译注

③ 满足] 誊清稿：满足，[作为它所是的清醒状态]。——编注

④ 拉斐尔（Rafael，1483—1520）：意大利文艺复兴时期画家、建筑师，代表作品有《西斯廷圣母》《雅典学院》等。——译注

⑤ 《基督变容图》（Transfiguration）：又译《基督显圣》，是拉斐尔最后一幅杰作，内容取材于《马太福音》第17章，现藏梵蒂冈博物馆。据《马太福音》第17章描写，耶稣为一个中了邪、发癫痫病的男孩驱鬼，治好了他的病。拉斐尔《基督变容图》下半部分表现了男孩、带领者（带男孩来的人）以及几个耶稣门徒当时的神情和场景。——译注

用那个中了邪的男孩、几个面露绝望的带领者、几个惊惶不安的门徒,向我们展示了永恒的原始痛苦、世界的唯一根据的反映:"假象"在这里乃是永恒的矛盾即万物之父的反照。现在,从这一假象中升起一个幻景般全新的假象世界,犹如一缕仙界迷人的芳香,而那些囿于第一个假象世界中的人们是看不到后者的——那是一种在最纯粹的极乐中闪闪烁烁的飘浮,一种在毫无痛苦的、由远大眼目发射出来的观照中闪闪烁烁的飘浮。在这里,在至高的艺术象征中,我们看到了阿波罗的美的世界及其根基,看到了西勒尼的可怕智慧,并且凭借直觉把握到它们相互间的必要性。然而,阿波罗又是作为个体化原理的神化出现在我们面前的,唯在此个体化原理中,才能实现永远臻至的太一之目标,太一通过假象而达到的解救:阿波罗以崇高的①姿态向我们指出,这整个痛苦世界是多么必要,它能促使个体产生出具有解救作用的幻景,然后使个体沉酒于幻景的②观照中,安坐于大海中间一叶颠簸不息的小船上。

这样一种对个体化的神化,如若它竟被认为是命令性的和制定准则的,那么,它实际上只知道一个(Ein)③定律,即个体,也就是遵守个体的界限,希腊意义上的适度(das Maass)。阿波罗,作为一个道德神祇,要求其信徒适度和自知——为了能够遵守适度之道,就要求有自知之明(Selbsterkenntnis)④。于是,与美的审美

---

① 崇高的] 1872 年第一版;1874/1878 年第一版付印稿:最崇高的。——编注
② 幻景的] 为 1872 年第一版和 1874/1878 年第一版付印稿中所没有的。——编注
③ 一个(Ein)] 1872 年第一版;1874/1878 年第一版付印稿:一个(ein) [译按:仅有大小写之分别]。——编注
④ 自知之明(Selbsterkenntnis)] 1872 年第一版;1874/1878 年第一版付印稿:自知之明(Selbsterkenntnis)。——编注

必然性并行不悖的,提出了"认识你自己"和"切莫过度!"的要求;而自傲自大和过度则被视为非阿波罗领域的真正敌对的恶魔,从而被视为前阿波罗时代(即泰坦时代)和阿波罗之外的世界(即野蛮世界)的特性。普罗米修斯因为对人类怀有泰坦式的大爱①,故必定要为苍鹰所撕咬;俄狄浦斯因其过度的智慧解开了斯芬克司②之谜,故必定要陷入一个纷乱的罪恶旋涡中:德尔斐之神就是这样来解释希腊的过去的。

阿波罗的希腊人以为,狄奥尼索斯因素所激起的效果也是"泰坦式的"和"野蛮的":而这个希腊人同时又不能对自己隐瞒,他自己③实际上在内心深处也与那些被颠覆了的泰坦诸神和英雄们有着亲缘关系。的确,他必定还有更多的感受:他的整个此在以全部的美和节制,乃依据于痛苦和知识的一个隐蔽根基,这个根基又是由狄奥尼索斯因素向他揭示出来的。看哪!没有狄奥尼索斯,阿波罗就不能存活!说到底,"泰坦"和"野蛮"恰恰如同④阿波罗⑤,是必不可少的!现在让我们来设想一下,狄奥尼索斯庆典的狂欢销魂之声,是怎样以愈来愈诱人的魔力旋律,融入这一在假象和节制基础上建立起来的、并且受人为抑制的世界中的,而在这种魔力旋律中是怎样张扬出自然在快乐、痛苦和认识方面的全部过度,直到变成

---

① 因为对人类怀有泰坦式的大爱]1872 年第一版;1874/1878 年第一版付印稿:由于对人类怀有泰坦式的大爱的缘故。——编注

② 斯芬克司(Sphinx):希腊神话中人首狮身的怪物,生性残酷,常让路人猜谜,猜不中即被她吃掉。俄狄浦斯猜出了谜,她便自杀了。——译注

③ 他自己]据 1872 年第一版付印稿:狄奥尼索斯。——编注

④ 如同]1872 年第一版;1874/1878 年第一版付印稿:作为。——编注

⑤ 阿波罗]1872 年第一版付印稿:狄奥尼索斯。——编注

锐利的呼叫:让我们来设想一下,与这种着魔的民歌相比,那吟唱赞美诗的、有着幽灵般种种琴音①的阿波罗艺术家可能意味着什么!面对一种在陶醉中道出真理的艺术,"假象"艺术的缪斯女神们便黯然失色了,西勒尼的智慧对着快乐的奥林匹斯诸神高呼:"哀哉!哀哉!"在这里,守着种种界限和适度原则的个体,便落入狄奥尼索斯状态的忘我之境中,忘掉了阿波罗的戒律了。过度揭示自身为真理,那种矛盾、由痛苦而生的狂喜,从自然天性的核心处自发地道出。而且如此这般,凡在狄奥尼索斯元素渗透进来的地方,阿波罗元素便被扬弃和被消灭了。② 而同样确凿无疑的是,在初次进攻被经受住的地方,德尔斐神的威望和庄严就表现得前所未有地稳固和咄咄逼人。实际上,我只能把多立克国家和多立克艺术解释为阿波罗的持续军营:只有在一种对泰坦式野蛮的狄奥尼索斯本质③的不断反抗当中,一种如此固执而脆弱、壁垒森严的艺术,一种如此战争式的和严肃的教育,一种如此残暴而冷酷的政制,才可能更长久地延续下来。

到这里,我已经进一步阐发了我在本书开头所作的说明,即:狄奥尼索斯元素与阿波罗元素如何在常新的④相伴相随的创生中相互提升,统辖了希腊的本质:在阿波罗的美的冲动⑤支配下,"青铜"时

---

① 种种琴音] 1872 年第一版;1874/1878 年第一版付印稿:琴音。——编注

② 而且如此这般,凡在……] 誊清稿:我借此已经表明,在狄奥尼索斯元素渗透进来的地方,狄奥尼索斯的诞生的直接后果就是阿波罗的消灭。——编注

③ 狄奥尼索斯本质] 1872 年第一版:狄奥尼索斯特性。——编注

④ 常新的] 为 1872 年第一版和 1874/1878 年第一版付印稿中所没有的。——编注

⑤ 美的冲动] 1872 年第一版;1874/1878 年第一版付印稿:美的冲动,[译按:此处多一逗号]。——编注

代借助于当时的泰坦诸神之争和严肃的民间哲学,如何演变为荷马的世界,这种"朴素的"壮丽景象又如何被狄奥尼索斯元素的洪流吞没了,而面对这种全新的势力,阿波罗元素如何奋起而成就了多立克艺术和多立克世界观的稳固庄严。如果以此方式,在那两个敌对原则的斗争中,古希腊的历史分成四大艺术阶段①:②那么,我们现在就不得不进一步追问这种变易和驱动的最终意图——假如我们绝不至于把这最后达到的时期即多立克艺术时期视为那种艺术冲动的顶峰和目的。而在这里,呈现在我们眼前的,是阿提卡悲剧和戏剧酒神颂歌的崇高而卓著的艺术作品,它们是两种冲动的共同目标,在经过上述的长期斗争之后,这两种冲动的神秘联姻欢天喜地地产下一孩儿——她既是安提戈涅又是卡珊德拉③。

五④

现在我们接近本书探究的真正目标了,那就是认识狄奥尼索

---

① 艺术阶段〕1872 年第一版:艺术时期。——编注

② 从上下文看,此处尼采所谓"四大艺术阶段"是指:神话(青铜或泰坦时代)、史诗(荷马时代)、抒情诗(狄奥尼索斯时代)和雕塑(多立克艺术时代)。——译注

③ 安提戈涅(Antigone)是俄狄浦斯之女,索福克勒斯同名悲剧中的女主人公,因不顾国王克瑞翁的禁令安葬了自己的兄长而被处死;卡珊德拉(Cassandra)是希腊神话中的女预言家,特洛伊的公主,雅典娜的祭司,阿波罗赋予她预言能力,然而又施以诅咒:她的预言将百发百中,但谁也不会相信。对尼采来说,安提戈涅反抗国王的法律而服从天神的律法,从而是与阿波罗神相联系的;而拒绝了阿波罗的追求的卡珊德拉则与狄奥尼索斯神相联系,故两者分别代表着日神阿波罗精神与酒神狄奥尼索斯精神。——译注

④ 参看 9〔7〕。——编注

斯和阿波罗的天才及其艺术作品,至少是感悟那个统一性的奥秘。在这里,我们首先①要追问的是,那全新的萌芽②,先在希腊世界的什么地方显露出来,后来才发展③为悲剧和戏剧酒神颂歌。关于这一点,古代史本身就给我们提供了形象的启示,古人把荷马和阿尔基洛科斯④当作希腊诗歌的始祖和火炬手,把两者并置于雕塑、饰物等等上面,并且确凿地感到,唯有这两个同样完全独创的人物才值得重视,从他们身上喷出来的一股火流涌向后世整个希腊世界。荷马,这位沉湎于自身的年迈梦想家,阿波罗式的朴素艺术家的典范,现在愕然看着狂野地贯通此在的英武的缪斯仆人阿尔基洛科斯那充满激情的脑袋;而近代美学⑤只知道做解释性的补充,居然说在这里,这位"客观"艺术家与第一位"主观"艺术家对峙⑥起来了。这种解释对我们是无所神益的,因为我们只把主观艺术家认作糟糕的艺术家,而且在任何种类和任何品位的艺术中,我们首要地先要求战胜主观性,解脱"自我",不理睬任何个人的意志和欲望,确实,如若没有客观性,如若没有纯粹的无利害的直观,我们是决不可能相信哪怕最微不足道的真正艺术的生产的。因此,我们的美学必须首先解答这样一个问题:"抒情诗人"如何可能成为

---

① 首先]1872 年第一版:最先。——编注

② 那全新的萌芽]1872 年第一版;1874/1878 年第一版付印稿:那关键点。——编注

③ 发展]1872 年第一版;1874/1878 年第一版付印稿:提升。——编注

④ 阿尔基洛科斯(Archilochus,约公元前 680—前 640 年):古希腊抒情诗人,擅长个人经验和情感的抒发。——译注

⑤ 此处指黑格尔美学。黑格尔在《美学》中区分了客观艺术(史诗)与主观艺术(抒情诗)。——译注

⑥ 对峙]1872 年第一版;1874/1878 年第一版付印稿:对立。——编注

艺术家?——因为按照各个时代的经验来看,"抒情诗人"言必称"自我",总是在我们面前演唱他那激情和欲望的整个半音音阶。与荷马相比较,正是这个阿尔基洛科斯通过其仇恨和嘲讽的呐喊,通过其欲望的狂热爆发,令我们感到惊恐;难道他,第一个所谓的主观艺术家,不是因此就成了真正的非艺术家么?然而,这样一来,这位诗人所享有的崇敬又从何而来呢?——恰恰连德尔斐的预言者,那"客观"艺术的发源地,也以非常奇怪的神谕向他表示了崇敬。

　　席勒曾通过一种他自己也无法说明、但看来并不可疑的心理观察,向我们揭示了他的创作过程;因为他承认,在创作活动的准备阶段,他面前和内心绝不拥有一①系列按思维因果性排列起来的形象,而毋宁说是有一种音乐情调("在我这里,感觉起先并没有明确而清晰的对象;这对象是后来才形成的。某种音乐性的情绪在先,接着我才有了诗意的理念"②)。如果我们现在另外再加上整个古代抒情诗中最重要的现象,即那种普遍地被视为自然而然的抒情诗人与音乐家的一体化,实即两者的同一性——与此相比,我们现代的抒情诗就好比一尊无头神像了——,那么,根据前面所描述的审美形而上学,我们就可以用下面的方式来解释抒情诗人了。首先,作为狄奥尼索斯式的艺术家,抒情诗人是与太一及其痛苦和矛盾完全一体的,并且把这种太一的摹本制作为音乐,如若音

---

① 一〕准备稿:——这是他如此确实地高声赞成的——一。——编注
② "在我这里,感觉起先……〕参看席勒致歌德的信,1796年3月18日。——编注

乐有理由被称为一种对世界的重演和一种对世界的重铸的话;①但现在,在阿波罗的梦的影响下,抒情诗人又能仿佛在一种比喻性的梦境中看到这种音乐了。那种原始痛苦在音乐中的无形象又无概念的再现,连同它在假象中的解脱,现在就产生出第二次反映,成为个别的比喻或范例。艺术家已经在狄奥尼索斯的进程中放弃了自己的主观性:现在向他显示出他与世界心脏的统一性的形象,乃是一个梦境,这梦境使那种原始矛盾和原始痛苦,连同假象的原始快乐,变得感性而生动了。所以,抒情诗人的"自我"是从存在之深渊②中发出来的声音:而现代美学家所讲的抒情诗人的"主观性",则是一种虚幻的想象。当希腊第一个抒情诗人阿尔基洛科斯对吕坎伯斯的女儿们表明自己疯狂的爱恋,而同时又表明自己的蔑视时,③在我们面前放纵而陶醉地跳舞的并不是他自己的激情:我们看到的是狄奥尼索斯及其女祭司,我们看到的是酩酊的狂热者阿尔基洛科斯醉入梦乡——正如欧里庇得斯在《酒神的伴侣》④中为我们描写的,日当正午,他睡在阿尔卑斯高山的牧场上——:而现在,阿波罗向他走来,用月桂枝触摸着他。于是,这位中了狄奥尼索斯音乐魔法的沉睡诗人,仿佛周身迸发出形象的火花,那就是抒情诗,其最高的发展形态叫作悲剧与戏剧酒神颂歌。

---

① 如若音乐有理由被称为……] 1872 年第一版:这种音乐,我们已经把它称为一种对世界的重演和一种对世界的重铸。——编注

② 此处"存在之深渊"原文为 der Abgrunde des Seins。——译注

③ 相传诗人阿尔基洛科斯爱上了吕坎伯斯的女儿,但吕坎伯斯不允许两人结合,诗人就作诗大加讽刺,致使父女两人都羞愤自杀了。——译注

④ 欧里庇得斯在《酒神的伴侣》] 第 668—677 行。——编注

雕塑家和与之相类的史诗诗人沉湎于形象的纯粹观照中。狄奥尼索斯式的音乐家则无需任何形象，完全只是原始痛苦本身及其原始的回响。抒情诗的天才感觉到，从神秘的自弃状态和统一状态中产生出一个形象和比喻的世界，这个世界有另一种色彩、因果性和速度，完全不同于雕塑家和史诗诗人的那个世界。雕塑家和史诗诗人生活在此类形象中，而且只是在此类形象中才活得快乐惬意，才孜孜不倦，充满爱意地观照此类形象，做到明察秋毫的地步；即便愤怒的阿喀琉斯形象对他们来说也不只是一个形象而已，对于这个形象的愤怒表达，他们是怀着那种对假象的梦幻般快感来欣赏的——结果，通过这种假象的镜子，他们就免于与其人物融为一体了；与之相反，抒情诗人的形象无非是他本人，而且可以说只是他自己的不同客观化，因此作为那个世界的运动中心，他就可以道说"自我"（ich）了：只不过，这种自我（Ichheit）与清醒的、经验实在的人的自我不是同一个东西，而毋宁说是唯一的、真正存在着的、永恒的、依据于万物之根基的自我，抒情诗的天才就是通过这种自我的映像而洞察到万物的那个根基的。现在让我们来设想一下，他如何在这些映像当中也见出他自己并非天才，亦即见出他的"主体"，也就是由主观的、针对某个确定的、在他看来实在的事物的激情和意志冲动构成的整个杂烩；倘若现在看来，仿佛抒情诗的天才和与之相联系的非天才是一体的，仿佛前者是自发地说出那个词儿"自我"，那么，现在这个假象再也不能诱骗我们了，再也不能像从前引诱那些把抒情诗人称为主观诗人的人们那样让我们迷惑了。实际上，阿尔基洛科斯，这个激情勃发、既爱又恨的人，只不过是天才的一个幻想，他已经不再是阿尔基洛科斯，而是世界天才,他通过阿尔基洛科斯这个人的那些比喻,象征性地道出自己的原始痛苦:而那个主观地意愿和欲求的人阿尔基洛科斯,根本上是决不可能成为诗人的。然则抒情诗人根本不必只把面前的阿尔基洛科斯这个人的现象看作永恒存在的反映;而且悲剧证明,抒情诗人的幻想世界可能与那种无疑最为切近的现象有多远。

46　　叔本华,此公并不隐瞒抒情诗人为哲学造成的困难,他相信已经找到了一条出路,这条出路是我不能与之同行的。而唯有叔本华在他那深刻的音乐形而上学中获得了某种手段,得以决定性地克服上述困难:正如我相信,本着叔本华的精神,怀着对他的敬意,[①]我自己在这里已经做到了这一点。然而,叔本华却对歌曲(Lied)的本质作了如下描述(《作为意志和表象的世界》第一篇,第295页[②]):"正是意志的主体,即自己的意愿,充斥着歌唱者的意识,往往作为一种已经得到释放、满足的意愿(快乐),而更经常地可能是作为一种受抑制的意愿(悲哀),总是作为情绪、激情、激动的心情。然则除此之外又与此相随地,歌唱者看到周边的自然,意识到自己乃是纯粹的、无意志的认识的主体,这种认识的坚定而福乐的宁静现在就与总是受限制的、总还贫乏的意愿之紧迫形成对照:真正说来,有关这种对照、这种交替的感觉就是在整个歌曲中表达出来的、根本上构成抒情状态的东西。在这种抒情状态中,纯粹的认识仿佛向我们走来了,为的是把我们从意志及其紧迫性中解救出来:我们跟在后面,但只是短暂片刻。意愿,对我们个人目

---

① 敬意,]1872年第一版;1874/1878年第一版付印稿:敬意[译按:此处少了一个逗号]。——编注

② 《作为意志和表象……》可参看第28页,第11—12行。——编注

标的回忆,总是重新剥夺了我们的宁静观照;但纯粹的、无意志的(willenlose)①认识向我们呈现出来的下一个美景,同样总是一再引诱我们离开意愿。因此之故,在歌曲和抒情情调中,意愿(对于目的②的个人兴趣)与对呈现出来的周边景物的纯粹观照,奇妙地相互混合在一起了:两者之间的关系是我们要探索和想象的;主观的情调、意志的冲动在反射中把自己的色彩传染给被观照的景物,而后者又反过来把自己的色彩传染给前者:真正的歌曲就是这整个既混合又分离的心情状态的印迹(Abdruck)。"③

看了上述描述,谁还会弄错,抒情诗在此被刻画为一种未臻完满、似乎难得地突然间会达到目标的艺术,甚至就是一种半拉子艺术,其本质在于意愿与纯粹观照,亦即非审美状态与审美状态奇妙地相互混合在一起了? 我们倒是认为,叔本华也依然把一种对立当作一种价值尺度,以此来划分艺术,那就是主观与客观的对立;而这整个对立实际上根本就不适合于美学,因为主体,也即有意愿的、要求其自私目的的个体,只能被看作艺术的敌人,而不能被看作艺术的本源。但只要主体是艺术家,那么主体就已然摆脱了自己的个体性意志,仿佛已经成了一种媒介,通过这一媒介,这个真正存在着的主体便得以庆贺它在假象中的解脱。因为,作为对我

---

① 无意志的(willenlose)]1872 年第一版,1874/1878 年第一版付印稿,1874/1878 年第一版;弗劳恩斯达特版,1872 年第一版付印稿,大八开本版:无意志的(willenslose)。——编注

② 目的]1872 年第一版,1874/1878 年第一版付印稿,1874/1878 年第一版;弗劳恩斯达特版,大八开本版:各种目的(der Zwecke)[译按:此处改用复数]。——编注

③ 中译文参看叔本华:《作为意志和表象的世界》,石冲白译,商务印书馆,1986年,第346—347页。——译注

们的贬降与提升的原因,这一点是我们必须首先要弄清楚的,即:整部艺术喜剧根本不是为了我们,比如为了我们的改善和教化而上演的,我们同样也不是那个艺术世界的真正创造者:但关于我们自己,我们也许可以假定,对那个艺术世界的真正创造者而言,我们已然是形象和艺术投影,在艺术作品的意义方面具有我们至高的尊严——因为唯有作为审美现象,此在与世界才是永远合理的:——而无疑地,我们对于这种意义的意识与画布上的武士对画面上描绘的战役的意识几乎没有区别。所以,我们整个艺术知识根本上就是一种完全虚幻的知识,因为作为知识者,我们与那个人物——他作为那部艺术喜剧的唯一创造者和观众为自己提供一种永恒的享受——并不是一体的和同一的。唯当天才在艺术生产的行为中与世界的原始艺术家融为一体时,他才能稍稍明白艺术的永恒本质;因为在这种状态中,他才奇妙地类似于童话中那个能够转动眼睛观看自己的可怕形象;现在,他既是主体又是客体,既是诗人、演员①又是观众②。③

---

① 演员(Schauspieler)]1872 年第一版;1874/1878 年第一版付印稿:演员(Acteur)。——编注

② 观众]誊清稿:观众。若没有一种对这一艺术家原始现象的猜度和洞察,则"美学家"就只是一个不寻常的空谈家而已。——编注

③ 所以,我们整个艺术知识根本上……]准备稿:在此意义上,我们所有的艺术享受和认识就根本没有多么了不起的重要性了,因为那个人物——他作为每一部艺术喜剧的唯一创造者和观众,为自己提供一种永恒的享受——与我们并不是一体的和同一的。若不是天才的此在同时也教导我们,那原始本质(Ur-Wesen)重又作为艺术创造和享受的本质向我们呈现出来,那么我们就必须这样来思考——结果,我们现在奇妙地成了童话中那个能够转动眼睛观看自己的可怕形象。于是,在每一个艺术环节中,我们同时成了主体与客体,既是诗人、演员又是观众。——编注

六

关于阿尔基洛科斯,学术研究已经发现①是他把民歌引入文学中的,而且由于这一功绩,在希腊人的一般评价中②,此公便获得了与荷马并肩的殊荣。但与完全阿波罗式的史诗相对立的民歌是什么呢?无非是阿波罗与狄奥尼索斯两者的一种结合过程的 Perpetuum vestigium[永久痕迹]③;民歌的惊人流传,遍及所有的民族,总是不断滋生更新,对我们来说乃是一个证据,表明那自然的双重艺术冲动是多么强大:这双重冲动在民歌中留下了痕迹,类似于某个民族的纵情狂欢活动永远保留在其音乐中了。的确,历史上也必定能找到证据,证明每一个民歌丰产的时期如何强烈地受到狄奥尼索斯洪流的激发,而这种洪流,我们必须始终把它视为民歌的根基和前提。

不过,我们首先得把民歌看作音乐的世界镜子,看作现在要为自己寻找一种对应的梦境并且把这梦境在诗歌中表达出来的原始旋律。所以,旋律是第一位的和普遍性的东西,它因而也能在多种文本中承受多种客观化。在民众的质朴评价中,旋律也是最为重要、最为必要的东西。旋律使诗歌产生,而且总是一再重新产生出来;这一点正是民歌的诗节形式要告诉我们的:在最后找到这种解

---

① 关于阿尔基洛科斯⋯⋯]1872 年第一版:关于阿尔基洛科斯,希腊史告诉我们。——编注
② 在希腊人的一般评价中]为 1872 年第一版所没有的。——编注
③ 原文为拉丁文。——译注

释之前,我对此现象的观察总是不免惊讶。谁若根据这一理论来审视一部民歌集,例如《男童的神奇号角》①,他就将找到无数的例子,来说明这持续生育的旋律是怎样迸发出形象的火花的:这形象的火花绚丽多彩,突兀变化,纷至沓来,显露出一种与史诗假象及其静静流动完全格格不入的力量。从史诗角度来看,抒情诗的这个不均衡和不规则的形象世界简直是大可谴责的:这无疑就是特尔潘德②时代阿波罗庆典上那些庄重的流浪史诗歌手干的事。

于是,在民歌创作中,我们看到语言高度紧张,全力去模仿音乐,因此从阿尔基洛科斯开始,就有了一个骨子里与荷马世界相悖的全新的诗歌世界。由此我们描绘了诗歌与音乐、词语与音响之间唯一可能的关系:词语、形象、概念寻求一种类似于音乐的表达,现在遭受到音乐本身的强力。在此意义上,按照语言模仿现象世界和形象世界还是模仿音乐世界,我们可以区分出希腊民族语言史上的两大主流③。人们只要深入想一想荷马与品达在语言色彩、句法构造和词汇方面的差异,就能把握这种对立的意义了;的确,人们不难弄清楚,在荷马与品达之间④,必定奏响过纵情狂欢的奥林匹斯笛声,直到亚里士多德时代,一个音乐已经极其发达的时代,这笛声依然令人陶醉激动,而且确实以其原始的作用,激发同时代人的一切诗歌表现手段去模仿它。在这里我愿提醒读者注

---

① 《男童的神奇号角》:由德国浪漫派作家阿尔尼姆和布伦塔诺编辑的德国民歌集,第一集出版于 1805 年,第二、三集出版于 1808 年。——译注

② 特尔潘德(Terpander,约公元前 7 世纪):古希腊诗人、音乐家,相传是希腊七弦琴的发明者。——译注

③ 主流]据誊清稿:一种非音乐的与一种音乐的主潮。——译注

④ 在荷马与品达之间]1872 年第一版:此间(在荷马与品达之间)。——编注

意我们时代的一个熟知的、似乎为我们的美学一味反感的现象。我们一再体验到,贝多芬的一首交响曲如何迫使个别的听众形成一种形象的说法,尽管一首乐曲所产生的不同形象世界的组合看起来是缤纷多彩的,甚至于是矛盾的:靠此种组合来练习可怜的才智,却忽视了真正值得解释的现象,这委实是我们的美学的本色。的确,即使这位音响诗人自己用形象来谈论一首乐曲,比如把一首交响曲称为"田园交响曲",①把其中一个乐章称为"溪边景色",把另一个乐章称为"乡民的欢聚",这些名堂也同样只是比喻性的、从音乐中产生的观念——而且绝非音乐模仿的对象——关于音乐的狄奥尼索斯内容,这些观念在任何一个方面都未能给我们什么教益,甚至没有堪与其他形象比肩的独特价值。现在我们必须将这个把音乐发泄到形象中的过程,转嫁到一个朝气蓬勃、具有语言创造力的人群身上,方能猜度分成诗节的民歌是如何形成的,以及整个语言能力如何通过全新的音乐模仿原理而受到激发。

所以,如果我们可以把抒情诗看作音乐通过形象和概念而闪发出来的模仿性光辉,那么,我们现在就可以问:"音乐在形象和概念的镜子里是作为什么显现出来的?"音乐显现为意志(叔本华所讲的意志),也即显现为审美的、纯粹观照的、无意志的情调的对立面。在这里,我们要尽可能鲜明地区分本质概念与现象②概念:因为按其本质来看,音乐不可能是意志,原因在于,倘若音乐是意志,

---

① 贝多芬的著名作品,又称《F大调第六交响曲》,其中第二乐章为"溪边景色",第三乐章为"乡民的欢聚"。——译注

② 此处译文未能体现名词"现象"(Erscheinung)与上文动词"显现"(erscheinen)的直接联系,或也可把"现象"(Erscheinung)译为"显现"。——译注

则它就会完全被逐出艺术领域了——因为意志本身乃是非审美的东西——；但音乐却显现为意志。因为，为了用形象来表达音乐的现象，抒情诗人就需要一切激情勃发，从爱慕的细语到癫狂的怒号；受制于那种要用阿波罗式的比喻来谈论音乐的冲动，他把整个自然以及置身于自然中的自身仅只理解为永远意愿者、欲求者、渴望者。① 不过，只要他用形象来解说音乐，他自己就稳坐在阿波罗式静观的宁静大海上面，即使他通过音乐的媒介直观到的一切都在他周围处于紧迫而喧闹的运动中。的确，当他通过这同一个媒介洞察到自身时，显示在他面前的，乃是处于感情未得满足的状态中的他自己的形象：他自己的意愿、渴望、呻吟、欢呼，对他来说，都是他用来解说音乐的一种比喻。这就是抒情诗人现象：作为阿波罗式的天才，他通过意志的形象来阐释音乐，而他自己则完全摆脱了意志的贪欲，成为纯粹清澈的太阳之眼。

我们上面的整个探讨都坚持了一点：抒情诗依赖于音乐精神，恰如音乐本身在其完全无限制的状态中并不需要形象和概念，而只是容忍它们与自己并存。抒情诗人的诗作所能道出的，不外乎是这样一个东西，它并没有——以最高的普遍性和有效性——已然包含于那种迫使他用形象说话的音乐中。正因此，音乐的世界象征决不是靠语言就完全对付得了的，因为它象征性地关涉到太一（das Ur-Eine）心脏中的原始矛盾和原始痛苦，因此象征着一个

---

① 因为，为了用形象来表达……] 据准备稿：因为，为了把音乐现象形象化，抒情诗人就需要一切激情的勃发和协调：他不仅把自身当作永远意愿者来谈论，而且也赋予自然这样一种欲求和渴望之波动：根据前面的探讨，这一点同样也要这样来理解，恰如整个此在（Dasein）、世界的有限性向我们显现为一种持续的意愿和生成。——编注

超越所有现象、并且先于所有现象的领域。与之相比,一切现象毋宁说都只是比喻:所以,作为现象的器官和象征,语言决不能展示出音乐最幽深的核心,倒不如说,只要语言参与对音乐的模仿,那它就始终仅仅处于一种与音乐的表面接触中,而音乐最深邃的意义①,则是所有抒情诗的雄辩和辞令都不能让我们哪怕稍稍接近一步的。

七②

现在,为了在被我们称为希腊悲剧之起源的迷宫里找到出路,我们必须借助于前面探讨过的全部艺术原理③。如果我说,这个起源问题直到现在都还没有严肃地被提出来过,更遑论得到解决了,我想这并非无稽之谈,虽则古代传说的褴褛衣裳,是多么经常地被人们缝了又拆,拆了又缝。这个古代传说十分确凿地告诉我们,悲剧是从悲剧合唱歌队中产生的,原本只是合唱歌队,且无非是合唱歌队而已:所以,我们就有责任把这种悲剧合唱歌队当作真正的原始戏剧来加以深入的考察,而不能不管三七二十一地满足于各种流俗的有关艺术的陈词滥调——诸如说悲剧合唱歌队是理想的观众,或者说,悲剧合唱歌队是要代表④与剧中贵族势力相对

---

① 意义]1872年第一版:内核。——编注
② 参看9[9]。——编注
③ 我们必须借助于……]1872年第一版付印稿:我们必须试验一下这种关于悲剧合唱歌队的观点。——编注
④ 代表]1872年第一版;1874/1878年第二版付印稿:意指。——编注

抗的民众。后一种解释,在某些政治家听来是相当崇高的[1],仿佛民主的雅典人那始终不渝的道德法则在民众合唱歌队中得到了体现,而这歌队超越君王们的狂热越规和无度放纵,总是有着自己的权利;这种解释法尽管还很可能是由亚里士多德的一句话引发的,但它对于悲剧的原始构成却是毫无影响的,因为民众与贵族的整个对立,一般而言[2]就是任何政治和社会领域,都是与那些纯粹宗教的起源无关的。不过,着眼于我们所熟悉的埃斯库罗斯和索福克勒斯那里的合唱歌队的古典形式,我们也可以认为,要在这里谈论关于一种"立宪人民代表制"的预感,那就是一种渎神之举了——却是一种别人不曾害怕过的渎神之举。古代的国家政制在实践上(in praxi)是不知道一种立宪人民代表制的,而且,但愿他们甚至也不曾在他们的悲剧中对此有过"预感"。

比上述关于合唱歌队的政治解释还要著名得多的,乃是A. W. 施莱格尔[3]的想法。此人建议我们在一定程度上把合唱歌队视为观众的典范和精华,视为"理想的观众"。这种观点,与那种说悲剧原本只是合唱歌队的历史传说相对照,就露出了自己的马脚,就表明自身是一种毛糙的、不科学的、[4]但却光彩夺目的主张;而这种主张之所以光彩夺目,只是由于它那浓缩的表达

---

[1] 在某些政治家听来是相当崇高的]誊清稿:过分自由的、崇高的想法。——编注

[2] 一般而言]1872年第一版:简言之。——编注

[3] 奥古斯特·威廉·施莱格尔(A. W. Schlegel,1767—1845):德国文艺理论家、翻译家。著有《文学艺术讲稿》《论戏剧艺术和文学》等。——译注

[4] 毛糙的、不科学的、]1872年第一版;1874/1878年第二版付印稿:毛糙的不科学的[译按:此处只有标点之差别]。——编注

形式,只是由于对一切所谓"理想"的地道日耳曼式的偏见,以及我们一时的惊愕。实际上,一旦我们把我们十分熟悉的剧场观众与希腊的合唱歌队相比较,并且问一问自己,是否可能把剧场观众理想化,从中提取出某种类似于悲剧合唱歌队的东西,这时候,我们便大为惊愕了。我们默然否定这一点,我们现在对施莱格尔的大胆主张深表惊异,恰如我们惊异于希腊观众那完全不同的本性。因为我们始终以为,真正的观众,无论他是谁人,必定总是意识到自己面对的是一件艺术作品,而不是一个经验的实在;而希腊人的悲剧合唱歌队却不得不在舞台形象中认出真实存在的人。扮演海神之女的合唱歌队真的相信自己看到的是泰坦巨神普罗米修斯,并且认为自己是与剧中神祇一样实在的。莫非最高级和最纯粹的观众类型,就得像海神之女一样把普罗米修斯看作真实现成的和实在的么?莫非理想观众的标志就是跑到舞台上面把神从折磨中解放出来么?我们曾相信一种审美的观众,曾认为一个观众越是能够把艺术作品当作艺术,也即说,越是能够审美地看待艺术作品,他就越是一个有合格才能的观众;而现在,施莱格尔的表述却暗示我们:完善的、理想的观众根本不是让戏剧世界审美地对他们发挥作用,而是要让它以真实经验的方式对他们发挥作用。这些希腊人啊!——我们不免唏嘘[①];他们竟推翻了我们的美学!但既已习惯于此,每每谈到合唱歌队时,我们总不免要重复施莱格尔的箴言。

[①] 唏嘘]1872年第一版付印稿;1872年第一版;1874/1878年第二版付印稿;大八开本版:曾唏嘘[译按:此处只有德语动词时态形式的差别]。——编注

然而,那个十分明确的传说在此却反驳了施莱格尔:没有舞台的合唱歌队本身,也即悲剧的原初形态,是不能与那种理想观众的合唱歌队相互调和的。一个从观众概念中提取出来的、或许要[①]以"观众本身"为其真正形式的艺术种类,那会是什么呢?所谓没有戏剧的观众,这是一个荒谬的概念。我们担心,悲剧的诞生既不能根据对民众道德理智的高度重视来说明,也不能根据与戏剧无关的观众概念来说明;我们认为这个问题太过深刻了,如此肤浅的考察方式是连它的皮毛都不能触及的。

早在《墨西拿的新娘》[②]的著名序言中,席勒就透露了一种极为可贵的关于合唱歌队之意义的见解。他把合唱歌队视为悲剧在自身四周建造起来的一道活的围墙,旨在与现实世界完全隔绝开来,以保存[③]其理想根基和诗性自由。[④]

席勒以他这个主要武器与庸俗的自然概念作斗争,与通常强求于戏剧诗歌的幻想作斗争。以席勒之见,即便戏剧里的日子本身只是人为的,舞台布景只是象征性的,韵律语言带有理想的性质,但总还流行着一种整体谬见,即:人们把构成一切诗歌之本质的东西仅仅当作一种诗性自由来加以容忍,那是不够的。采用合

---

① 或许要]1872年第一版付印稿:要[译按:此处只有德语动词时态形式的差别]。——编注

② 系席勒作于1803年的剧本。——译注

③ 保存(bewahren)]准备稿;1872年第一版付印稿;1872年第一版;1874/1878年第二版付印稿;大八开本版。1874/1878年第二版则为:证明(bewähren)。——编注

④ 早在《墨西拿的新娘》……]参看席勒:《论悲剧中合唱歌队的使用》(《墨西拿的新娘》序言,1803年)。——编注

唱歌队乃是①一个决定性的步骤,人们借此得以②光明磊落地向艺术中的一切自然主义宣战。——在我看来,我们这个自命不凡的时代用"伪理想主义"这样一个轻蔑标语来表示的,正是这样一种考察方式。我担心的是,以我们现在对于自然和现实的尊重,我们反而达到了一切理想主义的对立面,也即达到蜡像馆领域了。如同在某些受人热爱的当代小说中一样,在蜡像馆里也有一种艺术:只是别折磨我们,别要求我们相信这种艺术已经战胜了席勒和歌德的"伪理想主义"。

诚然,按照席勒的正确观点,古希腊的萨蒂尔合唱歌队(亦即原初悲剧的合唱歌队)常常漫游其上的基地,正是一个"理想的"基地,一个超拔于凡人之现实变化轨道的基地。希腊人为这种合唱歌队建造了一座虚构的自然状态的空中楼阁,并且把虚构的自然生灵(*Naturwesen*)置于它上面。悲剧是在这个基础上生长起来的,因此无疑从一开始就已经消除了一种对于现实的仔细摹写。但它却不是一个任意地在天地之间想象出来的世界;而毋宁说,它是一个具有同样实在性和可信性的世界,如同奥林匹斯及其居住者③对于虔信的希腊人而言所具有的那种实在性和可信性。作为狄奥尼索斯的合唱歌者,萨蒂尔生活在一种在宗教上得到承认的现实性之中,那是一种受神话和祭礼认可的现实性。悲剧始于萨

---

① 乃是] 1872 年第一版:或许是[译按:此处只有德语动词时态形式的差别]。——编注

② 得以] 1872 年第一版:可以[译按:此处"得以"为 werde,"可以"为 sei]。——编注

③ 此处指奥林匹斯诸神。——译注

蒂尔，狄奥尼索斯的悲剧智慧由萨蒂尔之口道出，这是一个在此令我们十分诧异的现象，恰如悲剧产生于合唱歌队让我们奇怪。也许，当我提出断言，主张虚构的自然生灵萨蒂尔与文化人的关系就如同狄奥尼索斯音乐之于文明一样，这时候，我们就赢获了考察工作的起点。理查德·瓦格纳曾说过，文明被音乐所消除，正如同烛光为日光所消除①。同样地，我相信，古希腊的文化人面对萨蒂尔合唱歌队会感到自己被消融了：而且此即狄奥尼索斯悲剧的下一个效应，即国家和社会，一般而言就是人与人之间的种种鸿沟隔阂，都让位给一种极强大的、回归自然心脏的统一感了。正如我已经指出的那样，所有真正的悲剧都以一种形而上学的慰藉来释放我们，即是说：尽管现象千变万化，但在事物的根本处，生命却是牢不可破、强大而快乐的。这种慰藉具体而清晰地显现为萨蒂尔合唱歌队，显现为自然生灵的合唱歌队；这些自然生灵仿佛无可根除地生活在所有文明的隐秘深处，尽管世代变迁、民族更替，他们却永远如一。

深沉的希腊人，唯一地能够承受至柔至重之痛苦的希腊人，就以这种合唱歌队来安慰自己。希腊人能果敢地直视所谓世界历史的恐怖浩劫，同样敢于直观自然的残暴，并且陷于一种渴望以佛教方式否定意志的危险之中。是艺术挽救了希腊人，而且通过艺术，生命为了自身而挽救了希腊人。

---

① 语出瓦格纳的文章"贝多芬"（1870 年）。句中"消除"德语原文为 aufheben，具"消除"与"保存"双重意义，在哲学上（如在黑格尔那里）常被译解为"扬弃"。——译注

狄奥尼索斯状态的陶醉①,以其对此在生命的惯常范限和边界的消灭,在其延续过程中包含着一种嗜睡忘却的因素,一切过去亲身体验的东西都在其中淹没了。于是,这样一条忘川就把日常的现实世界与狄奥尼索斯的现实世界相互分割开来了。然而一旦那日常的现实性重又进入意识之中,人们便带着厌恶来感受它了;一种禁欲的、否定意志的情绪就是对那些状态的畏惧。在此意义上,狄奥尼索斯式的人就与哈姆雷特有着相似之处:两者都一度真正地洞察过事物的本质,两者都认识了,都厌恶行动;因为两者的行动都丝毫不能改变事物的永恒本质,他们感觉到,指望他们重新把这个四分五裂的世界建立起来,那是可笑的或者可耻的。认识扼杀行动,行动需要幻想带来的蒙蔽——此乃哈姆雷特的教导,不是梦想家汉斯②的廉价智慧,后者由于太多的反思,仿佛出于一种可能性过剩而不能行动;并不是反思,不是!——是真实的认识,是对可怕的真理的洞见,压倒了任何促使行动的动机,无论在哈姆雷特那里还是在狄奥尼索斯式的人类那里都是如此。现在,任何慰藉都无济于事了,渴

---

① 狄奥尼索斯的陶醉状态]准备稿:如果我们现在试图把席勒的断言——即认为希腊悲剧不只是在时间顺序上,而且在诗歌上以及在其本己固有的精神上都已经摆脱了合唱歌队——与我们前面描述的艺术原理协调起来,那么,我们首先必须提出两个命题。戏剧只要是表演性的,则本身就与悲剧无甚关系,也与喜剧无甚关系。从狄奥尼索斯的合唱歌队中,发展出悲剧和喜剧,亦即两种特有的世界考察形式,它们包含着那些起初不可言说和无可表达的狄奥尼索斯经验的概念性结果。狄奥尼索斯的陶醉状态。——编注

② 梦想家汉斯,指瓦格纳《纽伦堡的工匠歌手》中的人物汉斯·萨克斯(Hans Sachs)。——译注

望超越了一个死后的世界,超越了诸神本身,此在生命,连同它在诸神身上或者在一个不朽彼岸中的熠熠生辉的反映,统统被否定掉了。现在,有了对一度看到过的真理的意识,人就往往只看见存在的恐怖或荒谬;现在,人就明白了奥菲利亚①的命运的象征意义;现在,人就能知道森林之神西勒尼的智慧了:这使人心生厌恶。

在这里,在这种意志的高度危险中,艺术作为具有拯救和医疗作用的魔法师降临了;唯有艺术才能把那种对恐怖或荒谬的此在生命的厌恶思想转化为人们赖以生活下去的观念:那就是崇高和滑稽,崇高乃是以艺术抑制恐怖,滑稽乃是以艺术发泄对荒谬的厌恶。酒神颂歌的萨蒂尔合唱歌队就是希腊艺术的拯救行为;在这些狄奥尼索斯伴随者的中间世界里,前面描述过的那些突发情绪得到了充分发挥②。

八

萨蒂尔有如我们现时代的田园牧歌中的牧人,两者都是一种对原始和自然的渴望的产物;但希腊人以何种坚定和果敢的手去拥抱他们的森林之人,而现代人则是多么羞怯而柔弱地去

---

① 奥菲利亚(Ophelia):莎士比亚《哈姆雷特》一剧中哈姆雷特王子的恋人,其父为王子所误杀。——译注

② 前面描述过的那些突发情绪得到了充分发挥]准备稿:前面描述过的状态得到了充分发挥。唯有作为狄奥尼索斯的仆人,看到了西勒尼之毁灭性智慧的人,——才能承受自己的实存。——编注

戏弄一个情意绵绵的、弱不禁风的吹笛牧人的媚态形象啊！尚未经认识加工的、尚未开启文化之门闩的自然——此乃希腊人在萨蒂尔身上见出的，因此在希腊人看来，萨蒂尔还不能与猿猴混为一谈。相反：萨蒂尔乃是人类的原型，是人类最高最强的感情冲动之表达，作为因神之临近而欣喜若狂的狂热者，作为充满同情地重演神之苦难的伙伴，作为来自自然最深源泉的智慧先知，作为自然之万能性力的象征，希腊人习惯于以敬畏和惊讶之情看待之。萨蒂尔乃是某种崇高的和神性的东西：特别是以狄奥尼索斯式人类的黯然神伤的眼睛来看，萨蒂尔就必定如此。乔装的、捏造的牧羊人会对萨蒂尔构成侮辱：他的眼睛以崇高的满足感留恋于毫无遮掩和毫不枯萎的自然壮丽笔法；在这里，文明的幻景被人类的原型一扫而光，在这里，真实的人类，向自己的神灵欢呼的长胡子的萨蒂尔，露出了真相。在他面前，文明人萎缩成了一幅骗人的讽刺画。即便对于悲剧艺术的此种开端，席勒也是对的：合唱歌队乃是一面抵御现实冲击的活墙，因为它——萨蒂尔合唱歌队——比通常自以为是唯一实在的文明人更真实、更现实、更完整地反映出此在生命。诗歌领域并非在世界之外，作为诗人脑袋里的一个想象的空中楼阁：恰恰相反，它想成为对真理的不加修饰的表达，正因此，它必须摈弃文明人那种所谓的现实性的骗人盛装。这种本真的自然真理与把自己装成唯一实在的文明谎言之间的对立，类似于事物的永恒核心（即物自体）与整个现象界之间的对立；而且正如悲剧以其形而上学的慰藉指示着在现象不断毁灭之际那个此在核心（Daseinskern）的永生，同样地，萨蒂尔合唱歌队的象征已然用一个比喻道出了物自体与现象之间的原始关系。现代人中那种田园式牧人仅仅被他们当作自然的全部教化幻景的一幅肖像①;而狄奥尼索斯的希腊人则想要具有至高力量的真理和自然——他们看到自己魔化为萨蒂尔了。②

　　本着此类情绪和认识,狄奥尼索斯信徒的狂热队伍欢呼雀跃:他们的力量使他们自身③在自己眼前发生转变,以至于他们误以为看到自己成了再造的自然精灵,成了萨蒂尔。后来的悲剧合唱歌队的结构就是对这种自然现象的艺术模仿;诚然,在这种模仿中,现在有必要区分一下狄奥尼索斯的观众与狄奥尼索斯的着魔者。只不过,我们必须时时记住,阿提卡悲剧的观众在乐队的合唱歌队中重新找到了自己,根本上并不存在观众与合唱歌队之间的对立:因为一切都只是一个伟大而崇高的合唱歌队,由载歌载舞的

――――――――――

　　① 文明谎言之间的对立……] 准备稿:文明谎言之间的对立,消解于具有释放作用的大笑表情中,就如同消解于崇高者因狄奥尼索斯式人物的心灵而起的战栗。狄奥尼索斯式人物想要真理,从而想要具有至高力量的自然,以之作为艺术;而教养之士则想要自然主义,亦即被他们当作自然的全部教化幻景的一幅肖像。——编注

　　② 萨蒂尔有如我们现时代的……] 准备稿中被中断的开头:所以,我们必须把狄奥尼索斯式的人理解为萨蒂尔合唱歌队的真正创造者,这种人把他自己的——但崇高的、同时又滑稽的萨蒂尔世界是怎样从狄奥尼索斯式的人的心灵中升起的呢——鉴于萨蒂尔合唱歌队,智慧的西勒尼对这种惊恐的"自然主义"艺术家叫喊:这里你们有了那种人,那种人类的原型。看看你们吧!你们皱眉头了吗?你这骗人的无赖!尽管如此,我们是认识你们的,我们知道你们是谁,萨蒂尔那羞怯的影子,为你们的父辈所否认的狼狈的、蜕化的后代。因为他们站在这里,你们诚实的父辈,你们长毛的和长尾巴的祖先啊!我们是真理而你们是谎言——面对这种萨蒂尔式的人,那田园式牧人有何意思?他向我们解释歌剧的出现,恰如萨蒂尔式的人向我们解释悲剧的诞生。——编注

　　③ 自身] 1872年第一版;1874/78年第二版付印稿:自身,[译按:此处只多了一个逗号]。——编注

萨蒂尔或者那些由萨蒂尔来代表的人们所组成的合唱歌队。在这里,施莱格尔的话必定在一种更深的意义上启发我们。只要合唱歌队是唯一的观众,是舞台幻景世界的观众,那么它就是"理想的观众"。正如我们所知道的,由旁观者组成的观众,是希腊人所不知道的:在希腊人的剧场里,每个人坐在弧形的层层升高的梯形①观众席上,都有可能真正地对自己周围的文明世界视而不见,全神贯注而误以为自己也是合唱歌队的一员了。按这个看法,我们就可以把原始悲剧最初阶段的合唱歌队称为狄奥尼索斯式人类的一种自我反映:这个②现象可以用演员的过程最清晰地加以说明,演员若真有才华,就能看到他扮演的角色栩栩如生地浮现在自己眼前。萨蒂尔合唱歌队首先是狄奥尼索斯式群众的一个幻景,正如舞台世界乃是这种萨蒂尔合唱歌队的幻景③:这种幻景的力量十分强大,足以使人的目光对"实在"之印象麻木不仁,对周围一排排座位上的教养之士毫无感觉。希腊剧场的形式让人想起一个孤独的山谷:舞台的建筑显得像一朵闪亮的云彩,在群山上四处游荡的酒神从高处俯瞰这云彩,宛若一个壮丽的框子,狄奥尼索斯形象就在其中心向他们彰显。

我们这里为说明悲剧合唱歌队而表达出来的这种艺术原始现象,按照我们对基本艺术过程的学究式考察来看,几乎是有失体统的;而最确定无疑的是,诗人之为诗人,只是因为他看到自己为形象所围绕,这些形象在他面前存活和行动,而且他能洞见其最内在

---

① 在弧形的层层升高的梯形] 1872年第一版:在圆形露天剧场建筑。——编注
② 这个] 1872年第一版:作为这个。——编注
③ 正如舞台世界乃是……] 准备稿:在其中他们能看到自己。——编注

的本质①。由于现代天赋的一个特有弱点,我们往往把审美的原始现象设想得太过复杂和抽象。对于真正的诗人来说,比喻并不是一个修辞手段,而是一个代表性的图像,它取代某个概念、真正地浮现在他面前。对他来说,角色并不是某种由搜集来的个别特征组成的整体,而是一个在他眼前纠缠不休的活人,后者与画家的同类幻景的区别只在于持续不断的生活和行动。何以荷马的描绘比所有诗人都要直观生动得多呢?因为荷马直观到的要多得多。我们如此抽象地谈论诗歌,因为我们通常都是烂诗人。根本上,审美现象是简单的;只要有人有能力持续地看到一种活生生的游戏,不断地为精灵所簇拥,那他就是诗人;只要有人感受到要改变自己、以别人的身心来说话的冲动,那他就是戏剧家。

狄奥尼索斯的兴奋和激动能够向全部群众传布这种艺术才能,让人们看到自己为这样一些精灵所簇拥,知道自己内心与它们合为一体。悲剧合唱歌队的这个过程乃是戏剧的原始现象:看到自己在自身面前转变,现在就行动起来,仿佛真的进入另一个身体、进入另一个角色中了。这一过程处于戏剧之发展的开端。这里有某种不同于行吟诗人的东西,行吟诗人并没有与其形象相融合,而倒是类似于画家,用静观的眼睛从外部来观看;这里已经有一种个体的放弃,即个体通过投身于某个异己的本性而放弃自己。而且,这种现象是传染性地②出现的:整群人都感到自己以此方式

---

① 而且他能洞见其最内在的本质〕准备稿:他〔直觉地〕通过直觉与它们最内在的本质相一致。——编注

② 传染性地〕1872 年第一版:地方性地。——编注

着了魔。因此,酒神颂歌本质上不同于其他所有的合唱曲。少女们手持月桂枝,庄严地走向阿波罗神庙,同时唱着一首进行曲,她们依然是她们自己,并且保持着自己的市民姓名;而酒神颂歌的合唱歌队却是一支由转变者组成的合唱歌队,他们完全忘掉了自己的市民身世和社会地位:他们变成了无时间的、生活在一切社会领域之外的他们自己的神的仆人。希腊人的所有其他合唱抒情诗只不过是对阿波罗独唱歌手的一种巨大提升;而①在酒神颂歌中,却有一个不自觉的演员群体站在我们面前,他们彼此看到了各自的变化。②

施魔③乃是一切戏剧艺术的前提条件。在这种施魔当中,狄奥尼索斯的狂热者把自己看成萨蒂尔,而且又作为萨蒂尔来观看神,也就是说,他在自己的转变中看到自身外的一个新幻景,此即他自己那种状态的阿波罗式的完成。有了这个新幻景,戏剧就完整了。

根据上述认识,我们就必须把希腊悲剧理解为总是一再地在一个阿波罗形象世界里爆发出来的狄奥尼索斯合唱歌队。所以,那些把悲剧编织起来的合唱部分,在一定程度上就是整个所谓对话的娘胎,即全部舞台世界、真正的戏剧的娘胎。在多次相继的爆发过程中,悲剧的这个原始根基放射出那个戏剧的幻景:它完全是

---

① 而]准备稿:没有人会自暴自弃,那是独唱歌手的群体,而。——编注
② 准备稿中接着有如下句子:所以,抒情诗人现象分为两个种类:看到面前形象的抒情诗人与把自身看作形象的抒情诗人,亦即阿波罗式的与狄奥尼索斯式的抒情诗人。——编注
③ 此处"施魔"德语原文为 Verzauberung,或可译"魔化"。——译注

梦的显现,从而具有史诗的本性;但另一方面,作为一种狄奥尼索斯状态的客观化,它并不是在假象中的阿波罗式解救,而倒是相反地,是个体的破碎,是个体与原始存在(Ursein)的融合为一①。因此,戏剧乃是狄奥尼索斯式认识和效果的阿波罗式具体体现,由此便与史诗相分隔,犹如隔着一条巨大的鸿沟。

以我们上述这种观点,希腊悲剧的合唱歌队,全部有着狄奥尼索斯式兴奋的群众的象征,就获得了完全的解释。从前,我们习惯于合唱歌队在现代舞台上的地位,根本不能理解希腊人那种悲剧合唱歌队何以比真正的"动作"(Action)更古老、更原始,甚至更重要,——这一点却是十分清晰地流传下来的——;再者,我们又不能赞同那种流传下来的高度重要性和原始性,既然悲剧合唱歌队实际上只是由卑微的仆人组成的,甚至首先只是由山羊般的②萨蒂尔组成的;对我们来说,舞台前的乐队始终是一个谜;而现在,我们已经达到了如下洞识:根本上,舞台连同动作原始地仅仅被当作幻景(Vision)了,唯一的"实在"正是合唱歌队,后者从自身中产生出幻景,并且以舞蹈、音乐和语言的全部象征手段来谈论幻景。这个合唱歌队在其幻景中看到自己的主人和大师狄奥尼索斯,因此永远是臣服的合唱歌队:它看见这位神灵③如何受苦受难,如何颂扬自己,因此自己并不行动。虽然合唱歌队处于这样一种对神灵的臣服地位,但它却是自然的最高表达,即狄奥尼索斯式的表达,

---

① 是个体与原始存在(Ursein)的融合为一] 准备稿:是涌现入原始痛苦中。因此对话以及一般地。——编注
② 山羊般的] 1872 年第一版:山羊腿的。——编注
③ 这位神灵] 准备稿:原始痛苦和原始矛盾的映象。——编注

因而就像自然一样在激情中言说神谕和智慧:它作为共同受苦者,同时也是智慧者,从世界心脏出发来宣告真理的智者。于是就形成了那个幻想的、显得如此有失体统的智慧而热情的萨蒂尔①形象,后者同时又是与神相对立的"蠢人":自然及其最强烈的冲动的映象,甚至是自然的象征,又是自然之智慧和艺术的宣告者,集音乐家、诗人、舞蹈家和通灵者于一身②。③

依照这种认识,也依照传统的看法,狄奥尼索斯,这个真正的舞台主角和幻景中心,起初在悲剧的最古时期并不是真正现存的,而只是被设想为现存的,也就是说,悲剧原始地只是"合唱歌队",而不是"戏剧"。到后来,人们才尝试着把这位神当作为实在的神灵显示出来,并且把幻象及其具有美化作用的氛围表现出来,使之有目共睹;由此开始了狭义的"戏剧"。现在,酒神颂歌的合唱歌队便获得了一项任务,就是要以狄奥尼索斯的方式激发观众的情绪,使之达到陶醉的程度,以至于当悲剧英雄在舞台上出现时,观众们看到的绝不是一个戴着奇形怪状面具的人,而是一个仿佛从他们自己的陶醉中产生的幻象。让我们来想想阿德墨托斯,他深深地

---

① 萨蒂尔]准备稿:萨蒂尔与西勒尼。
② 一身]准备稿:一身,质言之——既作为人又作为神灵的阿尔基洛科斯。——编注
③ 根据上述认识,我们就……]准备稿第一稿:唯有从一种自以为以狄奥尼索斯方式陶醉了的合唱歌队的立场出来,才能解释舞台及其动作。只要这种合唱歌队是唯一的观众,舞台的幻景世界的观众,它就可能在一种真正意义上被命名为理想的观众:诚然,以这种说明,我们已经完全远离了施莱格尔对于"理想的观众"一词的解释。它是那个世界的真正生产者。因此也许就可以充分地界定合唱歌队了:它是由那些已经深入到一种异己存在和一种异己性格中的演员们组成的狄奥尼索斯式队伍。而且现在,从这种异己的存在而来,就产生出一个活生生的神像;以至于演员的原始过程——我们再一次体验到悲剧从音乐中的诞生。——编注

思念着他刚刚去世的妻子阿尔刻斯提斯,整个就在对亡妻的精神观照中折磨自己①——突然间,一个身材和步态都相像的蒙面女子被带到他面前:让我们来想想他那突然的战栗不安,他那飞快的打量比较,他那本能的确信——于是我们就有了一种类似的感觉,类似于有着狄奥尼索斯式兴奋的观众看见神灵走上舞台时的感觉,而观众这时已经与神灵的苦难合而为一了。观众不由自主地把整个在自己心灵面前神奇地战栗的神灵形象转移到那个戴面具的角色上,仿佛把后者的实在性消解在一种幽灵般的非现实性中了。此即阿波罗的梦境,在其中,白昼的世界蒙上了面纱,一个新世界,比白昼世界更清晰、更明了、更感人、但又更像阴影的新世界,在持续的交替变化中,全新地在我们眼前诞生了。据此,我们就在悲剧中看到了一种根本的风格对立:一方面在狄奥尼索斯的合唱歌队抒情诗中,另一方面是在阿波罗的舞台梦境中,语言、色彩、话语的灵活和力度,作为两个相互间完全分离的表达领域而表现出来。狄奥尼索斯在阿波罗现象中客观化;而阿波罗现象再也不像合唱歌队的音乐那样,是"一片永恒的大海,一种变幻的编织,一种灼热的生命"②,再也不是那种仅仅被感受、而没有被浓缩为形象的力量,那种能够使热情洋溢的狄奥尼索斯的奴仆觉察到神灵之临近的力量;现在,从舞台角度说,对他说话的是史诗形象塑造的清晰性和确定性,现在,狄奥尼索斯不再通过力量说话,而是

---

① 据希腊神话,费拉王阿德墨托斯(Admet)寿命不长,其妻阿尔刻斯提斯(Alcestis)愿意代他去死以延夫君寿命。后来赫拉克勒斯在地狱门口夺回了阿尔刻斯提斯,送还给阿德墨托斯。欧里庇德斯曾把这个神话写成戏剧。——译注

② 一片永恒的大海……]参看歌德:《浮士德》,第505—507行。——编注

作为史诗英雄,差不多以荷马的语言来说话了。

九

在希腊悲剧的阿波罗部分、也即在对话中浮现出来的一切,看起来是简单的、透明的、美丽的。在此意义上讲,对话是希腊人的映象——希腊人的本性是在舞蹈中彰显出来的,因为在舞蹈中最大的力量只是潜在的,但在灵活而多彩的动作中得以透露出来。所以,索福克勒斯的英雄的语言以其阿波罗式的确定和明静特性而让我们大为惊喜,以至于我们立刻就以为洞见到了他们的本质的最内在根基,带着几分惊讶,惊讶于通向这个根基的道路是如此之短。然而,如果我们先撇开那浮现出来、变得清晰可见的英雄性格——根本上,后者无非是投在一堵暗墙上的影像,也即完完全全是现象——,而倒是深入到投射在这些明亮镜像上面的神话,那么,我们就会突然体验到一种与熟悉的视觉现象相反的现象。当我们竭力注视太阳时感到刺眼而转过头去,我们眼前就会出现暗色的斑点,仿佛是用来治眼睛的药物;相反,索福克勒斯的英雄那种明亮的影像显现,简言之,面具中的阿波罗因素,却是一种对自然之内核和恐怖的洞察的必然产物,仿佛是用来治疗被恐怖黑夜损害的视力的闪亮斑点。唯有在这个意义上,我们才能相信自己正确地把握了"希腊的明朗"这个严肃而重要的概念;而无疑地,在当代的所有地方,我们都能在安全的惬意状态中见到关于这种明朗的被误解了的概念。

希腊舞台上最悲惨的形象,不幸的俄狄浦斯,被索福克勒斯理解为高贵的人,他纵然智慧过人却注定要犯错受难,不过到最后,由于他承受的巨大痛苦,他对周遭施展了一种神秘的、大有裨益的力量,这种力量甚至在他亡故后依然起着作用。高贵的人不会犯罪,这位深沉的诗人想告诉我们:通过他的行为,一切法律,一切自然秩序,甚至道德世界,都可能归于毁灭,恰恰是通过这种行为,一个更高的神秘的作用范围产生了,就是那些在被推翻了的旧世界废墟上建立一个新世界的作用。这就是这位诗人想告诉我们的东西,只要他同时也是一位宗教思想家①:作为诗人,他首先向我们展示了一个神奇地纠结的讼案之结,法官慢慢地一节又一节解开了这个结,也导致了自己的毁灭;对于这种辩证的解决,真正希腊式的快乐是如此之大,以至于有一种优越的明朗之气贯穿了整部作品,往往打掉了那个讼案的可怕前提的锋芒。在《俄狄浦斯在科罗诺斯》②中,我们发现这同一种明朗,但它被提升到一种无限的美化之中了;这位老人遭受了极度苦难,他纯粹作为受苦者经受他所遭受的一切,而与之相对的是一种超凡的明朗,它从神界降落下来,暗示我们这个③英雄以其纯粹被动的行为而达到了至高的、远远超越其生命的主动性,而他早先生命中有意识的努力和追求,却只是把他带向了被动性。于是,那个在凡人眼里纠缠不清的俄狄浦斯故事的讼案之结就慢慢解开了——而且,在辩证法的这种神性对立面那里,人类最深刻的快乐向我们袭来。如若我们这种解释正确地对待了诗人,那么,我们就总还可以来追问一下,由此

---

① 同时也是一位宗教思想家]誊清稿:哲学家。——编注
② 索福克勒斯的悲剧作品。——译注
③ 这个]1872年第一版:这个悲伤的。——编注

是不是已经穷尽了神话内容:这里显而易见,诗人的整个见解无非是那个幻象,那是在我们一瞥深渊之后,具有疗救力量的自然端到我们面前的幻象。俄狄浦斯是杀害自己父亲的凶手,是他母亲的丈夫,俄狄浦斯又是斯芬克司之谜的破解者！这样一种命运的神秘三重性向我们道说了什么呢？有一个古老的、特别在波斯流传的民间信仰,说智慧的巫师只能产自乱伦——鉴于解谜和娶母的俄狄浦斯,我们马上可以对此作出如下阐释:只要有某些预言性的神奇力量打破了当前和将来的界限、僵固的个体化原则,根本上也就是打破了自然的真正魔力,在这种地方,就必定有一种巨大的反自然现象——例如前面讲的乱伦——作为原因而先行发生了;因为,要不是通过成功地抗拒自然,也即通过非自然因素,人们又怎么能迫使自然交出自己的秘密呢？我看到,这种认识就体现在俄狄浦斯命运那可怕的三重性中:破解自然之谜(那二重性的斯芬克司)的同一个人,必须作为弑父者和娶母者来打破最神圣的自然秩序。的确,这个神话似乎要悄悄地跟我们说:智慧,尤其是狄奥尼索斯的智慧,乃是一种反自然的可怖之事,谁若通过自己的知识把自然投入到毁灭的深渊之中,他自己也就必须经历自然的解体。"智慧的锋芒转而刺向智者:智慧乃是一种对自然的犯罪"——这个神话向我们喊出了此等骇人的原理;然而,这位希腊诗人却像一缕阳光,去触摸这个神话的崇高而又可怕的门农①之柱,使后者突然发出音响——用索福克勒斯的旋律！

---

① 门农(Memnon):荷马史诗《奥德赛》中最美的男子,特洛伊战争中的英雄,后为阿喀琉斯所杀。——译注

现在,与被动性之光荣相对照,我要提出照耀着埃斯库罗斯的普罗米修斯的主动性之光荣。在这里,思想家埃斯库罗斯要告诉我们的,却是他作为诗人只能通过其比喻式的形象让我们猜度的东西①;这个东西,青年歌德已经懂得用自己的普罗米修斯的豪言壮语向我们揭示出来了:②

> 我坐在这里,照着我的形象
> 塑造人,
> 一个与我相像的种类,
> 受苦,哭泣,
> 享受,快乐,
> 而像我一样,
> 对你毫无敬意!③

人类把自己提升到泰坦的高度,为自己争得文化,并且迫使诸神与他结盟,因为人类以其自身特有的智慧,掌握着诸神的实存和范限。上面这首普罗米修斯之诗,按其基本思想来看是对非虔敬的赞颂之歌,但这首诗中最美妙者,却是埃斯库罗斯对正义的深深追求:一方面是勇敢"个体"的无尽苦难,另一方面则是神性的困

---

① 通过其比喻式的形象让我们猜度的东西]誊清稿:隐瞒的东西。——编注

② 在这里,思想家埃斯库罗斯……]誊清稿:其本能的预感为我们发现了普罗米修斯,另一方面也发现了荷马,其方式类似于席勒——作为第一个、到现在为止也是最后一个——对希腊悲剧合唱歌队的理解;参看歌德:《普罗米修斯》,第 51—57 行。——编注

③ 歌德未完成的诗剧《普罗米修斯》的一个片断。——译注

厄,实即对一种诸神黄昏的预感,这两个苦难世界的力量迫使双方和解,达到形而上学的统一性——所有这一切都极为强烈地让我们想起埃斯库罗斯世界观的核心和原理,它把命运(Moira)看作超越诸神和人类而稳居宝座的永恒正义。埃斯库罗斯把奥林匹斯世界置于他的正义天平上,其胆略可谓惊人;有鉴于此,我们必须回想一下,深思熟虑的希腊人在其宗教秘仪中有一种牢不可破的形而上学思想之基础,而且可能对奥林匹斯诸神发泄其全部怀疑念头。特别是希腊的艺术家面对这些神祇依稀地感受到了一种相互依赖:而恰恰在埃斯库罗斯的《普罗米修斯》中,这种感觉得到了象征的表达。这位泰坦式的艺术家心中有一种固执的信仰,以为自己能够创造人类,至少能够消灭掉奥林匹斯诸神:这是要通过他那高等的智慧来完成的,而无疑地,他就不得不经受永恒的苦难而为这种智慧付出代价。这位伟大天才的美妙"能力"(即便以永恒的苦难为代价也是微不足道的),艺术家严峻的自豪——此乃埃斯库罗斯创作的内涵和灵魂,而索福克勒斯则在其《俄狄浦斯》中奏响了神圣者的胜利之歌的前奏曲。不过,即便埃斯库罗斯对此神话的解释也未能测出它那惊人的深度恐惧,而毋宁说,艺术家的生成快乐,那抗拒一切灾祸的艺术创造的喜悦,只不过是反映在黑暗的悲哀之湖面上的亮丽的蓝天白云。普罗米修斯的传说乃是整个雅利安民族的原始财产,是一个证据,表明这个民族善于感受深沉而悲剧性的东西;其实不无可能的是,这个神话之于雅利安人,就如同原罪神话之于闪米特人一样,是具有独特的意义的,这两个神话之间有着某种类似于兄妹的亲缘关系。普罗米修斯神话的前提,乃是天真的人类给予火以一种过高的价值,把火当作每一种上升文化的真正守护神；然而，人类自由地支配火，人类获得火不光是靠苍天的馈赠，诸如燃烧的闪电或者温热的阳光，这一点在那些遐想的原始人看来乃是一种渎神，乃是一种神性自然的剥夺。而且这样一来，第一个哲学问题就立刻设置了一个令人痛苦的、不可解决的人与神之间的矛盾，把它像一块①岩石一般推到每一种文化的大门口。人类能分享的至善和至美的东西，人类先要通过一种渎神才能争得，然后又不得不自食其果，即是说，不得不承受那整个痛苦和忧伤的洪流，那是受冒犯的苍天神灵必须要用来打击力求上升而成就高贵的人类②的：一个严峻的思想，它赋予渎神以尊严，通过这种尊严与闪米特人的原罪神话奇特地区分开来；在闪米特人的原罪神话中，好奇、说谎欺骗、不堪诱惑、淫荡，质言之，一系列主要属于女性的恶习，被视为祸害之根源。而雅利安人的观念的突出标志，则在于那种崇高观点，它把主动的罪恶当作普罗米修斯的真正德性；同时，我们从中也就发现了悲观主义悲剧的伦理基础，那是对人类祸害的辩护，而且既是对人类之罪责的辩护，也是对由此产生的苦难的辩护。万物本质中的灾祸——这是遐想的雅利安人不想加以抹煞的——世界核心中的矛盾，向雅利安人敞显为各种不同世界的交织，例如神界与人界的交织，每个世界作为个体都是合理的，但作为个别世界与另一个世界并存时，它势必要为自己的个体化经受苦难。当个人英勇地追求普遍，试图跨越个

---

① 一块]1872年第一版付印稿；1872年第一版；1874/1878年第二版付印稿；大八开本版；1874/1878年版：一块［译按：仅有德文不定冠词阳性与中性之别，中文无法传达］。——编注

② 力求上升而成就高贵的人类]誊清稿；可怜的受罚的人类。——编注

体化的界限,意愿成为这一个世界本质本身时,他自己就要忍受隐藏在万物中的原始矛盾,也就是说,他就要渎神和受苦了。所以,雅利安人把渎神理解为男性,而闪米特人则把罪恶理解为女性,正如原始的渎神是男人干的,而原罪是女人犯的。此外,女巫合唱歌队唱道:

> 女人走了几千步,
> 我们不要太较真;
> 不管女人多着忙,
> 男人一跃便赶上。①

谁若弄懂了那个普罗米修斯传说的最内在核心——亦即泰坦式奋斗的个体是势必要亵渎神明的——,他就必定同时也会感受到这种悲观主义观念中的非阿波罗因素;因为阿波罗恰恰是要在个体之间划出界线,并且总是再三要求他们有自知之明,掌握尺度,要他们记住这些界线是最神圣的世界规律,由此来安抚个体。但为了在这样一种阿波罗倾向中形式不至于僵化为埃及式的呆板和冷酷,为了在努力为个别的波浪确定轨道和范围时不至于使整个湖水变成了一潭死水,狄奥尼索斯的滔滔洪流偶尔又会摧毁掉所有那些小圆圈②,就是纯然阿波罗式的"意志"力求把希腊文化吸引入其中的那些小圆圈。于是,那骤然高涨的狄奥尼索斯洪流

---

① 参看歌德:《浮士德》第一部,第3982—2985行。——编注
② 圆圈]誊清稿:个〈体〉之圆圈。——编注

就担负起个体的各种小波浪,如同普罗米修斯的兄弟、泰坦巨神阿特拉斯①背负着大地一般。这种泰坦式的欲望,仿佛要成为所有个人的阿特拉斯,用巨肩把他们扛得越来越高、越来越远——这种欲望乃是普罗米修斯因素与狄奥尼索斯因素的共性所在。从这个方面看,埃斯库罗斯的普罗米修斯就是狄奥尼索斯的面具,而此前提到过的埃斯库罗斯对于正义的那种深刻追求,则透露出普罗米修斯在父系一脉上源自阿波罗,后者是个体化之神和正义界限之神,是明智者。所以,埃斯库罗斯的普罗米修斯的双重本质,即他兼具狄奥尼索斯本性和阿波罗本性,就可以②用抽象的公式来加以表达:"现存的一切既正义又不正义,在两种情况下都是同样合理的。"

　　这就你的世界! 这就是所谓的世界!③ ——④

十

　　有一个不容争辩的传说是,最古形态的希腊悲剧只以狄奥尼索斯的苦难为课题,在很长一段时间里唯一现成的舞台主角正是狄奥尼索斯。但我们可以同样确凿地断定,直到欧里庇德斯,狄奥尼索斯向来都是悲剧主角,希腊舞台上的所有著名角色,

---

　　① 阿特拉斯(Atlas):希腊神话中的擎天神,属泰坦神族。——译注
　　② 可以]1872年第一版付印稿:可以——使逻辑学家欧里庇德斯大感惊奇。——编注
　　③ 歌德:《浮士德》第一部,第409行。——编注
　　④ 透露出普罗米修斯在父系……]誊清稿:让人看出普罗米修斯在父系一脉上源自阿波罗。"正义的合理性在不正义中"——所以,埃斯库罗斯的普罗米修斯的双重本性,即他的狄奥尼索斯和阿波罗起源,也许就可以用抽象的公式来加以表达。——编注

普罗米修斯、①俄狄浦斯,等等,都只是那个原始的主角狄奥尼索斯的面具而已。所有这些面具后面隐藏着一个神祇,这乃是唯一根本性的原因,说明那些著名角色为何具有如此经常地让人赞叹的典型的"理想性"。我不知道有谁说过,所有个体作为个体都是滑稽的,因而是非悲剧性的②:由此或可得知,希腊人根本上是不可能容忍舞台上的个体的。希腊人看来确实有此种感受:说到底,柏拉图对于与"偶像"(Idol)、映象(Abbild)相对立的"理念"(Idee)所做的区分和评价,是深深地植根于希腊人的本质之中的。而若用柏拉图的术语来说,我们或可这样来谈论希腊舞台的悲剧形象:这③一个真正实在的狄奥尼索斯以多种形象显现,戴着一个抗争英雄的面具,仿佛卷入个别意志之网中。以现在这个显现之神的言行方式,他就像一个迷误、抗争、受苦的个体;而且根本上,他以史诗般的明确和清晰显现出来,这要归于释梦者阿波罗的作用,阿波罗通过那种比喻性的显现向合唱歌队解释了他的狄奥尼索斯状态④。

---

① 普罗米修斯,]1872年第一版;1874/1878年第二版付印稿:普罗米修斯[译按:此处仅少一个逗号]。——编注

② 我不知有谁说过,所有……]参看叔本华:《作为意志和表象的世界》第一篇,第380页(第4章第58节);参看《不合时宜的考察》第三卷。——编注

③ 悲剧形象:这]誊清稿:悲剧形象:这个理念,这个只有真正的实在性才具有、并且只在这种面具中才显现出来的理念,乃是秘仪中受苦的狄奥尼索斯,那个本身受个体〈化〉之折磨的英雄,后者同时也被叫作"野蛮者"和"野蛮的"神:这。——编注

④ 而且根本上,他以史诗般的……]据誊清稿:尽管这一点大体上适合于阿里斯托〈芬〉喜剧的狄奥尼索斯。也许悲剧的面具本身同时也带有某种东西,这种东西把悲剧的面具标志为阿波罗之显现。而且这样一来,我们或许就可按照柏拉图的术语,把悲剧的面具界定为两种理念的共同映象:由此我们就将达到那个问题,即一个显现者如何可能同时是两个理念的影像,现在这个显现者如何以及为何成了介于一种经验的现实与一种理想的、唯在柏拉图意义上实在的现实之间的中间物。这种关系之所以复杂,是因为阿波罗因素恰恰无非是显现本身的理念。——编注

但实际上,这个英雄就是秘仪中受苦的狄奥尼索斯,是亲身经历个体化之苦的神;根据种种神奇的神话叙述,狄奥尼索斯年轻时曾被泰坦诸神所肢解,然后在此状态中又被奉为查格琉斯①而广受崇敬——这就暗示出,这样一种解体,即真正狄奥尼索斯的苦难,宛若一种向气、水、土、火的转变,所以,我们就必须把个体化状态视为一切苦难的根源和始基,视为某种本身无耻下流的东西。从这个狄奥尼索斯的微笑中产生了奥林匹斯诸神,从他的眼泪中产生了人类。以这种作为被肢解之神的实存,狄奥尼索斯具有双重本性,他既是残暴野蛮的恶魔,又是温良仁慈的主宰。可是,秘仪信徒们却指望着狄奥尼索斯的再生,对于这种再生,我们现在必须充满预感地把它把握为个体化的终结:对于这个即将到来的第三个狄奥尼索斯,秘仪信徒们报以激荡的欢呼歌唱。而且,只是因为有了这种希望,被分解为个体的支离破碎的世界才焕发出一缕欢乐的容光——通过沉浸在永恒悲伤中的得墨忒耳②,神话形象地说明了这一点:当她听说她能再次把狄奥尼索斯生出来时,她第一次重启笑容。以上述观点,我们已然有了一种深刻的、悲观主义的世界观的全部要素,同时也就理解了悲剧的秘仪学说:那就是关于万物统一的基本认识,把个体化当作祸患之始基的看法,艺术③作为那种要打破个体化之界限的快乐希望,以及作为对一种重建的统一性的预感。

上文早已指出,《荷马史诗》乃是奥林匹斯文化的诗作,这种文

---

① 查格琉斯(Zagreus):狄奥尼索斯的别名。希腊神话中主神宙斯的私生子,赫拉出于嫉妒命泰坦神族把他肢解了,后从某女神腹中再生,名为查格琉斯。——译注
② 得墨忒耳(Demeter):希腊神话中的丰产、农林女神。——译注
③ 艺术]1872年第一版:美与艺术。——编注

化用它来歌唱自己如何战胜了泰坦诸神之争的恐惧。现在,在悲剧诗作的强大影响之下,荷马神话得以重新诞生,而且这样一种灵魂转生①也表明,甚至奥林匹斯文化此间也被一种更深刻的世界观战胜了。英勇的泰坦神普罗米修斯对其奥林匹斯的折磨者宣布,如若后者不及时与他结盟,其统治地位终将面临至高的危险。在埃斯库罗斯那里,我们看到惊恐的、害怕自己的末日的宙斯与这位泰坦神结成联盟。于是,早先的泰坦时代后来又脱离了塔尔塔罗斯②,得以重见天日。关于野蛮而赤裸的自然的哲学,带着毫无掩饰的真理表情来直观飞扬而过的荷马世界的神话:面对这位女神闪电般的目光,这些神话黯然失色,颤抖不已——直到狄奥尼索斯式艺术家的巨掌强迫它们为这位新的神祇效力。狄奥尼索斯的真理接管了整个神话领域,以之作为它的认识的象征,并且表达出这种认识——有时是在公开的悲剧祭礼中,有时是在隐秘的戏剧秘仪节日庆典中,但总是披着古老神秘的外衣。是何种力量把普罗米修斯从鹰爪中解放出来,把这个神话转变成表达狄奥尼索斯智慧的手段呢?那是音乐的赫拉克勒斯式的力量:这种音乐在悲剧中达到其至高的显现,善于用全新的极深刻的意义来解释神话;这一点,我们先前已经把它刻画为音乐的至强能力了。因为任何神话的命运正在于,渐渐地潜入某个所谓历史现实的狭隘范围里,然后被后世某个时代处理为具有历史诉求的唯一事实;而且,希腊人早已完全做好了准备,敏锐而任意地对他们整个神话般的青春

---

① 灵魂转生]准备稿:变形。——编注
② 塔尔塔罗斯(Tartarus):希腊神话中的地狱之神,也是"地狱"的代名词。——译注

梦想作了重新烙印,使之成为一种实用史学的青春史。因为,这乃是宗教通常走向衰亡的方式:也就是说,当一种宗教的神话前提受到一种正统教义的严肃而理智的监视,被系统化为历史事件的现成总和,当人们开始忧心忡忡地为神话的可信性辩护,却又反对神话任何自然的继续生存和繁衍,从而神话感渐趋消亡,取而代之的是宗教对于历史基础的要求,这时候,宗教便走向衰亡了①。现在,新生的狄奥尼索斯音乐天才抓住了这种垂死的神话:这神话在他手里再度欣欣向荣,展现出前所未有的亮丽色彩,带着一种馥郁的芬芳,激发出一种对形而上学世界的渴望和预感。而经过这一次回光返照之后,神话就委靡不振了,残叶凋零,古代擅长嘲讽的卢奇安②之流,马上就去追逐那些随风飘逝、枯萎失色的花瓣了。通过悲剧,神话获得了它最深刻的内容和最具表现力的形式;有如一个受伤的英雄,神话再度兴起了,它全部的剩余精力,连同垂死者充满智慧的宁静,在它眼里燃烧,发出最后的强烈光芒。

渎神的欧里庇德斯啊,当你企图迫使这个垂死者再度为你服役时,你意欲何为?这个垂死者死于你残暴的铁腕下:现在,你需要一个仿冒的、伪装的神话,它就像赫拉克勒斯的猴子③一样,只还知道用古旧的奢华来装饰自己。而且,正如神话死于你手上,音乐天才同样也因你而死:即使你贪得无厌地想把所有音乐花园洗

---

① 因为,这乃是宗教通常……]据准备稿:宗教通常就这样走向衰亡,无论哪个时代的艺术作品的最高贵形式就这样继续存在,成为一种陈旧的古董,或者成为一种昂贵的金属。——编注

② 卢奇安(Lucian,约125—约192年):又译琉善,古希腊散文作家、哲学家,无神论者。——译注

③ 赫拉克勒斯的猴子:一种对赫拉克勒斯的模仿。在古希腊,这是一个用来表示傲慢之人的贬义说法。——译注

劫一空,你也只是把它变成了一种仿冒的、伪装的音乐。由于你抛弃了狄奥尼索斯,阿波罗也就离弃了你;把全部的热情统统赶出它们的营地吧,把它们吸引到你的领地里吧,为你的英雄的话语磨炼口舌,备下一种智者的辩证法吧——即便你的英雄只有仿冒的、伪装的热情,只能讲仿冒的、伪装的话语。①

十一

希腊②悲剧的毁灭不同于全部更古老的姊妹艺术种类:它是由于一种难以解决的冲突而死于自杀,所以是悲剧性的,而所有更古老的姊妹艺术种类则都尽享天年,都是极美丽和极安详地逐渐消失掉的。因为,如果说留下美好的后代、毫无痉挛地告别人生乃是合乎一种幸福的自然状态的,那么,那些更为古老的姊妹艺术种类的终结,就向我们表明了这样一种幸福的自然状态:它们慢慢地隐失,而且在它们弥留的目光前已然站着它们更美的子孙,后者正以勇敢的姿态急不可耐地昂起自己的头颅呢。与此相反,随着希腊悲剧的死亡,则出现了一种巨大的、往往深深地被感受到的空虚;就如同提庇留③时代的希腊船夫有一次在一座孤岛上听到令

---

① 话语。] 准备稿:话语。阿门,欧里庇德斯!——编注
② 希腊] 1872 年第一版付印稿:[为了在上述一般的根本性的考察之后,让眼睛在一种更可靠的历史事例说明上平静下来,请允许我们在此进一步探讨一下希腊悲剧之死;我们假定,如果悲剧真的是从狄奥尼索斯元素和阿波罗元素的统一中诞生的,那么,悲剧之死也就必须根据这些原始力量的消解来解释:现在出现的问题是,能够把这些牢牢地相互缠绕在一起的原始力量消解掉的是何种强力?] 希腊。——编注
③ 提庇留(Tiberius Claudius Nero,公元前 42—公元 37 年):罗马帝国第二位皇帝,以暴虐、好色著称。——译注

人震惊的呼叫:"伟大的潘死了!"①——同样地,现在整个希腊世界都响起一种痛苦的哀叫声②:"悲剧死了!诗歌本身也随之消失了!滚吧,你们这些瘦弱委靡的后代啊!滚到地狱里去吧,在那里你们尚可饱餐一顿昔日大师们的残羹剩菜!"

但这个时候,却有一种新的艺术繁荣起来了,它把悲剧奉为先驱和导师;人们当时惊恐地发觉,这种艺术固然带有她母亲的容貌特征,但却是这位母亲在长期的垂死挣扎中表现出来的容貌。欧里庇德斯所做的斗争就是悲剧的这种垂死挣扎;这种后起的艺术乃是众所周知的阿提卡新喜剧。在阿提卡新喜剧身上,残存着悲剧的蜕化形态,构成悲剧极其艰难和惨烈的消亡的纪念碑。

鉴于上述联系,我们就不难理解为什么新喜剧的诗人们对于欧里庇德斯抱有热烈的爱慕之情;以至于斐勒蒙③的愿望不再令人诧异了,此人想立即上吊自杀,只为能够去拜访阴间的欧里庇德斯——只要他竟然确信这位死者现在也还是有理智的。但如果我们不求详尽,而只想简明扼要地刻画出欧里庇德斯与米南德④和斐勒蒙的共同之处,以及十分兴奋地对他们起典范作用的东西,那么,我们只需说:欧里庇德斯把观众带上舞台了。如果你认识到欧

---

① 就如同提庇留时代……]参看普鲁塔克:《神谶非必应说》(De def. orac.),17。——编注

② 整个希腊世界都响起……]誊清稿:每个胸腔都发出伤筋动骨的哀叫声。——编注

③ 斐勒蒙(Philemon,公元前368—前264年):古希腊阿提卡新喜剧作家。——译注

④ 米南德(Menander,公元前342—前291年):古希腊戏剧作家,阿提卡新喜剧的代表。——译注

里庇德斯之前普罗米修斯式的悲剧作家们是用什么材料塑造他们的主角的,根本没有把现实的忠实①面具搬到舞台上去的意图,那么,你也就弄清楚欧里庇德斯的完全背离的倾向了。通过欧里庇德斯,日常生活中的人从观众席冲上了舞台——这面②镜子先前只表达伟大勇敢的性格,现在则显露出那种极其严密的忠实,连自然的败笔也加以仔细再现。现在在新诗人笔下,奥德修斯,古代艺术中典型的希腊人,已沦为③小希腊人④形象了,从今往后,这种小希腊人就作为好心肠的、狡黠的家奴占据了戏剧趣味的中心。在阿里斯托芬的《蛙》⑤中,欧里庇德斯声称自己的功绩是通过家常便药使悲剧艺术摆脱了富丽堂皇的臃肿病,这一点首先可以在他的悲剧主角身上得到感受。现在,观众们在欧里庇德斯的舞台上看到和听到的,根本上就是他们自己的影子,并且为这影子的能说会道而大感开心。但不只是开心而已,人们自己还可以向欧里庇德斯学习说话;在与埃斯库罗斯比赛时,欧里庇德斯就曾以此自夸:通过他,民众现在已经学会了用极机智的诡辩术巧妙地去观察、商讨和推论了。通过这样一种对公共语言的改变,他根本上就使新喜剧成为可能了。因为从现在起,如何以及用何种格言让日常事物登上舞台,已经不再是一个秘密了。欧里庇德斯把他全部

---

① 忠实] 誊清稿:僵死。——编注
② 舞台——这面] 誊清稿:舞台——而且柏拉图必定会轻蔑地感觉到,这里要认识的是映象之映象(Abbild des Abbildes),而不再是理念。这面。——编注
③ 希腊人,已沦为] 誊清稿:希腊人——亦即这个民族的典型男人,而不是伟大的个体——已沦为。——编注
④ 此处"小希腊人"原文为拉丁语 Graeculus。——译注
⑤ 参看第 937 行以下。——编注

的政治希望都建立在市民的平庸性上，现在，这种平庸性有了发言权，而在此之前，却是由悲剧中的半神、喜剧中醉醺醺的萨蒂尔或者半人①来决定语言特性的。而且这样一来，阿里斯托芬剧中的欧里庇德斯就竭力自夸，说他描绘了人人都能做出判断的普通的、熟知的、日常的生活和行动。如果说现在大众都能进行哲学思考了，②都能以闻所未闻的聪明管理土地和财产，开展诉讼，那么，这全是他的功劳，是他向民众灌输的智慧的成就。

现在，新喜剧就可以面向一个有这般准备和经过这番启蒙的大众了，而欧里庇德斯在某种程度上就成了这新喜剧的合唱歌队导师；只不过这一回，观众合唱歌队还必须接受训练。一旦这个合唱歌队训练有素了，能用欧里庇德斯的调子唱歌了，就兴起了那种③弈棋式的戏剧种类，就是以狡诈和诡计不断获胜的新喜剧。而欧里庇德斯——这位合唱歌队导师——就不断地受到赞扬：真的，倘若人们不知道悲剧诗人们与悲剧一样已经死了，为了从他那里学习更多一点东西，人们就会自杀的。然而，随着悲剧之死，希腊人也放弃了对于不朽的信仰，不但不再信仰一个理想的过去，而且也不再信仰一个理想的将来了。那个著名的墓志铭④上的一句话"老者轻浮又古怪"也适用于老迈的希腊文化。瞬息欢娱、玩世不恭、漫不经心、喜怒无常，乃是当时最高的神灵；第五等级，即奴隶等级，现在要上台当权了——至少在观

---

① 半人]1872年第一版：半神。——编注
② 进行哲学思考了，]1872年第一版：进行哲学思考了，并且。——编注
③ 那种]1872年第一版：这种。——编注
④ 墓志铭]参看歌德：《讽刺诗·墓志铭》，第4行。——编注

念上是这样:如若现在竟还谈得上"希腊的明朗",那也是奴隶的明朗了;奴隶们不懂得承担什么重大责任,不知道追求什么伟大,眼里只重当下,而不懂尊重过去或者将来之物。正是这样一种"希腊的明朗"的假象,深深地激怒了基督教前四个世纪里那些深刻而可怕的人物:在他们看来,这种女性式的对严肃和恐怖的逃避,这种懦夫般的对安逸享乐的沾沾自喜,不仅是可鄙的,而且是真正敌基督的思想观念。而且,由于这种思想观念的影响,延续了几百年的关于古代希腊的观点,以几乎不可克服的坚韧性保持着那种①粉红的明快色彩——仿佛从来就不曾有过②公元前六世纪及其悲剧的诞生,及其秘仪,及其毕达哥拉斯③和赫拉克利特,仿佛压根儿就不曾有过这个伟大时代的艺术作品;诚然,对于这些各自独立的艺术作品,我们根本不能根据这样一种老迈的、奴性的此在乐趣和明朗来加以说明,它们指示着一种完全不同的世界观,以此作为自己的实存根据。

上文我们断言,欧里庇德斯把观众带上舞台了,从而同时就让观众真正有能力对戏剧作出判断了。如此便产生出一种假象,仿佛更古老的悲剧艺术并没有摆脱与观众的不当关系;而且,人们就会努力去赞扬欧里庇德斯的激进意图,把他要获得艺术作品与观众之间的相应关系的意图视为超越索福克勒斯的一大进步。然而,所谓"观众"只不过是一个词而已,完全不具有相同的、本身固定的伟大意义。艺术家有何义务去适应一种只靠数量见长的力量

---

① 那种]誊清稿:那种讨厌的阴阜臭气和那种。——编注
② 不曾有过]1872年第一版;1874/1878年第二版付印稿:没有过。——编注
③ 毕达哥拉斯]1872年第一版付印稿:恩培多克勒。——编注

呢？如果艺术家觉得自己在天赋和志向上都超过了每一个观众，那么，他何以在所有这些比他低等的全体观众的共同表达面前，比在相对而言极有[①]天赋的个别观众面前感受到更多的尊重呢？实际上，没有一个希腊艺术家像欧里庇德斯那样，在漫长的一生中都如此放肆而自满地对待他的观众：即使当群众对他五体投地时，他也以高傲的固执态度，公然抨击自己用以战胜群众的意图。倘若这位天才对于观众群魔有一丁点敬畏之心，那么，在失败的棒打下，他或许早在自己事业生涯的中途就崩溃了。由此考量，我们就会看到，我们所谓欧里庇德斯把观众带上舞台了，是为了使观众真正具有判断能力，这种说法只不过是一个权宜之计，我们必须寻求对他的意图做一种更深入的理解。相反地，众所周知的是，埃斯库罗斯和索福克勒斯在他们的有生之年——甚至在死后很长时间里——如何广受民众爱戴，而且因此，在欧里庇德斯的这些前辈那里，根本就谈不上一种在艺术作品与观众之间的不当关系。那么，是什么强大的力量驱使这位富有才气又不懈地创作的艺术家偏离正道，抛弃了隆隆诗名的普照阳光和民众爱戴的灿烂晴空相辉映的美好前程呢？何种对于观众的特殊顾虑使他背弃观众呢？他怎么可能是因为过于尊重观众而蔑视观众呢？

上面我们端出了一个谜，其谜底在于：欧里庇德斯很可能觉得自己作为诗人要比群众高明，但并不比他的那两个观众高明；他把群众带上舞台了，而对于他的那两个观众，他却是敬重有加，视之为唯一有能力判断他的全部艺术的法官和大师——遵照那两个观

---

① 极有］1872 年第一版：最有。——编注

众的指令和劝告,他把感受、激情和经验①的整个世界,也就是此前在观众席上作为看不见的合唱歌队在每一次节日演出时所感受到的一切,全盘转嫁到舞台主角的心灵中了。当他为这些新角色寻找新语言和新音调时,他便顺从那两个观众的要求,当他看到自己再次受观众法庭的谴责时,唯有在那两个观众的声音里面,他才听到了对自己的创作的有效判词,以及让人感到胜利在望的鼓舞。

那两个观众之一是欧里庇德斯本人,是作为思想家②的欧里庇德斯,而不是作为诗人的欧里庇德斯。我们可以说,欧里庇德斯异常丰富的批判才能——类似于莱辛——即便不说生产,至少也会持续不断地孕育一种附带的艺术创造冲动。以这样一种天赋,以其批判性思想的全部明晰和灵敏,欧里庇德斯坐在剧场里面,努力去重新认识他那些伟大先辈的杰作,有如观看一幅已经褪色的画作,一笔一笔、一条一条地加以重审。而且在这里,他碰到了那些获悉埃斯库罗斯悲剧之深度奥秘的人们③不会感到意外的东西:在每一笔和每一条线上,他看到了某种无法测度的东西,某种令人迷惑的确定性,同时也是一种神秘的深度,实即背景的无穷无尽。最清晰的形象也总是带着一个彗星尾巴,似乎暗示着不确定、弄不清楚的东西。这同一种朦胧暮色也笼罩在戏剧结构上面,尤其是在合唱歌队的意义上。而且,伦理问

---

① 经验]1872年第一版:状态。——编注
② 思想家]誊清稿:批评家。——编注
③ 那些获悉埃斯库罗斯……]誊清稿:先行考察了戏剧中的狄奥尼索斯因素的我们。——编注

题的解答依然让他感到多么疑惑啊！神话的处理也是多么可疑啊！幸与不幸的分配是多么不均啊！即便在更古老悲剧的语言中，也有许多东西让他反感，至少令他感到神秘莫测；特别是他发现其中用了过多的堂皇辞藻来表达简单的关系，用了过多的比喻和惊人词章来表现朴素的性格。他就这样坐在剧场里，不安地冥思苦想，而且作为观众，他承认自己不能理解他那些伟大的先辈。然而，如果说在他看来理智是一切欣赏和创作的真正根源①，那么，他就不得不追问和寻思，是不是没有人与他想法一致，没有人与他一样承认那种不可测度性。但许多人，包括那些最优秀的个人，只是对他报以怀疑的微笑；而没有人能为他说明，为什么大师们面对他的疑虑和异议总是正确的。在这样一种极其痛苦的状态中，他找到了另一个观众，后者并不理解悲剧，因而也不重视悲剧。与这位观众结盟，欧里庇德斯就大胆地摆脱了孤独，开始向埃斯库罗斯和索福克勒斯的艺术作品发起一场惊人的斗争——不是用论战文章，而是作为戏剧诗人，用自己的悲剧观来反对传统的悲剧观。

十二

在指出另一个观众的名字之前，让我们在此稍作停留，重温一下我们上文描写过的埃斯库罗斯悲剧之本质中存在的分裂性和不

---

① 然而，如果在他看来……] 誊清稿：然而，如果在他看来理智超越一切，是一切欣赏和创作的真正根源。——编注

可测度性的印象。让我们来想一想,我们自己面对悲剧合唱歌队和悲剧主角时的惊诧心情;这两者,我们不知道怎么把它们与我们的习惯以及传统协调起来——直到我们重新发现了作为希腊悲剧之起源和本质的双重性本身,它是阿波罗与狄奥尼索斯这两个相互交织的艺术冲动的表达。

把那种原始的和万能的狄奥尼索斯元素从悲剧中剔除出去,并且纯粹地、全新地在非狄奥尼索斯的①艺术、道德和世界观基础上重建悲剧——这就是现在明明白白地向我们揭示出来的欧里庇德斯的意图。②

在晚年的一部神话剧里,欧里庇德斯本人竭力地向他的同代人提出了有关这种意图的价值和意义的问题。竟允许狄奥尼索斯因素存在吗?难道不应该强行把它从希腊的土壤里根除掉吗?那是当然啰,这位诗人告诉我们,只要有可能,就要把它根除掉;但酒神狄奥尼索斯太过强大了;像《酒神的伴侣》中的彭透斯③这样绝顶聪明的敌手,也突然被他迷惑了,后来就在着魔状态中奔向自己的厄运。卡德摩斯和忒瑞西阿斯④这两位老者的判断,似乎也就是这位老诗人的判断了:最聪明个体的思索也推翻不了那些古老的民间传统,那种生生不息地蔓延的狄奥尼索

---

① 非狄奥尼索斯的]据1872年第一版付印稿:阿波罗的。——编注
② 把那种原始的和万能的……]1872年第一版付印稿:疏排[译按:加重点号]。——编注
③ 彭透斯(Pentheus):古希腊神话中的海神,底比斯国王,与酒神狄奥尼索斯为敌,后死于狄奥尼索斯信徒之手。——译注
④ 卡德谟斯(Kadmus):相传为古希腊底比斯城的创建者;提列西亚(Tiresias):底比斯城的先知。——译注

斯崇拜；其实面对此种神奇的力量，恰当的做法是至少显示出一种外交式谨慎的关注——但即便这样，这位酒神仍有可能对如此不冷不热的参与生出①反感，最后把外交家变成②一条龙（就像这里的卡德摩斯）。这就是一位诗人告诉我们的，他以漫长的一生英勇地反抗狄奥尼索斯，最后却对自己的敌手大加赞美，以自杀来结束自己的生涯③，类似于一位头晕者从高塔上摔下来，只为逃避可怕的、再也无法忍受的眩晕。这部悲剧④就是对他的意图之可行性的抗议；但是啊，他的意图已经得到了实行！⑤ 惊人之事发生了：当这位诗人要收回自己的意图时，他的意图已经得胜了。狄奥尼索斯已经从悲剧舞台上被赶了下来，而且是被一种恶魔般的力量赶下来的——一种借欧里庇德斯之口说话的恶魔般的力量。连欧里庇德斯在某种意义上也只是面具：借他之口说话的神祇不是狄奥尼索斯，也不是阿波罗，而是一个完全新生的恶魔，名叫苏格拉底⑥。这是一种全新的对立：狄奥尼索斯与苏格拉底，而希腊悲剧艺术作品便因此对立而走向毁灭了。

---

① 生出] 1872 年第一版：生出［译按：仅有动词形式差异］。——编注
② 变成] 1872 年第一版：变成［译按：仅有动词形式差异］。——编注
③ 最后却对自己的敌手……］准备稿：最后他却投入敌对势力系在前面的长矛上，可以说由此为了敌手牺牲了自己。——编注
④ 指《酒神的伴侣》。——译注
⑤ 他的意图之可行性……］准备稿：他自己的意图：他自己可能在其中作为彭透斯而受酒神女祭司的折磨，并且以他自己褴褛的残余来赞美上帝的万能。于是，诗人就此收回自己的意图，靠的是他迄今为止用来反抗狄奥尼索斯的同一种令人惊恐的能量。——编注
⑥ 也不是阿波罗……］据准备稿：而是阿波罗，更准确地讲，是在老年又变成了小孩的阿波罗。——编注

现在①,尽管欧里庇德斯力图通过自己的悔改来安慰我们,但他是不会成功的:壮丽无比的庙宇已成废墟了;破坏者的悲叹,破坏者承认那是所有庙宇中最美的一座,这对我们又有何用场呢?即便欧里庇德斯受到了惩罚,被所有时代的艺术法官转变成一条龙了——但这样一种可怜的补偿又能使谁满意呢?

现在,让我们进一步来考察一下那种苏格拉底意图,欧里庇德斯正是借此来反对和战胜埃斯库罗斯悲剧的。

我们现在必须问问自己:欧里庇德斯只想把戏剧建立在非狄奥尼索斯因素②的基础上,这样一种计划,就其实施的至高理想而言,究竟有着何种目标呢?倘若戏剧不是从音乐的母腹中、在狄奥尼索斯的那个神秘暮色中诞生出来的,那么,它还会有何种形式呢?只有戏剧化的史诗了:在这个阿波罗式的艺术领域里,悲剧的效果当然是达不到的。这里的关键不在于所描写的事件的内容;的确,我甚至想说,歌德在他所设计的《瑙西卡》③中不可能把那个

---

① 毁灭了。现在]准备稿:毁灭了。如若人们能准确地经验某个事物是如何以及因何而毁灭的,那么,人们差不多也能经验到这个事物是如何形成的。因此,在讨论了悲剧和悲剧思想的诞生之后,就有必要也引入另一个富有教益的方面,以供比较之用,并且来追问一下,悲剧和悲剧思想是如何没落的。由此,我们同时也被引向了我们已经暗示过的那个任务,它还要求我们根据悲剧本身的形式,对狄奥尼索斯与阿波罗之双重本性作出阐释。因为,如果说狄奥尼索斯与阿波罗因素乃是悲剧艺术作品中决定形式的因素——以同样的方式,这一点最后为悲剧的面具所证明——那么,悲剧之死就必须根据那两种原始力量的消解来加以解释。现在,问题就出现了:能够把这两种原始力量相互消解掉的是何种强力呢?我已经说过,这种强力就是苏格拉底主义。现在。——编注

② 非狄奥尼索斯因素]1872年第一版付印稿:阿波罗因素。——编注

③ 《瑙西卡》:诗人歌德的戏剧作品。瑙西卡(Nausikaa)是希腊神话中准阿喀亚王的女儿,美如女神,与奥德修斯有一段未果的恋情。——译注

牧歌式人物的自杀——这是要在第五幕中完成的——弄得那么富有悲剧效果；史诗的阿波罗式表现力是如此超乎寻常，以至于它借助于对于假象的快感以及对于通过假象达到的解脱的快感，使最恐怖的事物在我们眼前魔幻化。戏剧化史诗的诗人，就如同史诗流浪歌手一样，是不能与史诗形象完全融合起来的：他始终抱着不动声色的静观态度，从远处看着自己面前的形象。这种戏剧化史诗的演员从骨子里讲始终还是流浪歌手；内心梦幻的圣洁庄严落在他的所有表演上，以至于他从来都不是一个完全的演员[①]。

那么，欧里庇德斯戏剧对于阿波罗戏剧的理想又是怎样的关系呢？其关系就像那个年轻的流浪歌手之于古代庄严的流浪歌手[②]——在柏拉图的《伊翁篇》[③]中，那个年轻的流浪歌手对自己的本性做了如下描写："当我讲到某件悲哀之事时，我眼里充满泪水；而如果我讲的事恐怖而可怕，我便毛骨悚然，心惊肉跳了。"在这里，我们再也看不到那种对假象的史诗式沉迷，再也看不到真正的演员那种毫无冲动的冷静——真正的演员恰恰在其演艺的至高境界中完全成为假象和对于假象的快感了。欧里庇德斯就是那种心惊肉跳、毛骨悚然的演员；他作为苏格拉底式的思想家来制订计划，又作为热情的演员来实施计划。无论是在计划的制订还是在计划的实施中，他都不是纯粹的艺术家。所以，欧里庇德斯的戏剧

[①] 表演上，以至于他……] 准备稿：表演上。唯以此途径，我们才能接近和理解歌德的《伊菲格尼亚》[译按：《伊菲格尼亚在陶里斯》是歌德的一部戏剧作品]，对这部作品，我们必须把它当作至高的戏剧和史诗的诞生来加以敬重。——编注

[②] 那个年轻的流浪歌手……] 1872年第一版：古代庄严的流浪歌手之于那个年轻的流浪歌手。——编注

[③] 《伊翁篇》] 535b。——编注

是一个既冷又热的东西,既能把人冻僵又能让人燃烧;它不可能达到史诗的阿波罗式效果,而另一方面,它又尽可能地摆脱了狄奥尼索斯元素;现在,为了制造效果,他就需要新的刺激手段,那是再也不可能在两种艺术冲动中、亦即在阿波罗式艺术冲动和狄奥尼索斯式艺术冲动中找到的。这些新的刺激手段就是取代阿波罗式直观的冷静而悖论的思想,以及取代狄奥尼索斯式陶醉的火热情绪,而且是在高度真实地模仿的①、绝没有消失在艺术苍穹中的思想和情绪。

因此,既然我们已经知道了这么多,知道了欧里庇德斯根本没有成功地把戏剧仅仅建立在阿波罗因素基础上面,而毋宁说,他的非狄奥尼索斯②意图是误入歧途了,成了一种自然主义的和非艺术的倾向,那么,现在我们就可以更进一步,来探讨一下审美苏格拉底主义的本质了;审美苏格拉底主义的最高原则差不多是:"凡要成为美的,就必须是理智的";这是可与苏格拉底的命题"唯知识者才有德性"③相提并论的。欧里庇德斯拿着这个准则来衡量所有细节,并且依照这个原则来校正它们:语言、人物、戏剧结构、合唱歌队音乐。在与索福克勒斯悲剧的比较中,往往被我们算到欧里庇德斯头上的诗歌的缺陷和倒退,多半是那种深入的批判过程、那种大胆的理智的产物。欧里庇德斯的序幕可为我们用作例证,来说明那种理性主义方法的成效。与我们的舞台技巧大相违背的,莫过于欧里庇德斯戏剧中的序幕

---

① 真实地模仿的]1872年第一版:真实的、忠于自然的。——编注
② 非狄奥尼索斯]1872年第一版付印稿:阿波罗。——编注
③ 通常被解为"知识即德性"。——译注

了。在一出戏的开始，总会有一个人物登台，告诉观众他是谁，前面的剧情如何，此前发生了什么事，甚至这出戏的进展中将发生什么事——现代戏剧作家或许会把这种做法称为不可饶恕的蓄意之举，是故意放弃了悬念效果。我们都知道了将要发生的一切事情，这时候，谁还愿意等待它们真的发生呢？——因为在这里，甚至决不会出现一个预言的梦与一种后来发生的现实之间令人激动的关系。欧里庇德斯作了完全异样的思考。悲剧的效果决不依靠史诗般的紧张悬念，决不依靠现在和以后将发生之事的诱人的不确定性；相反，倒是要靠那些雄辩又抒情的宏大场景，在这种场景里，主角的激情和雄辩犹如一股洪流掀起汹涌波涛。一切皆为激情所准备，而不是为了情节：凡是不能酝酿激情的，都被视为卑下的。但最强烈地妨碍观众尽情享受地投入到这种场景中去的，是观众缺了一个环节，是剧情前因后果中留有一个缺口；只要观众依然不得不去算计这个或那个人物的含义，这种或那种倾向和意图冲突是以什么为前提的，他们就还不可能全神贯注于主角的痛苦和行为上面，还不可能紧张地与主角同甘苦共患难。埃斯库罗斯和索福克勒斯的悲剧运用了极聪明的艺术手段，带着几分偶然，在头几个场景里就把理解剧情所必需的所有那些线索交到观众手中了：这是一个能证明那种高贵的艺术家风范的特征，而此所谓艺术家风范仿佛掩盖了必要的形式因素，使之表现为偶然的东西。不过，欧里庇德斯总还自以为已经发现：观众在看头几个场景时处于特有的骚动不安当中，为的是把剧情的前因后果算计清楚，以至于他们丢失了诗意的美和展示部的激情。因此，欧里庇德斯就在展示部之前设置了一个序幕,并且让一个人们可以信赖的角色来交代这个序幕:经常须有一位神祇,在一定程度上由该神祇来向观众担保悲剧的情节发展,消除人们对于神话之实在性的任何怀疑,其方式类似于笛卡尔,后者只能通过诉诸上帝的真诚性以及[①]上帝无能于撒谎这一点来证明经验世界的实在性。为了向观众确保他的主角的将来归宿,欧里庇德斯在他的戏剧结尾处又一次需要同一种神性的真诚性;这就是臭名昭著的 deux ex machina[解围之神][②]的任务了。介于这种史诗的预告与展望之间,才是戏剧抒情的当前呈现,即真正的"戏剧"。

所以,欧里庇德斯作为诗人首先[③]是他自己的自觉认识的回响;而且,正是这一点赋予他一种在希腊艺术史上十分值得纪念的地位。鉴于他那批判性和生产性的创作,欧里庇德斯必定经常感觉到,他应该把阿那克萨哥拉著作的开头几句话运用于戏剧——阿氏曰:"泰初万物混沌;理智出现,才创造了秩序。"如果说阿那克萨哥拉以其"奴斯"(Nous)学说出现在哲学家中间,有如第一位清醒者出现在一群醉鬼中,那么,欧里庇德斯也可能以一种类似的形象来把握他与其他悲剧诗人的关系。只要万物唯一的安排者和统治者(即奴斯)依然被排斥在艺术创作之外,则

[①] 上帝的真诚性以及] 1872 年第一版:神性的真诚性以及。——编注

[②] 此处 deux ex machina,字面义为"来自机器的神明""机械送神",延伸为一种突然的、刻意发明的解决之道。希腊罗马戏剧中用舞台机关送下来一个神,来消除剧情冲突或者为主人公解围。——译注

[③] 作为诗人首先] 1874/1878 年第二版付印稿;大八开本版;《苏格拉底与希腊悲剧》1871 年版。1872 年第一版付印稿;1872 年第一版;1874/1878 年第一版:首先作为诗人。——编注

万物就还处于在一种原始混沌中；欧里庇德斯必定做出如此判断，他也必定作为第一个"清醒者"来谴责那些"烂醉"诗人。索福克勒斯曾说，埃斯库罗斯做得对，尽管是无意而为的，这话当然不是在欧里庇德斯意义上来说的——欧氏顶多会承认：因为埃斯库罗斯是无意而为的，所以他做了错事。连神圣的柏拉图多半也只是以讽刺的口吻来谈论诗人的创造能力（只要这不是有意的观点），并且把诗人的能力与预言者和释梦者的天赋相提并论；按其说法，诗人在失去意识、丢掉理智之前，是没有创作能力的。[1] 就像柏拉图也曾做过的那样，欧里庇德斯着手向世界展示这种"非理智的"诗人的对立面；正如我前面讲过的，他的审美原则"凡要成为美的，就必须是被认知的"[2]，是可以与苏格拉底的命题"凡要成为善的，就必须是被认知的"[3]并举。据此，我们就可以把欧里庇德斯视为审美苏格拉底主义的诗人。但苏格拉底是那第二个观众，并不理解、因而并不重视旧悲剧的第二个观众；与苏格拉底结盟，欧里庇德斯就敢于成为一种新的艺术创作的先行者了。如果说旧悲剧是因这种新的艺术创作而归于毁灭的，那么，审美苏格拉底主义就是杀人的原则。但只要这场斗争是针对旧悲剧中的狄奥尼索斯因素的，我们就可以把苏格拉底看作狄奥尼索斯的敌人，看作新的俄尔浦斯——他奋起反抗狄

---

[1] 连神圣的柏拉图多半……] 参看柏拉图：《伊翁篇》533e—534d；《美诺篇》99c—d；《斐德若篇》244a—245a；《法律篇》719c。——编注
[2] 与上文表述略有差别，上文为"凡要成为美的，就必须是理智的"。——译注
[3] 与上文表述有别，上文为"唯知识者才有德性"。——译注

奥尼索斯,虽然注定要被雅典法庭的酒神女祭司们撕碎,却迫使这位极其强大的神逃遁:就像当年,这位①酒神为了躲避厄多涅斯王吕枯耳戈②时③,逃到了大海深处,也就是逃到一种渐渐铺展到全世界的秘密崇拜的神秘洪流中了。

十三

苏格拉底与欧里庇德斯关系甚密,意趣相投,同时古人对此点也不无觉察;对于这种可喜的觉察能力的最动人表达,乃是那个在雅典广为流行的传说④,说苏格拉底经常帮助欧里庇德斯写诗。要列举当代的民众蛊惑者时,"美好古代"的拥护者们总是一口气说出这两个名字:由于受这两个人的影响⑤,古代马拉松式的、敦实有力的卓越身体和灵魂,随着身心力量的不断委靡,越来越成为一种可疑的启蒙的牺牲品。阿里斯托芬的喜剧就是以这种腔调,既愤怒又轻蔑地来谈论那两个人的,这一点使现代人感到恐惧,他们虽然乐意抛弃欧里庇德斯,但眼见阿里斯托芬竟把苏格拉底说成头号诡辩家,说成所有诡辩企图的镜子和典范时,他们可能会惊讶不已的——在这方面给他们的唯一安慰,就是公开谴责阿里斯

---

① 这位]1872 年第一版;1874/1878 年第二版付印稿:作为这位。——编注
② 吕枯耳戈]1872 年第一版:吕枯耳戈斯。——编注
③ 吕枯耳戈(Lykurg):古希腊特剌刻的厄多涅斯王,德律阿斯(Dryas)的儿子,相传为酒神狄奥尼索斯的敌人。——译注
④ 传说]参看《第欧根尼·拉尔修》,II 5,2。——编注
⑤ 受这两个人的影响]1872 年第一版:有赖于这两个人的影响。——编注

托芬本人,斥之为诗坛上招摇撞骗的阿尔西比阿德①。在这里,针对此类攻击,我并不想为阿里斯托芬的深刻直觉辩护,而倒是要继续从古代的感受出发来证明苏格拉底与欧里庇德斯的紧密共属关系;在此意义上我们特别要记住的是,作为悲剧艺术的敌人,苏格拉底是不看悲剧的,只有在欧里庇德斯的新戏上演时才出现在剧场里。而众所周知,德尔斐的神谕却把这两个名字相提并论,把苏格拉底称为人间最智慧者,同时又判定欧里庇德斯在智慧比赛中应得第二名。

在这个排名中,索福克勒斯名列第三;与埃斯库罗斯相反,他可以自诩做了正确之事,而且这是因为他知道什么是正确的。显然,正是这种知识的神圣性程度,使上述三个人一起彰显为他们时代的三个"有识之士"。

但当苏格拉底发现他是唯一承认自己一无所知的人时,他关于这种新的对知识和见识的空前重视发表了极为尖刻的话;他以挑衅之势走遍雅典,造访那些大政治家、大演说家、大诗人和大艺术家,所到之处都见到知识的自负。苏格拉底不无惊奇地认识到,所有这些名流本身对自己的职业并没有正确可靠的识见,而只靠本能从事。"只靠本能":以这个说法,我们触着了苏格拉底之意图的核心和焦点。苏格拉底主义正是以这个说法来谴责当时的艺术和当时的伦理的;他那审视的目光所及,只看到缺乏识见和幻想猖

---

① 阿尔西比阿德(Alcibiades,约公元前450—前404年):一译"亚西比得",希腊将军,政治家,苏格拉底的弟子,能言善辩。公元前420年任将军。后为斯巴达所杀。——译注

獗,然后从这种缺失当中推断出现存事物的内在颠倒和无耻下流。从这一点出发,苏格拉底就相信必须来匡正人生此在:他孑然一人,作为一种完全不同的文化、艺术和道德的先驱,带着轻蔑和优越的神情进入一个世界之中——而对于这个世界,我们倘若能以敬畏之情抓住它的一个边角,就已然是莫大的幸事了。

这就是我们每次面对苏格拉底时都会出现的巨大疑难,正是这个疑难一而再、再而三地激励我们去认识这个最值得追问的古代现象的意义和目的。希腊的本质表现为荷马、品达和埃斯库罗斯,表现为斐狄亚斯①、伯里克利、皮提亚②和狄奥尼索斯,表现为至深的深渊和至高的高峰,那无疑是我们要惊叹和崇拜的——作为个体,谁胆敢否定这样一种希腊本质呢?何种恶魔般的力量胆敢凌辱这种迷人仙酒呢?是哪个半神,使得由人类最高贵者组成的精灵合唱歌队也不得不向他高呼:"哀哉!哀哉!你已经用有力的拳头,摧毁了这美好的世界;它倒塌了,崩溃了!"③

那个被称为"苏格拉底魔力"的神奇现象,为我们了解苏格拉底之本质提供了一把钥匙。在特殊场合,苏格拉底那巨大的理智会沦于动摇状态,通过一种在这样的时刻发出来的神性声音,他便获得了一个坚固的依靠。这种声音到来时,往往具有劝告作用。这种直觉的智慧在这样一个完全反常的人物身上表现出来,只是为了偶尔阻止他那有意识的认识活动。在所有创造

---

① 斐狄亚斯(Phidias,约公元前500—约前438年):古希腊雕塑家,擅长神像雕刻。——译注
② 皮提亚(Pythia):德尔斐神庙里的女祭司。——译注
③ "哀哉!哀哉!你……]歌德:《浮士德》,第1607—1611行。——编注

性的人那里，直觉恰恰是一种创造的和肯定的力量，意识表现为批判性的和劝告性的，而在苏格拉底身上却不然，在他那里，直觉成了批判者，意识成了创造者——真是一个缺损畸胎（Monstrosität per defectum）啊！诚然，在这里我们感受到了任何一种神秘资质的巨大 defectus［缺陷］，以至于可以把苏拉格底称为特殊的非神秘主义者，在后者身上，逻辑的天性由于异期复孕①而过度发育，恰如在神秘主义者那里，那种直觉的智慧发育过度了。但另一方面，苏格拉底身上表现出来的那种逻辑本能却失灵了，完全不能转向自身、直面自身；在这种无羁的湍流中，它显示出一种自然强力，只有在最伟大的直觉力量中，我们才能十分惊恐地发现这种自然强力。谁只要在柏拉图著作中领略到一丁点儿苏格拉底生活倾向中表露出来的那种神性的天真和稳靠，他也就会感觉到，逻辑的苏格拉底主义那巨大的本能之轮仿佛在苏格拉底背后转动，而要审视这个本能之轮的运动，我们必须通过苏格拉底，有如通过一个幽灵。不过，苏格拉底本人对此关系也已经有预感了，这一点表现在：无论在哪儿，甚至于在法官面前，他都要庄严地提出自己的神圣使命。在这一点上，要驳倒苏格拉底根本上是不可能的，正如我们不可能赞同他那消解本能直觉的影响一样。在这种难以解决的冲突中，当他一度被传到希腊国家法庭上时，就只有唯一的一种判决形式，即放逐；人们尽可以把他当作某种完全莫名其妙的、无法归类的、不可解

---

① 异期复孕（Superfötation）：指孕妇体内已经怀有胎儿时又开始另一周期的排卵，第二次排出的卵子又恰好受精成了胚胎。——译注

释的东西驱逐出境,后世无论如何都没理由来指责雅典人的可耻行为了。然而,雅典人却判他死刑,而不只是放逐而已,仿佛是苏格拉底本人要实施这个判决,完全清醒而毫无对死亡的天然恐惧:苏格拉底从容赴死,有如他在会饮时的泰然心情——根据柏拉图的描写①,苏格拉底总是作为最后一个豪饮者,在黎明时分泰然自若地离开酒宴,去开始新的一天;而那时候,留在他身后的是那些沉睡在板凳和地面上的酒友,正在温柔梦乡中,梦见苏格拉底这个真正的好色之徒呢。赴死的苏格拉底成了高贵的希腊青年人前所未有的全新理想:尤其是柏拉图这个典型的希腊青年,以其狂热心灵的全部炽热献身精神,拜倒在这个偶像面前②。

十四

现在让我们来设想一下,当苏格拉底那一只巨人之眼,那从未燃起过艺术激情之优美癫狂的眼睛,转向悲剧时会是何种情形——让我们来设想一下,他的眼睛不可能愉快地观入狄奥尼索斯的深渊——那么,说到底,这眼睛必定会在柏拉图所谓"崇高而

---

① 柏拉图的描写]参看柏拉图:《会饮篇》223c—d。——编注
② 拜倒在这个偶像面前]准备稿:拜倒在这个偶像面前,其姿势让我们回想起在卢伊尼(Luini)伟大的《受难图》中神圣的约翰。尼采无疑在卢加诺(Lugano)(1871年春季)看到过贝尔纳迪诺·卢伊尼的这幅壁画。雅可比·布克哈特在其《向导》(Cicerone)[译按:此书全称为《向导——意大利艺术品临赏导论》]中写道:"……终于在天使的圣玛丽亚教堂(S. Maria degli angeli)看到这幅巨大的壁画《受难图》(1529年)了……尽管带着卢伊尼的种种缺陷,但这幅画作……已经因为某个人物的缘故而值得探访,这个人物就是正在向垂死的基督宣誓的约翰。"——编注

备受赞颂的"①悲剧艺术中看到什么呢？某种相当非理性的东西，似乎有因无果和有果无因的东西，而且整个是如此多彩和多样，以至于它必定与一种审慎的性情相抵触，而对于多愁善感的心灵来说却是一个危险的火种。我们知道苏格拉底唯一弄得懂的是何种诗歌艺术，那就是伊索寓言，而且肯定是带着那种微笑的适应和将就态度。在《蜜蜂和母鸡》这则寓言中，诚实善良的格勒特②就是以这种③态度赞颂诗歌的：

> 你看看我身上，诗歌有何用场，
>
> 对没有多少理智的人，
>
> 要用一个形象言说真理。④

但在苏格拉底看来，悲剧艺术甚至不能"言说真理"，姑且不说它面向的是"没有多少理智的人"，也即并不面向哲学家：我们有双重理由远离悲剧艺术⑤。与柏拉图一样，苏格拉底也把悲剧艺术看作谄媚的艺术，这种艺术只表现舒适惬意之物，而并不表现有用的东西，所以他要求自己的弟子们对此类非哲学的刺激保持节制和隔绝的态度；其成功之处在于，年轻的悲剧诗人柏拉图为了能够成为苏格拉底的弟子，首先焚烧了自己的诗稿。然而，当不可战胜

---

① "崇高而备受赞颂的"] 参看柏拉图：《高尔吉亚》，502b。——编注

② 格勒特（Christian Fürchtegott Gellert, 1715—1769）：德国启蒙运动作家和诗人，著有戏剧、小说多种。——译注

③ 这种] 1872年第一版：这个 [译按：此处仅有指示代词之别，无关乎意义]。——编注

④ 你看看我身上……] 参看格勒特：《著作集》（Behrend），第1卷第93页。——编注

⑤ 艺术] 誊清稿：艺术，而且偶尔也要警告人们提防艺术。——编注

的天资起而反抗苏格拉底的准则时，它们的力量，连同那种惊人性格的冲击力，始终还是十分强大的，足以迫使诗歌本身进入全新的、前所未知的地位中。

　　这方面的例子就是刚刚提到过的柏拉图：在对于悲剧和一般艺术的谴责方面，柏拉图无疑并不落后于他的老师所搞的天真的冷嘲热讽；但基于完整的艺术必要性，柏拉图却不得不创造出一种艺术形式，后者恰恰与他所拒斥的现成艺术形式有着内在的亲缘关系。柏拉图对旧艺术的主要责难——旧艺术是对假象（Scheinbild）的模仿，因而属于一个比经验世界还更低级的领域——首先并不是针对这种新艺术作品的，所以我们看到柏拉图力求超越现实，去表现作为那种假现实之基础的理念。但这样一来，思想家柏拉图却迂回地到达了这样一个地方，就是他作为诗人始终有在家之感的地方，以及让索福克勒斯和整个旧艺术庄严地抗议他的责难的地方。如果说悲剧汲取了全部先前的艺术种类，那么，在某种古怪的意义上，这个说法同样也适合于柏拉图的对话，后者是通过混合全部现存的风格和形式而产生的，它飘浮在叙事、抒情诗、戏剧之间，在散文与诗歌之间，因此也打破了统一语言形式这一严格的老规矩；犬儒学派的作家们在这条道上就走得更远了，他们有着极其斑杂多彩的风格，在散文形式与韵文形式之间摇摆不定，也达到了"疯狂的苏格拉底"这一文学形象，那是他们在生活中经常扮演的形象。柏拉图的对话可以说是一条小船，拯救了遇难的古代诗歌及其所有的子孙们：现在，它们挤在一个狭小的船舱里，惊恐地服从苏格拉底这个舵手的指挥，驶入一个全新的世界里，沿途的奇妙风光令这个世界百看不厌。柏拉图确实留给后世一种新艺形式的样板,即小说的样板:小说堪称无限提高了的伊索寓言,在其中诗歌与辩证哲学处于一种类似的秩序中,类似于后来多个世纪里这种辩证哲学与神学的关系,即作为 ancilla [奴婢]。此即诗歌的新地位,是柏拉图在魔鬼般的苏格拉底的压力下把诗歌逐入这个新地位中的。①

在这里,哲学思想的生长压倒了艺术,迫使艺术紧紧依附于辩证法的主干上。在逻辑公式中,阿波罗的倾向化成了蛹:正如我们在欧里庇德斯那里必能感受到某种相应的东西,此外必能感受到狄奥尼索斯元素向自然主义的②情绪的转化。③ 苏格拉底,这位柏拉图戏剧中的辩证法主角,让我们想起了欧里庇德斯的主角的类似本性,后者必须通过理由和反驳来为自己的行为辩护,由此常常陷于丧失掉我们的悲剧同情的危险中:因为谁会认不清辩证法之本质中的乐观主义要素呢?——这个要素在每一个推论中欢庆自己的节日,而且唯有在冷静的清醒和意识中才能呼吸:这种乐观主义要素一旦进入悲剧之中,就必定渐渐地蔓延开来,使悲剧的狄奥尼索斯区域萎缩了,必然使悲剧走向自我毁灭——直到它跳进市民戏剧中而走向灭亡。我们只需来想想苏格拉底的原理的结论:"德性即是知识;唯有出于无知才会犯罪;有德性者就是幸福者";在这三种乐观主义的基本形式中,蕴含着悲剧的死亡。因为现在,

---

① 誊清稿接着有如下句子:我们还要拿第二个例子来看看,苏格拉底多么粗暴地对待了缪斯艺术。——编注
② 自然主义的] 1872 年第一版:自然真实的。——编注
③ 在逻辑公式中……] 誊清稿页边:作为阿波罗元素之残余、狄奥尼索斯元素之情绪的"倾向"。——编注

有德性的英雄必定是辩证法家,德性与知识、信仰与道德之间必定有一种必然的、可见的联合,现在,埃斯库罗斯的先验的正义解答,沦落为"诗歌正义"①这一浅薄而狂妄的原则了,连同其通常的 deus ex machina[解围之神]。

现在,面对这一全新的苏格拉底乐观主义舞台世界,合唱歌队以及一般地悲剧的整个音乐的和狄奥尼索斯的基础会如何显现出来呢?显现为某种偶然的东西,显现为某种——尽管完全可以忽略掉的——对悲剧之起源的回忆;然而,我们已经看到,合唱歌队只能被理解为悲剧和一般悲剧元素的原因。早在索福克勒斯那里,就已经显示出②那种有关合唱歌队的窘境——一个重要的标志是,在他那里,悲剧的狄奥尼索斯根基已经开始碎裂了。索福克勒斯再也不敢把获得戏剧效果的主要任务托付给合唱歌队了,而倒是限制了合唱歌队的范围,使之显得几乎与演员处于同等地位上,就仿佛把它从乐池提升到舞台上了:而这样一来,合唱歌队的本质当然就完全被毁掉了,尽管亚里士多德恰恰对于这种有关合唱歌队的观点表示赞同。对于合唱歌队地位的改变,索福克勒斯至少是用自己的实践来倡导的,据传甚至还写了一本著作来加以张扬;这是合唱歌队走向毁灭的第一步,而毁灭过程后面诸阶段,在欧里庇德斯、阿伽同③那里,以及在新喜剧中,以惊人的速度接

---

① "诗歌正义"(poetische Gerechtigkeit):指文学作品中强调的罪与罚之间的因素联系。deus ex machina[解围之神]的作用之一就是要在悲剧结束时确保惩罚和报应。——译注
② 显示出]1872年第一版:开始。——编注
③ 阿伽同(Agathon,约公元前445—约前400年):古希腊悲剧作家,名声仅次于三大悲剧诗人。——译注

踵而至。乐观主义的辩证法用它的三段论皮鞭把音乐从悲剧中驱逐出去了,也就是说,它摧毁了悲剧的本质——这种本质只能被解释为狄奥尼索斯状态的一种显示和形象化呈现,解释为音乐的明显象征,解释为一种狄奥尼索斯式陶醉的梦幻世界。①

可见,如果我们必须假定,甚至在苏格拉底之前就已经有一种反狄奥尼索斯的倾向,只是在苏格拉底身上这种倾向获得了一种空前出众的表达,那么,我们就不必害怕这样一个问题,即:像苏格拉底这样一个现象究竟指示着什么?面对柏拉图的对话,我们固然不能把这一现象把握为一种仅仅消解性的否定力量。苏格拉底的欲望的直接效果无疑就在于狄奥尼索斯悲剧的瓦解,而苏格拉底深刻的生活经验本身却迫使我们追问:苏格拉底主义与艺术之间是否必然地只有一种对立的关系?一个"艺术苏格拉底"的诞生究竟是不是某种自相矛盾的东西?

因为对于艺术,这位专横的逻辑学家时而有一种缺失之感,一种空虚之感,感觉到自己得受部分责难,也许疏忽了某种责任。正如他在狱中对朋友们讲的那样,他经常做同一个梦,梦里说的总是同一个意思:"苏格拉底,去搞音乐吧!"②直到他生命的最后日子,他都用这样的想法来安慰自己:他的哲学思考就是最高的缪斯艺术,他并不认为神灵会让他想起那种"粗鄙的、通俗的音乐"③。最

---

① 誊清稿接着有如下句子:[为了看透希腊悲剧的内在核心,我们有埃斯库罗斯、亚里士多德的艺术学说此外还能给我们什么呢?一些完全可疑的东西,它们已经太久地、无可救药地抵制了有关古代戏剧的深度考察:——]。——编注

② "苏格拉底,去搞音乐吧!"]柏拉图:《斐多篇》,60e。——编注

③ 粗鄙的、通俗的音乐]参看柏拉图:《斐多篇》,61a。——编注

后在狱中,为了完全问心无愧,他也勉强同意去搞他所轻视的那种音乐。怀着这种想法,他创作了一首阿波罗颂歌,并且把几篇伊索寓言改成诗体。驱使他做这些功课的,乃是某种类似于魔鬼告诫之声的东西①;那是他的阿波罗式观点:他就像一个野蛮族的国王,理解不了一个高贵的神的形象,而由于他毫无理解②,他就有亵渎神灵的危险。苏格拉底梦里的那句话乃是一个唯一的标志,表明他对于逻辑本性之界限的怀疑:他一定会问自己,也许我不能理解的东西也未必径直就是不可理解的东西吧?也许存在着一个智慧王国,逻辑学家被放逐在外了?也许艺术竟是科学的一个必要的相关项和补充呢?③

十五

有鉴于上述最后几个充满预感的问题,我们现在必须来说一说,苏格拉底的影响如何像在夕阳西下时变得越来越巨大的阴影,笼罩着后世,直至今日乃至于将来;这种影响如何一再地迫使艺术推陈出新——而且已经是形而上学上的、最广和最深意义上的艺术——,以及这种影响本身的无穷无尽又如何保证了艺术的无穷无尽。

---

① 某种类似于魔鬼……]誊清稿:并非那种魔鬼般的声音。——编注
② 毫无理解]1872年第一版;1874/1878年第二版付印稿:不能理解。——编注
③ 也许艺术竟是科学的……]誊清稿:一个类似的梦现象必定已经向年迈的欧里庇德斯指出被酒神女祭司撕碎的彭透斯。连他也向被冒犯的神祇献祭:只不过他不是把《伊索寓言》,而是把他的酒神巴克斯放到祭坛上了。——编注

在能够把这一点认识清楚之前,在令人信服地阐明所有艺术与希腊人(从荷马到苏格拉底①)的最内在的依赖关系之前,我们必须像雅典人对待苏格拉底那样,来了解一下这些希腊人。几乎每一个时代和每一个文明阶段都一度愤愤不平地力求摆脱希腊人,②因为在希腊人面前,后世一切自身的成就,看起来完全原创的和受到真诚赞赏的东西,似乎都突然失去了光彩和生气,萎缩成失败的复制品、甚至于漫画了。而且如此这般地,总是一再爆发出一种由衷的愤怒,就是对这个胆敢把一切非本土的东西永远称为"野蛮"的傲慢小民族的愤怒:人们要问,这些希腊人到底是谁?——尽管他们只具有短暂的历史光辉,只拥有局促得可笑的机制,只具有一种可疑的道德才能,甚至负有卑鄙恶习的丑名声,但他们竟在各民族当中要求享有人群③中的天才方能拥有的尊严和殊荣。可惜人们并没有如此幸运,找到能够把这样一种人直接干掉的毒酒:因为嫉妒、诽谤和愤怒所生产出来的全部毒汁都不足以毁掉那种自足的④庄严。所以在希腊人面前,人们自惭形秽,心生畏惧;除非人们重视真理超过一切,而且也敢于承认这种真理,

---

① 苏格拉底,]1872年第一版;1874/1878年第二版付印稿:苏格拉底〔译按:此处仅有标点之变化〕。——编注

② 力求摆脱希腊人]据誊清稿:力求摆脱希腊人,如同摆脱讨厌的马蜂。——编注

③ 人群]1872年第一版付印稿:民众;誊清稿:人类。——编注

④ 嫉妒、诽谤和愤怒……]誊清稿:狡黠的嫉妒、恶意的诽谤、沸腾的愤怒所生产出来的全部毒汁都不足以毁掉那种微笑的、自足的、从深沉的眼睛里表露出来的庄严。——编注

即：希腊人作为驾驭者掌握着我们的文化，也掌握着每一种文化，①但车马材料几乎总是过于寒碜，配不上驾驭者的光荣，而这些驾驭者就认为，驾着这等破车驶向深渊便是一个玩笑：他们自己以阿喀琉斯②的跳跃，越过了这个深渊。

为了表明苏格拉底也具有这样一种驾驭者地位的尊严③，我们只需认识到，他是一种前所未有的此在方式的典型，即理论家的典型；而洞察这种理论家典型的意义和目标，乃是我们④下一步的⑤任务。与艺术家一样，理论家也对现成事物有一种无限的满足感，并且也像艺术家那样，由于这种满足感而避免了悲观主义的实践伦理，及其只有在黑暗中才闪光的犀利目光⑥。因为在每一次真理的揭示过程中，艺术家总是以喜悦的目光停留在那个即便到现在、在揭示之后依然隐蔽的东西上，而理论家则享受和满足于被揭下来的外壳，以一种始终顺利的、通过自己的⑦力量就能成功的揭示过程为其至高的快乐目标。倘若科学只关心

---

① 所以在希腊人面前……] 誊清稿：与此相反，我是如此真诚地宣告，希腊人作为驾驭者掌握着我们的文化，也掌握着每一种文化。——编注
② 阿喀琉斯] 誊清稿：阿喀琉斯，而且带着一片彩虹之美。——编注
③ 也具有这样一种驾驭者地位的尊严] 1872 年第一版：也具有这样一种驾驭地位。——编注
④ 目标，乃是我们] 1872 年第一版；1874/1878 年第二版付印稿：目标，乃是。——编注
⑤ 下一步的] 1872 年第一版：最后的。——编注
⑥ 此处"犀利目光"原文为 Lynkeusaugen，直译为"林扣斯之眼"。"林扣斯"（Lynkeus）为希腊神话中的人物，相传有最敏锐的视力，能看到阴间之物。——译注
⑦ 自己的（eigene）] 1872 年第一版；1874/1878 年第二版付印稿：自己的（eigne）[译按：此处仅有德文写法上的不同]。——编注

那一位赤裸裸的女神而不关心其他任何东西,那就不会有科学了①。因为若是那样的话,科学的信徒们的心情一定会像那些想要径直凿穿地球的人们:当中每个人都明白,即便尽毕生的最大努力,他也只能挖出这无限深洞里的一小段,而第二个人的劳作又会在他眼前把他挖的这一小段填埋起来,以至于第三个人会觉得,自己要挖洞,最好是自己独当一面,选择一个新的挖掘点。如果②现在有人令人信服地证明,通过这个直接的途径是不能达到对跖点目标的,那么,谁还愿意在旧洞里继续挖掘呢?——除非他这时不满足于找到宝石或者发现自然规律。因此,最诚实的理论家莱辛敢于大胆表白,说他关注真理的探索甚于关注真理本身③:这话揭示了科学的根本奥秘,使科学家们感到惊讶,甚至于大为恼火。莱辛这种个别的识见,如果不说狂妄自负,也是过于诚实了。当然,现在除了这种识见,还有一种首先在苏格拉底身上出世的妄想,那种无可动摇的信念,即坚信:以因果性为指导线索的思想能深入到最深的存在之深渊,而且思想不仅能够认识存在,而且竟也能够修正④存在。这种崇高的形而上学妄

---

① 倘若科学只关心……]誊清稿:倘若只有对赤裸裸的伊西斯(Isis)的观照——[译按:伊西斯是埃及人对希腊神话中的狩猎女神黛安娜的称法]。——编注

② 选择一个新的挖掘点。如果]准备稿:为自己挑选一个新的挖掘点。于是人们来想想,即便在两个世纪以后,这项工作都没有什么进步,即便到现在每个人都有权从头开始。如果。——编注

③ 最诚实的理论家莱辛……]参看莱辛:《著作全集》,拉赫曼-穆恩克(Lachmann-Muncker)编,第13卷,第24页。——编注

④ 修正]1872年第一版;1874/1878年第二版付印稿;1874/1878年第二版:corrigiren。1872年第一版付印稿;大八开本版:corrigieren[译按:此处仅有德文写法上的不同]。——编注

想被当作本能加给科学了,而且再三地把科学引向自己的界限,至此界限,科学就必定突变为艺术了:真正说来,艺术①乃是这一机制所要达到的目的。

让我们现在举着上面这种思想的火炬,来看看苏格拉底:他在我们看来是第一个不仅能凭借这种科学本能生活,而且——更有甚者——也能凭借这种科学本能赴死的人:因此,赴死的苏格拉底形象,作为通过知识和理由而消除了死亡畏惧的人,就成了科学大门上的徽章,提醒每个人牢记科学的使命,那就是使此在(Dasein)显现为可理解的、因而是合理的:诚然,如果理由不充分,那么为做到这一点,最后也就必须用到神话。刚刚我甚至把神话称为科学的必然结果,实即科学的意图。

谁一旦弄清楚,在苏格拉底这位科学的秘教启示者(Mystagoge)之后,各种哲学流派如何接踵而来,像波浪奔腾一般不断更替,一种料想不到的普遍求知欲如何在教养世界的最广大领域里,并且作为所有才智高超者的真正任务,把科学引向汪洋大海,从此再也未能完全被驱除了,而由于这种普遍的求知欲,一张共同的思想之网如何笼罩了整个地球,甚至于带着对整个太阳系规律的展望;谁如果想起了这一切,连同惊人地崇高的当代知识金字塔,②那么,他就不得不把苏格拉底看作所谓的世界历史的一个转折点和旋涡。因为倘若人们来设想一下,为那种世界趋向所消耗的这整个无法估量的力量之总和并不是为认识效力的,而是用于个人

---

① 艺术]1872年第一版;1872年第一版付印稿:作为艺术。——编注
② 当代知识金字塔,]1872年第一版;1874/1878年第二版付印稿:当代知识金字塔[译按:此处只是少一个逗号]。——编注

和民族的实践目的、也即利己目的,那么,在普遍的毁灭性战斗和持续不断的民族迁徙中,本能的生活乐趣很可能大大被削弱了,以至于自杀成了习惯,个体或许会感受到最后残留的责任感,他就像斐济岛①上的居民,身为儿子弑父,身为友人杀友:一种实践的悲观主义,它本身可能出于同情而产生出一种有关民族谋杀的残忍伦理——顺便提一下,世界上凡是艺术没有以某种形式而出现、特别是作为宗教和科学而出现,用于治疗和抵御瘟疫的地方,往往就有这种悲观主义。

与这种实践的悲观主义相对照,苏格拉底乃是理论乐观主义者的原型,他本着上述对于事物本性的可探究性的信仰,赋予知识和认识一种万能妙药的力量,并且把谬误理解为邪恶本身。在苏格拉底类型的人看来,深入探究那些根据和理由,把真正的认识与假象和谬误区分开来,乃是最高贵的、甚至唯一真实的人类天职:恰如自苏格拉底以降,由概念、判断、推理组成的机制,被当作最高的活动和一切能力之上最值得赞赏的天赋而受到重视。甚至最崇高的道德行为,同情、牺牲、英雄主义等情感,以及那种难以获得的心灵之宁静,即阿波罗式的希腊人所谓的"审慎"②,在苏格拉底及其直到当代的同道追随者看来,都是从知识辩证法中推导出来的,从而是可传授的。谁若亲自经验过一种苏格拉底式认识的快乐,体察到这种快乐如何以越来越扩大的范围,力图囊括整个现象世界,那么,从此以后,他能感受到的能够促使他此在的最强烈刺激,

---

① 斐济岛(Fidschi):南太平洋岛国。——译注
② 此处"审慎"(Sophrosyne)为希腊文的拉丁写法。——译注

莫过于这样一种欲望,即要完成那种占领并且把不可穿透的知识之网牢牢地编织起来的欲望。对于有此种心情的人来说,柏拉图和苏格拉底就表现为一种全新的"希腊的明朗"和此在福乐形式的导师,这种全新的形式力求在行动中迸发出来,并且多半是为了最终产生天才、在对贵族子弟的助产式教育影响当中获得这样一种迸发。

但现在,科学受其强烈妄想的鼓舞,无可抑制地向其界限奔去,而到了这个界限,它那隐藏在逻辑本质中的乐观主义便破碎了。因为科学之圆的圆周线具有无限多个点,至今还根本看不到究竟怎样才能把这个圆周完全测量一遍;所以高贵而有天赋的人,还在他尚未达到生命中途之际,便无可避免地碰到这个圆周线的界限点,在那里凝视那弄不清楚的东西。如果他在这里惊恐地看到,逻辑如何在这种界限上盘绕着自己,终于咬住了自己的尾巴——于是一种新的认识形式破茧而出,那就是悲剧的认识,只为了能够为人所忍受,它就需要艺术来保护和救助。

如果我们用已经得到加强的、靠着希腊人而得到恢复的眼睛来观看围绕着我们的这个世界的最高领域,那么,我们就会发觉在苏格拉底身上突出地表现出来的永不餍足的乐观主义求知欲,已经突变为悲剧性的听天由命和艺术需要了:诚然,这种求知欲在其低级阶段是与艺术为敌的,尤其是必定对狄奥尼索斯悲剧艺术深恶痛绝,苏格拉底主义对埃斯库罗斯悲剧的斗争就是这方面的例子。

现在,让我们怀着激动的心情来叩当代和未来的大门:上面讲的这种"突变"将导致天才的不断新生,确切地说,就是搞音乐的苏格拉底的不断新生吗？① 这张笼罩此在的艺术之网，无论冠有宗教之名还是冠有科学之名，将越来越牢固和细密地得到编织呢，还是注定要在现在自命为"当代"的那个动荡不安的野蛮旋涡中被撕成碎片呢？② ——③我们心怀忧虑，但也不无慰藉，且静观片刻，作为沉思者来充当这种种惊心动魄的斗争和过渡的见证人。啊！这种斗争的魔力正在于：旁观者也必须投入战斗！④

十六

通过上述历史事例，我们力图弄清楚，悲剧是如何因音乐精神的消失而毁灭的，此事确凿无疑，恰如悲剧是只能从音乐精神中诞生的。为了缓和这个断言的异乎寻常性，另一方面也为了指明我们这种认识的来源，现在我们必须以开放的视野来直面

---

① 如果我们用已经得到加强……]据准备稿：如果我们用已经得到加强和恢复的眼睛来观看围绕着我们的这个世界——那么，我们就会发觉由苏格拉底开始的阿波罗科学与狄奥尼索斯秘教之间的斗争。何种艺术作品能让它们达成和解呢？谁是使这个过程结束的"搞音乐的苏格拉底"呢？——编注

② 这张笼罩此在的艺术之网……]准备稿：是不是在一个新的艺术世界里将庆祝一个斗争者和解的节日，类似于在阿提卡悲剧中那两种冲动得到了和解？抑或现在自命为"当代"的那个动荡不安的野蛮旋涡将同样无情地压制"悲剧的认识"和"秘教"？——编注

③ 得到编织呢，还是注定要……]准备稿的不同稿本：得到编织呢？[在此我只想指出，在纯粹地被把握的牺牲理想中，那种田园般的艺术是怎样达到其顶峰的]抑或注定要最后毫无保护地在那种苏格拉底式的认识者贪欲的支配下被胡闹撕碎——尽管柏拉图会安慰我们，说他那个在《会饮篇》中的苏格拉底是纯粹的艺术家，以至于现在虽然不是——。——编注

④ 战斗！]准备稿：战斗！[而且因此，披上希腊人的甲胄，我们也就跃入战场，谁会怀疑，以何种标志——]。——编注

当代的类似现象；我们必须进入到那场斗争的中心地带，这场斗争，正如我刚刚说过的那样，就是在我们当代世界的至高领域里展开的永不餍足的乐观主义认识与悲剧性的艺术需要之间的斗争。在这里，我愿意撇开所有其他敌对的冲动，它们在任何时代里都是反对艺术的，尤其是与悲剧为敌的，甚至在当代也满怀胜利信心地四处扩张，结果是，在戏剧艺术当中，举例说来就只有滑稽剧和芭蕾舞还稍有繁盛迹象①，开放出也许并非人人都能感到芬芳可人的花朵。我只想来谈谈悲剧世界观的最显著的敌人，我指的是首先以苏格拉底为鼻祖、从其最深的本质来讲属于乐观主义的科学。随后，我们也要指出那些势力，那些在我看来似乎能够保证悲剧之再生的势力——它们也许是德意志精神的另一种福乐和希望！

　　在我们投身于那场斗争之前，让我们先用前面已经获得的认识把自己武装起来。人们往往力求根据一个唯一的原理——作为任何艺术作品的必然的生命源泉——把艺术推导出来；跟所有这些人相对立，我则一直关注那两位希腊的艺术神祇，就是阿波罗和狄奥尼索斯，并且把他们看作两个就其至深的本质和至高的目标来说各个不同的艺术世界的生动而直观的表征。在我眼里，阿波罗乃是 principium individuationis［个体化原理］的具有美化作用的天才，唯有通过这个原理才可能真正地在假象中获得解救；而另

---

① 在欧洲，滑稽剧在奥地利剧作家约翰·内斯特里（Johann Nestroy, 1801—1862）那里达到了一定的文学高度，芭蕾舞则是在19世纪发展成一个独立的艺术样式的。尼采在这里显然参照了理查德·瓦格纳在《贝多芬》一文（作于1870年）中关于芭蕾舞的评论。——译注

一方面，在狄奥尼索斯的神秘欢呼声中，这种个体化的魔力被打破了，那条通向存在之母①、通向万物最内在核心的道路得以豁然敞开了。这样一种巨大的对立，也就是在作为阿波罗艺术的造型艺术与作为狄奥尼索斯艺术的音乐之间出现的巨大对立，只有一位大思想家②已经把它看得清清楚楚了，以至于即便没有希腊诸神象征的指导，他也能赋予音乐一种不同于所有其他艺术的特征和起源，因为与其他所有艺术不同，音乐不是现象的映象，而径直就是意志本身的映象，所以，音乐表现的是世界中一切物理因素的形而上学性质，是一切现象的物自体（叔本华：《作为意志和表象的世界》，第一篇，第 310 页③）。④ 在一种较为严格的意义上讲，美学乃始于这种在全部美学中最为重要的美学认识。为了强调其永恒真理性，理查德·瓦格纳在这一美学认识上面留下了自己的烙印，他在《贝多芬》一文⑤中断定，音乐根本上是不能根据美的范畴来衡量的，而是要根据完全不同于造型艺术的美学原理来衡量的：尽管有一种错误的美学，它依据一种误入歧途、蜕化的艺术⑥，习惯于从那个适合于造型艺术的美的概念出发，要求音乐有一种类似于造型艺术作品的效果，也即要求音乐能激发出对于美的形式的快

---

① 参看歌德：《浮士德》第二部第一幕，第 6173—6306 行。——译注
② 指叔本华。——译注
③ 叔本华：《作为意志……]参看关于第 28 节，第 11—12 页。——编注
可参看叔本华：《作为意志和表象的世界》，石冲白译，商务印书馆，1986 年，第 363—364 页。——译注
④ 下文在准备稿中：14 [3]。——编注
⑤ 瓦格纳作于 1870 年的论著。——译注
⑥ 此处"蜕化的艺术"德语原文为 entartetet Kunst，或译"退化艺术"，该说法后来成了国家社会主义用来表示现代艺术的标准术语。——译注

感。认识到了那种巨大的对立之后,我感觉到一种强烈的必要性,要进一步探索希腊悲剧的本质,从而对希腊天才做最深刻的揭示:①因为唯到现在,我才相信自己掌握了魔法,能够超越我们通常美学的惯用术语,把悲剧的原始问题活生生地置于自己的心灵面前:这样一来,我就得以用一种十分独特的眼光去考察希腊精神了,以至于我难免会觉得,我们那些表现得十分倨傲的古典希腊学,直到现在为止基本上只知道欣赏②皮影戏和琐碎外表③。④

要探讨上面讲的原始问题,我们也许可以从如下问题开始:当阿波罗和狄奥尼索斯这两种本身分离的艺术力量一并发挥作用的时候,会产生何种审美效果呢?或者简言之,音乐之于形象和概念的关系如何?——恰恰在这一点上,理查德·瓦格纳赞扬叔本华做了一种无人能比的清晰而透彻的阐述。在下面这段文字中,叔

---

① 揭示:]1872年第一版;1874/1878年第二版付印稿:揭示[译按:此处仅有标点之别]。——编注

② 欣赏]1872年第一版:供养。——编注

③ 琐碎外表]誊清稿:充其量是欣赏美好的希望。——编注

④ 此后有一个注释见于某个散页:现在请特别[允许]让我迈出几个步子,而用不着由希腊诗学洞穴里的其他持火炬者(如亚里士多德)来陪伴我。人们终将停止就希腊诗学的更深问题反反复复地求教于亚里士多德;而说到底,关键只可能在于,从经验中、从自然中收集那些永恒而简单的、对希腊人来说同样有效的艺术创作规律。这种规律在每一个真实完整的艺术家身上可能得到更好、更见成效的研究,胜于根据那只密涅瓦的猫头鹰亚里士多德来做的研究。亚里士多德本身已然疏离伟大的艺术本能,而甚至他的老师柏拉图,至少在其成熟时期,也还是拥有这种伟大本能的。亚里士多德离诗歌原始形式那丰盛的形成期也太过遥远了,以至于他感受不到那个时代咄咄逼人的生成欲望。在此期间已经发育出那种近乎博学的模仿艺术家,在后者那里,艺术的原始现象再也不能纯粹地得到考察了。德谟克利特有着出色的亚里士多德式的观察趣味和清醒头脑,不过他生活在一个更为有利的时代里——关于此类诗学、占星术和神秘主义现象,这位思想家可能会对我们说些什么呢?——编注

本华对此做了极为详尽的论述,我们不妨把整个段落引在下面。《作为意志和表象的世界》第一篇,第309页[①]:"根据所有这一切,我们可以把显现的世界(或自然)与音乐看作同一事物的两种不同表达,这同一事物本身因此就是这两种表达得以类比的唯一中介,而为了解这一类比,就需要认识这一中介。因此,如果我们把音乐看作世界之表达,那么它就是最高级的普遍语言,甚至于这种语言之于概念的普遍性的关系,大致如同概念之于个别事物的关系。但它的普遍性决不是那种抽象的空洞普遍性,而是完全不同种类的普遍性,是与概无例外的、清晰的确定性相联系的。在这一点上,音乐就类似于几何图形和数字,后两者作为一切可能的经验客体的普遍形式,是 a priori［先天地］可应用于[②]一切客体的,但却不是抽象的,而是直观的和彻底确定的。意志所有可能的追求、激动和外化,人类内心的所有那些过程和经历,被理性抛入"情感"这个广大而消极的概念中的一切东西,是可以通过无限多的可能旋律表达出来的,然而总是以纯粹形式的普遍性,而不带有质料,总是仅仅按照物自体,而不是按照现象,仿佛是没有形体的现象的最内在灵魂。根据音乐对于万物之真正本质的这样一种内在关系,我们也可以说明下面这一点,即:当一种合适的音乐对某个场景、行动、事件和环境响起来的时候,这种音乐似乎向我们揭示了这些个场景、行动、事件和环境最隐秘的意义,表现为对后者的最正确和最清晰的注解;同样地,对于完全醉心于一部交响乐之印象的人

---

① 《作为意志和表象……》参看关于第28节,第11—12页。——编注
② 于 弗罗恩达斯特版;大八开本版。在1872年第一版;1874/1878年第二版付印稿;1874/1878年版中则为:也。——编注

来说,就仿佛他看到了生活和世界中的所有可能事件都在自己眼前一幕幕展开;然则当他细细寻思时,却又不能说明这乐曲与浮现在他眼前的事物之间到底有什么相似之处。因为正如前述,音乐与所有其他艺术的区别就在于,音乐不是现象的映象,或者更正确地说,音乐并不是意志的适当客观化,而径直就是意志本身的映象,从而相对于世界上的一切物理因素,它是形而上学性质①,相对于一切现象,它是物自体。据此,我们或许可以把世界称为被形体化的音乐,同样地也可以把世界称为被形体化的意志。由此即可说明,为什么音乐能使现实生活和现实世界的每一个画面、实即每一个场景立即以高度的含义显露出来;诚然,音乐的旋律越是与给定现象的内在精神相类似,就越是能做到上面这一点。基于这一点,人们才能够为一首诗配上音乐,使之成为歌,为一种直观的表演配上音乐,使之成为哑剧,抑或为这两者配上音乐,使之成为歌剧。人类生活的此类个别图景被配上普遍的音乐语言之后,决不是一概必然地与音乐相结合或者相符合的;相反地,它们之于音乐的关系,只是某个任意的例子与某个普遍概念的关系而已:它们以现实的确定性来表现音乐以纯粹形式的普遍性来表达的那个东西。因为在某种程度上,旋律与普遍概念一样,都是现实的一种Abstractum［抽象］。现实,也就是个别事物的世界,既为概念的普遍性也为旋律的普遍性提供出直观的、特殊的和个体的东西,提供出个别的情形。而概念的普遍性与旋律的普遍性却是在某个方

---

① 此处译文未显明"物理因素"(das Physische)与"形而上学性质"(das Metaphysische)之间的字面联系。——译注

面相互对立的:概念仅只包含首先从直观中抽象出来的形式,仿佛是从事物身上剥下来的外壳,所以完全是真正的 Abstracta［抽象］①;与之相反,音乐则给出先于一切形态的最内在的核心,或者说事物的核心。对于这种关系,我们可以十分恰当地用经院哲学家的语言来加以表达,人们说:概念是 universalia post rem［后于事物的普遍性］,而音乐给出 universalia ante rem［先于事物的普遍性］,现实则是 universalia in re［事物中的普遍性］。② 但一般而言,一首乐曲与一种直观表现之间的关系之所以可能,如前所述,是由于两者只不过是世界的同一个内在本质的完全不同的③表达。如若在个别情形下确实存在着这样一种关系,也就是说,作曲者懂得用音乐的普遍语言来表达构成某个事件之核心的意志冲动,那么,这时候,歌曲的旋律、歌剧的音乐就是富有表现力的。然而,由作曲家发现的这两者之间的类似性质,必定出自他对于自己的理性所不能意识到的世界之本质的直接认识,而不可能成为有意的、以概念为中介的模仿:不然的话,音乐就不能表达内在的本质,亦即意志本身,而只能不充分地模仿意志之现象;正如所有真

---

① 为拉丁语 Abstractum［抽象］的复数形式。——译注

② 此处三个欧洲中世纪经院哲学术语分别代表着当时唯名论与实在论之争的三种立场:一是唯名论的立场,认为普遍概念是从感觉经验中抽象出来的,此即 universalia post rem［后于事物的普遍性］;二是实在论的立场,认为普遍概念具有一种独立于或先于事物的实在性,此即 universalia ante rem［先于事物的普遍性］;第三种是调和的立场,认为概念的内容决定事物,但不能与个别事物的实存相分离,此即 universalia in re［事物中的普遍性］。——译注

③ 不同的(verschiedene)］1872 年第一版;1874/1878 年第二版付印稿:不同的(verschiedne)［译按:此处只有拼写差异］。——编注

正仿制性的音乐①所做的那样"。② ——

所以,根据叔本华的学说,我们把音乐径直理解为意志的语言,我们感到自己的想象受到了激发,要去塑造那个对我们言说的、不可见的、却又十分生动活泼的精神世界,并且用一个类似的实例把它体现出来。另一方面,在真正吻合的音乐的影响下,形象与概念便获得了一种提升了的意蕴。如是看来,狄奥尼索斯艺术通常就会对阿波罗艺术能力发挥两种作用:首先,音乐激发对狄奥尼索斯式的普遍性的比喻性直观,其次,音乐也使得这种比喻性形象以至高的意蕴显露出来。从这种本身明白可解、用不着深入考察便能通达的事实出发,我推断出一点:音乐具有诞生神话的能力,作为最重要的例证,就是能够诞生出悲剧神话——那是用比喻来言说狄奥尼索斯式认识的神话。借着抒情诗人现象,我曾经说过,在抒情诗人身上音乐如何竭力用阿波罗形象来表明自己的本质:如果我们现在来设想一下,音乐在提升到最高境界时也必定力求达到一种最高的形象化,那么,我们就必须认为,音乐也有可能懂得为自己真正的狄奥尼索斯智慧找到象征的表达;而且,除了在悲剧中,一般而言就是在悲剧性(das Tragische)概念中,我们还能到别的地方寻找这种表达吗?

艺术通常是根据假象和美这个唯一的范畴而被把握的。从这种艺术的本质中,根本就不可能正当地推导出上面讲的悲剧性;唯

---

① 音乐]弗劳恩斯达特版;大八开本版。在1872年第一版付印稿;1872年第一版;1874/1878年第二版付印稿中则为:旋律。——编注

② 叔本华:《作为意志和表象的世界》,石冲白译,商务印书馆,1986年,第363—365页。——译注

有从音乐精神出发,我们才能理解一种因个体之毁灭而生的快乐。因为这样一种毁灭的个别事例,使我们明白的无非是狄奥尼索斯艺术的永恒现象,这种艺术表达了那种仿佛隐藏在 principio individuationis[个体化原理]背后的万能意志,表达了超越一切现象、无视一切毁灭的永恒生命。因悲剧性而起的形而上学快乐,乃是把本能无意识的①狄奥尼索斯智慧转换为形象语言:悲剧主角,那至高的意志现象,为着我们的快感而被否定掉了,因为他其实只是现象,他的毁灭并没有触动意志的永恒生命。"我们信仰永恒的生命",悲剧如是呼叫;而音乐则是这种生命的直接理念。雕塑家的艺术有着一个完全不同的目标:在这里,阿波罗通过对现象之永恒性的闪亮赞美来克服个体之苦难,在这里,美战胜了生命固有的苦难,痛苦在某种意义上受骗上当,离失了自然的特征。而在狄奥尼索斯艺术及其悲剧性象征中,同一个自然以其真实的、毫无伪装的声音对我们说:"要像我一样!在永不停息的现象变化中,我是永远创造性的、永远驱使此在生命、永远满足于这种现象变化的始母!"

十七

狄奥尼索斯艺术同样也要使我们坚信此在的永恒快乐:只不过,我们不应该在现象中寻求这种快乐,而是要在现象背后来寻

---

① 本能无意识的] 1872 年第一版;1874/1878 年第二版付印稿:本能-无意识的。——编注

求。我们应当认识到,一切产生出来的东西都必定要痛苦地没落,我们不得不深入观察个体实存的恐惧——而我们却不应因惊恐而发呆:一种形而上学的慰藉会让我们暂时挣脱变化形态的喧嚣。在短促的瞬间里,我们真的成了原始本质①本身,感受到它无法遏制的此在欲望和此在乐趣;现在我们以为,既然突入生命之中,并且相互冲突的此在形式过于繁多,既然世界意志有着丰沛的繁殖力,那么,斗争、折磨、现象之毁灭就是必需的了。在我们仿佛与不可估量的此在之原始快乐合为一体时,在我们预感到狄奥尼索斯式的狂喜中这样一种快乐的坚不可摧和永恒时,在这同一瞬间里,我们被这种折磨的狂怒锋芒刺穿了。尽管有恐惧和同情,我们仍然是幸福的生命体,不是作为个体,而是作为一个生命体——我们已经与它的生殖快乐融为一体了。

现在,希腊悲剧的起源史十分明确地告诉我们,希腊人的悲剧艺术作品确实是从音乐精神中诞生出来的:通过这个想法,我们以为首次公正地对待了合唱歌队那令人惊讶的原始意义。但同时,我们也必须承认,对于上面提出的悲剧神话的意蕴,希腊诗人们——更遑论希腊哲学家们了——从来都没有获得过抽象而清晰的认识;在一定程度上,他们的主角说的比做的更浅薄;在说出来的话中,神话完全没有得到适当的客观化。情景结构和直观形象揭示了一种更深邃的智慧,一种比诗人本身用话语和概念所能把握的更深的智慧:我们在莎士比亚那里可以看到同样的情形,例如他的哈姆雷特,就在一种类似的意义上,是说的比做的更浅薄的,

---

① 此处"原始本质"原文为 Urwesen,英译本作 original essence。——译注

结果呢,就是我们不能从话语出发,而只能通过对全剧的深入直观和综观,来获知前面提到过的哈姆雷特教诲。至于希腊悲剧(当然我们遇见的只是书面剧本),我甚至已经指出,神话与话语之间的那种不一致可能会诱惑我们,让我们把希腊悲剧看得比它本来所是的更为平庸和更加无关紧要,并且据此也假定,希腊悲剧的效果是比古人所见证的更为浅薄的。因为,人们多么容易忘记,诗人用话语达不到的神话的至高精神化和理想性,却是他作为创造性的音乐家在任何时候都能够①做到的!诚然,我们差不多必须通过学术的道路去重建音乐效果的优势,方能对真正的悲剧所特有的那种无与伦比的慰藉有所感受。不过,即便是这种音乐的优势,也只有当我们成了希腊人时才能为我们所感受;而与我们所熟悉的无限丰富的音乐相比,在希腊音乐的整个发展过程中,我们以为听到的只不过是音乐天才以腼腆的力感唱出来的少年之歌。正如埃及的教士们所言,古希腊人乃是永远的孩童②,甚至在悲剧艺术方面也只是孩童而已,他们不知道他们手中产生了何种高贵的玩具——后来又在他们手上毁掉了。③

从抒情诗的开端一直到阿提卡悲剧,音乐精神那种力求形象揭示和神话揭示的斗争愈演愈烈,而刚刚达到丰盛的展开便戛然中断了,仿佛从希腊艺术的面相上消失了。不过,从这种斗争中产生的狄奥尼索斯世界观,却在宗教秘仪中继续存活下来,虽有极惊

---

① 能够]1872 年第一版;1874/1878 年第二版付印稿:必须。——编注
② 正如埃及的教士们……]参看柏拉图:《蒂迈欧篇》,22b。——编注
③ 甚至在悲剧艺术方面……]据誊清稿:在此也就是悲剧艺术的音乐孩童,这种悲剧艺术在他们那里诞生出来,终要获得再生。——编注

人的变形和蜕化，仍然不停地吸引着严肃的人物。它是不是有朝一日会从其神秘深渊中重新作为艺术而升起来呢？①

在此我们关注的问题是：悲剧因某种势力的抵抗而破灭，这种势力是否在任何时候都足够强大，足以阻止悲剧和悲剧世界观在艺术上的重新生长呢？如果说古代悲剧是被追求知识和科学乐观主义的辩证冲动排挤出自己的轨道的，那么，我们从这一事实中或许就可以推断出，在理论的世界观与悲剧的世界观之间有一种永恒的斗争；而且，只有在科学精神已经推到了极限，其普遍有效性的要求通过对这个极限的证明而被消灭掉之后，我们方可指望悲剧的再生：作为这种文化形式的象征，我们或许必须在前面探讨过的意义上举出搞音乐的苏格拉底。在这样一种对照中，我们把科学精神理解为那种首先在苏格拉底身上显露出来的信仰，即对自然之可探究性的信仰和对知识之万能功效的信仰。②

谁若能回想起这种无休止地向前突进的科学精神的直接后果，就会立即想到，神话是怎样被这种科学精神消灭掉的，而由于这种消灭，诗歌又是怎样被逐出它那自然的、理想的家园，从此变成无家可归的了。如果我们有理由判定音乐具有重新从自身中诞生出神话的力量，那么，我们也必须在科学精神与这种创造神话的音乐力量敌对起来的轨道上来寻找科学精神。这种情况发生在新

---

① 它是不是有朝一日……] 据誊清稿：在德国音乐中，这种精神从其神秘深渊重新冒［？］出来，遂成艺术的诞生。在德国哲学中，这同一种精神找到了概念上的自我认识。——编注

② 这个苏格拉底科学乐观主义的信仰可以简为：自然是可知的，知识是万能的。——译注

的阿提卡酒神颂歌①的发展过程中,后者的音乐不再表达内在本质,不再表达意志本身,而只是在一种以概念为中介的模仿中把现象不充分地再现出来——真正的音乐天才厌恶并且回避这种内部已经蜕化的音乐,就像他们厌恶那种扼杀艺术的苏格拉底倾向一样。当阿里斯托芬以同样的憎恨之情来概括苏格拉底本人、欧里庇德斯的悲剧与新酒神颂歌诗人的音乐,并且在所有这三个现象当中嗅到了一种堕落文化的标志时,他那确凿有力的直觉无疑是抓住了正确的东西。这种新酒神颂歌以一种亵渎的方式把音乐弄成现象的模拟性画像,例如一次战役、一场海上风暴的模拟画像,因此诚然是完全剥夺了音乐创造神话的力量。因为,如若音乐只是强迫我们去寻找某个生命和自然事件与音乐的某些旋律形态和独特声音之间的外在相似性,力图借此来激发我们的快感,如若我们的理智只能满足于对于此类相似性的认识,那么,我们就被下降到一种不可能孕育神话因素的情绪之中了;因为,神话只能被直观地感受为一种向无限凝视的普遍性和真理性的唯一例子。真正狄奥尼索斯的音乐乃作为世界意志的这样一面普遍镜子出现在我们面前:对我们的感觉来说,在这面镜子上折射的那个生动事件立即就扩展为某种永恒真理的映象。相反地,通过新酒神颂歌的音响图画,这样一个生动事件立即就被剥夺了任何神话特征;现在,音乐就成了现象的贫乏映象,因此要比现象本身贫困得多——由于这样一种贫乏,对我们的感受而言,音乐还把现象本身贬降了,以

---

① 酒神颂歌(Dithyrambus):在古希腊酒神节祭祀仪式上演唱,尤在希腊阿提卡地区为盛。尼采视之为古希腊悲剧的起源。——译注

至于现在,举例说来,用这种音乐来模拟的战役无非是喧闹的进行曲、军号声等等之类,我们的想象恰恰就被固定在这等肤浅俗物上了。因此,在所有方面,这种音响图画都是真正的音乐那种创造神话的力量的对立面:通过这种音响图画,现象变得比它本身更为贫乏,而通过狄奥尼索斯音乐,个别现象得到丰富,扩展为①世界图景了。在新酒神颂歌的发展过程中,非狄奥尼索斯精神使音乐疏离于自身,并且把音乐贬降为现象的奴隶——此乃非狄奥尼索斯精神的巨大胜利。正是基于这个原因,欧里庇德斯,一个必须在更高意义上被称为完全非音乐的人物,成了新酒神颂歌音乐的热烈拥护者,并且以一个强盗②的慷慨来挥霍这种音乐所有的效果和手段。

另一方面,如若我们把目光转向索福克勒斯以来悲剧中不断增加的性格描写和精美的心理刻画,我们就能看到这种反神话的非狄奥尼索斯精神在发挥作用。人物性格再也不能被扩大为永恒的典型了,相反,应当通过对次要特征和细微差别的艺术表现,通过一切线条的极精妙的确定性,使人物性格产生个体化的作用,从而使得观众竟再也感受不到神话,而倒是感受到强大的自然真理③和艺术家的模仿力。即便在这里,我们也发觉现象战胜了普遍性,以及那种对于具体的、可以说解剖标本的兴趣,我们已经呼吸到一种理论世界的空气,对于这个世界而言,科学认识高于艺术

---

① 个别现象与到丰富,扩展为]1872年第一版;1874/1878年第二版付印稿:现象得到丰富,扩展为个别的。——编注
② 强盗]1872年第一版;1874/1878年第二版付印稿:窃贼。——编注
③ 自然真理]1872年第一版;1874/1878年第二版付印稿:肖像真理。——编注

对某个世界法则的反映。这种偏重性格描写的倾向快速地推进：如果说索福克勒斯还在描绘全部的人物性格，为了人物性格获得精妙的展开而去驾驭神话，那么，欧里庇德斯就只还能描绘那些善于在激情暴发时表现出来的重大的、个别的性格特征了；而在阿提卡新喜剧中，就只剩下一种表情的面具了，轻率的老人、受骗的皮条客、狡猾的奴隶，不厌其烦地反复出现。构成神话的音乐精神如今去了哪里？现在音乐中还残留下来的，要么是刺激的音乐，要么是回忆的音乐，也就是说，要么是刺激迟钝衰弱神经的兴奋剂，要么就是音响图画了。对于前者来说，所配的歌词差不多没什么要紧的了：欧里庇德斯的主角和合唱歌队刚开始唱歌，就已经相当放荡了；在欧里庇德斯那里就已如此，他那几个无耻的追随者还能把事情弄到何等田地呢？

然而，这种新的非狄奥尼索斯精神却在新戏剧的结局上表现得最为清晰。在旧悲剧中，结尾处总能让人感觉到一种形而上学的慰藉，若没有这种慰藉，对于悲剧的快感就根本无从解释；也许在《俄狄浦斯在科罗诺斯》中最纯粹地传来另一个世界的和解之声。现在，音乐天才已经从悲剧中逃之夭夭了，从严格意义上讲悲剧已经死了：我们现在应当从哪里吸取那种形而上学的慰藉呢？所以，人们便在尘世中寻求办法，来解决悲剧之不谐和；悲剧主角在饱受命运的折磨之后，终于在美满的姻缘、神性荣耀的见证中获得了应得的报偿。悲剧主角变成了斗士①，在他受尽折磨遍体鳞伤之后，人们偶尔也赐给他自由。Deux ex machina［解围之神］

---

① 此处"斗士"（Gladiator）原指古罗马的斗剑士。——译注

代替了形而上学的慰藉。我并不想说,悲剧世界观处处都完全被这种咄咄逼人的非狄奥尼索斯精神摧毁了;我们只知道,悲剧世界观不得不逃离艺术,仿佛潜入冥界之中,经历了一种向隐秘崇拜的蜕化。但在希腊本质表层的最广大领域里,非狄奥尼索斯精神那种消耗一切的气息大加肆虐,这种精神①以"希腊的明朗"为形式显示出来——对此形式,我们前面已有了讨论,我们说它是一种老迈而毫无生产能力的②此在乐趣;这种明朗乃是更古老的希腊人那种庄丽的"朴素性"的对立面,按照我们给出的特性刻画,它应当被把握为一个幽暗的深渊里生长出来的阿波罗文化的花朵,希腊意志通过其美的反映而获得的对苦难和苦难之智慧的胜利。另一种形式"希腊的明朗",即亚历山大③式的明朗,其最高贵的形式乃是理论家的明朗:它显示出我刚刚从非狄奥尼索斯精神中推导出来的那些特征和标志——它与狄奥尼索斯的智慧和艺术作斗争,它力求消解神话,它要取代形而上学的慰藉,代之以一种尘世的谐和、实即一种特有的 deux ex machina [解围之神],也就是机械和熔炉之神,即为效力于更高的利己主义而被认识和应用的自然精灵之力量;它相信知识能够校正世界,科学能够指导生活,它也确实能够把个人吸引到可解决的任务的最狭小范围内——在此范围内,它明快地对生命说:"我要你啊:你是值得认识的。"

---

① 这种精神]1872 年第一版:作为这种真理。——编注
② 毫无生产能力的]据誊清稿:奴隶式的。——编注
③ 亚历山大:指埃及的希腊城邦亚历山大,在公元前 3 世纪成为希腊世界的文化中心。尼采把亚历山大视为苏格拉底倾向的胜利,是与公元前 5 世纪以阿提卡悲剧为代表的雅典文化成就相对立的。——译注

十八

　　这是一个永恒的现象：贪婪的意志总是在寻找某种手段，通过一种笼罩万物的幻景使它的造物持守在生命中，并且迫使它们继续存活下去。有人受缚于苏格拉底的求知欲，以及那种以为通过知识可以救治永恒的此在创伤的妄想；也有人迷恋于在自己眼前飘动的诱人的艺术之美的面纱；又有人迷恋于那种形而上学的慰藉，认为在现象旋涡下面永恒的生命坚不可摧，长流不息——姑且不说意志在任何时候都准备好了的那种更为普遍、几乎更为有力的幻景了。根本上，上面三种幻景等级只适合于品质高贵的人物，这等人物毕竟能以更深的不快和反感来感受此在的重负和艰难，并且不得不通过精选的兴奋剂来对自己隐瞒这种不快和反感。此类兴奋剂构成我们所谓的"文化"的全部成分：按照混合的比例，我们有一种主要是苏格拉底的或艺术的或悲剧的①文化；抑或，如果可以用历史的例证，那就有一种亚历山大的文化，或者一种希腊的文化，或者一种婆罗门的②文化③。

　　我们整个现代世界全盘陷于亚历山大文化之网中，被它奉为理想者，乃是具备最高认识能力、为科学效力的理论家，而苏格拉

---

① 苏格拉底的或艺术的或悲剧的］据誊清稿：理论的或艺术的或形而上学的。——编注

② 婆罗门的］誊清稿；1872年第一版付印稿；1872年第一版；1874/1878年第二版付印稿；1874/1878年第二版。在大八开本版中则为：印度的（婆罗门），页边标有"嗨！"（尼采亲笔?）。——编注

③ 婆罗门为古印度种姓制度中四大种姓之第一等级。——译注

底正是这种人物的原型和始祖。我们全部的教育手段原本仅只关心这样一个理想:其他一切实存形式都只能在一旁进行艰苦斗争,乃作为被允许的实存,而不是作为被预期的实存。长期以来,在一种近乎恐怖的意义上,人们只在学者形式中寻找有教养者;即便我们的诗歌艺术也必定是从博学的模仿中发展起来的,而且在韵律的主要效果方面,我们还认识到,我们的诗歌形式起于那种艺术试验,即对一种非乡土的、真正学究的语言的艺术试验。对于一个地道的希腊人来说,浮士德这个本身不难理解的现代文化人,必定会显得多么不可思议,这个永不满足地埋头钻研各门科学、由于求知的冲动而献身于魔术和魔鬼的浮士德,只要把他与苏格拉底作一番对照,我们就能认识到,现代人开始预感到这种苏格拉底式求知欲的界限,要求从浩瀚苍茫的知识大海回到岸上来①。歌德有一次谈到拿破仑时对爱克曼②说道:"是的,我的朋友啊,也有一种行为的创造性呢。"③当歌德讲这番话时,他是以一种优雅而朴素的方式提醒我们:对于现代人来说,非理论人是某种可疑又可惊的东西,以至于人们重又需要有歌德的智慧,才能够发现,这样一种令人诧异的实存方式也是可理解的,甚至是可原宥的。

现在,我们可不能回避这种苏格拉底④文化内部隐藏着的东西!那就是自以为永无限制的乐观主义!现在,如果说这种乐观

---

① 浮士德,只要把他与……] 誊清稿:浮士德及其亚历山〈大〉文化? ——编注
② 爱克曼(Eckermann,1792—1854):德国诗人、散文家,歌德晚年的助手和挚友,参与编辑《歌德文集》。著有《歌德谈话录》等。——译注
③ 1828年3月11日。——编注
④ 苏格拉底] 据誊清稿:亚历山大。——编注

主义的果实成熟了,如果说社会完全彻底地受到这样一种文化的侵蚀,渐渐地在狂热和欲望的支配下颤抖,如果说对于尘世万民皆幸福的信仰,对于这样一种普遍知识文化之可能性的信仰,渐渐地转变为对这样一种亚历山大式的尘世幸福①的咄咄逼人的要求,转变为对欧里庇德斯的 deus ex machina［解围之神］的恳求,那么,我们可不要大惊小怪哦！我们应该注意到:亚历山大文化需要有一个奴隶阶层,方能持久生存下去:但由于这种文化持有乐观主义的此在观点,它便否定这个奴隶阶层的必要性,因此,一旦它关于"人的尊严"和"劳动光荣"之类美妙动人的诱惑话语和安慰说辞失去了效力,它就面临着一种骇人的毁灭。最可怕者莫过于一个野蛮的奴隶阶层,后者已经学会了把自己的生存视为一种不公和过失,准备不光要为自己、而且要为世世代代复仇。面对这等吓人的风暴,谁胆敢鼓起勇气,呼吁我们那苍白而疲乏的②宗教呢？我们的宗教本身已经在根基上蜕化为学者宗教了,以至于作为任何宗教的必要前提的神话,已经全方位瘫痪了③,而且即便在这个神话领域里,那种乐观主义精神也占了上风——我们上面刚刚把这种乐观主义精神称为我们社会的毁灭种子。

当潜伏于理论文化核心处的灾祸渐渐开始令现代人感到恐惧,现代人不安地从自己的经验宝库里搜索逃避危险的手段,而他们自己其实都不太相信这些手段,因而开始预感自己的结果:这时候,有一些气度恢宏的伟大人物,以一种让人难以置信的审慎态

---

① 尘世幸福］据1872年第一版付印稿:奴隶幸福。——编注
② 疲乏的］1872年第一版付印稿:变得毫无生气的。——编注
③ 瘫痪了］1872年第一版付印稿:荒芜了。——编注

度,已经善于利用科学武器本身去阐明一般认识的界限和条件,从而断然否定科学的普遍有效性要求和普遍目的性要求。藉着这种证明,人们首次认识到,那种自以为借助于因果性就能够深入探究事物的最内在本质的看法,只不过是一种幻想而已。康德和叔本华的巨大勇气和智慧获得了最艰难的胜利,那就是战胜了隐藏在逻辑之本质中的、构成我们文化之根基的乐观主义。如果说这种乐观主义依靠它毫不怀疑的 aeternae veritates［永恒真理］,相信一切世界之谜都是可认识的和可探究的,并且把空间、时间、因果性当作完全无条件的普遍有效性规律,那么,康德则向我们揭示,所有这些范畴的真正用途,只不过是把单纯的现象,即摩耶之作品,提升为唯一的和最高的实在性①,以此来取代事物最内在的和真实的本质,而且由此使关于事物的真正认识变得不可能了,用叔本华的一个说法,那就是让做梦者睡得更死了(《作为意志和表象的世界》,第一篇,第 498 页)②。这种认识开创了一种文化,我斗胆称之为悲剧③文化:其最重要的标志就在于,用智慧取代作为最高目标的科学,不受科学种种诱惑的欺骗,用冷静的目光转向世界总体图像,力图以同情的爱心把其中的永恒痛苦当作自己的痛苦来把握。让我们来想象一下正在茁壮成长的一代人,他们有着这样一种无所惧怕的目光,他们有着这样一种直面凶险的英雄气概;让我们来想象一下这些屠龙勇士的刚毅步伐,他们壮志凌云,毅然

---

① 实在性］1872 年第一版付印稿:因果性。——编注
② 参看本卷第 1 节,第 28 页第 11—12 行。——编注
③ 悲剧］1872 年第一版付印稿:佛教。——编注

抗拒那种乐观主义的所有虚弱教条，力求完完全全"果敢地生活"①——那么，这种文化的悲剧人物，在进行自我教育以培养严肃和畏惧精神时，岂非必定要渴求一种全新的艺术，一种具有形而上学慰藉的艺术，把悲剧当作他自己的海伦来渴求吗？他岂非必定要跟浮士德一道高呼：

> 而我岂能不以无比渴慕的强力，
> 让那无与伦比的形象重现生机？②

然而，既然苏格拉底③文化受到了动摇，只能用颤抖的双手抓住它那不容置疑的权杖，一方面是由于害怕它自己的结果，对此它终于开始有所预感了，另一方面是因为它自己再也不是怀着先前那种天真的信赖，坚信自身根基的永恒有效性了：于是出现了一个悲哀的景象，它那思想的舞蹈如何总是渴慕地冲向新的形象，要去拥抱新的形象，④尔后突然又惊恐地抛弃了她们，就像靡非斯特抛弃了诱惑的拉弥亚⑤。这委实是那个"断裂"的标志了，人们通常都把这个"断裂"说成现代文化的原始苦难：理论家对自己的结果感到害怕和不满，再也不敢把自己托付给可怕的此在冰河了，只好

---

① 力求完完全全……] 参看歌德：《总忏悔》；1871年11月8日卡尔·封·盖斯多夫致尼采的信，《尼采书信集》第2卷下，第452—453页。——编注
② 歌德：《浮士德》，第7438—7439行。——编注
③ 苏格拉底] 据誊清稿：亚历山大。——编注
④ 拥抱新的形象，] 1872年第一版；1874/1878年第二版付印稿：拥抱新的形象 [译按：此处只是少了一个逗号]。——编注
⑤ 靡非斯特抛弃了诱惑的拉弥亚] 歌德：《浮士德》，第7697—7810行。——编注

忧心忡忡地踯躅于岸边。他再也不想求全，也不想完全分享事物的全部天然残酷了。就此而言，是乐观主义的观点把他弄得柔弱不堪了。此外他还感到，一种在科学原理基础上建造起来的文化，一旦开始变成非逻辑的，也即开始逃避自己的结果，那它就必定要毁灭了。我们的艺术揭示了这种普遍困境：人们徒然地模仿所有伟大的创造性时期和创造性人物，为了安慰现代人，人们徒然地把全部"世界文学"①集中到现代人身边，把他们置于所有时代的艺术风格和艺术家中间，好让他们像亚当命名动物②一样来给所有艺术风格和艺术家起名字：然则他们仍然是永远的饿鬼，是毫无乐趣、毫无力量的"批评家"，是亚历山大式的人物，根本上就是一些图书馆员和校勘者，可怜让书上的灰尘和印刷错误弄得双目失明。

十九③

我们若要把这种苏格拉底文化的核心内涵描述清楚，④最好的做法莫过于把它命名为歌剧文化了⑤，因为在歌剧领域里，这种文化以其特有的天真表达了自己的意愿和认识；如果我们把歌剧

---

① "世界文学"（Weltlitteratur）是诗人歌德在与爱克曼的谈话中首次提出来的，时为1827年1月31日。——译注

② 亚当命名动物《创世记》（1 Mos.），第2章第20行。——编注

③ 参看9[5]；9[29]；9[9]；9[10]；9[109]。——编注

④ 描述清楚，]1872年第一版；1874/1878年第二版付印稿：描述清楚[译按：此处只少了一个逗号]。——编注

⑤ 尼采把歌剧视为苏格拉底理论文化的现代形式。歌剧出现于16世纪后期的意大利佛罗伦萨，一般认为第一部伟大的歌剧作品是蒙特威尔第的《奥菲欧》（1607）。——译注

的起源和歌剧发展的事实,与阿波罗因素和狄奥尼索斯因素的永恒真理放在一起加以对照,我们就将大感惊奇。我首先要提醒读者注意抒情调和宣叙调①的形成过程。谁会相信,在帕莱斯特里那②③那种无比崇高和无比神圣的音乐刚刚兴起的时代里,人们竟能狂热地接受和爱护这样一种完全外化的、配不上虔诚的歌剧音乐,仿佛那就是一切真正音乐的复活了?另一方面,谁会把如此迅速地蔓延开来的对歌剧的兴趣,一味地归咎于那些佛罗伦萨人的享乐癖和他们那些戏剧歌手的虚荣心呢?在同一个时代,甚至在同一个民族里,与整个基督教中世纪都参与建造的帕莱斯特里那和声的拱形建筑一道,同时也出现了那种对于半拉子音乐语调的热情——对于这一点,我只能根据一种在宣叙调之本质中一道发挥作用的艺术之外的倾向来加以解释了。

121　　听众想要听清楚歌词,歌手就要来满足他的愿望,其做法是多说少唱,在半唱中加强充满激情的词语表达。通过这样一种激情的加强,歌手就使歌词变得容易理解了,就克服了剩下的一半音乐。现在威胁着歌手的真正危险在于,有时他不合时宜地过分强调音乐,就必定会立即毁了话语的激情和歌词的清晰性;而另一方

---

① "抒情调"(stilo rappresentativo)也叫"咏叹调",是歌剧中的独唱段落,是歌剧中最重要的歌唱形式;"宣叙调"(Recitativ)是一种近于朗诵、用来陈述剧情的乐调。——译注

② 帕莱斯特里那]1872年第一版付印稿:[若斯坎与帕莱斯特里那]。——编注 若斯坎(Josquin des Pres,约1425—1479),法国作曲家,文艺复兴时期佛兰德乐派代表。——译注

③ 帕莱斯特里那(Palestrina,约1525—1594):意大利教会音乐作曲家。通常被认为是古典音乐的第一个大作曲家。——译注

面,他往往感到有一种冲动,要通过音乐来发泄,要娴熟地展示他的歌喉。这里"诗人"来帮他的忙,"诗人"知道怎么为他提供足够的机会,让他使用抒情的感叹词,重复一些词语和句子,等等——在这些场合,歌者现在就可能处于纯粹音乐的元素中,而没有顾及歌词。富有情感而有力、但只是半唱的话语,与那种合乎抒情调之本质的全唱的感叹词相互交替,这样一种交替,这种迅速变换的努力——时而要本着概念和观念,时而要根据听众的音乐基础来工作——是某种完全不自然的东西,是同样十分内在地与狄奥尼索斯和阿波罗的艺术冲动相矛盾的,以至于我们必得推断出,宣叙调的起源处于全部艺术本能之外。根据这种描述,就可以把宣叙调界定为史诗朗诵与抒情诗朗诵的混合,诚然决不是内在稳定的混合(那是两个完全分离的事物不可能达到的),而是极其表皮的马赛克式的镶嵌黏合——此种情况在自然界和经验领域里是完全没有范例的。然而这并不是那些宣叙调发明者的看法;相反,他们自己以及他们的时代倒是相信,通过抒情调,古代音乐的奥秘已经解开了,唯据此才能解释俄尔浦斯、安菲翁①的巨大影响,其实也就是希腊悲剧的巨大影响。这种新风格被视为最有效果的音乐、古希腊音乐的复苏:的确,按照一般的完全大众化的观点,荷马世界乃是原始世界,有了这种观点,人们就可以沉浸于那个梦想,以为现在又进入天堂般的人类开端中了,在其中,音乐必然具有那种无可超越的纯粹性、权能和无辜——那是诗人们在他们的牧歌中十

---

① 安菲翁(Amphion):希腊神话中主神宙斯的儿子,以竖琴的魔力建造了底比斯城。——译注

分动人地叙述过的。① 在这里,我们看到了歌剧这种真正现代的艺术种类最内在的生成过程:一种强大的需要在此要求一种艺术,但那是一种非审美的需要:对田园生活的渴望,对艺术的和善良的人类的一种远古生存方式的信仰。宣叙调被视为那种原始人类的重新发现的语言;歌剧被视为那种田园式的或者英雄式的美好生灵重新找到的国度——这种美好生灵同时在其所有行为中都遵循一种自然的艺术冲动,碰到他必须言说的一切东西至少都要唱些什么,以便在情感稍有波动时就立即能引吭高歌。② 当时的人文学者用这种新创的天堂般的艺术家形象,来反对教会关于本身腐化堕落的人的老观念,这种情况对于今天的我们来说是无关紧要的;但这样一来,歌剧就得被理解为关于好人的对立信条,而有了这个信条,同时也就找到了一个对付悲观主义的安慰手段——恰恰是那个时代严肃的思索者,鉴于所有状况的可怕的不确定性,最强烈地被引向了悲观主义。我们今天只需认识到,这种新的艺术形式的真正魔力及其起源,就在于满足一种完全非审美的需要,在于对人类本身的乐观赞美,在于把原始人理解为天性善良和富有

---

① 叙述过的。]誊清稿:叙述过的。我们确实也立即发现歌剧处于与牧歌的最紧密结合中:我们从那一流歌剧中认识到的东西,——后来咏叹调之于宣叙调(Recitativ)的关系:有如抒情〈调〉中音乐重音与宣叙调(Sprechgesang)的关系。可见这种对立被普遍化了。歌者在咏叹调中引人注目,而在别处他只是作为庄重的朗诵者而出现的。——编注

② 歌剧被视为那种田园式的……]誊清稿:歌剧[昭示出艺术之人作为本真的真实之人的现代福音]被视为那种田园式的或者英雄式的美好人类重新找到的国度——这种美好人类同时在其所有行为中都是艺术家。他在碰到他必须言说的一切东西至少都要唱些什么,在情感稍有波动时就立即开始高歌。——编注

艺术气质的人类。这个①歌剧原则渐渐转变成了一个咄咄逼人的骇人要求——有鉴于当代的社会主义运动,我们再也不能对这个要求充耳不闻了。"善良的原始人"要求自己的权利:何等天堂般的前景啊!

除此之外,我还要端出一个同样十分清晰的证明,来证明我的下列观点:歌剧建立在与我们的亚历山大文化相同的原则上②。歌剧乃是理论家、外行批评家的产物,而非艺术家的产物:这是全部艺术史上最令人诧异的事实之一。首先必须弄懂歌词,这是根本上毫无音乐修养的观众的要求:③结果是,只有当人们发明了某种唱法,其歌词能支配对位法,有如主人支配仆人一般,这时候才能指望音乐艺术的再生。因为正如灵魂比身体更高贵,歌词要比伴奏的和声系统高贵得多。在歌剧开端之际,人们就是按照不懂音乐的外行的这样一种粗糙见解来处理音乐、形象与歌词的联系的;也是在这种美学意义上,在佛罗伦萨上流社会的外行人圈子里,那些受庇护的诗人和歌手们开始了最初的试验。这些④无能于艺术创作的人为自己制造了一种艺术,恰恰是由于他们本身是毫不艺术的人。因为他们不能猜度狄奥尼索斯音乐的深邃之处,所以就把音乐欣赏转变为抒情调之激情的合乎理智的词语和声音修辞,转变为歌唱艺术的快

---

① 这个(welches)]1872年第一版:作为这个(als welches)。——编注
② 相同的原则上]誊清稿:相同的原则上,并以同一种几乎无辜的方式展示出 pudenda[私处、阴部]。——编注
③ 要求:]1872年第一版;1874/1878年第二版付印稿:要求;[译按:此处只有标点符号差别]。——编注
④ 这些]据誊清稿:即使对希腊悲剧来说,张望的合唱歌队也是戏剧世界的制造者。——编注

感；因为他们不能看到任何幻景，所以就强迫机械师和布景师为他们效力；因为他们不知道怎么把握艺术家的真正本质，所以就按照自己的趣味变戏法，变出"艺术的原始人"来，也就是那种用激情歌唱和用韵文讲话的人。他们梦想自己进入了一个时代，这个时代的激情足以产生出歌和诗：仿佛情绪曾经有能力创造出某种艺术似的。歌剧的前提乃是一种关于艺术过程的错误信念，也就是那种田园牧歌式的信念，即相信每一个有感觉能力的人根本上都是艺术家。根据这种信念，歌剧就成了艺术外行的表达，艺术外行用理论家那种快乐的乐观主义来强力推行自己的法则。①

倘若我们希望把上面描写过的在歌剧产生过程中起作用的两个观念统一到一个概念上，那么，或许我们只能说，那是歌剧的牧歌倾向：在这里我们只需动用席勒的说法和解释②。席勒说过，自然与理想要么是哀伤的对象，要么是快乐的对象——当自然被表现为失落了的东西而理想被表现为未达到的东西时，两者就是哀伤的对象；而当两者被设想为现实的东西时，它们就是快乐的对象。第一种情况提供出狭义的哀歌，而第二种情况则产生出最广义的牧歌。在这里，我们要立即提请注意的是，在歌剧发生过程中那两个观念的共同特征，即：在这两个观念当中，理想没有被感受为未达到的，

---

① 自己的法则。] 誊清稿：自己的法则。按照这种外行的观点，就必定有可能从正确的认识、从批评中生产出艺术作品；而且谁若懂得迎合这种外行的需要，谁若从这种外行的愿望出发仿佛……正如歌剧是从亚历山大文化的基本思想中生长出来的，歌剧同样在其发展过程中表明，那个基本思想是一种谎言，以至于人们可以说，卢梭的"好人、善人"和我们的理〈论的〉……——编注

② 席勒的说法和解释]《论朴素的诗和感伤的诗》,《席勒著作集》，民族版，第20卷，第448—449页。——编注

而自然没有被感受为失落了的。按这种感受来看,曾有过一个人类的原始时代,当其时也,人类置身于自然的心脏中,并且在这种自然状态中同时达到了人性的理想,处于一种天堂般的美好善意和艺术氛围中:我们全都来源于①这种完美的原始人,其实我们至今依然是他们的忠实肖像:只不过,我们必须自愿地放弃多余的博学和过于丰富的文化,藉此抛掉我们身上的某些东西,才能重新认识自己的这种原始人本色。文艺复兴时期有教养的人通过歌剧来模仿希腊悲剧,由此使自己回归自然与理想的这样一种和谐,回归一种田园牧歌式的现实,②他们就像但丁利用维吉尔一般来利用希腊悲剧,方得以被引向天堂之门;而他们从这里出发还继续独自前进,从一种对最高的希腊艺术形式的模仿,过渡到"对万物的恢复",过渡到对人类原始艺术世界的仿制。在理论文化的怀抱里,这些大胆的追求有着何等信心和善意啊!——对于这一点,我们唯一地只能根据下面这种具有慰藉作用的信念来解释,即相信:"人本身"是永远有德性的歌剧主角,是永远吹笛或者歌唱的牧人,如若他在某个时候真的丧失了自己,到最后总是一定能找回自己的;这个"人本身"唯一

---

① 于(von)〕1872 年第一版:于(als von)〔译按:此处词语差别无关乎义理〕。——编注

② 田园牧歌式的现实,〕誊清稿:田园牧歌式的现实:他们的护送人引领他们穿越当代的骇人事件和地震,就像维吉尔引领但丁穿过 inferno〔地狱〕:直到他们一道抵达人类天堂的田园牧歌式的高空,在那里他们遇见了作为原始人的好心肠的歌唱的牧人或者英勇善良的英雄。向开端的逃遁,在最广意义上讲,就是向自然的逃遁,乃是现代人的苦心;但这个自然已经是一种田园牧歌式的幽灵了,它扩展了现代人的亚历山大式幻想;够了,人们相信这个幽灵就是一种现实,并且热烈地爱上了这种现实。这种信仰的特征乃是这样一个观念,即:我们越是接近自然,也就越是接近一种理想的伟大而善良的人性……。——编注

地只是乐观主义的果实,有如一股甜蜜诱人的芳香,这种乐观主义是从苏格拉底世界观的深渊里升腾起来的。

可见,歌剧的特征绝不带有对于一种永远丧失的哀痛,而倒是有着一种对于永远重获的欢欣,对于一种田园牧歌式现实的惬意乐趣,在任何时候,人们至少把这种田园牧歌式的现实设想为真实的。在这方面,人们也许有朝一日会猜度,这种臆想的现实无非是一种幻想的愚蠢游戏,每一个能够以真实自然的可怕严肃来衡量它、把它与人类开端的原始场景相比较的人,都必定会厌恶地对它大声呵斥:滚开,你这幽灵!尽管如此,倘若人们以为只要大喊一声就能像赶跑鬼怪一样斥退歌剧这种戏耍卖俏的货色,那就弄错了。谁要消灭歌剧,他就必须与那种亚历山大式的明朗作斗争,这种明朗十分天真地用歌剧来谈论它所喜爱的观念,其实歌剧就是这种明朗的真正艺术形式了。可是,这样一种艺术形式的起源根本不在审美领域里,而倒是从一个半拉子的道德范围潜入到艺术领域里的,只能偶尔向我们隐瞒它的这样一种杂交来源,那么,对于艺术本身来说,我们能指望这种艺术形式发挥什么作用呢?若不是从真正的艺术中汲取汁液,这种寄生的歌剧还能从哪里获得养料呢?难道我们不是可以推测,受到其田园牧歌的诱惑,在其亚历山大式的谄媚术影响下,艺术那种堪称真正严肃的至高使命——使肉眼摆脱对黑夜之恐怖的注视,通过假象的疗救之药把主体从意志冲动的痉挛①中挽救出来②——就会蜕化为一种空洞

---

① 痉挛]1872年第一版付印稿:魅力。——编注
② 通过假象的疗救之药……]据1872年第一版付印稿:在假象的净化波浪中洗涤意志的冲动。——编注

而涣散的娱乐倾向？在我讨论抒情调之本质时所阐发的这样一种风格混合中，狄奥尼索斯因素和阿波罗因素的永恒真理会变成什么呢？——在那里，音乐被视为奴仆，歌词被视为主人，音乐与肉体并论，而歌词与灵魂并论；在那里，最高目标充其量只能指向一种描述性的音响图画，类似于从前在阿提卡新酒神颂歌中的情况；在那里，音乐已经完全疏离了自己作为狄奥尼索斯的世界镜子的真正尊严，以至于它作为现象的奴仆，只能去模仿现象的形式本质，用线条和比例的游戏来激发一种浅薄的快感。严格地审察一番，我们就会看到，歌剧对于音乐的这样一种致命影响是径直与现代音乐的整个发展相合的；在歌剧之发生过程以及由歌剧所代表的文化之本质中潜伏的乐观主义，以骇人的速度成功地剥夺了音乐，使之失去了自己的狄奥尼索斯式的世界使命，并且赋予它一种玩弄形式的、娱乐性的特征——这样一种变化，也许只有那种从埃斯库罗斯的悲剧人物向亚历山大的明静人物的转变才能与之相比拟。

然而，如果说在上面举出的例证中，我们已经正确地把狄奥尼索斯精神的消失与希腊人那种极其显眼的、但至今未经解释的转变和蜕化联系起来了——那么，若有一些极其可靠的征兆向我们担保，在我们当代世界里将出现一个相反的过程，即狄奥尼索斯精神的逐渐苏醒，则我们心中一定会重新燃起何种希望啊！赫拉克勒斯的神性力量是不可能永远在为翁法勒①的繁重劳役中衰退

---

① 翁法勒（Omphale）：希腊神话中吕狄亚女王。赫拉克勒斯曾被罚给翁法勒为奴三年，在服役中成了女王的情人。——译注

的。从德国精神的狄奥尼索斯根基中,已然升起了一种势力,它与苏格拉底文化的原始前提毫无共同之处,既不能根据这种文化来解释,也不能根据这种文化来开脱自己,相反,它倒是被这种文化当作恐怖而无法解释的东西、当作超强而敌对的东西——那就是德国音乐,我们首先要从巴赫到贝多芬、从贝多芬到瓦格纳的强大而辉煌的历程中来理解的德国音乐。我们今天渴求知识的苏格拉底主义,在最佳情形下,又能拿这个从永不枯竭的深渊中升起的魔鬼怎么办呢?无论是从歌剧旋律的脉冲运动和华丽装饰出发,还是借助于赋格曲和对位辩证法的计算表,我们都找不到一个公式,以它的三倍强光降服那个魔鬼,并且强迫这个魔鬼开口说话。如今,我们的美学家们拿着他们特有的"美"的罗网,去追捕那个带着不可捉摸的生命在他们面前嬉耍的音乐天才,其动作既不能根据永恒的美来评判,也不能根据崇高来评判——这是何等好戏呢!我们只需亲自到近处看一看,当这些音乐赞助人不知疲倦地高喊"美哉!美哉!"时,他们看起来是否真的像在美之怀抱中受过教养和疼爱的自然之宠儿,抑或他们倒是要为自己的粗野寻找一个骗人的掩盖形式,为自己的缺乏感情的平淡无味寻找一个美学的借口:在此我想到奥托·雅恩[①],此公可为一例[②]。不过,但愿这个骗子和伪善者小心提防着德国音乐!——因为在我们的全部文化当中,恰恰德国音乐是唯一纯粹的、纯净的、具有净化作用的火之精

[①] 奥托·雅恩(Otto Jahn,1813—1869):一译奥托·扬,德国古典学家和语言学家。——译注

[②] 要为自己的粗野寻找一个……] 1872 年第一版付印稿:要为自己的缺乏感情的平淡无味寻找一个美学的借口,为自己的粗野寻找一个骗人的掩盖形式。——编注

灵,正如以弗所的伟大思想家赫拉克利特①的学说所讲的,万物以双重的循环轨道运动,来自火又回归于火。今日我们所谓的一切文化、教化、文明,有朝一日必将出现在狄奥尼索斯②面前,接受这位可靠的法官的审判!

现在让我们来回想一下,对于来自相同源泉的德国哲学精神来说,康德和叔本华已经使之有可能通过证明科学苏格拉底主义的界限,消灭了后者那种自满自足的此在快感,又通过这种证明,开创了一种关于伦理问题和艺术的无比深刻而严肃的考察,对于这种考察,我们可以径直把它称为用概念来表达的狄奥尼索斯智慧——德国音乐与德国哲学之间的这样一种统一性之 mysterium [奥秘],若不是把我们引向一种新的此在形式,还能把我们指向何方呢?而关于这种新的此在形式的内涵,我们眼下就只能根据希腊的类比来予以猜度和了解了。因为希腊的楷模为我们,为站在两种不同的此在形式的分界线上的我们,保存着这样一种无法测度的价值,那就是,在这个楷模身上,所有那些过渡和斗争也都清楚地形成一种经典的、富有教育意义的形式了。只不过,我们现在仿佛是要以颠倒的次序,以类比方式来经历希腊本质的各个伟大的主要时代,例如现在就要从亚历山大时代退回到悲剧时代。这当儿,我们心中就会产生一种感觉,仿佛一个悲剧时代的诞生,对于德国精神来说只能意味着向自身的回归,只能意味着幸福地重获自身——既然长期以来,从外部侵入的巨大势力迫使在无助的

---

① 赫拉克利特(Heraklit,约公元前 540—前 470 年):希腊前苏格拉底时期思想家,出生于小亚细亚伊奥尼亚地区的以弗所城邦。——译注

② 狄奥尼索斯]系后来在1872年第一版付印稿中补充的。——编注

形式野蛮状态中得过且过的人们走向了一种受其形式支配的奴役状态。现在,在返回到自己的本质源泉之后,德国精神终于可以无需罗马文明的襻带,敢于在所有民族面前勇敢而自由地阔步前进了:如果说德国精神懂得不懈地只向一个民族学习,那就是向希腊人学习,而能够向希腊人学习,这毕竟已经是一种崇高的荣耀,一种出众的珍品了。而如今,我们正在体验和经历悲剧的再生,而且我们正处于既不知道它从何而来又不明白它意欲何往的危险中,还有比现在更需要这些高明无比的导师的时候吗?

二十

有朝一日,终会有一个公正的法官来做出考量:在以往哪个时代、在哪些人身上,德国精神曾竭尽全力向希腊人学习。倘若我们满怀信心地假定,我们必须把这种独一无二的赞扬判归歌德、席勒、温克尔曼①那场极为高贵的文化斗争,那么,我们无论如何都要补充一点:自他们那个时代以来,在那场斗争的直接影响下,在相同轨道上获致教化和回归希腊人的努力②是不可思议地越来越衰弱了。为了让我们不至于对德意志精神产生完全的绝望,难道我们不该从中推出如下结论:在某个根本点上,可能连那些斗士也

---

① 温克尔曼(Winckelmann's)]1872年第一版;1874/1878年第二版付印稿;1874/1878年第二版。在1872年第一版付印稿;大八开本版中则为:温克尔曼(Winkelmann's)[译按:此处只有德文拼写法之别,译文未能传达]。——编注

② 努力]1872年第一版;1874/1878年第二版付印稿:努力,[译按:此处只多了个逗号]。——编注

没有成功地深入到希腊本质的核心处,在德国文化与希腊文化之间建立一种持久的亲密联盟？若然,也许严肃的人物无意间看到这个缺失,也会形成一种令人沮丧的怀疑:在这些先驱者之后,他们是否能在这条教化道路上比①前者更进一步,终于臻至目标。因此我们看到,自那个时代以来,有关希腊人对于教化之价值②的评价,以极其令人忧虑的方式蜕化了；在殊为不同的思想文化和意识形态阵营里,我们都可以听到那种悲天悯人的优越感的表达；而在别处,人们则卖弄一些毫无用处的漂亮话,诸如用"希腊的和谐""希腊的美""希腊的明朗"之类的说辞。而且,有一些团体,其尊严本来是要孜孜不倦地从希腊的河床里汲取营养从而救助德国的教化——然则恰恰在这些团体当中,在高等教育机构的教师团体当中,人们已经极其出色地学会了及时地以合适的方式敷衍希腊人,甚至经常以怀疑态度放弃了希腊的理想,甚至经常完全颠倒了古代研究的真正意图③。如若这些团体里有谁没有完全致力于做一个忠实可靠的古籍校勘者,或者做一个用自然史家的显微镜钻研语言的学究,那么,他也许除了其他古代文化,也会力求"历史地"掌握古希腊文化,不过总是会动用我们现在有教养的历史写作方法,并且带着这种历史写作④的优越的神情⑤。因此,如果说当代高等教育机构的真正教化力量可能已经是前所未有地低落和薄

---

① 比]1872年第一版:较［译按:用了两个不同的副词,但意义相同］。——编注
② 希腊人对于教化之价值]1872年第一版:希腊人的教化价值。——编注
③ 意图]1872年第一版;1874/1878年第二版付印稿:倾向。——编注
④ 历史写作]1872年第一版;1874/1878年第二版付印稿:历史写作［此处只有德文拼写法之别,无关乎意义］。——编注
⑤ 优越的神情]1872年第一版;1874/1878年第二版付印稿:优越神情。——编注

弱了,如果说"新闻记者"这些乏味的日子奴隶在任何教化方面①全都战胜了高级教师们,而留给高级教师们的只是那种已经屡屡经历过的转变,他们现在也用新闻记者的腔调说话,以这个领域的"轻松优美",作为快乐而有教养的蝴蝶而翩翩起舞——那么,这样一个当下时代的这些个有教养的人士,不得不目睹那个现象,目睹那个或许唯有从迄今为止未被理解的希腊天才②的至深根基而来才能得到类比的理解的现象,目睹狄奥尼索斯精神的觉醒和悲剧的再生,他们会处于何种痛苦的混乱当中呢?除了我们亲眼目睹的当下时代,从来没有过这样一个艺术时代,其中所谓的教化与真正的艺术是如此地格格不入和相互对立。我们自然能理解为什么一种十分孱弱的教化会憎恨真正的艺术;那是因为,它害怕由于真正的艺术而导致自己的没落。然而,整个文化种类③,即苏格拉底-亚历山大的文化种类,既然可能已进入一个如此纤细脆弱的末端(就像当代教化那样),那它岂不是已经活到了头?④ 倘若像席勒和歌德这样的英雄好汉都不能成功地打开通向希腊魔山的关隘,如果他们凭着最勇猛的奋斗也无计可施,只能流露那种渴望的目光⑤,就像歌德的⑥伊菲

---

① 教化方面]1872 年第一版:教化角度。——编注
② 天才]据 1872 年第一版付印稿:精神。——编注
③ 文化种类]1872 年第一版:文化倾向。——编注
④ 活到了头!]准备稿中中断了的续文:活到了头!人们向我指出了现在仍然会从那种文化中生长出来的一支被活生生修剪过的根苗;于是我便愿意相信这种文化的将来。此间我看到的只是最后一道闪光:抑或一种完全熄灭的生殖能力。因此就有了对希腊人的疏远(连歌德和席勒也不知道如何把我们与希腊人持久地联系起来):这些孜孜不倦的漫游者,是否他们马上就站上了一个高峰,让他们指点新江山。——编注
⑤ 渴望的目光]1872 年第一版:渴望之目光。——编注
⑥ 歌德的]1872 年第一版:歌德之。——编注

格涅亚①从荒凉的陶里斯隔海遥望故乡,那么,这些英雄好汉的后代们还有什么希望呢?——除非是在苏醒过来的悲剧音乐的神秘音响中,在一个完全不同的、迄今为止全部的文化努力都未触及过的方面,这个魔关突然间自动向他们开启出来。

但愿不会有人企图磨灭我们关于希腊古代文化即将再生的信念;因为唯在其中,我们才能找到那种希望,即德意志精神通过音乐的圣火获得更新和提炼的希望。除此之外,我们还能指出什么东西,是能够在今日文化的荒芜和疲弱中唤起某种对于未来的慰藉和期望的呢?我们徒然地守望着一棵茁壮的根苗,窥探着一块丰沃的土地:所到之处,我们只看到尘埃和沙石、僵化和折磨。在这里,一个绝望的孤独者能够为自己选择的最好象征,就莫过于丢勒②为我们描绘的与死神和魔鬼结伴的骑士了——这个身披铠甲的骑士有着青铜般的冷峻目光,丝毫不受他那两个可怕同伴的影响,但却无望而孤独,骑着骏马,带着爱犬,踏上自己的恐怖之路。我们的叔本华就是丢勒画笔下的这样一个骑士:他没有了任何希望,却依然想要真理。现在已经没有这种人了。——

然而,上面描写得如此阴暗的我们那疲乏无力的文化,当它碰到狄奥尼索斯的魔力时,将会发生怎样突兀的变化啊!一股狂飙将攫住一切衰亡、腐朽、破残、凋零的东西,把它们卷入红色尘雾之中,像一只苍鹰把它们带入云霄。我们惘然四顾,追寻那业已消失

---

① 伊菲格涅亚(Ephigenie):希腊神话中阿伽门农之女。歌德有剧本《伊菲格涅亚在陶里斯》描写伊菲格涅亚的故事。——译注

② 丢勒(Albrecht Dürer,1471—1528):德国画家、版画家。《骑士、死神、魔鬼》(1513)是他的代表作之一。——译注

的东西:因为我们看到的东西,有如从一种没落中升向金色光辉,是那么丰沛翠绿,那么生气勃勃,那么充满无限渴望。悲剧就端坐在这种洋溢着生机、苦难和快乐的氛围当中,以一种高贵的喜悦,倾听着一支遥远而忧伤的歌——这歌叙述着①存在之母②,她们的名字叫:幻觉、意志、痛苦③。④ ——是的,我的朋友们啊,请跟我一起相信狄奥尼索斯的生命,相信悲剧的再生吧。苏格拉底式人物的时代已经过去了:且请你们戴上常春藤花冠,拿起酒神杖,若有虎豹躺在你们脚下奉承你们,你们也用不着惊奇! 现在,只要放胆去做一个悲剧人物:因为您当获得拯救。⑤ 你们当伴随酒神节日游行队伍,从印度走到希腊! 准备去迎接艰苦的战斗吧,但要坚信你们的神的奇迹!

二十一⑥

让我们从上面这种规劝的⑦口气转回到沉思者应有的情绪上来。我要重复一遍:只有从希腊人那里,我们才能了解到,悲剧的

---

① 这歌叙述着]据1872年第一版付印稿:这歌梦想着。——编注
② 此处"存在之母"(Mütter des Seins):参看歌德:《浮士德》第二部,第6173—6306行。——译注
③ 此处"幻觉、意志、痛苦"德语原文为Wahne、Wille、Wehe,均以W开头。——译注
④ 痛苦。]1872年第一版;1874/1878年第二版付印稿。在1874/1878年第二版中则为:痛苦,[译按:此处只有标点差别]。——编注
⑤ 只要放胆去做一个……]1872年第一版:你们当去做一个悲剧人物! ——编注
⑥ 参看3[2]。——编注
⑦ 劝告的]据1872年第一版付印稿:恣意的。——编注

这样一种近乎奇迹般的、突然的苏醒,对于一个民族最内在的生活根基来说到底意味着什么。这个具有悲剧秘仪的民族进行了与波斯人的战役①;而反过来讲,这个民族投入了这些战争之后,就需要悲剧作为必要的康复剂。谁会②想到③,恰恰在这个民族身上,历经几代受狄奥尼索斯魔力最强烈痉挛的深度刺激,竟还能同样有力地迸发出最朴素的政治感情、最自然的家乡情怀、原始的男子汉战斗气概?不过,每当狄奥尼索斯热情明显地向四周蔓延时,我们总是能够觉察到,对个体之桎梏的狄奥尼索斯式的摆脱首先表现为一种政治本能的减退,减退到了冷漠、甚至敌视政治本能的地步,而另一方面,建国之神阿波罗无疑也是 principii individuationis [个体化原理] 的守护神,若没有对个体人格的肯定,也就不可能有国家和故乡意识。对于一个民族来说,只有一条道路让它摆脱掉纵欲主义,那就是通向印度佛教的道路;为了忍受自己对于虚无的渴望,印度佛教需要那种超越空间、时间和个体的稀罕的出神状态;而这种状态又要求一种哲学,后者能教人通过观念④去克服那种中间状态的难以描写的不快和反感。一个民族若以政治冲动的绝对有效性为出发点,则恰恰必然地陷于极端世俗化的轨道里——其最卓越的、但也最可怕的表现,就是罗马帝国了。

希腊人置身于印度与罗马之间,并且被迫做出诱人的选择。

---

① 指希波战争,即公元前 492—479 年和公元前 478—449 年波斯人与希腊人之间的战争,以希腊获胜而告终。——译注
② 会] 1872 年第一版:能。——编注
③ 想到] 1872 年第一版:能想到。——编注
④ 此处"观念"原文为 Vorstellung,在哲学上通常译作"表象"。——译注

他们成功地以古典的纯粹性另外发明了第三种形式,诚然没有长久地为自己所用,但恰恰因此而获致不朽。因为,诸神的宠儿往往早死,万物当中莫不如此,但同样确凿无疑地,他们此后却与诸神分享永生。人们不可要求最高贵者具有皮革的持久韧性;那种粗壮结实的持久性,诸如罗马的民族本能所特有的持久性,很可能不是完满性的必要属性。然而,如果我们问,是何种灵丹妙药使希腊人在他们的鼎盛时期,在他们的狄奥尼索斯冲动和政治冲动异常强烈之时,竟有可能既没有因为一种出神的苦思冥想而耗尽自身,又没有因为一种对世界霸权和世界荣誉的强烈追逐而弄得精疲力竭,相反,他们倒是达到了一种美妙的混合,有如酿成一种既让人兴奋又令人深思的高贵美酒,那么,我们必定会想到悲剧的巨大力量,那种能够对整个民族生活起激发、净化和释放作用的悲剧的伟力;只有当悲剧作为一切预防疗效的典范、作为在民族最强大的特性与本身最危险的特性之间起支配作用的调解者出现在我们面前,就像当时出现在希腊面前那样,这时候,我们才能猜度悲剧的最高价值。

　　悲剧汲取了音乐最高的纵情狂放的力量,从而把音乐径直带到完善之境,在希腊人那里是这样,在我们这里亦然;进而,悲剧却又把悲剧神话和悲剧英雄与音乐并列起来,悲剧英雄就像一个强大的泰坦神①,担当起整个狄奥尼索斯世界,卸掉了我们的负担。而另一方面,悲剧又懂得通过同一种悲剧神话,以悲剧英雄为化

---

① 就像一个强大的泰坦神]据1872年第一版付印稿:仿佛作为泰坦神阿特拉斯[译按:阿特拉斯(Atlas)为希腊神话中的大力神]。——编注

身,把我们从追求这种此在生活的贪婪欲望中解救出来,并且以告诫之手提醒我们还有另一种存在,还有一种更高的快乐——对于后者,奋斗的英雄通过自己的没落、而不是通过自己的胜利,充满预感地作了准备。悲剧在其音乐的普遍效力与容易接受狄奥尼索斯的观众之间,设立了一个崇高的比喻,即神话,并且在观众那里唤起一种假象,仿佛音乐只不过是使形象的神话世界复活的最高表现手段而已。信赖于这样一种高贵的幻觉,现在悲剧就可以手舞足蹈地跳起酒神颂歌的舞蹈了,并且毫无顾忌地热衷于一种纵情的自由感觉①;如若没有这种幻觉,作为音乐本身的悲剧是不敢沉迷于这种自由感觉的。神话保护我们,让我们免受音乐的损害,而另一方面又赋予音乐最高的自由。作为回赠,音乐也赋予悲剧神话一种十分强烈的和令人信服的形而上学意蕴;若没有音乐独一无二的帮助,话语和形象是决不能达到这种意蕴的。而且特别是,通过音乐,悲剧观众恰恰产生了关于一种最高快乐的可靠预感,那是通向没落和否定的道路所导致的最高快乐,结果是,悲剧观众自以为仿佛听到了万物的最内在深渊在对他大声诉说。

如果说以上面的讲法,也许我只能为这个艰难的观念给出一种暂时的、只有少数人能立即理解的表达,那么,恰恰在这个地方,我不能不继续激励我的朋友们作再一次的尝试,请求根据我们共同经验的单个例子,为普遍定律的认识做好准备。在这个例子中,我不能涉及那些人,他们利用剧情画面、演员台词和情绪,藉此帮助来接近音乐感受;因为这些人都不是把音乐当母语来讲的,纵然

---

① 自由感觉]1872 年第一版;1874/1878 年第二版付印稿:自由感。——编注

有了上述帮助,也只能达到音乐感受的前厅,而不可能触及音乐那最深邃的圣地;这些人当中的某些人,比如格维努斯①,在这条道上甚至连门厅都不得而入。相反,我要求助的只能是那些人,他们与音乐有着直接的亲缘关系,仿佛音乐就是他们的母亲怀抱,他们几乎仅只通过无意识的音乐关系而与事物相联系。对于这些地道的音乐家,我要提出如下问题:他们是否能够设想这样一个人,他无需任何台词和画面的帮助,就能够纯粹地把《特里斯坦与伊索尔德》②第三幕感受为一个伟大的交响乐乐章,而又不至于在全部心灵之翼的一种痉挛扑击中窒息而死?③ 一个人就像在这里一样,仿佛是把耳朵贴在世界意志的心房上,感觉到猛烈的此在欲望作为奔腾大河或者作为潺潺小溪从这里注入全部世界血管里,难道他不会突然崩溃么?在人类个体的可怜而脆弱的躯壳里,他怎能忍受那来自"世界黑夜的广袤空间④"⑤的无数欢呼和哀叫的回响,而没有在这种形而上学的牧人圆舞中无可阻挡地逃到自己的原始故乡?但如果可以把这样一部作品感受为一个整体,而又没有否定个体实存,如果这样一种创造是可能的,而又用不着打垮创造

---

① 格维努斯(Gervinus,1805—1871):德国文学史家,著有两卷本莎士比亚研究(1850年)。——译注

② 《特里斯坦与伊索尔德》(*Tristan und Isolde*)为瓦格纳歌剧,首演于1865年。——译注

③ 窒息而死?(verathmen)]据准备稿:逐渐消逝(verhauchen)?那么,我或许就必得从这种经验出发改变自己关于人类的看法了。——编注

④ 空间]领域,瓦格纳。——编注

⑤ "世界黑夜的广袤空间"]瓦格纳:《特里斯坦与伊索尔德》,第三幕第一场(特里斯坦)。——编注

者——那么,我们从何处获得这样一种①矛盾的答案呢?②

在这里,悲剧神话和悲剧英雄介入到我们最高的音乐冲动与那种音乐之间,根本上它们只不过是那些唯有音乐才能直接言说的最普遍事实的比喻。然而,倘若我们作为纯粹狄奥尼索斯的生灵来感受,那么,神话作为比喻就会完全不起作用和不受注意地留在我们身旁,一刻都不会使我们疏忽掉对于 universalia ante rem[先于事物的普遍性]之回响的倾听。但在这里突然爆发出那种阿波罗力量,带着一种充满喜悦的幻觉的救治香药,旨在恢复几乎被击溃了的个体:突然间我们以为只还看到了特里斯坦,他一动不动,木讷地问自己:"老调子了;它为何要唤醒我啊?"③先前让我们感觉到像从存在之中心传来的一阵低沉的喟叹,现在却只是想跟我们说,"大海多么荒凉空寥。"④而当我们自以为气息渐无,全部感觉都处于痉挛般的挣扎中,只有一丁点儿东西把我们与这种实存联系在一起,这时候,我们耳闻目睹的只是那个英雄,那个受了致命之伤但尚未死去的英雄,带着他那绝望的呼声:⑤"渴望啊!渴望!我在死亡中渴望,因渴望而不死!"⑥如果说先前在饱受这

---

① 这样一种]1872 年第一版;1874/1878 年第二版付印稿:这样一种特殊的。——编注
② 那么,我们从何处获得……]据准备稿:何种闻所未闻的魔力能够带来这等奇迹。——编注
③ 老调子了;它为何要唤醒我啊?]瓦格纳,同上书(特里斯坦)。——编注
④ 大海多么荒凉空寥]瓦格纳,同上书(牧人)。——编注
⑤ 联系在一起,这时候……]准备稿:[今后坚持住,英雄现在对我们说]联系在一起,这时候,我们耳闻目睹的是那个英雄,那个受了致命之伤、被一种对于伊索尔德的不懈渴望所攫住的英雄。——编注
⑥ 渴望啊!渴望!……]瓦格纳,同上书(特里斯坦)。——编注

等无数过度的痛苦折磨之后,号角的①欢呼声几乎像至高的痛苦破碎了我们的心,那么,现在在我们与这种"欢呼声本身"之间,站着那个朝着伊索尔德所乘的船只欢呼的库佛那尔②。不论同情多么强烈地抓住我们的心,但在一定意义上,这种同情却使我们免受世界之原始痛苦,犹如神话的比喻形象使我们免于直接直观至高的世界理念,而思想和话语使我们免于无意识意志的奔腾流溢③。那壮丽的阿波罗幻觉让我们觉得,仿佛音响领域本身就像一个形象世界出现在我们面前,仿佛即便在这个形象世界里也只是形象地塑造了特里斯坦和伊索尔德的命运,有如使用了一种最柔软和最有表现力的材料。

于是,阿波罗因素从我们身上夺走了狄奥尼索斯的普遍性,并且使我们为了个体而心醉神迷;它把我们的同情心捆绑在这个个体身上,它通过这些个体来满足我们那种渴望伟大而崇高的形式的美感;它把生命形象展示给我们,激励我们去深思和把握其中所蕴含的生命内核和真谛。阿波罗因素以形象、概念、伦理学说、同情心的惊人力量,使人从其纵情的自我毁灭中超拔出来,对人隐瞒狄奥尼索斯过程的普遍性,使人走向那种妄想,以为自己看到的是一个个别的世界图景,例如特里斯坦和伊索尔德,而且通过音乐只是能更好、更深地看到这个世界图景。④ 如果说阿波罗本身能够

---

① 号角的(Horns)] 1872年第一版;1874/1878年第二版付印稿:号角之(Horn's)〔译按:此处只有德语拼写上的差别〕。——编注

② 库佛那尔(Kurwenal):特里斯坦的侍丛。——译注

③ 流溢(Ergusse)] 1872年第一版;1874/1878年第二版付印稿:流溢(Erguss)〔译按:此处只有德语拼写上的差别〕。——编注

④ 世界图景]准备稿:世界图景。把音乐当作使内在视觉得以更明亮地照亮的手段、当作以形式为目标的阿波罗冲动的最强刺激来使用。——编注

在我们心中激起幻觉,仿佛狄奥尼索斯因素真的是为阿波罗因素效力的,能够增强阿波罗的作用,仿佛音乐甚至本质上就是一种表现阿波罗内容的艺术,那么,阿波罗的救治魔力还有什么做不到的呢?

有了那种在完美的戏剧与它的音乐之间存在的先定和谐,戏剧便达到了通常话剧达不到的最高程度的可观性。正如所有生动的舞台形象以独立运动的旋律线条在我们面前简化为清晰的弧线,我们在那种以极其细腻的方式与剧情过程相配合的和声变化中,听到了这些线条的并存:通过①这种和声变化,我们便能直接地获悉事物的关系——以感性感知的方式,而绝不是以抽象的方式;通过这种和声变化,我们同样也能认识到,唯有在这些关系中,一种性格和一个旋律线条的本质才能纯粹地开显出来。而且,当音乐迫使我们比通常情形下看得更多更深,使剧情过程②像一幅精妙的织锦在我们眼前展开时,对我们那双超凡的、观③入内心的眼睛来说,舞台世界便无限地扩张开来,同样地也由内及外地被照亮了。一个从事文字写作的诗人,动用相当不完备的手段,通过间接的途径从话语和概念出发,费尽心力地力求达到那种可观看的

---

① 通过(durch)] 1872 年第一版:通过(als durch)[译按:此处只有德语写法的差别,无涉于意义]。——编注

② 过程(Vorgang)] 准备稿;1872 年第一版付印稿;1872 年第一版;1874/1878 年第二版付印稿(也可参看 140,32)。在 1874/1878 年第二版;大八开本版中则为:帷幕(Vorhang)。——编注

③ 观(blickendes)] 1872 年第一版;1874/1878 年第二版付印稿。在 1872 年第一版付印稿;1874/1878 年第二版付印稿中则为:观(blickende)[译按:此处只有德语拼写上的差别]。——编注

舞台世界的内在扩大及其内在照亮，但他能够提供类似的东西吗？虽然音乐悲剧也要使用词语，但它却能同时端出话语的根基和根源，由里及表地向我们阐明了话语的生成。

然而，对于上面描写的过程，我们或许可以同样明确地说，它只不过是一个壮丽的假象，即前面提到过的阿波罗幻觉，藉着这种幻觉的作用，我们得以免除狄奥尼索斯的过度冲击。根本上，音乐与戏剧的关系其实恰恰相反：音乐是世界的真正理念，而戏剧则只是这种理念的反光和余晖，是这种理念的个别影像。旋律线条与生动的人物形象之间的那种一致性，和声与人物形象的性格关系之间的那种一致性，在一种相反的意义上是真实的，与我们在观看音乐悲剧时的看法刚好相反。我们可以激活人物形象，使之变得非常鲜明，由里及表地把它照亮，但它始终只是现象而已，没有一座桥梁从这种现象通向真实的实在性，通向世界之心脏。而音乐却从世界之心脏而来向人诉说；无数的这类现象或许会伴随相同的音乐，但它们绝不会穷尽音乐的本质，而始终只是音乐的表面映象。诚然，用通俗而完全错误的灵魂与肉体之对立观，是不可能解释音乐与戏剧的复杂关系的，而只会把一切弄得混乱不堪；不过，这样一种非哲学的粗糙的对立观，恰恰在我们的美学家那里——天知道是出于何种原因！——似乎已经成了众所周知又喜闻乐见的信条；而关于现象与自在之物的对立，他们却一无所知，或者基于同样未知的原因，是他们根本不想了解的。

倘若从我们的分析中已可见出，悲剧中的阿波罗因素通过它的幻觉完全战胜了音乐的狄奥尼索斯的原始元素，并且为了自己的意图来利用音乐，也就是为了一种对戏剧的最高澄清和解释来利用音乐,那么,我们无疑就要做一种十分重要的限制:在最根本的关键点上,这种阿波罗幻觉被突破和毁灭掉。借助于音乐,戏剧,其全部动作和形象都获得了内在通透的清晰性的戏剧,便在我们面前展开,我们仿佛看到了织机上的布匹在经纬线上交织而成——戏剧便作为整体达到了一种效果,一种完全超越了全部阿波罗艺术效果的效果。在悲剧的总体效果上,狄奥尼索斯因素重又占了优势;悲剧就以一种在阿波罗艺术领域里从来听不到的音调收场了。由此,阿波罗幻觉便表明了它的本色,表明它在悲剧持续过程中一直在掩盖真正的狄奥尼索斯效果:然则这种狄奥尼索斯效果是如此强大,以至于它最后把阿波罗戏剧本身逼入某个领域,使后者开始用狄奥尼索斯的智慧说话,否定自身及其阿波罗式的可见性。所以,悲剧中阿波罗因素与狄奥尼索斯因素的复杂关系,确实可以通过两位神祇的兄弟联盟来加以象征:狄奥尼索斯讲的是阿波罗的语言,而阿波罗终于也讲起了狄奥尼索斯的语言——于是就达到了悲剧和一般艺术的最高目标。

二十二

专心的朋友啊,愿您根据自己的经验,以纯粹而毫无混杂的方式来想象一下一部真正的音乐悲剧的效果。我想,我已经从两个方面描写了这种效果的现象,从而您现在就会懂得如何来解释自己的经验了。因为您会记得,有鉴于在您面前活动的神话,您觉得自己已经被提升到一种无所不知的境界上了,仿佛您现在眼睛的视力不仅能看到事物的表面,而且能深度透入事物的内部,仿佛您现在借助于音乐,能够亲眼目睹意志的沸腾、动机的冲突、激情①的澎湃,犹如看见大量丰富的生动活泼的线条和形象,从而能够潜入无意识情绪最细微的奥秘之中。而当您意识到自己追求可见性和美化的冲动达到了这样一种至高的提升时,您却又同样确定地觉得,这一长串阿波罗艺术效果,其实并没有让您产生那种坚持无意志直观的幸福感,也就是雕塑家和史诗诗人(即真正的阿波罗艺术家)通过他们的艺术作品在您身上产生的感觉——这也就是在那种直观中达到的对 individuatio [个体化] 世界的辩护,这种辩护乃是阿波罗艺术的顶峰和典范。您观看美化了的舞台世界,但又否定之。您看到眼前的悲剧主角具有史诗般的清晰和美,但又因他的灭亡而开心。您深入骨髓地把握了剧情,却又乐于遁入不可把握的东西之中。您觉得主角的行动是合理的,但当这些行动毁掉了主角时,您却更加振奋。您对主角将要受到的苦难感到不寒而栗,却又在其中预感到一种更高的、强大得多的快感。您比从前看得更多更深了,却又希望自己变成瞎子。若不是根据狄奥尼索斯的魔力,我们将根据什么来理解这样一种奇妙的自我分裂,这种阿波罗尖顶的断裂呢?狄奥尼索斯的魔力表面上激发了阿波罗情绪,使之臻于最高昂的境界,却又能够强制这种充溢的阿波罗力量为自己效力。我们只能把悲剧神话理解为狄奥尼索斯智慧通过阿波罗艺术手段而达到的形象化;悲剧神话把现象世界带到极限,而在这个极限处,现象世界否定自己,又力求逃回到真实的和唯一

---

① 激情] 准备稿:您通常只能根据话语和表情来加以不完全地猜测的激情。——编注

的实在性之母腹中去。于是乎,现象世界似乎就要与伊索尔德一道,开始唱它的形而上学绝唱了:

> 在欢乐之海的
> 澎湃波涛中,
> 在大气之流的
> 洪亮回声中,
> 在宇宙之气
> 拂动的万物中——
> 淹没——沉溺——
> 无意识的——至高快乐!①

②所以,根据真正的审美听众的经验,我们可以来想象一下悲剧艺术家本身,看看他如何像一个张狂的 individuatio[个体化]之神祇把自己的人物形象创造出来,在此意义上,我们就难以把他的作品当作"对自然的模仿"来把握了——而另一方面,他那惊人的狄奥尼索斯冲动又如何吞噬了这整个现象世界,为的是让人们在现象世界的背后、并且通过现象世界的毁灭,预感到太一怀抱中

---

① 在欢乐之海的……] 1872 年第一版:在澎湃波涛中,在洪亮回声中,在宇宙之气拂动的万物中,——淹没,沉溺,——无意识的,——至高的快乐!《特里斯坦与伊索尔德》结尾处伊索尔德讲的最后的话,第三场第三幕。尼采在 1872 年第一版中引用的是初稿。——编注

② 准备稿中此处有一段续文:在已经以此方式揭示了悲剧神话的起源之后,现在谁还想重新返回到陈旧的美学公式中去,据此公式,悲剧因素——在这种返乡中,悲剧神话同时也让我们理解它从何而来:为什么它本身——。——编注

一种至高的、艺术的原始快乐。① 诚然,关于这样一种向原始故乡的回归,关于悲剧中两个艺术神祇的兄弟联盟,关于听众的阿波罗式激动和狄奥尼索斯式激动,我们的美学家是不知道说些什么的,然则他们却不厌其烦地大谈主角与命运的斗争、道德的世界秩序的胜利,或者由悲剧引起的情绪宣泄,把这类东西刻画为真正的悲剧因素:这种②孜孜不倦的劲头儿使我想到,他们根本就不会成为能够激发美感的人,在听悲剧时也许只能被视为道德动物。自亚里士多德以降,还从来没有人关于悲剧的效果提出过一种解释,是可以让人理解艺术状态、听众的审美活动的。有人认为,由严肃的剧情引起的怜悯和恐惧催生出一种具有缓解作用的宣泄,也有人认为,当我们看到善良和高贵的原则获胜,看到英雄人物为了道德世界观而牺牲时,我们便会感到振奋和激动。无疑地,我相信,对大多数人来说这就是悲剧的效果了,而且只有这个才是悲剧的效果;但这一点同样清楚地表明,所有这些人连同他们那些做阐释工作的美学家,对于作为最高艺术的悲剧是一无所知的。那种病态的宣泄,亚里士多德的 Katharsis [宣泄、净化、陶冶]③——语文学

---

① 所以,根据真正的审美听众……] 准备稿开头:根据听众和观众的审美本性中的双重艺术过程,现在或许也可以来对悲剧艺术家(他既是梦想艺术家又是陶醉艺术家)的创造过程作一种充满预感的考察:在这方面,举例说来,我们可以极其明确地推举莎士比亚的一种异乎寻常的原始能力,尽管在其十四行诗中,他并没有以十分强调的方式教导我们——。——编注

② 这种] 1872 年第一版:作为这种。——编注

③ 此处 Katharsis [宣泄、净化、陶冶] 是亚里士多德在《诗学》中提出的一个基本概念,用来界定艺术作品的作用和效果。后成为欧洲诗学(美学)的基本范畴和基本原则之一。但汉语学界对此概念的理解和翻译一直大成问题,我们在此列出三种基本译法,有人甚至主张干脆取音译法,作"卡塔西斯"。——译注

家们不知道是把它归为医学现象呢,还是把它算作道德现象——让人想起歌德的一个奇怪猜想。"没有强烈的病理兴趣,"歌德说,"我也从来没有成功地处理过任何一个悲剧性情景,所以我宁愿避免,而不是寻找悲剧性情景。难道这也是古人的优点之一么?——在古人那里,最高的激情或许也只不过是审美游戏,而在我们这里要产生出这样一件作品,就必须有自然真理的参与。"①恰恰在音乐悲剧中,我们惊奇地体验到,最高的激情何以真的只可能是一种审美游戏;有了这一番体验之后,我们现在就可以根据自己的美妙经验,来对歌德这个十分深刻的问题作肯定的回答了。所以我们可以相信,唯到现在,悲剧性这一原始现象才能得到几分成功的描述。谁若现在还只能从非审美领域来叙述那些代表性的效果,并且觉得自己没有超越病理的和道德的过程,那他就只能怀疑自己的审美天性了:而与之相反,我们则要建议他按照格维努斯的方式去解释莎士比亚,努力去探索作为无辜的替代品的"诗歌正义"。

于是,随着悲剧的再生,审美的听众也再生了,而一直以来,坐在剧场听众席上的往往是一种古怪的 Quidproquo[代理人],既带着道德的要求又有博学的要求,也就是所谓"批评家"。迄今为止,在他的领域里,一切都是人为做作的,只是被粉饰了一种生活假象。表演艺术家实际上再也不知道该拿这种吹毛求疵的听众怎么办了,所以连同给他以灵感的剧作家或歌剧作曲家,他只好不安地在这种苛刻空虚、无能于鉴赏的人物身上,探查最后一点生命残余。但一直以来,就是这种"批评家"构成了观众;大学生们、中小

---

① "没有强烈的病理兴趣……"]歌德 1797 年 12 月 19 日致席勒的信。——编注

学生们,乃至于最善良的女人们,一概不知不觉地已经通过教育和报刊的塑造,形成了一种相同的艺术作品感受方式。艺术家当中的高贵人物面对这样的观众时,便指望激发出他们的道德和宗教力量,在本该有一种强大的艺术魔力让地道的听众心醉神迷的地方,却出现了替代性的对"道德的世界秩序"的呼唤。抑或,剧作家把当代政治社会中重大的、至少是激动人心的倾向十分清晰地端了出来,以至于听众忘记了自己批评力的衰竭,委身于那种类似于在爱国运动或战争时期、抑或在议会辩论或罪行和恶行审判时产生的情绪——这种对真正的艺术倾向的疏离,在有些地方必定会径直导致一种倾向崇拜①。不过,这里也出现了在一切作假的艺术中一直发生的事,就是那些倾向的急速变质,以至于举例说来,把戏剧当作民众道德教育的活动来利用的倾向在席勒时代还是被严肃对待的②,现在则已经被归于一种失败教育的靠不住的古董了。当③批评家在剧院和音乐厅里、新闻记者在学校里、报刊在社会上获得了统治权,艺术便蜕化为一种最低级的娱乐物事了,而美学批评便被利用为一种虚荣、涣散、自私、贫乏而无创见的交际活动的联系手段了——叔本华那个有关豪猪的寓言④,可以让我们

---

① 此处"倾向崇拜"原文为 Cultus der Tendenz,或译为"趋势崇拜"。——译注
② 把戏剧当作民众道德教育……]参看席勒的文章:"把舞台视为一个道德机构",载《散论集》,1802年。——编注
③ 当]准备稿:现在诱人的东西,人们可以根据当代小说来加以判断;但当代小说的形式和内容又以可怕的确定性揭示了观众对真实艺术的完全迟钝和麻木。而且当。——编注
④ 叔本华那个有关豪猪的寓言]叔本华:《遗著》第二卷,第 689 页(第 396 节)。——编注

理解这种交际活动的意义。结果是,没有一个时代有今天这么多关于艺术的空谈胡扯,也没有一个时代像今天这样低估艺术。但问题在于,一个能够谈论贝多芬和莎士比亚的人,我们还能与之打交道吗?且让每个人都按照自己的感觉来回答这个问题吧:无论如何,他都将用自己的答案来证明,他所设想的"教化"是什么——前提是,他毕竟要求解答这个问题,而不是已经因吃惊而说不出话来了。①

另一方面,一些天性高贵而细腻的能人高手,不论他们是否以上面描述的方式渐渐地变成了好批评的野蛮人,或许都能告诉我们一种十分出乎意料又完全不可理解的效果,比如一场成功的《罗恩格林》②演出对他们产生的效果:只不过,也许他们缺乏的是任何提醒和指点他们的手,以至于那种当时让他们大感震撼的完全令人费解和无与伦比的感觉,依然是零星个别的,犹如一颗神秘的星辰,闪烁了一下就熄灭了。但就在那一刻,他们猜度到了什么是审美的听众。

二十三

谁若想严格地检验一下自己,看看自己与真正的审美观众有多亲密,抑或自己在何种程度上属于苏格拉底式的具有批评倾向

---

① 说不出话来了。] 准备稿:说不出话来了。离开那个还能谈论莎士比亚和贝多芬的人,现在让我把友人带向一个高处,带向一种孤独的考察,在那里他将少有同伴。你看,我跟他说话,……。——编注

② 《罗恩格林》(*Lohengrin*)为瓦格纳的一部歌剧,首演于 1850 年。——译注

的人群，那么，他能够做的只是真诚地追问那种感觉，就是他在看到舞台上表现出来的奇迹时的感觉：他是否觉得在这里，他那以严格的心理因果性为标准的历史感受到了伤害，他是否以一种善意的妥协态度，承认这种奇迹仿佛是一种儿童能弄懂、却与他格格不入的现象，抑或是否他在这里遭受到某种别的东西呢？因为他以此即可衡量，他在多大程度上毕竟有能力来理解神话，理解这种浓缩的世界图景。而作为现象的缩影，神话是不能没有奇迹的。不过，大有可能的是，在严格的检验之下，几乎每个人都会觉得自己被我们教化中那种批判的[①]-历史的精神深深地败坏了，以至于只有通过学术的途径，通过中介性的抽象，我们才能相信昔日的神话实存。不过，要是没有神话，任何一种文化都会失去自己那种健康的、创造性的自然力量：唯有一种由神话限定的视野，才能把整个文化运动结合为一个统一体。唯有神话才能解救一切想象和阿波罗梦幻的力量，使之摆脱一种毫无选择的四处游荡。神话的形象必定是一个无所不在、但未被察觉的魔鬼般的守护人，在他的守护下，年轻的心灵成长起来，靠着它的征兆，成年人得以解释自己的生活和斗争。甚至国家也不知道有比神话基础更强大的不成文法了；这个神话基础保证了国家与宗教的联系，以及国家从神话观念中的成长过程。

　　现在让我们来比较一下没有神话引导的抽象的人，抽象的教育、抽象的道德、抽象的法律、抽象的国家；让我们来设想一下那种无规矩的、不受本土神话约束的飘浮不定的艺术想象力；让我们来

---

① 批判的］准备稿：苏格拉底的。——编注

设想一种文化,它没有牢固而神圣的发祥地,而是注定要耗尽它的全部可能性,要勉强靠所有外来文化度日——这就是当代,是那种以消灭神话为目标的苏格拉底主义的结果。如今,失却神话的人们永远饥肠辘辘,置身于形形色色的过去时代中,翻箱倒柜地寻找本根,哪怕是最幽远的古代世界,人们也必得深挖一通。不知餍足的现代文化有着巨大的历史需要,把无数其他文化收集到自身周围,并且有一种贪婪的求知欲——这一切如果并不表示神话的丧失,并不表示神话故乡、神话母腹的丧失,又能指示着什么呢?我们要问问自己,这种文化如此狂热而又如此可怕的骚动,是不是就无异于饿汉的饥不择食和贪婪攫取呢?——这样一种文化无论吞食什么都吃不饱,碰到最滋补、最有益的食物,往往就把它转变成"历史和批判",若此,谁还愿意给它点什么呢?

倘若我们德国性格已然与德国文化不可分解地纠缠在一起了,实即与之一体化了,其方式就如同我们在文明的法国惊恐地观察到的那样,那么,我们也必定要痛苦地对德国性格感到绝望了。长期以来构成法国的伟大优点、构成其巨大优势之原因的东西,正是那种民族与文化的一体化,看见这一点,我们便不禁为自己感到庆幸,因为直到现在为止,我们这种十分成问题的文化都是与我们民族性格的高贵核心毫无共同之处的。相反,我们的全部希望都渴求着那样一种感知,即:在这种不安地上下颤动的文化生活和教育痉挛背后,隐藏着一种壮丽的、内在健康的、古老的力量;诚然,这种力量只有在非同寻常的时刻才能强有力地发动一回,尔后重又归于平静,梦想着下一次觉醒。从这个深渊里产生了德国的宗教改革;而在它的赞美诗中首次响起了德国音乐的未来曲调。路德的这种赞美诗①是多么深刻、勇敢和富于感情,是多么美好而温存,有如春天来临之际,从茂密的丛林里传来第一声狄奥尼索斯的迷人叫唤。争相回应这一叫唤声的,是狄奥尼索斯信徒那种庄重而纵情的游行队伍,我们要为德国音乐感激他们——我们也将为德国神话的再生感激他们!

我自知道,现在我必须把积极跟随的朋友带到一个适合于孤独考察的高地上,在那里,他将只有少数伴侣,而且我要激励他,对他喊道:我们必须紧紧抓住希腊人,那是我们光辉的引路人。为廓清我们的美学认识,我们前面已经从希腊人那里借用了两个神祇形象,其中每一个分别统辖一个独立的艺术领域,对于两者的相互接触和相互提升,我们已经通过希腊悲剧作了猜度。在我们看来,由于这两种原始的艺术冲动进入了一种令人奇怪的撕裂状态中,势必就导致了希腊悲剧的没落:而希腊民族性的蜕变和转化,是与这个没落过程相应的,这就要求我们严肃地思索一番,艺术与民族、神话与习俗、悲剧与国家,是如何在根基上必然地紧密连生在一起。悲剧的没落同时也是神话的没落。在此之前,希腊人不由自主地不得不把他们体验到的一切立即与他们的神话联系起来,而且实际上,他们只有通过这种联系才能把握他们体验到的一切:这样一来,甚至最切近的当前事物,在他们看来也必定要 sub specie aeterni [从永恒的观点看],在某种意义上必定显现为无时

---

① 路德的赞美诗(Choral):又称"众赞歌",是在马丁·路德的倡导下经过改革的新教赞美诗。它改变了只许唱诗班唱歌、不许会众唱歌的陋习;不再用拉丁文,而改用民族语言;音乐方面则把繁琐的复调体改为纯朴的和声体。众赞歌在巴洛克时期的音乐中占有重要位置。——译注

间的。而无论是国家还是艺术,都浸淫于这一无时间的洪流之中,方能在其中摆脱当下的重负和贪欲而获得安宁。而且,一个民族的价值——一个人亦然——恰恰仅仅在于,它能够给自己的体验打上永恒的烙印:因为借此它仿佛就超凡脱俗了,显示出它那种无意识的内在信念,亦即关于时间之相对性和关于生命之真实意义、即生命之形而上学意义的信念。当一个民族开始历史地把握自己,开始摧毁自己周围的神话堡垒时,就出现了与此相反的情况:与此相联系的通常是一种确定的世俗化,一个与其昔日此在的无意识形而上学的断裂,且带有全部的伦理后果。希腊艺术,尤其是希腊悲剧,首先阻止了神话的毁灭:人们必须一并毁掉希腊艺术,方能解脱故土的束缚,无拘无束地在思想、习俗、行为的荒漠里生活。即便到现在,那种形而上学的冲动也还力图在力求生命的科学苏格拉底主义中,为自己创造一种尽管已经弱化了的美化形式:不过,在较低级的阶段,这种冲动只是导致了一种发疯般狂热的搜寻,它渐渐迷失于从各处搜集来的神话和迷信的魔窟中了①——在这个魔窟的中心,却端坐着那个希腊人,依然怀着一颗不安的心,直到他懂得了——作为 Graeculus[小希腊人]——用希腊的明朗和希腊的轻率来掩饰自己的狂热,或者用某种东方的陈腐迷信来把自己完全麻醉。

在经历了长期的、难以描写的中断之后,亚历山大-罗马的古代世界终于在 15 世纪得到了重新关注。自那以后,我们已经以一

---

① 神话的没落。在此之前……]准备稿:神话的没落:在它终结之后,出现了一种发疯般狂热的搜寻,这种搜寻在其最高贵的构成(作为苏格拉底主义)为科学奠定了基础,但在较低级的阶段,却导致了一个从各处移植来的神话的魔窟。——编注

种极其引人注目的方式接近上面描述的这种状况了。同一种过于丰富的求知欲,同一种不知餍足的发现之乐,同一种极度的世俗化,已经登峰造极了,加上一种无家可归的彷徨游荡,一种对外来食物的贪婪掠夺,一种对当前事物的轻率宠爱或者麻木背弃,一切都要 sub specie saeculi［从世俗的观点看］,都要从"现时"的观点看——这些①相同的征兆令人猜度这种文化的核心处有一个相同的缺陷,令人猜度神话的毁灭。看起来几乎不可能的是,不断成功地移植一种外来神话,而又因这种移植而极度伤害自家文化之树——这棵树②也许是十分强壮和健康的,足以通过惨烈的斗争重又剔除那种异己元素,不过在通常情况下,它必定病弱而委靡,或者因病态的繁茂而消瘦不堪。我们高度评价德国性格所具有的纯粹而强大的核心,恰恰对于这种性格,我们敢于有所期待,期待它能剔除那些强行植入的异己元素,而且我们认为,德国精神是有可能反省自身的。有人也许会以为,德国精神必须从剔除罗马因素开始自己的斗争:他或许从最近一场战争③的胜利勇猛和浴血光荣当中,看到了一种为这种斗争所做的表面准备和激励,但他必须在竞争中寻找一种内在的必要性,即必须始终无愧于这条道路上的崇高的开路先锋,无论是路德还是我们的伟大艺术家和诗人们。不过,但愿他绝不会以为,没有自己的家神,没有自己的神话故乡,没有一种对全部德国事物的"恢复",他就能进行类似的斗

---

① 这些］1872 年第一版;1874/1878 年第二版付印稿:作为这些。——编注
② 这棵树］1872 年第一版;1874/1878 年第二版付印稿:作为这棵树——编注
③ 指 1870—1871 年普法战争。——译注

争！而如果德国人战战兢兢地四处寻找一位向导①，由后者来把他带回到早就失落了的故乡，因为他几乎再也不认识回归故乡的路径了——那么，他能做的只是倾听狄奥尼索斯之鸟的充满喜悦的迷人叫声，这鸟正在他头上晃悠，愿为他指点返回故乡的道路。

二十四

在音乐悲剧的特有艺术效果中，我们不得不强调了一种阿波罗幻觉，通过这一幻觉，我们得以免于与狄奥尼索斯音乐径直融为一体，而我们的音乐激情，则可以在一个阿波罗领域和一个插入其中的可见的中间世界里得到宣泄。这当儿，我们自以为已经观察到，正是通过这种宣泄，剧情过程中的那个中间世界，说到底就是戏剧本身，在某种程度上由里及表，变得明显可见和明白易解了，而那是其他所有阿波罗艺术所不能企及的程度：于是乎，在这里，在阿波罗艺术仿佛受到了音乐精神的激励和提升之处，我们就必得承认它的力量获得了极大的提高，因而在阿波罗与狄奥尼索斯的兄弟联盟中，无论是阿波罗的艺术意图还是狄奥尼索斯的艺术意图，都得到了极致的发挥。

诚然，通过音乐的内部光照，阿波罗的光辉形象恰恰没有达到低层次的阿波罗艺术所特有的作用和效果；史诗或者栩栩如生的石头②能够做到的事情，乃是迫使观看的眼睛达到那种对于 indi-

---

① 此处"向导"（Führer）或可译"领袖"。尼采在此虽未明言，但显然在暗示理查德·瓦格纳已可充当这个角色了。——译注

② 应指雕塑。——译注

viduatio［个体化］世界的宁静的欣喜，这一点在这里①是不可能达到的，尽管这里有着某种更高的栩栩如生和清晰明白的性质。我们观看戏剧，用逼视的目光深入到它内部活动的动机世界——然则在我们看来，似乎只有一个比喻形象从我们身旁掠过，我们相信差不多揣摩到了它那至深的意义，希望能像拉开一幅帷幕那样把它拉开，以便来看看它背后的原始形象。最清晰明亮的形象也满足不了我们：因为它好像既②揭示了某个东西又掩盖了某个东西；当它似乎以其比喻性揭示要求我们去撕碎面纱，去揭示那神秘的背景时，恰恰那种透亮的整体可见性又反过来迷住了眼睛，阻止它进一步深入。

我们经常碰到这样一种情况：既不得不观看又渴望超越这种观看。谁若没有体验过这种两难，他就难以设想，在欣赏悲剧神话时，这两个过程是如何明确而清晰地同时并存和同时被感受的；而真正有审美趣味的观众则会向我证实，在悲剧的特殊效果中，这两个过程的并存乃是最值得奇怪的事了。如果我们现在把这个审美观众的现象转移到悲剧艺术家的一个类似过程上来，我们就理解了悲剧神话的起源了。悲剧神话既与阿波罗艺术领域一起分享那种对于假象和观看③的快感，又否定了这种快感，具有一种更高的满足，满足于可见的假象世界之毁灭。悲剧神话的内容首先是赞

---

① 应指在戏剧中。——译注
② 既］1872 年第一版；1874/1878 年第二版付印稿：既［译按：此处只有德语拼写之别，中文无法传达］。——编注
③ 观看］1872 年第一版；1874/1878 年第二版付印稿：观看，［译按：此处只多了一个逗号］。——编注

美斗争英雄的史诗事件：英雄命运中的苦难、最惨痛的征服、最令人痛苦的动机冲突，质言之，表明那种西勒尼智慧的例证，或者用美学方式来讲，就是丑陋和不和谐，以无数繁多的形式、本着这样一种偏爱，总是重新得到描绘，而且恰恰是在一个民族最丰盛、最青春的年纪——然而，若不是正好对所有这一切感到一种更高的快乐，那么，上述这种本身谜一般的特征究竟从何而来呢？①

因为，生活中确有如此悲惨的事情发生，这一点是难以用来解释一种艺术形式的形成的——如若艺术不光是自然现实的模仿，而恰恰是自然现实的一个形而上学增补，是为征服它而被并置于它一旁的。只要悲剧神话毕竟属于艺术，那它也完全具有一般艺术的这样一种形而上学的美化意图：但如果悲剧神话是以受苦受难的英雄形象来展示现象世界的，那么，它到底美化了什么呢？决不②是这个现象世界的"实在性"，因为它径直对我们说："看哪！好好看看！这就是你们的生活！这就是你们此在之钟上的指针！"

那么，神话向我们展示这种生活，是为了借此在我们面前美化它吗？如若不然，那么，当那些形象在我们面前掠过时，我们何以也能有审美快感呢？我追问的是审美快感，我也完全明白，许多此类形象，除了审美快感外，间或还能产生一种道德愉快，诸如以同情或者德性胜利为形式的道德愉快。然而，如若你只想根据这个

---

① 从何而来呢？] 准备稿：从何而来；[它诚然不可能来自阿波罗的区域；因为备受折磨的拉奥孔只不过是阿波罗艺术领域的一种蜕化，亦即一种向悲剧……]。——编注

② 什么呢？决不] 1872年第一版付印稿；1872年第一版；1874/1878年第二版付印稿；大八开本版。在1874/1878年第二版中则为：什么呢？决不[译按：此处只有标点差别]。——编注

道德源泉来推导悲剧效果(诚然这在美学中已经流行得太久了),那也罢了,只是你不要自以为因此就为艺术做了些什么——艺术首要必须要求在其领域里的纯粹性。对于悲剧神话的解释而言,第一位的要求恰恰是,在纯粹审美的领域里寻找它所特有的快感,而不能蔓延到同情、恐惧、道德崇高的区域里。丑陋和不和谐,即悲剧神话的内容,如何可能激发一种审美快感呢?[①]

到这里,就有必要以勇敢的一跳,跃入一种艺术形而上学之中,为此我就要来重述我前面讲过的一个命题,即:唯有作为审美现象,此在与世界才显得是合理的[②]。在这种意义上,悲剧神话恰恰是要我们相信,甚至丑陋和不和谐也是一种艺术游戏,是意志在其永远丰富的快感中与自己玩的游戏。然而,这种难以把握的狄奥尼索斯艺术的原始现象,唯在音乐的不谐和音的奇特意义上,才能明白而直接地得到领会:正如一般而言,唯有与世界并置的音乐才能让人理解,对作为一个审美现象的世界的辩护意味着什么。悲剧神话所产生的快感,与音乐中不谐和音所唤起的愉快感觉,是有相同的根源的。[③] 狄奥尼索斯因素,连同它那甚至在痛苦中感受到的原始快感,就是音乐和悲剧神话的共同母腹。

---

① 审美快感呢?] 准备稿:审美快感呢?[唯当它显现为艺术家的游戏,世界意志与自身玩的游戏时:如若对我们来说,有一种关于此在之永恒辩护的预感]。——编注
② 见上文第5节。尼采在那里的表述有所不同,书作:"唯有作为审美现象,此在与世界才是永远合理的"。——译注
③ 有相同的根源的。]准备稿中有一段续文:有相同的根源的:在高度发展的音乐形式中,不谐和音乃是几乎所有音乐要素的必要成分。——但我们必须探究音乐中不谐和音的意义,方能……其中真正理想主义的原理,同样地旋律以及和声的原因……,其真正的规定是原始快感的持续生产与同时对这种原始快感的消灭,没有它的魔力,旋律……。——编注

此间①借助于不谐和音的音乐关系,难道我们不是从根本上把悲剧的效果这个难题简单化了么?现在,且让我们来弄弄明白,所谓在悲剧中既想要观看又渴望超越观看,这种状态到底意味着什么。就艺术中应用的不谐和音而言,我们或可对上述状态作如下刻画:我们既想倾听又渴望超越倾听。随着对于清晰地被感受的现实的至高快感,那种对无限的追求,渴望的振翅高飞,不禁让我们想到:我们必须把这两种状态看作一个狄奥尼索斯现象,它总是一再重新把个体世界的游戏式建造和毁灭揭示为一种原始快感的结果,其方式就类似于晦涩思想家赫拉克利特把创造世界的力量比作一个游戏的孩童,他来来回回地垒石头,把沙堆筑起来又推倒。②

可见,为了正确地评估某个民族的狄奥尼索斯才能,我们不光要想到这个民族的音乐,而且必然地也要把该民族的悲剧神话看作那种才能的第二个证人。现在,既然音乐与神话之间有着这样一种极为紧密的亲缘关系,我们同样也可以猜测:两者之间,一方的蜕化和腐化是与另一方的萎缩和凋敝联系在一起的——如若神话的衰弱根本上表达了狄奥尼索斯能力的削弱。而关于这两者,我们只要来看看德国性格的发展过程就不会产生怀疑了:无论是在歌剧中,还是在我们失却了神话的此在的抽象特征中,无论是在沦为娱乐的艺术中,还是在受概念引导的生活中,都有那种既非艺术又消耗生命的苏格拉底乐观主义的本性向我们显露出来。不

---

① 此间] 1872 年第一版;1872 年第一版付印稿:此间,〔译按:此处只多一个逗号〕。——编注

② 指赫拉克利特残篇第 52。——译注

过，令我们安慰的是仍有一些迹象，表明尽管有上述问题，但德国精神依然在美妙的健康、深邃和狄奥尼索斯力量中未受毁损，就像一个沉睡的骑士，安睡于一个无法通达的深渊——从这个深渊里升起狄奥尼索斯的歌声，这歌声向我们传来，要让我们明白，到现在，这位德国骑士也还在福乐而严肃的幻觉中梦想着他那古老的狄奥尼索斯神话。可别以为，德国精神已经永远丢失了它的神话故乡，因为它依然十分清楚地听到那讲述故乡美景的飞鸟的婉转声音。有朝一日，德国精神会一觉醒来，酣睡之后朝气勃发：然后它将斩蛟龙，灭小人，唤醒布伦希尔德①——便是沃坦②的长矛，也阻止不了它的前进之路！

我的朋友们啊，你们是相信狄奥尼索斯音乐的，你们也知道悲剧对于我们来说到底意味着什么。在悲剧中，我们拥有从音乐中再生后的悲剧神话——在悲剧神话中，你们满可以希望一切，忘掉最惨痛的事体。而对我们所有人来说，最惨痛的事体就是那种长久的屈辱，德国天才受此屈辱，疏离了家园和故乡，效力于狡猾小人。你们明白我的话——最后你们也将理解我的希望。

二十五

音乐与悲剧神话同样是一个民族的狄奥尼索斯能力的表现，而且彼此不可分离。两者起源于一个位于阿波罗因素之外的艺术

---

① 布伦希尔德（Brunhild）：日耳曼神话中的女武神。——译注
② 沃坦（Wotan）：日耳曼神话中的众神之长。——译注

领域；两者都美化了一个区域，在这个区域的快乐和谐中，不谐和音以及恐怖的世界图景都楚楚动人地渐趋消失；两者都相信自己有极强大的魔法，都玩弄着反感不快的芒刺；两者都用这种玩法为"最坏的世界"之实存本身辩护。在这里，与阿波罗因素相比较，狄奥尼索斯因素显示为永恒的和原始的艺术力量，说到底，正是这种艺术力量召唤整个现象世界进入此在之中：而在现象世界的中心，必须有一种全新的美化假象，方能使这个生机盎然的个体化世界保持活力。倘若我们能设想不谐和音变成了人——要不然人会是什么呢？——那么，为了能够生活下去，这种不谐和音就需要一个壮丽的幻象，用一种美的面纱来掩饰它自己的本质。这就是阿波罗的真正艺术意图：我们把所有那些美的假象的无数幻景全归于阿波罗名下，它们在每个瞬间都使此在变得值得经历，并且驱使我们去体验下一个瞬间。

这当儿，有关一切实存的基础，有关世界的狄奥尼索斯根基，能够进入人类个体意识之中的东西不在多数，恰如它能够重又为那种阿波罗式的美化力量所克服，[1]以至于这两种艺术冲动不得不根据永恒正义的法则，按相互间的严格比例展开各自的力量。凡在狄奥尼索斯的强力如此猛烈地高涨之处（正如我们体验到的那样），阿波罗也必定已经披上云彩向我们降落下来了；下一代人可能会看到它那极其丰硕的美的效果。

而这种效果是必需的——对于这一点，或许每个人都能凭着

---

[1] 克服，]1872年第一版；1874/1878年第二版付印稿：克服：[译按：此处只有标点差异]。——编注

直觉十分确凿地感觉到,只要他(哪怕是在梦里)觉得自己被置回到了古希腊的实存之中:漫步于高高的伊奥尼亚柱廊下,仰望着一方由纯洁而高贵的线条分划出来的天穹,身旁闪亮的大理石反映出自己得到美化的形象,周围有庄严地行进或者徐徐而动的人们,唱着和谐的歌声,展现出节奏分明的姿态语言——面对这种不断涌现的美的洪流,他怎么会不向阿波罗振臂高呼:"福乐的希腊民众啊!如果得洛斯之神①认为必须用这样一种魔力来治愈你们的酒神癫狂,那么你们当中的狄奥尼索斯必定是多么伟大啊!"②③——而对于一个怀有如此心情的人,年迈的雅典人或许会用埃斯库罗斯的崇高目光看着他,答道:"你这个奇怪的异乡人啊,你倒也来说说:这个民族势必受过多少苦难,才能变得如此之美!但现在,且跟我去看悲剧吧,到两位神祇的庙里和我一起献祭吧!"④

---

① 得洛斯之神(der delische Gott):指阿波罗。相传阿波罗出生在南爱琴海的得洛斯岛上。——译注

② 面对这种不断涌现的……]据准备稿:在这种希腊式的美之教育当中,他或许会对自己说:"现在你什么不能忍受啊!你在此能让自己首次启用何种程度的酒神癫狂啊!"——编注

③ 多么伟大啊!"]准备稿;1872年第一版付印稿。在1872年第一版;1874/1878年第二版付印稿;1874/1878年第二版;大八开本版中则为:多么伟大啊"![译按:此处只有标点位置之别]。——编注

④ 一起献祭吧!"]准备稿;1872年第一版付印稿。在1872年第一版;1874/1878年第二版付印稿;1874/1878年第二版;大八开本版中则为:一起献祭吧"![译按:此处只有标点位置之别]。——编注

不合时宜的考察 I

大卫·施特劳斯——自白者与作家[①]

[①] 自1873年4月15日从拜罗伊特返回后,尼采便在巴塞尔开始撰写第一篇《不合时宜的考察》,即《大卫·施特劳斯——自白者与作家》。第一稿在5月初时已经差不多完成;尼采希望,在瓦格纳60岁生日时(5月22日)能将自己已完成的作品手稿作为惊喜送给朋友;然而修改的时间超出了尼采的预估,或许是因为夏季学期的"首要急需",或许是出于"突然的、痛苦的视力减弱"(见尼采1873年5月20日致瓦格纳的信件,收录在科利版《尼采书信全集》(*Kritische Gesamtausgabe Briefwechsel*,Berlin 1975ff.)II/3,153)。鉴于这种情况,当时居留在巴塞尔的格斯多夫(Carl von Gersdorff)在尼采的口授下记录下刊印稿,该稿于6月25日被寄给莱比锡的出版商弗里兹希(E. W. Fritzsch),后在1873年8月8日出版。

格斯多夫的手记刊印稿已经遗失;保存下来的是校对稿、一份由格斯多夫制作的印刷勘误表以及一份上面列有更正清单的校样。——编注

一[①]

德国的公共舆论看起来几乎禁止谈论一场战争的可怕的、危险的后果,尤其是谈论一场以胜利而告终的战争的可怕的、危险的后果。结果,它们更愿意倾听那些对什么是比公共舆论更加重要的观点一无所知的作家。这些作家竞相颂扬战争,欢欣地寻求战争对于道德、文化和艺术的强大影响。尽管如此,我还是要说:一场巨大的胜利就是一场巨大的危险。就人的本性而言,忍受一场胜利要比忍受一场失败更加艰难。确实,获得[②]一场战争的胜利比忍受它、不让它从中产生一场更加严重的失败要更容易些。在最近与法国的这场战争的胜利所导致的所有严重后果中,最为严重的后果也许是这样一种广为流传的,甚至是普遍的错误,而且这种错误同时也是公共舆论和所有公开发表意见者的错误,即德国文化也在那场战争中战胜了法国文化,获得了胜利,因此,必须用一种合乎这一伟大事件和后果的花环来装扮它。这种妄念极其危险,这不是因为它是一种妄念——因为妄念也可能是值得尊敬,并富有教益,——而是因为它能够为了有利于"德意志帝国",而把我们的胜利转变成一场完全的失败,转变为德意志精神的失败,甚至是德意志精神的毁灭。

即使我们假定这类战争实际上是两种文化的战争,那么,胜利

---

① 参看 26[217]。——编注
② ,获得]第一版,格斯多夫制作的印刷勘误表:获得。——编注

一方的价值标准仍是极为相对的标准，在某种情况下，绝不能为我们的胜利欢呼或自吹自擂提供合理辩护。因为问题在于知道那个被制伏的文化的价值是什么，也许其价值很小。在这种情况下，即便是在最为辉煌的武力胜利，胜利者的文化也无权要求同样的文化凯旋。另一方面，就我们目前的关注点而言，出于最为简单的理由，还谈不上什么德意志文化的胜利。因为法国文化一如既往地存在着，我们也一如既往地依赖着它。在这次对于法国的军事胜利中，我们的文化并未起到什么作用。严格的战争训育、天然的勇敢和纪律、统帅的优势以及被统帅者的团结和服从，简而言之，是那些与文化无关的因素帮助我们在武力上战胜了对手，因为对手缺乏这些因素中最为重要的因素。因此，令人感到讶异的只是，今天在德国自称为"文化"的东西竟然也毫无阻碍地跻身于伟大的胜利所必需的军事条件之一，这也许只是①因为，这种自称为文化的东西认为这一次表现自己乐于效劳对于自己更有裨益②。不过，如果任由这种文化发展壮大，滋生蔓延，如果人们用这场战争的胜利也是文化的胜利的谄媚妄念来纵容和溺爱它，那么，如我前面所言，它就有力量去毁灭德意志精神，而且，谁也不知道在毁灭德意志精神之后，它还会对剩下的德意志肉体做些什么！

如果有可能唤醒德国人曾经的那种沉着而坚韧的勇敢的品质，也就是曾经用以对付带有情绪性和突发性冲动的法国人的品质，并用它来对付内部敌人，对付现今在德国被危险地误解为文化

---

① 也许只是]誊清稿：显而易见的。——编注
② 认为……更有裨益]誊清稿：在给人软弱无用的感觉中更情愿。——编注

的、那种极其模糊、无论如何都是非民族性的"教养"的话,那么,对于一种现实的、真正的德意志的教养,亦即现今之教养的对立面的所有希望就不会丧失殆尽。因为德意志人从来不缺乏最为明智的和最为果敢的领袖和统帅,尽管这些领袖和统帅中常常缺乏德意志人。① 但是,是否有可能把德意志人的这种勇敢转向创造真正的德意志文化的努力之中,我总是感到怀疑,而且,在新近的战争之后,我日益感到其不可能了。因为我看到,所有人都坚信根本不再需要这样一种斗争精神和勇敢精神,绝大多数事情已尽善尽美,井然有序,所急需做的一切早已发现和做过了。简而言之,所有人都坚信,文化的最佳种子或是已经到处播撒,或是已经发芽滋长,甚至繁荣茂盛了。在文化领域,弥漫的不仅是满意,还有幸福和陶醉②。我在德国的记者以及小说、悲剧、诗歌和历史的制造者的极度自信的举止中感受到了这种幸福和陶醉。他们已经明显地形成了一种休戚与共的团体,图谋霸占现代人的闲暇和思考时间,也就

---

① 因为德意志人从来不……]准备稿:任务是可怕的,而且每个勇敢的人都能看到自己在面对共同敌人时的无助。(但这里等待着将领及其被统领者的是怎样一场战斗! 这是怎样步步退避又重新突进的敌人!)但是,如果从根本上看这场战斗将是可怕的,并且等待战士的将是一个步步退避又重新突进的敌人,那么胜利的希望绝不低于正是现在,即紧接着战争的荣耀。——编注

② 陶醉]准备稿:陶醉:虽然不再有人知道什么是文化——即风格的统一,虽然每一次瞥见我们的住宅、房间、服装、礼仪、戏剧、博物馆和学校(参见原文第163页)都展现出最全然的毫无风格,每个人却都对自己那根本算不上文化的教养的结果非常满意。这是一种需要人们去探究的奇特现象。德国人的骄傲是,他们在所有的事情上都比其他民族知道得更多:然而遗忘的事实是,他们能做的事很少,甚至他们根本不想做任何事。事实上,如果一个德国人既能做又想做某种伟大之事,那就没有比他更高尚的存在了:但是他在这种情况下将孤身一人,他的影响也无法走得更深更远,他将在审美上被剥去风格并且——。——编注

是"文化时间",并通过印刷品使他们麻醉于这些"文化时间"。自从新近的战争以来,所有的幸福、尊严和自我意识都存在于这个团体之中:在这种"德意志文化的胜利"之后,它不仅感到了被证实和被认可,而且感到了自己神圣不可侵犯。因此,它说话的口气更加庄严隆重,它喜欢向德意志民族致词,并按照经典作家的方式出版全集,并且真的在为其所用的国际刊物上宣称他们中一些个体是新的德意志经典作家和模范作家。人们也许应该期待德国教养阶层中那些更为审慎、更有学识之人能认识到内在于这种滥用军事胜利的危险,或至少感到这种状况的难堪之处。因为还有什么比看到一个畸形侏儒像骄傲的公鸡一样站在镜子面前、与镜中的自己互致欣赏的目光更加难堪的事情呢?但是,有学识的阶层乐于让这一切如现今这样地发生和发展,并认为自己有足够多的事情要去做,而不想去额外担负起照料德意志精神的重担。这一阶层的成员绝对坚信,他们自己的教养是时代——甚至是所有时代——最成熟和最美好的果实,他们根本不理解对于普遍的德意志教养的忧虑,因为他们自己以及无数的像他们这样的人,已经远远超越了所有这类忧虑[①]。不过,更为审慎的观察者,特别如果他是外国人的话,就不可能不注意到,在现今被德国学者称为是自己的教养的东西和那种被鼓吹为新的德意志经典作家的、作为胜利者的教养之间,只存在着知识的量的对立:凡是在考量能力而非知识的地方,在衡量艺术而非学问的地方[②],也就是,凡是在生命应

---

① 忧虑]准备稿:忧虑。他们得到教授和教诲,然而他们没有文化。——编注
② 凡是在考量能力……]参见 26[18]。——编注

当为这种教养提供见证的地方,现在就只有一种所谓的德意志教养。而这种教养居然战胜了法国?

这种声称之所以显得如此完全不可理解,是因为恰恰在德国军官更全面的学识中,在德国军队更好的知识训练中,在更为科学的作战中,所有不带偏见的裁判者,最后法国人自己认识到了这种决定性的优势。但是,如果人们把德意志人的这种博学与德意志教养分离开来,那么,德意志教养还想在何种意义上取得胜利呢?在任何意义上都没有取得胜利!因为更为严格的训育、更为平静的顺从的道德素质与德意志教养毫不相干。例如,马其顿军队就比具有无比教养的希腊军队更加优秀。因此,如果人们说这是德意志教养和德意志文化的胜利,那这不过是一种混淆,一种基于德国已经不存在纯粹的文化概念的混淆。

文化首先是一个民族的所有生活表达中的艺术风格的统一。而杂多的知识和博学既不是文化的必要手段,也不是它的一个标志;而且,必要时会与文化的对立面即野蛮更加相配,也就是说,与缺乏风格或所有风格的混乱堆积相配。

但是,就是在所有风格的这种混乱堆积中,生活着我们今天的德国人。这是一个有待解决的严重问题,博学的德国人怎么能没有注意到,怎么还能够由衷地安于他的当代"教养"呢?他每次瞥见他的衣着、房间、房子,每次走过他城市的街道,每次闲逛他的时尚艺术商人的商店,都应该感到有所提醒;他们在自己的社会交往中,应该意识到他们礼仪和举止的来源;在艺术机构、音乐享受、戏剧享受和博物馆享受中,应该意识到所有可能风格的怪诞的堆积和并置。① 德国人把所有时代和所有地区的形式、颜色、产品和稀奇古怪之物堆积在自己的周围，从而形成一种年货市场式的缤纷杂乱，而德国人的学者却把这种缤纷杂乱视为和描述为"现代性自身"。他们安坐在这种所有风格的缤纷杂乱之中。但是，人们用这种"文化"，而实际不过是对文化的冷漠和迟钝，并不能战胜任何敌人，至少不能战胜像拥有真正的和创造性的文化的法国。不管法国文化具有什么样的价值，我们德国至今为止还是在模仿法国人的一切，而且，在大多数情况下都是一种拙劣的模仿。

即使我们真的停止模仿法国人，那也不意味着我们战胜了他们，而不过是从他们那儿解放了出来。只有当我们把一种原创性的德意志文化强加给他们时，我们才可以谈论一种德意志文化的胜利。但是，我们注意到，在这期间我们仍然一如既往地依赖巴黎，而且不得不依赖，因为迄今为止尚不存在原创的德意志文化。

我们所有德国人应该自己认识到这一点。对此，在少数有权以责备的口吻对德国人说话的人中间，有一个人公开地吐露了这一点。歌德有一次对爱克曼说，我们德意志人属于昨天。虽然我们一个世纪以来就在努力地教化自己，但可能还需要若干世纪，才会有如此丰富的精神和较高的文化注入给我们的国人，我们每一个国人，到那时人们才能说，德意志人是野蛮人，但这已是很久以前的事情了。②

---

① 但是，就是在所有风格的……]准备稿中的笔记：他既不能为自己发明一种服装，甚至也不能在描画一枚金币的印文时加入哪怕一点点的鉴赏力。——编注
② 我们德意志人属于……]歌德于1827年5月3日与爱克曼的谈话。参看19[309,312]。——编注

二

但是，如果我们的公共生活和私人生活没有显著地体现一种创造性的和风格统一的文化特征，而且，如果我们伟大的艺术家以其伟人所特有的极其明确的态度和极其严肃的真诚，承认并继续承认对有天赋的民族来说深为耻辱的这一可怕的事实的话，那么，还怎么可能在德国的有教养者和学者中间弥漫着如此巨大的满足，一种自最近战争以来似乎不断地准备在骄傲的狂欢中爆发出来并且成为胜利的展示的满足？无论如何，人们生活在似乎已拥有一种真正的文化的信念之中。这种满足的、胜利的信念与真正文化的明显缺失所形成的巨大反差，只有极少数、极罕见的人才能注意到。因为公共舆论所说的一切，都是在闭塞视听地认为这种反差根本不应当存在。这是如何可能的呢？什么力量如此强大，能够命令这样一种反差"不应当"存在？什么类型的人主导了德国，才能够禁止如此强烈和简单的情感，或者阻止这种情感的表达？这种力量，这类人，就是文化庸人。

我们知道，庸人这个词源于大学生生活，但其在更为广泛和流俗的意义上则表示诗人、艺术家、真正的文化人的对立面。但是，研究文化庸人的类型、倾听其自白，如果他作了自白的话，现在成了我们的一桩令人讨厌的义务。"文化庸人"之有别于对"庸人"类型的一般观念，乃是由于一种迷信：他妄自以为自己是诗人和文化人。这是一种无法理解的妄念。而且，由此可知，他根本不知道什么是庸人，什么是庸人的对立面，不懂得他们之间的差异。因此，当他在大多数情况下郑重地发誓自己不是庸人的时候,我们并不感到奇怪。由于缺乏这种自我认识,他便坚定地确信,他的"教养"正是真正的德意志文化的完美表现。既然他到处都碰到自己的同类,既然所有的公共机构、学校、教育机构和艺术机构都是完全按照他的教养和他的需要而建立的①,因此,他自认为自己是现今德意志文化的名副其实的代表,无论走到哪里,他都满怀着这种胜利的情感,并据此来表述自己的要求和主张。现在,如果真正的文化在任何情况下都以风格的统一为前提条件,甚至一种低级的和堕落的文化如果没有表现出其内部多种风格的和谐也是不可想象的,那么,从文化庸人的妄念中就会产生这种错误和混淆,因为他到处重新发现他自己的齐一的标记和再生,于是便从所有"有教养者"的这种齐一的标记中推测出,已经存在着一种统一的德意志教养的风格,因此也存在着一种统一的德意志文化。他在自己周围感知到的完全是同样的需要和类似的观点;无论他走向哪里,都会立即被涉及诸多事物,特别是被宗教和艺术等事物上的沉默的一致的习俗纽带所包围。这种令人印象深刻的同类性,这种并非源自命令但却随时准备爆发的众口一词,诱导他相信这里存在着一种文化。但是,系统的②、获得支配地位的庸俗,并不会因为它的体系化和主导地位就成为一种文化,它甚至连低级的文化也不是,而一直根本就是文化的对立面,亦即一种长久建立起来的根深蒂固的野蛮。因为我们看到当代德国的每一个有教养者身上都表现

---

① 建立的(eingerichtet sind)]第一版,格斯多夫印刷勘误表:找到的(findet)。——编注

② 系统的]誊清稿:系统化了的。——编注

出千篇一律的统一的印记,而这种统一只是由于有意或无意排斥或者否定一种真正的风格所具有的艺术上创造性的形式和要求的全部才达成的统一。在文化庸人的脑中必定发生了这样一种不幸的扭曲:他恰恰把文化所否定的东西视为文化;而且,由于他如此一贯地行事,他最终也获得一个有内在联系的否定的集合,一个非文化的体系;人们甚至可以承认这种非文化有某种"风格的统一",倘若谈论一种有风格的野蛮也能算有意义的话。如果允许他在一种符合风格的行动和一种与风格相悖的行动之间作自由选择,那么他总是会选取后者,而且由于他总是选取后者,因此,他的一切行动都打上了一种否定性的同类印记。他恰恰是从这种印记中认识到了他所发明的"德意志文化"的特征,并把凡是与这种标记的不一致判定为与他敌对和矛盾的东西[①]。在这样的场合里,文化庸人不过是在防御、否定、撤退、封闭、闭目塞听,他是一个否定的存在者,即使在他的憎恨和他的敌意中也是如此。但是,他所憎恨的不过是把他当作庸人来对待的人,不过是告诉他他是什么:一切强有力和创造性的东西的障碍物、一切怀疑者和迷途者的迷宫、一切疲惫者的泥潭、一切奔向高贵目标者的脚镣、一切新生事物上笼罩着的毒雾以及寻求和渴望新生命、新生活的德意志精神的干旱沙漠。因为它确实在寻求,这个德意志精神!你们之所以憎恨它,乃是因为它在寻求,乃是因为它不相信你们,不相信你们已经找到了它所正在寻求的。那么,文化庸人的产生是如何可能的?而且,

---

① 并把凡是……矛盾的东西]誊清稿:与他相对,我们只会将这种同类印记视为非文化的系统化。——编注

如果它产生了,它是如何可能进而获取作为对所有德意志文化问题的最高裁决者的权力的呢?在这样一个历史上曾有一系列伟大的英雄人物从我们身旁走过的国度,我们不禁要问,怎么可能还会有文化庸人的出现及其对德意志文化的裁判权的垄断呢?这些伟大人物的每一个运动中、每一个神情中、质询的声音中、炽热的目光中,所流露的只有一个东西:他们是寻求者,而且,他们所热烈且坚韧地寻求的,就是文化庸人妄自以为已经拥有的东西:真正的、原初的德意志文化。他们似乎在问:是否有一方土地,如此纯洁,从未被触动,具有童贞少女般的圣洁,从而德意志精神可以在它上面而不是在任何其他土地上建筑自己的家园?他们这样探询着,寻求着,穿过苦难和狭隘时代的荒野丛林,作为寻求者从我们的视野中消失了。他们中的一位在年事已高之时能够以他们所有人的名义说道:"我已历尽艰辛、未敢稍加歇息达半个世纪之久,一直在尽可能好、尽可能多地追求、研究和劳作。"①

但是,我们的文化庸人如何评价这些寻求者呢?他简单地把他们当作发现者,似乎忘记了那些人感到自己只是寻求者。"我们拥有自己的文化,不是吗?"文化庸人说,"因为我们拥有了自己的经典作家,不是吗?我们不仅拥有文化的基础,而且已经有建筑在上面了——我们自己就是这建筑。"庸人们一边说一边手指着自己的额头。

不过,要想如此错误地判断和如此诽谤地崇敬我们的经典作

---

① 参见歌德与爱克曼的谈话,1830年3月14日。尼采这里对歌德的原话有所压缩。——译注

家,人们必须根本不再认识他们。这是普遍的事实。因为否则的话,人们肯定就会知道,崇敬他们的方式只有一种,那就是,继续以他们的精神和勇气去寻求真正的德意志精神,且乐此不疲。相反,文化庸人把"经典作家"这个如此可疑的头衔强加给他们;不时地借助他们的作品来"陶冶"自己,也就是,让自己沉浸在我们的音乐厅和剧院对每一个出钱者所许诺的那些乏力而又自私的刺激中,甚至为他们树立雕像,用他们的名字来命名节日和协会——这一切都只不过是文化庸人对经典作家进行清算时所支付的现款,为的是在其他方面不必再认识他们,而且尤其是不必追随他们,不必继续寻求。因为文化庸人的口号就是:"勿要再继续寻求"①。

这个口号曾一度有过某种意义。在本世纪的第一个10年,一种如此多样且纷扰的寻求、试验、摧毁、许诺、预言和希望开始兴起并席卷德国,从而使得中产阶级有理由感到一种精神上的不安全。这个阶层当时有理由耸耸肩,拒斥离奇乖僻的、残害扭曲的哲学与狂热偏狭的历史考察的杂烩,有理由拒斥浪漫学派所混合在一起的所有神灵和神话的农神节②,有理由拒斥产生于心醉神迷的诗意时尚和疯狂行为。③ 在这一点上,他们之所以有理由,乃是因为庸人就连放纵的权利也没有。但是,他利用机会以那种小人的狡黠,总是怀疑这样一种寻求的精神和行动,并促进一种带来舒适的

---

① 文化庸人对经典作家进行清算……继续寻求]誊清稿:文化庸人力图欺骗自己,为的是能够在根本上摆脱他们,让自己免除一种费力而又持续不断的追随。——编注

② 古罗马人将12月17日定为纪念农神的日子。这是古代世界最为著名的节日之一,人们可以打破平时的禁忌,颠倒主奴身份。——译者

③ 见歌德于1830年3月14日与爱克曼所谈的内容:"我能够……"。——编注

发现。庸人之乐展现在他的眼前：他从一切疯狂的试验逃逸到田园风光和闲情逸致之中，并且用某种惬意来对抗艺术家不安分地创造的冲动，一种对自己的狭隘、对自己的不受干扰，甚至对自己的局限性的惬意。他毫不谦逊和羞耻地伸长手指，指点着他的生活的所有隐秘的和暗藏的角落，指点着诸多动人的和天真的欢乐。这种欢乐滋生于其毫无教化的生存的最贫乏的深处，仿佛是其庸人生存的沼泽上长出的素朴的花朵。

有些富有绘画天赋之人，他们用秀丽的笔触描摹弥漫在儿童游戏室、学者书房、农舍里的幸福、隐秘、日常生活、农人的健康和一切惬意。他们现在手拿这样一些现实的画册，试图一劳永逸地寻求与那些要求继续寻求的令人麻烦的经典作家达成一种协定。他们创造了"模仿时代"的这个概念，只是为了拥有安宁，并且在遇到任何令人不快的新东西时都能立刻用"模仿性作品"这个否定性的判决来打发它。正是这些惬意之人，为了保障自己的安宁而对历史施暴，试图把一切有可能干扰惬意的科学，尤其是哲学和古典语言学，都转化为历史学科。借助这种历史意识，他们把自己从狂热中拯救了出来，——因为历史不产生这种狂热，尽管歌德①相信这还是可能的。那些信奉"无所动心"非哲学的欣赏者们在寻求历史地理解一切时，其目的恰恰是让自己麻木不仁。他们伪称憎恨任何形式的狂热和不宽容，但实际上所憎恨的乃是天才的主导和真正的文化要求的专制，因此便竭尽全力到处使那些有望出现的

---

① 歌德]《准则与反思》第 495 条："我们从历史中获得的最好的东西，就是它所激起的热情"，出自《威廉·麦斯特的漫游年代》(1829)中第二卷末《在漫游者意义上的观察思考》。——编注

新鲜的和强大的运动停滞瘫痪、麻木迟钝或者解散解体。一种用混乱扭曲的辞藻来羞怯遮掩其创作者的庸人自白的哲学,还发明了崇拜日常生活琐事的一个公式:它谈及一切现实事物的合理性,因此,极力阿谀那些也喜欢混乱辞藻,但尤其是仅仅把自己理解为现实的、把自己的现实性当作世界的合理性的标尺的文化庸人。现在,他也允许每一个人,包括他自己,去作点反思、作点研究,作些美学作品,尤其是创作文学、音乐以及绘画,甚至全部的哲学,但所有这一切的前提是,所有这一切,上天保佑,都必须保持过去的样子,不惜一切代价地保持所谓"合理性的东西",所谓"现实的东西",也就是说,不可动摇庸人的一切。当然,庸人有时会完全乐于沉溺于优美的、大胆的艺术和一种怀疑主义的历史编纂学,并且对这样的散心和消遣对象评价不低,但他严格地把"生活中严肃的事情"亦即职业、工作连同女人、孩子与乐趣分离开来;属于后者的大约是涉及文化的一切。因此,任何艺术只要其自身开始严肃,并提出威胁其惬意、职业和习惯,换句话说,威胁其庸人的严肃的要求时,就注定要遭殃的。对于这样一种艺术,他会掉头不顾,就好像他看到了某种淫乱的东西似的。他以一个贞操监护者的神情警告每一个需要保护的德性,千万不要往那看。

  既然庸人在劝阻时表现得如此口若悬河,因此,他对倾听他并让他劝阻的艺术家深表感激。他让这种艺术家知道,他对他们的要求更加简单和宽松,他以及与他持有相同信念之人根本不要求什么崇高的大师之作,而仅仅要求两点:要么在田园诗或者温和幽默的讽刺诗中模仿现实,直到像猴子一般复制现实,要么自由地复制经典作家最受到公认的和最著名的作品,不过仍要羞羞答答地宽恕时代的趣味。也就是说,如果他唯一重视的事情就是无创造性的模仿或者对当前现实的图像式的忠实描摹,那么,他就知道,后者就是在赞颂庸人自己,增加对他"现实"的惬意,但前者也并不损害他,甚至还有益于他作为一个经典的趣味裁判的名望,而且,此外,他也无须花费新的力气,因为他已经一劳永逸地安于和满足于经典作家本身了。最后,他还为他自己的习惯、考察方式以及厌恶和喜好发明了"健康"这个普遍有效的公式,并把任何令人不快的捣乱者作为病态、偏激和癖性的嫌疑来加以清除。施特劳斯这个对我们今天教化状态的真正的满足者和典型的庸人,有一次就以具有这样特色的惯用语谈到"叔本华虽然极富才智,但在许多方面却有着不健康的和无益的哲学思考"。也就是说,一个不幸的事实是,"精神"习惯于以特别的好感安居在"不健康的和无益之人"那里,甚至庸人,只要他一朝对自己诚实,就会在其同类之人带到世界上和市场上的哲学论断中,往往感受到某种缺乏才智但却完全健康和有益的哲学思考。

　　庸人们只要在自己人中间,他们就会不时沉溺于喝喝葡萄美酒,回想回想伟大的军事行动,诚实、健谈而又天真。在这些时刻,一些通常被谨慎隐蔽起来的东西将会真相大白,并且偶尔甚至有人会泄露整个兄弟团体的基本秘密。最近,一位出自黑格尔的合理性学派的著名美学家就有这样一个时刻。这种挑衅非同寻常:在嘈杂喧嚣的庸人圈子纪念一位真正的和诚实的非庸人,甚至是一位在该词最严格的意义上死于庸人的人:纪念高贵的荷尔德林。在这个时刻,这个著名的美学家因此就有权借机谈论那个死于"现实"的不幸灵魂。当然,"现实"这个词至少是从上文所描述的那种意义上被理解为庸人理性。但是,"现实"就变成了另一种现实。我们也可以提出荷尔德林是否适应当前伟大时代的问题。"我不知道,"菲舍尔说道,"他那如此柔弱的灵魂是否能够忍受内在于每次战争的如此之多的严酷,是否能够忍受我们战后在极为不同的领域里看到继续发展的如此之多的堕落。也许,他会再次沉陷入绝望。他是没有武装的灵魂之一,他是希腊的维特,一个陷入无望之爱的恋人;他的生活中充满柔弱和渴望,但在他的意志中也有力量和内容,在他的风格中也有伟大、丰满和活力,从而有时甚至使人想到埃斯库罗斯。不过,他的精神太不坚强了。他缺乏作为武器的幽默。他不能忍受这样的想法:一个人可以是一个庸人,但同时不是一个野蛮人。"①我们这里关心的是其最后的自白,而不是其席间演说的同情性的奉承之语。是的,一个人会承认自己是庸人,但也会承认自己是野蛮人吗?! 绝不。遗憾的是,可怜的荷尔德林可惜不能做出如此精微的区分。当然,如果人们在听到"野蛮"这个词时想到文明的对立面,也许甚至想到海盗和食人者,那么,做出这种区分就是有道理的。但显然,这个美学家想告诉我们的是,一个人可以是庸人,但同时还可以是一个文化人。这里文化人的特性就包含可怜的荷尔德林所缺乏的并死于这种缺乏的幽默。②

在这个时刻,菲舍尔这个演说者还③做了第二个自白:"并不

---

① "我不知道……不是一个野蛮人"]菲舍尔(Friedrich Theodor Vischer)这段话出处不明。——编注

② 尼采这里提及荷尔德林,显示一种悲剧感,因为像荷尔德林一样,他最终被同时代的文化庸人所逼疯。——译注

③ 还]誊清稿:还意外地。——编注

总是意志的力量,而是软弱带领我们超越了那些不幸的灵魂如此深切地感到的对美的渴望。"① 这里的自白大致就是这样表达的,但却是以聚集起来的"我们",亦即以"超越者"、即"通过软弱而超越的超越者"的名义做出的。让我们满足于这些自白吧！ 现在,我们通过一个熟悉内情的人士口中知道了两点:第一,这些"我们"实际上超越了,甚至是被带领超越了对美的渴望;第二,"我们"是借助软弱而超越的！ 正是这种软弱,通常在不太轻率的时刻有一个更恰当的名字,即文化庸人的著名的"健康"。但是,按照这种最新的教诲,我们也许被建议不以"健康者"而是以"懦弱者",或更进一步,以"软弱者"来谈论他们。要是这些软弱者不拥有权力该多好！ 他们被称为什么对他们有什么重要的呢！ 因为他们是我们的统治者,而且,任何统治者如果不能忍受被嘲弄并被送上绰号,就不是合适的②统治者。是的,只要他们拥有权力,他们甚至会学着嘲弄自己。他们暴露自己,也不会丢失什么,因为紫蟒袍什么不能遮掩！ 凯旋袍什么不能遮掩！ 当文化庸人承认自己的软弱时,他的强大就暴露无遗了:而且,他越是经常地,越是犬儒主义地这样承认,也就越是清楚地暴露出他自视多么重要,他自感多么优越。这是犬儒主义的庸人自白的时代。就像菲舍尔用演说作自白一样,施特劳斯用一本书作自白:这本自白书和那个演说一样,都是犬儒主义的。

---

① 此话源于菲舍尔,但出处不明。——编注
② 就不是合适]尼采在校样中的修改、格斯多夫第一版印刷勘误表及第一版校样更正表上均表述为:就不是真正的;誊清稿:就是一个坏的。——编注

三

施特劳斯用双重的方式来对其庸人教养作出自白,即用语词和行动,亦即用自白者的语词和作家的行动。他那标题为《旧信仰和新信仰》①的书就其内容来看,一方面是作为书和作家的作品,另一方面则是一种连续不断的自白。单就他允许自己公开地对自己的信仰作出自白这一事实,就已经构成一种关于信仰的自白书了。任何人到 40 岁之后都有权撰写自己的传记。因为连最不济的人也可以经历过什么,并更切近地观看过对于思想家来说有价值的和值得重视的东西。但是,对自己的信仰作出自白,就必须被视为极其苛刻的高要求。因为它的前提条件是,自白者不仅重视其生命所经历、探求或观看过的东西,而且甚至重视他所信仰过的东西。现在,真正的思想家最期望知道的事情,就是施特劳斯这样的人物所乐于信奉的信仰是什么;对于那些只有亲历才有权利谈论的事物,他们则是如何"在半梦半醒之间加以构造的"②(第 10 页)。谁会感觉到需要兰克或蒙森之类人物的信仰表白呢?③ 而且,他们俩是与施特劳斯完全不同的学者和历史学家,但一旦他们不想对我们谈他们的科学知识,而是想对我们谈他们的信仰,那

---

① 《旧信仰和新信仰》]尼采引自:施特劳斯的著作《旧信仰和新信仰:一种告白》,莱比锡,1872 年。——编注
② "在半梦半醒之间加以构造的"]参见 27[42]。——编注
③ 谁会感觉到需要兰克或蒙森之类人物的信仰表白呢?]参见 27[13]。——编注

么,他们就会以令人气恼的方式逾越自己的界限。但是,施特劳斯在叙述自己的信仰时恰恰就是这样做的。没有人要求对此知道什么,也许除了施特劳斯教义的一些头脑狭隘的对手们外。这些人期望从施特劳斯的教义背后嗅出真正魔鬼般的信条,因此,必然期望施特劳斯通过泄露这样一些魔鬼般的信条去违背他自己的学术主张。也许,这些粗野的家伙们甚至在施特劳斯这本新书中正好发现了他们所要寻找的账单。而没有理由去推测存在这样一些魔鬼般信条的我们这些其他人,则没有发现任何诸如此类的东西,甚至即使其中存在着些许魔鬼般的信条,也绝不会不满意。因为当施特劳斯谈论他的新信仰时,肯定不是一个恶的精神在谈,但一般来说也不是精神,更不是一个真正的天才在谈。相反,唯一以这种方式来进行谈论的,是将施特劳斯作为他的"我们"而介绍给我们的那些人。这些人在向我们叙述他们的信仰时,比他们向我们叙述他们的梦想时更加使我们感到无聊,尽管他们如今是"学者或者艺术家、官员或者军官、工商业者或者地主,数量成千上万,且不是作为最不幸的人生活在这个国家中"①。如果他们不想在城市和乡下保持沉默,而是寻求大声地说出自己的信仰自白,那么他们合唱的喧闹也不能够掩饰他们所唱曲调的贫乏和庸俗。如果一种自白使我们不允许那些愿意对我们加以叙述之人把话说完,打着哈欠打断他,那么,即使我们听到它为许多人所共享,这又怎么能使我们觉得更有益呢?如果你真的共享这样一种信仰,那么,我们应

---

① "学者或者艺术家……这个国家中"参见施特劳斯:《旧信仰和新信仰:一种自白》,第294页。——编注

该告诉你,上帝保佑,千万不要泄露它。也许,过去一些心地善良的人在施特劳斯那里寻找一位思想家。而现在,他们却找到了这个信徒,因而大失所望。如果他保持沉默,那么,至少对这些人来说,他依然会是哲学家,而他现在却对任何人来说都不是哲学家了。但他也不再垂涎思想家的荣耀了。他只想是一个新信徒,为他自己的"新信仰"而自豪骄傲。通过书写来表白这种新信仰,他认为自己在书写"现代理念"的教义问答,在铺设宽阔的"未来的世界大道"。事实上,我们的庸人不再气馁,不再难为情,而是信心十足,一直达到玩世不恭。曾有一段时间,无疑很遥远,其中庸人之所以被容忍仅仅是因为他们不在公共领域说话,也不被公共话语提及。又曾有一段时间,人们开始亲切地抚摸着他的皱纹,发现他很有趣,谈论起他来。这种关注就逐渐把他变成了浮华浪子,他开始对他自己的皱纹和怪僻幼稚的独特性发自内心地感到高兴。如今,他自己开始说话,以类似里尔的《家庭音乐》的风格说起话来。"但是,我看到些什么啊!这是阴影,还是现实吗?我的卷毛狗怎么变得又长又宽!"①因为现在,他已经像一匹河马那样在"未来之世界大道"上翻来滚去,他的嚎叫和狂吠变成了宗教创始人所特有的自豪口吻②。也许,硕士先生,您还要建立未来的宗教吗?"我觉得时机还不成熟(第 8 页),我从未想过要摧毁任何一个教会。"——但硕士先生,为什么不呢?这只是一个人是否拥有这个

---

① "但是,……又长又宽!"]参见歌德:《浮士德》第一部,第 1247—1250 行。——编注
② 宗教创始人所特有的自豪口吻]誊清稿:先知和福音传教士的咆哮口吻。——编注

能力的问题。此外,老实说,您相信自己拥有这个能力:只要看看您书的最后一页。在那里您甚至知道,您的新大道"是唯一的未来的世界大道,只需要一些完成之笔就竣工了,基本上只需要有更多的车来行驶,以使之变得舒适方便"①。如今请您不要再否认:宗教创始人已经为人所知,新的、舒适方便的大道已经铺向施特劳斯的天堂。您是个谦虚的人,您只是对您希望用来运载我们的马车尚不够完全满意。毕竟,您最终告诉我们"我并不想宣称,我的尊贵的读者与我都必须信赖的马车满足了一切要求"(第 367 页):"我们一定感到颠得难受"。哦,您是在渴求某种感激之言,您这个彬彬有礼的宗教创始人。但是,我们想坦率地对您说几句话。如果按照您的 368 页的宗教教义问答开出的药方,您的读者在一年里每天读一页,那么,我们就相信,这么小的剂量会让他最终感觉不好,也就是说因为没有疗效而气恼②。倒不如大胆地大口吞下!一次吃下尽可能多的剂量! 就像所有合乎时宜之书所规定的那种剂量。在这种情况下,汤剂就不会造成任何损害,饮用者在此后就绝不会感到不好,并进而气恼,而是兴趣盎然、情绪盎然,就好像什么也没有发生似的,没有宗教被摧毁,没有世界大道被铺设,没有信仰自白被做出——这就是我所说的疗效! 医生、药以及疾病,统统忘却! 而且开怀大笑! 不断地刺激发笑! 您会被羡慕的,我的先生,因为您建立了最为方便的宗教,也就是说,这种宗教的创始人不断通过受到取笑而受到崇敬。

---

① "是唯一的……舒适方便"]参见施特劳斯:《旧信仰和新信仰:一种自白》,第 368 页。——编注

② 也就是说因为没有疗效而气恼]誊清稿:但这就是读者的过错了。——编注

四

庸人成为未来宗教的创始人,这是新信仰最令人印象深刻的形态;庸人变成狂热者,这是一桩当今德国所特有的闻所未闻的现象。但是,且让我们暂时对这种狂热保持一定程度的小心谨慎;除了施特劳斯之类的人物,没有别的人以如下睿智的话语敦劝我们这样小心谨慎了。当然,在听到这些话语时,我们首先不应当想到施特劳斯,而应当想到基督教的创始人。"我们知道,曾有过高贵的、精神丰富的狂热者,他能够使人兴奋、使人振作,甚至也能够在历史上有着持续深远的影响;但是,我们并不想选择他作为生活的领袖。如果我们不把他的影响置于理性的监控之下,他就将把我们领上歧路。"(第80页)我们甚至知道得更多,即,也可能有愚钝的狂热者,有不使人兴奋、不使人振作却仍向我们指示生活前景、在历史上有着持续的影响并主导未来的狂热者;我们格外被要求将其狂热置于理性的监控之下。利希滕贝格[1]甚至还曾认为:"有一些没有能力的狂热者,他们是真正危险的人物。"因此,仅就这种理性的监控而言,我们这里只要求对三个问题的诚实回答:第一,新信徒如何设想他自己的天国?第二,新信仰赋予他多大程度的勇气?第三,他如何写自己的书?作为信仰自白者施特劳斯应当为我们回答第一个和第二个问题,作为作家施特劳斯应当为我们

---

[1] 利希滕贝格]引文出自尼采遗留的藏书——《利希滕贝格杂文集》(*Vermischte Schriften*)第1卷,哥廷根,1867年,第188页。——编注

回答第三个问题。

178　　新信徒的天国自然必须是一个地上的天国,因为对那些甚至"只用一只脚"站在施特劳斯的立场上的人来说,基督教"对一种不死的、天国的生活的眺望",连同其他安慰,都"无可挽回地丧失了"(第364页)。如果一种宗教这样描绘自己的天国,那么这是有意义的,而且,如果在基督教的天国里,除了奏乐和吟唱之外就没有别的什么天国活动,这也是真实的,那么,这对于施特劳斯式的庸人来说,并不是令人安慰的前景。但是,在自白书中却有天堂的一页,即第294页,这是一张你可以向所有其他人,特别是最幸运的庸人展开的羊皮纸卷!在此,整个天国都下降到你这里。"我们只想提示一下我们是如何做事的,"施特劳斯说道,"我们多年来一直是如何做事的。除了我们的职业之外——因为我们属于极为不同的职业群体,我们绝不仅仅是学者或者艺术家,而且还是官员、军官、商人和地主,再说一遍,就像已经说过的那样,不仅仅是我们中的少数人,而是成千上万的人,而且我们也不算是这个国家中境遇最糟糕的人——除了我们的职业之外,我要说,我们还寻求对人类一切较高的旨趣保持尽可能的开放;在过去这些年,我们对于伟大的国民战争和德意志国家的建立有着活生生的关切。在这个久经考验的民族之命运的伟大时刻,一种既出乎意料又光辉的时刻,我们发现自己在内心深处被振奋和提升。我们通过致力于历史研究来襄助对这些事物的理解,而且,由于一系列写得既引人入胜又通俗易懂的著作的帮助,甚至那些外行如今也容易理解这些历史研究。同时,我们寻求扩展我们对自然的理解,当然为此同样不缺少通俗易懂的辅助材料。最后,在我们伟大的诗人的作品中、在我们伟大的音乐家的作品演奏中,我们发现了对精神、情感、想象力和幽默感的刺激,一种让你再也无所欲求的刺激。我们就这样生活,我们就这样幸福满足地漫步。"

"这就是我们的人,"庸人一读到这些就欢呼道;因为我们真的就这样生活,我们真的天天就这样生活。他多么善于美妙地描摹事物啊!例如,他所谓的我们用来襄助对政治状况的理解的历史研究,不是相当于我们所阅读的报纸文章吗?所谓对德意志国家①建立的活生生的关切,不是相当于我们天天去啤酒馆吗?难道在动物园的一次散步,不是相当于我们扩展理解自然所凭借的所谓"通俗易懂的辅助材料"吗?而最后,还有剧院和音乐会,我们从那里把由于"对想象力和幽默感的刺激"而产生的"无所欲求"带回家——他把可疑的东西说得多么高贵、多么有趣啊!这就是我们的人;因为他的天国就是我们的天国!

庸人如此喊叫欢呼;而且如果我们不像他那样满足,那么原因就在于,我们还期望知道得更多。斯卡里格②习惯于说:"蒙田喝红葡萄酒还是喝白葡萄酒,与我们有什么相干!"但是,我们该如何高度评价在更为重要的事情上所做的这样一种明确的宣言呢!假设我们还得知,庸人每天按照新信仰的规定抽过多少次烟斗,以及在喝咖啡时是更喜欢读《施佩讷报》还是更喜欢读《国民报》③,那

---

① 国家]德文 Staat,誊清稿:帝国(德文 Reich)。——编注
② 斯卡里格(Josephus Justus Scaliger,1540—1609)法国古典学家、历史学家和语言学家,长期居住荷兰,对文艺复兴时期的古代史研究贡献巨大。——译注
③ 《施佩讷报》由施佩讷(Johann Karl Phillipp Spener,1749—1827)于1772年创办,思想较为保守,1874年并入到1848年创办的、带有自由主义倾向的《国民报》(*Nationalzeitung*)。——译注

又该如何去评价呢。哦,我们求知欲的未满足的渴求!只不过在一点上我们得到了更详细的信息,而且,幸运的是,这种信息涉及天国中的天国,也就是说,涉及那些供奉伟大的诗人和音乐家们的美学私人小屋,庸人在这些小屋中"陶冶"自己,而且,按照他自己的坦承,在这些小屋中,"他的所有污迹都被清除和洗掉"(第363页),以至我们应该把那些私人小屋视为除秽洗浴中心。"然而,这只是片刻的逃避,仅仅在想象的王国里才会发生,才会有效;一旦我们退回到严酷的现实和狭隘的生活中,旧有的限制和困窘就又会从四面八方降临到我们头上①。"——我们的硕士如是叹息道。但是,让我们好好利用这些稍纵即逝的瞬间,从而能够在这些美学小屋中稍作徜徉,从不同的视角来好好打量庸人的理想形象,即清洗掉一切污迹的庸人,现在变成了庸人类型最为纯洁的品种。严肃地说,看见这里所呈现的东西是有教益的②;也许没有一个受害于这部自白书的人,会未经阅读就丢下那两个题为"论我们的伟大诗人"和"论我们的伟大音乐家"的附录。在这里,《新约》的彩虹向我们展开了,而且,谁不在他那里得到快乐,"他就根本无可救药,他就"像施特劳斯在另一场合所说,但在这里也这么说的那样,"对于我们的立场来说尚不成熟"③。我们显然是在天国的天国里。

---

① 旧有的限制和困窘就又会从四面八方降临到我们头上]在施特劳斯的《旧信仰和新信仰:一种自白》以及大八开版中,"降临"前面加上了"再度"。——编注

② 严肃地说,看见这里所呈现的东西是有教益的]誊清稿:事实上,作为美学家的庸人即庸人自身。——编注

③ "他就根本……不成熟"]参见施特劳斯:《旧信仰和新信仰:一种自白》,第366页。——编注

我们热情的旅行向导①打算带领我们周游,而且他还事先向读者道
歉,因为他由于对所有壮丽景色的极度喜悦而不免会说得太多。
"如果我表现出与这个场合不太恰当的更加健谈,"他告诉我们,"还
请读者原谅我的言语放纵;因为心里所充满的、口里就说出来②。但
是,这里我要向读者事先保证,他马上要读的东西,并不是从我早
先的作品摘抄并插入在这里,而是我为了当前的目的并在这个地
方所写下的东西"(第296页)。这种自白会使我们一时错愕。这
些精美的小篇章是否新近写出,与我们有什么相干!但愿这只是
一桩写作的事务!就我而言,我希望它们是25年前写的,因为至
少在这种情况下,我就必然知道为什么这些思想对我来说显得如
此苍白无力,以及它们为什么自身就具有腐朽的古代气味。但是,
某种东西写于1872年并且在1872年就已有腐烂气味,这让我觉
得可疑。让我们假设一下,某人对着这些篇章及其气味沉沉入
睡,——他将会梦到什么呢?一位曾经历过这种事的朋友向我泄
露过这一点。他梦到过一个蜡像馆,经典作家都站在那里,用蜡和
珍珠模仿得极好。他们转动手臂和眼睛,一颗螺丝在里面咔咔作
响。他在这里看到了某种奇形怪状、令人毛骨悚然的蜡像,上面挂
着小带子和发黄的纸,从嘴巴里伸出一张字条,上面写着"莱辛";我
的朋友想走近一些,发现了某种恐怖的事情:这是荷马的喀迈拉③,

---

① 旅行向导]誊清稿中有:充满这种灵魂的。——编注
② 《圣经新约·马太福音》,第12章,第34节。——编注
③ 荷马的喀迈拉]参见《伊利亚特》,第六首,第181行;也引用在尼采:《善恶的彼岸》,第190页。——编注

前面是施特劳斯,后面是格维努斯①,中间是喀迈拉——总的看来,是莱辛。这一发现使他忍不住恐惧得大叫。他惊醒过来,并且不再读下去了。硕士先生,您为什么要写如此腐朽的小篇章呢!

当然,我们肯定从这些小篇章里学到了一些新东西,例如,格维努斯向我们揭示,歌德如何以及为什么不具有戏剧天分;歌德在《浮士德》的第二部只创造了一个讽喻和幽灵的世界;华伦斯坦是一个麦克白,同时是哈姆雷特;施特劳斯式的读者从《漫游年代》中挑拣出故事的方式,就像淘气的孩子从黏稠的生面团中挑拣出葡萄干和杏仁一样;在舞台上如果不使用强烈、带有震感的元素就不能达到完全的效果;席勒从康德走出,就像从冷水浴中走出一样②。当然,这一切都是新颖和令人注目的,但我们不喜欢它,尽管它令人注目;而且正如它肯定地是新颖的,它也肯定地将永不变老,因为它从未年轻过,因为它从母体诞生出来时就已白发苍苍了。然而,新风格的蒙福者们在他们的美学天国里产生了什么样的奇怪思想啊!既然它们是如此非美学的,在尘世上如此短暂,此外,还如此明显地带有愚蠢的印记,就像格维努斯的一些观点一样,那么,为什么他们不至少忘掉一些呢!但是,看起来就好像施特劳斯的谦虚的伟大和格维努斯的不谦虚的渺小恰恰能在一起和

---

① 格维努斯(Georg Gottfried Gervinus,1805—1871):德国政治家,文学史家,作家,著有五卷本的《德意志诗歌史》,其中他率先从普遍的历史发展的视角来展示诗歌,因此,尼采认为这种人应该对德国从歌德和席勒的古代教化高度跌落下来负有责任(参见:《论我们教育机构的未来》)。——译注

② 席勒从康德走出,就像从冷水浴中走出一样]参见施特劳斯:《旧信仰和新信仰:一种自白》,第 325 页:"要不是他有那种幸运,也就是从冷水浴中走出时与歌德相遇的幸运。"——编注

睦相处,因此,在这种情况下,救赎就属于所有那些蒙福的人,救赎也属于我们这些未曾蒙福的人,只要这个未被置疑的艺术裁判还在继续展开他所习得的热情和所租来的马匹的奔跑,就像诚实的格里尔帕泽①以恰如其分的清晰性所探讨的那样②,而且要不了多久,整个天国都会回荡着这种热情和马蹄声!到那时,至少事情将比现在更为生动、更为吵闹。现在,我们的天国向导缓慢拖沓的热情及其嗫嚅温吞的雄辩长时间地令人疲倦、令人厌恶。我想知道,出自施特劳斯嘴巴的一声"哈利路亚"听起来是什么样的。我相信,我们必须仔细倾听,否则我们会认为我们在听到了一番客气的道歉或者一种轻声细语的恭维。对此,我可以给出一个富有教益的、令人恐怖的例子。施特劳斯曾经猛烈攻击他的一个对头,后者谈论过自己对莱辛的恭敬。这个可怜的家伙不过是误解了!是的,施特劳斯认为,只有愚钝的人才会感觉不到他在第90节中关于莱辛的质朴话语是源于内心的热情。现在,我绝对不怀疑这种热情。相反,在我看来,施特劳斯对莱辛的这种热情总有某种可疑的东西;我发现,对莱辛这种可疑的热情在格维努斯那里被提升到了狂热的程度。确实,就整体而言,在德国的大作家中没有一个像莱辛那样,在德国小作家那里受人喜爱。但无须为此对他们表示感谢:莱辛究竟是哪些方面获得了他们的赞扬呢?首先是他的广博:他是批评家和诗人,是考古学家和哲学家,是戏剧家和神学家。

---

① 格里尔帕泽(Franz Grillparzer,1791—1872):奥地利剧作家。——译注

② 就像诚实的格里尔帕泽以恰如其分的清晰性所探讨的那样]参见《格里尔帕泽全集》第9卷,斯图加特1872年版,第175页:"……习得的热情,租来的马匹的奔驰现在都贯穿着格维努斯先生的所有努力。"——编注

其次是"作家与人、头脑与心的这种统一"。后者是每一个大作家的特征,有时甚至也是一个小作家的特征,因为在根本上,一个狭隘的头脑与一颗狭隘的心灵也惊人地和谐相处。而前者,即那种广博,就自身而言根本不是一种值得称颂的品质,尤其在莱辛那里,它只不过是一种生活困顿窘迫的结果而已。相反,在那些对莱辛抱有热情之人那里,令人惊奇之处恰恰就在于,他们对驱迫莱辛终身并逼迫他达到这种"广博"的、随时会吞噬他的那种困顿视而不见,对这样一个人像一团火似的过快地燃尽毫无感觉,对这样一个温柔而热情的人被他的整个环境,尤其是他同时代博学者那最庸俗卑鄙的狭隘和贫乏如此地伤害、折磨乃至扼杀毫不愤怒。他们没有看到对这种受到赞扬的广博恰恰应该给予一种深刻的同情。"歌德向我们大声呼吁:要同情这个非同寻常的人,因为生活在一个如此卑鄙的时代,他不得不被卷入无休止的论战之中。"[1] 你们,我亲爱的庸人们,怎么会在怀念这个莱辛时没有一种羞耻感呢?他恰恰是因你们的麻木不仁,在与你们的可笑的图腾和偶像的斗争中,在你们的戏剧家、你们的学者、你们的神学家所造成的恶劣状况下悲惨死去,却连一次也未能展翅作那种永恒的飞翔,而这却是他来到这个世间的目的。[2] 你们想起温克尔曼又有何感想?他为了掉头不看你们离奇的荒唐和愚蠢,居然跑到耶稣会士那里乞求帮助,他不光彩的改信更多地是使你们而不是使他出丑。你们敢在称呼席勒的名字时不感到脸红吗?看看他的画像!他那

---

[1] "歌德向我们……无休止的论战之中"]见歌德1827年2月7日与爱克曼的谈话。——编注

[2] 你们,……来到这个世间的目的。]参见尼采遗稿第27篇第9行。——编注

轻蔑地掠过你们脑袋的闪烁目光,他涨得紫红的面颊,都没有告诉你们什么吗?这是一个多么出色、非凡的玩具,但却被你们打碎了。如果你们还从这个被缩短了的、被折磨要死的人的生命中再去剥夺掉歌德的友谊,那么你们就会更快地熄灭他的生命!你们没有对你们的任何伟大天才的毕生事业提供过帮助和促进,而现在,你们想从中得出没有人需要帮助和促进的教义吗?但是,对他们中的每一个人来说,你们都是歌德在他的《〈大钟歌〉的跋》中所指称的"麻木迟钝世界的抵抗"①;因为对他们中的每一个人来说,你们都表现出阴郁的迟钝或嫉妒的心胸狭窄或者恶意的自私、诽谤和对抗。尽管有你们在,他们还是创作了自己的②作品;针对你们,他们作出自己的攻击;由于你们,他们过早地倒下,他们的工作尚未完成,他们在无数的斗争中备受折磨、摧残或变得麻木不仁。现在,似乎事情结果良好,你们就被允许去赞扬这些人!恰恰是你们赞扬他们的话语,明确地显示了你们在表达赞扬时心里又真正想的是谁。这些话语之所以是"如此热诚地发自肺腑",是因为我们必须痴呆才看不出你们实际上是想向谁表示恭敬。的确,歌德曾大声呐喊过,我们需要一个莱辛。那么,看吧,只要这只年轻的老虎将其不安分的力量,积聚在其横生的肌肉上,积聚在其目光的虎视中,走出来搜寻猎物,那么,所有虚荣的硕士和整个美学王国都要倒霉!

---

① 歌德在他的《〈大钟歌〉的跋》中所指称的"麻木迟钝世界的抵抗"]参见尼采遗留的藏书《歌德全集》,科塔版(Cotta)1856 年,第 6 卷第 425 页。——编注

② 自己的]在誊清稿、尼采对第一版校样的修改以及第一版校样更正表中为"他们那些自己的",在尼采对校样修改之前为"他们那些自己的精彩的"。——编注

五

我的朋友多么聪明,他借助那种怪异的鬼魅蜡像看穿了施特劳斯式的莱辛,看清了施特劳斯,不想再继续读下去了。但我们却想继续读下去,并向新信仰的守门人要求获得进入其音乐圣地的许可。硕士打开门,陪伴着我们,不断地作出解释,说出那些人的名字。——最终,我们满怀疑虑地停下来,注视着他:发生在我可怜的朋友梦境中的情况也许不会发生在我们身上吗?施特劳斯所谈论的作曲家,而且,只要他在谈论他们,在我们看来,都张冠李戴,搞错了对象。我们被迫认为,他倘若不是在说奇怪的幽灵,那一定是在说其他的音乐家。例如,当他以那种使我们怀疑他是否在赞颂莱辛的同样热情去谈论海顿,并且其言行举止就像一个海顿神秘崇拜团体的祭司和牧师一样的时候,当他以同样语气把海顿比作"真材实料的汤",把贝多芬比作"甜点"①(指贝多芬的四重奏音乐)(第362页)时,那么,我们有一点就是可以确定的:他的甜点贝多芬并不是我们的贝多芬,而他的汤海顿也不是我们的海顿。此外,这位硕士认为,我们的乐队太好了,因而不适合演奏海顿的音乐,只有最质朴的业余爱好者才能胜任那种音乐——这再次证明他是在谈论另一个艺术家,说的是别的艺术品,也许说的是里尔的室内音乐。

---

① 把海顿……"甜点"]参见施特劳斯:《旧信仰和新信仰:一种自白》,第362页:"人们从莫扎特甚至干脆从贝多芬开始,就如同人们要以香槟和茶点开始一餐饭,而不是从一道真材实料的汤开始。"——编注

但是，谁可能会是那种施特劳斯式的贝多芬呢？他被认为创作了九部交响曲，其中《田园交响曲》是"最不富有精神性的"作品。我们被告知，他每次在演奏《第三交响曲》时，都感到一种"挣脱羁绊，寻求冒险"的渴求，这几乎是在向我们暗示一种半是战马半是骑手的混合怪物。至于《英雄交响曲》，则是那个半人半马的怪物受到了严重折磨，因为它无法清晰表达"这是在旷野上的斗争，还是在人内心深处的斗争"。在《田园交响曲》中，他呈现了一场"狂怒肆虐的暴风雨"，但它打断了一场农民舞蹈，因而"太无意义了"；由于音乐"任意持续地黏附于其基本的平庸动机上"——正如施特劳斯既机智又准确的短语所说的那样，这首交响曲是"最不富有精神的"，——古典的硕士甚至似乎还可以想到一个更为粗鲁的词语，但他宁愿在这里如他所说的"用应有的谦虚"来表达。① 但是不，这一次他错了，我们的硕士，他在这里确实太谦虚了。如果不是施特劳斯他自己，这个看起来熟悉贝多芬的唯一之人，还有谁会来教育我们了解甜点贝多芬呢？此外，紧接着出现了一个恰恰是关于《第九交响曲》的有力的判断——用应有的不谦虚说出的——：这首交响曲只会让那些"把巴洛克的东西视为天才的标志、把无形式的东西视为高尚的东西"（第 359 页）的人喜欢。当然，像格维努斯这样严厉的批评家会欢迎它，也就是说，只要它碰巧确证了格维努斯的一个学说。但是，他，亦即施特劳斯，远没有在"他的贝多芬的如此成问题的作品"中寻找优点。"这是一种不

---

① 他被认为创作了九部交响曲，……用"应有的谦虚"来表达。]参见施特劳斯：《旧信仰和新信仰：一种自白》，第 358—359 页。——编注

幸,"我们的硕士在其温存的叹息中宣称,"我们乐于给予贝多芬的欣赏和崇敬会由于这一类的保留而受到损害。"现在,我们的硕士本人自然是美惠女神的宠儿,美惠女神告诉他,她们只与贝多芬同行了一小段路程,贝多芬在此之后就再也看不到她们了。"这是一个缺陷,"他喊道,"但人们应该认为这也可表现为一个优点吗?""谁气喘吁吁、艰难地思考和推进音乐理念,谁就能推动更为沉重的事物,因此也将变得更加强大"(第 355、356 页)。这是一种自白,而且不仅是关于贝多芬的自白,也是"古典的散文作家"自我表白:美惠女神抓住并绝不会放走他这位著名的作者,从开轻松的玩笑——亦即施特劳斯式的玩笑——直到高度的严肃——亦即施特劳斯式的严肃——,她们毫不动摇地站在他那一边。他这个经典的写作艺术家,能轻松地和游玩般地应对自己的重负,而贝多芬则要气喘吁吁地应付他自己的重负。施特劳斯看起来不过是在玩耍自己的重负。这是一个优点,但是,我们不应当认为这也可以视为一种缺陷吗?——但这至多是对那些把巴洛克的东西视为天才的标志、把无形式的东西视为高尚的东西的人们而言,——这不对吗,您这位美惠女神的玩耍着的宠儿?

　　我们不因任何人在自己的小房间的寂静中或者在新的布置好的天国中为自己提供的陶冶而嫉妒他。但是,在所有可能的陶冶中,施特劳斯式的陶冶毕竟是最奇怪的方式之一,因为他是在献祭的火旁边陶冶自己,他无动于衷地把德意志民族最高尚的作品都扔进这火里,为的是用它们产生的烟熏来献祭自己的偶像。如果我们暂时设想一下,由于一种偶然,《英雄交响曲》、《田园交响曲》和《第九交响曲》落到了我们这位美惠女神的祭司手中,而且他也认为他有责任清除如此"成问题的产品"来使大师的形象保持纯洁,那么,谁怀疑他会把它们全都烧光呢?我们时代的施特劳斯们恰恰就是这样行事的:关于一个艺术家,他们只想知道他适合于他们私人小屋所需要的程度,并且只了解烟熏和焚烧这种极端对立的献祭。不管怎样,他们应该总是有权这么做。但这里唯一令人惊奇的是,美学的公共舆论如此微弱、不可靠和易受误导,以至于当最可怜的庸人气息如此展现和表演时,这些公众竟然没有提出反对;甚至他们对于一个完全没有审美情趣的小硕士对贝多芬进行审判的滑稽闹剧毫无感觉。而且,在莫扎特的事情上,亚里士多德关于柏拉图所说的话完全适合这里:"即使是赞颂他,也不允许坏人来做。"但在这里,无论读者还是硕士,其任何羞耻都丧失殆尽了:他不仅被允许公开地在日耳曼天才最伟大、最纯洁的作品面上画十字,就好像他看见了某种淫乱的和不敬神的东西似的;公众还喜欢他的不加掩饰的、罪恶的忏悔和自白,特别是当他并不忏悔表白自己所犯的罪恶,而是自白被认为是伟大人物所犯的罪恶的时候。"哦,要是我们的硕士真的总是正确该多好啊!"崇敬施特劳斯的读者们在他们有时感觉到的一点怀疑中思忖道;而他自己却站在这里,微笑着并且满怀欣喜,冗长地谈论着,咒骂着,祝福着,脱下帽子向自己致意,并且在任何时候都能够说公爵夫人德拉芙特对史达尔[①]夫人所说的话:"我必须承认,我亲爱的朋友,我没有发现任何一个总是正确的人,除了我自己。"

---

① 史达尔]尼采全集大八开版写作 Stal。——编注
Stal 全名 Germaine Baronin von Staël-Holstein,被称为史达尔夫人(Madame de Staël,1766—1817):法国女小说家、随笔作者,著有《论德意志》(1810)。这里德拉芙特对史达尔夫人所说的出处不详。——译注

六

188 　　对蛆虫来说,一具尸体是一个美妙的想法;对于任何活物来说,蛆虫则是可怕的想法。蛆虫在它们的梦中把天国想象为一具肥胖的尸体;哲学教授们则梦想着他们正在噬啮叔本华哲学的内脏时的天国;而且只要有老鼠,就也有老鼠的天国。这为我们的第一个问题提供了回答,即新信徒如何设想自己的天国?施特劳斯式庸人就像一个蛆虫那样寄居在我们的伟大诗人和音乐家的著作中。蛆虫通过摧毁来生活;蛆虫通过噬啮来表达赞赏;蛆虫通过消化来表达崇敬。

　　但现在,我们的第二个问题是:新宗教赋予他这个信徒多么大的勇气?如果勇气和不谦虚是一回事的话,那么这个问题也已经得到回答了。因为在这个问题上,施特劳斯一点都不缺乏一种真正的和正当的麦默洛克[①]勇气;无论如何,施特劳斯在上面提到的、谈及贝多芬时所说的"应有的谦虚",只不过是一种修辞手段,而不是一种道德陈述。施特劳斯充分拥有了每一个常胜的英雄都认为自己有资格拥有的那种霸气;每朵鲜花都是为他,而且只为他这个胜利者而盛开;他赞美太阳,那是因为太阳恰好在适当的时间照亮了他的窗台。甚至古老的、值得尊敬的宇宙,也难以逃脱不被施特劳斯的赞美所触及,就好像它必须且只为被这种赞美所献祭,

---

[①] 麦默洛克(Mameluken)最初为军事奴隶,作战勇猛,从中产生了统治埃及和叙利亚(1250—1517)的土耳其军事集团。席勒在叙事诗《与龙的斗争》中称颂麦默洛克奴隶也表现出勇气,而基督徒却只是顺从。——译注

而且，从那个时刻起，它才被允许只围绕施特劳斯这个中央单子运动。他告诉我们，宇宙虽然是一架机器，一架拥有铁齿轮、沉重的活塞和杆的机器，但"在这台机器中运动的却不仅仅是无情的轮子，而是也注入了起润滑作用的油"（第365页）。宇宙即便应该会对施特劳斯的屈身赞美感到喜悦，但它很可能不大会知道感谢这个痴迷比喻但却未能够为自己的赞美找出更好的比喻的硕士先生；尽管受到施特劳斯的屈身赞美，它应该感到喜悦。但是，人们如何称谓滴到一台机器的活塞和杆上面的油呢？工人知道，当机器卡住他的肢体时，这种油会倾泻到他身上，那么这种油对这个工人会有什么安慰呢？我们先把这个蹩脚的比喻放在一边，把我们的注意力转向施特劳斯所使用的另一种方法，因为他寻求通过这种方法来建立和传递他对宇宙的真正态度，而且，他这样做时，甘泪卿的问题就浮上了他的双唇："他爱我——他不爱我——他爱我？"①即使如果施特劳斯既不掰下花瓣也不数外套上的扣子来占卜，那他的所作所为同样有害，尽管这也许需要更多的勇气。施特劳斯想实际感受一番自己对于"宇宙"的感受是否麻痹或者坏死，他刺了自己一下：因为他知道，如果一个肢体已死或者麻痹，那么即使针刺它也感受不到疼痛。当然，他实际上并没有当真地刺自己，而是选择了一个更为粗暴的方法。他是这样描述的："我们打开叔本华的书，叔本华利用每个机会来打我们理念的脸"（第143页）。但是，理念，即便是施特劳斯关于宇宙的最美的理念，都没有

---

① "他爱我——他不爱我——他爱我？"]参见歌德：《浮士德》，第一部，第3181行。——编注

脸,而是只有拥有这个理念的人才有脸,因此,这个方法就由以下几个行动构成:施特劳斯打开叔本华,然后叔本华借机打施特劳斯的脸。现在,施特劳斯的"回应"①是"宗教的",也就是说,他更为厉害地回击和痛打叔本华,一边谩骂,一边指控叔本华荒唐、亵渎、无耻,甚至判定叔本华头脑有点不正常。殴打的结果是,"我们为我们的宇宙要求与老式虔诚信徒为他的上帝所要求的那种同样的虔敬"——或者简而言之:"他爱我!"他使得自己的生活变得艰难,我们的美惠女神之宠儿,但他却像一个麦默洛克一般勇敢,既不害怕魔鬼也不害怕叔本华。请想象一下,如果他经常使用这样的方法,那么他该耗费多少"起润滑作用的油"啊!

另一方面,我们认识到施特劳斯对胳肢、捅戳和掌掴他的叔本华欠债很多;因此,如果施特劳斯对叔本华表达某种仁慈,我们也不要感到惊奇:"人们只需要浏览一下叔本华的著作,尽管人们也可以做得更好,不只是浏览,而且也仔细研究……"(第141页)。这个庸人头目是在对谁说这些话呢?人们能够轻易地证明,他从未研究过叔本华。叔本华本人反过来必定会这样说他:"这是一个甚至不值得浏览,更谈不上研究的作者。"②显然,施特劳斯用错误的方式吞下了叔本华:当他因叔本华而轻咳时,他就寻求摆脱叔本华。但是,为了让天真的颂词达到极致,施特劳斯甚至还允许自己颂扬老康德的著作:他对康德1755年的《一般自然史和天体理论》说,"我一直觉得其重要性不亚于他后来的《纯粹理性批判》。如果

---

① "回应"参见27[43]。——编注
② "这是一个甚至不值得浏览,更谈不上研究的作者。"参见27[50]。——编注

我们欣赏后者洞见的深度，那么我们欣赏前者的则是其视野的广度。如果我们在后者遇到的是主要关注一种认识领域的可靠性（尽管是有限的可靠性）的白发老人，那么，在前者我们遇到的则是一位作为精神王国的探索者和征服者的无所畏惧的男子汉"①。施特劳斯对康德的这种判断，在我看来，并不比其对叔本华的那种判断更谦虚。如果在对康德后一个判断中，我们遇到的是主要关注表述一个判断（尽管是最不重要的判断）的确定性的庸人头目，那么，在对康德前一个判断中，我们遇到的就是一位带着源于无知的无畏精神甚至对康德倾泻他的赞美香料的著名的散文作家。但是，一个恰恰最不可思议的事实是，施特劳斯没有认识到他现代理念的圣约受益于康德的《纯粹理性批判》；而且，他到处讲些只为了讨好最粗鲁的实在论的话，这也构成了其新福音的最令人注目的特征之一；这个新福音把自己展示为不断的历史研究和自然研究所努力取得的成果，因此其本身拒斥任何的哲学因素。对于庸人头目及其"我们"来说，不存在康德哲学。他根本不知道唯心论的基本的二律背反、一切科学和理性的极端的相对性。或者：恰恰是理性应当告诉他，理性对物自体知道得多么之少。但千真万确的是，对于一些人来说，在特定年龄理解康德是不可能的事情，特别是如果人们像施特劳斯那样在年轻时理解过或者自以为理解过"精神巨人"黑格尔，或，如果人们除此之外还研究过如施特劳斯所说的"几乎拥有太多敏锐"的施莱尔马赫。如果我告诉施特劳斯他

---

① "我一直觉得……男子汉"]参见施特劳斯：《旧信仰和新信仰：一种自白》，第149—150页。——编注

甚至现在仍处在对黑格尔和施莱尔马赫的"绝对的依赖"①之中，如果我告诉他其宇宙论、他这两年来对事物的考察方式以及他对德国状况的卑躬屈膝，尤其是他那毫无羞耻的庸人乐观主义，都可以从某些青年时代的印象、早期的习惯和特定的疾病现象来加以解释，那么，这在施特劳斯听来会是非常奇怪。谁一旦感染上黑格尔主义和施莱尔马赫主义，就永远不会再完全痊愈。

在自白书中的一段中，这种无可救药的乐观主义与一种真正的节日般的舒适感互动交织在一起（第142、143页）。"如果世界是一个最好不存在的事物，"施特劳斯说道，"哎呀，那么，构成这个世界的一部分的哲学思考，也是一种最好不要思考的思想。悲观主义哲学家没有注意到，他把世界宣布为糟糕的，实际上把自己也宣布为糟糕的。但是，如果一种宣布世界糟糕的思维是一种糟糕的思维，那么，世界实际上就是好的。乐观主义通常会把事情看得太容易，与此相反，叔本华对痛苦和不幸在世界上所扮演的强大角色的证明，则是完全恰当的；但是，每一真正的哲学必然是乐观主义的，因为若不然，它就否定了自己存在的权利。"如果对叔本华的这种反驳不恰恰就是施特劳斯曾在另一地方称为"伴随着更高领域的欢呼和欢乐的反驳"的话，那么，我就完全不理解他也曾针对一个对头使用过的那种装腔作势的措辞了。乐观主义在这里故意把自己的任务搞得很轻松。但这种伎俩恰恰在于它假装反驳叔本华并不是一件困难的事情，从而可以如此轻松地应对负担，以至于

---

① "绝对的依赖"参见施特劳斯：《旧信仰和新信仰：一种自白》，第132—133页。——编注

三位美惠女神能在任何时刻都喜欢这种打情骂俏式的乐观主义者。这被认为仅仅只用来证明这一点，即根本没有必要认真地对待一个悲观主义者：最站不住脚的诡辩足以说明，人们对一种像叔本华哲学这样的"不健康的和无益的"哲学无须论证，而顶多只是耗费一些空话和玩笑罢了。在这样一些地方，我们可以更好地领会叔本华的庄重的宣告，即在他看来，乐观主义如果不是那些扁平脑壳里装的不外是空话的人的心不在焉的闲聊，那就是一种不仅荒唐而且真正卑鄙的思维方式，是对人类的无名痛苦的一种辛辣嘲讽。如果庸人像施特劳斯那样达到了一个体系，那么他就达到了一种卑鄙的思维方式，也就是说，达到了一种"我"或者"我们"最麻木不仁的满足学说，并激起了愤慨。

例如，谁能够对如下的心理自白不感到愤慨呢！因为十分明显，它只能产生于那种卑鄙的满足理论："贝多芬宣称，他绝对没有能力做出《费加罗》或者《唐璜》这样的曲子。生活没有给他足够微笑，从而使他不能欢乐明媚地看待生活，不能轻易地接受人们的弱点"（第360页）。但是，为了举出那种卑鄙的庸俗态度的最有力的例子，这里只提到一个暗示就够了：对于基督教前几个世纪中特有的对自我否定的完全严肃的冲动和对禁欲主义的圣化的追求，施特劳斯除了认为它们源于对之前时代流行的每种类型的性享乐的过度以及由此而产生的厌恶和恶心，就不知道如何再做其他解释：

波斯人称之为 bidamag buden，

德国人则说对前夜堕落的悔恨。①

---

① 波斯人……堕落的悔恨。]参见歌德：《西东诗篇》第四卷，第119页《萨奇·纳美——酌者卷》。还请参见施特劳斯：《旧信仰和新信仰：一种自白》，第248页。——编注

施特劳斯不知羞耻地引用了这些句子。但是,我们要暂时转移一下我们的注意力,以克服我们的厌恶。

七

事实上,我们的庸人头目在言辞上是大胆的,甚至是狂妄的,因为他认为这样一种勇敢将会取悦他的高贵的"我们"。因此,古代的隐士和圣徒的禁欲主义和自我否定被简单地视为醉后悔恨的一种形式,耶稣可以被描写成在我们的时代几乎难逃被投入疯人院的狂热者,耶稣复活的故事可以被称为一种"世界历史性的谎言"①。——这一次,我们愿意再容忍这一次,从而能够探讨我们的"经典庸人"施特劳斯所擅长的那种独特的勇气。

我们先听一听他的自白:"当然,向世人去说他们恰恰最不想听的真相,是一件不受欢迎的、鲜受感激的差使。世人乐于慷慨挥霍地生活,像大领主那样收入和支出,只要他们还有什么可以挥霍的话;但是,当有人将所有数字累加起来,并给出一个收支平衡表时,那么这人会被看作是一个麻烦制造者。而我的气质和精神的本性一直驱使我干的则恰恰是这件事。"②不管人们是否称这样一种气质和精神是勇敢的,但依然有疑问的是,这种勇气是自然的和原初的,还是学来的和人为的勇气;也许,施特劳斯只是一段时间

---

① "世界历史性的谎言"]参见施特劳斯:《旧信仰和新信仰:一种自白》,第72页。——编注

② 我们先听一听……恰恰是这件事。"]参见施特劳斯:《为我的著作〈旧信仰和新信仰〉的新版所作的作为前言的后记》,波恩,1873年。——编注

习惯了做一个职业的麻烦制造者,从而逐渐地养成了一种职业的勇气。这种勇气完全可以与庸人所特有的天然怯懦相适应。这种怯懦特别地表现在需要勇气说出的那些命题的无结果性上。它们听起来是个雷,天宇却并未受到荡涤。他从来没有试图做出好斗的行为,而是仅仅说出好斗的言辞,但却尽可能无礼地选择这些言辞,并在粗野的和雷鸣般的表述中耗尽自己所有的能量和力量:一旦言辞消失之后,他就比从未敢说话的人还更为胆怯。甚至在他的伦理学,即行动的幻影也表明,他只是个言辞的英雄,他避开任何必须从言辞继续前进到真正严肃践行的机会。他以值得称赞的坦率宣布,他不再是一个基督徒,但他却不想打扰任何人精神的安定和满足;仅为创建一个协会而去颠覆一个协会,这在他看来,是自相矛盾的——尽管这绝不像他所认为的那样自相矛盾。他以某种粗鲁的自我满足给自己披上我们的猴子谱系学家的蓬松的外套,赞扬达尔文是人类最伟大的恩人之一,但是我们惊愕地看到,他的伦理学是完全脱离"我们如何理解世界"这个问题而建构起来的。在这里有一个展现自然勇气的真正机会;因为在这里,他将不得不背弃他的"我们",并且大胆地从"一切人反对一切人的战争"和强者的特权中引出生命的道德原则;这个原则肯定源自一种内心无畏的精神,例如霍布斯的精神,以及一种卓越的真理之爱,这种真理之爱完全不同于始终仅仅在对僧侣、奇迹和复活的"世界历史性谎言"的愤怒诋毁中爆发出的真理之爱。因为那种拥有一种真正的、认真贯彻的达尔文主义伦理学的人,将会反对那些施特劳斯用这种爆发性的诋毁而赢取过来的庸人。

"一切道德行为,"施特劳斯说道,"都是单个的人按照类的理念的自我决定。"①说得清晰、易于理解一些,意思就是:作为人活着,而不是作为猴子或者海豹活着。可惜这一绝对命令是完全无用的和没有力量的,因为在人类这个概念下,我们可以聚合各种各样的东西,例如,从巴塔哥尼亚奴隶②到施特劳斯硕士,而且没有人敢于以同样的权利说:作为巴塔哥尼亚奴隶③活着吧!同时作为施特劳斯硕士活着吧!而且,如果有人提出要求作为天才活着,也就是说,作为人的类的理想表现活着,但这个人碰巧是巴塔哥尼亚人④或施特劳斯,那么,在这种情况下我们就不得不忍受这个有天才癖的原本傻瓜的纠缠不休,利希滕贝格已经抱怨过,这类傻瓜在德国如蘑菇般地孳生,他们狂喊乱叫地要求我们聆听他们最新的信仰自白。施特劳斯甚至还没有认识到,仅仅一个理念不能使人更为道德、更善,也没有认识到,说教一种道德是容易的,但去论证它则是难的⑤⑥;相反,他的任务本应该是在他的达尔文主义前提条件的基础上认真地解说和推导其存在难以简单否定的人类的仁慈、同情、爱和自制,但是,施特劳斯选择逃避这个解说的任务,

---

① "一切道德行为",……自我决定。"]参见施特劳斯:《旧信仰和新信仰:一种自白》,第 236 页。——编注

② 三处"巴塔哥尼亚人"(德文 Patagonier)在誊清稿中均为"Kaffer"。——编注
巴塔哥尼亚人指今天在很大程度上已灭绝的南美南部(东巴塔哥尼亚)的印第安人。"Kaffer"在德语中为南非说班图语的卡菲尔人,但也有"傻瓜""笨蛋"的意思。——译注

③ 同上。——编注

④ 同上。——编注

⑤ 但去论证它则是难的]尼采未修改的校对稿中显示为"但也是没有结果的"。——编注

⑥ 说教一种道德是容易的,但去论证它则是难的]见叔本华《论道德的基础》中的名言(叔本华《伦理学》第 103 页)。——编注

而是直接跃入命令式的说教。在这一跃中,他甚至轻率地跳过了达尔文最基本的命题。"在任何时候都不要忘记,"施特劳斯说道,"你是人而不是纯然的自然生物;在任何时候都不要忘记,所有其他人都同样是人,也就是说,无论他们之间存在多少个人的差异,他们也都和你一样是人,拥有与你同样的需要和要求——这就是一切道德的本质。"(第238页)但是,这一命令是从哪里响起的?人如何能够生来就拥有这种命令!因为按照达尔文的说法,人毕竟完全是一种自然生物,而且按照完全不同于施特劳斯所说的规律一直发展到人的高度;恰恰是因为他在每一时刻都忘记其他同类的生物有相同的权利,恰恰是因为他在这时感觉到自己是更强大者,逐渐地造成其他同类中体现出更弱体质的个体的衰落。施特劳斯当然不得不假定从未有过两个存在物完全一样,人从动物阶段一直到文化庸人的全部发展都取决于个体差异的规律,但是他却毫无困难地对相反的东西进行说教:"就好像不存在个体差异那样去行动!"在这里,施特劳斯——达尔文的道德学说去哪了,尤其是,勇气又去哪了!

这样,我们就立刻获得了一个新证明,去证明那种勇气在哪一点上转化为它的对立面。因为施特劳斯继续说道:"任何时候都不要忘记,你、你在你自己里面和在你自己周围所感知的一切,都不是没有联系的碎片,都不是偶然性所控制的原子式紊乱混沌,而是一切都按照永恒的规律出自所有生命、所有理性和所有善的'原初的一'——这就是宗教的本质。"[①]但同时,从这同样的"原初的一"

[①] "任何时候……宗教的本质。"]参见施特劳斯:《旧信仰和新信仰:一种自白》,第239页。——编注

还会流溢出来一切毁灭、一切非理性、一切恶,这就是施特劳斯所谓的宇宙。这一带有如此矛盾的、自我否定的性质的宇宙,如何可能配享一种宗教的崇敬,并被名为"上帝",就像施特劳斯在第365页所作的那样:"我们的上帝并不是从外部把我们揽入他的臂中"(这里暗示着一种反命题:人们可以期待一种从内部揽入臂中的非常奇妙的技艺!),而是在我们内部开启了慰藉之源。他向我们指出,尽管偶然性是一个非理性的世界统治者,但必然性,亦即世界上的原因之链,却是理性自身"(一种唯有那个"我们"才不会注意的欺骗手法,因为他们是在把"现实的"当作"合理的"这种黑格尔式的崇拜中,亦即在成就的崇拜中教育长大的)。"他教我们认识到,向一个自然规律的完成要求一个例外,就等于要求整个宇宙的毁灭。"(第435—36页)恰恰相反,硕士先生:一个诚实的自然研究者相信世界绝对的合规律性,但丝毫不谈这些规律本身的伦理的或者理智的价值;在任何放弃这种中立性而做出此类断言的地方,他都会看到一种理性的极端的拟人论,因为理性跨越了其所被允许的限制。但是,恰恰在诚实自然研究者断念的地方,为了用他的羽毛来装饰我们,施特劳斯做出了"宗教的""反应",有意识地用一种科学上不诚实的方式行事;他毫无疑问地假定,在世界上发生的一切事情都有极高的理智价值,换句话说,它是以绝对合理的和合目的的方式加以安排,因此,体现了一种永恒的善本身的启示。因此,他需要一种完备的宇宙正论,而现在与那些仅仅关注一种神正论的人相比,他处于不利地位,因为前者例如把人全部的人生此在理解为一种惩罚行为或者净化的过程。在这一困境中,施特劳斯甚至冒险提出了一个所能想象的最干瘪同时又最臃肿的形而上假设,一个基本上是对莱辛的一个陈述的无意识的拙劣模仿的假设。"莱辛的另一句话(第219页说道)是","如果上帝在其右手中拿着所有真理,在其左手中拿着对真理的唯一的永远活跃的寻求冲动,并且,左手的这种冲动会不断地持续犯错来供他选择,那么,他会谦卑地落入上帝的左手中,乞求他左手里的东西——莱辛的这句话一直被看作是他留给我们的最杰出的话。人们在其中发现了他不知疲倦的探究和行动渴望的天才表达。这句话之所以始终给我一种如此特殊的印象,乃是因为我在它的主观意义背后还听到了一种无限深远的客观意义的声音。在它里面,难道不包含有对叔本华关于上帝的粗俗言论——他认为,听错了主意的上帝除了自己进入这个如此可怜的世界之外不知道怎么做更好——的最佳回答吗?也就是说,如果造物主自己也持莱辛的意见,喜欢永恒的寻求甚于喜欢平静的占有,又会怎么样呢?"也就是说,确实有一个给自己保留着永远犯错却追求真理的空间的上帝,一个也许会谦卑地落入施特劳斯左手的上帝,并且会说:所有的真理都是你的,而且只是你的。如果真有一个上帝和一个人听错了主意,那么,这肯定就是偏好犯错和失败的施特劳斯式的上帝和不得不弥补这种偏好的施特劳斯式的人——在这种施特劳斯的世界里,人们当然会听到"一种具有无限深远的意义的声音的回响";这里流淌着施特劳斯的、起润滑作用的普世之油;在这里,人们感受到一切生成和一切自然规律的合理性!真是这样吗?这难道不是在说,我们的世界,就像利希滕贝格[①]有一次所说的那样,是一个较低级存在者

[①] 利希滕贝格]引文出自《利希滕贝格杂文集》第1卷,哥廷根,1867年,第90页。——编注

的作品？难道不是在说这个存在者还没有正确理解他的创造，也就是说，我们的世界是一个实验品，一个新手的尚待加工的试件吗？如果这样的话，那么施特劳斯本人也肯定不得不承认，我们的世界恰恰不是理性的舞台，而是错误的舞台，任何自然规律都不包含令人慰藉的东西，因为一切规律都是由一个犯错的，而且出自娱乐不断犯错而且是乐于犯错的上帝的命令。看到作为形而上学建筑师的施特劳斯在云端建筑自己的楼阁，这确实是一出赏心悦目的戏剧。不过，这出戏剧是在为谁上演？为高贵的和不被打扰的"我们"，从而保持他们的满足和幽默：也许，他们对世界机器的僵硬的和无情的机械主义开始感到恐惧，颤栗地向他们的领袖求助。这就是为什么施特劳斯自己让"起润滑作用的油"满世界流淌；这就是他为什么用绳子牵来一个乐于犯错的上帝；这就是他为什么承担起一个完全令人惊诧的形而上学建筑师的角色。他之所以做这一切，乃是因为那些人恐惧，因为他自己恐惧——而恰恰在这里，我们发现了他的勇气的界限，甚至对他的"我们"亦是如此。也就是说，他不敢诚实地对他们说：我把你们从一个富有同情和慈悲的上帝那里解放出来，"宇宙"只不过是一架僵硬的机器罢了；要当心它的齿轮会把你们碾碎！他不敢这样做，因此，他就必须请来形而上学这个女妖。但是，庸人喜欢施特劳斯的形而上学要甚于基督教的形而上学，喜欢一个犯错的上帝的观念要甚于一个行奇迹的上帝的观念。因为庸人自己也犯错误，但却从未行过奇迹。

　　这正是为什么庸人憎恨天才：因为恰恰是天才享有能行奇迹的合理声誉；因此，极有教益的是，认识施特劳斯为什么仅在一个段落把自己装扮为天才和精神的贵族本性的勇敢捍卫者。他为什么这么做呢？出自恐惧，特别是出于对社会民主党人的恐惧。他提到了俾斯麦和毛奇①，"因为他们的伟大显现于具体的现实领域，因此更难加以否认。在这种情况下，甚至是那些家伙中的最固执的和最暴躁的，也只得稍稍向上看，以能瞥见这些崇高形象的膝盖"②。硕士先生，您也许想给社会民主党人进行如何挨他们脚踢的指导？给出这种脚踢的善良意志到处都有，而且您可以保证的是，在这一程序中被踢者能够瞥见这些崇高形象的"膝盖"。"同样，在艺术和科学领域，"施特劳斯继续说道，"也从不缺少进行建筑设计并给一大群零工分配工作的国王。"③好的——但要是零工们自己在进行建筑设计呢？会有这样的事发生，形而上学家先生，这您是知道的——那么，国王们就不得不大笑了。

事实上，肆无忌惮以及软弱、大胆的语词和怯懦的适应的这种统一；对如何以及用什么样的言辞给庸人造成深刻印象；用什么来讨好他们的小心掂量；缺乏性格与力量却冒充有性格和力量；缺乏智慧却冒充优越和经验老练。这一切就是我对施特劳斯这本书所厌恶的东西。如果我设想年轻人们能够容忍，甚至珍视这样一本书，那么，我就会绝望地放弃我对他们的未来的希望。这种贫乏的、没有希望的和真正可鄙的庸人习气的自白，被认为是代表了施特劳斯所说的那成千上万的"我们"的心声，而反过来，这些"我们"

---

① 毛奇（Helmuth Graf von Moltke，1800—1891）：自 1871 年任普鲁士陆军元帅。——译注

② "因为他们的伟大……崇高形象的膝盖"]参见施特劳斯：《旧信仰和新信仰：一种自白》，第 280 页。——编注

③ "同样，……分配工作的国王。"]参见施特劳斯：《旧信仰和新信仰：一种自白》，第 281 页。——编注

又成为成长中一代的父亲！对于每一个想帮助后代获取当代所缺乏的东西即一种真正的德意志文化的人来说，这是一些可怖的糟糕的条件和前景。对这样一种人来说，大地为灰烬所覆盖，所有星辰都黯淡无光；每一棵枯死的树、每一片荒芜的原野都在向他大声疾呼：不毛之地！毫无希望！春天不会再来这里！他的心情肯定变得如同青年歌德①看到《自然的体系》这部书阴郁的、无神论的黄昏时的心情一样：这本书在他看来如此灰暗、如此阴郁、如此死气，以至于他不能忍受它的存在，以至于他看到它就像看到鬼魂那样令他毛骨悚然。

八

对于新信徒的天国和勇气，我们已受到充分的教诲，从而能够提出最后一个问题了：他是如何写自己的书的？他的这些宗教文献的本质又是什么？

凡能够严格地和没有偏见地回答这一问题的人，都将面临这样一个令人困惑的事实，即德国庸人施特劳斯的神谕手册②已经被要求出版了六次；特别是当他还听说，即便在学者圈子里，甚至在德国大学里，施特劳斯的文本也被当作这样一种神谕手册而受到欢迎。大学生们据说把它作为训练强健精神的一部教义问答手册来欢呼，他们的教授们据说不曾反驳他们这样做：在这里或那

---

① 歌德］参见歌德：《诗与理》，第3部分第11卷。——编注
② 神谕手册］暗指西班牙耶稣会士莫拉莱斯（Baltasar Gracián y Morales，1601—1658）的警句集《手写神谕》（*Oraculo Manual*），由叔本华翻译。——编注

里,实际上有些人已把它视为学者的圣经。施特劳斯本人承认,他的自白书不仅仅是为学者和有教养者而著;但尽管如此,我们在这里必须指出,它首先是针对有教养者,尤其是学者,为的是给他们呈现一种他们自己如何生活的镜子。但这是一种伎俩:硕士假装在描摹一种新的世界观的理想,但他自己的赞扬从所有他的读者口中回到了他这里,因为每一读者都认为他自己就是如同施特劳斯所描述的方式那样来看待世界和生活,而且结果,恰恰在这些读者中,施特劳斯能够发现他对未来要求的东西已在当下得到实现。这也可以部分地解释那本书非同寻常的成功。"是的,我们就像你书中所描述的那样生活,我们就是那样幸福地生活!"学者对施特劳斯喊道,并很高兴其他人对此感到快乐。至于他对于个别的事情,例如对于达尔文或者死刑,碰巧与施特劳斯硕士想得不一样,他认为这不重要,因为他如此确定地感到在整体上他在呼吸着他自己的空气,在倾听着他自己的声音和他自己的需求的回响。这种一致不能不令每一个德意志文化的真正的朋友感到痛苦,恰恰因为这个原因,他就必须无情、严肃地阐释这一事实,甚至毫不退缩地把他的解释公之于众。

我们都熟悉我们时代所特有的进行科学研究的方式,我们熟悉它,因为它是我们生活的一部分;职是之故,几乎没有人自问,如此沉溺于科学研究对于文化来说会有什么样的可能益处,反而甚至去假定,到处都是为了文化而工作的卓越能力和最真诚的意志。在科学的人(暂且完全不看他当前的形象)的本质中有一种真正的悖论:他的举止行为就像是一个极傲慢的幸运的闲荡者,就好像人生此在不是一件毫无希望的和令人忧虑的事情,而是一份有永恒保障的固定的财产似的。他觉得自己被允许把生命浪费在一些问题上,而这些问题的回答在根本上唯有对于相信永恒生命的人才可能是重要的。这个时日无多之人①,被极其可怕的深渊所包围,他每迈一步都自问:为了什么目的?向何处去?从哪里来?但是,他的灵魂因数一朵花的花丝或者敲开路边的石头的任务而兴奋,他把自己的全部注意力、欢乐、力量和欲求都倾注到这一任务上。现在,这个悖论,即科学的人,最近在德国开始以如此疯狂的匆忙工作起来,以致人们必须把科学想象为一个工厂,其中,科学的劳动者的每一分钟延误都将招致惩罚。现在,他就像第四等级亦即奴隶等级那样艰苦地劳动;他不断地劳动着,他的研究不再是一个天职,而是一种苦痛,他既不左顾也不右盼,漫不经心地或以憎恶休养的方式历经生命的一切事务,甚至是那些本质上可质疑的事务。这就是一个筋疲力尽的劳动者的特征。

现在,这也是他看待文化的态度。他的举止行为就好像生活对他来说只不过是一种闲暇,但却是一种没有尊严的闲暇;甚至在梦中,他也未曾卸下自己的牛轭,就像是一个奴隶,即便获得自由之后还梦见他的困苦、他的匆忙、他的挨揍。我们的学者们与希望增加自己那块继承来的小地产、勤奋地从早到晚忙着耕地、驾犁、吆喝牛的农夫几乎没有区别。这种比较当然无论如何不是在奉承这些学者们。现在,帕斯卡相信,普遍而言,人们如此热切匆忙地从事自己的职业、自己的学术和科学,只不过是为了借以逃避任何

---

① 这个时日无多之人]尼采未修改的校对稿中显示为:急促仓皇的个体。——编注

独处、孤寂、真正的闲暇时刻,逃避因此迫使他们想起的那些最重要的问题罢了,确切地说,是逃避那些生命的目的、来自何处、向何处去的问题。我们的学者们甚至不曾想到那个最明显的问题:他们的劳作、他们极度的匆忙、他们痛苦的狂乱究竟有什么目的?其目的难道仅仅是挣取面包或者追逐名声?不是,真的不是。但是,你们毕竟像贫贱需要面包之人那样辛苦劳作;你们如此贪婪和不加挑选地从科学的餐桌上抓取食物,以至于人们会以为你们快要饿死似的。但是,如果你们作为学者对待科学就像劳动者对待其生活需要和困境给他们提出的任务一样,那么,尤其在这样一种如此忙碌狂奔和如此疲于奔命,甚至坐立不安的科学研究中,一种注定要等待其诞生和救赎的时刻的文化,会变成什么样子呢?对于文化,甚至没有人有时间——然而,如果科学对于文化没有时间,那它到底要成为什么呢?这里至少要回答我们:如果科学没有导向文化,不为文化铺设道路,那么它是来自何处、向何处去、为了什么目的呢?也许是导向野蛮!如果我们被迫相信,像施特劳斯这样如此浅薄的书都可以满足目前学者阶层的文化水平,那么,我们必须得出结论,科学可怕地走上野蛮之路已经很远了。因为恰恰是在这本书中,我们发现了那种令人讨厌的对休养的需求,发现了那种对哲学和文化,特别是对人生此在的所有严肃事务的漫不经心的应付态度。这里提醒人们注意一下学者阶层的社会聚会。当他们的专业谈话结束时,到处可以发现疲倦、对不惜一切代价的消遣需要、支离破碎的记忆以及不一致的生活经验的证据。不管施特劳斯什么时候谈论时代的重要问题,无论是婚姻问题、战争或者死刑,我们都会吃惊地发现他缺乏真正的经验、缺乏对人的原创性的洞见：他的所有判断千篇一律地来自书本，基本上来自报纸。文学式的回忆代替了现实的想法和新鲜的洞识，在表达方式上的矫揉造作的克制和老到被认为是对我们缺乏智慧和成熟思想的补偿。这一切是多么精确地适合我们伟大的城市里德国科学界喧闹的高台上的精神；这些精神又是多么意气相投地相互交流，因为恰恰在这些圈子里，文化丧失得最多；恰恰在这些圈子里，甚至一种新文化的萌芽也变得不可能；他们从事其科学研究的准备工作是如此喧闹，并像兽群一样蜂拥到自己最喜爱的学科，从而放弃了最重要的学科。人们在这里需要什么样的灯笼才能去找到能够内在地服务于和纯粹地献身于天才的人啊！只有天才才拥有足够的勇气和力量去召回从我们的时代逃逸出去的精灵！从表面来看，人们在那些场所确实能发现文化的全部盛况；这些场所令人印象深刻的装备类似充满巨炮和其他武器装备的军械库。我们看到他们正在做种种准备，看到一种繁忙景象，似乎他们将要震荡天庭，激扬宇宙，将要从最深的井中汲取真理，但是，在实际战争中，最庞大的武器通常最少起作用。这就是为什么真正的文化会避开这些科学场所，因为它拥有最好的本能并感觉到，在这些地方根本没有什么希望可预期，却有很多恐惧将出现。因为这一作为劳动者的学者阶层充血的眼睛和迟钝的思维器官所能够从事的唯一文化形式，恰恰是施特劳斯正在宣讲其福音的那种庸人文化。

如果我们简单地看看把学者阶层与庸人文化结合起来的那种共同的基础，那么我们也就会发现通向作家施特劳斯、通向被认可为经典作家的施特劳斯，从而也通向我们最后的重要主题。

首先，那种庸人文化面带满意的表情，不想对德国教育和德国教养的当前水平做任何本质改变。它尤其坚信所有德国教育机构,特别是人文中学和大学的独特性和优越性;它不停地向国外推荐德国教育机构,一刻也不怀疑通过它们,德意志民族已经成了世界上最有教养、最有判断力的民族。庸人文化相信自己,从而也相信自己所支配的方法和手段。但其次,它把对一切文化问题和趣味问题的最高判断权放到了学者们的手中,并把自己看作是关于艺术、文学和哲学的日益增长的学者意见的纲要;它所关心的是逼迫学者表达自己的意见,然后把这些意见加以混合、稀释或者体系化,作为药剂分派给德意志民族。而在这些圈子之外生长的任何东西,一直被以半信半疑的态度去听或不听,去注意或不注意。直到有一天,一个声音,不管这声音是谁发出的,只要它极为严格地带有学者的族类特性,就会从传统的审美绝对性寄身的那间圣所中发出;而此刻开始,公共舆论就多了一种意见,且以百倍的回声重复着那个声音。但事实上,被认为寄身在这些圣所和那些个人那里的审美绝对性,是极其可疑的,而且是如此可疑,以至于人们认为一位学者①实际缺乏趣味、思想和美学判断力,除非他表现出相反的东西。而且只有少数人能表现出相反的东西。因为有多少人在参加了当代科学的气喘吁吁的和匆匆忙忙的竞赛之后,还在根本上能够保持战斗的文化人的那种勇敢和平静的目光——当然,假如他曾经拥有这种目光的话?亦即,有多少人会保持把这竞赛本身谴责为一种野蛮力量的目光呢?因此,这些少数人为什么在今后会不得不生活在一种矛盾中:对于无数大众的统一的一致

---

① 学者]在尼采未修改的校对稿中为:大学教师。——编注

信仰,对于这些把公共舆论变成自己的保护神,并在这种信仰中相互支持和维持的无数大众,这些少数人能够希望做成什么事情呢?既然大众加入了施特劳斯的队伍,而且他领导的大众已经第六次向硕士恳求庸人安眠剂了,那么,即便有这些少数人这样宣布反对施特劳斯,他们又能做些什么呢?

如果在这里我们直接假定,施特劳斯的自白书在公共舆论那里取得了胜利,并作为胜利者受到欢迎,那么,该书的作者也许会使我们注意到,公共报刊上对其书各种各样的书评绝对没有表现出一致的特征,甚至更少表现出一种无条件有利的特征,而且他本人也发现有必要写一篇后记,以对这些报刊中有些斗士的一些时而极其敌对、太过无礼放肆的挑衅风格提出抗议。"如果每个报刊界人士都认为我无法律保护,并随心所欲地恶待我,"他将向我们喊道,"那么,关于我的书怎么可能会有一种公共舆论!"一旦我们把施特劳斯的书区分出两个方面,即神学的部分和文学的部分,那么,这个矛盾就很容易消解。只是由于后一个方面,那本书才接触到德意志文化。而这本书的神学色彩,使之处在我们的德意志文化之外,并且激发起不同的神学派别,甚至是每个德意志人的厌恶,因为此人本质上是一个神学宗派主义者,只是为了不赞同任何别的信仰,他才发明了自己稀奇古怪的私人信仰。但是,就听听这些神学宗派主义者在谈论作家施特劳斯时说了什么吧;这时,神学的不谐和噪音立即消逝,像是出自一个团契之口,他们众口一词地唱道:他毕竟依然是一个经典作家!每个人,甚至是最顽固的正统派,也当面奉承作家施特劳斯,哪怕只是些关于他的莱辛式辩证法或者关于他的自由、美和效力等美学观点的话。作为书,看来施特劳斯的作品,完全符合一本书的理想。尽管他的神学对头们声音最响亮,但他们只不过是其广大读者的一小撮罢了,甚至就这些人而言,施特劳斯自己的话也可能是正确的:"就我的成千上万的读者来说,这一小撮贬低者是一个微不足道的少数,他们很难证明自己是绝大多数读者的忠实传达者。如果在像这样一件事上,不赞同者在说话①,而赞同者却满足于默不作声,那么,其原因就在于我们大家都熟悉的那种环境的本性。"②即反对者喧嚣,赞同者沉默。因此,如果我们忽视施特劳斯的神学自白在这里或那里所激起的恼怒,那么,关于作家施特劳斯的看法基本上是一致的,即便是在那些认为施特劳斯的声音听起来像是来自深渊动物的吼叫的偏激的对头们那里,也有这种一致看法。因此,施特劳斯从各神学宗派的文学跟班那里所获得的这种对待,绝对没有否证我们的命题:在这本书里,庸人文化在庆祝一次凯旋。

我们不得不承认,有学识的庸人通常都比施特劳斯少一点坦率,或者至少在公开宣言方面更多一些矜持。有学识的庸人发现,这种坦率在另一个人那里,对他就更富有教化意义;在家里以及在他的人那里,庸人们大声鼓掌,赞同施特劳斯,但恰恰在书面上他不愿意承认,施特劳斯所自白的一切都是自己的心里话。因为就像我们已经知道的那样,我们的文化庸人有点胆小,即便是有最强烈的同感,也不愿意坦率表达;恰恰因为施特劳斯少一点胆小,使他成为领袖,尽管他的勇气也有着十分严格的界线。如果他逾越

---

① 说话]誊清稿:大声说话。——编注
② "就我的成千上万的……环境的本性。"]参见施特劳斯:《为我的著作〈旧信仰和新信仰〉的新版所作的作为前言的后记》。——编注

这个界线,就像对叔本华所做的每个陈述那样,那么,他就会不再像一个头目①那样走在庸人们前面;相反,人们就会迅速逃离他,就像现在迅速跟在他后面一样。谁想把这称为聪明的——即使还不是智慧——的克制,把勇气的这种中庸称为一种亚里士多德的德性,那么,那他肯定是大错特错了;因为那种勇气并不是两极上极端错误之间的中点,而是一种德性和一种错误之间的中点——而且在这个中点上,即在德性和错误之间的中点上,包含着庸人的所有特性。

九

"但是,他毕竟是一个经典作家!"现在我们要看一看。

现在,也许可以马上谈论风格学家和语言艺术家施特劳斯了,但在这之前先让我们考虑一下,他是否拥有作为作家建造自己的房子的能力,是否真的懂得一本书的建筑艺术。我们由此可以确定,他是否是一个有条理、思考周全和富有技巧的著书者;以及如果我们发现有必要用"不"来回答,那么,作为"经典散文作家"的名声,也许可以仍然作为最后避难所保留给他。当然,没有第一种能力,仅仅后一种能力并不足以把他提升到经典作家的等级,而至多跻身于经典即兴作家或者风格能手的行列,但这两种人无论在整体上多么有表达技巧,但在建立文学建筑的能力方面,却都表现出半吊子的手法笨拙和目光短浅。换句话说,我们要问的是,施特劳

---

① 一个头目]尼采未修改的校对稿中显示为:一个烟柱。——编注

斯是否具有建起一个整体的艺术的力量①。

通常,人们根据最初的写作草案就可以看出,作者是否具有创造一个整体的视野,是否发现了创造这个整体的总体方向和速度以及与这种视野相适应的恰当比例。甚至即使这个最重要的任务已得到了解决,而且大厦已经按照恰当的比例建起来了,也仍然还有许多事情要做:有多少较小的错误必须加以纠正,有多少漏洞应当加以弥补,这里或那里还需要一些临时的隔间物或者地板;无论你转向哪个地方,都是灰尘和瓦砾,无论你往哪个方向看,都能发现一些问题和需要进一步劳作的痕迹;房子作为整体总还是不能住的,也无法作为家的:所有的墙壁都是光秃秃的,风嗖嗖地吹过敞开的窗子。现在,这些剩下的必要的大量艰苦工作是否由施特劳斯来做,我们并不关注,我们这里关心的问题是,施特劳斯是否以合理的比例和顾及总体的视野来建构这一大厦。相反,众所周知的是,用鸡零狗碎的东西拼凑成一本书,这就是学者们的写书方式。他们相信这些鸡零狗碎相互之间有一种联系,并且,他们在这样做时把逻辑的联系与艺术的联系混为一谈。无论如何,施特劳斯那本书所探讨的四个主要问题之间都不存在逻辑关系:"我们还是基督徒吗?我们还有宗教吗?我们如何理解世界?我们如何安排自己的生活?"它们之所以不存在逻辑关系,乃是因为第三个问题与第二个问题、第四个问题与第三个问题、所有后三个问题与第一个问题都毫不相干。例如,提出第三个问题的自然研究者表现出他的纯粹的真理感,并默默地忽略了第二个问题;而第四部分的

---

① 换句话说……艺术的力量]参见 27[32]。——编注

主题即婚姻、共和国、死刑,会由于掺入来自第三部分的达尔文主义理论而变得混乱模糊;施特劳斯本人似乎也理解这一点,他实际上并没有进一步参考这一理论。但"我们还是基督徒吗?"这一问题立刻破坏了哲学反思的自由,令人不快地把它涂上了神学的色彩;此外,他在这里完全忽视了这一事实:即使今天,人类的更大部分也还是佛教徒,而不是基督徒。"旧信仰"这个词怎么可能单指基督教!如果在这里表现出,施特劳斯从未停止是一个基督教神学家,因而从未学会成为哲学家,那么,他这里再次令我们惊愕的事实是,他不能在信仰和知识之间作出区分,并且不断地把他所谓的"新信仰"和现代科学混同起来,相提并论。或者,新信仰只不过是对习俗语言用法的一种具有讽刺性的让步?当我们看到他时不时无害地让新信仰和现代科学作为同义词相互代替时,事情看起来差不多就是这样。例如在第11页,当他问道,在哪一方,是在旧信仰一方还是在现代科学一方时,他认为,"在人类事务中,不可避免地存在较多的晦暗和不足"。而且,根据其引论所提出的大纲,其目的是提供那些构成现代世界观基础的证据,但所有这些证据他都是取自科学,因此,他采取的完全是一个认知者,而不是一个信仰者的姿态。

因此,这一新宗教在根本上不是一种新信仰,而是等同于现代科学,因而根本不是宗教。现在,如果施特劳斯仍声称有宗教,那么,其基本原则必须是在现代科学世界之外。在施特劳斯的书中只有极小的一部分,亦即一般而言只有零散的寥寥几页触及施特劳斯可以有道理地称为信仰的东西,也就是说,施特劳斯所要求的、对宇宙的那种虔敬,正是旧派虔诚者对其上帝怀有的同样的虔敬。施特劳斯在这几页上至少完全不是以科学的方式进行论述的；可是，但愿他的论述更有力一些、更自然一些、更大胆一些，一般而言更多一些信仰！最引人注目的是，我们的作者通过什么样的人为方法才让他感觉到他仍然拥有一种信仰和一种宗教：如我们所看到的那样，他求助于针刺和殴打。这一人为刺激的信仰，贫乏而又衰弱地爬行着：我们看一眼就感到战栗发抖。

尽管施特劳斯在其引论所给出的大纲中，承诺借助比较来看看这种新信仰是否像旧信仰向其旧信徒所做的那样，服务于同样的目的，但最终他自己感觉到，他许诺得太多了。因为经过事后的思考，他最终把这个问题，即探讨这一新信仰的目的、探讨其是否提供同样、更好和更坏的服务的问题，以令人窘迫的方式匆匆忙忙地在寥寥几页纸中（第366页以下）给打发掉了。他甚至在某一处还使用了这样的伎俩："谁在这件事情上不能自我帮助，那么，他就根本是不可救药的，他对于我们的立场来说仍然是尚不成熟的。"（第366页）请把这与古代斯多葛主义者相信宇宙万有、相信宇宙万有的合理性的信仰力量作一对比！而且，从这个角度来看，施特劳斯对其信仰的原创性的主张是在哪一种光线下出现的呢？但是，就像之前说过的那样，是新还是旧，是原创还是模仿，这都无所谓，只要是在有力地、健康地、自然地进行论证和探索。每当施特劳斯发现有必要用他的博学来使我们和他自己印象深刻，有必要以其更为清晰的良心来向他的"我们"展示他新学来的自然科学知识时，他自己就经常把这种蒸馏出来的紧急信仰丢下不管。当他谈到信仰时，他是如此羞羞答答；当他引用现代人类最大的恩人达尔文时，他却如此口若悬河。在这种情况下，他不仅要求信仰新的弥赛亚,而且也要求信仰自己,这个新使徒。例如,他有一次探讨自然科学最复杂的主题时,以真正古代的骄傲宣称:"我被告知我在谈论我并不理解的事物。好吧,但会有其他理解这些事物的人来谈论,并且他们也会理解我。"① 显然,施特劳斯著名的"我们"不仅有义务信仰宇宙,而且有义务信仰自然研究者施特劳斯;在这种情况下,我们就只能期望:实现后一种信仰所必需的方法,不像实现前一种信仰所必需的方法那样痛苦与可怖。或者,在这种情况下,去掐拧和针刺信仰的对象而不是信徒自己,也许就足以引起信徒们的"新信仰"所特有的那种"宗教反应"? 如果是这样,那么请想一想,这将为那些"我们"的宗教虔诚作出什么样的成就啊!

　　否则,我们有理由担心,现代的人们继续前进,却并不关心这个使徒宗教的信仰诱骗:就像他们之前实际上没有宇宙合理性的原理而仍能努力继续前进一样。整个现代自然科学和历史科学与施特劳斯对宇宙的信仰毫不相干;现代庸人不需要这种信仰,这一点恰恰是由施特劳斯在"我们如何安排自己的生活"那一部分对他自己的生活的描述所表明的。因此,他有理由去怀疑"他宝贵的读者们所被迫去信任的马车"是否"符合其一切要求"②。它肯定不符合他们的要求,因为现代人如果拒绝坐进这辆施特劳斯马车,他就会前进得更快——或者更正确地说,早在这辆施特劳斯马车存在之前,他就已经前进得更快了。现在,如果施特劳斯所谈到并以

---

① "我被告知……也会理解我。"] 参见施特劳斯:《旧信仰和新信仰:一种自白》,第 207 页。——编注

② "他宝贵的读者们所被迫去信任的马车"是否"符合其一切要求"。] 参见施特劳斯:《旧信仰和新信仰:一种自白》,第 367 页。——编注

其名义说话的那些著名的"不可忽视的少数",真的高度"重视一致性"①,那么,他们就必然对施特劳斯这位马车制造者不满意,就像我们对逻辑学家施特劳斯不满意一样。

但是,尽管如此,我们还是把逻辑学家施特劳斯放在一边:也许从美学的视角来看,整部书确实有着良好的艺术形式,坚持了美学规律,尽管不具有一种构思良好的逻辑性。而在这里,我们只有在认识到施特劳斯没有像一个严密地整理和系统化其材料的学者那样行事之后,我们才能提出他是否是一个好作家的问题。

也许,他给自己设定的任务与其是吓唬人们远离"旧信仰",不如说诱使人们走进和亲近其所描绘的明媚迷人、多姿多彩的新世界观的画卷。特别是,既然他认为学者和有教养者是其主要的读者,那他肯定知道,人们固然能够用科学证明②的重炮击毙这些人,但却决不能迫使他们俯首投降,相反,这些读者更易向诱惑的"轻微裸露的"艺术投降。甚至施特劳斯自己也称他的书是"轻微裸露的",而且是"有意如此";那些公开称赞他的马屁精们之所以推荐这本书,就是因为它是"轻微裸露的"。例如,在这些马屁精们中间,有一位,而且是随机选择的一位,以这样的语言描述了这种感受:"全书论证优雅、对称而有节奏感,无论是批判性反对旧的东西,还是准备和提出富有诱惑力的新观念,无论是把这种新观念展现给要求不高的简朴的品味,还是展现给爱挑剔的品味,它都仿佛

---

① 施特劳斯所谈到……"重视一致性"]参见施特劳斯:《旧信仰和新信仰:一种自白》,第6页。——编注

② 科学证明]在尼采未修改的校对稿中为:一本科学的书。——编注

游戏般地、轻松地运用着证明的艺术。如此丰富多样、不同种类的材料，组织精当，既面面俱到，也不冗长琐碎。尤其是从一种素材到另一种素材的过渡，处理得极具艺术技巧。也许更值得欣赏的是他把令人不快的东西放在一边或保持缄默的技巧。"从这里的引文可以看出，这些马屁精所精致感知的与其说是作者所能做的东西，不如说是作者所想做的东西。但是，他对伏尔泰的美惠女神语气强烈但并不完全无害的推荐，最清晰地显露出了施特劳斯所想的东西；在美惠女神帮助下，他肯定能够学会他的马屁精们所说的那些"裸露"的艺术——也就是说，如果德性真的可教，而且，一个硕士真的能够成为舞蹈家的话。

　　例如，当读到施特劳斯关于伏尔泰的如下的话（《伏尔泰》第219页）时，谁能不对此表示怀疑呢："伏尔泰作为哲学家肯定不是原创的，在本质上他是英国研究的一个加工者；不过，在这方面，他证明自己是一个材料的自由大师，他深谙如何从所有可能的方面以无与伦比的技巧来展现和说明材料。因此，正是因为这个原因，他尽管没有严格的方法，却懂得满足缜密性的要求。"① 这段话所涉及的所有这些消极的特性，都适合施特劳斯。没有人会宣称施特劳斯是一个原创哲学家，或者他有严格的方法，但问题是，我们是否也认可他为"材料的自由大师"，承认他具有"无与伦比的精明"。当施特劳斯承认他的书是"有意轻微裸露"时，这就使人猜想，这"无与伦比的技巧"至少是他有意想要的。

---

① "伏尔泰作为哲学家……缜密性的要求。"参见施特劳斯：《关于伏尔泰的六篇报告》，莱比锡，第三版，1872年，第227页。——编注

我们的建筑师的梦想不是建一座神殿,不是建一座住宅,而是在所有的园林艺术中间建一座花园小屋。甚至施特劳斯对宇宙的那种神秘感受,也主要①被有意用来产生一种审美效应的手段,就像我们从最富魅力和理性的阳台来看某种非理性事物例如大海。穿行前几个部分,亦即穿行阴暗的且饰有杂乱的巴洛克花纹的神学地下墓穴,同样是一种审美手段,从而允许施特劳斯把它与标题为"我们如何理解世界?"这一部分的整洁、明朗与合理性进行对比:因为就在那种阴暗的穿行之后,在那种瞥见非理性的蜿蜒的远方之后,我们立即进入了有顶部照明的大厅;它用其冷峻和明亮迎接我们,墙上有星图和数学图形,大厅摆满了科学仪器,柜子里有骷髅、制成标本的猴子和解剖标本。但从这里出发,我们缓步前行,第一次感到真正的幸福,因为我们步入了居住在我们的花园小屋里的居民们的无比惬意之中;我们发现他们被妻子和孩子所包围,沉浸于他们的报纸和世俗的政治讨论之中;我们听了一阵,他们在谈论婚姻、普选权、死刑和工人罢工;令人惊奇的是,我们不可能比他们更快地点数公共舆论的念珠了。最后,他们还想使我们坚信在此安居者们的古典趣味——在图书馆和音乐厅里的逗留,证实了我们的期望:书架上有最好的书,乐谱架上有最著名的音乐作品;他们甚至给我们演奏了一段据说是海顿的音乐,但如果那听起来像是里尔的室内音乐,那么海顿无论如何不应当为它承担责任。在此期间,房子的主人有了机会宣称自己完全赞同莱辛,也赞同歌德,不过《浮士德》的第二部除外。最终,这个花园小屋的屋主

---

① 主要]在尼采未修改的校对稿中:首先。——编注

夸奖起自己,并认为谁在他那里不感到惬意,谁就是不可救药的,对于他的立场来说是尚不成熟的;之后,他甚至邀请我们进入他的马车,同时,他带着彬彬有礼的克制指出,他并不能保证这马车符合我们的一切要求;此外,路也是最新铺的,我们可能会颠得难受。然后,我们伊壁鸠鲁的花园神以他认识和评论伏尔泰的那种无与伦比的技巧与我们告辞。

现在,谁还会怀疑这种无与伦比的技巧呢?我们认识了这位材料的自由大师;轻微裸露的园艺师原形毕露;我们不断地听到经典作家的声音:作为作家,我拒绝成为一个庸人,我拒绝!我拒绝!但绝对是一个伏尔泰,一个德国的伏尔泰!最好是一个法国的莱辛!

我们泄露了一个秘密:我们的硕士始终不知道他更想是什么,是伏尔泰还是莱辛,但无论如何绝不是一个庸人;也许既是莱辛又是伏尔泰——这也许实现了这里所写的东西:"他根本没有一种性格,如果他想有一种性格,他首先不得不假装一种性格。"

十

如果我们正确地理解了自白者施特劳斯,那么,他本人实际上就是一个真正的庸人,具有狭隘的、枯燥的灵魂,具有学者的平庸需要;尽管如此,没有人比作家施特劳斯被称为是庸人而更加恼怒。如果人们认为他任性、放肆、恶意、大胆,那么,这对他是公正的;但是,他的最高幸福是被与莱辛或者伏尔泰相比,因为这两个人当然都不是庸人。在对这种幸福的追求中,他经常动摇不定,是模仿莱辛勇敢无畏的辩证的激情,还是伏尔泰式的一副好色的、精神自由的古人样子对他来说更为适合。每当他坐下来写作时,他不断摆出一种姿势,就像他在让人画像似的,而且,有时是一幅莱辛像,有时是一幅伏尔泰像。当我们读到他对伏尔泰风格的赞颂(《伏尔泰》,第217页)时,他似乎是在谴责当代人没有很早学会珍视现代伏尔泰所拥有的东西。"他风格的优点,"他宣称,"到处都是一样的:自然纯朴、透明清晰、生动灵活、优雅怡人。热情和强调总是出现在它们应该出现的地方。对浮夸大话和矫揉造作的反感出自伏尔泰最内在的本性;另一方面,如果有时任性或者激情使他的语言落入平庸粗俗,那么,责任并不在于这个风格学家,而在于在他里面的人。"①据此,施特劳斯似乎清楚地知道风格的纯朴的重要性:从来都是天才的标记,唯有作为天才,才有纯朴地、自然地和天真地自我表达的特权。因此,如果一个作者选择一种纯朴的文风,这并不是最平庸的虚荣心的流露;因为尽管许多人会觉察到这样一个作者乐于被看作什么,但也有一些人恰恰喜欢这样看待他。但是,天才的作者不仅表现在表达的纯朴和精确性上:他过剩的力量甚至会使他游戏地对待他的材料,即便这是危险的和困难的。没有人以僵硬因循的步子行走在未知的、有着成千上万的深渊的道路上;但是,天才却会敏捷地、大胆地或者优美地飞跃在这样的道路上,并且嘲笑那些小心翼翼、胆怯地测量着自己步幅之人。②

---

① "他风格的优点"……而在于在他里面的人。]参见施特劳斯:《关于伏尔泰的六篇报告》,莱比锡,第三版,1872年,第225页。——编注

② 但是,……自己步幅之人。]准备稿:但是人们必须装模作样地蹦蹦跳跳!参见27[45]。——编注

施特劳斯自己知道那些他在论述中忽视的问题是严肃的和可怕的,并且他也知道数千年来的圣哲们也这样对待这些问题。尽管如此,他仍然称自己的书为裸露的①。但是,我们将不再意识到所有这些可怕的问题,不再意识到我们面临人生此在的价值和人的义务的问题时自行陷入那种反思的阴郁本性,因为天才的硕士从我们身旁飞过,而且是"裸露并且有意地"飞过,甚至比他的卢梭还更为裸露。他告诉我们,卢梭只从腰部把衣服往上卷,裸露下面,②而歌德则据说是只把衣服披到下面,裸露上面。③ 十足天真的天才看起来根本不穿衣服,也许,"裸露"这个词在根本上只不过是"赤裸"的一种委婉说法而已。那些看到过真理女神的少数人坚称,真理女神是赤裸的。也许,在未看到过真理女神,但却相信那少数人意见的那些人的眼中,赤裸或轻微裸露已经是真理的一种证明,至少也是它的标志。在这里,仅仅是这种猜测就已经对作者的虚荣心有利了:某人看到某种赤裸裸的东西:"如果那就是真理该多好啊!"他对自己说道,并装出一副比平日更加庄严的表情。这样一来,作者就已经收获良多了,因为他强迫自己的读者看待他要比看待其他更加裸露的作者更加庄重和庄严。这是迈向有朝一日成为一个"经典作家"的道路的一步,而施特劳斯自己告诉④我

---

① 裸露的]参见 27[49]。——编注

② "裸露并且有意地"飞过,……裸露下面]誊清稿:袒露着他那有意袒露的著作!硕士先生,很是袒露!而且是有意的!如此袒露,以至于您是全裸着,用不着自己卷到上面,和您的卢梭一样!——编注

③ 卢梭把衣服……,而歌德……裸露上面。]参见施特劳斯:《旧信仰和新信仰:一种自白》,第 316 页。——编注

④ 施特劳斯自己告诉]参见施特劳斯:《为我的著作〈旧信仰和新信仰〉的新版所作的作为前言的后记》;参见 27[39]。——编注

们,"人们把他看作一种经典的散文作家",这是一个不期而有的荣誉,因此他达到了他的旅程的目的地。天才施特劳斯身着轻微裸露的女神的服装,作为"经典作家"在大街上奔跑,而庸人施特劳斯则——用这位天才自己原创性的话来说——绝对应当"被命令退场"或"被永不返回地驱逐"。

　　唉,但这个庸人不顾这一切退场令,不顾一切驱逐,确实返回了,并且一次又一次地返回!唉,那张扭曲以适应伏尔泰式表情或者莱辛式表情的脸①时不时地返回到它从前的、诚实的原形式!唉,天才的面具脱落得太过经常,与他试图模仿的天才的跳跃和天才的炽热的注视相比,硕士的目光更加懊恼,硕士的步伐更加僵硬。恰恰由于他在我们这个寒冷的地区穿着如此裸露,他不得不使自己蒙受比其他人更经常、更严重地遭受感冒的危险;其他人觉察到了这一切,这可能令他相当尴尬和窘迫,但如果他想被治愈,我们就必须对他公开作出如下的诊断。从前,有一个施特劳斯,一个勇敢的、严格的、穿着紧绷绷的学者,我们对他,像对每一个严格且勤奋地为真理效劳并且懂得如何做好自己事务且待在自己的界限之内的德国人一样,深感意气相投;但是,如今在公共舆论中受到赞扬的大卫·施特劳斯,已变成了另一个人:神学家们也许要为此负责。不管怎样,他现在戴着天才的面具的表演使我们感到可恨或者可笑,就像他过去的认真唤起了我们的认真和同感。就在不久之前,他向我们宣布,"如果我不对我除了被赋予无情地、犀利地分析批判的天赋之外,同时被赋予享受艺术创造这种无害乐趣

---

① 唉,……表情的脸]参见27[21]。——编注

的能力而自豪的话,这将是一种对我的天才不知感恩的迹象。"尽管施特劳斯做了这样的自我宣称,但也许令他感到吃惊的是,仍有一些人持相反的看法。首先,他从来也不曾拥有任何艺术创造的天赋;其次,他所谓的"无害的"乐趣,就其逐渐地侵蚀并且最终摧毁一种作为在根本上有力而且深刻的学者和批判家的天赋,亦即真正的施特劳斯式天才而言,一点也不是无害的。当然,在一种绝对诚实的心血来潮中,施特劳斯自己补充说,"在其内部,一直有个默尔克。默尔克向他喊道:你不必再创作这类低劣作品了,这种事他人也能够做!"[1]这是真正的施特劳斯式的天才的声音。这声音也告诉他,他的最新的、无害的和裸露的现代庸人誓约究竟有多少价值!这种事他人也能做!而且许多人能够做得更好!而且能够做得最好的这些人,比施特劳斯自己更有天赋、更有丰富的精神,但在最好的情况下,也永远只能生产此类低劣作品。

到现在为止,我相信,人们已经清楚看到,我是多么尊重作家施特劳斯:也就是说,就像欣赏一个扮演着天真的天才和经典作家的演员。就像利希滕贝格[2]曾经说过,"单是没有一个正直人会矫揉造作和复杂混乱地表达自己这一点而言,简朴的写作风格就已是值得推荐的了",但他的意思远不是在说,简朴的风格本身就是作家正直的一个证明。我希望,作家施特劳斯会更诚实一些,然后他就会写得更好,且更少一点名气。或者——如果他无论如何想

---

[1] "在其内部,……他人也能够做!"参见施特劳斯:《为我的著作〈旧信仰和新信仰〉的新版所作的作为前言的后记》,第10页;参见27[39]。——编注
[2] 利希滕贝格]引文出自《利希滕贝格杂文集》第1卷,哥廷根,1867年,第306页;参见27[25]。——编注

当一名演员——那么我就希望,他会是一个好演员,并且向天真的天才和经典作家更好地学习如何经典地和天才地写作。也就是说,还需要指出的是,施特劳斯不仅是一个低劣的演员,而且还是一个极为恶劣的风格学家。

十一

当然,说某人是一个极为糟糕的作家的指责会由于这样一个事实而减弱:在德国,成为一个过得去的平凡作家是很难的,而成为一个好作家则几乎是不可能的。德国缺乏这方面的自然土壤,缺乏对公共演说艺术的欣赏、探讨和培养。正如"沙龙聊天""布道"和"议会演说"等术语所显示的那样,在德国,公共演说还仍未发展出一种明确的民族风格,甚至还根本没有认识到这样一种民族风格的需求。德国的公共演说者还未能超越对语言所作的最幼稚的试验;作家没有任何可以遵循的统一规范,因此,他们拥有自己去处理语言问题的某种权利:那么,这会使德语陷入"当代"所特有的一种难以避免的无边无际的坍塌。叔本华曾对这种状况进行过最为犀利的描述。"如果事情这样进行下去,"他曾有一次指出,"那么,到1900年,人们就将不再能正确理解德国的经典作家了,因为除了我们高贵的'当今'的虚假矫饰的流氓黑话之外,人们将不再知道别的语言,而流氓黑话的基本特征就是软弱无力。"① 而且,事实上,我们现在可以在最新的报刊上听到德国的语言裁判和

---

① "如果事情这样进行下去,"……软弱无力。"] 参见《叔本华遗稿选》,第58页。——编注

语法学家们宣称,对于我们当代的风格来说,经典作家们不再是有效的范式,因为他们所使用的大量的词汇、短语和句法结构已为我们所丢失①。正因为这个原因,似乎应该从当代优秀作家那里搜集词汇运用和语句运用中的语言技巧并把它们作为我们应该模仿的语言模式,例如,就像桑德斯②在其无耻的简明小词典中所做的那样。在这里,可憎的风格怪物古茨科③被纳入到经典作家之中;而且,总体来看,我们看起来必须习惯一大群全新的、令人惊异的"经典作家",其中的首席或者至少是首席之一,就是大卫·施特劳斯,也就是那位我们不能以别的方式来描述,而只能像我们已经所做的那样,称之为极其恶劣的风格学家的大卫·施特劳斯。

现在,这位文化庸人是如何为自己攫取了经典作家和模范作家的概念,体现了他的那种伪文化的最为明显的特征。他只有在与一种从真正的艺术上严格的文化风格的拒斥中来显示自己的力量,并借助在这种拒斥中的韧性和永恒来达到一种表达的一致性,反过来,这种一致性看起来又几乎像是一种统一的风格。这里的问题是,既然每个人都被允许进行一种不受限制的语言试验,那

---

① 而且,事实上,……为我们所丢失]准备稿:实际上,我在一本相当明确的现代的刊物上也读到了这样的声明,即我们的经典作家已不再足以作为风格的榜样,一些新的伟人已经产生了,即施塔尔(Adolf Stahl)和施特劳斯等。——编注

② 桑德斯(Daniel Sanders,1819—1897):德国词典编纂家,曾编有《德语词典》及一些专业词典。——译注

③ 可憎的风格怪物古茨科]尼采未修改的校对稿中为:德意志报。——编注
古茨科(Karl Gutzkow,1811—1878):作家、文学史家和"青年德意志"的代表;《德意志报》(die National-Zeitung der Deutschen)是一份以民众启迪和新闻时事为重点的周报,其发行时间从1782年延续到1850年,是当时德语地区发行量最大的报刊之一。——译注

么，为什么有些特定的作者仍然可能发现一种普遍一致、相互应和的声音呢？而且，在这种声音里，这种普遍一致究竟是什么呢？首先是一种否定的属性：缺乏一种冒犯性的东西，——但一切富有创造性的东西都是具有冒犯性的。——毫无疑问，报纸以及与之相关的杂志构成了德国人阅读的绝大部分：它们所使用的德语及其同样语词和同样表达在永恒地滴落和敲打，充斥着他们的耳畔，而且，既然他们通常是在自己疲惫的精神最少反抗意识时进行这种阅读，因此，渐渐地，他们的耳朵对这种日常德语感到熟悉和自在，甚至还为它的不在场而感到痛苦。现在，就保持职业活动的一致性而言，那些报纸制造商就是那些最为习惯这种报纸语言的唾沫星四溅之人：他们丧失了最本真意义上的一切趣味，他们的舌头乐于品尝的只能是那些完全腐败的和任意的东西。这就说明了为什么尽管存在着那种普遍的衰弱和疲惫，但每一个新发明的语病都会立刻受到那种众口一词的赞同：语言的日薪劳动者借助这样厚颜无耻的语言腐败，向造成其不可思议的无聊的语言自身复了仇。我想起我读过奥尔巴赫①《对德意志民族》②的一篇呼吁，其中每个表达都是非德语的、执拗的和错误的，整体上就像是用国际句法捆绑在一起的没有灵魂的词汇拼凑；这里更不用说代夫里恩特③纪念门德尔松所使用的那种不知羞耻的粗制滥造的德语。因此，我们的庸人并不把语病——这是一桩值得注意的事件——体会为一

---

① 奥尔巴赫(Berthold Auerbach,1812—1882)：德国作家。——译注
② 对德意志民族]准备稿：对在奥格斯堡建立一座德意志纪念碑。——编注
③ 代夫里恩特(Eduard De vrient,1801—1877)：演员、导演和作家，曾在其作品中讨论门德尔松。——译注

种可憎的令人厌恶的东西,反而视之为日常德语贫瘠的没有草木的沙漠上的提神点心。但是,真正富有创造性的东西对他来说依然是冒犯性的。最现代的模范作家的完全扭曲的、夸张的或者陈腐的句法、他的荒唐可笑的新造词,不仅被容忍,而且还被视为一种功绩、一种有趣的装饰。但这对富有性格的风格学家却是一种不幸,因为他认真坚定地避免这种日常德语的表述,避开像叔本华①所说的"今天的下三滥作家在昨夜孵化出来的怪胎"。如果平庸的、陈腐的、无力的、普通的东西被当作规范,如果蹩脚的、腐败的东西被认可为令人鼓舞的例外,那么,有力的、非凡的和美的东西就声名狼藉了。这就是为什么在德国那个身材正常的旅行者去驼背国旅行的故事在不断地重复。在驼背国的每个地方,他都被认为是畸形,因为缺少一个驼背,而被当地居民嘲笑和侮辱,直到最后,一位牧师基于自己的职业,劝说当地民众:你们倒不如同情这个可怜的外地人,为诸神献上感恩祭礼,感谢诸神用这种魁梧的肉山来装饰你们。

如果现在有人想编制一个目前日常德语风格的确定的语法学说,并探究作为那些未成文的、未说出的但却具有强制性的命令支配着每个人写作的规则,那么,他将会发现关于风格和修辞的一些奇特观念。其中有些观念也许还取自一些学校生活时期的记忆和当时拉丁语风格学的强制练习,也许是取自法国作家的读本,而任何一个受过一定程度正规教育的法国人都有权对这些读本难以置信的粗糙嗤之以鼻。尽管以严谨著称,但看起来还没有一个德国人

---

① 叔本华]引文出自《叔本华遗稿选》,第61页。——编注

反思过这些支配着差不多每一个德国人的生活和写作的奇特观念。

在这些观念中,我们发现了这样一种要求,即不时地要有一个比喻,明喻或者暗喻,而且,比喻必须是新的。然而,对于这些作者贫乏的大脑来说,新的与现代的是同义词。于是,他们绞尽脑汁地从铁路、电报、蒸汽机、交易所找出他的比喻,并且骄傲地认为,这些比喻必定是新的,因为它们是现代的。在施特劳斯的自白书中,我们会发现施特劳斯为现代比喻给出的丰富贡品:他用取自现代道路改善的一页半篇幅的比喻来打发我们;他在若干页之前把世界比作机器、机器的齿轮、夯、锤子及其"起润滑作用的油";第362页:一顿以香槟开始的餐饭(第325页);作为冷水治疗的康德;第265页:"瑞士联邦宪法与英国宪法相比就像水磨坊与蒸汽机相比,就像一首华尔兹或者一首歌与一部赋格曲或者一部交响曲相比;"第258页:"在每一次上诉中,人们都必须恪守司法程序。在个体和人性之间的中间法庭就是民族国家;"第141页:"如果我们想知道在一个看起来像是死亡的有机物是否没有生命,我们通常是用一种强烈的、也许还是痛苦的刺激,例如针刺来试验;"第138页:"人类灵魂中的宗教领域类似于美洲的红种人的领域;"第137页:"隐修院里的虔诚的艺术大师;"第90页:"用取整数的方式来对迄今为止的账目进行计算;"第176页:"达尔文的理论与刚刚测绘好、立桩标示的铁路相似——在那里,小旗欢快地在风中飘动。"施特劳斯就是以这种方式,一种极为现代的方式,来满足庸人的要求,即必须时不时地出现一种新颖的比喻。

从这些奇特观念中,我们还发现另一个非常流行的修辞要求,即说教的段落必须用长句子高度抽象地展开,与此相反,劝说的段落则偏爱短句子和前后跳跃的对比表达。在第132页,施特劳斯提供了一个说教的和学者的风格的范例。这个段落膨胀成完全施莱尔马赫式的风格,并以真正乌龟式的敏捷在蠕动爬行:"按照这一宗教起源和衍化,在宗教的较早阶段不是出现一个这样的'来自何处',而是出现多个,不是出现一个神,而是出现众多的神这一事实,是源自这样一个事实:由于在人身上引起绝对依赖感的多种的自然力和生活条件,仍然在初始阶段对人的所有不同方面的全面发展发生着作用,因此,就对它们的绝对依赖而言,人还没有意识到如何对它们加以区别,从而,这种依赖或根本的'来自何处',这种可以最终被追溯的'来自何处',能且只能是唯一的。"在第8页,我们发现了一个相反的范例,即一种令有些读者相信施特劳斯与莱辛应该同级并称的短句子和矫揉造作的生动的范例:"我完全意识到,无数的人像我一样清楚地知道它们;对于我下面计划谈论的事情,有些人甚至知道得更多。有些人甚至已经做过表达。但这是我应当保持沉默的理由吗?我不这样认为。我们大家可以相互补充。如果有人比我更好地知道许多事情,则我毕竟也许更好地知道另一些事情;我对有些事情认识不同,我以不同的方式看待某些事情。因此,让我们坦诚些,让我们表现出我们的色彩,以便人们可以判断它们是否是我们真实的颜色。"施特劳斯的风格通常就在这种轻装急行和那种负棺爬行之间摇摆;但是,两种罪恶之间的,并不总是德性,而常常是虚弱,是跛行,是无能。事实上,当我遍翻施特劳斯的自白书,寻找更为精致、更为机智的特色和表达,我感到非常失望,因为我没有发现任何值得赞扬的东西。我制定了一个表格,试图填写至少能够在这里或那里赞扬作家施特劳斯的东西。我找了又找,我的表格依然是空空如也。与此相反,另一个标题为"语病、混乱的比喻、混乱的缩写、毫无品味和矫揉造作"的表格却是盆满钵满,以至于我最终只敢公布我那过于庞大的样品集的一小部分。也许,我成功地在这个表格下收集了那些恰恰促使当前德国人误以为施特劳斯是一个伟大且迷人的风格学家的东西;这些表达的稀奇古怪,在整部书干枯、贫瘠和老套中所发现的稀奇古怪,不是以令人惬意却以令人痛楚的方式让我们感到惊奇。至少我们在这样的段落中注意到,用施特劳斯的比喻说,我们还没有死亡,因此还能对这样的针刺有反应。但是,这本书的其余部分表明它缺乏任何具有冒犯性的东西,也就是说,缺乏任何创造性的东西,而这种在今天则被视为这位经典的散文作家的一个积极特征。这种极度的干瘪和枯燥,一种真正的饥饿至死般的干瘪,如今却在有教养的大众中唤起了非自然的感受和信念,使之认为这种干瘪是健康的标志,以至《论演说家的对话》作者所说的话正好适合这里:"甚至,他们所炫耀、他们所获得的那种健康,并不是基于力量,而是基于节欲和斋戒。"①因此,他们以本能的一致仇视任何健康的力量,因为它见证了一种完全不同于他们自己健康的健康,因此,他们开始怀疑健康的力量,怀疑紧实强壮,怀疑运动的狂暴的力量,怀疑肌肉运动的充沛和柔韧。他们相约去搞混和颠倒事物的本性和名称,然后在我们看到虚弱的地方说健康,在我们遇到真正的健康的地方说病态和怪癖。这就是施特劳斯如何碰巧

---

① "甚至,……节欲和斋戒。"参见塔西佗(Tacitus):《论演说家的对话》(*Dialogus de oratoribus*),23,3—4:"他们达到恰恰是他们所夸耀的那种健康,并不是基于一种健康的力量,而是基于节欲。"——编注

被视为"经典作家"。

如果这种干瘪是一种严格逻辑上的干瘪就好了。这些"虚弱者"所缺乏的恰恰是思维的质朴和严格;在他们的手中,语言本身的逻辑特性被粉碎和瓦解了。人们只需试图把这种施特劳斯式的风格翻译成拉丁语就可以了解这一点。人们可以对康德做这种翻译,而对叔本华这样做,则是一件令人愉快和富有刺激的练习。这种翻译对于施特劳斯的德语是绝对不可能的,其原因也许并不在于这种德语比康德和叔本华的德语更为德意志,而是在于这种德语在他这里是混乱的和无逻辑的,而康德和叔本华的德语则充满了质朴和伟大。另一方面,谁知道古代人学好说话和写作所付出的努力是多么巨大和现代人为此所付出的努力是多么微小,他就会像叔本华有一次所说的那样,在他被迫通读类似这样一本德语书之后,再次转向其他古代的但却仍然常新的语言时,就会感到一种真正的轻松。"因为在这些语言中,"叔本华①说道,"我毕竟面对着一种带有稳固确立的且被忠实遵守的语法和正字法的、具有恰当稳定性的语言,可以完全沉醉于这些语言所表达的思想之中;而在德语作品中,我不断地被其作者的唐突无礼而分心和干扰,他们在表述自己歪歪扭扭的见识时有意建立他自己的语法上和正字法上的奇思怪想。这种极度吹嘘的愚蠢令我作呕。看到无知者和蠢驴们糟蹋一种古老的、优美的、拥有经典文献的语言,这是一种真正的苦痛。"

这就是叔本华向你们呐喊出的神圣愤怒,而你们却不可以说你

---

① 叔本华]引文出自《叔本华遗稿选》,第60—61页。——编注

们没有受到警告。但是,对那些根本不想听到任何警告,并且绝对不想失去对经典作家施特劳斯的信仰之人,我们给他一个最后的建议:模仿施特劳斯。但是,要记住,你们这样做是要自担风险的,因为你们既将付出自己风格的代价,最终甚至也将付出自己大脑的代价,以至于印度智慧中的一句格言也适用于你们:"噬啮牛角是没用的,会缩短你的寿命:你磨光了你的牙齿,却得不到任何汁液。"

十二

最后,让我们向我们的经典散文作家施特劳斯呈上我们已许诺的他的风格汇编集;也许,叔本华会给它一个完全一般性的标题:《当今流氓黑话的新证据》;我们安慰施特劳斯说,如果这可以成为他的安慰的话:如今整个世界都在像他那样写作,有些人甚至比他写得更加糟糕,毕竟,在瞎子王国中,任何一个独眼龙都是国王。可以肯定的是,当我们承认他有一只眼时,我们已经承认他太多了;但是我们之所以仍然这样做,是因为施特劳斯并不像所有德语败坏者中最卑鄙无耻者,亦即黑格尔学派及其畸形扭曲的后代那样糟糕地写作。① 人们注意到,施特劳斯至少曾寻求爬出这一泥潭,并且获得了部分成功,尽管他绝对没有站到坚实的陆地上;显然,他在自己的青年时曾经结结巴巴地说着黑格尔的黑话。当时,在他身上有某种地方错位了,脱臼了,某块肌肉肿胀了;当时,他的耳朵就像一个在鼓里长大的蜗牛的耳朵一样变聋了,迟钝了,

---

① 可以肯定的是,……糟糕地写作。]参见 27[29—30]。——编注

从而不再对声响艺术上细腻的和有力的规律有过敏感和同感,而那些按照良好的榜样和严格的规训接受教育的作家,正是在这些规律统治主导下生活的。这样,施特劳斯作为风格学家就失去了其最重要的财产,注定终生瘫坐在报纸风格的贫瘠而又危险的流沙之上,除非他想再次陷入黑格尔的泥潭之中。尽管如此,他在当代的某些时辰获得了些许名声,甚至在以后的某些时辰,一些人或许还知道他曾是一个名流;但随之而来的就是黑夜以及连同黑夜的遗忘,甚至就在我们把他的风格罪过写进黑名单的这个时刻,他的声誉就开始日薄西山了。因为谁对德意志语言犯下罪过,谁就玷污和亵渎了我们的一切德意志性的神秘:经过这些民族性和风俗的一切混杂和变迁,唯有德意志语言才会自我拯救,从而就像是通过一种形而上学符咒一样,也把德意志精神拯救出来。唯有德意志语言才能保证德意志精神的未来,如果它自己不在当代的罪恶之手中毁灭败亡的话。"但是,苍天不容,滚开,皮厚蠢笨的家伙,滚开!这是德意志语言,人们用它来表达自己,伟大的诗人们用它来吟唱,伟大的思想家们用它来写作。收回你们的爪子!"①②

这里就用施特劳斯书中第一页的一句话来说明:"在权力的增长中——罗马天主教已认识到自己被要求以独裁的方式把它的宗

---

① "但是,……收回你们的爪子!"]引文出自叔本华《附录和补遗》第 2 卷,第 573 页。——编注

② 接下来,尼采给出了约 70 个源自《旧信仰和新信仰:一种自白》的语言风格案例,并进行了相应的辛辣的评论。这些错误包括各种语法错误,术语的不当使用,胡乱的比喻,不可能的意象以及无意义,等等。这些都说明施特劳斯丧失了对德语的感觉以及对其所使用语词意义的清晰意识。把这些例子翻译为汉语会使原文的批判性和讽刺意味有所丧失。对于懂德语的读者,建议阅读尼采的原文。——译注

教权力和世俗权力集中到被宣布不会犯错的教皇手中。"在这件肥大臃肿的表述的外衣下,掩藏着根本无法相配、无法同时可能成立的不同命题。某人可能会以某种方式认识到一种要求,即集中它的权力或者把它置于一个独裁者手中,但他不能以独裁的方式把它集中到另一个人的手中。如果罗马天主教被说以独裁的方式集中自己的权力,那么它自己就被比作一个独裁者:但这里显而易见的目的是,把那个不会犯错的教皇比作独裁者。只有思维不清晰和缺乏语言敏感性,才会把副词"专制地"放在不正确的位置上。为了感受这种表述的荒唐,我建议把这个表述压缩成如下的简化版本:主人把缰绳集中到他的车夫手中。① 第 4 页:"旧的枢机主教会议统治与试图建立教会会议宪章的努力之间的对立,是建立在一种教义的和宗教的分歧之上,一种在等级性的特征为一方、民主性的特征为另一方的背后的分歧。"没有比这个表达更笨拙的了:首先,我们获得一种统治和特定努力之间的对立,第二,这种对立是以一种教义的和宗教的分歧为基础的,而且这种作为基础的分歧处在等级性的特征为一方、民主性的特征为另一方的背后。这里的谜语是:什么事物处在两个事物背后,并且作为第三个事物的基础呢?第 18 页:"而且,白天,尽管被小说家明白无误地镶嵌在晚上和清晨之间",云云。我恳求您把这个表述翻译成拉丁语,以便您认识到这是对语言怎样的不知羞耻的滥用。被镶嵌的白天!被一个小说家来嵌!明白无误地!而且被嵌在某种东西之

---

① 在这件肥大臃肿的表述的外衣下,……车夫手中。]准备稿关于这段话写道:"一种从此以后在所谓的旧天主派中成形的矛盾。"一并参见施特劳斯:《旧信仰和新信仰:一种自白》,第 3 页。——编注

间！第 19 页:"在《圣经》中,我们不能说有关不正确的和自相矛盾的报道、有关错误的意见和判断"(Von irrigen und widersprechenden Berichten, von falschen Meinungen und Urteilen kann in der Bibel keine Rede sein)。多么凌乱的表述！您混淆了"在《圣经》中"(in der Bibel)和"就《圣经》而言"(bei der Bibel):前者必须位于"能"(kann)之前,而后者则必须位于"能"之后。我认为,您想说的是:不能说在《圣经》中有不正确的和自相矛盾的报道,有错误的意见和判断(Von irrigen und widersprechenden Berichten, von falschen Meinungen und Urtheilen in der Bibel kann keine Rede sein);为什么不能说呢？因为它恰恰是《圣经》——因此,"就《圣经》而言不能说"。为了不在同一句中前后加上"在《圣经》中"和"就《圣经》而言",您决定写出流氓黑话,把介词混淆。您在第 20 页犯下同样的罪过:"被合并到更古老的部分中去的汇编"。您的意思是或是"被纳入到更古老的部分中去"或是"更古老的部分被合并在其中"。——在同一页上,您以大学生的语言谈到一首"说教诗,(说它)被置于难堪的境地,首先是被不断地误解(Missdeutet)(最好是 missgedeutet)","然后招致敌意和驳斥"。在第 24 页上,您甚至谈到"人们试图借以缓和其强硬的尖锐！"很尴尬,我竟然不知道有可以被某种尖锐来加以缓和的强硬的东西;确实,施特劳斯(第 367 页)甚至谈到过一种"通过摇晃来缓和的尖锐"。第 35 页:"与那里的一位伏尔泰相对立是这里的一位莱马鲁斯[①],

---

① 莱马鲁斯(Samuel Hermann Reimarus, 1694—1768):德国哲学家,自然神论者,以《圣经》批判和教会批判而著名,相信人的理性可以认识上帝,可以减少对启示宗教的需求。——译注

对两个民族来说都完全典型的莱马鲁斯。"一个人始终只能对一个民族来说是典型的,但不能对两个民族来说都典型地和另一个人相对立。省却或者骗取一个句子,这是对语言犯下的严重暴行。第 46 页:"但如今,在施莱尔马赫死后没过几年,就……,(Nun stand es aber nur wenige Jahre an nach Schleiermachers Tode, dass...)当然,对这样的胡乱涂抹的流氓来说,语词的位置是无所谓的;在这里,"在施莱尔马赫死后"(nach Schleiermacher Tode)这个词组的位置是错误的,它本来应当在"an"之前,却被放在"an"之后,这对于在击鼓声中变得迟钝的耳朵来说是无所谓的,就像在后文中本是"bis"的地方却说"dass"一样。第 13 页:"同样,在当今基督教光芒闪耀于其中的所有那些不同的阴影中,对我们来说,只可能涉及那个最极端的、最明确的问题,即我们是否仍然能够信奉它"(auch von allen den verscheidenen Schattirungen, in denen das heutige Christentum schillert, kann es sich bei uns nur etwa um die äusserste, abgeklärteste handeln, ob wir uns zu ihr noch zu bekennen vermögen)对于"涉及什么"(worum handelt es sich?)的问题,一方面可以用"涉及这个或那个"(um das und das)来回答,其次,可以通过一个句子带"我们是否"(ob wir uns)等来回答;把两个结构混在一起,显示这是个马虎邋遢的家伙。他实际想说的更应该是:"就我们而言,这里大概只可能涉及我们是否仍然信奉它这个最极端的问题(kann es sich bei uns etwa nur bei der äussersten darum handeln, ob wir uns noch zu ihr bekennen)。"但是,在他看来,德语的介词之所以存在,仅仅是为了恰恰要以令人吃惊的方式来使用它们。例如,在第 358 页,这位"经典作家"就给我们提供了这种吃惊,他把"一本书讨论某事"(ein Buch handelt von etwas)与"涉及某事"(es handelt sich um etwas)混为一谈。结果,我们不得不来听此类的句子:"是否讨论外在的还是内在的英雄主义,公开的战场上抑或人心深处的斗争,将依然是不确定的"(dabei wird es unbestimmt bleiben, ob es sich von äusserem oder innerem Heldenthum, von Kämpfen auf offenem Felde oder in den Tiefen der Menschenbrust handelt)。(第 343 页):"对于我们这个神经过度兴奋,尤其是在其音乐偏好中显现出这种病态的时代来说。"(für unsere nervös überreizte Zeit, die namentlich in ihren musikalischen Neigungen diese Krankheit zu Tage legt)句中的"揭露"(zu Tage liegen)与"显现"(an den Tag legen)被可耻地混淆了。这样的语言改良者不分是谁,都应当像小学生那样受到责罚。——(第 70 页):"借助门徒们努力上升到产生其被杀死的主复活的观念,我们这里可以看到其经过的思想进程之一。"这是一幅怎样的景象啊!一个不折不扣的通烟囱人的想象!人们经过一个进程努力上升到产生!——如果在第 72 页,施特劳斯,这个伟大的词汇英雄,把耶稣复活的故事称为"世界历史的骗局",那么,从语法家的视角来看,我们在这里只想知道,他所真心指控的、制造了这个"世界历史骗局的是谁",也就是说,一个旨在欺骗他人以获取自己利益的骗子是谁。谁在撒谎?谁在欺骗?因为我们根本无法想象一个没有寻求自己利益的主体(或主语)的"骗局"。既然施特劳斯根本不能回答这个问题——如果他怯于出卖自己的上帝,不敢把那个出于高贵的热情而迷失的上帝视为这个撒谎者的话——,那么,我们坚持最初的看法,把这一表述视为荒唐的,无品味的。——在同一页上,施特劳斯写道:"他的学说将会像风中的叶子,随风飘散,如果这些叶子不被妄信其复活的装订工粗糙臃肿地装订在一起并保存下来的话。"谁在说风中的叶子,谁就是在误导其读者的想象力,因为他此后表明他理解这些是能被装订工作订在一起的纸张。这个谨小慎微的作家除了运用这个比喻前让读者困惑或者误导读者之外,不敢做任何更多的事情。因为人们期望一个比喻应当使某个观点更加清晰;但如果一个比喻本身表达不清晰,混乱且具有误导性,那么它就会使观点比没有这个比喻时更加模糊。不过,我们的"经典作家"当然并不谨小慎微。他无耻地谈到"我们的源泉的手"(第76页),谈到"我们的源泉中缺少任何一只手"(第77页),谈到"我们缺乏这手"(第215页)。——(第73页):"对他的复活的信仰要记在耶稣自己的账上。"谁喜欢使用如此庸俗的商人语言去表达如此不庸俗的事情,谁就会清楚,施特劳斯终生都在读那些相当坏的书。施特劳斯的风格到处都暴露着他所读的那些坏书。也许,他花了太多的时间去读自己的神学对手们的作品。但是,他在哪里学会用小市民的比喻来烦扰古代犹太人和基督徒的上帝呢?这里有若干例子。第105页上:"犹太人和基督徒的旧上帝被抽去了身下的座椅。"同样是第105页:"旧的有位格的上帝仿佛遭遇了住房短缺。"或者在第115页,同一个上帝被移至一个"备用小间","此外,他在那里得到体面地安置和使用"。——(第111页):"由于灵验了的祈祷,有位格的上帝的一个本质属性再次消逝了。"你这个胡乱泼墨者,请在胡乱泼墨之前,先作些思考吧!如果你对类似祈祷的事情去随意涂抹,认为它是一个"属性"而且还是一种"消逝了的属性",那么我很吃惊,为什么这墨水没有羞愧变成红色。——但是,第134页上又写了什么!"人类在早期时代将其值得欲求的属性赋予其神灵,其中有些属性——我只想引用最快速地跨越空间的能力为例——由于对自然的理性统治的结果,人类现在宣称自己拥有。"谁给我们解开这个线团!很好,人类在早期时代把一些属性赋予神灵;"值得欲求的属性"已是相当可疑了!施特劳斯的意思大概是,人类认为,神灵们真的拥有人欲求拥有但并不具有的一切,因此,这样一个神灵就拥有符合人类欲求的属性,也就是大致的"值得欲求的属性"。但现在,按照施特劳斯的教诲,人类那时宣称自己拥有其中有些属性——多么模糊的一个过程,和第135页上所描述的一样模糊:"欲求必定不断发生,以通过最可能短的路线给予这种依赖性以一种对人来说有利的转变。"依赖性、转变、最短的途径、不断发生的欲求——每一个真正想观看这一过程的人将会多么痛苦!这是给盲人看的图画书中的一幕。人们必须去摸。再一个新例子(第222页):"这一运动的上升方向且这一上升跨越了个别下降的方向";一个更鲜明的例子(第120页):"为了达到其目的,正如我们发现,最后的康德式转变,看到自己有必要采取一条以走得更远,越过一种未来生活的田地的道路。"只有骡马才能在这迷雾中找到道路!发现自己有必要的转变!跨越下降的方向!采取最可能短的道路的有利的转变,采取一条以走得更远、越过一种田地的道路的转变!越过哪块田地?越过未来生活的田地!见鬼去吧,所有这些地形学!光!光!这一迷宫中的阿里阿德涅之线在哪里呢?不,没有人可以允许如此写作,即使他是著名的散文作家也不可以,一个具有"完全成熟的宗教禀赋和道德禀赋"的人(第 50 页)更不可以。我认为,一个成熟的男人应该知道,语言是由我们先人传给我们并应当留给我们后代的一份遗产,人们应当把它作为某种神圣的、无比宝贵的和不可侵犯的东西一样加以敬畏。如果你的耳朵变聋了,那么,你就问问题,就翻翻字典,就利用好的语法书,但不要这样在光天化日之下继续犯罪!例如施特劳斯说道(第 136 页):"每一个获得洞见之人,都必须奋力去除他们自己和整个人类的一种妄念"(ein Wahn, den sich und der Menschheit abzutun, das Bestreben jedes zur Einsicht gekommen sein müssen)。这种结构是错误的,而且如果庸人作家已长成的耳朵没有注意到这一点,我就想对着他的耳朵大声喊道:要么这么说,"man tut etwas von jemandem ab",要么是这么说"man tut jemanden einer Sache ab";因此,施特劳斯必须这么说:"ein Wahn, dessen sich und die Menschheit abzutun"或者"den von sich und der Menschheit abzutun"。但是,他所写下的则是拙劣的流氓黑话。那么,我们会怎么想呢,如果我们看到这样一个皮厚肉糙的风格学家根本就是在新造的词汇或者在改造了的旧词汇中打滚,如果他谈论起"社会民主党的平等意识"(第 279 页),就好像他就是弗兰克似的①,或者如果他模仿萨克斯②的措辞说(第 259 页):"各民族是神圣赋予的亦即自然的形式,人类在其中获得

---

① "社会民主党的平等意识",就好像他就是弗兰克似的]对此,准备稿写道:弗兰克在 1531 年有一次所说的。——编注

弗兰克(Sebastian Frank, 1499—1543):德国作家和布道者。弗兰克与他那个时代的教条主义色彩的基督教争论,并陷入到与路德派的冲突中。——译注

② 萨克斯(Hans Sachs, 1494—1576):德国诗人和工匠歌手。——译注

其人生此在，对于这些形式，没有一个明智的人可以放弃，没有一个正派的人可以撤出"。——（第 252 页）："按照自然规律，人类分化为各种种族"；（第 282 页）："航行于阻力之中"。施特劳斯没有注意到，为什么古代的一块小破布在他的破绽百出的现代表述中间竟如此引人注目。其原因是，每一个人都察觉到这样的措辞和小破布是偷来的。但有时，我们的缝补匠也表现出一点创造性，自己制造了一个新词：在第 221 页，他谈到一种"发展着的向外和向上奋斗的生命"（sich entwickelnden aus-und emporringenden Leben）；但是，"ausringen"是指洗衣妇拧干衣服，或指战斗结束后英雄死去，也就是说，其生命被拧干；"发展"意义上的"ausringen"是施特劳斯式的德语，正如第 223 页："缠绕和打开的所有步骤和阶段"是褓褓中婴孩的德语一样！第 252 页：用"in Anschliessung"代替"im Anschluss"。第 137 页："在中世纪基督徒的日常活动中，宗教因素更为经常得多、更为不断得多地得到表述"（im täglichen Treiben des mittelalterlichen Christen kam das religiöse Element viel häufiger und ununterbrochener zur Ansprache）"更为不断得多"（Viel ununterbrochener），一个可作为典范的比较级，也就是说，如果施特劳斯被认为是一个典范的散文作家的话。当然，在其他地方，他也使用了不可能的"更为完善"（vollkommener）（第 223 页和第 214 页）。但是，"得到表述"（zur Ansprache kommen）！这到底是从哪来的货色，您这放肆的语言艺术家？这里我完全没有办法，找不出任何的类比。对"表述"的这种使用，格林兄弟也会像座坟墓那样沉默不语。显然，您的意思不过是"宗教因素更为经常地表达出来"（das religiöse Element spricht sich häufiger aus)。这就是说,您又一次由于令人惊悚的无知而混淆了前缀;把"aussprechen"混同于"ansprechen",从而带有下流庸俗的标记,尽管您不应当"表述"我已对此进行公开"表达"的事实。第 220 页:"因为我在其主观意义背后还听到一种具有无限射程的客观意义在发出回响。"正如我所指出的那样,您的听觉要么有问题,要么就很奇特。您听到"意义在发出回响",甚至还是在别的意义"背后"发出回响,而且,您所听到的意义据说具有"无限射程"!这要么是胡说八道,要么是一个专业炮手的比喻。第 183 页:"理论的外部框架就此已经勾勒出来;即便是决定理论内部的运动的弹簧,也已经安装了一些。"我们再次看到,这要么是胡说八道,要么是一种我们无法理解的专业家具商的比喻。但是,一个只由框架和安装好的弹簧组成的床垫有什么价值?这些决定床垫内部运动的弹簧是什么样的弹簧? 如果施特劳斯就这样向我们呈现他的理论,那我们对这个理论不得不有所怀疑,而且我们就必须用施特劳斯自己的如此优美的语言说(第 175 页):"为了具有真正的生存能力,它仍缺少一些根本的环节。"来吧,来一些环节吧! 轮廓和弹簧已经有了,外皮和肌肉也预备好了;当然,仅仅就有这些,施特劳斯的理论要具有真正的生存能力,就还缺少很多东西;或者我们为了"更加公正"地表述,用施特劳斯的话说:"如果人们不顾中间阶段和中间状态,而把两个如此不同的物件强行直接拼凑在一起的话"①。第 5 页:"但是,人可以不必站着,但毕竟不能躺在地上。"

---

① "如果……拼凑在一起的话"]参见施特劳斯:《旧信仰和新信仰:一种自白》,第 174 页。——编注

我们非常理解您,您这位裸露的硕士。因为谁既不站着也不躺着,谁就在飞翔,也许在飘浮、在飞舞或者在飘荡。但是,正如上下文所大概显示的那样,如果您意在表述某种不同于您的飘荡的东西,那么,我要是处在您的位置上,就会选择一个不同的比喻,一种可以表达不同意思的比喻。第5页:一个变得极其干枯的老树的树枝;多么干枯的风格啊!第6页:作为那种需要所要求的,此人也不能否认其对一位不会犯错的教皇的认可(*der könne auch einem unfehlbaren Papste, als von jenem Bedürfniss gefordert, seine Anerkennung nicht versagen*)。人们绝不应当把第三格和第四格相混淆,否则,这在小学生那里是一个小错误,在典范的散文作家那里则是一种犯罪。第8页:我们发现"各民族生活中的理想要素的一种新组织的新形成"。① 即使我们认为这样一种同义反复的胡说八道确实是从墨水瓶滴落到纸上的,我们就必须也把它印刷出来吗?像此类的事情,可以允许在校对时没有被注意到吗?6版都没校对出来!附带提一下第9页:如果您意图引用席勒,那就要精确一点,不能只是大概、差不多!您对他缺乏这方面的应有尊重。这里应该是:"不必害怕某人的反对。"第16页:"因为在这里,

---

① 第8页:我们发现"各民族生活中的理想要素的一种新组织的新形成"。]对此,准备稿写道:第9页结尾处:"不畏惧某人的厌恶";"在某种意义上我并不针对同一种(指责)为自己辩护",因为"我只是不再承认它是指责";第10页结尾处:"在我的感觉中,这个地基无非就是人们所说的现代世界观,即持续不断的自然研究和历史研究费力取得的结果,与基督教的、教会的世界观相对立。但是,恰恰这种现代的世界观,如我所理解,我直到现在也只是在个别的暗示中而从未详细地并且以某种完备性来阐明。""我也绝对没有事先自告奋勇地去绝对成功地尝试,不留下个别的漏洞、个别的明显矛盾。"——编注

它马上就变成屏障,变成阻碍的城墙,进步着的理性的全力攻击和批判的所有攻城锤,都以强烈的憎恶对准着它。"在这里,我们被要求想象某种东西,它先变成屏障,然后变成城墙,最后"带着强烈憎恶的攻城锤对准它"或者干脆带着强烈憎恨进行"攻击"。先生,您为什么不像来自这个世界的人在说话!攻城锤是被某人对准的,而不能自己去对准,而且,唯有使攻城锤对准的人,而不是攻城锤自己,才能够具有强烈的憎恶,尽管在罕见的情况下,您会使我们相信,某个人会对一堵城墙有这样一种憎恶。第 266 页①:"因此,这可以解释为什么这样的言说方式也在任何时候都构成了民主派陈词滥调的喜爱的游戏场地。"思维不清晰!言说方式不能构成游戏场地!而至多只能在这样一个场地上游戏。施特劳斯想说的也许是:"因此,这样的观点在任何时候都构成了民主派的言说方式和陈词滥调的喜爱的游戏场地。"第 320 页:"一颗心弦被轻柔而繁复拨动的诗人心灵的内在生命,在诗艺和自然研究、社会生活和国家事务方面的涉猎广泛的活动中,对返回到一种高贵的爱的温和的炉火有着恒久的需求。"我努力想象,一颗心灵,它像竖琴那样被拨动琴弦,然后进行一种"涉猎广泛的活动",也就是说,这是一颗飞奔的心灵,它像一匹黑马似的广泛驰骋,最终又返回到安静的炉火边。当我发现,尽管"心弦被轻柔拨动的诗人心灵"的说法本身并不新奇,是如此陈旧,如此不合适,但"这个返回到炉火的、一般而言还从事于政治的飞奔的心灵竖琴"的说法是相当新奇的,我错了吗?在这样一些对平庸的或者荒谬的东西机智的表述上,我们

---

① 第266页]这一段参见誊清稿以及大八开版第一版第68页。——编注

认出了"经典的散文作家"的痕迹。第74页:"如果我们愿意睁开眼睛,并且诚实地向自己承认睁开眼睛的发现。"在这个浮华的、隆重的空洞措辞中,令人印象深刻的无非是"发现"与"诚实"一词的拼凑:谁发现某种东西,不交待出来,不承认他自己的"发现",就是不诚实的。施特劳斯做的恰恰相反,并且认为有必要公开地赞颂和坦白这种东西。但是,谁曾经指责过他呢?一个斯巴达人问。第43页:"唯有在一个信条中,他才更有力地拉紧了线索。这个信条,肯定就是基督教教义学的中心。"这里究竟发生了什么,依然有点模糊不清:人们究竟什么时候拉紧线索?难道这些线索也许是缰绳,而更有力地拉紧者是一个马车夫?唯有凭借这种修正,我才理解这个比喻。第226页:"在皮外套里面,有一种更为准确的预感。"毫无疑问!就此而言,"从古猿分化出来的猿人还远远"(第226页)不能知道,他有朝一日将会进化到施特劳斯的理论。但现在,我们知道"事情将要并且必然要进展到这里;这里,小旗欢快地在风中飘动。欢快,而且是最纯粹、最高尚的精神的欢快"(第176页)。施特劳斯如此孩子般地以自己的理论为乐,以至于甚至"小旗"也欢快起来了,尤其令人惊奇的是,这种欢快"是最纯粹、最高尚的精神的欢快"。而现在,它越来越欢快了。突然我们看到"三位大师,其中,每一位后来者都站到先行者的肩膀上"(第361页),一场类似海顿、莫扎特和贝多芬为我们表演的不折不扣的马术;我们看到,贝多芬像一匹马(第356页),"乱蹦乱跳,狂放不羁";一条"新钉上马蹄铁的道路"(第367页)展现给我们(而我们之前只知道有新钉上马蹄铁的马),同样还有"一张为了谋杀抢劫的茂盛温床"(第287页);尽管存在这些显而易见的奇迹,但"奇迹还是被颂布已经过时"(第176页)。突然出现了彗星(第164页);但施特劳斯安慰我们说,"在彗星上容易移动的部落中,谈不上什么居民":这是真正宽慰的话,因为否则的话,对一个容易移动的部落,也包括居民而言,人们不应该会去诅咒什么。同时,有一出新的戏剧:施特劳斯本人"越过民族感"、"高攀"到人类感情(第258页),而其他人则"下沉到越来越粗糙的民主主义这边"(*zu immer roherer Demokratie heruntergleitet*)(第264页)。下沉到这边!不要下沉到那边!(Herunter! Ja nicht hinunter!)我们的语言大师命令我们。他在其他地方(第269页),极其错误地指出,"一个能干的贵族属于一个有机的结构"。在一个更高的、在我们之上高得无法想象的领域里,翻动着一些令人可疑的现象,例如"放弃以唯灵主义的方式把人从自然中分离开来"(第201页),或者(第210页)"反对拘谨退缩";第241页还有一出危险的戏剧:"动物界中的生存斗争被充分地引发出来"。——第359页,我们甚至会经历这样一种奇迹:"一种跳跃去伴奏器乐的人声",但有一扇门被打开了,通过它,奇迹(第177页)"被驱逐,而且永不复返"。——第123页:"所有证据在死亡中看到整个人类如其所曾是那样走向灭亡";在语言驯服师施特劳斯之前,"所有证据"还从来不曾"看"过:但是,现在,我们在他语言的西洋镜中看到了它,经历了它,并且想赞扬他。毕竟,我们最先从他那里学到:"我们对宇宙的情感如果受到冒犯,就做出宗教的反应",而且我们还回想起与此相关的程序。我们已经知道(第280页)"看到这些崇高人物的膝盖"是多么具有诱惑力。我们认为我们是幸运的,尽管我们存在视野上的限制,但毕竟见识过"经典的散文作家"。诚实地说:我们所看到的,是泥制的腿,而看上去是健康的肌肉颜色的东西,则只不过是化妆时涂的粉。当然①,在我们谈到装饰出来的偶像时,德国的庸人文化就被激怒了,它在这里看到的是一个活生生的神。但是,谁敢于推翻它的偶像,谁就不惮于当面告诉它,尽管会有招致各种愤怒:它自己已经忘了如何去区分生与死、真与假、原创和模仿、神与偶像,它已经丧失了对于真实的和正确的东西的健康的、男人的本能。它自己挣得了自己的衰落;而现在,它的统治的标志正在衰微,现在,它的紫袍已经脱落;但如果它的紫袍脱落,王权也就必然随之脱落。②

我就此结束我的自白。这是一个个体的自白;对于整个世界,一个个体又能做什么,即便他的声音到处都被听到!最后,请允许我,再用一根施特劳斯的羽毛来装饰你们:他的判断只"具有太多的主观真理,却缺乏任何客观的证明力",不是吗,我的好人们?因此,尽管如此,你们还是安心吧!至少暂时满足于你们的"具有太多……却没有……"吧!暂时!也就是说,在这段时间内:只要凡是永远合乎时宜的,以及今天那些比过去任何时代都更合乎时宜的以及必要的东西,即说出真相,仍然被认为不合乎时宜。

---

① 涂的粉。当然]尼采未修改的校对稿中在"涂的粉"和"当然"之间还有"而抛向它们的每一块石头,都是一块试金石"。——编注

② 但如果……随之脱落。]参见席勒《热那亚的费斯科的阴谋》第5幕第12场。——编注

不合时宜的考察 Ⅱ

论历史对于生命的利弊[①]

[①] 在尼采档案馆里有《不合时宜的考察》第二篇《历史对于生命的利弊》的第一稿、第二稿、打印稿、校对稿以及出版后的手稿样本。第一份札记标明的日期为1873年秋。其排版与印刷的时间在1873年12月与1874年2月底之间。尚存的打印稿中大部分出自格斯多夫之手。校对稿是由罗德(Rohde)一起读的。罗德的校对稿流传了下来,它包含了一些说明与建议,它们几乎总是为尼采所采纳。《历史对于生命的利弊》于1874年2月底前不久依旧由莱比锡的弗里兹希(E. W. Fritzsch)出版。这个版本的一个手稿样本中包含了尼采的一些修正与改写,其标记的日期为1886年,这些将在注释中标明。

罗德版参与的校对稿中的修正、建议和说明将在注释中列出。

注释中会提及未刊稿(即11卷)1873年夏到1874年冬中关于《历史对于生命的利弊》中某些部分的早期版本。——编注

前　言

"此外，一切仅给我教诲但却不能促进或直接激发我的行动的东西，都让我感到厌恶。"①我们这里以歌德的这句话，作为那种大胆表述的"此外，我认为"，来开始我们对历史的利弊的思考。我将说明，为什么无法激发行动的教诲，为什么无法带来行动的知识，为什么历史犹如昂贵却多余的奢侈品———用歌德的话来说———必定让我们感到"厌恶"。之所以如此，②乃是因为我们甚至仍缺少最基本的必需品，而多余是必需的敌人。毫无疑问，我们需要历史，但我们需要它的原因不同于那些在知识花园中闲逛的人，尽管他可能会高傲地俯视我们粗鄙无趣的需求和困顿③。换言之，我们是为了生命和行动而需要它，而不是为了心安理得地④逃避生命和行动，更不是为自私的生活与卑鄙、怯懦的行动⑤开脱。只有当历史能服务于生活和生命，我们才愿意服务于历史；因为我们可

---

① "此外……厌恶。"]歌德致席勒的信，1789年12月19日。——编注
② 必定……之所以如此，]手稿样本中把"之所以如此，"改为"为什么呢？"——编注
③ 俯视……困顿]手稿样本中把"我们粗鄙无趣的需求和困顿"改为"我们更为粗俗的愿望"。——编注
④ 心安理得地]手稿样本中把"心安理得地"改为"享受地"。——编注
⑤ 行动……怯懦的行动]手稿样本中把"自私的生活与卑鄙、怯懦的行动"改为"精疲力尽的生活与渺小和怯懦的行动"。——编注

能高估历史的价值,以至于生活和生命受阻或被贬低。去诊断这种作为我们时代显著症状①的现象,尽管非常必要,但亦令人痛苦②。

我很努力地描述这种经常折磨我的感觉;我将它公之于众,以对它复仇。也许这一描述会促使某个人向我宣布,他也知道这种感觉,但我没有感受到它的纯粹和原初状态,因此无法怀着成熟经验的确信性去将它表达出来。也许有一两个人会向我做出这种断言;但更多的人会告诉我,这种感觉是颠倒是非的、有悖常理的、令人憎恶的、完全无法容忍的,并且由于我产生了这样一种感觉,而显得配不上过去两代德意志人中尤为显著的、强有力的历史学潮流。③ 但无论如何,我敢于描述这样一种感觉,这将更多地增进而非伤害普遍的礼节,因为这将会提供很多机会去恭维这样一种潮流。而对我自己而言,我将得到一样比礼节更有价值的东西——公开地接受教诲,从而对我们这个时代的特征达到一种正确的理解。④

---

① 症状]手稿样本中把"症状"改为"征兆"。——编注

② 去诊断……痛苦]打印稿:人们怎样才能按照我们时代值得注意的症状而真正全面地,但也真正痛苦地研究这种现象。——编注

③ 也许……潮流。]"为此,我获得了什么样的回报呢? 我并不怀疑,人们将回答我说:再也没有比我的这种感觉更颠倒、更廉价、更不容许的了,——由于这种感觉,我对于有利于历史学的那种强有力的运动、那种历史感格格不入;那种历史感作为历史上的某种新东西,只是在欧洲自两代人以来、在德国自四代人以来才使人注意到的。"——编注

④ 理解。]誊清稿中有:此外,谁会手拿一根皮鞭穿过一个以回声著称的山谷时,不抽打几下来听听那优美的回声呢? 谁想认识他自己的时代,就应当使它有所言说,——他由此直接探讨这个时代。——编注

这一考察也是不合时宜的,因为我在这里试图把我们这个时代引以为傲的历史教育,重新理解为对这个时代的伤害,理解为这个时代的弊端和缺陷;因为我相信,我们所有人确实都患上了一种疯狂的历史热病,我们至少应当认识到我们正饱受它的折磨。① 歌德说我们在培植我们的德性的同时也培植了我们的错误②,如果这句话是正确的,并且如所有人都知道的,过度的德性与过度的恶习一样能摧毁一个民族,而我们这个时代的历史感似乎就是这样一种德性,那么人们就可以容忍我这一次,让我说话了。③ 为减轻我的罪责,我承认,首先,引起那些令人煎熬的感觉的经验大多数是来自于我自身,我谈及他人的经验只是为了做比较;其次,在某种程度上,尽管我是当前这个时代的孩子,但我更像是古老时代,尤其是希腊时代的学生,正是如此,我能够获得④这些不合时宜的经验。但由于我的职业是一位古典语言学家,我必须承认这些:因为我并不知道,古典语言学对我们这个时代还有什么意义,除非它通过自己的不合时宜来对我们的时代产生作用——也就是

---

① 这……折磨。]手稿样本中:现在,恰恰这一点是我考察方式的不合时宜之处。我试图将我们这个世纪有理由以之为傲的某种东西,也就是它的历史教育、历史教化及教养,在这里理解为这个世纪的弊端、缺陷和残疾,因为我甚至认为,它患上这种历史教育疾病,是患上了教育的最危险的疾病,而且它至少应当认识到自己患有这种病。——编注

② 歌德……错误]参见歌德:《诗艺与真理》,第3卷,第13页。——编注

③ 歌德……说话了。]手稿样本中有(无插入符号):我期望能够说服我的读者们,像我一样认识到[认出]这种历史学教育是这个世纪的一种危险的[最危险的]疾病。由此并没有尝试任何荒唐的东西。歌德——而且我想证明的一切就是:我们用我们的"历史感"培植了我们的错误。——编注

④ 获得]手稿样本中把"获得"改为"已经获得"。——编注

说,它与我们的时代背道而驰,因而对我们的时代有所影响;但愿它对一个将要到来的时代有所助益。

一①

观察下在你身边走过的牧群②:它们不知道什么是昨天或今天,它们四处跳跃,吃草、歇息、消化,然后又四处跳跃,从早到晚,日复一日,只顾眼前的愉快或不快,而无所谓忧郁③或厌烦④。人看到这一幕就会黯然神伤:尽管他因为自己的人性而感到自身比动物优越,但他仍然忍不住羡慕动物的幸福——动物既不厌烦也不痛苦的生活正是人想要的,但他无法拥有这样的生活,因为他不愿意像动物一样。人兴许也问过动物⑤:"为什么你只是站在那里看着我,而不同我谈谈你的幸福?"⑥动物想要回答说:"那是因为我总是忘记我将要说什么。"但转瞬间,它连这个回答也忘了而沉默不语,徒让人独自困惑不已。⑦

---

① 之前的最初版本:参见29[98];30[2];也参见:博尔诺夫、尼采和莱奥帕尔迪:《哲学研究杂志》,26(1972)66—69。——编注

② 观察……牧群]手稿样本中把"请看一看在你身旁吃着草走过的牧群"改为"这里在我身旁吃着草走过的牧群"。——编注

③ 忧郁]"忧郁"在打印稿中是"恼怒"。——编注

④ 而无所谓忧郁或厌烦]手稿样本中把"无所谓忧郁或厌烦"改为"因而是幸福的,既不忧郁也不无聊"。——编注

⑤ 尽管……动物]手稿样本:因为人要在动物面前为自己的人性而自鸣得意,却满怀妒忌地看着动物的幸福。——编注

⑥ 幸福?]手稿样本:为什么你不告诉我你的幸福?为什么你总是沉默不语,而只是那样地看着我?——编注

⑦ 动物……困惑不已]手稿样本:动物也愿意回答,并且说:这是因为我总是马上忘掉我要说的话。——但此时它也已经忘掉这个回答而保持缄默,以至于人又重新惊奇起来。——编注

但人也对自己无法学会遗忘、总是留恋过去而感到困惑：无论他走多远、走多快，那锁链总是如影随形。"过去"是一样令人困惑的东西：某个时刻存在于现在，但转瞬间消逝了，它从虚无中来，又复归于虚无，但它却会如幽灵般扰乱此后一个时刻的平静①。书页不断地从时间的书卷上掉下，飘散出去——但突然间，它又飘了回来，掉落在人的怀里。于是，人说"我记得"，然后嫉妒②能够瞬间忘却的动物；对于它们而言，每一个时刻都在真正地逝去，沉没在黑夜和雾色中，永远消失。因此，动物非历史地生活着：它们的生活完全存在于当下，就像一个数字被整除，不留下任何奇怪的余数③；它们不知道伪装，不会掩饰任何东西，在每一个瞬间都将自己的本性如其所是地表现出来，因此再诚实不过了。④ 与此相反，人总是背负着"过去"的巨大的、并且还在不断增大的压力；过去就像是一个黑暗的、无形的重担，压迫着他，将他的身子压弯⑤，使他步履维艰。但他似乎有时候能够放下这一重担⑥，并且他在与自己的同伴打交道时也很乐意抛弃这一包袱以唤起他们的嫉妒。这

---

① 但它……平静]手稿样本把"但它却会如幽灵般扰乱此后一个时刻的平静"改为"却经常又来临，这幽灵干扰着后面每一个瞬间的平静"。——编注

② 嫉妒]"嫉妒"在打印稿中是"惊叹"，在誊清稿中是"出于嫉妒而惊叹"。——编注

③ 一个数字……余数]校对稿：它就像一个数字溶入另一个，不留下余数。罗德注：一副奇怪的图景。——编注

④ 能够瞬间忘却……再诚实不过了]手稿样本：并且嫉妒动物，因为它遗忘并真正地"杀死"了时间。动物是非历史地生活的。它活在当下，就像一个没有余数的整数。——编注

⑤ 压迫……压弯]手稿样本中将此处删去。——编注

⑥ 但他……重担]手稿样本中将此处删去。——编注

就是为什么当人看到牧群在吃草,或者看到一个还①没有任何过去可摆脱的小孩,②在过去与未来的藩篱之间,盲目而又极度幸福地③玩耍时,他就像是看到了失去的④天堂一样。然而,小孩的玩耍必然会被打断;他很快就会被从遗忘的状态中唤醒⑤,然后他就会学会理解"从前"这个词:正是这个咒语给人类带来了纷争、苦难和疲倦,并提醒着人生此在的本质⑥到底是什么——一个永远不可能完成的过去时⑦。如果死亡最终将带来人们渴望的遗忘,那么它同时也会吞没了现在和此在,从而印证了这样一种知识:"此在"不过是一个未被打断的"曾经存在",它通过不断自我否定、自我毁灭和自我矛盾而存活下去。⑧

如果幸福,或者对新幸福的追求,在某种意义上是将生者固着在生活之中并驱使他们继续活下去的东西,那么可能就没有比犬儒主义更有道理的哲学了:因为动物就是彻头彻尾的犬儒学者,它们的幸福就是犬儒主义正当性的活生生的证明。⑨ 最微小的幸

---

① 还]手稿样本中将此处删去。——编注
② 小孩,]手稿样本中后面为"并且"。——编注
③ 盲目而又极度幸福地]手稿样本:盲目且幸福地。——编注
④ 失去的]手稿样本中将此处删去。——编注
⑤ 他很快……唤醒]手稿样本:他从自己的遗忘中觉醒了。——编注
⑥ 本质]手稿样本中把"自己的"改为"一切的"。——编注
⑦ 过去时]手稿样本中为"不完美"。尼采这里不仅是唤起一种不完美的概念,同时,这种语法上的过去未完成的时态,表明尼采试图说明,不完美内在于过于的自然之中。——编注
⑧ 如果死亡……存活下去。]手稿样本中将此处删去。——编注
⑨ 如果幸福……证明]手稿样本:如果幸福,或者对幸福的追求应当是把生者固着在生活中的东西,那事实上就没有比犬儒学者更有道理的哲学家了:因为动物作为彻头彻尾的犬儒学者,其幸福就是犬儒主义正当性的证明。——编注

福,只要它是连续不断的并使人幸福的,便远胜于最强烈的幸福,如果那最强烈的幸福不过是一段插曲如一时的情绪或突发奇想,不过就像纯然的无趣、欲求和匮乏中间的一个美妙的中断的话。①

但无论是最微小的幸福,还是最强烈的幸福,使之成为幸福的都是同样的东西,那就是遗忘的能力,或者用更加学术的话来讲,在一定时间段内非历史地感受的能力。谁若不能站在此刻的门槛上,忘却一切过去,谁若不能像胜利女神一样单脚站立而不感到目眩和恐惧,那么他就永远不会知道幸福是何物;更糟糕的是,他永远不会做让他人幸福的事情。试想一个最为极端的例子。一个无法遗忘的人,在他目之所及的地方都处于"生成"的状态中:这样的人将不再相信自身的存在,不再相信他自己,他会看到一切事物都在移动的小点中化成碎片,他自己也将迷失在"生成"的河流中;他就像是赫拉克利特的忠实信徒,最终连手指也不敢抬一下。所有行动都需要遗忘,就像一切有机的生命不仅需要光,而且也需要黑暗一样。② 一个只想历史地感受所有事物的人,就像是一个被迫放弃睡眠的人③,或者是一头只有反刍、不停地反刍才能生存④的

---

① 最微小的……的话。]手稿样本:最微小的幸福,只要它不断来临,就远胜于最强烈的幸福,当这种最强烈的幸福仅仅作为例外和一时的情绪、在纯然的无趣、欲求和匮乏中间来临并恰恰由此而使痛苦的可能增加百倍的时候。——编注

② 谁若……一样。]手稿样本:所有的行动都必然需要遗忘,需要这个不完全改进的被废弃的部分:让我们试想一个最极端的例子:有这样一个人,他注定只能看到永恒的生成,除了生成什么都看不到。参见29[32]。——编注

③ 就像是一个被迫放弃睡眠的人]誊清稿:将睡眠认为是多余的。——编注

④ 生存]打印稿:第一版中为"生活"。誊清稿:大八开版中为"继续生活"。——编注

动物。因此,没有记忆地生活是可能的,这样的生活甚至可以是幸福的,就像动物所表明的那样;但是,完全没有遗忘的生活和生命却是不可能的。或者更直白地说①,睡眠、反刍或者历史感,一旦超过了某一个度,就会对生存者造成伤害,并最终毁灭,②不论它是一个人、一个民族还是一种文化③。

如果不想让过去成为当下的掘墓人,我们就必须确定这个度,从而确定我们在多大程度上忘记过去。为了确定这个度,我们必须知道一个人、一个民族或者一种文化的可塑性有多大:我所说的可塑性是指以自己独特的方式发展自身,改造过去和异己的东西并将其融入自身,治愈伤口、弥补损失和从破碎中再度创生的能力。有些人的"可塑性"是如此弱,就连一次经历、一点痛楚,甚至经常是一桩微小的不公也足以致命,就像一个人由于一道轻微的划伤而流血致死;另一方面,有些人即使面对最糟糕和最骇人的灾难,甚至是他们自己犯下的恶行也不为所动,他们在恶事发生期间或者至少不久之后,仍能泰然处之,心安理得。一个人本性的内在根基越强健,他就越是能够同化和占有过去的事情;我们可以设想,最有力和强大的本性的特征在于:它完全不知道会有历史意识

---

① 一个只想……更直白地说]手稿样本:一个只想历史地感受事物的人,就像放弃睡眠的人,或者像不想再进食,而仅仅反刍的动物。几乎脱离回忆而生活是可能的,而且,幸福地生活是可能的,就像动物向我们所表现的那样的;但是,没有遗忘地生活,这是根本不可能的。或者,回到我正在探讨的问题,也就是健康的问题,就像人们将看到的那样。——编注

② 毁灭,]准备稿这句话之后还有:塑造的力量。回忆和遗忘对于健康来说都是必要的,无论是对于一个民族的健康还是对于一种文化的健康。——编注

③ 并……不论……还是……]手稿样本:无论是。——编注

泛滥和产生有害作用的界限；一切过去，无论是自己的还是最异己的，都被引向自身，融入自身，仿佛过去被化成了血液①。这样一种本性会将它无法征服的东西遗忘掉；它不再存在于当下，它的视界彻底封闭了，没有任何东西向它表明，在其目之所及之外还有其他的人类、激情、学说、目的。而这是一个普遍法则：每一个生命，只有被限制在一个视界之内，才是健康、强壮和丰产的；如果它不能在它周围划定一个视界，或者是过于自我中心而无法在从异己的视界里封闭自己的视界，那么它就会逐渐衰竭或过早夭折。开朗、好的良心、欢快的行动、对未来的信心——这一切，无论是对个人还是对民族而言，都有赖于一条将光明的、清晰可见的东西与黑暗的、暗淡难辨的东西区分开来的界线；都有赖于人们在适当的时候遗忘，在适当的时候铭记；有赖于人们拥有一种强大的本能，感觉到什么时候应该历史地感知，什么时候应该非历史地感知。这正是要请读者去思考的命题：非历史地和历史地感知，对于一个人、一个民族和一种文化的健康而言，都是同等必要的。

  首先，每一个人都必须注意到：一个人的历史知识和历史感可以是非常有限的，他的视界如阿尔卑斯山居住者的视野一样狭窄，他的所有判断都可能含有不正义，他可能会误以为他的每个经验他都是第一个体验者——尽管他会陷入这些不正义和错误，但他仍然会屹立不倒，拥有绝佳的健康和充沛的精力，让所有看到他的人都感到高兴。然而，紧靠在他旁边的是，一个更为正义和有教养

---

① 化成了血液校样中这句话后还有：血液，以便把它当作血液吮入。罗德注：？我不理解。——编注

的人却虚弱多病、濒于崩溃,因为他的视界不断地变动,因为他把自己从他那更加柔软的正义和真理之网之中解脱出来,而重新回到那粗犷的意愿与渴望之中。与此相对,我们也观察到,动物是完全非历史的,几乎居住在一个小点状的视野之内,但却生活在某种幸福中,至少是没有厌倦和伪装;因此,我们应该将在一定程度上非历史地感知能力,视为更重要和更原始的能力,因为只有在它提供的根基之上,一切合理的、健康的和伟大的东西,一切真正人性的东西才能茁壮成长。非历史的感知就像是裹在生命外面的大气,唯有在它里面,生命才得以孕育;如果大气被破坏,生命也将重新遭遇灭顶之灾。确实,只有通过思考、反思、比较、分类和总结来限制非历史的①因素,只有通过在包裹一切的大气之内产生出一道明亮的闪电之光,也就是说,只有通过将过去用于生命、将发生的事情重新变成历史的力量,人才成为人。但在过量的历史中,人就不复存在了,失去了那环绕在周围的非历史的大气,人就永远不会或者不敢迈出一步。人不先走进那笼罩着非历史的雾气之中,又怎么可能做出什么行动呢?或者抛开这些比喻,用例子来说明。想象有一个男人,因为一个女人或者一个伟大的想法,而被一种强烈的激情所驱使和牵引:在他眼中,世界发生了多大的变化啊!回首过去,他仿佛对一切视若无睹;侧耳聆听,那些不熟悉的声音,变成了沉闷、毫无意义的噪音;他从来没有以如此真切的方式,去感知那些他一般所感知到的事物;一切都如此清晰,如此切近可感,如此鲜艳,如此响亮,如此明亮,仿佛他同时用所有的感官把握住

---

① 非历史的]"非历史的"在校样中为"受压抑的"。罗德注:不清楚!——编注

它。他曾经珍视的一切都发生了变化,失去了价值;还有很多事物,他无法再对它们一一估价,因为他几乎不能再感知到它们了;他自问,为什么自己被他人的语词和意见愚弄了如此之久;他很惊讶,为什么他的记忆能够不知疲倦地在一个圈子里打转,但却太虚弱、太疲倦而不能轻轻一跳,离开那个圈子。这是一个人最难以保持正义的一种状态:心胸狭隘,对过去不知感恩,对危险视而不见,对警告充耳不闻,成为了黑暗和遗忘的死海中的一个有生命的小漩涡。然而,这种彻头彻尾的非历史和反历史的状态不仅是一切非正义行为,而且也是一切正义行为的降生地。艺术家创作画卷,将军打胜仗,民族获得自由,无不事先进入一种如前所述的非历史的状态之中,并去渴求和争取他们欲求的对象。如歌德所言①,就像行动者总是缺乏良知一样,行动者也总是缺乏知识②;他为了做一件事而忘记大多数事情,对于那些被他甩在身后的事情,他是不公平的。他只承认一种权利,那就是当下正在生成之物的权利。因此,每一位行动者热爱自己的行为,无限地超过这种行为值得被爱的程度:最好的行为总是发生在这样一种爱的丰盈之中,即使它们在其他方面的价值难以估量③,但它们肯定仍然不值得这样的爱。

每一个伟大的历史事件都发生在非历史的大气中,如果一个

---

① 如歌德所言]参见歌德:《准则与反思》,出自《艺术与古代》,第241页,歌德原话为"行动者总是没有良心,除了旁观者,没有人拥有良心",1824年。——编注

② 缺乏知识]打印稿:第一版:缺乏知识;誊清稿、大八开版:总是缺乏知识。——编注

③ 即使它们在其他方面的价值难以估量]校样中这句话为:哪怕不存在能够适用于它们的荣誉。罗德注:不是非常清楚!——编注

人能够在足够多的事例中一再嗅到、呼吸到这样的大气,那么他作为认识的存在者,就有可能使自己提升到一种超历史的立场上。尼布尔①曾经将这描述为历史反思的可能结果。"清晰而详尽地把握历史,"他说,"至少在这一个方面是有用的:它使我们认识到,即便是我们人类最伟大和最高贵的人物,也没有意识到他们自己所持的以及他们强迫其他人采取的看待事物的方式在本质上是偶然的——我这里用'强迫'这个词,是因为他们在这方面的意识尤为强烈。谁没有在众多的事例中明确地认识和领会到这一点,他就会屈服于以特定形式表现出最高热诚使命和投入的强有力精神的显现之下。"我们把这个立场称为"超历史的",因为站在这一立场上的观察者不再受到诱惑再去依靠历史,或者参与到历史中来生活;他认识到所有发生之事的必要条件就是行动者心中的盲目和不义;这一立场能够使他过分认真地对待历史的症状得到治愈,因为他以前会从所有人和所有事件上,无论是希腊人还是土耳其人,无论是一世纪还是十九世纪的某个时刻,学着去回答他自己如何生活和为何生活的问题。你只要问一下你的朋友,他们是否愿意回到 10 年或 20 年前再活一次,你就很容易会发现谁能够接纳这一超历史的立场:他们都会说不愿意,但他们有不同的理由。有些人可能会这样安慰自己:"未来 20 年会更加美好";他们就是大卫·休谟讥讽的那些人:

---

① 尼布尔(Barthold Georg Niebuhr,1776—1831):德国历史学家,曾为波恩大学教授,著有《至公元前 241 年的罗马历史》,对兰克有很大影响。此处引文出处不明。——译注

愿从生命的余烬中去获取，

青葱岁月所未曾的给予。①

我们将他们称为"历史的人"；对过去的观察使他们涌向未来，鼓起勇气继续生活，点燃了他们的希望，并相信正义即将到来，幸福就在他们正在攀登的山峰背后等着他。这些历史的人相信，人生此在的意义会在历史的进程中逐渐显露出来。他们回首迄今为止的历史进程，只是为了学会理解当下和更热切地渴求未来。他们根本不知道，尽管他们专注于历史，但实际上他们是在非历史地思维和行动，或者他们对历史的关注并非服务于纯粹知识，而是服务于生命和生活。

但我们的问题还有另一种答案。虽然也是"不"，但却有不同的理由：那是超历史的人说的"不"，他们认为在历史的进程中不会有救赎，相反，在他们看来，世界在每一刻都是完满的，都达到其终点。未来10年又能教给我们什么过去10年未能教给我们的东西呢！

如今，这教训的意义是幸福还是断念，是德性还是忏悔，在这个问题上，超历史的人未能达成共识；但他们反对看待过去的所有历史方式，一致同意以下的命题：过去和现在是相同的东西，它们所有的多样性都是同一类型的，是一种无处不在的、永存不朽的类

---

① 参见瓦尔特·考夫曼：《尼采：哲学家，心理学家，基督之敌》，普林斯顿，第147页；尼采这里引用的是休谟《关于自然宗教的对话》，第十部分；参见第29页第86行，第30页第2行。但这不是休谟自己的话，而是休谟引自约翰·德莱顿剧作的《奥伦·泽波》，第四场，第1幕。——编注

型,是一种价值不变和意义同一的恒定结构。就像千百种不同的语言都是为了满足人类的同一种类型的、不变的需求,因而理解这种需求的人无法从这些语言中学到任何新的东西,超历史的思想家从内部去观察各民族和个体的全部历史,深刻洞察各种象形文字的原义,并且甚至逐渐疲倦不堪地逃避那种源源不断涌现的书写符号:因为相同的事件无休止地重现,他怎么不会感到饱足、过饱,甚至是恶心!所以他们中最大胆的人最终也准备像莱奥帕尔迪那样对自己的内心说:

> 没有任何活着的东西
> 值得你如此焦虑,
> 大地亦不值一声叹息。
> 我们的存在是痛苦①和无趣,
> 世界无他,只是烂泥,
> 你要冷静而平息。②

但让我们把恶心和智慧留给这些超历史的人吧③:我们今天宁可为我们缺乏智慧④而衷心欢呼,让我们作为积极行动和进步

---

① 痛苦]手稿样本中把"痛苦"改为"苦涩"。罗德修正。——编注
② 没有……平息]参见列奥巴尔迪:《诗集》,哈默尔凌译,希尔德布莱格豪森,1866年,第108页。——编注
③ 参见30[2];准备稿这句话之后还有:超历史的人否定生命;但也应该明确,历史的人肯定生命,历史对于他不是一个纯粹的认识问题,而是作为[生活]——这是历史在那种非历史状态中渴望的东西。——编注
④ 缺乏智慧]手稿样本中把"缺乏智慧"改为"无知"。——编注

的信徒、作为历史进程的敬仰者,快乐地去过一种幸福的生活。我们对历史事物的评价可能只是一种西方的偏见:但我们至少要在这种偏见中取得进步,而不要站在原地不动!我们至少要学会更好地以生命为目的来运用历史!只要我们可以肯定我们拥有更多的生命,那么我们就会欣然地承认超历史的人比我们拥有更多的智慧。因为那样的话,我们的不智无论如何都会比他们的智慧拥有更多的未来。为了消除关于生命和智慧之间对立的意义的所有怀疑,我将运用自古以来经过反复检验的方法,直接提出一些命题。

一个历史现象,如果被理解透彻,并且被化解成一种知识的现象①,那么对于理解②它的人而言,它是死的:因为他认识到那种现象当中的妄想、不正义和盲目的激情,认识到那种现象的完全俗世的和黯淡的视界,因而认识到它的历史力量。对于理解了这种现象的认知者,这种力量已经无法再掌控他们了,变得无力了;但对于生活者,它也许还未失去效力。③

历史若被视为一种纯粹知识,一旦变得至高无上,那么对人类而言,它就会成为一种对生命的总结和清算。唯有融入到一个强有力的、全新的生命潮流中,比如一种生成中的文化,也就是说,唯有当它被一种更高的力量所支配和引导,而不是它本身去支配和引导其他东西时,历史教化和教养才是有益的和预示未来的东西。

---

① 被化解成一种知识的现象]手稿样本中把"被缩减为一种知识现象"改为"被转换回知识问题"。——编注

② 理解]手稿样本中把"理解"改为"解开"。——编注

③ 效力。]准备稿后面还有:但唯有他不是被知识引导,而是被生活的冲动引导;唯有借助对过去之物的一种反修饰的态度,他才得知——。——编注

只要历史服务于生命,它就服务于一种非历史的力量,因而在这种从属关系中,它就不可能也不应该①成为像数学那样的纯科学。但生命在多大程度上需要历史和历史学的服务,这是与一个人、一个民族和一种文化的健康休戚相关的最高问题和忧虑之一。因为当历史达到一种过剩的程度,生命就会变得支离破碎、衰败退化,并且由于这种退化,历史本身也会陷入退化之中。

二

但是,正如我们需要深刻地理解,过量的历史会损害生命一样,我们也要清晰理解生命需要历史的服务。这是在后文将加以证明的原则。历史属于生存者,表现在三个方面:属于作为行动者和奋斗者的人;属于作为保存者和敬仰者的人;属于作为受难者和寻求救赎者的人。这三种关系与三种类型的历史学相对应:若是允许的话,它可以被区分为丰碑的历史、崇古的历史和批判的历史。

历史首先属于行动者和强者,属于那些进行着一场伟大斗争的人,属于那些需要榜样、导师、慰藉者,但却无法在同时代的人中找到的人。因此,它属于席勒②:因为歌德③说过,我们的时代如此之坏,以至于诗人在其身边的人类生活中再也遇不到有用的本性。当波里比阿④将政治历史学称为治国的适当准备,认为它就像是

---

① 不可能也不应该]手稿样本中去掉了"也不应该"。——编注
② 席勒]修正前的校样中为:席勒。罗德修正。——编注
③ 歌德]歌德与爱克曼的谈话,1827年7月21日。——编注
④ 波里比阿]尼采这里指的是波里比阿(Polybius)的《历史》I,1,2。——编注

一位最出色的导师,通过让我们回想他人的不幸来教导我们如何坚韧地忍受命运的无常时,他想到的是行动者。谁学会从这当中认识到历史的意义,那么,当他看到好奇的游客或者学究型细节扒梳家在过去伟大时代的金字塔上爬来爬去时,就会感到恼火;当他在追寻去效仿榜样或者致力于改善的激励时,他不希望遇到那些为了寻求消遣或刺激、就像在堆满艺术珍品的展厅中游荡的闲人。在身弱体衰和毫无希望的闲人中间,在那些表面上在行动但实际上只是焦虑不安和手忙脚乱的当代人中间,为了避免绝望和恶心,行动者在其朝向目标的征程中,往身后看,停下来,喘口气。但他的目标是某种幸福,并不必然是他个人的幸福,而更可能是一个民族或者整个人类的幸福;他对断念退避三舍,他需要历史作为对抗断念的武器。在大多数情况下,他不会获得任何回报,除了名声,也就是他有希望在历史的神庙中占有一席之地,反过来成为后来人的导师、慰藉者和劝诫者。因为他遵守的诫命是:凡是过去能够扩展"人"的概念并使其更加美好的东西①,都必须永久地存在,以使其永久地保持影响力。人类的个体奋斗史中的这些伟大时刻形成了一个链条,将跨越千年的伟大时刻连接起来,如同一条连绵不断的人类山脉;对我而言,那些逝去时刻的顶峰依然是活生生的、明亮的和伟大的——这就是丰碑的历史的要求中所表现出来的相信人性的基本信念。② 但恰恰正是这种伟大事物应该永存的信念

---

① 能够……东西]校样:那里曾经存在着将"人"的概念扩大为更美好和更高的东西。罗德注:糟糕的表达!——编注

② 对我而言……信念。]准备稿:对我而言,那些逝去时刻的顶峰也是伟大的,而且欲求名声的预感性的信念得到了实现,这就是文化的基本思想。——编注

和要求,激起了最可怕的斗争。因为还活着的一切其他事物都在高喊"不"。不应当产生丰碑的东西——这是敌对的口号。麻木不仁的习惯、低贱渺小的事物,充斥着世界的每一个角落,如同沉重黑云围绕着一切伟大的东西,扑到伟大事物通往不朽的必经之路上,去阻挡、迷惑、窒息和扼杀它们。然而,这条道路却经由人类的大脑!经由那些胆小怯懦、短寿促命的动物的大脑!那些动物一再陷入同样的需求和痛苦当中,奋力挣扎以暂时延迟死亡。因为它们首先想到的唯一一件事是:无论如何都要活下去。想象一下,谁会把它们与走向丰碑的历史的充满险阻的火炬接力赛联系起来呢,因为唯有伟大者才能跑完这个接力赛!但总有一些醒悟过来的人,从对过去伟大事物的反思中汲取力量,受到鼓舞,感觉到欣喜,就好像人的生命是一桩美好事物,好像这株苦涩的植物所能结出的最甜美的果实就是知道:过去的人在经历自己的人生此在时,有一种人总是带着骄傲和力量,另外一种人在深刻地沉思,还有一种人则表现出怜悯和助人之心——但它们都留下了同样的教诲:不重视此在的人,生活得最美好。如果普通人带着如此忧郁、严肃和渴求去看待这段时光,那么我们前面提到的那少数醒悟的人就知道,在其通往不朽和丰碑的历史的道路上,如何用奥林匹亚山诸神的大笑,或者至少是以一种崇高的嘲讽来对待它;他们通常面带讥讽的笑容坠入坟墓——他们有什么是可以埋葬的啊!① 只有那一直压在他们身上的糟粕、垃圾、虚荣心和动物性,以及那些被他

----

① 埋葬的啊!]然而,这些追求名声中最大胆的人必定是伟大的哲学家。——编注

们讥讽许久后如今归于遗忘的东西。但有一种东西将会存活下去，那就是他们最本质存在的印记——某部作品、某个行为，某一刻的灵光闪现，某个创造。这些东西会存活下去，是因为子孙后代不能缺少它们。在这种升华的形式中，名声不仅是我们自爱的最美味的甜点，正如叔本华所言：它是对一切时代伟大事物的一致性和延续性的信仰，是对世代变迁和事物易逝的一种抗议。

那么，对现代人而言，这种对过去的丰碑式的考察，对早前时代的经典和稀有之物的沉湎有什么用呢？他从中会认识到，曾经存在过的伟大事物，无论如何，曾经都是可能的，因而也就有可能再次成为可能；他会更加勇敢地走在自己的路上，因为在其软弱时侵袭他的那种怀疑，即自己是否在追求不可能之物的疑问，已经被驱逐。试想有人相信，只需不到一百个在一种新精神中接受教育和积极行动的人，就能摧毁现在在德国变得时髦的教养和教养方式，那么当他意识到文艺复兴的文化就是在这样的一百个人的肩膀上建立起来的，这将会使他获得多大的自信啊！

想从这同样的例子中立刻学到新东西，然而，这种比较是多么流动易变、摇摆不定和不精确！这种比较要想发挥强有力的作用，这中间会有多少差异会被忽视！为了实现这样的一致性，我们需要多么粗暴地将过去的个体性纳入到一种普遍的模式中，将所有尖锐的棱角和粗糙的线条抹平！的确，归根结底，只有当毕达哥拉斯学派的理论是正确时，过去发生过的事情才有可能再次发生。因为这个学派认为，当天上的星宿运行到相同的位置时，地球上的事件也将分毫不差地重复一遍。这意味着：当星宿之间的位置呈现某种关系时，一位斯多葛主义者就会与一位伊壁鸠鲁主义者联手刺杀恺撒;当它们呈现出另一种关系时,就可能预示着哥伦布①将再次发现美洲②。③ 只有每当大地的戏剧在第五幕结束以后就会重新开始,只有在特定的间隔以后,同样的动机联结、同样的救场神仙、同样的灾难都再度确定无疑地重现时,强者才会渴望丰碑的历史,渴望其拥有如圣像绘画般的完全的忠实性,即精确和详尽地描绘每个事件的独特性和唯一性。但无疑,这也是只有当天文学家成为占星学家时,这样的事才会发生。在那之前,丰碑的历史都不可能需要那种绝对的忠实性:它总是要用近似化和普遍化、将不相似看作是相似的方式去看待事物;它总是要弱化动机和诱因上的差异性,以牺牲原因的代价去展示丰碑式的结果,只说某事是典范性的、值得效仿的,但从不谈原因;因此,由于丰碑历史学尽可能地忽略原因,我们可以稍微夸张地称之为"结果本身"的集合,将对所有时代都会产生影响的事件的集合。民间节日、宗教或战争的纪念日所庆祝的事件,就是这样一种"结果本身":正是这样一种东西让野心家无法入睡,像护身符一样挂在了进取者的心灵上,但这并非真的是历史因果的联结——如果我们真正明白的话,这只不过证明了在未来和偶然的骰子盒中,永远不会掷出完全相同的东西。

只要著史的目的在于为强者提供一种强大的驱动力,只要过去必须被描述成值得效仿的、可以效仿的和有可能再次发生的,那

---

① 的确……哥伦布]参见29[61]。——编注
② 美洲]校样:美洲和美洲的哥伦布。罗德注:??,无论如何都是没有品味的。——编注
③ 一位斯多葛主义者……美洲。]参见29[108];29[29]。——编注

么它就有可能陷入被扭曲、被美化①，甚至是完全②虚构的危险之中。确实，在过去很长一段时间里，丰碑式的过去与神话故事根本无法被区分开来，因为这两者都可以产生出同样的驱动力。因此，如果丰碑的历史支配了思考历史的其他方式——我指的是崇古的历史和批判的历史，那么过去本身就遭受损害；绝大部分的过去会被遗忘、被轻视，仿佛一条绵延不绝的灰色河流不可阻挡地奔腾而去，只有个别的、经过润色的事实如孤岛般显露出来；在少数能够被看见的伟大人物身上，我们看到了某些非自然和奇迹般的东西，就如毕达哥拉斯的学生声称要在他们的老师③身上看到金臀一样。丰碑的历史用类比来欺骗：用充满诱惑的相似性来怂恿勇敢者做出鲁莽之事，怂恿受到激励者做出狂热之事。我们再深入地想一下，如果此类的历史落入了有才能的自私自利者和狂热的恶棍手中和头脑中，那么帝国倾覆、王侯遭戮、硝烟四起、革命爆发，还有一系列的历史"结果本身"，换言之，没有充分原因的结果就会再度增多。且不说丰碑历史学在强者和行动者——不管他们是好是坏——中间所能造成的伤害，如果它为无力者和消极者所拥有和利用，又可能会怎么样呢？

举个最简单、最常见的例子。设想一下，④如果用丰碑的艺术史为那些没有或者鲜有艺术天赋的人披上盔甲、武装起来，那么他

---

① 被美化］打印稿、第一版中为：美；札记、大八开版：更美。——编注
② 完全］打印稿中把"完全的"改为"早的"。——编注
③ 老师］修正前的校样中为：当大师正在沐浴的时候。罗德修正：要删除，因为这是事实性的错误。——编注
④ 例子……设想一下，］修正前的校样中为：例子，人们设想。罗德修正。——编注

们现在会把武器对准谁？会对准他们的宿敌,对准那些拥有强大艺术精神的人,对准能够真正地从历史中学习的人,也就是那些能够为改善生命而将他们学到的东西转化成一种更高层次的实践的人。这些人的道路会被堵塞,他们的空气会变浑浊,假如这些一知半解的人将过去某个伟大时代的丰碑树立成偶像,并围着它狂热地舞蹈,仿佛在说:"看,这才是真正的艺术:你们关心的都是生成中的艺术,愿望中的艺术!"这群手舞足蹈的乌合之众似乎还拥有决定什么是"高雅品味"的特权:因为与那些从来只会作壁上观、从不亲身参与创造的人相比,有创造力的人总是处于下风;就如同在所有时代,闲谈政论家总是比那些实干的政治家更聪明、更公正、更加审慎。但是,假如有人甚至将全民投票和少数服从多数的原则运用到艺术领域,仿佛是在强迫艺术家在审美无能者的法庭上为自己做辩护,那么你可以事先打赌,艺术家必被判罪:尽管,或者不如说,恰好是因为他的法官庄严地颁布了丰碑艺术的法典。按照既定的解释,丰碑的艺术是在所有时代都能"产生影响"的艺术,而对于这些法官来说,这些艺术不是丰碑式的,仅仅因为这些现代艺术一不是历史所需,二不是纯粹的偏好,三缺乏历史的权威。另一方面,他们的本能告诉他们,艺术会被艺术杀死:丰碑式的东西永远不会再次重现。为了证明这一点,他们诉诸的权威,恰好是来自于过去的丰碑的历史的权威。他们成为艺术的鉴赏家,因为他们想扼杀艺术;他们假装成医生,而他们的实际意图是配制毒药;他们随心所欲地发展他们的味觉和舌蕾,然后用这种挑剔的味觉去解释他们为什么如此固执地拒绝用来款待他们的一切有营养的艺术盛宴。因为他们不希望看到有新的伟大事物诞生,他们阻止它的方法就是声称:"看,伟大的东西早已存在!"事实上,他们并不在乎这些业已存在的伟大事物,就像他们也不在乎那些将要诞生的伟大事物一样:他们的生活就是证明。丰碑的历史是假面舞会的外套,他们用这个外套去将他们对自己时代的强者和伟人的恨意,假扮成对过去时代的强者和伟人的过分的溢美之词,并且在这袭外套的包裹之下,这种思考历史的方式的真正意义被完全颠倒成它的对立面;不管他们是否清晰地意识到,他们的做法似乎表明他们的座右铭是:让死人埋葬活人吧。

　　这三种类型的历史中,每一种都只在特定的土壤和气候中才能繁盛,否则它就会长成疯狂肆虐的杂草。如果一个想要成就伟大的人需要过去的话,那么他就会通过丰碑的历史去占用过去;如果一个人热衷于传统的和可敬的古老事物,那么他就会像崇古历史学家那样照料过去;只有被当下苦难所迫、不顾一切想要扔掉包袱的人,才需要批判的历史,也就是评判和判决的历史。

　　很多病害都是漫不经心地移植这些植物所致:缺乏苦难的批判家,失去敬意的崇古者,能够认识伟大却无法创造伟大的人,就是这样被胡乱移植的植株——远离其自然土壤,退化成杂草。

三

　　因此①,其次,历史属于作为维护者和敬仰者的人——这样的人怀着热爱与忠诚,回望他所来自以及他所成为自己的地方;他怀

---

① 参见 29[114]。——编注

着这般虔诚,仿佛是在向自身的此在致谢。他精心料理那些从远古流传下来的东西,他希望把自己成长的条件保存下来,留给后来者——他就是以这样的方式服务于生命。在这样的心灵中,拥有祖传物品①的意义发生了变化:完全不是心灵拥有物品,而是物品占有心灵。琐碎的、有限的、腐朽的、过时的东西都获得了自己的尊严和不可侵犯性,因为崇古者将他那维护和敬仰的心灵移入到这些物品之上,并在那里搭窝筑巢。对他而言,他所在城市的历史变成了他自己的历史;他把它的城墙、带塔楼的城门、市政条文和民间节日当作是一本带插图的青春日记来阅读,他在其中找到了他自己,找到了他的力量、他的勤奋、他的快乐、他的判断,还有他的愚蠢和恶习。我们过去可以在这里生活,他对自己说,因为我们现在可以在这里生活;并且我们未来也可以在这里生活,因为我们总是坚韧不拔,不会在一夜之间被摧毁。因此,通过使用"我们"这个词,他超越了自己稍纵即逝的令人惊奇的单个存在,他感觉到自己是他的家园、他的种族,还有他的城市的精神。有时候,他甚至跨越数个世纪的漫长的纷扰和迷乱,来拥抱其民族的心灵,并把它作为自己的心灵。他具有同情能力和预见能力,能嗅探到近乎消失的蛛丝马迹,无论羊皮纸上的文字被重写了多少遍,他都能近乎本能地迅速和准确地读出纷繁的过去——这都是他的才能和德性。歌德就是怀着这些才能和德性站在施泰因巴赫的纪念碑前;在他情感的风暴中,将他们所在时代分隔开来的历史云幕被撕裂了:他第一次看到了德意志作品再次"从强大的、粗犷的德意志心

---

① 祖传物品]参见歌德:《浮士德》,第 1 部,第 408 行。——编注

灵中施展它的影响"①。也正是同样的一种感觉和冲力引领了文艺复兴时期的意大利人,唤醒了他们诗人当中的古意大利天才,成就了布克哈特所说的"远古拨弦乐的宽广而美妙的重新演绎"。②

但是,只有当这种推崇过去的崇古感在一个人或一个民族所处的贫苦、窘迫,甚至是悲惨的状态中散播一种朴素的愉快和满足感时,它才发挥了其最大的价值。例如,尼布尔以一种令人敬佩的坦率承认,在沼泽和荒野里,在一群拥有某种历史的自由民中间,他能够愉快地生活而从来不为缺少艺术怅然若失。让那些不受恩宠的种族和民族对自己的家园和习俗③心满意足,以免他们为寻找更有价值的东西而背井离乡,甚至为此不惜发起战争,历史还能比这更好地服务于生命吗?将人束缚在他身处的环境中,束缚在他的同伴中间,束缚在艰辛的日常劳作上,束缚在那光秃秃的山脊上,这有时看起来固执且无知——但却是一种最为健康的无知,一种为共同体带来最大利益的无知:只要一个人知道了迁徙和冒险的欲望,尤其是当整个民族都陷入这样的欲望时可能带来的可怕

---

① 歌德……影响"。]尼采这里参考歌德的文章:《论德国的建筑艺术——纪念埃尔温·施泰因巴赫》(1773年)。这篇文章1772年写于斯特拉斯堡,献给斯特拉斯堡的大教堂建设者埃尔温·施泰因巴赫。歌德把斯特拉斯堡大教堂颂扬为德意志天才的真正作品:"没有一个人将会把埃尔温从他已升到的级别上推下来。这里矗立着他的作品。走过去,认识一下那对真理和比例关系之美的最深刻的感觉吧,它出自于强大的、粗犷的德意志灵魂,屹立在中世纪狭窄的、阴森的教士舞台上。"——编注

② 布克哈特……演绎"]布克哈特是一位令尼采尊敬的巴塞尔大学的同事。尼采这里引用其作品《意大利文艺复兴时期的文化》,莱比锡,1869年,第200页;一并参见第9页第143行。——编注

③ 习俗]修正前的校样中为:家乡的习俗。罗德修正。——编注

后果,或者是他近距离地观察到当一个民族不再忠于其根基、将其抛弃,沉沦在对一种又一种新事物的全世界范围内的、永无止境的追逐当中时,这个民族所处的状态,他就能明白这一点。与此相反的一种感觉,树大根深的安适感,知道自己的存在并非完全主观和偶然的,而是如同从种子到花朵、再到果实般从作为遗产的过去中生长出来,从而使个体的存在得到谅解,甚至得到辩护,此时油然而生的幸福感——这就是我们今天所偏爱地称为"真正的历史感"的东西。

尽管如此,这肯定不是一个人最有能力将过去转化为纯粹知识的状态;因此,就像我们在丰碑的历史中察觉到的,我们在这里也觉察到,只要历史服务于生命,并且被生命的冲动所牵引,那么过去本身就会遭受损害。用个不大恰当的比喻说:树感觉到的根要比它所能看到的多;但这种感觉是根据那些可以被看见的树枝的大小和粗细来判断根的大小。假如树在这一点上都错了,那么它在判断身边的整片森林时又会犯多大的错误!① 因为它只知道并感觉到森林在多大程度地阻碍或有助于它,除此以外一无所知!一个人、一个共同体、整个民族的崇古感,总是拥有一个极其狭隘的视界;大部分事物的存在,它都没有觉察到,而它所能看到的少数事物却又因离得太近而只能孤立地看,无法看到全貌;因此,他无法对任何事物进行评价,结果,它把所有事物都看得同等重要,因此又把每一样事物看得过于重要。由于它缺乏对辨别价值差异的标准以及事情轻重的分寸感,因而无法公正地对待过去的事物

---

① 那么……错误!]修正前的校样中改为:什么样的。罗德修正。——编注

及其关系;它永远都只用崇古的民族或者个人回首过去时的尺度和分寸去衡量事物。

这里永远都有一种危险迫在眉睫[①]:最终,凡是进入这种视界的任何古老和过去的事物,都认为是同样值得推崇;凡是没有进入这种对古代事物的推崇之中的东西,也就是,任何崭新和正在生成的东西,都会受到拒斥和敌视。因此,即使希腊人在造型艺术上创造了自由和伟大的风格,他们还是要忍受僧侣的风格;后来,他们甚至不仅忍受尖鼻、冷笑的风格,甚至将其发展成一种优雅的时尚。当一个民族的感觉在这样一种潮流中逐渐僵化,当历史学以这样一种方式服务于过去的生命,以至于损害了未来的和更高的生命,当历史感不再是保存生命,而是将生命制作成木乃伊,那么树就会自上而下地、非自然地枯死——最终树根本身也将腐烂[②]。从崇古的历史不再从当下充满朝气的生活中汲取生机和灵感的那一刻起,它就退化了。于是,虔敬之泉干涸了,学究的习惯在失去敬意以后仍在持续,并自私自满地以自己为轴心旋转。于是,我们看到了如此令人反感的一幕:一个失控的收藏癖,无休无止地搜罗一切曾经存在过的东西。这个人把自己囚禁在发霉的空气中;通过崇古的方式,他成功地将一种更为重要的品性、一种更高贵的需求,降格为一种贪得无厌的好奇,对一切古老事物的好奇。他常常陷得如此之深,以至于为了获得饱腹感,他会狼吞虎咽地吞下任何食物,甚至会愉快地吞下从残篇烂卷上掉下的灰尘。

---

① 参见 29[114]。——编注
② 自上而下……腐烂]打印稿:利于树根的死亡——由此,树根反过来又是最安全的地方。——编注

然而，即使那种退化没有发生，即使崇古的历史也没有失去它能扎根其上、只裨益于生命的根基，但如果它变得过于强大，压倒了思考历史的其他方式，那么仍然存在十足的危险。因为它只懂得保存生命，却不懂得创造生活；它总是低估正在生成的东西，因为它没有预测那些事物的本能——例如，丰碑的历史就拥有这样的本能。因此，它阻碍了任何尝试新事物的决心，它使行动者陷入瘫痪，而行动者将会并且总是会对某些虔敬造成伤害。事物已经变得陈旧，这个事实如今催生了①这样一种需求，即它必须要成为不朽；因为当一个人想一下这样的一件古老事物——祖先流传下来的古老习俗、宗教信仰、世袭的政治特权——在其存续的过程中，将会受到多少个体和世代的虔敬和推崇，于是如果要用一件新奇事物去取代它，用对正在生成和当下的事物的一缕诚意去对抗过去累积起来的无数的虔敬和推崇，这必然显得傲慢自大，甚至是犯罪。

因此，在这里逐渐变得清晰的是，除了丰碑和崇古的历史考察方法以外，人类在多大程度上需要第三种方法，即批判式的；并且这种方法也是要服务于生命和生活。为了生命，人必须拥有分解和剖析过去的力量，并且不时运用这种力量。这意味着，他要将过去带到审判席前，认真严格地审问它，并最终做出定罪；但是，所有过去都值得被定罪——因为人类的事物就是这样：人类的暴力②和弱点总是在其中发挥强大的影响。坐在审判席上的不是正义，

---

① 催生了]打印稿：变成。——编注
② 暴力]打印稿：过失。——编注

宣读判决的也不是仁慈,而是生命,并只能是生命,是那种阴暗狡黠、欲壑难填的驱动力。它的判决永远是无情冷酷的,永远是不正义的,因为这个判决永远不是从纯净的知识之泉喷涌出来的;但在大多数情况下,即便做出宣判的是正义本身,判决的结果也会是一样的。"因为所有存在之物都理应归于灭亡,所以什么也不产生那就更好了。"①有能力去生活,忘记生命和不正义在多大程度上是同一件事,这需要付出很大的力气。路德本人曾经认为:正是因为上帝的健忘,世界才得以产生;因为如果上帝预见到"重型火炮",他就永远不会创造这个世界了。但是,即便生命需要遗忘,有时也需要将遗忘暂时地悬置一下。因为这个时候,人们被认为应该清晰地认识到了,存在之物——比如某种特权、某个种姓、某个朝代——是多么不正义,它就多么应该灭亡。于是它的过去就被批判地加以考察,于是有人用刀子去挖它的根,于是有人无情地践踏一切虔敬。这永远是一个危险的过程,尤其是对生命本身:以审判和毁灭来为生命服务的人和时代,无论如何永远都是危险的和处于危险中的人和时代。因为既然我们是先辈的产物,我们也是他们的失常、激情、错误,甚至是罪行的产物;我们不可能完全摆脱这一链条。即便我们将这种失常的行为判罪,并认为自己与这些行为无关,但这也无法改变我们源于它们的事实。我们所能做的最好的事情就是,用我们的知识去对抗我们的世代相传的继承的本性。甚至用一种新的、更严格的训练去对抗我们自古就接受的教

---

① "因为……更好了。"参见歌德:《浮士德》,第 1 部,第 1339—1341 行。——编注

养方式和习俗传统,在自己身上培育新的习惯、新的本能,培育我们的第二本性,以让我们的第一本性凋谢。这是一种尝试,即试图用我们希望源自的新的后天的过去,以对抗我们实际源自的先天的过去。这永远都是一种危险的尝试,因为我们很难去对这种否定过去的做法设置限度,而且因为第二本性通常会比第一本性更加孱弱。更为经常发生的是,我们认识善但不行善,这是因为我们也认识更善但却做不到。但不管在这里还是那里,胜利的尝试总是会有的。对于战斗者而言,对于那些为了生命而运用批判的历史的人而言,还有一个更加值得注意的安慰,那就是,他们知道第一本性也曾经在某个时候是第二本性,而且每一个获得胜利的第二本性都会成为第一本性。

四[①]

这就是历史学能够为生命提供的服务;根据各自的目标、力量和困境,每个人和每个民族都需要对过去拥有特定类型的知识,有时候是丰碑的历史,有时候是崇古的历史,有时候是批判的历史:但并不需要那些仅仅旁观生活的纯粹思想家,那些单纯从知识中就能得到满足的、求知若渴、把积累知识作为目标本身的人,而是需要永远把历史作为为了生活、为了生命的目的,因而也是处于这一目的的[②]支配和最高指导之下的人。这就是一个时代、一种文

---

① 参见 29[218、121、122、65、81]。——编注
② 目的的]打印稿、第一版中为:目的的;准备稿:源自目的的生活;大八开版:生活的。——编注

化、一个民族与历史的自然关系——这种关系是由饥饿引起,为需求的程度所调节,被其内在的可塑力所限制——在一切时代里,人们都只是在为未来和现在服务时才渴求过去的知识,而不是为了削弱现在,也不是为了切除一个充满生机的未来的根。这些都很简单,正如真理是很简单的一样,甚至对于那些从来不是首先要求提供历史证据的人也是显而易见的。

现在,快来看一下我们自己的时代吧!我们惶恐,我们退缩:生命与历史学之间的关系的所有清晰、自然和纯洁都去哪里了?这个问题又是如何混乱地、夸张地和令人不安地涌现在我们眼前!过错在于我们这些观察到问题的人吗?抑或是,由于一颗强大且敌对的恒星的干扰,生命和历史学之间的星位的确发生了改变?就让其他人去证明我们看错了吧,我们还是要说出我们认为看到的东西。我们肯定是看到了一颗恒星,一颗放射出璀璨光芒的恒星运行到了生命和历史之间,使它们的星位真的发生了改变——由于科学,由于要求历史应该成为一门科学而发生了改变。如今再也不只是生命本身的要求在支配和约束关于过去的知识;如今一切边界都被抹除,一切曾经存在过的东西都向人类袭来。所有视线都转向了过去,转向一切生成着的过程,转向无穷,所有的视野都在改变。如今关于万物生成的科学,亦即历史学所展现的壮观奇景,在过去从未被任何一个世代所目睹。当然,历史是以其危险而大胆的箴言来展现一幕的:真理昌盛于世,哪怕生命零落枯萎。

现在,让我们描绘一下由此在现代人心灵中引起的精神过程。历史知识从永不枯竭的涧泉中源源不断地涌出,陌生和零碎的东西推波助澜,扑向人类;他们的记忆敞开所有的大门,但仍然不够宽敞;本性尽力地款待、安顿和尊崇这些陌生的客人,但这些客人自身却陷入了彼此争斗中;如果一个人不想成为其争斗的牺牲品,就似乎有必要采取武力去压制和制服它们。对这样一个混乱无序的、群情汹涌的、明争暗斗的精神家园习以为常,逐渐成为了现代人的第二本性,尽管毫无疑问,它仍然要比第一本性更加孱弱、更加不安分、更加彻底地不健康。最终,现代人在身体中塞满了无法消化的知识石头,并拖拽着这些石头四处行走,就像童话故事中讲的那样①,在他体内不时传出咕噜咕噜的响声。在这咕噜咕噜的响声中,现代人最显著的特性暴露无遗:与外在不相称的内在、与内在不相称的外在,这两者之间存在着一个显著的对立——一个过去时代从未知晓、尚未发现的对立。知识在没有饥饿,甚至违背需求的情况下被过量地摄入,现在它不再作为指向并改造外在世界的有效动因,而是隐藏在一个混乱的内在世界中,被现代人以一种罕见的自豪称之为他自己的独特的"内在性"。当然,他会说,他拥有内容,只是缺乏形式而已;但这种完全不一致的对立,似乎不适用于所有有生命的东西。我们的现代教化不是有生命的东西,正是因为它离开了这个对立就无法被理解;也就是说,根本不存在真正的教化,而只是存在有关教化的某种知识;我们会对教化有某些想法或者感觉,但从中不会产生去获取真正的教化的决断。相反,真正起作用的动机,并且作为可以被看见的行动的东西,往往

---

① 就像童话故事中讲的那样]暗示格林童话《狼和七只小羊》。——编注

不过是一种无关紧要的习俗,一种拙劣的模仿,甚至是一张粗鄙的鬼脸。在内部,教化的感觉就静静地躺着,就像是吞吃了一整只兔子的蛇①,静静地躺在阳光下,避免一切不必要的运动。这种内心的过程现在变成了唯一重要的事物,变成了唯一的真正的"教化"。所有看见这一幕的人都只有一个愿望,那就是,这样的教化不要因为消化不良而死去。例如,试想一个希腊人看到了这样一种教化,他就会觉得,对现代人而言,"有教养"和"有历史教养"看起来如此相像,就好像它们是一回事,只不过是用词的数量不一样罢了。如果这个希腊人说出自己的观点:一个人可以是很有教养的,但同时完全没有历史教养,那么现代人就会摇头,以为自己听错了。在不太遥远的过去的那个著名的民族——当然,我说的还是这些希腊人——在其力量最为强大的时期仍然固执地坚持和捍卫他们的非历史感。如果一个合乎时宜的当代人被魔法般地送回到那个世界,他也许会认为希腊人很"没有教养"。这样一来,现代教化如此仔细遮掩的秘密就被公之于众,成为了大众的笑料:我们现代人没有任何自己的东西;只是用一切异己的时代、风俗、艺术、哲学、宗教和发现去填充自己,塞满自己,我们才成为了值得一提的东西,也就是成为了行走的百科全书,一个误入我们时代的古希腊人可能会这样称呼我们。但百科全书的一切价值就在于它里面有什么,在于其内容,而不是像装订或者封面之类的外在的东西。所以,整个现代教化在本质上是内在的,订书匠可能会在封面印上

---

① 蛇]打印稿:蟒蛇。——编注

"外在野蛮人的内在教养手册"的字样。① 确实,如果一个粗鄙的民族只是从自己出发,按照其粗鄙的需求来发展的话,那么这种内在与外在的对立必然会使它的外表比其实际应该的样子显得更加野蛮。因为本性还有什么办法来克服压在它身上的过量的东西呢?只有一个方法,尽可能轻易地接受它,然后尽可能快地驱逐和清除它。于是就养成了这样的一种习惯,即不再认真地对待真实的事物;于是就养成了一种"软弱的性格",真实和存在的东西都仅能在上面留下轻微的印象;只要人的记忆不断地受到刺激,处于兴奋状态,只要值得了解的、可以整齐地摆放在记忆之匣里的新事物不断地涌入,那么,人们最终越来越忽视、越来越不关注外在的事物,进一步扩展了内容与形式之间的令人忧心的鸿沟,直至对野蛮完全失去知觉。我认为,作为这种野蛮的对立面,一个民族的文化可以被恰当地定义为这个民族在生活中所有表达的艺术风格的统一。② 但这个定义不应被误解为,问题似乎只在于野蛮和美的风格之间存在对立。当我们把某种文化归于一个民族时,这个民族

---

① 字样。]誊清稿中被划掉的一段话:人们甚至可以进而指出:正是由于历史研究,才会出现"有教养"和"没有教养"的对立。但是,如果世界历史应当有一种意义的话,如果其目的就是富有创造精神之人,那么,这种人已经丧失了,由于被挤压在这两个对立之间而无可挽回地失去了!他无法表达自己!他失去了对自己的民族的信赖,因为他知道民族的感觉已经被粉饰和伪饰。即使这种感觉本身在民族的一小部分那里变得精致高尚,但这也补偿不了其损失,因为在这种情况下,他就像只对一个教派说话,并且不再感到自己被自己的民族所需要。也许,他现在宁可埋起自己的宝藏,因为在一个教派内部被夸张地宠爱,会让他感到恶心,因为他的心充满了对所有人的同情。民族的本能不再拥抱他,因为那种对立使得一切本能都被搅乱和误导了。——编注

② 我认为……统一]参见《施特劳斯——自白者与作家》第1部分,第163页。——编注

在其全部现实中都必须是一个单一的有生命的统一体，而不应该被可怜地割裂为内在和外在、内容和形式。如果一个人要去追求和促进一个民族的文化，他就应该去追求和促进这种更高的统一体，并为一种真正的教化而去摧毁虚假的现代教养；他要敢于反思，如何才能恢复一个民族被历史所损害的健康，如何才能重新发现这个民族的本能，并进而重新发现它自己的诚实。

现在我想直截了当地谈一下我们自己，我们今天的德意志人比其他任何民族更加严重地遭受人格的软弱、内容与形式之间的矛盾的折磨。对于我们德国人而言，形式通常意味着一种习俗，一种伪装和假扮，因此如果就算不厌恶，也不会有半分喜爱；更准确地说，我们对"习俗"，不仅在词语上，而且在其所指的事物上，更有一种异常的恐惧。正是这种恐惧使得德国人放弃了法国的教育：他想更加自然，并因此更加德意志化。但这个"因此"的如意算盘是打错了：逃离习俗的教育后，他便随心所欲、信马由缰地走自己的道路，但说到底，他并没有做到更多的事，只是在半遗忘的状态中浑浑噩噩、随性任意地模仿着他过去刻意地模仿过并且经常获得成功的东西。因此，与过去的时代相比，我们今天仍然生活在一种对法国习俗的漫不经心和不准确的模仿之中：我们走路、站立、谈吐、穿着和起居的全部方式都证明了这一点。我们自以为是回归自然，但其实不过是放纵自我、追求舒适和尽可能地减少自制。到任何一个德意志城市走走，与外国城市所展现出来的鲜明的民族性相比，在这里，所有习俗都以负面形式展现出来，一切都平淡无奇、破旧不堪、模仿拙劣和粗制滥造；每个人都凭自己的喜好行事，但他的喜好却从来都不是来源于强有力的和经过深思熟虑的愿望,而是奉行首先是普遍的匆忙,然后是寻求普遍的安逸所规定的法则。一件服装,一件我们不会花心思去发明,也不会花时间去设计,而是从国外借用过来并进行最蹩脚模仿的服装,会立刻被看作是对德意志民族服装的巨大贡献。德国人毫不犹豫地嘲讽地拒绝了形式感,因为他们拥有内容感:毕竟,德国是一个以其深刻的内在性而闻名的民族。

但这种内在性也承载了一个显而易见的危险:即内容本身,人们总认为他们无法从外部看到,那么它有时就可能会消失;然而,无论是它先前的存在,还是它的消失,人们都无法从外部加以窥见。但无论我们设想德意志民族离这种危险有多远,外国人都会认为我们内心太过软弱和混乱,以至于不能向外发挥作用,赋予自己一个形式,这种观点还是有几分道理的。同时,德国人的内心也可以表现出极其罕见的敏感细腻、一丝不苟、强劲有力、深刻透彻,甚至要比其他民族的内心更加丰富,但整体而言,它仍然是软弱的,因为这些美丽的丝线没有被系成一个扎实的结;所以,可以见到的行为不是内心作为一个整体的行动和自我展示,而是一根或几根丝线试图作为整体的孱弱或粗略的尝试。这是为什么不能根据某个行为来评判德国人,以及为什么即使个体在做出了某些行为以后,仍然完全无法被看见。众所周知,人们必须根据德国人的思想和感受来衡量、评判他们,而且这些如今在他们的书中都有所表达。只要这些书不会引起比以前更多的怀疑,即那著名的内在性是否仍旧居住在它那不可接近的小庙中;可怕的想法是,这种内在性有一天会杳无踪迹,只留下那傲慢笨拙和顺从懒散的外在性作为德国人的标志;同样可怕的是,如果那种不能为我们看见的内在性还是坐在那个小庙中,但已经被浓妆艳抹、乔装打扮,成为一个端坐在那的女演员,如果没有成为其他更糟糕的东西的话;不管如何,正如站在一旁静静观察的格里尔帕泽从自己的戏剧经验中总结出来的,"我们是用抽象概念来感觉,"他说,"我们几乎不再清楚,在我们同时代人中间感觉是如何表达的;我们让我们的感觉跳来跳去,以使它们不再影响我们。莎士比亚毁掉了我们所有现代人。"①

这只是个别的情况,我把它归纳为一种普遍现象也许有点草率:但如果类似的个案不断地涌现在观察者的眼前,那么,这种带有合理性的归纳就太可怕了。这句话听起来多么令人绝望:我们德国人用抽象概念来感觉,我们都被历史毁掉了。这个陈述将会从根本上摧毁一个未来的民族文化的所有希望。因为对它的每一个希望都源自于对德意志人的感觉的本真性和直接性的信仰,源自于对一个健全和完整的内在性的信仰。如果希望和信仰的源泉变得浑浊,如果内在性学会了跳跃和舞蹈、浓妆艳抹、用抽象和算计去表达自己,并逐渐失去自己,那么我们还可能希望和信仰什么!当一个民族无法确保其内在性的统一,当一个民族被分裂成两部分:一是内在性被错误教育和引入歧途的有教养者,二是有着难以进入的内在性的无教养者,那么,具有伟大创造精神的人物怎样忍受得了生活在这样一个民族之中?如果民族失去了感觉的统一性,而且,如果这种伟大人物恰恰是从那些自诩拥有教养、拥有

---

① "我们……现代人。"引自《论历史研究的用途》,第 2 部分("审美研究"),《论文学史》(《格里尔帕泽全集》,第 IX 卷,斯图加特 1872 年,第 187 页)。尼采这里是非精确引用。——编注

民族的艺术精神的人那里知道,这种感觉是经过伪装和修饰的,那么,他又怎么能忍受得了?① 即便偶尔会有一些个体的鉴赏力和判断力变得更加敏锐②和更加高超,那也不算对他有任何补偿;他只能对某一宗派说话,但整个民族不再需要他,这使他备受折磨。也许,尽管他心系所有的人,但他现在宁愿把他的宝藏埋入地下,也不愿被某一宗派加以精致地保护,因为他对此感到恶心。民族的本能不再现身来迎接他;他殷切地张开双臂,但却得不到回应;现在他还能做什么呢,只能把满腔怒火投向那种阻碍性的禁令,投向在其民族所谓的教化中建立起来的束缚,这样他至少还能像法官一样去判决那些对于他、对于有生命者以及生命见证者而言是毁灭和耻辱的东西:于是,他用对自身命运的深刻洞察来换取创造者和帮助者的神圣快乐,并作为孤独的求知者、知识过多的智者结束一生。这是最痛苦的一幕:谁看见这一幕,都会从中认识一种神圣的义务。在这里,他对自己说:"我必须伸出援手,民族的本性和灵魂的更高的统一必须被重新建立,内在与外在的裂缝必须在需求的重锤敲打之下重新消失。"但他要用什么作为武器呢?他又有什么可用呢,除了那深刻的洞察力:他会把这种洞察力表达出来,传播开去,用他的双手播种,他希望种下需求的种子。然后,终有一天从这种强有力的需求中,会产生强有力的行动。为了消除对我从哪里获得那种需求、那种必然性、那种认识的例子的质疑,我这里明确宣布:我们致力于实现最高意义上的德意志精神的统一,

---

① 他又怎么能忍受得了?]校样:他失去了什么。罗德注:? 无力的!——编注
② 更加敏锐]打印稿中把"更加敏锐"改为"更加自由"。——编注

并且要比追求政治统一付出更大的热情地致力于实现消除形式与内容、内在性和习俗的对立之后的德意志精神和生命的统一。

五[①]

在我看来,一个时代的历史的过量会从以下五个方面对生命造成损害和威胁:一、如前面讨论过的,这样的过量会造成内在和外在的对立,进而削弱人格;二、它让这个时代产生一种错觉,即它比其他任何时代都拥有更多的极其罕见的美德和正义;三、它扰乱了民族的本能,并且在达到成熟的状态上,它对个体的阻碍丝毫不亚于对整体的阻碍;四、它培植了一种对人类远古时代的信仰,使人相信自己只是后来者和模仿者,这样的信仰在任何一个时代都是有害的;五、它使一个时代陷入一种自嘲的危险情绪中,甚至是更为危险的犬儒主义的情绪中:在这种情绪中,这个时代朝着一种更加精致和更加聪明的利己主义发展,使生命的力量陷入瘫痪,并且最终被摧毁。

现在,回到我们的第一个命题:现代人饱受人格被削弱的痛苦。当帝国时代的罗马人服务于其统治的世界时,他就不再是罗马人了,正如他迷失在蜂拥而来的陌生事物中间,堕落在世界性的诸神、艺术和传统的狂欢中。如果现代人让其历史的艺术家筹备一场世界博览会,那么同样的事情必将发生;他成为了一位四处闲逛、寻求享乐的游览者;被置于一种伟大的战争或革命也几乎难有

[①] 参见 29[130]。——编注

片刻改变的状态之中。战争甚至还没结束,它就被印到了上千万份的纸张上,作为最新的兴奋剂被送到了渴求历史的倦怠的味蕾边上。不管多么用力地弹奏,乐器似乎已经无法发出强劲而饱满的音符了:它的音调从弹奏的那一瞬间就会开始减弱,很快就消退成一个低沉的历史回音。用伦理学的话讲:你再也无法把握崇高了,你的行为是瞬间的振翅,而不是滚滚雷声。即使最伟大和最不可思议的事情能够得以完成,但无论如何,它都会悄无声息地坠入冥界。因为当你一旦用历史的遮篷来覆盖你的行为时,艺术就会逃之夭夭。一个人在一种长久的摇摆不定中通常会紧紧地抓住一些不可理解的东西,并将其视为崇高之物。任何想在这种情况下瞬间达到理解、把握和领会的人,那么他可能称得上是理性的,但也仅仅是在席勒①所说的"理性之人的理性"的意义上:有些东西,甚至孩童都能看见,但他看不见;也有些东西,甚至孩童都能听见,但他听不见,而这些东西恰好是最重要的:因为他不理解这些东西,他的理解比孩童还要幼稚,比幼稚之人还要简单——尽管他羊皮纸般的面容上满是狡黠的皱纹,他受过精湛训练的手指拥有解开乱麻的技巧。这意味着,他毁掉和失去了自己的本能;当他的理智开始动摇,而他的道路指引他穿越沙漠时,他不再信任那个"神兽"了,他也不再松开缰绳了。于是,个人就变得懦弱和犹豫,不敢再相信自己:他沉没到自身之中,沉没在自己的内心深处,这是说他沉没在他学到的,但对外在世界没有任何作用的堆积成山的废物中,沉没在不会成为生命的教诲中。如果人们观察一下他的外

---

① 席勒]暗指席勒《信仰的话》(1798 年)。——编注

表，就会发现由于本能被历史驱逐，他几乎变成了纯粹的抽象物和阴影①：他不再敢把自己的人格置于那种本能之上，而是戴上面具，将自己装扮成一个有教养的人，一个学者，一个诗人，一个政治家。如果有人拿起这些面具，相信这一切都是出于真心，而不仅仅是在演一出木偶剧②——因为他们的面具上都裱糊上了"认真"二字——他会发现手中的不过是破布和花花绿绿的补丁。所以，人们不应该再让自己受骗了，应该呵斥他们："脱掉你们的外套，要不然就成为你们表面显示的那样吧！"不该再有本性高贵的认真之人成为堂吉诃德了，因为除了与这种虚假的现实斗争以外，他还有更好的事要做。但无论如何，他都必须警觉地眼观六路③，每当遇到蒙面人时都大喝一声："站住！谁在那儿！"然后将他的面具撕下来。多么奇怪！人们会认为，历史劝人做一个诚实的人，哪怕是诚实的愚人；这一直是它的影响，只是如今不再这样了！历史的教化和整齐划一的市民外套同时主宰了这个时代。尽管"自由人格"从未被如此震天响地谈论，但我们根本看不见人格，更不要说"自由人格"了。我们只看到了焦虑地蒙起脸、穿着统一外套的人。个体退缩到人的内心里：人们从外面看不到任何东西；这使人疑问，是否有无果之因？或者是否需要一群宦官来守卫历史世界的庞大后宫？当然，他们的脸上充分流露的是纯粹的客观性。他们的任务

---

① 如果人们……阴影]准备稿：与如此多过去的个体的交往，几乎把人变为纯粹的抽象物和阴影。——编注

② 木偶剧]打印稿、1872年第一版中为：恶作剧；札记、誊清稿中为：木偶戏。——编注

③ 眼观六路]打印稿、校样：看。罗德注：？没有看的对象？——编注

似乎就是守卫历史,不许任何东西从中产生,除了更多的历史,决不让任何真实的事件发生!不让任何人格获得"自由",即言行如一地对自己和他人真诚。唯有通过这种真诚,现代人的窘迫、内在痛苦才会显露出来,艺术和宗教才会取代那些不安地隐藏起来的传统和伪装,成为真正的帮助者,才能共同培植一种适应个体真正需求的共同文化,而不像今天的普通教育那样,只是教人在这些需求上欺骗自己,沦为一个行走的谎言者。

在这样一个饱受普通教育之苦的时代,一切科学中最真诚的、犹如裸体女神般的哲学,必将处于何等不自然、矫揉造作、无论如何都毫无价值的境地啊!在这个强迫外在整齐划一的世界里[①],哲学就像是孤独行者博学的独白,是个人偶然的捕获,是房间隐藏的秘密,或者老学者与儿童之间无伤大雅的闲谈。没人敢于亲身践行哲学的法则,没人怀着一种简单的男人的忠诚去过一种哲学的生活。这种忠诚曾对古人形成束缚,例如,一旦他承诺过忠诚于斯多葛,那么无论他在何处、做何事,都要践行斯多葛主义。一切现代的哲学思考都是政治的或者警察般的,被政府、教会、学院、习俗和人的怯懦束缚在博学的外表上;它只满足于叹息"要是……就好了",或者只满足于知道"曾经有过……",但从来没有任何其他的行动。如果哲学不想仅仅作为一种内在受到约束的、无法带来行动的知识,那么它就不应该在历史教育中正当地拥有一席之地。如果现代人有那么一丝勇气或决心,如果他即便四面受敌也绝不退缩,那么他会将这种现代哲学放逐;但现实是,他满足于羞怯地

---

① 在……里]校样:是相反的。罗德注:我没有看到相反之处。——编注

遮盖住哲学的裸体。是的,人们可以思考、写作、出版、谈论和教授哲学——在这样的范围内,几乎一切都是被准许的;但是,在行动,在所谓的生活上是另一回事:这里永远只准许一件事情,其他任何事情都不可能,因为历史教育就是希望这样。于是,我们会自问,这还是人吗,或者可能只是能够思考、写作和说话的机器?

歌德①曾经谈起莎士比亚:"没有人比他更鄙视那些外在的戏服了;他也深知人类内在的服装,在这方面,我们所有人都是一样的。人们说,他把罗马人描绘得活灵活现;但我并不这样认为,他们不过是些有血有肉的英国人,但肯定都是人,从头到脚都是人,而且罗马人的长袍穿在他们身上也非常合适。"现在我问,是否有可能将我们现代的作家、公众人物、官员、政治家描绘成罗马人?这根本行不通,因为他们不是人,而只是有血有肉的概略,就像是有形的抽象物。即便他们有自己的性格和自己的风格,但也被埋藏得如此之深,以至于不能见诸天日;即便他们是人,但也仅仅是对"肾脏检查者"而言是人。对于其他任何人,他们是别的东西,不是人,不是神,也不是动物,而是完全、彻底的历史教育的创造物,没有内容可展示的框架、图片和形式——可惜,这是一种设计不良的形式,而且还是千篇一律的形式。现在,我的命题就可以这样来理解和思考了:只有强大的人格才能承受历史,孱弱的人格只会被历史彻底地消灭。原因在于,如果一个人不够强大,无法自主地对过去做出评价,那么历史就会迷惑他的感觉和理智。他不敢再相信自己,而是不由自主地求教于历史:"对于这件事,我应该怎么

---

① 歌德]歌德:《说不尽的莎士比亚》第一部分(1815)。——编注

想,应该怎么感觉?"他发现,他的怯弱正一步步地将他变成一个戏子,他在扮演一个角色,但更多的是扮演多个角色,因而每一个角色都演得拙劣、肤浅。逐渐地,人与他的历史领域之间的所有一致性都消失了。我们看到,那些粗野的青年谈论罗马人,就像罗马人跟他们是一类似的;他们在希腊诗人的残骸里寻觅和挖掘,就像它们是供其解剖的尸体,就像它们是无足轻重之物,但他们自己的文学躯体才真的是无足轻重。假如他们中有一个人研究德谟克利特,我总是想问:为什么①不是赫拉克利特?或者斐洛?或者培根?或者笛卡尔?或者其他人。然后问:为什么必须是哲学家?为什么不是诗人,或者演说家?再问:究竟为什么是希腊人,为什么不是英格兰人或者土耳其人?是过去不够宏大,以至于你无法从中找到一些东西,来使自己对历史人物的随意挑选显得不那么可笑吗?但正如我前面所讲的,这是一群宦官,在他们眼中,每一个女人,与其他的女人都是相同的,都仅仅是女人,是女人本身,是永恒不可接近之物——因此,他们研究什么,都是无所谓的,只要历史本身被完好地、"客观地"保存下来,即被那些自己永远不创造历史的人保存下来。既然永恒之女性决不会指引你上升②,你就把她向下拉到你的层次;既然你是中性之人,那就把历史也当作是中性的吧。但为了让人不要误解我真的将历史比作永恒之女性,相反,我要明确声明,我更多地将其看作是永恒之男性:虽然可以肯定的是,对于那些彻底地"接受过历史教育"的人,无论历史是女

---

① 为什么]打印稿、第一版:问:为什么,誊清稿、大八开版:问:为什么只是德谟克利特?为什么不。——编注
② 既然……上升]参见歌德:《浮士德》,第 2 部,第 12110—12111 行。——编注

性还是男性,必定都是无所谓的:毕竟他们本身既不是男人,也不是女人,甚至连雌雄同体也不是,而始终是中性之人,或者更文明地说,永恒客观之人。

一旦人格以上述所描述的方式被清空,而变成了永恒的无主体性,或者人们常说的"客观性",那么就再也没有任何事物能够影响它了;也许会发生真和善的事情,比如行动、诗歌、音乐,但这个被掏空的教养之人会立刻将其目光投向作品之外,追问作者的历史。如果作者曾经创作过一些作品,那么他立刻对作者过去和未来可能取得的进展提出解释;而且他立刻就会被拿去与其他人作比较,他选择的对象和处理方法被评判、被剖析,然后又被聪明地重新整合起来;他会收到一些空泛的建议和劝诫。甚至最令人震惊的事情也会发生:这群历史中性之人随时准备着考察这位作者,即便他远在天边。人们瞬间就可以听到回声:但永远都是一种"批评",因为就在不久之前,评论家从来没有梦想到这种事情发生的可能性。这个作品永远不会产生任何影响,而只会带来一种批评;同样,这批评本身也不会产生任何影响,而只会带来更多的批评。于是,人们达成了一种共识,那就是将批评众多视为成功的标志,而将批评寥寥无几或者根本没有①批评视为失败的标志。然而,归根结底,尽管产生了这样一种"影响",但一切依旧如故:人们一会谈谈这个新东西,过一会又谈谈另一个新东西,但他们期间所做的总是同样的事情。评论家的历史教养不会带来任何真正意义上

---

① 寥寥无几或者根本没有]打印稿、第一版:寥寥无几;誊清稿、大八开版:寥寥无几或者没有。——编注

的影响,即对生命和行动的影响。他们甚至在最黑的字迹压下自己的吸墨纸,甚至在最优美的画稿上涂上浓重的一笔,一种必须被视为"更正"的一笔;接着,一切再次完结。但他们批评的笔尖从来不会停止划动,因为他们已经无法掌控它们了,他们不是在驱使笔,而更多是笔在驱使他们①。② 正是在这样一种漫无边际的批评中,在缺乏自控的状态中,在罗马人称之为放纵的东西中,现代人格的弱点暴露无遗。

六③

且让我们把这个弱点先放下不谈;让我们带着一个问题转向现代人的一个备受赞誉的强处,尽管也是一个令人尴尬的问题:现代人是否因其著名的历史"客观性"而有权称自己是强大的,换言之,是公正的,而且比其他时代的人拥有更高程度的公正。这种客观性真的是来自于对公正的一种提高了的需求和渴望吗?或者,它是完全不同的原因带来的结果,只是表面上源于对于公正的渴求?它可能将人诱向一种对现代人德性——因为太过阿谀而产生——的危险偏见吗?苏格拉底认为,一个人自以为拥有一种但实际上并不拥有的德性,是一种近乎疯癫的疾病;无疑,这样一种

---

① 他们不是在驱使笔,而更多是笔在驱使他们]校样:他们被书写而不是他们自己书写。罗德注:糟糕的对句!——编注
② 因为他们……驱使他们。]誊清稿:从达那伊得斯的墨水瓶中汲墨?——编注
③ 参见29[96、62、92]。——编注

自我欺骗比与其恰好相反的想象自己遭受一种错误或一项罪恶还要危险。因为对于后者,人还有好转的可能;但前一种自我欺骗只会使一个人或一个时代每况愈下,就这里的话题而言,即变得越来越不公正。①

确实②,没有人比那些拥有冲动和力量去实现公正的人更值得我们崇敬了。因为最高的和最珍贵的德性都汇合和隐藏在公正之中,就像那深不可测的海洋将四面八方的河流都纳入其中。当公正之人被赋予审判的权力,当他手持天平时,他的手就不再颤抖了;他铁面无私地在砝码上加上砝码,秤盘升又降,他的眼睛丝毫不受蒙蔽,宣读判决,他的嗓音既不生硬也不结巴。如果他是冰冷的知识精灵,那么他就会散发出一种可畏的、超人的、威严的寒冰之气,我们肯定会惧怕他,而不是敬仰他。但他是一个人,尽管如此,他却努力地从轻率的怀疑上升到严苛的确定性,从富有耐心的温和上升到"你必须"的绝对命令,从慷慨这种罕见的德性上升到最为罕见的德性,也就是公正;他现在就像是一个知识精灵,但他一开始也只是一个可怜的人类;并且无论如何,他每一刻都在为他的人性赎罪,因此悲剧地为追求一种不可能的德性耗尽一生——这一切都将他作为人类最值得崇敬的榜样置于一个无人能及的高度。因为他渴求真理,但不仅仅是作为冰冷的、不会带来后果的知识,而且还是一种进行规范和判决的法官;这种真理,不是个体私

---

① 且让我们……不公正。]誊清稿中此处原有一段话被删除:同时,就其是受过历史学教育的人而言,现代人甚至还唠唠叨叨,相信自己是公正的人,相信那备受赞扬的客观性是最高的德性即正义的结果。——编注

② 确实]札记的标题:各种各样真理的仆人。参见29[23]。——编注

有之物,而是搬掉私有之物的所有界碑的神圣立法;一言以蔽之,这真理是最后的审判,而绝不是被某个猎人捕获的羔羊和享乐。只有掌握真理之人拥有不论如何都致力于公正的意志时,这种在任何地方都被盲目推崇的追求真理之风才会有某种伟大之处:在那些麻木不仁者的眼中,一大堆迥然不同的与真理毫不相干的冲动比如好奇、恐惧①无聊、妒忌、虚荣、渴求享乐,与追求根源于公正的真理的冲动汇合在一起了。因此,这个世界似乎充斥着"为真理服务"之人,但公正的德性却罕有显现,被人所认识的就更加罕见了,即使有也几乎会永远招致夺命之恨;相反,一大批只是看似拥有德性的人却在任何时候都受到崇敬,趾高气扬地招摇于世。事实是,很少有人服务于真理,因为很少有人拥有追求公正的纯粹意志,而且这少数人当中也只有极少人拥有真正做到公正的力量。仅仅拥有公正的意志是绝对不够的:最骇人的病痛正是源于拥有追求公正的欲望,但却缺乏关于人的判断力;因此,要促进普遍的福利,没有比尽可能广泛地撒播判断力的种子更有效的方法了,这样我们就可以将狂热者与判断者区分开来,将成为判断者的盲目冲动与清醒地做出判断的能力区分开来。但是,培植这种判断力的办法应该去哪儿找呢!——因此,每当真理和公正被谈及时,人们总会陷入怀疑和摇摆之中,不知与他们交谈的到底是狂妄者,还是法官。因此,如果他们总是以特殊的善意去欢迎"真理的仆人",我们也应该原谅他们,即便是那些"真理的仆人"既没有追求正义的意志,也没有实现正义的能力,但却为自己设下任务去追求"纯

---

① 恐惧]誊清稿、大八开版:逃避。——编注

粹的和不会带来后果的"知识,或者更清楚地讲,去追求不会产生任何东西的真理;有很多无关紧要的真理;有些问题,要找到正确的解决之道,甚至无须做出自我克制,更不用谈牺牲了。在无关紧要和毫无危险的领域里,一个人或许能够成功地成为一个冰冷的知识精灵;但是,尽管如此!即便是在一个特别有利的时代里,所有学者和研究者都变成了这样的精灵——不幸的是,这样一个时代仍有可能要遭受缺乏严格和伟大的公正之苦,而这样的正义恰好是所谓"追求真理之冲动"的最高贵的核心。

现在,人们可以把当代的历史学大师放在眼前看看:他是这个时代最公正的人吗?他真的形成了一种如此轻柔且敏感的感受力,以至于没有任何人性的东西使他感到陌生?迥然不同的时代和人物的音符,经过其竖琴的演奏,都只能发出相似的音调:他成了一块被动的回音板,其反射的声音继而作用于其他类似的回音板,直至这些轻柔且相似的回声夹杂在一起,使一个时代的全部空气中都充满乱糟糟的嗡鸣。但在我看来,我们似乎只能听到原初历史音符的泛音:原初音符的粗犷和力量已经无法从琴弦这般细微而尖锐的振动中辨别出来。原初的音符会使人想到行动、困厄和惊恐;但这种泛音只会诱人昏昏欲睡,使人成为柔弱的享乐者;就像是用两根长笛吹奏英雄交响曲,供那些精神恍惚的鸦片吸食者消遣一样。我们从这一点就可以估量出,相对于现代人对更高和更纯粹的公正的最高追求,这些大师处于何种位置;这种公正的德性从来没有任何让人喜欢之处,没有任何令人振奋之处,而是粗犷和令人惊恐的。按照公正的标准,在美德之梯上,就连慷慨也是处于多么低下的位置,而慷慨也仅是少数历史学者才拥有的德性啊！更多的人仅仅是达到容忍,对于那些业已发生且无法否认的事情,他们承认它们的有效性,他们编排和适度善意地美化过去——这都基于一个聪明的假定,即只要不用粗犷的嗓音和仇恨的语言去重述过去,那些没有经验的人就会把它解释为公正。但唯有处于优势的力量才能评判,软弱就只能容忍,除非它假装拥有力量,并将坐在审判席上的公正变成一个女戏子。剩下还有一类可怕的历史学者,他们有着能干、严格和正直的性格,但却头脑狭隘;他们有追求公正的意志,也有站上审判席的激情:但他们的判决是错误的,出于类似的原因,陪审团的判决也通常是错误的。因此,历史学的天才如此大量涌现,这是多么不可能！这里①排除了那些伪装起来的利己主义者和党派羽翼,这些人为了自己的阴谋诡计而装着一副客观公正的样子。这里也排除了那些完全不假思索的人,这些人在书写历史时都带着这样一种幼稚的信念,即认为一切关于他们时代的流行观点都是正确的和正义的,并且在书写历史时与这些流行观点保持一致就是正义的②。每一种宗教的繁荣都有赖于这样一种信念,即对于宗教而言,这样一种信念无需更多的解释。这些幼稚的历史学者把以当前的流行观点来衡量过去的意见和行为称为"客观":他们在这里发现了一切真理的金科玉律;他们的目标就是使过去适合于当前流行但却平庸的模子。与此相反,他们将所有不接纳这些流行观点的历史著述称为"主观"。

即便是对"客观"这个词的最高的解释,是否可能有一种错觉

---

① 这里]打印稿、第一版:这里。誊清稿、大八开版:这里完全。——编注
② 并且……正义的]誊清稿、打印稿中为:变得公正。——编注

悄然潜入其中？在这种解释中，"客观"是指历史学者的这样一种状态，即他能够如此纯粹地观察一个事件的所有推动因素和结果，以至于它不会对他的主观性造成任何影响；这是指完全脱离个人利害的审美现象，当一位画家看一幅狂风骤雨、雷电交加，或者惊涛骇浪的场景，他完全沉浸于事物本身，而只看到了它们在自己内心的画面①：然而，事物在人内心唤起的画面能够真正地重现事物的经验性②本质，不过是一种迷信。或者我们要假定，在这样的瞬间，事物主动地在一个完全被动的媒介上为自己镌刻、描摹或照相？

这是一个神话，而且还是一个坏的神话：尤其是它忘记了，那一瞬间正是发自艺术家内心深处的最有力和最主动的创造时刻，最为高级的创作时刻，其结果是艺术上真实的画卷，而不是历史上真实的画卷。以这样一种方式去客观地思考历史，是剧作家悄无声息的工作；也就是说，认为所有事情都是互相联系的，然后将所有孤立的事件都编织到一个整体之上：通常都会带着这样一种预设，即如果③事物之间并不存在某种计划的一致性，那么必须强行地将其植入其中。因此，人在过去之上织网，然后用这个网捕捉过去，他表达的是他的艺术冲动——而不是追求真理或公正的冲动。客观与公正彼此间并无关系。我们可以想象有这样一本历史著

---

① 只看到了它们在自己内心的画面］誊清稿、大八开版：静观并忘记了自身，也就是，人们需要从历史学家那里得到艺术的安宁。——编注

② 经验性］誊清稿、打印稿中把"经验的"改为"真正的"。——编注

③ 如果……］誊清稿、打印稿、第一版：什么时候。大八开版：当……时。——编注

述,它当中没有一丝半缕普遍的经验事实,但却可以称得上是最高程度的客观。的确,格里尔帕泽勇敢地宣称:"所谓'历史'不过是人的精神同化那些无法理解的事件的方式;人以这种方式将只有天知道有什么联系的事件联系起来;把无法理解的东西替换成可以理解的东西;将自己的目的观从外部强加于这一整体上,但即便它有任何目的,那也只能是从内部才能认识的目的;假定在千万个小原因起作用的地方,是偶然性在起作用。同时,每个人也拥有自己特殊的必然性,因此,无数个进程沿着直线或曲线延伸,或平行或交叉,或促进或阻碍,或前行或后退,故而彼此间表现出一种偶然性。除了自然事件的影响以外,这使人无法为所有事件建立起一种囊括万物、贯穿始终的必然性。"[①]然而,这样一种必然性只有作为"客观地"观察事物的结果,才有可能被人所发现! 如果这一假设被当作信条从历史学家口中说出,那么它就会表现为一种十分奇怪的形式。当席勒谈及历史学家时,他非常清楚这一假设在本质上是纯粹主观的:"现象一个接一个地开始逃脱盲目的偶然性和毫无规律的自由,作为合适的部分融入到一个和谐的整体之中——当然,这个整体只存在于他的想象中"[②]。但是人们又应该如何看待一位著名的历史学大师[③]如此自信的论断,且这样的论断人为地在同义反复和胡言乱语之间摇摆:"事实真相是,所有人

---

① "所谓……必然性。"]由格里尔帕泽的著作《论历史研究的用途》的两个不同章节综合而成的引文;第二部分("审美研究"),"戏剧学"(《格里尔帕泽全集》,第 9 卷,斯图加特 1872 年,第 129 页),以及第一部分("政治研究"),"论宏观的历史"(《格里尔帕泽全集》,第 9 卷,斯图加特 1872 年,第 40 页)。——编注

② "现象……想象中"]席勒:《何谓以及为什么要研究世界通史》。——编注

③ 著名的历史学大师]指兰克,但这里引文出处不明确。——编注

类行为都服从于这种隐微的经常不被注意但却强大的不可阻挡的事物的进程"。在此类的论断中,我们体会到的不是①晦涩难懂的真理,而更多是显而易见的谬误②,就像歌德笔下的宫廷园丁所说:"自然可以让自己被推进,但却不被强制"③,或者就像斯威夫特笔下定期市场的公告板上写道:"这里可以看到除它自己以外全世界最大的大象"。因为这里哪有人类行为与事物的进程之间的对立呢?在我看来,就像我们上面引述的那位历史学者那样,只要历史学者们开始归纳,他们就不会有什么教益了,并在模糊不清之处暴露了他们的虚弱感。在其他科学中,归纳是至关重要的,至少它们蕴含着规律;但是,如果前面引用的那样的论断被视为规律的话,那么我们必须反对说,在这种情况下,历史学者的工作只能是在浪费时间;因为这些论断在去掉那些模糊难解的东西以后,如果还剩下什么真理的话,那也是人尽皆知,乃至是鸡毛蒜皮的真理;因为任何人只要稍微有一点经验,它也是不言自明的。因此,要全世界人民劳心劳力,耗费数十年时间在这上面,无异于在自然科学中,一个规律已经有充足的证据作为支撑,但却仍然要不断地做实验。在泽尔纳④看来,今天的自然科学就饱受这种无意义的过度实验之苦。如果一部戏剧的价值完全在于它的最后一幕,那么戏

---

① 不是]校样:同样多的。罗德注:?? 和?"同样多的"可以体现"像",但是在哪里体现"比"呢?上帝知道!——编注
② 真理……谬误]打印稿、第一版:真理……谬误;誊清稿:大八开版:智慧……不明智。——编注
③ 就像歌德……强制]歌德1798年2月21日致席勒的信。——编注
④ 泽尔纳(Johann Karl Friedrich Zöllner, 1834—1882):德国天体物理学家。——译注

剧本身只会成为实现这种价值的一条最遥远、最曲折和最耗费精力的途径；因此，我希望，历史学的意义不在于这些归纳性的论断，仿佛它们是一切努力的花和果；它的价值恰好在于，它能够对一个为人熟知，乃至是习以为常的主题，一个日常的旋律，做出激动人心的变奏和升华，使其上升为一个广泛的象征，从而展示出蕴含在原来主题中的一个充满深意、力量和美好的世界。

然而，要做到这一点，首先需要一种伟大的艺术才能、一种创造性的眼界，对经验性材料的醉心研究，对特定类型的诗性阐发——客观性也是必需的，但是作为一种积极的属性。所以，客观性通常只是一个词而已。假装的镇静取代了艺术家那样的表面不动声色、内里却如电光火石般闪烁的眼睛；缺乏情感和道德的力量，却经常伴装成深刻的冷峻和超脱。在某些情况下，陈腔滥调的思想、老生常谈的智慧是因为其沉闷乏味①而给人一种看似平静和安宁的印象，并且似乎敢于显露出这样一种艺术状态②，即主体变得沉默和完全不被人注意。随后，一切无法激发情感的事物受到青睐，最为枯燥的词语才是正确的词语。确实，人们甚至相信，只有一个过去时刻对某个人而言毫无意义，他才是描述这一时刻的合适人选。古典语文学家与他们研究的希腊人之间常常就是这样的关系：他们之间毫无关联，对其研究对象冷漠超然——这样的一种状态就被称为"客观"！恰恰是在最崇高和最珍贵的事物需要被描述的地方，这种故意炫耀的漠不关心、这种蓄意显露的肤浅的

---

① 沉闷乏味] 校样：由于乏味。罗德修正：长时间的。——编注
② 艺术状态] 誊清稿：艺术的冷漠。——编注

动机最为令人愤怒——因为这正是历史学者的虚荣心的产物,使他表现出一种作为客观性的冷漠。对于这些历史著述者,我们最好基于这样的原则去评判,即一个人有多大的虚荣心,那么他就在多大程度上缺乏智力。不,你至少要保持诚实!如果你没有被委以正义者的可怕职务,那么你们就不要假装正义,不要假装拥有真的称得上是"客观性"的艺术力量。仿佛对曾经存在之物都必须保持公正是每一时代的任务!但可以说,每一个时代和世代甚至都没有权力去评判过去的时代和世代:这个令人不适的任务永远都只会落在某些人身上,而且是极其少有的人身上。① 谁强迫你做评判吗?况且,如果你真的想做评判,那么你首先要检验自己能否做到公正。要成为评判者,就必须站在比被评判者更高的地方;但你不过是比他们来晚了一些而已。最后走向餐桌的客人本应坐在末座,而你却想坐到首座?那么,你至少要做出一些最高尚和最伟大的行为;这样的话,即使你来得最迟,他们也可能会把座位让给你。

你只有从现在的最高力量出发才可以解释过去;只有尽最大可能地发挥你最高贵的品质,你才会发现过去有什么是值得了解和保存的伟大东西。惺惺惜惺惺!否则②,你就是让过去低就了你。如果一本历史著述不是从稀世天才的头脑中诞生的,你就不要相信它;当你看到一个人被迫说出某些普遍的东西,或者重复一

---

① 但可以说……身上。] 准备稿:不是每个时代都有去做过去所有时代的裁判者的任务;而我们的时代肯定最没有这样的任务,因为它与那些伟大时代的关系就像评论家与艺术品的关系一样。——编注

② 否则] 誊清稿:否则你们就输了。——编注

些人尽皆知的东西,你就知道他思维的品质了。真正的历史学者必须能够将人尽皆知的东西重新铸造成前所未闻的东西,将普遍的东西能如此简单而深刻地表达出来,以至于我们会忽视简单隐于深刻之中,深刻隐于简单之中。一个人不可能是一位伟大的历史学者、一位艺术家①,但同时又是一个平庸之辈;另一方面,人们不应该因为那些搬运、堆积和筛选材料的工匠永远不能成为伟大的历史学者而贬低他们;但人们更不应该将他们与伟大的历史学家混淆在一起,而是应该将他们视作为大师服务的必要的学徒和熟练工:就像是法国人常常比德国人可能具有的更好的天真谈论"梯也尔先生的历史学家们"。这些工匠会逐渐成为伟大的学者,但却不会因此成为大师。伟大的学者和伟大的庸人常常会②在同一个人身上无缝结合。

总而言之,历史③是由饱经世故和天赋异禀的人书写的。如果一个人不比其他人经历过更伟大和更高尚的事,他就不会知道如何解释过去的任何伟大和高尚的事。过去喃喃低语的永远是一道神谕:只有你是未来的建筑者,并且了解现在,你才会理解它。德尔斐神谕之所以能够在极为广泛的范围里发挥异常深刻的影响力,现在一种主要的解释是德尔斐祭司对过去有一种准确的认识;现在,我们可以相当确信地说,只有未来的建设者才有权力评判过去。如果你往前看,并为自己设定一个伟大的目标,那么在此同时,你就抑制了那种强烈的分析冲动,这种冲动正将现在变成一片

---

① 艺术家]打印稿;第一版:艺术的。誊清稿:人为的。——编注
② 常常会]誊清稿:经常。——编注
③ 历史]誊清稿、打印稿:历史需要行动之人。——编注

荒漠,使得一切安稳的、平心静气的成长和成熟都变得几乎不可能。在你的周围立起一个藩篱吧,让伟大的、无所不包的希望充盈其中,并在这种充盈的希望中努力奋斗。① 在你的内心创造一幅与未来相适应的景象,并且忘记自己只是追随者的错误信念。当你想到未来的生命时,你就有足够的东西要思考、要发明了;但不要问计于历史,不要让它告诉你"怎么做""用什么去做"之类的东西。相反,如果你开始走进伟大人物的历史,你就会从中学到一个至高的命令:成熟起来吧,逃离这个时代使人瘫痪的教育魔咒——这个魔咒的作用就是阻止你成长,在你尚未成熟之时支配你、利用你。如果你想读传记,那么请不要读那些标有"某某先生与他的时代"的传记,而要读扉页上印有"一个反对自己时代的斗士"的传记。用普鲁塔克的传记来款待你的心灵吧,当你相信他笔下的英雄时,也要敢于相信你自己。当有一百个人以这种非现代的方式接受教育——也就是变得成熟,并且熟悉英雄的事迹——那么,现在就可以让这个时代喧嚣的、虚假的教化和教养永远销声匿迹了。

七②

这种历史感,如果不加控制地主导着一切,并被允许产生其所有后果,那么它就会彻底根除了未来,因为它摧毁了幻象,并夺走

---

① 如果你……奋斗。]准备稿:我想说,人们是怎样抑制历史感的:向前看!设立一个伟大的目标!以[德国的]普鲁士的政策为你的模范!——编注

② 参见 29[56、51]。——编注

了现存事物只有在其中才能生存的大气①。历史的公正,哪怕是带着纯粹的态度真正地加以追求,也会是一种可怕的德性。因为它总是会削弱和毁掉活生生的东西;它的判断总是一种灭杀。如果在历史的冲动背后没有建设性的冲动在起作用,如果破坏和清除不是为了留出空地,好让已经在我们希望中显现的未来去在上面建造起自己的房屋,如果只有公正在主导一切,那么创造性的本能就会被削弱和阻遏②。例如,如果一种宗教被以纯粹公正的原则而转变为历史知识,并彻底地从科学来加以认识,那么,这些目的实现之日,便是这个宗教被摧毁之时。③ 其原因在于,每一次的历史审核都会揭示宗教中存在的众多的错误、粗糙、不人道、荒谬、残暴,从而使得宗教作为幻象的虔诚的大气丧失殆尽,而一切生命只有在这种幻象之中才能存活下去。因为只有在爱之中,在爱的幻象的阴影之下,也就是说,只有对完善和正义有着无条件的信仰,人类才会有创造力。如果一个人被迫不再无条件地去爱,那么这就切断了他的力量之根,他必会枯萎、堕落,变得不真诚。相反,艺术则是历史的对立面,会产生与历史相反的效果;只有当历史被允许转化为纯粹的艺术品时,它才可能保持甚至激发本能。这样的历史描述会与我们时代分析的和非艺术的趋势完全相反,甚至

---

① 并……大气]誊清稿:在其中他们能够生存。——编注

② 如果……阻遏]誊清稿:在只有公正主导一切的地方,创造性的本能就会被削弱和阻遏。——编注

③ 如果在历史的冲动背后……摧毁之时]准备稿:历史感作为清扫的、毁灭的因素具有最高的价值,如果在它背后有一种建设性的冲动的话;因为凡是在某种东西被理解和把握的地方,创造的本能就被消解了。一种寻求变为科学的宗教,就是在寻求毁灭自己。——编注

会被认为是虚假的。但如果历史研究没有一种内在的建设性冲动来加以引导，那么它就只会产生破坏，从长远来看，会使它的生产工具变得厌倦和不自然。因为这样的人摧毁了生命的幻象，而"谁摧毁了对自己和他人的生命幻象，谁就会受到最严厉的暴君——自然——的惩罚"。当然，一个人可以在某一段时间内，以完全天真和无害的方式从事历史研究，就像他从事其他研究一样。

特别是，最近的神学似乎已极其天真地与历史结伴为伍了，并且，它几乎不愿意去注意到，它这样去做，也许会违反其自身意志地在为伏尔泰的"打倒一切"①服务了。没有人会认为，神学与历史学的结伴是建立在新的、有力的建设性冲动之上；因为如果是这样的话，那我们不得不把所谓的新教联盟当成一种新宗教的摇篮，而法学家霍尔岑多夫②，即那本更加可疑地被叫作《新教圣经》的编者及作序者，就必须被认为是约旦河边的施洗者约翰。也许，仍然盘旋和翻腾在某些老人头脑中的黑格尔哲学，在一段时间内会有助于扩展这种天真状态，因为黑格尔哲学会教导人们如何从其各种不完美的"表现形式上"中辨别出"基督教理念"，甚至使之相信，"理念的偏好"就是在越来越纯洁的形式中表现自己，并最终在其最纯洁、最透明、实际上几乎是看不见的形式中，在当代"俗世中的自由神学家"的头脑之中，来展现自己。但是，如果未曾加入基督教的旁观者听到这些最纯洁的基督教谈论其早先不纯洁的基督教，那么，他经常会产生这样一个印象，即他们根本就不是在谈论

---

① 暗指伏尔泰的"打倒一切无耻的事物，即教会"。——译注
② 霍尔岑多夫（Franz Von Holtzendorf，1829—1889）：德国法学家。——译注

什么基督教,而是在谈论别的其他什么事情——那么,好的,我们会想到什么呢?如果"本世纪最伟大的神学家"①把基督教描绘成是这样一种宗教,即允许我们去"同情性地理解所有实际的宗教,甚至某些仅仅是可能的宗教";如果"真正的教堂"被认为是这样一种东西,即"它可以变成一种液体,没有固定的外形,每个部分一会儿在这里,一会儿在那里,而且,其中的每个部分都和平地融合在一起"——再问一遍,我们会想到什么呢?

我们现在能够知道的是,基督教在这种历史性考察中已经失去本性了,变得无力而不自然②,甚至变成了一种完全历史化的宗教,也就是说,这种公正的历史性考察已经把基督教变成一种关于基督教的纯粹知识,并因此摧毁了基督教。这一点可以在每一个生命体中观察到:当有生命的事物被完全解剖之时,它就失去了生命;而且,历史的解剖一旦开始,它就已经生活在苦恼和剧痛③之中了。有些人相信德国音乐在彻底改变和转化德国人的天性方面有着拯救力量;因此,他们就会变得暴怒,并怒斥对待我们文化的这种不公,认为这是对我们文化中最有生命的事物犯了罪。当他们看到诸如莫扎特和贝多芬这样的人开始被溅上传记作家的博学的污泥,并被迫在历史批判的拷问台上去回答上千鸡毛蒜皮的问题时。当我们将我们的好奇心转向生命和作品的细枝末节处,并在本该学会生活、忘记所有问题的地方去寻求认识的问题时,对于任何其生命影响力现在还未被耗尽的事物来讲,这难道不是在使

---

① 这里指德国神学家和哲学家施莱尔马赫。——译注
② 变得无力而不自然]修正前的校样中"ist"改为"sei"。罗德修正。——编注
③ 剧痛]打印稿、第一版:痛苦的;誊清稿、大八开版:痛苦的和。——编注

之夭折，或至少也是加以残害吗？这里想象一下，如果几个这样的现代传记作家试图探讨基督教或是路德改革的起源地，那么，他们对于事情的严肃而实际的兴趣，将足以使得每个精神上的"远距离影响"成为不可能，就像最卑小的动物只要吃光橡子就能阻止最强大的橡树的生成。所有活的事物都需要一种氛围，一层最神秘的云雾围绕在它们四周。如果那个云层被消除了，如果一种宗教、一种艺术或一个天才被迫像一颗没有大气层的星星在运转，那么，他们很快就会枯萎，变得坚硬而且贫瘠。对此，我们就不必感到惊奇。所有伟大的事物都是如此，正如汉斯·萨克斯在《工匠歌手》中所说，"没有幻象就没有成功"。①

但是，甚至每个民族，甚至每个人，如果要变得成熟，就需要这样一层笼罩性的幻象，这样一种保护性、围绕性的云层；可是，今天我们憎恶变得成熟，因为他们尊敬历史学更甚于尊敬生命。是的，我们胜利地欢呼，"科学要开始统治生命了"。这也许是可能的，但一种被这样统治着的生命肯定是没有多大价值的。因为那是一种被减损的生命，而且，与从前那种不是由科学而是由本能和强有力的幻象所主导的生命相比，这种方式在未来只能保障更少的生命。但是，就像之前所指出的那样，我们的时代不是能产生完全成熟的②和谐的个性的时代，而是一种产生普遍的尽可能有用的工作的时代。也就是说，人们必须被按照时代的需要来加以塑造，从而使其尽可能早地投入工作。他们在变得成熟之前，就应该在共同

---

① 参见瓦格纳：《工匠歌手》，第3场，第1幕。——译注
② 成熟的]大八开版：变得成熟的；第一版：变得自由的。——编注

利益的工厂里劳作,而且,这样的话,他们也不会变得成熟。因为允许他们变得成熟会是一种奢侈品,这会从"劳动市场"中抽走大量的力量。人们会把有些鸟弄瞎,以使它们唱得更好听。但我认为,今天的人们并不比他们的祖先唱得更好听,尽管我知道他们很早就被弄瞎了。不过,他们被弄瞎的手段,可耻的手段,是使用过于明亮、过于突然和过于变换的光。青年人被鞭打着走过数千年的历史。他们对战争、外交和贸易政策都还一无所知,但人们却认为他们应该开始学习政治史了。但我们现代人匆匆跑过艺术画廊,匆匆去听音乐会,也如同这些青年人匆匆跑过历史一样。我们当然能够感觉到一件事与另一件事不同,感觉到这件事与那件事有着不同的效果;但我们会日益丧失这种惊奇感,以至于对任何事物都不会过于惊奇,最终,我们会对每件事都感到满意。这就是人们所说的历史感和历史教化。毫无粉饰地说,涌入的印象洪流是如此之大,奇怪的、野蛮的和狂暴的事物如此有力地"团成令人恶心的团"①,侵入到年轻的灵魂之中,以致年轻人只能采取用故意的迟钝来自我拯救。在一种更精细、更强大的意识存在的地方,也最可能出现另一种感觉:恶心。年轻人变得如此没有家园,以至于他们怀疑所有的习俗和概念。现在他们知道:在每个时代,情况都不相同;你是什么样的,并不重要。② 他们在这种忧郁的无感觉中让意见跟着意见从旁溜走,他们理解荷尔德林在阅读拉尔修·第

---

① "团成令人恶心的团"]见席勒:《潜水鸟》(1798),第116页。——编注
② 年轻人……并不重要。]对于"年轻人变得如此没有家园……你是怎样的"这两句,罗德注:句子结构笨拙!——编注

奥根尼论希腊哲学家的生平和学说时的话和心情:"在这里我再次经验到以前我多次遭遇到的事情:人类的思想和体制的易逝和变换,比我们通常称作是唯一现实的命运更具悲剧性。"[1]不,对于年轻人来说,这样一种泛滥的、麻醉人的、粗暴的历史化,如古人所指出的,肯定是不必要的;如现代人所指出的,甚至是极端危险的。但现在,让我们看一看实际的学习历史学的大学生吧,他们未成年之前就已经明显地承继了一种过早的烦腻与厌倦。现在,他已经获得了完成自己工作的"方法"、正确的技巧和其导师的高贵腔调;历史中一个完全孤立的小章节沦为他的敏锐和学来的方法的牺牲品;他已经能够生产某种东西了,或,用更骄傲话来说,他已经能够"创造"某种东西了;他现在凭借自己的行动成为了真理的仆人,历史世界的主人。如果说,他在孩童时期就已经"成熟"了,那么现在他已经过分成熟了:你只需要摇一摇他,就会有智慧果实劈里啪啦地落入你的怀中。但这智慧果实是腐烂的,而且每一个果实里面都有虫子。相信我吧:如果人们在成熟之前就被迫在科学的工厂里劳作,而且成为有用的劳动者,那么,科学以及在这个科学工厂中过早就被剥削的奴隶,都会在很短时间里被摧毁。令我惋惜的是,已经出现了这样一种需要,即使用奴隶主和雇主这样的行话来描述本应该摆脱功利和生活急需品的关系。但是,如果人们想去描绘年轻一代的学者,那么,"工厂""劳动市场""供给""有用"这些语词,以及所有描述自私自利所使用的助动词,都会不知不觉地

---

[1] "在这里……悲剧性。"]荷尔德林1798年12月24日致辛克莱(Issak von Sinclair,1775—1815)的信。——编注

涌到嘴边。① 名副其实的平庸变得越来越平庸，科学在经济学的意义上变得越来越有用。实际上，这些最新的学者们只在某一方面上是聪明的，也就是，他们在这一点上比过去的一切人都更聪敏，但在其他所有方面，谨慎地说，只是与一切老派学者极为不同罢了。尽管如此，他们还是为自己索要名誉和利益，就好像国家和公共舆论负有义务要视新钱币与旧钱币等值似的。这些零工们相互间达成了一种劳动协议，并通过把每个零工都戳上天才的印记，从而宣布真正的天才是多余的②；但后来的时代可能会看出，他们的建筑作品是拼凑在一起的，而不是整体建构起来的。对于那些不知疲倦地把现代战争口号和牺牲口号如"分工！列队！"挂在嘴边的人们，我们要清晰而且直率地告诉他们：如果你们想尽可能快速地促进科学，那么你们也将尽可能快速地摧毁科学，这就像你们人为地强迫母鸡尽可能快速地产蛋，那么也会尽可能快速地使母鸡完蛋。是的，科学在最近几十年以惊人的迅速得到推进，但你们也看一看这些学者，这些精疲力竭的母鸡吧。他们真的不是天性"和谐的"物种；他们之所以能比以往多叫几声，因为他们产了更多的蛋。当然，他们下的蛋也越来越小了（尽管他们的书却越来越厚）。这种情况最后和自然的结果就是科学的被普遍欢迎的"通俗化"（还有"女性化"和"童稚化"），也就是，把科学的外套无耻地加

---

① 相信我吧……嘴边。]准备稿：这应当不再是和谐的人格的时代，而是"共同劳动"的时代。这只是说：人们在完成事情之前，是要在工厂中劳动的。但你们要相信，不久学者将被毁灭，就像这种工厂劳动的人一样。——编注

② 这些零工们……多余的]对于"零工们……被盖上天才的印记"这句，罗德注：表达得不机智！——编注

以裁剪以适应"混杂的公众"的身体:为了一种剪裁活动,我们这里也追求一种适合裁缝的德意志风格。歌德在这种现象中看到了一种滥用,并要求科学应该只有通过一种提高了的实践来影响外部世界①。此外,老一代学者有充分理由认为这种滥用是艰难的和沉重的;年轻一代学者同样有充分理由认为这种滥用是轻松的,因为在他们细小的知识角落外,他们本身就是那个"混杂的公众"的一部分,他们在自身中就承载着这个公众的需求。他们只需要找机会舒适地坐下来,以能够把他们狭小的研究领域对那种混杂的普通公众的好奇心开放。他们在回顾时把这种舒适行为界定为"学者谦逊地俯就他的人民"。而从他们并不是学者,实际上只是愚氓这点来看,他们只是俯就他们自己,俯就他们自己的水平。为你们自己创造一个"人民"的概念吧,但你们永远不能把这概念设想得足够高贵、足够崇高。② 假如你们准备把人民设想得伟大,那请你们要仁慈地对待人民,而且要防止把你们的历史学的硝酸当作提神的饮料提供给人民。但是,你们在内心深处是看低人民的,因为你们对人民的未来不可能有真正的和坚定的尊敬,你们是作为实践上的悲观主义者在行动。我的意思是,你们像这样的人:受将要到来的灾难的预感所主导,因而对他人的,甚至对自己的福祉

---

① 歌德……世界]参见第 29 页第 84 行;还请参见歌德:《准则与反思》,第 694 条,第 693 条。出自《威廉·麦斯特的漫游年代》(1829)中的"在漫游者意义上的种种沉思"。——编注
② 崇高。]誊清稿:把它设想得足以高贵和高尚! 但不能轻易从最卑鄙和庸俗的意义去设想你们的"混合观众"。——编注

都漠然以待。只要大地还承载着我们！而如果它不再承载我们，那也没关系——这就是他们的感觉；他们冷嘲地生存在大地上。

八[①]

这个时代如此清晰可感地和持续地对其历史学教养爆发出最无顾忌的欢呼，因此，我把一种冷嘲的自我意识归因于它，这看起来有点奇怪，但却并不自相矛盾。在我看来，在这种自我意识上存在一种萦绕其上的预感，即这里不应欢呼；这个时代还存在着一种恐惧，即历史学知识的一切快乐也许很快就会终结。对于个别的人物，歌德通过他对牛顿的值得关注的刻画向我们提出了一个类似的可比的谜：歌德在牛顿的本质的深处（或者更正确地说，在高处）发现了"一种其自身错误的预感"，一种只有在某些少见的时刻才能观察到的似乎是更高的批判的意识；牛顿就是借助这种意识来对其必然的固有本性进行某种冷嘲的概括。因此，正是在更加伟大、更加发展了的历史人物那里，我们发现了一种经常被缓和为普遍的怀疑的意识，即认识到相信一个民族的教育必须像今天的时代这样，主要是历史学的教育，这是多么巨大的荒唐和迷信啊；毕竟，恰恰是那些最强大的民族，而且是在行动和成就上都强大的民族，就曾以不同的方式生活，以不同的方式教育过他们的青年。但正如那种怀疑性的异议所显示的那样，那种荒唐、那种迷信正适合我们，适合我们这些历史的后来者，那些更加强大和更加欢乐的

[①] 参见 29[46]页。——编注

种族之苍白的最后苗裔;那种荒唐和迷信正适合我们似乎是在应验赫西俄德①预言。按照这预言,人类总有一天会生来就满头白头,而且只要这个生来白发的标记一旦在某个种族出现,宙斯就要灭绝这个种族。历史学教育和教化,的确是一种生而具有的白发,而且,那些从童年起就有白发标记的人们,必定会本能地信仰人类的老年时代;但今天就有一种适合老年时代的工作,也就是,借助记忆来沉溺于回顾、估算、结算、在过去中寻求慰藉,简言之,沉溺于历史学教养的工作。但是,人类是一个坚韧而又固执的东西,它不喜欢从千年期,甚至十万年期来考察它的进步(向前或向后),也就是说,它绝对拒绝被无穷小的原子即个体之人作为整体来加以考察。到底是什么在允许我们把两千年(或换句话说,若 60 年为一个世代,那么总计 34 个前后相继的世代)这样一个时间段的开头视为人类的"青年时代",其结尾视为人类的"老年时代"!② 认为人类已经在衰退这样一种使人麻痹的信念中,难道不是蕴含着一种从中世纪继承来的基督教神学观念的误解,也就是,蕴含着关于世界末日临近以及惊恐地期待的末日审判的误解吗?这种对于历史判断日益提高的需要,不就是这个相同观念的改头换面吗?因为我们对历史判断的需要,就好像我们的时代是最后可能的时代,应该有权对整个过去进行最后的审判。而在基督教信仰中,这样的审判决不期待由人自身,而是由"人子"做出。从前,那个既是

---

① 赫西俄德(Hesiod,约公元前 700 年):古希腊诗人,以长诗《神谱》及和《工作与时日》而闻名。——译注

② 历史学教育……"老年时代!"参见 29[48]。——编注

对人类总体也是对人类个体的"人皆有死"的告诫,是一根永远折磨人的刺,仿佛就是中世纪知识和良心的顶端。现代与它相对的"人皆须生"①的回应,坦率地说,听起来相当胆怯,不是源于放声直言,甚至差不多有点不真诚。因为②人类仍然受缚于"人皆有死"。这体现在对历史学的普遍需要之中;知识虽然强有力地鼓动翅膀,却不能挣脱出来去自由飞翔。一种深刻的绝望感保留了下来,并展现出了那种历史学的色调。今天一切较高的教育和教养都阴沉沉地笼罩在这种色调之中。

一种把人生最后的时刻视为最重要的时刻,预测尘世生活的终结,并判决一切生者都生活在悲剧的第五幕里的宗教,肯定会激发起最深刻的和最高贵的力量,但它对于一切撒播新种子、进行大胆的试验和欲求自由的尝试抱有敌意。它反对向未知者的任何飞翔,因为它对那里没有爱,没有希望;它只是不情愿地让生成者加于自己之上,为的是在适当的时候,把它当作此在的诱惑者、当作此在价值的说谎者排挤到一旁或者牺牲掉。佛罗伦萨人在萨沃纳洛拉③牧师忏悔布道的影响下,为了纯洁基督教,对绘画、手稿、镜子、面具进行了一场著名的大焚毁;他们的所为,就是基督教对每一种激励人继续努力④、把"人皆须生"当作座右铭的文化所做的

---

① "人皆须生"]"记住你是活生生的人",参见歌德:《威廉·麦斯特的学习年代》,第8章,第5页:"记住你是活生生的人。"——编注

② 不真诚。因为]打印稿中后面还有一句话:就像一个瘫子坐在那里晃动自己的大腿,以便显示他能够跑得多么快。——编注

③ 萨沃纳洛拉(Hieronymus Savonarola,1452—1498):意大利基督教修士、改革家和殉道士。——译注

④ 继续努力]誊清稿:继续生活。——编注

事情。如果基督教不能通过强权直接去做，那么，它也可以通过其他方式来做到这一点，例如，只需与历史学教育和教化进行联合，而且通常情况后者甚至都没有意识到这一点。于是，基督教便以这种历史学教化的名义说话，耸着肩膀拒绝一切生成者，并把生成者烙上迟到者和后继者的印记，简言之，烙上生来白发的印记，从而加以抑制。对一切已发生事情的无价值以及对世界能够做出审判的成熟性的严肃而深刻的沉思，都挥发成那种怀疑的意识，即知道一切已发生过的事情，无论如何还是好的，因为去做某种更好的事情，已为时太晚了。这就是历史感如何使他的仆人们变得被动消极和喜欢回顾；只有在那种历史感暂时缺位之时，只有在瞬间的遗忘之际，患有历史学热病的人才会去积极行动；但这个行动一旦完成，就会受到分析和解剖，因此，这种反思性的分析阻止了这个行动继续发挥作用，最终，这个"行动"变成了光秃秃的"历史学"。在这种意义上，我们仍然生活在中世纪，历史学仍然是一种伪装的神学，恰如非科学的外行人对科学等级的敬畏就是从前教民对教士阶层的敬畏继承下来的。人们今天给予科学的——尽管更加吝啬了一些——就是过去人们给予教会的东西；但是，人们所给予的，要归功于过去的教会，而不是现代精神。众所周知，现代精神虽然有其他一些好的品质，却比较小气吝啬，在慷慨这一高贵的德性上经验不足。

　　我这里的考察也许并不令人满意，同样不令人满意的考察也许还有我从中世纪的"人皆有死"，从基督教心中对尘世此在的一切未来时代所持有的绝望中，推导出历史学的过量。如果这样的话，你们可以提出更好的解释来取代我这个连自己也有点不太确定的解释①。因为要考察历史学教化的起源以及它为什么与一个"新时代"、一种"现代意识"的精神存在着内在的激进的冲突,这必须同样要用历史学的方式来加以认识,历史学自身必须解决历史学的问题,知识必须使自己的刺转向自己——这三重"必须"是"新时代"的精神的命令,如果在它里面确实存在某种新颖的、强大的、促进生命的以及独创的东西的话。或者,我们德国人——且不说罗马语系的各民族——也许真的在所有较高级的文化事务上永远不得不只是"跟随者",因为我们只能够这样;瓦克纳格尔②曾说过这样值得深思的话:"我们德意志人就是一个跟随者的民族;在我们的一切较高级的知识方面,甚至在我们的信仰方面,我们都永远只是古代世界的跟随者;就连对古代世界怀有敌意之人,除了呼吸着基督教的精神之外,还不得不呼吸着古典教化的不朽精神。如果一个人能够从包围着内在心灵的生命大气中去除这两个要素,那么,就不会再剩下多少东西来维持其精神的生命了。"但是,就算我们乐于接受我们作为古代的后来者的职分,就算我们决然地认真对待并努力履行这种职分,并把这种决然视为我们卓越的和独特的特权——尽管如此,我们也不得不问我们是否注定永远充当那个沉沦的古代世界的学徒。在某些时候,我们也许可以被允许去逐渐把我们的目标设置得更高些,更远些;在某些时候,我们应

---

① 提出……解释]打印稿:提出更好的方法来取代这个连我自己都不太确定的方法。——编注

② 瓦克纳格尔]出自瓦克纳格尔(Wilhelm Wackernagel)的《德国文学史的论文》(较小的字体,第 2 卷),由莫里茨·海涅(Moritz Heyne)编辑,莱比锡,1873 年。此书是尼采的个人图书馆中的一本。——编注

当赞颂我们自己,因为我们在我们里面——甚至也借助我们的普遍历史学——以如此富有成果和规模宏大的方式,重塑了古希腊的、古罗马的文化的精神,以至于,作为最高贵的奖赏,我们现在可以给自己提出更为巨大的任务,努力跟随并超越这一古代世界,并在伟大的自然的和人性的古希腊最初的世界中去寻求我们勇敢目光的典范。但在那里,我们也发现了一种本质上非历史的教育和一种尽管如此或者毋宁说正因如此而极为丰富并充满活力的教育形式。假若我们德意志人只能是跟随者——那么,如果我们把这样一种教育看作一个我们将要接受的遗产时,我们根本不可能找到比作为跟随者更伟大和更骄傲的使命了。

我借此要说的只是这一点:即使经常想到作为跟随者会令人痛苦,但如果往伟大处想,那么,作为跟随者也能够为个体及民族确保伟大的影响和对未来的一种充满希望的欲求:也就是说,只要我们把自己视为古代世界的令人惊奇的力量的跟随者和继承人,并把这视为我们的荣耀、我们的激励。因此,这并不意味着我们要成为那些强大世族的苍白的凋萎的苗裔,作为那些①世族的古董商和掘墓人竭力维持着一种战栗哆嗦的生活。这样的跟随者当然会过着一种冷嘲的生活;毁灭会紧随着他们瘸行的生命行迹;当他们从过去中感到欢快时,他们会战栗恐惧地想到毁灭,因为他们是活着的记忆;不过,如果没有人继承他们,那他们的怀念又有什么意义呢。因此,阴郁的预感包围着他们,因为他们的生活是一种不义,没有一种未来的生活能够为其提供合理性。

---

① 那些]校样:他们的。罗德注:我不懂。应该称为"那些"吗?——编注

但是，我们设想一下，如果这些好古的苗裔突然把那种冷嘲的和痛苦的谦逊掉换成无耻；设想一下，他们尖声地宣布："我们族类现在已达到其巅峰，因为直到现在它才获得关于自己的知识，自己才被揭示给了自身"。——那么，就会出现这样一出戏剧：在这戏里，某种特定的非常著名的哲学，就像一个隐喻一样，其对于德意志文化和教化的神秘意义就将解开了①。我相信，在这个世纪里，对于德意志文化来说，没有任何其他的危险的偏离或者转变，比这个有着巨大的、扩展到今天的影响的特定哲学，亦即黑格尔哲学，更具危险性。确实，相信自己是以前时代的苗裔，是令人麻痹和苦恼的，但如果这样一种信念某一天以无耻的颠倒去把这个苗裔神化成过去一切事件的真正意义和目的，如果某一天把它自己贫乏的认知等同于世界历史的完成，那么，这就肯定会令人恐怖，且具有破坏性。正是这样一种看待事物的方式使得德意志人习惯于谈论"世界进程"，而且把自己的时代当作这个世界进程的必然结果来辩护。这样一种观察方式使得历史取代了其他精神力量、艺术和宗教，确立了其唯一主权地位。历史就是"自己实现自己的理念"②，是"各民族精神的辩证法"和"世界法庭"。

从这种黑格尔方式来理解，历史就被讥讽地③称作上帝在尘世的行走，尽管这样的上帝在他那方面而言却是历史的产物。不过，这个上帝在黑格尔的脑壳里，变得显而易见和易于理解，而且

---

① 在这戏里……解开了] 校样：……被解开了。罗德注：不好，因为人们不知道这是第一格还是第四格。捉摸不定的把戏！——编注
② 理念"] 打印稿："自己实现自己的理念"，具有可证明的必然性。——编注
③ 讥讽地] 打印稿中"讥讽"是"正义"。——编注

已经历经其生成过程的所有辩证的可能的阶段,攀登到了自我启示阶段,①以至对于黑格尔来说,世界进程的巅峰和完成正好与他自己在柏林的存在相契合。确实,他甚至可以说过,在他以后出现的一切事物②实际上只能被看作是世界历史回旋曲的一个尾声,更准确地说,只能被看作是多余的。他没有这样说过,但他却把对于"历史的权力"的那种惊赞种植在那些受其哲学所喂养的时代之中,从而使得人们几乎每个时刻都转向对成功的赤裸裸的惊赞,转向对事实的偶像崇拜。对于这种事实崇拜,人们现在普遍使用非常神话的③、同时也是非常德意志式的表述:"要考虑事实"。但是,那些先是学会了在"历史的权力"面前卑躬屈膝和点头哈腰之人,最终会像中国木偶一样对任何权力——不管这权力是一个政府,还是一种公共舆论,抑或是一个数量上的多数——点头说"是",并准确地按照某个"权力"用线牵动的节拍扭动自己的肢体。如果每个成功都在自身包含着一种理性的必然,如果每个事件体现了逻辑或者"理念"的胜利,那就只有赶快跪下来,对这些"成功"的每个阶梯顶礼膜拜。什么,再也没有占统治地位的神话了吗?什么,宗教都在消亡吗?你们只消去看历史权力的宗教,注意一下理念神话的教士们及其伤痕累累的膝盖!难道一切德性都不是事实上在追随着这种新的信仰吗?或者,如果历史人让自己被做成客观的玻璃镜,这不是大公无私吗?他借助在每一种强力中只崇拜强力自身,来放弃他自己在天上和地上的一切强力,这不是慷慨

---

① 参见第 11 卷 29[51] 页。——编注
② [事物]誊清稿:事物,例如当前的幸福和胜利者的桂冠。——编注
③ [神话的]誊清稿:非神话的。——编注

大度吗？一直手持天平，并仔细地观看哪一边会更强更重，这不是正义吗？这样的历史观察是一种何等温文尔雅的学校啊！客观地对待一切，无所怒，无所爱，理解一切——哦，这多么使人温和柔顺！即使在这种学校教育出来的人公开发怒，这也会使我们感到高兴，因为我们知道，毕竟，这只是一种艺术表达，它是愤怒和热诚，但却完全无愤怒和无热诚。①②

对于历史神话和德性的这样一种复合体，我心中的想法是怎样过时啊！但它们已经表达出来了，即使它们只会使人发笑。因此我想说，历史给人的印象总是："从前有一次"，道德却说："你们不应该"或者"你们本不应该"。这样，历史就成为事实上的不道德的一个概要。如果我们同时把历史看作是这种事实上的不道德的裁判者，那我们的错误是多么的严重啊！例如，一个像拉斐尔这样的人不得不在 36 岁时死去，这是对道德的侮辱：这样的人物根本不应当死。现在，如果你们想作为事实的辩护者，去为历史作辩护，那么你们会说：拉斐尔已经把自己心中的一切都表达出来了，即使活得再长些时间，他也只能创造出更多的同样类型的美，而不是新类型的美，或诸如此类的话。这样一来，你们成为了魔鬼的律师，成功地使事实变成你们的偶像；但事实永远是愚蠢的，在一切时代都更像一头牛犊而不是一个神。此外，作为历史的辩护士，你们相互之间把无知提示给对方吧。因为只是由于你们不知道像拉斐尔这样一个人的基本的创造本性是什么，因此，你们听说拉斐尔

---

① 客观地……热诚。]参 29[57]。——编注
② 塔西佗（Tacitus, 55—116）将自己的编写历史原则界定为"无恨亦无爱"，即追求冷静客观地看待历史。——译注

曾经活过并将永不再生时,并不会感到愤怒。最近有人寻求教导我们说,82岁的歌德活够了,达到了自己才华的极限。但我却宁愿高兴地用满载新鲜的非常现代的生命时光与"活够了的"歌德的几年交换,以便参与像歌德与爱克曼之间所进行的那样的谈话。这也是我借以躲避大量时刻所带来的合乎时宜的教导。相比于这样伟大的死者,有权活着的人多么稀少啊!许多人活着,而那些少数人却不再活着,这不得不是一个残忍的真理,也就是,一个无可救药的愚蠢,一种"事实是这样"与道德的"不应当是这样"之间的无耻对比。是的,与道德相对!因为如果让你们谈论任何你们喜欢的德性如正义、慷慨、勇敢、智慧和同情,那么,在任何情况下,人之所以是有德性的,恰恰因为他起而反抗事实的盲目权力,反抗现实的东西的专制,服从于法则,但不是服从那些历史沉浮的法则。他总是逆着历史的潮流劈波斩浪,或是把自己的情欲当作最切近于他的生存的愚蠢事实而与之斗争,或是在谎言围绕他编织起闪烁之网时致力于诚实和真诚。假如历史在根本上无非是"情欲与错误的世界体系",那么,人将不得不以歌德建议我们阅读《维特》的方式来阅读这个体系:似乎历史在向他召唤:"做个男子汉吧,别学我的样子!"①不过,幸亏历史也保存着伟大战士反对历史也就是反对现实的盲目权力的记忆;而且,历史还会通过恰恰把那些很少顾及"就是这样"、以骄傲地追求"应当是这样"的人物颂扬为真

---

① 以歌德……样子!"]由于歌德《少年维特的烦恼》出版后,有人模仿主人公为情自杀,因此,歌德在1775年第2版中提出了一个告诫:做个男子汉吧,别学我的样子。——编注

正的历史人物,从而①把它自己绑在了耻辱柱上。② 历史不是把这些人物拖进坟墓,而是要去建立一个驱动他们不断前进的新时代:这样,即使他们生为后来者,但有一种生活方式会使人忘掉这一点,未来的时代会把他们只认作是先到者。

九③

我们的时代也许就是这样一个先到者?事实上,它的历史感是如此强烈,而且这种强烈是以如此普遍且完全没有界限的方式表现出来,以至于在这一点上至少未来时代会把它赞颂为先到者,前提是确实会有从文化意义上的未来时代的话。但恰恰在这里存在着一种严重的怀疑。紧挨着现代人的骄傲的,是他的自我冷嘲;他意识到他必须生活在一种历史化的、仿佛是黄昏的情绪里,他担心他任何青年的希望和青年的力量根本不能存活到未来中。在有些地方,有些人走得更远,堕入了犬儒主义道路之上,以一种完全对现代人日常有用的方式,按照犬儒主义的教条来为历史进程、为世界的全部发展进行辩护:万事恰恰必然以其现在所是的方式发生,人类必然成为④现在人所是而不是别的样子,因为无人能够反

---

① 从而]誊清稿:由于。——编注
② 耻辱柱上。]准备稿后面还有:在这方面,历史是一个自相矛盾的、自己消耗自己的、自己扬弃自己的荒唐东西,而每一个仅仅由于杀死前一个瞬间才是瞬间的瞬间,都提供了这种教训。——编注
③ 参见29[72、59、51、40]。——编注
④ 成为]校样:再次成为。罗德注:? ——编注

抗这个必然。那些不能忍受自我冷嘲的人就逃避到这样一种犬儒主义的舒适感之中；此外，在过去 10 年，他们收到了一个奉献给他们的最美好的发明，即一句描述这种犬儒主义的圆满周全的妙语：它把犬儒主义合乎时宜但完全不加反思的生活方式称为"把人格完全奉献给世界进程"①。人格与世界进程！世界进程与跳蚤们的人格！但愿人们不得不总是听到这种夸张中的夸张，因为在每一个诚实正直的人看来，"世界、世界、世界！"这个词语，应该说成"人、人、人！"是希腊人和罗马人的继承者？是基督教的继承者？这一切在犬儒主义者看来都不算什么，他们是世界进程的继承者！是世界进程的顶点与目标！一切生成之谜的意义和解答都体现于现代人身上！他们是知识之树的最成熟的果实！——这就是我所谓的一种高涨的自我肯定！这是一种可以被识别为所有时代的先到者的标志，而不管他们是否也同时是最后到来的。历史的考察从未飘升得如此高远，哪怕在梦中也没有如此高远，因为现在，人类历史只不过是动物和植物史的延续罢了。的确，甚至在大海的最深处，历史学的普世论者也发现了其自身的痕迹，即有生命的黏液；他们回望人类已经走过的漫长道路，并视之为令人惊异的奇迹，他们的目光战抖地凝视着更加令人惊异的奇迹，即现代人自身，因为现代人能够把这条道路一览无余。现代人高高地、骄傲地站立在世界进程的金字塔上；当他们在那上面砌上其知识的顶石时，似乎在向四周倾听着的自然大声喊道："我们到达了目的地；我

---

① "把人格完全奉献给世界进程"]参见哈特曼：《无意识的哲学》，柏林，1872 年，第 748 页。哈特曼是一位形而上学的哲学家，他的作品《无意识的哲学》1869 年一出版，就一版再版。这里只标页码的引用，均来自本书。——编注

们就是目标;我们是完善了的自然。"

过于骄傲的①19世纪欧洲人啊,你在发狂!你的知识并没有完善自然,而只是在杀死你自己的自然。去测量一下你认知能力的高大与你行动能力的低下吧。是的,你攀援你的知识的阳光直到天空,但也向下直到混沌。你走路的方式,亦即作为认知者的攀援,是你的厄运;因为,对你来说,根基和大地已崩坏而不确定;你的生活再也没有支柱,只有一些被你每一认知的新动作而撕裂的蛛网。——但关于这一点,我不再说这些严肃的话了,因为还有可能更轻松愉快地去说。

现代人,这一宇宙之网上的伟大的蜘蛛,对一切基础的疯狂不加反思地肢解和摧毁,把它们消融进一种永远流动和流散的生成之中,把一切生成了的东西不知疲倦地进行拆解和历史化:所有这些也许会让道德主义者、艺术家、虔信者,甚至由政治家去关注和忧虑吧,而今天,如果我们从一位哲学滑稽者的闪闪发光的魔镜来看它,它会让我们一度感到开心好笑。在这位滑稽者的头脑里,时代如此清晰地达到了一种冷嘲的自我意识,以至于可以用歌德的话来说,黑格尔②曾教导我们,"只要精神要产生飞跃,我们哲学家们就会出场了"。我们的时代一飞跃到自我冷嘲,瞧吧,哈特曼也就出场了,并撰写了他著名的无意识的哲学,确切说,他的无意识的冷嘲哲学。我很少读过比哈特曼的东西更为好笑的发明和更多哲学的把戏了;谁若不被他关于生成的本质方面的论述有所启蒙,

---

① 过于骄傲的]誊清稿、打印稿中把"过于骄傲的"改为"开玩笑的"。——编注
② 黑格尔]参见29[72]。——编注

甚至，在内心中有所清理并有所矫正，那么他就真的是过时了。世界进程的开端和目标，从意识的最初惊异直到被抛回到虚无，以及对我们这一代在这个世界进程中任务的精确描述，所有这些都源于那被聪明发现的无意识的灵感源泉，所有这些都沐浴在启示性的华丽的光芒之中，所有这些又都如此欺骗性地在模仿那如此正直的严肃性，似乎它是一种真正的严肃哲学，而不仅仅是一种哲学笑话。——这样一个整体显示出它的创造者是所有时代第一流的哲学戏仿作家之一：因此，让我们在他的祭坛上献祭吧，让我们给他这个真正的万应灵药的发明者献祭上一缕卷发——这里盗用一句施莱尔马赫表达赞美的用语。因为对于历史文化和教化的过量来说，什么药能比哈特曼对一切世界历史的戏仿更有效呢？

哈特曼从无意识冷嘲的香烟缭绕的三足宝鼎出发向我们宣示了什么？如果简明了当地说，那就是：他向我们宣示，如果人类真的会对这种人生此在感到厌倦了，那我们的时代就必须恰恰如其所是的样子：我们从心底里相信这一点。我们时代的那种可怕的僵化、骨骼的那种不安的嘎嘎作声——大卫·施特劳斯天真地将其描述为最为公正的事实——在哈特曼这里不仅从后面、从作用因，而且从前面、从目的因得到了辩护。

这个滑头让末日审判的光照耀我们的时代，并且从这种光芒来看，我们时代显得很好，亦即对愿意遭受生命的尽可能严重的不消化症的人、末日审判还没有很快到来的人来说是很好的。虽然哈特曼把人类现在所接近的生命年龄称为"成年"；不过，按照他的描述，这是一种幸运的状态；在这种状态中，只有"坚固的平庸"，艺术就是"为柏林交易所买卖人提供的晚间的消遣"，这个时代"不再需要天才,因为这是在把珍珠丢在母猪面前,甚至因为时代已经超越了天才所适合的阶段而前进到了一个更为重要的阶段",也就是,前进到社会发展的那个阶段,其中每个劳动者"都过着舒适的生活,因为他的劳动时间使他拥有从事自己的精神修养的充分闲暇"。滑头中的滑头,你说出了现在人类的渴望,但你同样知道一个什么样的幽灵会出现人类这种成年的末尾——恶心。这是那种达到"坚固的平庸"的修养的结果。事情显然已经处于可怜的状态了,并将变得更为可怜。

"反基督者的影响在明显地不断扩展"——但这必然是如此,必然会如此发生,因为我们带着这一切,正在迈向体验所有存在之恶心的道路上。"因此,作为上帝葡萄园中的工人,我们要在世界进程中奋勇前进吧,因为唯有这个进程才能够导向拯救。"①

上帝的葡萄园!进程!导向拯救!谁在这里看不出和听不出,只知道"生成"这个词的历史学教养在怎样故意伪装成模仿的畸形,又是怎样通过躲在这个怪诞面具之后去做出关于自己的最放肆的表述的啊!因为上面最后向葡萄园里工人们的滑头的呼喊,到底向他们要求什么呢?他们被要求在什么样的工作中奋勇前进呢?或者,这里可以换个问法:对于这些富有历史学教养之人,对于这些游泳在、浸泡在生成的河流中的世界进程的现代狂热者来说,在有朝一日收获那种恶心,也就是葡萄园中珍贵的葡萄之

---

① 哈特曼从无意识……拯救。"]参见第 29 页第 59 行;第 66 行;第 51 行。——编注

前,还剩下什么要做呢?——他无事可做,除了像他一直生活的那样继续活着,继续去爱他一直爱的东西,继续去恨他一直痛恨的东西,并继续去读他一直在读的同样的报纸;对于他来说只有一种罪,即活得与一直以来的生活不一样。但恰恰他一直以来是怎样生活的,被哈特曼在那著名的一页中以过分清晰的大号石印字体①的句子向我们做了描述。对于这些句子,全部合乎时宜的有教养的滑头们都陷入了盲目的狂喜和狂喜的癫狂之中,因为他们相信他们在这些句子中发现了他们自己的辩护,确切地说,是一种沐浴在启示之光中的辩护。因为这位无意识的戏仿作家要求每一个体都"把他的人格完全奉献给世界进程,为了它的目标,为了世界的拯救";或更为清楚明白地说,"对生命意志的肯定被宣布为目前唯一正确的东西;因为只有在完全献身于生命及其痛苦,而不是怯懦的个人的退隐和出世,才能对世界进程有所贡献","个体追求否定这种意志与自杀一样愚蠢且无用,如果不是比自杀更愚蠢的话"。"能思维的读者即便没有进一步的阐明也理解,一种建立在这些原则之上的实践哲学将会以什么形式出现,而且,这样一种哲学必然包含与生命的完全和解,而不是与生命的分离。"②

能思维的读者将理解这一点:似乎人们可能会误解哈特曼!他被误解,这会是多么搞笑啊!现在的德国人非常细腻了吗?一

---

① 石印字体]誊清稿:楔形文字。参见哈特曼:《无意识的哲学》,柏林,1872年,第748页。——编注

② 因为这位无意识的……分离。"]参见哈特曼:《无意识的哲学》,柏林,1872年,第748—749页。——编注

个诚实的英国人①认为,德国人身上缺乏细腻的感觉;一个英国人甚至敢于说,"德国人头脑确实显得有点笨拙、不锋利,不灵巧和不贴切。这位伟大的德国戏仿者是否要对此提出反驳呢?按照他的解释,我们肯定在接近"人类完全有意识地创造自己的历史的那种理想的状态"②。但是显然,我们人类离完全有意识地阅读哈特曼的书的这个也许更为理想的状态仍然相当遥远。如果一旦达到这种状态,那么将再也没有一个人让自己双唇不带有微笑地说出"世界进程"这个词;因为这样做时,他们会想到一个时代:在这个时代,人们以那种"德国人头脑"的全部质朴,甚至如歌德③所说的那样,以"猫头鹰般的夸张的严肃",来倾听、吸收、争论、崇敬、传播和神圣化哈特曼的滑稽模拟的福音。但是,世界必须前进,那个理想的状态不能靠梦想来实现,而是必须靠奋斗和争取,而且唯有通过喜悦才能通向拯救,通向摆脱那种误解的猫头鹰的严肃的拯救。这样的时代将会到来,彼时,我们会明智地避开世界进程或人类历史的所有建构,我们根本不再去关注大众,而是再次只关注个体,关注那些在湍流的生成之河上形成一种桥梁的个体。这些个体并不延续一个进程,而是永恒并同时代地生活着,由于历史,他们被允许形成这样一种连接。他们生活在叔本华④曾经讲过的天才共

---

① 一个诚实的英国人]引文出处不明确。——编注
② "人类……状态"]参见哈特曼:《无意识的哲学》,柏林,1872年,第333页。——编注
③ 歌德]引文出处不明确。——编注
④ 叔本华]《叔本华遗稿选》,6卷本,许布舍尔编,法兰克福,1970年版,第3卷,第188页。——编注

和国里。一个巨人穿越时代间的荒芜地带向另一个巨人呼喊,继续着他们之间高等的精神对话,而不会被在他们下面爬行的肆意吵闹的侏儒们所搅扰。历史的任务就是在他们之间充当媒介,永远不断地激发并给予力量产生伟人。不,人类的目标不可能在其末尾阶段发现,而只能存在于人类的最高范例里。

相反,我们这个搞笑的哈特曼当然会求助于那种值得钦慕的辩证法。他那种辩证法恰恰是如此真实,就像它的钦慕者是值得钦慕的一样。他告诉我们,"赋予世界进程在过去有种无限的存续,这与发展的概念是不相容的,因为那样的话,任何一种可以设想的发展都必然是已经发生过了的,但实际上却绝非这样。"(啊,无赖!)"同样,我们不能承认这个世界进程在将来有种无限的存续;二者都会取消向着一个目标的发展的概念,"(啊,更是无赖!),并把世界进程等同于达那伊得斯姊妹①的无望的汲水努力。但是,逻辑对于非逻辑的完全胜利(啊,无赖中的无赖),必须与世界进程在时间上的终结亦即世界末日同时发生。"②不,你这个清晰而又爱搞笑的精灵,只要非逻辑的东西还像今天这样统治着,只要例如人们能够像你那样谈论"世界进程",并获得普遍的赞同,那么,世界末日就仍然遥远:因为人们在这个地球上还是太快乐,许多幻象仍然活跃繁荣,例如你的同时代人关于你的幻觉。我们还没有准备好被抛掷到你的虚无之中:因为我们相信,一旦人们开始

---

① 根据古希腊神话,达那伊得斯姊妹是达那俄斯的50个女儿,奉父命分别嫁给叔父埃古普托斯的50个儿子,其中有49人于新婚之夜谋杀了自己的丈夫,在阴间被判用竹篮汲水。——译注

② "赋予世界……同时发生。"哈特曼:《无意识的哲学》,第747页。——编注

理解你,理解你这个被误解的无意识的解读者,他们会过得更愉快一些。但如果尽管如此,恶心还是强力地汹涌而来,就像你曾向你的读者预言过的那样,如果你对当前和未来的描述被证明是正确的——没有人像你带着如此的恶心蔑视当前和未来——,那么我将愉快地愿意以你所建议的形式与大多数人一起投票赞同,在下个星期六晚12点整,你的世界就会毁灭。我们的法令可以包括这些文字:"从明天起,时间将停止存在,将不再有报纸出版。但我们的法令是白费力气,不会起作用。好的,不管怎样,我们有足够的时间来做一个精彩的实验。我们拿来一架天平,一边放哈特曼的无意识,另一边放哈特曼的世界进程。有些人会相信,两边的重量相等,因为每一边都放着一个同样坏的表述和一个同样好的玩笑。① 如果哈特曼的玩笑被理解了,那么,他的"世界进程"除了作为笑话,就再不会在其他地方被使用了。事实上,早就该用全部讽刺恶意的大军去攻击历史感的过度,去攻击以存在和生命为代价而过分陶醉于世界进程,去攻击一切视角的轻率的移动。无意识哲学的作者应该始终得到表扬,因为他率先敏锐地认识到了"世界进程"概念中的可笑,而且,他的阐述特别认真,有助于我们更敏锐地认识到这种可笑。"世界"为什么存在,"人类"为什么存在,我们暂时根本不应当去关注,除非拿来开玩笑:因为渺小的人类蠕虫的傲慢自负,如今是世界舞台上最可笑和最令人愉快的事情。但是,

---

① 但我们的法令……玩笑。]见哈特曼:《无意识的哲学》,第637页。誊清稿中有:"惩罚,即重新被卷入哈特曼的世界进程。"这种手段自然是非常有力的——因为你会随之沉沦;与你一起沉没的还有关于世界进程的闲言碎语。除了这个词,这个概念以外,谁没有取得无限多的收获呢!——编注

你要问自己，作为一个个体，你为什么存在；而如果没有人能够告诉你，那你就尝试为你的此在的意义做一种似乎是后天的辩护吧，即你为你自己预设一个目的、一个目标、一个"为了这个目的"，一个崇高的和高贵的"为了这个目的"。去做吧，哪怕为此而毁灭——在完成某种伟大而不可能的事情的努力中作为伟大灵魂的浪子而毁灭，除此之外，我不知道还有什么更好的人生目的。相反，如果关于自主生成的学说，关于一切概念、类型和种类的流变的学说，关于人和动物之间缺乏一切根本差异的学说——这些学说我认为正确但却是致命的——在今天变得流行的追求教诲的狂热中再经过一代人被抛掷到民族中去，那么，倘若那个民族毁灭在自私主义的渺小和不幸上，毁灭在僵化和利己上，也就是说，这个民族先是解体，并不再是一个民族，那就没有人会对此感到惊奇。那么，取代未来舞台的也许就是个人自私自利的制度、以贪婪剥削非兄弟为目的的兄弟关系和功利主义卑鄙下流的类似创造。为了给此类创造铺路，我们只需要继续从大众的立场出发写历史，继续去在历史中搜寻能够从这些大众的需求中提取出来的那些法则，也就是，去搜寻主导社会的较低①阶层即黏土层和陶土层的运动法则。在我看来，大众仅仅在三个方面值得一顾：首先作为伟大人物的褪色副本，而且是用磨损的雕版印在劣质的纸上，其次是作为对伟人的阻抗，最后是作为伟人的工具。至于其他方面，那就让魔鬼和统计学把他们带走吧！什么？统计学能够证明历史中有法则？法则吗？是的，它证明大众是多么平庸和令人恶心地千篇一

---

① 较低〕大八开版：最低。——编注

律。我们应当把愚蠢、模仿、爱和饥饿这些重力的作用称为法则吗？那么好吧，我们愿意承认这一点，但这样一来这个命题也是成立的，即只要历史中是有法则的，法则就是毫无价值的，因此，历史本身就是毫无价值的。但是，恰恰是这样一种历史学现在普遍受到欣赏，它把大众的广大动机视为历史上的重要的和主要的东西，把一切伟大的人物仅仅看作大众的最清晰的表达，似乎是看作洪水表面变得可见的小水泡。据此，大众被认为从其自身中生产出伟大，也就是，秩序被认为产生于混沌。最后，这种历史学当然就会给产生它的大众唱起颂歌了。这样一来，凡是有一段较长的时间推动过这些大众，并因此被他们称为"一种历史力量"的东西，都被称为"伟大"。但这岂不是在蓄意地混淆量和质吗？如果粗糙的大众发现某一种思想如某一宗教思想，适合他们的口味，并坚韧地捍卫它，长达若干个世纪地拖着它同行，这时，而且只有这时，那种思想的发现者和首创者才被认为是伟大的。但是为了什么！最高贵的和最高尚的东西根本影响不到大众。基督教的历史成功、它的历史力量、坚韧和持续，幸运的是，没有一样东西可以证明它的首创者的伟大方面，因为这在根本上会证明在反对他①。但是，在他和那种历史成功之间，还存在着一个非常世俗和晦暗的层次，一个情欲、错误、对权势和荣誉的贪婪的层次，一个罗马帝国发挥着持续有效的影响的层次。基督教从这样一个层次中获得了使自身可能持续生存并似乎给予了它可维持性的那种尘世味觉和尘世

---

① 反对他]准备稿还有：但是，这里原始的东西显得完全丧失了，对于大众和许多沽名钓誉和自私自利的个人的倾向来说，所保留下来的就是名称。——编注

余留。伟大不应当取决于成功。德摩斯梯尼①尽管未曾成功,但却很伟大。最纯粹和最真诚的基督教的信徒总是倾向于质疑和阻碍而不是促进它的世俗成功、它的所谓的"历史力量",因为他们习惯于置身"世界"之外,不关心"基督教理念的进程"。这就是他们大多不为历史学所知道,也不为历史学所称道。用基督教的话说,魔鬼是尘世的统治者,因此是成功和进步的大师②,是一切历史力量之中真正起作用的力量,而且,这就是为什么根本上将一直如此,尽管对于一个习惯于膜拜成功和历史力量的时代来说,这听起来相当刺耳。因为事实上,恰恰在这一点上,这个时代学会如何重新命名事物,甚至为魔鬼重新命名,重新洗礼。这当然是有一种巨大危险的时刻:人们似乎接近于发现,个人的、团体的或者大众的自私自利在所有时代都是历史运动的杠杆,但同时他们却丝毫不会对这一发现而感到不安,相反,他们宣称:"自私自利主义应该是我们的上帝。"③他们带着这种新的信仰,以一种最清晰的蓄意把未来的历史建立在自私自利主义上面。只不过这应当是一种聪明的审慎的自私自利,一种给自己加上一些限制以维持其恒久的自私自利主义,一种恰恰为了辨识不聪明的自私自利而去研究历史的自私自利主义。人们在这样的研究中学到,在将要建立的自私自利的世界体系中,国家应当有一个完全特殊的使命:它应当成为一切聪明的自私自利的保护神,以用它的军队的和警察的暴力去

---

① 德摩斯梯尼(Demosthenes,公元前384—前322):古希腊演说家和政治家,反对马其顿入侵,失败后服毒自杀。——译注
② 用基督教……大师]参见29[49]。——编注
③ 在我看来,大众……上帝。"]参见29[40、41、139、149]。——编注

防止不聪明的自私自利主义的可怕爆发。历史学——确切地说是作为动物的和人的历史学——正是带着同样的目的被小心翼翼地灌输到那些因为不聪明而危险的大众和工人阶层之中,因为人们知道,一小粒的历史学教养就能够制伏粗糙的晦暗的本能和欲望,或者至少能够把它们引导到精致的利己主义的渠道上。总之,用哈特曼的话说,人们现在"把思考的目光投向将来,考虑在这个尘世家乡建立起实用的舒适的居所"。正是这位作家把这样的时代称为"人类的成年",并以此嘲笑今天被称为"成年"的东西,就好像这个概念指的只是冷静的自私自利者似的,就像他同样预言,在这种成年之后会有一个相关的老年时代,但他同样明显地只是在以此发泄他对于我们时代合乎时宜的白发老人的嘲笑:因为他谈到,成熟的内省是"纵览他们过去生命历程的全部风暴般涌过的苦难,并把握到他们曾经自以为是其所有奋斗的目标的虚幻"。不,在那种狡猾的、历史学教育而形成的自私自利的成年之后,是一种对于生命怀着令人厌恶的贪婪和毫无尊严的老年,然后是最后一幕的到来:借助这最后一幕,

> 终结这一奇特地变换着的历史的,
> 是童年的再现和完全的遗忘。
> 没有牙,没有眼,没有味觉,没有一切[①][②]。

[①] 总之,用哈特曼的话说……一切]参见哈特曼:《无意识的哲学》,第29页第51行。——编注

[②] 参见莎士比亚:《皆大欢喜》,第2幕,第7场。——译注

不管威胁我们的生命和我们的文化的危险是否来自这些荒芜的、没有牙齿和味觉的老人，还是来自哈特曼所谓的"成年人"，对这二者，我们要咬紧牙关坚持我们的青年人的权利，永不疲倦地捍卫我们青年人的未来，反对那些摧毁未来的圣像破坏者。但在这场斗争中，我们被迫发现一个特别令人痛苦的事实：当代所遭受的那些历史感的过度，是被人蓄意地加以促进、鼓励——甚至利用的。

但是，人们利用过度的历史感来对付青年，为的是训练青年去适应到处都在追求的那种自私自利的成熟成人的模式；人们利用过度的历史感，为的是破坏青年对那种成年的和非成年的自私自利的天然反感，其方式就是将其美化从而使之出现在魔幻般的科学光照之中。人们已经熟知，而且是太过精准地知道，历史学的某种过量能够带来什么，那就是，根除青年的最强的本能，如热情、执拗、忘我和爱；窒息其奔放的正义感；抑制其慢慢成熟的欲望，代之以尽可能快速地完成、尽可能快速地有用、尽可能快速地有成果的反欲望；用怀疑去感染其感觉的诚实和勇敢。它甚至能够骗走青年最美好的特权，骗取他们以满怀信心地在其自身孕育一个伟大的思想，并使之长成一个更为伟大的思想的力量。正如我们所见，历史学的某种过量能够做到这一切。它之所以能够做到，是因为它不断地移动人的视线和视角，清除一个笼罩着保护性的大气层，并借以阻止人无历史地感觉和行动。这样一来，人就会把无限的视野撤回到他自己身上，撤回到那最为渺小的自私自利的王国，并且必然在其中凋萎和干枯。他也许会有小聪明，但达不到大智慧。他听从理性，妥协折中，经营算计，适应事实；他保持冷静，他懂得在他人的有利和不利中去寻找他自己或者他的派别的利益；他忘却了多余的羞耻，就这样一步步地迈向哈特曼的"成年"和"老年"[324]阶段。但是，那是他被认为应当变成这样，这恰恰就是今天犬儒主义所要求的"把人格完全奉献给世界进程"的意义——为了它的目标，即世界的拯救，就像哈特曼这个滑头使我们所确信的那样。如今，那些哈特曼式的"成年"和"老年"的意志和目标很难说恰恰就是世界的拯救，但如果世界被从这些成年和老年那里拯救出来的话，世界肯定会被更好地拯救。因为只有如此，青年之国才会来临。

十

此时此刻，想起青年人，我高呼："陆地！陆地！"在这陌生、漆黑的大海上，怀着满腔热情地寻觅，但终究一无所获，这样的航行我已经受够了，太够了！如今，海岸线终于出现在我们眼前：不论它是什么样的，我们都必须在那里登陆；避风港再差，也好过回到那怀疑主义的漫无边际的绝望之海里漂泊。让我们首先抓住陆地；我们以后会找到更好的港口，让我们的追随者更容易地到达陆地。

这段航行充满危险，但却令人振奋。我们现在离我们最初借以驶向大海的宁静考察是多么遥远啊。在追逐历史的危险中，我们发现自己早已彻底地暴露在这种危险中；我们遍体鳞伤，这就是过量的历史在现代人身上留下的痕迹；我无意向自己隐瞒，正是在其过度的批评中，在其人性的不成熟中，在其从冷嘲热讽到犬儒主义、从傲慢自大到怀疑主义的不断转换中①,我这篇论文揭示出了它的现代性,一种以软弱的人格为特征的现代性。然而,我信任那种激励的力量,它代替了天才来为我的船掌舵;我信任青年人,我相信,这种力量驱使我现在反抗现代人在青年时所要接受的历史教育,并驱使我这个反抗者要求,人首先要学会生活,只有在服务于他学会的生活时才去运用历史;我相信,它使我调转船头,驶向正确的方向。只有青年人会理解这种反抗;确实,我们今天的青年人过早地衰老,他们根本不够年轻去感觉和理解我反抗的是什么。我会用一个例子帮助阐明我的意思。差不多一个世纪以前,一种被称之为"诗歌"的自然本能在一些德国的青年人身上觉醒了。我们是否就应该假设他们之前的世代,乃至是与他们同时代的人,就从来没有谈论过那种对其内心陌生且不自然的艺术?当然,恰好相反:他们全力以赴地反思、书写和争论"诗歌",他们使用的是文字,文字,文字,以及更多的文字。赋予文字以生命,并不意味着写作者的即刻死亡;在某种意义上,他们仍然活着,如果吉本②所言非虚,世界的灭亡只是一个时间问题,虽然它需要很长时间③,那么在德意志这个"渐变之邦",一个错误的观念要消亡也只是一个时间问题,虽然它需要更长的时间。无论如何,相比一百年前,现在可能多了一百人知道什么是诗歌;在一百年以后,可能又会多了

---

① 正是在……转换中〕参见 27[80]。——编注
② 爱德华·吉本(Edward Gibbon,1737—1794):英国杰出历史学家,著有《罗马帝国衰亡史》。——译注
③ 如果吉本……时间〕出自准备稿"但很明显,他们会灭亡",参见 29[142]。——编注

一百人知道什么是文化,知道德意志至今还不曾拥有文化,不管人们怎么夸夸其谈、炫耀张扬。在这些人看来,德意志人对其"教化"的普遍满意是多么愚蠢和难以置信,比如戈特舍德①一度被视为公认的经典,或者拉姆勒②一度被誉为德意志的品达。他们会认为,这种教化仅仅是一种关于教化的知识,而且根本就是一种虚假而肤浅的知识。虚假而肤浅,是因为德意志人忍受着生命与知识的矛盾,因为他们完全感知不到一个真正有文化的民族的教化的特征——只有植根于生命,文化才会生长和繁茂;而德国人只是将文化当作是纸花佩戴在身上,或者当作是糖衣覆在身上,因此永远只能是一个贫瘠的谎言。然而,德意志青年的教育,正是从这种虚假而贫瘠的文化观念出发的:如果完全从其纯粹且高尚的角度来理解,就会知道它的目标绝不是培养自由的有教养者,而是培养学者、科学人,而且是尽可能快地产生效用的科学人,他们远离生命,就是为了更清楚地观察生命;从普遍的经验的角度看,它的结果只是培养出受过历史教育和审美教育的文化庸人,带着早熟和新知去咕哝着国家、教会和艺术的空谈家,是对上千种二手感觉的感觉中枢,是不知真正的饥渴为何物的永不饱足的胃。③ 一种有着这样的目标和结果的教育是违背自然的;只有还没被它完全塑造的青年人能够感受到这一点,只有青年人的本能才能感受到这一点;

---

① 戈特舍德(Johann Christoph Gottsched,1700 — 1766):德国文学理论家、诗人。——译注

② 拉姆勒(Karl Wilhelm Ramler,1725 —1798):德国诗人、翻译家。——译注

③ 胃。]准备稿后面还有:简而言之,是活生生的和健康的文化人的丑化,文化人首先是人,从里到外都是完整的,独特的。——编注

因为他们仍然拥有自然本能,直到这种教育人为地、暴力地将其粉碎。反过来,谁想粉碎这种教育,他就必须帮助青年人发声,他就必须用清晰的概念,照亮他们至今为止的无意识的反抗道路,将其转化成一种有意识的、勇敢地表达出来的觉醒。但这样一个非同寻常的目标如何能够达成呢?

首先,他要破除一种迷信,即这种教育必不可缺的信念。普遍的想法是,除了当前这种令人极度厌恶的现实,再没有其他可能了。如果对此有疑问,只需考察一下过去数十年的关于中等教育、高等教育和教育机构的文献,我们就会沮丧而惊愕地发现,在迥然不同的建议中,在所有异议的激烈交锋中,人们设想的教育目标是多么相似;我们就会发现,人们是如何坚定不移地将至今为止的教育结果,即现在所理解的、培养"有教养的人",设想为所有进一步教育必不可少的理性基础。这一单调的教育信条的本质大概就是:青年人必须从关于教化的知识出发,而不是从关于生命和生活的知识出发,更加不是从生命和体验本身出发。而且,这种关于教化的知识被以历史知识的形式灌输到青年人的头脑中;也就是说,青年人的头脑塞满了一大堆观念,这些观念来自过去时代和民族的极其间接的知识,而非对生活和生命的直接感知。他渴望亲自体验一些事情,感受一个完整的、有生机的体系如何在他的内心不断滋长,但这样的渴望却被麻痹了,仿佛是被那个诱人的承诺给灌醉了,即他可以在短短几年内将过去的时代,尤其是那些最伟大的远古时代之中最高级和最宝贵的经验搜集到自己的内心。正是用同样疯狂的方式,我们年轻的画家被带进了艺术展馆和画廊中,而不是带往大师的工作室,尤其是大自然,这位独一无二的大师的独一无二的工作室中。仿佛一个人只需匆匆地走过历史的画廊,他就能运用过去时代的技艺和手法,就能收获过去生活的真正果实!仿佛生命本身不是一门手艺,但如果我们不想生活中全是笨嘴笨舌和笨手笨脚的人,生命的手艺就必须从零学起,就必须勤学苦练。①

柏拉图②认为,他的新社会(理想国)中的第一代人的教育,必须借助一个强有力的"必要的谎言";要让孩子们相信,他们都曾经沉睡在地下,做了很长时间的梦,在那里,大自然的造物主将他们揉捏成形。想要反抗过去,反抗造物主的安排,是不可能的!这要被视为一个颠扑不破的自然法则:谁生为哲学家,他有黄金的体质;谁生为护卫者,他有白银的体质;谁生为工匠,他有铜铁的体质。柏拉图解释道,这些金属不可能融合在一起,所以等级的秩序也无法混合或者杂糅在一起。相信这种秩序是永恒的真理,这是新教育因此也是新国家的基础——如今,现代的德意志人也是这

---

① 勤学苦练。]这段话被尼采从校样中删去:如果不是从外国政党政治学来的甚至是偷来的概念,不断地轰鸣在德国人的脑袋之中,那么是什么使得整整十年来德国政治领导人的统治如何困难呢?因为这些概念与德国自己的观点并不相适应,只是出于语词和图式的需要,而非出于鲜活的困境的需要。那种在国外受到讥讽的可耻的冲突的真正原因是什么呢?我们德国人和我们时代的创造性的艺术天才一起生活在这种冲突中;这个时代的荣耀恰恰会因为这些天才的名字而被刻画到后世的记忆之中。除了学来的空洞语词和历史学的灰丝织成的概念蛛网之外,还有什么呢?德国人那充实而又深刻的本性深陷在这蛛网之中,而且,一旦被捕获,他们就从自己活生生的现实中吸取鲜血。因为这正是"教养"所要的:坐在一张概念之网中,毫无血色地坐着,对所有朝这大网吹气并不时吹走一些丝絮的人心怀仇恨。罗德在该段结尾加注指出:整个画面是不可能的、夸张的和完全不可理解的;怎么会是"毫无血色的",因为它吸吮着德国的鲜血。"坐"这个词的莱辛式首词重复法是为了什么目的?因为人们很容易就过多地使用它!——编注

② 柏拉图]《国家篇》,III,414b—415c。——编注

般相信他们的教育系统、他们的文化是永恒的真理;然而,一旦这个必要的谎言遇上了必要的真相,即德意志人并不拥有文化,仅是因为他们的教育不允许他们拥有文化,那么就像柏拉图的理想国已经破灭那样,这种信念也终将破灭。他想要花朵,却不想要根茎;所以他终将一无所获。这是一个简单的真理,一个粗鄙且令人不快的真理,但却是一个真正的必要的真理。①

然而②,我们必须用这个必要的真理去教育我们的第一代;他们必然会深受其苦,因为他们必须用它来教育自己,乃至是用它来对抗自己,使自己摆脱那陈旧的第一天性和习惯,获得一种崭新的天性和习惯。这样,他们就可以用一句古老的西班牙谚语对自己说:"上帝保护我不受自己的伤害",也就是说,不受那个被教化到他们身上的天性的伤害。③ 他们必须一点一滴地品尝这个真理,就像是品尝一剂苦涩却刚烈的良药,这个世代的每一个人都必须克制自己,以对自己做出判断,如果这个判断针对的是整个时代,他可能会觉得更容易接受:我们没有教化,我们没有文化;更甚的是,我们被毁掉了,失去了生命的能力,无法正确地和单纯地去看、

---

① 真理。]罗德在此作注:"关于下一页直到结尾,我会再改写一下,使之更加简明!"尼采未能考虑罗德的这一注释以及罗德在最后校样印张上的其他注释。参见尼采1874年2月中旬致罗德的信:"遗憾的是,我恰恰在这最后印张上未能再次采纳你的帮助。我相信,出自许多理由,人们忘记把最后的印张寄给你了,并且,事情紧急。幸运的是,我自己消除了这最恼人的障碍,包括通过删去校样的一页文字,并使结尾部分更容易理解一些。"——编注

② 准备稿:对第一代,自我矫正的机构是必要的。治疗,能够忘记。(不过量是不可能的,我们必然会承受治疗的痛苦。)——编注

③ 这样,他们……伤害。]参见29[182]。——编注

去听，无法欣然地把握那些对我们最切近和最自然的事物；至目前为止，我们从未拥有过一个文化的基础，因为我们甚至不确信我们的内心拥有真正的生命。完整的存在被机械地撕裂成外在与内在，支离破碎；四处播撒概念，仿佛是在播种龙牙，孕育出概念的恶龙；饱受文字的痼疾，不相信自己的任何感觉，只要这种感觉没有打上文字的印记：作为这样的一个无生命的，但却在令人难以置信地不断生产概念和文字的工厂，我可能仍然有权利说"我思故我在"，却不能说"我生故我思"。我被赋予的是空洞的"存在"，却不是繁茂且葱郁的"生命"；我原初存在的感觉，只能保证我是一个思考的生物，但不能保证我是活着的生物，不能保证我是动物，而至多是"思想实体"。赋予我生命，我就能从中为你创造出一个文化！——第一个世代的每个人都如此呐喊，他们在这样的呐喊中互相认识。但谁赋予他们这样的生命呢？

不是神，也不是人，只能是青年他们自己。打开束缚着青年的枷锁，解放了青年，你也就解放了生命。因为生命只是被藏进了监狱中，它还没凋零而亡——你可以问一下自己！

但它是病了，这个解除了枷锁的生命，它需要接受治疗。它患上了多种疾病，而不仅仅是带上枷锁的记忆使它痛苦——我们这里关心的主要是它遭受的历史病。过量的历史已经损害了生命的可塑力，它不再知道如何将过去作为一种强力的养分加以利用。这是一种可怕的疾病，但尽管如此！如果青年没有一种自然的洞悉一切的天赋，那么没人会知道那是一种疾病，也没人会知道我们已经失去了健康的乐园。但也同样是这些青年人，有着自然的治愈本能的青年人，他们已经预测到如何让这个乐园失而复得。他们知道治疗历史病,治疗历史的过量的创伤药水和灵丹妙药:可这种药叫作什么呢?

现在,如果你发现这些灵丹妙药居然有着毒药的名字,你不要大惊小怪:历史的解毒剂被称为"非历史"和"超历史"。带着这些名字,我们又回到了我们考察的开端,并且平静地走向我们的主旨。

我用"非历史"这个词来指代一种能够遗忘的艺术和力量,它能够将自己封闭在一个有限的视野之内;我用"超历史"这个词来指代这样一种力量,它能够使目光不再注视生成的过程,而是转向那些赋予人生此在以永恒与稳定的特定的事物之上,转向艺术和宗教。① 科学,正是在这里称为毒药的科学,在上述能力和力量中看到了与之对抗的力量和能力。因为科学认为,只有一种观察事物的方式是真实的和正确的,也就是科学的观察方式;在它看来,四处皆是完成的、历史的事物,但看不到持久存在的、永恒的事物。科学生活在一种与艺术和宗教的永恒力量之间的内在矛盾中,因为它痛恨遗忘,遗忘意味着知识的死亡;它希望破除一切视野的限制,将人掷入到所认识的生成的无边无际的光海之中。②

但愿人能在这光芒的大海中存活! 就像城市在地震中崩塌而

---

① 我用"非历史"……宗教。]参见 29[194]。——编注
② 科学……光海之中。]准备稿:科学把二者都看作是毒药;但这却是科学的一种缺陷,即把这二者仅仅视为毒药,却不把它们视为治疗。科学缺少一个分支:一种更高级的卫生学,以考察科学对生活的影响,并从一个民族、一种文化的健康的立场出发来评判所允许的科学规模。药方:非历史的东西教人遗忘,限制、创造大气氛围和视域;超历史的东西使人对历史学的诱惑更为漠然,有安抚和排解的作用。自然、哲学、艺术、同情。——编注

变得荒芜,人在畏惧和慌乱中在火山之上建筑他的房屋,当科学引发的"概念的地震"摧毁了人安身立命的基础,摧毁了他对持久和永恒之物的信念,生命本身也就崩塌了,变得萎靡不振、惶惶不可终日。是生命主宰知识和科学,还是知识和科学主宰生命?两种力量哪一种更高,更具有决定性?毋庸置疑,生命更高,生命是主宰的力量,因为摧毁了生命的知识,也必将连它自身也一同摧毁掉。知识以生活和生命为前提,因此就像任何生物都想维持自己的生存一样,知识也有同样的动机去保存生命。因此,科学需要一种更高的监视和督察:与科学紧密相邻的是"生命健康学"。这种生命健康学的一个原理是:非历史和超历史的东西是一剂自然的解药,用于治疗历史对生活的压制,治疗历史过度的疾病。也许,我们这些患历史病的人,也不得不受这种解药之苦。但我们感到苦涩,并不能证明我们所选的治疗方法是错误的。

正是在这里,我认识到我前面讲过的青年人的使命,他们是第一代的勇士和屠龙者,他们将会促进一种更幸福、更美好的文化和人性,但他们自己至多能瞥见那个幸福美好之未来的富有希望的征兆。这些青年将既受疾病之苦,又受解药之苦:但不论如何,他们相信自己有资格去宣告,比起他们的先辈,也就是今天的有教养的"成人"和"白发老人",他们更加健康,拥有一种更加自然的天性。但他们的任务是粉碎现在的关于"健康"和"文化"的概念,唤起对这些概念杂交而成的怪物的嘲讽和恨意。[①] 保证青年会更加强健的迹象是,青年能够不再从当前正在流通的语言和概念的货

---

① 但他们的任务……恨意。]参见 29[195]。——编注

币中找出什么概念和党派口号,来标榜自身的存在,而是用他们体内的一种斗争、明辨和分析的积极力量,用一种无时无刻不在增强的生命感,来证明自身的存在。有人可能会不承认这些青年是有教养的——但对青年来说,这算得上是一种非难吗?有人可能会指责他们蛮横粗鲁、肆无忌惮——但他们确实不够世故老练,也不够精明圆滑,所以不懂谦逊和节制自己;但是,重要的是,他们无须假装接受过既有的教育,更无须为其辩护,他们只需享受年轻人的一切慰藉和特权,尤其是勇敢且不假思虑地保持正直的特权,还有令人奋进的希望的慰藉。

这些充满希望的青年,我知道,他们能够从亲身的经验去理解所有这些普遍性,并将它们转化成对自己有意义的教诲;其他人这时候可能只看到了一排盖住的碟子,这些碟子似乎是空的。直到有一天,他们用自己的眼睛惊讶地发现,碟子盛满了东西,攻击、需求、生命的冲动和激情都被混杂和压缩在这些普遍性中,但它们不可能被隐藏很长时间。我把那些怀疑者留给时间,时间会让一切真相大白。在本文的结尾,我转向那些怀有希望的人,用一个寓言来告诉他们从历史病里得到治疗和解救的步骤和过程,直到他们足够健康,能够重新探寻历史,并且以服务生命为目的,在前面讨论过的三种意义上运用历史,即丰碑的、崇古的和批判的。在那个时候,他们会比现在的"有教养的人"更加无知,因为他们会忘记很多事情,他们甚至失去了所有欲望,就连这些有教养的人特别想知道的事情也不屑一顾;在这些有教养的人看来,他们最鲜明的特征就是"缺乏教养",他们对很多有声望的东西,乃至是善的东西都漠不关心,拒不接受。但当他们到达其被治愈的终点,他们又再次成为了人,而不再是似人的特征的集合体——这是多么了不起的成就!希望尚存!你们这些怀揣希望的青年,难道没有在心里开怀大笑吗?

我们如何才能达成这个目标呢?你会问。当你踏上朝向这个目标的征途之时,德菲尔之神向你大声地说出他的神谕:"认识你自己。"这是一句艰难的神谕:如赫拉克利特所言,神"不隐瞒,也不明言,只是暗示"①。他向你暗示什么?

曾经有过几个世纪,希腊人发现他们处于一个类似于我们今天的危险境地中:他们快要在过去和外来的洪水中溺亡,快要在"历史"中沦亡。他们从来没有生活在骄傲的封闭和不可侵犯性中。相反,他们的"文化"在很长的一段时间里都是一大堆外来形式和概念构成的混沌:闪米特的、巴比伦的、吕底亚的,还有埃及的;而他们的宗教就是名副其实的东方诸神之战。这个情形就类似于今天的"德意志文化"和宗教,也是一切外来的和过去的事物都杂糅在其中的战斗着的混沌。但尽管如此,多亏了阿波罗的神谕,希腊文化没有成为单纯的集合体。希腊人谨遵德尔菲的教诲,反思自身,亦即反思他们真正的需要,让他们虚假的需要消失,这样他们逐渐学会了驾驭混沌。于是,他们又重新掌控了自己;他们没有长时间地成为整个东方文化的不堪重负的继承者和追随者。基于对阿波罗神谕的实用解释,经过与自己的一番苦战以后,他们甚至成为了其所继承的财富的最幸福的丰富者、增值者和提升者,

---

① "不隐瞒⋯⋯只是暗示"]参见赫拉克利特残篇第93,第尔斯-克兰茨编:《前苏格拉底哲学家残篇》。——编注

也成为了一切未来文化的先到者和模范。①

我们每个人都应该听取这个寓言：一个人必须反思他真正的需要，从而驾驭内心的混沌。他的正直、他明智和真实的品格，总有一天必须反抗他自己身边充斥的一味地随声附和，反抗一味地效法和模仿。然后，他才开始明白，文化还可能是别的东西，而不仅仅是"生活的装饰"。因为按照过去那种理解，文化在根本上不过是一种伪装和掩饰；因为一切装饰都是为了掩盖被装饰之物。因此，与罗马的文化概念相反，希腊的文化概念向他揭开面纱，文化的概念是一种新的、更美好的自然物，没有内在和外在之分，没有传统和伪装，是生命、思想、表象与意志的统一体。因此，他从亲身的经验中明白到，正是凭着他们道德品性中更崇高的力量，希腊人才能获得超越其他一切文化的胜利；每增添一分真实性，都必然朝向一种真正的教养和文化多迈进了一步，即便这一分真实可能会严重地伤害到当今备受尊崇的教养和文化，即便它甚至可能会加快整个装饰文化的崩塌②。③

---

① 曾经有过几个世纪……模范。]罗德注："如果相似情况中完全只以确定的事实为充分依据，那么这种情况就会非常美妙：对此我表示怀疑。倘若这样，这种情况将会再次丧失所有力量。"参见29[191]；29[192]。——编注

② 即便……崩塌]打印稿：这种真诚也许经常会削弱一种恰恰受人敬重的"教化"、一种仅仅是"装饰性的文化"，并使其覆灭。——编注

③ 崩塌。]校样中这段话后被尼采删去了："那么，对于我们又会发生什么呢？历史学家可能会对我这一番考察的结尾不满地提出异议。历史学这门科学，我们著名的、严格的、冷静的有条不紊的科学应当去哪里呢？——去尼姑庵吧，奥菲莉亚，哈姆雷特说道；但是我们希望把历史学和学者逐到哪个尼姑庵去呢？这个谜底却要交给读者自己去解开，如果读者太没有耐心来等待作者所许诺的在另一个观察给出的解决方案的话。"尼采这里许诺有一篇《论学者及其对现代社会无思想地归属》，但尼采并没有完成这篇考察。——编注

不合时宜的考察 Ⅲ

作为教育者的叔本华①

---

① 尼采《不合时宜的考察》第三篇即《作为教育者的叔本华》的准备稿,可追溯至1874年春。这篇考察的写作及其完成相当费力(参见尼采致罗德的信,1874年7月4日,KGB II / 3,第238页),并持续到1874年8月底。在这之间,尼采有了新的出版商:Schloßchemnitz 的 Ernst Schweitzer。这位出版商于8月19日至9月期间收到了多次邮寄的打印稿。排版和印刷进展很快,最后的校样于9月26日抵达。尼采在10月7日至15日之间收到了第一本完成了的样书。

《作为教育者的叔本华》的打印稿并不完整,缺少第一和最后的部分。校样已经不存在了。一部带有修正的手稿样本留存了下来,其中的修正只有一部分确定出自尼采之手。

尼采未刊稿中与《作为教育者的叔本华》有关的内容见科利版第11卷。——编注
这里的"教育者",指生命导师、人生导师。——译注

一

一个游历过许多国家、民族,到过若干大陆的旅行者,在被问及所发现的各地之人所具有的特性时回答说,他们都有一种懒惰的习气。在很多人看来,这个旅行者可以做出更为正确的、更加普遍有效的回答,即"他们都很胆怯。他们将自己隐藏在风俗和意见之下"。但在根本上,每一个人清楚地知道,他作为一个独特的存在,只在这个世界上存在一次。他几乎没有机会第二次将自己如此奇特的色彩缤纷的小块聚拢为一个像他现在那样的统一体。①他知道这一点,但他却像隐藏坏心眼那样把自己隐藏起来。这是为什么?这是出自对那些要求因循习俗并遵从习俗的邻人的恐惧。不过,是什么迫使单一个体恐惧自己的邻人,是什么迫使他们跟风式思考和行动而感受不到自身的快乐?在极少数人那里是因为害羞,而在绝大多数人那里是因为懒惰和贪图安逸,也就是旅行者所说的懒惰的习气。他是对的:人们的懒惰甚于恐惧,绝大多数人惧怕由于自己无条件的真诚和赤诚而给他们带来的麻烦和不便。只有艺术家憎恨这种懒惰的跟风,憎恨他们蹈袭别人的方式和意见。他们揭露每个人的秘密和坏良心,揭示每个人都是一个独特的、一次性的奇迹这个规律,他们敢于向我们宣称,直至我们每个肌肉运动都是独特的,而且,只有当我们严格与这种独特性一

---

① 但在根本上……统一体。]参见拉迦德(Paul de Lagarde,1872):"每个人在自己的方式中都是唯一的,因为每个人都是唯一的、不会再重复的过程的结果。"《德语作品集》,二卷本,哥廷根,1878年—1881年,第一卷,第72页。——编注

致时，我们才是美丽的，才值得一顾，才能像自然的每件作品一样，新颖且不可思议，绝不单调乏味。当伟大的思想家蔑视人时，他蔑视的是人的懒惰，因为人由于自己的懒惰成为了类似工厂产品之物，从而不值得交往和教诲。凡是不想沦为庸众之人，必须停止追求安逸和懒惰，他必须追随其良心的呐喊：成为你自己！做你自己！你现在的所为、所思和所求都不是你自己。

每一年轻的灵魂昼夜都能听到这种呐喊，并为之战栗不已。因为他们一想到自己的现实解放时，他们就会预感到那恒久以来就存在的幸福之境。但只要他们受制于意见和恐惧的锁链，就绝不会臻于这种幸福之域。没有这种解放，生命将会多么阴郁，多么无意义！世界上没有比偏离自己的天赋，瞻前顾后、左顾右盼之人更令人厌恶、更单调乏味的造物了。人们最终根本不能再去攻击这种人，因为他们只有外在，没有内核，他们像是一件破烂的、被涂上色彩的衣服，像是一个既不能引起人恐惧甚至也不能引人同情的、被装点粉饰的幽灵。如果人们说懒人杀死时代是正确的，那么，这样的时代把自己的救赎建立在公共意见，也就是建立在私人懒惰①之上，就令人深为忧虑了，而且，它真的会有一天被杀死：我的意思是它真的会被从生命的真正解放的历史中删除出去。后世之人将会多么不情愿地去处理那个不是由活生生的真人统治而是

---

① 公共意见……懒惰］尼采这里改写了曼德维尔（Bernard Mandeville，1670—1733）《蜜蜂的寓言》的副标题，即"私人的恶，公众的益"，参见 MA 第 482 页。——编注

也可以参见中文版，（荷）B.曼德维尔：《蜜蜂的寓言》（两卷本），肖聿译，商务印书馆，2016 年。——译注

由公共舆论的伪人统治的时代的遗产！我们的时代之所以对某个遥远的后世是最黑暗和最无名的时代，也许是因为它是历史上最无人性的一段。我穿过我们城市的新街道，想到这些公共舆论的伪人为自己建造的所有这些令人厌恶的房子在百年之后将怎样难以寻觅，然后这些房子的建筑者们的意见也将怎样随之崩塌！与此相反，所有并不感到自己是这个时代的公民的人们会怎样满怀希望！因为假如他们是这个时代的公民，他们就会帮助杀死他们的时代，并连同其时代一起沦亡。但是，他们①更是想唤醒这个时代的生命，以便在这种唤醒了的生命中继续生存。

但是，即使未来不让我们有所希望，我们存在于此时此地的这一事实，也最强有力地鼓励我们按照自己的尺度和法则去生活：一种难以阐释的事实，即尽管我们可能会在无限的时间之中产生，但我们恰恰只活在今天；我们只拥有一个短暂的今天，并在这个今天之中，去展示我们为什么、为了什么目的在此时而非彼时存在。我们应当在我们自己面前为我们的人生此在负责；因此，我们也要担任这种此在的真正舵手，不允许我们的实存就像是一种没有思想的偶然性。人们必须对待自己的实存勇猛而不惧危险。因为无论是在最糟的情况下，还是在最好的情况下，人们都将永远失去它。我们为什么要依恋这种乡土，为什么要依恋这种生活方式，为什么要在意邻人所说的话？受那些超过一百里外就没有约束力的观念的约束，这是多么目光狭隘。在东方和西方，都有人给我们描画了

---

① 与此相反……他们]誊清稿：与此相反，让我们不作为这个时代的公民而存在！因为如果我们是这个时代的公民，我们会协助于杀死他们的这个时代——我们作为行动者。——编注

许多禁止的粉笔道道,来愚弄我们的胆怯。年轻的灵魂对自己说,我要尝试获得自由。这里存在着阻碍:或偶尔有两个民族彼此仇恨和争战,或一片汪洋隔离了两块陆地,或在他周围有着不断谆谆教诲的宗教,而实际上这个宗教数千年前还不①存在。年轻人对自己说,这一切都不是你自己。没有人能够给你建一座恰恰是你必须从上面跨过生命之河的桥梁,除了你自己没有其他人。尽管存在着无数的小径、桥梁和想把你渡过河去的半神,但这都是以你自己的丧失为代价:你将会把自己抵押出去,并会失去自己。这个世界上只有一条除了你没有人能走的道路。这条路通向何方?不要问,只管去走吧。是谁说过这样一句话:一个人永远不能升得更高,除非他知道他的道路会把他引向何方!②

但是,我们如何重新发现我们自己?如何能够认识自己?人是一桩晦暗的和被掩藏的事物;如果兔子有 7 层皮,那么人就能够脱下 490 张皮,且仍不能够说"现在,这不再是外壳,确实是你了。"此外,通过这种方式发掘自己,并沿着最近途径强行下降到自己的本质的深井之中,是一种痛苦的、危险的开始。一个如此做之人会轻易地伤害自己,以致没有一个医生能够治愈他。而且,这又有什么必要呢!因为我们的友谊和仇恨、我们的目光和握手、我们的记忆和我们遗忘的东西、我们的书籍和我们的笔迹等,都是我们的本质的见证。但为了进行这种最重要的探究,这是最有效的手段。

---

① 不]第一版:不,誊清稿和大八开版:还不。——编注
② 是谁……引向何方!]克伦威尔语,载于爱默生《尝试》,法布里齐乌斯译,汉诺威,1858 年,第 237 页,尼采藏书。尼采在所引用的地方做了若干标记。——编注

年轻的灵魂用这样的问题来回顾自己的生命和生活:①你直到现在所真诚地爱着的是什么,是什么牵动着你的灵魂向上,是什么支配着你的灵魂并使它幸福?把这些受崇敬的对象的序列排放在你的面前,其本质及其后果也许会向你表明一个法则,即你的本真的自我的基本法则。把这些对象加以比较,看看它们如何一个补充、扩展、超越和美化另一个,看看它们如何构成一个你直到如今仍在上面攀登的阶梯;因为你的真实本质不是深深地隐蔽在你里面,而是不可测量地高于你,或者至少高于你通常认为的自我。你的真正教育者和教化者揭示给你的,是你的本质的原初意义和基本材料,是某种绝对不可教育和不可教化的东西,但无论如何是备受束缚、陷于瘫痪和难以接近的东西:你的教育者所能为者只有当你的解放者。这是一切教育、教化和文化的秘密:它并不授予人工的四肢、蜡制的鼻子、戴着眼镜的眼睛——毋宁说,能够给予这些赠品的,只不过是教育的冒充②罢了。相反,教育就是解放,是清除一切杂草、瓦砾和侵犯植物嫩芽的害虫,是光和热的散发,是充满着爱的夜雨的播撒,是对自然母亲般的仁慈一面的模仿和崇敬。如果教育能防止自然残暴的和无情一面的发作并使之转向善,如果它在自然继母般的倾向及其可悲的不理智之上蒙上一层面纱,那么,它就是对自然的完善。

当然,还有别的办法去发现自己,以使人从像通常陷入的乌云

---

① 一个如此做之人……生活:]誊清稿:用一种无法治愈的方式。他应该选择了另一种方式来认识自己和看待他的……——编注
② 教育的冒充]誊清稿:"教育的阴影和戏仿"。——编注

中的晕眩中回到自我。但我不知道还有比思量自己的教育者和教化者更好的办法。因此,我今天就要想到我可以夸耀的一位教育者,一位教化大师:叔本华。我后面还会思量其他人。

二

如果要我描述是什么事件让我对叔本华的作品投去第一束目光,那么我必须首先略加陈述下我青年时代的一个比其他想法更加频繁、更加迫切出现的想法。在早年时期,我总是沉溺于我内心的愿望,我总是想象,命运会把教育我自己这种可怕的操持和责任从我肩上移走:我会及时地发现一个哲学家来做我的教育者,一个真正的哲学家,一个我们可以不用多加考虑就听从他的人,因为人们信任他甚于信任我们自己。然后我会问自己:这位哲学家将会根据什么样的原理来教育你呢?而且,我也在想,他对在我们时代里流行的两个教育原理会有什么样的看法。一个原理要求,教育者应当尽快认识到受教育者的独特长处,然后把他的一切努力和能量,一切阳光都直接引向那里,为的是帮助那种德性达到真正的成熟和丰产。相反,另一个原理则要求教育者培养和保护受教育者一切现有的力量,把它们纳入一种彼此间和谐的关系之中。①但是,对于一个对金匠手艺有着坚定倾向的人,难道要根据这个原理去粗暴地迫使他学习音乐吗?切利尼的父亲一再强迫他的儿子去修习"可爱的小号角",而他儿子则称之为"该死的吹奏",难道人

---

① 参见 30[9]。——编注

们应当认可他父亲的做法吗?① 鉴于他儿子表现出如此强烈的、确定的天赋,人们不会说切利尼的做法是正当的。也许,那个和谐地培养所有力量的原理只适用于天分较弱的人了?——这些人身上虽然有一大堆需求和偏好,但它们无论是总的来说还是个别来说都没有什么重要意义。但是,我们一般来说到哪去找到像切利尼这种拥有令人钦佩的和谐整体及多声部合唱之人呢?到哪去找到像切利尼这种人,其认识、欲求、爱、恨等所有一切力量都努力朝向一个中心,一种根源性的力量,并通过这个富有活力中心的强迫性的和主导性的超强力量,形成一个上下往复运动着的和谐体系呢?也许这两个原理根本就不是相互矛盾的?也许一个原理只是说,人应当有一个中心,而另一个原理则说,人也应当有一个圆周?我所梦想中那个作为我的教育者的哲学家大概不仅能够发现核心力量,而且还知道防止它对其他力量产生摧毁性的作用;毋宁说,他的教育任务,我觉得,就是把整个人转化为一个有生命的、运动着的太阳系和行星系,并发现它的更高的力学原理。

我青年时代并未找到这个作为我的教育者的哲学家,我做过了这样或那样的尝试;我发现,相对于希腊人和罗马人来说,我们现代人,甚至仅仅在严肃和严格理解教育的任务方面,都显得何其贫乏。人们可以心中怀着这样一种需求跑遍整个德国,尤其是跑遍所有的大学,都不会找到所寻找的东西;在这里,更低级、更简单的愿望也依然没有实现。例如,在德国人中间,谁若认真地想受教

---

① 切利尼……做法?]参见切利尼(B. Cellini)的自传《生命》I,第 2 章。尼采是在歌德的翻译中读到切利尼的自传。——编注

成为一名演说家，或谁若打算进一所作家学校，他会在任何地方都找不到这样的大师和学校；在这里，人们似乎还都没有想到过，演说和写作是没有极其精心的指导和极为费力的数年学习就不能掌握的艺术。但是，再也没有什么比当代人对教育者和教师的那种半是吝啬、半是漫不经心的要求和理解，更清楚和更令人羞惭地表现出他们自以为是的自我满足了。在这里，甚至在我们最高贵和受过最好教育的人中，几乎任何人都不足以担当家庭教师这个名称；怪癖的大脑和过时的机构的大杂烩常常被称为人文中学，而且这种学校还被大加颂扬；再看看那些令我们所满意的最高学府和大学；但是，与把一个人教育成人这种任务的困难相比，这是些什么样的导师，这是些什么样的机构啊！甚至德国学者从事科学研究的那种备受赞赏的方式，也首先表现出，他们想的更多的是科学而不是人性；他们像是迷惘的群体，被教会为科学牺牲，并反过来再去教育年轻一代去做这种牺牲。如果这不是由更高的教育原理来加以引导和限制，而是按照"越多越好"原则不断加以放任和放纵，那么，对于学者们来说，与科学打交道毫无疑问是有害的，就像放任主义经济原则对于整个民族的道德有害一样。谁还不知道，这些学者在接受教育而不同时干枯和放弃其人性，是一个极为困难的问题！我们会更加清晰地看到这种困难，如果人们留意到那些由于毫无思想地和过早地献身于科学而被扭曲并变得弯腰驼背的无数学者样本的话。但是，对于这种更高的教育的缺乏来说，这里还有更为重要的证据，更为重要、更为危险，也更加普遍的证据。如果要立即弄清楚为什么现在不能教育出来一个演说家、一个作家，其原因恰恰在于他们缺乏这样的教育者；如果要立即弄清楚为什么今天的学者必然怪诞和畸形,这是因为他要接受科学的教育,一种无人性的抽象的教育。因此,人们最终会问自己:对于我们大家来说,对于那些学者和非学者、高贵的和低贱的人来说,我们时代的道德榜样和名流、我们时代的一切创造性道德的可见典范到底在哪里呢?其他时代的高贵群体和名流曾对道德问题进行过热切反思,但我们时代对于这些道德问题的一切反思到底在哪里?我们时代不再有那种名流和榜样,我们不再有那种反思;人们实际上在消耗着继承来的道德资本,我们的先人积累起这资本,而我们却不懂得去增加它,只知道挥霍它;在我们的社会中,人们要么是根本不谈论这些事情,要么是以一种必然激起反感的自然主义的不熟练和无经验来谈论。这样就出现了这种情况,即我们的学校和教师要么是简单地忽视道德教育,要么只满足于做表面的形式化的功夫:"德性"对于教师和学生来说,不再是个引人思考,而是个引人嘲笑的老派的词语。而且,要是人们不作嘲笑,则情况就更糟,因为这意味着他正变得虚伪。

要对一切道德力量的这种懦弱和低水平做出解释,是困难且复杂的;然而,如果人们考察胜利的基督教对我们古代世界的影响,他们就不会忽视基督教衰败的反作用——基督教走向衰弱是其在我们这个时代愈加可能的命运。基督教借助其高尚的理想如此超越了古代的道德体系以及在所有这些体系中同等存在的自然主义,以至于人们对这种自然主义变得冷漠和厌恶了;但后来,尽管人们认识到这些更好的东西和更高尚的理想难以实现,但再也不能回到古代德性的那种美好和高贵了,无论他们多么愿意这样做。现代人就生活在这种在基督教和古代之间、在被恫吓出的或者虚伪的基督道德和同样懦弱和拘谨地复兴古代之间的摇摆之中,并深受这种摇摆之苦,生活得不愉快;那种继承来的对自然的东西的恐惧,那种另一方面对复苏这种自然的东西的兴趣,那种想在某个地方找到坚固的立足之地的渴望,那种由于认识无能导致的、在善和更善之间的摇摆不定,所有这一切导致在现代灵魂中产生了一种不安宁、一种混乱,判定了现代灵魂不会有生产能力,也不会快乐。人们从来没有像现在这样需要道德上的教育者,也从来没有像现在这样更少可能地找到他们;在大瘟疫流行的时代里,在最需要医生的时候,医生自己也同时遭受最大的危害;现代人的医生在哪里呢?那种自己能够如此坚定和稳健地立足,以至还能够支持他人并以手引导他人的现代人的医生在哪里呢?甚至我们时代拥有最好人格之人,也有某种阴郁和麻木,对在他们内心中伪装和诚实之间的交战感到永恒烦恼,对自己缺乏一种稳定的信任。这样的话,他们就完全没有能力成为他人的指路人和教化大师。

因此,我真的沉溺于自己的愿望之中,想象我能找到一个真正的哲学家做我的教育者。他能够把我从我在某种程度上作为时代产品的不足中提升出来,再次教导我在思维和生活中保持质朴和真诚,也就是说,保持"不合时宜",在这个词最深刻的意义上去保持"不合时宜"。因为人们现在变得如此多面且复杂,以至一旦他们要说话、提出主张并照此行动,就必定不真诚。

就是在这样的困顿、需求和愿望中,我遇到了叔本华。

我属于叔本华的那种在读了他作品第一页之后就确信将读完每一页并且倾听他说过的每一句话的读者。我立即对他产生了信任,一如九年以前。可以说,我理解他,就好像他是为我写作似的,尽管这样说有点自负,甚至愚蠢。因此,我从未在他那里发现一处似是而非的论断,虽然这里那里会有些小错误。因为似是而非的论断恰恰就在于它不会激发和产生信任,因为做出这些论断的作者自己都不够自信①,因为作者不过想借以引人注目、诱惑他人,且一般而言是想通过出风头来表现自己!叔本华从未想过去出风头:因为他是为自己而写作,而且没有人会乐意被骗,更何况一个把"不要欺骗任何人,更不要欺骗你自己"作为准则的哲学家。叔本华甚至不会使用几乎每次谈话都会自然带有的、有些作家几乎是无意识模仿而来的礼貌性的社交欺骗;当然也更不用说使用演说台上所表现出来的有意识的欺骗以及人为的刻意的论辩术。相反,叔本华是在与自己说话;或者,如果人们坚持要设想一个听众的话,那就设想是父亲在教导儿子好了。这是一种在满怀爱意的听者面前的真诚、直率和和蔼的言说。这样的作家,正是我们所缺乏的。从他发话的第一声起,一种强有力的舒适感就包围了我们;我们像是走进了森林高地,我们深呼吸,重又感到身心舒畅。我们感到,这里有一种总是使人精神振作的空气;这里可以感到某种不可模仿的自在和自然,就像在自己的家中做主人,而且是在很富有的家中做主人。与之相反,有些作家因为偶然说出几句俏皮话就自我陶醉,因此,其风格带有某种不安的和不自然的东西。当叔本华说话时,我们同样很少想到那种天生的肢体僵硬笨拙、心胸狭窄畸形、步态忸怩夸张的学者;而另一方面,叔本华那种粗糙的笨熊

---

① 不够自信]誊清稿和大八开版:正当的。——编注

一般的灵魂,与其是教人怀念,不如说是教人鄙夷那些优秀法国作家的那种圆滑和宫廷式的优雅,没有人会在他身上发现德国作家所如此沉迷的、刻意模仿过来的镀了银的假法国派头。叔本华的表达方式偶尔会让我想起歌德,但除此之外,根本想不起其他别的德国原型①。因为他懂得如何简单讲出意义深刻的东西,懂得不用论辩术讲出感人的东西,不用学究气地讲出科学上严格的东西。叔本华能够从哪个德国人学到这些东西呢?他也使自己远离那种莱辛所表现出的过于微妙、过于灵活的——如果我可以这样说的话——相当非德意志的风格。这可是个了不起的功绩,因为在所有德国的散文作家中,莱辛的风格最具诱惑力。我要是能给叔本华的风格给出我的最高赞扬,那就必须用他自己的话:"如果一个哲学家拒绝使用任何诗艺的或者论辩术等手段,那他就必须非常真诚。"认为这世上存在某种叫作真诚的事物,甚至认为真诚是一种德性,这在公共舆论当道的时代里,当然属于被禁止的私人见解;这就是为什么当我重复说"叔本华是真诚的,即便是作为作家也是真诚"的时候,我并不是在赞扬叔本华,而只是刻画了他的特征;而且,真诚的作家是如此之少,以至我们真的不应该信任一切从事写作的人。我知道只有一位作家,在真诚方面能够与叔本华相媲美,甚至高于叔本华:这就是蒙田。这样一个人的写作,的确增进了在这个大地上生活的乐趣。不管怎样,自从我开始认识这个最自由和最有活力的灵魂以来,我就不得不说他谈及普鲁塔克

---

① 我……德国原型]出自誊清稿:更多地想到英国作家,而不是其他德国原型。——编注

所说的那句话:"我的目光一投向他,我就长出了腿或者翅膀。"①

---

① "我的目光……翅膀。"]手稿本空白处记载着(尼采手迹):[翻译有误]。关于翻译错误的这一处,鲍姆嘉登夫人(Marie Baumgartner)在1875年4月7日致尼采的信中这样说道:"我在他(蒙田)现在年老的时候才认识他,这也许是件好事。因为如若放在过去,也就是当年我在好奇心驱使下涉猎孟德斯鸠、帕斯卡或笛卡尔这些人的作品的时候,兴许我就不能如现在这样理解蒙田或欣赏蒙田。现在,我读到了蒙田《随笔集》第三卷第五章,这个较长的谈论维吉尔的篇章在大约一半的位置有一段是这样开始的:'当我写作时手边不放书,也不去回忆书;等等',与之相隔不远的地方,这一段又继续写道,'但是我要摆脱普鲁塔克却不容易。他博大精深,任何时刻不论你谈到什么怪僻的论题,都可以加入你的工作,向你伸出慷慨之手,文采炳蔚,让人取之不尽,用之不竭。令我气恼的是人家在剽窃普鲁塔克时也很可能附带剽窃到我,我在转述他的一点东西时也不免要偷上一只鸡腿或鸡翅。'(此处出自《蒙田随笔全集》(第三卷)中'论维吉尔的诗',译文取自马振骋的译文,参见:《蒙田随笔全集》,上海书店出版社,2018年,第862—863页。——译注)。我把这一处完整列举出来给您,以便您能够看到多么好的一件事情,那就是我们仍然可以及时纠正这一处错误翻译,因为此处德语的翻译让我产生了错误的理解(我迫不及待地想要在您的蒙田身上找到这一处原文的影子)。对我来说,意义不在于蒙田自己长出一只腿或翅膀作为他与普鲁塔克交往而在能力和厚度上有所提升的标志;相反,意义在于:普鲁塔克有如此取之不尽的来源和财富,以至于那些抱着碰运气的心态快速汲取财富的人,毋庸置疑地从他那里抢夺了一些好东西,这就好比有人盲目地把叉子插进盘子里,却(从一整个家禽身上)意外叉住一条'大腿或翅膀'(好大一块),由此证明盘子里装的都是好东西。相比于那种认为精神之翼自己长出的德式理解,这种诠释更加现实,也远没有那样诗意;然而,这种想法可能却足够贴切蒙田这个财富汲取者和猎人的身份。就我迄今为止所观察到的情况而言,我认为,要严肃认真地翻译蒙田的文字必须非常小心,以避免将蒙田原始的朴素和洒脱理想化;这种方法肯定会把他完全扭曲。虽然我们能让蒙田的表达变成德语,但他却是一众法国人中最不应该以德意志的方式被作出诠释的那一个。因为他的思考方式太法式了!"尼采在当天回信说:"蒙田这一处文字制造了一定的困惑,这是因为,此处的德语翻译与我在《叔本华》中的引用完全不同,但这处翻译确实与我的理解一样都是错误的,只是错误的方式完全不同。非常感谢你,我的错误的发现者;我的法语比较糟糕,而且在我对蒙田理想化之前我至少应该先正确理解他。"尼采遗留的藏书中有两个版本的蒙田《随笔集》:一本是巴黎1864版(*Essais avec des notes de tous les commentateurs*);另一本是莱比锡1853/54年版(*Essais/ Versuche:Nebst des Verfassers Leben*),该版是Peter de Coste先生最新版本的德译本,共三卷。——编注

如果我被赋予在大地上自由自在的任务,我必然以他作为榜样。

除了真诚之外,叔本华与蒙田还有第二个共同特性:一种真正让人喜悦的快乐。使他人快乐,让自己智慧,也就是说,有两种类型迥异的快乐。真正的思想家永远令人快乐和振奋,不管他是在表达严肃抑或幽默之事,还是在表达其属人的洞见还是其属神的宽容。他并无阴郁易怒的表情、颤抖的双手和湿润沮丧的眼睛,而总是表现出自信和质朴、勇气和力量,也许有点豪侠和严厉,但无论如何都是一个胜利者。看到胜利的神灵立于所有被制伏的巨怪之间,这恰恰让人感到最深刻和最内在的快乐。相反,我们有时在平庸的作家和鲁莽的思想家那里所发现的那种快乐,则会使我们这样的人在阅读他们时感到痛苦,比如说,就像我在施特劳斯的快乐那里所感受到的那样。与这样的快乐的同时代为伍,让人备感耻辱,因为这些人使我们和我们的时代在后世面前丢脸和出丑。这样一些快乐的啦啦队长根本看不到思想家所看到的并准备进行战斗的苦难和巨怪,因此,他们的快乐让人厌恶,因为他们在欺骗我们,因为他们试图诱使我们相信他们在这里夺取了一场胜利。实际上,唯有在有胜利的地方才会有快乐;这对真正的思想家的作品,对每个艺术作品都是如此。即使像人生此在问题一样可怕和严肃的主题,也只有在半吊子思想家和半吊子艺术家在上面喷洒他们能力不足的迷雾时,其作品才会令读者感到压抑和痛苦。相反,除非在胜利者那里,否则人们感受不到什么是更美好和更令人喜悦的事物,因为那些胜利者思考过最深刻的事物,因此,必然热爱最富有活力的事物,作为智者,最终迈向美的事物。他们真实地说话,既不结结巴巴,也不人云亦云;他们真实地行走和生活,不像常人那样神秘怪异,惯于虚伪。这就是为什么我们一旦在接近这些胜利者时,就会感到人性和自然,并禁不住像歌德那样喊道:"每一有生命的事物是怎样美妙和珍贵啊!它与自己的状态是多么契合,多么真实,如其存在!"①

我这里所描述的只是叔本华给我的最初印象,像是最初的生理印象,像是由于第一次最轻微的接触,一个自然生物最内在的力量魔幻般倾注到另一个自然生物身上。当我事后分析时,我发现这种印象由三种要素组成,这就是他的真诚、他的快乐以及他的坚韧。叔本华是真诚的,因为他只对自己并且为自己说话和写作;叔本华是快乐的,因为他通过思考克服了最困难的东西;叔本华是坚韧的,因为他必须这样。他的力量就像是在没有风状态下的火焰那样,笔直和轻盈地向上,不受干扰,从不颤抖和摇曳。他在任何情况下都能找到自己的道路,甚至我们都不会注意到他曾经为此摸索过一番;相反,他就像是被重力法则驱使而行,迈着坚定、敏捷和必然的步子。谁若身处我们当代薮羚羊般的人群中,一旦发现一种完整和谐、自由自在、无拘无束但仍然围绕自己的枢纽运动的自然生物,那么,他就会理解当我发现叔本华时我的快乐和惊奇了。因为我预感到,叔本华就是我长久以来寻找的那位教育者和哲学家。当然,我只能在书中发现他,这是一个很大的缺陷。因此,我要更加努力地透过他的书去看他,去想象他这个有生命的人,我要阅读他的伟大遗嘱,而且叔本华也承诺把自己的遗嘱只留

---

① "每一……如其存在!"]参见歌德《意大利之旅日记》,第四卷,1786年10月9日。——编注

给那些愿意而且能够成为不仅仅是其读者的继承者,也就是,他的儿子们和弟子们。

三

我在多大的程度上受益于一个哲学家,取决于他能否以及在多大程度上做一个榜样。毋庸置疑的是,一个哲学家通过自己的榜样能够吸引整个民族追随自己。印度的历史——实际上几乎就是印度哲学——就是这方面的证明。但是,哲学家必须通过其可见的生命而不仅仅是著作来提供这种榜样。因此,就像古希腊的哲学家们所教导的那样,这个榜样必须体现在表情、举止、着装、饮食和道德上,而不能仅仅体现在言说上,更不能说只体现在写作上。哲学家对于这种哲学生活勇敢的可见性,在德国是多么的缺乏啊!在这里,精神早已获得解放之后,肉体的解放才刚刚开始。如果这种已经争取到的、对限制的胜利(其根本上不过是创造性的自我限制),没有从早到晚通过每一道目光和每一个步伐重新得到展现,那么,所谓精神是自由的和独立的,就只是一种妄念。康德依附于大学,臣属于政府的权威,维持着一种宗教信仰的表象,并忍受着同事和学生:康德的这种榜样就自然首先造就了大学教授和教授哲学。叔本华很少与学者阶层打交道,显得落落寡合,追求着对国家和社会的独立。这就是叔本华的榜样,叔本华的典范。这里只是从最外在的事情说起。但是,哲学生活中许多程度不同的解放在德国人中间仍不为人知,不过,情况不可能永远这样。相比之下,我们的艺术家们的生活则更为大胆和更为真诚。我们眼前最有力的榜样就是瓦格纳的榜样。瓦格纳的榜样表明,天才如果想揭示其内在的更高的秩序和真理的话,那么,他就必须不惮与现存的形式和体制陷入最有敌意的冲突之中。我们的教授们经常说到的"真理",却显然是一个更为谦逊的要求不高的造物,因此,不用害怕它会制造什么混乱或什么出格之事。因为这种"真理"只是一个自我满足的令人惬意的造物,它不断地对一切现存权力保证,它不会带来任何麻烦;毕竟,它只是"纯粹的科学"而已。换句话说,我想指出的是,哲学在德国必须越来越忘记成为"纯粹的科学"。正是因为这个目的,我才认为,叔本华作为人能够成为一个榜样。

但是,叔本华能够成为这样的人的榜样,不啻是一个奇迹,而绝非一桩小事。因为他承受着种种来自内部和外部的巨大危险,个性稍弱的人将会被这些危险压垮或粉碎。在我看来,叔本华这个人很可能会沉沦毁灭,甚至只有在最好的情况下,才会留下"纯粹的科学",而最有可能的是,叔本华和"纯粹的科学"都不会留下。

一个近代英国人这样描述生活在受寻常事物制约的社会中的不寻常之人所面临的最普遍的危险:"这些不寻常之人先是会被威吓,然后会变得忧郁,再后病态,然后早逝。像雪莱这样的人是不可能在英国活下去的,而整个雪莱这样的种族则是不可能的。"[1]

---

[1] 一个……不可能的。"]Jörg Salaquarda,不可思议的谢利,尼采研究 8(1979年),第 396—397 页;这里的近代英国人指的是巴吉霍特(Walter Bagehot),尼采引用的是他的著作《物理学和政治学》中论"各民族的起源——关于自然选择和遗传对政治共同体的形成之影响的考察",莱比锡,1874 年,第 167 页。尼采引用有误,把"英格兰"写成了"新英格兰",因为谢利将不会在新英格兰生活。——编注

我们的荷尔德林和克莱斯特①,以及谁知道还有其他多少人,就是被他们自己的这种不寻常的性格所摧毁,他们不能忍受所谓的德国文化的环境气候。唯有钢铁般的人物如贝多芬②、歌德、③叔本华和瓦格纳,才能够经受得住,才能够坚定站立。但尽管如此,这些铁汉脸上的特征和皱纹里,却也展现出使人极其疲惫的斗争的痕迹:他们的呼吸更加沉重,他们的声音很容易变得粗暴。那位只是偶尔短暂见过歌德并与之谈过话的老练的外交官对他的朋友们说道:Voila un homme, qui a eu de grands chagrins! 歌德把这句话翻译为:"这也是一个历尽苦难的人!"歌德补充道:"如果所经受过的苦难和从事过的活动的痕迹不能从我们的脸上去除,那么,我们和我们的努力所遗留的一切都带有同样的痕迹,这本没有什么好奇怪的。"④这就是歌德。我们的文化庸人把歌德称为最快乐的德国人,为的是证明如下命题:生活在他们中间,获得快乐肯定是可能的——其隐含的意思是,如果有人在他们中间感到不快乐和孤独,那也是他自己的错,怪不得别人。因此,这些文化庸人从这个命题引出并在实践上阐明了这样的定理:任何孤寂之人,必有隐秘的罪责。⑤ 如今,可怜的叔本华在其良心上也有这样的隐秘的罪责,也就是,珍视自己的哲学甚于他的同时代人。此外,叔本

---

① 克莱斯特(Heinrich von Kleist, 1777—1811):德国诗人,自尽于柏林万湖。——译注
② 贝多芬]打印稿:路德。——编注
③ 贝多芬、歌德、]准备稿中缺失。——编注
④ 那位……奇怪的。"]参见《善恶的彼岸》第209节。——编注
⑤ 因此……罪责。]参见 M499。——编注

华是如此的不幸,从而恰恰是通过歌德的案例认识到,为了拯救自己哲学的生命,不让其湮没,他必须不顾一切代价地抗拒他的同时代人的无视,因为这里有一种审判似的书报检查,即牢不可破的沉默。按照歌德的判断,德国人尤其精于此道。这一招数是如此的有效,以至于让叔本华代表作第一版的绝大部分不得不被捣成了纸浆。叔本华的伟大业绩仅仅因为遭受无视就给他带来了威胁和危险,使他陷入一种可怕的和难以抑制的不安之中;他连一个重要的追随者也没有。看到他在寻找他被人认可的蛛丝马迹,让我们深感悲哀。而当他的书终于确实有人阅读时,他发出的响亮的和太多响亮的胜利欢呼,则让人感到悲凉的揪心和唏嘘。所有那些有悖于哲学家尊严的特性恰恰表现出,叔本华这个遭受苦难的人在担心自己最高贵的所有物的安全。因此,他害怕失去自己微薄的财产,也许还害怕自己不能再坚持对哲学那种纯粹的和真正古典的态度。这种种忧虑折磨着他。于是,叔本华渴望遇到可以完全信任和具有同情心的人,但却经常失算,因而总是带着忧郁伤感的眼神,返回到自己的爱犬旁边。他完全是一个孤寂的人,没有一个志同道合的朋友来安慰他。在一个人和没有人之间,就像在存在与虚无之间,横亘着一个无限。凡是有真正朋友的人,即使整个世界都与他为敌,都不会知道什么是真正的孤寂。——唉,我非常清楚,你们不知道什么是孤寂。凡是有强大的社会、政府、宗教、公共舆论的地方,简言之,凡是有专制、独裁的地方,那里的孤独的哲学家都会受到仇视。因为哲学给人打开了一处独裁不能侵入的避难所,即内在的洞穴,心灵的迷宫,而这会激怒独裁者们。孤寂者藏身于自己的洞穴,但那里也潜伏着对孤寂者的最大危险。这些为了自己的自由而遁入内在的人,必须也在外在世界里过着可见的生活;他们由于出生、居住、祖国、巧合、他人的纠缠等原因而处于无数的与人的联系之中;同样,他们被认为拥有无数的意见,仅仅是因为这些意见是时代的主导意见。任何表情,只要不是明确的否定,都被解释为肯定;任何手势,只要不是破坏,都被解释为赞同。任何不是用来击毁的手势都被解释为认可。这些孤独者和精神自由者必须不断地在某个地方表现得与他们的思考不同。尽管他们除了真理和真诚之外一无所求,他们却陷入到周围的误解之网中。他们热烈地渴望真理和真诚,但并不能阻止错误的意见、顺应、模糊的认可、任性的沉默、错误的解释的迷雾盘踞在他们所做的每一件事情之上。在他们额头上聚集起抑郁的乌云。因为这样的人物憎恨被迫在世界上出现,甚于憎恨死亡;而且,他们对此的持续怨恨使其如同火山一样容易爆发,具有危险性。他们不时地为自己强烈的自我掩饰、为自己的被迫克制而寻求报复。他们走出自己的洞穴,脸上带着可怕的表情;此时,他们的话语和行为是爆炸性的,而且他们有可能毁灭自己。叔本华就是这样危险地生活着。恰恰是这样的孤寂者需要爱,需要志同道合的同伴,因为在这些人面前,他们可以像独处一样敞开心胸,保持率真,也无须遭受沉默和伪装之苦。如果你把这些同伴从他们身边移走,那么你就是在创造一种与日俱增的危险;克莱斯特就因为缺乏爱①而被摧毁②。对于这些不同寻常之人来说,最可怕的解药就是迫使他

---

① 缺乏爱]准备稿:孤独。——编注
② 被摧毁]准备稿中有:[并写了一封感人至深的信,这封信是由一位艺术家写的]。——编注

们如此深入地退到自身里面,以至于他们的每次重新走出,都是一种火山爆发。但毕竟总是有些半人半神的铁汉,他们能够在如此可怕的条件下生活,而且能够胜利地生活着。而如果你们想听听他们孤独的吟唱,那就去听贝多芬的音乐吧。

陷入孤独,这是叔本华在其阴影中成长起来所面临的第一个危险。第二个危险是对真理的绝望。这个危险伴随着把康德哲学作为出发点的每一个思想家,但前提是,他在其苦难和渴望中是一个有活力的和健全的人,而不仅仅是一个吱吱作响地思考和计算的机器。现在,我们当然都很清楚地知道,这个前提具有怎样一种令人羞愧的含义。确实,在我看来,康德哲学只对极少数人产生了鲜活的脱胎换骨的影响。尽管人们到处都能读到这样的说法,即这位安静的学者的作品,在所有精神领域都引发了一场革命;但我却不能相信这一点。我并没有清晰地看到一点迹象,因为一般而言,在某一整个领域爆发革命之前,这个领域的人士必须首先在自身身上爆发了革命。不过,一旦康德哲学开始产生一种广泛影响,那么,我们就会在一种起腐蚀和分裂作用的怀疑主义和相对主义的形式中觉察到它。相反,唯有在最活跃和最高尚的精神那里,唯有在不能忍受处于怀疑状态的人那里,才会出现像克莱斯特所体验到的康德哲学的结果,即对一切真理的动摇和绝望。"不久前",克莱斯特以动人的笔触写道:随着我对康德哲学有所熟悉,我现在可以告诉你我的一个想法。因为我不用害怕这一想法将会像震撼我那样,也会如此深入且痛苦地震撼你。我的想法是,我们不能决定我们称之为真理的是否真的是真理,或者是否只是对我们显得是真理。假如是后者的话,那么我们在这里所搜集的真理在我们死后将不复存在,所有想赚得一笔财富带进我们坟墓的一切努力也都将付之东流。如果这一尖锐的想法并不刺伤你的心,那么,请不要嘲笑另一个在他的最神圣的内心深处被这一想法重伤的人。我唯一的、我最高的目标已经消失,而我已再无其他目标了。①

是的,人们什么时候能再像克莱斯特这样以如此自然的方式去感受事物呢?什么时候再学会以他们"最神圣的内心深处"来衡量一个哲学的意义呢?然而,这样的感受和衡量却是必要的,以便评估一下在康德哲学之后,叔本华哲学对于我们能有什么意义?叔本华是引导者,他将引导我们从那怀疑主义的闷闷不乐以及批判性的断念弃绝的洞穴走出,一直登上悲剧的静观的高度,把我们引向在我们头顶上无限延伸的繁星密布的夜空,而他自己则第一个走上这条道路。叔本华的伟大之处在于,他把生命的图画当作一个整体来面对,目的是把生命作为整体来加以解释;而最精明的头脑也不能免于犯这样的错误,即,认为只有通过认真细致地研究这幅画所使用的色彩及材料,就会更加明确地揭示这幅图画的意义。这些人或许会得出这个结论,即这是一幅组织上复杂难弄、色彩上无法搞清楚化学构成的图画。为了理解这幅画,人们必须探究它的作者。叔本华是知道这一点的。不过,今天,整个科学的行会都在追求理解那块画布和那些色彩,而不是这幅图画。是的,人们甚至可以说,唯有对生命和此在的整体画卷具有清晰视野的人,才能运用各门具体科学而不带来特别的损害,因为没有这样一种

---

① 不久前……目标了。]参见克莱斯特 1801 年 3 月 22 日写给岑格(Wilhelmine Von Zenge)的信。——编注

调节性的完整图像，各个具体科学就是永远扯不到头的线索，并只会使我们的生命显得更为混乱、更为扑朔迷离。就像我所说的那样，叔本华的伟大就在于，他追踪着生命的总体图画就像哈姆雷特跟踪老王爷的鬼魂那样，而没有像一些学者那样，心有旁骛；也不会像疯狂的辩证法家那样，让自己陷入到抽象的经院哲学的泥沼之中。一切半吊子哲学家的研究之所以还有吸引力，是因为我们认识到，这些人可以即刻进入到伟大的哲学殿堂中的一些地方安坐，因为这里也容许他们进行学术的正反争论、苦思冥想、怀疑和反对，而且，他们由此就避免了每一种伟大哲学的要求。每种伟大哲学在整体上都不过是在要求：这就是一切生命的图像，从中去学习你自己生命的意义吧！或，反过来说：只去阅读你自己的生命，并由此去理解一般生命的象形符号吧！叔本华哲学也应该总是首先这样来被加以解释：个体性地去解释，通过个体并只为了个体自身去解释，以获得对于自己的痛苦和欲求、对自己的局限性的洞识，以认识解救之药和获得慰藉，也就是说，牺牲那个自我，服从于最高贵的目标，尤其是服从正义和仁慈。叔本华教导我们要分清对人幸福的真正促进者和表面促进者：不管怎样，财富、荣誉和博学都不能使个体摆脱从他对自己的存在的无价值的懊恼；而对财富、荣誉和博学的追求唯有通过一个高尚的和神圣的整体目的才能获得意义：去获得力量，以便帮助自然的进化，并成为愚蠢和笨拙的自然的某种矫正者。这最初也仅仅是[1]为了你自己，但通过

---

[1] 也仅仅是］打印稿、大八开版：虽然也仅仅是；1872年第一版：虽然也；准备稿：也仅仅是。——编注

你自己最终却是为了人人。当然,这样一种追求会深刻且由衷地引向断念:因为无论是对于个体还是群体,究竟又能做出什么以及多少改善呢!

如果我们把这些话运用于叔本华身上,那么,我们就接触到了他面临的第三个,也是最独特的危险。叔本华生活在这危险中,而且这危险就隐藏在他的存在的整体结构和骨架中。每个人都会在自身中发现某种局限性,或是他的天赋的局限性,或是他的道德意欲的局限性。这种局限性使他充满了渴望和忧郁;就像一个人感觉有罪便会渴慕自身的神圣一样,作为理智的存在者,他也会深刻地渴求自身的天才。这是一切真正的文化的根源;如果我把"根源"理解为人重生为圣者和天才的渴望,那么我知道,人们不需要成为佛教徒,也能理解这个神话。在我们发现天赋却没有发现那种渴望的地方,比如在学者圈子或甚至在所谓有教养人士的圈子,我们都会感到反感和恶心,因为我们感觉到,这样一些人,即便以他们的全部精神,也不是在促进而是在阻碍着文化的生成和天才的产生。而产生天才是一切文化的目标。这样一些人处于一种僵化的状态,在价值上如那种习惯性的、冷漠的和洋洋自得的德性。但这种德性也最远离真正的神圣,并与之保持着最远的距离。叔本华的本性里蕴含着一种独特的极其危险的双重性。很少有思想家像叔本华那样,能够如此强烈地,并以无法比拟的确定性感受到自己身上涌动着的天才;叔本华的天才给予了他至高的许诺:叔本华的犁头在现代人性的土地上犁过后,再也没有其他更深的犁沟了。因此,叔本华知道自己一半的本质都得到了满足和实现,欲望得到了平复,自己的力量得到了确信,于是,他带着伟大和尊严胜利地完成了自己的使命。在叔本华的另一半本质中,活跃着一种炽烈的渴望;当我们听到他带着痛苦的表情将其目光从特拉伯隐修院的伟大创办者郎克的画像移开,并说出"那是神的恩赐"时,我们理解了他的另一半热望。① 天才更加深刻地渴慕神圣,因为他站在自己的瞭望塔上比其他人看得更加辽远、更加清晰,看到了认识和存在的和解,看到了意欲被否定与和平的王国,看到了印度人所说的彼岸。但是奇迹恰恰就在这里:叔本华的本性必定是如此不可思议地完整和坚韧,才不会被这另一半的渴望所摧毁,也没有被其所僵化和硬化! 这是什么意思,每个人都将根据他自己的存在以及存在的多少来加以理解。但我们中间还没有人在其所有的重要性上完整地理解它。

人们越是反思我上面所叙述的三种危险,就越是惊奇于叔本华如何精力充沛地战胜了这些危险,捍卫了自己,如何健康和腰杆挺直地走出战斗。当然,他显然也有许多伤疤和未愈合的伤口,而且情绪上也有点过于苦涩,有时也过于好斗。② 不过,他自己的理想甚至超越了最伟大之人。毫无疑问,叔本华可以成为我们的一个榜样,尽管他也有着这样那样的伤疤和瑕疵。我们甚至很想说,叔本华身上那些不完善的和过于人性的东西,恰恰可以在最人性的意义上把我们拉近到他的周围,因为我们看到他是受难者和难

---

① 他带着……热望。]参见格维讷(W. Gwinner)《我所亲见的叔本华》,莱比锡,1862 年,第 108 页。——编注

② 人们……好斗。]准备稿:正如我所说,叔本华能够针对我所描述的这三种危险捍卫和拯救自己,是一个奇迹;但是,只有从整体和宏观上来看,这才是他的胜利和拯救。而在过程之中,他受到很多伤害和打击,没人应该为此感到惊讶———。——编注

友,而不仅仅只是遥不可及和高高在上的天才。

　　威胁着叔本华的那三种气质危险,也威胁着我们所有人。每一个人都在自身中带有某种独一无二的创造,这是他的本质的内核;而当他意识到这种独特的创造性,那么,他的周身就显现出一个奇异的光环,非同寻常之人的光环。对绝大多数人来说,这是某种令人无法容忍的东西,因为正如之前所观察到的那样,他们是懒惰,因为与他们独特的创造性相连的是一连串辛劳和重负的链条。毫无疑问,对于背负着这个链条的非同寻常之人来说,生活几乎丧失了人们在其年轻时都渴求的一切:快乐、安全、轻松、荣誉;其邻人所给予他的就是孤寂的命运;不管他在哪儿生活,跟随他的总是沙漠和洞穴。现在,他需要注意的是,力求自己不被征服,力求自己不被压制、不变得抑郁。为此,他必须把叔本华那样的优秀和勇敢的斗士形象放置在自己的周围。但是,甚至威胁着叔本华的第二种危险也并非罕见。自然不时地会给某人配备上敏锐的洞察力;他的思想倾向于以辩证的双重步伐运动;他很容易去放任自己的天赋,很容易作为人而沉沦毁灭,并像幽灵那样只生活在"纯粹科学"的世界之中,或者他习惯于在事物中搜寻赞成和反对,并很容易在根本上对真理表示怀疑,从而不得不生活在丧失勇气和信任之中,充满否定、怀疑、怨恨和不满,希望多渺茫,失望却可期。"连一条狗都不愿意长久地如此生活下去!"①第三个危险就是在道德上或理智上变得僵化。他斩断了把他与自己理想联结起来的纽带;他不再拥有在这个或那个领域的富有成果、继续扩展的能

---

① "连……生活下去!"]歌德《浮士德》,第1部,第376行。——编注

力；他在文化的意义上变得衰弱①或无用了。他的本质的独特性变成了不可分的、不可交流的原子，变成为冰冷的僵硬的岩石。这样一来，一个人会毁于他的这种独特性和唯一性，但也会毁于对这种独特性的惧怕；会毁于他的自我，但也会毁于他对自我的放弃；会毁于自己的渴望，但也会毁于自己的僵化。他一般而言是生活在危险之中的。

像叔本华这种个性构成，无论生活在哪个世纪都会遭遇上述这些危险，但此外他也遭受一些来自他的时代的特定危险；如果我们要理解什么是叔本华本性中属于榜样的和属于教育者的东西，那么对气质危险和时代危险加以区分则是必要的。让我们设想哲学家的目光注视着人生此在之上，并寻求重新确定此在的价值。因为这一直是一切伟大的思想家的独特使命：成为事物的尺度、币值和重量的立法者。如果他最初看到的人性恰恰是一种孱弱的被虫子啃咬了的果实的话，这必定会严重妨碍他的使命！为了公正地对待所有的此在，他必须给当前时代的无价值再添加多少价值啊！如果对过去的民族或者别的民族的历史进行研究是有价值的，那么，这对哲学家来说则最有价值，因为哲学家要对人类的总体命运给出一个公正的判断，也就是说，哲学家不是仅仅对人类的平均命运，而且还要首先对可能降临于个体和整个民族的最高命运做出判断。但现在，现时代的一切总是纠缠不清的：它影响着和规定着他的眼睛，即使哲学家不愿意这样；这样，现时代会在哲学家的最终考察中被不自觉地高估了。这就是为什么哲学家必须在

---

① 衰弱］准备稿、打印稿和大八开版：有害的。——编注

与其他时代的比较中来评价自己的时代,要在他自身之中克服现时代的不足,要在他描述生命的图画时克服现时代的不足,也就是说,使现时代不那么引人注目,像是用颜色把它覆盖掉。这是一个困难的,甚至无法完成的任务。古希腊哲学家们对人生此在的价值的判断所说的东西比现代的判断要更多,因为他们在眼前和周围存在着丰腴和完美的生活本身,因为与我们这里不同,在他们那里,思想家的感觉还没有迷失在这种不一致之中:一方面是对生命的自由、美和伟大的欲求,另一方面是只问"此在究竟有什么价值"的真理欲求。理解恩培多克勒在希腊文化中生命乐趣最有力和最充沛时期关于此在所说的话,对所有时代依然重要;他的判断极具分量,特别是同时代其他伟大的哲学家也没有做出哪怕一个与之相悖的判断。恩培多克勒的表达最为清晰,但只要我们竖起耳朵认真倾听,这些哲学家的表达基本相同。正如我所说的,一个现代思想家将永远受苦于未能实现的愿望;他将要求人们首先重新把生命呈现给他,把真正的、鲜红的、健康的生命呈现给他,这样他才可以对此做出他的判断和评判。至少对他自己来说,他认为自己有必要先成为一个活生生的人,然后才可以相信自己能够成为一个公正的法官。这就是为什么恰恰近代哲学家属于生命、生命意志的最有力的促进者,这就是为什么他们自己不仅渴望从自己的疲乏的时代解放出来,而且还渴望一种文化,渴望一种升华了的自然。但是,这种渴望也是他们的危险:生命的改革者和哲学家亦即生命的法官在他们里面处于交战状态。无论哪一方获胜,那都将是一种自身包含着失败的胜利。现在,叔本华又是怎样避免这种危险的呢?

①既然每一个伟大人物都喜欢自己被视为其时代的真正产儿,既然伟大人物比所有渺小人物更加严重地遭受且更加敏感地感受到时代的弊病,那么,这样一个伟大人物反对他自己时代的斗争,显然只不过就是这个伟大人物与其自身的疯狂的死战。但,这只是从表面来看的确如此。因为他在这个时代中是与阻止他不能成为伟大的东西作斗争,这个斗争对他来说仅仅意味着:与那些阻止他自由地并完全地成为他自己的东西作斗争。由此可以得出,他的敌意其实恰恰是针对虽然在他自己身上,但实际上并不是其真正的自我的东西,亦即针对不可结合和永远不相容之物的不纯洁的杂乱拼凑,针对合乎时宜的东西与不合时宜的东西的虚假焊接;最终,所谓的时代的产儿却证明自己仅仅是时代的继子。因此,叔本华从少年时代开始就在与那个虚假的、虚荣的、配不上他的"母亲"即时代作斗争;他把这位"母亲"逐离了自己,洗清和治愈了自己的本质,并发现自己重新找回他那属于他自己的健康和纯洁。因此,叔本华的作品可以被用作时代的镜子。如果我们从镜子里看到一切合乎时宜的东西显现为丑陋的病态,显现为羸弱和苍白,显现为深陷的眼眶和疲惫的面容,显现为时代继子的可辨识的苦难,那么,这毫无疑问并不是镜子的错误。对强有力的本性的渴望、对健康和质朴的人性的渴望,对叔本华来说,就是对自己本身的渴望;而一旦他在自身中战胜了他的时代,他就必定以惊奇的目光发现栖身于己的天才。他的本质的秘密现在已被揭示给他,那个继母即时代那掩盖他的天才的意图被挫败了,升华了的自然

---

① 以下参见 34[8]。——编注

的王国被揭示出来了。如果此刻他把自己无所畏惧的目光转向这个问题:生命究竟有什么价值?——那么,他就不再会根据一个混乱的和苍白无力的时代及其虚伪的含糊的生活来对生命做出评判。他清楚地知道,在这个大地上还能够发现和达到比这样一种合乎时宜的生活更高级和更纯洁的东西,而如果要按照这种可憎形态来认识和评价,那就会对整体的此在做出不公正的判断。不,天才自身现在已经受到召唤,那么,我们要来听听,这个天才,这一生命的最高成果,是否能够为生命做如此的辩护;这个庄严的、创造性的人现在应当回答这个问题:"你在内心最深处肯定这种人生此在,对它说'是'吗?它足以令你满意吗?你愿意做此在的促进者和解放者吗?因为你就只需要从你的口中对生命说出一个真正的'是'——生命,现在面临如此严重指控的生命应该是自由的。"他将如何回答?——用恩培多克勒的话来说。①

四②

上文最后的暗示也许难以理解,但这里暂时放下。我现在要转向一些很好理解的东西。我们将解释一下我们如何在叔本华的帮助之下教育我们自己,抗拒我们的时代,因为我们拥有通过叔本华来真正地认识这个时代的优势。也就是说,如果这是一种优势

---

① 用恩培多克勒的话来说。]手稿(尼采的手稿?):用恩培多克勒的话来说?——编注

② 誊清稿中的标题:时代的描述。——编注

的话！至少,再过几个世纪,这个优势就不再可能了。① 我对这个想法感到高兴,即人们很快就会厌倦阅读而且作家们也是如此,也许有朝一日,学者会想起来而立下遗嘱,指示他的尸体应当在他的书中间,尤其是在他自己的作品中间被烧掉。而如果森林真的不断减少,岂不是将来有一天图书馆会被当作柴火、麦秸和引火柴吗？不过,如果大多数的书是那些大脑的烟雾的产物,那么,它们也就应当被重新化为烟雾。如果这些书自身之中没有火焰,那么就应当用火焰来惩罚它们。因此,我们的时代可能会被一个后来的世纪视为"黑暗的世纪",因为我们这个世纪产生的图书能把炉子烧得最旺,烧得最久。从这种情况来看,我们能够认识我们自己的时代,我们是多么幸运啊。毕竟,如果关注和研究自己的时代总有些意义的话,那么,尽可能彻底地研究它,不留任何疑问,这无论如何都是一种幸运的好事。而恰恰由于叔本华,我们才能做此种研究。

当然,如果在这种研究中揭示出,像我们这样高傲和充满希望的时代,在过去还根本不曾存在过,那真是幸运百倍了。现在,在地球的某个角落,比如在德国,有些明显幼稚天真的人们准备相信,而且还非常认真地宣称,若干年以来,世界已经被纠正了,有些人对人生此在沉重和阴郁的疑虑,已经被"事实"所反驳。因为新德意志帝国的建立就是对所有"悲观主义"哲学思考的一种决定性的和毁灭性的打击。对他们来说,这是毫无疑问的。——现在,谁要想回答"哲学家作为教育者在我们时代到底意味着什么"这个问

---

① 以下参见 29[225]。——编注

题,那他就必须反对这个流传很广,尤其是在大学里被宣传的观点。我们必须说,这样一种如此令人恶心的对时代偶像的谄媚,能够被所谓有思想的值得尊敬之人说出,并不断加以重复,实在是一种耻辱和丑闻。这也证明,人们对哲学的严肃和报纸的严肃之间的巨大差异已经没有一点概念了。这些人已经不仅失去了仅剩的一点哲学思想,而且也失去了仅剩的一点宗教敏感性。但这种丧失所换来的绝不是乐观主义,而是新闻主义,是今天的日报式的精神或缺乏精神。任何一种相信通过一桩政治事件就能转移乃至解决了此在问题的哲学,就是一个笑话,或一种假哲学。自从世界产生以来,有许多国家建立起来了,那是一件老掉牙的故事了。一场政治革新怎么可能足以使人一劳永逸地变成地球上的快乐居民呢?如果有人真的相信这是可能的,那么他就应该报上名来,因为他确实有资格成为德国大学的一个哲学教授,就像柏林的哈尔姆斯、波恩的迈尔和慕尼黑的卡列尔。①

不过,我们在这里正在经历的是最近从所有屋顶上大喇叭宣传的那种教义的后果。这种教义宣称国家是人类的最高目标;对于一个人来说,除了为国家效劳之外,没有任何更高的义务了。在这种教义中,我看到的与其说是向异教信仰的倒退,不如说是向着一种愚昧的倒退。也许,那些把为国效劳视为自己的最高义务的

---

① 自从……卡列尔。]准备稿:我告诉你,为什么从1871年以来不应当被认为一个新纪元的开始!或者,这个问题怎么会因为地球某一个角落里的一个民族重新汇聚在一起而得到解决呢?认为一场政治革新足以使人永远成为快乐的地球居民的人,则配得上在一所德国大学里当哲学教授。我不得不羞愧地承认,柏林的哈尔姆斯、波恩的迈尔那样的教授就做出如此愚蠢的表述,但他们的大学却从未对这样一种偏离表示过抗议。——编注

人,确实没有认识到其他更高的义务;但是,也存在其他一些人,也存在其他一些义务,比如,在我看来,其中的一个义务就高于为国家效劳,即号召我们去根除所有形式的愚蠢,当然,也包括上述所谈论的愚蠢。我这里关注的是其目的超越了国家福祉的这样一类人,也就是,哲学家;而且,我关注的仅仅是他们那种与国家的福祉几乎无关的领域:文化的问题。在那些相互联系从而构成人类共同体的圈子中,有些人是黄金做的,而另一些人则是冒牌的黄铜做的。

那么,哲学家又是如何看待我们时代的文化呢?当然是非常不同于对国家深感满意的哲学教授们。当哲学家想到生活中那普遍的匆忙、加速的堕落,想到所有静观和质朴的消逝,他几乎像是看到了文化遭受全部灭绝和根除的征兆。宗教的洪水正在消退,留下了一片片泥沼和池塘;各民族再次相互分裂,彼此之间充满敌意和仇恨,必欲撕碎对方而后快。各门科学以毫无节制和极盲目的放任主义方式发展,正在动摇和消解所有曾经坚信不疑的信念;受过教育的阶层和国家正在被一种极为卑鄙的金钱经济所冲垮。这个世界从来不曾如此世俗,从来未曾这么缺乏爱和仁慈。① 在这种世俗化的躁动和喧闹中间,有教养阶层不再是灯塔和避难所;他们自己每天都变得更加不安、更加没有思想和缺乏爱意。所有一切,包括现在的艺术和科学在内,都服务于正在到来的野蛮。受过教育的人蜕化为教育的最大敌人,因为他要用说谎来隐瞒普遍的弊病,因此,也妨碍了医生们的救治工作。如果人们谈到他们的

---

① 这个世界……仁慈。]誊清稿:到处都缺少爱和自我牺牲的奉献。——编注

弱点,反对他们那些有害的谎言,他们就会恼羞成怒。这些可怜的无赖!他们实在是太乐意于使我们相信,他们的世纪超过了所有其他世纪,他们带着虚假的快乐到处游荡。不过,他们伪装幸福的方式也有些动人的东西,因为他们的快乐是完全让人不可理解的。我们甚至不愿像汤豪舍问彼得罗尔夫那样问他们"你到底享受过什么,你这个可怜的人?"①因为,啊,我们自己知道得更清楚,我们知道情况不是这样。冬日就在我们头上,而我们却住在冰雪高山之上,危险而又窘迫;每一个欢乐都是短暂的,从雪白山头上悄悄投在我们身上的每束日光都是苍白的。此时,音乐响起,一个老人摇起那手摇风琴,舞者旋转了起来。——目睹这一切的流浪者被深深触动了;一切都是如此荒凉、如此封闭、如此暗淡、如此没有希望,而现在突然响起了一种欢乐的声音,一种十足的毫无思想的欢乐的声音!但是,黄昏的雾色已悄悄降临,喧闹声逐渐减弱,流浪者的脚步在雪地里吱呀作响;他极目所见,唯有自然的荒凉、残酷和狰狞。

但是,如果仅仅强调现代生活的画面上线条的孱弱和颜色的呆板,这有点片面的话,那么图像另一方面也绝不令人更加宽心,而且只会令人更加不安。毫无疑问,那里存在着力量,存在着巨大的但却是野蛮的、原初的和毫无怜悯心的力量。我们带着恐惧不安的期待盯着它们,就像巫婆盯着自己的煮锅:每一刻都可能有火星的闪烁和飞溅,预示着可怕的景象。自一个世纪以来,我们就已

---

① "你到底……的人?"]见瓦格纳的《汤豪舍》(1845年),第2幕,第4节。——编注

经在期待和迎接天翻地覆的动荡；如果最近人们尝试用所谓民族国家的组织力量去反对、内爆或炸毁这一现代社会最深刻的倾向，那么，民族国家在很长时间里，只会增加业已存在的普遍的不安全、忧虑和威胁。有些个体的行为表现就好像他们对于这些忧虑一无所知似的，但我们不会被他们欺骗；他们的不安表明他们恰恰对这些忧虑知道的多么清楚。他们匆忙地思考自己，而且只思考自己；人类之前还从未这样思考自己。他们为自己的日子去建筑和种植，他们对幸福的猎取更为激烈，如果猎物必须在今天和明天之间被逮住的话，因为也许后天狩猎季节永远结束了。我们生活在原子的时代，原子的混乱时代。在中世纪，各种互有敌意的力量多少是被教会聚拢在一起，在某种程度上也通过教会所施加的强大压力被相互同化。当宗教纽带撕裂、压力减弱之时，这些力量就相互为敌。宗教改革宣称许多事物无关宏旨，对宗教本身不重要，这些领域不应当由宗教来规定；这就是宗教为了自己可以生存下去而付出的代价①，例如，基督教在面对更有宗教性的古代世界时，为了保证自己的生存也不得不付出了类似的代价。自那以后，分裂就不断地在扩展。现在，几乎地球上所有一切都仅仅由最粗野和最邪恶的力量，由自私自利的逐利者和军事独裁者来控制。国家掌握在后者手里，就像掌握在前者手里一样，当然会试图从自身出发重新组织一切，并提供控制那些敌意力量的纽带和压力。这就是说，国家想要得到这些势力之前曾给予教会的那种盲目崇拜。但成效如何呢？我们还需要观察。但不管怎样，我们甚至现

---

① 代价]手稿：买卖价格；1872年第一版：赎金价格。——编注

在还处在中世纪的冰封河流之中;冰河融化了,并以毁灭性的力量奔涌着。河水里的冰块堆积着冰块,所有的河岸都被淹没,面临着崩溃的危险。革命绝对无法避免,而且是原子式的革命:但是,什么是人类社会最小的、不可分的构成材料呢?

毫无疑问,人性在崩溃和混乱的旋涡的时代临近之时,比起在这样时代的实际到来,几乎是处于更加危险的状态。对恐惧的期待以及对每一分钟时间的贪婪利用,滋生了灵魂的一切卑鄙怯懦和自私冲动;而人性一旦处于实际的困厄,特别是一种巨大的困厄之时,通常反而会得到改善,也更加温情。鉴于我们时代所面临的这些危险,谁将作为人性的声援者和捍卫者,去守护如此多样的世代所积聚起来的、不可侵犯的神圣财富?当所有人都在自身中感到自私的蛆虫和卑躬屈膝的恐惧,并因此从人的形象堕落到动物或机器水平的时候,谁将会树立起人的形象呢?

有三种人的形象,是我们在现代以来相继树立起来的,而且,这三种形象毫无疑问将长久地激励必死之人去提升和圣化他们自己的生命。这就是卢梭式人、歌德式人和叔本华式人。在三种形象中,第一个形象拥有最大的火力,无疑能发挥最广泛的作用;第二个形象只为少数人而设,亦即为具有伟大风格的沉思型的思想家而设,这些人会被大众误解;第三个形象要求一种只有最积极行动的人才可能进行的沉思:只有这样的人才能够不受损伤地进行沉思,因为第三种形象会使沉思者疲惫,并吓退大众。第一种形象所发出的力量,曾经激发并仍将激发暴力革命,因为在每一次社会主义的动荡和地震中,总是有卢梭式人在那里鼓动和参与,像被压在埃特纳火山下的老堤丰那样在暴怒。卢梭式人被傲慢的特权阶层、为富不仁的财富所压迫和压榨,为教士们和坏的教育所毁坏,而荒谬的习俗又让其深感羞辱。于是,他在其困厄之中呼唤着"神圣的自然",并突然感到这种自然宛如某个伊壁鸠鲁主义的神灵一样离他如此遥远;因此,他的呼唤和祈祷无法上达于自然,他如此深地陷入到非自然的混乱之中。他嘲讽地抛掉所有五光十色的首饰,这些他刚刚之前还觉得是最为人性之物。他还扔掉了他的艺术和科学、他的生活的精细和精致;他用拳头捶打着墙壁,并在墙壁的阴影中如此蜕化和堕落;他要求光、太阳、森林和高山。而当他喊道"唯有自然才是好的,唯有自然人才是具有人性的"之时,他是在鄙视自己,并渴望超越自己:这是一种心境;在这种心境之下,其灵魂已经准备做出可怕的决定,但其灵魂从其内在深处,也会呼唤出最高贵的和最罕见的东西。

歌德式人不具有这样的威胁力量;相反,在某种意义上,对于危险、骚动的卢梭式人来说,他恰恰是一种矫正剂和镇静剂。歌德本人年轻时曾倾其满富爱意的心灵依恋"自然本善"的福音;他的浮士德曾是卢梭式人之最高和最大胆的写照,至少从歌德对浮士德对生命的渴望、他的不满和欲求、他与心灵的魔鬼的交往等方面的描述而言,是这样的。但是,所有这些聚集起来的乌云究竟产生了什么结果,去看一眼吧,但肯定不是闪电!而这恰恰展示出一种新人形象,一种歌德式人的新形象。人们也许会认为,浮士德过着一种到处都受到压迫的生活,是生命的叛逆者和解放者,是出自善意的否定力量,是真正的有宗教感的和魔鬼般的颠覆天才;这与他绝对没有魔性的同伴形成鲜明的对比,尽管他无法摆脱这个同伴,同时还不得不利用和鄙视后者的怀疑主义的恶意和否定。——这是每一个叛逆者和解放者的悲剧性命运。但是，如果对这类人做这样的期待的话，那我们就错了；歌德式人与卢梭式人就是在这里分道扬镳了；因为歌德式人仇恨任何暴力，仇恨任何飞跃，这意味着，仇恨任何行动；这样一来，作为世界的解放者的浮士德不过是一个世界旅行家。生活和自然的一切王国、所有过去的时代、所有艺术、神话、一切科学，都看着这位永不知足的观赏者从它们身旁飞掠而过；最深刻的欲望被激起，继而被平息，就连海伦也无法留住他稍长些的时间。接着，他那恶意冷嘲的同伴一直暗中期待的时刻必然来临。在地球的任意一个地方，飞行终结了，翅膀掉落了，靡非斯特胜券在握。如果德国人不再是浮士德，那么，最大的危险莫过于他成为一个庸人，并落到魔鬼的掌中。而且，只有天国的力量才能把他从中解救出来。如我说过，歌德式人，是风格高雅的沉思者。他之所以能够避免在地球上凋零和耗尽，只是因为他把一切伟大的和值得纪念的东西，无论是曾经存在过的还是仍然存在的，都聚拢起来作为他的营养；他就是这样生活的，实际上，也只是过着一种从这个欲望到另一个欲望的生活；歌德式人不是积极行动之人，相反，他若是在某个地方参与由积极行动之人建立的现存秩序时，人们可以确定的是，这不会产生什么好结果。歌德本人热情参与戏剧却未有结果，便是一例。而且，首要的是，歌德式人不会推翻任何"秩序"。歌德式人是一种保持性的、调和性的力量，但就像我提到过的那样，其危险是他有可能堕落为庸人，就像卢梭式人容易堕落为喀提林主义者①一样。歌德式人倘若再多些

---

① 喀提林主义者(Catilinarier)；喀提林(Catiline，约公元前108—前62)：罗马共和国没落贵族，曾因竞选执政官失败而策动武装政变，并战死。——译注

肌肉力量和天然野性,那他的所有优点将会更加突出。歌德似乎也知道他这种人的危险和弱点之所在,他用雅诺斯对威廉·麦斯特的话来暗示了这一点:"您感到生气和愤懑,这很好;但您如果真的爆发愤怒,哪怕是一次,那就更好了"①。②

因此③,坦率地说,为了使事情变得很好,我们真的有必要怒发冲冠一次。而叔本华式人的形象就是在这点上鼓励我们。叔本华式人自愿承担起内在于真诚的受难;这种受难有助于他熄灭他自己的个人意欲,并为他自己本性的完全的翻转和颠倒做好准备;而迈向那种翻转和颠倒,就是生命的真正意义。对于他人来说,这种真诚的直言不讳就是倾泻怨恨与恶意,因为他们把保持和坚持他们的半真半假和胡诌谎言视为人类的一种义务,并认为谁要是破坏他们的游戏和把戏,那必定是恶毒的。他们就会尝试对这种人吼出浮士德对靡非斯特说过的话:"你这是在用冰冷的魔鬼之拳去对抗那永恒活跃的、有益的创造性的力量"④;而任何想以叔本华的方式生活的人,也许会看起来更像一个靡非斯特而不是一个浮士德——这是对那些弱视的现代人而言,因为他们总是在否定的话语中看出恶的迹象。但是,有一种否定和毁坏,恰恰充盈着对

---

① 更好了"]誊清稿:生活在德国人中间的任何人,都肯定在自己心中对这些话有一种解释。叔本华式的人不可能只是有时不开心、情绪差,而是整体上相当恼怒——而我至少认为,他因此要比威廉·麦斯特更好。他不再赞美什么自然之善,他嘲笑那些自认为生来快乐的人。——编注

② "您感到……更好了。"]歌德《威廉·麦斯特的学习年代》,第 8 卷,第 5 页。——编注

③ 因此……]以下参见 34[4]。——编注

④ "你这是……力量"]参见歌德《浮士德》,第 1 部,第 1379—1381 行。——编注

圣化和拯救的强有力的渴望,叔本华就是以这种方式出现在我们这些被非圣化的、被完全世俗化了的人中间的第一位哲学教师。①一切能够被否定的此在,都也理应被否定②;迈向真诚,就是相信一种根本不可能被否定,并且本身是真实不虚的人生此在。因此,真诚之人会感到自己的活动具有某种形而上学的意义,而且这种意义只有从另一种更高的生命法则才能加以解释。这种人在最深刻的意义上是在肯定生命,尽管他所做的一切看上去都是对这种生命法则的破坏和违背。在这一点上,他的作为必定成为一种连续不断的受难;但像爱克哈特大师一样,他知道"最快地把你驮向完善的坐骑,就是受难。"③我可以设想,任何把这样一种生活方向置于自己灵魂面前之人,都必定会感到自己心胸开放,由衷地产生一种炽烈的愿望,即做这样一个叔本华式的人:也是说,对于自己和他个人的福祉,有着少见的泰然自若;在其对知识的追求中,充满着炽烈的吞噬之火,远离所谓的科学人的那种冷冰冰的和可鄙的中立性,远远地超越了所有阴郁寡欢和令人讨厌的反思;永远把自己作为被认识到的真理的第一个祭品,并深刻地沉浸到从他自己的真诚中必定产生的受难意识之中。毫无疑问,他自己的勇敢毁掉了他自己的尘世幸福;他必然要敌视他所爱的人类,敌视从其母腹中产生的制度和机构;他既不宽恕任何人,也不宽恕任何事,尽管他对他们受难也感同身受;他被误解,长期被视为他所憎恶的

---

① 此处开始以下,及誊清稿中说明:第四章的结论。——编注
② 一切……被否定]参见歌德《浮士德》,第 1379—1381 行。——编注
③ 爱克哈特大师……受难。"]引用自叔本华《作为意志和表象的世界》,第 2 卷,第 726 页。——编注

势力的同盟;由于其洞见的那种属人的局限,他无论怎样追求公正也必定是不公正的;但是,他可以用他伟大的教育者叔本华曾经使用过的话来安慰自己:"幸福的生活是不可能的——人生所能达到的最高境界,就是一种英雄般的生活历程。拥有这种生活历程之人,不管以什么方式,基于什么原因,都会为了在某种意义上有利于所有人的东西而与巨大的困难作斗争;他会最终取得胜利,但他得到的回报却很少甚至根本没有。因此,他像高齐的《乌鸦国王》中的王子一样,最终发现自己变成了岩石,但却保持着高贵的慷慨的姿势和神态。他的纪念碑依然在,并且被当作一个英雄的纪念碑来纪念;由于终生遭受艰难困苦、缺乏成功以及世人的不感恩,他的意志备感屈辱,熄灭在涅槃之中。"①这样一种英雄般的生命历程,连同其遭受的屈辱,当然与芸芸大众谈论最多的贫乏概念毫无关联:这些人通过节日来纪念伟大人物②,并且错误地认为伟大人物之所以伟大,就像他们之所以渺小一样,即他们的伟大似乎是一件来自上天的赠礼,或是为了自己的乐趣,或是由于一种机械作用,或是对这种内在强制的盲目服从,因此,那些没有获得这件赠礼或者没有感到这种强制的人,就有同样的权利成为渺小之人,就像伟大人物因此成为伟大人物。但是,"得到赠礼"或者"受到内在强制",是人们要逃避一种内在督促所使用的可鄙字眼,也是对于

---

① "幸福的生活……涅槃之中。"]叔本华:《附录与补遗》,第2卷,第346页,172a。——编注

② 这样一种……伟大人物]打印稿:我们都应当是真实性的英雄;而且,我们都能够做到这一点。当然,这不是要遵照现在庆祝节日、重视纪念伟大人物的那些人的不充分的概念。——编注

听从这种督促之人,也就是伟大人物的侮辱。伟大人物恰恰是最不愿让自己获得馈赠或受到强制之人,他和每一个渺小之人一样清楚地知道如何使生活轻松安逸,知道他可以伸展四肢躺在多么柔软的床上,如果他乖巧地按照习俗对待自己和他的邻人的话;因为人的一切秩序都如此加以安排,以不断分散人们的思想,让他们感受不到生命。那么,为什么他要如此强烈地欲求相反的东西,恰恰想去感受生命,也就是说,去遭受生命的苦难呢?因为他发现,其他人希望他欺骗自己,并合谋引诱他离开他自己的洞穴。他起而反抗,竖起双耳,并且决定"我要坚持我自己!"这是一个可怕的决定;他也只是慢慢地明白了这一点。因为他现在必须下潜到此在的深处,嘴里叨念着一系列不寻常的问题:我为什么活着?我应当从生活中得到什么教训?我如何变成现在这样的人,为什么我会因为成为现在这样的人而遭受苦难呢?他折磨着自己,而且,举目望去,其他人没有像他这样折磨自己,相反,他的同时代人对政治舞台上演的那些奇异事件狂热地伸出双手;或,他们自己以百种面具扮作青年人、成人、老人、父亲、市民、教士、官员、商人等趾高气昂地走来走去,完全沉迷于他们共同的喜剧,而根本不关注他们自己。对于"你的生活的目的是什么?"这个问题,他们都会迅速且骄傲地回答说,"为了成为一个好公民或学者或政治家。"但他们毕竟是某种东西,而且绝不会成为别的东西。为什么他们恰恰是这样呢?哎呀,为什么就不能成为某种更好的东西呢?谁若是把自己的生活仅仅理解成为一个种族或者一个国家或者一个知识领域的发展中的一个点,并因此寻求把自己完全纳入到生成的历史之中,完全纳入到历史学之中,那么他就没有理解人生此在教给他的教训，因此，他就必须重新学习它。这个永恒的生成是一出骗人的木偶戏。人们在观看这出木偶戏时，忘记了自身。这是一场真正的消遣，个体被消遣得四处飘摇。这是一场由时间这个伟大的孩童在我们面前并与我们一起玩的无穷无尽的胡闹游戏。那些真诚的英雄会在某一天不再充当时间的玩具。在生成的过程中，一切都是空洞的、骗人的、单调的和值得我们鄙视的；人应当去解答的那个谜，他只能在存在之中加以解决，只有在他是其所是，而不是在他是其所非之中，也就是说，只有在永恒的不变的东西中来加以解决。现在，他开始检验他根植于"生成"有多深，根植于"存在"有多深。于是，一个巨大的任务摆在他的灵魂面前：摧毁一切生成着的东西，揭露一切事物中虚假的一面。他也要认识一切，但他与歌德式人不一样，他不是为了一种高贵的柔韧，目的是保存自己，流连和纵情于大千世界的多样性；相反，他自己就是他献出的第一个祭品。英雄人物蔑视自身的安逸或艰难，蔑视自身的美德和恶习，而且，一般而言，也蔑视按照他自己的尺度来度量事物；他对自己不再抱有任何希望，唯想穿透一切事物，洞见这种绝望的深度和根底。他的力量在于他忘掉自身；而如果他真的想起自身的话，那么，他是在想测度他自己和他的高大目标之间的距离，而且，他在自己身后和身下似乎只看到一堆不重要的渣滓。古代的思想家们竭尽全力寻找幸福和真理，但自然的邪恶原则却是，应该去寻求的东西永远不会被找到。但是，如果谁要是在每个事物中寻找非真理，并自愿与不幸福结伴和结盟，自然也许给他准备另一种令他失望的奇迹；某种不可名状的东西，某种幸福和真理只是它偶像式的摹本的东西，就会接近他；大地失去了它的重力，大地上的事件和统治性力量变得梦幻和朦胧,就像在夏日的晚上,一种美妙的光芒开始扩展。对于观察者来说,就好像他刚刚开始醒来,在他周围飘动着残梦的云朵。这些云朵也将在某个时候烟消云散,然后是朗朗晴日。

五[①]

然而,我许诺过,我会根据我的经验来描述作为教育者的叔本华,不过,我的经验,再加上我的不完善的描述,是不足以去勾画那个理想人的。因为这个理想人,即柏拉图意义上理念的叔本华,似乎在叔本华里面和周围左右着叔本华。但这种描述的最困难的方面始终是:如何从这个理想引出一系列新的义务,以及人们如何能够通过一般性的行动去迈向那个如此雄心勃勃的目标,简而言之,如何去证明那个理想对我们具有教育性,即叔本华式人能够教育我们。否则,我们也许会认为,这种令人欣喜的,甚至令人陶醉的观察,不过是向我们提供一个个片段,并马上把我们置于更加痛苦的境地,甚至使我们陷入到一种更加深刻的不满与懊恼之中。不可否认,这就是我们开始与这个理想交往的情形:感受到光明与黑暗、陶醉与恶心的迅即交替;而且,这种经验不断重复,就像理想人物本身那样古老。但我们不应该长久地停留在门槛之外,应当很快越过开端,升堂入室。而且,我们必须认真并坚定地问:有可能把那个高高在上的目标向我们拉近,从而使它在提升我们的同时

---

① 参见 35[14];34[25、14、21]。——编注

教育我们吗？这样，歌德那伟大的话①就不会在我们身上实现了："人生来处于一种受限制的境地；他能够理解简单的、切近的、确定的目标，并习惯于利用自己马上够得着的手段；但一旦他走出自己的界限，他就既不知道他想要什么，也不知道他应当做什么；他是因为目标众多而分心还是因为这些目标的高大和尊严而惊呆，其结果都没什么差别。如果他被促进去追求他通过一般性的自我活动不能达到的目标，那么，这永远是他的不幸。"

这种反对如果指向叔本华式的人物，那么似乎有一定的道理：他的尊严和高大只能够使我们惊呆，并由此把我们排除在任何的行动王国之外；系列的责任义务，甚至生命活力的流动，都会消失殆尽。某些人也许最终会习惯于怏怏愤懑，并按照双重标准去生活。这就是说，与自己相矛盾，并不知道如何行动，因此，日渐软弱和缺少创造力；另外有些人甚至会原则上放弃所有行动，并几乎对其他人的行动丧失了关注。因此，当困难实在太大，人们根本无法履行自己的任何责任义务之时，由此造成的危险总是异常巨大。天性稍强者会被摧毁，而天性较弱的数目更为众多的人，将陷入到一种懒惰的静观之中，并最终在懒惰中甚至丧失他们的静观能力。

针对这样一些异议，我愿意承认，关于这方面，我们的工作几乎刚刚开始呢，而且，从我自己的经验来看，我可以确定的一点是，从那个理想形象那里引入一系列加在我们身上的可履行的义务链条，这是可能的，而且，我们中的一些人已经感受到了这个链条的

---

① 歌德那伟大的话]《威廉·麦斯特的学习年代》，第5卷，一个美丽灵魂的坦白。——编注

分量。但是,在我能够负责任地把这个系列义务归纳为一种公式之前,我需要做些预先考察。

在任何时代,那些更为深刻的人们都会对动物抱有某种同情,因为它们饱受生命的煎熬,却没有力量把扎向自己的刺倒转过来,没有力量形而上学地理解自己的此在;的确,甚至在最深的底层,看到无意义的苦难也使人愤怒。这就是为什么在这世上不止一个地方产生了这样的猜想,即,在这些动物的躯体之中隐藏着有罪之人的灵魂。这就使得初看起来令人愤怒的无意义的受苦挣扎,从永恒正义的视角来看,是作为惩罚和赎罪,因此,就获得了某种合理性和意义。生活在动物这种状态之中,受制于饥饿和欲望,却不能对这种生活的本质有任何的洞见,这的确是一种残酷的惩罚;我们无法想象出还有什么比这更加残酷的命运:这些猎物遭受着苦痛的噬啮和驱使,在荒野中奔走和寻觅,却很少得到满足;而且,即使有所满足,因为与其他动物的相互厮杀,或因为贪吃的恶心、过饱,其满足还会转化为痛苦。对于生存盲目且疯狂的依恋,没有更高的目的,就是为了生存;不知道自己在遭惩罚,不知道自己为何招致这种惩罚,而且还带着可怕的欲望和愚蠢去渴求这一惩罚,就像是在渴求一种幸福似的。这就是成为动物的真正含意。如果整个自然是向着"人"而竞取,那么自然这样做就是让我们明白:为了自然能够从动物生存的诅咒中被救赎出来,那"人"是必需的;也只有最终到了"人"的层次,此在才可以把镜子放在自己面前,并在镜中窥见,生命不再显得没有意义,而是在其形而上学的意义上显现出来。可是,让我们思考一下:动物从哪里结束,人又从哪里开始?——我们所说的"人",是自然唯一的关切!只要人们渴求活着就像渴求幸福一样，那么他的眼光就还不曾超越动物的视野，因为人比动物更为清醒地追求的，不过是动物在盲目冲动驱使下所追求的东西。但我们所有人在我们大部分生命的时间里都是这样做的。通常，我们脱离不了动物性，我们本身就是在毫无意义地受苦的动物。

但会有某些瞬间，我们认清了这一点：遮蔽的云层被撕破了，我们看到了我们以及整个自然，都在向"人"竞取，就像向那高于我们之上的东西竞取一样。在那些突然的明亮瞬间，我们战栗地向前后左右观望：我们看到较为文雅的猎物在奔跑，而我们就在它们中间奔跑。人类在地球上那巨大的荒野上大规模地迁移和动荡，他们建起城市和国家，发起战争，永不停歇地聚拢或散开，令人不解地融合，互相模仿和学习，互相欺骗和践踏，在困境中哀嚎，在胜利后狂欢——所有这些都是动物性的延续。这情形就好像人是故意被拖着往后倒退，被骗走了形而上的天资；就好像自然在如此长时间地渴望"人"并为之努力之后，现在却在"人"的面前恐惧地后退，宁愿退回到本能的无意识状态。啊，自然需要认知，却又对需要的真正的认知感到恐惧。因此，那认知的火焰不安地跳动和闪烁，好像是自己在害怕自己，胡乱抓取许许多多的事物，但就是不会抓取那自然真正需要认知的东西。在某些瞬间，我们所有人都知道，我们在生命中进行了最广泛的布置和安排，只是为了从我们真正的任务逃离开来；我们多么希望随便找个地方把我们的脑袋埋藏起来，就好像为了让我们那长着百只眼睛的良心不会发现我们似的；我们多么急迫地把我们的良心交付给赚钱、社交，或者科学，纯粹只是为了不再拥有这颗良心；我们超越了实际谋生所需要的程度,更加狂热、更加不动脑筋地沉湎于日常工作,因为似乎不动脑筋、停止反思,是我们更为迫切的需要。我们到处都是匆匆忙忙和迫不及待,因为每个人都在逃离自己;我们到处也都是羞答答地掩饰这种匆忙和迫不及待,因为我们想显示出一副满足的样子,想去迷惑那目光锐利的旁观者,不想让他们发现自己的可怜处境;我们到处都需要那些新奇、悦耳的语词铃铛,以装点我们的生活,使我们的生命呈现出某种嘈杂的喜庆。但是,我们每个人都熟悉这样的奇特情形:令人不快的回忆突然降临到我们身上;我们以剧烈的手势和激烈的声音,尽力把这些硬闯进来的记忆从头脑中赶走。但恰恰是生命中的这些手势和声音表明,我们永远会发现我们处于害怕回忆和收心内视的状态。那么,如此频繁袭击我们的是什么呢?那不让我们安眠的又是什么样的轰鸣的蚊子?我们的周围存在着一些精灵,它们在生命中的每一时刻都想告诉我们些什么,但我们不想倾听这些精灵的声音。当我们单独和安静的时候,我们担心某些声音会悄悄地钻进我们的耳朵。因此,我们憎恨安静,用社交谈话来堵塞我们的耳朵。

380   正如我已经说过的那样,我们有些时刻都会认识到这一切,并且会对所有这些令人眩晕的恐惧和匆忙,从而也会对我们一生中那全然如梦的状态,感到相当惊奇。我们似乎对醒来怀有恐惧,而且,越是接近醒来时分,所做的梦就越加生动、越加令人不安。但同时我们感觉到,我们是太过脆弱了,从而无法长时间承受那至深的沉思时刻;我们也不是像整个自然为了自身的拯救而全力竞取的那种人。我们如果能有时尽力把我们的脑袋提升出水面,去看看我们如此深陷其中的河流,就已经了不起了。把脑袋提升出水面、达到瞬间的清醒,我们甚至借助我们自己的力量也无法做到这点。我们需要被举起。但是,能够举起我们的会是谁呢?

他们就是那些真正的人,不再是动物的人,是哲学家、艺术家和圣者;随着这些人的出现,借助这些人的出现,那从来不会跳跃的自然,做出了它唯一的跳跃,而且是一次欢快的跳跃,因为自然首次感觉它达到了它的目标。也就是说,到了这时候,自然认识到它必须学会不去拥有目标,认识到它在冒着极大的风险在玩这生活和生成的游戏,也玩的太久了。自然也因获得这一认识而变得美化了,那一丝温柔的黄昏倦意,亦即人们所称的"美景",在其脸上伸展。自然现在以这样美化了的表情所表达的,是对人生此在的伟大启蒙。凡人所能有的最大愿望,就是持续地、竖起耳朵去聆听这一启蒙。如果我们想想如叔本华在其一生历程中所必然听到了的一切,那么回想下自己,我们就很有可能会对自己说,"啊,你这失聪的耳朵,你这愚笨的脑袋,你那闪烁不定的理解力,你那枯萎的心!啊,我是多么鄙视所有这些能称得上是'我的'一切!没有能力飞翔,而只会扑打翅膀!能看到了你头顶之上的东西,但却无法攀登上去!知道了通往哲学家那无限广阔的视野的路径,并且几乎就要启程踏上这条路径,但才迈出了几步就踉跄着倒退回来!如果真有一天,这个最大愿望得以实现,那我们将会多么乐意用余生去交换!争取能像那曾经的思想家一样,登上阿尔卑斯山高峰,呼吸那冰清玉洁的纯净空气——在那里,再没有了烟雾和遮蔽,事物的根本属性,以质朴、坚定且无比清晰地表现和呈现出来!仅仅想一想这些,灵魂就会变得孤独、孤寂和无限;如果那愿望能够实现,如果那目光像一束光线一样,垂直、明亮地照射在下面的事物；如果羞耻、恐惧和欲望能够消失，那么，什么样的词语能够描述灵魂的状态啊，一种全新的、神秘的没有骚动和波澜的活力状态。这种灵魂状态就像叔本华曾经拥有的那样，去照射那些在的巨大象形文字，还有那已经石化了的生成①学说；不是作为夜的黑暗，而是作为拂晓泛红的光亮，洒向全部世界。而另一方面，在充分领会了哲学家那特有的确定和快乐以后，再去感觉那些非哲学家，那些欲求却又无望实现其欲求之人的所有不确定和不快乐，那我们会遭遇一种怎样的命运啊！知道自己就是树上的一颗果子，但却不能长大成熟，因为所处太过阴暗，同时却看到咫尺之外就有自己所缺乏的灿烂阳光！"

这种命运的折磨足以使那些欠缺天赋之人变得嫉妒和恶毒——如果他们还能嫉妒和恶毒的话。但也有可能，他们的灵魂最终会调转方向，不去在无望的追求耗尽自己。如果是这样的话，那他们将会发现一系列新的义务。

现在，我可以回答之前所提出的问题了，亦即是否有可能借助一般性的自我行动去追求叔本华式人物的伟大理想。首先，这一点是肯定的：这些新义务，并不是一个孤立个体的义务。相反，通过这些义务，个体被整合到一个强大的共同体之中。这一共同体并不是被外在的形式和规则粘合起来，而是以某一根本思想建立起来。这一根本思想就是关于文化的一个根本思想，它赋予我们每一个人的，就只是这样的一个任务：促进在我们自身之内与自身

---

① 生成]打印稿：死亡。——编注

之外生成哲学家、艺术家和圣者,并以此致力于帮助自然的完善。这是因为自然需要哲学家也需要艺术家来达到其形而上的目的;自然需要一个对自身的启蒙,这样,自然才会最终获得一幅纯粹和完备的自我图像。而在这之前,自然在其不断生成的喧闹中,是永远没有机会看清楚这幅图像的。简言之,自然需要哲学家、艺术家和圣人,就是为了其自我认识的目的。正是歌德曾以傲慢而深刻的言词表达出这样的意思:自然的所有努力和试验,只有在艺术家最终理解了自然结结巴巴想要说出的意涵,只有在艺术家走过去助自然一臂之力、帮它说出其所有那些努力和试验真正想要表达的意思之时,才是有价值的;"我已经说过很多次,"他有一次大声说道,"我要经常重复这个观点,即自然和人的活动的目的,就是戏剧诗歌艺术。因为不是这样的话,那些艺术就绝对是没有用处的。"[①]最后,自然也需要圣者。圣者的"自我"是完全消融了的,圣者受难的一生,不再或者几乎不再是作为他个体的苦痛加以承受,而是作为某种与所有生物共有、共享与一体的深切感受;在圣者的身上,出现了转化的奇迹,而这样的转化,自然那种不断生成的游戏是永远无法获取的。变化成为"人",是整个自然为了把自己从自己拯救出来所全力争取的最终和最高的目标。[②] 毫无疑问,我们所有人都与圣者相关和相连,正如我们与哲学家和艺术家相关

[①] "我……没有用处的。"]歌德致夏洛・冯・施泰因的信,1785 年 3 月 3 日。——编注

[②] 此处开始及以下,准备稿中在这些话之前有:为产生这种人而工作,我称之为为文化而工作的唯一事情。——编注

和相连一样。有些瞬间,仿佛是至为明亮的至爱之火溅出了火花;在那光亮中,我们不再理解个体性的"我",某种超越我们存在的东西在这些瞬间从那里转入到"我"这里。所以,我们从内心深处热切地渴望能有一道连接这里和那里的桥梁。当然,在我们通常的精神状态下,我们对拯救者的产生无能为力。因此,我们憎恨处于这种状态下的我们。这种憎恨就是那悲观主义的根源。叔本华再次对我们这个时代的教导,就是这种悲观主义,尽管这种恨意与对文化的渴望一样古老。当然,这种恨意是文化的根,而不是它的花朵;是它的底层,而不是它的顶部;那是道路的开始,而不是它的终点:因为在某个时候,我们必须学会憎恨某些别的东西,某些更普遍的东西,而不再是憎恨我们的个体性及其可怜的局限、可变和不安;在那被提升了的状态下,我们也会爱上某些我们现在不能去爱的别的东西。只有当我们在现在或未来被纳入到最崇高的哲学家、艺术家和圣者的秩序之中时,我们才会为我们的爱和我们的恨确立新的目标①。在此期间,我们有我们的工作、我们的特定义务、我们的恨和我们的爱。因为我们知道文化到底是什么。具体到叔本华式的人物,文化要求我们为促进叔本华式人物的不断产生而持续努力,发现敌视其产生和发展的障碍,并清除这些障碍。简言之,我们要进行不倦的持续斗争,去消除所有妨碍我们自己成为叔本华式人物的一切;成为叔本华式人物是我们实存的最高使命。

---

① 新的目标]准备稿中还有:而悲观主义将经历一种复活。——编注

六[①]

有时候，认可一件事情要比理解一件事情更加困难。这正是大多数人反思这样的主张时会产生的经验："人类就是要持续不断地努力，以产生伟大的个体。这，只有这，才是人类的任务。"如果人类能把通过考察动、植物世界所获得的知识——自然唯一的关注就是产生更高级的种类范例，更不同寻常、更强有力的、更复杂、更能结出果实的范例——应用到社会及其目的之中，那该是多么令人愉快啊！如果那灌输给人们头脑的关于社会目的的错误见解，不会产生顽固抵制的话，那该会多么令人兴奋啊！实际上，这一认识很容易理解：在某一物种的进化目标达致其界限时，就开始向更高一级的物种过渡；其进化的目标，并不在于物种的绝大多数及其福利，也不在于那在时间上最新出现的物种。相反，其目标恰恰在于那些在这里或那里的有利条件之下，似乎是分散和偶然出现的范例。同样，这个要求也很容易理解，即人类能够意识并认识到自己的目标，因此，人类应该去寻找和创造有利和合适的条件，以使那些伟大的拯救者得以出现和生存。但当今时代所有的一切，都在对抗这一要求。有些人认为，人类的最终目标在于所有人或说大多数人的幸福；另一些认为，人类的最终目标在于伟大共同体的发展。这样，人们会迅即下定决心去为了某一国家而奉献自己的一生；但同样是这些人，如果为之牺牲的不是一个国家，而是某

---

① 参见 35[12]；29[13]；34[22、24、29、37]。——编注

一个体的话,那他们就会迟疑不定,犹豫不决。一个人应该为了另一个人而存在,这显得有些荒谬;"不,我们应该是为了所有人,或者至少是为了尽可能多的人而存在!"但是,我的令人尊敬的好人啊,在涉及价值和意义方面,以人数来决定会更少荒谬吗!这里的问题是:你那个体的生命如何才可获得最高的价值、最深的意义?如何才可以不会被浪费掉?确定的方式只能是,为了那最稀有的、最有价值的范例的利益,而不是为了大多数的利益,因为就个体而论,那大多数是最没价值的。因此,应该从小在年轻人的头脑中培植和培养这种观点和态度,从而使得他们把自己视为自然的失败的作品,但同时却又见证了作为艺术家的自然的最伟大和最美妙的目标:"就我来说,自然是做的很不成功,"人们应该对自己说,"但我会对自然伟大的目标致敬,为其服务,这样,它未来会更加成功。"

如果有人有了上述的认识和决心,那么,他就把自己置于了文化的圈子之中,因为文化就是每个人的自我认识和对自己的不满以后的产物。每一个信奉文化之人实际上都会说,"我看见了在我之上,有着某些比我更高级、更具人性的东西;你们所有人,请帮助我达致这些吧,就像我也会帮助每一个有着与我这同样的认识和同样的痛苦的人;这样一来,一个在知识和爱、视野和能力方面都感受到自身的圆满和无限的人,最终就会诞生;这样一个完美之人,与自然密切关联,浑然合一,是所有事物的判断者和评判者。"要把一个人置于这样一种无所畏惧的自我认识状态之中是很困难的;这是因为爱是不可能被教授的;这是因为唯独只有在爱之中,灵魂才会不仅获得对自己的清晰的、解剖性的和鄙视的眼光,而且还会产生把目光超越自身的渴望,并全力寻觅那隐藏在某处的更高的自我。因此,只有那些心系某一伟大人物的人,才由此初次领受文化的庄严圣礼;领受文化圣礼的特征是,对自己感到羞愧但并不愤怒;憎恨自己的狭隘和干瘪;深切同情从我们的迟钝、冷漠和干裂中一次又一次把自己提升出来的天才人物;怀着同样的情感期待那些正在斗争和形成中的人物,并深刻而坚定地相信,几乎在任何地方,自然在其需要和方式上都在全力争取成为"人";自然多么痛苦地感到它的作品再次失败了;但自然仍然成功产生了最为奇妙的附肢、线条和形状,而所生活在其中的我们,就像雕刻时留在场地的很多珍贵碎片。这些碎片到处在向我们呼喊:来啊! 帮助我们! 把本属一体的东西拼凑起来! 我们无限渴望能够成为一个完整体!

我把这些内心状态称之为对文化的初次领受;但现在,我要描述对文化第二次领受的结果。我清楚地知道我的任务将更加困难。这是因为现在,我要从描述内在状态转到对外在发生情形的评判;我们的眼光也将转向外面,以在纷繁的行动世界里重新发现那种对文化的渴望——我们可以根据前面描述的内在经验来识别这一渴望;我们个体不得不把自己的奋斗和追求作为手段,就像作为字母那样,去阅读和理解人类的总体渴望。但我们却不应就此停步不前。我们必须从这个台阶去攀登下一个更高的台阶。文化所要求我们的,不仅是前述的内在体验,不仅是对我们周围外在世界的评判,而且最终并首要的是,要求我们做出行动,也就是或,为了文化而斗争,对抗那些妨碍以及不认可"产生天才"[①]这个目标

---

① "产生天才"]准备稿中有:促进天才的生产。如果叔本华的精神及其教诲———。——编注

的种种风气、习惯、法令和机构。

那些有能力把自己提升到第二层次之人,首先会发觉人们对文化目标的认识是多么的稀有和不足,相反却对文化的追求又是多么的普遍,对文化事业而付出的精力又是多么的巨大。我们会惊讶地自问:"对文化目标的认识,或许根本就不必要?就算大多数人错误地设定了他们自己的努力目标,自然也仍然可以达到自己的目的?"那些习惯赞赏自然无意识的目的之人,或许毫不费力地回答,"是,的确如此!让人们对他们所希望的最终目标爱怎么想就怎么想,爱怎么说就怎么说去吧;在其晦暗不明的本能作用下,他们仍然会明白哪一条才是正确的路径。"①要反驳这个观点,我们必须曾有所经历。但是,谁要是真正相信文化的目标就是要帮助产生出真正的"人",谁要是认识到,甚至在当今时代,在所有的文化消费和浮华中,真正的"人"的生成与那延续到人类世界的动物争斗和痛苦并没有多大的区别,那么,他就会认为很有必要以有意识的意志,最终去替代那"晦暗不明的本能"。而且,这里还有另一具体理由,也就是,那并不清楚其目标的本能,那著名的晦暗不明的本能,就不再可能被运用于完全不同的目的,也不会被引往绝无可能实现"产生天才"这个最高目标的歧路。这是因为还有一种被滥用和服务于其他目的的文化②。只需环顾一下四周,我们就会明白这一点!恰恰是当今时代那些最积极于促进文化的力量,携带着其他的企图;他们并非纯粹和无私地与文化打交道。

---

① "是……路径。"]参见歌德《浮士德》,第1部,第328—329页:"一个好人,在其模糊的驱力中,清楚地意识到了正确的道路。"——编注

② 文化]准备稿:文化,[完全不是为了最高目的]。——编注

这些促进文化的力量中,首先是那些赚钱者的自私和贪欲。这些人需要文化帮助他们赚钱,同时作为回报,他们满怀感激地帮助文化。当然,他们同时也给文化指定目标和标准。从他们的角度来看,他们偏爱的主张和结论大致是这样的:"要有尽可能多的知识和教育,因此,要尽可能多的需求,因此,要有尽可能多的产出,因此,要有尽可能多的收益和幸福。"这就是其诱人的公式。这样的教育被其追随者定义为获取一种认识,并借以使受教育者在需求及其满足方面完全与时代相符,同时能够掌控所有赚钱之道,以最可能轻松地去赚取钱财。这种教育的目标就是培养尽量多的"通"才。这里"通"的含意类似货币作为"通货"的"通"的含义。按照这种观点,一个民族拥有越多这样的"通"才,那这一民族就越幸福。因此,这就是为什么现代教育机构的目的,应该是帮助每一个人竭尽其自身所能地成为"通"人,好让他们根据其所拥有知识和教育的程度,获得尽可能多的收入和快乐。因此,个体会被要求必须能够按照所接受这样的一般教育来对自己进行精确估价,以便知道他可以对生活提出什么样的要求;最后,按照这种理解,"智力与财产""财富与文化"被认为有着一种天然的和必然的联系,而且,这种联系存在着一种道德上的必然性。任何让人孤独、孤寂、让人拥有超越金钱和报酬之上的目标、费时很长的教育,在此都是遭人鄙视的。这种更加严肃的教育,却常常被贬为"精致的利己主义""不道德的文化伊壁鸠鲁主义"。当然,根据这里主导的现行道德,恰恰与这些严肃教育相反,一种能帮助人尽快成为一个挣钱人,同时要使他足以能够挣很多钱的快速教育,才是受欢迎的,才是令人尊重的。个体被允许只接受对他挣钱谋生以及商业社会交往所需要的恰好足够的文化数量,但这些文化数量也是对他的要求。简言之,"人们对尘世的幸福,有着必然的期望和要求,因此,这就是他需要教育的理由,但也是唯一的理由。"

其次是国家的私欲。同样,国家也追求尽可能地扩展和普及文化和教育,而且,国家拥有达成其愿的最有效手段。如果国家自信其自身足够强大,不仅可以放松控制,并能在恰当的时候施加控制,如果国家基础牢固且广大,能够承载起完全的教育大厦,那么,在公民中扩展教育,就只会让这国家在与其他国家的竞争中获得益处。不论在哪里,现在一旦说起"文化国家",这意味着国家要面对这样的任务:广泛地解放一代人的精神力量,使之服务于和有用于现行的体制,不过,解放的程度也就以此为限。这就好比一条森林河流,经由水堤和水闸分流以后,减弱了力度的水流可以用来推动磨坊的轮子,而河流最初的全部力量,则会给磨坊带来更多危险而不是用处。因此,这一精神力量的解放,同时也是,或,更多的则是,给精神力量"带上镣铐"。只需回忆一下在国家的自私利益①驱使下,基督教逐渐变成了何种样子,我们就能理解国家实行的精神解放的含义。基督教当然体现了一种对文化,特别是对不断产生圣者的纯粹渴望。但基督教由于被无数次利用去推动国家权力的磨坊,虚伪与虚假不断侵入,渐已病入膏肓,甚至已堕落至背叛其原初的目的了。甚至最近发生的事情,也就是,德国宗教改革,也不过是基督教的回光返照而已——如果它不是从民族国家间的斗争和战火中窃取了新的力量和火焰的话。

① 自私利益]打印稿:拳头。——编注

第三，所有那些认识到自己有着丑陋或者无聊的内涵，并想通过所谓的"漂亮形式"来进行伪装的人，他们也要求和支持文化。他们希望通过外在的东西如言辞、手势、装饰、做派、仪式和礼貌，来让观察者对自己的内涵得出错误的结论，因为他们知道，人们通常都是根据外表来评判内涵。有时我觉得，现代人相互间感到无比的沉闷和无聊，因此，他们也就被迫需要借助各种花样和手段，使自己变得有趣一点。因此，他们让他们的艺术家们装扮成一道道辛辣刺激的菜肴，然后端到桌上来；他们身上也浇满了所有东方和西方的调料，必定会这样！现在，他们肯定会散发出东西方的有趣气味。他们准备满足每一种口味；每个人都必须得到服务，不管他喜好是芳香佳肴还是恶臭滋味，是崇高庄严还是土气粗野；是希腊菜肴还是中国烹饪；是悲剧还是低俗的垃圾剧。众所周知，在现代人当中，最负盛名的大厨，那些不惜代价要变得有趣、要吸引人、同时也让人吸引自己的是法国人，而在这方面做得最差的则是德国人。这一事实对于我们德国人而不是对法国人来说，从根本上更是一个安慰。而如果法国人嘲笑我们缺乏趣味和优雅，或，如果某些德国人欲求趣味和优雅时会让法国人想起那些想在鼻子上穿个环然后又嚷着要文身的印度人，那我们可不要因此怨恨这些法国人。

这里，我不得不离题做些陈述。自从上次与法国的战争以来，德国有了很多的变化和改变；明显的是，在德国文化方面，人们认识到了一些新的希望。对于很多德国人来说，这次的普法战争是到更加优雅的另一半世界的首次旅行。当胜利者不耻于向被战胜者学习点文化，那战胜者心胸是多么广阔而不带偏见啊！特别是德国手工匠人不断地被鼓励去与那更有修养的邻国做竞争;德国房子也按照类似法国房子来加以装修和装饰;甚至德国的语言,也经由依照法国模式而建立的学院而获得了"健康的趣味",去除掉了据称是歌德对德语的可疑影响——柏林的院士杜布瓦·雷蒙最近这么认为①。我们的戏剧也已经长时间以来默默地和令人尊敬地争取着同样的目标;甚至优雅的德国学者也已经发明出来了。照此下去,我们现在可以期待,至今为止还并不曾打算去迎合那优雅法则的所有一切,如德国音乐、悲剧、哲学,等等,从现在开始会被视为非德意志特性的②而不得不沦为边缘状态③。但如果德国把它仍然所缺乏的文化以及仍然渴求获得的文化,只理解为装扮和美化生活之用的艺术和工巧,理解为包括舞蹈高手、装潢能人的技艺和精巧;甚至在语言方面,人们也只是关乎那些被学术批准的规则以及某种表达上的普遍优雅——如果是这样的话,那我们就的确不值得为德意志文化尽哪怕是举手之劳了。经过上一次的战争以及与法国人的个人比较,德国人似乎还没唤起对文化的更高期待。相反,我经常怀疑,德国人现在是否急于摆脱掉其奇妙禀赋、对严肃和深刻的独特天性所加于他们的古老义务。现在的德国人更宁愿做滑稽小丑或猩猩猴子;他们更愿去学那些好让生活变得有趣的艺术和礼仪。但是,把德意志精神当作是可以任意塑

---

① 甚至……这么认为]参见瓦格纳《日记》第 1 卷,慕尼黑,1976 年,第 843 页,1874 年 8 月 6 日:"尼采教授讲道,杜布瓦莱蒙德先生在柏林提出建立科学院的建议,其中,相对于莱辛,歌德被说成是败坏德国语言的!"——编注

② 从现在开始会被视为非德意志特性的]准备稿:逐渐作为"非德意志的"或者人们更常说的"敌对国家的"。——编注

③ 边缘状态]准备稿中还有:遵从国家就是优雅——愿上帝赐福两者。——编注

造的蜡块那样来对待,从而能够把它捏造为"优雅"的形状,在我看来,对德意志精神的侮辱莫此为甚。如果很不幸真的有相当一部分的德国人愿意按照这种方式被塑造和打造,那我们应该不停地告诉他们,直至他们倾听我们的言说:德意志精神已不在你们那儿栖居了。它坚硬、粗糙、坚固、不易形塑但却是至为宝贵的材料,也只有最伟大的雕塑家才被允许对它加工,因为唯独这些伟大雕塑家才配得上这样的材料。相反,你们是软绵绵、黏糊糊的材料,可以由此做出任意的样子,可以创造出优雅的木偶和有趣的偶像。对此,理查德·瓦格纳的话①仍然是对的,"德国人想要显示出文雅和风度时,会是笨拙和僵硬的;但一旦德国人燃烧起来,那他们就是高贵的和优越的。"对这种德国火焰,优雅之士有着种种理由要倍加小心,否则,万一有朝一日,这大火会将他们吞噬,连同那些蜡做的木偶和偶像亦将遭受毁灭。当然,关于目前在德国流行的对"漂亮形式"的喜好,我们或许可以找出其他更深的根源:德国人现在的那种匆匆忙忙,那种永不停歇地抓取眼前瞬间,那种迫不及待要从树上摘取所有仍是青涩的果实,那种在其脸上留下刻印、在其所有行动留下相同印记的奔跑和追猎。他们沦为了瞬间(Moment)、舆论(Meinung)和时尚(Mode)这三个 M 的备受折磨的奴隶,就像吃了兴奋剂,再也难以平静呼吸,到处焦躁、有失体面地狂奔。这种有失尊严和有失镇定会令人痛苦地展现出来,因此,现在需要某种虚假的优雅去遮掩那毫无尊严的匆匆忙忙的病态。这种

---

① 理查德·瓦格纳的话]见《论指挥》,载于《著作与文学创作全集》,莱比锡,1871—1873 年,第 8 卷,第 387 页。——编注

对漂亮形式的时髦欲望是与当今人们那丑陋的内涵密切相关:漂亮形式是为了遮掩,丑陋内涵则需要被遮掩。因此,在今天,文化教养就意味着不让其他人注意现在的德国人是多么的卑劣可怜,在欲求上是多么的掠夺成性,在占有上是多么的永无餍足,在享用上是多么的自私无耻。当我向人们指出我们缺乏一种德意志文化时,我经常会得到这样的回应:"但这样的文化缺乏是很自然的,因为德国人至今为止是太贫穷、太简朴了。只要让我们的同胞富裕起来,有了自我意识,那我们也会拥有文化的。"尽管信念总是被认为会带来幸福,但这样的信念却无法让我幸福起来,因为我感觉到,人们这里所有相信的未来的德意志文化,也就是财富的、文雅的以及伪饰的文化,恰恰是我所相信的德意志文化的最大敌人。①确实,谁要是不得不生活在德国人当中,那他会因为德国人的这些表现而深感受罪:他们的生活和心灵声名狼藉,单调灰暗,愚笨、迟钝和缺乏形式,在细腻、敏感交往中所表现出来的粗鲁和生硬,特别是,德国人性格中的嫉妒以及某些遮遮掩掩、并不纯粹的成分。他会对德国人骨子里喜好虚假、不真、恶俗模仿以及败坏从异邦引进的好东西,深感痛心和屈辱。如果再加上那些最令人厌烦的东

---

① 当然,关于……最大的敌人。]较早的准备稿:那些呼吁优雅的人确实值得我们生气;因为他们对德国人心中一直以来的高贵的深刻的忧虑做出了一种即兴的、无耻的回答。这听起来好像人们对他喊:学跳舞吧——而他却被激起浮士德的那种渴望[第1部,第1064—1099行],即沐浴在微红的晚霞中。荷尔德林曾表达过[《德国人之歌》]德国人的态度,"你还是犹豫无言,想一件将会为你带来确证的欢乐的事吧,想一个像你自己一样独特的新创作吧,就像你一样从爱中产生,像你一样善良。"由于心中的这种意识,他肯定会对当代感到恶心;作为德国人,他几乎无法忍受生活在德国人中间。——编注

西，如那种发烧般的烦躁不安、对成功和利润的狂热追求以及对瞬间此刻的过分看重，那么，所有这些怎能不令人沉痛不已呢。所有这些病态和弱点，单靠那种"具有有趣形式的文化"，是永远无法得到根治的，而只会得到掩饰和掩盖！而所有这些竟然发生在产生叔本华和瓦格纳，并且未来还会产生出更多这样人物的民族！或者，我们是在无望地自我欺骗？这里所列举的叔本华和瓦格纳，或许并不足以保证像他们的那些力量①仍然存在于德意志精神和心灵之中？或，他们只是个例外，只是以前被认定的德意志特性的回光返照？对此，我承认我也无法确知。那么，让我们还是回到我一般性考察的轨道上来吧。那些让我忧心忡忡的问题太过频繁地使我的讨论偏离了轨道。所有那些要求文化但却并不能认清"产生天才"这个文化目标的力量，我还没完全列出来。我已探讨了三种：赚钱人的自私、国家的自私以及所有那些有理由去伪饰伪装并试图隐藏在形式后面的人的自私。第四种力量，我认为，就是科学和知识的自私，以及科学和知识的仆人亦即学者的特殊本性。

科学与智慧的关系，犹如德性与圣者的关系。科学是冰冷和枯燥的，没有爱，对不足和渴望也没有深刻感受。科学对自己是有用的，但对其仆人却是有害的，因为它会把自己的特性加到其仆人的身上，并由此僵化了他们的人性。只要文化是被理解为本质上不过就是促进科学，那么文化就会无情、冷漠地忽视人类的巨大苦痛，因为科学眼光所到之处，只看到知识方面的问题，因为在科学

---

① 或者……力量]打印稿：由于这句话，我被唤回到我现在要一直跑到终点的轨道上来。——编注

的世界里,痛苦就是某种不相关和不可理解的东西,至多,它不过是另一个问题而已。

但是,如果一个人习惯于把他的每一经验都转化为一种问答的辩证游戏,转化为一种纯粹的大脑中的事情,那么,让人惊讶的是,他会在这样的活动中瞬间变得枯萎,被缩减为一副走起路来嘎吱作响的骨架子。每个人都知道和洞察这点。尽管如此,看到这样只剩一副骨架子的人,我们的年轻人却居然没有恐惧地离开,相反却是径自盲目地、不加选择、不顾一切地献身于科学的追求。那么,为什么会是这样呢?这不可能源于所谓"追求真理的本能",因为怎么可能会存在追求那冰冷、纯粹、没有结果的知识的本能呢!到底是什么在驱使他们去为科学和知识服务,只有不带偏见的人,才能一目了然;这里非常值得对那些学者进行一次分析和解剖。这些学者自己已经习惯于放肆地触碰和分解这世上的一切,而不管它们是多么神圣和令人尊崇。如果我可以直抒胸臆的话,那我不得不这样说:学者追求科学的动机和刺激诱因纷乱如麻,差异巨大,他们根本就不是一块纯净、无杂质的金属。第一,是强烈和不断加强的好奇心;寻求智力冒险的狂热;新的稀有之物而不是旧的乏味之物,对他们的持续的刺激和吸引;还有就是某种程度上对辩证考察的游戏趣味;对在思维领域中寻求狡猾狐狸行踪的捕猎快感。因此,这些人所追求的实际上并不是真理,而是追求行为本身;其主要乐趣就在于捕猎过程中巧妙的隐蔽、包抄以及刺杀猎物的技巧。第二,是唱反调的动机,寻求在与所有其他人的对抗中感觉自己,并让自己被感觉到。斗争变成了一种快感,寻求个人的胜利就是所追求的目标。而为真理而战则不过是借口而已。第三,学者们会在很大程度上去发现某些特定的"真理",是因为他们屈从于某些统治人物、阶层、舆论、教会或政府,因为他们觉得把"真理"带到他们那一边,他们会从中获益。下面这些素质和特性,尽管不太普遍,但也经常见于学者们身上。1.诚实和追求简单。这些品质本来是值得高度赞许,如果这种诚实和简单不是表现在伪装方面的不灵活和没经验的话,因为要善于伪装,那毕竟也需要一些聪明机智。事实上,无论在哪里,如果一个人的机智和灵活表现得太过显眼,那么人们就会被建议要对他防备着点,并对其性格是否正直保有怀疑。另一方面,其诚实的品质也大都没有什么价值,对于科学而言,也没有什么建设性,因为这种诚实之人只习惯于在简单事情或者无伤大雅之事说出实情。这是因为在这类事情上说出实情要比保持沉默,更合乎其懒惰的特性。而且,因为所有新的东西都要求某种程度的重新学习,因此,这种诚实之人在需要时会对旧的观念表示尊崇,并会责备宣扬新东西的人对什么是正确的缺乏感觉。毫无疑问,这种诚实之人会反对哥白尼的学说,因为他们知道常识和习惯在他们这一边。在学者之中,憎恨哲学的并不少见,但他们最憎恨的,实际上是那长串的推理和巧妙的论证。的确,每一代的学者对那些可以被允许的探讨和认识,基本上都会有一种直觉的标准和限制;一旦越出这个限制,都会受到怀疑,甚至会被质疑人格是否诚实。2.明察近在眼前的事物,却对遥远和普遍的事物高度短视。学者的视野范围通常都相当狭小,眼睛必须密切盯住所视之物。如果这种学者从一观察点转到另一观察点,那他们就必须把全套观察器械搬到另一观察点才行。他们把一幅图画分解成一块块的颜料斑迹,就像人们用观剧望远镜观看舞台演出,一会儿看见一个脑袋,一会儿看见衣角,但就是无法看到整体。他们从来不把那些图画的斑迹联系起来观看,却只能去推断那些斑迹之间的关系。因此,这就是他们为什么对所有普遍性的东西都缺乏强烈的印象。例如,由于缺乏整体的视野,他们就根据文中的一些段落或句子或者错处来评判一篇文本。他们被诱惑去宣称,一幅油画也不过是一堆杂乱的污迹而已。3.在好、恶方面所表现出来的冷静和平庸。这个特性尤其有利于他们对历史的研究,因为这使他们有可能根据他们自己所熟悉的动机,去追踪历史人物的行为动机。鼹鼠只有在鼹鼠洞里才会感觉最惬意。学者们躲在自己的洞里,远离一切别出心裁的过度的假设;如果他们持续下去,那他们会挖掘过去所有那些平庸动机,因为他们相信他们与这些东西心有灵犀。当然了,也正因为这样,他们通常无法理解和赏识那稀有的、伟大的和不同寻常的东西,亦即重要的、根本性的东西。4.情感的贫乏和干枯。这个特性让学者们甚至做起了解剖。他们感知不到与特定知识密切相关的苦痛,因此也并不害怕进入别人会感到战栗的领域。他们是冷漠的,并因此会显得有点残酷。他们也被人视为胆大,但实际上,他们的胆子并不比那不知眩晕为何物的骡子更大。5.低自尊,甚至谦虚。甚至困于可怜的一隅时,他们也不会有被牺牲或白费气力的感觉;他们似乎经常在内心最深处知道,他们是不能飞翔而只能爬行的小动物。他们这样的特性甚至让人心生恻隐。6.对他们的老师、导师和领袖忠心耿耿。他们是从心底里想帮助自己的导师,他们也知道得很清楚,用真理来帮助他们是最好的。这是因为他们对自己的导师充满着感激之情,他们知道,唯有依靠这些导师,他们才得以进入了科学的威严殿堂，而仅凭他们自己是永远无望踏进此门。任何能够开辟一个领域的教师，都会迅即成为名人，哪怕在此领域中，甚至那些头脑欠佳的人也能凭借苦干取得某些成绩；人们马上蜂拥而入这个新领域，追随那个作为开辟者的导师。当然，对于导师来说，这些忠心和感激的追随者，同时也是一个不幸，因为所有这些人都在模仿他，结果，导师的缺陷由于体现在这些小人物的身上，就会被不成比例地放大；相反，导师的优点如果也体现在这些小人物的身上的话，则会被相应地缩小。7. 因循勤勉地行走在那条被追踏上的学者之路上。学者们对真理的感觉，源自其缺乏思想以及对习惯的遵循。他们是收集者、解释者、目录和标本的编制者；他们在某个单一的领域中反复耕作，就是因为他们从未想到过还有其他的学术领域。他们的勤勉带有那种巨大的愚钝和重力，这也是为什么他们经常也能取得一些业绩。8. 逃避无聊。真正的思想家最渴望闲暇，而平庸的学者则逃避闲暇，因为他们不知道用闲暇来干什么。他们想在书本里去寻找安慰，也就是说，他们想去看看别人是怎么想的，并用这种方式来消磨长日。他们尤其喜欢挑选一些能在某种程度上激发他们兴趣和同情的书籍。这些书籍会唤起他们的好恶，让他们体会某些感情。换句话说，他们所挑选的书里与他们本人或他们的阶层、他们的政治、美学或者甚至他们的语法信条密切相关。只要他们还有自己的学科和领域，那他们就不会缺乏娱乐的手段和对抗无聊的有效的苍蝇拍子。9. 挣面包的动机，也就是说，其根本是那闻名的"饥肠辘辘"。学者们愿意为真理效劳，如果这能够直接提高收入和职位，或者至少能够赢取掌控面包和荣誉的人的青睐。但他们也只为这样的真理效劳。这就是为什么在多数人为之效劳的有利可图的真理,与只有极少数人为之效劳的无利可图的真理之间可以划出界线。在极少数人那儿,"饥饿激发天才"的原则并不适用。10.对同行毕恭毕敬、害怕同行的蔑视。与之前的动机相比,这个动机在学者之中要少些,但高级一些,不过,也比较常见。行业的所有成员怀着嫉妒之心互相监察,以确保真理准确地以其发现者而命名,因为面包、职位和荣誉与真理太过相关了。每个学者给予真理发现者以应有的尊重,目的就是有朝一日自己发现真理时,索回同类尊重。不真、谬误的东西被响亮引爆,以减少竞争者的数目,但真正的真理也不时被引爆,从而起码在短时间内,可以给那些无耻、顽固的谬误腾出位置,因为到处都不缺乏"道德愚蠢"——人们也称之为"恶作剧"。11.出于虚荣去做学者。不过,这一类学者更加稀有。如果可能的话,这类学者想独占某一学术领域。因此,他们会选择一些稀奇古怪的研究领域,尤其是那些需要不菲开支,需要旅行、挖掘并在不同的国家建立无数联系的研究领域。被人当作稀奇怪物地注视,他们通常会觉得骄傲荣幸。他们不会梦想以自己的学术研究赚取面包。12.出于游戏去做学者。他们的乐趣就来自于在科学中寻找并解开一些难解之结。不过,他们也不会用力太过,以防失去了游戏的乐趣。所以,他们对自己的领域不会钻得太深,但却能经常察觉到那些挣面包学者睁大眼睛、勤苦搜索也无法发现的东西。

最后,我把追求正义作为学者的第13条动机。也许会有人反驳说,这一高贵的而且必须要在形而上层面上才能理解的动机,太难与其他动机区别开来了;对于凡人的眼睛,这一动机根本上是不可理解、不可确定的。正因为如此,所以我特意在这个动机上还要增加一个虔诚的愿望:但愿这一动机在学者当中比看上去的更加普遍和更有效。这是因为正义之火哪怕一点点火星,一旦投进了学者的灵魂里面,就足以点燃和纯净他们的生命和奋斗,这样,他们再也不得安宁,并永远被逐离了那种不冷不热或冷漠的心境,而那些平庸、一般的学者就是带着这样的心境去做他们每天的工作。

现在,我们试想一下,把以上所有成分或大部分或甚至少许一部分用力搅拌混合,那我们就合成了为真理服务之人。这里令人奇怪的是,为了服务于一种从根本上是非人性的事业,为了那些纯粹的、无足轻重的、因此毫无激情的认识,一群微小的、相当人性的动机却混合起来形成了一种化学混合物;同样令人惊奇的是,这种混合起来的结果,也就是学者,在那超凡、高尚和完全纯粹的事业的光线下,被神化和美化了,以致人们完全忘记了这些人最初其实是由些什么材料混合而成的。

但总有些时刻,特别是我们提出学者之于文化的意义这个问题的时候,我们都被迫去思考和想起这一点。任何懂得如何观察之人都会发现,学者在其本质上是没有独创性的,这是由生产他们的过程所决定的!同时,学者对有独创性的人怀有某种天然的恨意。这也解释了为什么天才与学者在任何时代总是相互不和。学者想要杀死自然,要拆解和弄明白自然;天才则以新的、活生生的自然去扩展和提升自然。因此,学者和天才无论是在信念上还是在做事上,都是对立和冲突的。在完全幸运的时代,人们不需要学者,也不认识他们;在完全是病态和阴郁的时代,人们就会把学者看作是最高、最值得尊敬的人,并赋予他们最高的等级。

现在,从健康还是病态角度看来①,我们时代的情况是怎样的,哪有医生能够做出充分诊断!可以确定的是,甚至在今天,学者在太多的方面获得了太高的评价,因此,产生了有害的效果,尤其对天才的出现构成了危害。学者并不具有心肝去理解天才的困顿。他们用冷漠和挖苦的声调谈论天才,耸耸肩轻易地打发掉这一话题,就好像天才是某种怪诞、有悖常情的东西。学者对此既没有时间也没有兴趣。因此,在学者身上,难以找到对于文化的目的的认识。

但是,从所有这些思考和考察,我们会获得些什么呢?现在,人们似乎到处都在尽全力促进文化的发展,但对文化的目的仍然晦暗不明。不管国家如何大声宣传它对发展文化所做的贡献,但国家促进文化的目的,不过就是为了国家自己;国家也无法理解任何高于国家利益和存在的目标。当那些对教学和教育不断提出要求和需求的生意人,他们想要的归根到底就是赚钱。当那些声称他们需要形式的人认为自己的工作就是为了文化,例如,误以为所有的艺术都属于他们,必须为他们的需要服务时,这不过是在清楚显示,他们肯定文化的时候,其实只是在肯定他们自己;他们也没有摆脱对文化的误解。至于学者之于文化,我们已经说得够多的了。因此,尽管国家、生意人、形式需求者以及学者这四种力量都热切地考虑如何利用文化为自己服务,不过,一旦他们的利益没有涉及其中,那他们马上就会变得没精打采、头脑空空。这就是为什

---

① 现在……看来]准备稿:在我看来,现在,当学者的月亮看起来处于下弦的时候。——编注

么在新时代产生天才的条件并未得到改善;对于具有原创性和独创性的厌恶已经到了那样一种地步,以至苏格拉底在我们当中是不可能存活的,而且,无论如何也活不到 70 岁。

在这里,让我回想一下我在第三节所阐明的主题:我们整个当代世界绝不像它看上去那样的稳固和永恒,因此,我们不可以预言它的文化概念能够持续永远。在下个千年里,甚至很可能会产生一些新的、能让我们今天这些人头发直竖起来的想法。对文化的形而上的意义的信念,最终也不会那么吓人了;不过,从这个信念引申出来的关于教育和我们学校教育的一些结论,或许听起来仍然吓人。

为了能够把目光越过目前的教育机构,去看那未来两三代人会认为是必要的全新的、别样的教育制度和机构,那肯定是需要完全非传统的反思方式。既然今天的高等教育者致力于生产学者、政府官员、生意人、文化庸人,或者,通常主要是生产四者的混合物,那么,未来将要被设计出来的教育机构,显然会面临一种更加困难的任务。但这个新任务本身并非更加困难,因为无论如何这都是更自然,从而在这个意义上也是更轻易的工作。例如,还有什么比像现在这样违反自然地把年轻人训练为学者更为困难的呢?新任务的困难在于要让人们重新学习,并为自己确定新的目标。用一套新的基本原则来替换我们现在教育机构背后的基本原则,是需要做出无尽的努力的。目前教育机构的基本原则根源于中世纪,并把培养中世纪式的学者视为完美教育的目的。现在是时候认真检视这两种对立的根本原则了,因为一代人必须开始战斗,后一代人才可能会收获胜利。甚至现在,明白了文化的新的根本原则之人,已经站在了十字路口。如果他选择走上第一条道路,他会受到他的时代欢迎,会获得奖赏和花环;强有力的同类会支持他,前后站着众多志趣相投之人。前排的人喊出战斗口号,整个队列都会齐声应和。走上这条道路,其首要的义务就是"协调一致地战斗",第二个义务则是把所有那些不愿意加入自己队列的人都视为敌人。而如果他选择走上第二条道路,那么他的同路人会极为少数,道路也更加难走、更加曲折、更加陡峭。那些走上第一条路的人会取笑他,因为他在那里步履更为艰辛,也更多危险,同时,走在第一条路上的人会引诱他改弦易辙,加入他们的阵营。如果两条道路偶然相交,那么,第一条道路上的人会对走在第二条路上的人敬而远之、避之不及,并加以恶待、排挤或孤立。那么,对于走上这两条不同道路的不同类型的人而言,文化机构意味着什么呢?对于在第一条路上蜂拥奔向他们的目标的巨大人群来说,文化机构就是一些可以帮助他们进入阵营并向他们的目标挺进的设施和法律,而这种文化机构则会把走在第二条道路上所有盯着更高和更远的目标的孤寂的反对者,淘汰出局,放逐驱离。对于第二条道路上的极少数人而言,教育机构当然必须服务于一种全然迥异的目的。他们寻求一种坚固的机构的保护,以防被第一条道路上的人潮冲散和赶走,以防由于过早耗损而殒逝,以防被迫放弃他们的伟大任务。这些极为少数的个体必须完成他们的工作。这是他们团结在一起的意义所在。而所有参与这一教育机构的人,都应努力通过持续净化、互相关怀在自身、在周围为天才的产生、为其作品的成熟而铺平道路。许多人,甚至拥有二流、三流天赋的人,都要注定为此目标服务,也只有通过投身于这样的使命,才会感到他们的生命拥有一种义务,一种目标,才能感到生命具有意义。但现在,正是这些具有一定天赋的人,受到那种时髦文化的声音诱惑而偏离了其正道,疏离了其本能。这种诱惑瞄准他们的自私冲动、弱点和虚荣。那种时代精神就热心、谄媚地对他们低声说道,"跟我来吧,别到另条道路上去!跟我来吧!在那里,你们是仆人、帮手和工具,在更高的天性面前会黯然失色;你们从不会对你们自己特殊的天性感到舒心愉快,就像奴隶和木偶被绳索牵着,被链条锁着。但是,在我这儿,你们会像主人一样享受你们的自由人格,你们的天赋可以为自己闪耀,你们还可因此而自己走到我们队伍的前列,无数的追随者将陪伴着你们,公共舆论的掌声会比天才从冰冷的高处下达的称赞更让你们愉悦得意。"甚至最优秀者也会屈从于这样的诱惑。在这些事情上,不是人们那天赋的稀有和强力,而是某种基本的英雄气质的影响以及对天才的内在的亲密程度,在根本上发挥着决定性的作用。因为他们是这样的人:当他们看见天才在艰难地斗争并身处自我毁灭的险境,或者当他们看到天才的著作因为国家的短视自利、因为生意人的浅薄肤浅和因为学者阶层枯燥乏味的自我满足而受到冷遇和漠视时,他们把天才的困厄视为他们自己的遭际,并感同身受。所以,我也希望,有一些人能理解我这里借助描述叔本华的命运到底是想说些什么,能理解按照我的思路,叔本华作为教育者,到底是为了什么样的目标在教育我们。

七

但是,我们暂时先把所有关于遥远未来的想法和我们教育制度的可能革命放在一边。我们现在必须要问：对于一个正在出现的哲学家，我们现在希望什么样的条件，或如果必要，提供什么样条件，以使他能够呼吸，或在最好的情况下，能像叔本华那样能够生存？叔本华式的实存绝不轻松，但起码可以是可能的。更进一步，我们需要做些什么，以使这位哲学家更有可能对其同时代人产生影响？最重要的是，我们要清除哪些障碍，以使他的榜样能够充分发挥作用，以使这种哲学家能够教育其他哲学家？在此，我们的考察进入到实践以及艰难的现实。①

自然永远寻求为普遍的利益而工作，但却不知道如何发现最好和最巧妙的手段、方法以达到其目的。这是自然的伟大痛苦及其阴郁的原因。从自然自身迫切的拯救需要来看②，可以确定的是，它通过生产哲学家和艺术家来使人生此在对人来说变得可以理解，并具有意义③。但是自然用哲学家和艺术家所产生的效果，却是多么不确定、多么微弱和多么无力！自然所产生的效果是多么少见！自然的失败尤其表现在它利用哲学家来实现普遍的利益；它的手段似乎是摸索性的试验、突发奇想，以至于她无数次没有实现目标，绝大多数的哲学家都没有带来普遍的利益。自然的行事看起来铺张浪费，但其浪费不是源于放肆的奢华，而是因为笨拙和没有经验④。如果自然是一个人的话，那么可以确定的是，她

---

① 最重要的是……现实。]誊清稿：换句话说，清除对天才的阻碍，为天才的产生做准备，只有这样才叫为文化而战。让我们为了未来哲学家的产生制订实际指南：必须为他们清除哪些道路障碍？当然，以下便是。——编注

② 从……来看]誊清稿：自然的善良行为。——编注

③ 可以理解，并具有意义]誊清稿：更有意义的，并由此更可忍受的。——编注

④ 它的手段……没有经验]参见《瓦格纳在拜罗伊特》，第6节。——编注

绝不会停止对自己及其笨拙恼火。自然像箭一样把哲学家射向人群①;自然也不瞄准目标,只是希望射出的箭必会射中某处。但自然在这样做时却失败了无数次,并因此恼火。自然在文化领域,就如同她在种植和播种方面,是同样的浪费。她是以低效的广种薄收的方式去实现其目标,耗费了太多太多的气力。艺术家与其鉴赏者和爱好者之间的关系,犹如一门重炮之于作为目标的一群麻雀之间的关系。为了扫除一点点雪,却引起一场雪崩;为了打掉鼻尖上的苍蝇,却把人也打死了。这都是幼稚的行为。艺术家和哲学家作为证据,证明了自然所使用的手段违背她的目的,尽管艺术家和哲学家也是最好的证据,证实了自然的目的具有智慧性。自然只命中少数目标,但她本来应该击中所有目标。甚至这些少数目标,也不是以哲学家和艺术家射出其子弹时的全部火力而被击中。通过评估得出艺术作为原因和艺术作为效果之间的巨大差异,这是令人悲哀的。艺术在作为原因时其威力何以巨大,而其效果却是多么蹩脚和微弱!艺术家秉承自然的意志,为了他人的利益而创作他的作品。这点是毋庸置疑的。但他知道,任何其他人都不会像他那样理解和热爱他的作品。因此,鉴于自然的笨拙,更高和更独特的热爱和理解,对于产生更低程度的热爱和理解,是必要的;更伟大和更高贵的,被用作产生那不太伟大和不太高贵的手段。自然并不是个好管家:她的支出远远超出了她的收入。自然终有一天会把自己所有的财富挥霍殆尽。这管家本可以更明智地管理她的账本,如果她遵循这样的原则:削减开支,提高百倍的利

---

① 人群]誊清稿:拥挤的人群。——编注

润。例如,如果只有少量的艺术家,而且还是能力较弱的艺术家,但却有大量比艺术家本身更强大、更有力的具有接受性和回应性的受众。这样一来,艺术作品作为原因,就能得到艺术作为效果的百倍回响。或者,人们至少可以期待原因与效果能够力量相等。但自然却远远落后于这样的期待!常见的情形是,艺术家,尤其是哲学家,像是碰巧生于他们的年代,恰似隐者或走失者和掉队者。我们只需诚心地去感受一下,叔本华是多么伟大、多么纯粹,在所有方面都是那么伟大,但他的影响又是多么微小、多么荒谬!对于我们时代任何一位诚实的人来说,没有什么比这更令人羞耻了:叔本华像是偶然生存于我们这个时代,不知是哪些力量或欠缺力量在削弱和阻碍他的影响。① 首先,而且是相当长的时间内,一个阻碍就是没有人读他的书。这是我们这一时代文坛永恒的耻辱。然后,读者有了,不利的情况则是叔本华最初的公共支持者②的不足。在我看来,甚至更加重要的是现代人对书籍的日益增加的麻木。现代人根本不再愿意认真对待书籍了。慢慢又增加了一个新的危险,即人们设法使叔本华适应这贫乏的时代,或,把叔本华当作一种具有异国情调、富有刺激的调味品,似乎他是某种形而上的胡椒面。通过这种方式,叔本华逐渐赢得了名声,为人所知。而且,我相信,现在知道叔本华名字的人,已经多于知道黑格尔名字的人。但尽管如此,叔本华至今仍然是个遁世者,至今仍然没有什么影响!阻止叔本华产生影响这一殊荣,却一点都不属于叔本华

---

① 影响。]誊清稿中还有:人们应该相信,这种敌对如此微小,以至于一根手指便足以清除它。——编注

② 公共支持者]誊清稿:文学的先驱。——编注

那些文坛的对手和诋毁者。这首先是因为很少有人能够坚持阅读叔本华的书;其次是因为他的书会把坚持读完叔本华著作的人,直接拉到了叔本华的那一边去了。因为尽管驾驴车的人尽力诋毁骏马,赞美驴子,谁又会让一位驾驴车的人阻止他跨上一匹漂亮的骏马呢?

谁要是认识到这时代的自然所特有的非理性,那他就不得不寻求手段以帮助自然。他的任务就是,把叔本华引介给那些自由思想的人和深受这个时代之苦的人;把他们聚拢起来,通过他们发起一股强大潮流,以克服自然在利用哲学家方面所普遍表现出来的笨拙无能。这样的人将会认识到,正是那种同样的阻力在妨碍伟大哲学发挥作用,在妨碍伟大哲学家的产生。这就是为什么他应该把目标定在为叔本华的再生铺平道路,也就是,为哲学天才的再生铺平道路。但那些从一开始就抗拒叔本华学说的影响和传播的人,那些到最后想尽手段以阻碍哲学天才的再生的人,一言以蔽之,都是当今时代人性中的乖僻、反常的部分。这也是为什么所有形成中的伟大人物,都必须耗费令人难以置信的精力,以把自己从当代人性怪癖、反常的重压中解放出来。他们现在所踏进的世界充满了胡说和谎言。这些胡说并不必然是宗教教条,而是那些具有误导性的荒唐概念:"进步""普及教育""民族主义""现代化国家""文化斗争",等等。确实,我们可以说,今天时代所有那些泛泛的概念,都带有某种人为的、非自然的粉饰。因此,这就是为什么更加清醒的后世会指责我们时代的严重畸形和颠倒[①],而不管我

[①] 颠倒]誊清稿:人为的。——编注

们如何高声吹嘘我们是多么的健康。在叔本华看来,古代器皿的美,就在于它以如此天真质朴的方式表达了它们是什么以及有何用途;同样,古代生产的其他器具,亦是如此。看着这些器具,我们会感到,如果自然真要创造出这些花瓶、陶罐、灯具、桌子、椅子、头盔、盾牌、盔甲,等等,那它们就应该会是这个样子。① 反过来也是一样:谁要是在今天看看几乎每一个人是如何忙碌于艺术、国家、宗教、教育等事务——这里由于显而易见的原因,就不提我们的"器皿"了——那么,他就会发现,人们是如何以某种程度上的野蛮的任性和夸张在表达自己。而形成中的天才所要面对的,恰恰就是充斥着奇异概念和畸形需求的时代。这些铅一样的重压,经常在天才想拉动犁头开始耕作时,会不知不觉地按压在他的双手之上;甚至他最高的作品,也不得不费力破土而出,因此,在某种程度上也打上了这种重压之下的痕迹。

　　我现在要去考察天才出现的条件,因为在这些条件的帮助下,在最有利的时候,一个天生哲学家至少可以避免遭受这里所描述的合乎时宜的乖戾风气的碾压。在我的考察中,我注意到了某些奇特之处:天才出现的条件,从总体上而言,部分恰恰就是叔本华成长起来所赖以的条件。当然,也不缺与此相反的条件,例如,时代的那种乖戾风气,借助他那虚荣做作的爱好文艺的母亲,可怕地逼向叔本华。但是,叔本华父亲性格中那种高傲的、自由的共和精神把叔本华从他母亲那里解救了出来,并给了他一个哲学家所需

---

　　① 在叔本华看来……这个样子。]参见叔本华《附录与补遗》,第 2 卷,第 460 页。——编注

要的首要东西：硬朗、不屈的男子汉气概。叔本华的这位父亲既不是官员，也不是学者。他经常带着他的儿子去国外旅行。所有这些，对于一个注定要认识人而不是书、要敬重真理而不是政府的人而言，都是有利的条件。在国外旅行时，叔本华学会了冷漠对待或过于敏感地对待各民族的局限性。他在英国、法国和意大利居住过，不过，那与他居住过的自己的祖国没有什么两样；他对西班牙的精神也感到亲近。总的来说，叔本华对生为德国人并不认为是一种荣耀；我不能确定，在新的政治条件下，他是否会改变他的看法。众所周知，叔本华认为国家的唯一目的就是提供保护，使人民不受内部敌人和外部敌人的侵犯，同时也不受保护者的侵犯，除此之外，给予国家保护目的之外的任何其他目的，都会轻易地危及国家的真正目的。这就是为什么叔本华立下遗嘱把自己的全部财产留给了1848年为维护社会秩序①而在斗争中倒下的普鲁士士兵的遗孀。此举震惊了所有所谓的自由主义分子。很有可能从现在开始，人们会越来越把能够简单地理解国家及其义务，视为一个人智力优越的标志②。这是因为谁要是怀着"哲学的激情"的话，那他就不会有时间再有那"政治的激情"；并且，他会明智地克制不要每天③阅读报纸，或者，更不要服务于任何一个党派，虽然一旦他的祖国处于真正的危难之中，他就会毫不犹豫地站在他的岗位上。在任何一个国家，如果政治家以外的人都必须去关心政治的话，那这就是一个管理糟糕的国家，而且，这个国家活该因为这么多的政

---

① 社会秩序］誊清稿：公共秩序。——编注
② 标志］誊清稿：真正的标志。——编注
③ 每天］誊清稿中其后还有"推动政治和"。——编注

治家而灭亡。

叔本华成长的另一个有利条件是①,他并不是从一开始就确定要成为一名学者,也并不是为此而接受教育;叔本华确实在商行中工作了一段的时间,尽管这个工作违反了他的心意,但无论如何,他还是在整个青少年时期都能呼吸着大贸易商行的更为自由的空气。学者是永远不会成为哲学家的,甚至康德也未能成为哲学家。尽管康德有其内在的天才的涌动,但他终其一生都仿佛处于一种真正的蛹的状态②。谁要是认为我这么说是对康德不公平,那他就是不知道哲学家是什么。哲学家不仅是一个伟大的思想者,而且还是一个真正的人;而谁又见到学者成为了真正的人呢?谁要是让概念、意见、过去的事件、书籍横亘在自己与事物之间③,也就是说,谁要是在最广泛意义上为历史研究而生,那么,他就永远不会直接看视事物,他自己也永远不会成为直接被看视之物。但这两个特征则必须交织在哲学家身上,因为他必须从他自身来获取他的大部分的教诲,因为他必须把自己视为整个世界的写照和缩影。如果一个人是通过其他人的看法来察看自己,那毫不奇怪的是,他从自身所看到的就不过是其他人的看法!学者正是这样子的人,正是这样子地生活和观察。相比之下,叔本华却有着难以言说的好运,他不仅近距离地从自身,而且还在自身之外、在歌德的身上看到了天才。借助这两重的映照,叔本华彻底认识到了所有的那些学者的目标和文化,并变得富有智慧。由于这些

---

① 叔本华……是]誊清稿:但叔本华最大的幸运却是。——编注
② 尽管……状态]誊清稿:一个研究哲学的学者。——编注
③ 概念……之间]誊清稿:让书籍,甚至是最好的书籍,来。——编注

经历,叔本华知道了,每种艺术的文化所渴望的自由和强有力的人,应该是个什么样子。有了这样的眼光以后,叔本华还会有多少兴致以现代学者的或者虚伪的方式去探讨所谓的"艺术"呢?毕竟,叔本华看到过更为高级的东西:一幕可怕的、超越尘世的审判场景,在那里,所有的生命,甚至是最高级的和最完美的,也会被放在天平里称量一番,并被发现分量不够①;他看见,圣者就是此在②的审判者。这里无法确定叔本华是在什么年龄阶段就已经看到了这幅生命的景象,并稍后在其所有作品里都试图对此加以描绘。但可以证明的是,叔本华在其年轻的时候,可以进一步推测,他甚至还是个小孩的时候,就已经看见了这可怕的一幕。叔本华稍后从生活、从书本以及从所有的科学领域所吸收的一切,对于他而言,都只不过是他表达的颜料和手段而已。甚至康德哲学给他的也主要是一套非凡的修辞工具而已;借助这套工具,叔本华相信他能够更加清晰地表达他所看到的生命景象;佛教和基督教神话在他那里也是服务于同样的目的。叔本华只有一个任务,但拥有成千上万的方法来完成这一任务;他只有一个意思,但拥有无数的象形文字来表达这一意思。

叔本华得以存在的最美妙的条件之一是,叔本华能够谨守自己"把一生都献给真理"③的座右铭,真正能够专注于一个任务,从未受到任何日常生活的平庸压力的压迫。众所周知的是,叔本华

---

① 也会被……分量不够]暗指《圣经·但以理书》(5:27)。——编注
② 此在]誊清稿:在一个视野里的此在。——编注
③ "把一生都献给真理"]叔本华引自玉外纳(Juvenal)的《讽刺集》(4,91),作为《附录和补遗》的题词。——编注

曾以多么辉煌的方式感谢他的父亲。而在德国，理论工作者通常以自己人格的纯粹为代价，来完成其学者的职业生涯，贪求名声和地位，成了一个"思虑周全的乞丐"，对拥有影响力和高位之人，则谨小慎微、曲意逢迎。叔本华对无数学者的最大冒犯，就在于这样一个事实：叔本华与他们断无相像。

八

我们时代的哲学天才，在我所列举的几个条件下，尽管面对一些有害的相反因素，但起码也能够得以生成。这些条件是：自由的男子气概、早年就了解人性、没有接受过学者式的教育、摆脱了狭隘的爱国主义、不用为稻粱谋、与国家没有牵连，一句话，自由，除了自由，再无其他：这是古希腊哲学家赖以繁荣的奇妙和危险的要素。谁要想像尼布尔指责柏拉图那样，指责哲学天才不是好的公民，那就让他们这样指责吧，只要他们自己是好公民就行了。他们这样指责是对的，柏拉图那样做，同样也是对的。有些人认为，拥有如此巨大的自由意味着狂妄自负，那他们也是对的，因为他们自己不知道如何使用这样的自由；因此，假如他们为自己要求这种自由的话，那他们当然相当自负。那样的自由确实是一笔沉重的债务，也只能通过伟大的事情才可以偿还。的确，每一个凡夫看到有人受到如此优待，都有权心怀怨恨。不过，但愿上天保佑，他自己千万别受到这样的眷顾，也就是说，不要背负如此可怕的义务。他会因那自由和孤独而迅即毁灭，会因无聊而变成一个傻瓜，并且还是一个恶毒的傻瓜。

或许,某些父亲会从我们现在为止所说的,学到某些东西,并以某种方式应用一二于其儿子的教育之中。但我们可千万不要真的期待父亲们会希望拥有哲学家的儿子。更可能的情况是,所有时代的父亲们通常都最为坚定地抗拒其儿子成为哲学家,就像是抗拒一桩极其悖逆的事情一样。众所周知,苏格拉底就成为了父亲们愤怒的牺牲品,其罪名是"败坏青年";正是出于这一原因,柏拉图认为有必要建立一个全新的国家,以使哲学家①的生成不再依赖于父亲们的非理性。现在看来,似乎柏拉图真的实现了他的梦想。这是因为今天,现代国家把促进哲学当作是自己的任务,每次都试图让一部分人幸运地得到"自由",亦即获得一种被认为是哲学家得以生成的根本条件。从历史上来看,柏拉图的遭遇是非常的不幸:一种体制基本上是根据柏拉图构想而产生,但进一步地细看后,却始终发现,那是一个丑陋怪胎,而柏拉图真正的孩子却被掉包了。例如,比较一下中世纪的教士国家与柏拉图所梦想的"神之子"统治的国家,就会发现的确是这样。今天,现代国家是绝对不会任命哲学家为统治者。"啊,感谢上帝!"每位基督徒都会补上一句。但是,甚至国家所理解的对哲学的促进,也必须加以检视,以看看国家的理解是否为柏拉图式的,也就是说,看看国家是否在严肃和认真地促进哲学,就好像国家的最高任务就是产生新的柏拉图。如果哲学家通常像是偶然出现在他的时代,那么,国家现在是否真的要被赋予这样的任务,即有意识地把那个偶然转化为必然,并助自然一臂之力?

---

① 哲学家]誊清稿:哲学家,正如其影响一样。——编注

不幸的是，经验更好地或毋宁说是更糟地显示了：在那些本性上属于伟大哲学家的人的产生和繁衍方面，最大的阻碍就是国家所支持的拙劣哲学家。这是一个让人困窘的问题，不是吗？我们知道，叔本华在其著名的《论大学的哲学》中最先注意到了同样的问题。回头我会再讨论此问题，因为我们必须迫使人们严肃对待此问题，也就是说，促使他们做出某些行动。如果我所写的每一个字没有包含这样的行动呼吁，那么，我认为它们都是无效的，无用的；再次展示叔本华在《论大学的哲学》中提出了永远有效的主张，特别是将其提供给我们最紧密的同时代人参考，无论如何都是一件好事，因为有些善良的人会误以为，自从叔本华提出那些严厉指控以后，德国所有的一切都有好转了。即使在这一点上，叔本华的工作尽管微不足道，但仍未完结。

更进一步的考察显示，同时也正如我所说的，国家现在为促进哲学而赐予某些人的"自由"，根本不是自由，而不过是某种供养人的职位。因此，促进哲学在今天不外乎是，国家让一部分人能够靠哲学而生活，亦即，把哲学变为一种挣面包的职业。相比之下，希腊的古老智者并不从国家那儿领取薪水，国家至多不过像对芝诺那样授予一个金冠以及在凯拉米克斯的一块墓碑。总的来说，我无法确定，通过指出人们如何利用真理而谋生，是否就对真理带来好处，因为在这种情况下，一切都取决于选择这条道路之人的素质和品格。我很能想象，有人带着几分骄傲和自尊心对其同类说："好好照顾我吧，我有更高的事情要做，那就是，我要照看着你们。"如果是柏拉图和叔本华，这样大的气质和口气，并无什么不合适，这也是为什么在所有的哲学家中，他们可以成为大学哲学家，正如柏拉图曾一度做过宫廷哲学家而不会有辱哲学的尊严一样。但甚至康德也像我们学者所习惯了的那样，谨小慎微、卑躬屈节，其对国家的态度并无什么伟大之处，因此，如果有一天大学哲学受指责的话，那么他无论如何也难以为它辩解。即使有人能为大学哲学加以辩护，例如像叔本华和柏拉图之类的人物，但我仍然担心他们将永远没有这样做的机会，因为永远不会有国家敢于眷顾他们[①]，使其拥有大学哲学家的位置；但为什么呢？因为每个国家都害怕他们，并且永远也只会眷顾那些国家不用害怕的哲学家。当然，一般而言，国家对这样的哲学是恐惧的，并且，如果这是事实，那么国家就会尽力试图把哲学家赢取到它那一边，以显示哲学是站在国家的一边，因为国家拥有一些顶着"哲学家"之名，但又不用害怕的人站在自己一边。但如果有人现身，并表现出一副手握真理标准去衡量包括国家在内的一切事物的架势，那么，国家由于首先是捍卫自己的存在胜于其他一切，因此有理由驱逐这样的人，将其视为敌人，正如国家会同样对待那凌驾于国家之上、想成为国家的裁判官的宗教一样。因此，如果有人能忍受成为一名国家支持的哲学家的话，那他也就得忍受被国家视为放弃真理、不再对真理刨根问底的人。起码，只要他受国家恩惠而获取职位，那他就必须承认在真理之上还有着更高的东西——国家；并且，不仅仅有国家，还有国家为了自身利益所要求的一切，例如，某种形式的宗教，社会的秩序，军事法规——所有这些东西都被写上了"不要碰我！"[②]的字

---

① 他们]誊清稿：哲学家们。——编注
② "不要碰我！"]语出《圣经·约翰福音》，第20章，第17节。——编注

样。大学哲学家对其所有的责任和限制弄清楚了吗？我不知道；但如果他对此已经弄清楚了但仍然去担当国家的服务者，那他无论怎样说都是真理的坏朋友；如果他对此从未弄清楚，那么，在我看来，他仍然不是真理的朋友。

这只是些至为泛泛的议论，对于坚持如其所是的现代人来说，也是最微弱、最不相关的议论。绝大部分人对此只会满足于耸耸肩，并说道，"好像伟大和纯粹的东西用不着对人类的卑贱作出让步，而照样能够在这世上活下来似的！难道你们宁愿国家迫害哲学家，而不是给他们发薪水、要求为自己服务吗？"在回答这个问题之前，我这里想补充几点：目前，哲学对国家所做出的让步太大了。首先，国家挑选出它自己的哲学仆人，并恰好挑选其机构所需要的数量；国家这样做，给人的假象就是国家能够鉴别好的哲学家与坏的哲学家；并且，它还假定永远会有足够数量的好的哲学家，以填满它所有的教席。国家现在不仅在好哲学家的质量而且还在数量方面，都已经成了权威。其次，国家强迫它所挑选了的人，在特定的地方，在特定的人群中，从事特定的活动；他们必须每天在固定的时间里给那些寻求指导的大学生授课。这里的问题是：一个讲良心的哲学家，会真的致力于每天都有东西可教吗？并且是教给任何想聆听的学生？难道他不需要假装他懂得比实际上的要多？难道他不需要在一群陌生人面前，大谈一些他与最亲近的朋友才能安心谈论的事情？总而言之，难道他没有被剥夺了自己那至为荣耀的自由，被剥夺了自由地听从随时随地会发生的他自己的天才召唤[①]？

---

① 随时随地……召唤]出自《圣经·约翰福音》，第3章，第8节。——编注

而现在,他必须在预先设定的时间里对一门预先设定的科目公开进行思考,而且是对着一帮年轻人!这样的思考难道不是从一开始就被进行阉割了吗!如果某一天他这样感觉那该怎么办:"我今天不能思考,也没有什么智慧美妙的想法。"但是,他还是不得不假装正在思考的样子!

有人也许会提出异议:"但是,他没有被要求成为一个思想家,而是被要求去跟着别人思考或反复思考,并展示已经被思考过的东西罢了。重要的是,他被要求成为一位对所有以前思想家有学问的鉴赏家,并对这些思想家总能讲述一些他的学生不知道的东西。"但是,为了生存必须显示出博学多识,这正是哲学给国家作出的第三个至为危险的让步。这个危险尤其表现在通晓哲学史这个方面,因为相比之下,天才,就像诗人那样,是以爱和纯粹的目光注视事物,尽可能深入地沉浸到事物之中。而在那无数的稀奇古怪的意见中翻寻,对天才来说,却几乎是所能想象的最让人厌恶、最不适合的职业。对过去历史①的博学,不管是在印度还是在希腊,从来都不是一个真正哲学家的工作;如果一个哲学教授专注于这样的工作,那么,他必须接受人们在最好情况下对他的看待:"他是个能干的古典语文学家、古物学家、语言学家、历史学家,"但"他永远不是个哲学家。"正如我提到的那样,这只是对他们所说的最好的话语,因为对大学哲学家的大部分学术工作,在古典语文学家看来,都做的不好,缺乏科学的严谨,让人厌恶和无聊。例如,谁又能

---

① 历史]誊清稿中将"Historie"改为"Geschichte"。——编注

够把希腊哲学的历史,从里特、勃兰迪斯和策勒①等学者喷在上面的令人昏昏欲睡的烟雾中解救出来?这几人的学究工作并不那么科学,同时不幸地是,又太过单调。我喜欢阅读拉尔修·第奥根尼更甚于萨勒,因为至少在前者那里活跃着古老哲学的精神,但在后者那儿既没有古老哲学家的精神也没有其他任何人的精神。最后,哲学史与我们的年轻人到底有什么关系呢?要用那些众说纷纭来让他们失去拥有自己看法的勇气?要教导他们一起参与庆祝我们已经取得了多么伟大的进步?要让年轻人学会憎恨或者蔑视哲学?当我们知道那些学生为了应付哲学考试是如何折磨自己,他们如何把人类头脑中至为疯狂和至为尖刻的观念,连同那些最伟大的和最难理解的思想,硬是塞进他们可怜的脑子里面,那么,我们禁不住会相信他们真的会憎恨哲学。对任何哲学所能做唯一可能的评判,并且是能证明一些东西的评判,就是争取去考察一下人们是否能够根据此哲学而生活,但大学从来不传授这种评判;大学所传授的只是语词对语词的评判。现在我们想象一下,一个年轻人并无多少人生经验,但头脑中却塞满了、并存着、混合着五十种语词表述的体系以及对这些体系的五十种评判。这是怎样的荒漠!怎样的野蛮!对哲学教育又是怎样的嘲讽!事实上,人们也承认这里存在的不是哲学教育,而是训练学生如何通过哲学考试的教育。众所周知,这样做的结果通常就是,那些被考试的年轻

---

① 里特(Heinrich Ritter,1791—1869):哥廷根大学哲学教授,著有《用哲学史来教育哲学家》(1871);勃兰迪斯(Christian August Brandis,1790—1867):波恩大学哲学教授和古典语文学家,著《希腊罗马哲学手册》和《希腊哲学发展史》;策勒(Eduard Zeller,1814—1908):海德堡大学哲学教授,著有《希腊人的哲学的历史发展》。——译注

人——啊，那些只是被严格考试的年轻人——如释重负地承认，"感谢上帝，幸好我不是个哲学家，而只是个基督徒，只是一个我的国家的公民！"

但如果学生这一如释重负的叹息正好就是国家的目的，哲学教育不过是引导学生离开哲学的教育，那情况又如何呢？请你们自问一下。如果事情真的就是这样，那么唯一需要担心的就是：年轻人最终会发现哲学实际上被扭曲的目的是什么。那最高的目标即产生哲学天才，难道就只是一个托词吗？或许，真正的目标正是要阻止哲学天才的产生？其意义完全倒转了，走向了其反面？好的，这样一来，那国家和教授的整套复杂的精明把戏就要大事不妙了啊！

这种机密已经走漏了风声吗？我不知道，但无论如何，大学哲学已经陷入普遍的蔑视和怀疑之中。这部分原因在于，现在占据教授讲席的是尤其贫弱的一代[1]；如果叔本华今天去写其论述大学哲学的文章，那他不必再用棍棒，只需一根芦苇即可战胜他们。他们是那些伪思想家的继承人和后裔。叔本华曾经痛击过其先辈那变形扭曲的脑袋。现在，这伙人言行就像婴儿和侏儒，让人想起一句印度谚语："人根据其所为而生为愚蠢、聋哑、畸形。"根据那谚语[2]，他们的父辈因其所为，活该得到这种样子的下一代。因此，毫无疑问的是，没有大学所教的哲学，大学生们很快就能够照样生

---

[1] 一代] 有理由谨慎的一代。——编注
[2] 谚语] 誊清稿中还有：如果就像最近一个公共论坛所主张的那样，即，如今的思维能力是通过五个伟大的名字来体现，那么，这个一度被称为"思想家的国度"又会怎么样呢？参见30[20]。——编注

活，就像大学之外的人在今天没有哲学而照样生活一样。人们只需回想一下自己的学生年代。例如，我①就曾对那些学术哲学家完全漠不关心。那时在我看来，他们把其他学科的成果大概拼凑在一起，闲暇时则读读报纸、听听音乐会；在其余时间，他们则被其学术同事以某种巧妙伪装的鄙视来加以对待。他们被认为知识甚少，但却永远擅长以模糊的语词来掩饰自己的无知。因此，他们喜欢流连于、徜徉于那些昏暗的、有着良好视力的人无法长时间忍受的地方。他们中的一位会这样抱怨自然科学："没有一门自然科学能够向我彻底解释最简单的生成过程，因此，它们对我有什么意义？"另一位则这样评论历史学："对我这样有思想的人，历史学根本没有新东西。"一句话，他们总能找到理由解释为何一无所知却比学习某种东西更有哲学味道。但是，如果他们真的投身于学习的话，那么，他们的秘密动机就是要逃离科学，并在某一空白或模糊地带建立起一个晦暗王国。因此，要说他们走在科学的前面的话，那意思就只能是像猎物跑在追捕的猎人前面。最近，他们开始喜欢宣称自己其实只是科学前沿的护卫者和看守者。康德的学说在此对他们尤其有用。他们尽力把康德的学说弄成某种无意义的怀疑论，从而使人很快对它丧失兴趣。偶尔在这里或那里，他们中有人还能攀登到一点形而上学的层次，并抛出一个小哲学体系，但通常的后果是：眩晕、头痛和鼻子流血。② 在他们这些奔往云里雾

---

① 就像大学……我]誊清稿：甚至，他们已经在这样做了。对他们的鄙视日益增长，并且，由于很好的理由。大多数年轻人是。——编注

② 因此，毫无疑问……鼻子流血。]尼采在空白的对页上写道：他们认为自己很深刻，但这不过是肤浅而已。参见34[46]。——编注

里的旅行经常遭受失败以后,在被那些学习真实科学的粗野和固执的弟子,不断地抓住头发从云里雾里拽下来以后,他们的脸上就表现出一副拘谨、敏感以及谎言被识穿后的习惯性表情。他们完全失去了那种欢乐的自信,一点也不愿意为自己的哲学而活着。他们中一些人曾经相信他们自己创造了一种新宗教,或者用自己的哲学体系取代旧的体系;现在呢,他们已经丧失了所有这类自负,大都变得虔诚、腼腆和暧昧,永远不会像卢克莱修那样的勇敢,为压迫人类的痛苦而勃然大怒。我们再也不能再从他们那里学习逻辑思考了。在对他们自己的能力进行精确评估以后,他们停止了那过去常常进行的普遍的论辩练习。毫无疑问,人们今天更加谨慎、谦虚和富有创造性地探讨单个学科。简言之,他们在自己的具体科学比在所谓的哲学中拥有更多的哲学方法,因此,都同意那个不怀偏见的英国人巴治赫特[①]对今天那些哲学体系制造者所说的话:"谁不是几乎从一开始就已确知,他们的前提包含着真理与谬误的奇妙混合,因此,耗费精力去反复思考他们的那些结论值得吗?体系的建构或许能够吸引年轻人,并给那些没有经验的人留下印象,但受过教育的人,却对此深为怀疑。他们永远准备接受暗示和猜想,并欢迎最微小的真正的真理。但满纸演绎的哲学大部头,则大可怀疑。无数未经证明的抽象原理,却被乐观轻信之人匆匆收集起来,然后精心编制成书籍和理论,以解释整个世界。但这个世界的运转却完全不理会这些抽象原理。这毫无奇怪,因为这些抽象原理之间是相互矛盾的。"如果以前的哲学家,特别是德国

---

① 巴治赫特(Bagehot)]引文出处同上,217,216—217,216。——编注

的哲学家,是如此深入地陷入抽象思考之中,以至于总是面临头撞横梁的危险,那么,正如斯威夫特①对勒皮他岛人的叙述那样,现在的哲学家则被配置了成队的拍手,以不时地给他们的眼睛或随便哪里来个温柔的一击。有时候,这些拍击可能用力大了点,这些沉思恍惚、离开大地之人会很容易忘了自己而进行回击,但结果总是他们丢脸。"没看到那横梁吗②,你这昏昏沉沉的家伙!"那些拍手就会这样冲着他们喊道。哲学家有时的确看到了横梁,然后就重新冷静温顺了。这些拍手就是自然科学和历史学。这些学科逐渐威胁德国"梦与想的营生"(这"梦与想的营生"在很长时间里被混淆为"哲学")到这样的程度,以至于那些"梦与想"贩子乐于放弃独立自主的努力。但如果他们意外地阻碍了自然科学或历史学,或,想要把一小带子系在这些学科上以图牵引它们③,那么,这些拍手们就会马上④给予他们痛击,似乎想说:"你这样的一个思想贩子,竟然想来玷污我们的自然科学和⑤历史学,是可忍孰不可忍!滚!"这样,这些思想贩子就又摇晃着回到他们自己的不确定和迷惘之中:他们绝对想去掌握一点自然科学如经验心理学,就像赫尔巴特⑥门徒那样;他们也绝对想去掌握一点点历史学。这样,

---

① 乔纳森·斯威夫特(Jonathan Swift,1667—1745):英国作家,著有《格列佛游记》,参见第3部分,第2章。——译注

② 没看到那横梁吗]《圣经·马太福音》,第7章,第3节。——编注

③ 牵引它们]誊清稿:盲目地向他们屈服。——编注

④ 马上]誊清稿:通常。——编注

⑤ 自然科学和]誊清稿:有些思想贩子如大卫·施特劳斯玷污自然科学,一个思想贩子玷污历史学!把他们从这拖出去!可怜的思想贩子。——编注

⑥ 赫尔巴特(Johann Friedrich Herbart,1776—1841):哥廷根大学哲学、教育学教授,经验心理学家。——译注

他们至少可以公开显示自己忙于科学的样子，尽管他们私底下又巴不得让所有哲学和所有科学都去见鬼。

虽然我承认这帮低劣的哲学家是很可笑的，谁又不承认这点呢？但是，在什么程度上，他们又是具有危害性呢？简短的回答就是：在他们把哲学变成了某种可笑的事情这个程度上，他们具有危害性。只要国家①认可的伪哲学继续存在，那么，真正哲学的任何伟大的作用就会被抵消，至少就受到了阻碍。其原因在于它们作为那种哲学的代表所招惹的可笑诅咒，现在又重击了哲学自身。这就是为什么我把国家和大学取消对哲学的承认，并完全免除其那无法完成的把真正哲学与虚假哲学区分开来的任务，视为促进文化的要求。就让哲学家无拘束地恣意生长吧，不再让他们抱有希望能在公民职业中被收编并获得职位，不再以薪俸刺激和勾引他们；甚至也许更好的，那就是迫害他们，厌弃他们——这样，你们就会看到奇迹！这样，那些可怜的假冒哲学家就会作鸟兽散，就会寻找地方栖身。一些人会去做教士；另一些人会去学校当教师；还有一些人则躲进了报纸的编辑室，做起了编辑；再有一些则给女子学校编写起教科书。他们中最富理性的则会扶起犁头，而最虚荣的则去宫廷②谋生。突然之间，人去楼空，一切都变得冷冷清清。因为很容易就可以清除那些虚假的哲学家，只要不再优待他们就可以了。这样做，无论如何比国家公开庇护某一哲学更为明

---

① 国家］誊清稿：国家和大学资助的。——编注
② 去宫廷］誊清稿：一个演员。——编注

智——而不管这一哲学是什么。①

　　国家从来不会对真理感兴趣,它永远只会关心对国家是有用的真理,或,更精确地说,只会关心所有对国家有用的东西,而不管它是真理,抑或是半假的真理,抑或是谬误。因此,国家与哲学的结盟,只有在哲学承诺对国家绝对有用的时候,才有其意义,也就是说,哲学把国家的利益放在比真理更高的位置。如果国家能够雇佣真理,使真理为其效劳并接受其薪水,那肯定是美妙的事情。不过,国家自己非常清楚地知道,真理的本质,是永远既不会受任何人指使,也不会接受薪水。因此,国家所拥有的,永远只是虚假的"真理",是个戴着面具的角色;而这角色却不幸地无法提供国家异常渴望从真理那得到的东西:对国家进行合法化和圣化。当中世纪的王侯要想得到教皇的加冕却无法获得教皇的赞同时,他通常会委任一伪教皇来为他提供这一服务。这在某种程度上或许行得通,但如果现代国家委任一伪哲学,来为其提供合法化的论述,那是不会得逞的,因为真正的哲学会永远与这一伪哲学处于对立状态,而且,两者之间的对立现在更加激烈。我真诚地相信,如果国家完全不去染指哲学,也根本不要欲求从哲学那儿得到什么,并尽可能地漠然视之,那么,哲学会对国家更有实际好处。如果这种漠然状态没有得到保持,如果哲学对国家构成威胁和损害,那国家尽可以去迫害哲学。既然国家对大学的兴趣,不外乎就是使之培养

---

①　是什么。]誊清稿中还有:——在此,我来到了提出实用建议的部分:因此,作为首要的措施,我提议,取消一切高级学府中的哲学教席。我现在要直截了当地证明,对哲学的任何官方认可对于一个国家来说都是多余的,而对于哲学本身都是有害的。——编注

出顺从的、有用的公民，那么，国家应该谨慎行事，不要损害它的这种目的，也就是说，不要要求年轻人进行哲学考试。尽管这种魔鬼般的考试会是吓走那些懒惰和能力不足的学生、使之离开大学学习的不错手段，但这样做的得益，终究无法抵偿这种强制的苦役给那些轻率莽撞、躁动不安的学生所造成的损害。他们开始了解那些禁书，开始批评他们的老师，并最终甚至看穿了大学哲学及其考试的目的，更不用说那些年轻的神学家因为这样的考试而产生的疑虑，并因此导致神学家在德国开始越来越少，就像野山羊在蒂洛尔越来越少一样。我清楚地知道国家对我这里的整个思考所能提出的反对意见，只要那美丽的、绿油油的黑格尔主义的庄稼还在所有田地里生长。但是，现在，这些庄稼的收成毁于冰雹，粮仓空空如也，当时就此所许下的诺言无一兑现。此时，那人们就宁愿不只是提出反对意见了，而是要抛弃那种哲学本身了。现在，国家拥有了力量，但在黑格尔时期，国家只是想拥有力量。这是一个巨大差异。国家不再需要经由哲学而获得认可，哲学因此对于国家来说已变得多余。当国家不再供养它的[①]教授，或者，就像我所预想的那样，在很近的将来，国家虽然供养着他们，其方式实际是半心半意，敷衍冷漠，这样会对国家反倒有利。但在我看来，更重要的是，大学也会把国家这样做视为对自己有利。起码，我认为，一所真正追求科学的学术院校会不得不相信，它会从脱离那种半科学或半半科学的共同体中得到益处。此外，大学的声望是如此的欠佳，以至于必须去剔除那些连学术人自己也看不起的学科。因为非学术

---

① 它的]誊清稿：哲学的。——编注

人士有很好的理由给予大学某种程度的普遍蔑视;他们指责大学怯懦,小的害怕大的,大的则害怕公共舆论;指责大学在所有涉及更高文化的事情方面并未领路在前,而是跛行在后;不再遵循那些享有较高声誉的科学的根本方向。① 例如,人们比以往都更积极投身于语言研究,但却没人认为需要对写作和演说②的技能进行严格的训练和培养。印度的古典学向我们打开了大门,但这方面的研究者与印度那些不朽著作、印度哲学的关系,就跟一只动物与竖琴的关系没有什么两样,尽管叔本华认为,认识印度哲学,是我们这一世纪相对于其他世纪所能拥有的最大优势之一。③ 古老的经典已变成了人们随意取舍的古旧之物,不再对我们发挥经典和模范的作用。那些学习经典之人就体现了这一点,因为他们确实

---

① 因为非学术人士——根本方向。]誊清稿较早版本:谁了解那种精神,那种当代大学的哲学课所追寻的精神,他就会知道,这肯定不是主导和统一着各学科的那种精神;相反,它常常无非是对当代最强有力的科学、对各门自然科学的一种怯懦的矛盾精神,为的是用"唯物主义"这个声名狼藉的称呼来贬低它们。一个学院学者,如现在经常发生的那样,讲授对唯物主义的批判,由此就唤起这样的印象:好像现代自然科学的整个考察方式和处理方式在他的大学里还没有自己的位置,似乎像过去那样,仍然在探讨人格不朽或者上帝存在之证明的经院哲学问题。不管他与此类事情距离有多远,一旦他批判现代科学的基础时,他就有意识地或者无意识地成为与哲学迥异的力量的盟友,亦即成为国家和教会的盟友。即使他是否作为一个个体唤起一种误解,是完全无所谓的,但如果整个大学以这样的方式唤起了误解,那就不是无关紧要的。我认为,那些不被任何共同的流行思想捆在一起的人们,也应当不被任何机构捆在一起:如果人们这样做,那么,他们必定会摧毁这种机构。当然,国家有一种兴趣,让这样的模糊保持下去;而且很久以来,它就在利用"哲学"来模糊一个国家机构亦即大学的意义。在这些地方许多事情应当被阻止;每个在那里生活的人都知道这一点;尤其在我看来,那些受人尊敬的学术学科的真正基本方向,已经根本无须去探讨了——确切地说,是因为整个教育机构被认为沿着运行的路径已经消失了。——编注

② 写作和演说]誊清稿:风格和修辞学。——编注

③ 叔本华《作为意志和表象的世界》,第 1 卷,XII(第一版前言)。——编注

不是榜样性的人物。沃尔夫①的精神今天去了哪里呢？弗兰茨·帕索②说，沃尔夫的精神表现为一种真正爱国、真正人道的精神，如果需要，它的力量足以让一个大洲激动和燃烧起来。相反，一种新闻主义的格调却在我们的大学中日益蔓延，而且还常常打着哲学的名义。那是一种华丽、光鲜的表述方式，经常引用浮士德和智者纳坦③，遵循那些让人恶心的杂志和报纸的语言和观点；最近甚至还开始唠叨起我们神圣的德意志音乐，甚至还要求设立研究席勒和歌德的教授席位——所有这些症状都显示出，大学的精神开始与这个时代的精神混淆和混合起来。在我看来，如果在大学之外建立一种更高的评判机构，以监督和评判这些大学机构在促进教育方面的作为，那将具有无比的价值；一旦哲学从大学分离出来，并清除其自身所有那些没有价值的顾虑和晦暗，那它恰恰就能够成为这样的评判机构了。去除了国家的权力支持、薪水和荣誉，这种评判机构就能自由地履行自己的职责，不受这个时代精神的影响，亦不畏惧这个时代精神。简言之，哲学家就像叔本华那样去生活，成为一个对他周围的所谓文化的评判者。以这样的方式，哲学家仍然可以对大学有所裨益，也就是说，哲学家不再隶属于大学，而是与大学保持着某种有尊严的距离，对其进行观察和评判。

最后，如果哲学在这地球上的存在对于我们是首要的事情，那

---

① 沃尔夫（Friedrich August Wolf，1759—1824）：德国著名的古典语文学家。——译注
② 帕索（Franz Passow，1786—1833）：德国古典学者；曾编纂希腊文词典。——译注
③ 莱辛剧作《智者纳坦》(1779)中的主人公。——译注

么,国家的存在、大学的发展与我们又有什么关系呢？或者,为了不让人对我的想法产生任何疑问,我想澄清下我的前半句话的意思,也就是,如果哲学家在这地球上的出现要比国家或者大学的持续存在具有更加无比的重要性。对公共舆论越是屈从,自由所面临的危险越大,那么,哲学的尊严就相应程度地提高。在标志罗马共和国走向衰落的地震时期,在罗马帝国时期,在哲学与历史学成为"让王侯不快的名字"的时期,哲学的尊严是最高的。在体现哲学的尊严方面,布鲁图①要比柏拉图还要出色；他生活在伦理学不再处于平庸地位的时代。如果哲学现在并不怎么特别受尊重,那我们只需自问,为什么现在没有伟大的将帅和政治家②信奉哲学？其原因恰恰在于他们寻求哲学时,出现在他面前的却是一个挂着哲学之名的虚弱幽灵,是那种在学术讲堂和报告厅上的学者的智慧和谨慎处世。简言之,因为哲学在他们那变成了某种可笑的东西,而哲学本应该会令他们敬畏；那些注定要去寻找权力之人,应该知道在哲学里流淌着怎样的英勇气概的源泉。让一个美国人来告诉他们,一个伟大思想家作为一个巨大力量的中心来到这个世界时,这到底意味着什么。"你们要当心,"爱默生说道,"如果伟大的上帝让一思想家来到这个地球上,那么,一切事物就都处于危险之中。这犹如在一个城市中燃起了大火,无人知道什么是安全的,

---

① 布鲁图(Marcus Junius Brutus,公元前85—前42)：曾参与策划谋杀恺撒。恺撒死后,他希望重建旧的共和国秩序,失败后逃离意大利,试图在其他地方实现共和制理想,后在战争中败给安东尼(Antonius),说"我是要逃跑,但这次是用手而不是用脚",遂自杀。——译注

② 和政治家]誊清稿：政治家,政客。——编注

或，大火将在哪里熄灭。在科学中没有什么可以保证明天不会反转；也没有什么文学的名声和所谓的永恒的声誉是不会被修正和批判。一些东西之所以此时此刻在这些人眼中是很珍贵美好的，那是因为出现在他们的思想视野中的观念所致，也是这些观念导致了事物现在的秩序，就正如一株苹果树结出了苹果。一种新的文化会立即颠覆人的整个追求体系。"①因此，如果这样的思想家是危险的，那么，为什么我们那些学术思想家不具有危险性，是再清楚不过了。因为他们的思想是从传统的土壤中和平地生长出来的，就像苹果树上结出了苹果。这些学术思想家是不会带来恐惧的，不会引起震荡。对于他们所有的忙碌和追求，我们这里可以用第欧根尼所提出的同样问题来质问他们：当有一个哲学家被赞扬时，第欧根尼问道，"他显示了什么样的伟大呢？他做了那么长时间的哲学，但却从未使任何人苦恼！"的确，在大学哲学的墓碑上应该写着："它不曾让任何人苦恼"。然而，这种赞语当然更适合于一位老妇而不是真理女神。毫不奇怪的是，那些把真理女神看成是老妇人的人，本身就没有什么男子汉气概，因此也是活该遭受有权力之人的完全漠视。

但如果在我们的时代现实就是如此，那么，哲学的尊严已被踩在脚下，哲学本身已经变成了某种可笑的，或可以被漠视的东西。因此，哲学所有真正的朋友就都有责任对这混乱进行证实和见证，首先至少要表明，只有哲学的虚假的和毫无尊严的仆人才是可笑的，才是应该遭受漠视的；其次，更好的则是，他们通过自己的行动

---

① 你们要当心……体系。"]参见爱默生的散文《论圆》。——编注

去证明：对真理的热爱是某种可怕和有力的东西①。

  叔本华证明了这两点，而且，将日复一日地做出更多的证明。

---

  ① 和有力的东西]誊清稿中无此表达。——编注

不合时宜的考察 Ⅳ

理查德·瓦格纳在拜罗伊特[①]

[①] 《不合时宜的考察》第三篇和第四篇《瓦格纳在拜罗伊特》(WB)的出版之间,有大约20个月(1874年10月至1876年7月);尼采在这段时间里,产生了其人生中最重要的内在转变之一,这种转变的各阶段,可以在其这段时间的书信(见编年史)中去追溯,但我们在他这个时期的残篇作品中(第7、8卷)可以更精确地追溯这些阶段。在尝试撰写一篇题为《我们古典语文学家》的考察文章失败后(参见第8卷,第9—127页),尼采在1875年夏秋之际撰写《瓦格纳在拜罗伊特》,这个题目在1874年初就已出现;关于瓦格纳的一些准备稿也出自这段时间(参见第7卷,第753—775页,第787—792页)。不过,1875年夏,当尼采决定写瓦格纳时,其视角却不再是1874年1月在拜罗伊特事业失败时(见编年史)的视角。到1875年9月,尼采又誊抄完了一些他的笔记(D 10a),这个誊抄本包括现在《瓦格纳在拜罗伊特》的第1—6节。9月底至10月初,他中断了自己对《不合时宜的考察》第四篇的高强度工作(在这期间,他写下了第7节和第8节),并把他到那时所写的东西视为"不可出版的"(见编年史)。直到1876年春,在拜罗伊特事件来临之际,尼采才开始继续写作;他首先让海因里希·克塞里茨即彼得·加斯特誊抄已经完成的8节,并在5月中旬送去付印。在1876年5月底和6月11日之间,"一种好心情……给予了"尼采"执行原计划的勇气"(见:致施迈茨纳(Schmeitzner)的信);于是就产生了《瓦格纳在拜罗伊特》的最后3节;克塞里茨也完成了这个部分打印稿。1876年7月初,《不合时宜的考察》的第四篇在施迈茨纳那里出版。鲍姆嘉登夫人(Marie Baumgartner)的法文译本也于1877年初在施迈茨纳那里出版。

第四篇《不合时宜的考察》的思想范围亦可参见第8卷,第186—276页。——编注

一[①]

　　一个事件要成就其伟大,必须有两个要素汇合汇聚在一起:完成者的伟大意识和经历者的伟大意识。因此,没有一个事件仅就自身而言就有伟大之处,即便全部星辰陨落,民族毁灭,大国新立,抑或,爆发规模宏大、损失惨重的战争。历史的微风吹拂过诸多此类之上,好像吹走一些柳絮和蛛丝。但也有这样的情况:一个强大之人朝一块坚硬的石头挥拳猛击,却毫无影响,除了一声短暂而尖锐的回响,一切都过去了。历史几乎不会记载这样一些平庸之事。因此,每一个看到一个事件临近之人,都满怀这样的忧虑,即经历此事件之人是否与之相称、相符。当我们行动时,不管是在最微末的事情上还是在最伟大的事情上,都总是期望并旨在获得行动与其接受的这种相符;那些希望付出的人,必会留心找到能够欣赏其馈赠的接受者。这就是为什么即便一个伟大人物的个别行为,如果它本身是短暂的、平庸的和徒劳的,就也没有伟大之处;因为在他做出这个行为的那个时刻,他无论如何没有深刻地认识到,这个行为恰恰在那个时刻是必然的。他没有足够鲜明的行为目的,没有足够确定地认识到和选择恰当时间:偶然性主宰了他,而伟大和认识到必然性总是密不可分。

　　因此,对现在发生在拜罗伊特的事情,是否发生在正确的时刻并且必然发生的担心和忧虑,我们将合理地把它们留给对瓦格纳

[①] 参见第8卷:11[44];11[34];11[43]。——编注

是否认识到这个必然性有所怀疑的人们。对于我们这些对此更为深信不疑的人来说,这里必然的情况是,他既相信自己行为的伟大,也相信那些亲历其行为之人的伟大意识。所有被置于这种信任之下的那些人,不论多少,都应当为此而感到骄傲——因为瓦格纳自己在他1872年5月22日的那次奠基仪式演说中告诉我们,这种信任并不指向所有人,并不指向于整个时代,甚至也不指向新近构成的整个德意志民族。恰恰在这一点上,我们中间没有一个人可以以令人慰藉的方式反驳他。"我只拥有你们,"他当时说道,"热爱我的特殊的艺术、我最独特的工作和创作的朋友们,我向你们寻求对我的构思的同情;只有从你们那儿我才能够获得我所需要的支持,从而能够向那些对我的艺术作品表现出严肃兴趣之人,纯真且毫无歪曲地展示我的工作,尽管迄今为止它们还只能以不纯真和被歪曲的形式展现给他们。"[1]

毫无疑问,在拜罗伊特,就连观众也是值得观赏的一道景观。一个睿智、敏锐的文化观察者,一个从一个世纪漫游到另一个世纪以比较那些非凡的文化冲动和运动的观察者,会在拜罗伊特发现许多值得观看的东西;他肯定会感觉到,他在这里突然陷入一汪更为温暖的泉水中,就像一个在湖中游泳之人偶遇一股温暖的热流。这股热流必定从其他更深的源泉涌出,他对自己说道;毫无疑问,

---

[1] "热爱……他们。"]参见瓦格纳,拜罗伊特戏剧节剧院,见于:《作品与诗歌全集》,莱比锡,1871—1873年,第9卷,第392页;见尼采档案。"人们有……人民在哪里?"准备稿:尼采在准备稿中以这段关键词式的引文关联到瓦格纳的同一段讲话的另一处:"我们最近做的事常常被称为建造'拜罗伊特国家大剧院'。我不能承认这一判断。建造这一剧院的那个'国家'在哪里呢?"同上,第390页。——编注

来自其他更浅的源泉的周围水流,不能解释这股热流。因此,所有参与拜罗伊特庆典之人都将被感受为不合时宜的人:他们的家园在别处,而不在自己当代的时髦和合乎时宜之中;他们也要在其他地方寻找他们的解释,他们的辩护。我越来越清楚地认识到,"有教养者"只要完全彻底地是这个当代的产物,就唯有通过戏仿作品的形式——正如所有一切被戏仿的东西一样——才能理解瓦格纳所做和所想的一切;这种人宁愿借助我们时代的揶揄诙谐的新闻记者的非魔力之灯来让自己理解拜罗伊特的事件。而且,如果他停留在戏仿的层次上,那我们该多么幸运啊!因为在戏仿里面,还会爆发出一种异化和敌意的精神,这种精神会去寻求,或①有时已经在寻求完全不同的手段和途径。那位文化观察者同样把内在于这些对立中的非同寻常的紧张和激烈纳入眼中。一个个体,在其平常的人生的进程中竟能够做出某种全新的东西,这会大大激怒所有那些坚信渐进发展学说如同坚信某种道德法则的人们:他们自己是缓慢的,他们就要求别人也必须缓慢。因此,他们看到某人很快,却不知道他是怎样做到的,他们就会生他的气。对于像在拜罗伊特所发生的这类事件来说,没有预兆,没有过渡,没有中间阶段;除了瓦格纳之外,没有一个人知道通往目标的漫长道路,甚至目标本身。这是艺术王国里的第一次环球航行:在这次航行中,看起来不仅发现了一种新艺术,而且发现了艺术本身。其结果是,迄今为止的所有现代艺术,或是因为其孤立性和缺乏活力,或是因为

---

① 而且……或]准备稿:他可以让人幸灾乐祸,人们甚至可以向他建议,用戏仿的方式展示节日和节日同伴。这样就给他带来了快乐,且没有干扰我们的快乐。因为人们必须知道,在戏仿作品中,只是释放了一种敌对的精神。——编注

浮华奢靡,都几乎完全丧失其价值;甚至对我们现代人从古希腊那里继承而来的、对一种真正的艺术的不确定的、拼凑在一起的那些记忆,如今也只能安息了,除非它们本身现在能够在一种新的理解中闪耀光芒。对于许多事物来说,其丧钟已经敲响;这种新的艺术所预言的不仅仅是现代艺术的即将消亡。一旦戏仿所激发的哄笑沉寂下去,新艺术的惩戒之手就必定会使我们当今的整个文化界感到毛骨悚然:让这种嬉戏和哄笑再多些时候吧!

与此相反,作为这种重生的艺术的门徒,我们对于严肃、对于深刻的神圣的严肃拥有时间和意志!迄今为止的文化对艺术所做的大话和噪音,我们现在不得不视之为一种不知羞耻的纠缠;这一切都迫使我们有义务沉默,有义务作毕达哥拉斯式的五年的沉默。我们中间有谁不曾在现代文化令人作呕的偶像崇拜上弄脏双手和心灵!谁不需要纯洁的水,谁没有听到惩戒的声音:沉默并保持纯洁!沉默并保持纯洁!我们只有听到这种声音,才能被赐予能够用来观察拜罗伊特事件的那种伟大的目光;而且,唯有在这种目光中,才有那个事件的伟大未来。

1872年5月的那个日子,大雨倾盆,天空晦暗,当奠基石被安放在拜罗伊特的山丘上之后,瓦格纳和我们中间的一些人驱车回城;他沉默无语,久久地以一种难以描述的目光审视着自己的内心。在这一天,他来到了其生命的第60个年头:他之前的一切努力都是为这个时刻做准备。我们知道,人们在一种异乎寻常的危险时刻或者当人们要对其生活作出一个重要的决定时,他们会以一种无限加速的内省审视,把所有经历都聚拢起来,并以最罕见的敏锐对最切近的和最遥远的事物重新加以认识。当亚历山大大帝让人从一个酒杯里痛饮出亚洲和欧洲时,他在那一刻可曾看到过什么?但是,瓦格纳那一天从内心中审视到了什么——他如何成为他现在这个样子、将会成为什么样子——我们这些瓦格纳身边的人能够在一定程度上有所领悟。而且,只有从瓦格纳这一眼光出发,我们才能够理解瓦格纳行为本身的伟大——为的是以这种理解担保其伟大行为的多产和丰硕。

二①

如果一个人最能够做和最喜欢做的事情却不能在其整个生命形式中重新得到显现,那会是非常奇怪;相反,在具有杰出能力之人那里,生活不仅必须像在每一个人那里一样,成为他们性格的反映,而且尤其还必须是其理智及其最独特的能力的反映。史诗诗人的生活将带有某种史诗般的特性——例如,在歌德那里,情况就是这样。顺便说一句,德国人很不公正地习惯于②把他首先看作抒情诗人型剧作家③,而剧作家的生活将带有戏剧性。

自从瓦格纳内心占统治地位的激情意识到自己并主导了他的整个天性那一刻起,他成长中的戏剧因素④就完全不可能被忽

---

① 参见第 8 卷:11[42];11[27];12[10]。——编注
② 习惯于]DmN(出自尼采的 VM 和 WS 付印稿的一种变体,简称"尼采付印稿")、大八开版:惯常的。——编注
③ 例如……剧作家]参见 8[5]。——编注
④ 自从……戏剧因素]参见尼采致瓦格纳的信,1875 年 5 月 24 日:当我想到您的生活的时候,我总是感到您的生活戏剧性地在我眼前上演……——编注

视①了。从这一刻开始,摸索、漫游、旁枝斜出和枝蔓丛生,便结束了;那些最为蜿蜒曲折的道路和转型,其计划的经常不切实际的变化,现在被一个单一的内心法则所主导,也就是,被一种使这些可以得到解释的意志所主导,尽管这些解释经常听起来有些离奇。不过,瓦格纳生命中有一个前戏剧的阶段,即他的童年和少年期,人们不可能越过这个部分而不遇到谜和矛盾。他本人显得还根本没有被预示要成为现在的自己。回顾来看,这些事情现在也许能够理解为一种预示;再进一步考察,它们是一些②与其说必然激起希望、倒不如说必然激起疑虑的特性的杂乱集合:一种不安、易激发的精神,一种攫取上百个不同事物的神经质的匆忙③,一种对几乎病态的高度紧张的精神状态的热衷,一种从最深切的心灵宁静的时刻到狂暴和喧闹④的状态的突然转变。没有任何严格的继承的和家族的艺术训练来限制他投身于一种特定的艺术方向:⑤他也许可以轻易地捡起绘画、诗艺、戏剧、音乐作为学术教育或未来职业;肤浅之人还会认为,他天生就是个浅薄的半吊子。影响他成长起来的那个小世界,并不是那种有人期望一个艺术家有幸拥有的家园。肤浅地涉猎精神世界里不同事物的危险乐趣向他逼近,

---

① 忽视]准备稿:[瓦格纳,他是如何变化的!]瓦格纳的生活自身有着戏剧的东西。——编注

② 一些]准备稿:经常且到处都能发现,并且。——编注

③ 匆忙]准备稿:那种脑中的病态畸形之物。——编注

④ 一种……喧闹]准备稿:一种喧闹的、呼喊的、喋喋不休的东西,对平静、勤奋和一种深刻心灵宁静的逃避。——编注

⑤ 方向:]准备稿:[生活漫不经心,在对完全不同的职业工种的热情中没有方向地摇来摆去]。——编注

同样逼近他的还有多方面肤浅的知识——学究之城的典型特征——所产生的自负。他的感情易被激发,但未得到彻底满足;这个少年的眼光飘游所及,他发现自己被一种奇特地早熟的,但活跃的本质所包围,并且,这本质与喜剧浮华的、五光十色的世界处于可笑的对立中,与音乐那征服心灵的声音处于不可理解的对立中①。现在,进行比较研究的专家会发现这样一种令人惊奇的通常现象,即获得一种伟大天赋的现代人,恰恰在其青年和少年是多么罕见地拥有朴素的独特感、自我感和天真等属性。确实,现代人鲜能拥有这种属性;相反,像歌德和瓦格纳这样极为罕见之人更多的是在成人阶段而不是少年和青年阶段,达到了这种天真。特别是那些拥有非凡的天生模仿力的艺术家,必定患上现代生活衰弱的无力的多面性,就像患上一种严重的儿科疾病;作为少年和青年,他与其真正的自我相比,看起来更像一个老人②。只有在其生命的晚期才发现自己的青年时代的人,才能够创造出那个精彩的极其严格的青年原型,即《尼伯龙根的指环》中的齐格弗里德。③

---

① 他……对立中]出自准备稿:他看起来是为爱好而生的。对莱比锡这样的出生地,就没人能指望幸福;因为在那里,在一种市民的精干但却狭隘的道德基础上,形成了一种奇特的软弱、早慧、但上进的特征,这个特征在德国文明史中不可被忽视和低估,但却很难得到崇敬。这种特征包括普遍被传授的精神上浅尝辄止的乐趣、感受的敏感和不彻底性、在作家般的和书商式的交谈之间的变换、时尚的变化,以及撒克逊人普遍带有的随机应变的特质。——编注

② 特别是……老人]出自准备稿:瓦格纳在极高程度上拥有现代本性的那种古怪:他作为少年没有天真过,他像他笔下的齐格弗里德,胜过任何人。齐格弗里德在较早版本的准备稿中:瓦格纳把他塑造为所有时代的青年原型,这是源于他对这个青年本质的内在体验。——编注

③ 只有……齐格弗里德。]出自准备稿:他的身体的青年时期早已过去了,但他那时才变得年轻,并且从此保持了很久。参见 ZaI《从自由的死亡中》。——编注

后来，就像瓦格纳的青年来得较迟一样，他的成年也来得迟一些，因此，他至少在这方面①恰恰是一种早熟儿的对立面②。

一旦他达到其精神上和道德上的成年，他的生活的戏剧也就开始了。他现在看起来是多么不同啊！他的本性似乎以可怕的方式被简化了，被撕裂成两种冲动或者两个领域。在其最下面，一种强烈的意志奔涌咆哮，仿佛要穿越所有水渠、洞穴和沟壑，奋求光明，欲求权力③。唯有一种完全纯粹的和自由的力量才能指导这种意志进入良善的和有益的道路；如果这种意志与一种狭隘的精神相结合，其不受限制的暴虐的渴求就会酿成灾难；因此，无论如何，必须很快就找到一条通向广博、明亮的天空和阳光的道路。这种强力追求不断遭受失败，就会令人恼怒；获取成功手段的不充分性，可能在于环境，可能在于不可改变的命运，而并不在于他缺乏力量；但是，那些尽管缺乏充分的手段却仍不放弃追求之人，会变得怨恨、愤怒和不公正。他也许会从其他人身上寻找自己失败的理由；他甚至满怀强烈的仇恨，认为整个世界都有罪过；也许，他还胆大妄为，走上歧路，手段卑鄙，实施暴力。于是，好人在追求最好

---

① 他至少在这方面]校样中写的是：如他总的作为人来说。——编注

② ……对立面]准备稿：[而且我想在之前已经叙述的那个前戏剧性部分中去认识瓦格纳生活中一个被特别延长了的童年，一个在上千件事情上沉迷和享乐的童年，当然这些事情通常根本不会进入儿童的世界]。——编注

③ 欲求权力]在准备稿中如下：跳跃、攀爬、放肆地撞墙、起舞；在隐藏着的岩石上受伤、暴躁、伤害自己和他人——瓦格纳天性的一面看上去就是这样。就像荷兰的航海家，他似乎被诅咒了，要永不知疲倦地在海上漂泊，这是对内心的此在的诅咒。准备稿中另一种从"就像"到"内心"的版本是："命运女神给我一种永不知足的精神。"这里他说的就是他自己。参见第8卷第11页及其注释。——编注

目的的道路上变得粗鄙野蛮。甚至在仅仅追求自己的道德纯洁的人们中间,在隐士和修士中间,也能找到这样一些野蛮、病态之人,被失败侵蚀和掏空。有一种精神在对瓦格纳说话,这是一个充满爱的精神。它满含亲切和甜美,温柔地劝说着,它痛恨暴力行为和自我毁灭,不愿看到任何人处在桎梏之中。这种精神降落在瓦格纳身上,用它的双翼慰藉他,保护他,它给他指点道路。① 我们现在想看一看瓦格纳的本性的另一面,但是,我们应当如何描述它呢?②

一个艺术家所创造的种种形象,并不是他自己,但是,他以最热忱的爱所投入创作的系列形象,很明显确实传达了艺术家本人的某种东西。现在,让我们用心想一想黎恩济、漂泊的荷兰人和森塔、汤豪舍和伊丽莎白、罗恩格林和伊尔莎、特里斯坦和马可、汉斯·萨克斯、沃坦和布吕恩希尔德③:他们都被一条道德的高贵和

---

① 它满含……道路。]参见瓦格纳《给我的朋友们的一个通告》:"关于音乐的本质,我最近说得够多了;在这里我只想把音乐作为我的好天使来怀念,这个天使守护着作为艺术家的我,实际上,甚至是他才使我成为艺术家。"引文出处同上 4, 325;参见第 8 卷:11[42]。——编注

② 描述它呢?]准备稿:描述它呢? 也许当人们选择这条路的时候。——编注

③ 黎恩济(Rienzi)是瓦格纳同名歌剧的主人公;漂泊的荷兰人和森塔(Holländer und Senta)是瓦格纳歌剧《漂泊的荷兰人》中的一对恋人;汤豪舍和伊丽莎白(Tannhäuser und Elisabeth)是瓦格纳歌剧《汤豪舍》中的主要人物;罗恩格林和艾尔莎(Lohengrin und Elsa)是瓦格纳歌剧《罗恩格林》中的一对恋人;特里斯坦和马可(Tristan und Marke)是瓦格纳歌剧《特里斯坦和伊索尔德》中男主人公及其叔父;汉斯·萨克斯(Hans Sachs)是瓦格纳歌剧《纽伦堡的工匠歌手》中的主人公;沃坦和布吕恩希尔德(Wotan und Brünnhilde)是瓦格纳歌剧《尼伯龙根的指环》中的众神之王和重要人物之一。——译注

高大的隐秘暗流联结起来,而且,这条暗流还越来越纯净,越来越清澈——,我们站在这里,带着羞怯的沉默,面对着瓦格纳自己的灵魂中最内在的成长。我们可以在哪个艺术家身上感知到类似的东西,某种类似的伟大呢?席勒创作的诸形象,从强盗们到华伦斯坦和退尔①,经历了这样一条高贵化的类似道路,同样表达了其创作者的成长的某种东西,但在瓦格纳这里,其规模更大,道路更长。一切都参与并表达着这种净化过程,不仅有神话,而且有音乐;《尼伯龙根的指环》中就包含有我所知道的最合乎道德的音乐,例如布吕恩希尔德被齐格弗里德唤醒的那一段②;在这里,瓦格纳达到了如此巍然的情绪的崇高和神圣,以至于我们不禁想到阿尔卑斯山冰山雪峰的炽烈和灼人:在这里,大自然显得如此纯粹、孤寂、凛然和无欲,沐浴在爱的光芒之中;云朵、风暴甚至崇高都远在它之下。从这个角度来回顾一下《汤豪舍》和《漂泊的荷兰人》,我们就能感觉到瓦格纳这个人是如何形成的:他在黑暗和不安中开始探索,他如何猛烈地寻求满足,追逐权力和令人陶醉的享受,但常常带着厌恶逃回,他如何寻求抛掉自己的负担,渴望去遗忘、去否定、去弃绝——整个洪流时而跌入这个山谷,时而跌入另一个山谷,遁入最阴暗的沟壑③:此时,在这种半地下的奔腾之流的夜里,在他头顶之上,闪耀着一颗放着悲伤的光芒的星星;他按照自己的认识去称呼它:忠诚,无私的忠诚!为什么这颗星在他看来比一切④都更明

---

① 强盗、华伦斯坦和退尔是席勒作品中的人物。——译注
② 《尼伯龙根的指环》……那一段]参见第8卷,第27页。——编注
③ 沟壑]准备稿:沟壑,[岩石和森林猛烈地撞击,砸碎、肆虐]。——编注
④ 一切,]一切? 手稿样本[?];大八开版。——编注

亮、更纯粹？对于他的整个本质来说，忠诚这个词包含着什么秘密？因为在他所思考和创作的任何东西里面，都被烙上忠诚的图画和问题之印；在他的作品中，我们可以发现一套所有可能种类的，几乎完备的忠诚的系列，其中有最光荣的和最珍贵的忠诚：兄弟对姐妹的忠诚，朋友对朋友的忠诚，仆人对主人的忠诚，伊丽莎白对汤豪舍的忠诚，森塔对荷兰人的忠诚，伊尔莎对罗恩格林的忠诚，伊索尔德、库尔维纳尔和马可对特里斯坦的忠诚，布吕恩希尔德对沃坦的内在愿望的忠诚。这不过是系列的开始。这是瓦格纳自己所体验的最本己的原初经历，他把它们尊为某种宗教体验。他用"忠诚"这个词来表达这种经历①，不知疲倦地在上百个形象中把自己投射出去，并以充溢的感恩之情把他所拥有和能够给予的最美妙的东西赋予这些形象——这是奇妙的经历和认识：他的本质的一个领域对另一个领域保持忠诚，一种出于自由的、最无私的爱的忠诚；创造性的、纯洁的和更加明亮的领域②对隐晦的、难以控制的和暴虐的③领域的忠诚。

三④

在两种最深刻的力量的相互关联中，在一种力量对另一种力量的献身中，包含一种伟大的必然性。单凭这种必然性，瓦格纳保

---

① 他把它们……经历]准备稿：他把这种体验归功于自己，并视为自己的宗教，他崇拜他的宗教。——编注
② 领域，]手稿样本[？]；大八开版：领域？——编注
③ 暴虐的]准备稿：不公正的——在这里也有恩典。——编注
④ 参见第 8 卷：11[27]；11[45]；11[39]；11[38]。——编注

持着自己的完整和自我。同时,当他在看到自己一再受到不忠的诱惑及其对自己的可怕危险的威胁时,这种必然性是他无力支配,又不得不观察和接受的唯一东西。在这里,淌流着成长之痛的极其充沛的源泉,即不确定性。他的每一个冲动都想无限制去欲求,每一个享乐生存的天赋都想挣脱限制,并获得个体满足;它们越是丰沛,就越是动荡喧哗,它们相互遭遇时就越多敌意。而且,偶然和生命刺激着他去获取权力、光荣以及最热烈的欢乐;不得不生存下去的无情的必然性更为经常地折磨着他;到处都是枷锁和陷阱。如何可能在这种环境之下保持忠诚,保持完整?——这种怀疑经常侵袭他,而且就像艺术家经历怀疑那样,这种怀疑表现在他的艺术形象之中。伊丽莎白只能为汤豪舍受难、祈祷和去死,她通过自己的忠诚拯救了这个善变和狂放不羁的男人,但并不是为了今生。每个被抛入当今时代的真正艺术家的生命,都充满危险和绝望。他能以多种手段获取荣耀和权力,安定和满足不断地被提供给他,但始终只是以现代人所熟悉的形式提供给他,一种对诚实的艺术家来说只能是成为令人窒息的毒雾的形式。他的危险就在于这些诱惑,同样在于对这些诱惑的抵制,在于对获得乐趣和名望的现代方式的厌恶,在于对当代人特有的所有自我寻求的满足的愤怒。想象一下瓦格纳担任一种官职——就像瓦格纳不得不担任城市剧院和宫廷剧院的乐队指挥的职务一样;我们将会看到,最严肃的艺术家如何在现代机构上强行加入严肃,而这些之前基本上是按照轻浮娱乐和要求轻浮娱乐的原则建成的;他如何部分地成功而在整体上总是失败;他如何感到厌恶,并想要逃遁;他如何找不到他能够逃往的地方,而且总是又不得不返回到我们文化的流浪者和

三　497

受排斥者那里，并自认为是他们中的一员①。即使从一种境遇中挣脱出来，他很少能发现一个更好的境遇，有时还陷入极深的贫困之中。这样，瓦格纳不断地变化着城市②、伙伴和国家，而且人们几乎不清楚，他是在什么样的非理性要求和环境之下总是不得不在那些时间里忍受下去。在他迄今生命的一大半，一直笼罩着一种沉闷的空气；看起来，他不再感受到一种总体的希望了，而只是

---

①　而且……一员］参见瓦格纳《关于戏剧节剧目〈尼伯龙根的指环〉上演至其创作发表的情况和命运的报告》："对我来说，我在现代市民阶级社会的这些迷茫的孩子中，发现了戏剧令我欣慰的地方。……而对于我看到像吉卜赛人一样游荡过一个新的市民的世界秩序的这些人来说，我想现在竖起我的旗帜……"引文出处同上 6，370。——编注

②　……城市］准备稿：［这是］在两种最深层次的力量的关系中，在一种力量对另一种力量的奉献中，包含着瓦格纳的巨大必要性，这对他来说是唯一必要的事情，通过这件事情他得以保持完全并保持自身；同时，这是唯一不受他控制的、在他看到不忠的诱惑和可怕的危险多次来临时必须以灵魂恐惧来观察和接受的事情。这儿有着他的苦难的最大来源：他的每一个冲动都陷入不当，一切天赋都想挣脱束缚和独自满足，它们越大，就越骚动，它们的交集就越带有敌意。生活促使人去获取权力和乐趣，但活下去的需求更加折磨人，到处都是镣铐和陷阱。怎么可能保持忠贞，保持完整！这种怀疑经常侵袭他，并像一个艺术家的怀疑那样，表现在艺术形象中：伊丽莎白为了汤豪舍只能受难和死亡，她通过自己的忠诚拯救无常，但拯救不了性命。最高贵种类的好奇心不停地把各种天赋引诱到一边；他的创造能力要走自己的路，有朝一日会自己远去。只举一个例子：从他晚期音乐的最高造诣中，会听的人能感受到关于戏剧形式的残酷性的抱怨，这几乎不可抗拒地把他拉入交响乐，他只以苦涩的决定来服从戏剧的进程，这进程就像无情的命运，暴戾地支配着纯音乐那对着缰绳嘶吼的飞马。——在瓦格纳的整个生活道路上，这是危险的和绝望的。他本可以多种方式达到荣耀和权力，他拥有现代人所理解的那种宁静和满足。在这里，但也在与之相反的地方，在对获取乐趣和威望的现代方式的厌恶中、在针对一切舒适感的愤怒中，存在着他的危险。在某个时候着陆在德国戏剧的地界上之后，他就努力地、带着许多懊恼坚守在这个不稳定的、轻浮的世界里，接受很多事情，也做很多事情，为的就是能够在里面活下去，但总是一再发现自己被厌恶所侵袭，这种厌恶如此强烈，使得一种隐蔽的爱把他与我们的文化的流浪者和被驱逐者联结在一起。他从一种状态中挣脱出来后，却很少能连接到一个更好的状态，有时他陷入极深的贫困；他不断地变化着城市。——编注

441 得过且过，从这个希望走向下一个希望，尽管并不绝望，却放弃了信念。瓦格纳也许经常感觉自己像是整夜漫行那样，负担沉重，精疲力竭，却彻夜激愤。这就是他常态的心境；此时，突然的死亡对他来说并不可怖阴森，而是富有诱惑和吸引力的幽灵①。这样，负担、道路和黑夜，全都一下子消失了！——这听起来确实有诱惑力。他千百次地怀着短暂的希望重新把自己抛入生活，把一切精灵抛在身后。但是，他这样做时几乎总是有一种无度，这显示他并未深入地和坚定地相信那个希望，而是仅仅陶醉沉迷于它。他的欲求与他满足这种欲求的通常的低能或无能之间的对立②，使他如芒刺在背，饱受折磨；持续的匮乏刺激着他，因此，一旦匮乏突然减弱，他的想象走向过度和放纵，并丧失其中。他的生命变得越来越错综复杂，但他借以应对的手段和应急办法也越来越大胆，越来越别出心裁，尽管它们不过是些戏剧性的权宜之计，是些假托的动机，是被设计出来欺骗一时的，但也只能欺骗一时。他闪电般迅速地抓住它们，但它们也同样迅速地被耗尽。完全贴近地、不带情感地来看，瓦格纳的生命带有很多喜剧色彩，确切地说，带有明显的荒诞的喜剧性，这让人回想起叔本华的一个见解③。对其全部生

---

① 一个……幽灵]参见瓦格纳《给我的朋友们的一个通告》："对我来说，我们的现代艺术状态和生活状态，迫使自由心灵成为坏人，这种可恶的迫使从来没有比那个时刻更清楚。在这里，能给孤单的人找一条出路吗——除了死亡？"引文出处同上 4,371 及以后。——编注

② 与他……对立]准备稿：满足于对欲望和现实无能的对抗，满足于所有他的希望的令人陶醉的东西。——编注

③ 叔本华的一个见解]参见《作为意志和表象的世界 I》，第 380 页："每个人的生活，如果从整体和一般上来看……都是悲剧；但从个别上来看，每个生活都有喜剧的特点。"参见《悲剧的诞生》10。——编注

命荒谬的、缺乏尊严的感受、认识和承认,如何必然影响着比其他任何人都更能在崇高的和超崇高的气氛里自由呼吸的艺术家——这值得每个思想家思考。

在瓦格纳这样一些唯有通过最精确的描述才能唤起应得的那种程度的同情、恐惧和崇敬的活动中间,一种学习的天赋展开了。这种天赋甚至在德意志这个真正的学习民族①那里都是非同寻常的;但从这种天赋中又生长出一种新的危险,这种危险甚至大于那种被不安的幻象所疯狂引领的无根的、不稳定的②生活所带的危险。瓦格纳从一个尝试的新手发展成为音乐和舞台的一个完美大师,并在所有基本的技术方面都成为发明者和推进者。他为大型舞台的所有艺术都提供了最高榜样,对这一殊荣无人再提出异议。但是,他的发展比这要多得多,为此,他比其他任何人都更不遗余力借助学习,以掌握最高形式的文化。他是如何做到的啊!看到这一点倒是一种乐趣。最高文化从四面八方在他上面、在他里面生长,知识结构越大、越重,用来组织和控制的思维的拱架上的压力越大③。不过,朝向科学和技能的通道,是如此困难地难以发现;瓦格纳经常是自己不得不临时创造这样的通道。瓦格纳,简单戏剧的革新者、艺术在真正的人的社会中的地位的发现者、过去的生命哲学的诗化阐释者、哲学家、历史学家、美学家和批评家;瓦格纳,语言大师、神话学家和神话诗人,第一次用一个指环围住这个

---

① 真正的学习民族]准备稿:学习的民族。参见第 8 卷:5[65]。——编注
② 那种……不稳定的]准备稿:在公民看来不可能的和无法相信的。——编注
③ 知识……越大]准备稿:辩证思维的弦越来越紧。——编注

美妙的、古代的巨大结构,并在上面刻下自己精神的神秘符号——要能够成为所有这一切,他必须汇聚和囊括多么丰富的知识啊!然而,所有这些的重量既没有压垮他的行动意志,其个别方面的诱惑也没有把他引向歧路。为了判断瓦格纳的这种行为是多么独特,这里把歌德作为伟大的相反例子来与他比较。作为学习者和认知者的歌德,像是一个分支众多的河系,但这个河系并未把自己的全部能量都带入大海,它在其路途和转弯上失去和散落的能量至少如同它注入海口时所携带的一样多。确实,像歌德这样一个存在者,拥有和造成了更多的惬意;其周围洋溢着脉脉的温情和高贵的挥霍,而瓦格纳的铁流的力量和方向也许会让人害怕、让人退避三舍。但是,让这些愿意害怕的人害怕去吧;我们这些其他人则愿意能够亲眼看到瓦格纳这样一个英雄,来使我们变得更勇敢些,尽管这个英雄甚至在现代教化方面也"不曾学会害怕"①。

瓦格纳同样从未学会通过历史学和哲学使自己平静、安定下来,没有让其软化温顺和劝阻行动的魔力效果在自己身上起作用。无论作为创造性的艺术家,还是战斗性的艺术家,瓦格纳都没有被学习、教育和教化拖离自己的生命轨迹。一旦创造性力量攫取了他,历史就变成了他手中可塑的橡皮泥;在这种情况下,他与历史的关系完全不同于其他学者和历史的关系。这种关系更类似于希腊人对自己的神话的关系,也就是说,类似于一个人对他可以对它进行塑造和诗意创作的事物的关系。当然,这种关系带有爱意和

---

① "不曾学会害怕"]如齐格弗里德;参见瓦格纳《齐格弗里德》,第一幕,引文出处同前,6,152 以下。——编注

某种羞怯的虔诚，但艺术创造者的主权却从未丧失。恰恰由于历史对他来说比任何梦幻都还更可塑和更可变，因此，他把全部时代的典型方面通过创造注入到个别事件之中，从而达到历史学家从来达不到的、表征中的真理。中世纪的骑士精神在哪里会有血有肉地转化为罗恩格林这个形象？工匠歌手们难道不是向未来时代讲述德意志精神的本质，甚至不止是讲述；难道他们不是这种精神的最成熟的果实之一吗？这种精神总是不断地寻求改革而不是革命①，在其广泛的安逸舒适的基础上，也未曾忘记最高贵的不满和革新行为。

瓦格纳对历史学和哲学的投入恰恰驱使他进入了这种不满：他在历史学和哲学中不仅发现了武器和盔甲，而且尤其感到了从一切伟大的战士、一切伟大的受难者和思想者的墓地吹来的令人振奋的气息。对瓦格纳来说，除了利用历史和哲学的方式外，再也没有任何别的更有效的工具来使他自己超越整个当前时代了。但就像普遍所理解的那样，在现代，历史似乎被分配给这样一个任务，即让气喘吁吁、筋疲力尽地奔向自己目标的现代人有机会喘上一口气，从而使他们能够在一个时刻感到自己仿佛是被卸下了轭具。一个蒙田对于宗教改革的精神激荡意味着什么？意味着达到一种自身的宁静，一种安宁的自为存在和放松——他最好的读者莎士比亚肯定是这样看待他的——这就是历史学现在对于现代精神的意义。如果说德国人自一个世纪以来特别热衷于历史研究的

---

① 总是……革命]校对稿：只有……能；参见瓦格纳《贝多芬》："因此德国人不是主张革命的，而是主张改革的……"引文出处同前，9，105。——编注

话,那么这表明,在近代世界的激荡和运动中,他们代表了一种阻碍、拖延和抚慰的力量①;一些人也许会把这视为对它们的褒扬。但总的来说,如果一个民族的精神追求主要指向过去,那么这就是一个危险的征兆,是一种疲惫、倒退和衰败的标志,以至于他们对所暴露于其中蔓延的狂热如政治狂热,有着危险的易感。我们的学者与所有的革命运动和改良运动相对立,恰恰代表了现代精神的历史中这样一种孱弱的状态;他们没有给自己提出最自豪的任务,而是为自己确保某种安宁的幸福。每一个更自由、更男子汉的步伐肯定会带领我们超越他们,——尽管绝不是超越历史本身!这种历史应该具有完全不同的力量,就像恰恰是如瓦格纳这样的人物所直觉感知的:历史需要一次以一种更加严肃、更加严格的方式来进行写作,这种写作要源于一个强有力灵魂的深处,尤其不再以迄今总是如此的乐观主义方式②,换句话说,必须以不同于德国学者们到现在所做的方式来进行。他们的所有工作都有一种美化的、顺从的和自我满意的色彩,而且,他们对事物的进程心满意足。如果他们中的一个人使人认识到,他之所以心满意足,仅仅是因为事情还可能会更糟糕,那么,这已经说明了很多;他们中的大多数本能地相信,只要事情如现在这样发生,那就是好的。如果历史学不再仅仅只是一种伪装的基督教神义论③,如果它是用更多的正

---

① 阻碍……力量]参见《瓦格纳事件》后记:德国人,历史上卓越的延缓……——编注
② 方式]参见第 8 卷;5[12]。——编注
③ 是……神义论]套用了费尔巴哈的话(哲学是一种伪装的神学),这是尼采在瓦格纳身上看到的,参见瓦格纳,第三、四卷的引言,引文出处同前 3,4。——编注

义和热烈的情感写就的,那么,它就会确实很少能够提供像它现在所提供的那种服务功能,即,作为针对一切革命的和革新的事物的鸦片。这在哲学那儿也有类似的情况:大多数人想从哲学学到的东西无非是粗略地——十分粗略地!——理解事物,以便他们能使自己适应事物。甚至哲学的最高贵的代表人物也如此强力地强调它的抚慰和慰藉的力量,以至懒散者和那些向往休息和惬意之人必定认为,他们所寻求的正是哲学所寻求的。相反,在我看来,所有哲学的最重要的问题是,事物在多大程度上拥有一种不可改变的本性和形式,因此,一旦这个问题得到回答之后,我们就能以最无畏的勇气着手改善世界中被认为可改变的方面。真正的哲学家也通过他们的行为,通过他们致力于改善人类大可改变的判断和见识而不是把自己的智慧保留给自己,来向我们教导这一点①;就连真正哲学家的真正门徒们也教导这一点,他们和瓦格纳一样,知道如何从这些哲学吸取一种提高和增强了的意志的决心和坚定,而不是吸吮让人沉睡和麻醉的汁液。瓦格纳在最精力充沛、最具英雄气概的地方,他就最是哲学家。而且恰恰是作为哲学家,他不仅毫不畏惧地穿过了不同哲学体系的烈火,而且穿过了知识和博学的烟雾②,始终对其更高的自我保持忠诚。这种更高的自我要求他多方面的特性作为整体去做出行动,并命令他去承受和学习,以便能够完成那些行动。

---

① 相反……这一点]参见第 8 卷,9[1]。——编注
② 知识的烟雾]参见歌德《浮士德》第 395 页:"知识的浓烟"。——编注

四[①]

  自希腊人以来文化发展的历史实际上极为短暂，如果人们只考虑真正走过的道路，不考虑停滞、倒退、踯躅和偏离的时期的话。世界的希腊化以及为使希腊化成为可能的希腊世界的东方化——亚历山大大帝的双重任务——仍然是最后的伟大事件；是否能够在根本上同化一种外来文化的古老问题，始终还是现代人奋力要解决的问题。正是这两种因素之间有节奏的互动，决定着迄今的历史进程。例如，基督教在这里似乎为东方古代文化的一个部分，并由那些过于勤奋之人进行过彻底地思考和行动，以达到其逻辑结论。随着基督教影响的式微，希腊文化的力量再次增长了；我们所经历的种种现象如此奇特，以至于如果我们不能回顾并穿越巨大的时间段，把这些现象与古希腊的类似现象联系起来，那么它们就会变得虚无缥缈，难以理解。这样，在康德和爱利亚学派之间，在叔本华和恩培多克勒之间，在埃斯库罗斯和瓦格纳之间，就存在这样的接近和渊源，以至于我们会被清晰地提醒一切时间概念极其相对的本质。看起来几乎许多事物相互联系，而时间只是一丛乱云，使我们难以看到它们之间的这种联系。特别是，作为严格科学的历史也尤其唤起了这种印象：我们现在最接近亚历山大的希腊世界，好像历史的钟摆再次摆回到它开始摆动的那个点，进而摆向神秘的远方，并逐渐消逝。我们当前世界的画面绝不是新的；那

---

  ① 参见第 8 卷：11[22]；11[23]；11[26]；11[20]；11[1]。——编注

些了解历史之人越来越感觉到,他们正看到一张脸上过去的熟悉的特征。古希腊文化的精神无限地散落在我们当今的世界之中:当各种各样的力量相互推挤、涌向我们之时,当现代科学的成果和成就被我们用作交换手段而相互提供之时,希腊的画面再次浮现出惨淡的容颜,像个远处的幽灵。迄今充分东方化了的大地现在再次渴求着希腊化;谁若想帮助大地的这种希腊化,他肯定需要速度和一双长翅膀的脚,以便把最多种多样的和最遥远的知识点、最偏远地域的才华汇聚到一起,以便跑遍和统治这一极其广阔的整个领域。这样,我们现在就需要一群反亚历山大者,他们拥有最强大的力量,能够进行合并和连结,把最遥远的丝线聚在一起,保护织物不被扯碎。这里并不是像亚历山大那样解开希腊文化的格尔迪翁之结①,使它的终端飘向世界的所有角落,而是在它被解开之后把它捆绑起来——这就是现在的任务。我在瓦格纳身上认识到这样一个反亚历山大者:他把零碎的、孱弱的和懒散的东西集聚和联结起来,如果可以用一个医学术语来表达的话,他具有一种收敛的能力:正是在这个意义上,他属于文化的伟大力量。他精通各种艺术、各种宗教、不同民族的历史,但却是一个博学家,一种仅仅进行堆积和整理的精神的对立面:因为他塑造并赋予这些东西以生命;他是一个世界的简化者。要想不误解这样一个观念,我们可以把其天才施加给他的这个最普遍的任务,与我们经常由瓦格纳这

---

① 格尔迪翁之结,在公元前333年,亚历山大大帝征讨东方时,在格迪恩(Gordion),有人向他呈了一个古老的结,据说谁能解开,就能称王亚洲。亚历山大大帝无法抗拒这一挑战。他举起身上佩剑,斩断了这个死结。后来"斩断格迪恩之结"多指干脆利落地解决复杂问题。——译注

个名字所想到的那种狭隘得多和切近得多的任务作一比较。我们期待于他的是一场戏剧的改革:假定他成功做到了这一点,那么,我们又期望他对那个更高的和更遥远的任务做出什么成就呢?①

当然,现代人将会被改变和改造:在我们的现代世界里,一件事与另一件事如此密切地相互联系、相互依赖,以至于谁只要拔出一根钉子,就会使整个大厦动摇和坍塌。尽管这里对瓦格纳改革的表述看起来有点夸张,但对任何别的真正的改革来说,莫不如此。要想获得戏剧艺术所能产生的最高的和最纯粹的作用,却不同时在每个方面如在道德和政治、教育和社会中进行革新,这是根本不可能的。爱和正义一旦在一个领域,这里是在艺术领域变得强而有力之后,必定按照其内在必然性的法则继续扩展,不可能再返回到其之前的蛹化阶段的寂然不动。即便仅仅为了把握我们的艺术对生命的态度在多大程度上是这种生命的退化的一种象征,为了把握我们的剧院对于其建造者和光顾者在多大程度上是一种冒犯和侮辱,那我们也必须重新学习,完全改变观念,从而能够有朝一日把习惯的和寻常的东西视为某种非同寻常和错综复杂的东西。奇特模糊的判断,不顾一切代价对娱乐、对消遣的欲盖弥彰的

----

① 我们……成就呢?]这里也许有一个人在这中间喊着"但,瓦格纳真正想要达到的东西是什么呢?"按你们的想象,他最多能做到什么呢? 不就是戏剧的改革! 要是这样会发生什么呢! ——尼采付印稿:[而这种能产性表现了什么呢?]这种能产性应该表现什么呢? 这里也许有人要打断我。他真正想要达到,或者按照你们的想法,最好能够达到的是什么呢? 无非是——戏剧的一种改革? 你们将耸耸肩说。要是这样会发生什么呢? 笔记本 Mp XIII 4,14a;用这些话来说:"这种能产性……"后面的阐述应该作为一个完整的片段(参见第 8 卷:11[23])完成,直接接在《瓦格纳在拜罗伊特 1》后面(参见《瓦格纳在拜罗伊特 1》第 435 页,1—2 行);这个计划被尼采抛弃了。——编注

嗜好，博学的考量，浮华自负，表演者一方对艺术的严肃性无所顾忌，剧院老板一方则对收益有着野蛮的贪欲；一个贫乏空洞和毫无思想的社会，一个只考虑人民对自身有益还是有害的社会，一个只光顾剧院和音乐会而没有想到其义务的社会——这一切共同构成了我们当代艺术状况所特有的沉闷的和有害的空气；但是，如果人们在这种空气中成长，像我们的有教养者那样习惯于这种空气，那么，他们可能会相信这种空气对其健康是必要的，并会在由于某种限制或被迫暂时放弃它时感觉不适。实际上，这里只有一种手段来立刻使我们确信，我们的戏剧机构是多么平庸，确切地说是平庸得多么特别，平庸得多么复杂：人们只是把它们与过去希腊戏剧的现实进行比较！假定我们对希腊人一无所知，那么，我们刚刚提出的问题也许会根本无法解决；由瓦格纳率先以伟大的风格所提出的那种异议，会被认为是那些来自乌有之乡人们的梦幻。就人们目前的存在方式而言，有人也许会说，这样的现代艺术对他们是充分的，是合适的——而且他们从未是别的样子！但是，他们肯定曾是别的样子，甚至现在也有一些人，他们并不满足于迄今的文化机构——这恰恰是拜罗伊特的事实所正在证明的。在这里，你们将遇到富有准备和身心投入的观众，他们处在自己幸福的巅峰，他们感到他们整体的存在被压缩到这一幸福之中，感到自己被加强和提升到更广和更高的意愿和努力之中；在这里，你们将遇到最忘我、最富有自我牺牲的艺术家，遇到戏剧中的戏剧，遇到成就斐然的创作者的一部辉煌之作，一部其本身可以作为大量成功的艺术行为之典范的作品。能够在当代遇到这样一种现象，难道不让人觉得这几乎是魔法吗？难道那些被允许参与和观看它的人们没有已经被转变和革新,从而现在反过来去转变和革新生活的其他领域吗?难道我们不是在荒凉辽阔的海洋上发现了一个港湾?这里的水面之上不是呈现出一种平静吗?——难道那些从这里存在的深沉和孤寂返回到完全不同的生活的肤浅和沼泽之人,就不会像伊索尔德那样,永恒地自问,"我过去究竟是怎样忍受的?我现在还怎么再去忍受呢?"①而且,如果他不能忍受把他的幸福和他的不幸自私地隐藏在自己的心间,那么,他就将从现在起抓住每一个机会在行动中为此作见证。在当前的机构中受苦的人在哪里呢?他将问道。那些能与我们一起反对当今教育教养②的疯狂的和压制性的蔓延的天然盟友在哪里呢?因为我们暂时只有一个敌人——暂时!——就是那些"有教养者"。"拜罗伊特"这个词对他们而言,标志着其最沉重的失败——他们不曾参与,而是疯狂地反对,或者表现出那种甚至更为有效的听觉迟钝的策略,这现在已成为那些最谨小慎微的敌手们所习惯挥舞的武器。但是,恰恰因为他们通过自己的敌意和怨恨并不能摧毁瓦格纳本人的本质或阻碍他的事业,我们由此还知道了一点:他们暴露了他们是虚弱的,当今那些掌权者的对抗将经受不住更多的攻击。对那些想强力攻取和胜利的人们来说,时机已经成熟;庞大的帝国之门破绽百出,财产拥有者的资格已受质疑,如果他们拥有财产的话。因此,例如,教育的大厦已被发现根基腐朽,而且到处都可以发现已悄悄逃离这个建筑的人们。要是那些已对这个大厦深深不满的人们能被激

---

① "我过去……忍受呢?"]参见瓦格纳《特里斯坦和伊索尔德》,第2幕,第2场,引文出处同前7,61。——编注

② 教养]准备稿:[教育][文化]教养。——编注

发去发表其公开的声明和愤怒就好了！要是能够夺走他们对这个大厦的绝望的依赖就好了！我知道,如果从我们整个教育体制所生产的收获中恰恰扣除这些人物的默默贡献,那么这将引起这个体制的严重失血,并进而可能削弱这个体制本身。例如,在学者中间,只有那些感染上政治狂热之人和各种半吊子文人①才被留在旧体制之中。这个可憎的大厦现在从其对暴力和不公正领域的依赖中获取自己的力量,从国家和社会获得力量,并在使后者越来越邪恶,越来越肆无忌惮中看到了自己的益处。如果没有这种依赖,它就会成为某种虚弱和疲惫的东西;人们只需要给予它应得的蔑视,因为它必将崩溃为残砖烂瓦。任何在人类中间为爱和正义而奋斗之人,无须害怕它,因为只有对其前锋即当今文化进行的斗争迈向结束之时,他实际的敌人才会站到他的面前。

对于我们来说,拜罗伊特意味着战斗之日清晨的献祭。如果人们认为,对于我们来说,这里仅仅涉及艺术的问题,似乎艺术可以像药剂和麻醉剂那样被用来治疗我们其他所有的不幸状况,那么,没有比这个观点对我们更加不公正了。在拜罗伊特那个悲剧作品的画面中,我们看到的正是这些个体与对抗他们的、似乎是不可战胜的必然性的一切的斗争,对权力、法律、传统、习俗和契约以及事物的全部秩序的斗争。这些个体除在这种为了正义和爱的斗争中准备死亡和自我牺牲,再也不可能有更美好的生活了。悲剧的神秘之眼注视我们的目光,并不是令人瓦解、虚弱和麻木的魔

---

① 半吊子文人]尼采付印稿;DmG(彼得·加斯特的付印稿:简称"加斯特付印稿");大八开版、校对稿、印刷第一版:文人。——编注

力。尽管悲剧艺术确实要求一种平静,只要它在注视着我们——因为艺术并不是仅仅为了斗争本身存在,也是为了斗争之前及斗争期间的平静的间歇而存在,为了我们在回顾与前瞻时理解其象征的时刻而存在,为了在我们感到一种轻微疲劳时,一种令我们振奋的梦想走进我们的时刻而存在。白昼和斗争马上就要来临,神圣的暗影逐渐散去,艺术将再次离我们远去,但是,它的慰藉却终日陪伴着我们。通常,个体在其他任何地方只会发现自己的不足,发现自己的能力有限和毫无能力;如果他不是事先被圣化为某种超个人的[①]东西,他到哪儿去汲取战斗的勇气啊!个体最大的痛苦、所有人共享知识的缺乏、最终的洞见的不确定性和能力的悬殊,所有这一切都使他需要艺术。只要在我们周围一切都在受难并制造苦难,我们就不可能是幸福的;只要人类事务的进程是由暴力、欺诈和不正义所决定,我们就不可能是道德的;只要不是整个人类都参与到智慧的竞取中,并以最可能睿智的方式把个体引入到生命和知识中,我们就根本不可能是睿智的。如果不是个体在自己的斗争、追求和毁灭中能够认识到某种崇高的和充满意义的东西,如果不是个体从悲剧中学会欣赏和喜悦其所要求的对伟大激情的节奏和牺牲,他怎么能去忍受这种三重的不足感啊!艺术肯定不是直接行动的教师或教育者;艺术家绝非在这种意义上是一个教育者和顾问;悲剧英雄所追求的对象就其自身而言,并非就是明显的值得追求之物。就像在梦中一样,只要我们感到被艺术

---

① 超个人的]U II 10,130;尼采付印稿;大八开版、印刷第一版:非个人的。——编注

的魅力所攫取,我们对事物的评价就改变了;而且,当我们感到为艺术的魔力所吸引时,我们就会认为这些事物如此值得追求,以至我们认同悲剧英雄,认可他宁选择死亡也不放弃——而在真实的生活中,这些事物罕有如此程度的价值,罕有值得付出如此程度的努力。这就是为什么艺术恰恰是人类在歇息时的活动①。艺术所展示的斗争是对现实生活中的斗争的简化;它的问题是人的行动和意欲的无限复杂的方程的缩写。但是,艺术的伟大和不可或缺性恰恰在于它创造了一个更简单的世界的表象,一个生活之谜的更简洁的解决。那些受生活之苦的人,没有一个能够缺少这个表象,就像没有人能够缺少睡眠一样。对于生活的法则的认识越是变得困难,我们就越是炽烈地渴望这种简化的表象,哪怕只是片刻——对事物的普遍知识和个体的精神道德能力之间的张力也就变得更大。为了使弓不至于折断,我们需要有艺术。

个体应当被圣化为某种超个人的东西——这就是悲剧所孜孜以求的;个体被认为忘掉死亡和时间给个人造成的那种可怕的惊恐;因为甚至在生命历程中最短暂的瞬间、最微小的原子间隙中,他能够遇到某种神圣的东西,从而给他一切斗争和一切困厄以某种无尽的补偿——这就是所谓的拥有悲剧感。即使整个人类有朝一日必须毁灭——谁会怀疑这一点呢!——那么,作为一切未来时代的最高任务,它提出的目标是,逐渐共生成为一个整体的一,一个共同的一,从而能够作为一个整体,带着一种悲剧感来迎接即将面临的沉沦;人类的所有高贵都包含在这个最高的任务中;从对

---

① 艺术恰恰是人类在歇息时的活动]准备稿:艺术在这儿是活动者的安宁和朝圣。——编注

这个任务的最终拒绝中,会产生出博爱主义灵魂中所能想象的一幅最阴暗的画面。我就是这样感觉的!对于人性的未来,只有一个希望,只有一个保障,即在于阻止悲剧感的衰亡。如果人类有朝一日完全丧失了它,就必定会有前所未闻的悲号响彻大地;另一方面,再也没有我们所知道的东西更令人由衷喜悦的了——悲剧精神再次诞生到这个世界上。因为这种喜悦是一种完全超个人的和普遍的喜悦,是保证人性之如是的统一性和连续性的人的喜悦。

五①

瓦格纳把当代的生活和过去置于一种认识的光线之下。这光线之强足以洞穿极其遥远的远方。这就是为什么他是世界的一个简化者,因为②世界的简化总是意味着能够认识并掌握那些表面混乱之物的不可思议的多样性和丰富性,把那些过去被认为互不相容、毫无关联的东西联结统一起来。瓦格纳做到了这一点,他发现了两种生活在不同领域看起来相互陌生、相互冷漠的事物之间即在音乐和生命之间及音乐和戏剧之间的关系。这并不是说他发明或率先创造了这些关系。它们一直在那里存在着,实际上就躺在每个人的脚边,例如,每个重大问题如同贵重的宝石,上千人未

---

① 参见第 8 卷:12[24];12[25];12[28]。——编注

② 瓦格纳……因为]让我自己像我认为的那样,不是没有理由地停留在我的沉思过程之后,我现在可以继续说明,我怎么理解瓦格纳的汇集之力,并且我为什么把他称为世界的简化者。他把现在的生活和过去放在一种认知的光照下,这种光照足够强,可以看到不一般的远方,而且尼采付印稿。——编注

曾留意地从它上面走过，直到最终有人把它捡起。瓦格纳自问道，恰恰是这种艺术如音乐艺术会以如此无与伦比的力量在现代人的生命中出现，这意味着什么呢？① 为了检视这里的问题，我们根本无需低估这种生命。绝不，如果我们考察一下这种生命所特有的所有的伟大力量，想象一下强力奋发向上、为自觉的自由和思想独立而斗争的人生此在的形象——那么，音乐在这个世界上的确像是一种难以理解之谜。我们可不要说，音乐肯定不可能在这个时代出现！那么，其实际存在又意味着什么呢？是一种偶然事件吗？毫无疑问，一个单个的伟大艺术家的出现可能是一个偶然，但一系列此类伟大艺术家的出现，如近代音乐史所显示的那样，类似的现象在历史上只出现一次即古希腊时期，这就使人相信这里占支配地位的不是偶然，而是必然。这种必然正是瓦格纳提供了答案的那个问题②。

瓦格纳最先认识到一种紧急状况，这种状况已经扩展到把各民族联系在一起的现代文明：在这个文明了的世界中，语言到处都染上重病了，这种巨大的怪病重压在整个人类发展之上。因为语言总是不得不攀升到它可达到的最后阶梯，因此，它尽可能远离它最初以伟大的质朴所能够表达的那种强有力的情感，来把握情感的对立物，即思想的王国。由于这种过分的攀升，语言在现代文明

---

① 瓦格纳……什么呢？]参见瓦格纳《未来的音乐》："音乐在我们时代的不一般的流行化……证明……音乐的现代发展满足了人类一种内在深处的需求"引文出处同上7,150。——编注

② 这种必然……问题]参见瓦格纳《未来的音乐》："这种全新语言能力在文明的时代里被发现，具有一种形而上学的必然性，这种必然性在我看来，就在于现代的语言越来越保守的构造之中"同前，第149页。——编注

的短暂时间里耗尽了自己。结果,它现在再也不能表达它本来为之存在的东西了:使那些受难的人类能够对他们最基本的生活苦难进行交流和相互理解。人类在他们苦难的时刻再也不能凭借语言来吐露和表达自己,也就是说,再也不能真实地表达和传达自己;在这种被模糊感知的环境之下,语言到处都成为一种独立的暴力,它现在像鬼怪的手臂一样抓住人们,把他们推到他们并不真正想去的地方;一旦人们寻求互相交流和相互理解,并为了完成一个事业联合起来时,他们就会被普遍概念的妄念①,甚至语词的纯粹声响的疯狂所捕获和攫取。而且,由于他们不能表达和传达自己,由于他们不与自己的真正的苦难相一致,而只与那些空洞的霸道的语词和概念相一致,因此,他们共同感的创造就带有一种互相误解的印迹。这样,人类就给它的所有苦难又添加上了习俗的苦难,也就是说,与语词和行动相一致,而不是与感觉和情感相一致。就像任何艺术形式的衰落都会达到那样一个点,在那里,其滋生的病态的手段和形式获取了对艺术家们的年轻灵魂的专制力量,并使之成为自己的奴隶;今天,在语言的衰落中,我们成为了语词的奴隶;在它的压力和强制下,没有人再能够表现和表达自己,没有人能够真诚坦率地说话。只有罕见的少数人能够在与当代的教育和教养的斗争中保持自己的个体性。当代的教育和教养相信,没有必要通过应对和满足清晰的感觉和需求,而是把个人织进"清晰的

----

① 它现在像鬼怪的手臂一样……妄念]准备稿:一个夜魔蹲在人身上;一旦他们想互相理解,语词、普遍概念的妄想就抓住他们;而在这种情况下,与这种不能互相传达相应的,是他们的共通感的创造,这些创造所相应的又不是现实的急需,而是专制的语词和概念,它们是骇人的神灵王国……——编注

概念"之网,并教会他正确地思考来证明其成功。似乎不使个体首先成为一个能正确感觉的存在,就使他成为一个能正确思考和推理的存在,这种做法具有某种价值似的。如果①现在,我们德国大师们的音乐在一个如此受伤的人类的耳际响起,那么,这里真正回响的是什么呢?它不是别的,就是正确的感觉,即一切习俗、一切人与人之间的人为疏远和不理解的敌人。这音乐就是返回自然,同时,它也是对自然的净化和转化;因为在最挚爱之人的灵魂中,产生了那种返回的渴求,而且,在他们的艺术中响起的就是被转化为爱的自然之声。②

如果我们把这当作瓦格纳对音乐在我们的时代里有什么意义这个问题的第一个回答,那么,他还有第二个回答。音乐和生命之间的关系不仅仅是一种语言与另一种语言的关系,它还是全部听觉世界与整个视觉世界的关系。但是,如果把现代人的存在看作眼前的现象,并与以前的生命现象进行比较,那么可以看出,前者表现出一种无可言状的贫乏和衰竭,而其无可言状的缤纷和绚烂只能满足那些最肤浅的目光。人们只需更加敏锐地进行考察,并把这种激烈闪动的颜色游戏的印象拆解开来,就会发现,这个整体

---

① 如果]此处准备稿中有:[这种严重的缺陷,这种以温柔的手对现在的人进行的伤害]当这种受伤的人类在他们要互相告知的事情上变得越来越难以理解,而且被视为他们唯一语言的东西变成嘎嘎乱响,与其说他们现在舌头笨重了,还不如说是因为他们的舌头太轻巧了,但都是自己说自己的节奏。——编注

② 瓦格纳……自然之声。]参见瓦格纳《歌剧与戏剧》:"因而这种语言在我们的情感面前是建基于一种习俗之上的……按照我们最内在的感觉,我们在一定程度上是无法以这种语言共同发声的……因此,在我们的现代发展进程中,情感就自然而然地从绝对的理性语言逃进了绝对的音律语言,也就是今天我们的音乐。"引文出处同前4,122及以后。——编注

岂不就像是人们从过去的文化借来的无数的小石块和碎片在闪闪发光吗？这里岂不一切都是毫不协调的点、模仿来的运动、自以为是的肤浅吗？岂不是给赤裸受冻之人穿的一件五颜六色的百衲衣吗？是期望于受难者的一种表面上的欢娱之舞吗？是由一个受伤至深者有意炫耀的放肆骄傲的表情吗？在这中间，只被运动和旋转的迅速所遮掩和伪装的，是灰色的无能、啮人的不满、忙碌的无聊、不真诚的苦难！现代人的生命现象完全变成了外观，变成了表象，变成了假象；在他现在所展现的形象中，他自己反倒是看不见的、隐匿的。在如法国和意大利这些民族中还保存着的那种创造性艺术活动的残余，被运用在这种隐藏和寻求的审美游戏之上。在现在要求"形式"的地方，在社交和娱乐中，在作家的表述中，在国家之间的交往中，"形式"到处都不由自主地被理解为一种令人愉快的外表。而这恰恰与作为一种必然的塑形的真正的"形式"概念相对立，因为真正的"形式"与"愉快"和"不愉快"毫不相干，因为它恰恰是必然的而不是任意的。但是，即便是在那些不明确地要求形式的文明民族中间，人们也同样很少拥有那种作为必然的塑形的形式，这只不过是因为在对令人愉快的形式的追求中不那么成功和幸运罢了，尽管他们至少是怀着同样热心和热情地在追求。为什么外表会令人愉快，为什么现代人致力于促进外表定会让每个人都很愉快，对此，每个人感受程度与他自己是一个现代人的程度，是可以等量齐观的。"唯有划桨的奴隶们相互理解，"塔索说，"然而，我们却只是客气地误解他人，为的是希望他们也误解我们。"①

---

① "然而……我们。"]参见歌德，《塔索》，V5, 3338 及以后。——编注

在这个追求形式和欲求误解的世界上,如今出现了被音乐充实的灵魂——为了什么目的呢？他们以一种高贵的诚实、超人的激情转向了伟大的自由的节奏,从其内心里不可思议的深度中,放射出一种强大而宁静的音乐之火的光芒——这一切是为了什么目的呢？

这种音乐借助这些灵魂表达了对其自然的姐妹,即体操的渴望,渴望把它作为自己在可见世界中的必然塑形。在这种寻求和渴望中,音乐成为当代特有的整个虚伪的可见世界和外表世界的裁决者。这就是瓦格纳对音乐在这个世界上有什么意义这一问题的第二个回答。[①] "请你们帮助我,"他对所有能听的人呼喊,"请你们帮助我去发现我的音乐所预示的文化,就像被重新发现的语言对于真正的情感所预示的那样。请你们思考一下吧,音乐的灵魂现在希望为自己塑造一个肉体,它希望通过你们寻求其通往运动、行为、机构和道德的可见的道路!"有一些人,他们理解这种呼声,而且,他们的数量在不断上升。这些人也第一次理解了把国家

[①] 这种音乐……第二个回答。]参见瓦格纳《论音乐的批判》："如果我们的音乐应当摆脱理解的一种文字中介强加给它的错误地位,那么,唯有这样才能做到,即音乐被赋予它的名称自身所包含的最广的含义。因为发明'音乐'这个名称的那个民族,不仅把这个名词理解为诗艺和音艺,而且是一般而言人类内在的一切艺术表现……雅典青年的一切教育都分成两个部分：即音乐和体操,也就是一切通过肢体展示而做表达的艺术。雅典人在音乐中借听觉传达自己,在体操中借眼睛传达自己,而唯有同时在音乐和体操上都受过教育的人,对他们来说才被视为一个真正受过教育的人……如果我们也这样的话,那么为了成为完全的艺术家,我们现在必须从"音乐"转向"体操",也就是转向真实的、身体感官的表现艺术,转向一种能将我们的所求转为现实的所能的艺术……"引文出处同上 574—578。——编注

建立在音乐之上意味着什么,类似于古希腊人所理解和所要求的那样。而且,这些具有如此理解力之人将会谴责今天的国家,就像大多数人现在无条件地谴责教会那样。这条通向一个如此新颖但并非史无前例的目标的道路,会使我们认可当今教育最无耻的缺陷的原因以及我们无法使自己摆脱野蛮的实际根源:我们的教育缺少那种激越和形塑人灵魂的音乐。相反,今天的教育要求和机构是一个我们对它如此期许的音乐还没有诞生的时代的产物。我们的教育是当代最落后的体制,而且,其落后恰恰就在于它唯一新增添的教育力量。这种新力量使得现代人胜过以前时代的古人,或者说有可能胜过,只要他们不再愿意贸然生活在当今时代,不再继续忍受时刻的鞭子的抽打!因为他们直到现在还没有让音乐的灵魂居住在自己里面,所以,他们还没有感觉到"体操"一词在古希腊和瓦格纳那里的意义;而①这反过来又是他们的造型艺术家们为什么注定毫无希望的根据,只要他们仍像现在那样,继续愿意放弃音乐作为他们进入新的可见世界的引路人:天赋会如愿地发展起来;它会来得太迟或者太早②,但无论如何,都来得不合时宜;因为它是多余的和无影响的;因为甚至是过去时代的完美的和最高的创作,可以作为我们当代视觉艺术家的模范的创作,也是多余

---

① ;而]准备稿:没有感觉到"体操"一词在古希腊和瓦格纳那里的意义,[因此,他们的"教养"与音乐和体操之间的那种我们当作古希腊的教养来崇拜的创造性的一致关系,就如同他们的舞蹈与希腊舞艺、他们的体操艺术与希腊体操艺术的关系]因此,他们所达到的教养并不等同于音乐和体操之间的一种创造性的一致,而是与他们的舞蹈和体操艺术一样有价值。参见第 8 卷:12[25]。——编注

② 早]准备稿:早[作为后产或早产]因为人们还没有学会内心的新形式,这些在灵魂中的外在实现。——编注

的，几乎完全无影响力，几乎不能为已经开始建设的大厦添上一块石头。如果他们在自己的内在直观中看①不到面前的新形象，而总是看到身后的旧形象，那么，他们就是在为历史服务，而不是在为生命服务，他们在谢世之前就已经死亡了。但是，如果一个人在其自身中感受到真正的、创造性的生命，这在当代意味着感受到音乐，那么，他可能会让自己哪怕是片刻工夫被那些在形象、形式和风格中耗尽自己的东西所诱导，并对其产生进一步的希望吗？这样的人会超越所有这一类的虚荣。他不再会想到在他理想的听觉世界之外去发现艺术奇迹，他也不会期望我们力量耗尽的、苍白无力的语言还会产生伟大的作家②。他不会去倾听任何空洞的慰藉和许诺，但会忍心把深深的不满的目光对准我们现代的本质。这会让他变得满怀愤懑和仇恨，如果他的内心缺乏温暖和同情的话！甚至他的满怀恶意和嘲弄，也好于让自己沉溺于按照我们的"艺术之友"意义上的虚假的自满和一种沉默的醉态！但是，即使他所做的能够超越否定和嘲讽，即使他能够热爱、同情和帮助，那么首先也必须否定，以便由此为他那富有帮助能力的灵魂开辟道路。为使音乐有朝一日能在许多人那里唤起对音乐的虔诚，为使他们内在地认识其最高的意图，首先必须终止与一种如此神圣的艺术所

---

① 看]准备稿：预料出自看。——编注
② 他们在谢世之前……作家]准备稿：[现在一个人想要像希腊人那样去进行建造和塑造——而且同样也想要一个最矫健的形式——]懂得用那[火眼]去看音乐的人，就能做到须臾不被任何如今在形象、形式和风格中苦心营造的东西误导[引诱]到[具有欺骗性]的希望上去：他对一个用语言塑造形象的人也并不期待真正的成就：通过他的音乐，他已经超越了这种虚荣。——编注

进行的、旨在寻求欢乐的全部交往。我们的艺术消遣、剧院、博物馆、音乐协会所基于的基础亦即那个"艺术之友",必须被驱除。用来显示其愿望的国家的艺术喜好,必须被转化为厌恶;那种特别看重培养这种类型的艺术之友的公共判断,必须被一种更好的判断所扫除。与此同时,我们甚至必须把公开宣称的艺术之敌而不是"艺术之友"视为一个真正的和有用的盟友,因为他宣称对之有敌意的东西,恰恰就是"艺术之友"所理解的艺术;确实,他甚至不知道任何别的艺术!他当然可以审核和指控这个艺术之友在建造剧院和公共纪念碑、聘用"著名"歌手和演员以及维持完全没有创造性的艺术学校和美术馆方面对金钱的愚蠢挥霍,这里更不用提及每个家庭在所臆想的"艺术兴趣"的教育方面所浪费的所有的精力、时间和金钱。在这里,没有饥饿,也没有餍足,而总是只有对二者造作的呆滞和委顿的戏耍。这种最虚伪的展示,为的就是误导他人的判断;或,更糟糕的是,既然艺术在这里被相对认真地对待,那么,他们甚至要求艺术产生出一种饥饿和渴求,并且恰恰把产生这类人为的兴奋视为自己的任务。像是害怕被他们的厌恶和迟钝所毁灭,人们便召唤出所有恶魔,为的是让自己像一个野兽那样被这些猎人追逐。他们渴望苦难、恼怒、仇恨、激动①、突然的惊吓和透不过气的紧张,呼吁艺术家成为可以召唤这种恶魔②追逐的人。在我们今天的有教养者的灵魂经济学中,艺术或是一种完全的虚

---

① 激动]准备稿:感官的升温——编注
② 恶魔]准备稿:乌烟瘴气。"乌烟瘴气"这个词在瓦格纳《德国艺术和德国政治》中有相似表述,引文出处同上 8,81。——编注

构，或是一种可耻的、丢脸的需要，或是一钱不值，或是一个恶①。那些较好且稀有的艺术家，像被一场昏梦魇住一样，看不清这一切，并且以不确定的声音迟疑地重复着他认为从十分遥远的地方②听到，但却不能理解的幽灵般的美妙语词。与此相反，完全现代型的艺术家则对其更高贵的同事这种梦幻般的探索和言说充满蔑视，身后用绳牵着一群充满激情和憎恶的狂吠着的猎狗，为的是在需要时候放出去扑向现代人。这些现代人宁可被猎逐、被伤害和被撕成碎片，也不愿彼此安静地独处。安静地独处！——这种想法震撼了现代人的灵魂，这就是他们的恐惧和对鬼怪的敬畏。

当我在人口众多的城市里观察来来往往的现代人，看到他们表情木然迟钝，神色匆忙时，我总是不断地告诉自己，他们的心情肯定不好。但对于所有这些人来说，艺术的存在，仅仅是为了让他们心情更不好、更迟钝和更愚蠢，或者更匆忙和更贪求。因为③错误的感觉不断地驱策和操练着他们，阻止他们向自己承认自己的贫乏和可怜。如果他们想说话，习俗向他们耳际窃窃私语，使他们忘记他们实际想说什么；如果他们想互相交流，他们的理性就像中了魔法咒语一样瘫痪了，以至于他们把自己的不幸也称为幸福，并愿意相互合作，来推进他们自己的不幸。这样，他们就完全被改变

---

① 或是……恶]准备稿：他们关于生活想得[太]少或太平常，不能哪怕是预感到艺术在这生活中的一种完全不同的权利，而当他们可以清楚地做到了，他们就会恨艺术，就会恨他们的无所思虑和彻底的世俗化[和堕落]。——编注

② 并且……地方]准备稿：并且结结巴巴地以迟疑的（冷冰冰的）声音重复着过往时代的语词和形式，重复着旧时代的东西。——编注

③ 贪求。因为]准备稿：更为破碎：[他们是虚假情绪的奴隶，但他们只知道转移注意力]因为。——编注

了,堕落成错误感觉的无意志的奴隶。①

六②

我想仅就两个例子来说明在我们时代里的感觉是如何倒错,以及这个时代本身如何没有意识到这种倒错。过去,人们曾以真诚的高贵来俯视那些从事金钱交易的人③,甚至他们也需要这些人;人们承认,任何社会都必须有自己的内脏。但是,现在,这些人成为了现代人灵魂中的统治力量,是现代人中最贪婪的群体。从前,人们并没有被特别告诫要认真地对待日子,对待瞬间,而是被建议保持宁静和不动心④,关注永恒的事物;现在,只有一种认真仍然还留在现代人的灵魂中,即认真地关注和对待来自报纸或者电报的消息。利用瞬间,尽可能快地对它做出评判,从中获取利益!——人们倾向于相信,现代人也只剩下了一种德性,即精神的当下性。不幸的是,其背后的真相更是一种无处不在的主导每个人的肮脏的、难以餍足的贪婪和窥探一切的好奇心。精神现在究竟是否只关注当下——我们要把对此的考察留给未来的法官,他们有朝一日将用自己批判的筛子来过滤现代人。不过,今天这个

---

① 这样……奴隶。]准备稿:谁能指出,他们作为错误的感觉的奴隶而被施了魔法——就为了不问:谁能解救他们? ——编注
② 参见第 8 卷:11[33];12[32];12[33];13[1]。——编注
③ 仅就……的人]曾经,人们会以诚实的态度看待赚钱 尼采付印稿;准备稿中也有第六节的原始开头。——编注
④ 不动心]参见贺拉斯《书信集》I,6,1。——编注

时代的庸俗,我们现在就能够看到,因为它尊敬的是过去那些高贵的时代所蔑视的东西。尽管事实上这个时代攫取了过去的智慧和艺术的有价值的全部财富,并穿上所有服装中最华丽的长袍到处游荡,但这也显示出它对自己的庸俗性一种怪异的自我意识,即它利用那件外衣,不是为了取暖,而是为了欺骗人无法认识自己。对这个时代来说,伪装和掩饰自己的需要①比不受冻的需要更为迫切。因此,今天的学者和哲学家们利用印度人和古希腊人的智慧,不是为了自身变得睿智和宁静;他们的工作仅仅被认为给当代提供一种虚幻和骗人的智慧声誉。动物史的研究者们致力于把今天国家之间和人之间的交往中特有的暴力、诡计和复仇的兽性发作描述为不可改变的自然规律。历史学家们则热衷于证明如下命题,即每个时代都有它自己的正义形式,都有它自己的条件,从而为我们时代将要遭受的未来审判准备好基本的捍卫原则。我们关于国家、民族、经济、贸易、正义的学说——所有这些现在都具有那种准备申辩的特性。甚至,那些在庞大的赢利机器和权力机器本身的运转中没有被耗尽的积极精神,其唯一的任务就在于为当代辩护和开罪。

在什么样的控告者前辩护?人们在这里惊讶地问道。

在自己的坏的良知前。

这样一来,现代艺术的任务也就突然清晰起来了:为了麻木或为了陶醉!为了昏睡或为了谵妄!通过这种或那种方式,泯灭良

---

① 尽管事实上……掩饰自己的需要]准备稿:但是,因为过去所有的智慧和艺术都是凭借窃贼的技巧进行冒险,并且穿着这件最珍贵的服装,他的粗俗表现在无法穿上这件大衣。不体面! ——这就是人们看到艺术爱好者时所说的话。——编注

知！帮助现代灵魂逃脱内疚感,至少是一瞬间逃脱内疚感,而不是帮助它回到无辜！通过迫使人回到沉默、使人丧失倾听能力,来使其在自己面前为自己辩护！——那些感受到艺术这种最丢人的任务、可怕的堕落到底意味着什么的少数人,将会发现他们的灵魂充满悔恨和怜惜,但也充溢着一种新的强大的渴望。谁想解放艺术,恢复其被玷污的圣洁,那他就必须先把自己从现代灵魂中解放出来;只有成为一个清白者,才能发现艺术的清白。因此,他需要完成洁净和祝圣这两个至为重要的行为。如果他成功地做到这点,如果他从解放了的灵魂深处以其解放了的①艺术对人们说话,那么他会立刻要面对最严重的危险,最恶毒的斗争:人们会宁可撕碎他和他的艺术,也不承认他们必须因为面对他和他的艺术而羞愧退缩,而羞愧至死。可能的情况是,为现代时代提供唯一的希望之光的艺术拯救,只是少数孤寂的灵魂的事件,而绝大多数人则将继续坚持盯着他们艺术的那团闪烁的烟雾:他们欲求的不是光,而是目眩;确实,他们憎恨光——当光照临他们身上时。

因此,他们就躲避那位新的光明携带者②;但是,光明携带者会去追逐他们;为他由之诞生的爱所驱使,所强迫;他想强迫他们。"你们应当穿越我的神秘,"他向他们喊道,"你们需要它们的净化和震撼。为了自己的拯救,你们要敢于这样做,放弃你们所知道的关于自然和生命的那点昏暗的东西吧。我带你们进入到一个真实

---

① 谁想解放艺术……以其解放了的]其中的四个"解放"在尼采付印稿中皆为"拯救"。——编注

② 因此……携带者]参见《圣经·约翰福音》,第3章,第19节:"世人……不爱光倒爱黑暗。"——编注

的王国；当你们走出我的洞穴返回到你们的白昼时，你们自己就会决定哪种生活更为真实，决定哪里是白昼，哪里是洞穴。你们的内在本性变得极为丰富，极为强大，极为幸福，更加令人恐惧；鉴于你们通常的生活方式，你们不了解这种本性。学会成为你真正的自己，并且通过我的爱和火的魔力，让你们自己在自然中，并与自然一道被加以转变吧。"

这就是瓦格纳①的艺术的声音，它就是以这种方式对人们说话。我们这些可怜的时代的产儿，可以首先被允许听到它的声音，这表明恰恰我们这个时代是多么值得怜悯。而且，这更表明，真正的音乐是一种命运和原初规律，因为我们不可能恰恰在这个时候从一个空洞的、没有意义的偶然来推断出它的重新鸣响；一个偶然出现的瓦格纳会被将其抛入其中的其他元素的优势力量而压碎。但是，在真实的瓦格纳的成长之上却有着一种美化、辩护和阐释的必然性。不管其形成也许曾充满痛苦，但观察他艺术的形成，就像是在观察一幕最为辉煌的景象②，因为它到处都表现出理性、规律和目的。观察者如果被置于这种景象的欢乐之中，将会赞扬这种充满痛苦的形成过程本身，并高兴地看到，每个事物的发展过程就是为了善，为了那原初决定了的本性和天赋的繁盛，而不论不得不历经的考验是多么的艰难。他高兴地看到，每一种危险都使它更加勇敢，每一次胜利都使它更加审慎，它尽管为毒物和不幸所滋养，但仍然保持健康和强壮。周围世界的嘲弄和反对，对它来说是

---

① 瓦格纳]贝多芬尼采付印稿。——编注
② 是最为辉煌的景象]准备稿：是世界的戏剧，对于观众来说大地在这里成为夏季的花园。——编注

刺激和激励；如果它误入歧途，那它就从这迷途和走失中带着最神奇的战利品返乡；如果它睡着了，那"它只是为了恢复力量"①。它甚至锻炼和强化自己的肉体，使它更加精力充沛；它不会消耗自己的生命，不管它生命有多长；它就像是一种被装上翅膀的激情一样支配着人，恰恰在他脚在沙滩上筋疲力尽、在岩石上伤痕累累之时让他飞翔起来。它禁不住宣告，每个人都应当在他的作品上合作，它也不会吝啬自己的馈赠。如果馈赠被拒绝，它就赠送得更丰盈；如果馈赠被接受赠予者误用，它会再附赠上它所拥有的最珍贵的宝藏——而且，就像最古老的和最新近的经验所告诉我们的那样，接受者从未完全配得上馈赠。这就是为什么音乐借以对视觉世界说话的那种原初确定了的本性②，是太阳下最高深莫测的事物，是力量与善在其中统一的深渊，是自我和非我之间的一座桥梁。尽管我们能够从其发展的方式来猜测那个目的，但谁能够清晰地说出它所为之存在的目的呢？但是，最幸运的预感会允许我们去问：真是较大的东西应当为了较小的东西而存在，最大的天赋为了最小的天赋而存在，最高的德性和圣洁为了脆弱和虚弱的东西而存在吗？因为人们最不配拥有，但却极度需要，真正的音乐就必须再度鸣响吗？如果我们让自己沉浸于这种可能性的无边的奇迹，那么，从这种反思再回看生命和生活，我们将会看到光的海洋，而之

---

① "它只是为了恢复力量"]参见瓦格纳《纽伦堡的工匠歌手》第 3 幕：汉克斯说：妄想，妄想！到处是妄想！……/老的妄想依然这样，/没有妄想什么都不会发生，/无论走还是停：/在奔跑中也是如此，/它指挥通过睡眠获得新的力量 引文出处同上 7，315。——编注

② 原初确定了的本性]准备稿：伟大的天赋。——编注

前它又显得多么昏暗,多么模糊。

七[①]

因此,那些注视像瓦格纳所拥有的这样一种本性的观察者,必然会不时地且不自觉地被抛回到他自己,被抛向他自己的卑微和脆弱,并自问:这一本性对你要求什么?你实际存在的目的是什么?——他也许还不知道如何找到答案,并诧异、困惑地站在自己的本质面前。也许他会满足于这种经历;也许他会在自己与自己的本质相异化这一事实中听到他问题的回答。因为恰恰是凭借这种情感,他分享到瓦格纳最强有力的生命表达,分享到他的力量的核心,分享到他的本性的那种有魔力的可迁移性和自我否弃[②]。瓦格纳的这种本性既能够向其他人传递,也能把其他本性向自己传递,而且,这种给出和接受的能力体现着他的伟大之处。观察者似乎屈服于瓦格纳的流溢和喷涌的本性,但他分享了这种本性的力量,并变得强有力,仿佛他在通过自己获取力量来反对自己。任何进行深刻自我反省之人都知道,甚至单纯的自我反省也要求一种神秘的对抗,一种比较性的、对视性的对抗[③]。如果他的艺术能允许我们去经历一个灵魂一旦走向漫游之旅所经历的一切,也就是说,可以同情其他灵魂及其命运,并学会以许多视角来看待这个

---

① 参见第 8 卷:12[26];11[57]。——编注
② 那种……自我否弃]参见瓦格纳《论演员与歌手》:"表演的冲动最初只能被理解为,几乎是着魔似的自我表现的癖好"引文出处同上 9,259。——编注
③ 要求……对抗]参见《人性的,太人性的》II 前言 1。——编注

467 世界，那么，我们在经历了他的经历之后，就能够从这样的异化和遥远距离来观看他自身了。我们就完全可以确定：在瓦格纳那里，世上一切可见的东西都想要通过变成可听的事物来自我深化，来强化其内在性，寻求其失去的灵魂。同时，在瓦格纳那里，世上一切可听的事物都想要作为一个现象来显现并提升至对眼睛来说可见的光之下，仿佛是要获取肉体形式①。他的艺术总是把他引向双重的道路，也就是说，在瓦格纳那里，从作为听觉景象的世界进入到与世界神秘关联的作为视觉景象的世界，或者相反：他不断地被迫——而且观察者与他一起——把可见的运动转换为灵魂和原初的生命，反过来，又把内心最隐秘的活动视为可见的现象，并将它包裹在肉体的表象之中②。所有这一切就是酒神颂戏剧家的本质。③ 这里的酒神颂戏剧家概念可以扩展到把演员、诗人、音乐家包括在内。而且，这个术语必然来源于瓦格纳之前酒神颂④歌剧家的唯一完美表现，来源于从埃斯库罗斯及其同行的希腊艺术家。如果有人试图从内在的限制和缺陷来引申出伟大的发展的话，如果例如对于歌德来说，文学是对他未能成为画家的一种补偿的话，

---

① 在瓦格纳那里……形式]参见瓦格纳《未来的艺术品》："但只有当眼睛和耳朵相互保证其表象，一个完整的艺术的人才会存在。"引文出处同上 3，114。——编注

② 他的艺术……表象之中。]较早版本的准备稿：一切可见的东西都要转换成可听的东西，一切可听的东西也都要作为现象，对眼睛来说大白于天下，仿佛是获得了肉体。如果其灵魂外出漫游，体会到其他人的灵魂和沉沦，那么他就学会从许多眼睛研究观看世界，就会让他体会一切。这是演员的天赋，同样是相反的、我们缺少名称的天赋，欲求和能力从一个作为听觉游戏的世界下降到一个作为视觉游戏的世界，从假象到真理的王国，仿佛是把可见的激动转换回一种不可见的感情。——编注

③ 酒神颂]在较早的准备稿版本中无。——编注

④ 酒神颂]后来补充。——编注

如果我们可以把席勒的戏剧说成是一种平民主义演说的替代的话,如果瓦格纳本人也试图如此解释德国人对音乐的促进,即德国人缺少一种自然旋律的声音天赋的那诱人的动力,因此被迫以宗教改革家对待基督教①的那种同样的深沉严肃来理解音乐②——如果想以类似的方式把瓦格纳的发展与这样一种内在的限制结合起来的话,那么,我们也许不得不假定,他拥有一种原初的戏剧天赋,但这种天赋必然拒绝以最快速和最平庸的方式来满足自己,而是汇通所有艺术以形成一种伟大的戏剧启示来发现它的出路和拯救。但是,那么,我们同样能够合理地假定,这种最强大的音乐本性在其绝望之时,不得不与半吊子音乐家和非音乐家说话,强行打开走向其他艺术③的通道,以便最终以百倍的清晰表达自己,并迫使人们来理解,迫使更为广泛的大众来理解。现在,不管我们如何想象这位原初剧作家的发展,但在其成熟和完善阶段,他是一个没有任何局限和缺陷的人物,是一个真正自由的艺术家,是一个在显然相互分割的领域之间的中介者和协调者,是艺术能力的统一性和整体性的重建者。这种统一性和整体性根本不能被猜测和推断出来,而是只能通过行动来展示出来。但是,见证这一突然呈现的

---

① 基督教]准备稿:圣福音的宗教。——编注
② 如果我们……理解音乐]参见瓦格纳致意大利友人的信:"人们已经注意到,一个民族的创造性的根底,与其说可以在它对自然的利用中被发现,不如说可以在自然对它简陋的配置中被发现。德国人百年以来由意大利人传入的音乐产生了非同寻常的影响,这一点,似乎也可以——从心理学上来看——由如下情况得到解释,即德国人缺少一种自然的旋律声乐天赋的诱人力量,而被迫以与他们的宗教改革家理解神圣福音的那种同样深沉的宗教的严肃来理解音乐。"引文出处同上9,344。——编注
③ 艺术]准备稿:现象的艺术。——编注

行动的人，会被其最神秘、最迷人的魔力所征服：他突然面临着一种力量，这种力量使得所有理性的反抗都毫无意义，甚至使得人们迄今所经历的所有事情都显得不合理和不可理解。我们被带到自身之外，狂喜地飘浮在一种神秘的热烈的元素中，不再理解我们自己，不再认识我们所熟知的东西；我们手中不再有判断尺度；一切法则所调控的东西、一切固定的东西都开始变动和流动，每一个事物都以新的色彩闪闪发光，都以新的符号和象征对我们言说。面对狂暴的欢欣和恐惧的这种混杂，人们不得不像柏拉图那样，绝然地对戏剧家说："如果寻找到这样一种人，他凭借自己的智慧可以成为一切可能的事物，能够模仿一切事物；如果这样的人来到我们的共和国，我们要把他尊崇为某种神圣和神奇的人物，往他头上涂抹末药的油膏，用羊毛花环来装饰他，但是然后，我们就尽力说服他到其他共和国去。"①也许，一个生活在柏拉图共和国之中的人，能够并且必须说出那样之类的话，但是，那些不生活在柏拉图共和国，而是生活在完全不同的国家的其他人，则渴望和要求这个魔法师来到我们这里——尽管我们害怕他——从而使得我们的国家和恶的理性以及它所体现的权力，有朝一日会被否定。没有模仿的艺术家，人类的状态，其社会、风俗、组织、秩序以及整个机构也能够运行，这也许并非绝对不可能。但是，这个"也许"恰恰是一种最为大胆鲁莽的表达，在根本上则相当于"非常不可能"。唯一应该自由去谈论这种可能性的人，应该能够在精神中直觉地预见和创造一切未来时代最重要的时刻，然后就像浮士德那样必须立即变

---

① "如果……去。"］参见柏拉图：《理想国》，398a。——编注

七 531

得或有理由变得失明。① ——因为我们没有这种失明的理由,例如,柏拉图在注视到古典的理念之后,合理地对所有古典的现实变得失明。不过,我们这些其他人之所以需要艺术,恰恰是因为我们学会了观看现实的脸面,而且,我们恰恰需要那种全能剧作家,为的是他至少有些时候把我们从这种正在观看之人现在感觉到的、他自己以及加给他的任务之间的可怕张力中解救出来。我们与他一起登上感觉的最高枝桠,而且,只有在那里,我们才再次处在自由的本质之中,处在自由的王国之中。② 从这一视角出发,我们就像在巨大的海市蜃楼中那样把我们自己以及那些分享我们的奋斗、胜利和毁灭之人,视为某种崇高的和有意义的东西;我们对激情的节奏及其牺牲品感到愉悦,我们在英雄迈出每一个强有力的步伐时都听到死亡的沉闷回响③,并在死亡逼近时理解了生命的最高魅力。——如此被转变为悲剧之人之后,我们带着一种罕有的慰藉、一种新的确定感回到生命和生活,就好像我们从极大的危险、充盈和狂喜回到了有限和熟悉的地方:返回到那个我们可以带着仁慈来彼此对待,或我们至少可以比以前更为高尚的地方。因为这里表现为严肃和必要的一切,当其趋向一个目标时,与我们走过的道路相比——甚至只与我们在梦中走过的道路相比——更像是我们恐惧地意识到的那些全部经验中被奇怪地隔离开来的一个个片段;甚至,我们将遭遇危险,并被诱惑我们太过轻率地对待生命,恰恰是因为我们如此不同寻常地严肃地看待艺术——这里暗

---

① 唯一……失明。]参见第 8 卷 10[1];11[47]。——编注
② 我们与他……之中]参见 12[33]第 8 卷,270 页,21—25 行。——编注
③ 我们在……回响]参见第 8 卷:10[7];11[18]204 页,23—25 行。——编注

指瓦格纳曾经对他自己的生命所说过的一句话①。因为，如果对我们这些只是经历、但却不曾创造这样一种酒神颂戏剧家之艺术的人来说，这些梦似乎比清醒的现实更加真实，那么，这个艺术家自己对这种对立的感受又是怎样深广啊！他自己站在这里，站在生活苦难、社会、国家的嘈杂的呼唤、干扰和侵入之中——但是他看起来像什么呢？也许，他看起来像是困惑迷茫、饱受折磨的昏睡者、纯粹的臆想者、受难者中唯一清醒的人，唯一有真实和现实感的人；有时，他甚至感觉到自己遭受着长期失眠的折磨，就好像他命定地要与梦游者和幽灵般严肃的存在一起度过其清晰且清醒的生活，从而使得那些对其他人看起来平常的事物，对他来说却显得诡异可怕，因此，他感到自己不得不用自负的嘲弄来对付这种现象所产生的印象。但是，如果这种令人战栗的清晰的自负与一种完全不同的渴望即一种从高处降落低处的渴望②，一种对大地、对共

---

① 这里……一句话]参见瓦格纳《论国家与宗教》："席勒说：生活是严肃的，艺术是愉快的。但是，也许人们可以说，我已严肃对待过艺术，而且这使我有能力很容易地为评判生活找到正确的心态……我如此不寻常地严肃对待艺术，造成我太不在乎生活；而就仿佛是这会报应到我个人的命运似的，我对此的观点也会很快就获得另一种情绪。准确地说，我到了颠倒席勒的话的地步，而且要求自己的严肃艺术被放在欢乐的生活上，对此，希腊人的生活如我们直观看到的那样，一定要成为模范。"引文出处同上 8, 7—9；《我的生平》，由 Gregor-Dellin 编撰，慕尼黑，1969 年，第 568 页："他[Semper]指责我的严肃，这样一种材料[特里斯坦]的艺术创造的好处就在于，严肃会被打破……我承认，我如果更严肃地对待生活，而更轻松地对待艺术，我会更加舒坦；但我此刻也许还处在相反的状态中。"尼采知道瓦格纳未出版的自传，因为他曾于 1869/70 年在巴塞尔帮助准备这部自传的私人印刷。——编注

② 一种从高处降落低处的渴望]参见瓦格纳《给我的朋友们的一个通告》："正是这种幸福的孤独——由于它很少将我包围——为我唤醒了一种新的、无以言表的强烈渴望：从高处降落到低处，从最纯洁的纯粹的阳光到人类爱的拥抱的亲密阴影的渴望……"《瓦格纳全集》，第 4 卷，第 295 页。——编注

同体的幸福的热望联系起来的话,那么这种感觉会是一种怎样奇特的混杂啊——那么,当他想到他作为孤寂的创造者而被剥夺的一切时,他感觉自己似乎应该像一个神一样降临到大地之上,把一切孱弱的、人性的、丢失了的东西"用炽烈的双臂举到天上"①,以便最终发现的是爱而不仅仅是崇拜②,并且在爱中完全放弃他自己!但是,恰恰是他在这里所采取的混杂的感受形式,才是酒神颂戏剧家灵魂中真正的奇迹;而且如果他的本性的某个部分可以用语言概念来把握的话,那么它必然就在这个地方。因为当他限于这种情感混杂的张力,而且,对世界那种诡异的自负的诧异和惊奇与那种用爱来接近这同一个世界的热切渴望相结合的时候,他的创造性的运动就开始了。那么,不管他向大地和生命投去什么样的目光,它们永远是"吸引水汽"、聚拢雾、驱散雷雨云的阳光。他的目光明朗审慎且仁爱无私地迅即投向大地,他借助其目光的这种双重的照耀力所照亮的一切,也迅即以可怕的速度迫使自然释放它的一切力量,来昭示其最隐秘的秘密:这么做是出于羞怯。这么说并不仅仅是一个比喻:他以那种目光使自然惊异,观看自然的裸体,从而使得自然遁入它自己的对立之中来隐藏自己的羞怯。在这里,迄今不可见的、内在的东西,遁入到可见的东西的领域,成为可视的现象;迄今仅仅可见的东西遁入到声音的黑暗海洋之中。试图隐匿自己的大自然敞开了自己对立的本质。在一种节奏剧烈

---

① "用……天上"]参见歌德《神和印度神庙舞妓》:"不死者把迷路的孩子/用热情的胳臂举到天上。"——编注

② 以便……崇拜]参见瓦格纳,同上,第362页,"他需要的不是惊叹和崇拜,……而是爱,是被爱,是通过爱产生的理解"。——编注

但毕竟流畅的舞蹈中,在如痴如醉的动作中,这位原初剧作家谈起了正在他里面、在自然里面发生的事情:他的酒神颂歌舞既是一幅源于爱和欢乐的自我放弃的画作,也是一种战栗的理解、自负的洞察。语词陶醉地应和着这节奏的流动;旋律配合着语词开始回响;反过来,旋律又把自己的火花进一步抛入图像和概念的王国。梦幻般可见的现象,既像又不像自然及其追求者的画像,飘荡过来;它凝聚成更加人性的形象,它扩展着,表达着一种英雄自负的意欲、一种狂喜的沉沦以及意欲的中止。——这就是悲剧如何产生;这就是生命如何用其最美妙的智慧即悲剧思想的智慧来加以展示;最终,这就是在有死者中间最伟大的魔法师和给予幸福者即酒神颂戏剧家是如何产生的①。

八②

瓦格纳实际的生命,也就是,这个酒神颂戏剧家的逐渐显现,

---

① 它凝聚成……产生的]准备稿中不全记录:它凝聚成清晰的形象,扩散成完整的英雄的此在:此在推动着悲剧的产生……这样悲剧和悲剧思想就产生了,这样智慧的人就产生了,他越升越高,把他最光荣的、最有魔力的饰品送给我们——这样,最终就产生了一切艺术家中最伟大的魔法师,即酒神颂戏剧家,例如埃斯库罗斯,例如瓦格纳。参见瓦格纳《德国艺术和德国政治》:"如果我们走进一家剧院,我们会看到……一个由最低贱和最崇高的可能性形成的魔灵的深渊……自古以来,各民族中最伟大的诗人如履薄冰地走近这个可怕的深渊;他们发明了富有深意的法则、神圣的法术,以天才去除躲避在那里的魔灵,而埃斯库罗斯自己则……将这被驯服的回忆领到拯救的位置上……在这个深渊旁来了声音艺术的旋律魔法师。"引文出处同前8,80及下页。——编注

② 参见第8卷:11[2];11[25];11[29];11[10];12[7];12[14];12[15];12[16];12[17]。——编注

同时也是一场与自己的不停止的斗争。因为他不仅仅是一个酒神颂戏剧家。他与抵抗、反对他的世界的斗争之所以如此激烈和可怖,只是因为他听到了从其内部向他说话的这个"世界"即这个诱惑性的敌人的声音,因为在他内部盘踞着一个强有力的敌对的守护神。① 当他的生活占支配地位的思想——戏剧能够施加一种无可比拟的影响,一种比其他任何艺术形式更大的影响——从其内部升起时,这就把他的本质和存在抛入到最剧烈的骚动之中。但这并没有即刻引发出一种关于他后来的渴望和行动的清晰的、明了的决定;这一思想最初几乎只是以一种形式的诱惑出现,作为一种无厌地渴望权力和荣光的幽暗朦胧的个人意志的表达。影响,无与伦比的影响——但通过什么?对谁的影响?——从此刻开始,这就是充满他心间和头脑的问题和追求。之前还没有一个艺术家像他这样,想要去获胜和征服,而且,如果可能的话,他想一下子就达到其所有本能隐秘地渴望的那种专制的全能。他以忌妒的、具有深度穿透性的目光测度一切富有影响的东西,甚至更加关注那些必定被影响到的人。借助那双阅读灵魂如同轻易地阅读其最熟悉文本的剧作家的魔睛,他探究着观众和听众,而且,尽管这种洞见经常令他不安,但他立刻抓住了掌控他们的手段。这些手

---

① (从第三节的第三段)瓦格纳同样从未学会……(此处的)守护神。]较早版本的准备稿中有这样的话:他不仅穿过火焰,而且还穿过知识和博学的烟雾——忠于自己或者是什么拯救了他?难道不忠于那种对更高的自我或更明确的忠诚;或者更确切地说,是因为更高的自我对他的忠诚,这使他免于遭受最严重的危险。这更高的自我要求他尽其本性,要他受苦和学习,以期能够做那件事;这导致他检查并加强了越来越沉重重的任务。但最高的危险和检验不是受苦者的,不是学习者的,而是那些创造者的。也可参见第 8 卷:12[31]。——编注

段对他来说如控制自己的指掌；他也欲求并且能够创造那些对他产生过强烈影响的东西；从他的榜样们那里，他在每一个阶段上所理解的与他自己能够产生的同样多；他从不怀疑他自己能够创造让他自己喜欢的任何事物的能力。也许，他在这方面具有一个比歌德"更为专横的"本性。歌德关于自己曾说道："我总是相信我曾拥有每个事物；我可能会被戴上一顶王冠，我认为这也是水到渠成之事。"① 瓦格纳的能力、他的"品味"，还有他的意向——这三者永远密切合拍，就像锁中的钥匙一样：在一起，它们就会变得伟大且自由，——但此时，它们还没有达到这一点。在文学和审美上受过教育的这个或者那个文学之友在远离其广大人群时所感受到的那种孱弱的，但却更高贵而又利己的孤寂的感觉，于瓦格纳又有何干！但是，当戏剧音乐升至高潮在广大人群中所产生的那些猛烈的灵魂风暴，那种突然爆发的心灵沉醉，完全真诚的无私的心灵沉醉，——这曾经是他自己的经验和感受的反响，因此，当他听到它们时，一种对最高权力和影响的热切希望贯穿了他！于是，他把大歌剧理解为他由以能够表达自己的占支配地位的思想的手段②；他的欲望催逼着他转向大歌剧，他将自己的目光投向了大歌剧的

---

① 比歌德"更为专横的"……之事。]参见歌德《我的生活片段——晚年》"我从来没有见过一个比我更为专横的人；我说了这话，就表明我说的是真的。我从未相信有什么事情是可以实现的，我从来都是这么想的"作品集四十卷（斯图加特，1857年）27，507，尼采档案。——编注

② 于是……手段]参见瓦格纳《给我的朋友们的一个通告》："这部'大歌剧'以其在场景和音乐上的辉煌，以其效果丰富、音乐性丰满的激情，立在我面前；而我的艺术抱负想要的不是单纯模仿它，而是以一种毫无保留的挥霍，在所有迄今为止存在的表现方式上超越它。引文出处同上 4，319。——编注

故乡①。他生命的很长一段时期,连同其计划、研究、居留、交往中最果敢的变化,都只能从这种欲望,从这位困窘不安,但却热情单纯的德国艺术家必将遭遇的外部阻力来加以解释。对于如何成为这个领域的大师,另一位艺术家梅耶贝尔②有更好的理解;现在,人们逐渐认识到,梅耶贝尔如何完全人为地编织了一张所有类型的影响之网并取得每一次伟大的胜利,如何小心翼翼地编排戏剧当中各种"效果"的呈现次序。这样,人们也就可以理解,当瓦格纳睁眼看到一位艺术家如果想要在公众面前取得成功几乎都必须使用此类的几乎必要的"艺术手段"时,他感到多么羞耻和愤怒。我怀疑,历史上是否还有另一位伟大的艺术家,从如此可怕的错误开始,如此毫无顾虑和坦率真诚地运用此类最令人厌恶的艺术形式;然而,他这样做的方式表现了他的伟大,因此也收获了极其惊人的成果。当他意识到自己的错误而感到绝望的同时,他也理解到现代成功、现代公众以及整个现代艺术骗局的本质。他成为了"效果"的批评者,他第一次感到自己得到了净化而浑身战抖。就好像从那时起,音乐的神灵开始以一种全新的灵魂魔力对他说话。就好像他大病初愈,几乎不再信任自己的眼睛或双手,唯有摸索着匍匐前行;因此,他惊奇地发现,他仍然是一位音乐家,仍然是一位艺术家,他感到不可思

---

① 大歌剧的故乡]加斯特付印稿:巴黎;参见瓦格纳《自传速写》,引文出处同上 1,17—24;《给我的朋友们的一个通告》引文出处同上 4,321 及以下。——编注

② 梅耶贝尔(Giacomo Meyerbeer,1791—1864):德国犹太裔人,大歌剧的代表人物,曾在巴黎获得巨大成功。瓦格纳非常认可大歌剧,但由于他 1839—1842 年居住在巴黎时,梅耶贝尔未能使其进入巴黎歌剧院,瓦格纳的崇敬转为失望。梅耶贝尔的歌剧《先知》(1850 年)在巴黎演出之际,瓦格纳发表了论战文章《音乐中的犹太主义》,并因此被指带有反犹太主义倾向。——译注

议,但正是此时此刻,他才成为了真正的音乐家和艺术家①。

瓦格纳接下来的每一个成长阶段的特征是他的两种基本力量越来越紧密地联系在一起:它们之间的敌意在消退,他那更高的自我不再对它那暴戾、更加世俗的兄弟卑躬屈膝,而是爱它并甘愿为之效劳。② 当成长的目标最终达成之时,那最温柔和纯洁的力量被包容在那最强大的力量之中;那不可抑制的冲动一如既往地奔涌,但沿着另一种轨迹奔向更高的自我所在之处;反过来,更高的自我也低下身来,下降到大地之上,在尘世万物中认识到自己的形象。如果能以这样的方式谈论这种成长的终极目标和问题并且还能被理解的话,那么也应该能找到一种形象化的表达去描述成长过程中这一漫长的中间阶段。但我怀疑前者的可行性,所以也就不对后者有所尝试。从瓦格纳的成长经历来看,我们可以用两个词将这一中间阶段与之前或随后的阶段区分开来:瓦格纳成为社会革命者③,瓦格纳认识到迄今为止唯一的艺术家是诗思诗作着的人民④。在

---

① 因此……艺术家]参见瓦格纳《给我的朋友们的一个通告》:"我在这里只想把[音乐]当作我的美好天使来怀念,它使我仍然保持做艺术家,其实,正是从我反叛的情感以越来越大的确定性反抗我们全部文化现状的时候,它才使我成为艺术家的"引文出处同上 4,325。——编注

② 瓦格纳……效劳。]准备稿:在瓦格纳的成长中接下来的每个[新]阶段都有一个标志,即他的本质的两种对立力量「彼此更接近,一种力量不再在远处仿佛是等待着另一种力量,一种力量对另一种力量的畏惧减退,更高的自我不仅赐福于暴戾的俗世兄弟,而且爱他]越来越紧密地联合在一起:一种力量对另一种力量的畏惧在减退。——编注

③ 瓦格纳成为社会革命者]参见瓦格纳《给我的朋友们的一个通告》:"我现在踏上了一条新的道路,一条反对当代艺术大众的革命的道路。当我在巴黎探访它最辉煌的巅峰时,我一直是尝试要与之为友的。"引文出处同上 4,323。——编注

④ 尼采这里的"Volk",有"人民"与"民族"的意思,主要是在一种文化意义上如民族传说和民族音乐,而不是在政治实体意义上的概念。——译注

经历过深深的绝望和忏悔之后,那种占支配地位的思想以全新和更有力的方式出现在他面前,并指引他走向这两点。影响力,借助戏剧产生的无与伦比的影响力!——但这是对谁的影响呢?在回想他至今想要去影响的人时,他不寒而栗。从他自己的经历出发,他理解了艺术和艺术家们所处的完全屈辱的地位:一个毫无灵魂或冷酷无情的社会,自称是善良社会实则是邪恶社会,将艺术和艺术家当作其奴役的仆从,用来满足它那虚假的需求。现代艺术是奢侈品,他知道这一点。他也深知,现代艺术与其所属的社会一荣俱荣、一衰俱衰。这个奢侈社会运用无情和狡黠的权术来玩弄无权的人民,使他们变得更加顺从、更加卑贱,使他们失去原有的本性,把他们变成现代"劳动者",使这些最伟大和最纯粹的事物的创造者失去了创作的最真切需求——即作为真正的唯一的艺术家,温良真切地表达他们的思想和灵魂:他们的神话、他们的歌曲、他们的舞蹈、他们的语言创作——从而提炼出一种最淫荡的药剂,即现代艺术,来治疗其存在的衰竭和乏味。① 这样的社会是如何产生的;它如何知道从看似敌对的势力范围中汲取新的力量,例如,已经堕落为假仁假义和半真半假的基督教如何让自己成为反对人民的盾牌,被当作是保护这个社会及其财产的堡垒,科学和学者如何轻易地屈服于它,并投身于这种劳役——瓦格纳多年来一直在探讨这些问题,为的是在探讨结束之时愤怒和憎恶得跳起脚来;他

---

① 从他自己的经历……乏味。]参见瓦格纳《未来的艺术品》:"但是,对自以为是的需要的满足是奢侈……奢侈如同产生它的需求一样无情、没人性、贪婪、自私……这个魔鬼……统治着世界;他是这种杀人以把人当机器用的产业的灵魂……他是——啊!——灵魂,我们的艺术的——条件!——"引文出处同上 3,61。——编注

出于对人民的怜悯而成为了革命者。从那时起,他热爱人民,渴望人民,如同渴望他们的艺术,是啊!因为只有在人民当中,只有在现在受到如此多的人为压迫、几乎难以被感知的人民那里,他才可能发现他梦寐以求的唯一值得拥有,也配得上其艺术作品力量的观众和听众。因此,他的反思聚焦于这样的问题:人民是如何产生的?如何使其恢复生机?

他只找到了一个答案:如果曾有群人经受过他所经受的苦难,他告诉自己,那就是人民①。同样的苦难带来了同样的冲动和欲望,必然也会去寻找同一种满足,以及在这种满足中所发现的同样的幸福。然后,当他四处寻找在苦难中什么最能深刻地抚慰和振奋他,什么最能深情地对待他时,他极为幸福地确信,那只能是神话和音乐。他认为,神话是人民苦难的产物和语言,而音乐来自类似的甚至更加神秘的源泉。他沉浸在神话和音乐中,治愈了自己的心灵。他所热切渴望的正是神话和音乐;他由此推断,他的苦难与人民产生时所经受的苦难是多么贴近;如果一旦出现许多像瓦格纳这样的人,人民必将会恢复生机。如果神话和音乐尚未成为现代社会的牺牲品,那么,它们又是如何在我们这个现代社会中存活下去的?它们都遭遇过类似的命运,这又见证了它们之间某种神秘的联系:神话遭到严重的贬损和扭曲,被改写成"童话故事",成为堕落的人民中妇孺娱乐的玩物,完全被剥夺了那不可思议的、神圣庄严的阳刚之气;音乐则在贫穷之人、质朴之人和孤独之人中

---

① 如果……人民]参见瓦格纳的《未来的艺术品》:"谁是人民?人民就是所有感受到共同的困苦的人的总和"引文出处同上 3,59。——编注

间得以苟存,德国音乐家未能成功,也未能幸运地在奢侈的艺术工业中占得一席之地。他自己也成为了某种怪诞的神秘的童话,充满动人的声响和音符,变成了一个无助的提问者,完全中了魔咒,等待着拯救。在这里,艺术家清楚地听到那单独向他发出的命令:把男子汉气质还给神话,祛除施于音乐之上的魔咒,使之能够说话。他突然感受到自己的戏剧力量得到了释放,获得了力量去统治建立在神话和音乐之间尚未被发现的中间地带。他将其所认识到的、所有强大有力的、富有成效的和令人振奋的东西融入到他那崭新的艺术作品中,将其摆在了世人面前,并提出了这些一针见血的问题:"那些与我有着相同困难和渴求的人在哪里?我渴望见到并视之为人民的群体在哪里?我应该能够从你们与我共有的同样的幸福、同样的慰藉中认出你们:你们遭受的苦难将会通过你们的快乐展现给我!"这就是他在《汤豪舍》和《罗恩格林》中的发问;他环顾四周,寻找自己的同类;孤独之人渴望着他的群体。

但是,瓦格纳的心情究竟如何?无人给出回答,无人理解他的问题。当然,并非一片沉默;恰好相反,人们回答了上千个他没有提出的问题①。人们喋喋不休地谈论着这些新作品,仿佛它们被创作出来的目的就是充当他们的饭后谈资。对乱写和胡侃的审美快感就像是发烧一样在德国人之间蔓延,人们恬不知耻地抓住艺术作品和艺术家本人,说三道四,评头论足,在这一点上,德国学者丝毫不逊于德国报纸记者。瓦格纳试图转变,通过写作去帮助人们理解他的问题,但却带来了新的困惑不解,新的流言蜚语。一位

---

① 问题]准备稿、加斯特付印稿、大八开版:问。——编注

音乐家去写作和思考,在当时是一件天大的荒唐事;于是,他们叫喊着:那个理论家想要借助理智的概念改造艺术,用石头砸死他!瓦格纳似乎一时不知所措,他的问题不被理解,他的痛苦无人感受得到,他的艺术作品似乎给了聋人听、盲人看,他的"人民"如同头脑中虚幻的幽灵;他步履踉跄,蹒跚摇晃。突然,一种扭转乾坤的可能性展现在他眼前,而且他也不再惧怕这种可能性:新的希望也许可以超越革命和毁灭而建立,但也许不会;但不管怎样,拥有虚无总归好于拥有可憎之物。不久以后,他就成为了政治流亡者,颠沛流离,穷困潦倒。①

然而,正是当他的外在的和内在的命运出现了如此可怕的转折时,这位伟大的人物才进入了才华登峰造极如鎏金般发散出耀眼光芒的人生阶段!直到此时,这位创作酒神颂戏剧的天才卸下了最后的面具!他完全处于孤独之中,时代对他已经毫无意义②,他不再抱有希望;他把俯瞰世界万物的目光再次投向深渊,而这次他一直望到了深渊的尽头。在那里,他看到了深藏在事物本质当中的苦难。从那时起,他更加平静地接受他那份苦难,似乎苦难不

---

① 突然……潦倒。]参见瓦格纳《给我的朋友们的一个通告》:"在我们思考戏剧状况的根本改革的可能性的道路上,我完全自发地彻底看清了政治状况和社会状况的毫无价值,它们能造就的无非就是我攻击的那些公共艺术现状。——这个认识对我其余的所有生活的发展都起着决定性的作用……我就这样遇到了德累斯顿起义,我和许多人都把它视为德国的普遍暴动的开端;谁会……如此不长眼,以致看不出来,我是没有选择,而不得不坚决背弃一个按照我的本质来说早就没有我的世界。"引文出处同上 4, 377, 406。——编注

② 时代对他已经毫无意义]参见瓦格纳《收场的报告》:"我觉得时间很空虚,而真正的存在对我来说处在它的合法性之外。"引文出处同上 6, 369;见 24 及以下诸页可在准备稿中找到笔记:艺术成为宗教——革命者屈服了。——编注

再是他个人的事情。对至高权力的渴望,对往昔境况的继承,现在全都转化为艺术的创造;他现在通过自己的作品只与自己对话,不再与某一群体或人民对话。他竭力赋予其艺术作品最大的清晰性和可能性,去进行这样一场作品与自己之间的最有力的对话。他先前阶段的作品还没达到这种境界:这些作品依然追求产生迅速的效果,尽管也是以温和的高贵的方式,因为这些作品本身的目的就是作为一个问题去激起人们的迅速回答;瓦格纳经常试图让那些提问者更容易地理解他,因此他主动去迎合他们,迎合他们被提问时表现出来的没有经验,并使自己适应一些过时的艺术表达形式和手法;想必他非常担心他最为独特的语言不具有说服力或不被人理解,所以他尝试用听众熟悉,而他自己有点陌生的语言去表述和展示他的问题。现在,他不再有这样的顾虑了,不会再做出这样的让步了。现在,他只想做一件事:与自己交流,在戏剧中思考世界的本质,在音乐中进行哲学思考;他剩下的唯一意图是阐明他最后的洞见①。那时,谁配得上知晓他心中发生了什么,配得上知晓他在其心灵中最神圣的隐秘圣殿中对自己说了什么——没有多少人配得上——那么,他就应该去听、看并亲身体验《特里斯坦与伊索尔德》,一部所有艺术中真正的形而上学作品,一部垂死之人将其破碎的目光投于其上的作品,这个人怀着对黑夜与死亡之谜的永不满足的美好向往,远离那作为丑恶、欺骗和分离而在可怖的幽灵般的晨曦与明亮中闪耀的生命。这部戏剧作品形式极为严谨,以其质朴的伟大打动人心,因为只有这样才足以揭示它想要倾

---

① 他剩下的……洞见]参见 12[31],第 8 卷,268 页,16—19 行。——编注

诉的秘密，生命中的死亡、二元合一的秘密①。然而，艺术家本人甚至比这个作品更加神奇，在创作这个作品之后的一段很短的时间里，他很快又创造了一幅色彩截然不同的世界图景，那就是《纽伦堡的工匠歌手》。实际上，他仿佛只是在利用这两部作品的写作来进行休息和恢复精力，以便稍后有条不紊地完成他在这两部作品前就已经构思并开始着笔的、分为四个部分的巨作，即他反思和创作了二十多年的拜罗伊特的艺术作品，《尼伯龙根的指环》！谁要是对《特里斯坦与伊索尔德》和《纽伦堡的工匠歌手》之间的亲近关系感到诧异，那他就是没能理解一切真正伟大的德国人的生命和本质的一个重要方面：他不知道路德②、贝多芬和瓦格纳所展现出来的本真的和独特的德意志明朗唯有在何种基础上才可以成长，其他民族完全无法领会这种精神，而现在的德意志民族似乎也遗失了它——这是由质朴纯真、爱的深刻凝视、专注的思维和调皮无赖久酿而成的金浆玉液，瓦格纳将这最珍贵的佳酿斟给所有经历过深重苦难，但却依然对苦难报以治愈之微笑的人们。瓦格纳自己则用更加调和与谅解的目光审视这个世界，更少心生怒气和厌恶，更多地是在悲伤和爱中放弃权力，但不是在它面前胆怯退缩。因此，他平心静气地推进他最伟大的作品，完成了一部又一部总谱③。

---

① 因为只有……秘密］誊清稿：就这样［埃斯库罗斯的一个悲剧］古代的作品。——编注

② 路德］准备稿：路德的［丢勒的］。——编注

③ 一部又一部总谱］参见瓦格纳《收场的报告》："……当我一本又一本地在自己面前放下这些静默的总谱，以不再打开它们时，我有时候感觉自己也像一个意识不到行为的梦游者。引文出处同上 6,378。——编注

这时发生了一件事情,让他驻足聆听:一群朋友来到他面前,告诉他大众心中的暗流涌动——这里躁动不安和展现出来的还远不是人民,但这可能是在遥远未来建成真正的人类社会的萌芽和生命源泉;首先需要保证的是,他的伟大作品有一天能够托付给一群忠诚的人,使之在他们手里得以保存,而且也只有他们有资格为后世保管他最宝贵的遗产;在朋友的爱护下,他的人生时光放射出更多温暖的光芒;他最高贵的关心和顾虑——在生命的夜幕降临之前,完成他的作品,并为其找到栖身之所——已不再是他一个人的关心和顾虑。然后又发生了另一个事件,他只能象征性地理解,这对他而言是一个新的慰藉和幸运的预兆。一场德国人的大战,一场同样的德国人发起的战争,使他睁开了双眼,向上看。他以前知道这些德国人已经彻底堕落和沉沦,极大地背离了他在自己身上以及历史上其他伟大的德国人身上,以最深沉的意识所探究和认识到的高贵的德意志精神①,但他现在看到,如果处于完全可怕的情况下,这些德国人都展示出了两种真正的美德:纯粹的勇敢和深思熟虑。他开始由衷地相信,也许自己并非最后一个这样的德国人,终有一日他的作品会得到更强大的力量而不仅仅是他那少数的无私奉献的朋友的保护。他们会长时间地帮助和保存这些未来的艺术作品,向着作品所规定和指向的未来。或许,他越是想把他的信念化为瞬间成真的愿望时,他的愿望就越是无法长期地不受质疑;只要他感受到一股强大的冲动,提醒他一个崇高的使命依然尚未

---

① 高贵的德意志精神]准备稿:高贵的德意志族类。——编注

如果瓦格纳交托给后世的只是一个无声的总谱,那么他的作品就不是完整的,还没有结束:他必须向公众展示和教授那不可揣度、只有他能够揭示的东西,即一种新的歌唱和表演风格,这样他就树立了一个其他人无法树立的典范②,创立一种不是被用符号记在纸上,而是在人类心灵上刻下印记的风格传统。这已经成为他再庄严不过的使命了,因为他的其他作品,尤其是在歌唱风格上,遭遇了难以忍受和极其荒唐的命运;它们曾一度声名大噪,受到赞美,也遭受了无理的对待,但似乎没人对此表示愤慨③。这听起来也许很奇怪,因为当他对同时代人有了最有洞见的评价之后,他便几乎完全放弃了在他同时代的人当中取得成功的念头,不再渴望权力,但是,"成功"和"权力"却不期而至。至少全世界都这样告诉他。他一再坚决地澄清这些"成功"来源于完全的误解,因此对他而言是一种羞辱,但依然无济于事;人们不习惯于看到一位艺术家严格地区分自己的风格效果,以至于他最郑重的抗辩也没有

---

① 足够了]准备稿中此后有以下的内容:他的作品已出名。他尚未做到表现出他的风格(在戏剧家面前展现个别的东西是无用的)。参见481,18页及以后。——编注

② 典范]参见瓦格纳《关于演员和歌手》:"把这种原始的冲动[模仿冲动]……指向对从未见过和从未经历过的东西的模仿,这在这里就叫做给出……由演员……来模仿的例子。对今天的歌剧演员来说,在他们给出了不自然的例子时,要求他们应该自然地唱歌和表演是无意义的。因此,这种例子就是关键,在这里所提及的特别语境里,我们说的就是戏剧音乐家的作品。……我所说的应当给予我们的演员的东西,我相信从这项作品[《工匠歌手》的首次上演]中已经极为清晰地表现出来了……"引文出处同上 9,246.247,252。——编注

③ 这已经……愤慨。]参见瓦格纳《论指挥》,引文出处同上 8,403 及以后。——编注

被认真对待。当①瓦格纳意识到今天的剧院以及戏剧上的成功与当代人的性格紧密相关时,他的心灵就不再想与剧院有任何瓜葛。他不再关注审美狂热和精神亢奋的大众的欢呼喝彩;确实,如果他看到自己的艺术竟然毫无区别地掉进那永不满足的无聊感和消遣欲的张开的大口,那么他必会愤怒不已。每一种效果是多么肤浅和思想匮乏,这更多是在满足一个贪得无厌的胃口,而不是喂养一个处于饥饿之人;他从这些反复出现的现象推断出这样的结论:所有人,甚至包括歌唱者和表演者,都认为他的艺术与其他任何的舞台音乐属于同一类别,并且要按照那令人作呕的歌剧风格菜谱的规则来加以对待。确实,他的作品被那些训练有素的指挥家切割和琢磨成标准的歌剧形式,直到它们失去了所有的精神内核,好让歌唱者能够掌控它们。当他们想要把事情做好时,他们笨拙拘谨地生搬硬套瓦格纳的教诲,例如,用一群装腔作势的芭蕾舞者去描绘《纽伦堡的工匠歌手》第二幕中纽伦堡街头的夜间暴动。所有这些都表明人们似乎相信自己的行为都出自于良好的信念,绝无其他不可告人的意图。瓦格纳尝试以行动和范例去展示表演中那种简明的准确性和完整性,或者至少把歌手引入到其新的歌唱风格之中,但他的献身努力总是不断地被那种占据主导的漫不经心和难以改变的习惯的泥浆所冲垮;更甚的是,这些尝试迫使他不得不与那些他所深恶痛绝的剧院打交道。到了最后,就连歌德也不想去观看他的《伊菲格尔》的演出:"当我不得不与那些不以应有面目

---

① 对待。当]准备稿:对待。[就好像对他来说,现在还会不知何故地得到剧院观众的掌声似的]。——编注

出现的幽灵周旋时,那种感觉真是糟糕透了"①,他为此解释道。与此同时,虽然瓦格纳本人非常排斥,但他却在剧院取得越来越大的"成功";最后到了这样一个地步,上演那种被扭曲成传统歌剧的瓦格纳戏剧带来的丰厚利润,几乎成为了大部分的剧院赖以生存的手段。大众对戏剧的热情不断疯涨,甚至瓦格纳的一些朋友也陷入了这混乱的旋涡之中:当他——这位伟大的受难者!——眼睁睁地看到他的朋友被"成功"和"胜利"冲昏头脑,而他那独特的崇高思想却在其中被粉碎和否定,他不得不忍受这样的痛苦。在他眼中,在很多方面都表现得极其严肃和稳重的德国大众,每当谈及他们最严肃的艺术家时,就不愿埋没他们根本的轻浮,仿佛德国人本性当中所有的粗鄙、愚钝、笨拙和恶意都必须要发泄在他身上。然而,在德国战争期间,一股更伟大和更自由的洪流席卷人们的心灵,瓦格纳回忆起他要忠于自我的使命,至少将他最伟大的作品从那种建立在误解之上的成功和谩骂中解救出来,并用其本真的节奏去呈现出来,使其成为所有时代的典范:因此,他构思出了拜罗伊特的思想。在唤醒人们心灵的洪流中,他相信自己看到了一种崇高的使命感正在那些他愿意托付其最珍贵的财产的人心中觉醒:从这种相互的使命感中产生的这个事件,就像一束奇特的阳光,照亮了过去那几年以及未来很多年。这一切都是为了一个仅仅是有可能、尚未明朗的遥远未来,对于当今这个时代和仅仅生活在这个时代中的人而言,这不过是一个不解之谜,或者是一桩罪行;对于少数能够对其有所贡献的人而言,这是对至高的幸福和人

---

① "当我……糟糕透了"]歌德与爱克尔曼的谈话,1827年4月1日。——编注

生的一种预先品尝和预先体验,透过这样的一种体验,他们会认识到自己的幸福,以及他们被赋予了超越其生命期限的幸福和充实;对于瓦格纳本人,那是充满劳累、忧虑、反思和悲伤的黑夜,是敌对因素的新的愤怒,但一切都沐浴在忠于自我的星光中,并且在这星光中转化成无以言表的幸福。

我们无须言明的是,悲剧的气息笼罩了瓦格纳的一生。每个能对其心灵有所感知之人,每个对生命目标的悲剧性幻觉所造成的压力、意图的扭曲和破灭以及由爱带来的放弃和净化不是完全一无所知的人,都必定会感受到瓦格纳在其艺术作品中向我们展示出来的、对这位伟大人物的英雄式存在的梦幻般回忆。在我们看来,这就像是齐格弗里德①在一个遥远的地方诉说着他的事迹:在最动人的幸福回忆中交织着消逝的夏天,带来深深忧伤,整个自然静谧地躺在昏黄的暮光里。②

九③

任一对瓦格纳这个人如何成长进行思考并深受其苦的人,为

---

① 齐格弗里德]誊清稿:沃坦。——编注
② 在我们看来……暮光里]参见第8卷:11[10];瓦格纳《众神的黄昏》第3幕,引文出处同上6,345及以后。——编注
③ 参见第8卷:11[18];11[40];11[15];11[8];11[28];11[42];11[51];12[32]。——编注
准备稿:作为音乐家的瓦格纳。贝多芬和瓦格纳之前的音乐在整体上有一种非戏剧性的特征:一种情态或状态,无论是严肃或忏悔还是一种轻快的状态,都要表现出来。听众应当通过形式的某种相似性以及更长久的相似性,最终进入到同一种情绪中。对于情绪和状态的一切这类图像来说,个别的形式是必要的;其他的会通过习俗变

了解脱和恢复，都需要反思何为艺术家瓦格纳，都需要考察什么是
　　　　　　　　　　　　　　　　・・・・・・

得常见。长度由音乐家的谨慎决定，听众会进入到一种情绪，但不想太长地呆在这种情绪中而感到厌烦。人们在勾画出对比性的情绪的图像时，就更进了一步；当同一件音乐作品中表现出品格的一种对立时（例如阳性动机和阴性动机），便再进了一步。这一切还都是音乐的粗糙的和初始的阶段。在这些阶段上是对激情的惧怕在立法；情绪不可以过于深沉，对比不可以过于线条分明。情感的一切骚乱都被视为"非道德的"；与此相反，[艺术越来越多地在对更常见的状态的展示中耗尽]道德的艺术越来越多地通过平常的状态和情绪的上百次重复而陷入衰竭，作为退化的标志表现出对病态的情绪和特征的喜爱。贝多芬首先说音乐是一种新的[语言]，这种语言诉说激情，但他的音乐必须从道德音乐的法则和习俗中成长[并在旧的艺术前为自己辩护]；这便是他的艺术成长的困难所在。一个内在的戏剧过程（因为每种激情都有一种戏剧的进程）要为自己强行找到一个新的形势，但流传下来的情绪音乐的模式却全力加以反对，就好像[从它出发]艺术的道德性与一种[流行]的非道德性是对立的。这样看起来，贝多芬就好像给自己提了一个充满矛盾的任务，让激情以道德之辞表达出来。但是，对于贝多芬的最伟大的作品来说，这种表象却是不够的。为了演奏巨大的激情之弓弦，他发明了一种真正新颖的手段：他仅仅暗示出其飞行轨迹的各个点，而让听众去猜测整条线。表面看来，新的形式就像是三个或者四个乐曲的组合，它们中的每个都仅仅表现激情的戏剧进程中的一个瞬间。听众可能认为在听旧的情绪音乐，只不过对他来说各个部分相互之间的关系是不可理解的。甚至在较低微的音乐家那里，还出现了对整体的创立者和各部分顺序的随意性的一种轻视。激情的伟大形式的发明通过一种误解把人引回到内容完全主观的单个乐章，而且各部分相互之间的张力完全消失了；因此，在贝多芬看来，交响乐是一种如此奇特的产物，尤其是当它具体地还结结巴巴地说着贝多芬式激情的语言的时候。手段在这里并不适合意图，并且意图在整体上来说完全[是]不清晰的，"因为它在头脑中从不清晰"。但正是这种要求[这种要求越是高级和困难，意图的清晰性就越有必要]：人们有话要说，人们要最清晰地说出来。一个艺术门类越高级[并且]越难、要求越高，这种清晰性就越有必要。因此，瓦格纳的全部努力就是想要找出一切有助于清晰性的手段。因为他通过音乐不仅像贝多芬那样展示了简单的激情，而且展示了错综复杂的激情，而且为了不被不同的灵魂及其苦难的最有艺术性的渗透和并列所迷惑，他现在使用可见的戏剧以语词和姿态来使音乐变得清晰。这样一来，他就此达到了还没有一个人曾经达到过的东西：赋予情感以其最强烈的和最富有表现力的语言。按照瓦格纳的音乐来衡量，所有过去的音乐都显得死板或谨小慎微。他在音乐内部做到了自由组合的发明者在雕塑内部所做到的事情。他以最大的坚定性和确定性捕捉住了情感的任何程度和任何色彩：最柔和最野性的激动就像某种变硬了、可把握的东西被握在他手中。他的音乐从不是不确定的，从不是情绪性的。凡是通过他的音乐要说的，无论是人或自然，都有一种严格地个性化了的激情。风

展现出一种真正解放的能力和想象力的戏剧；如果艺术不过是将自身体验传达给他人的能力，那么一个艺术作品如果无法让他人理解，它就是一种自相矛盾的存在。因此，瓦格纳作为艺术家的伟大之处恰恰就在于其魔鬼般的表达自身本质的能力，就好像他能够用所有的语言去表达自己，这使得他内在的大多数个人体验能够极其清晰地被理解。当人类早已习惯将艺术的分离和割裂视为永恒不变的规律时，瓦格纳在艺术史上的出现，使大自然那种完整和未被分割的艺术能力如同火山般爆发出来。因此，在考虑如何称呼他时，人们可能会犹豫不决。他应该被称为一位诗人，或者雕塑家，或者音乐家——我们是应该在广义上使用这些称谓，还是应该创造一个新的称谓来形容他？

　　瓦格纳身上的诗人因素表现在他用看得见、摸得着的事件而

暴和火焰在他这里[得到]一种个人的意愿和欲求的强制的安全性。"个别的激情的火焰，战斗——一个行为的所有戏剧进程，像一条河……"作为音乐家，瓦格纳自身具有德摩斯梯尼[希腊的激情大师]的某种东西；对事情的可怕的严肃和掌控的强力，以至于他每次都把握住事情；他在那一刻击打着自己的手，握紧它，就像它是铜铸的一般。他像德摩斯梯尼那样隐藏自己的艺术，或者使人遗忘它，但毕竟他和德摩斯梯尼一样是整整一系列强大的艺术精神后面的最后的和最高的人物，并且[因此比这个序列的前面那些人物能隐藏更多的东西]。他自己并没有任何流行病，所有以前的音乐家都有，他们偶尔会玩他们的艺术并炫耀他们的精湛技巧。在瓦格纳那里，人们既不会感到有趣，也不会感到愉快，而只会感到必然性，那是"最大"意志力的伟大结果和艺术品格的"最高"纯粹。没有人像瓦格纳那样严守法则。只考虑一下歌唱性旋律与言说的非歌唱性旋律的关系——他如何将饱含激情地言说着的人的高大、强壮、时间尺度处理为亟待转化为艺术的自然楷模——然后再考虑音乐的整个交响乐语境中对这种激情旋律的归类，就能让人们了解真正的奇迹。最小的勤奋和聪明才智是这样的，看到一份瓦格纳的总谱时（尤其是准备上演的总谱），就倾向于相信，在他之前根本没有过正确的努力方向和作品，尤其是诗人，他们在奇异的光照中以一种懒散的、无忧无虑的存在者出现，他们轻而易举地用笔就把眼前的图景给把握住了。在艺术的艰辛这方面，瓦格纳也知道为什么他要把自我牺牲作为戏剧家的真正美德提出来。——编注

非概念来进行思考。① 这意味着他以神话的思维方式进行思考，就像人民总是那样思考一样。神话，并不像一种过于造作的文化之子所认为的那样，是建立在某种思想之上，相反，神话本身就是一种思想；它用一系列的事件、行为和苦难去传达对世界的一种思考。《尼伯龙根的指环》就是一个没有概念形式的宏大思想体系。或许一个哲学家能够完全不使用形象和行为，而仅用概念去创造一个与之等同的体系；那么，这是在两个迥然不同的领域中描述相同的事情，一个面对的是人民，另一个面对的是人民的对立面，即理论家。瓦格纳不是向后者表达自己，因为理论家对于真正的诗歌和神话的理解，正好与聋子对音乐的理解一样多；这就是说，他们看到的都是一种对自身毫无意义的乐章。这两个领域是互相隔绝的，我们在一个领域中就无法看到另一个领域。只要我们仍然身处诗人的魔力中，我们就会跟随他进行思考，就好像我们只是感受、观察和聆听的存在物。我们得出结论是我们所看到的事件的关联，即事实的因果性，而不是逻辑的因果性。

如果瓦格纳创作的神话戏剧中的英雄和诸神也能用语言去表达自我，那么这种言语表达将会唤醒我们心中理论家的一面，使我们进入到另一个非神话的世界，但我们不会因为使用了文字而更加理解我们眼前发生之事，反而是完全无法理解。没有比这更危险的事情了。这是为什么瓦格纳迫使语言回归一种原始状态，在这种状态中，思考几乎不需要概念的帮助，语言本身是诗、形象和

----

① 瓦格纳……思考。]参见瓦格纳《歌剧与戏剧》："在神话中，人民的共同创作力量恰恰只是把握到了肉眼能够看到的那些表象。"引文出处同上 4，41。——编注

感觉。瓦格纳解决这个令人生畏的任务时展现出来的无所畏惧,表现了这种诗性精神如何有力地指引着他,就像是一个被鬼魂缠绕的人,无论被引向何方,他都必须跟随。这些戏剧的每一句台词都必须被吟唱,就像每一句台词都是从神祇和英雄口中说出来的:这是瓦格纳对自己语言想象力提出的非比寻常的要求。其他人面对着这样的任务一定会心灰意冷,因为我们的语言似乎过于陈旧且惨遭蹂躏,无法像瓦格纳那样对自己提出要求;而瓦格纳破壁一击,却凿出了汩汩盛泉①。恰恰是因为他越是热爱这语言,他对它的要求就越高,他就比其他德国人更加为这语言的堕落和衰弱而痛心,包括各种形式上的残缺和断裂、句子结构中小品词的笨拙,以及无法吟唱的助动词:这一切都经由罪恶和堕落进入到我们的语言之中。另一方面,他为这语言直至今天仍然表现出其天然的原初性和不可穷尽性而自豪,并从其根源中感受到其富有音响的力量。因此,德语天生就是为音乐而设,为真正的音乐而设。相反,罗曼语系则具有太多的派生词和人为的修辞性②。瓦格纳的诗篇饱含对德语的热爱,以一种温暖人心和坦率真挚的方式运用德语,这一点无法在除歌德以外的任何德国人身上找到。语言表

---

① 却凿出了汩汩盛泉]参见 4.Mos.20,11。——编注
② 他为这语言……修辞性]参见瓦格纳《歌剧与戏剧》:"纵观至今还独立参与发展音乐戏剧,即歌剧的欧洲各国——也就是意大利、法兰西和德意志罢了——的语言,我们会发现,这三个国家只有德语在日常语用中还直接而清晰地与其语源相关联。意大利人和法国人说的是这样一种语言,它的词根意义对他们来说唯有在研究之路上从更古老的、死亡的语言中才能得到理解:可以说,他们的语言替他们说话,而不是他们用他们的语言说话……在所有现代歌剧语言中,只有德语才可以……被用于赋予艺术表达以生命。"引文出处同上 4,263 及以后。——编注

达的生动准确,大胆有力,富有变化的韵律,大量运用强有力且意味深远的词汇,句法的简练,在抒发跌宕的情感和直觉时独有的创造力,有时候自然涌现出来的流行性和谚语化——我们可把它的特点一一列举出来,但即便是这样,仍然可能会遗漏了它最强大和最值得赞赏的优点。如果一个人连续地阅读《特里斯坦与伊索尔德》和《纽伦堡的工匠歌手》这样的一些作品,他会对其言语表达和音乐感到同样的惊叹和不可思议,那就是,他会疑惑瓦格纳是如何创造性地掌控在形式、色彩、结构以及精神都是如此不同的两个世界。这是瓦格纳的天赋中最强有力的一面,唯有真正的大师才能做到这一点:为每一部作品创造一种新的语言,同时赋予新的内在性以一个新的躯体和新的声音。当这种罕见的力量表达自我时,批评其作品中零星出现的用力过度或独特诡谲,或者更常见的表达模棱两可和概念不清晰,就显得过于吹毛求疵,并将徒劳无功。此外,我们发现,对于那些直到今天仍然发出最大批评之声的人,与其说他们的语言,还不如说他们的心灵,即整个承受痛苦和感受的方式,带有攻击性和诽谤性,令人不齿。我们要等待,直到这些批评者的心灵发生了改变,他们才会说出不同的语言;在我看来,与现在相比,到了那时,德语在整体上会有很大的改观。

但是,任何对瓦格纳这个诗人和语言雕塑家进行反思的人,首先不应该忘记瓦格纳的戏剧不是为了供人阅读而写成的,因此我们不应该将我们对语言戏剧的要求强加于他的作品。语言戏剧试图单纯借助概念和语词去影响观众的情绪;考虑到这个意图,语言戏剧应该合理地被归于修辞的范围之内。但生命的热情却很少善于辞令;在语言戏剧中,无论采取何种表达方式,它都必然是雄辩的。然而,如果一个民族的语言已经处于衰落和腐败之中,那么语言戏剧作家就会尝试赋予他的语言和思想以非同寻常的色彩和结构;他想提升语言的层次,使其更能表达提升了的高雅感受,但他这样做,可能会陷入曲高和寡、不被理解的危险境地。同样,如果他想借助高端的短语和富有想象力的概念,向激情中注入某种庄严和崇高,但这将导致另一种危险:显得不真实和矫揉造作。因为生活中真正的激情并不是以名言警句的形式呈现的,如果在基本方面与现实相去甚远,诗化的激情很容易让人怀疑它是否有真情实感。相比之下,瓦格纳是意识到语言话剧的内在缺陷的第一人,他从界限清晰的三个层次上呈现每一个戏剧情节:言语表达,肢体动作和音乐。音乐将戏剧角色的基本内在情感直接传递给观众的灵魂,然后,观众从同一角色的肢体动作中感知到其内心活动的第一种清晰可见的迹象,从角色的言语表达中感受到其第二种稍显苍白的表现,并将这些都转化成一种更加自觉的意志。所有这些效果都同时出现且互不干扰,迫使观众以全新的方式去理解和体验戏剧,就好像他们的感官和灵魂突然颠倒了,感官更像是灵魂,灵魂更像是感官,就好像所有希望从人身上释放出来、渴望获取知识的东西,突然发现自身获得了自由,并处于认识的欢跃中。由于瓦格纳戏剧的每个情节都以极其易于理解的方式向观众讲述,并且由于其音乐的内在启发和推波助澜,瓦格纳无须运用其他语言戏剧作家所需的手段就能赋予情节以温度和亮度。因此,戏剧的整个设定可以像建筑一样变得更加简约,建筑师的节奏感可以再次在建筑的伟大的整体比例中展现出来,现在没有必要像其他话剧作家一样有意地制造复杂感或将多种建筑风格混搭起来,以使观众对其作品产生一种好奇心或浓烈的兴趣，进而将这些感觉提升到一种欣喜若狂的惊叹感。建筑师不是必须借助人造的工具才能使观众对理想的距离和高度产生印象。语言抛弃了名目繁多的修辞，回归到准确且有力地表达情感的状态。尽管表演者更少地将他在戏剧中的行为和感受言说出来，但内心活动——语言戏剧作家由于惧怕这部分被指责为不具有戏剧性而一直将其排除在舞台之外——促使观众饱含感情地同剧中人一起经历，伴随的肢体语言需要通过最微妙的变化表达出来。毫无疑问，吟唱的感情要比言说的感情持续更长时间；而音乐像是把情绪扩展出去；结果通常是，表演者同时也是歌唱者，必须克服那种幅度过大的、焦躁不安的肢体动作，而这正是语言戏剧表演中最常碰到的问题。他发现自己越发被那变得高贵的肢体动作所吸引，尤其是因为音乐使他的情绪沉浸在一种更纯净的以太之中，因而不由自主地将它们与美更紧密地联系起来。

瓦格纳对表演者和歌唱者提出了非同寻常的任务，将在他们之间点燃一场持续几代人的竞赛；通过这场竞赛，瓦格纳笔下的每一个英雄角色最终将以最具肉体特征的可见性和完美性呈现出来；这种完美的具象化已在戏剧的音乐中有所预示。跟随他的指导，造型艺术家终将会看到一个视觉世界的奇迹，在他之前，这个新世界只有诸如《尼伯龙根的指环》之类作品的创作者才能看到。这位创作者，一位最高级别的塑造者，像埃斯库罗斯一样将为未来的艺术指明道路。当造型艺术家将其实现的效果与像瓦格纳的音乐实现的效果作比较，必定不是仅由于妒忌之心唤醒了伟大的天赋：瓦格纳的音乐中有最纯粹和最明媚的幸福，使任何聆听它的人觉得仿佛以前听到过的所有音乐都是那么疏离、拘谨和不自由,仿佛直到现在人们仍想利用后者在配不上这份庄严的人面前上演一场戏,或者利用它对那些甚至不配看戏的人进行讲授和演示。过去的音乐只能使我们短暂地感受到这份总是洋溢在瓦格纳的音乐中的幸福:那是稀有的忘却一切的时刻,当音乐只对自我进行倾诉时,就如拉斐尔的塞西莉亚①抬头仰视,将其目光从要求它提供消遣、愉悦和博学的聆听者身上移开,这种幸福悄然而至。

总而言之,我们可以说,瓦格纳这位作曲家向至今仍不愿言说的自然万物赋予了一种语言;他不相信世间有必须保持沉默无声的事物。他亲自深入到晨曦、森林、雾霭、峡谷、高山、夜的可怕和月光之中,寻觅它们身上隐秘的渴望;它们也想发出声音。当哲学家②说,有生命的和无生命的自然都有一种渴望存在的意志;那么作曲家会说,无论是哪一种自然,这种意志都渴望成为有声的存在。

总的来说,瓦格纳之前的音乐有一种狭隘的界限;它指向的是人类心灵的一种永久状态,古希腊人将其称为"伦理",直到贝多芬才开始在人类内在世界中发现了激情的、热诚意愿的、戏剧情节的语言。在贝多芬之前,人们是借助音乐去表达情绪,表达冷静、愉悦、肃穆或后悔的内心状态;通过某种显著的形式的统一性以及这种统一性的持续,促使听众去理解和解释音乐,并最终以相同的情绪去感受它。每一种不同的情绪和内心状态都需要不同的形式;

---

① 拉斐尔的塞西莉亚]参见叔本华《作为意志和表象的世界 I》,第 315 页及以后(第三本的结尾)。——编注

② 哲学家]叔本华。——编注

其他一些形式则是通过习俗建立的。有些作曲家试图把听众带进某种情绪中，又不想这种情绪持续太久，使听众感到厌烦，因此会谨慎决定音乐持续的时间。有些作曲家进一步在音乐中确定对比情绪的形象，情绪对比的魅力就被发掘出来了；更进一步，同一首曲子中包含互相矛盾的伦理，比如男性主题和女性主题的对立。所有这些仍然是音乐的粗糙的初始阶段。害怕过于激情可以推导出一些法则，害怕陷于无聊则可以推导出另外一些。一切情感的深化和放纵都被视为"违反伦理的"。但一旦伦理的艺术不厌其烦地重复描述相同的情绪和内心状态，尽管音乐大师极尽创造之能事，这种艺术终将日暮途穷。贝多芬是第一个让音乐以一种全新的语言说话的人，那是被禁止的情感的语言，但他的艺术是在伦理艺术的法则和习俗之下发展出来的，它必须在伦理的艺术面前为自己辩护，正是因为如此，他的艺术发展过程尤其艰辛和迷茫。一个内心的戏剧情节——每一种情绪都有一个戏剧发展过程——想要取得突破以实现一种新的形式，但情绪音乐的传统体系站在了对立面，反对这种新形式，就像道德反对不道德一样。有时候看起来就好像贝多芬给自己提出了一个自相矛盾的任务，即让激情通过伦理去表达自我。但这种①想法不足以解释贝多芬最后和最伟大的作品。他确实找到了一种方法去再现激情的跌宕起伏：他从激情变化轨迹上选取了某些点，尽可能准确地加以标明，以让听众凭直觉推断整条曲线。表面看来，这种新形式看起来是将很多乐

---

① 这种]准备稿；誊清稿；手稿样本[?]；大八开版、加斯特付印稿、第一版：这。——编注

曲组合在一起，每个单独的曲子都似乎在描绘某种持续的状态，但实际上是激情的戏剧发展过程中某个单独瞬间。听众可能会觉得他聆听的是过去的情调音乐，但各部分之间的关系似乎变得难以把握，不能用对立的法则来解释。就连作曲家①也开始轻视对结构连贯的艺术整体性的要求；作品中各部分的顺序变得随心所欲。这种激情表达的伟大形式的发明，被误解为重新回到任意内容的单一乐章上，各部分相互之间的张力完全消失了。这就是为何在贝多芬之后，交响曲的结构如此令人迷惑的不清晰，尤其是它的各个部分还在结结巴巴地模仿贝多芬的激情的语言。手法与意图不匹配，听众完全不清楚总体的意图，因为作曲家头脑中也从未有过清晰的意图。然而，一种艺术形式越是高级、越是复杂、越是讲究，那么言之有物、言必清晰的要求就越是不可或缺。

　　这就是为什么瓦格纳一直在想方设法找到服务于清晰性的全部手段②；为此，他首先要将自己从旧的情调音乐的束缚③和要求中解放出来，赋予他的音乐即阐释情感和激情的音乐一种毫不含糊的语言。如果我们要看一下他有什么成就，那么在我们看来，他

---

① 作曲家]准备稿、誊清稿、大八开版：更低水平的作曲家。——编注
② 然而……手段]参见瓦格纳《给我的朋友们的一个通告》："但是，即便是在这个方向上，也只有一种冲动引导着我，亦即把我所看到的东西尽可能清晰地和可理解地传达给他人的直观；而且即便在这里，也始终只有质料在一切方向上为了形式而规定着我。因此，在表现中最高的清晰性是我的主要追求，而且恰恰不是一个浅薄的对象借以向我们传达自己的那种肤浅的清晰性，而是一种无限丰富的和多种多样的清晰性，唯有在这种清晰性中，全面的而且关联众多的内容才能可理解地展示自己。但这肯定会显得肤浅，而且对于习惯于空洞内容的人来说直接就是不清晰的。"引文出处同上 4,367 页及以后。——编注
③ 束缚]誊清稿：法律。——编注

就像是在音乐领域完成了自由雕塑的发明者在雕塑领域所做过的同样事情。用瓦格纳的音乐去衡量,过去所有音乐都显得僵硬死板和保守胆怯,就好像人们不应该从所有方面来观察它,就好像它感到羞愧一样。瓦格纳无比坚定且精确地把握住了情感的每一种程度和每一种色彩;尽管在其他人眼里,情感就像是蝴蝶一样难以捕捉,但他把最温柔、最疏远和最野性的①情感拿在手中,丝毫不害怕②失去,似乎它在他手中会变得坚硬和牢靠③。他的音乐从来不是模糊不清的或者情绪化的;所有通过他的音乐传达的东西,无论是人还是自然,都有一种极其个性化的情感;在他的音乐里,风暴和火焰都处于个人意志的驱使之下。从所有在声音中得到自我实现的个体及其情感的抗争之中,从对立力量的整个旋涡之中,那气势磅礴的交响曲之魂泰然自若地腾空而起,不断从冲突中谱奏出协和的音响;瓦格纳的音乐整体上就像是伟大的以弗所哲学家所构想的世界的缩影,是不和谐从自身产生出来的和谐,是公正和敌意的统一④。我很惊叹,从一系列在不同方向奔涌的情感中居然能够计算出整体的情感曲线;瓦格纳的戏剧的每一幕都向我证明了这样的可能性,他的戏剧总是一边讲述不同个体各自的历史,一边勾勒出他们所有人共同的历史。我们从一开始就已经觉察

---

① 最野性的]准备稿;誊清稿;第 8 卷,11[15]199,14;加斯特付印稿、大八开版、1872 年第一版:最轻微的。——编注

② 害怕]誊清稿:害羞。——编注

③ 尽管……牢靠]誊清稿:仿佛它是坚硬而坚实的东西,而不是任何人所视为的一些难以理解的东西。——编注

④ 是不和谐……统一]参见赫拉克利特残篇第 8,10,80,第尔斯-克兰茨编:《前苏格拉底哲学家残篇》。——编注

到，我们面前的是方向不同、互相对抗的支流，但也有一股更为有力的潮流，朝一个主方向席卷而来：这一潮流起初只是不安分地涌动，蹚过那暗礁险滩；有时候，这滔滔洪水似乎要分流开来，奔往不同方向。渐渐地，我们注意到，整体的内在运动变得越来越有力，越来越急切；那湍急的不安变成了广阔的可怕的安静之流，朝着一个未知的目标前行；突然，整条河流怀着对跳进深渊和化为泡沫的魔鬼般的渴望，裹挟着所有水流倾泻而下①。当困难陡然增加十倍，他怀着立法者的欢愉去掌控一切重大事务，这时候的瓦格纳的本色就愈加彰显出来。将暗流涌动、互相抵触的大众驯服成单一的节律，在纷纷扰扰的欲望和需求中贯彻唯一的意志——他感觉到这是他天生的使命，他在这其中感觉到自己的自由。他从未觉得力不从心；他从未气喘吁吁地达到终点。当其他人寻求减轻身上的负担时，他毅然决然地将最艰难的法则揽在自己身上。如果他不能以生命和艺术中最困难的问题为乐，那么生命和艺术对他将是沉重难当。只要思考一下吟唱的旋律和非吟唱言语的韵律之间的关系，他是如何处理一个人饱含感情地言说时的音高、音量和节拍，如何将这种自然的模式转换成艺术；接着再思考一下，他如何将吟唱时的激情放置在交响乐的整体情境中；你就会理解他是如何奇迹般地克服了这些困难。他的创造力在大小事情上都表现得淋漓尽致，他的精神和勤奋无处不在，以致人们看到瓦格纳的总谱时不免会认为他根本不需要付出真正的劳作和努力。对于艺术的艰辛，他似乎甚至可以这样讲，戏剧家的真正美德在于自我放

---

① 我们从一开始……倾泻而下。]参见第 8 卷：11[7]。——编注

弃;但他很可能会这样反驳:"只有一种艰辛,那就是尚未自由者的艰辛;美德和善都是很简单的"。

　　整体而言,瓦格纳这位艺术家身上有德摩斯梯尼的影子:对事物近乎严苛的态度和把握事物的力量,使他一直都牢牢地把握住事物;当他把手放在事物的旁边,他能瞬间抓住它,似乎它是由青铜铸成的。他像德摩斯梯尼一样迫使我们思考事物,从而将自己的艺术掩盖起来,或者让我们忘却艺术的存在;但他也像德摩斯梯尼一样,是一系列强大的艺术精神①的最后的,也是最高的显现,因而他需要掩盖的东西比他的先辈们要多。他的艺术有自然的效果,还有人为创造和重新发现的自然的效果。他没有任何华而不实的炫技,不像过去的作曲者不时把他们的艺术当游戏、卖弄自己的本领。在瓦格纳的艺术作品中,人们既想不到有趣的东西,想不到愉悦的东西,也想不到瓦格纳本人,甚至想不到一般意义上的艺术;人们只是感受到什么是必然的事情。艺术家在其成长的过程中到底要如何意志严格而坚定,需要如何自我克服,才能最终在成熟后的每一瞬间都带着欢欣的自由去做必然的事情——没有人能估算出答案;如果我们能够在某些方面感知到,他的音乐如何怀着某种残酷的决断听命于戏剧的发展,犹如屈从于不可抗拒的命运,而这种艺术燃烧的灵魂渴望有朝一日挣脱所有枷锁,在自由的荒野上徜徉,那就足够了。

---

　　① 整体而言……艺术精神]参见第 8 卷:30[15]。——编注

十①

　　一位艺术家拥有如此强大的自制能力，他能够统御其他所有艺术家，即使他无意这样做。在另一方面，唯有对他而言，那些被统御的人，即他的朋友和追随者，不会造成威胁或者限制；那些略逊一筹的人往往由于要寻求朋友的支持而最终因此丧失了自由。极为奇妙的是，瓦格纳毕生都在避免任何形式的拉帮结派，但在他艺术成长的每一个阶段总是会聚集一群追随者，后者似乎是为了使他停滞不前。他总是能够从簇拥的人群中走出来，从不允许自己被拖慢脚步②；更甚的是，他走过的征途是如此遥远，无人能够从一开始陪伴他走到尽头；这条道路如此不寻常，险峻陡峭，就连最忠诚的人也可能③会精疲力竭。在瓦格纳一生的每个阶段，他的朋友都热衷于将他教条化；他的敌人也是这样，但显然是出于不同的理由。倘若他的艺术家品格稍微不那么纯粹，那他很早就能成为当代艺术和音乐世界的无可争辩的主宰；现在他终于也成为了这个世界的主宰，而且是在更高的意义上，即任何艺术领域发生的一切，都必须接受他的艺术和艺术家品格的裁决；他征服了最桀骜不驯的人；没有一个天才的音乐家不由衷地从心底里听从他的

---

① 参见第8卷：11[32]；11[37]；11[4]；11[9]；11[19]；11[24]；11[35]；11[37]；14[3]；14[4]；14[7]。——编注
② 他……脚步]参见《圣经·路加福音》，第4章，第20节。——编注
③ 可能]誊清稿；手稿样本、大八开版、加斯特付印稿、1872年第一版[?]：可能还。——编注

召唤,不真诚地相信他的音乐比自己的和世界所有其他音乐加起来的总和都更值得聆听。他们中很多人不惜一切代价地想要成为有些什么价值的人,力图挣脱这种迫使他们臣服的内心诱惑,急不可耐地将自己放逐到过去的大师们那里,宁可依靠舒伯特或者亨德尔来寻求他们"独立",也不愿与瓦格纳为伍。但无济于事!因为他们违背了自己更好的良知,因而作为艺术家变得更加卑微和狭隘;他们必须忍受心怀恶意的朋友和同盟,因而败坏了他们的品格;然而,在所有这些牺牲之后,他们仍然绕不开瓦格纳,或许在睡梦中,他们仍然只能对瓦格纳言听计从。这些对手真是可怜;他们以为放弃自我会失去很多,但这是一个错误。

现在,瓦格纳显然并不在意其他作曲家是否从这一天起以瓦格纳的风格作曲,甚至他们是否还会作曲;确实,他一直在竭尽所能地打破流派的门第之见,不认为现在应该以他为核心形成一个作曲家流派;就在他能直接对当代作曲家造成影响的范围内,他尝试教会他们伟大的演奏艺术;在他看来,艺术发展已经到达了这样一个地步,即成为一位技巧娴熟的表演和诠释大师的意志比不惜一切去创造的欲望更为有价值。对于我们目前已经达到的艺术阶段而言,这种创造性会带来灾难性的结果,因为它会鼓励尽可能多的产出,会通过每日的使用去耗尽天才的方法和发明,会使真正伟大作品的效果变得平淡和平庸。即使人们能够从对最好作品的模仿中产生出好的艺术作品,那也是多余而且有害的。瓦格纳的目的和方法是密切关联的;要感受到这一点,只需要拥有艺术家的真诚,复制他的方法并将其运用到完全不同的、微不足道的目的上,那就是不真诚。

因此，如果瓦格纳拒绝生活在一群以瓦格纳风格作曲的人中间，那么他就要更为迫切地向所有的天才们提出一个新的任务，即与他一起去探索戏剧表演的风格法则。他感觉到一种最为迫切的需要，驱使他为自己的艺术建立一种风格传统，以使他的艺术能够以其最为纯粹的形式代代相传，直至抵达其创造者预先为它构想好的未来。

瓦格纳有一种永不满足的冲动，要将建立这样一种风格以及使其艺术永恒流传的所有想法传达出来。用叔本华的话说，瓦格纳要让他的作品成为"一个神圣的宝库，他的存在的真正成果，人类的财富，把它交给能够对其更好地做出判断的后代"；这个目标比其他所有目标都更为重要，他愿意为之戴上荆冠，等待它将来有一天会绽放成桂冠。他不遗余力且毫不懈怠地保存他的作品①，就像处于最后时日的昆虫，为它的卵找到安全的保存之地，操心它的顺利孵化，尽管它永远没有机会看到最终的孵化；它把卵存放在它确信以后能获得生命和食物的地方，然后欣然死去。②

这一优先性的目标鞭策着他不断产生新的发明创造；他越是清醒地认知到他对抗的是一个最令人深恶痛绝的时代，一个最不愿意对他聆听的时代，他就越是能够从其魔鬼般的表达能力的源泉中汲取灵感。但渐渐地，就连这个时代③也开始屈服于他那不知疲倦的努力、他那细微无言的坚持，竖起耳朵去聆听他。每当他

---

① 他……作品] 誊清稿：他不遗余力且毫不懈怠地完成那些作品；叔本华，同前。——编注
② 用叔本华的话说……死去。] 引用出自叔本华《附录与补遗》2,92。——编注
③ 时代] 大八开版、加斯特付印稿、1872年第一版：时代。——编注

远远地感觉到可以借助实例来阐明其思想的大或小的机会出现时,瓦格纳都做好了准备,并加以利用:他能够根据具体情况重新阐释自己的思想,使之能够从即使是最贫乏的形式中表达出来。每当有半信半疑的心灵对他敞开心扉,他都会撒上种子;在冰冷的旁观者只能耸肩表示没有办法的情况下,他仍心存希望;他失败了千百遍,只为有一次能够向旁观者证明他是对的。如果①说只有在能够增加自己的智慧时,智者才会与平常人打交道,这样看起来,艺术家似乎不必与他同时代的人打交道了,因为通过这些人,并不能确保他的艺术达至永恒;有人会爱上他,只是因为爱上了这种永恒;同样,他知道有一种针对他的恨意,这种恨意将会摧毁他的艺术通往其想要的未来的桥梁②。瓦格纳教导过的学生,与他交谈过的音乐家,或者他向之演示过某个动作的表演者,他指挥过的大大小小的乐队,见证过他如何认真地开创事业的城市,那些半是羞怯、半是热爱地参与他的计划的侯爵和女士们,他暂居过的欧洲国家,他曾经成为它们艺术的法官和不安的良知:这一切③都逐渐成为其思想的回响,他对未来硕果的不懈追求的回响。虽然这回响常常以扭曲和混乱的形式返回他耳中,但最终,他对这个世界大喊千百遍,那惊天动地的叫喊声必将引起不可阻挡的回响,很快人们无法再对他听而不闻,或,无法再错误地理解他。今天,这回

---

① 对的。如果]誊清稿:……对的,并且向所有怀疑者长期证明他是对的。——编注
② 同样……桥梁]誊清稿:他感到只有仇恨,这仇恨是通向未来的桥梁。——编注
③ 良知:这一切]誊清稿中此处有:……良知。他自己给出的有关计划的最热切地被转告的消息,他在不能达到实例和实干时自己帮助自己的文字,他自己培养的学生。——编注

响已经使现代人的艺术机构为之战抖;每当他精神的气息吹拂过这些花园,所有枯枝败叶和摇摇欲坠的东西都被吹落在地。比这种战抖还要有说服力的是到处出现的怀疑:没有人知道瓦格纳的影响力还会在哪个领域突然迸发出来。① 他全然不可能把艺术的繁荣与其他东西的繁荣和衰败区分开来;凡是现代精神中蕴藏危险的地方,他都用警惕和存疑的目光去审视其中也隐藏的对艺术的威胁。他在想象中将我们文明的大厦拆解开来,任何腐朽的东西、任何草率建构的东西都逃不过他的法眼;当他遇到在风雨中屹立不倒的墙壁和牢固扎实的地基②,他立即想方设法将它变成保护其艺术的堡垒和避风港。他活得就像一个逃亡者,不是为了保护自己,而是为了保守秘密;像是一个不幸的女人,更想拯救腹中的骨肉,而不是她的生命;他就像齐格琳德那样,"为了爱"③而活着。

这注定是充满各种折磨和屈辱的一生:在这个世界里漂泊,居无定所,却必须与它对话,向它提出要求;蔑视它,却又无法弃它而去。这是未来艺术家的真正困境;作为艺术家,他不能像哲学家那样在幽暗的森林中捕猎知识,因为他需要人的心灵作为通往未来的中介者,需要公共机构作为未来的保卫者,作为沟通现在和未来

---

① 迸发出来。]誊清稿中后面有:[他是未来的一种推动力,而当代在听从瓦格纳的时候,是为未来服务的]。这种"必须言说"和"必须指明"并不属于瓦格纳的生活幸福;他是在与一个他在其中不安宁和无家园感的时代打交道。誊清稿:参见500,23及以后。——编注

② 当……地基]誊清稿:在他于我们现在的生活中发现了某种强大力量的雨之处。——编注

③ "为了爱"]参见瓦格纳《女武神》第3幕:"布吕恩希尔德[对齐格琳德]:活下去吧,哦女人,为了爱!"引文出处同上6,94。——编注

的桥梁。他的艺术无法像哲学家的作品那样，装进文字记录的小船去运载；艺术需要技艺娴熟的人作为它的传承者，而非字母和音符；瓦格纳一生中很长的一段时间里，都回荡着这样一种恐惧之音，那就是他无法找到这些技艺娴熟的人，无法通过实例去传递他的艺术，而只能局限于书面符号；无法演示自己的作品，而只能向读者——确切来说，他们并不是艺术家——展现艺术表演的最为黯淡苍白的微光。

作为作家的瓦格纳展示出一个右手被击碎，但却继续用左手搏斗的勇士般的驱动力；当他写作时，他始终是一个受难者，因为某种暂时的不可逾越的必然性剥夺了适合于他的表达方式，也就是运用富有启示和胜利的实例。他的著作中没有任何准则的或者严格缜密的东西；相反，准则就在他的戏剧作品中。这些著作体现了试图理解驱使他创造其艺术作品的本能，并借助它们来反观自身。一旦他将他的本能转换为知识，他希望在读者的心中能够发生逆转的过程①；他就是带着这种憧憬在进行写作。如果说他在这里是在做一件不可能做到的事情，那么瓦格纳只是与那些对艺术进行反思的所有人遭遇了同样的命运，但他仍然比大多数人略胜一筹，因为他身上蕴含着一种最强大的整体的艺术本能。就我所知，没有其他美学著作能够像瓦格纳的著作那样，为这个主题带来如此之多的光明。对于艺术作品的诞生，所有可以获知的东西

---

① 并……过程] 誊清稿：[他传达一个令人振奋的知识，而产生一种类似的本能；也就是嫁接本能的尝试] 当他把他自己的本能转化成知识，他想通过这种知识再嫁接到他的读者们的本能。——编注

都可以在瓦格纳身上学到。① 他属于最伟大的艺术家之一,但他在这里作为见证人出现,而且,在漫长的岁月里,他的证词都在不断地得到改善,越来越无拘无束,越来越清晰明白,越来越摆脱了不确定性;即使他在这条通往知识的道路中磕磕碰碰,但他也要碰出火花来。某些著作如《贝多芬》、《论指挥》、《论演员与歌手》以及《国家与宗教》,浇灭了所有想要反驳的欲望,迫使每一个人都陷入沉静的、内在的和虔诚的沉思,就像打开宝匣时的表情。其他著作,尤其是他的某些早期著作包括《歌剧与戏剧》,则是引起了躁动和喧嚣;这些著作中有一种节奏的不均衡,作为散文引起了某种混乱。它们的论证过程支离破碎,感情的跳跃更多是阻碍而不是推进文章的发展;作者的抵触情绪像是一道阴影笼罩着它们,似乎艺术家耻于做出概念上的证明。对他不太熟悉的人来说,阅读这些著作时遇到最大的困难可能是他那独有的、难以描述的一种权威性的自我肯定的口吻;在我看来,就好像瓦格纳经常是站在敌人面前说话——因为这些著作都是以口语的风格写成的,而不是书面语,当我们把它们大声地读出来,我们会发现更容易理解它们——他并不熟悉这些敌人,这造成了他的拘谨和讷言。然而,常常会有一股富有感染力的激情穿透这故意留下的坑坑洼洼;那矫揉造作、冗长啰唆、充斥着多余语词的臃肿长句终于消失不见了,接下来,语句和篇章行云流水般浮现出来,成为了德国散文中最为优美的范文;但即使假定在其著作中的这些部分,他是在同朋友交谈,那幽灵般的对手没有站在他的椅子旁边,作家瓦格纳面对的朋友和

---

① 就我所知……学到。]参见第 8 卷:28[57]。——编注

敌人都有一些共同点,这些共同点使他们区别于艺术家瓦格纳为之创作的人民:他们教养的提高或毫无结果都是完全脱离人民的,因为任何人想要被他们理解,都必须采取一种脱离人民的语言,就像我们最好的散文家例如瓦格纳所做的那样。我们可以想象他是出于何种程度的无奈。但那种就像母亲为保护幼子而不惜付出一切的冲动驱使他返回到学者和有教养之人的圈子里,尽管作为艺术创作者的瓦格纳早已与他们决裂。他屈服于有教养的语言及其所有的交流规则,尽管他是第一个人感受到这种交流方式的严重缺陷。

因为,如果有什么东西使他的艺术不同于所有其他现代艺术,那就是它不再使用特权阶层的有教养的语言,并且总的而言,不再承认有教养者和无教养者之间的差异。这样一来,它站到了整个文艺复兴文化的对立面上,而后者的光芒和阴影迄今为止仍然笼罩着我们现代人。因为瓦格纳的艺术将我们暂时地带离这种文化,使我们第一次有机会考察文艺复兴的同质的本质;这时,我们觉得,歌德和莱奥帕尔迪①就好像是意大利古典语文学家及诗人最后的伟大的继承者。《浮士德》就像是描绘了一个由渴望入世的现代理论家给出的最脱离人民的谜语。就连歌德的诗歌都是在摹仿民歌,而不是作为民歌的示范,这些诗歌的创作者知道自己为什么如此真诚地向他的追随者吐露:"我的作品不可能广泛流行,任何人希望并努力使它流行起来,都是一个错误。"②

---

① 歌德和莱奥帕尔迪]参见第 8 卷;5[17]。——编注
② "我的……错误。"]歌德与爱克曼的对话,1828 年 10 月 11 日。——编注

如果存在一种艺术像太阳般明媚而温暖,它的光线既能照亮那些精神贫瘠和匮乏的人①,也能融化有教养者的傲慢,那么这种艺术一定不是神圣不可触碰的,而必须是可以经验的。但这种艺术必须彻底颠覆那些经验到它的人脑海中所有关于教育和文化的观念。对他们来说,遮住未来的帷幕已在缓缓升起,在这个未来,只存在为所有人共同分享的最高的财富和幸福。到了那时,迄今仍附着在"共同"②这个词上的污名将会被洗刷干净。

如果以这样的方式预感到遥远的未来,清醒的慧眼就会洞察到我们时代那令人沮丧的社会不稳定,不再对艺术面临的危险熟视无睹,这种艺术若不植根于遥远的未来就没有任何根基可言,而且它宁愿向我们展示其繁茂的枝叶,而不是它赖以生长的土壤。我们如何能拯救这无家可归的艺术,让它顺利到达未来,我们如何能抵御那四处肆虐、看似不可阻挡的革命洪流,从而使未来更加美好、人类更加自由的幸福愿景和保证不会随着那些注定要衰败和应当要衰败的东西一同被冲走?

有类似的忧虑、提出类似问题的人都分享了瓦格纳的忧虑;他会感觉自己在地震和动乱的年代中,被驱使与瓦格纳一道去寻找那些有志于保卫人类最宝贵财产的现存力量③。只有在这种意义上,瓦格纳才通过他的著作向那些有教养者询问他们是否愿意保

---

① 精神贫瘠和匮乏的人]誊清稿:精神贫瘠和匮乏的人[就像我们文化中的弱势者]。——编注

② 德语 allgemein,这个词有"普遍的""共同的"意思,但也有"卑鄙的"、"下流的"和"平庸的"的意思。——译注

③ 他会感觉……力量]誊清稿:那种忧虑驱使着他,转向那些具有善良意志的现存力量,"把革命的海洋拦在人类平静流淌的河流的河床上"。——编注

卫他的遗产,将其珍贵的艺术的指环放进他们的宝库中;在我看来,瓦格纳对德意志精神,甚至其政治目的的无限信心,也源自于他相信,能够发起宗教改革的民族拥有足够的能力、仁慈和勇敢去"使革命的汪洋转变为平静流淌的人道的溪流"①。我不禁相信,他在其《皇帝进行曲》中所表达的象征意义就是这一点,除此无他。

但总的来说,这位富有创造力的艺术家,其行善的冲动如此强烈,其博爱的视界是如此广袤,使他的目光不可能局限于单一民族的边界之内。就像其他所有善良和伟大的德国人一样,他的思想超越了德意志的边界,其艺术的语言不是面向某些民族,而是全人类,并且是面向未来的人类。

这是他特有的信念,他的痛苦以及他的嘉奖和称颂。过去任何时代都没有一个艺术家能从自己的天赋里接受过如此令人惊叹的馈赠,除他以外没有人必须将热情赐给他的甘露与那最苦涩的饮料一同喝下。并不是像人们可能相信的那样,这位在他的时代未被承认和友善对待的、如逃犯般的艺术家,需要这一信念去为自己辩护:在同代人中取得的成功或是失败,都不能创造或者是毁灭这一信念。他不属于这个时代,无论世人是颂扬还是谴责他:这一

---

① 源自于……溪流"]参见瓦格纳第3卷和第4卷导言:"……把这件艺术品当作生活的预言镜来举着,我们觉得是对把革命的海洋拦在人类平静流淌的河流的河床上这项工作的最重要贡献……根据智慧的历史家[卡莱尔(Th. Carlyle),也可参见第8卷:11[3]]关于德国人民的使命及其真诚精神所发表的独特见解,这不可以表现为空洞的慰藉:他召唤去缩短可怕的世界无政府状态时代的那些'英雄的智者',在德意志民族,在这个似乎由于自己已经完成了宗教改革而可免除被迫参与革命的民族中,我们将其视为早已注定降生的……"引文出处同前3,3.7及下页。——编注

信念来自于他本能的判断,我无法向任何不相信这一信念的人证明是否有一个属于他的时代。但不相信的人至少可以问:瓦格纳需要在什么样的世代中重新认出他的"人民",找到那些与他感受到同样的困境,并尝试通过同样的艺术得到救赎的人呢①? 当然,席勒更加乐观和心怀希望:他不会问,如果艺术家本能所预言的未来是准确的,那么未来会是什么样子;相反,他要求艺术家:

> 鼓起你们勇敢的翅膀
> 在你们时代的上空翱翔
> 愿你们会在镜中
> 瞥见新世纪的遥远曙光!②

十一③

愿理性能帮助我们摆脱这一信念,即人类将在未来某个时间达到一种事物的终极的理想秩序,然后幸福就像热带的阳光一样始终普照着处于这种秩序中的人:瓦格纳与这一信念毫不相干,他不是乌托邦主义者。如果说他不能放弃对未来的信念,这仅仅意味着他在同代人身上感知到的一些特征,并不是人类本质的不可更改的品质和核心结构,而是可变的,甚至是稍纵即逝的特征,正

---

① 找到那些……呢]参见《瓦格纳在拜罗伊特》第 8 卷,第 476 页,第 17—18 行。——编注
② 参见席勒《艺术家》。——编注
③ 参见第 8 卷;14[11];11[56];14[1];14[2]。——编注

是由于这些特征,艺术在他们中间必将找不到家园,瓦格纳自身必将成为另一个时代的使者。上天赐予未来世代的特征不是黄金时代,也不是晴空万里;瓦格纳的本能指引他看到未来世代,从其艺术的神秘特性中可以推测出未来世代的轮廓,就像在某种程度上,从满足的类型可以推导出需求的类型。超人的善和公正也不会像永不消逝的彩虹悬挂在未来的原野上。可能这个未来世代总体上比现代人更加邪恶——因为无论是善还是恶,在未来都会更加坦率和开放;确实,如果未来的心灵能够不受拘束地放声大喊,那可能会使我们的心灵感到震颤和恐惧,仿佛之前躲藏起来的自然的恶灵突然发出声音。或者这样一些话在我们耳边响起:激情胜过斯多葛主义和伪善;诚实,甚至是邪恶的诚实也胜过在传统道德里迷失自己;自由者可以为善为恶,但不自由者使自然蒙羞,得不到天上或人间的任何慰藉;最后,每个想要自由的人都必须自己去争取,自由不是天上掉馅饼。无论这些话听起来是多么刺耳和可怕,它们都是未来之音,未来对艺术有着真正的需要,并且也能期望从艺术中获得真正的满足;它们是自然的语言在人类世界的重现,这正是我前面①所讲的正确感觉,与当今盛行的虚假感觉形成鲜明对比。

  如今,只有自然才能够体验到真正的满足和拯救,不自然和虚假则不能。一旦非自然意识到自身,那么它渴望的只是虚无;相对之下,自然渴望通过爱而获得改变。前者不想继续存在,后者想要变得不同。任何人理解了这一点,他都应该在其灵魂的安宁中反

---

① 前面]参见 456,13。——编注

观瓦格纳艺术的朴素主题,扪心自问它是自然的还是不自然的,再借助这些主题来追求那些我们前面所阐述的目的。

一个女人宁愿死也不愿对男人不忠,这种怜悯之爱将漂泊和绝望的男人从他的痛苦中拯救出来——这是《漂泊的荷兰人》的主题。陷入爱恋的女人放弃了她所有的幸福,经过从情爱到博爱这一神圣的转变,她成为了一个信徒,并且拯救她所爱的男人的灵魂——这是《汤豪舍》的主题。那至高至美的神的使者满怀希望地降临人间,但他不想被询问他从何处来;如果有人问了这个致命的问题,他将被迫带着痛苦返回更高的生活——这是《罗恩格林》的主题。女人以及人民的慈爱之心乐于接受为其带来幸福的新天才,尽管传统和习俗的卫道士排斥和诽谤他——这是《纽伦堡的工匠歌手》的主题。一对爱人相爱而不自知,反而认为自己被对方深深地伤害和蔑视,他们互相索要自杀的毒药,表面上是赎还他们的罪过,但实际上却是出于一种无意识的冲动:他们希望通过死亡而永不分离,卸下所有伪装。他们认为即将来临的死亡将使他们的灵魂得到解脱①,并让他们体验到一种短暂和令人震颤的幸福,就好像真的逃离了白昼和欺骗,甚至逃离了生命本身——这就是《特里斯坦和伊索尔德》的主题。

在《尼伯龙根的指环》中,具有悲剧色彩的主人公是一位渴望权力的天神,为了获得权力而不择手段,结果被契约所束缚而失去自由,陷入了所有权力都无法逃脱的诅咒中。他无法占有那象征世俗权力的指环,一旦这个指环落入了敌人手中,将对他造成极大

---

① 解脱]誊清稿:赎回。——编注

的威胁,这使他深刻地认识到自己的不自由;对末日和诸神黄昏的恐惧令他崩溃,他只能预知末日的来临却无力阻止同样令他绝望。他需要一位自由无畏的人类,这个人需要在没有他的支持和提示的前提下,在与神圣秩序的对抗中,违背天神的意志,而是凭借自身的意志完成天神不容许的行为;他没有看到这样的人,正当新的希望出现时,他必须服从那束缚着他的契约:他必须亲手摧毁他最爱的人,并惩罚那些对他的困境表现出最纯粹的同情的人。终于,他开始对权力感到厌恶,因为权力从其孕育的一刻起就背负着邪恶和不自由;他的意志崩溃了,他渴望那很久以前就威胁着他的末日。只有这个时候,他以前最渴望的事情发生了:自由无畏的人类出现了,他是在与所有传统的对立中出生的;他的双亲必须为违背自然和道德秩序的结合而赎罪:他们死去了,齐格弗里德活了下来。当沃坦看到齐格弗里德的茁壮成长和健康活泼,心中的憎恨离他而去;他用父亲般的爱和焦虑的目光注视着这位英雄的命运。齐格弗里德如何铸剑屠龙,取得指环,避开最狡诈的诡计,唤醒布吕恩希尔德;指环上的诅咒也不会饶恕他,向他步步逼近;他在背叛中仍保持忠诚,出于爱而伤害了至爱之人,愧疚的阴影和迷雾将他吞没,但最终像太阳般喷薄而出和下落,他的火光点燃了整个天空,净化了大地的诅咒——这一切都被天神所见证,其统治的长矛在与最自由者的战斗中被击得粉碎,失去了自己的权力,他为自己被打败而感到欣慰,他对自己的征服者感到喜悦和怜悯:他的眼睛闪烁着一种痛苦的幸福,注视着最后的事件;他在爱中获得了自由,获得了自我解放。

而现在,问一下你们自己,生活在这个时代的人!这是写给你们的吗？你们是否有勇气指着那些散落在美和善的天穹上的星辰说：瓦格纳置于星辰之下的就是我们的生命？

你们当中有些人能够根据自己的生命经历去解读沃坦的神圣形象，但有谁像他一样，越是退让，越是伟大？你们当中有哪些人因为知道和体验到权力是一种邪恶[①]而主动放弃它？你们当中哪些人像布吕恩希尔德那样，出于爱而放弃了他的智慧，但最终在生命中得到了至高的智慧："痛彻心扉的爱使我睁开了双眼"[②]，你们当中有哪些人是自由无畏的，有哪些人是在无辜的自负中茁壮生长，你们当中的齐格弗里德在哪里？

谁这样问，都只能徒劳无功，他必须放眼未来，如果他的目光能在远处的某个地方发现，那里的人民能够在瓦格纳的艺术符号中读到了自己的历史，那么他最终也能理解瓦格纳对于那些人民将是什么：某种对我们所有人来说不可能是的东西，也就是说，瓦格纳不是一位未来的预言家，尽管他也许想在我们面前这样表现；

---

① 权力是一种邪恶］参见《为五本未写的书所写的五篇前言》（1872年）。在第三篇前言《希腊国家》中尼采写道："……这同一种残暴……根本上就在权力的本性中，权力总是恶的。"参见布克哈特《世界历史的沉思》："而如今显示出……，权力自身就是恶的。"（《布克哈特全集》，巴塞尔和达姆施塔特，1955年，第4卷，第25页）。尼采在1870/1871年冬季学期曾听过布克哈特每周一小时的讲座"论历史研究"，其内容在1903年至1905年以《世界历史的沉思》为标题由奥利（Oeri）编辑出版；奥利在他的版本中在"权力自身就是恶的"几个词后面附上了施洛塞尔（Schlosser）这个名字，该命题就出自施洛塞尔；参见施塔德尔曼在他的《世界历史的沉思》版本，蒂宾根，1949年，第345页。——编注

② "痛彻……双眼"］参见瓦格纳《众神的黄昏》第3幕："一切永恒的幸福终点，你们知道我是如何获得的吗？悲伤的爱那最深的痛苦使我睁开了眼：我终于看到了世界"（这一节和其他几节在《众神的黄昏》配乐上演时被删节）引文出处同上6, 363。——编注

瓦格纳是过去①的阐释者和美化者。②

---

① 过去]誊清稿中后面还有：[以至于在蓝色的雾里，在我们前面的东西在他后面]那是一种怎样的变形，在他之后而在我们之前：作为目标，胜利和自由的希望。——编注

② 谁这样问……美化者。]准备稿：如果我们把目光投向最远处，我们恰恰将看到瓦格纳将是什么人，甚至看到他注定将是什么人：不是一个未来秩序和解放的预知者，而是过去的解释者，在这样的解释者面前，过去已经完成了这种解放的整个过程，哪些人是如沃坦、如布吕恩希尔德、如西格弗里德一般的人物——谁可以这样说？——瓦格纳本人。是这个族类的人们又在这里重新认识到其生活史的轮廓了吗？——是谁由于举头仰望密布着日月星辰和彗星轨道的广阔苍穹而在瓦格纳的生活中发现了他自己生活的某种东西；谁能够敢于在这里发现他自己的星象？对于我们来说，他是预言家和指路人；对于后来的人来说，他是过去的解释者，是历史的简化者。参见瓦格纳《歌剧与戏剧》："在未来的这种生活中这艺术品将是今天只能企盼、尚未成为现实的东西；但未来的那种生活将完全能够实现，只是它必须把这种艺术品拥入它的怀抱。"引文出处同上 4，284。——编注

1870—1873年遗著

关于希腊悲剧的两个公开演讲

第一个演讲:希腊音乐剧①

在我们今天的戏剧中,不仅可以找到希腊戏剧艺术的回忆和回响:不,今天戏剧的基本形式乃植根于希腊的土壤,要么是在其中自然地生长起来的,要么是一种人为借用的结果。只不过名称发生了多次变化和推移:类似于中世纪的音乐,其实还拥有希腊的音阶,希腊的名称亦然,只是——举例说来——希腊人称为"洛克里调式",在教堂音乐中则被称为"多立克调式"②。类似的混乱,我们也会在戏剧术语的领域里碰到:雅典人所理解的"悲剧",我们或许会把它纳入"大戏剧"概念之中,至少,伏尔泰在致红衣主教奎里尼③的一封信中就是这么做的。与之相反,在我们的悲剧中,一个希腊人几乎不能重新认出与他的悲剧相吻合的任何东西;但他很可能会想到,莎士比亚悲剧的整个结构和基本特征,是从希腊人

---

① 样本为ＵＩ１,第2—57页;第一版:弗里德里希·尼采:"希腊音乐剧",1870年1月18日在巴塞尔的演讲。尼采档案馆书友协会年刊第1期,莱比锡,1926年。参看1[1.68.104.45.17];2[25]。——编注

② 此处"洛克里调式"(Lokrisch)和"多立克调式"(Dorisch):为起源于古希腊音乐调式的中古教会调式中的两种(C为主音的自然调式中的二种),也译作"洛克里亚调式"和"多利亚调式"。——译注

③ 奎里尼(Angelo Maria Quirini,1680—1755):意大利罗马天主教红衣主教、学者。——译注

所谓的新喜剧那里获取的。而且实际上,历经殊为漫长的时间,罗马的戏剧、罗曼-日耳曼的神秘剧和道德剧,最后也包括莎士比亚的悲剧,都是从希腊新喜剧中发展出来的:类似地,我们不可在莎士比亚的舞台的外在形式中,错认了它与阿提卡新喜剧的谱系学上的亲缘性。我们在此必须承认一种自然地前进的、持续了几千年的发展,而那种真正的古代悲剧,即埃斯库罗斯和索福克勒斯的艺术作品,则已经被任意地注入到现代艺术中了。我们今天所谓的歌剧,即古代音乐剧的漫画(Zerrbild),是通过对古代的直接模仿才产生出来的:它没有一种自然本能的无意识力量,而是根据一种抽象理论形成的,它就像一个人工制作的 homunculus[侏儒、矮人],做出我们现代音乐发展的恶精灵的举动。那些高贵的、学养丰富的佛罗伦萨人在17世纪初就促发了歌剧的形成,他们清楚地表达出来的意思是革新音乐在古代——根据被人们大加讨论的证据——所具有的这种作用。真是奇特啊!关于歌剧的第一个思想就已经是一种对效果的追求①。通过此类实验,一种无意识的、从民众生活中生成起来的艺术的根就被切断了,或者至少是被搞得非常残缺不全。于是,在法国,民间戏剧就受到了所谓的古典悲剧的排挤,后者也就是一种纯粹以学究方式弄出来的戏剧,据说它理当包含悲剧的精髓,不含任何杂质。在德国亦然,在那里,戏剧的自然根源即狂欢节戏剧,自文艺复兴以来已经被埋葬了;自那以

---

① 一种对效果的追求]准备稿:一种效果追求;但对于现代艺术来说,它的完全发育意味着一种向异教的倒退。——编注

后,在德国几乎不再有人尝试新创一种民族形式,相反地是按照其他民族的现有模式去思考和创作。对现代艺术的发展来说,博学、自觉的知识和满腹经纶就成了真正的障碍:在艺术领域,一切生长和变易都必定是在夜深时分发生的。音乐史告诉我们,希腊音乐在中世纪早期的进一步健康发展,突然受到最强烈的阻碍和损害,其时,人们正以博学的架势在理论和实践上回归古代。结果就是一种趣味的巨大萎缩:在所谓传统与自然听觉的持续矛盾中,人们到了根本不再为耳朵,而是为眼睛作曲的地步。眼睛可能会钦佩作曲家们的对位技巧:眼睛会承认音乐的表现力。如何才能办得到这一点呢?人们用在文本中谈论过的事物的色彩给音符着色,那就是在提及植物、田野和葡萄山时的绿色,在提及太阳和光线时的紫红色。那就是这种文学音乐、阅读音乐(Lesemusik)。这里对我们来说显得十分荒唐的东西,在我要谈论的这个领域里,或许只有少数人才能立即明白。因为我断定,我们所熟悉的埃斯库罗斯和索福克勒斯只不过是以剧本诗人、歌剧剧本作家的身份而为我们所知,也就是说,他们同样不为我们所熟悉。我们在音乐领域里早就超越了一种阅读音乐的博学多才的皮影戏(Schatten-spiel),而在诗歌领域里①,书面创作的非自然性是如此独占上风,以至于我们需要好好思量,不能轻松地说在何种程度上我们对品达、埃斯库罗斯和索福克勒斯必定是不公的,其实就是说,何以我

---

① 在诗歌领域里]准备稿:也许甚至借助于那种向异教的倒退,那种歌剧(Opernwesen)——在诗歌中。——编注

们并没有真正地认识他们。当我们把他们称为诗人时,我们恰恰是指剧本作家;但正因此,我们便失去了任何对他们的本质的洞察;一旦我们在强有力的、富有想象力的时刻如此理想化地把歌剧展现在我们面前,以至于恰恰是关于古典音乐剧的直观向我们开启出来,这时候,唯一能让我们明白的就是这种本质。因为哪怕所谓大歌剧中的一切关系都是如此走样,哪怕大歌剧本身都是消散性的产品,而不是聚集性的产品,是极其糟糕的蹩脚诗和有失体面的音乐的奴隶;哪怕这里一切都是谎言和无耻,说到底没有其他的手段,可以让我们弄清楚索福克勒斯,我们只能力求从这幅讽刺画中猜度原型,并且在兴奋时刻剔除一切隐蔽的和走样的东西。这时候,必须小心探究那种幻象,根据其个别部分,把它与古代传统放在一起加以对照,使得我们绝不至于把希腊因素过于希腊化,并且臆想出一件在全世界都无迹可寻的艺术作品。这不是微不足道的危险。实际上直到不久前,通行的一直是这样一个无条件的艺术公理:一切理想的雕塑都必须是无色彩的,古典的雕塑是不允许使用色彩的。十分缓慢地,而且在那些超级希腊人极其激烈的抵触下,古典雕塑的多彩直观为自己开了路,据此,雕塑不再是裸体的,而是被认为必须穿上一件彩色的外套。有一个美学命题以相似的方式广受欢迎,这个命题说的是,两种或者多种艺术的结合是不可能引起任何审美欣赏的提升的,而反倒是一种野蛮的趣味混乱。然而,这个命题充其量只是证明了一个现代的坏习惯,即:我们再也不能作为完整的人来欣赏了;我们可以说已经被绝对的艺术撕成了碎片,也只能作为碎片来欣赏了,有时作为有耳朵的人,有时作为有眼睛的人,等等。我们要坚决反对之,就像富有才智的安塞姆·费尔巴哈①,②他把古典戏剧设想为一种总体艺术③。他说:"用不着奇怪,如果有了一种根深蒂固的亲合力,个别艺术终于又会融合为一个不可分的整体,成为一种新的艺术形式。奥林匹斯的比赛游戏④把个别的希腊部落聚集为一个政治和宗教统一体:戏剧的节日会演(Festspiel)类似于一个把希腊艺术重新统一起来的节日。这种节日会演的典范在那些神庙节日里就已经有了,在那里,一群虔诚的民众载歌载舞,庆祝神的形象显现。与那里一样,建筑在此也形成了框架和基础,而通过这个基础,一个更高的诗歌领域便明显地与现实相隔离。在场景方面,我们看到画家忙忙碌碌,以绚丽的服饰来铺张一种色彩变幻的全部魅力。诗艺征服了整体之魂;但诗艺又不是作为个别的诗歌形式,比如在神庙弥撒中的赞美诗。那些对希腊戏剧来说十分重要的关于天使和前天使(Angelos und Exangelos)的报道,或者关于行动着的人物的报道,把我们带回到史诗之中。在充满激情的场景中以及在合唱中,抒情诗有了它的地位,而且是按照其全部的分层,从感叹词中情感的直接爆发,从歌曲中最温柔的花朵,直到赞美诗和酒神颂

---

① 史上有两位安瑟姆·费尔巴哈(Anselm Feuerbach),属同一家族,年长者(1798—1851)为考古学家和美学家,是哲学家路德维希·费尔巴哈的兄弟;另一个(1829—1880)为德国画家,新古典主义和杜塞尔多夫学派的代表人物,是哲学家费尔巴哈的侄子。此处安瑟姆·费尔巴哈是指"年长者"即考古学家和美学家。——译注
② 安瑟姆·费尔巴哈](年长者)《梵蒂冈的阿波罗》,莱比锡,1833 年;1869 年 11 月 26 日尼采从巴塞尔大学图书馆借得此书。——编注
③ 此处"总体艺术"(Gesammtkunst)概念,似可与理查德·瓦格纳的"总体艺术作品"(Gesammtkunstwerk)相参照。——译注
④ 此处"比赛游戏"原文为 Spiele,既有"比赛、游戏"之义,也有"戏剧、表演"之义。——译注

歌。在诗歌朗诵、笛子吹奏与舞蹈的节拍中,圆环尚未完全闭合起来。因为如果诗歌构成戏剧最内在的基本元素,那么,与诗歌(在这种对它来说全新的形式中)相对立的就是雕塑了。"这是费尔巴哈的说法。确实,我们面对这样一件艺术作品才必须学习,人作为完整的人要怎样来欣赏;而同时要担心的是,人们即便被置于这样一件作品面前,也会把它肢解为单纯的碎片,方得以把它占为己有。我甚至相信,我们当中谁若突然被置身于某个雅典的节日演出中,他首先就会有一个印象,那是一场完全陌生和野蛮的演出。而这是有很多原因的。在最明朗的正午阳光下,没有夜间和灯光的一切神秘效果,在最耀眼的现实中,他或许会看到一个巨大的开放空间,里面挤满了人:全部目光都指向一群在低处奇妙地活动、戴着面具的男人,以及一些超过人体大小的木偶,他们在一个狭长的舞台上以极缓慢的速度来回走动。因为,我们只得把那些人物称为木偶,他们脚穿厚底靴,踩着高跷,脸上有一副超过头顶的、浓妆艳抹的大面具,胸部和身体、手臂和腿部都塞得满满当当的,变得十分做作,几乎动弹不得,身体被一条低垂的拖裙和一块巨大的头巾压了下去。在这儿,这些人物还不得不张大嘴巴,用最大的声音说话和歌唱,为的是让超过二万之多的观众听懂他们:真的,这是一项配得上一个马拉松斗士的英雄使命。而当我们听说,这些演员和歌者当中的个别人必须在十小时的紧张表演中吟唱约1600行诗句,其中至少有六个大大小小的唱段,这时候,我们的钦佩之情更甚。而且这都是在这样一种观众面前发生的,他们会无情地挑剔任何一种过度的音调,任何一个不正确的重音,用莱辛的表述,在雅典,连下等人都有一种精细入微的判断力。我们在此不得不假定,这得有何种专心,何种精力的训练,何种漫长的准备,在艺术使命的把握方面得有何种严肃和热情,简言之,要有何种理想的演员啊！这里为最高贵的公民提出了任务,在这里,即便在失败情况下,一个马拉松斗士也不会蒙受耻辱,在这里,演员感受到,他穿上戏装会如何呈现出一种超出日常教养的升华,他内心也产生了一种振奋,以此振奋之情,他必定会觉得,埃斯库罗斯那激情而凝重的话语是一种自然语言。

而与演员一样,观众也在洗耳恭听:观众头上也弥漫着一种异常的、渴望已久的节日情调。并不是恐惧地逃避无聊,而是想要不惜任何代价地在几小时内摆脱自己和自己的可怜相的意志,驱使那些男人们进入剧院。希腊人逃离了他们完全习惯的、消遣性的公共场所,逃离了他们在市井街头法院里的生活,进入戏剧情节那种令人心情安宁、让人心思集中的庄严氛围之中:不像德国老年人,当他们内心此在(Dasein)的圆圈被切断时就渴望消遣,他们在法庭争吵中找到了适当的有趣的消遣,而这种法庭争吵因此也为他们的戏剧规定了形式和气氛。与之相反,雅典人观看伟大的酒神颂歌中的悲剧,他们的心灵本身尚具有使悲剧赖以诞生的那个要素的一些东西。那就是极强烈地喷发出来的春天的欲望,一种混合感觉的呼号和奔腾,有如一切质朴民族和整个大自然在春天临近时所识得的一般。众所周知,我们的狂欢节滑稽戏和面具玩笑,原本也是这样的春天庆典,它们只是基于教会方面的原因才确定了某个表演日期。在这里,一切都是最深刻的本能:古希腊那些庞大的狄奥尼索斯狂热歌队在中世纪的圣约翰舞者和圣维托舞者身上有其类似表现,这些狂热舞者数量巨大,越来越多,唱着跳着舞着在城市间游走。尽管今日医学会把那种现象说成中世纪的一种民间流行病，但我们要断定的只是，古典戏剧是从这样一种民间流行病中兴盛起来的，而现代艺术的不幸就在于它不是从这样一个神秘的源泉中涌现出来的。在戏剧的最初发端中，野性骚动的狂热者装扮成萨蒂尔和西勒尼，涂脂抹粉，头戴花环，在田野和林间漫游，他们这样做绝不是恶作剧和任性放纵：在这里，那巨大的突兀昭示出来的春天的作用也把生命力提升到这样一种充溢程度，以至于处处显露出出神狂喜的状态、幻想以及对自己的陶醉状态的信仰，意气相投的人们成群结队地穿过乡间。而这儿就是戏剧的摇篮。因为戏剧之开始并不是由于有人把自己伪装起来，意在欺骗他人：不是的，而毋宁说，戏剧之开始是由于人迷乱了，人相信自己发生了转变，被施了魔法。在"迷乱"、狂喜（Ecstase）状态中，只还需要一个步骤：我们没有重回自身，而是进入另一个人之中，以至于我们自己做出着魔者的举动。所以说到底，在观看戏剧时会引发深度的惊奇：大地动摇起来，个体的无解和僵化也动摇了。而且，正如狄奥尼索斯的狂热者相信自己的转变，恰好与《仲夏夜之梦》里的策特尔①相反，同样地，戏剧诗人也相信他的人物的真实性。谁若没有这种相信，他虽然还可能属于酒神杖挥舞者②、半吊子，但并不属于酒神狄奥尼索斯、巴克斯的真正侍从③。

---

① 策特尔（Zettel）：莎士比亚喜剧《仲夏夜之梦》中的驴头织工波顿（Bottom），被施莱格尔翻译成德语的 Zettel。——译注

② 酒神杖挥舞者（Thyrsusschwinger）：酒神杖是指酒神使用的顶端为松果形的手杖。——译注

③ 酒神杖挥舞者……真正侍从］隐秘的，参看柏拉图：《斐多篇》，69c；也可参看《奥尔弗斯残篇》（*Orphicorum fragmenta*）（凯恩编），残篇第5；第233页。——编注

这种狄奥尼索斯自然生活的某些成分,在阿提卡戏剧的鼎盛时期也还留存在观众心中。当时的观众并不是懒惰的、疲劳的、夜夜都订好了票的观众,带着疲倦忙乱的感觉走进剧场,为的是让自己在其中激动一下。与这种观念(他们构成对我们今天戏剧的一个束缚)相反,阿提卡的观众坐在剧场的阶梯上,还有清晨般清新而欢快的感觉。对他们来说,简单的东西还不是太过简单。他们在审美方面的博学在于对早先幸福的戏剧日的回忆,他们无限地信任他们民族的戏剧天才。但最最重要的是,他们极少啜饮悲剧之美酒,使得他们每一次都像是头一次享受。在此意义上,我想引用最重要的在世建筑师的话[①],他为穹顶画和被装饰的穹顶给出了一个鉴定,他说:"对艺术作品来说,没有比出神状态(Entrücktsein)更有益的了,这种出神状态乃出离于与切近之物的粗俗而直接的接触,出离于人类的惯常视线。通过习惯的惬意观看,视觉神经被弄得如此麻木,以至于它只还能躲在一个面纱后面,认识色彩和形状的刺激和关系。"我们肯定可以为戏剧欣赏要求某种类似的东西:以某种非同寻常的态度和感觉去观看,这对绘画和戏剧是有好处的——尽管这还不是要建议人们采取站着看戏的古罗马习俗。

到现在为止,我们都只是把演员和观众收入眼帘。让我们把演员、观众和诗人三种人放在一起,再来想想诗人们:而且,在此我

---

① 最重要的在世建筑师的话]哥特弗里德·森佩尔(Gottfried Semper):《技术和构造艺术中的风格,或者实用美学。供技术专家、艺术家和艺术爱好者使用的手册》第一卷:对纺织艺术本身的考察及其与建筑艺术的关系,美茵法兰克福,1860 年,第 75 页;参看 1[19.21]。——编注

取的是"诗人"一词的最广含义,正如希腊人所理解的那样。说希腊悲剧作家们只是作为脚本作者对新艺术产生了不可估量的影响,这话固然没错:但如果这是真的,那么我就会相信,用阿提卡的演员、观众和诗人,真实而完整地想象埃斯库罗斯的一个三部曲,就必定会对我们产生震撼作用,因为这样的想象就会以一种完满与和谐向我们显露出艺术的人类,而与之相反,我们的伟大诗人们则仿佛显现为有着美好开始但没有最后完成的雕像。

在古代希腊,已经为戏剧家们提出了一个十分艰难的任务:我们的剧作家享有选材、演员数和无数事物方面的自由,而在阿提卡的艺术评判者看来,这种自由就是一种放荡无度了。唯最艰难之事才是自由人的使命——这样一个骄傲的法则贯穿于整个希腊艺术。所以,一件雕塑艺术作品的威望和荣誉完全取决于加工之难度、所用材料之硬度。由于一些特殊的困难,通往戏剧名声的道路从来都不是一条很宽阔的路;这些特殊的困难包括:演员数量的限制、合唱歌队的使用、有限的神话领域,而尤其是那五项全能的品质,也就是这样一种必然性,即作为诗人和音乐家,在乐队和导演方面,最后作为演员,都必须是有创造性天赋的。对我们现代戏剧诗人来说始终成为救命稻草的,乃是他们为自己的戏剧所选择的素材的新意以及趣味。他们的想法如同那些意大利即兴诗人,要把一个新故事讲到高潮为止,讲到最惊心动魄、最扣人心弦的地步为止,然后就坚信再也不会有人在终场前离开了。通过趣事的刺激而让观众坚持到终场,这在希腊悲剧作家那儿是某种前所未闻的事:他们的杰作的素材是早就众所周知的,而且以史诗和抒情诗的形式而为观众们所熟悉,从小时候起就熟悉了。俄瑞斯忒斯和俄狄浦斯的英雄事迹就已经能唤起观众真正的关注了：可是，为激发这种关注所能使用的手段是多么有限和多么狭窄啊！在这里首先要考虑的是合唱歌队，它对于古典诗人来说与对法国悲剧作家来说是一样重要的；法国悲剧作家是一些高贵的人物，他们在舞台两侧有自己的座位，而且在一定程度上把剧院变成王侯贵族们的接待室了。正如法国悲剧作家们为了这种特殊的不参加表演但实际上又参加表演的"合唱歌队"而不能改变舞台布景（舞台上的语言和动作都是以合唱歌队为模板的）；同样地，古典的合唱歌队也为每部戏的整个情节要求情节的公开性，要求空场地作为悲剧的活动场所。这是一个放肆的要求：因为悲剧的行为以及为之所做的准备通常不能在大街上进行，而最好是在隐蔽的地方展开。一切皆公开，一切都在光天化日之下，一切都要合唱歌队在场——这是一个残忍的要求。并不是说，人们会根据某种美学上的吹毛求疵，在某个时候把这一点当作一个要求表达出来；而毋宁说，在戏剧漫长的发展过程中已经达到了这个阶段，而且人们抓住了它，是凭着这样一种直觉①，即：在这里卓越的天才必须完成一项卓越的任务。确实，众所周知，悲剧原本无非是一个宏大的合唱；而实际上，这种历史认识却为我们提供了解决那个奇怪问题的钥匙。古典悲剧的主要作用和整体作用，在最好的时代里始终还依据于合唱歌队；合唱歌队是人们首先必须考虑而不能弃之一旁的要素。在戏剧大致从埃斯库罗斯到欧里庇德斯所处的那个阶段里，合唱歌队受到一定的排挤，其程度是恰好还能烘托整体的色彩。只还

---

① 凭着这样一种直觉］准备稿；1926年第一版；手稿里没有。——编注

需要再进一步,舞台布景就会支配乐队,移民区就会支配老城区;舞台人物的辩证法以及他们的独唱就会突出出来,征服了以往一直有效的合唱-音乐的总体印象。这一步已经迈出来了,其同时代人亚里士多德把它固定下来了,固定在他那个著名的、纷乱不堪的、根本没有切中埃斯库罗斯戏剧之本质的定义之中。

在构思一个戏剧作品时,头一个想法必定是,虚构出一群男人和女人,他们与剧中角色是紧密联系在一起的:然后必须找到动机,使抒情的和音乐的大众情绪得以爆发出来。在某种程度上,诗人是从合唱歌队的角度来寻找舞台角色,并且以合唱歌队来看雅典的观众;而我们,只知道脚本(libretto)的我们,则是从舞台的角度去寻找合唱歌队的。合唱歌队的意义不是用一个比喻就能穷尽的。当施莱格尔把合唱歌队称为"理想的观众"[1]时,他其实只不过想说,诗人以合唱歌队理解事件的方式,同时暗示了按照他的愿望观众应当如何来理解这些事件。然而,这实际上只是正确地强调了一个方面;尤为重要的是,主角扮演者通过合唱歌队就像一个传声筒,以一种巨大的放大方式向观众大声喊出自己的感受。尽管关乎大多数人,但他其实没有在音乐上把大众表演出来,而只是一个非凡的、天生具有超自然肺活量的个体。我们在此不能进一步指明的一点[2]是,在希腊人和谐的合唱音乐中包含着何种伦理思想;它与基督教的音乐发展构成最强烈的对比,在基督教的音乐史上,和声乃是真正的表示多数的符号,长期以来占据优势,以至

---

[1] "理想的观众"]参看 A. W. 施莱格尔:《戏剧艺术与文学讲座》,《批评著作和书信》第 5—6 卷,埃德加·罗纳尔编,斯图加特,1966 年,第 64—66 页。——编注

[2] 一点]1926 年第一版;手稿里没有。——编注

于曲调完全被窒息了,不得不重新被找出来。正是合唱歌队规定了在悲剧中表明自己的诗人幻想的界限:宗教合唱舞蹈以其庄严的行板,限制了诗人们通常如此放纵的创造精神;而英国的悲剧则没有这样一种限制,以其幻想的实在论,动作要激烈得多,更具酒神精神,但其实在骨子里更悲伤①,差不多就像贝多芬的快板了。合唱歌队有好多抒情地和幻想地宣告什么的大机会,这一点真正说来乃是古代戏剧体系中最重要的一个定则。但即便在最简短的传说片段中,这个定则也是轻松实现了的;而且因此完全缺失的是一切错综复杂,一切阴谋诡计,一切精细人为的组合,简言之,一切恰好构成现代悲剧之特征的东西。在古典音乐剧中,根本不存在人们不得不算计的东西:即便神话中个别英雄的狡诈,本身也具有某种质朴老实的因素。戏剧的本质从来都没有转变成弈棋的本质,甚至在欧里庇德斯那里也没有;然而弈棋的方式却变成了所谓的新喜剧的基本特征了。因此,个别的古代戏剧,按照它们简单的结构来看,就类似于我们的悲剧中的唯一的一幕,而且多半是以短促的步子走向灾难的第五幕。法国古典悲剧,因为它把自己的典范即希腊音乐剧仅仅认作脚本(libretto),而且由于引入合唱歌队而陷入窘境,所以它不得不吸纳一个全新的要素,目的只是为了满足贺拉斯②所规定的五幕剧要求;若没有这个负担,那种艺术形式就不敢扬帆出海;而这个负担就是阴谋诡计,也即一种给理智的神秘任务,以及一个玩耍场所,那些小儿科的、根本上非悲剧的激情

---

① 更悲伤]1926 年第一版;准备稿和手稿中则为:自己更悲伤。——编注
② 贺拉斯]《诗艺》(*Ars poetica*),第 189 页。——编注

的玩耍场所:于是,它的特征就明显接近于新阿提卡喜剧了。与之相比较,古代悲剧在情节和悬念方面是贫乏的:我们甚至可以说,在其早先的发展阶段,古代悲剧根本就没有着眼于情节即 δρᾶμα,而倒是关注受苦和激情即 πάθος①。② 情节只是当对话出现时才加进来的;而且,全部真实而严肃的行动即便在戏剧的鼎盛期也没有在露天舞台上演出过。在起源上,悲剧无异于一首客观的抒情诗,一首从特定神话人物的状态而来(而且穿着这些神话人物的服装)唱出来的歌曲。首先,一个由装扮成萨蒂尔和西勒尼的男人们组成的酒神颂歌合唱歌队,本身必须让人懂得,是什么把他置于这样一种激动之中了:它指明了观众很快就能理解的狄奥尼索斯搏斗史和苦难史中的一段经历。后来引入了神祇本身,基于双重目的:一是为了亲自叙述自己的冒险故事,他自己就处在这些冒险故事中,通过这些冒险故事激发他的追随者的热烈关注。另一方面,在那些热烈的合唱歌响起时,狄奥尼索斯在一定程度上就是活生生的形象,活生生的神像;而且实际上,古代演员就有莫扎特的石像③的味道。对此,一位新近的音乐作家做了下面的正确评论:"在我们的一个穿好服装的演员中,一个自然的人向我们走了过来;而在希腊人那里,在悲剧的面具中,一个不自然的、可以说具有英雄派头的人迎面走来。在我们深深的舞台上经常站着上百人,

---

① 此句中的"情节"和"受苦和激情",尼采使用了两个动名词,即 Handeln 和 Leiden,而没能使用名词 Handlung 和 Leidenschaft。——译注
② 在其早先的发展阶段……]参看《瓦格纳事件》第9节。——编注
③ 此处"石像"(steinerner Gast,一译"石客")是指莫扎特歌剧《唐璜》中被唐璜杀死的骑士长的石像。石像出场是《唐璜》第二幕中极为惊心的一场。——译注

这种舞台把表演搞成了彩色的绘画,是尽可能地生动的。而古代狭长的舞台则带有往前移近的背景,把少数几个从容活动的人物变成了神庙山墙上活生生的浅浮雕或者有生气的大理石雕像。倘若一个奇迹会给帕特农神庙山墙上那些描绘雅典娜与波塞冬的冲突的大理石雕像注入生机,那么,他们很可能说的是索福克勒斯的语言。"①

现在我要回到我前面已经暗示过的观点上来,即:在希腊戏剧中,重点落在痛苦和苦难上,而不是落在情节上;现在就更容易理解,为什么我认为我们必定对埃斯库罗斯和索福克勒斯是不公的,真正说来我们并不了解他们。这就是说,我们没有标准来检验阿提卡观众对一部诗歌作品的评判,因为我们不知道或者只是约略知道,苦难,一般而言就是苦难爆发时的情感生活,是怎样被带到感人至深的印象上的。面对一部希腊悲剧,我们感到无权评说,因为它的主要影响多半依据于一个对我们来说已经失落的要素,也即依据于音乐。格鲁克②在其歌剧《阿尔西斯特》③的著名序言中作为要求表达出来的东西,完全适合于音乐之于古代戏剧的地位。音乐应当支持诗歌,应当强化情感的表达和情境的趣味,而不能中断情节或者通过无益的修饰来干扰情节。对于诗歌来说,音乐应当成为色彩的生动性以及为着一种无缺憾的和安排好的描绘而达

---

① "在我们的一个……]此处参准备稿:安布罗〈斯〉,第288页。A. W. 安布罗斯:《音乐史》,维也纳,1862年起,第一卷,第288页。——编注

② 格鲁克(Gluck,1714—1787):德国作曲家,致力于革新歌剧,被称为瓦格纳乐剧的先驱。——译注

③ 阿尔西斯特(Alceste):格鲁克创作于1767年的一部歌剧,剧情取自古希腊悲剧作家欧里庇德斯的同名悲剧。——译注

成的光与影的顺利混合,它们只是效力于激活人物形象,而又不破坏轮廓。所以,音乐完全只被用作达到目的的手段:音乐的任务在于神和英雄的痛苦和苦难转换为观众最强烈的同情。是的,现在词语也有同一任务,但对它来说,完成这一任务要艰难得多,只有通过种种弯路才是可能的。词语首先要对概念世界产生作用,由此出发才对感觉产生作用,的确,词语路途迢遥,往往根本就达不到自己的目标。与之相反,作为真实的和普遍的语言,音乐直指人心,无处不为人所理解。

可是,我们现在仍然看到一些关于希腊音乐的观点的流布,仿佛希腊音乐根本就不曾是这样一种普遍可理解的语言,而毋宁说意味着一个通过博学的方式发明的、从声音学说中抽象出来的、对我们来说完全生疏的声音世界。举例说来,人们有时还带着一种迷信,相信在希腊音乐中伟大的第三音(Terz)是被当作一种不和谐的声音来感受的。我们必须完全挣脱这样的想法,而且必须告诫自己:古希腊音乐比中世纪音乐更接近于我们的情感,要接近得多。我们从古代乐曲中获得的东西以鲜明的节奏感让我们回想到我们的民歌:而整个古典诗歌艺术和音乐就是从民歌中生长出来的。当时虽然也有纯粹的器乐,但在其中起作用的只有技巧的熟练。在器乐中,地道的希腊人始终感觉到某种非本土的东西,某种从异乡亚洲输入的东西。真正希腊的音乐完全是声乐:词语语言与声音语言的天然纽带尚未被撕裂,而且这事到了这样一个地步,即:诗人必然地也是自己的歌曲的作曲人。希腊人要学会一首歌曲,根本不是通过其他什么办法,而只是通过歌唱:但他们也在聆听中感受到词语与声音的最紧密的一体性(Eins-sein)。而我们,深受现代艺术恶习影响的我们,在艺术零散化状态中成长起来的我们,几乎不再能把文本和音乐放在一起来欣赏了。我们正好已经习惯于把两者分开来欣赏,在阅读时欣赏文本——因此当我们朗诵一首诗、看一场戏剧表演和盼望读一本书时,我们并不依赖我们的判断——而在聆听时欣赏音乐。只要音乐是美妙的,哪怕最荒谬的文本,我们也会觉得是可以忍受的:这在一个希腊人看来,或许委实就是一种野蛮了。

除了我们刚刚强调过的诗歌与声音艺术的姐妹关系外,古典音乐还有两个特征,一是它的质朴性,实即和声方面的贫乏,二是它在节奏表达手段方面的丰富性。我已经做过提示,在古典音乐中,合唱与独唱只是通过声部数量才得以区分开来的,而且只允许伴奏乐器具有一种十分有限的多声部,也就是我们所讲的和声。对所有人来说第一位的要求乃是,大家理解了所演唱的歌曲的内容;而且,如果人们真正理解了品达和埃斯库罗斯的带有如此放肆的隐喻和思想跳跃的合唱曲,那么,这是要以一种惊人的朗诵技巧为前提的,同时也是以一种极具特性的音乐重音和节奏感为前提的。而另一方面,现在作为外部的表达手段,舞蹈动作、乐队演奏让位给音乐节奏的周期结构了,后者以最严格的平行关系与文本一道运动。在观众眼里,合唱歌队成员有如画在乐队宽广平面上的阿拉伯花纹;而在合唱歌队成员的演进过程中,人们感受到了那种在一定程度上已经变得明显可见的音乐。音乐增加了诗歌的作用,而乐队演奏则把音乐宣示出来。因此对诗人和作曲家来说,同时平添了一项任务,就是要成为一个创造性的芭蕾舞大师。

在此我们还要说一说戏剧中的音乐的界限。这些局限和界限，就其成为古典音乐剧的分解过程的开始而言，乃是它的阿喀琉斯之踵①；今天我们不拟探讨这些局限和界限的深度意义，因为我想在下一个演讲中来讨论古典悲剧的衰落，由此也可讨论上面刚刚引发的问题。在此只需指出这样一个事实：并非一切创作都能歌唱，有时——就像在我们的情节剧中——也在器乐的伴奏下被言说和宣讲。②但是，我们总是把那种言说和宣讲设想为半宣叙调，以至于它所特有的隆隆之声没有把一种二元论带入音乐剧之中；而毋宁说，甚至在语言中，音乐的主导影响也变得强大有力了。在所谓的讲课声调中，可以看到这种宣叙调音调的一种余音；在天主教堂里，人们就是用这种讲课声调来朗诵福音、使徒书以及一些祷告文的。"诵读的神父在句子标点和结尾处做了一些声调的曲折变化，由此保证朗诵的清晰性，同时可避免单调无趣。然而在一些圣事的重要时刻，牧师会提高声调，pater noster[祈祷文]、圣餐引导文、感恩祷告就变成了吟诵式的歌唱。"③说到底，天主教大弥撒仪式中的许多内容让我们回想到希腊音乐剧，只不过，在希腊一切都要明亮得多、阳光得多，根本上就是要美好得多，因此也更少内在性，也没有基督教会那种神秘兮兮的、无休止的象征表达。

尊敬的来宾，现在我要结束我的演讲了。前面我把古典音乐

---

① 阿喀琉斯之踵（Achillesferse）：原指阿喀琉斯的脚跟，因为是其唯一没有浸泡到神水的地方，是他唯一的弱点，后来在特洛伊战争中被人射中致命。现在一般比喻致命的弱点、要害。——译注

② 有时——就像在我们的……]准备稿：被言说和宣讲，而器乐按照情节剧的方式独立鸣响；通过何种对比可以达到一种真正激情的效果。——编注

③ 诵读的牧师……]准备稿：一个音乐史家认为，第290页。参看安布罗斯：《音乐史》第一卷，第290页。——编注

剧的创造者与五项全能比赛者相提并论：另一个比喻会让我们进一步了解这样一种音乐剧的五项全能比赛者对于整个古代艺术的重要意义。对于古代服饰史，埃斯库罗斯具有非常的意义，因为他采纳了主要服饰上的自由褶裥、华丽修饰和妩媚优雅，而在他之前，希腊人在服装方面还处于野蛮状态，对自由褶裥全无了解。希腊音乐剧是整个古代艺术的自由褶裥：有了它，个别艺术的一切不自由和孤立都被克服掉了；在其共同的祭祀日，人们唱起了美和勇敢的颂歌。束缚而妩媚、多样而统一、许多种艺术具有至高的活力但又是一件艺术作品——这就是古典音乐剧。然而，谁若看到古典音乐剧就想到了如今艺术革新者的理想，那么他同时就必须说，那未来的艺术作品根本不是一种辉煌而迷惑人的海市蜃楼：我们对未来的期望已经是一种现实了——在一个超过两千年的过去中。

第二个演讲:苏格拉底与悲剧[①]

希腊悲剧的毁灭不同于全部更古老的姊妹艺术种类:它是悲剧性地终结的,而所有更古老的姊妹艺术种类则都是极美丽地逐渐消失掉的。因为,如果说留下美好的后代、毫无痉挛地逐渐消逝乃是合乎一种幸福的自然状态的,那么,那些更为古老的姊妹艺术种类的终结,就向我们表明了这样一个理想的世界;它们逝世和隐失,而它们更美的子孙已经有力地昂起了自己的头颅。与此相反,随着希腊悲剧的死亡,则出现了一种巨大的、往往得到深度感受的虚空;人们说,诗歌本身已经消失了,人们在嘲笑声中把这些瘦弱萎靡的后代打发到地狱里去,为的是在那里以昔日大师们的残羹剩菜养活自己。正如阿里斯托芬[②]所表达的那样,人们感到一种如此内在热烈的渴望,即对最后这个伟大的死者的渴望,就如同有人突然感到一种对酸泡菜的突发的强大胃口。但这个时候,却有一种新的艺术繁荣起来了,它把悲剧奉为先驱和导师,人们当时惊

[①] 样本为 U I 1,第 67—129 页;第一版:弗里德里希·尼采:"苏格拉底与悲剧",1870 年 2 月 1 日在巴塞尔的演讲。尼采档案馆书友协会年刊第 2 期,莱比锡,1927 年。在 U I 1 第 67 页上的标题为:第二个演讲。/苏格拉底与悲剧。/巴塞尔,1870 年 2 月 1 日。参看 3[6]。——编注

[②] 阿里斯托芬]《蛙》(*Ranae*),第 58—67 行。——编注

恐地发觉,这种艺术固然带有她母亲的容貌特征,但却是这位母亲在长期的垂死挣扎中表现出来的容貌。欧里庇德斯所做的斗争就是悲剧的这种垂死挣扎,这种后起的艺术乃是众所周知的阿提卡新喜剧。在阿提卡新喜剧身上,残存着悲剧的蜕化形态,构成悲剧极其艰难和沉重的消亡的纪念碑。——

人们知道,欧里庇德斯在阿提卡新喜剧的诗人们那里获得了极高的敬仰。其中最有名的一位人物叫斐勒蒙,他声称,他想立即上吊自杀,为的是看到阴间的欧里庇德斯:只要他能确信,这位死者现在还有生命和理智。但我只能简明扼要地来概括一下欧里庇德斯与米南德和斐勒蒙的共同之处,以及如此这般地对他们起典范作用的东西,那就是,他们[①]把观众带上舞台了。在欧里庇德斯之前,舞台上是一些具有英雄气概的人物,从他们身上,人们立即觉察到最古老的悲剧中诸神和半神的出身。观众们从他们身上看到了希腊文化的一个理想的过去,因此也看到了在高高飞翔的瞬间也在其灵魂中存活的全部东西的现实。而随着欧里庇德斯,观众冲上了舞台,那是日常生活现实中的人。这面镜子先前只是再现伟大勇敢的性格,现在则变得更忠实,因而也更平庸了。在一定程度上,绚丽的服装变得更透明了,面具变成了半面具:明显地显露出日常生活的形式。那个真正典型的希腊人形象,即奥德修斯形象,被埃斯库罗斯提升为伟大的、狡黠而高贵的普罗米修斯性格了:在新诗人笔下,奥德修斯形象沦落为好心肠又狡猾的家奴角

[①] 在《悲剧的诞生》第11节(《尼采著作全集》第1卷第76页)中,尼采书作"欧里庇德斯"。——译注

色,正如他十分经常地作为大胆放肆的阴谋家处于整个戏剧的中心。在阿里斯托芬的《蛙》中,欧里庇德斯声称自己的功绩是通过水疗法洗涤了悲剧艺术的臃肿感,减少了悲剧艺术的沉重感,[①]这一点首先适用于英雄角色:观众在欧里庇德斯的舞台上看到和听到的,根本上就是他们自己的影子,诚然身上裹着雄辩术的绚丽服饰。观念性(Idealität)隐退于话语之中了,并且逃逸于思想。但恰恰在这里,我们触及欧里庇德斯所做的革新的光辉的、引人注目的方面:民众在他那里学会了说话;在与埃斯库罗斯的竞赛中,他以此来炫耀自己:通过他,现在民众懂得了:

  按艺术规则去接近作品,
    逐行仔细考量,
  觉察、思想、观看、领悟、动脑子,
    热爱、蹑行
  猜疑、否定、反复权衡。[②]

  通过欧里庇德斯,新喜剧的话匣子被打开了,而人们在他以前都不知道,应当如何在舞台上体面地谈论日常生活。欧里庇德斯把他全部的政治希望都建立在市民的平庸性上,现在,这种平庸性有了发言权,而在此之前,悲剧中的半神、旧喜剧中醉醺醺的萨蒂尔或者半神才是语言大师。

---

 ① 在阿里斯托芬的《蛙》中……]参看阿里斯托芬:《蛙》(*Ranae*),第941行。——编注
 ② 《蛙》,第956—958行。——编注

关于希腊悲剧的两个公开演讲　　605

"我描绘房子和庭院,那是我们生活的地方,
　　　那是我们织造的地方
我就这样任人评判,因为人人都是行家,
都能评判我的艺术。"①

是的,他是这样夸自己的,

"我把思想和概念借给艺术,由此,唯有我才能为这样的智慧
　　　注入周围那种评判:
　　　结果,现在在这里,
人人都能哲思,而且前所未有,如此聪明地
订购了房子和庭院,田野和牲畜:
总是探究和沉思
何故?何为?谁?哪里?如何?什么?
这东西去了哪里?谁取走了我的东西?"②

正是这样一个有准备的和经过启蒙的大众,使新喜剧得以产生出来了,也就是那种戏剧上的弈棋游戏,它对于狡猾的胡闹非常喜欢③。对于这种新喜剧来说,欧里庇德斯在某种程度上就成了

---

①　《蛙》,第959—961行。——编注
②　《蛙》,第971—979行。——编注
③　对于狡猾的胡闹非常喜欢]准备稿:对于密谋非常喜欢,带着他对古老限制的仇恨。——编注

合唱歌队导师：只不过这一回，观众合唱歌队必须受到训练。一旦观众能用欧里庇德斯的调子唱歌了，戏就开始了，负债的年轻主人、轻佻而好意的老人、考茨布厄戏剧中的宠妃情妇[①]、普罗米修斯式家奴的戏就开始了。而作为合唱歌队导师，欧里庇德斯不断地受到赞扬；真的，倘若人们不知道悲剧诗人们与悲剧一样已经死了，为了从他那里学习更多的东西，人们就会自杀的。然而，随着悲剧之死，希腊人也放弃了对于不朽的信仰，不但不再信仰一个理想的过去，而且也不再信仰一个理想的将来了。那个著名的墓志铭[②]上的一句话"老者轻浮又古怪"也适用于老迈的希腊文化。瞬息欢娱、玩世不恭乃是它的最高神灵；第五等级，即奴隶等级，现在要上台当权了——至少在观念上是这样。[③]

有了这样一种回顾，人们就容易努力去反对作为所谓的民众诱惑者的欧里庇德斯了，对他进行不公的但激烈的指控，而且大概会用埃斯库罗斯的话来做结论："他什么坏事写不出来呀？"然而，无论人们从他那里推出什么样的恶劣影响，下面这一点是总归要坚持的，即：欧里庇德斯是以最佳的知识和良知来行动的，而且以伟大的方式把他全部的生活都奉献给了某种理想。他与他自以为认识到的巨大的邪恶做斗争，他作为个体以极大的才智和活力抗拒邪恶，其方式再次昭示出古代马拉松时代的英雄精神。的确，人

[①] 考茨布厄（Kotzbue,1761—1819）：德国戏剧作家，其作品多哗众取宠，内容低俗而丑陋。——译注

[②] 指歌德《讽刺诗·墓志铭》，第4行。——译注

[③] 希腊悲剧的毁灭不同于……]参看《悲剧的诞生》，第11节，第75页第13行—第78页第10行。——编注

们可以说，在半神被欧里庇德斯逐出悲剧之后，在他那里诗人就成了半神。而他自以为已经认识到的巨大邪恶（他对之做了如此英勇的斗争），就是音乐剧的沦落①。然则欧里庇德斯在哪里发现了音乐剧的沦落呢？是在埃斯库罗斯和索福克勒斯以及比他更年长一些的同代人的悲剧中。这是非常令人吃惊的。难道他没有搞错吗？难道他没有不公地对待埃斯库罗斯和索福克勒斯吗？难道不正是他对所谓沦落的反应成了悲剧终结之开端？所有这些问题，眼下在我们这儿都变得尖锐了。

欧里庇德斯是一位孤独的思想家，根本不合当时主流大众的趣味，作为一个郁闷怪人，他引起了主流大众的疑虑。他跟大众一样不走运：而且因为对于那个时代的一个悲剧诗人来说，大众恰恰创造了幸福，所以人们就能理解，为何他在有生之年只获得了那么可怜的荣誉，一种悲剧性胜利的荣誉。是什么驱使这位有才华的诗人如此坚定地逆主流而动呢？是什么促使他离开了像埃斯库罗斯和索福克勒斯之类的男人们踏上的道路，那条为民众宠爱的阳光所照耀的道路？一个唯一的东西，就是那种关于音乐剧之沦落的信念。但他是在剧院的观众席上获得这种信念的。长期以来，他极敏锐地观察到，悲剧与雅典观众之间形成了何种鸿沟。对诗

---

① 音乐剧的沦落］准备稿：音乐剧的沦落。把他本身视为这种沦落的根源和原因，此乃最不公正的［？］的错误认识：而毋宁说，他是头一个认识到这种沦落的，并且身处他那个时代的所谓有教养者的矛盾冲突中而力求与这种沦落做斗争。因为谁若总是喜欢把他看作民众热情的谄媚者、沽名钓誉的诱惑者，他就不能忘记一个简单的事实，即：欧里庇德斯是极少取得成功的，直到他死，大众都是讨厌他的。这个孤独而隐居的人不为自己索求什么，如果说他还是成了暴民统治的先行者，那其实是一大误解，是想要在其中找到一种利己冥想的结果。——编注

人来说最高和最重的东西,根本没有为观众所感受,而倒是被观众看作无关紧要的东西。一些偶然的、根本没有为诗人所强调的东西,却以突发的效果打动了大众。思索了诗人意图与效果之间的这种不一致性之后,他渐渐发现了一种艺术形式,后者的主要法则是:"一切都必须是明智的,一切才能得到理解。"现在,每个细节都被拉到这种理性主义美学的法庭面前,首先是神话,还有主要特征、戏剧结构、合唱音乐,最后也是最关键的是语言。与索福克勒斯的悲剧相比,我们在欧里庇德斯那里经常不得不看作诗歌缺陷和退步的东西,正是那种有力的、批判性的过程的结果,是那种大胆理智的结果。人们或许可以说,这里有一个例子说明评论家如何可能成为诗人。只不过,说到"评论家"(Recensent)一词,人们不可受那些虚弱而多嘴之人的印象的支配,这些人根本不再让我们今天的观众在艺术问题上发言了。欧里庇德斯力求比他所评判的诗人们做得更出色:谁要是不能像他那样说到做到、多做少说,谁就少有权利要求公开发表批评意见。在此我想——或者也只能——举出一个卓有成效的批评的例子,不论是否真的有必要指出那个关于欧里庇德斯戏剧之全部差异性的观点。与我们的舞台技术相抵触的莫过于欧里庇德斯的序幕。在一出戏的开始,一个单独登台的人物(神或者英雄)来告诉观众他是谁,前面的剧情如何,此前发生了什么事,甚至这出戏的进展中将发生什么事,一个现代戏剧作家或许会把这种做法称为对戏剧悬念效果的放弃。我们都知道已经发生了什么,将要发生什么?那么,谁还愿意等待结局呢?欧里庇德斯作了完全异样的思考。古典悲剧的效果从来都不依靠剧情的紧张悬念,不依靠现在将要发生的令人刺激的不确定性,而倒是要依靠那些宏大广阔的激情场景,在这种场景中,狄奥尼索斯酒神颂歌的音乐基本特征重又响起。但最强烈地妨碍观众去享受这种场景的,是一个缺失的环节,是前面故事组织中的一个缺口;只要观众依然不得不去算计这个或那个人物的含义、这个或那个情节的含义,他们就还不可能全神贯注于主角的痛苦和行为上面,悲剧的同情就还是不可能的。在埃斯库罗斯和索福克勒斯的悲剧中,多半做了极艺术的安排,带着几分偶然,在头几个场景里就把理解剧情所必需的所有那些线索交到观众手中了;在这个特征中也显示出那种高贵的艺术家风范,后者似乎掩盖了必要的、形式的因素。不过,欧里庇德斯总还自以为已经发现,观众在看头几个场景时处于特有的骚动不安当中,为的是把剧情的前因后果算计清楚,而且对他来说,展示部的诗意之美已经丢失了。因此,他写了个序幕作为纲领,并且让一个可靠的人物、一个神来宣告。现在,他也能够更自由地来塑造神话了,因为他可以通过序幕来消除任何关于他的神话塑造的怀疑。由于对自己的戏剧艺术优势充满自信,欧里庇德斯便在阿里斯多芬的《蛙》中责备埃斯库罗斯[①]:

"于是我将马上接近你的序幕
为的是针对悲剧第一部分
首先把他批评,这个大人物啊!
当他谈论事实时定是混乱不堪。"[②]

---

① 现在,每个细节都被拉到……]参看《悲剧的诞生》,第12节,第85页第7行—第86页第29行。——编注

② 《蛙》(*Ranae*),第1119—1122行。——编注

但适合序幕的,同样也适合于那个臭名昭著的 deux ex machina[解围之神]:他起草了未来之纲领,就像序幕是过去之纲领。介于这种史诗的预告与展望之间,才是戏剧抒情的现实和当前。

欧里庇德斯是头一个遵循一种自觉美学的戏剧家。他蓄意寻求最明白易懂的东西:他的主角们是真实的,如同他们说话发言一样。但他们也完全说出心里话,而埃斯库罗斯和索福克勒斯的人物性格比他们的言语要深刻得多、丰满得多:真正讲来,他们只是结结巴巴地说自己。欧里庇德斯塑造人物形象,同时又对他们进行解剖:在他做解剖之前,他们身上再也没有什么隐蔽的东西。如果说索福克勒斯说埃斯库罗斯,说后者做得对,但却是无意而为的,那么,欧里庇德斯对埃斯库罗斯的看法则是,因为后者是无意而为的,所以他做得不对。与埃斯库罗斯相比较,索福克勒斯知道得更多些,他为此沾沾自喜;但他更多地知道的东西,无非是技术操作领域之外的东西;除了欧里庇德斯,没有一位古代诗人能够真正以美学的理由来维护和主张自己的精华。因为古希腊艺术整个发展过程的神奇之处正在于,概念、意识、理论之类还没有发言权,弟子们能够从大师那儿学到的一切东西都与技术相关。还有,举例说来,这也正是托尔瓦森①赋予那个古典假象的内容,即:很少思索,说和写得很烂,真正的艺术智慧尚未进入其意识之中。

与之相反,在欧里庇德斯周围却发散出一种对于现代艺术家来说独特的折射的微光:在苏格拉底主义概念下,可以最简洁地把

---

① 托尔瓦森(Thorwaldsen,1770—1844):丹麦哥本哈根雕塑家,新古典主义艺术的代表人物。——译注

握到他的几乎非希腊的艺术特征。"凡要成为美的,就必须是被认知的",欧里庇德斯这个命题是可以与苏格拉底的命题"凡要成为善的,就必须是被认知的"并举的。欧里庇德斯乃是苏格拉底理性主义的诗人。

在古希腊,人们感觉到苏格拉底与欧里庇德斯这两个名字是共属一体的。在雅典有一个说法广为流传,说苏格拉底帮助欧里庇德斯写诗①:我们从中却可以得知,人们多么敏感地在欧里庇德斯的悲剧中听出了苏格拉底主义。"美好古代"的拥护者们习惯于一口气说出苏格拉底和欧里庇德斯两个名字,把他们当作民众的坑害者②。也有一种传说,说苏格拉底是不看悲剧的,只有在欧里庇德斯的新戏上演时才出现在观众席中。在对苏格拉底整个人生观起着决定性影响的著名的德尔斐神谕中,这两个名字在一种更深的意义上毗邻登场。德尔斐之神有言,苏格拉底是芸芸众生中最智慧者,这话也包含着一个评判,即欧里庇德斯在智慧比赛中应得第二名③。④

众所周知,苏格拉底起初对于神谕是多么怀疑。于是,为了看看神谕是否正确,苏格拉底不断周旋于政治家、演说家、诗人和艺

---

① 在雅典,这种说法……]参看《第欧根尼·拉尔修》(*Diog. Laert.*)Ⅱ 5, 2。——编注

② 在古希腊,人们感觉到……]准备稿:在此联系中首次提到了苏格拉底之名。这是纯粹的闲谈,但屡屡为丑角所利用,说苏格拉底帮助欧里庇德斯进行文学创作;但我们从中可以获悉,人们在雅典是如何思考这两者的。——编注

③ 德尔斐之神有言……]准备稿:——索福克勒斯是智慧的,但更智慧的是欧里庇德斯,而所有人当中最智慧的是苏格拉底。——编注

④ 在古希腊,人们感觉到……]参看《悲剧的诞生》,第13节,第88页第10行—第89页第9行。——编注

术家之间，以便知道他能否找到一个比他更智慧的人。他发现神谕处处得到了证实：他看到当代最著名的人物都处于一种自负自大之中，并且发现他们对自己的事务都没有正确的意识，而只靠直觉行事。"只靠直觉"，这是苏格拉底主义的标语。在苏格拉底那种生命趋向中，理性主义表现得最为幼稚。苏格拉底从不怀疑整个问题提法的正确性。"智慧在于知识"；以及"对于自己表达不出来，并且不能让他人相信的东西，人们一无所知"。这大约是苏格拉底那种奇怪的传教活动的原则，这种活动必定在他周围聚集成一片最黑的恶感之云，恰恰是因为当时没有人能反对苏格拉底而去攻击这个原则本身；或许人们为此就需要自己根本上并不拥有的东西，在会谈技巧、辩证法方面的那种苏格拉底式优越性。从无限深化的日耳曼意识出发，那种苏格拉底主义表现为一个完全颠倒的世界；但可以假定，即便在那个时代的诗人和艺术家看来，苏格拉底至少也必定是十分无聊和可笑的，特别是因为，他在其无端的争执中仍然煞有介事地提出一种神性使命的严肃和尊严。逻辑狂热分子就像马蜂一样不可忍受。现在且让我们来想想一个藏在十分片面的理智背后的巨大意志，即一个外表穿戴怪异而丑陋的不屈不挠的人物的极具个性的原始力量：而且我们会理解，何以即便像欧里庇德斯这样伟大的天才，也恰恰在其思想的严肃性和深度方面，必定愈加不可避免地被拉扯入一种有意识的艺术创作的陡峭轨道上。悲剧的衰败（欧里庇德斯自以为看到了这种衰败）乃是苏格拉底的一个幻影：因为没有人能够把这个古老的艺术技巧充分地转换为概念和词语，所以，苏格拉底和受蛊惑的欧里庇德斯一道否认那种智慧。现在，与那种未经证实的"智慧"相对立，欧里庇德斯提出了苏格拉底的艺术作品——后者诚然还处在对主流艺术作品的诸多适应的外壳下。下一代人正确地认识到什么是外壳、什么是核心：他们剥去第一层外壳，然后作为艺术苏格拉底主义的果实，露出了表演式的弈棋即密谋戏的真相。

苏格拉底主义蔑视直觉，并且因此也蔑视艺术。它恰恰在艺术最本己的王国中否认这种智慧。只在一种唯一的情形下，苏格拉底本人才承认直觉智慧的力量，而且恰恰是以非常独特的方式承认的。在特殊场合，苏格拉底的理智会变得不可靠，通过一种神奇地表达出来的着魔的声音，他便获得了一个坚固的依靠。这种声音到来时，往往具有劝告作用。无意识的智慧在这个完全反常的人那里提高了声音，是为了偶尔阻止意识活动。这里也就显示出，苏格拉底真正属于一个颠倒的和乱七八糟的世界。在所有创造性的人那里，无意识恰恰发挥着创造性的和肯定的作用，而意识表现为批判性的和劝告性的。在苏格拉底那里，直觉成了批判者，意识成了创造者。①

此外，苏格拉底对于直觉的蔑视还促使欧里庇德斯之外的第二个天才去改革艺术，而且是一种更激进的改革。在这一点上，连神一般的柏拉图②也成了苏格拉底主义的牺牲品：他把以往的艺术都看作对假象③的模仿，也把"高贵而备受赞扬的"悲剧——正如他所表达的——归于谄媚艺术之列，而所谓谄媚艺术，习惯于仅

---

① 苏格拉底主义蔑视直觉……]参看《悲剧的诞生》，第13节，第90页第16行—第91页第4行。——编注
② 柏拉图《高尔吉亚篇》，502b—c。——编注
③ 此处"假象"原文为Scheinbilder，也可直译为"假的形象"。——译注

543 仅描绘令人惬意的、迎合感性自然的东西,并不描绘令人不快但有用的东西。因此,他是有意把悲剧艺术与装饰术和烹调术相提并论了。一种如此多样和多彩的艺术与审慎的性情相冲突,对于容易受刺激的敏感性情来说,这种艺术就是一个危险的雷管:所以就有充分的理由把悲剧诗人逐出理想国。在柏拉图看来,艺术家与奶妈、清洁女工、理发师和面包师一样,根本上属于国家多余的扩展部分。这种对艺术的有意的毫无顾忌的粗鲁谴责,在柏拉图那里是有某种病理原因的:为直观说明起见,可以说他只有在盛怒中才会奋起反对自己的肉体,为支持苏格拉底主义而蔑视自己深深的艺术天性;他以那些判决的严酷性公然表明,他的本性的最深伤口尚未愈合。诗人真实的创造能力,柏拉图多半只加以讽刺的对待,并且把它与占卜者和星相术士相提并论,因为在他看来,这并不是对事物之本质的有意识的洞见。除非诗人兴奋而失去意识,身上不再有理智时,不然是没有创作能力的。柏拉图把真正的艺术家形象(即哲学的艺术家形象)与这种"无理智的"艺术家对立起来,并且毫不含糊地声明,他本人是唯一达到这个理想的人,人们可以读读他的《理想国》对话。然而,柏拉图的艺术作品(即他的对话)的本质却在于:通过混合现有形式和风格而产生的无形式性和无风格性。首先,在新艺术作品上不应带有在柏拉图的观点看来旧艺术作品所具有的基本缺陷:它不该是对某个假象的模仿——也即按照通常的概念:对柏拉图的对话来说,不会有任何被模仿的自然现实。所以,它就在所有的艺术种类之间飘浮,在散文与诗

544 歌、小说、抒情诗、戏剧之间飘浮,尽管它已经突破了统一的——风格上——语言形式的严格而古老的法则。在犬儒学派的作家们那

里,苏格拉底主义被强化到更大的扭曲:他们力求在最大的风格多样性中,在散文形式与诗歌形式的往复摇摆中,反映出苏格拉底的可以说西勒尼式的外部本质,他的螃蟹眼、凸嘴唇和下垂肚。

有鉴于苏格拉底主义这些十分深刻的、在此只是有所触及的非艺术作用,谁不会同意阿里斯托芬的说法呢?——他让合唱歌队唱道:

> "有福啊,凡不愿在苏格拉底那里
> 坐着并且说话的,
> 没有诅咒缪斯艺术
> 没有蔑视和忽略
> 悲剧的最高境界!
> 而这却纯属愚蠢,
> 把多余的勤勉用于
> 装腔作势的空话
> 和抽象的冥思苦想!"①

但在反对苏格拉底所能说的话中最深刻者,已经有一个梦境告诉了他。正如苏格拉底在狱中对朋友们讲的那样,他经常做同一个梦,梦里说的总是同一个意思:"苏格拉底,去搞音乐吧!"可是,直至他生命的最后日子,苏格拉底都用这样的想法来安慰自己:他的哲学就是最高的音乐。最后在狱中,为了完全问心无愧,

---

① 阿里斯托芬:《蛙》,第 1491—1499 行。——编注

他也勉强同意去搞那种"平庸的音乐"。他还真的把若干他熟悉的平淡乏味的寓言改成诗体了,但我并不认为,他以这种诗韵学上的练习便与缪斯女神取得了和解。①

在苏格拉底身上体现出希腊人的那一个方面,即那种阿波罗式的明晰,没有任何外来的掺杂,他显得就像一道纯粹的透明的光束,作为同样也在希腊诞生的科学的先驱和先行者。然而科学与艺术是相互排斥的:由这个观点来看,意味深长的是,苏格拉底乃是头一个伟大的希腊人,但又是丑陋的;正如真正说来,他身上的一切都是象征性的。苏格拉底是逻辑之父,而逻辑最鲜明地呈现了纯粹科学的特征:他是音乐剧的毁灭者,而音乐剧于自身中集中了整个古代艺术的光芒。

苏格拉底是音乐剧的毁灭者,这意思比我们迄今为止所能暗示的还要深刻得多。苏格拉底主义是比苏格拉底更古老的;它那种使艺术解体的影响早就已经显而易见。在苏格拉底之前,苏格拉底主义所特有的辩证法②要素早就已经潜入音乐剧之中了,并且在其美好的躯体上百般蹂躏。这种败坏是以对话为起点的。众所周知,对话原本并不出现在悲剧中;自从有了两个演员,也就是相对晚些时候,对话才在悲剧中发展出来。在此之前,在主角与合唱歌队领唱之间的交谈中,已经有类似于对话的形式:但在这里,在一方隶属于另一方的情况下,辩证的争执其实还是不可能的。而一旦两个平等的主角面对面站在那儿,依照一种深度的希腊本

---

① 但反对苏格拉底所能说的……]参看《悲剧的诞生》,第14节,第96页第11—21行。——编注

② 辩证法(Dialektik)也有"论证、雄辩"之义。——译注

能,这时就会出现竞赛,而且是用词语和理由进行的竞赛:而希腊悲剧里为人所深爱的对话一直都是遥不可及的[①]。有了那种竞赛,便要求观众心中有一个元素,而直到那时候,这个元素都被当作敌视艺术的、憎恨缪斯的东西,被逐出了戏剧艺术的庄严殿堂——那就是"恶的"厄里斯[②]。的确,自古以来,善的厄里斯都在一切缪斯行为中起着支配作用,而且在悲剧中把三个竞赛的诗人推到为审判而聚集起来的民众面前。然而,当来自法庭的话语纷争的映象也渗透到悲剧之中时,在音乐剧的本质和作用中就首度出现了一种二元论。从此时起便产生了那部分悲剧,在其中同情已经隐退,代之而起的是对于辩证法的铿锵战斗的明快喜悦。戏剧主角不能落败,所以他现在也不得不被搞成一个话语主角。在所谓的隔行争辩的对白(Stichomythie)中开始的那个过程继续推进,也渗透到主角的更长讲话中了。渐渐地,所有人物便都以这样一种挥霍敏锐感、清晰感和透明感的方式说话了,以至于当我们阅读索福克勒斯的一部悲剧时真的会产生一种困惑的总印象。在我们看来,仿佛所有这些角色都不是毁于悲剧性,而是毁于一种逻辑的异期复孕[③]。我们只好来比较一下,看看莎士比亚的主角是如何以完全不同的方式进行论辩的:在所有思考、猜测、推理之上,倾注了某种音乐的美和内化过程,而在晚期的希腊悲剧中占上风的

[①] 而希腊悲剧里为人所深爱的……]准备稿中接着:而且由此音乐便沉寂了。参看第548页第32—33行。——编注

[②] 厄里斯(Eris):不和女神,宙斯与赫拉之女,最喜欢挑起纷争,比如挑起了"特洛伊之战"。——译注

[③] 异期复孕(Superfötation):指孕妇体内已经怀有胎儿时又开始另一周期的排卵,第二次排出的卵子又恰好受精成了胚胎。——译注

则是一种十分可疑的风格二元论,一边是音乐的力量,另一边是辩证法的力量。辩证法越来越强有力地向前挺进,直到它在整个戏剧的结构中有决定性的话语权。这个过程结束于密谋戏:由此那种二元论才被完全克服掉了,后果是其中的一个竞赛者即音乐完全被毁掉了。

在此意味深长的是,这个过程其实始于悲剧而终于喜剧。悲剧起于深层的同情之源泉,按其本质来看是悲观主义的。在悲剧中,人生此在(Dasein)乃是某种十分恐怖的东西,人类是某种十分愚蠢的动物。悲剧主角并不像现代美学所臆测的那样,是在与命运的抗争中证明自己的,他同样也不是活该受苦受难的。而毋宁说,悲剧主角是盲目地、蒙着脑袋落入自己的不幸和灾祸之中的:他那绝望而高贵的姿态直面这个刚刚被认识的恐怖世界,这种姿态有如一根针刺进我们的心灵。与之相反,辩证法从其本质深处来看则是乐观主义的:它相信原因与结果,因而相信一种罪与罚、德性与幸福的必然关系:它的计算范例必须毫无残留地展开出来:辩证法否定一切不可能在概念上分析的东西。辩证法持续地达到自己的目标;每一个推论都是它的欢庆节日,明快和意识是它唯一能呼吸的空气。当这个要素渗透到悲剧中时,就产生了诸如夜与昼、音乐与数学之间的二元论。必须通过理由与反理由来为自己的行为辩护的主角,①面临着失掉我们的同情的危险:因为他后来遭遇的不幸恰恰只能证明他在某个地方失算了。可是,由于失算

---

① 主角,]准备稿:极其清晰地向自己展示他的行为的价值和目标的主角。——编注

而导致的不幸已经不再是一个喜剧题材了。当对于辩证法的乐趣把悲剧瓦解掉之时，新喜剧便随着其狡诈和诡计的不断胜利而产生出来了。

在大量欧里庇德斯的戏中，苏格拉底的意识及其对德性与知识、幸福和德性之间的必要联系的乐观主义信仰产生了作用，最后便得以开启出对舒适的继续生存的展望——多半是伴随一场婚姻。一旦机械上的神出现，①我们就会发现，躲在面具后面的是苏格拉底，他试图在自己的天平上平衡幸福与德性。人人都知道苏格拉底的命题："德性即知识；唯出于无知才会犯罪。有德性者才是幸福者。"②在乐观主义的这三个基本形式中，酝酿着悲观主义的悲剧之死。在欧里庇德斯之前的很长时间里，这些观点就已经开始了对悲剧的消解。如果德性即知识，那么有德性的主角就必定是辩证法大师。既然完全没有发育好的伦理思想是异常肤浅而贫乏的，往往就只有善于伦理论辩的主角才表现为道德陈词滥调和庸俗气的宣告者。人们只需有勇气承认这一点，人们必须坦白（完全不用提欧里庇德斯），即便索福克勒斯悲剧里最美好的形象，诸如安提戈涅、厄勒克特拉、俄狄浦斯，间或也会陷入让人完全无法忍受的庸俗的思路上，从头到尾，戏剧里的人物比他们的言语声明更美好、更伟大。基于这样一个观点，我们对更古老的埃斯库罗斯悲剧的评判必定会合适得多：就此而言，埃斯库罗斯也无意识地创造了他的最佳作品。在莎士比亚的语言和人物描绘中，我们确实

---

① 显然指上文讲的 deux ex machina［解围之神］，即希腊罗马戏剧中为消除剧情冲突或者为主人公解围而用舞台机关送下来一个神。——译注

② 通常把苏格拉底这些命题的意义概括为一句话：知识即德性。——译注

为此类比较找到了不可动摇的支撑点。在莎士比亚身上可以找到一种伦理智慧,与之相比较,苏格拉底主义就显得有些多嘴多舌了。

在我的前一个演讲中,我故意很少讲到希腊音乐剧中音乐的界限:在我们做的这些探讨的语境联系中,如果我把希腊音乐剧中音乐的界限称为音乐剧瓦解过程开始的危险点,那么事情就不难理解了。悲剧毁于一种乐观主义的辩证法和伦理学:这意思无非就是说,音乐剧毁于一种音乐的缺失。在悲剧中渗透进来的苏格拉底主义起到了阻碍作用,阻止了音乐与对话和独白相融合:无论音乐是否在埃斯库罗斯的悲剧中取得了其最卓有成效的开端。另一个后果则是,越来越多地受到限制、被逐入越来越狭隘的界限之中的音乐,在悲剧中再也没有如鱼得水的在家之感,而是在悲剧之外,则作为绝对的艺术而更自由、更大胆地发展起来了。让一个幽灵在午餐时间显现出来,这是可笑的:要求一个如此神秘、严肃而热烈的缪斯(就是悲剧音乐的缪斯)在法庭上、在论辩冲突的间歇去歌唱,这同样是可笑的。在这种可笑感中,音乐便在悲剧中沉寂了,仿佛惊骇于它那前所未闻的亵渎;音乐越来越不敢提高自己的音调了,它终于被弄得不知所措,它歌唱不合适的事物,它羞愧难当,从剧场逃之夭夭了。毫不掩饰地说,希腊音乐剧的鼎盛期和高峰乃是埃斯库罗斯的第一个伟大时期,是在他还没有受索福克勒斯影响之前:整个渐进的沦落和衰败过程始于索福克勒斯,直到最后,欧里庇德斯对埃斯库罗斯悲剧的有意反动急速导致悲剧的终结。

我们这个评判完全是与一种当前流行的美学背道而驰的:实际上,对于这同一个评断,我们可以提出的证词莫过于阿里斯托芬的证词——没有一个天才像阿里斯托芬这样亲近于埃斯库罗斯。

而同样的事为同样的人所认识①。②

最后只有一个问题了。音乐剧真的死了,永远死了吗?除了"大歌剧",日耳曼人真的没有什么可以用来支援那种已经消失的过去时代的艺术作品了吗?——差不多就像那只习惯于在赫拉克勒斯③旁边出现的猴子。④ 这是我们今天的艺术极为严肃的问题:而作为日耳曼人,谁[＋＋＋]这个问题的严肃性[＋＋＋]⑤

---

① 此句或可译为:英雄所见略同。——译注

② 准备稿中接着有:苏格拉底主义咬掉了埃斯库罗斯音乐剧的脖子:只留下了戏剧,而且是纯粹的戏剧,那种密谋戏——头脑依然是活的,以及他那电流的痉挛——。——编注

③ 赫拉克勒斯(Heracles):古希腊神话中最著名的英雄,主神宙斯与阿尔克墨涅之子,因其出身而受到天后赫拉的憎恶。他神勇无比,完成了12项不可能的伟绩,还解救了被缚的普罗米修斯。他死后灵魂升入天界,被升为武仙座。——译注

④ 有一则典故叫"赫拉克勒斯的猴子",意为一种对赫拉克勒斯的模仿。——译注

⑤ 最后只有一个问题了……]为尼采本人划掉了,在样本第127页上。后一页(第129页)也许是尼采自己撕下来的。对此,在梅特(Mette)的《客观的准备报告》中(S. LXIX)有言:"第129—130页被撕掉了。"1927年第一版根据准备稿补充了缺失的结尾:没有理解,他沦于我们时代的苏格拉底主义了,当然他既不能生产出殉道者,也不能说"最聪明的希腊人"[准备稿中没有引号]的语言,他虽然不以一无所知而自诩,但实际上确实一无所知。这种苏格拉底主义乃是今天的[准备稿:犹太人的]报刊:我无话可说了。尼采本人通过划掉第127页上的文字以及撕掉第129—130页,不再采纳这整段文字,这一点也许由柯西玛·瓦格纳1870年2月5日致尼采的信所证实了。柯西玛写道:"但我现在对您有个请求……请您别直指犹太人,尤其是不要顺便(en passant)指出;以后如果您想要接受残酷的斗争,以上帝的名义,但不要从一开始就用上,这样在您的道路上才不至于出现种种混乱和纠缠。"此外,柯西玛信里的这段话也证明,尼采在样本中(他在巴塞尔大学宣讲,然后寄给特里布森,供后者作读物)写下"犹太人的报刊"(就像在准备稿中)。然则1927年第一版与准备稿的偏离还允许我们做另一个假设:直到1927年,第129—130页还没有被撕掉:在此情形下,尼采只是用"今天的"替换了"犹太人的",但后来却把整个段落删掉了。因此,这张纸(第129—130页)是在1927年至1932年间才被撕掉的。——编注

狄奥尼索斯的世界观[①]

[①] 样本为 U I 2,第 2—46 页。　　第一版:弗里德里希·尼采:《狄奥尼索斯的世界观》。尼采档案馆书友协会年刊第 3 期,莱比锡,1928 年。　　《狄奥尼索斯的世界观》(DW)写于 1870 年 6—7 月之间;后来(1870/1871 年冬季),尼采打算把《狄奥尼索斯的世界观》用作计划中的论著《悲剧的起源与目标》的第一章,立题为:第一章,悲剧思想的诞生。当时尼采也做了一种新划分,分七节,也即:第 1 节,至第 556 页,第 2 行;第 2 节,至第 559 页,第 22 行;第 3 节,至第 562 页,第 13 行;第 4 节,至第 564 页,第 18 行;第 5 节,至第 566 页,第 7 行;第 6 节,至第 568 页,第 22 行;第 7 节,至《狄奥尼索斯的世界观》结束;关于第 1 节,参看《悲剧的诞生》第 1 节;关于第 4 节,参看 2 [10]。——编注

一

希腊人把他们的世界观的隐秘学说表达在他们的诸神中，同时也把它隐瞒于其中。他们把两个神祇，即阿波罗与狄奥尼索斯，设立为他们的艺术的双重源泉。这两个名称体现了艺术领域里的风格对立，它们几乎总是在相互斗争中并行共存，唯曾几何时，在希腊"意志"的鼎盛时期，融合为阿提卡悲剧的艺术作品。因为在两种状态中，即在梦与醉中，人类能达到人生此在的快乐感。在梦境中，每个人都是完全的艺术家。梦境的美的假象乃是一切造型艺术之父，而且正如我们将会看到的，也是一大半诗歌之父。我们在直接的形象领悟中尽情享受，所有形式都对我们说话；根本没有无关紧要的和不必要的东西。即便在这种梦之现实性的至高生命中，我们仍然具有对其假象的朦胧感觉；唯当这种感觉终止时，才会出现那些病态的作用，在其中梦不再令人振奋，梦之状态的具有治疗作用的自然力也终止了。但在那个界限内，我们以那种普遍明智（Allverständigkeit）在自己身上寻找到的，绝非只是一些适意而友好的形象而已：还有严肃的、悲伤的、忧郁的、阴沉的东西，它们以同一种乐趣而被人直观到，只不过，即便在这里，假象的面纱也必定处于飘忽的运动中，也不会完全把现实的基本形式掩蔽起来。所以，梦是个别的人拿现实做游戏，而造型艺术家（在较宽广的意义上）的艺术则是拿梦做游戏。作为大理石石块的雕像是一种高度现实的东西，但作为梦之形象的雕像的现实性却是活生生的神之形象。只要作为幻象的雕像依然浮现在艺术家眼前，则他就还在拿现实做游戏：当他把此幻象转化到大理石中时，他就是在拿梦做游戏。

那么，在何种意义上人们能够把阿波罗搞成艺术之神呢？只是就阿波罗是梦之表象的神而言。他是完完全全的"闪耀者"：最深根源上的太阳神和光明之神，在光华中昭示自己。"美"是他的元素：永恒的青春与之结伴。可是，连梦境的美的假象也是他的王国：这种更高的真理，这些与无法完全理解的日常现实性相对立的状态的完满性，把他提升为预言之神，但恰恰如此确凿地成了艺术之神。美的假象之神必须同时也是真实知识之神。然而，有一条柔弱的界线，梦景不可逾越之，方不至于在假象不仅迷惑而且欺骗的地方产生病态的作用，这条界限在阿波罗的本质中也是不能缺失的：造型之神（Bildnergott）那种适度的限制，那种对粗野冲动的解脱，那种智慧和宁静。他的眼睛必须是"太阳般"[①]宁静的：即便在流露出愤怒和不满的眼光时，它也依然沐浴于美的假象的庄严中。[②]

与之相反，狄奥尼索斯艺术却基于陶醉与迷狂游戏。尤其是两种力量能够把质朴的自然人提高到陶醉之自身遗忘状态，即春天的冲动和麻醉性的饮料。它们的作用在狄奥尼索斯形象中得到了象征化表现。principium individuationis[个体化原理]在这两种状态中被突破了，主体性完全消失在一般人性，实即普遍自然性

---

① 他的眼睛必须是"太阳般"参看歌德：《温和的格言》III。——编注
② 边页手记：战栗（das Grausen）I p. 416，作〈为〉意〈志〉与表〈象〉的世〈界〉，参看《悲剧的诞生》，第1节，第28页，第10—28行。——编注

的突发强力面前。狄奥尼索斯节日不只订立了人与人之间的联盟,而且也使人与自然和解。大地自愿地献出自己的赠礼,野兽温顺地走近:狄奥尼索斯的战车缀满鲜花和花环,由豹和虎拉着。在人与人之间固定起来的全部森严藩篱都分崩离析了:奴隶成了自由人,高贵之人与低等之人统一为同一个酒神巴克斯的歌队。在越来越壮大的队伍中,"世界和谐"的福音辗转各地:载歌载舞之际,人表现为一个更高的、更理想的共同体的成员:他忘掉了行走和说话。更有甚者:人感到自己着了魔,真的成了某种不同的东西了。正如现在野兽也能说话,大地流出乳汁和蜂蜜,同样地,人身上发出某种超自然之物的声音。人感觉自己就是神,通常只在自己的想象力中存活的东西,现在他在自己身上感受到了。现在对人来说形象和雕像是什么呢?人不再是艺术家,人变成了艺术品,正如人在梦中看见诸神的变幻,现在人自己也陶醉而飘然地变幻。在这里,自然的艺术强力(而不再是一个人的艺术强力)得到了彰显:人这种更为高贵的陶土,这种更可珍爱的大理石,在这里得到捏制和雕琢。这个被艺术家狄奥尼索斯赋形的人之于自然,就如同雕像之于阿波罗艺术家。

如果说陶醉是自然与人的游戏,那么,狄奥尼索斯艺术家的创造就是陶醉游戏。如果人们没有亲自经验到这种状态——这是某种类似的东西,如果人们做梦而同时把梦当作梦来感受,那么这种状态就只能通过比喻方式来把握。于是,狄奥尼索斯的仆人就必定处于陶醉中,同时又必定作为观察者在背后暗中守候。狄奥尼索斯的艺术性并不显示在审慎与陶醉的变换中,而是显示在两者的并存中。

这种并存标志着希腊文化的顶峰：从本源上讲，唯有阿波罗才是一个希腊的艺术之神，他的强力就在于，在相当程度上缓和了从亚洲冲过来的狄奥尼索斯，使得两者之间可能形成一种最美的兄弟联盟。在此人们最容易把握到希腊本质的令人难以置信的理想主义：有一种自然崇拜，它在亚洲人那里意味着低级本能的最粗野的迸发，一种在某个特定时期冲破全部社会桎梏的泛情色的动物生活；从这种自然崇拜中生成了一个世界拯救的节日，一个美化的日子。他们的本质的所有这些高雅本能，都昭示于这样一种对放荡狂欢的理想化过程中了。

然而，当新神冲将过来时，希腊文化从未处于比这更大的危险之中。德尔斐的阿波罗的智慧也从未显示于更美的光华之中。首先抵触性地，阿波罗用极其精细的纱线把强大的敌人包围起来，以至于这个敌人几乎察觉不到自己已经落入半囚禁状态中了。由于德尔斐的神职人员洞察到了这种新的崇拜对社会革新过程的深度作用，并且依照他们的政治－宗教的意图来推动这种新崇拜，由于在德尔斐的崇拜秩序中年岁之支配地位最终被分配给阿波罗与狄奥尼索斯了，所以，这两个神可以说在他们的竞赛中取得了胜利：一种竞技场上的和解。如果人们想十分清楚地看到，阿波罗元素是多么强有力地遏制了狄奥尼索斯的非理性而超自然的要素，那么他就要想到，在更早的音乐时期，γένος διθυραμβικόν[酒神颂歌种类]同时也是ἡσυχαστικόν[安慰性的、镇静性的]。阿波罗的艺术精神越是旺盛有力，兄弟神狄奥尼索斯就越是自由地发育起来；在同一时间作为首要之神获得完全的、几乎不动的美之景象，在菲狄亚斯①时代,另一个神则在悲剧中解说了世界之谜团和世界之恐怖,在悲剧音乐中道出了最内在的自然思想,"意志"在全部现象之中并且超越于全部现象的活动。

如果音乐也是阿波罗艺术,那么确切地讲,这无非是指节奏,这种节奏的造型力量被阐发为对阿波罗状态的呈现:阿波罗音乐乃是声音建筑,而且还是仅仅暗示性的声音的建筑,正如基塔拉②所具有的那种声音。被谨慎地回避和阻止的恰恰是这样一个元素,它构成狄奥尼索斯音乐的特征,实即一般音乐的特征,那种声音的震撼性力量和完全无与伦比的和谐境界。希腊人对此有极精细的感觉,正如我们必须从音调的严格特征中获取的那样,尽管希腊人对一种完成了的、真正奏响的和声的需要比现代世界更少。在和声模进③中,而且就在其略写记号中,在所谓的旋律中,"意志"完全直接地表现出来,而并没有事先进入某个现象之中。每个个体都可能被用作比喻,可以说是表示一个普遍规律的具体个案;而相反地,狄奥尼索斯式的艺术家将以直接易懂的方式把显现之物的本质阐释出来:他掌管了尚未成型的意志的混沌,而且能够在每一个创造性时机里,从中创造出一个新世界,但也能创造那个旧世界,那个作为现象而为人所知的世界。在后一种意义上,他是悲剧音乐家。

---

① 菲狄亚斯(Phidias,生卒年为约公元前480年至公元前430年):古希腊著名的雕刻家和建筑师,雅典帕特农神殿的主要雕塑者。——译注

② 基塔拉(Kithara):古希腊的三种弦乐器之一,相传由阿波罗发明。——译注

③ 和声模进(Harmonienfolge):音乐术语。模进又叫移位,是指把歌曲的主题旋律或其他乐句的旋律、乐节等在不同高度上重复出现。按照模进的动机内一定关系的和弦组合方式,为模进的旋律所配的和声,称为和声模进。——译注

在狄奥尼索斯的陶醉中,在全部心灵音阶(在令人陶醉地激动之际)的猛烈疾驰中,或者在春天的本能释放时,自然的至高力量得到了表达:自然把个别生命重又相互连接起来,并且让人感觉它们是统一的;以至于 principium individuationis[个体化原理]仿佛显现为意志持续的虚弱状态。意志越是颓废,一切就越是支离破碎,个体就越是利己地和任意地发育,则个体所效力的机体就越是孱弱。所以,在那些状态中,可以说突发出一种多愁善感的意志力量,"造物对遗失的一种叹息":从至高的乐趣而来,响起惊恐之呼叫,对一种无可弥补的损失的渴望和抱怨。① 繁茂的大自然庆祝自己的农神萨图恩节②,同时也庆祝自己的葬礼。大自然的祭司的情绪极其神奇地被混合在一起,痛苦唤起乐趣,欢呼从胸腔中发出苦痛的声音。这位 ὁ λύσιος[解救]之神使一切都解脱自身,把一切都转变了。大自然在民众那里获得了声音和运动,而如此激动的民众的歌唱和表情对于荷马时代的希腊世界来说乃是某种全新的和闻所未闻的东西;对于当时的希腊世界来说,这是某种东方因素,希腊世界不得不首先以其巨大的节奏和造型力量来战胜这种东方因素,而且也已经战胜了这种东方因素,就像同时期的埃及神庙风格一样。正是这个阿波罗民族把超强的本能钉入美的镣铐之中:它把大自然最危险的元素,即大自然中最野性的野兽,束缚于桎梏之中了。当人们把狄奥尼索斯酒神庆典上希腊文化的神灵化与其他民族出于相同来源而产生的东西做一番比较时,人们

---

① 因此,在那些状态中……]参看《悲剧的诞生》,第 2 节,第 33 页,第 10—13 行。——编注

② 农神萨图恩节(Saturnalien):古罗马节日,每年 12 月 17 日。——译注

便高度赞赏希腊文化的理想主义力量。类似的节日是古老的,到处都可得到证明,最著名的是巴比伦的名为萨凯恩①的节日。在那里,在为期五天的节日活动中,任何国家和社会的纽带都被撕裂了;但核心在于性方面的放纵状态,在于毫无节制的乱性对任何家庭制度的摧毁。古希腊的狄奥尼索斯庆典图景呈现出与之相反的情形,欧里庇德斯在《酒神的伴侣》(Bacchen)中对之作了勾勒:从中涌出斯科帕斯和普拉克西特利斯②创作成雕塑的那同一种妩媚,那同一种音乐上的美化陶醉。一个信使讲道,他在正午的烈炎中赶着牧群来到山顶上:这是好时候和好地方,可以看到从未见到过的事物;现在潘神③已经睡了,现在天空就是一种灵光的纹丝不动的背景,现在白昼开始昌盛。那个信使在阿尔卑斯的一个牧场上发现了三个女子合唱队员,她们心不在焉地躺在地上,仪态端庄:许多女人依靠在枞树的树干上:万物都在安睡。彭透斯④的母亲突然间开始欢呼起来,睡意被赶跑了,所有人都跳了起来,那是一个高贵风俗的范本;年轻女孩们和女人们把卷发散落到肩上,鹿皮被安放停当——如果她们在睡眠时解开了带子和蝴蝶结。人们拿

---

① 萨凯恩节(Sakaeen):古代波斯和巴比伦的节日,活动包括换位游戏,如主奴、人兽身份的换位。——译注

② 斯科帕斯(Skopas):公元前四世纪希腊雕塑家和建筑师,面部嵌着深深下陷的眼睛和微微张开的嘴巴是其作品的显著特点。普拉克西特利斯(Praxiteles):公元前四世纪希腊雕塑家,第一个雕刻真人大小女性裸体的雕刻家,作品以优雅、柔和的人像著称。名作《尼多斯的阿芙罗狄忒》塑造了古希腊理想的爱神形象。——译注

③ 潘神(Pan):又译作"潘恩",古希腊神话中的森林之神和牧神。随着希腊神话的发展,潘也由地方神演变成了狄奥尼索斯的伴友之一。——译注

④ 彭透斯(Pentheus):又译"蓬托斯",古希腊神话中象征"大海之底"的男神,山神乌瑞亚(Ourea)的兄弟。相传他企图阻止人们信奉酒神狄奥尼索斯,因此被参加酒神节游行的妇女们(其中有彭透斯的母亲)撕碎致死。——译注

蛇缠在身上,而蛇亲昵地舔着面颊;若干个女人怀着狼崽和小鹿,给它们喂奶吃。一切都装饰着常春藤花环和花枝,用提尔索斯神杖①敲击一下岩石,水就喷涌而出:用一根木棒往地上一戳,就喷出一个葡萄泉。甜甜的蜂蜜从树枝上滴落下来,只用指尖触一下地面,就会溅出雪白的奶。②——这是一个完全被魔化了的世界,大自然与人类一道庆祝自己的和解节日。这个神话说的是,阿波罗把被撕碎了的狄奥尼索斯重又黏合起来了。这是被阿波罗重新创造出来、从其亚洲式的分裂状态中被解救出来的狄奥尼索斯的形象。——

二

正如我们在荷马那里已经碰到的那样,希腊诸神在其完成状态中肯定不能被把握为困厄和需要的产儿:无疑地,这样的东西并不是由被畏惧所震惊的心情所虚构出来的:并不是为了回避生命,有一种天才般的幻想把诸神的形象投射到蓝天中。从中道出的是一种生命的宗教,而不是义务的、禁欲的或者教养的宗教。所有这些诸神形象都充斥着人生此在(Dasein)的胜利,一种繁茂的生命感伴随着诸神崇拜。他们并不要求:在他们身上现存的事物,不论善的恶的,都被神性化了。按其他宗教的严肃性、神圣性和严苛性来衡量,希腊宗教处于一种危险之中,即有可能被低估为一种幻想

---

① 提尔索斯神杖(Thyrsos):狄奥尼索斯信徒手执的神杖,由茴香杆制成,顶端缠绕常春藤。——译注

② 一个信使讲道……]参看欧里庇德斯:《酒神的伴侣》,第692—713行。——编注

的游戏——如果人们不能设想最深层智慧的一种经常被错认的特征,伊壁鸠鲁派的那种诸神存在(Göttersein)正是经由这个特征才突然显现为无与伦比的艺术家民族的创造,而且几乎显现为至高的创造。这个民族的哲学就是要把被缚的森林之神向终有一死的人揭露出来:"绝佳的东西是不要存在,次等美妙的事体是快快死掉。"①这同一种哲学构成了那个诸神世界的背景。希腊人认识到了人生此在的恐怖和可怕,但为了能够活下去,他们把这种恐怖和可怕掩盖起来了:按照歌德的象征说法,那是一个隐藏在玫瑰花中的十字架。那熠熠生辉的奥林匹斯世界之所以获得了主宰地位,只是因为决定着阿喀琉斯之早夭和俄狄浦斯之可怕婚姻的μοῖρα[命运]的幽暗支配,被宙斯、阿波罗、赫尔墨斯等光辉形象掩盖起来了。倘若有人取消掉那个中间世界的艺术假象,那么,人们就不得不追随森林之神即狄奥尼索斯的伴侣的智慧。正是这样一种困厄基于这个民族的艺术天才创造出诸神。因此,一种神正论从来都不是一个希腊问题:当时人们小心提防,免得过高地期望诸神来保障世界之实存(Existenz),因而要求诸神为世界之状况负责。连诸神也服从于ἀνάγκη[必然性、强制性]:这是一种极其稀罕的智慧的表白。在一个具有美化作用的镜子中看到它的此在(Dasein)(正如它一次性地存在的那样),并且用这个镜子来反抗美杜莎而保护自己——此乃希腊"意志"的天才策略,为的是终究能够生活下去。因为倘若没有向这个民族开启出在诸神中为一种更高的荣光所包围的同一种痛苦,那么,这个无限敏感的、能够十分出

---

① 参看尼采:《悲剧的诞生》,第3节。——译注

色地应对痛苦的民族,又怎能承受人生此在!唤醒艺术的同一种冲动,作为引诱人们活下去的人生此在(Dasein)的补充和完善,也让奥林匹斯的世界诞生了,那是一个美好、宁静、享乐的世界。

从这样一种宗教的作用出发,生命在荷马的世界里就被把握为本身值得追求的:生命处于这些诸神的明媚阳光中。荷马笔下人类的痛苦涉及对这种人生此在的避离,首要地涉及那种快速的避离:当悲叹之声响起来时,它听起来又是关于"短命的阿喀琉斯",关于人类世代的快速更换,关于英雄时代的消失的。渴望活下去(哪怕自己作为临时工),这对盖世英雄来说也并非不值得。"意志"从来没有像在希腊文化(其悲叹本身依然是自己的赞歌)中那样,如此公开地表达自己。因此,现代人渴望那个时代,在其中现代人以为听到了自然与人类之间的完全和谐,因此,希腊性就成了所有那些为了有意识地肯定意志而寻求光辉典范的人们的格言;因此,最终在贪图享乐的作家的笔下就产生了"希腊的明朗"概念,以至于一种放荡的懒虫生活竟敢不敬地用"希腊的"一词来替自己辩解,实即自我崇敬。

在上面所有这些从最高贵之物误入最平庸之物的观念中,希腊文化是太过粗糙和太过简单地被看待了,在某种程度上,是按照明确的、可以说片面的民族(比如说罗马人)形象而被塑造而成的。然则人们也要在一个民族的世界观中猜度到对于艺术假象的需要,其中触及的东西经常会转化为金钱。真正说来,正如我们已经暗示过的那样,我们在这种世界观中也碰到一个巨大的幻觉,这种幻觉是自然为了达到自己的目的十分有规律地加以利用的。真正的目标被一个幻象所掩盖:我们伸出双手去迎接这个幻象,而自然正是通过这种欺瞒才达到这个幻象的。在希腊人身上，意志想要直观到自己被美化为艺术品：为了颂扬自己，意志的创造物必须感觉到自己是值得颂扬的，它们必须在一个更高的领域里与自己重逢，仿佛被提升到了理想之境，而这个完美的直观世界并没有作为命令或者作为指责发挥作用。此乃美的领域，他们在其中看见了自己的镜像，即奥林匹斯诸神。希腊人的意志拿这种武器来反抗与艺术相关的天赋，为了痛苦，为了痛苦的智慧。从这种斗争中，并且作为斗争胜利的纪念碑，悲剧诞生了。①

痛苦之陶醉与美好的梦境有着各自不同的诸神世界：前者以其万能的本质渗透到自然最内在的思想之中，它认识到对于人生此在的可怕欲望，同时也认识到一切进入人生此在的东西的持续死亡；它创造的诸神有善的也有恶的，类似于偶然性，通过突然出现的合计划性而让人惊恐，毫无同情心，没有对美的乐趣。诸神与真理相近，接近于概念：他们难得把自己浓缩为形象。对他们的直观使人变成石头：人们该如何与他们一道生活呢？但人们也不该与他们一道生活：这就是他们的学说。

如果这个诸神世界并不能完全地、像一个不可饶恕的秘密那样被掩盖起来，那么，那道目光，那道穿透奥林匹斯世界被并置起来的光辉灿烂的梦之诞生的目光，就必须抽离于这个诸神世界：因此，诸神世界之色彩的炽热在升高，诸神世界之形象的感性在升高，真理或真理之象征越强烈地起作用，这种炽热和感性就升得越

---

① 真正的目标被一个幻象……]参看《悲剧的诞生》，第3节，第37页第25—第38页第7行。——编注

高。然而,真与美之间的斗争,从来没有像在狄奥尼索斯节日活动到来时那么猛烈:在此节日活动中,自然得以揭示自身,以令人惊恐的清晰性,以那种音调(面对这种音调,诱人的假象几乎失去了自己的强力)说出自己的秘密。这个源泉起于亚洲:但它必定是在希腊才能汇成河流的,因为它在希腊首次发现了亚洲没有向它提供的东西,那就是:极度的敏感性和受苦受难的能力,与举重若轻的审慎和敏锐结伴而行。阿波罗是怎样挽救希腊文化的呢?这个新生儿①被拉入美的假象的世界里,被纳入奥林匹斯的世界里:为了他,德高望重的神祇(例如宙斯和阿波罗)牺牲了诸多荣耀。人们从来没有对一个陌生的外来者费过更多的周折:就此而言,他也是一个可怕的外来者(任何意义上的 hostis[敌人]),十分强大,足以把好客的房屋变成废墟。一场伟大的革命在所有的生活方式中开始了:狄奥尼索斯处处神出鬼没地冒出来,也突现于艺术中。②

观看、美、假象环绕着阿波罗艺术的领域:这是一个被美化的眼之世界,是眼睛在梦中闭着眼艺术地创造出来的世界。甚至史诗也想把我们置入这种梦境之中:我们应当对一切都视而不见,我们应当欣赏那些内在的画面,行吟诗人力图通过概念刺激我们去了解这些画面的生产。在这里,造型艺术的效果被间接地达到了:通过雕刻过的大理石,雕塑家把我们带向他在梦里看到的活的神祇那里,以至于真正地作为 τέλος[目的、目标]浮现出来的形象,无论对于雕塑家还是对于观众,都变得清晰了,而且雕塑家通过雕像

---

① 指狄奥尼索斯。——译注
② 准备稿中接着写道:他来了,带来了一种新艺术,与美的假象的艺术相比较,这种新艺术乃是真理的[代表]宣告者,那就是音乐。——编注

这个中间形态,引发观众去查看:史诗诗人也是这样,他们看到了同样的活的形象,并且也想要把这些形象展示给他人。然而,史诗诗人不再在自己与他人之间安插雕像:而毋宁说,他叙述那个形象如何通过动作、声音、言辞和行为来证明自己的生命,他迫使我们把诸多作用和结果归结于原因,他强迫我们去理解一种艺术构成。当我们清晰地看到这个形象、群体或者画面站在我们面前时,当他把那个梦的状态告知我们时(他本人首先在此状态中制造了那些表象),这时候,他就达到了自己的目标。要求史诗成为造型的创造,这个要求表明抒情诗与史诗是多么的绝然不同,因为抒情诗从来都不是以画面形式为目标的。两者之间的共性只是某种质料、言辞,更普遍的则是概念:当我们谈到诗歌时,我们指的并不是与造型艺术和音乐相联系的范畴,而是指两种完全不同的艺术手段的黏合,其中一种意味着通向造型艺术的道路,而另一种则意味着通向音乐的道路;但两者都只不过是通向艺术创作的道路,而并非艺术本身。在此意义上,当然连绘画和雕塑也只是艺术手段:真正的艺术乃是创造形象的能力,不论它是预先-创造还是事后-创造。艺术的文化意义就建立在这种特征的基础上——那是一种一般人类的特征。艺术家——作为必须通过艺术手段去创造艺术的艺术家——不可能同时成为从事艺术活动的吸收器官。

　　阿波罗文化的造型活动,无论这种文化在神庙中、在雕像中表现出来,还是在荷马史诗中表达出来,都在适度($Maaß$)的伦理要求中有自己的崇高目标,而这种伦理要求与关于美的审美要求是并行的。唯在尺度、界限被视为可认识的东西的地方,才有可能把适度当作要求提出来。为了能够遵守其界限,人们必须认识这界限：所以才有阿波罗的劝告γνῶθι σεαθτόν[认识你自己]。然而，阿波罗的希腊人只能在镜子中看到自己，也即认识自己，这镜子就是奥林匹斯诸神世界：在这里他却重新认识到自己最本己的本质，被美好的梦之假象包围着。适度乃是美之适度，新的诸神世界（面对一个被推翻了的泰坦世界）在适度的桎梏下活动：希腊人必须要遵守的界限，乃是美的假象的界限。其实，一种求助于假象和适度的文化，其最内在的目的只可能成为对真理的蒙蔽：在其工作中不知疲倦的研究者恰恰与超强的泰坦一样，都得到了这样一种警告，μηδὲν ἄγαν[勿过度]。在普罗米修斯身上，希腊文化获得了一个例证：对人类认识的过分推动，对于推动者和被推动者都会起败坏作用。谁想要以自己的智慧经受住神的考验，他就必须像赫西俄德那样μέτρον ἔχειν σοφίης[有智慧的适度]。

现在，狄奥尼索斯庆典的狂喜声音透入到如此这般被建造起来、艺术地被保护的世界里；在此狂喜声音中，自然的整个过度（Übermaß）在快乐、痛苦和认识中同时开启自身。直到现在一直被看作界限、适度之规定的一切东西，在此都表明自己是一种人为的假象；这种"过度"把自身揭示为真理。异常迷人的民歌以一种超强情感的全部醉态首次发出震耳之声：与之相反，吟唱甜美诗的阿波罗式艺术家带着他的κιθάρα[基塔拉琴]的一味胆怯地暗示的音调，这种艺术家意味着什么？从前在诗歌-音乐的行业内按等级框架形式传播、同时与一切世俗的参与保持距离的东西，那必须凭着阿波罗式天才的强力保持在一种简单的结构设计阶段上的东西，亦即音乐要素，在这里抛弃了全部的限制：先前只在最简单的蜿蜒曲折中运动的节奏，松开四肢开始放荡地舞蹈了：那声音响了起来,不再像从前那样以幽灵般的稀释冲淡,而是以音量的千百倍提高,辅以低沉的吹奏乐器的伴奏。而且最神秘的事情发生了:在此诞生了和谐,这种和谐的运动把自然之意志带向直接的领悟。现在,在阿波罗的世界里艺术地隐藏起来的事物,在狄奥尼索斯的氛围里发出了声响:奥林匹斯诸神的全部闪光,在西勒尼的智慧面前黯然失色了。一种在狂喜的陶醉中说出真理的艺术赶走了假象艺术的缪斯;在狄奥尼索斯状态的忘我境界中,个体以其界限和适度走向没落:一个诸神的黄昏已经近在咫尺了。

意志,说到底是一种要违逆自己的阿波罗式创造而允许狄奥尼索斯因素介入的意志,究竟具有何种意图呢?

那是一种全新的、更高的人生此在之μηχανή[巧计、方法],即悲剧思想的诞生。

三

狄奥尼索斯状态的出神陶醉,因其消灭了人生此在的通常限制和界限,便在其延续期间包含了一个冷漠的元素,一切在遗忘状态中被体验的东西皆出现在此元素中。于是,通过这样一条遗忘之鸿沟,日常现实性的世界与狄奥尼索斯式现实性的世界便相互分离开来。可是,只要那种日常的现实性重又进入意识之中,它就会厌恶地被感受为这样一种现实性:一种禁欲的、否定意志的情绪乃是那些状态的成果。在思想中,狄奥尼索斯因素被当作一种更高的世界秩序,对立于一种普通的和糟糕的世界秩序:希腊人想要一种绝对的逃遁,逃离这个罪责和命运的世界。希腊人几乎不会以一个死后的世界来敷衍自己：希腊人的渴望更高级，超越诸神之外，他们否定人生此在，连同缤纷地闪烁的诸神镜像。在陶醉之唤醒的意识中，希腊人处处看到人类存在的恐怖或者荒唐：这使他们感到厌恶。现在，他们领会了森林之神的智慧。

在此已经达到了最危险的界限，即希腊意志以其阿波罗式乐观主义的基本原则可能允许达到的最危险的界限。在这里，希腊意志立即就以其自然的救治力量发挥作用，旨在把那种否定性的情绪重新拗转过来：它的手段就是悲剧艺术作品和悲剧观念。它的意图根本就不能缓和，甚或压制狄奥尼索斯状态：一种直接的强制是不可能的，即使是可能的，那也是十分危险的：因为那个在其涌流方面受禁阻的元素这时在别处开辟了道路，并且穿透了所有的生命血管。

首要之事是要把那种关于人生此在的恐怖和荒唐的厌恶想法，转变为生活赖以开展的观念：此类观念就是崇高（作为对恐怖的艺术抑制）与可笑（作为对荒唐之厌恶的艺术发泄）。这两个相互交织的元素联合为一件艺术作品，它模仿陶醉，游戏于陶醉。

崇高①与可笑乃是超出美的假象世界之外的一个步骤，因为在这两个概念中可以感受到一种矛盾。另一方面，这两个概念绝不与真理相符合：它们是一种对真理的掩蔽，这种掩蔽虽然比美更透明，但依然是一种掩蔽而已。在其中，我们也就有了美与真之间的一个中间世界：在其中，狄奥尼索斯与阿波罗之间的联合是有可能的。这个世界在一种陶醉游戏中开启自己，而并不是在一种由陶醉造成的完全的纠缠状态中展示出来的。在演员那儿，我们重

---

① 崇高］尼采此处写道：I p. 237，作〈为〉意〈志〉与表〈象〉的世〈界〉。——编注

又认识到狄奥尼索斯式的人,那个凭着本能和直觉的诗人、歌者和舞者,却是作为被扮演的狄奥尼索斯式的人。他力图在崇高之震颤中达到其典范,或者也在大笑之震颤中达到其典范:他要超越美,而并不寻求真理。他始终漂浮于两者中间。他并不追求美的假象,但很可能是要追求假象,他并不追求真理,但却要追求或然性(*Wahrscheinlichkeit*)。(真理的象征、标志)。演员首先自然不是某个个体:要扮演的其实是狄奥尼索斯式的大众、民众:所以才有酒神颂歌的合唱歌队。通过陶醉游戏,正如周围观众的合唱歌队那样,他自己可以说要从陶醉中得到发泄。从阿波罗世界的观点看,希腊文化是必须救治和赎罪的:阿波罗这个真正的救治和赎罪之神,他把希腊人从明见未来的狂喜和对人生此在的厌恶中拯救出来了——通过具有悲剧和滑稽剧思想的艺术作品。

这个全新的艺术世界,崇高与可笑的艺术世界,"或然性"的艺术世界,作为更古老的美的假象的世界,乃依据于另一种诸神观和世界观。有关人生此在之恐怖和荒谬的认识,有关被摧毁的秩序和非理性的规划的认识,一般地,就是有关整个自然中的巨大痛苦的认识,揭示了Μοῖρα[命运女神]和厄里倪厄斯、美杜莎和戈尔戈①

---

① 厄里倪厄斯(Errinyen,古希腊语为'Ερινύες,其字面意义为"愤怒"):是希腊神话中三位复仇女神阿勒克图(Alecto,不安女神)、墨纪拉(Megaera,妒忌女神)和底西福涅(Tisiphone,报仇女神)的统称。她们的任务是惩罚那些犯下严重罪行的人,无论罪人在哪里,她们都会跟着谴责他,使他的良心受到煎熬。美杜莎(Meduse,古希腊语为Μέδουσα):又译梅杜莎,希腊神话中的三女妖之一,一般形象为有双翼的蛇发女人。戈尔戈(Gorgo):古希腊神话中的三女妖。赫西俄德笔下的三女妖为斯忒诺(Stheno)、欧律阿勒(Euryale)和美杜莎,她们头上不长头发,而是毒蛇,生有翅膀、利爪和巨齿。——译注

这些被艺术地掩蔽起来的形象：奥林匹斯诸神处于至高的危险之中。在悲剧和滑稽剧的艺术作品中，诸神得到了拯救，因为他们也被浸入崇高和可笑的汪洋大海中了：他们不再仅仅是"美的"，他们仿佛吸入了那种更古老的诸神秩序及其崇高。现在，诸神分成了两组，只有少数漂浮于中间，作为时而崇高、时而可笑的神祇。首要地，狄奥尼索斯本身接受了那种二重分裂的本质。

在两个典型人物上可以最好地显明，现在，在希腊悲剧时代，人们如何能重新生活了——这两个人物就是埃斯库罗斯和索福克勒斯。对于作为思想者的埃斯库罗斯，崇高多半显现于伟大的正义中。在他那里，人与神处于最紧密的主观共同性中：对他来说，神性、正义、德性与幸福是一体地相互交织在一起的。个体、人或者泰坦是根据这个天平来衡量的。诸神是按照这个正义标准而得到重构的。于是，举例说来，对于迷惑人的、诱人犯罪的恶魔的民间信仰——那个古老的被奥林匹斯诸神废黜的诸神世界的残余——得到了修正，因为这个恶魔变成了公正惩罚的宙斯手上的一个工具。那个同样古老的、对奥林匹斯诸神来说同样格格不入的关于世代诅咒的想法，被剥夺了全部的严苛性，因为在埃斯库罗斯那里，不存在个人亵渎圣物的必要性，人人都能逃避之。

埃斯库罗斯在奥林匹斯司法的崇高性中发现了崇高，而索福克勒斯则以神奇的方式，在奥林匹斯司法的不可穿透状态的崇高性中看到了崇高。他在所有要点上重建了民众观点。在他看来，莫名其妙地遭受一种骇人的命运是崇高的，真正无法解开的人类此在之谜就是其悲剧的缪斯。痛苦在他那里赢获了一种美化；痛苦被理解为某种神圣化的东西。人性与神性之间的距离是不可估量的；所以，至深的屈服顺从和听天由命是合适的。本真的德性乃是σωφροσύνη[审慎]，真正说来是一种消极的德性。英雄的人类是没有这种德性的至为高贵的人类；其命运展示出那条无限的鸿沟。几乎没有什么罪责可言，而只有一种缺失，即缺乏对人类价值及其界限的认识。

无论如何，这种观点要比埃斯库罗斯的观点更加深刻、更加内在，它显然更接近于狄奥尼索斯的真理，而且没有通过许多象征手法，而是直接道出了这种真理——尽管如此！我们在这里却认识到，阿波罗的伦理原则被编织入狄奥尼索斯的世界观之中了。在埃斯库罗斯那里，厌恶感消解于对世界秩序之智慧的崇高惊恐，只不过这种智慧在人们虚弱不堪的情况下是难以得到认识的。在索福克勒斯那里，这种惊恐还要更大，因为这种智慧是完全深不可测的。那是没有斗争的纯粹的虔诚情调，而埃斯库罗斯的智慧则持续不断地有着这样一项任务，就是要为神性的司法辩护，因此总是面临新的难题。阿波罗命令人们去研究的"人类的界限"对于索福克勒斯来说是可认识的，然而，它比人们在前狄奥尼索斯的阿波罗时期所理解的界限更狭隘、更有限。人类缺乏对自身的认识，这是索福克勒斯的问题；而人类缺乏对诸神的认识，这是埃斯库罗斯的问题。

虔诚，生命本能最神奇的面具！投身于一个完美的梦之世界，至高的道德智慧被赋予这个梦之世界！逃避真理吧，为的是能够崇拜那遥远的、被云雾笼罩着的真理！与现实和解吧，因为现实是谜一样的！讨厌猜谜吧，因为我们并不是诸神！欢乐地拜倒于尘埃，在不幸中保持幸福的宁静！在人类至高的表达中人类至高的自弃！去赞美和美化人生此在的恐怖手段和可怕状况,以之作为对人生此在的救治手段！在对生命的蔑视中快乐地生活！意志在其否定中的胜利！

在这个认识阶段上只有两条道路,一是圣徒之路,二是悲剧艺术家之路:两者的共性在于,它们在最清晰地认识到人生此在之虚无的情况下却能够继续生活,而没有在自己的世界观中觉察到一道裂隙。对于继续生活的厌恶被感受为创造之手段,无论这是一种神圣化的创作还是一种艺术的创作。恐怖或者荒谬是令人振奋的,因为它们只在表面上是恐怖或者荒谬的。在这里,狄奥尼索斯的陶醉力量还在这种世界观的极顶处得到了证明:一切现实都消解为假象,在假象背后显示出统一的意志本性,完全被笼罩于智慧和真理的灵光之中,被笼罩于迷惑性的光华之中。错觉、幻想已达其顶峰。——

现在似乎不再难以理解,阿波罗的意志对希腊世界具有规整作用,这同一种意志采取了它的另一种显现形式,即狄奥尼索斯的意志。意志的两种显现形式的斗争具有某个异乎寻常的目标,就是要创造一种更高的此在可能性,也要在此可能性中达到一种更高的赞美(通过艺术)。赞美的形式不再是假象艺术,而是悲剧艺术:但在悲剧艺术中已经完全吸收了那种假象艺术。阿波罗与狄奥尼索斯联合起来了。正如狄奥尼索斯元素渗透到了阿波罗式的生活之中,正如作为界限的假象也在这里得到了确定,同样地,狄奥尼索斯悲剧艺术也不再是"真理"了。那种歌唱和舞蹈不再是一种本能的自然陶醉:以狄奥尼索斯方式被激发起来的合唱大众,不再是无意识地被春天的欲望抓住的民众。真理现在被象征化了,它动用了假象,它因此可能是,也必须是使用假象的艺术。但这里已经显示出一种与早先艺术的大差异,即:现在,所有假象艺术手段都共同地被拉来做帮手,以至于雕像发生了转变,木制三菱柱①的绘画发生了变动,通过这同一道背景墙,人们眼前时而展示出神庙,时而展示出宫殿。我们同时也注意到某种针对假象的漠然态度,假象在此必须放弃它的永恒诉求,它的独立自主的要求。假象完全不再作为假象而被享受了,而是作为象征、作为真理的标志而被欣赏。所以才出现了本身令人讨厌的对艺术手段的融合。这种对假象的蔑视的最明显标志就是面具。

于是也向观念提出了狄奥尼索斯的要求,即:一切都向观众呈现为有魔力的,观众看到的总是比象征更丰富,布景和乐队的整个可见世界乃是奇迹王国。可是,把观众置于奇迹信仰的情绪之中、使观众看到一切都有魔力的强力在哪儿呢?是谁战胜了假象之强力,把假象弱化为象征?

那就是音乐。——

四

在叔本华的轨道上游走的哲学教导我们,要把我们所谓的"情感"把握为无意识的表象与意志状态的综合体。但意志的追求表现为乐趣或无乐趣,而且其中只显示出量的差异。没有什么乐趣

---

① 木制三菱柱(Perickten):古希腊戏剧中的一种设备,用于改变舞台布景。——译注

的种类，但却有程度大小以及无数伴随的表象。所谓乐趣，我们必须把它理解为一种意志的满足，而所谓无乐趣，我们必须把它理解为意志的不满足。①

那么，情感以何种方式把自己传达出来呢？部分地（但只是很小部分），情感可以转变为思想，也就是转变为有意识的表象；当然，这一点只是就伴随的表象的部分来说的。但即使在情感领域里，也始终有一种不可消解的残余。可消解的残余只是与语言，也即与概念相关的东西：据此看来，"诗歌"的界限乃在情感的表达能力中得到规定。

另外两种传达种类是彻底直觉性的，没有意识，但却合目的地发挥作用。那就是手势语言和有声语言。手势语言由普遍可理解的象征组成，通过反射运动而得以产生。这些象征是可见的：看见这些象征的眼睛立即获得了产生手势和手势所象征的那个状态：观看者多半感觉到同一些面部或者肢体（他感知到它们的运动）的一种同感的神经分布。象征在此意味着一种十分不完美的、逐个的映像，一个暗示性的符号，人们必须对这个符号达成一致理解：只是在此情形下，一般的理解乃是一种直觉性的理解，也即不是贯穿清晰意识的理解。②

那么，这种具有双重本质的、也即情感上的手势象征着什么呢？

显然是象征着伴随的表象，因为只有后者能够通过可见的姿

---

① 在叔本华的轨道上游走的……]参看3[9]。——编注
② 手势语言由普遍可理解的……]参看3[18]。——编注

态,不完美地、逐个地得到暗示:一幅画只可能被一幅画所象征。

绘画和雕塑描绘人的表情:也就是说,它们模仿象征,而且如果我们理解象征,那么它们就已经达到了效果。观看的乐趣在于理解象征,虽然它是有假象的。

与之相反,演员真正地描绘象征,而不只是为了达到假象:但他对我们的影响并不基于对同一个象征的理解:而毋宁说,我们埋头于被象征化的情感中,并不滞留于对假象的乐趣,并不停留在美的假象上。

所以,在戏剧中,舞台布景根本不会激发对假象的乐趣,相反,我们把舞台布景把握为象征,并且理解了由此得到暗示的现实。在这里,除了纯粹描画出来的,蜡制的玩偶和现实的植物对我们来说也是完全允许的,可以证明我们在此呈现的是现实性,而不是艺术性的假象。这里的任务是或然性,而不再是美。

然而,什么是美呢?——说"玫瑰是美的"仅仅意味着:玫瑰有一个好的假象,玫瑰有某种令人喜欢地闪耀的东西。这样说丝毫不能说明玫瑰的本质。玫瑰作为假象令人喜欢,引发人们的乐趣:也就是说,意志通过玫瑰的闪现①得到了满足,对人生此在的乐趣由此得到了促进。按其假象来看,玫瑰乃是其意志的一个忠实映像:与这种形式相同一的是,玫瑰按其假象符合种类规定性。玫瑰越是这样做,〈它〉就越美:如果它②按其本质符合种类规定性,那么它就是"好的"。

---

① 此处动名词"闪现"(Scheinen)的名词形式为"假象"(Schein)。——译注
② 它]据1928年第一版补充。——编注

"一幅美的画"仅仅意味着:我们从一幅画中获得的表象在此得到了完成;但如果我们说一幅画是"好的",我们就把我们关于一幅画的表象说成符合于画的本质的表象。但人们多半把一幅美的画理解为描绘某种美的东西的画:这是外行们的评判。外行们欣赏的是质料之美;我们也应当这样来欣赏戏剧中的造型艺术,只不过,仅仅描绘美的事物不可能成为这里的任务:在此显得真实就足够了。所描绘的客体应当尽可能感性地、生动地得到理解;它应当作为真理来发挥作用;这样一种要求的对立面,乃是人们在面对每一件美的假象的作品时所要求的。——

然而,如果说具有情感的手势象征着伴随的表象,那么,意志活动本身会以何种象征传达给我们而使我们理解呢?在这里什么是直觉性的传授呢?①

是声音的传授。更准确地讲,是声音所象征的乐趣与无乐趣的不同方式——没有任何伴随的表象。

我们就不同的无乐趣感觉之特征所能道出的一切,乃是通过手势象征而变得清晰起来的表象的图景:举例说来,我们谈论突如其来的恐怖,我们谈论疼痛的"敲打、撕扯、抽搐、针刺、切割、啃咬、搔痒"等。这样似乎已经表达出意志的某些"中间形式",质言之——用声音语言的象征——就是节奏和韵律(Rhythmik)。②在声音的强度(Dynamik)中,我们重又认识到意志之提高的丰富性,乐趣与无乐趣的变换之量。但声音的真正本质却隐藏于和谐

---

① 此处"传授"(Vermittelung)与"传达"(mitteilen,Mitteilung)字面上很接近,但"传授"有"中介化、促成"之义。——译注

② 我们就不同的无乐趣感觉……]参看3[19]。——编注

中,而没有得到比喻方式的表达。意志及其象征——和谐——两者说到底都是纯粹的逻辑！如果说节奏和强度在某种意义上依然是在象征中显示出来的意志的外表,本身几乎还带有现象类型,那么,和谐则是意志的纯粹实质(Essenz)的象征。据此看来,在节奏和强度中,个别现象仍然必须被当作现象来刻画,从这个方面来看,音乐是可能发展为假象艺术的。可见,那个不可消解的残余,即和谐,谈论的是在一切现象形式之外和之内的意志,并不是单纯情感的象征,而是世界的象征。这个概念在自己的领域里是十分无力的。

现在让我们来理解手势语言和声音语言对于狄奥尼索斯艺术作品的意义。在民间原始古朴的春天酒神颂歌中,人不想作为个体表达自己,而是想作为种类之人来说话。人不再是个体的人,这一点通过眼睛的象征、通过手势语言,如此这般地得到了表达,即:人作为萨蒂尔(Satyr),作为自然生物当中的一员,用手势来说话,而且是用已经提升了的手势语言即舞蹈动作。而通过声音,人说出了自然最内在的思想:在此直接可理解的,不只是种类的天赋(如在手势中),而是人生此在本身的天赋,即意志。也就是说,人以手势保持在种类的界限内,也即现象世界之内;而借助于声音,人仿佛把现象世界消解于其原始的统一性之中,摩耶(Maja)世界在其魔力面前烟消云散。

然而,自然人何时才达到声音之象征呢？手势语言何时不够用了？声音何时成为音乐？首要的是在意志最高的乐趣和无乐趣状态中,作为欢呼的意志或者恐惧得要死的意志,质言之,就是在情感之陶醉中:在呼叫(Schrei)中。与目光相比,呼叫要强大和直接得多！但即便是意志比较柔和的活动也有其声音象征：一般而言，每个手势都伴有一种声音：唯有情感之陶醉才能成功地把声音提升为纯粹的音调。

一种手势象征和声音的最紧密和最频繁的融合，人们称之为语言。通过声音和声音的落下，通过声音发音强度和节奏，事物的本质在话语中得到象征，通过嘴部表情来象征伴随的表象、图景、本质之显现。这些象征可能是多样的，也必定是多样的；但它们是凭本能直觉地增长的，并且有着伟大而智慧的规律性。一个被察觉和记录的象征就是一个概念：因为声音固定在记忆中就会完全消失，所以在概念中，只有关于伴随表象的象征得到了保证。人们能够标识和区分的东西，是人们"把握"到的东西①。②

在情感的提升过程中，话语的本质更清晰和更感性地开启出来，显露于声音的象征：声音因此会响得更多。诵唱（Sprechgesang）可以说是一种向自然的回归：在使用中变得迟钝不堪的象征重新获得了其原始的力量。③

在词序中，也即通过一系列象征，现在就会有某种全新的和更伟大的东西得到象征的描绘：以这样一种潜能，节奏、强度和和谐又变成必需的了。这个更高的领域现在控制着单个词语的较小领域：于是就有必要选择词汇，对词汇进行新的定位——诗歌开始了。一个句子的诵唱绝不是词语音调的排列顺序：因为一个词语

---

① 此处中译文未能显示"把握"（begreifen）与"概念"（Begriff）的字面和意义联系。——译注

② 然而，自然人何时才达到……]参看3[15]。——编注

③ 在情感的提升过程中……]参看3[16]。——编注

只具有一个完全相对的音调,原因在于它的本质、它通过象征被描绘出来的内容,按其不同位置而各不相同。换言之,根据句子和由句子所象征的本质的更高统一性,词语的个别象征不断地得到重新规定。一系列的概念是一个思想;这个思想也是各种伴随表象的更高统一性。事物的本质是思想不能达到的:但思想作为动机、作为意志之激发而对我们发挥作用,这一点可根据下列情形来解释,即:思想已经成为被觉察的象征,同时象征着一种意志现象,象征着意志的活动和显现。然而,思想一旦被说出来,也即用声音的象征说出来,它的作用之强大和直接无与伦比。思想得到歌唱,如果旋律是其意志的可理解的象征,则思想就达到了其作用的顶峰了;如果情形不是这样,那么,音列就对我们发挥作用,而词序、思想就远离我们,变得无关紧要。

依照词语现在主要是作为伴随表象的象征发挥作用,还是作为原始意志活动的象征而发挥作用,也就是说,依照要被象征化的是画面还是情感,就区分出诗歌的两条道路,即史诗与抒情诗。史诗通向造型艺术,抒情诗通向音乐:对现象的乐趣掌握了史诗,意志则在抒情诗中开启自身。史诗脱离了音乐,而抒情诗依然与音乐结盟。

但在狄奥尼索斯酒神颂歌中,狄奥尼索斯式的狂热者受到刺激,得以极大地提升其全部象征能力:某种从未被感觉到的东西力求表现出来,那就是对个体化(Individuatio)的毁灭,种类(实即自然)之天赋中的一体性(Einssein)。现在,自然之本质得以表达出来:一个全新的象征世界是必需的,伴随的表象在一种已经被提升的人类本质的画面中获得象征,它们以最高的体能,通过整个身体象征语言，通过舞姿而得到表现。但意志的世界也要求一种闻所未闻的象征表达，和谐、强度、节奏的强力突然急剧地增长。被分派给两个世界的诗歌也获得了一种新的领域：比如史诗中画面之感性，比如抒情诗中声音的情感陶醉。为了理解所有象征力量的这样一种总释放，就得有诗歌创造出来的这同一种本质提升：酒神颂歌的狄奥尼索斯仆人只能为其同类所理解。因此之故，这整个全新的艺术世界，以其完全陌生的、具有诱惑力的神奇性，在可怕的斗争中，辗转于阿波罗式的希腊文化之中。

悲剧思想的诞生[①]

[①] 样本据斯退芬·茨威格(Stefan Zweig)收藏的手稿,伦敦,斯退芬·茨威格的后人。 "悲剧思想的诞生"(GG)是"狄奥尼索斯的世界观"(DW)的一个副本,是尼采经若干改动后,于1870年圣诞节为柯西玛·瓦格纳而作的。 与"狄奥尼索斯的世界观"一文相比较,最重要的异文如下:第582页,第5—8行;第583页第30行—第584页第6行;第584页,第21—26行;第587页,第6—26行;第588页,第13—28行;第592页,第1—2行;第597页,第21—22行;第598页,第1—5行;"悲剧思想的诞生"结束于"狄奥尼索斯的世界观"的第571页第3行。——编注

希腊人把他们的世界观的隐秘学说表达在他们的诸神中，同时也把它隐瞒于其中。他们把两个神祇，即阿波罗与狄奥尼索斯，设立为他们的艺术的双重源泉。这两个名称体现了艺术领域里的风格对立，它们几乎总是在相互斗争中并行共存，唯曾几何时，在希腊"意志"的鼎盛时期，融合为阿提卡悲剧的艺术作品。

因为在两种状态中，即在梦与醉中，人类能达到人生此在的快乐感。在梦境中，每个人都是完全的艺术家。梦境的美的假象乃是一切造型艺术之父，而且正如我们将会看到的，也是一大半诗歌之父。我们在直接的形象领悟中尽情享受，所有形式都对我们说话；根本没有无关紧要的和不必要的东西。即便在这种梦之现实性的至高生命中，我们仍然具有对其假象的朦胧感觉；唯当这种感觉终止时，才会出现那些病态的作用，在其中梦不再令人振奋，梦之状态的具有治疗作用的自然力也终止了。但在那个界限内，我们以那种普遍明智（Allverständigkeit）在自己身上寻找到的，绝非只是一些适意而友好的形象而已：还有严肃的、悲伤的、忧郁的、阴沉的东西，它们以同一种乐趣而被人直观到，只不过，即便在这里，假象的面纱也必定处于飘忽的运动中，也不会完全把现实的基本形式掩蔽起来。

那么，在何种意义上人们能够把阿波罗搞成艺术之神呢？只是就阿波罗是梦之表象的神而言。他是完完全全的"闪耀者"，最深根源上的太阳神和光明之神，以美为自己的元素，因而在美的梦境的王国里起支配作用。这种更高的真理,这些与无法完全理解的日常现实性相对立的状态的完满性,把他提升为艺术之神和预言之神。然而,有一条柔弱的界线,梦景不可逾越之,方不至于在假象不仅迷惑而且欺骗的地方产生病态的作用,这条界线在阿波罗的本质中也是不能缺失的;造型之神(Bildnergott)那种适度的限制,那种对粗野冲动的解脱,那种智慧和宁静。他的眼睛必须是"太阳般"宁静的:即便在流露出愤怒和不满的眼光时,它也依然沐浴于美的假象的庄严中。

与之相反,狄奥尼索斯艺术却基于陶醉与迷狂游戏。尤其是两种力量能够把质朴的自然人提高到陶醉之自身遗忘状态,即春天的冲动,整个自然的"开始!"①,以及麻醉性的饮料。它们的作用在狄奥尼索斯形象中得到了象征化表现。principium individuationis[个体化原理]在这两种状态中被突破了,主体性完全消失在一般人性、实即普遍自然性的突发强力面前。狄奥尼索斯节日不只订立了人与人之间的联盟,而且也使人与自然和解。大地自愿地献出自己的赠礼,野兽温顺地走近:狄奥尼索斯的战车缀满鲜花和花环,由豹和虎拉着。在人与人之间固定起来的全部森严藩篱都分崩离析了:奴隶成了自由人,高贵之人与低等之人统一为同一个酒神巴克斯的歌队。在越来越壮大的队伍中,"世界和谐"的福音辗转各地:载歌载舞之际,人表现为一个更高的、更理想的共同体的成员:他忘掉了行走和说话。更有甚者:人感到自己着了魔,真的成了某种不同的东西了。正如现在野兽也能说话,大地流

---

① 此处"开始!"德语原文为:Fanget an! 即动词 anfangen。——译注

出乳汁和蜂蜜,同样地,人身上发出某种超自然之物的声音。人感觉自己就是神,通常只在自己的想象力中存活的东西,现在他在自己身上感受到了。现在对人来说形象和雕像是什么呢?人不再是艺术家,人变成了艺术品,正如人在梦中看见诸神的变幻,现在人自己也陶醉而飘然地变幻。在这里,自然的艺术强力(而不再是一个人的艺术强力)得到了彰显:人这种更为高贵的陶土,这种更可珍爱的大理石,在这里得到捏制和雕琢。

如果说陶醉是自然与人的游戏,那么,狄奥尼索斯艺术家的创造就是陶醉游戏。如果人们没有亲自经验到这种状态——这是某种类似的东西,如果人们做梦而同时把梦当作梦来感受,那么这种状态就只能通过比喻方式来把握。于是,狄奥尼索斯的仆人就必定处于陶醉中,同时又必定作为观察者在背后暗中守候。狄奥尼索斯的艺术性并不显示在审慎与陶醉的变换中,而是显示在两者的并存中。

这种并存标志着希腊文化的顶峰。从本源上讲,唯有阿波罗才是唯一支配性的艺术之神,他的强力就在于,在相当程度上缓和了从亚洲冲过来的狄奥尼索斯,使得两者之间可能形成一种最美的兄弟联盟。在此我们高度赞赏希腊本质的令人难以置信的理想主义;有一种自然崇拜,它在亚洲人那里意味着低级本能的最粗野的迸发,一种在某个特定时期冲破全部社会桎梏的泛情色的动物生活;从这种自然崇拜中生成了一个世界拯救的节日。

在这里,当新神冲将过来时,连阿波罗的希腊文化也从未处于比这更大的危险之中。德尔斐的阿波罗的智慧也从未显示于更美的光华之中。首先抵触性地,阿波罗用极其精细的纱线把强大的敌人包围起来，以至于这个敌人几乎察觉不到自己已经落入半囚禁状态中了。由于德尔斐的神职人员洞察到了这种新的崇拜对社会革新过程的深度作用，并且依照他们的政治－宗教的见识来推动这种新崇拜，由于在德尔斐的崇拜秩序中年岁之支配地位最终被分配给阿波罗与狄奥尼索斯了，所以，这两个神可以说在他们的竞赛中取得了胜利，在竞技场上达成了和解。如果人们想十分清楚地看到，阿波罗元素是多么强有力地遏制了狄奥尼索斯的非理性而超自然的要素，那么他就要想到，在更早的音乐时期，这个主要种类，这个安静的种类，也有"酒神颂歌"的别名，这就证明狄奥尼索斯的酒神颂歌在其最早的艺术性模仿中与其原本样式即狄奥尼索斯式的大众欢乐颂歌的关系，就如同更古老的希腊艺术中呆板的埃及诸神群像与在荷马诗史中被直观到的奥林匹克诸神世界的关系。阿波罗的艺术精神越是旺盛有力，兄弟神狄奥尼索斯也越自由地把自己的肢体释放出来；在同一时间作为首要之神获得完全的、几乎不动的美之景象，在菲狄亚斯时代，另一个神则在悲剧中解说了世界之谜团和世界之恐怖，在悲剧音乐中道出了最内在的自然思想，"意志"在全部现象中并且超越全部现象的活动。

　　如果音乐也是阿波罗艺术，那么确切地讲，这无非是指节奏，这种节奏的造型力量被阐发为对阿波罗状态的呈现：阿波罗音乐乃是声音建筑，而且还是仅仅暗示性的声音的建筑，正如基塔拉所具有的那种声音。被谨慎地回避和阻止的恰恰是这样一个元素，它构成狄奥尼索斯音乐的特征，实即一般音乐的特征，那种声音的震撼性力量和完全无与伦比的和谐境界。希腊人对此有极精细的感觉，正如我们必须从音调的严格特征中获取的那样，尽管希腊人对一种完成了的、真正奏响的和声的需要比现代世界更少。在和声模进中，而且就在其略写记号中，在所谓的旋律中，"意志"完全直接地表现出来，而并没有事先进入某个现象之中。每个个体都可能被用作比喻，可以说是表示一个普遍规律的具体个案：而相反地，狄奥尼索斯式的艺术家将以直接易懂的方式把显现之物的本质阐释出来：他掌管了尚未成型的意志的混沌，而且能够在每一个创造性时机里，从中创造出一个新世界，但也能创造那个旧世界，那个作为现象而为人所知的世界。在后一种意义上，他是悲剧音乐家。

在狄奥尼索斯的陶醉中，在全部心灵音阶（在令人陶醉地激动之际）的猛烈疾驰中，或者在春天的本能释放时，自然的至高力量得到了表达：自然把个别生命重又相互连接起来，并且让人感觉它们是统一的；以至于 principium individuationis［个体化原理］在一定程度上只是意志的一种持续的虚弱状态。意志越是颓废，一切就越是支离破碎；个体就越是利己地和任意地发育，则个体所效力的机体就越是孱弱。所以，在那些状态中，可以说突发出一种多愁善感的意志力量，它意识到自己的分裂，并且渴念着遗失之物。从至高的乐趣而来，响起惊恐之呼叫，对一种无可弥补的损失的渴望和抱怨。繁茂的大自然庆祝自己的农神萨图恩节，同时也庆祝自己的葬礼。大自然的祭司的情绪极其神奇地被混合在一起，痛苦唤起乐趣，欢呼从胸腔中发出苦痛的声音。这位被叫作"解救者"的神使一切都解脱自身，把一切都转变了。大自然在民众那里获得了声音和运动，而如此激动的民众的歌唱和表情对于荷马时代的希腊世界来说乃是某种全新的和闻所未闻的东西。在这里，他们惊恐地认识到了一种东方因素,他们不得不首先以其巨大的节奏力量来战胜这种东方因素——而且他们也已经战胜了这种东方因素,就像同时期的埃及神庙风格一样。正是这个阿波罗民族把超强的本能钉入美的镣铐之中,它把大自然最危险的元素,即大自然中最野性的野兽,束缚于桎梏之中了。狄奥尼索斯节日在所有民族那里均可得到证明;最著名的是巴比伦的名为萨凯恩的节日。在那里,在为期五天的节日活动中,任何国家和社会的纽带都被撕裂了;但核心在于性方面的放纵状态,在于毫无节制的乱性对任何家庭制度的摧毁。古希腊的狄奥尼索斯庆典图景呈现出与之相反的情形,欧里庇德斯在《酒神的伴侣》(Bacchen)中对之作了勾勒:从中涌出斯科帕斯和普拉克西特利斯创作成雕塑的那同一种妩媚,那同一种音乐上的美化陶醉。一个信使讲道,他在正午的烈炎中赶着牧群来到山顶上:这是好时候和好地方,可以看到从未见到过的事物;现在潘神已经睡了,现在天空就是一种灵光的纹丝不动的背景,现在白昼开始昌盛。

587　　那个信使在阿尔卑斯的一个牧场上发现了三个女子合唱队员,她们心不在焉地躺在地上,仪态端庄;万物都在安睡。彭透斯的母亲突然间开始欢呼起来,睡意被赶跑了,所有人都跳了起来,那是一个高贵风俗的范本,

　　　　　快快抛弃眼皮下深深的瞌睡,
　　　　　待字闺中的少女,也有年轻的和年老的女人,
　　　　　首先把卷发散落到肩上,
　　　　　带子和蝴蝶结已经解开,

> 她们把鹿皮放好了,把蛇系在花斑羊皮上,
> 蛇们亲昵地舔着她们的面颊。
> 她们怀抱小鹿和野狼崽,
> 用鼓鼓的胸部给它们喂奶,
> 她们分娩不久就离开了自己的幼儿。
> 人们戴上常春藤花冠和橡树枝,花团锦簇,
> 有人拿起手杖①敲击岩石,
> 泉水就喷涌而出,像珠子一般落下,
> 有人用一根木棒往地上一戳,
> 神就送她一个葡萄泉,向上喷发。
> 而谁如果渴望喝到雪白的饮料,
> 只需用指尖触一触土地
> 牛奶就会喷出来;还有甜美的蜂蜜
> 从神杖的常春藤树枝上冒了出来,
> 倘若你见证了此事,那你肯定会
> 崇敬于神,虔诚无比。——

这是一个完全被魔化了的世界;大自然与人类一道庆祝自己的和解节日。这个神话说的是,阿波罗把被撕碎了的狄奥尼索斯重又黏合起来了。这是被阿波罗重新创造出来、从其亚洲式的分裂状态中被解救出来的狄奥尼索斯的形象。

---

① 手杖(Thyrsus):一译"酒神杖",酒神所执的顶端为松果形的手杖。——译注

正如我们在荷马那里已经碰到的那样,希腊诸神在其完成状态中肯定不能被把握为困厄和需要的产儿。这样的诸神并不是由被畏惧所震惊的心情所虚构出来的;并不是为了回避生命,希腊人的眼睛虔诚地仰望着诸神。从中道出的是一种生命的宗教,而不是义务的、禁欲的或者教养的宗教。所有这些诸神形象都充斥着人生此在(Dasein)的胜利,一种繁茂的生命感伴随着诸神崇拜。他们并不要求;在他们身上现存的事物,不论善的恶的,都被神性化了。按其他宗教的严肃性、神圣性和严苛性来衡量,希腊宗教处于一种危险之中,即有可能被低估为一种幻想的游戏——如果人们不能设想最深层智慧的一种经常被错认的特征,伊壁鸠鲁派的那种诸神存在(Göttersein)正是经由这个特征才突然显现为无与伦比的艺术家民族的创造,而且几乎显现为至高的创造。

有一个民间传说,说国王弥达斯曾在森林里长久地追捕狄奥尼索斯的同伴西勒尼,终于把他捉到了,就想要从他那里知道,对于人来说,什么是绝佳最妙的东西呢。西勒尼起先——亚里士多德[①]叙述道——根本不想说;只是在受尽百般折磨后,他才尖声大笑起来,开口道出了下面这番话:"可怜的忧苦而困厄的短命鬼,你为何要强迫我说出你们最好不要知道的话。因为若对自己的不幸一无所知,你们的生活的流逝便最无痛苦。你们只要成了人,你们就根本不可能成为那绝佳的东西,你们也根本不可能分有最佳的

[①] 亚里士多德]欧德谟(Eudemos),残篇第6(罗斯)。——编注

东西。对你们所有人来说,无论男人还是女人,那绝佳的事体就是:压根儿不要生下来。而你们既然已经生下来,则次等美妙的事体便是:快快死掉。"①

这个民族的哲学就是要把被缚的森林之神向终有一死的人揭露出来;这同一种哲学构成了那个奥林匹斯诸神世界的背景。希腊人认识到了人生此在的恐怖和可怕,但为了能够活下去,他们把这种恐怖和可怕掩盖起来了,按照歌德的象征说法,那是一个隐藏在玫瑰花中的十字架。那熠熠生辉的奥林匹斯世界之所以获得了主宰地位,只是因为决定着阿喀琉斯之早夭和俄狄浦斯之恐怖婚姻的更古老的诸神秩序的幽暗支配,被宙斯、阿波罗、雅典娜等光辉形象掩盖起来了。倘若有人取消掉那个中间世界的艺术假象,那么,人们就不得不追随森林之神即狄奥尼索斯的伴侣的智慧。正是这样一种困厄基于这个民族的艺术天才创造出诸神。因此,一种神正论从来都不是一个希腊问题:当时人们小心提防,免得过高地期望诸神来保障世界之实存(Existenz),因而要求诸神为世界之状况负责。"连诸神也服从于必然性(Ananke)"②,这是一种极其深邃的智慧的表白。在一个具有美化作用的镜子中看到它的此在(Dasein)(正如它一次性地存在的那样),并且用这个镜子来反抗美杜莎而保护自己——此乃希腊意志的天才策略,为的是终究能够生活下去。因为倘若没有向这个民族开启出在诸神中为一种更高的荣光所包围的同一种痛苦,那么,这个无限敏感的、能够

---

① 参看尼采:《悲剧的诞生》,第3节。——译注
② 原为希腊文ἀνάγκη[必然性、强制性]。——译注

十分出色地应对痛苦的民族,又怎能承受人生此在!唤醒艺术的同一种冲动,作为引诱人们活下去的人生此在的补充和完善,也让奥林匹斯的诸神世界诞生了,那是一个美好、宁静、享乐的世界。

从这样一种宗教的作用出发,生命在荷马的世界里就被把握为本身值得追求的,也就是说,生命处于这些诸神的明媚阳光中。荷马笔下人类的痛苦涉及对这种人生此在的避离,首要地涉及那种快速的避离:当悲叹之声响起来时,它听起来又是关于"短命的阿喀琉斯",关于人类世代的快速更换,关于英雄时代的消失的。渴望活下去(哪怕自己作为临时工),这对盖世英雄来说也并非不值得。意志从来没有像在希腊文化(其悲叹本身依然是自己的赞歌)中那样,如此公开地表达自己。因此,现代人渴望那个时代,在其中现代人以为听到了自然与人类之间的完全和谐。因此,希腊性就成了所有那些为了有意识地肯定意志而寻求光辉典范的人们的格言。

在上面所有这些从最高贵之物误入最平庸之物的观念中,希腊文化是太过粗糙和太过简单地被看待了,在某种程度上,是按照明确的、可以说片面的民族(比如说罗马人)形象而被塑造而成的。然则人们也要在一个民族的世界观中猜度到对于艺术假象的需要,其中触及的东西经常会转化为金钱。真正说来,正如我们已经暗示过的那样,我们在这种世界观中也碰到一个巨大的幻觉,这种幻觉是自然为了达到自己的目的十分有规律地加以利用的。真正的目标被一个幻象所掩盖:我们伸出双手去迎接这个幻象,而自然正是通过这种欺瞒才达到这个幻象的。在希腊人身上,意志想要直观到自己被美化为艺术品:为了颂扬自己,意志的创造物必须感觉到自己是值得颂扬的,它们必须在一个更高的领域里与自己重逢,仿佛被提升到了理想之境,而这个完美的直观世界并没有作为命令或者作为指责发挥作用。此乃美的领域,他们在其中看见了自己的镜像,即奥林匹斯诸神。希腊人的意志拿这种武器来反抗与艺术相关的天赋,为了痛苦,为了痛苦的智慧。从这种斗争中,并且作为斗争胜利的纪念碑,悲剧诞生了。

痛苦之陶醉与美好的梦境有着各自不同的诸神世界:前者以其万能的本质渗透到自然最内在的思想之中,它认识到对于人生此在的可怕欲望,同时也认识到一切进入人生此在的东西的持续死亡;它创造的诸神有善的也有恶的,类似于偶然性,通过突然出现的合计划性而让人惊恐,毫无同情心,没有对美的乐趣。诸神与真理相近,接近于概念:他们难得把自己浓缩为形象。对他们的直观使人变成石头:人们该如何与他们一道生活呢?但人们也不该与他们一道生活:这就是他们的学说。

如果这个诸神世界并不能完全地、像一个不可饶恕的秘密那样被掩盖起来,那么,那道目光,那道穿透奥林匹斯世界被并置起来的光辉灿烂的梦之诞生的目光,就必须抽离于这个诸神世界;因此,诸神世界之形象的感性、其色彩的炽热在升高,真理或真理之象征越强烈地起作用,这种感性和炽热就升得越高。然而,真与美之间的斗争,从来没有像在狄奥尼索斯节日活动到来时那么猛烈。在此节日活动中,自然得以揭示自身,以令人惊恐的清晰性,以那种音调(面对这种音调,诱人的假象几乎失去了自己的强力)说出自己的秘密。这个源泉起于亚洲:但它必定是在希腊才能汇成河流的,因为它在希腊首次发现了亚洲没有向它提供的东西,那就是：极度的敏感性和受苦受难的能力，与举重若轻的审慎和敏锐结伴而行。阿波罗是怎样挽救希腊文化的呢？——

这个新生儿[①]被拉入美的假象的世界里，被纳入奥林匹斯的世界里。为了他，德高望重的神祇（例如宙斯和阿波罗）牺牲了诸多荣耀。人们从来没有对一个陌生的外来者费过更多的周折。就此而言，他也是一个可怕的外来者（任何意义上的 hostis[敌人]），十分强大，足以把好客的房屋变成废墟。一场伟大的革命在所有的生活方式中开始了；狄奥尼索斯处处神出鬼没地冒出来，也突现于艺术中。

假象乃是阿波罗艺术的领域，这是一个被美化的眼之世界，是眼睛在梦中闭着眼艺术地创造出来的世界。史诗想把我们置入这种梦境之中：我们应当对一切都视而不见，我们应当欣赏那些内在的画面，行吟诗人力图通过概念刺激我们去了解这些画面的生产。在这里，造型艺术的效果被间接地达到了：通过雕刻过的大理石，雕塑家把我们带向他在梦里看到的活的神祇那里，以至于真正地作为目标浮现出来的形象，无论对于雕塑家还是对于观众，都变得清晰了，而且雕塑家通过雕像这个中间形态，引发观众去查看——史诗诗人也是这样，他们看到了同样的活的形象，并且也想要把这些形象展示给他人。然而，史诗诗人不再在自己与他人之间安插雕像，而毋宁说，他叙述那个形象如何通过动作、声音、言辞和行为来证明自己的生命，他迫使我们把诸多作用和结果归结于原因，他强迫我们去理解一种艺术构成。当我们清晰地看到这个形象或群

[①] 指狄奥尼索斯。——译注

像或画面站在我们面前时,当他把那个梦的状态告知我们时(他本人首先在此状态中制造了那些表象),这时候,他就达到了自己的目标。要求史诗成为造型的创造,这个要求表明抒情诗与史诗是多么的绝然不同,因为抒情诗从来都不是以画面形式为目标的。两者之间的共性只是某种质料、言辞,更普遍的则是概念。当我们谈到诗歌时,我们指的并不是与造型艺术和音乐相联系的范畴,而是指两种完全不同的艺术手段的黏合,其中一种意味着通向造型艺术的道路,而另一种则意味着通向音乐的道路。但两者都只不过是通向艺术创作的道路,而并非艺术本身。在此意义上,当然连绘画和雕塑也只是艺术手段;真正的艺术乃是创造形象的能力,不论它是预先-创造还是事后-创造。艺术的文化意义就建立在这种特征的基础上——那是一种一般人类的特征。艺术家——作为必须通过艺术手段去创造艺术的艺术家——不可能同时成为从事艺术活动的吸收器官。

阿波罗文化的造型活动,无论这种文化在神庙中、在雕像中表现出来,还是在荷马史诗中表达出来,都在适度($Maaß$)的伦理要求中有自己的崇高目标,而这种伦理要求与关于美的审美要求是并行的。唯在尺度、界限被视为可认识的东西的地方,才有可能把适度当作要求提出来。为了能够遵守其界限,人们必须认识这界限:所以才有阿波罗的原初劝告:认识你自己[①]。然而,阿波罗的希腊人只能在镜子中看到自己,也即认识自己,这镜子就是奥林匹斯诸神世界:在这里他却重新认识到自己最本己的本质,被美好的

---

① 希腊文为:γνῶθι σεαθτόν。——译注

梦之假象包围着。适度乃是美之适度,新的诸神世界(面对一个被推翻了的泰坦世界)在适度的桎梏下活动:希腊人必须要遵守的界限,乃是美的假象的界限。其实,一种求助于假象和适度的文化,其最内在的目的只可能成为对真理的蒙蔽:不知疲倦地为真理效力的研究者恰恰与超强的泰坦一样,都得到了这样一种警告,μηδὲν ἄγαν[勿过度]。在普罗米修斯身上,希腊文化获得了一个例证:对人类认识的过分推动,对于推动者和被推动者都会起败坏作用。谁想要以自己的智慧经受住神的考验,他就必须像赫西俄德那样,拥有"智慧的适度"(μέτρον ἔχειν σοφίης)。

现在,狄奥尼索斯庆典的狂喜声音透入到如此这般被建造起来、艺术地被保护的世界里;在此狂喜声音中,自然的整个过度(Übermaß)在快乐、痛苦和认识中同时开启自身。直到现在一直被看作界限、适度之规定的一切东西,在此都表明自己是一种人为的假象:这种"过度"把自身揭示为真理。异常迷人的民歌以一种超强情感的全部醉态首次发出震耳之声:与之相反,吟唱甜美诗的阿波罗式艺术家带着他的基塔拉琴的一味胆怯地暗示的音调,这种艺术家意味着什么?从前在诗歌-音乐的行业内按等级框架形式传播、同时与一切世俗的参与保持距离的东西,那必须凭着阿波罗式天才的强力保持在一种简单的结构设计阶段上的东西,亦即音乐要素,在这里抛弃了全部的限制:先前只在最简单的蜿蜒曲折中运动的节奏,松开四肢开始放荡的舞蹈了:那声音响了起来,不再像从前那样以幽灵般的稀释冲淡,而是以音量的千百倍提高,辅以低沉的吹奏乐器的伴奏。而且最神秘的事情发生了:在此诞生了和谐,这种和谐的运动把自然之意志带向直接的领悟。现在,在阿波罗的世界里艺术地隐藏起来的事物,在狄奥尼索斯的氛围里发出了声响;奥林匹斯诸神的全部闪光,在西勒尼的智慧面前黯然失色了。一种在狂喜的陶醉中说出真理的艺术赶走了假象艺术的缪斯。在狄奥尼索斯状态的忘我境界中,个体随着自己的界限和适度走向没落。一个诸神的黄昏已经近在咫尺了。

意志,说到底是一种要违逆自己的阿波罗式创造而允许狄奥尼索斯因素介入的意志,究竟具有何种意图呢?——

那是一种全新的、更高的人生此在之手段[1],即悲剧思想的诞生。

———

狄奥尼索斯状态的出神陶醉,因其消灭了人生此在的通常限制和界限,便在其延续期间包含了一个冷漠的元素,一切在遗忘状态中被体验的东西皆出现在此元素中。于是,通过这样一条遗忘之鸿沟,日常现实性的世界与狄奥尼索斯式现实性的世界便相互分离开来。可是,只要那种日常的现实性重又进入意识之中,它就会厌恶地被感受为这样一种现实性;一种禁欲的、否定意志的情绪乃是那些状态的成果。在思想中,狄奥尼索斯因素被当作一种更高的世界秩序,对立于一种普通的和糟糕的世界秩序。希腊人现在想要一种绝对的逃遁,逃离这个罪责和命运的世界:希腊人几乎不会以一个死后的世界来敷衍自己,他们的渴望更高级,超越诸神

————

[1] 在《狄奥尼索斯的世界观》中用了希腊文μηχανή[巧计、方法]。——译注

之外，他们否定人生此在，连同缤纷地闪烁的诸神镜像。在陶醉之唤醒的意识中，希腊人处处看到人类存在的恐怖或者荒唐；这使他们感到厌恶。现在，他们领会了森林之神的智慧。

在此已经达到了最危险的界限，即希腊意志以其阿波罗式乐观主义的基本原则可能允许达到的最危险的界限。在这里，希腊意志立即就以其自然的救治力量发挥作用，旨在把那种否定性的情绪重新拗转过来。它的手段就是悲剧艺术作品和悲剧观念。

首要之事是要把那种关于人生此在的恐怖和荒唐的厌恶想法，转变为生活赖以开展的观念：此类观念就是崇高（作为对恐怖的艺术抑制）与可笑（作为对荒唐之厌恶的艺术发泄）。现在，这两个相互交织的元素联合为一件艺术作品，它艺术地模仿狄奥尼索斯状态，由此打碎了这种状态。

崇高与可笑乃是超越美的假象世界的一个步骤，因为在这两个概念中包含着一种矛盾。另一方面，这两个概念绝不与真理相符合：它们是一种对真理的掩蔽，这种掩蔽虽然比美更透明，但依然是一种掩蔽而已。在其中，我们也就有了美与真之间的一个中间世界，在其中，狄奥尼索斯与阿波罗之间的联合是有可能的。

这个世界现在在一种陶醉游戏中开启自己，而并不是在一种由陶醉造成的完全的纠缠状态中展示出来的。在演员那儿，我们重又认识到狄奥尼索斯式的人，那个凭本能和直觉的诗人、歌者和舞者，却是作为被扮演的狄奥尼索斯式的人。他要么力图在崇高之震颤中达到其典范，要么在大笑之震颤中达到其典范。他要超越美，而并不寻求真理。他漂浮于两者之间。——演员首先自然不是某个个体，要扮演的其实是狄奥尼索斯式的大众、民众：所以才有酒神颂歌的合唱歌队。通过陶醉游戏,正如周围观众的合唱歌队那样,他自己可以说要从陶醉中得到发泄。从阿波罗世界的观点看,希腊文化是必须救治和赎罪的。阿波罗这个真正的救治和赎罪之神,他把希腊人从明见未来的狂喜和对人生此在的厌恶中拯救出来了——通过具有悲剧和滑稽剧思想的艺术作品。

这个全新的艺术世界,崇高与可笑的艺术世界,作为更古老的美的假象的世界,乃依据于另一种诸神观和世界观。有关人生此在之恐怖和荒谬的认识,有关被摧毁的秩序和非理性的规划的认识,一般地,就是有关整个自然中的巨大痛苦的认识,揭示了厄里倪厄斯、美杜莎和命运女神(Moiren)①这些被艺术地掩蔽起来的形象:奥林匹斯诸神处于至高的危险之中。在悲剧和滑稽剧的艺术作品中,诸神得到了拯救,因为他们也被浸入崇高和可笑的汪洋大海中了,他们不再仅仅是"美的",他们仿佛吸入了那种更古老的诸神秩序及其崇高。现在,诸神分成了两组;只有少数漂浮于中间,作为时而崇高、时而可笑的神祇。首要地,狄奥尼索斯本身接受了那种二重分裂的本质。

在两个典型人物上可以最好地显明,现在,在希腊悲剧时代,人们如何能重新生活了——这两个人物就是埃斯库罗斯和索福克勒斯。对于作为思想者的埃斯库罗斯,崇高多半显现于伟大的正义中。在他那里,人与神处于最紧密的共同性中:对他来说,神性、正义、德性与幸福是一体地相互交织在一起的。个体、人或者泰坦是根据这个天平来衡量的。诸神是按照这个正义标准而得到重构

---

① 在《狄奥尼索斯的世界观》一文中用了希腊文 Μοῖρα[命运女神]。——译注

的。于是,举例说来,对于迷惑人的、诱人犯罪的恶魔的民间信仰——那个古老的被奥林匹斯诸神废黜的诸神世界的残余——得到了修正,因为这个恶魔变成了公正惩罚的宙斯手上的一个工具。那个同样古老的、对奥林匹斯诸神来说同样格格不入的关于世代诅咒的想法,在埃斯库罗斯那里被剥夺了全部的严苛性,因为在埃斯库罗斯那里,不存在个人亵渎圣物的必要性,人人都能逃避魔力;就像(举例说来)俄瑞斯忒斯所做的那样。

埃斯库罗斯在奥林匹斯司法的崇高性中发现了崇高,而索福克勒斯则以神奇的方式,在奥林匹斯司法的不可穿透状态的崇高性中看到了崇高。他在所有要点上重建了民众信仰。在他看来,莫名其妙地遭受一种骇人的命运是崇高的,真正无法解开的人类此在之谜就是其悲剧的缪斯。痛苦在他那里赢获了一种美化,痛苦被理解为某种神圣化的东西。人性与神性之间的距离是不可估量的;所以,至深的屈服顺从和听天由命是合适的。其本真的德性乃是审慎(Sophrosyne)①,真正说来是一种消极的德性。在索福克勒斯那里登上舞台的英雄的人类,是没有这种德性的至为高贵的人类。其命运展示出那条无限的鸿沟:几乎没有什么罪责可言,而只有一种缺失,即缺乏对人类价值及其界限的认识。

无论如何,这种观点要比埃斯库罗斯的观点更加深刻、更加内在,它显然更接近于狄奥尼索斯的真理,而且没有通过许多象征手法,而是直接道出了这种真理——尽管如此!我们在这里却认识到,阿波罗的伦理原则被编织入狄奥尼索斯的世界观之中了。在

---

① 在《狄奥尼索斯的世界观》中用了希腊文 σωφροσύνη[审慎]。——译注

埃斯库罗斯那里，厌恶感消解于对世界秩序之智慧的崇高惊恐，只不过这种智慧在人们虚弱不堪的情况下是难以得到认识的。在索福克勒斯那里，这种惊恐还要更大，因为这种智慧是完全深不可测的。那是没有斗争的纯粹的虔诚情调，而埃斯库罗斯的智慧则持续不断地有着这样一项任务，就是要为神性的司法辩护，因此总是不满足地面临新的难题。阿波罗命令人们去研究的"人类的界限"对于索福克勒斯来说是可认识的，然而，它比人们在前狄奥尼索斯的阿波罗时期所理解的界限更狭隘、更有限。人类缺乏对自身的认识，这是索福克勒斯的〈问题〉；而人类缺乏对诸神的认识，这是埃斯库罗斯的问题。

虔诚，生命本能最神奇的面具！投身于一个完美的梦之世界，至高的道德智慧被赋予这个梦之世界！逃避真理吧，为的是能够崇拜那遥远的、被云雾笼罩着的真理！与现实和解吧，因为现实是谜一样的！讨厌猜谜吧，因为我们并不是诸神！欢乐地拜倒于尘埃，在不幸中保持幸福的宁静！在人类至高的表达中人类至高的自弃！去赞美和美化人生此在的恐怖手段和可怕状况，以之作为对人生此在的救治手段！在对生命的蔑视中快乐地生活！意志在其否定中的胜利！

在这个认识阶段上只有两条道路，一是圣徒之路，二是悲剧艺术家之路：两者的共性在于，它们在最清晰地认识到人生此在之虚无的情况下却能够继续生活，而没有在自己的世界观中觉察到一道裂隙。对于继续生活的厌恶被感受为创造之手段，无论这是一种神圣化的创作还是一种艺术的创作。恐怖或者荒谬是令人振奋的，因为它们只在表面上是恐怖或者荒谬的。在这里，狄奥尼索斯的陶醉力量还在这种世界观的极顶处得到了证明,一切现实都消解为假象,在假象背后显示出统一的意志本性,现在完全被笼罩于智慧和真理的灵光之中,被笼罩于迷惑性的光华之中。错觉、幻想已达其顶峰。

现在似乎不再难以理解,阿波罗的意志对希腊世界具有规整作用,这同一种意志采取了它的另一种显现形式,即狄奥尼索斯的意志。意志的两种显现形式的斗争具有某个异乎寻常的目标,就是要创造一种更高的此在可能性,也要在此可能性中达到一种更高的赞美——通过艺术。①

---

① 全文至此终止。《狄奥尼索斯的世界观》此后尚有近7页文字。——译注

苏格拉底与希腊悲剧[①]

[①] 样本为"苏格拉底与希腊悲剧",弗里德里希·尼采博士,巴塞尔大学教授,巴塞尔1871年(私人印刷)。本文对应于《悲剧的诞生》的下列页码:第75页12行—第82页5行;第62页5行—第73页7行;第82页6行—第102页21行。[译者按:相应于《悲剧的诞生》第8—15节,但秩序有异]。——编注

希腊悲剧的毁灭不同于全部更古老的姊妹艺术种类：它是由于一种难以解决的冲突而死于自杀，所以是悲剧性的，而所有更古老的姊妹艺术种类则都尽享天年，都是极美丽和极安详地逐渐消失掉的。因为，如果说留下美好的后代、毫无痉挛地告别人生乃是合乎一种幸福的自然状态的，那么，那些更为古老的姊妹艺术种类的终结，就向我们表明了这样一种幸福的自然状态：它们慢慢地隐失，而且在它们弥留的目光前已然站着它们更美的子孙，后者正以勇敢的姿态急不可耐地昂起自己的头颅呢。与此相反，随着希腊悲剧的死亡，则出现了一种巨大的、往往深深地被感受到的空虚；就如同提庇留时代的希腊船夫有一次在一座孤岛上听到令人震惊的呼叫："伟大的潘死了！"——同样地，现在整个希腊世界都响起一种痛苦的哀叫声："悲剧死了！诗歌本身也随之消失了！滚吧，你们这些瘦弱萎靡的后代啊！滚到地狱里去吧，在那里你们尚可饱餐一顿昔日大师们的残羹剩菜！"

但这个时候，却有一种新的艺术繁荣起来了，它把悲剧奉为先驱和导师；人们当时惊恐地发觉，这种艺术固然带有她母亲的容貌特征，但却是这位母亲在长期的垂死挣扎中表现出来的容貌。欧里庇德斯所做的斗争就是悲剧的这种垂死挣扎；这种后起的艺术乃是众所周知的阿提卡新喜剧。在阿提卡新喜剧身上，残存着悲剧的蜕化形态，构成悲剧极其艰难和惨烈的消亡的纪念碑。

鉴于上述联系，我们就不难理解为什么新喜剧的诗人们对于欧里庇德斯抱有热烈的爱慕之情；以至于斐勒蒙的愿望不再令人诧异了，此人想立即上吊自杀，只为能够去拜访阴间的欧里庇德斯——只要他竟然确信这位死者现在也还是有理智的。但如果我们不求详尽，而只想简明扼要地刻画出欧里庇德斯与米南德和斐勒蒙的共同之处，以及对他们起激发和典范作用的东西，那么，我们只需说：欧里庇德斯把观众带上舞台了。如果你认识到欧里庇德斯之前普罗米修斯式的悲剧作家们是用什么材料塑造他们的主角的，根本没有把现实的忠实面具搬到舞台上去的意图，那么，你也就弄清楚欧里庇德斯的完全背离的倾向了。通过欧里庇德斯，日常生活中的人从观众席冲上了舞台——这面镜子先前只表达伟大勇敢的性格，现在则显露出那种极其严密的忠实，连自然的败笔也加以仔细再现。现在在新诗人笔下，奥德修斯，古代艺术中典型的希腊人，已沦为小希腊人形象了，从今往后，这种小希腊人就作为好心肠的、狡黠的家奴占据了戏剧趣味的中心。在阿里斯托芬的《蛙》中，欧里庇德斯声称自己的功绩是通过家常便药使悲剧艺术摆脱了富丽堂皇的臃肿病，这一点首先可以在他的悲剧主角身上得到感受。现在，观众们在欧里庇德斯的舞台上看到和听到的，根本上就是他们自己的影子，并且为这影子的能说会道而大感开心。但不只是开心而已，人们自己还可以向欧里庇德斯学习说话；在与埃斯库罗斯比赛时，欧里庇德斯就曾以此自夸：通过他，民众现在已经学会了用极机智的诡辩术巧妙地去观察、商讨和推论了。通过这样一种对公共语言的改变，他根本上就使新喜剧成为可能了。因为从现在起，如何以及用何种格言让日常事物登上舞台，已经不再是一个秘密了。欧里庇德斯把他全部的政治希望都建立在市民的平庸性上，现在，这种平庸性有了发言权，而在此之前，却是由悲剧中的半神、喜剧中醉醺醺的萨蒂尔或者半人来决定语言特性的。而且这样一来，阿里斯托芬剧中的欧里庇德斯就竭力自夸，说他描绘了人人都能做出判断的普通的、熟知的、日常的生活和行动。如果说现在大众都能进行哲学思考了，都能以闻所未闻的聪明管理土地和财产，开展诉讼，等等，那么，这全是他的功劳，是他向民众灌输的智慧的成就。

现在，新喜剧就可以面向一个有这般准备和经过这番启蒙的大众了，而欧里庇德斯在某种程度上就成了这新喜剧的合唱歌队导师；只不过这一回，观众合唱歌队还必须接受训练。一旦这个合唱歌队训练有素了，能用欧里庇德斯的调子唱歌了，就兴起了那种弈棋式的戏剧种类，就是以狡诈和诡计不断获胜的新喜剧。而欧里庇德斯——这位合唱歌队导师——就不断地受到赞扬：真的，倘若人们不知道悲剧诗人们与悲剧一样已经死了，为了从他那里学习更多一点东西，人们就会自杀的。然而，随着悲剧之死，希腊人也放弃了对于不朽的信仰，不但不再信仰一个理想的过去，而且也不再信仰一个理想的将来了。那个著名的墓志铭上的一句话"老者轻浮又古怪"也适用于老迈的希腊文化。瞬息欢娱、玩世不恭、漫不经心、喜怒无常，乃是当时最高的神灵；第五等级，即奴隶等级，现在要上台当权了——至少在观念上是这样：如若现在竟还谈得上"希腊的明朗"，那也是奴隶的明朗了；奴隶们不懂得承担什么重大责任，不知道追求什么伟大，眼里只重当下，而不懂尊重过去或者将来之物。正是这样一种"希腊的明朗"的假象，深深地激怒了基督教前四个世纪里那些深刻而可怕的人物：在他们看来，这种女性式的对严肃和恐怖的逃避，这种懦夫般的对安逸享乐的沾沾自喜，不仅是可鄙的，而且是真正敌基督的思想观念。而且，由于这种思想观念的影响，延续了几百年的关于古代希腊的观点，以几乎不可克服的坚韧性保持着那种粉红的明快色彩——仿佛从来就不曾有过公元前六世纪及其悲剧的诞生，及其秘仪，及其毕达哥拉斯和赫拉克利特，仿佛压根儿就不曾有过这个伟大时代的艺术作品；诚然，对于这些各自独立的艺术作品，我们根本不能根据这样一种老迈的、奴性的此在乐趣和明朗来加以说明，它们指示着一种完全不同的世界观，以此作为自己的实存根据。

上文我们断言，欧里庇德斯把观众带上舞台了，从而同时就让观众真正有能力对戏剧作出判断了。如此便产生出一种假象，仿佛更古老的悲剧艺术并没有摆脱与观众的不当关系；而且，人们就会努力去赞扬欧里庇德斯的激进意图，把他要获得艺术作品与观众之间的相应关系的意图视为超越索福克勒斯的一大进步。然而，所谓"观众"只不过是一个词而已，完全不具有相同的、本身固定的伟大意义。艺术家有何义务去适应一种只靠数量见长的力量呢？如果艺术家觉得自己在天赋和志向上都超过了每一个观众，那么，他何以在所有这些比他低等的全体观众的共同表达面前，比在相对而言极有天赋的个别观众面前感受到更多的尊重呢？实际上，没有一个希腊艺术家像欧里庇德斯那样，在漫长的一生中都如此放肆而自满地对待他的观众：即使当群众对他五体投地时，他也以高傲的固执态度，公然抨击自己用来战胜群众的意图。倘若这位天才对于观众群魔有一丁点敬畏之心，那么，在失败的棒打下，他或许早在自己事业生涯的中途就崩溃了。由此考量，我们就会看到,我们所谓欧里庇德斯把观众带上舞台了,是为了使观众真正具有判断能力,这种说法只不过是一个权宜之计,我们必须寻求对他的意图做一种更深入的理解。相反地,众所周知的是,埃斯库罗斯和索福克勒斯在他们的有生之年——甚至在死后很长时间里——如何广受民众爱戴,而且因此,在欧里庇德斯的这些前辈那里,根本就谈不上一种在艺术作品与观众之间的不当关系。那么,是什么强大的力量驱使这位富有才气又不懈地创作的艺术家偏离正道,抛弃了隆隆诗名的普照阳光与民众爱戴的灿烂晴空相辉映的美好前程呢?何种对于观众的特殊顾虑使他背弃观众呢?他怎么可能是因为过于尊重观众而不尊重观众呢?

上面我们端出了一个谜,其谜底在于:欧里庇德斯很可能觉得自己作为诗人要比群众高明,但并不比他的那两个观众高明:他把群众带上舞台了,而对于他的那两个观众,他却是敬重有加,视之为唯一有能力判断他的全部艺术的法官和大师——遵照那两个观众的指令和劝告,他把感受、激情和经验的整个世界,也就是此前在观众席上作为看不见的合唱歌队在每一次节日演出时所感受到的一切,全盘转嫁到舞台主角的心灵中了。当他为这些新角色寻找新语言和新音调时,他便顺从那两个观众的要求,当他看到自己再次受观众法庭的谴责时,唯有在那两个观众的声音里面,他才听到了对自己的创作的有效判词,以及让人感到胜利在望的鼓舞。

那两个观众之一是欧里庇德斯本人,是作为思想家的欧里庇德斯,而不是作为诗人的欧里庇德斯。我们可以说,欧里庇德斯异常丰富的批判才能——类似于莱辛——即便不说生产,至少也会持续不断地孕育一种附带的艺术创造冲动。以这样一种天赋,以其批判性思想的全部明晰和灵敏,欧里庇德斯坐在剧场里面,努力去重新认识他那些伟大先辈的杰作,有如观看一幅已经褪色的画作,一笔一笔,一条一条地加以重审。而且在这里,他碰到了那些获悉埃斯库罗斯悲剧之深度奥秘的人们不会感到意外的东西:在每一笔和每一条线上,他看到了某种无法测度的东西,某种令人迷惑的确定性,同时也是一种神秘的深度,实即背景的无穷无尽。最清晰的形象也总是带着一个彗星尾巴,似乎暗示着不确定、弄不清楚的东西。这同一种朦胧暮色也笼罩在戏剧结构上面,尤其是在合唱歌队的意义上。而且,伦理问题的解答依然让他感到多么疑惑啊!神话的处理也是多么可疑啊!幸与不幸的分配是多么不均啊!即便在更古老悲剧的语言中,也有许多东西让他反感,至少令他感到神秘莫测;特别是他发现其中用了过多的堂皇辞藻来表达简单的关系,用了过多的比喻和惊人词章来表现朴素的性格。他就这样坐在剧场里,不安地冥思苦想,而且作为观众,他承认自己不能理解他那些伟大的先辈。然而,如果说在他看来理智是一切欣赏和创作的真正根源,那么,他就不得不追问和寻思,是不是没有人与他想法一致,没有人与他一样承认那种不可测度性。但许多人,包括那些最优秀的个人,只是对他报以怀疑的微笑;而没有人能为他说明,为什么大师们面对他的疑虑和异议总是正确的。在这样一种极其痛苦的状态中,他找到了另一个观众,后者并不理解悲剧,因而也不重视悲剧。与这位观众结盟,欧里庇德斯就大胆摆脱了孤独,开始向埃斯库罗斯和索福克勒斯的艺术作品发起一场惊人的斗争——不是用论战文章,而是作为戏剧诗人,用自己的悲剧观来反对传统的悲剧观。——

在指出另一个观众的名字之前,让我们在此稍作停留,重温一下我们上文描写过的埃斯库罗斯悲剧之本质中存在的分裂性和不可测度性的印象。让我们来想一想,我们自己面对悲剧合唱歌队和悲剧主角时的惊诧心情;这两者,我们不知道怎么把它们与我们的习惯以及传统协调起来——直到我们重新发现了作为希腊悲剧之起源和本质的双重性本身,它是阿波罗与狄奥尼索斯这两个相互交织的艺术冲动的表达。

根据上述认识,我们就必须把希腊悲剧理解为总是一再地在一个阿波罗形象世界里爆发出来的狄奥尼索斯合唱歌队。所以,那些把悲剧编织起来的合唱部分,在一定程度上就是整个所谓对话的娘胎,即全部舞台世界、真正的戏剧的娘胎。在多次相继的爆发过程中,悲剧的这个原始根基放射出那个戏剧的幻景:它完全是梦的显现,从而具有史诗的本性,但另一方面,作为一种狄奥尼索斯状态的客观化,它并不是在假象中的阿波罗式解救,而倒是相反地,是个体的破碎,是个体与原始存在(Ursein)的融合为一。因此,戏剧乃是狄奥尼索斯式认识和效果的阿波罗式具体体现,由此便与史诗相分隔,犹如隔着一条巨大的鸿沟。

以我们上述这种观点,希腊悲剧的合唱歌队,全部有着狄奥尼索斯式兴奋的群众的象征,就获得了完全的解释。从前,我们习惯于合唱歌队在现代舞台上的地位,根本不能理解希腊人那种悲剧合唱歌队何以比真正的"动作"(Action)更古老、更原始,甚至更重要,——这一点却是十分清晰地流传下来的——;再者,我们又不能赞同那种流传下来的高度重要性和原始性,既然悲剧合唱歌队实际上只是由卑微的仆人组成的,甚至首先只是由山羊般的萨蒂尔组成的；对我们来说，舞台前的乐队始终是一个谜；而现在，我们已经达到了如下洞识：根本上，舞台连同动作原始地仅仅被当作幻景（Vision）了，唯一的"实在"正是合唱歌队，后者从自身中产生出幻景，并且以舞蹈、音乐和语言的全部象征手段来谈论幻景。这个合唱歌队在其幻景中看到自己的主人和大师狄奥尼索斯，因此永远是臣服的合唱歌队：它看见这位神灵如何受苦受难，如何颂扬自己，因此自己并不行动。虽然合唱歌队处于这样一种对神灵的臣服地位，但它却是自然的最高表达，即狄奥尼索斯式的表达，因而就像自然一样在激情中言说神谕和智慧：它作为共同受苦者，同时也是智慧者，从世界心脏出发来宣告真理的智者。于是就形成了那个幻想的、显得如此有失体统的智慧而热情的萨蒂尔形象，后者同时又是与神相对立的"蠢人"：自然及其最强烈的冲动的映象，甚至是自然的象征，又是自然之智慧和艺术的宣告者：集音乐家、诗人、舞蹈家和通灵者于一身。

依照这种认识，也依照传统的看法，狄奥尼索斯，这个真正的舞台主角和幻景中心，起初在悲剧的最古时期并不是真正现存的，而只是被设想为现存的：也就是说，悲剧原始地只是"合唱歌队"，而不是"戏剧"。到后来，人们才尝试着把这位神当作为实在的神灵显示出来，并且把幻象及其具有美化作用的氛围表现出来，使之有目共睹；由此开始了狭义的"戏剧"。现在，酒神颂歌的合唱歌队便获得了一项任务，就是要以狄奥尼索斯的方式激发观众的情绪，使之达到陶醉的程度，以至于当悲剧英雄在舞台上出现时，观众们看到的绝不是一个戴着奇形怪状面具的人，而是一个仿佛从他们自己的陶醉中产生的幻象。让我们来想想阿德墨托斯，他深深地思念着他刚刚去世的妻子阿尔刻斯提斯,整个就在对亡妻的精神观照中折磨自己——突然间,一个身材和步态都相像的蒙面女子被带到他面前:让我们来想想他那突然的战栗不安,他那飞快的打量比较,他那本能的确信——于是我们就有了一种类似的感觉,类似于有着狄奥尼索斯式兴奋的观众看见神灵走上舞台时的感觉,而观众这时已经与神灵的苦难合而为一了。观众不由自主地把整个在自己心灵面前神奇地战栗的神灵形象转移到那个戴面具的角色上,仿佛把后者的实在性消解在一种幽灵般的非现实性中了。此即阿波罗的梦境,在其中,白昼的世界蒙上了面纱,一个新世界,比白昼世界更清晰、更明了、更感人、但又更像阴影的新世界,在持续的交替变化中,全新地在我们眼前诞生了。据此,我们就在悲剧中看到了一种根本的风格对立:一方面在狄奥尼索斯的合唱歌队抒情诗中,另一方面是在阿波罗的舞台梦境中,语言、色彩、话语的灵活和力度,作为两个相互间完全分离的表达领域而表现出来。狄奥尼索斯在阿波罗现象中客观化;而阿波罗现象再也不像合唱歌队的音乐那样,是"一片永恒的大海,一种变幻的编织,一种灼热的生命",再也不是那种仅仅被感受、而没有被浓缩为形象的力量,那种能够使热情洋溢的狄奥尼索斯的奴仆觉察到神灵之临近的力量;现在,从舞台角度说,对他说话的是史诗形象塑造的清晰性和确定性,现在,狄奥尼索斯不再通过力量说话,而是作为史诗英雄,差不多以荷马的语言来说话了。

在希腊悲剧的阿波罗部分、也即在对话中浮现出来的一切,看起来是简单的、透明的、美丽的。在此意义上讲,对话是希腊人的映象——希腊人的本性是在舞蹈中彰显出来的,因为在舞蹈中最大的力量只是潜在的，但在灵活而多彩的动作中得以透露出来。所以，索福克勒斯的英雄的语言以其阿波罗式的确定和明静特性而让我们大为惊喜，以至于我们立刻就以为洞见到了他们的本质的最内在根基，带着几分惊讶，惊讶于通向这个根基的道路是如此之短。然而，如果我们先撇开那浮现出来、变得清晰可见的英雄性格——根本上，后者无非是投在一堵暗墙上的影像，也即完完全全是现象——，而倒是深入到投射在这些明亮镜像上面的神话，那么，我们就会突然体验到一种与熟悉的视觉现象相反的现象。当我们竭力注视太阳时感到刺眼而转过头去，我们眼前就会出现暗色的斑点，仿佛是用来治眼睛的药物；相反，索福克勒斯的英雄那种明亮的影像显现，简言之，面具中的阿波罗因素，却是一种对自然之内核和恐怖的洞察的必然产物，仿佛是用来治疗被恐怖黑夜损害的视力的闪亮斑点。唯有在这个意义上，我们才能相信自己正确地把握了"希腊的明朗"这个严肃而重要的概念；而无疑地，在当代的所有地方，我们都能在安全的惬意状态中见到关于这种明朗的被误解了的概念。

希腊舞台上最悲惨的形象，不幸的俄狄浦斯，被索福克勒斯理解为高贵的人，他纵然智慧过人却注定要犯错受难，不过到最后，由于他承受的巨大痛苦，他对周遭施展了一种神秘的、大有裨益的力量，这种力量甚至在他亡故后依然起着作用。高贵的人不会犯罪，这位深沉的诗人想告诉我们：通过他的行为，一切法律，一切自然秩序，甚至道德世界，都可能归于毁灭，恰恰是通过这种行为，一个更高的神秘的作用范围产生了，就是那些在被推翻了的旧世界废墟上建立一个新世界的作用。这就是这位诗人想告诉我们的东西,只要他同时也是一位宗教思想家:作为诗人,他首先向我们展示了一个神奇地纠结的讼案之结,法官慢慢地一节又一节解开了这个结,也导致了自己的毁灭;对于这种辩证的解决,真正希腊式的快乐是如此之大,以至于有一种优越的明朗之气贯穿了整部作品,往往打掉了那个讼案的可怕前提的锋芒。在《俄狄浦斯在科罗诺斯》中,我们发现了这同一种明朗,但它被提升到一种无限的美化之中了;这位老人遭受了极度苦难,他纯粹作为受苦者经受他所遭受的一切,而与之相对的是一种超凡的明朗,它从神界降落下来,暗示我们这个英雄以其纯粹被动的行为而达到了至高的、远远超越其生命的主动性,而他早先生命中有意识的努力和追求,却只是把他带向了被动性。于是,那个在凡人眼里纠缠不清的俄狄浦斯故事的讼案之结就慢慢解开了——而且,在辩证法的这种神性对立面那里,人类最深刻的快乐向我们袭来。如若我们这种解释正确地对待了诗人,那么,我们就总还可以来追问一下,由此是不是已经穷尽了神话内容:这里显而易见,诗人的整个见解无非是那个幻象,那是在我们一瞥深渊之后,具有疗救力量的自然端到我们面前的幻象。俄狄浦斯是杀害自己父亲的凶手,是他母亲的丈夫,俄狄浦斯又是斯芬克司之谜的破解者!这样一种命运的神秘三重性向我们道说了什么呢?有一个古老的、特别在波斯流传的民间信仰,说智慧的巫师只能产自乱伦——鉴于解谜和娶母的俄狄浦斯,我们马上可以对此作出如下阐释:只要有某些预言性的神奇力量打破了当前和将来的界限、僵固的个体化原则,根本上也就是打破了自然的真正魔力,在这种地方,就必定有一种巨大的反自然现象——例如前面讲的乱伦——作为原因而先行发生了;因为,要不是通过成功地抗拒自然,也即通过非自然因素,人们又怎么能迫使自然交出自己的秘密呢? 我看到,这种认识就体现在俄狄浦斯命运那可怕的三重性中:破解自然之谜(那二重性的斯芬克司)的同一个人,必须作为弑父者和娶母者来打破最神圣的自然秩序。的确,这个神话似乎要悄悄地跟我们说:智慧,尤其是狄奥尼索斯的智慧,乃是一种反自然的可怖之事,谁若通过自己的知识把自然投入到毁灭的深渊之中,他自己也就必须经历自然的解体。"智慧的锋芒转而刺向智者:智慧乃是一种对自然的犯罪"——这个神话向我们喊出了此等骇人的原理;然而,这位希腊诗人却像一缕阳光,去触摸这个神话的崇高而又可怕的门农之柱,使后者突然发出音响——用索福克勒斯的旋律!

现在,与被动性之光荣相对照,我要提出照耀着埃斯库罗斯的普罗米修斯的主动性之光荣。在这里,思想家埃斯库罗斯要告诉我们的,却是他作为诗人只能通过其比喻式的形象让我们猜度的东西;这个东西,青年歌德已经懂得用自己的普罗米修斯的豪言壮语向我们揭示出来了:

> 我坐在这里,照着我的形象
> 塑造人,
> 一个与我相像的种类,
> 受苦,哭泣,
> 享受,快乐,
> 而像我一样,
> 对你毫无敬意!

人类把自己提升到泰坦的高度,为自己争得文化,并且迫使诸神与他结盟,因为人类以其自身特有的智慧,掌握着诸神的实存和范限。上面这首普罗米修斯之诗,按其基本思想来看是对非虔敬的赞颂之歌,但这首诗中最美妙者,却是埃斯库罗斯对正义的深深追求:一方面是勇敢"个体"的无尽苦难,另一方面则是神性的困厄,实即对一种诸神黄昏的预感,这两个苦难世界的力量迫使双方和解,达到形而上学的统一性——所有这一切都极为强烈地让我们想起埃斯库罗斯世界观的核心和原理,它把命运(Moira)看作超越诸神和人类而稳居宝座的永恒正义。埃斯库罗斯把奥林匹斯世界置于他的正义天平上,其胆略可谓惊人;有鉴于此,我们必须回想一下,深思熟虑的希腊人在其宗教秘仪中有一种牢不可破的形而上学思想之基础,而且可能对奥林匹斯诸神发泄其全部怀疑念头。特别是希腊的艺术家面对这些神祇依稀地感受到了一种相互依赖:而恰恰在埃斯库罗斯的《普罗米修斯》中,这种感觉得到了象征的表达。这位泰坦式的艺术家心中有一种固执的信仰,以为自己能够创造人类,至少能够消灭掉奥林匹斯诸神:这是要通过他那高等的智慧来完成的,而无疑地,他就不得不经受永恒的苦难而为这种智慧付出代价。这位伟大天才的美妙"能力"(即便以永恒的苦难为代价也是微不足道的),艺术家严峻的自豪——此乃埃斯库罗斯创作的内涵和灵魂,而索福克勒斯则在其《俄狄浦斯》中奏响了神圣者的胜利之歌的前奏曲。不过,即便埃斯库罗斯对此神话的解释也未能测出它那惊人的深度恐惧:而毋宁说,艺术家的生成快乐,那抗拒一切灾祸的艺术创造的喜悦,只不过是反映在黑暗的悲哀之湖面上的亮丽的蓝天白云。普罗米修斯的传说乃是整个雅利安民族的原始财产，是一个证据，表明这个民族善于感受深沉而悲剧性的东西；其实不无可能的是，这个神话之于雅利安人，就如同原罪神话之于闪米特人一样，是具有独特的意义的，这两个神话之间有着某种类似于兄妹的亲缘关系。普罗米修斯神话的前提，乃是天真的人类给予火以一种过高的价值，把火当作每一种上升文化的真正守护神；然而，人类自由地支配火，人类获得火不光是靠苍天的馈赠，诸如燃烧的闪电或者温热的阳光，这一点在那些遐想的原始人看来乃是一种渎神，乃是一种神性自然的剥夺。而且这样一来，第一个哲学问题就立刻设置了一个令人痛苦的、不可解决的人与神之间的矛盾，把它像一块岩石一般推到每一种文化的大门口。人类能分享的至善和至美的东西，人类先要通过一种渎神才能争得，然后又不得不自食其果，即是说，不得不承受那整个痛苦和忧伤的洪流，那是受冒犯的苍天神灵必须要用来打击力求上升而成就高贵的人类的：一个严峻的思想，它赋予渎神以尊严，通过这种尊严与闪米特人的原罪神话奇特地区分开来；在闪米特人的原罪神话中，好奇、说谎欺骗、不堪诱惑、淫荡，质言之，一系列主要属于女性的恶习，被视为祸害之根源。而雅利安人的观念的突出标志，则在于那种崇高观点，它把主动的罪恶当作普罗米修斯的真正德性：同时，我们从中也就发现了悲观主义悲剧的伦理基础，那是对人类祸害的辩护，而且既是对人类之罪责的辩护，也是对由此产生的苦难的辩护。万物本质中的灾祸——这是遐想的雅利安人不想加以抹煞的——，世界核心中的矛盾，向雅利安人敞显为各种不同世界的交织，例如神界与人界的交织，每个世界作为个体都是合理的，但作为个别世界与另一个世界并存时，它势必要为自己的个体化经受苦难。当个人英勇地追求普遍，试图跨越个体化的界限，意愿成为这一个世界本质本身时，他自己就要忍受隐藏在万物中的原始矛盾，也即说，他就要渎神和受苦了。所以，雅利安人把渎神理解为男性，而闪米特人则把罪恶理解为女性，正如原始的渎神是男人干的，而原罪是女人犯的。此外，女巫合唱歌队唱道：

> 女人走了几千步，
> 我们不要太较真；
> 不管女人多着忙，
> 男人一跃便赶上。

谁若弄懂了那个普罗米修斯传说的最内在核心——亦即泰坦式奋斗的个体是势必要亵渎神明的——，他就必定同时也会感受到这种悲观主义观念中的非阿波罗因素；因为阿波罗恰恰是要在个体之间划出界线，并且总是再三要求他们有自知之明，掌握尺度，要他们记住这些界线是最神圣的世界规律，由此来安抚个体。但为了在这样一种阿波罗倾向中形式不至于僵化为埃及式的呆板和冷酷，为了在努力为个别的波浪确定轨道和范围时不至于使整个湖水变成了一潭死水，狄奥尼索斯的滔滔洪流偶尔又会摧毁掉所有那些小圆圈，就是纯然阿波罗式的"意志"力求把希腊文化吸引入其中的那些小圆圈。于是，那骤然高涨的狄奥尼索斯洪流就担负起个体的各种小波浪，如同普罗米修斯的兄弟、泰坦巨神阿特拉斯背负着大地一般。这种泰坦式的欲望，仿佛要成为所有个人的阿特拉斯，用巨肩把他们扛得越来越高、越来越远——这种欲望乃是普罗米修斯因素与狄奥尼索斯因素的共性所在。从这个方面看，埃斯库罗斯的普罗米修斯就是狄奥尼索斯的面具，而此前提到过的埃斯库罗斯对于正义的那种深刻追求，则透露出普罗米修斯在父系一脉上源自阿波罗，后者是个体化之神和正义界限之神，是明智者。所以，埃斯库罗斯的普罗米修斯的双重本质，即他兼具狄奥尼索斯本性和阿波罗本性，就可以用抽象的公式来加以表达——这使逻辑学家欧里庇德斯大感惊讶："现存的一切既正义又不正义，在两种情况下都是同样合理的。"

这就是你的世界！这就是所谓的世界！——

有一个不容争辩的传说，说最古形态的希腊悲剧只以狄奥尼索斯的苦难为课题，在很长一段时间里唯一现成的舞台主角就是狄奥尼索斯。但我们可以同样确凿地断定，直到欧里庇德斯，狄奥尼索斯向来都是悲剧主角，希腊舞台上的所有著名角色，普罗米修斯，俄狄浦斯等等，都只是那个原始的主角狄奥尼索斯的面具而已。所有这些面具后面隐藏着一个神祇，这乃是唯一根本性的原因，说明那些著名角色为何具有如此经常地让人赞叹的典型的"理想性"。我不知道有谁说过，所有个体作为个体都是滑稽的，因而是非悲剧性的：由此或可得知，希腊人根本上是不可能容忍舞台上的个体的。希腊人看来确实有此种感受：说到底，柏拉图对于"理念"（Idee）与"偶像"（Idol）、映象（Abbild）所做的区分和评价，是深深地植根于希腊人的本质之中的。而若用柏拉图的术语来说，我们或可这样来谈论希腊舞台的悲剧形象：这一个真正实在的狄奥尼索斯以多种形象显现，戴着一个抗争英雄的面具，仿佛卷入个别意志之网中。以现在这个显现之神的言行方式，他就像一个迷误、抗争、受苦的个体；而且根本上，他以史诗般的明确和清晰显现出来，这要归于释梦者阿波罗的作用，阿波罗通过那种比喻性的显现向合唱歌队解释了他的狄奥尼索斯状态。但实际上，这个英雄就是秘仪中受苦的狄奥尼索斯，是亲身经历个体化之苦的神；根据种种神奇的神话叙述，狄奥尼索斯年轻时曾被泰坦诸神所肢解，然后在此状态中又被奉为查格琉斯而广受崇敬——这就暗示出，这样一种解体，即真正狄奥尼索斯的苦难，宛若一种向气、水、土、火的转变，所以，我们就必须把个体化状态视为一切苦难的根源和始基，视为某种本身无耻下流的东西。从这个狄奥尼索斯的微笑中产生了奥林匹斯诸神，从他的眼泪中产生了人类。以这种作为被肢解之神的实存，狄奥尼索斯具有双重本性，他既是残暴野蛮的恶魔，又是温良仁慈的主宰。可是，秘仪信徒们却指望着狄奥尼索斯的再生，对于这种再生，我们现在必须充满预感地把它把握为个体化的终结；对于这个即将到来的第三个狄奥尼索斯，秘仪信徒们报以激荡的欢呼歌唱。而且，只是因为有了这种希望，被分解为个体的支离破碎的世界才焕发出一缕欢乐的容光——通过沉浸在永恒悲伤中的得墨忒耳，神话形象地说明了这一点：当她听说她能再次把狄奥尼索斯生出来时，她第一次重启笑容。以上述观点，我们已然有了一种深刻的、悲观主义的世界观的全部要素，同时也就理解了悲剧的秘仪学说：那就是关于万物统一的基本认识，把个体化当作祸患之始基的看法，艺术作为那种要打破个体化之界限的快乐希望，以及作为对一种重建的统一性的预感。——

把那种原始的和万能的狄奥尼索斯元素从悲剧中剔除出去，

并且纯粹地、全新地在非狄奥尼索斯的艺术、道德和世界观基础上重建悲剧——这就是现在明明白白地向我们揭示出来的欧里庇德斯的意图。

在晚年的一部神话剧里，欧里庇德斯本人竭力地向他的同代人提出了有关这种意图的价值和意义的问题。竟允许狄奥尼索斯因素存在吗？难道不应该强行把它从希腊的土壤里根除掉吗？那是当然啰，这位诗人告诉我们，只要有可能，就要把它根除掉；但酒神狄奥尼索斯太过强大了；像《酒神的伴侣》中的彭透斯这样绝顶聪明的敌手，也突然被他迷惑了，后来就在着魔状态中奔向自己的厄运。卡德摩斯和忒瑞西阿斯这两位老者的判断，似乎也就是这位老诗人的判断了：最聪明个体的思索也推翻不了那些古老的民间传统，那种生生不息地蔓延的狄奥尼索斯崇拜；其实面对此种神奇的力量，恰当的做法是至少显示出一种外交式谨慎的关注——但即便这样，这位酒神仍有可能对如此不冷不热的参与生出反感，最后把外交家变成一条龙（就像这里的卡德摩斯）。这就是一位诗人告诉我们的，他以漫长的一生英勇地反抗狄奥尼索斯，最后却对自己的敌手大加赞美，以自杀来结束自己的生涯，类似于一位头晕者从高塔上摔下来，只为逃避可怕的、再也无法忍受的眩晕。这部悲剧就是对他的意图之可行性的抗议；但是啊，他的意图已经得到了实行！惊人之事发生了：当这位诗人要收回自己的意图时，他的意图已经得胜了。狄奥尼索斯已经从悲剧舞台上被赶了下来，而且是被一种恶魔般的力量赶下来的——一种借欧里庇德斯之口说话的恶魔般的力量。连欧里庇德斯在某种意义上也只是面具：借他之口说话的神祇不是狄奥尼索斯，也不是阿波罗，而是一个完全新生的恶魔,名叫苏格拉底。这是一种全新的对立:狄奥尼索斯与苏格拉底,而希腊悲剧艺术作品便因此对立而走向毁灭了。现在,尽管欧里庇德斯力图通过自己的悔改来安慰我们,但他是不会成功的:壮丽无比的庙宇已成废墟了;破坏者的悲叹,破坏者承认那是所有庙宇中最美的一座,这对我们又有何用场呢?即便欧里庇德斯受到了惩罚,被所有时代的艺术法官转变为一条龙了——但这样一种可怜的补偿又能使谁满意呢?

现在,让我们进一步来考察一下那种苏格拉底意图,欧里庇德斯正是借此来反对和战胜埃斯库罗斯悲剧的。

我们现在必须问问自己:欧里庇德斯只想把戏剧建立在非狄奥尼索斯因素的基础上,这样一种计划,就其实施的至高理想而言,究竟有着何种目标呢?倘若戏剧不是从音乐的母腹中、在狄奥尼索斯的那个神秘暮色中诞生出来的,那么,它还会有何种形式呢?只有戏剧化的史诗了:在这个阿波罗式的艺术领域里,悲剧的效果当然是达不到的。这里的关键不在于所描写的事件的内容;的确,我甚至想说,歌德在他所设计的《瑙西卡》中不可能把那个牧歌式人物的自杀——这是要在第五幕中完成的——弄得那么富有悲剧效果;史诗的阿波罗式表现力是如此超乎寻常,以至于它借助于对于假象的快感以及对于通过假象达到的解脱的快感,使最恐怖的事物在我们眼前魔幻化。戏剧化史诗的诗人,就如同史诗流浪歌手一样,是不能与史诗形象完全融合起来的:他始终抱着不动声色的静观态度,从远处看着自己面前的形象。这种戏剧化史诗的演员从骨子里讲始终还是流浪歌手;内心梦幻的圣洁庄严落在他的所有表演上,以至于他从来都不是一个完全的演员。唯通过这个途径,我们才能会心地接近歌德的《伊菲格尼》(*Iphigenie*),在其中我们必须对至高的戏剧式史诗的诞生表示敬意。

那么,欧里庇德斯戏剧对于阿波罗戏剧的理想又是怎样的关系呢?其关系就像那个年轻的流浪歌手之于古代庄严的流浪歌手——在柏拉图的《伊翁篇》中,那个年轻的流浪歌手对自己的本性做了如下描写:"当我讲到某件悲哀之事时,我眼里充满泪水;而如果我讲的事恐怖而可怕,我便毛骨悚然,心惊肉跳了。"在这里,我们再也看不到那种对假象的史诗式沉迷,再也看不到真正的演员那种毫无冲动的冷静——真正的演员恰恰在其演艺的至高境界中完全成为假象和对于假象的快感了。欧里庇德斯就是那种心惊肉跳、毛骨悚然的演员;他作为苏格拉底式的思想家来制订计划,又作为热情的演员来实施计划。无论是在计划的制订还是在计划的实施中,他都不是纯粹的艺术家。所以,欧里庇德斯的戏剧是一个既冷又热的东西,既能把人冻僵又能让人燃烧;它不可能达到史诗的阿波罗式效果,而另一方面,它又尽可能地摆脱了狄奥尼索斯元素;现在,为了制造效果,他就需要新的刺激手段,那是再也不可能在两种艺术冲动中、亦即在阿波罗式艺术冲动和狄奥尼索斯式艺术冲动中找到的。这些新的刺激手段就是取代阿波罗式直观的冷静而悖论的思想,以及取代狄奥尼索斯式陶醉的火热情绪,而且是在高度真实地模仿的、绝没有消失在艺术苍穹中的思想和情绪。

因此,既然我们已经知道了这么多,知道了欧里庇德斯根本没有成功地把戏剧仅仅建立在阿波罗因素基础上面,而毋宁说,他的非狄奥尼索斯意图是误入歧途了,成了一种自然主义的和非艺术的倾向,那么,现在我们就可以更进一步,来探讨一下审美苏格拉底主义的本质了；审美苏格拉底主义的最高原则差不多是："凡要成为美的，就必须是理智的"；这是可与苏格拉底的命题"唯知识者才有德性"相提并论的。欧里庇德斯拿着这个准则来衡量所有细节，并且依照这个原则来校正它们：语言、人物、戏剧结构、合唱歌队音乐。在与索福克勒斯悲剧的比较中，往往被我们算到欧里庇德斯头上的诗歌的缺陷和倒退，多半是那种深入的批判过程、那种大胆的理智的产物。欧里庇德斯的序幕可为我们用作例证，来说明那种理性主义方法的成效。与我们的舞台技巧大相违背的，莫过于欧里庇德斯戏剧中的序幕了。在一出戏的开始，总会有一个人物登台，告诉观众他是谁，前面的剧情如何，此前发生了什么事，甚至这出戏的进展中将发生什么事——现代戏剧作家或许会把这种做法称为不可饶恕的蓄意之举，是故意放弃了悬念效果。我们都知道了将要发生的一切事情，这时候，谁还愿意等待它们真的发生呢？——因为在这里，甚至决不会出现一个预言的梦与一种后来发生的现实之间令人激动的关系。欧里庇德斯作了完全异样的思考。悲剧的效果决不依靠史诗般的紧张悬念，决不依靠现在和以后将发生之事的诱人的不确定性；相反，倒是要靠那些雄辩又抒情的宏大场景，在这种场景里，主角的激情和雄辩犹如一股洪流掀起汹涌波涛。一切皆为激情所准备，而不是为了情节；凡是不能酝酿激情的，都被视为卑下的。但最强烈地妨碍观众尽情享受地投入到这种场景中去的，是观众缺了一个环节，是剧情前因后果中留有一个缺口；只要观众依然不得不去算计这个或那个人物的含意，这种或那种倾向和意图冲突是以什么为前提的，他们就还不可能全神贯注于主角的痛苦和行为上面，还不可能紧张地与主角同甘苦共患难。埃斯库罗斯和索福克勒斯的悲剧运用了极聪明的艺术手段，带着几分偶然，在头几个场景里就把理解剧情所必需的所有那些线索交到观众手中了：这是一个能证明那种高贵的艺术家风范的特征，而此所谓艺术家风范仿佛掩盖了必要的形式因素，使之表现为偶然的东西。不过，欧里庇德斯总还自以为已经发现：观众在看头几个场景时处于特有的骚动不安当中，为的是把剧情的前因后果算计清楚，以至于他们丢失了诗意的美和展示部的激情。因此，欧里庇德斯就在展示部之前设置了一个序幕，并且让一个人们可以信赖的角色来交代这个序幕：经常须有一位神祇，在一定程度上由该神祇来向观众担保悲剧的情节发展，消除人们对于神话之实在性的任何怀疑：其方式类似于笛卡尔，后者只能通过诉诸上帝的真诚性以及上帝无能于撒谎这一点来证明经验世界的实在性。为了向观众确保他的主角的将来归宿，欧里庇德斯在他的戏剧结尾处又一次需要同一种神性的真诚性；这就是臭名昭著的deux ex machina［解围之神］的任务了。介于这种史诗的预告与展望之间，才是戏剧抒情的当前呈现，即真正的"戏剧"。

所以，欧里庇德斯作为诗人首先是他自己的自觉认识的回响；而且，正是这一点赋予他一种在希腊艺术史上十分值得纪念的地位。鉴于他那批判性和生产性的创作，欧里庇德斯必定经常感觉到，他应该把阿那克萨哥拉著作的开头几句话运用于戏剧——阿氏曰："泰初万物混沌；理智出现，才创造了秩序。"如果说阿那克萨哥拉以其"奴斯"（Nous）学说出现在哲学家中间，有如第一位清醒者出现在一群醉鬼中，那么，欧里庇德斯也可能以一种类似的形象来把握他与其他悲剧诗人的关系。只要万物唯一的安排者和统治者（即奴斯）依然被排斥在艺术创作之外，则万物就还处在一种原始混沌中；欧里庇德斯必定做出如此判断，他也必定作为第一个"清醒者"来谴责那些"烂醉"诗人。索福克勒斯曾说，埃斯库罗斯做得对，尽管是无意而为的，这话当然不是在欧里庇德斯意义上来说的——欧氏顶多会承认：因为埃斯库罗斯是无意而为的，所以他做了错事。连神圣的柏拉图多半也只是以讽刺的口吻来谈论诗人的创造能力（只要这不是有意的观点），并且把诗人的能力与预言者和释梦者的天赋相提并论；按其说法，诗人在失去意识、丢掉理智之前，是没有创作能力的。就像柏拉图也曾做过的那样，欧里庇德斯着手向世界展示这种"非理智的"诗人的对立面；正如我前面讲过的，他的审美原则"凡要成为美的，就必须是被认知的"，是可以与苏格拉底的命题"凡要成为善的，就必须是被认知的"并举。据此，我们就可以把欧里庇德斯视为审美苏格拉底主义的诗人。但苏格拉底是那第二个观众，并不理解、因而并不重视旧悲剧的第二个观众；与苏格拉底结盟，欧里庇德斯就敢于成为一种新的艺术创作的先行者了。如果说旧悲剧是因这种新的艺术创作而归于毁灭的，那么，审美苏格拉底主义就是杀人的原则：但只要这场斗争是针对旧悲剧中的狄奥尼索斯因素的，我们就可以把苏格拉底看作狄奥尼索斯的敌人，看作新的俄尔浦斯——他奋起反抗狄奥尼索斯，虽然注定要被雅典法庭的酒神女祭司们撕碎，却迫使这位极其强大的神逃遁：就像当年，这位酒神为了躲避厄多涅斯王吕枯耳戈时，逃到了大海深处，也就是逃到一种渐渐铺展到全世界的秘密崇拜的神秘洪流中了。

苏格拉底与欧里庇德斯关系甚密，意趣相投，同时古人对此点也不无觉察；对于这种可喜的觉察能力的最动人表达，乃是那个在雅典广为流行的传说，说苏格拉底经常帮助欧里庇德斯写诗。要列举当代的民众蛊惑者时，"美好古代"的拥护者们总是一口气说出这两个名字：由于受这两个人的影响，古代马拉松式的、敦实有力的卓越身体和灵魂，随着身心力量的不断萎靡，越来越成为一种可疑的启蒙的牺牲品。阿里斯托芬的喜剧就是以这种腔调，既愤怒又轻蔑地来谈论那两个人的，这一点使现代人感到恐惧，他们虽然乐意抛弃欧里庇德斯，但眼见阿里斯托芬竟把苏格拉底说成头号诡辩家，说成所有诡辩企图的镜子和典范时，他们可能会惊讶不已的——在这方面给他们的唯一安慰，就是公开谴责阿里斯托芬本人，斥之为诗坛上招摇撞骗的阿尔西比阿德。在这里，针对此类攻击，我并不想为阿里斯托芬的深刻直觉辩护，而倒是要继续从古代的感受出发来证明苏格拉底与欧里庇德斯的紧密共属关系；在此意义上我们特别要记住的是，作为悲剧艺术的敌人，苏格拉底是不看悲剧的，只有在欧里庇德斯的新戏上演时才出现在剧场里。而众所周知，德尔斐的神谕却把这两个名字相提并论，把苏格拉底称为人间最智慧者，同时又判定欧里庇德斯在智慧比赛中应得第二名。

在这个排名中，索福克勒斯名列第三；与埃斯库罗斯相反，他可以自诩做了正确之事，而且这是因为他知道什么是正确的。显然，正是这种知识的神圣性程度，使上述三个人一起彰显为他们时代的三个"有识之士"。

但当苏格拉底发现他是唯一承认自己一无所知的人时，他关于这种新的对知识和见识的空前重视发表了极其尖刻的话；他以挑衅之势走遍雅典,造访那些大政治家、大演说家、大诗人和大艺术家,所到之处都见到知识的自负。苏格拉底不无惊奇地认识到,所有这些名流本身对自己的职业并没有正确可靠的识见,而只靠直觉从事。"只靠直觉":以这个说法,我们触着了苏格拉底之意图的核心和焦点。苏格拉底主义正是以这个说法来谴责当时的艺术和当时的伦理的:他那审视的目光所及,只看到缺乏识见和幻想猖獗,然后从这种缺失当中推断出现存事物的内在颠倒和无耻下流。从这一点出发,苏格拉底就相信必须来匡正人生此在:他孑然一人,作为一种完全不同的文化、艺术和道德的先驱,带着轻蔑和优越的神情进入一个世界之中——而对于这个世界,我们倘若能以敬畏之情抓住它的一个边角,就已然是莫大的幸事了。

这就是我们每次面对苏格拉底时都会出现的巨大疑难,正是这个疑难一而再,再而三地激励我们去认识这个最值得追问的古代现象的意义和目的。希腊的本质表现为荷马、品达和埃斯库罗斯,表现为斐狄亚斯、伯里克利、皮提亚和狄奥尼索斯,表现为至深的深渊和至高的高峰,那无疑是我们要惊叹和崇拜的——作为个体,谁胆敢否定这样一种希腊本质呢?何种恶魔般的力量胆敢凌辱这种迷人仙酒呢?是哪个半神,使得由人类最高贵者组成的精灵合唱歌队也不得不向他高呼:"哀哉!哀哉!你已经用有力的拳头,摧毁了这美好的世界;它倒塌了,崩溃了!"

那个被称为"苏格拉底魔力"的神奇现象,为我们了解苏格拉底之本质提供了一把钥匙。在特殊场合,苏格拉底那巨大的理智会沦于动摇状态,通过一种在这样的时刻发出来的神性声音,他便获得了一个坚固的依靠。这种声音到来时,往往具有劝告作用。

这种直觉的智慧在这样一个完全反常的人物身上表现出来，只是为了偶尔阻止他那有意识的认识活动。在所有创造性的人那里，直觉恰恰是一种创造的和肯定的力量，意识表现为批判性的和劝告性的，而在苏格拉底身上却不然，在他那里，直觉成了批判者，意识成了创造者——真是一个缺损畸胎（Monstrosität per defectum）啊！诚然，在这里我们感受到了任何一种神秘资质的巨大 defectus［缺陷］，以至于可以把苏格拉底称为特殊的非神秘主义者，在后者身上，逻辑的天性由于异期复孕而过度发育，恰如在神秘主义者那里，那种直觉的智慧发育过度了。但另一方面，苏格拉底身上表现出来的那种逻辑本能却失灵了，完全不能转向自身、直面自身；在这种无羁的湍流中，它显示出一种自然强力，只有在最伟大的直觉力量中，我们才能十分惊恐地发现这种自然强力。谁只要在柏拉图著作中领略到一丁点儿苏格拉底生活倾向中表露出来的那种神性的天真和稳靠，他也就会感觉到，逻辑的苏格拉底主义那巨大的本能之轮仿佛在苏格拉底背后转动，而要审视这个本能之轮的运动，我们必须通过苏格拉底，有如通过一个幽灵。不过，苏格拉底本人对此关系也已经有预感了，这一点表现在：无论在哪儿，甚至于在法官面前，他都要庄严地提出自己的神圣使命。在这一点上，要驳倒苏格拉底根本上是不可能的，正如我们不可能赞同他那消解本能直觉的影响一样。在这种难以解决的冲突中，当他一度被传到希腊国家法庭上时，就只有唯一的一种判决形式，即放逐；人们蛮可以把他当作某种完全莫名其妙的、无法归类的、不可解释的东西驱逐出境，后世无论如何都没理由来指责雅典人的可耻行为了。然而，雅典人却判他死刑，而不只是放逐而已，仿佛是苏格拉底本人要实施这个判决的,完全清醒而毫无对死亡的天然恐惧:苏格拉底从容赴死,有如他在会饮时的泰然心情——根据柏拉图的描写,苏格拉底总是作为最后一个豪饮者,在黎明时分泰然自若地离开酒宴,去开始新的一天;而那时候,留在他身后的是那些沉睡在板凳和地面上的酒友,正在温柔梦乡中,梦见苏格拉底这个真正的好色之徒呢。赴死的苏格拉底成了高贵的希腊青年人前所未有的全新理想:尤其是柏拉图这个典型的希腊青年,以其狂热心灵的全部炽热献身精神,拜倒在这个偶像面前。

现在,让我们来设想一下,当苏格拉底那一只巨人之眼,那从未燃起过艺术激情之优美癫狂的眼睛,转向悲剧时会是何种情形——让我们来设想一下,他的眼睛不可能愉快地观入狄奥尼索斯的深渊——那么,说到底,这眼睛必定会在柏拉图所谓"崇高而备受赞颂的"悲剧艺术中看到什么呢?某种相当非理性的东西,似乎有因无果和有果无因的东西,而且整个是如此多彩和多样,以至于它必定与一种审慎的性情相抵触,而对于多愁善感的心灵来说却是一个危险的火种。我们知道苏格拉底唯一弄得懂的是何种诗歌艺术,那就是伊索寓言:而且肯定是带着那种微笑的适应和将就态度,在《蜜蜂和母鸡》这则寓言中,诚实善良的格勒特就是以这种态度赞颂诗歌的:

> 你看看我身上,诗歌有何用场,
> 对没有多少理智的人,
> 要用一个形象言说真理。

但在苏格拉底看来，悲剧艺术甚至不能"言说真理"，姑且不说它面向的是"没有多少理智的人"，也即并不面向哲学家：我们有双重理由远离悲剧艺术。与柏拉图一样，苏格拉底也把悲剧艺术看作谄媚的艺术，这种艺术只表现舒适惬意之物，而并不表现有用的东西，所以他要求自己的弟子们对此类非哲学的刺激保持节制和隔绝的态度；其成功之处在于，年轻的悲剧诗人柏拉图为了能够成为苏格拉底的弟子，首先焚烧了自己的诗稿。然而，当不可战胜的天资起而反抗苏格拉底的准则时，它们的力量，连同那种惊人性格的冲击力，始终还是十分强大的，足以迫使诗歌本身进入全新的、前所未知的地位中。

这方面的例子就是刚刚提到过的柏拉图：在对于悲剧和一般艺术的谴责方面，柏拉图无疑并不落后于他的老师所搞的天真的冷嘲热讽；但基于完整的艺术必要性，柏拉图却不得不创造出一种艺术形式，后者恰恰与他所拒斥的现成艺术形式有着内在的亲缘关系。柏拉图对旧艺术的主要责难——旧艺术是对假象（Scheinbild）的模仿，因而属于一个比经验世界还更低级的领域——首先并不是针对这种新艺术作品的：所以我们看到柏拉图力求超越现实，去表现作为那种假现实之基础的理念。但这样一来，思想家柏拉图却迂回地达到了这样一个地方，就是他作为诗人始终有在家之感的地方，以及让索福克勒斯和整个旧艺术庄严地抗议他的责难的地方。如果说悲剧汲取了全部先前的艺术种类，那么，在某种古怪的意义上，这个说法同样也适合于柏拉图的对话，后者是通过混合全部现存的风格和形式而产生的，它飘浮在叙事、抒情诗、戏剧之间，在散文与诗歌之间，因此也打破了统一语言形式这一严格的老规矩；犬儒学派的作家们在这条道上就走得更远了，他们有着极其斑杂多彩的风格，在散文形式与韵文形式之间摇摆不定，也达到了"疯狂的苏格拉底"这一文学形象，那是他们在生活中经常扮演的形象。柏拉图的对话可以说是一条小船，拯救了遇难的古代诗歌及其所有的子孙们：现在，它们挤在一个狭小的船舱里，惊恐地服从苏格拉底这个舵手的指挥，驶入一个全新的世界里，沿途的奇妙风光令这个世界百看不厌。柏拉图确实留给后世一种新艺术形式的样板，即小说的样板：小说堪称无限提高了的伊索寓言，在其中诗歌与辩证哲学处于一种类似的秩序中，类似于后来多个世纪里这种辩证哲学与神学的关系：即作为 ancilla[奴婢]。此即诗歌的新地位，是柏拉图在魔鬼般的苏格拉底的压力下把诗歌逐入这个新地位中的。

在这里，哲学思想的生长压倒了艺术，迫使艺术紧紧依附于辩证法的主干上。在逻辑公式中，阿波罗的倾向化成了蛹：正如我们在欧里庇德斯那里必能感受到某种相应的东西，此外必能感受到狄奥尼索斯元素向自然主义的情绪的转化。苏格拉底，这位柏拉图戏剧中的辩证法主角，让我们想起了欧里庇德斯的主角的类似本性，后者必须通过理由和反驳来为自己的行为辩护，由此常常陷于丧失掉我们的悲剧同情的危险中：因为谁会认不清辩证法之本质中的乐观主义要素呢？——这个要素在每一个推论中欢庆自己的节日，而且唯有在冷静的清醒和意识中才能呼吸：这种乐观主义要素一旦进入悲剧之中，就必定渐渐地蔓延开来，使悲剧的狄奥尼索斯区域萎缩了，必然使悲剧走向自我毁灭——直到它跳进市民戏剧中而走向灭亡。我们只需来想想苏格拉底的原理的结论："德性即是知识；唯有出于无知才会犯罪；有德性者就是幸福者"：在这三种乐观主义的基本形式中，蕴含着悲剧的死亡。因为现在，有德性的英雄必定是辩证法家，德性与知识、信仰与道德之间必定有一种必然的、可见的联合，现在，埃斯库罗斯的先验的正义解答，沦落为"诗歌正义"这一浅薄而狂妄的原则了，连同其通常的 deus ex machina[解围之神]。

现在，面对这一全新的苏格拉底乐观主义舞台世界，合唱歌队以及一般地悲剧的整个音乐的和狄奥尼索斯的基础会如何显现出来呢？显现为某种偶然的东西，显现为某种——尽管完全可以忽略掉的——对悲剧之起源的回忆；然而，我们已经看到，合唱歌队只能被理解为悲剧和一般悲剧元素的原因。早在索福克勒斯那里，就已经显示出那种有关合唱歌队的窘境——一个重要的标志是，在他那里，悲剧的狄奥尼索斯根基已经开始碎裂了。索福克勒斯再也不敢把获得戏剧效果的主要任务托付给合唱歌队了，而倒是限制了合唱歌队的范围，使之显得几乎与演员处于同等地位上，就仿佛把它从乐池提升到舞台上了：而这样一来，合唱歌队的本质当然就完全被毁掉了，尽管亚里士多德恰恰对于这种有关合唱歌队的观点表示赞同。对于合唱歌队地位的改变，索福克勒斯至少是用自己的实践来倡导的，据传甚至还写了一本著作来加以张扬；这是合唱歌队走向毁灭的第一步，而毁灭过程后面诸阶段，在欧里庇德斯、阿伽同那里，以及在新喜剧中，以惊人的速度接踵而至。乐观主义的辩证法用它的三段论皮鞭把音乐从悲剧中驱逐出去了：也就是说，它摧毁了悲剧的本质——这种本质只能被解释为狄奥尼索斯状态的一种显示和形象化呈现，解释为音乐的明显象征，解释为一种狄奥尼索斯式陶醉的梦幻世界。

可见,如果我们必须假定,甚至在苏格拉底之前就已经有一种反狄奥尼索斯的倾向,只是在苏格拉底身上这种倾向获得了一种空前出众的表达,那么,我们就不必害怕这样一个问题,即:像苏格拉底这样一个现象究竟指示着什么?面对柏拉图的对话,我们固然不能把这一现象把握为一种仅仅消解性的否定力量。苏格拉底的欲望的直接效果无疑就在于狄奥尼索斯悲剧的瓦解,而苏格拉底深刻的生活经验本身却迫使我们追问:苏格拉底主义与艺术之间是否必然地只有一种对立的关系?一个"艺术苏格拉底"的诞生究竟是不是某种自相矛盾的东西?

因为对于艺术,这位专横的逻辑学家时而有一种缺失之感,一种空虚之感,感觉到自己得受部分责难,也许疏忽了某种责任。正如他在狱中对朋友们讲的那样,他经常做同一个梦,梦里说的总是同一个意思:"苏格拉底,去搞音乐吧!"直到他生命的最后日子,他都用这样的想法来安慰自己:他的哲学思考就是最高的缪斯艺术,他并不认为神灵会让他想起那种"粗鄙的、通俗的音乐"。最后在狱中,为了完全问心无愧,他也勉强同意去搞他所轻视的那种音乐。怀着这种想法,他创作了一首阿波罗颂歌,并且把几篇伊索寓言改成诗体。驱使他做这些功课的,乃是某种类似于魔鬼告诫之声的东西;那是他的阿波罗式观点:他就像一个野蛮族的国王,理解不了一个高贵的神的形象,而由于他毫无理解,他就有亵渎神灵的危险。苏格拉底梦里的那句话乃是一个唯一的标志,表明他对于逻辑本性之界限的怀疑:他一定会问自己,也许我不能理解的东西也未必径直就是不可理解的东西吧?也许存在着一个智慧王国，逻辑学家被放逐在外了？也许艺术竟是科学的一个必要的相关项和补充呢？

有鉴于上述最后几个充满预感的问题，我们现在必须来说一说，苏格拉底的影响如何像在夕阳西下时变得越来越巨大的阴影，笼罩着后世，直至今日乃至于将来；这种影响如何一再地迫使艺术推陈出新——而且已经是形而上学上的、最广和最深意义上的艺术——，以及这种影响本身的无穷无尽又如何保证了艺术的无穷无尽。

在能够把这一点认识清楚之前，在令人信服地阐明所有艺术与希腊人（从荷马到苏格拉底）的最内在的依赖关系之前，我们必须像雅典人对待苏格拉底那样，来了解一下这些希腊人。几乎每一个时代和每一个文明阶段都一度愤愤不平地力求摆脱希腊人，因为在希腊人面前，后世一切自身的成就，看起来完全原创的和受到真诚赞赏的东西，似乎都突然失去了光彩和生气，萎缩成失败的复制品、甚至于漫画了。而且如此这般地，总是一再爆发出一种由衷的愤怒，就是对这个胆敢把一切非本土的东西永远称为"野蛮"的傲慢小民族的愤怒：人们要问，这些希腊人到底是谁？——尽管他们只具有短暂的历史光辉，只拥有局促得可笑的机制，只具有一种可疑的道德才能，甚至负有卑鄙恶习的丑名声，但他们竟在各民族当中要求享有人群中的天才方能拥有的尊严和殊荣。可惜人们并没有如此幸运，找到能够把这样一种人直接干掉的毒酒：因为嫉妒、诽谤和愤怒所生产出来的全部毒汁都不足以毁掉那种自足的庄严。所以在希腊人面前，人们自惭形秽，心生畏惧；除非人们重视真理超过一切，而且也敢于承认这种真理，即：希腊人作为驾驭者掌握着我们的文化,也掌握着每一种文化,但车马材料几乎总是过于寒碜,配不上驾驭者的光荣,而这些驾驭者就认为,驾着这等破车驶向深渊便是一个玩笑:他们自己以阿喀琉斯的跳跃,越过了这个深渊。

为了表明苏格拉底也具有这样一种驾驭者地位的尊严,我们只需认识到,他是一种前所未有的此在方式的典型,即理论家的典型;而洞察这种理论家典型的意义和目标,乃是我们最后的任务。与艺术家一样,理论家也对现成事物有一种无限的满足感,并且也像艺术家那样,由于这种满足感而避免了悲观主义的实践伦理,及其只有在黑暗中才闪光的犀利目光。因为在每一次真理的揭示过程中,艺术家总是以喜悦的目光停留在那个即便到现在、在揭示之后依然隐蔽的东西上,而理论家则享受和满足于被揭下来的外壳,以一种始终顺利的、通过自己的力量就能成功的揭示过程为其至高的快乐目标。倘若科学只关心那一位赤裸裸的女神而不关心其他任何东西,那就不会有科学了。因为若是那样的话,科学的信徒们的心情一定会像那些想要径直凿穿地球的人们:当中每个人都明白,即便尽毕生的最大努力,他也只能挖出这无限深洞里的一小段,而第二个人的劳作又会在他眼前把他挖的这一小段填埋起来,以至于第三个人会觉得,自己要挖洞,最好是自己独当一面,选择一个新的挖掘点。如果现在有人令人信服地证明,通过这个直接的途径是不能达到对跖点目标的,那么,谁还愿意在旧洞里继续挖掘呢?——除非他这时不满足于找到宝石或者发现自然规律。因此,最诚实的理论家莱辛敢于大胆表白,说他关注真理的探索甚于关注真理本身:这话揭示了科学的根本奥秘,使科学家们感到惊呀,甚至于大为恼火。莱辛这种个别的识见,如果不说狂妄自负,也是过于诚实了。当然,现在除了这种识见,还有一种首先在苏格拉底身上出世的妄想,那种无可动摇的信念,即坚信:以因果性为指导线索的思想能深入到最深的存在之深渊,而且思想不仅能够认识存在,而且竟也能够修正存在。这种崇高的形而上学妄想被当作本能加给科学了,而且再三地把科学引向自己的界限,至此界限,科学就必定突变为艺术了:真正说来,艺术乃是这一机制所要达到的目的。

让我们现在举着上面这种思想的火炬,来看看苏格拉底:他在我们看来是第一个不仅能凭借这种科学本能生活、而且——更有甚者——也能凭借这种科学本能赴死的人:因此,赴死的苏格拉底形象,作为通过知识和理由而消除了死亡畏惧的人,就成了科学大门上的徽章,提醒每个人牢记科学的使命,那就是使此在(Dasein)显现为可理解的、因而是合理的:诚然,如果理由不充分,那么为做到这一点,最后也就必须用到神话。刚刚我甚至把神话称为科学的必然结果,实即科学的意图。

谁一旦弄清楚,在苏格拉底这位科学的秘教启示者(Mystagoge)之后,各种哲学流派如何接踵而来,像波浪奔腾一般不断更替,一种料想不到的普遍求知欲如何在教养世界的最广大领域里,并且作为所有才智高超者的真正任务,把科学引向汪洋大海,从此再也未能完全被驱除了,而由于这种普遍的求知欲,一张共同的思想之网如何笼罩了整个地球,甚至于带着对整个太阳系规律的展望;谁如果想起了这一切,连同惊人地崇高的当代知识金字塔,那么,他就不得不把苏格拉底看作所谓的世界历史的一个转折点和旋涡。因为倘若人们来设想一下,为那种世界趋向所消耗的这整个无法估量的力量之总和并不是为认识效力的,而是用于个人和民族的实践目的、也即利己目的,那么,在普遍的毁灭性战斗和持续不断的民族迁徙中,本能的生活乐趣很可能大大被削弱了,以至于自杀成了习惯,个体或许会感受到最后残留的责任感,他就像斐济岛上的居民,身为儿子弑父,身为友人杀友:一种实践的悲观主义,它本身可能出于同情而产生出一种有关民族谋杀的残忍伦理——顺便提一下,世界上凡是艺术没有以某种形式而出现、特别是作为宗教和科学而出现,用于治疗和抵御瘟疫的地方,往往就有这种悲观主义。

与这种实践的悲观主义相对照,苏格拉底乃是理论乐观主义者的原型,他本着上述对于事物本性的可探究性的信仰,赋予知识和认识一种万能妙药的力量,并且把谬误理解为邪恶本身。在苏格拉底类型的人看来,深入探究那些根据和理由,把真正的认识与假象和谬误区分开来,乃是最高贵的、甚至唯一真实的人类天职:恰如自苏格拉底以降,由概念、判断、推理组成的机制,被当作最高的活动和一切能力之上最值得赞赏的天赋而受到重视。甚至最崇高的道德行为,同情、牺牲、英雄主义等情感,以及那种难以获得的心灵之宁静,即阿波罗式的希腊人所谓的"审慎",在苏格拉底及其直到当代的同道追随者看来,都是从知识辩证法中推导出来的,从而是可传授的。谁若亲自经验过一种苏格拉底式认识的快乐,体察到这种快乐如何以越来越扩大的范围,力图囊括整个现象世界,那么,从此以后,他能感受到的能够促使他此在的最强烈刺激,莫过于这样一种欲望,即要完成那种占领并且把不可穿透的知识之网牢牢地编织起来的欲望。对于有此种心情的人来说，柏拉图的苏格拉底就表现为一种全新的"希腊的明朗"和此在福乐形式的导师，这种全新的形式力求在行动中迸发出来，并且多半是为了最终产生天才、在对贵族子弟的助产式教育影响当中获得这样一种迸发。

但现在，科学受其强烈妄想的鼓舞，无可抑制地向其界限奔去，而到了这个界限，它那隐藏在逻辑本质中的乐观主义便破碎了。因为科学之圆的圆周线具有无限多个点，至今还根本看不到究竟怎样才能把这个圆周完全测量一遍；所以高贵而有天赋的人，还在他尚未达到生命中途之际，便无可避免地碰到这个圆周线的界限点，在那里凝视那弄不清楚的东西。如果他在这里惊恐地看到，逻辑如何在这种界限上盘绕着自己，终于咬住了自己的尾巴——于是一种新的认识形式破茧而出，那就是悲剧的认识，只为了能够为人所忍受，它就需要艺术来保护和救助。

如果我们用已经得到加强的、靠着希腊人而得到恢复的眼睛来观看围绕着我们的这个世界的最高领域，那么，我们就会发觉，在苏格拉底身上突出地表现出来的永不餍足的乐观主义求知欲，已经突变为悲剧性的听天由命和艺术需要了：诚然，这种求知欲在其低级阶段是与艺术为敌的，尤其是必定对狄奥尼索斯悲剧艺术深恶痛绝，苏格拉底主义对埃斯库罗斯悲剧的斗争就是这方面的例子。

现在，让我们怀着激动的心情来叩当代和未来的大门：上面讲的这种"突变"将导致天才的不断新生，确切地说，就是搞音乐的苏格拉底的不断新生吗？这张笼罩此在的艺术之网，无论冠有宗教之名还是冠有科学之名,将越来越牢固和细密地得到编织呢,还是注定要在现在自命为"当代"的那个动荡不安的野蛮旋涡中被撕成碎片呢?——我们心怀忧虑,但也不无慰藉,且静观片刻,作为沉思者来充当这种种惊心动魄的斗争和过渡的见证人。啊!这种斗争的魔力正在于:旁观者也必须投入战斗!

论我们教育机构的未来

六个公开演讲[①]

[①] 1872年,尼采受巴塞尔的"学术委员会"邀请作有关教育改革的公开演讲,尼采只发表了五次演讲。他写了第七个演讲的简略构思。——译注

导　言[①]

一

　　我演讲的标题[②],应该像其他任一标题一样,须尽可能的确定、清晰和有力,但我现在才注意到,目前的标题太过简短、太过精

---

　　① 参见:8[60]。——编注

　　② 尼采的演讲涉及德语中两个表达"教育"的两个概念的区分:Erziehung 和 Bildung。"Erziehung"意思为"教育",相当于英语中的"education";而"Bildung",则为德语世界中被认为是不可翻译的概念,不仅有"教育"(Erziehung)义,但同时也有"文化""教化"和"自我创化"义。这里的"自我创化"是指一种终身的连续的创造性的自我转化,因此,就时间而言,个体"Erziehung"的终止应该是个体的终身性的"Bildung"开始,也就是说,制度化的学校教育(Erziehung)就是帮助学习者走上自我创化(Bildung)的道路,尼采有时交替使用了"Erziehung"和"Bildung"这两个概念,但更为频繁地使用了"Bildung",而且更为重视后者的"文化"和"自我创化"的意思。其演讲标题"我们教育机构的未来"中"教育机构"的德文为"Bildungsanstalten",亦即"教化机构",也显示了这一点。也就是说,在尼采看,教育机构是为了使学习者亦即尼采所指的少数天才的迈向自我创化("Erziehung zur Bildung")的机构;而这些天才们的自我创化,对德国社会来说,是文化的创生,对其自身来说是成为"有教养者"(gebildete Menschen)。这里沿用我国哲学界和文学界的翻译,把"Biludng"翻译成"教化"。译者有时也酌情把"Bildung"译为"教育"、"教育教化"、"自我创化"或"文化",更多时是意图把这些涵义都纳入到"教化"这个概念之中。读者亦可根据自己的理解把它的翻译还原为"教育",但绝不能等同于中文中的"教育"概念。详细区分,亦可参考译后记。——译注

确，因而又有点模糊和不清晰。因此，我必须首先就这个标题以及本次系列演讲的目的，向我尊敬的听众做些解释，并为不得不这样做而向诸位致以歉意。我承诺向诸位谈论关于我们教育机构的未来，但我最初根本没有想到去探讨我们巴塞尔地区此类机构的特定未来及其继续发展。因此，即使许多一般性的论述，恰巧也适用于巴塞尔地区的教育机构，我本人也并不想做这样的推断，也不想为这样的推断承担责任。其原因在于，我认为自己对这里太陌生，也没有经验，感觉自己远未在这里扎根，远未谙熟这里的情况，从而不能对这里的教育机构的情况做出正确的判断，也根本不能预先确定其未来发展。另一方面，我自己完全知道我是在一个什么样的城市做演讲。这个城市力求以一种不同寻常的规模以及令所有更大国家感到汗颜的标准去促进其公民的教育和教化。因此，我想我肯定有理由来假定，这里的人既对我所要谈论主题做了许多，也一定对此思考了许多。我的希望，也就是我的假设是，我能与这里的听众建立一种精神联系，因为他们不仅同样对教育教化问题进行过深入思考，而且也有意志去用行动去促进他们认为是正确的事物。考虑到演讲目标的宏大和演讲时间的有限，我惟有对着这些听众，才能使自己得到理解。也就是说，只有他们才能猜度我只能暗示的意义，才能补充我所必须省略的内容。简言之，他们需要的不过是提醒，而非教诲。

因此，我完全拒绝被视为巴塞尔学校问题和教育问题的业余顾问，也不考虑从当今文明民族的整个视野出发来预言教育教化和教育机构的未来。视野太过阔远，就像太过切近一样，都会令我目盲。因此，所谓我们的教育机构，不是特指巴塞尔的教育机构，也不是囊括所有民族最广泛意义上的无数形式的教育机构,而是指在这里也受到欢迎的德国的教育机构。也就是说,我们这里要关注和探讨的是德国教育机构的未来,其中,包括德国的国民学校、实科中学、人文中学和大学。① 在探讨的过程中,我们将完全不做比较和评价,尤其要警惕这样一种阿谀性的妄念,即,似乎我们的状况对其他文明民族来说是普遍有效的、不可超越的模式和模范。这里只需知道这一点就已足矣:我们的教育机构并非偶然

---

① 国民学校(Volksschule),在18世纪德国、特别是普鲁士,是一种国家支持的初等教育机构。1717年,普鲁士颁布法令实施强迫教育,但1781年的调查显示只有四分之一的学生参加国民学校;实科中学(Realschule,词根"Real"在拉丁语中有"事物"的意思),最初是由虔信学派在18世纪初创立,强调传授有用知识的中等教育机构。1783年哥廷根大学教授格斯纳(J. M. Gesner)强调学校应当教授数学、物理、化学、生物、历史和地理等实科知识和民族语言(即德语),主张培养有用的公民,而不是学者。实科中学一方面满足了德国的工业发展要求,促进了工业发展,另一方面,也为那些不从事古典研究而期望能在工商业中谋求职位的学习者提供了出路;人文中学(Gymnasium),是一种使学生获得大学入学资格的中等教育机构。尼采的演讲所着重探讨的就是这种被称为重要的文化运动的纪念碑的人文中学。"Gymnasium"在古希腊是进行身体训练和精神训练的地方,当然身体训练处于主导位置。这个概念在罗马时期并未流行,但在意大利文艺复兴时期重新活跃起来,并在15世纪进入荷兰和德国。1538年,斯图谟(Johannes Sturm)在斯特拉斯堡建立了一所作为德国人文中学的榜样的人文中学。这些人文中学强调拉丁语和希腊语学习,强调学术的教育,以使学生获取大学资格。但从18世纪开始,德语、现代外语(主要是法语)以及自然科学的比重也逐渐增加。经过1735年、1752年和1764年的系列改革,人文中学逐渐为国家控制。1800年,由于新人文主义和洪堡(Wilhelm von Humboldt)的影响,古典教学重又逐渐增强,并强调人的普通教化。1812年,普鲁士规定,所有有权送其学生进入大学学习的学校,一律称为人文中学。19世纪末,人文中学又经历了一次转折,被当时政府要求增加自然科学和现代语教育,强调培养德国人,而不是希腊人和罗马人。自1900年以后,人文主义的文科中学(humanistische Gymnasium)、实科人文中学(Realgymnasium)以及高级实科中学(Oberrealschule),都可以获得进入大学学习的资格证书(Abitur)。今天,德国的"Gymnasium",翻译成"文理中学"而非"人文中学",似更为恰当。——译注

645 地与我们联系在一起,并非像一件长袍那样加在我们的身上;它们是重要的文化运动的活的纪念碑,在某些方面,它们就是我们的"祖传的家什"①,把我们与我们民族的过去联系起来,因此,它们在本根上是如此神圣、如此可敬的遗赠,以至于我知道,我只有在最大可能接近其最初产生的理想的意义上才能讨论我们教育机构的未来。此外,我坚定地相信,目前对这些教育机构所进行的、旨在使其"合乎时宜"②的许多改变,大部分都扭曲和偏离了作为其根基的原初的高贵理想。对于这些机构的未来,我们所敢于作出的希望是,它们在历经德意志精神的普遍的更新、重振和净化之后,从中获得一定程度的新生。在这种新生之后,它们会显得亦旧亦新,但人们对它们现在施予的变化则多是力求仅仅使其"现代"与"合乎时宜"。

我准备仅在这一希望的意义上来谈论我们教育机构的未来。这也是我一开始请求听众谅解的第二点。在所有的自负中,最大者莫过于想做先知,以至于一个人说自己不想做先知,在听众看来已觉可笑。在我看来,任何人都不可以以一种先知的腔调来谈论我们的教育教化以及与之相连的教育机构和教育方法的未来,除非他能够证明这种未来的教育教化的萌芽在当代已一定程度地存在,并将在高得多的程度上得到了扩展和发展,以对学校和其他教

---

① 短语"祖传的家什"(Urväterhausrath)是从歌德《浮士德》借用而来。参见《浮士德》第一部,第408行。——编注

② 尼采出版的第二部著作的书名是《不合时宜的考察》。——译注

育机构产生一种必然的影响。请允许我像一位罗马内脏占卜师①那样,只根据时代的内脏来测度其未来。就我们的主题而言,我正是要预言一种业已存在的教育教化趋势的未来的胜利,尽管当下它并未受到青睐,也不受尊重,甚至也未得到扩展。但我满怀信心地认为,它必将胜利,因为它有着最伟大、最强有力的盟友:自然。我们无须讳言,我们现代教育方法的许多前提都带有不自然的特性,并且,我们时代最致命的弱点恰恰与这种不自然的教育方法相关联。谁感觉自己与这个时代完全混同合一,认为它是一种"不言而喻"的东西,那我们也不会因为他的这个态度和这个无耻拼凑起来的闻所未闻的时髦词汇"不言而喻"②而嫉妒他。不过,谁若是持相反的观点,且已经绝望,那他也就无须再去战斗,只需怀抱孤独,尽速穷居独守。但是,在这种对当代持"不言而喻"态度者和对现实持绝望态度的孤独者之间,还挺立着战士,即仍持有希望的人。在我们眼前挺立的伟大的席勒,就是这类人最为高贵和最为崇高的代表。就像歌德在《大钟歌·跋》中给我们所描绘的那样:③

　　　　他的面颊现在越来越红润,

---

　　① 内脏占卜师(Haruspex):根据献祭的动物内脏来占卜未来。内脏占卜最初源于意大利西北部的埃特鲁斯坎部落(Etruscan),后被引入到罗马宗教。——译注
　　② 德语"selbstverständlich"(不言而喻)是由"selbst"(自身,本身)和"verständlich"(可理解的,明白的)两个词组成,尼采这里不认可这个词汇,也不认可用这个词汇去对待德国教育的现实状况。——译注
　　③ 参见歌德:《大钟歌·跋》第49—56行。——译注

因为那从不离开我们的青春,
因为那勇气,它迟早要
战胜迟钝麻木的世界的抗衡,
因为那信念,它不断飞升,
时而勇猛地狂飙,时而卑顺地低回,
以使善能发荣滋长,泽被世界,
以使高贵者的时日最终来临。

我希望我尊敬的听众把我至此为止的发言视为类似导言式的开场白,其目的是对我的演讲的题目做些说明,以避免可能的误解和不合理的要求。现在言归正传。我将在我的探讨的开始划定我基本的思考范围,并将尝试从中引出我对我们教育机构的判断。也就是说,在我演讲的开始,应该有一个清晰表述的论题,以便作为一个盾形饰纹章,提示着来访者他将进入什么样的屋子和庄园,如果他在看过这种盾形纹章之后,还喜欢一个如此标记的屋子和庄园,而不是离开的话。我的论题是:

在当代,两种表面相互对立、但其作用同样有害并最终在其结果中汇聚一起的潮流,统治着我们最初建立在完全不同根基之上的教育机构:一种是尽可能扩张和扩展教育教化的冲动,另一种是缩减和削弱教育教化的冲动。第一种冲动要求在尽可能广的范围内扩展教育教化,但按照第二种冲动,教育教化则应该放弃其最高的骄傲的使命,转而从属于并服务于另一种生活形式即国家。对于扩展和缩减教育教化的这两种灾难性的潮流,如果我们有朝一日不能帮助另外两种与之相反的、真正德意志的且一般而言富有前景的倾向获得胜利,那倒真是令人绝望了。我这里指的是教育教化的窄化和积聚的冲动以及教育教化的强化和自享的冲动,前者与尽可能扩展教育教化的冲动相对立,后者与缩减教育教化的冲动相对立。我们之所以相信后两种冲动的胜利的可能,乃是因为我们认识到,扩展和缩减教育教化的这两种潮流都是与自然的永恒意图相背离。把教育教化集中于少数人乃是自然的必然法则。这是普遍的真理。而那两种主导的潮流却只会导致建立一种虚假的、与其根本相悖的教化和文化。

前　言[①]

（供演讲前阅读，尽管与演讲内容并无联系[②]）

一

我所期望的读者应当持有三种品质。第一，他必须有静气，能从容而不匆忙地阅读；第二，他必须不把他自己及其所受的教育带入到阅读之中；第三，他不可以指望在阅读结束时获得一套新的公式规则作为最终结果。我不承诺为人文中学和实科中学提出一套新的公式规则和学习计划，相反，我更倾向于赞美那些在这方面具有超强力量的人物。因为他们能够测度整个历程，从经验的深渊上升到真正文化问题的高度，并从那种高度下降到最枯燥的条例

[①] 参见尼采：《未刊之作的五个前言》之二。——编注

[②] 这里出版的《论我们教育机构的未来》的五个演讲，是基于尼采的亲笔付印稿。我们放置在演讲文本之前的是：同《论我们教育机构的未来》的其他资料一起放在尼采一个文件夹中的1872年春他写的一个导言，以及出自他1872年夏付印稿并且后来作了修改后收集在《五本没有写成的书的五篇前言》中的一个前言。尼采曾一度想出版这五个演讲（参见：尼采1872年3月22日给弗利施（E. W. Fritzsch）的信，见《尼采书信全集》II/1，第300页），但稍后又放弃了（参见：尼采1872年12月20日给迈森堡（Malwida von Meysenbug）的信，载于《尼采书信全集》II/3，第103页及以后）。这些演讲的日期也按时间顺序作了标注。——编注

细则和最细致的公式规则之低处。而我则只要能够攀登上一个相当高度的小山，喘定之后，可以获得自由的视野，就已深感满意了。在本书中，我永远都不会去满足那些求取公式规则者的嗜好。

我真切地看到一个时代正在来临。届时，严肃的人们将一起为彻底地再生和净化教育教化而工作，并将重新成为促进那种新教化的日常教育和教学的立法者；他们也许会再次去制定一系列公式规则。但那个时代距离当代还多么遥远！此间必定还有什么事情会发生！也许人文中学会灭亡，甚至大学会灭亡，或，至少是这些教育机构会得到完全革新。因为今天这些机构的公式规则，在未来一代人的眼里看起来像是人类穴居时代的野蛮遗迹。

这本书是为了那些能够安静的读者写的，因为他们还没有卷进这个飞速转动时代的令人晕眩癫狂的匆忙之中，还没有感受到一种为时代的车轮所辗碎时的献身偶像般的快乐。也就是说，本书是为了少数人而作！但是，这些人还必须没有习惯于根据所节约或所浪费的时间的量，来评估每一事物的价值，他们"仍然拥有时间"；他们毫无愧疚、毫无自责地选择和寻求一天中的好时光以及那些富有成果和活跃有力的时刻，来思考我们教育教化的未来；当傍晚来临时，他们还可以自信自己以真正有益和富有尊严的方式度过了他们的白昼；他们还可能相信他们用十分有益和富有尊严的方式，也就是，以沉思未来的方式，度过他们的白天。这种人在阅读时仍没有忘记思考，他善于捕捉字里行间的秘密。他生性慷慨挥霍，也许会在放下书很久之后，仍会对所阅读的内容进行思考。而且，这也不是为了去写一个书评，或者也去写一本书，而仅仅是为了思考！你这该罚的挥霍者！但你正是合我心意的读者。

你心静无忧,足以陪伴作者任何距离,①即使其道路的目标只有在许多代以后才能完全看清!相反,如果读者心浮气躁,愤而冒进,急于摘取整整一代人也未必能获得的果实,那么,我们不得不担心他没有理解作者。

我对于读者第三个、也是最重要的要求是,他在任何情况下都不应该按照现代人的方式,不断地将他自己和他的教育教化带入其阅读活动之中,似乎那是一切事物可靠的衡量尺度和标准。相反,我们倒是希望他拥有足够的真正教化,从而能够看轻甚至蔑视自己所曾受到的教育,然后能完全信任作者的引导。这样,他才可能完全相信作者的引导,因为作者正是凭借无知并认识到自己的无知,才敢于对读者如此说话。作者所希望的不过是点燃他对德国当代的特定的野蛮的强烈感受,也就是感受那种与其他时代的野蛮如此鲜明地区分开来的19世纪的野蛮。

现在,作者手里拿着这本书,寻求这里或那里为类似感受所驱使的同道。让我找到你们,你们这些孤独者,我相信你们的存在!你们这些无私的人,你们遭受着德意志精神的堕落和患病的痛苦!你们这些沉思的人,你们的眼睛不是匆忙地触及事物的表面,而是善于发现通向事物本质的核心的入口!你们这些高贵的人,如亚里士多德所赞扬的,你们会犹豫且无为地度过自己的一生,除非伟大的荣誉和辉煌的事业召唤你们去行动!②现在,我所召唤的正是你们!仅这一次,请你们不要躲进你们的孤独和不信任的洞穴

---

① 可能是化用《圣经·马太福音》(第5章第41行)中的句子:"有人强逼你走一里路,你就同他走二里。"——译注

② 参见亚里士多德:《尼各马可伦理学》1124b,第24—26行。——译注

里！至少做本书的读者吧,为的是以后通过你们的行动来否定和遗忘它！请想一想,它注定要做你们的传令官！但是,一旦你们自己全副武装出现在战场上,谁还有兴趣回首去看一看召唤你们战斗的传令官呢?

第 一 次 演 讲

尊敬的听众，我请你们与我一起思考的主题，是如此的严肃，如此的重要，在某种意义上又是如此的令人不安，以至于我也和你们一样，会乐于去倾听任何一个许诺对此有所赐教之人，即使他还如此年轻，甚至他自己也不可能认为他能够凭借他自己的力量去做出某些与这个任务相称的满意的阐释。不过，可能的情况是，关于我们教育机构的未来这一令人不安的问题，他曾听到过某些正确的观点，现在想对你们复述一下。还有一种可能是，他曾有过这样一些非凡的良师：他们就像罗马内脏占卜师那样，完全能够从这个时代的内脏出发来对未来做出预言。实际上，你们可以对我作此类的期待。我也确实曾经在一次稀有的、基本上十分安全的情况下，听到了两个非凡之人之间的一次谈话。这个谈话围绕的正是我们的主题，而且，其要点、考察问题的方式和方法，如此牢固地印刻在我记忆里，以至于每当我思考类似的事情时，都已不可能不陷入与他们相同的思考之道上。只是我时常没有那两个人曾表现出的那种坚定的勇气。他们令我震惊地、大胆地说出了被禁止的真理，更为大胆地表达了他们的希望。因此，我越来越认为，有益的是，一劳永逸地记录下这场谈话，以激励其他人对如此非凡的观点和结论进行评判。这里，我有特别的理由相信，我恰好可以利用这次公共演讲的机会。

我非常清楚我是在什么地方建议对那场谈话进行一般性的思考和反思。这个地方，也就是巴塞尔，正力求以一种不同寻常的规模以及令所有更大国家感到汗颜的标准去促进其公民的教育教化。因此，我想我肯定有理由来假定，这里的人既对我所要谈论的主题做了许多，也一定对此思考了许多。惟有对着这些听众，我才能使自己对那场谈话的复述得到完全理解。也就是说，只有他们才能猜度我只能暗示的意义，才能补充我所必须省略的内容。简言之，他们需要的不过是提醒，而非教诲。

现在，我尊敬的听众，下面我就开始叙述我那次安全的经历，以及那两位不知名姓之人不太安全的谈话。

让我们想象处于一个青年学生的状态。他的这种状态在我们时代的不安和躁动中几乎已是不可能的，不可思议的。我们必须想象经历一下这个状态，以让我们认为这样一种无忧无虑的自我安静，一种逃离当下的，甚至无时代羁绊的满足和愉悦是可能的。在莱茵河岸边的波恩大学，我和我一个同龄朋友就是在这种状态中度过了一年光景。这一年，我们没有任何关于未来的计划和设想。现在看来，那简直就像是一场梦，一场为其之前和之后两个成长时期所框定的梦。我们两人不受干扰，保持着安宁与安静，尽管我们是与一个人数众多、其根本兴趣和追求与我们迥异的学生社团生活在一起，尽管有时我们不免要疲于满足或拒绝这些同龄人过于热闹和繁复的要求。但是，即使这种对相反追求的力量的虚与委蛇，现在回想起来，也始终具有一种类似我们做梦时受到各种阻碍的性质：我们做梦时会相信自己能飞翔，但总是感觉被某种不明的障碍拖住和拖回。

　　从少年开始,从我们的人文中学时代开始,我和我的朋友有着无数共同的记忆。我这里必须特别指出其中的一个共同记忆,因为它是过渡到我将要转述的那次安全无害经历的桥梁。我和我的朋友曾在一年的夏末去莱茵河旅游,我们几乎在同一时间和同一地点不约而同地,实际上是每人为自己,想出了一个计划。我们为这种不同寻常的心灵相通所震撼,决心把这个计划付诸实施。我们当时决定成立一个由少数志同道合的同学组成的小协会,其意图是为我们在文学和艺术方面的富有创造性的倾向找到一个固定的、有约束力的组织形式。更明白地说,我们规定,我们每人有责任每月向我们的小协会提交一件自己的作品,它可以是一首诗,一篇论文,一幅建筑草图或一部音乐创作;然后要求其他所有人本着友好的精神对这些作品进行自由地不受约束地评判和批评。① 因此,我们相信,通过相互的监督和校正,我们既可以激发、也可以限制我们的教化冲动。事实上,这个计划的落实是如此的成功,以至于我们对这个想法诞生的那个时刻和地点始终保持着一种感激和敬畏之情。

　　我们很快就为这种情感找到了其恰当的表达形式。我们彼此约定,只要可能,我们就会在每年的那一天去造访那个位于罗兰采克②附近的僻静之地。中学时的那个夏末,我们正是坐在那里沉

---

　　① 尼采在就读 Schulpforta 人文中学时,确实建立过类似的协会。他与平德尔(Wihelm Pinder)和克鲁格(Gustav Krug)建立一个名为"日耳曼尼亚"(Germania)的协会。——译注

　　② 罗兰采克(Rolandseck,又名 Rolanswerth):莱茵河岸边的一个小镇,在雷马根(Remagen)市内,距离波恩20公里左右。据说查理曼大帝的骑士死于此。——译注

思冥想,并为突然降临的相同约定所欢欣鼓舞。准确地说,我们并未足够严格地遵守这个约定。但是,恰恰由于这个原因,这些疏失在良心上造成的罪责感,使得我们在波恩大学这一学年期间,在莱茵河岸较长居住之时,不仅决心要更为坚定地遵守我们的规定,而且决定在约定的日子,去虔诚而隆重地拜访罗兰采克附近的那个地方,以满足和慰藉我们的感激之情。

但是,这对我们并非易事,因为恰恰在那一天,我们那个人数众多的、活跃的社团竭尽全力阻止我们"飞翔",①妨碍我们实施我们的计划。我们社团决定在这天举行一次去罗兰采克的盛大郊游,目的是在夏季学期结束之时再次确认其全体会员,然后让他们带着最美好的告别记忆返回家乡。

那天属于那种完美天气之一。这种气候很是罕见,唯有夏末才可能出现:天地静谧和谐地在远处相拥在一起,在煦暖的日光中闪烁生辉,秋日的凉爽与蔚蓝的苍穹交融一体。我们穿上了在一个阴郁流行的时代只有大学生才钟爱的明亮缤纷的奇装异服,排成队伍,登上一艘特地为我们装点上喜庆的三角旗的汽船。轮船的甲板上插着我们社团的旗子。莱茵河两岸不时地响起信号枪的响声。这是按照我们的指令而发射的,目的在于告知莱茵河岸的居民,特别是我们在罗兰采克的东道主我们到达的消息。现在,我将不再叙述从登陆地出发、经过令人激动和好奇之地的嘈杂的旅程,也不叙述并非每个人都理解的、在大学生之间流行的乐子和笑话。我将不再讲述那场逐渐活跃、甚至变得狂野的宴饮,也不再讲

---

① 这里也许在暗示前文提及的梦中飞翔。——译注

述那场不可思议的音乐会。参加宴饮的所有人都必须参与这场时而独奏、时而合奏的音乐会。我是我们社团的音乐顾问,曾负责音乐会的排练,现在则不得不担任指挥。当音乐会走向有点狂放、节奏越来越快的结尾之时,我向我的朋友做了个手势,然后就在类似嚎叫的结尾和弦之后,我和我的朋友就从门口溜走了,将几乎是怒号的深渊关闭在身后。

我们一下走入了突然令人清爽的、静谧的大自然中。太阳静止地发着光,但已西沉了许多,万物的阴影相应伸长。一缕清风从莱茵河闪着绿光的波浪上吹来,略过我们热烫的面颊。我们庄严隆重的纪念仪式定在那天白昼最后若干小时里举行,因此,我们想到用仪式之前的白昼时光来练习我们一个孤僻的爱好。我们当时有许多这样的爱好。

我们当时都强烈地爱好射击。多年以后,我们发现这个业余习得的技能对在军中服役有很大用处。我们社团的一个仆役知道我们这个远处高地的射击场,并事先把我们的手枪送到这里。罗兰采克后面较低的山脊为树木所覆盖。射击场就是一块位于树林边缘且略高于树林的小的不平之地。被我们尊为神圣的沉思之地,就在射击场附近。我们那年夏末就是在那块沉思之地决定创立我们的小协会。射击场的侧面有一条长着树木的斜坡,斜坡上有一个小的林中空地,那是一个邀人驻足的地方。从那里,我们的视野穿过前面树木和灌木,可以看到莱茵河,也可以看到,正是七峰山①,特别是龙岩山②的美丽蜿蜒的曲线把成片树木隔离开来。

---

① 七峰山(Siebengebirge):莱茵河岸边七座小火山。关于七峰山有许多传说。有传说认为,每座山都是一个巨人的身体。——译注

② 龙岩山(Drachenfels):七峰山之一。——译注

诺嫩沃特岛①位于波光粼粼的莱茵河所形成的弓形的中央,像是被莱茵河搂在自己的臂弯里。那块林中空地就是为我们共同的梦想和计划所圣化的地方。在傍晚稍后的时间里,我们要去那块林中空地,甚至是必须去,如果我们想按照我们的计划来结束那一天的话。

在离射击场那块不平之地不太远的地方,孤零零地站立着一颗粗壮的橡树墩。树墩的周围是些没有树木灌木的平地和低矮起伏的小山丘。我们曾合力在这个橡树墩上刻了一个清晰的五角星。这个图形由于经年的暴雨而有些扩大,从而成为一个理想的射击靶子。当我们到达我们的射击场时,已是下午晚些时候了。那棵橡树墩在贫瘠的荒原上投下更长、更瘦的身影。此时万籁俱静。由于脚下高耸的树木的遮蔽,我们难以看到下面的莱茵河和深谷。在这个僻静的地方,我们射击发出的尖锐的回响更加令人震撼。就在我瞄准五角星要发射第二枪时,我感觉到有人有力地抓住我的胳膊,同时我看到我的朋友也被以类似的方式阻止装填弹药。

我迅速转过身来,看到一张老人的愤怒的脸,同时我也感到似乎是一条凶猛的狗扑向我的后背。我们,也就是我以及被另一个较年轻的陌生人所阻止的我的朋友,还未来得及表达我们的惊奇,那位老者已经用威胁性的、激烈的声调开腔了。

"不!不!"他向我们喊道,"不要在这里决斗!""你们这些年轻的大学生,尤其不可以决斗!把枪扔掉!冷静下来,彼此和解,握

---

① 诺嫩沃特岛(Nonnenwörth):莱茵河上靠近罗兰采克的一个小岛。——译注

手言和！你们是大地的盐，是未来的精英，是我们希望的种子。怎么难道你们还没有从那愚蠢的荣誉问答手册及其暴力正义的原则中解放出来吗？我不想中伤你们的心，但你们的大脑并未为你们争得荣誉。你们在青少年时得到了古希腊罗马的语言和智慧的滋养和保育，人们以不可估量的辛苦和操心，使你们年轻的心灵很早就沐浴在美丽的古代世界的智者和英雄的光芒之中。难道你们在经历这样的教育教化之后，竟仍想把骑士荣誉的信条，也就是非理性的和野蛮的信条，作为你们行为的准则吗？再理性地探讨一下这信条吧，把它变成清晰、明白的概念吧，揭露其贫乏的狭隘性，但不要用你们的心，而是要用你们的理性作为标准来检验它。如果你们现在不能抛弃它，那么你们的大脑就不适合做这样领域的工作：这个领域需要轻松打破偏见之束缚的有力的判断力，需要一种能区分正确与错误的平衡的理性，即便是正确与错误之间的差异隐藏很深而并不像现在这里的情况那样容易判断时。若你们不具有这样的判断力和理性，那么，我的好人们，你们还是寻求另一种正直的方式来度过一生，或去当兵，或去学一门手艺，以获取有保障的未来。"

对于这种虽有道理但却冒犯粗糙的宏论，我们的回应也比较激烈，我和我的朋友双方相互打断对方说话、争抢着说道："首先您搞错了主要事项，因为我们来这里不是决斗，而是练习射击。第二，您也好像根本不知道什么是决斗。您怎么认为我们两个像两个强盗一样来这个僻静的地方决斗，而没有带上证人或医生？第三，对于决斗问题，我们每个人都有自己的立场，我们不希望您用这样方式的教训来袭击和吓唬我们。"

这种肯定不礼貌的回应给那个老者留下了恶劣的印象。当他了解到我们不是在决斗时,他先是温和友好地打量了一下我们,但当他听到我们最后一句话时,他又恼怒和吼叫起来。当他听到我们竟然敢于谈及自己的立场时,他有力地抓住他的同伴,迅速转过身来,严厉地吼道:"人不能仅有立场,还必须有思想!"他的同伴也对着我们补充道:"即使这样一个人会搞错,但还是要敬畏他!"

但是,我的朋友期间说了一句"小心!",又装上子弹朝着那个橡树墩上的五角星发射了一枪。老者背后这一突然的枪声,使他盛怒不已。他又转过身来,富有敌意地盯着我的朋友,然后用更弱的声音对他年轻的同伴说:"我们应该怎么做?这两个年轻人的枪声会摧毁我。"

"你们必须知道,"老者的年轻同伴转向我们说,"你们此刻震耳的射击消遣,是对哲学的真正谋杀。请看看,这位令人尊敬的长者,他在请求你们不要在这里射击。而且,如果这样一个人在请求你们……"

"是的,就算是我的请求。"那位白发老者打断他同伴,并严厉地看着我们。

实际上,我们也真不知道在这种情况下该做什么。我们也不清楚,我们有点噪声的射击爱好与哲学有什么关系。我们同样也不清楚,为什么我们必须出于莫名其妙的礼貌考虑而放弃我们的射击场。此时,我们犹豫不决和愤怒不悦地站立着。老者的年轻同伴注意到了我们的困窘,便向我们解释事情的缘由:"我们必须在这附近待上若干小时。我们有个约会。这位杰出的哲学家今晚要在这里会见他一位杰出的朋友。我们选择了一个靠近这里的小树林里有些长椅的僻静地方,作为这次的会见地点。如果我们持续受到你们射击声的惊扰,那就太不愉快了。我认为,当你们知道眼前这位选择这一安静的僻远之地来会见其朋友的白发老人,是我们最著名的哲学家之一,你们的情感也不会允许你们再继续在这里练习射击了。"

但是,他的这通解释反而令我们更加不安了。我们现在看到一个比失去射击场更大的危险在逼近我们,便急切地问:"你所说的安静的约会之地在哪里?莫不是在这里左边的小树林里?"

"正是那里。"

"但是,那个地方今晚属于我们两个,"我的朋友插话道。"我们必须拥有那个地方。"我们两个一齐喊道。

对我们来说,我们早已决定的神圣纪念在此时此刻要比世界上所有的哲学更重要。我们如此急切、如此激动地表述我们的感受,如此令人费解地、急迫地表达我们的愿望,以至于在不了解我们秘密的那位老人及其年轻同伴看来,可能显得有点荒唐可笑。至少,我们这位哲学家侵扰者微笑地、质询地看着我们,似乎在期望我们做出某种道歉或解释。但是,我们保持沉默,因为我们首先想保守我们的秘密。

我们这两个阵营就这样无声地对峙着,落日的余晖将树梢涂上了金黄色。此时此刻,哲学家看着落日,那个同伴看着哲学家,我们两个则看着小树林里那个今晚可能要丢失的隐身之地。一种愤怒之情攫取了我们。我们自问,如果哲学阻止我们成为我们自己,阻止与朋友独处的乐趣,如果哲学阻止我们成为哲学家自身,那么,哲学到底是什么呢?因为我们相信,我们对我们共同记忆的纪念具有真正的哲学本性。我们希望借以形成我们对未来的严肃的目标和计划。我们希望通过孤寂的沉思，能够以类似的某种方式再次帮助我们找到在未来构成和满足我们最内在的心灵的东西，一如少年时代那个富有创造性的举动所发现的那样。那个庄严的行为的意义恰恰就存在于其自身之中。除了处于孤寂、单独的状态中静静地思考和沉思，我们什么也不想做，就像五年前我们在沉思中不约而同地做出那个决定一样。它应该是一场静默的纪念，完全是过去，完全是未来，而现在则不过是过去与未来之间的破折号。可是眼下，一个不友好的命运闯入我们的魔圈，而且我们也不知道该如何除去它。在这次异乎寻常的遭遇中，我们甚至感觉到了某种神秘的诱惑和刺激。

两个敌对双方无声地对峙了一段时间。头上的晚云越来越红，黄昏越来越安静，越来越柔和，我们仿佛听到了大自然均匀的呼吸。大自然用最后一抹完成了一天的工作，像是很满意自己的艺术作品，即一个完美的白昼。就在此时，从莱茵河那边传来的狂热而混乱的欢呼声划破了静谧的黄昏，远处人声更加响亮嘈杂——这自然都来自我们的大学同学。他们这时想必是在莱茵河上泛舟游览。我们想到，我们被他们丢下了，同时我们也将会丢失些什么。几乎同时，我和我的朋友举枪射击。枪击的回声又传到我们这儿，连同这回声，从莱茵河谷也传来一声熟悉的叫喊。他们是在应答我们的信号，他们知道我们是社团著名的、同时也是声名狼藉的射击爱好者。

但同时，我们意识到我们的行为是对那两位沉默的新来者最大的不敬。他们之前一直静静地看着我们，这时被我们的枪声吓得跳到一边去了。我们迅速走向他们,交替说道:"请原谅。这是我们最后一次射击。这是为了用枪声呼应我们莱茵河上欢呼的朋友。你们听到他们了吗?如果你们真的坚持要小树林里的那个安静之所,那么你们必须至少要允许我们也去那里。那里有若干长凳。我们不会打扰你们的,我们将安静地坐着,不发一言。现在七点已过,①我们这就必须去那里。"

"这听起来比实际情形更加神秘,"停顿一会儿,我补充说,"我和我朋友之间有个最严肃的承诺,此后几个小时要在那里度过。这也是有原因的。那个地方对我们来说由于美好的回忆而有点神圣,它也应该会为我们开创一个良好的未来。因此,我们会注意不给你们留下任何不快的记忆,尽管我们已多次打扰并惊扰你们。"

哲学家继续沉默,但他年轻的同伴说:"可惜,我们的承诺和约定也强迫我们不仅要待在你们选择的那个地方,而且也必须在同样的时间待在那个地方。我们现在可以选择决定是命运、还是小精灵②为这种遭遇负责。"

"此外,我的朋友,"哲学家劝慰地说道,"我现在对我们这两个爱好射击的年轻人比以前更加满意了。你观察到没有,我们刚才对日沉思时,他们是多么安静?他们既没有说话,也没有抽烟,他们只是静静地站着,我甚至认为他们在沉思。"

哲学家马上转向我们说道:"你们是在沉思吗?当我们一起去那块我们共同的安静之所时,请你们向我说说。"我们一起走了几

---

① 罗兰采克夏日的黄昏要七点左右才开始。——译注
② 小精灵在德国民间传说中常在房子里游荡,有时给人帮助,有时也捣乱作祟。——译注

步,向下通过一个斜坡,进入到那个小树丛里温暖的雾气之中。小树林里越发幽暗。我的朋友在途中毫无掩饰地告诉哲学家他当时的想法:他多么担心,生平第一次,一位哲学家会阻止他进行哲学思考。

白发老者笑道:"怎么?您担心一个哲学家会阻止你们二位进行哲学思考?这也许会发生。你们还没有经历过这样的事吗?你们在大学还没有这方面的经历吗?可你们肯定听过哲学讲座吧?"

这个问题让我们很困窘。因为直到那时,我们的教育中还从来没有一点哲学。而且,我们那时还善意地相信,任何在大学里拥有哲学教习和哲学家头衔的人,就必然是哲学家。我们对此没有经验,受教极少。我们坦率地承认,我们还没有听过哲学课程,不过,肯定会去弥补。

"那么,"他问,"你们怎么说要'进行哲学思考'?"

我说,"我们不知道如何界定这一概念。不过,我们的意图和目的不过是想认真思考如何最有可能成为一个有教养者,即受过教化之人。"

"这个意图既太多,同时又太少,"哲学家抱怨道,"那就去思考这个问题吧!这是我们的长凳。我们想离你们远些。我们不想打扰你们思考如何成为有教养者。我祝你们好运,祝你们有自己的立场,就像你们对决斗问题一样,有自己全新的、明智的立场。哲学家不会阻止你们进行哲学思考,但请你们至少不要用你们的枪声来惊扰他。请你们今天效仿一下毕达哥拉斯的门徒:要成为一种真正哲学的奴仆,就必须沉默五年。你们也许能够沉默五刻钟,以成为你们如此急切关注的、自己的未来教化的奴仆。"

我们到达了我们的目的地,开始了我们的纪念庆典。就像五年前那个时候一样,莱茵河仍在脚下的薄雾中流淌,天空依然明亮,树木吐着同样的芬芳。我们坐在离哲学家最远凳子的最远一角,就像隐藏起来一样。这样,那位哲学家及其同伴也就看不到我们的正面。我们处于孤寂和独处状态了。当哲学家的声音轻缓地到达我们这里时,它就与树叶的沙沙声、密集于树丛高处的无数生物的嗡嗡声混合在一起,几乎汇成一首大自然的乐曲。这样,哲学家的声音对我们来说,就像是远处单调的诉说。我们确实没有受到干扰。

就这样过了些时间。晚霞逐渐褪色,而我们对我们少年时自我教化的壮举的回忆越来越清晰。在我们看来,我们要将最大的感谢送给我们成立的那个特别的小协会。它不仅是我们中学学习的补充,还是我们所参加的唯一带来硕果的社团。在它的框架之内,我们把我们就读的人文中学也只视为服务于我们普遍追求教育教化的一个手段。

我们清楚地知道,由于我们这个小协会,我们当时从未想到所谓的职业问题。国家总是希望教育能尽可能快地培养有用的官员,并通过过于严格的考试来确保他们无条件的服从,但是,国家这种对青少年年华的太过频繁的剥削和压榨,从未在我们的教育教化中发生过。我们如何不受功利、有用、加速成长和快速成功等时弊的影响,只需看看今天仍使我们感到安慰的一个事实:我们俩即使今天也不真正知道我们应该成为什么,而且,我们甚至并不为此忧心忡忡。我们的小协会在我们身上滋养了这种幸运的无忧无虑。正因为如此,我们在纪念它时满怀感激之情。我曾经说过,这样一种无目的的沉溺于当下的悠哉游哉,这样一种安躺于当下的摇篮中的逍遥自在,对于我们这个痛恨一切无用的时代来说,几乎是难以置信的,至少是要受到谴责的。我们是多么无用啊!但我们对我们的无用又是多么骄傲啊!我们俩甚至争论谁应该拥有更加无用的桂冠。我们希望我们不看重什么,不代表什么,不欲求什么,不思虑明日,只想做安逸地活在时代的门槛即当下的无用之徒。我们确实做到了。祝福我们!

我亲爱的听众,这就是我们当时的想法!

在沉浸于这种庄严的自我考察之后,我现在将用同样自满的口气来回答我们的教育机构的未来的问题。这时,我逐渐发现,从哲学家长凳传来的大自然的乐曲此时已失去其最初的性质,变得更加有力和清晰。我突然意识到自己在听,在偷听,在竖着耳朵全神贯注地倾听。我推了推也许有点倦意的朋友,轻声地对他说:"别睡!那边有我们可学的东西。它适合我们,尽管不针对我们。"

这时,我听到那位哲学家的年轻同伴如何激动地为自己辩解,而那位哲学家则用越来越有力的语调对他进行指责。"你丝毫没有变化,"哲学家对其年轻同伴吼道,"可惜,没有丝毫变化。七年前我带着担忧和疑虑让你离开。真是不可思议,你仍是七年前我最末一次见到时的那个样子。尽管我不愿意,可惜我还是不得不再次剥去你在这七年期间给自己穿上的现代教育之皮。我将在下面发现什么?仍然是同样不变的'理智的'性格。但正如康德所理解的,理智的性格可能也是一种必然性,不过,却是一种很少给人以安慰的必然性。我扪心自问,你智力并不平庸,也有真正的求知欲,但我整整一年的陪伴和交往,却未能在你身上留下任何令人深刻的印象,那么,我的哲学家生涯还有何意义！你现在的言行举止,表现出就像从未听过所有教育教化的基本原理似的。而在我们以前的交往中,我经常向你教导这个基本原理。现在,请告诉我,这个原理是什么？"

"我记得,"那个挨了责骂的学生回答说,"您过去经常说,如果人们知道,实际上达到以及一般而言能够达到真正有教养之人的数量,是如此难以置信地稀有,那么就不会有人去追求教育教化了。但是,如果没有数量庞大的众人只是由于一种幻象诱惑而从根本上违反其本性地参与追求教育教化,那么,即使是这么数量微小的真正有教养之人也是不可能出现的。因此,人们不能公开泄露真正有教养之人的数量稀少与教育机构的数量巨大之间这种荒谬可笑的不对称性。在这种不对称中隐藏教育教化的真正秘密：无数的人似乎是在为自己追求教育教化,并为此而努力工作,而实际上不过是在使极少数的人获得教养成为可能。"

"正是这个原理,"哲学家说,"但是,你怎么可能会忘记其真正的意义,以至于会相信你自己就是这极少数中的一个？你是这样想的,我看得很清楚。但这是我们这个有教养时代的卑劣的标志之一。这是在把属于天才的权利民主化,以解除个体对教育教化追求的辛劳和需要。如果可能,每个人都想在天才所植的大树下乘凉,都想逃避使天才的生成为可能的艰难义务。怎么？你太骄傲,而不愿作教师？你看不起那些蜂拥而入的学生？你藐视教师的义务？你想怀着敌意与这些学生划清界限,复制我和我的生活方式,去过一种孤寂的生活？你想一下子达到我经过长期顽强的斗争才最终获得的东西,即能够作为哲学家而生活？难道你不担心孤寂的生活会对你施加报复？要尝试成为一名教化的隐遁者，人们必须拥有充盈的丰富和丰沛，从而能够去过一种从自身出发而为宇宙万物的生活！不平凡的年轻人！你们认为所必须模仿的恰恰总是最困难的，最高的，而这些只对大师才是可能的。只有他们才知道这种生活是多么的困难，多么的危险，又有多少杰出的天赋会因为尝试去过这种生活而被毁灭！"

"我不想对您有所隐瞒，我的导师，"那个年轻弟子回答说，"我从您这儿听到太多的教导，也有您太长时间的陪伴，从而不能完全向我们现今的教育事业和教育体制投降。对于您过去向我指出的那些缺陷和弊端，我的感受太鲜明了，因此，如果我选择勇敢地与它们作斗争，那么，我清楚地知道我并无足够的力量去获取成功。一种普遍的气馁侵袭、征服了我。逃入孤寂，求助于隐遁，并不是因为我高傲自负。我乐意向您描述我所认为的当今如此活跃、如此引人注目的教育教化问题的特征。我想我必须对两个主要倾向加以区分：两种表面相互对立、但其作用同样有害并最终在其结果中汇聚一起的潮流，统治着我们的教育机构：一种是尽可能扩张和扩展教育教化的冲动，另一种是缩减和削弱教育教化的冲动。一种倾向要求，基于不同理由，教育应该扩展到尽可能多的人；相反，另一种倾向则要求教育教化放弃其最高尚的、最高贵的和最崇高的使命，转而屈尊去服务于另一种生活形式，比如国家。"①

"我相信我已经发现了，尽可能扩展教育教化的呼声在哪些方

---

① 参见《导言》部分最有一段。——译注

面最为强烈。这种扩展论主要是基于现代最受欢迎的国民经济学学说。① 其公式大致如此：尽可能多的知识和教育，因此，尽可能多的生产和需求，因此，尽可能多的幸福与快乐。在这里，利益，或更确切说，收益，即尽可能多的挣钱，成了教育教化的目的或目标。现在，从这方面，教育教化似乎被界定为一种明智认识，人们借以保持在'其时代的高度'上，识别所有通往财富的最便捷的途径，掌控人际之间和国民之间交往的一切手段。这样，教育教化的本来任务似乎成为了尽可能地培养'通用'之人。这里的'通用'意思类似人们指称钱币的'通用'。② 似乎这种通用之人的数量越多，一个国家的国民就越幸福。而这恰恰必须是现代教育机构的目的：按照一个人的天性所允许的程度，来促进他变得通用，使他从特定的知识和认识的程度去获取最大可能程度的金钱和快乐。每个人都必须精确地自我评估；他必须知道他可以对生活的理性的期待是多少。按照这种理解，'智识与财产的结盟'完全变成了一种道德要求。任何使人孤寂独处、超越金钱和收益以及花费太多时间的教育教化都受到了憎恨和厌恶。人们总是想把其他的教育教化倾向作为更高级的'自我主义'，作为'不道德的教育——伊壁鸠鲁主义而加以消除。按照时代认可的道德风尚，人们要求的是相反的东西，也就是一种速成的教育教化，以能迅速成为一个挣钱的生物；他们要求的是一种彻底的教育，以能成为一个挣很多钱的生

---

① 此段的余下部分略微改动后被《作为教育者的叔本华》第6部分所引用。参见科利版《尼采著作全集》第1卷，第387页第23行——第388页第25行。——译注

② 法语的"courant（通用）"与英语"currency"（通货，货币）有关。——译注

物。人们只被允许获得与其挣取的利益相当的数量的文化；他也只需要这些数量的文化。简言之，①人类对尘世幸福有着必然的要求，因为这个原因，他们对教育教化也有着一种必然的要求，但也只限于这个原因！"

"我想在这里插上几句，"哲学家说，"在你清晰的描述中出现了一个巨大且可怕的危险，即这些大众不知什么时候会一下子跳过中学教育这个中间阶段，而直接奔向尘世的幸福。人们现在把这个危险称为'社会问题'②。也就是说，对这些大众而言，最大多数人的教育教化，只是最少数人的尘世幸福的手段。这种最大可能普及的教育，如此地削弱了教育，以至于教育再也不能赐予任何人以特权和尊重了。③ 最大可能普及的教育，恰恰就是野蛮。好的，我不想打断你的继续论述了。"

哲学家的年轻同伴继续说："人们到处如此勇猛地扩展教育，除了那个如此受到追捧的国民经济学的教条外，还有其他一些动机。在有些国家，人们如此普遍地担心宗教压迫，如此显著地担心宗教压迫的后果，以至于社会各阶层都贪婪追求教育，为的是吮吸教育中被认为可以消解宗教本能的因素。另一方面，国家为了自我保存，也到处尽可能扩展教育，因为它知道自己足够强大，足以

---

① 简言之］国民的幸福是每一位个体的事情：回避这种为国民工作是不道德的。在更高等级上将挣更多钱的社会阶层停留在低等级上。简言之。——编注

② 问题'］在 8［57］部分继续。——编注

③ ［也就是说……和尊重］因为对于多数人来说，教育目的不过是成为少数人的尘世幸福的工具。看来，智识并不能立即实际地转化为金钱。而且，没有人能够证明为什么只有教育才能给予享受尘世幸福之权利的必然性；它只是一种手段：谁说，它是唯一的手段，必要的手段？——编注

把产生于教育的最为顽强的解放纳于自己的控制之下。事实也证明了这一点。得到尽可能扩展的教育,不仅对其公务员或军队,而且最终总是只对国家自身有利,即对国家与其他国家的竞争有利。在这种情况下,国家的基础必须足以广阔和坚固,从而仍能够平衡其所支持的复杂的教育大厦。就像在第一种情况下一样,即,过去的一次宗教压迫的遗迹必须仍足以清晰可感,以逼迫人们寻求一种如此可疑的对抗手段。因此,哪里响起了最广泛地扩展其国民教育的呼号,我总是爱去区分激发这种呼号的是对利益和财产的贪婪渴求,是对上一次宗教压迫的记忆,还是国家精明的自我算计。

"与此相反,在我看来,还有一种虽非十分响亮但至少同样重要的呼声,即缩减教育的倾向。在整个学术圈子,人们已习惯于悄悄地谈论这一倾向:一个普遍的事实是,由于现在奋力追求榨干学者以为科学服务,学者的教育教化已变得日益偶然和不可能了。因为现今的科学研究已经如此广泛地扩展,从而使得那些不具有超常智力但天赋良好之人,若想有所成就,就必须沉浸于一个特殊的专业领域,而忽视所有其他领域。这样,他即使现在在自己的专业方面高于一般庸众,但在其他所有领域,在所有的重要事情上,他仍然属于一般庸众。因此,这样一个专业学者就像是一个工厂工人,终其一生拧着特定的螺丝,或操作着特定的工具或机器。这样,他自然能练就不可思议的精湛技能。在德国,人们给这样一种令人痛苦的事实披上了一件了不起的思想的外衣,甚至把我们学者的这种狭隘的专业性及其对真正教化的日益偏离崇奉为一种道德现象:'埋头于微末事物','固执的忠诚',都成了最高的颂词;对专业之外的无教化和无教养,被颂扬为高贵的谦逊和自足的标志。

"在过去若干世纪里,人们认为学者,只有学者才是有教养者;但从自己时代的经验出发,我们感到很难把两者简单地加以等同。因为今天,为了有利于科学发展而去榨取从事科学研究的人,已被毫无异议地广泛认可。还有谁在自问,如此吸血鬼似地消费其创造者的科学,还有什么价值呢?科学上的学术分工所追求的实际上与某些宗教所着意追求的是同样的目标,即缩减教育教化,甚至灭杀教育教化。但是,这种要求对一些宗教及其起源与历史而言,是完全合理正当的,不过,一旦转移到科学,就可能导致其自我毁灭。如今我们已经处于这样一个时代,在所有普遍性的严肃性的问题上,特别是在最高的哲学问题上,上面所说的那种学者已根本不再有发言权了。相反,一个如今横生于各科学之间的、起黏合作用的阶层即新闻界,相信自己可以在这里履行其使命。就如其名称所显示的那样,①新闻界现在根据其本性,像个谋取日薪的劳动者那样,在行使着自己的使命。②

---

① 在古法语中,"新闻"(Journalistik)有"每日"的意思。——译注

② 与此相反,在我看来,……]更早的文稿是:现在,全世界都如此嫉妒教育教化。亲爱的朋友,您听说过吗,当我们过去动员那些青少年接受教育教化时,他们曾多么激动地指责我们。现在这是不言而喻的了。人们不再谈论:假如一个人轻率地想到现在夸夸其谈的一切也许并非就是教育教化的这种可能性,那么每个人似乎立刻会感到本人受到了伤害,仿佛这正是指他,并只是指他,而某种秘密似乎有被暴露的危险,但它在世界上肯定仍然是一种秘密。我们将猜猜这也许是一种什么样的敏感的秘密。我想我在继续探索它。现在没有人相信他的教育教化了,而且每一个人对此都有理由这样想。他同样知道他的邻人其实也这样;而他在这里又是对的。他们理解的教育教化的真正的顶峰就是不能背叛自己及其他人。这会造成交往中的可笑的矫揉造作的麻烦和担忧,始终害怕这种教育的秘密会暴露出来。但他们有独特的安慰工具:各种报刊和新闻记者。——编注

"也就是说，教育界的两种倾向在新闻界汇于一处，即扩展教育和缩减教育在这里握手言和，归于一体。报纸精确地代替了教育教化。现在，不管是谁，即使是学者，若想表达自己的教育要求，也必须依靠这个黏合性的新闻界阶层。这个阶层黏合着所有生活方式、所有阶层、所有艺术以及所有科学之间的罅隙，而且还黏合得如此坚固，如此可靠，就像日报所作的那样。当代特有的教育目的也在新闻界中达到顶峰：服务于此刻、当下的奴仆，就像记者一样，代替了伟大的天才，一切时代的领袖，代替了把人们从对此刻的陷溺中解放出来的拯救者。现在，请告诉我，我卓越的导师，在与这样一种到处颠倒所有真正的教育目的的斗争中，我还应该怀有什么样的希望？当我知道我刚刚播下的真正的教育的种子立即被伪教育、伪教化的碾子无情地辗碎，我，一个孤立的教师，又应该怀有什么样的勇气？因此，一个教师欢欣地把一个学生带回到遥远的难以企及的古希腊世界，带回到真正的教育的故乡，但不到一个小时之后，这个学生就抓起一张报纸，一本时尚小说，或任何一本其风格已被烙上现今教育野蛮的令人恶心的印章的教育读物，此时，请想一想，我的导师，这个教师的最为辛劳的工作是如何的无用啊！"

"现在，请静一静！"这时那位哲学家用强有力且富有同情心的语调说道，"我现在更理解你了，我刚才不应该向你口出恶语。除了有点绝望外，你完全正确。现在我想向你说几句安慰的话。"

第二次演讲

尊敬的听众![①] 从此刻开始,我倍感荣幸地欢迎你们中的一些人首次来作我的听众,你们对于我三周前的演讲也许只是道听途说,因而现在必须容忍我把毫无准备的你们引入到我三周前开始转述的那种严肃对话的中场。下面,我将首先回顾一下上次演讲的最后部分。那位白发哲学家的年轻同伴以诚恳且亲密的方式请求其卓越的导师原谅,解释他为什么气馁地放弃了他迄今为止的教师使命,并在一种自己选择的孤寂中毫无安慰地度日。这样一个抉择的原因完全不是出于他的高傲自大。

这位坦率耿直的年轻人说道,"我从您这听到太多的教导,也有您太长时间的陪伴,从而不会深信不疑地向我们现今的教育事业和教育体制投降。对于您过去要求我注意的教育上那些无可救药的缺陷和弊端,我的感受太鲜明了。因此,如果我选择勇敢地与它们作斗争,那么,我清楚地知道我并无足够的力量去获取成功,

---

[①] 及以后]尊敬的听众。首先让我提醒你们一下上次演讲的最后一小时由于时间紧迫而不得不向您们道别的论述。那个哲学家的年轻同伴以诚恳且亲密的方式(叙述了)他的苦闷和绝望——;或参见准备稿(另一版本):首先请允许我提醒你们那次不同寻常的对话的最后转变。在不久以前的报告中,我由于时间紧迫而不得不在向你们道别。——编注

去捣毁这种伪教育、伪教化的堡垒。于是,一种普遍的气馁侵袭、征服了我,我选择退入孤寂之中,但这并不是出于高傲自负。"因此,为了解释自己行为的原因,他清晰地描述了现代教育的普遍特性,以至于这个哲学家禁不住用富有同情的声调打断了他的讲述,并准备向他说些安慰的话。① "现在,请安静一下,我可怜的朋友,"哲学家说,"我现在更理解你了,我刚才不应该向你口出恶语。除了缺乏勇气之外,你完全正确。现在我想对你说几句安慰的话。你相信我们时代的学校教育中如此重压你的教育野蛮还会持续多久?在这方面,我不想对你隐瞒我的看法:它的时代即将结束,它的末日已屈指可数。第一个敢于在这个领域表现出完全真诚之人,将会听到来自成千个勇敢的灵魂对其真诚的反响。因为实际上,在我们时代的天赋、更加高贵和情感更加热忱的人士中,有一个缄默的共识:他们每个人都知道他们曾在这种学校教育状态中遭受了什么,每个人都想把自己的后代至少从相同的压榨中解放出来,尽管他们自己曾必须臣服于此。但尽管如此,还是没有人能做到完全的真诚。其可悲的原因在于我们时代的教育精神的贫乏。这里缺乏真正有创造性的天赋,缺乏有真正实践精神的人,也就是缺乏那些拥有良好创意之人,缺乏那些懂得真正的天赋以及真正的实践必须必然集于一身之人。因为那些平庸的实践者恰恰缺乏创意,因此,也必然缺乏真正的实践。每个对当代教育文献有所熟悉之人,如果不为其高度贫乏的精神和极度笨拙的圆圈舞而惊恐,那么他也就堕落到极点了。这里,我们的哲学不是源于惊

---

① 以上为前一演讲的总结。——译注

异，而是源于惊恐。① 谁不能在这方面感受到惊恐，那就请他不要伸手去触碰教育问题。但至今的情况正好相反。那些感受到惊恐之人，比如你，我可怜的朋友，都畏惧地逃离了；那些平庸的无所畏惧之人却将其粗笨的大手伸展到艺术中最精微、最细巧的技艺，即教育的技艺之上。但这种状态不可能长久了。在不远的将来，真诚的人就会出现，他具有良好创意，为了实现这些创意，他敢于与所有的现存之物决裂；他会借助一个伟大的典范去完成至今为止单凭活跃的粗笨大手所无法模仿的东西。这样，人们至少会开始区分和比较，至少会感受到两者之间的对立，并反思这种对立的原因。相反，今天，还有许多善良之人相信，那些粗笨的大手所从事的属于教育技艺。"

"我亲爱的导师，"哲学家同伴说，"我恳求您举一个例子来帮助我理解和树立您如此勇敢提出的希望。我们两个都了解人文中学，您相信，如在人文中学，借助诚实和良好的创意就能消除所有陈旧的、固陋的习惯吗？在我看来，抵抗进攻的枪炮不是一个坚固的铜墙铁壁，而是所有原则的最为致命的弹性和圆滑。进攻者并无一个可见的、固定的对手可供歼灭，相反，这个对手善于伪装，可以变成千百个形状，并借助其中一个形象来逃脱进攻的捉拿，借助怯懦的屈服和韧滑的撤退来迷惑进攻者。正是人文中学迫使我怯懦地逃入到孤寂之中，正是因为我感到：如果人们在这里取得胜

---

① 亚里士多德认为，哲学始于惊异（"惊异"的德语"Erstauen"，相当于英文"wonder"；尼采所谓的"惊恐"的德语"Erschrecken"则相当于英文"shock"、"terror"和"dread"）。——译注

利，那么所有其他的教育机构就一定会屈服；如果谁在这里必须丧失信心和勇气，那么他就只好在一切最严肃的教育问题上气馁。因此，我的导师，请就人文中学向我赐教，对于它的灭亡和新生，我可以希望些什么呢？"

哲学家说："我和你一样，认为人文中学至关重要。其他所有教育机构都必须以人文中学所追求的目的来加以衡量，但也共同遭受其方向偏离之苦，并将会通过其净化和更新而得到新生。即使今天的大学也不再奢望主张和拥有人文中学作为教育影响的中心的这一重要地位。至少从一个重要的方面来看，它们不过是人文中学系统的一个附属。这一点我稍后再向你进一步说明。[①] 现在，我们一起来看看在我心中产生的富有希望的相反倾向是什么：人文中学至今为止所受到促进的混杂的、难以辨识的精神，要么必须完全烟消云散，要么必须从根本上得到净化和更新。我不想用一般原则来使你惊恐。既然我们对人文中学都富有经验，也都深受其苦，那么，我们就首先来探讨其中的一方面经验：用严格的眼光来考察现在人文中学的德语教学是怎样的？

"我首先告诉你德语教学应该是什么样子。从根本上来看，人们今天所说和所写的如此恶劣和庸俗的德语，只有在报刊德语时代才是可能的。这就是为什么必须用强制的手段把有高贵天赋的年轻人置于良好品味和严格的语言训练的玻璃罩之下。如果这不可能做到，那我现在开始宁可说拉丁语。因为我耻于去说一种被如此败坏、如此亵渎的德语。

[①] 对这个承诺的回应，参见第五个演讲。——译注

"我不知道一个更高的教育机构①的使命还有可能是什么,如果它不恰恰是用令人尊敬的权威和严格把这些在语言上已变得粗野的青少年引上正确的道路,并向他们呼吁:'严肃认真地对待你们的语言!若你们不把此感受作为一桩神圣的义务,那你们身上也就不存在一种更高的教育教化的萌芽。你们对待其母语的方式可以表明你们对艺术是高度尊重还是极度蔑视,可以表明你们对艺术的亲疏程度。如果你们不能对我们报刊惯用的某些词汇和措辞感到生理上的恶心,那么你们只有放弃追求教育教化。因为就在这里,就在最为切近之处,在你们每一个说和写的时刻,你们都有一个试金石在检测有教养者现在的任务是多么艰巨,多么庞大,在检测你们中的许多人要达到真正的教化又是多么的不可能。'

"按照我们刚才的理解,人文中学的德语教师有义务要求其学生注意无数的细节,养成绝对确定的良好品味,禁止使用如'加重负荷''放进口袋''盘算某事''掌握主动''不言而喻'等令人无限乏味无聊的词语。② 教师还必须一行一行地向学生展示我们经典作家的作品,向他们展示如果一个作者内心拥有正确的艺术感,对其眼前所写的东西具有完美的理解,那么他会如何谨慎严格地对待其每一个表达和措辞。教师必须不断地要求其学生对同样的思想不断地寻求更好的表达。而且,在其天赋较差的学生还没有发展出对语言的神圣敬畏、天赋较好的学生还没有发展出对语言的

---

① 这里指人文中学。——译注

② "beanspruchen"(加重负荷)、"vereinnahmen"(放进口袋)、"einer Sache Rechnung tragen"(盘算某事)、"die Initiative ergreifen"(掌握主动)、"selbstverständlich"(不言而喻)等德语语法上的错误,难以用汉语翻译出来。——译注

高贵热情之前，教师的严格工作不能有丝毫停滞。

"这就是所谓的形式教育的一个任务，而且是最有价值的任务之一。但是，在人文中学，也就是所谓的形式教育的场所，我们现在会发现什么呢？谁若懂得把他这里所发现的进行正确地归类，那他就知道把作为所谓的教育机构的今天的人文中学视为什么。例如，他会发现，按照其最初的构成，人文中学就不是为了教化和文化，而仅是为了学术，而且，最近又发生了一次转折，其努力的目标似乎也不再是为了学术，而是为了新闻学了。这从德语教学的方式这一个真正可信的例子中可以清晰地看到。

"教师本来应该提供真正实践性的教学，使学生习惯于严格的语言上的自我约束，但我们却到处发现用学术的和历史的方法来教母语的趋势。这就是说，人们对待母语就像是在对待一门死语言，似乎对这门语言的现在和未来可以不负责任。在我们这个时代，历史的方法已成为如此流行的方法，以至于语言的活的躯体也成为了其解剖研究的牺牲品。但是，人们必须懂得把活的东西当作活的东西来对待，这恰恰是教育教化的开始；而教师使命则恰恰开始于首先必须在行为正确而非仅仅是认识正确的事情上，抑制住正在普遍蔓延的'历史兴趣'。我们的母语正是属于让学生必须学习行为正确的领域。仅仅是为了这一实践目的，我们教育机构的德语教学才是必要的，根本的。但是，历史的方法对教师来说要更加容易、更加安逸，同时，这也与他们较低的天赋，一般而言，也与其总体意志和追求的较低飞翔相适应。但是，我们这一观察适用于教育现实的所有领域：这种更为简单、更为舒适的方法总是伪装在伟大的托词和堂皇的招牌之下。而真正实践的、实际上也是更为困难的属于教育教化的行动,却受到嫉恨和蔑视。这就是为什么真诚的人必须使自己和他人清楚这种黑白颠倒。

"除了为语言学习提供学术性的刺激和激励之外,我们的德语教师经常还提供什么呢?他是如何将其教育机构的精神与德意志民族所拥有的少数真正有教养之人的精神,也就是其经典诗人和艺术家的精神联系起来的呢?这是一个黑暗的、令人忧虑的领域,若将其置于光亮之下,人们无不充满惊恐。但即使这里,我们也不想有所隐瞒,因为这一切终将且必须得到更新。在人文中学,年轻人尚未成形的精神被打上了令人厌恶的、新闻界的审美情趣的烙印。教师自己在这里播下了粗野地恶意曲解我们经典作家的种子。这种恶意曲解随后又冒充为审美批判,而实际不过是厚颜无耻的傲慢的野蛮。学生在这里学会了用幼稚的优越感来谈论我们独一无二的席勒,嘲笑他最高贵的、最富德意志特色的作品,讥笑他作品中的博萨侯爵、①马克斯和特克拉②。对于这种讥笑,德意志天才会感到愤怒,德意志优秀的子孙会感到脸红。

"德语教师习惯活动的最后一个领域,也常常被视为其活动的顶峰,在一些地方甚至被视为人文中学教育的顶峰,就是所谓的德语作文。由于几乎总是最有天赋的学生怀着浓厚的兴趣徜徉在这个领域,因此,我们要认识到,恰恰在教师对这些学生所提出的任务里,会潜藏着多么危险的诱惑性!这种德语作文是对个性的召唤。学生越是强烈地认识到其与众不同的特性,就越是富有个性地构思其德语作文。大多数人文中学还通过主题选择来促进这种

---

① 博萨(Marquis Posa):席勒《唐·卡洛斯》中的人物。——译注
② 马克斯(Max)和特克拉(Thekla):席勒《华伦斯坦》三部曲中的人物。——译注

'个性的形成'。教师向更低年级学生提出了本身就违反教育规律的主题,促使他们描述自己的生活、自己的发展。在我看来,这是教师工作的非教育性的、最强有力的证明。我们只要看一看多数人文中学的那些作文主题,就会发现,绝大多数学生也许不得不终身遭受这种过早要求创造个体性的作品所带来的痛苦,遭受这种不成熟的思想创作之苦,尽管他们自己对此是无辜的。我们还会极为经常地发现,一个人后来的所有文学作品就是这种反理智发展的教育原罪的可悲结果!①

"我们只需想一想,在这样一个年龄创造这样一个作品会发生什么。这是他自己的第一个作品,其有待发展的力量第一次喷发而成就的结晶。其独立自主的要求所产生的跌跌撞撞的感觉,给这些早期创作蒙上一种新奇的、永不再来的醉人魅力;其天性中所有的莽撞从其内心深处被召唤了出来;其不再有为更强有力的限制所约束的所有虚荣,被允许第一次以文学的形式来加以显现。从现在开始,这个年轻人感觉自己已经成熟,感觉自己有能力去论述和参与讨论,并在实践中被要求这样去做。他选择的那些主题责成他或是对特定诗作发表判断,或是以性格描述的形式去评论历史人物,或是独立探讨严肃的伦理问题,甚至是把探寻的目光转向自身,去考察他自己的发展,并作出一个自我批判的报告。简言之,整个最富反思性的任务世界,展现在这个直到现在还几乎懵懂无知、不知所措的年轻人面前,并交由他去作判断。

---

① 一个人……可悲结果]其男人特性只是作为这个最初的青年轮廓的完成图像而已。——编注

"现在让我们想象一下教师对这些如此深刻影响学生个体的最初作品的一般态度。教师会认为这些作品的哪些方面应该加以批评谴责？他又应该要求其学生注意什么？注意思想或形式的一切过度之处，也就是说，注意所有在他们这个年龄一般特有的和个体性的东西。由于过早的激发和促进，学生真正的独立自主只能表现出笨拙、尖锐和可笑的特性，但恰恰是这种个性受到了教师的谴责和拒斥，以有利于一种非原创的平庸的作品。这样，千篇一律的平庸之作却获得了教师们乖戾的赞扬而这类作品通常恰恰会让他们自己感到非常无聊。

"也许有人从德语作文这一整出喜剧中看到了今天人文中学不但最为荒谬而且还极其危险的要素。这里要求原创性，但那个年龄阶段唯一可能的原创形式又受到了拒斥；这里把形式教育视为前提，但形式教育又却只有极为少数的人在成熟的年龄时才能达到；这里把每个学生都毫无例外地视为一种具有文学天赋的存在，允许他们对最为重要的人和事作自己的判断，但真正的教育教化所应该孜孜以求的恰恰是压制对独立判断的荒唐要求，使年轻人习惯于严格顺从天才的王权；这里要求一种在更大框架下的表述形式作为前提，但学生在这个年龄每一个说出或写出的句子都是一种野蛮。除了这些危险之外，现在让我们考虑一下年轻人在那个年龄极易产生的自满，考虑一下年轻人现在第一次看到镜中的自我的文学形象时的虚荣感。谁若一眼就看清所有这些效果，他就会担心，我们文学和艺术界的全部弊端会被我们所考察的教育体制不断地重新印刻在成长中的新一代身上。这些弊端有：匆忙而虚荣的创作，无耻的图书炮制，完全的无风格，表达的粗糙、无特性或可悲的矫揉造作，审美标准的丧失，对混乱无序的沉溺。简言之，这些就是我们新闻界和学术界的文学特性。

"极为少数的人现在还会认识到，在成千上万人之中也许只有一人能以文学闻名，而所有其他甘冒风险一试的人，都会受到真正有判断力之人的荷马式的嘲笑，以作为其所印刷出来的每一句话应得的'奖赏'。因为看到一个文学的赫菲斯特①跛行，甚至走过来向我们敬献什么作品，对众神来说确为一场好戏。在这一领域，培养学生拥有严肃认真和顽强不屈的习惯和见解，这是形式教育的最高任务之一。而对所谓的"自由人格"的普遍纵容，则无非是野蛮的标志。从我上面所说可以清晰地看出，至少德语教学所考虑的不是教育教化，而是其他的方面，也就是制造前面所说的"自由人格"。只要德国人文中学在其德语作文中还习惯于培养令人作呕地肆无忌惮地乱涂乱写，只要它们还没有把最为切近的说和写的实践训练作为其神圣的使命，只要它们还是像对待一个必要的恶或一个无生命的躯体那样来对待母语，我就不会把这些机构视为真正的教育机构。

"在语言方面，我们很少看到古典典范的任何影响。这就是为什么我从这一考虑出发，对源于人文中学的所谓的"古典教育"感到十分困惑和怀疑。因为只要看一眼古典典范，人们怎么能看不到古希腊人和古罗马人从其少年开始就极其认真地重视和对待他们的语言；另外，如果古典的希腊世界和罗马世界作为最富教益的

---

① 赫菲斯特：古希腊神话中的锻冶之神和工匠的保护神，又驼又瘸，是众神中最丑陋的。——译注

模式,确实曾盘旋在我们人文中学的教育计划制定者的脑中,那么,人们怎么能在语言教育这一点上未能认识到它们的典范。至少,我对此深感怀疑。人文中学实施'古典教育'的宣称,看来更不过是一个应付的借口。一旦有对其促进教育教化能力的任何质疑,这个借口就会被拿来使用。古典教育!听起来如此高贵堂皇!它会令进攻者感到羞愧,使其推迟对它的进攻,因为谁能立即看清这个迷惑人的口号之下的真相!这是人文中学长期以来的惯用策略。哪里响起挑战的号角,它就朝哪里举起一个没有装饰着勋章和荣誉的盾牌,上面写着迷惑人的口号,如'古典教育'、'形式教育'或'科学预备教育'。可惜这三个堂皇的口号,不仅相互之间,而且各自自身内部也都存在着矛盾。如果把它们强行拼凑在一起,那么就只能产生一种教育怪物。因为达到真正的'形式教育'是如此闻所未闻的艰难和稀少,它要求一种如此复杂的天赋,以至于只有太天真的人或太无耻的人,才会许诺它是人文中学可以达到的目标。'形式教育'就是一个粗糙的、经不起哲学推敲的术语,人们必须尽可能放弃使用它,因为不存在真正的'实质教育'①。另一方面,谁若是把'科学预备教育'视为人文中学的目标,那么,他就会因此牺牲掉了'古典教育'和所谓的'形式教育',一般来说,也牺牲掉了文科中学的整体教育目标,因为科学者和有教养者的素养属于两个不同的领域,尽管有时会在同一个体身上积聚,但绝不会彼此和谐。

---

① 质料教育或实质教育(materielle Bildung):这里似乎是暗指亚里士多德的四因说,其中有形式因和质料因。——译注

"如果把人文中学这三个所谓的目标与我们在德语教学中观察到的实际情况加以比较,我们立即就会认识到这些目标在实践中大多会起到什么作用:只会被设计用来逃离战斗和斗争的困境,并实际经常足以迷惑对手,因为我们在德国人文中学的德语教学中看不到古典典范及其伟大的语言教育的痕迹。试图通过这种德语教学方法来达到的'形式教育',不过被证明是对'自由人格'的绝对偏爱,亦即,不过是对野蛮和混乱的绝对偏爱。至于作为德语教学一个结果的科学预备教育,我们的日耳曼学学者不得不公正地指出,对其学科的繁荣,人文中学的学术准备训练的贡献是如此的微小,而大学教师个体的人格的贡献是如此的巨大。总之,人文中学忽视了其在开启真正教化方面最为重要、最为急迫的目标,即母语训练,并因此缺乏所有进一步追求教育教化的努力所需要的自然的、肥沃的土壤。因为只有借助一种严格的、艺术上细致的语言训练和语言习惯,才能强化对我们经典作家伟大之处的正确感觉。但直到现在,对这些经典作家的认可,几乎只依赖于个别教师的可疑的美学嗜好或特定的悲剧或小说的纯粹题材的效果。但是,人们从自己的经验应该知道语言的掌握是多么的艰难,人们必须经过长期的寻求和拼搏之后才能走上我们伟大诗人曾经走过的道路,以感知他们曾经的感觉:他们走在那条道路是多么的轻松和美妙,其他人跟在他们后面是多么的笨拙和造作。

"唯有通过这样的训练,年轻人才会对我们报纸工厂生产者和流行小说家的如此受到喜爱和如此受到追捧的'华丽'风格,对我们文学匠人的'考究的措辞',感到那种生理上的恶心,从而一劳永逸地摆脱与超越所有那类真正滑稽可笑的问题和疑惑。如,对奥尔巴赫①与古茨科夫②③是否是真正的诗人之类的问题，只需凭借对其作品产生的强烈的、生理上的恶心，就可以解决了。但不要让人相信培养这种感情并感到生理上恶心这一点是件容易的事，也不要让人相信除了通过语言的荆棘之途，也就是除了通过母语上的自我训练而非语言学研究，还有其他通向审美判断的道路。

"任何认真严肃对待此事之人，将会拥有类似成人在其作为新兵服役时不得不重新学步的经验，因为他之前的走路只算是一种粗糙的业余爱好和经验主义。那将是一段艰难岁月。他会担心肌腱会被拉断，会对自己能否轻松而舒适地运用这些有意识习得的艺术性的步法和站姿而感到绝望。他会惊恐地看到他如何笨拙而生疏地迈步，担心自己不仅学不会这种正确的行走方式，而且还会忘记之前如何走路。但是，终有一天他会突然发现，这些艺术性的运动已重新变成了一种新的习惯和第二天性，过去走路时的自信和力量带着更多的优美，重新回到他的身上。现在他开始意识到走路是多么的困难，也有资格揶揄那些步法粗糙的经验主义者和故作

---

① 奥尔巴赫（Berthold Auerbach, 1812—1882）：作家，其真名为巴鲁赫（Moyes Baruch），"兄弟会"成员，与青年德意志运动有联系。其著名的小说有《黑森林村庄的故事》。——译注

② 古茨科夫（Karl Ferdinand Gutzkow）：作家，年轻时为"兄弟会"的激进成员，后来成为"青年德意志运动"的主导性的发声者。其文学生涯游走于创作戏剧小说和出版期刊之际。——译注

③ 奥尔巴赫或古茨科夫]盖勃尔（Geibel）或奥尔巴赫或斯皮尔哈根［Spielhagen］古茨科夫。——编注

盖勃尔（Emanuel von Geibel, 1815—1884）：德国诗人和剧作家；斯皮尔哈根（Friedrich Spielhagen, 1829—1911）：德国小说家，文学理论家和翻译家，曾是一名学校教师，后转为记者和作家。他在较短的时间内创作了大量的小说和剧作，著名的小说有《暴风骤雨》(*Sturmflut*)。——译注

摩登的业余爱好者。我们所谓的'摩登'作家就像其风格所显示的那样,从未学习过上面那种意义上的行走。我们人文中学的学生,就像那些摩登作家一样,也从未学习过这种行走。但是,教育教化开始于语言的正确运动,而且只要它一旦正确地起航,那么学生随后就会对那些时髦作家产生一种生理上的感觉,也就是'恶心'。

"在这里,我们认识到了今日人文中学的灾难性的后果。它们没有能力传递真正的、严格的教育教化,而这首先需要服从和习惯;它们在最好的情况下,只能把引发和激发学术倾向作为一个目标,并如此经常地导致了学术与野蛮的品味、科学与新闻的联盟。今天,人们几乎可以普遍地看到,我们的学者已从德意志经典作家如歌德、席勒、莱辛①和温克尔曼②所一度努力达到的教化高度下降和滚落。这种下降正是体现在对这些经典作家粗暴的误解上。这种误解不仅暴露在文学史家那里,不管他叫格维努斯③还是施密特④⑤,而且也暴露于一切社交场合,甚至在男人与女人的每次交谈中。但是,这种下降最为经常地、同时也最为痛苦地恰恰体现

---

① 莱辛(Gotthold Ephraim Lessing,1729—1781):戏剧家和评论家,对德国戏剧和古典美学有重要影响。其作品《拉奥孔》是一部关于诗学和雕塑艺术的研究之作。——译注

② 温克尔曼(Johann Joachim Winckelmann,1717—1768):作家,有许多论述古代艺术和建筑的作品,是欧洲古典主义发展的重要人物。——译注

③ 格维努斯(Georg Gottfried Gervinus,1805—1871):德国政治家,文学史家,作家,著有五卷本的《德意志诗歌史》,其中他率先从普遍的历史发展的视角来展示诗歌,因此,尼采认为这种人应该对德国从歌德和席勒的古代教化高度跌落下来负有责任。——译注

④ 施密特(Julian Schmidt,1818—1886):文学史家,编辑,与弗莱尔塔克编辑杂志。——译注

⑤ 不管……施密特]参见付印稿。——编注

在与人文中学相关的教育文献之中。可以证明,这些经典作家对真正的教育机构的无与伦比的价值,即他们作为古典教育的引路人和秘示者的价值,在过去半个世纪甚至更长时间以来不仅没有被提及,更遑论受到普遍认可。只有在他们的引导之下,人们才能找到通往古代世界的正确之路。每一种所谓的古典教育,都只有一个健康的、自然的出发点,即,在使用母语时形成艺术性的严肃且严格的习惯。但是,要达到这一点,要通晓形式的秘密,很少有人从内在出发、靠自己的力量做到,几乎所有人都需要那些伟大的领袖和导师,都需要把自己置于他们的监护之下,并信任他们的监护。但是,没有对形式的引导和开发了的感觉,古典教育是不可能成长的。只有在对形式和野蛮的不同感觉及辨别能力逐渐被唤醒的地方,带领我们飞往真正的、唯一的教育之乡即古希腊的翅膀,才开始振动。① 但是,如果单靠这一对翅膀就试图走进那无比遥远、有着金刚石城墙围绕的希腊世界,我们当然难以飞得那么远;因此,这时我们同样需要这些领袖和导师,即我们德意志的经典作家,以在他们过去寻求古典的鼓翼的激发和带动下,振翅飞往渴望之乡②——古希腊。

"但是,关于我们经典作家和古典教育之间的这种唯一可能的关系,从未有一丝声音渗透到人文中学的古老围墙之内。语文学家倒是勤勉地致力于以自己的方式把荷马和索福克勒斯带给其年轻学生的心灵,并将其结果赋予一个未经批判的美名'古典教育'。

---

① 这里的翅膀之喻似乎是指柏拉图的《斐德若篇》。——译注
② 渴望之乡]参见歌德戏剧《陶里斯的伊菲格尼亚》,第1部,第1行。——编注

让每个学生以自己的经验去检验,在这些如此勤勉的教师手中,他从荷马和索福克勒斯那里获得了什么。这里充斥着最频繁和最强烈的欺骗以及无意传播的误解。我也①从未在德国人文中学里发现一丝一毫可以真正称得上是'古典教育'的痕迹。但当人们了解到人文中学如何脱离了德意志经典作家以及德意志语言的训练,那么他们就不会对此感到惊奇。用这种一步登天的方式,没有人能进入古代世界。但是,我们学校对待古代作家的方式,我们语文教师所做的大量评注和阐释,恰恰就是这种一步登天的方法。

"实际上,对于古典的希腊世界的感觉,是最为艰苦的教化奋斗和艺术天赋的极为罕见的结晶,而人文中学却只通过粗鲁的误解来要求加以唤醒。它试图在什么样的年龄去唤醒这种感觉?在一种仍盲目地受时代最为五彩缤纷的倾向所诱惑的年龄阶段;在一种还没有认识到对于古希腊世界的感觉一旦被唤醒就会立即变得具有进攻性、就必须在与所谓现代文化的持续斗争中表达自己的年龄阶段。对于今天的人文中学的学生来说,古希腊人作为希腊人已经死去了。是的,他也能从荷马那里获得些快乐,但斯皮尔哈根的一个小说则会更加强烈地迷住他;他也会带着几分乐趣吞下希腊的悲剧和喜剧,但一个完全现代的戏剧如弗莱尔塔克②的《记者》③

---

① 也]既未从教师那里,也未从学生那里,也。——编注
② 弗莱尔塔克]弗莱尔塔克或盖勒尔(Brunhilde von Geibel)。——编注
③ 《记者》是由弗莱尔塔克(Gustav Freytag,1816—1895)在 1854 年出版的喜剧。该剧是关于一个政治上活跃的教授和上校的一个为报社工作的女儿之间的爱情故事,从 1852 年首次演出后的 30 年,一直深受欢迎,长演不衰。弗莱尔塔克是著名作家、记者和官员,他的喜剧《记者》和小说《应该和拥有》(小说赞扬商人阶层是德国的坚固基础),获得了巨大成功。——译注

会给予他完全不同的触动。是的,他也能模仿美学家谈论所有的古代作家,如模仿艺术家美学家格林①,后者曾经在一篇关于米洛的维纳斯的隐晦的文章中最后自问道:②'这个女神的形式对我来说意味着什么?她在我身上唤起的思想对我有什么用?俄瑞斯特、俄狄浦斯、伊菲戈尼亚和安提戈涅③与我的心灵有什么共同之处?'——不,人文中学的学生们,米洛的维纳斯与你们没有关系,与你们的教师也同样关系较少——这是今日人文中学的不幸和秘密。如果你们的引导者本来眼盲却冒充目明,那么谁来引导你们到达教育之乡!如果他们用其方法纵容你们自主地结结巴巴说话,而不是教导你们去说话;纵容你们去作自主的审美判断而不是引导你们去敬畏和虔诚地对待艺术作品;纵容你们去作自主的哲学思考而不是强迫你们去倾听伟大的思想家,那么,你们中谁又能对艺术的神圣的严肃产生真正的感觉呢?所有这些方法的结果就是使你永远无法接近古代世界,而只能成为现在时代的奴隶。

"我们在今日人文中学中所发现的最有益的一点,肯定就是其若干年以来对待拉丁语和希腊语的严肃态度。这里,人们学会了尊重一个有确定规则的语言,尊重语法和辞典;这里,人们确切地知道什么是错误,因而不会总是费心地求助各种语法上和正字法上的奇思怪想和恶劣习惯,来为自己的错误作辩护(如在现代德语

---

① 格林(Hermann Grimm,1828—1901):童话作家威廉·格林(Wilhelm Grimm)的儿子,早年是作家,创作剧作和小说,后来成为现代艺术的教授,著名的散文家。——译注
② 散文的题目是《论米洛的维纳斯》。——译注
③ 俄瑞斯特(Orest)、俄狄浦斯(Ödipus)、伊菲戈尼亚(Iphigenie)和安提戈涅(Antigone),均为希腊悲剧中的人物。——译注

中所看到的那样)。但愿这种对语言的尊重不是停留在空中,从而不会像是人们一转向母语就会加以抛弃的一个理论负担!拉丁语教师或希腊语教师自己都经常不尊重自己的母语,懒散随意地对待母语。一涉及母语,他们就立即放下了从拉丁语和希腊语中获得的严格训练,就像德意志人对待所有本土东西的态度一样。把一种语言翻译成另一种语言是一种孕育和提高对自己语言的艺术感的最有益的壮举,但在把古典语言翻译成德语方面,人们从未以应有的、绝对的严格和尊严来加以实施。而对待德语这样一种不太规范的语言来说,这种严格训练尤为必要。最近,这种有益的壮举越发少了:人们满足于了解这些古代的外语,而不屑于去加以应用和精通。

"这里,我们可以再次看到对人文中学理解中的学术倾向。这种现象有助于说明更早时代的人文中学曾经严肃地把人文教化[①]作为其目标。那个时代属于我们伟大诗人,也就是少数真正有教养的德意志人的时代。在那个时代,伟大的沃尔夫[②]把这种来自古希腊和古罗马经由这些人流淌出来的新的古典精神引入到人文中学。由于他的大胆创举,人文中学树立起了一个新的形象,即,人文中学自此以后就不仅仅是学术和科学的培养场所,而首先应该是所有更高级、更高贵的教育教化的真正的神圣之地。

---

① "Humanitätsbildung",字面的意思是人文教化或人文教育,意思是为了人的自我教化的教育,其文艺复兴以来的意思还表现在借助古希腊罗马来达到人的自我教化。——译注

② 沃尔夫(Friedrich August Wolf,1759—1824):古典语文学家,开启了综合意义上的现代古典研究,把语文学宽泛地界定为体现在古代世界的关于人性的知识。其作品有《古代学阐述》。——译注

"在诸多似乎是外在的、必要的变革措施中,一些极为根本的措施富有持久效果地进入到了人文中学的现代建构之中。但是,恰恰最重要的措施并未取得成功,即教师自己没有接受这种新的精神的洗礼。这样,人文中学重新又严重偏离沃尔夫所追求的人文教化这一目标。相反,旧有的、已被沃尔夫所克服的对学术和学者教育的绝对推崇,在微弱的斗争之后就逐渐取代了新近楔入的教育原则,并要求其之前的排他权利,尽管它不再以过去面目那样公开示人,而是乔装改扮,隐藏了其真实意图。而且,古典教育的伟大计划之所以未能获得成功,是因为这些教育努力的非德意志的、几乎是外国的或世界主义的特性,即相信撤走一个人脚下的故土,他仍能稳固地站立;妄想一个人可以放弃中介桥梁,弃绝德意志精神,弃绝一般意义上的民族精神,直接跃入遥远的希腊世界。

"当然,人们必须首先懂得如何在其隐藏的地方,在时髦的装束下面,或在瓦砾废墟下面去寻求这种德意志精神;人们必须热爱这种精神,即使它羸弱枯槁也不会感到羞耻;人们必须首先警惕不要把德意志精神混同于当今自诩为'当代德国文化'的东西。相反,德意志精神内在地与那种文化为敌。而且,恰恰在被这种当代文化抱怨为缺乏文化的地方,却常常保存着真正的德意志精神,即使其外在形式并不优美,甚至质朴粗野。相反,今天狂妄地自称为'德意志文化'的东西,是一个世界主义的大杂烩,它与真正的德意志精神的联系,就像记者之于席勒,梅耶贝尔[①]之于贝多芬。那个

[①] 梅耶贝尔(Giacomo Meyerbeer, 1791—1864):最初名叫 Jacob Liebmann Meyer Beer,能用德语、意大利语和法语写歌剧。他在当时的巴黎享有盛誉,特别是他的浪漫歌剧。——译注

在最为根本上非日耳曼的法兰西文明在这里发挥着最强大的影响,它被毫无才情、毫无品味地模仿,从而也给德意志社会、报刊和风格蒙上了一种伪善的形式。当然,这种模仿无论在哪个地方都不会带来一种在艺术上的、自足的效果。但在法兰西,这一源自罗马世界的本质的原创文明几乎直到今天仍能够产生这种效果。为了感知这种对立,可以把德国最为著名的小说家与法国或意大利不太著名的作家加以比较,我们会发现尽管两者在倾向和目标上同样不确定,在手段上同样更加不确定,但是,在他们那里,与之相连的是艺术上的严肃性,至少是语言上的准确性,与之相联的经常还有美,尤其是一种相应的社会文化的反响;而在我们这里,所有一切都是非原创的,其思想和表达像是穿着睡袍,臃肿拖沓,矫揉造作,令人不快,因此,缺乏任何一种真实的社会形式的背景。在最大程度上,其学者的造作和博学的炫耀在提醒我们:在德国,是堕落的学者变成了记者,而在法国和意大利则是有艺术教养者变成了记者。用这种所谓德意志的、在根本上则是非原创的[1]文化,德国人无望在任何方面取得胜利;在这方面,法国人和意大利人做得比德国人好。至于对外在文化的灵活模仿,俄罗斯人尤其会令德国人感到惭愧。

"我们应该更加坚定地抓住那种德意志精神:它已在德国宗教改革、德国音乐中现身,而在德国哲学的巨大勇气和严格中以及在新近经过考验的德国士兵的忠诚中则表现为一种持久的、不慕虚荣的力量。我们甚至可以期望这种精神去战胜当代流行的、时髦

---

[1] 非原创性的]世界主义的非原创性的。——编注

的伪文化。我们对学校未来的希望是把真正的教化学校引入这种斗争之中,特别是在人文中学点燃成长中的新一代对真正的德意志特性的热情。所谓的古典教育最终也将通过这种方式重新获得其天然的土壤和唯一的起点。人文中学的真正的革新和净化只能产生于德意志精神的深刻且有力的革新和净化。要找到真正连接德意志精神最内在的本质与希腊天才之间的纽带,是个十分神秘和困难的任务。然而,倘若真正的德意志精神的最高贵的需要没有抓住希腊天才之手,就像在野蛮的洪流中没有抓住一个砥柱;倘若从这种德意志精神中没有产生一个对希腊世界的无限渴望;倘若对历经千辛万苦获得的、令席勒和歌德流连忘返的、对希腊故乡的远眺,没有变成最优秀的、最有天赋之人的朝圣之旅,那么,人文中学的古典教育的理想必将毫无固着点地在空中飘荡。在这方面,我们至少不应该谴责这种人:为了保持那种真正的、牢固的在其眼中毕竟还算得上是理想的目标,为了使其学生免受那些现在自诩为'文化'和'教化'的令人目眩的幻相的诱惑,[①]他们试图在人文中学培养一种仍然如此有限的科学和学术。这就是今日人文中学的可悲现状。这种最有限的立场在一定程度上是合理的,因为没有人能够到达或至少是确定一个地方,从而可以检验所有这些立场都是错误的。"

"没有人?"那个学生带着激动的声调问哲学家。两人接着都陷入了沉默。

---

① 为了使其学生……的诱惑]不让自己被沃尔夫所追求的古典希腊教育就像被一种或明或暗的幽灵一样引入歧途。——编注

第三次演讲

尊敬的听众！我曾聆听过那场对话，这里试图凭借我鲜活的记忆向诸位转述其概要。在我结束上次转述之时，那场对话被一种严肃的、长久的停顿所中断。哲学家和他的同伴陷入到抑郁沮丧的沉默之中。刚刚谈到的德国最重要的教育机构，也就是人文中学的稀有困境，像一个重负压在他们的心头之上。消除这一重负，单个具有此善意之人没有足够的力量；而众人力量虽大，但在这方面没有足够的善意。

尤令我们孤独的哲学家感到困扰的是这两个方面的事实：一方面可以清楚地看到，真正可以被称作是"古典教育"的东西，现在只不过是飘浮在空中的教育理想，根本不可能落实于和生长于我们教育机构的土壤；另一方面，现在被普遍地、委婉地称作是"古典教育"的东西，只有一种自命不凡的幻象的价值，其最好的作用在于使"古典教育"的说法得到存续，并不失其庄重之感。这两位令人敬佩之人从德语教学上清晰地看到，一种建立在古代世界的柱石之上的更高的教育教化至今仍未找到其恰当的出发点：语言教学的野蛮化；强迫学生走向学术性的历史研究之道，而不是给予他们实际的训练和习惯；人文中学所要求的特定练习与我们新闻界的令人忧虑的精神倾向的联系。所有这些在德语教学中可以观察到的现象，都指向了这样一种可悲的结论：从古典世界产生的最有益的力量还没有被我们的人文中学所感知，也就是，这种没有被感知的力量可以被用来准备与当代的野蛮作斗争，而且也许还可以再次把人文中学变成这种斗争的武器库和兵工厂。

相反，我们看到，这种古典精神似乎已经被相当彻底地赶出了人文中学，而人文中学却仿佛像是要尽可能宽阔地向我们当代被阿谀和娇纵的所谓的'德国文化'敞开大门。倘若我们这两个孤独的谈话者还可以抱有什么希望的话，那么这种希望就是，现在的情况已经变得越来越糟糕，从而使得至今只被少数人所洞见的东西，很快就会被多数人所清晰深入地领悟，这样一来，真诚而坚定之人严肃认真地考虑国民教育这一严肃领域的时代也不再遥远了。

"我们应该更加坚定地抓住那种德意志精神，"哲学家说，"它已在德国宗教改革、德国音乐中现身，而在德国哲学的巨大勇气和严格中以及在新近经过考验的德国士兵的忠诚中则表现为一种持久的、不慕虚荣的力量。我们甚至可以期望这种精神去战胜当代流行的、时髦的伪文化。我们对学校未来的希望是把真正的教化学校引入这种斗争之中，特别是在人文中学点燃成长中的新一代对真正的德意志特性的热情。所谓的古典教育最终也将通过这种方式重新获得其天然的土壤和唯一的起点。人文中学的真正的革新和净化只能产生于德意志精神的深刻且有力的革新和净化。要找到真正连接德意志精神最内在的本质与希腊天才之间的纽带，是个十分神秘和困难的任务。然而，倘若真正的德意志精神的最高贵的需要，没有抓住希腊天才之手，就像在野蛮的洪流中没有抓住一个砥柱；倘若从这种德意志精神中没有产生一个对希腊世界的无限渴望；倘若对历经千辛万苦获得的、令席勒和歌德流连忘返的、对希腊故乡的远眺，没有变成最优秀的、最有天赋之人的朝圣之旅，那么，人文中学的古典教育的理想必将毫无固着点地在空中飘荡。在这方面，我们至少不应该谴责这种人：为了保持那种真正的、牢固的、在其眼中毕竟还算得上是理想的目标，为了使其学生免受那些现在自诩为'文化'和'教化'的令人目眩的幻相的诱惑，他们试图在人文中学培养一种仍然如此有限的科学和学术。"①

在一段时间静默的沉思之后，年轻同伴转向哲学家，并向他说道："您过去曾试图激发我的希望，现在您又扩展了我的认识，并借以扩展了我的力量和勇气。现在我确实能更加勇敢地注视这个战场，我也确实后悔太过迅速地从那里逃离。我们对我们自己一无所求，也不忧虑会有多少个体在这个战斗中倒下，以及我们自己是否会第一批倒下。正是因为我们严肃地对待这场战斗，我们才应该不能太在乎我们可怜的个体。一旦我们倒下，其他人会立即举起上面刻有我们信念的勋章的旗帜。我将不考虑我是否有足够的力量去打这场战斗，也不考虑我是否能长久地抵抗下去。在这样的敌人的挖苦中倒下，是一种十分光荣的死亡，因为他们所严肃对待之事对我们来说也常常显得荒唐可笑。只要想想我的同龄人曾经怎样像我那样为人文中学的教师职业的召唤、这一教师职位的最高召唤而准备时，我就知道我们过去是多么经常地嘲笑那些恰好相反的东西，多么经常地严肃嘲笑那些极为迥异的东西。"

"现在，我的朋友，"哲学家微笑着打断了弟子的说话，"你说起

---

① 此一段落是上一演讲倒数第二段的重复。——译注

话来像一个不会游泳的人却要往水里跳，其恐惧的不仅仅是溺水身亡，更多的是怕被人耻笑。但是，被人耻笑是我们最后一件令我们恐惧的事情。因为我们所处的领域有那么多的真理有待说出，而说出那么多令人惊怖、痛苦和不可原谅的真理，必然会使我们遭受最为明白的仇恨，而且，只发一发怒就会引起某种令人窘迫的嘲笑。对此，你只需想一想这种情况：不计其数的教师群体，他们最真诚地接纳了迄今为止的教育制度，兴高采烈地、毫无怀疑地继续推进这种体制。当这些人听到自己被排除，确切说，被大自然出于自身的利益而排除在外的计划，听到远远超出其平庸的能力的要求和命令，听到从未在其心中产生回响的希望，听到那种他们从不理解的战争召唤、从而在其中只能作为麻木愚钝的、抗拒反对的庸众的战斗时，你想想他们会如何表现？毫不夸张地说，他们必然采取我们中等教育机构的绝大多数教师的立场。确实，如果我们考虑到这些教师绝大多数是如何产生，又是如何成为这些中等教育机构的教师的，那么我们就不会对这种立场感到惊奇了。现在到处都是数量过度膨胀的中等教育机构，而它们又需要招募数量更加庞大的教师，从而使其数量已远远超出了一个民族，甚至是一个优秀民族的本性所能产生的程度。因此，有大量不够资格的人进入了这类教育机构，而且，由于他们在人数上占据着绝对的优势，于是，凭借着物以类聚的本能，他们便逐渐决定了这些机构的精神本质。这些人永远无望去理解教育的事情。他们错误地相信，只要通过引入一些规章制度，就可以把我们目前教育机构及其教师的超出比例的数量繁荣，转化为真正的繁荣，转变成大自然的丰盈，而无须对其进行数量上的大幅削减。相反，我们则一致认为，就大自然本身而言，只有极为少量被它选定和选派的人，才适合一种真正的教化历程。而且，对于他们的幸运的发展，极为少量的中等教育机构就已足矣。然而，在目前数量庞大的教育机构中，恰恰是这些极为少数的人，感到自己最少得到促进，而这些机构本来是为他们而建立起来的。"

"教师的情况也同样如此。恰恰是那些最优秀的教师，那些按照较高标准一般来说配得上这一称号的教师，在今天的人文中学中最不适合教育这些未加拣选、胡乱堆集在一起的学生，并且，这些最好的教师，在某种程度上，还必须把他们所能给予的最好的东西对这些学生保密。相反，那些绝大多数的教师在这些机构却感到如鱼得水，因为他们平庸的天赋与其愚笨贫乏的学生处于某种和谐的关系之中。正是这些绝大多数的教师呼吁建立了那些新的人文中学和更高的教育机构。在我们所生活的时代，他们震耳欲聋的持续呼声毕竟唤起了一种印象：似乎有一种巨大的教育需求需要得到满足。但是，恰恰在这里，人们需要学会去正确地倾听；正是在这里，我们不要为这些教育大话的喧嚣的效果所动摇，而是要认清那些如此不倦地谈论其时代教育需求之人的真面目。然后，我们就会看到一个令人尤为失望的现象，我亲爱的朋友，我们曾如此频繁地经历过这类现象：一旦我们就近认真观察，就会发现这些高声阔谈教育需要之人突然变脸，会热切而狂热地反对真正的教育和教化，也就是，反对坚持精神王国的贵族本性的教育和教化。因为他们认为，他们的目标就是要把大众从少数伟大的个体的统治之下解放出来，力图从根本上摧毁精神王国最神圣的等级秩序，摧毁大众在天才统治之下的仆役地位、卑下的服从和忠诚本能。

"很久以来，我就已习惯了谨慎地审视那些热衷于通常所理解的、所谓的"国民教育"之人，因为他们多数是在自觉或不自觉地欲求自己的绝对自由，并必然会堕入野蛮时代的普遍的狂欢①之中。但是，神圣的自然秩序并不允许这种自由，他们天生就要服役和服从。他们跛足的、爬行的和折翅的思想一开始工作，就证明了大自然用了怎样的黏土来炮制他们，并且被打上了怎样的工厂印记。因此，大众教育不是我们的目标，我们的目标是对被拣选出来、为了伟大而永恒的作品做准备的少数个体的教育教化。我们现在知道，公正的后代在评价一个时代的国民总体教育状况时，将完全依据那个时代的那些特立独行的伟大英雄，并依据这些伟大之人受到认可、促进、尊重或被埋没、虐待和毁灭的方式来给出他们的判断。人们采取直接的手段如普遍的、强制性的基础教学，来实现所谓的国民教育。但是，这种手段只能是完全外在的和粗糙的。因为大众的教育教化一般所触及的是国民生活的根本的、更深层次的宗教领域：国民的宗教本能在这里孕育，国民继续诗化其神秘图景，保持对其风俗、公义、故土和语言的忠诚。所有这些宗教性领域很少能用直接的手段，或无论如何不能只用摧毁性的暴力来加以触及。在这些严肃的事情上，要真正促进国民教育，恰恰意味着要拒绝使用这些摧毁性的暴力，恰恰意味着维持国民的健康的无知和沉睡。没有这种反作用，没有这种疗救手段，任何文化在其自

---

① 古罗马的农神节带有狂欢的倾向，特别是在罗马帝国后期，更趋纵情堕落。——译注

身行动的消耗性的紧张和激动中都难以获得存续和进展。

"但是,我们知道,那些人所追求的就是想中断国民这种治疗性的健康沉睡,不断地向他们呼喊:'睁开眼睛!觉悟吧!明智吧!'我们知道这些人的目的,他们想借助所有教育机构的极度扩展以及由此产生的对自负的教师阶层的扩展,来满足他们唤起的过度的教育需求。正是这些人通过这些手段,在与精神王国的自然的等级秩序作斗争,试图摧毁那种从国民的无知与沉睡中爆发出来的最高尚、最高贵的教育力量之根。这种力量在分娩天才、然后给予其正确的教育和爱护方面,负有母亲般的使命。我们只有借助母亲这个比喻才能理解一个民族在天才方面真正的教育的重要性和责任:天才的真正来源不在那些人所鼓吹的国民教育之中;可以说,他只有一个形而上学的来源,一个形而上学的故乡。但是,他要现出身来,他要从民族中现出身来,他要去绘制一幅被反射的画卷,一幅饱蘸着这个民族所有的独特力量和色彩的辉煌画卷,他要以类似个体创作永恒作品的方式,来描绘和认识这个民族的最高贵的使命,从而与其民族自身的永恒接续起来,把它从瞬时变换的事物中拯救出来。对于天才来说,他只有在一个民族的文化、教化的母亲怀中成长乃至成熟,才有可能做到这一切。没有这一保护性的温暖的故乡,这些天才一般不可能展翅作其永恒的飞翔,他们就像被放逐在冬日荒原的异乡人,过早地、悲惨地从其贫瘠的故土蹒跚离去。"

"我的导师,"弟子这时说道,"你这种天才的形而上学令我惊异,我对这个比喻的精妙只能有模糊的理解。但是,我完全理解您所说的人文中学的过剩以及由此引起的中学教师的过剩。我正是在这个领域积累了不少经验，它们使我确信，人文中学的教育趋势不得不完全按照这种庞大的教师数量来自我校正。这些教师在根本上与教育没有关系，他们之所以走向这条路完全是因为所谓教育机构的急需。任何人只要在一次灵光乍现中相信希腊世界的超凡脱俗与难以企及，并经过艰难的斗争之后仍捍卫这一信念，那么他就会知道，通往灵光乍现的入口从来都不会对多数人敞开。因此，他会认为，那些出于职业前景和赚取面包的考虑，像对待一件日常手艺工具一样来与古希腊交往，毫无羞耻和敬畏地用粗糙的手艺人之手在希腊圣物上乱摸之人，不仅荒唐愚蠢且有失体面。但是，恰恰是在被吸引到人文中学从事教师职业的绝大多数人中，即古典语文学者这一群体中，这种粗鲁的、毫无敬畏的态度最为普遍，因此，这样一种态度在人文中学中继续发展和传承就并不令人惊奇了。

"我们只需看看年轻一代的、古典语文学者的所为就可以认识到这一点。面对古希腊这样无与伦比的世界，我们都有一种羞愧之感，感到无颜存在，但相比之下，我们注意到，这些年轻的古典语文学者却罕有这种羞耻感。这帮小混蛋多么冷静镇定，多么厚颜无耻地把自己可怜的小巢筑在古希腊最伟大的神庙里！他们从其大学时代开始就在令人惊叹的希腊世界的遗迹上随意踩踏，自鸣得意，毫无敬畏和羞耻。希腊遗迹的每个角落真该向他们中的绝大多数人发出强有力的、震撼的怒吼：'从这里滚开，你们这些未得密传的人。你们这些永远不会得到密传之人，偷偷地溜走吧，闭嘴吧，羞愧吧！'但这种咒语是徒劳的，因为要理解希腊人的咒语和禁令，人们必须首先成为一定程度的希腊人！但这些人太过野蛮了，竟然要按照自己的习惯,为了自己的舒适来安置希腊遗迹,让它们适应自己。他们带着他们所有的现代的安逸舒适和业余的嗜好想象,把它们藏在这些古代的柱石和墓石之下,然后,当他们在这些古代的环境中重新找出他们自己之前狡猾地偷偷塞进去的东西时,就会激动地欢呼雀跃。如,某人能做几行歪诗,学会查阅赫西修斯词典①,他立即相信自己注定就是埃斯库罗斯②的改写者。他竟也找到了自己的信徒,这些信徒竟也声称他与埃斯库罗斯意气相投、资质相当,但他实际上就是一个剽窃诗的盗贼!又如,某人用一双警察式的怀疑的、眼睛去寻求使荷马有罪的所有矛盾以及矛盾的蛛丝马迹。他们把自己的生命耗费在撕裂和缝合荷马的碎片上,而这些碎片是他最初从诗人荷马辉煌的长袍上盗窃来的。再如,某人考察了古代世界几乎所有的秘仪和纵欲的方面,并让自己倍感不适,于是便决定一劳永逸地仅仅保留被启蒙了的阿波罗,从而使得人们在雅典人那里只看到一个明朗、理智但仍有点儿不道德的阿波罗形象。③ 当他把古代世界的一个阴暗角落提高到自己的启蒙高度时,当他在早期毕达哥拉斯学派那里发现一个开明政治的同行时,他是怎样地松了一口气啊!又如,某人苦恼不已地思考为什么俄狄浦斯会被诅咒必作弑父娶母如此可怖之事。罪责在哪里!诗的正义在哪里!他突然大悟,原来俄狄浦斯狂热且易

---

① 赫西修斯(Hesychius,约公元前5世纪):一部关于不常用词和短语的辞典,许多词条取自技术语言、古老的诗人和生僻的方言。——译注

② 埃斯库罗斯(公元前525—前456年):古希腊悲剧诗人,与索福克勒斯和欧里庇得斯一起被称为古希腊最伟大的悲剧作家,有"悲剧之父"的美誉。——译注

③ 这里谈及阿波罗,似乎是在暗示其著作《悲剧的诞生》。——译注

激动,缺乏所有基督的温和敦厚,因为当提瑞希亚斯称他是个怪物①且将是整个城邦的诅咒时,他就曾陷入一种完全不得体的激动之中。索福柯勒斯也许在教导我们,要谦卑温顺! 否则你必会弑父娶母! 再如,某人穷其一生去计算古希腊和古罗马诗人的诗篇的长度,并为发现"7∶13 = 14∶26"②的比例等式而欣喜不已。还有某人甚至提出可以从介词的角度来解决荷马史诗中的问题,相信可以借用介词'向上'和'向下'③而从荷马的井里捞取真相和真理。总之,所有这些人尽管怀着不同的目的,但却都是笨拙地在古希腊的遗迹上不倦地挖掘和捣腾。对于这些现象,古代世界的真正朋友必然深感痛心。因此,对于每一个感到自己有某种研究古代世界的职业倾向的人,不管他有无天赋,我都想抓住他的手,向他发表这样一番宏论:年轻人,当你带着自己那点课本知识踏上这属于有灵巧而非笨拙之人的旅途时,你知道你面临什么样的危险吗? 你是否听说过,按照亚里士多德的观点,被像柱砸死绝对不是一个悲剧的死法?④ 但正是这样的死法在威胁着你。⑤ 这不使你感到震惊吗? 你应该知道,若干世纪以来,古典语文学家试图把古希腊已经倒塌和陷落的雕像重新树立起来,但至今总是力不从心,没有成功。因为那雕像十分巨大,单一个体的努力就像侏儒在

---

① 因为当……怪物] 索福克勒斯《俄狄浦斯王》,第353行。——编注
② 这个例子也许在暗示一种数字命理学的一种混合。——译注
③ "ana"和"kata"为希腊语中的介词。其中,"ana"意思是"向上"(相当于英语中的"up");"kata"的意思是"向下"(相当于英语中的"down")。——译注
④ 亚里士多德《诗学》1452a,第7—10行。——编注
⑤ 你是否……威胁着你]参见:《查拉图斯特拉》论可见的德性,卷四,第101页,第21—22行。——编注

上面爬行。尽管众人联合,并且运用现代文化的所有起重手段,但那雕像刚被抬离地面,却又重新倒下,并且可能会压碎下面的人。不过,压死人还可忍受,因为人总是要死于某个原因。但谁能保证在这些尝试中雕像本身不被砸成碎块!那些古典语文学家可能会被希腊世界压成碎块,这尚可忍受,但令人不可忍受的是,希腊世界也会被这些语文学家砸成碎块!年轻人,请你想一想,你这轻率莽撞之人,转身回去吧,如果你不想成为圣像破坏者的话!"

"实际上,"哲学家笑着说,"正如你所期望的那样,现在已经有大量古典语文学者转身离开了,而且,我也注意到一个与我青年时期的经验形成鲜明对比的现象:相当数量的离开者或是有意识地或是无意识地相信,这种直接研究古代世界对他们来说,是无用的,且没有前景,因此,即使今天,多数的古典语文学者认为这种研究是过时的,不会有结果,也不会有创见。这群人怀着越来越大的热情转入到语言学研究之中。在语言学这片广袤的处女地上,即使资质最平庸之人,眼下也有用武之地;由于这个领域的研究方法的新颖和不确定性,以及易犯想象性错误的持续危险,因此,某种程度的冷静及忍受枯燥无趣的能力,甚至已被视为积极的决定性的天赋;按部就班、循规蹈矩的劳作,恰恰是这个领域所最为期望的;从古代世界的遗迹中发出的那种庄严的警告声音,是吓不退这个领域的新来者的;这个领域张开双臂欢迎每一个人,甚至包括这种人:他们尽管阅读索福克勒斯以及阿里斯托芬①,但从没有留下

---

① 阿里斯托芬(Aristophanes,公元前 448—前 380 年):古希腊喜剧诗人,其喜剧有《云》等。——译注

任何不同寻常的印象以及值得重视的思想,结果便只好将自己安放在语源学的织布机旁,或被诱惑去收集遥远的方言的碎片,将其时日耗费在联结与分离、收集与分散、跑进与跑出以及查阅各种图书之上。但是现在,如此被有效雇用的语言研究者还首先必须是教师!根据他的责任,他必须向人文中学的学生,对古代作家有所教授,但他自己却从未对古代作家有什么印象,遑论洞见!这多么令人窘迫!古代世界从未向他说什么,结果他对古代世界也一无所说。他突然灵光突现,自鸣得意地恍然大悟:为什么他是个语言学家!为什么古代作家用希腊语和拉丁语写作!于是,他立即怀着愉快的心情开始对荷马作语源学分析,为此,他向立陶宛语或古保加利亚语,主要是神圣的梵语寻求帮助,似乎学校的希腊语课不过是普通语言学导论课的幌子,似乎是荷马犯了一个原则性的错误,即没有用古印度日耳曼语来写作。① 凡是了解今天人文中学之人,都会知道这些教师对古代世界是多么陌生,而且,正是因为这种陌生感,学术的比较语言学才获得如此的兴盛和优势。"

"我认为,"哲学家弟子说道,"重要的是,一个从事古典教育的教师不要把他的希腊人、罗马人与其他人,特别是野蛮民族混淆起来,也绝不能把希腊语和拉丁语与其他任何语言并列起来。从他的古典倾向来看,他恰恰不应该关注希腊语和拉丁语的基本骨架与其他语言是否一致,是否有亲缘关系。一致的地方,对他并不重要。只要他想成为真正的教化的教师,只要他想按照崇高的古典

---

① 立陶宛语……来写作]与其他语言比较,似乎古代学(Alterthum)只是学习梵语的准备,似乎希腊语课不过是普通语言学的一个导论的借口。——编注

705 榜样来改造自己,那么,他恰恰应该真正关注那些不一致的地方,真正关注是什么使得古希腊罗马不同于野蛮民族且高于野蛮民族。"

"我也许会弄错,"哲学家说,"但我怀疑,我们现在人文中学教授拉丁语和希腊语的方式,恰恰使得对精通这种语言以及轻松自如地用其读写的能力丧失难寻了。我们现已垂垂老矣且所剩无几的稀少的一代,在这些方面的能力曾更为优秀出色。另一方面,在我看来,今天的教师似乎向其学生强调学科的历史的、发生史的重要性,这样,在其最好的情况下,也不过是培养出新的小梵语学者或语源学小鬼和考证浪子而已,但他们中没有一个人能够像我们老一辈那样轻松愉快地阅读他的柏拉图和他的塔西佗[①]了。因此,今天的人文中学仍然可以是学术和博学的场所,但这种学术和博学不是作为指向最为高贵的教化目的的自然的和无心的副产物,而是那种类似不健康躯体的浮肿。今天的人文中学当然仍是培养这种学术和博学的浮肿的场所,如果它还没有确实蜕化为如今总爱自诩为'当代德国文化'的时髦优雅的、野蛮的拳击台的话。"

"但是,这些可怜的、数量众多的教师应该逃往哪里呢?"弟子询问道,"要知道大自然并没有赋予他们获取真正的教育教化的天赋,他们之所以勉为其难成为教育教化的教师是因为一种急迫的需求,是因为学校的过量导致了他们的过量,是为了谋生和面包!如果古代世界不容分辨地命令他们走开,那么他们能逃往哪里呢!

---

① 塔西佗(Tacitus,约 55—120):古罗马最伟大的历史学家,著有《日耳曼尼亚志》和《历史》等。——译注

难道他们不会成为当代诸种势力的牺牲品！这些势力借助其不知疲倦的报刊喉舌日复一日向他们嚎叫：'我们就是文化！''我们就是教化！''我们就是高度！''我们就是金字塔的顶峰！''我们就是世界历史的目的！'当他们听到这些诱惑性的预言，当这些非文化的最无耻的征兆以及报刊中所谓'文化兴趣'的贱民的公共性，被颂扬为一个全新的、最高可能的和最成熟的教育教化形式的基础时，这些可怜的教师将逃往哪里呢！如果他们也能略微感知所有这些预言都是十足的谎言时，那么要想不再听到这些喋喋不休的教育聒噪，除了逃往最让人麻木的、最为枯燥、最为贫瘠的科学和科学研究之中，还能逃往哪里呢？他们以这种方式生活，难道最终不会像鸵鸟那样将头埋在沙里！埋头于方言、语源学和考证之中，过着蚂蚁般辛勤的生活，这尽管远离了真正的教育教化，但至少可以闭塞耳目，不闻当代时髦文化的聒噪，对于他们来说，这难道不也是一种真正的幸运和幸福吗？"

"你说的很有道理，我的朋友，"哲学家说，"但是，哪里的铁律会规定，教育机构必须过盛，从而教师也必须过剩？我们不甚清楚地认识到，这种过剩的要求是从一个敌视文化的领域响起的，而且这种过剩只能必然导致和有利于非文化？实际上，我们之所以谈论这种铁律，完全是因为现代国家习惯参与谈论这些事情，并愿意借助其装备来一举实现自己的要求。那么，这就会给大多数人这样一个印象，即，似乎是事物的永恒铁律和最初法则在向他们说话。此外，谈论这种铁律之要求的所谓的'文化国家'，则是一个新事物，直到最近半个世纪才是一个'不言而喻'的事物。但是，在最近半个世纪，按照人们时髦说法的许多'不言而喻'的事物本身并非'不言而喻'。恰恰是最强有力的现代国家即普鲁士如此严肃地对待这种对教育和学校的最高的领导权,再加上其政治体制特有的果敢和强硬,从而使得它所采取的这种令人忧虑的原则,普遍地威胁和伤害真正的德意志精神。因为从这个方面来看,我们会发现,把人文中学提高到所谓的'时代的高度'的努力,已被正式严格地、系统地落实了。在这里,我们可以发现用来激励尽可能多的学生接受人文中学教育的所有手段的兴盛;在这里,国家甚至成功地运用了其最强有力的手段,即在服兵役方面被赋予的特权。按照统计官员的客观报告,这一点,唯有这一点,可以解释为什么所有的普鲁士人文中学普遍满员,为什么会持续出现建立新学校的最迫切的需要。要推进教育机构的过量,国家只需把政府所有的高级位置和绝大多数的低级位置、大学入学资格尤其是最富影响的军人优待,与人文中学密切联系起来就可以了。这样一来,在一个推行普遍义务兵制和最无限制地开放官员职位的国家,所有这些必然会不自觉地把所有有天赋的人才都吸引到这个方向上来。在这里,人文中学首先被视为某种晋升之阶。每一个感到自己有从政冲动之人,都会被发现竞奔在人文中学的途中。在这里,有一个新的、无论如何没有先例的现象,即国家自命为文化的引路人,凡在它追求自己的目的之时,它都强迫它的每个臣民如果不手擎着普及的国家教育的火炬,就不可以出现在它的面前;强迫他们在摇曳不安的火光中重新把国家视为最高目的,作为其所有教育努力的奖赏。现在,这最后一点确实令他们有所疑虑,例如,它会使他们想起那种逐渐被理解的、曾由国家所促进并服务于国家目的的哲学倾向,也就是黑格尔哲学的倾向:是的,也许可以毫不夸张地说，在把所有的教育努力都隶属于国家目的方面，普鲁士成功地窃取了黑格尔哲学中具有实用价值的遗产，后者对国家的神化在这种隶属关系中达到了顶峰。"

"但是，"哲学家弟子问道，"在这样一种令人疑虑的哲学倾向中，国家可以追求什么样的目的？因为它确实追求某些国家目的，这可以从普鲁士的学校状况为其他国家所赞赏、深入思考、偶尔也被模仿中可以看出。这些国家在这里显然假定了某种在类似的方式上有利于国家的存续及其强大的东西，比如说，著名的、为人乐道的普遍兵役制。在普鲁士，几乎每个人都会不时地、骄傲地穿上军装，并且几乎每个人都通过人文中学获取了这套整体划一的国家文化。也是在这里，人们极度热情谈论古代的倾向，谈及国家只有在古代曾一度达到的绝对权力和神圣万能，谈及在古代，几乎每个年轻人都被通过教育和本能来督促他们把国家感受为人的存在的顶峰和最高目的。"

"这种对普鲁士和希腊国家的比较，"哲学家说，"诚然充满无限感情，但不能只是单方面的比较。因为希腊国家恰恰是尽可能地远离这种只把对国家本身直接有用的东西视为文化的功利考量，也绝不会希望去戕杀那些不能证明对自己迅速有用的冲动。恰恰由于这个原因，思想深刻的希腊人对其国家所持的强烈的崇奉和感激之情会让现代人感到几乎有失体统，因为希腊人认识到，没有他的舒困救急的国家机构的保护，任何文化的萌芽都不会得到发展；没有他的国家机构的细致和明智的呵护，其完全不可模仿的、对所有时代来说是无与伦比的文化，也不会如此兴盛繁荣。国家不是其文化的监管者、调节器和监护人，而是文化的强壮威武、准备并肩作战的同伴与同路人；它护送那些希腊高贵的、令人钦佩的、几乎是永恒超凡的朋友超越严酷的现实，并赢得其发自内心的感激。相反，如果现代国家今天也要求这样一种爱慕的感激之情时，它肯定会失败。因为它似乎知道自己是在用骑士式服务为最高的德意志文化和艺术效劳；因为在这方面，它的现在和它的过去一样可耻下流。作为证明，我们只需思考一下德国的大城市是怎样庆祝我们伟大的诗人和艺术家的纪念日，国家又是如何支持这些德意志大师的最高的艺术计划的。"

"因此，国家在以所有方式促进这里所谓的'教育'的倾向中，在其所促进的、隶属于这种国家倾向的文化中，肯定有其特定的环境。我的朋友，那种国家倾向与我所慢慢向你勾勒的真正的德意志精神以及源自这种精神的教育，处于一种有时公开、有时隐蔽的敌对关系之中。故而，这种对国家倾向有益并被国家积极促进的教育精神，这种受到其他国家所敬佩的学校体制孕育的教育精神，确实发端于从未触及过真正的德意志精神的领域。这种真正的德意志精神从德国宗教改革、德国音乐和德国哲学的最内在的核心如此辉煌美妙地向我们言说，但却像一个高贵的流放者，受到国家所提供的、过分发育的教育的冷漠对待和轻蔑嘲讽。它是一个异乡人，在孤独的悲伤中消逝。而在这边，那种伪文化却香火鼎盛，在'有教养的'教师和报刊撰稿人的聒噪中，它僭取了真正的德意志精神的名称、尊严，冒用'德意志'的名号去玩着卑鄙的把戏。为什么国家需要教育机构及教师的过剩？为什么需要这种范围广泛的国民教育和国民启蒙？这是因为真正的德意志精神遭受嫉恨；因为人们恐惧真正教育的精神本性；因为人们想借以迫使伟大的个体去自我放逐,以在大众之中种植和培育大众的非分的教育要求;因为人们想使大众相信他们只要遵循国家的指导(!),就可以轻易地自己找到道路,以逃避少数伟大导师的严格而严酷的训练。一种新现象! 国家成为了教育教化的指导者! 尽管如此,有一点令我感到安慰:这种德意志精神,人们如此反对并甚至用一个衣着华丽的代理牧师来加以顶替的德意志精神,则是勇敢而坚韧的。它将战斗着进入一个更为纯粹的时代,以自我救赎,并将如其所是的高贵,如其将是的凯旋。它自身对国家保持着一定程度的同情,如果后者为其紧急情况所迫而抓住那样一个伪文化作为其同盟者的话。因为人们哪里懂得统治人的任务是多么的困难,也就是说,要在极端自私、不公正、不讲道理、不正派、嫉妒、阴险狡诈、心胸狭隘和固执怪癖的绝大多数民众中保持法律、秩序、安静与和平;要持续地保护国家自身获取的少量财产不受贪婪的邻居和阴险的强盗的掠夺。① 处于这种境况之下,国家会抓住每一个同盟者,特别是当一个同盟者花言巧语自我推荐时,当这个同盟者如黑格尔哲学所述的那样,把国家颂扬为'绝对完善的伦理有机体',②把每个人的教育任务说成找到自己最有利于国家的地方和位置时。如果国家毫不犹豫地拥抱这样一个自我推荐的同盟者,用充满信心的野蛮声音对它大声喊道:是的! 你就是教育! 你就是文化! 那么,谁会对此感到大惊小怪呢!"

---

① 要持续地保持……掠夺]出发点是,保护那些成为其部分财产的少数物品免受只有体力的无数人的侵害。——编注

② 一般认为,这一思想体现在黑格尔的《法哲学》。——译注

第四次演讲

尊敬的听众！之前，你们一直忠诚地跟随我的讲述，我们也一起共同忍受了哲学家及其弟子之间那场寂寞、僻远且不时带有谩骂的对话。现在，我希望你们就像游泳健将那样有兴趣经受住我们的下半泳程，同时我向你们许诺，还将有一些新的木偶加入到我所经历的木偶剧之中。假如你们一直坚持在听，那么我接下来讲述的波浪将会轻松、迅速地把你们送达旅程的终点。换句话说，我们的讲述马上会有个转折，不过，我们最好还是先做一个简短的回顾，看看我们认为从这个如此跌宕起伏的对话中获得了哪些东西。

"坚守自己的岗位，"哲学家似乎对自己的弟子喊道，"因为你可以抱有希望。因为越来越清楚的是，我们根本没有真正的教育机构，但我们必须拥有它们。我们人文中学的最初建立是为了这一崇高的目的，但是，它们现在或是沦为一种令人忧虑的文化的温床，而这种文化怀着最大的仇恨驱赶一种建立在少数被精心拣选的心灵基础之上的贵族性的教育；或是堕落地去滋养一种枯燥、贫瘠的或无论如何远离教育教化的科学，其价值也许在于可以对那种令人忧虑的文化的诱惑闭目塞听。"哲学家特别让其弟子注意这样一个少见的现象：这样一种文化的核心必然会腐化堕落，如果国家相信自己可以控制这种文化，并通过它来达到自己的目的，如果国家还联合这种文化反对其他的敌对力量,反对哲学家所大胆称之为"真正的德意志精神"的精神。这种通过其最高贵的需要而与希腊世界联系起来的精神,在艰难的过去被证明是坚毅的,勇敢的,其目标是纯粹的,高尚的,它有能力凭借其艺术把现代人从现代的诅咒中解放出来。尽管它现在注定备受冷落,被从自己的遗产中放逐出去,但是,如果它从现代的沙漠中发出自己悠长的悲痛之声,就会使这个时代堆满杂物的、装饰华丽的教育商队惊恐不已。哲学家认为,我们应该为时代带来惊恐,而不是惊异。他建议,不要从战场胆怯地逃跑,而是要进攻。他特别对其弟子强调,不要太过担心和太过焦灼地顾虑那类由于其更高的本能和倾向而对当代的野蛮喷涌其厌恶的个体。"让它灭亡:阿波罗神庙之神不愁找不到一个新的三角支架,一个新的女巫,只要神秘之汽仍从神庙深处冒出。"①

哲学家重新提高了声音说道:"请注意,我的朋友,请不要混淆了两类学习和教育。一个人为生存、为了生存斗争而进行了大量学习,但他作为个体为这个目的所学习的一切都与真正的教育教化毫无关系。只有在远高于这种困境、生存斗争和贫穷的大气云层,真正的教育教化才开始。这里的问题是,一个人在何种程度上看重他自己的自我②与其他人的自我,为他个体的生存斗争花费

---

① 德尔斐的阿波罗神庙的神谕之神,一般坐在一个冒汽的地裂上的一个三脚架上作自己的预言。尼采这里所说的"发现一个新的三角支架",也许是指不同神话中所提及的赫拉克勒斯(Hercules)偷盗三角支架的事情。——译注

② 关于这里的"自我"(Subjekt)的理解,可以参照《悲剧的诞生》中所说的"个体性原则"。——译注

多少精力。有的人以斯多葛的方式限制自己的需求，便很快轻松地提升到一种忘却自我、似乎是抖落自我的境界，从而在一种无时间的、非个人的事物的星系中享受永恒的青春。有的人则将自我的范围和需要扩展得如此广阔，以如此不可思议的规模去建构自我的摩索拉斯陵墓①，似乎他能够战胜和征服可怕的庞大对手——时间。这样一种动机也体现了对不死不朽的追求：财富和权力，智慧，沉着，雄辩，气宇轩昂的容貌，举足轻重的名声，所有这一切在这里都变成了手段，个体贪得无厌的生命意识借以渴望新的生命，借以渴望一种终是虚幻的永恒。

"但是，即使是在自我的这种最高形式中，即使是在这样一种如此扩展的、似乎是共同的个体的最高需要中，也与真正的教育教化没有任何关联。例如，如果从这个方面来寻求艺术，那么我们只能看到艺术的消遣效果和刺激效果，因此会看到这类人：他知道如何在最多数情况下激发低级的、堕落的艺术，而在最少情况下激发纯粹的、高尚的艺术。因为他所有的活动和努力在旁观者看来也许也显得卓越出众，但他仍从未摆脱其欲求着的、不倦的自我，那个无自我的、静观的澄明世界总是逃离他而去。因此，尽管他学习、旅行、收集，但他总是与真正的教育教化保持着永恒的距离，过着一种被它放逐的生活。因为真正的教育教化耻于被利欲熏心的个体所玷污，善于从把它视为达到自私利己的目的的手段之人那里溜走。因此，即使有人自以为牢牢地抓住了它，把它作为谋生的

---

① Mausoleum，古希腊哈利卡纳苏斯的摩索拉斯陵墓，世界七大奇观之一。——译注

手段,用它来平息生计的困境,但它总会面带嘲讽的表情悄无声息地突然逃脱。①

"因此,我的朋友,请不要把这一真正的教育教化,这种纤足的、娇贵的天国仙女与那种实用的女佣混淆起来,后者即使也被称为'教育',也只是为个体生命窘境、收益和需要充作有智识的服务者和咨询者。但是,任何以一个职位或获取面包为其前景的教育,都不是我们所理解的迈向教化的、真正的教育②,而只是一种指导个体在生存斗争中采取何种手段去拯救和保护其自我的生存指南。当然,这样一种指南对绝大多数的年轻人来说都是至关重要的,而且,生存斗争越是艰难,年轻人就必须学习越多,就必须越是紧张地调动和使用他的力量。

"但是,没有人会相信,这种激励人们并使之具有能力去进行这种生存斗争的机构,能够在任何严肃意义上被视为教育机构。它们是应付生计和生存危机的机构,只会许诺培养官员、商人、军官、批发商、农场主、医生或技术员。这种机构所奉行的原则和标准无论如何不同于建立一个真正的教育机构的原则和标准。前者所允许的、甚至尽可能所提供的东西,在后者那里则被视为亵圣般的不义与犯罪。

"我的朋友,我想举个例子。如果你想把一个年轻人引向真正的教育之道,那么请你注意不要干扰他与自然的那种质朴、忠诚的、类似人际之间的亲密关系:森林、岩石、暴风、猛禽、花朵、蝴蝶、

---

① 从这些表述可以看出,尼采仍然处于叔本华的影响之下。——译注
② "迈向文化或教化的教育"(Erziehung zur Bildung),这一表述体现了教育(Erziehung)和教化(Bildung)之间的区分,即教化为教育的目的。——译注

草地、山坡都必定会用自己的语言向他诉说;在它们之中,他必定像是在无数相互投射的映照和镜像中,在变化着的景象的色彩缤纷的旋涡之中,重新认识自己。因此,他会无意识地在自然的伟大图景之中感受到万物的形而上的统一,同时他会在对自然的永恒的持久顽强和必然性的静观中平静自己的心灵。但是,到底有多少年轻人可以被允许在与自然的如此切近的、类似人际之间的亲密关系中成长啊!有多少人不得不过早地学习另一种真理:如何征服自然!这就不再有那种质朴的形而上学了。关于植物和动物的生理学、地质学和无机化学迫使年轻人用完全不同的视角看待自然。他们在这种被迫的视角中,不仅丧失了某种诗意的幻象,而且还丧失了对自然的本能性的、真正的和独特的视角,取而代之的则是对自然的精明算计和巧妙榨取。因此,真正有教养之人被赋予了那些被迫进行生存斗争之人从不能想象的一种无价之宝,即一种对自己童年的静观本能保持不间断的忠诚的能力,从而能够借以达到一种安静、统一、和谐与一致。

"但是,我的朋友,你不要认为我会减少对我们的实科中学和市立学校①的赞美。我赞美这些机构,人们在这里学会有条理地计算,掌握现代语,研究地理知识,以自然科学的神奇发现武装自己。我也非常乐于承认,那些较好地完成我们时代的实科中学学习的学生完全有资格要求与人文中学的毕业生被同等地对待。这样的学生离全部自由地进入迄今为止只对人文中学毕业生开放的

---

① 市立学校:德国18世纪出现的一种强调实用倾向而非大学预备教育的中等教育机构,类似实科中学。——译注

大学和政府部门的日子肯定不远了。注意,我这里说的是今日人文中学的毕业生!对此,我忍不住加上一句令人痛苦的话:如果实科中学和人文中学的当今的目标在整体上是如此一致,相互之间只是在程度上存在着如此些微的差异,以至于在国家的法庭拥有完全平等的权利,那么,我们仍然完全缺乏一种特定的教育机构:为了人的教化和文化的发展的真正的教育机构!我绝不是在谴责实科中学,因为它们至今为止一直在既幸运又诚实地追求其较低的但又是绝对必要的倾向;相比之下,人文中学在追求自己的倾向上则既不诚实得多,也不幸得多。因为人们在这里会感受到一种本能的羞耻感,会不自觉地认识到,整个机构已可耻地堕落了;毫无创造力的沉闷野蛮的现实,反对着善于精明辩护的教师们的教育大话。因此,还不存在真正的教育机构!在那些仍在伪装有真正的教育的地方,其人们要比教授实用学科、信奉所谓的'实在主义'的实科中学中的人们更加绝望、不满、憔悴和衰退!此外,请你们注意,我的朋友,教师圈中有些人是多么粗野无知,他们竟然对严格的哲学术语'实在的'和'实在主义'误解到这种地步,以至于会在其背后嗅出精神与材料的对立,并把'实在主义'解释为认识、塑造和掌控现实的哲学流派。

"在我看来,只有两种真正对立的教育机构:一种是为了真正的教育的机构,一种是为了生计的教育机构。我们目前所有的机构都属于第二种,但我只谈论第一种。"

大约两个小时过去了,哲学家及其弟子一直在谈论着如此触目惊心的问题。夜越来越深了。如果说哲学家的声音在黄昏时听起来像是穿越林苑的自然音乐,那么现在,在夜色完全漆黑之时,他的声音越来越激动,越来越激昂沉痛,像是变幻着的雷声,在远处的山谷嘶鸣和轰鸣,在树林和岩石之间回响和消逝。突然,他沉默了。他几乎是痛切地重复说道:"我们没有教育机构,我们没有教育机构!"①这时有什么东西掉落下来,似乎是一个冷杉果球,直接掉落在哲学家面前,他的狗叫着,扑了过去。于是,沉默被打破了,哲学家抬起头,霎那间感觉到了黑夜,清凉而孤寂的黑夜。"我们这是在干什么!"他对其弟子说到:"已是深夜了。你知道我们在这里等谁。但他不来了。我们白白等待了这么久,让我们走吧。"

我尊敬的听众,现在,我必须向你们表述我和我的朋友从我们隐蔽的地方清晰且热切地偷听这场对话的感受。我曾向你们说过,在那个地点,在那个黄昏时刻,我们准备举行一个纪念活动,我们知道,它涉及的恰恰就是教育问题。按照我们年轻人的信念,我们所要纪念的活动在过去的岁月里给我们带来了丰硕而幸运的收获。因此,我们满怀感激地回忆起我们当初就是在这个地方想出了要建立那样一个小协会,就像我之前所提到的那样,目的是在一个很小的志同道合的小圈子里相互激发和监督我们的活跃的教育冲动。但是,当我们安静屏息地倾听或偷听那个哲学家的激烈话语时,我们感到突然有一束完全未曾预料的光投射到我们过去所有的岁月之上。就像一个粗心大意走在未知地带的旅行者,突然发现自己的双脚已经站在悬崖边上。并且,我们本想迎接这个巨大危险,而不是逃离它。就在这里,在这个对我们来说具有纪念意

---

① 重复……教育机构!〕描述现代国家如何在其困境中抓住了如此急切地献身于她的那些同盟。——编注

义的地方,我们听到了这样的警告:回去！一步也别朝前走！难道你不知道你的脚会把你们带到哪里,这条闪光的道路又会把你们诱向哪里吗？

现在,我们似乎认识到了这一点,因而这种洋溢着的感激之情如此不可抗拒地把我们引向了我们严肃的警告者和值得信任的埃克特[①],以至于我们两人同时跳起,去拥抱那位声言要离开的哲学家。哲学家此时正准备离开,甚至已经侧身。当我们迈着响亮的脚步声出其不意地跳向他时,他的狗也尖叫着扑向我们,他和他的同伴以为遭受了强盗的袭击,而没有想到是一个最热烈的拥抱。哲学家显然已经忘记了我和我的朋友的存在。一句话,他迅速跑开了。当我们赶上他时,我们的拥抱完全失败了。我的朋友此时尖叫起来,因为狗咬住了他,哲学家的年轻同伴猛力扑向我,以至于我们两人都摔倒了。于是,出现了一场可怕的人狗混战。这个奇异的场景持续了一会儿,直到我的朋友开口模仿哲学家有力的声音和话语为止。我的朋友喊道:"以所有文化和伪文化的名义！你这蠢狗到底想从我们这得到什么！该死的,从我们这里,从我们的内脏里滚开,你这未得密传的狗,你这永远不会得到密传的狗,偷偷溜走吧,闭嘴吧,羞愧吧！"

这段话之后,整个场景明朗了一些,明朗到一个森林的漆黑之夜所能够明朗的程度。哲学家明白了怎么回事,大声说:"是你们！

[①] 这里的警告者和值得信任的忠诚的埃克特,这里似乎是在指同一个人。"忠诚的埃克特"是一些英雄传说中的人物。在蒂克(Johann Ludwig Tieck,1773—1853)的小说《忠诚的埃克特和汤豪舍》中,埃克特既是一个警告者,又是一个值得信任的白发老者。这个故事也可能是瓦格纳歌剧《汤豪舍》的来源之一。——译注

是我们的射手！真是吓坏我们了！是什么驱使你们在漆黑之夜像这样扑向我们？"

"是欣喜、感激和尊敬，"我们摇着哲学家的手急切地说，那条狗也会意地吠叫着。"不向您表达这一点，我们不想让您走。为了能向您说明这一切，您是否可以不马上离开。我们还有许多问题要向您请教，它们一直以来重压在我们心头！请再待会儿吧，之后我们陪您下山，我们熟悉这里的每一条路。甚至您所等待的客人也许还会来。您看看下面那边的莱茵河。那是什么东西在游动，它如此明亮，像是被许多火把包围？我会在火把中间找到您的朋友，我甚至预感，他将带着所有这些火把向您走来。"

我们就这样用我们的请求、承诺和奇妙的借口来纠缠这位令我们震惊的白发老人，直到那位弟子也劝说他与我们一起在这高山之巅，柔和的夜气之中再踱步游走一回儿。"涤除所有的知识烟雾"①，哲学家同伴又补充道。

"真为你们感到惭愧！"哲学家说，"一旦你们想引证什么，就只能引证《浮士德》。不过，不管你们是否引证，我还是准备向你们屈服，只要我们的年轻人能保持安静，而不是像刚才突然到来那样又突然跑开，因为他们像捉摸不定的磷火，一会儿在那儿，一会儿又不在那儿，让人感到惊奇。"

我的朋友立即继续引证：

亦畏亦敬，悉遵台命，

我希望我能成功制伏我轻浮的本性，

---

① 涤除……烟雾］参见歌德：《浮士德》第一部，第395行。——编注

因为我平常走路只走锯齿形。①②

哲学家深感惊奇,静静地站着。"你们让我吃惊,"他说,"我的磷火先生们,这里可不是什么沼泽!这个地方对你们又有什么益处?如此接近一个哲学家对你们又意味着什么?这里的空气清朗且凛冽,这里的土地干燥且坚硬。你们必须为你们惯于走锯齿形的本性寻求一块更加梦幻的地方。"

"我想,"哲学家的弟子插话说,"两位先生已经向我们说过,一个承诺把他们与此时此地联系起来。但在我看来,他们作为合唱队,确切地说是作为真正'理想的观众'③④,也属于我们今晚这个教育喜剧,因为他们没有打扰我们,我们还以为这地方就我们两个人呢。"

"是的,"哲学家说,"确实是这样,你们不应该拒绝这个赞扬,但在我看来,你们还有更值得称赞的地方……。"

我这时抓住哲学家的手,对他说道:"如果有人听了您的这样一场对话而不变得严肃深思,甚至热血沸腾,那么他就像是腹贴地面、头埋污泥的爬行动物那样麻木迟钝。也许有些人会因为懊恼和自我埋怨而变得愤怒。但我们的印象却完全不同,只是我们不知道应该如何去描述它。这个时刻对我们来说是如此及时,我们

---

① 亦畏……锯齿形]歌德:《浮士德》第一部,第3860—3862行。——编注
② 文中尼采的朋友不仅引用《浮士德》,而且还引用了磷火的言辞。——译注
③ "理想的观众"]参见施莱格尔(A. W. Schlege),参见《悲剧的诞生》第7节。——编注
④ 施莱格尔《关于戏剧艺术和文学的讲座》第五讲中把合唱视为理想的观众。尼采对于观点的讨论,可参见《悲剧的诞生》第七部分。——译注

的心情对此的准备又是如此充分,以至于我们就像个空瓶子一样坐在那儿。现在,我们似乎已经被这种新智慧所充满,却也因此不再知道如何帮助自己。如果有人问我,我明天想做什么,或,从现在开始,我会决定去做什么,那么我完全不知道如何回答。因为很明显,我们至今为止是以完全不同的,也就是错误的方式在生活,在教育自己。但是,我们应该做什么,才能跨越今天和明天之间的鸿沟?"

"是的,"我的朋友承认说,"我有类似感觉,也有类似的问题。但此外,我觉得自己似乎被您关于德国教育负有如此崇高、如此理想的任务的看法所吓倒,几乎要逃离它,似乎自己不配参与实现它的目的。我只看见最有天赋之人所组成的辉煌队列驰往这个目的,我可以想象在其旅程中,它将穿越怎样的深渊,超越怎样的诱惑。谁有这么勇敢去加入这个队列?"

此时,那个同伴也转向哲学家说道:"如果我有类似的感觉,并当面向您表达出来,请不要生我的气。当与您谈话时,我感觉自己被提携超越了自己,为您的勇气、希望所鼓舞,直至忘记自己。然而,更加冷静的时刻很快到来,现实的、刺骨的寒风使我重新回到现实。我只会看到横亘在我们之间的鸿沟,就像在梦中一样,您自己把我摆渡了过去。您所谓的教育在我的周围无意义地晃悠,[①]或沉重地压在我的心头。它是一副会把我压垮的铠甲,一把我挥舞不动的长剑。"

在与哲学家争论的过程中,我们三个突然意见一致起来,我们

[①] 说说您把什么作为教育教化的标准。这个。——编注

相互鼓励，相互激发。在这静谧之夜，在柔和的星光下，我们与哲学家在这个我们白天作为射击场的空地上来回缓慢走动，并逐渐对他提出了如下的共同想法：①

"您对于天才已谈了许多，谈到他们在世界穿行时的孤独艰难；似乎大自然永远只产生极端的对立：一方是麻木沉睡的、通过本能来繁衍的愚昧大众，另一方则是在更远、更高层面上命定要去成就永恒作品的伟大的、沉思着的少数个体。但是，您现在把这些少数个体称为精神金字塔的顶峰，那么，这就是说，从宽阔的、承受重负的地基到最高的自由顶峰之间必然存在着无数的中间阶层，而那句'自然从不飞跃'②的格言正好适用这儿。但现在的问题是，您所谓的教育是从何处开始的？被自下而上统治的领域与被自上而下统治的领域之间的分界的软方石③又在哪里？如果只从精神金字塔的顶峰来谈论真正的教育，那么为了这些具有最高天赋之人的不可推算的存在，应该如何建立教育机构，应该如何思考教育机构，以使之只对这些被拣选的少数人有利呢？相反，在我们看来，恰恰是这些人能够知道如何找到自己的道路，他们的力量表现在没有其他人所必需的教育拐杖，他们也能行走，因此可以不受干扰地穿越世界历史的压迫和碰撞，就像一个幽灵穿越盛大拥挤的集会。"

---

① 尼采的文本中，这一段与下一段并未分开。——译注

② 拉丁语"natura non facit saltus"，意思是"自然从不飞跃"。参见《作为教育者的叔本华》第五部分，科利版《尼采著作全集》第 1 卷，第 380 页第 18 行。尼采用德语重复了这一原则，但他只在表明一种资格或例外。参见《飘泊者及其影子》，第 198 节。——译注

③ 软方石是一种可以自由切割但不易碎裂的石头。——译注

我们就这样论证着,没有太多的技巧,也不够系统。① 哲学家的年轻同伴则进一步说:"现在,请您自己想一想那些我们习惯引以为豪的、所有的伟大天才,那些我们习惯视为真正德意志精神纯正的、忠诚的领袖和指路人,那些我们用节日和雕塑来纪念他们,骄傲自信地把他们的作品推荐给国外的伟大的少数人,您所要求的那种教育在哪一点上是为他们而设,他们在何种程度上表现出他们的成长和成熟受到了其祖国的教育阳光的滋养?尽管如此,他们还是可能成为、实际上也确实成为我们今天所景仰之人;是的,他们的作品也许恰恰是在为这些高贵的天性的发展形式作辩护,恰恰是在为我们必须承认的、他们所生活的地区和时代缺乏这样一种教育作辩护。莱辛和温克尔曼从他们时代的德国教育中获取了什么益处?一无所获,或,至少与贝多芬、席勒和歌德以及我们伟大的艺术家和诗人所获取的一样少。永远只有后代才能弄清楚前代凭借什么样的上天礼物而成就其伟大的,这也许是一个自然规律。②"

听到这里,白发哲学家怒不可遏,对着他的同伴喊道:"噢,你这无知羔羊!噢,你们这些毛头小子!多么笨拙、狭隘、畸形和扭曲的论证啊!唉,的确,我现在正在倾听我们当代教育的成果,我的耳边重又响起了轰鸣的、历史的'自明性',响起了响亮的、早熟

---

① 系统]与其说出于认识不如说出于本能。——编注

② 诗人……自然规律]诗人,还有学者。人们自己注意到没有,与那种具有繁茂馈赠而同时教育却如此贫乏的、有那些天才生活的时代相比较,我们当代在教育需求方面有如何不同寻常的进步?如果我们这个时代也有上天如此的馈赠,那么又该如何不同地敬重它们啊!——编注

老成的、无情的历史学家的理性！注意，你这未被玷污的自然啊：汝已老矣，几千年来，这星空悬于汝顶上，但汝从未听过如此有教养、但本质上是如此恶毒、却深受当代喜爱的话语！因此，我的日耳曼好人，你们为你们的诗人和艺术家而自豪吗？你们指着他们，并在外国面前自我夸耀吗？你们因为没有努力而拥有他们，便由此得出一个最令人喜爱的理论，即你们未来无须为他们的产生而去作什么努力？他们是自动产生的，是仙鹤送给你们的，我的未谙世事的孩子们，不是这样吗！谁还会再去谈论这些天才的助产婆呢！我的好人们，现在应该给予你们一个严肃的教诲：所有我们曾提到的光辉、高贵的伟大人物，都由于你们，由于你们的野蛮而过早地被窒息、损耗和戕杀，你们是为此而骄傲自豪吗？怎么，你们想到莱辛的时候没有感到羞耻吗？他在与你们的愚昧麻木、你们可笑的神祇和偶像、你们的剧院、学者和神学家的误解和罪恶的斗争中走向毁灭，从未振翅作过一次永恒的飞翔，而他本是为此目的而来到世间的。① 你们在纪念温克尔曼时又作何感想？为了不想看见你们的荒唐胡闹，他转而求助于耶稣会的帮助。他不光彩的信仰转变要归咎于你们，并将是你们永远不能消除的污点。你们提到席勒的名字不脸红吗？请看看他的肖像！难道那双轻蔑地注视着你们、炽热发光的眼睛，那死一般潮红的面颊，没有向你们诉说着什么吗？你们本来拥有一个如此美妙非凡的玩具，现在却被你们给打碎了。如果可能，你们还会从席勒的忧郁、匆忙和被追赶

---

① Klötz 和 Goeze]这里可能是指莱辛反对科勒茨（C. A. Klötz）和格厄策（J. M. Goeze）和的争论。——编注

赴死的生命中取走歌德对他的友谊,从而会导致他的生命之光更快地熄灭。我们伟大的天才过去从未得到你们的帮助,而你们现在又想基于此提出将来也不为他们提供帮助的理论?但是,直到目前为止,对他们每一个人来说,你们就像歌德在《大钟歌·跋》所指称的那样,是'麻木世界的阻抗'①;对于他们每一个人来说,你们都是冷漠麻木的愚人、心胸狭隘的嫉妒者和恶毒狡黠的自私者。尽管面对你们的冷漠和阻碍,他们还是创造了伟大的作品,但他们要对抗你们的进攻;由于你们,他们过早地死亡;由于你们,他们在未竟的事业中,在与你们斗争的战场中,变得迟钝、麻木,心力交瘁。② 如果这种真正的德意志精神能聚集在一种强有力的、保护性的机构之下,那么谁能想象,这些英雄的男子汉们会取得什么样的成绩;但没有这样一种机构的帮助,德意志精神只能孤立无援、破碎不堪、堕落变质地苟行于世。所有这些男子汉都注定被毁灭了。为了逃脱你们在这方面的罪责,你们提出了'存在即合理'的疯狂信念。而且,还不仅仅是这些伟大的男子汉!在所有的精神领域,都可以发现对你们的控诉。就我所见的有天赋的诗人、哲学家、画家和雕塑家之中,而不仅仅是在那些有最高天赋者之中,到处都可以看到这种半生不熟、过度损耗、过早枯萎、精力耗损以及花朵尚未盛开之前就被烤焦或冻馁,也就是说,到处都可以察觉到'麻木世界的阻抗',即你们的罪责。这就是为什么我说我们缺少真正的教育机构,为什么那些自称为教育机构的机构又处于如此

---

① 歌德:《大钟歌·跋》,第 52 行。——译注
② 本段中从"怎么,你们想到莱辛……"一直到这里的"心力交瘁",几乎是《作为忏悔者和作家的大卫·施特劳斯》第四部分中一个段落的重复。——译注

可悲的状况。谁若是乐于称我所谓的真正的教育机构是一种'理想',一种'理想的要求',甚至通过称赞来敷衍我,使我满足于此,那他就应该获得这样的回应:现实的恰恰就是卑鄙的和可耻的;如果有人在严寒冰冻之际要求温暖,而他人却把这种要求称为'理想的要求'时,那么他必定会暴跳如雷。我们正在讨论的问题涉及的是易感知的、明晰的、至为紧迫的现实状况。任何感知到这一点的人都知道,这里存在一种像严寒和饥饿那样需要被关注的紧迫情况。但是,那些对此毫无感知之人,至少也有一种标准,以衡量我所谓的'教育'是在什么地方停止的,以确定我所谓的精神金字塔上被自上而下统治的领域和被自下而上统治的领域之间的分界线。"

哲学家的言语显得非常激烈。当他站在我们曾作为射击靶子的树桩附近说完上面这通发言后,我们请求他与我们再一起走走。一时间,我们都沉默不语,缓慢而深思地来回踱着。我们并未因为提出如此愚蠢的观点而感到太多羞愧,因为我们现在感到我们的个性获得了一定程度的复归。就在哲学家激烈的、不讨人喜欢的话语之后,我们感觉与他更近了,甚至感到了一种私人间的亲密关系。

因为人就是这样的可怜,以至于他要迅速拉近与一个陌生人的关系,莫过于让对方觉察一些自己的弱点和缺陷。我们的哲学家被激怒了,说粗话了,这就一定程度消除了我们一直以来对他的怯生生的敬重。对于那些对这种观察感到义愤之人来说,需要补充的是,这还经常会把遥远的敬重引向个体间的爱意和同情。而且,这种同情,在我们感到我们的个性有所恢复之后,逐渐变得越发强烈。我们为什么要在夜深人静之时还强迫这位白发老人在树木和岩石间同我们一起走来走去。既然他已经对我们的恳求让步,那我们为什么不找一个更加谦逊、更加温和的形式让自己接受教诲,为什么我们三个必须用这种笨拙的方式来表达我们的异议呢?

我们现在已经注意到,我们的异议是多么欠考虑,多么无准备,多么无经验,其中恰恰回响着这个时代的声音。但这种声音,特别是教育的声音,是这位老人本所不愿意听到的。此外,我们的异议并非完全出于理智的考虑。我们对哲学家发言的触动以及异议的原因,似乎在别的地方。其原因也许产生于我们本能性的焦虑,因为我们想知道我们自己能否在哲学家的精神金字塔中找到有利的位置。因此,我们也许汇集了所有我们以前借助自己的教育所养成的自负,不惜一切代价地去寻求反对哲学家的那种考察方式的理由,因为按照他的方式,我们对于教育教化的自以为是的要求会遭受彻底的拒绝。但是,人们不应该与像我们这样对论证的合理性有着如此个体性感受的人进行争论,或,就我们的案例而言,其道德规范应该是:这样的对手不应该参与争论,不应该提出异议。

我们在哲学家周围走动着,心怀羞愧、同情以及自责,也更加相信这个白发老人是正确的,我们那样对他是不公正的。我们对我们教育机构的少年梦想,现在离我们多么遥远,我们多么清晰地认识到了我们至今以来侥幸逃脱的危险,也就是说,没有完全把自己出卖给当代的教育机构,因为它在我们进入人文中学开始就大声向我们说着那些引诱的话语!那么,我们怎么就没有加入人文中学的崇奉者的公共合唱中呢?也许这仅仅是因为我们仍是真正的、纯洁的学生,因而仍能够从公众舆论的贪婪的猎取和催逼中,从汹涌不止的风吹浪打中逃脱,躲进我们自己建立的、小小的教育孤岛之中。① 即使这个孤岛也面临着被时代吞没的危险!

我们满脑子这些想法,正准备向他表达时,哲学家忽然转向我们,更加温和地说:"你们言行举止幼稚、轻率鲁莽,我并不感到惊奇。你们过去不太可能严肃地思考过你们从我这听说的这个问题,但不要着急,带上它,日夜加以思考。你们现在已站在十字路口,也知道这两条道路将通往何处。如果走上其中的一条道路,你们会受到时代的欢迎,亦将不缺乏花环和勋章,你们的前后左右站满了志同道合者,还有数目庞大的民众与你们同行。如果领导者一声高呼,其回声会在一队队的同行者中回荡。你们在这里的第一个义务就是以队列的形式战斗,第二个义务是消灭那些不愿意加入你们队列之人。但如果走上另一条道路,你们将很少有同行者,而且,道路更加艰难、曲折和险峻。你们在那里艰难跋涉,还会受到那些选取第一条道路之人的嘲笑,他们还会引诱你们投奔他们的阵营。但是,如果两条道路交叉,那么他们就会虐待你们,把你们排挤到一边去,或避开、害怕你们或孤立你们。"

"那么,现在的问题是,对于两条道路上如此不同的行者来说,教育机构又意味着什么呢? 对于那些蜂拥至第一条道路追求其目标的数量巨大的民众来说,教育机构就是把其成员培养并纳入到其队列之中,并远离和清除所有使其成员追求更高和更远的目标的一切。当然,我不否认,他们善于用华丽的语言去描述和传播其

---

① 这里指前文提及的小协会。——译注

目标。例如,他们会谈到'在坚定的、共同的国家信念和人文伦理信念的基础之上的自由人格的全面发展,或,把建立一个基于理性、教育和正义的、和平的人民主权国家视为其目标。①'

"对行走在第二条道路上的、更为少数的人来说,教育机构有着完全不同的意义。他们把教育机构视为一个固定的保护组织,借以阻止他们被第一条道路之人淹没和冲散,阻止他们个体过早地疲惫,或不被分心、腐蚀和毁灭,保护他们不丧失其高贵、高尚的使命。这些个体必须完成其作品,这是他们共同的教育机构的意义和存在理由。而且,其作品必须清除其主观的、自我的痕迹,必须超越时代的、瞬时事物的影响,真正反映事物的永恒不变的本质。因此,所有参与这种机构之人,都应该共同协作,通过这种对主观和自我的涤除,来为天才的诞生及其作品的创作做准备。为数不少的人,甚至包括来自二流和三流天赋之人,注定要做这种辅助工作,而他们只有这样来服务于这种真正的教育机构,才能感到自己在履行自己的生命使命。但现在,由于时髦的现代文化的持续引诱,致使这些较低天赋之人被拖离了其真正轨道,疏离了其本能和本性。这些诱惑瞄准了他们的自私冲动,他们的软弱和虚荣。这个时代精神不停地在他们的耳边唠叨:'跟我来吧!在那里,你们是仆人、帮手、工具,在更高的天性面前黯然失色,你们特殊的天性从未得到舒心的自由展开,就像奴隶和木偶被绳索牵着,被链条锁着。但是,在我这儿,你们会像主人一样享受你们的自由人格,

---

① 把建立……其目标]其完全指向其建立伦理和精神自由的世界历史任务的不可避免的必要性。——编注

你们的天赋可以为自己闪耀,你们还可因此而自己走到我们队伍的前列,无数的追随者将陪伴着你们,公共舆论的掌声会比天才居高临下授予的称赞更让你们舒适得意。'甚至最为优秀的人现在也屈服于这些诱惑。从根本上来看,这里的决定因素几乎不是天赋的高低,也不是一个人是否听到那些引诱的声音,而是一种特定的伦理崇高的高度和程度,是英雄主义和牺牲的本能,最后,还是一种确定的、通过正确教学所引入的、已变成了习惯的对教育教化的需求。正如我曾经说过,这种教育首先就是对训育天才者的顺从和习惯。但是,现在人们称之为'教育机构'的机构对这样一种训育,这样一种习惯,一无所知。当然,我不怀疑,人文中学最初也是这样一种真正的教育机构,至少是其准备机构。我也不怀疑,它在美妙的、深邃的、令人激动的宗教改革时代也确实在正确的道路上迈出了大胆的一步;在其后诞生我们的席勒和歌德的时代,又重新出现了对曾被无耻压制的爱和封存的、真正的教育的需要。这就像柏拉图在《斐德若篇》①中所说的那双翅膀的第一次震颤。按照柏拉图的理解,在灵魂与美的每一次接触中,这双翅膀就会带着灵魂飞向事物不变的、纯粹的、原型的王国。"

"我尊敬的、杰出的导师啊,"哲学家的弟子开始说道:"在您引用了神圣的柏拉图及其理念世界之后,我不再相信您还生我的气,尽管我之前的说话真该挨您批评,真该惹您生气。只要您一说话,那对柏拉图的翅膀就在我内部震颤;只要您一暂停说话,我就像我的灵魂的战车的御者,艰难地驾驭着柏拉图向我们描述的那匹抗

---

① 参见柏拉图:《斐德若篇》253 d—e。——编注

拒的、野性的、难以驯服的烈马。按照柏拉图的描述,它身体扭曲粗笨,脖子僵硬粗短,鼻子扁平,浑身漆黑,眼睛灰色、充满血色,耳朵多毛且听觉迟钝。它随时准备作奸犯科,难以用鞭子和棍棒来加以管束。因此,请您想一想,我远离您生活了这么久,您所说的所有那些诱惑都曾试图引诱我,也许并非没有一些效果,即使我自己也几乎没有察觉到。我现在比任何时候都更加强烈地认识到真正的教育机构的必要性,因为有了它,我们就有可能与少数拥有真正教化之人自由地生活在一起,接受他们的引导和指引。我现在感到,独行者是多么危险啊!正如我对您所说的,我幻想我可以通过逃离来避免直接接触那种时代精神,但发现了这种逃离本身就是一种幻想。而且,那种时代精神的大气会通过每一次的呼吸,从无数的血管深深地渗透到我们的身心之中,因此,没有一种独处能足够地孤独和遥远,从而使我们逃离时代精神的毒雾和黑云的追击。那种文化的形象会伪装成怀疑、收获、希望和美德,带着万千变化的面具,在我们头上盘旋,在我们周围蹑足潜行。甚至就在这里,就在您这样一个真正的教化隐士的近旁,我们仍被时代精神的魔法所引诱。那支行进在第二条道路上的小队伍该如何坚定而忠诚地看护和捍卫那种几乎可以被称为教派性的、真正的教育啊!他们又该如何相互加强和相互支持啊!在这里,任何失足该受如何严格的批评,又该受如何同情性的宽容啊!因此,亲爱的导师,在您如此严厉地批评我之后,也请您宽容我吧!"

"我的好人,你使用了我并不爱听的语言,"哲学家说,"并让我想起了宗教的秘密结社。我跟这没有关系。但你柏拉图之马的说法,让我很满意,因此,我打算原谅你。我愿意用我的马换取你的马。此外,夜已变凉,我已没有兴趣与你们继续在这儿走下去了。我所等待的朋友如果半夜三更还上山来见我,那他真够愚蠢的了,尽管他曾经答应准时赴约。我在这儿徒劳地等待我们约定的信号出现,我不知道到底是什么阻碍了他。他是个守时和做事精确的人。我们老一辈都是这样,你们年轻人现在可能觉得这有点过时和迂腐。但他这一次却置我于不顾。真是可气!现在,跟我来!该走了!"

——就在这时,新的情况出现了。——

第 五 次 演 讲

我尊敬的听众！我向你们讲述了我们哲学家在深夜的寂静中的、发人深省的谈话，如果你们也深有同感，那么当你们听到他最后宣布的那个令人气恼的决定时，你们的心情肯定会与我们当初听到时一样。你们还记得，他当时突然告诉我们，他想走了。他的朋友背离了当初的约定，此外，我们及其弟子在这僻远之地所说的话很少令他振奋，因此，他想尽快结束这场对他无益的深山滞留。这天对他来说算是浪费了，他会从记忆中抹去这一天，连同被抹去的还有与我们的相识。但我们还不愿离开。这时，一个新情况促使他站住了，他已经抬起的脚也迟疑地放回了地面。

这时，莱茵河方向的一道彩色光芒，连同一声迅速消失的噪音，吸引了我们的注意。紧接着，我们又听到从远处传来富有旋律的缓慢乐声，许多年轻人的喊叫声应和并加强了这乐声。"这是他的信号，"哲学家喊道，"我的朋友终究还是来了，我没有白等。这真是一次夜半之会。我们怎么让他知道我现在仍在这里呢？来！用你们的枪声告诉他！现在，展示一下你们射击技艺！那边向我们问候的乐声，有着严格的节奏，你们听到了吗？记住这个节奏，用你们爆炸的枪声以同样的节奏回应它！"

这个任务正合我们的趣味和才能。我们尽可能快地装好了子弹，相互协商好后，举枪对着灿烂的星空发射，尖锐的枪声在短暂回响之后逐渐消失在远方。第一枪，第二枪，第三枪，枪声有节奏地划破了静寂的夜空。"节奏错了！"这时哲学家喊道。因为我们的射击节奏突然中断了。就在第三枪之后，一颗流星飞快地划过，我们不由自主地朝着它滑落的方向开了第四枪和第五枪。

"节奏错了！"哲学家叫喊道，"谁让你们朝流星开枪！没有你们的射击它也会自行滑落。一个人在使用武器之前，必须知道他要做什么。"

此时，从莱茵河那边传来的、不断重复的旋律，加入了更多、更响的声音。"他们理解我们的意思了，"我的朋友笑着喊道，"这样一个发光的幽灵①恰在射程之内，谁能忍住不朝它射击呀？"

"等一下！"哲学家弟子打断了我朋友的说话，"向我们回复信号的那群人可能是谁！我估计其中的人声有20到24个，很有力的男声，这群人从哪里来问候我们？他们好像还没有离开莱茵河对岸。从我们之前坐的那个长凳那边，我们应该能够看见他们。我们赶快去那里！"

我们那时一直在那个地处较高位置的粗大树桩附近上下走动，因此，我们对莱茵河的视野被浓密黑暗的、高耸的树丛所遮蔽。相反，就像我之前对你们解释的那样，我们之前离开的、位置较低的休息之地对于莱茵河的视野，要比从这里位置较高的小平地的视野更好，也就是说，在那里，我们的视线可以穿过树梢，恰好可以看到莱茵河，看到处于莱茵河圆弧中心、被其环抱的诺嫩沃特岛。

---

① 这里似乎是指那个坠落的流星。——译注

因此，我们赶紧走向那个休息地，但照顾到年迈的哲学家也没有走的太快。夜晚的树林尤为漆黑，难以辨识之前走过的路，我们只得保护着哲学家，深一脚浅一脚地摸索着往下走。

我们刚到达那个有长凳的地方，一大片模糊闪耀的火光就进入我们的视野。显然，这火光来自莱茵河对岸。"是火把！"我喊道，"完全可以确定，对岸是我波恩大学的同学，您的朋友肯定在他们中间。刚才是他们在唱歌，他们会陪伴您的朋友过来。您看！您听！他们正放下小舟。用不了半个小时，那个火把队伍就会来到我们上面这儿。"

听到这，哲学家向后退了一步。"您说什么？"他突然喊道，"你的波恩朋友，大学生？我的朋友怎么能跟大学生一道来呢？"

他这个几乎是愤怒的问题也激怒了我们。"您凭什么反感大学生？"我们反驳道，但他没有回答我们。过了一会儿，哲学家才开始说话，语气缓慢且充满抱怨，但不是直接对着我们，而似乎是对着远方的某人在说话："这么说，我的朋友，即使是在半夜，即使在这孤寂的山上，我们也不能独处。你竟然要把一帮捣乱的大学生带到我这来。你十分清楚，对于这类天之骄子，我避之唯恐不及。我真不理解你，我远方的朋友。在长时间分别之后，我们特意选择这样一个僻远的角落，这样一个不寻常的时分重逢，总归是要谈论点什么。我们为什么需要一群见证者的合唱，而且是这类见证者呢！今天把我们召唤在一起的绝不是一种多愁善感的柔情的需要。因为我们俩很早就学会了高贵的遗世独处。我们决定在此相会，并不是为了我们自己，不是为了回顾和维持对彼此的柔情，也不是为了展示感人至深的友谊，而是因为在一个值得纪念的时刻，我曾突然遇到在这里庄严独坐的你,因而今天我们就像菲默法庭的骑士①,想在这里进行最为严肃的相互咨商。可以让那些理解我们的人来旁听,但为什么你要把一帮肯定不理解我们的人带来!我真不理解你,我远方的朋友!"

我们认为打断一位老人如此不满的牢骚话语是不太礼貌的。当他伤感地沉默时,我们仍不敢告诉他,他如此不信任大学生令我们多么恼火。

最后,那位年轻弟子转向哲学家,说道:"我的导师,您的话使我想起,在我认识您之前,您曾经执教于若干大学,关于您那时与学生交往以及您的教学方法的流言,至今仍有所传布。从您刚才谈及大学生时的弃绝的语气来看,有人会猜测您有某些特殊的不快经历;但我个人宁可相信,您在大学所看到和经历的与其他人的所看和经历的并无不同,所不同的是,您对它们的评判比别人更加严格,也更加公正。因为从与您的交往中我认识到,最值得关注的、最富教益的和最富决定性的经验和经历,就是日常的经验和经历。但恰恰是摆在所有眼睛之前的巨大谜团,只有极为少数的人才把它视为谜团;这些问题就像是躺在马路中央,无数路人的脚从上面踩过但从未被注意,等待着少数真正的哲学家把它们细心地拾起②,并从此作为智慧的宝石而光芒灿烂。尊敬的导师,在您的

---

① 菲默法庭:一种难以确知其源起但可以追溯到查理曼大帝时期的一种特殊法庭。这个法庭一般在露天举行,其审判由一种秘密组织举行,其所给予的唯一的惩罚就是死刑,并且是立即执行。菲默法庭在1811年被威斯特法伦特国王废止。——译注

② 但恰恰是……细心地拾起]根据叔本华,参见《作为意志和表象的世界》第二版,第176页;参见《补遗》第1卷,第172页。——编注

朋友到达这里之前还有些时间，也许您能给我们说说您对大学的一些认识和经验，从而完成我们不经意间要求您的对我们教育机构的全面考察。此外，也请您允许我们提醒您，在您今晚早些时候的谈话中，您曾经向我们作过这种许诺。从人文中学出发，您宣称它具有一种异乎寻常的意义：所有其他教育机构必须按照它所表述的教育目的来衡量自己；如果其倾向是错误的，那么所有其他机构也跟着错误。今天，即使是大学也不能再声称自己具有这样的重要性，即运动的中心。就大学今天的形式而言，至少按照一个重要的方面来看，它不过是对人文中学倾向的扩展。您在讲到这里时曾许诺我们您稍后将详加解释。① 我想，我们的大学生朋友可以证实这一点，他们可能偷听到我们当时的谈话。"

"这个我们可以作证，"我回应道②。哲学家转向我们，说道：

---

① 参见前文第30个注释。——译注

② 我说。但哲学家不可能认真地倾听我们说话。因此，他陷入到了对陪伴他即将到来的朋友的不受欢迎的群体的惊奇之中。你无疑是正确的，他最后对其同伴说，这些日常经验是最为重要的，因而也是最需要进行阐释的。但这样一种经验迫使我相信，对于这些使我和我的朋友内心最深处感动的事物，大学生也许是最不合适的听众。因为这些大学生现在只习惯去听他们能够听的，并习惯于对其只能够听的事物进行报复。他们按照自己的习惯，到处背负着听课者的形象，背负着向唯一向他们提供的纯粹只能听的教学进行报复的需要。也就是说，他们不仅因此感觉到了他们的人格受到了压制，似乎被公式化，而且感到那些渴求教育、渴求成人的高贵的倾向受到拒斥。这种永恒的不满足感伤害着他们的情绪，折磨着他们，并最终激发他们反对那些他们想借以期望获取职业及个人生计的事物，但却只能听到那种非人性的冷漠和司空见惯的言辞。大学极为信任和尊重这种教学者，因此，在长者同年轻人、教师和学生之间唯一相互促进的和团结的氛围，常常是非常罕见的或贫乏的。我还不完全理解您，哲学家的年轻同伴说：您把大学里那种日常的但却最需要阐释的经验称为什么？——我们的大学生被判定要去听，只把他们视为听众，而且，除了这种倾向之外，他们自己在一种令人忧虑的程度上缺乏引导地被放弃了。我们到哪儿去重新找到一种如此陌生的机构？

"好,如果你们真的认真听了,那么,请你们按照我所说的全部内容,向我描述一下你们所理解的今日人文中学的倾向。此外,你们仍离这个教育领域足够近,因而能够根据你们的经验和感受来评判我的思想。"

我的朋友以他一贯风格迅速而机敏地回答说:"直到现在,我们一直认为,人文中学的唯一目的就是为其学生将来读大学做准备。但是,这种准备应该使我们足够的独立自主,从而能够胜任一个大学生的特别自由的学术生活。① 因为在我看来,在今日的个体生活中,没有一个领域像大学生活领域那样,有那么多的事情被留给个人去决定和处置。个体必须在若干年内,能够在一个广泛的、完全给予他的平台上自我指导,因此,人文中学必须尽力使学生独立自主。"

我接着我朋友的话继续我们的论证。"在我看来,"我说道,"甚至您对人文中学所做的、肯定是正确的所有批判,都不过是使如此年轻的学生达到某种自立或至少相信这种独立自主的手段。德语作文的教学应该服务于这种独立自主。个体必须及早欣赏并实现自己的观点和意图,以能够摆脱拐杖,独立行走。因此,要及

可以肯定地认为,阐释了这一事实的人,自己将明白大学作为一个教育机构的意义。从外在来说,人们会在当代怒吼之中,带着相似的感觉,看到大学就像暴风骤雨中的风平浪静的港湾,特别是当灯塔之灯即将熄灭之时。一些年轻人似乎会被超力的大手从党派的挤压中,从对财富的不倦的猎取中,从公共生活的饥饿着的不满足中解救出来。这个漫游者保持着对古代的城墙的敬畏,按照他的臆测,他觉得城墙包围着和平的处所,相对于野蛮,教育教化逐渐成长。——编注

① 需要指出的是,当时德国的大学生几乎很少受到限制,拥有极大的自由。显然,尼采并不认可这种自由,因为在他看来,这会导致智力的荒废。——译注

早地教导他去创作,要更早地督促他去进行尖锐的评判和批判。拉丁语和希腊语的学习即使不足以点燃学生对遥远的古代世界的崇奉之情,但这些学科所运用的方法,却足以唤醒科学意识、对认识的严格的因果关系的兴趣以及对发现和发明的欲望。要了解这一点,只需想象一下,有多少年轻人在人文中学用其年轻之手捕获到某种不同版本的新奇异文,从而受到科学魅力的持久诱惑!人文中学的学生必须学习和收集大量的不同信息,并因此有可能逐渐产生一种独立自主的动力。伴随着这种动力,他就会在大学以类似的方式独立地学习和收集。简言之,我们相信,人文中学的目的就是为学生将来独立自主地继续学习和生活做准备,并使之习惯于此,就像他们首先必须在人文中学的规则的逼迫下学会这样生活和学习一样。"

哲学家听后放声大笑,尽管笑得不那么温和。他说:"你们自己正好向我展示了这种独立自主的样本。但正是这种独立自主让我感到害怕,使我在接近当代大学生时总是感到不舒服。是的,我的好人,你们已经长好了,成熟了,大自然把你们放在模子里加以铸造,然后又打碎了模子①,你们的教师肯定会深感得意。你们的判断是多么自由、确定和独立!你们的见解多么新奇,多么新鲜!你们端坐在法庭之上——所有时代的所有文化都将从那溜走。你们的科学意识已被点燃,从你们身上迸出了火花——人们要当心,当心被你们烧死!若是进一步看看你们的教授,我会看到同样的

---

① 大自然……打碎了模子]参见鲁多维奇·亚利欧斯多(Ludovico Ariosto,1474—1533)的《疯狂奥兰多》第 10 部分第 84 行(X 84):大自然塑造了他,然后打碎了模子(Natua il fece e poi ruppe lo stampo),在论叔本华中多次引用。——编注

自立，只是独立自主的程度更大，也更加迷人。从来没有一个时代拥有如此多的最令人崇敬的独立自主，人们从来没有如此强烈地痛恨一切的奴性，当然也包括教育、教化和文化的奴性。

"不过，请允许我用教化的尺度来衡量一下你们的这种独立自主，考察一下只作为教育机构的你们的大学。如果一个外国人想了解我们大学的教育情况，他首先会着重问：'大学生是怎样与大学联系起来的？'我们会回答，'作为听众，通过耳朵。'他[1]会很吃惊。他会再次问：'只通过耳朵？'我们会再次回答：'只通过耳朵！'对于教学，大学生是在听。但如果他说，他看，他社交，他从事艺术，简言之，如果他生活，他是独立的，也就是说，不依赖教育机构。而且，大学生在听课时还常常会记录。这是他依赖于大学的脐带的时刻。他可以选择听什么，也无须相信他所听到的；当他不想听时，可以堵住耳朵。这就是'讲授教学法'。[2]

"但教师是对那些倾听的学生讲话。而他怎么想、怎么做，都与学生的感知之间存在着巨大的鸿沟。教授讲课时，常常是朗读。一般情况下，他希望有尽可能多这样的听众。在不得已的情况下，他也不满足于少数听众，而且，从不满足于只有一个听众。一个朗读的嘴，数量众多的耳朵，以及与耳朵相比减半的手——这就是大学这个学术机构的外观。这就是运转着的大学教育机器。此外，嘴的主人与许多耳朵的主人之间是分离的，独立的。这种双重的独立性被热情地崇奉为'学术自由'。而且，为了进一步提高这种

---

[1] 他]作为教育机构的大学通过什么起作用？正是通过耳朵。——编注

[2] "Akroamatisch"意思是"只与听有关"，在古希腊，这个词与口头秘传传统有关。——译注

自由,一方大致可以说其欲说,另一方大致可以听其欲听。只是在这两个群体背后的不远处站着神情专注的、监视着的国家。国家不时地提醒这两拨人,自己才是这套奇特的听说程序的目标、目的和全部。

"我们只被允许把这种奇特的现象视为一种教育机构,并告诉询问大学教育情况的外国人说,在我们大学称之为教育的东西,就是从嘴到耳;就像前面所说的那样,所有为了教化的教育不过是'讲授教学'。但是,既然一方面听和听什么都留给学术上无偏见的、精神自由的学生来自主决定,另一方面他也可以否定其全部所听的可信性和权威,那么,所有为了教化的教育,在其严格的意义上又落到了学生自己身上。这种在人文中学被视为追求目标的独立自主,现在被无比自豪地打扮成'迈向教化的学术上的自我教育',并以其无比华丽的羽毛而炫耀于世。

"年轻人拥有足够的智慧和教化从而能够自己引导自己行走了,多么幸福的时代!我们这个时代无与伦比的人文中学竟然成功地培植出了独立自主,但其他时代的人们却认为必须培养依赖、纪律和服从,必须打击所有形式的自以为是的独立妄想!我的好人,对我为什么喜欢从教化的角度出发而把今天的大学视为人文中学的扩展,你们搞清楚了吗?人文中学所传递的教育作为某种完整的和完成的东西,带着其苛刻的要求通过了大学之门:由人文中学提出苛求,由人文中学颁布律令,由人文中学进行裁判。因此,你们不要受这些受过人文中学教育的大学生的欺骗。就他相信自己吸收了教育之惠而言,他永远不过是受到其教师之手所塑造的人文中学的学生。因此,自从与他的教师的学术分离之后,自从他离开人文中学之后,他就被完全剥夺了所有的继续的被指导和迈向真正教化的引导,为的是从现在开始独立自主地生活,成为自由之人。

"自由!检验这个自由吧,你们这些人性的观察者!这种自由的大厦是建立在今日人文中学的细碎的沙土之上,风暴一吹,就会倾斜飘摇。你们仔细看看这个自由的大学生,这个迈向独立自主的教育的使者:预测一下他的本能是什么,从他的需要来探讨他!如果你们懂得从三个循序的标准来考察他,那么你们就会知道他的教育到底如何。也就是,首先从他对哲学的需要,然后从对艺术的本能,最后从作为所有文化的活的绝对命令的古希腊罗马文化,来考察他的教育。

"人是如此被最严肃的、最困难的问题所包围,以至于只要他以恰当的方式引导去注意这些问题,他就会及时地产生一种永恒的哲学惊异,而且,唯有在这种惊异的基础之上,就像是在沃土之上,才会生长出深刻而高贵的教化。最常把他引向这些问题的是他自己的经验。特别是在其风暴激荡的青少年时代,他的几乎每一不寻常的个人事件都反映在一种双重的光辉之中:一方面作为日常生活的例证,另一方面作为一种永远令人惊奇的、因而值得阐释的问题的例证。在这样的年龄,人会看到自己的经验被一种形而上学的彩虹围绕着。他这时最需要一双引导他的手,因为他突然地、几乎是本能地相信人的存在的模糊性和多义性,并丧失了迄今为止对所持信念的坚定支持。

"这种符合自然的最高需要的状态,自然会被视为当代所崇奉的独立性的最恶劣的敌人。按照今天的时代精神,受过教育的年轻人应该培养这种独立性。因此,所有已进入时代的不言自明的怀抱之中的人,都会不遗余力地压制青少年这类合乎自然的哲学冲动,试图使之扭曲、瘫痪、转向或枯萎。其最爱使用的方法就是所谓的'历史教化'。① 一个最近在世界上恶名远播的哲学体系②居然还找出了这种使哲学自我毁灭的公式。现在,凡是对事物进行历史考察的地方,我们都可以看到这样一种变'非理性'为'理性'、颠倒黑白的天真幼稚的鲁莽。人们经常倾向于拙劣地模仿黑格尔的那个命题,喜欢问:不合理的才是现实的吗?唉,今天,恰恰是不理性的才似乎是'真实的',也就是,起作用的。这种用现实来阐释历史的方式,被认为是真正的'历史教化'。我们年轻人的哲学冲动就这样蜕变为了历史教化,我们大学的奇特的哲学课似乎在密谋加强和肯定年轻人在历史教化方面的学术倾向。

"因此,一种对永恒发生的问题的深刻阐释逐渐被一种历史的、甚至是古典语文学的考量和质疑所代替,如,这个或那个哲学家思考过什么或没有思考过什么;这篇或那篇文字是否合理地归于某人;这篇或那篇异文是否应该受到优先重视。现在,在我们大学的哲学讨论课上,我们的大学生被鼓励像这样中立地探讨哲学。这就是为什么长期以来我习惯把今天的哲学视为古典语文学的单纯分支,也习惯于根据他们是否为好的古典语文学者来评价他们

---

① 这里的"历史教化"(historische Bildung),亦可翻译成为"历史教育",是指对一切学科都采取历史的方法,强调其历史性的素养和探究能力。尼采在1874年发表的《论历史对于生命的利弊》亦即《不合时宜的考察》第二部中,对这个问题有更为详细的批判。——译注

② 这里指黑格尔的哲学体系,尤其指其"存在的就是合理的"的论述。——译注

的代表人物。因此,哲学本身无疑已被逐出大学。这就是我们对大学的教育价值的第一个问题的回答。

"大学与艺术处于什么关系,我们完全可以毫无愧色地加以否认,因为它们之间根本没有关系。我们在大学里根本找不到一丝艺术思考、艺术学习、艺术追求和艺术比较的痕迹。这里也没有人认真地思考过大学在促进民族最重要的艺术规划方面的角色和作为。我这里考虑的根本不是大学里是否偶然有某教师感到自己有艺术才能,是否设置审美方面的文学史教席,而是大学作为整体不能给予大学生们严格的艺术训练和训育,在这方面对他们完全放任自流,毫无作为。我们从中可以看出一种对大学自封为最高的教育机构的狂妄要求的断然驳斥。

"我们大学生的学术'独立'就这样在没有哲学、没有艺术的条件下生存,那么,他怎么可能又有与古希腊、古罗马为伍的需要呢?现在,没有人再需要去伪装尊崇古希腊和古罗马,此外,古希腊和古罗马也端坐在难以企及的孤独和崇高的疏离之中。因此,我们当代大学绝不再关注这样一种几乎完全灭绝的古代世界的教育倾向,而是建立起自己的古典语文学教席,以培养新的、排他性的古典语文学者,后者成为教师后又在人文中学去培养学生类似的、古典语文学的准备性。这样一种恶性循环对古典语文学者和人文中学的学生都没有好处,但更主要的是对大学傲慢地自诩为教育机构的又一次方面的控诉。撤除对古希腊、哲学和艺术的需要,没有这些梯子,你们怎么向上攀爬到真正的教育教化之巅呢?因为如果你们没有这些帮助的梯子就试图去向上攀求真正的教育,那么,请允许我告诉你们,你们的学术和博学与其说是给你们插上双翅,引导你们上升,还不如说是压在你们肩上的沉重负担。

"如果你们,你们这些诚实的人,现在能够诚实地立足于我所探讨的三个循序的精神阶段,那么你们就会认识到,与希腊人相比,现在的大学生对于哲学是不适合的、没有准备的;没有真正的艺术本能;是自命自由的野蛮人。不过,你们不会因此厌恶地避之唯恐不及,尽管也许会不愿与之太近接触。因为他成为今天这个样子,他是无辜的,不应受到责备。正如你们所认识的那样,他是那些应该受到责备之人的无声却可怕的控诉者。

"如果你们必须理解这个有罪的无辜者对自己所说的秘密语言,那么,你们也就学会了理解那个向外炫耀的独立自主的内在本质。在这些高贵的、天赋优良的年轻人中,无人能远离和摆脱那个使人疲惫、困惑和衰弱的、永无喘息之机的教育要求。在这样一个时代,他似乎是充斥着官员和仆人的现实中的唯一的自由人,但他为其伟大的自由幻象付出了层出不穷的烦恼和怀疑。他感到自己没有能力引导自己,没有能力帮助自己,于是便绝望地埋头于日常生活和劳作的世界里,以避开这样的感觉。因此,他为最琐碎、最平庸的事务所包围着,四肢疲惫无力。突然,他再次振作起来,仍感受到其内部那股使他向上的力量并未衰退。高傲和高贵的决心在其心中形成和生长。他担心自己过早地沉入到狭小的专业领域,因而试图抓住急流沿途中的任何支撑之物,从而避免不被卷走。但一切徒然!这些支撑物避开了,他没有抓住它们,只抓住了易折的芦苇。在低落而无所慰藉的情绪中,他看见自己的计划烟消云散了。他的状况没有尊严,令人可怖。他不断奔竞于过于紧张的事务和抑郁虚弱的状态之间。他疲倦了,懒惰了,害怕工作,惧怕一切伟大的事物,他恨他自己。他内视自己,分析、分解自己的能力,他认为他看见了贫乏的、混乱的空虚。于是,他再次从想象的自我认识的高度跌落到一种讥讽性的怀疑之中。他解除了他的奋斗的重要性,感到自己会乐于从事任何有用的工作,而不管这个工作是如何卑贱。他现在是在匆忙不停的行动中寻求他的慰藉,把自己在其中隐藏起来。因此,他的茫然失措以及缺乏引导他迈向教化的领导者,驱使着他从一种生活方式奔走到另一种生活方式。但是,怀疑、振奋、生存困境、希望、绝望等把他抛来抛去的一切,都证明了其顶上指导其航船的所有星辰均已坠落。

"这就是那个著名的、独立自主的图景,那个反映在具有最高的、真正的教育需要的灵魂里的学术自由的图景。当然,这里所考察的不是与之对立的粗糙的、无所用心的灵魂,这种灵魂深以你们那种野蛮意义上的自由为乐。此类低级灵魂的低级享乐及其过早的狭隘的专业局限表明,这种独立性及学术自由对于他们恰恰是合适的。对此,我们无须多言。但是,他们的享乐无法抵偿一个拥有高贵灵魂的年轻人所遭受的苦痛:他有一种文化倾向但缺乏引导,最终在不满和烦闷中解除诸种绳索约束,放荡不羁,追求自由,并开始蔑视自己,但他是个没有罪责的无辜者。因为我们可以去追问,是谁让他背负不可承受的、独自站立的重负?他在这样一个年龄,听从伟大导师的引导,最为热切地追随大师的脚印,是其最自然、最切近的需要,那么是谁在激励他寻求独立自主呢?

"认真思考一下这种强力压制如此高贵的教育需要所必然引起的后果,真是令人恐怖。谁若近处用尖锐的目光审视那些我所深恶痛绝的当代伪文化的最危险的促进者和支持者,他便会发现他们大多是这种堕落的、被毁灭的教化寻求者,其内在的绝望促使他们对真正的文化持有最富敌意的恼怒,因为在他们绝望的时刻,没有人指导他们如何获得文化和教化。我们再次发现,那些作为新闻记者和报刊写手之人在类似的绝望中,并不是最有敌意和最低劣的;是的,现在某些过于雕琢的文学种类的精神,似乎恰恰带有堕落大学生的特性。例如,还有其他方式来理解那一度闻名的'青年德意志'[①]与其今天被繁盛模仿的堕落的后继者之间的关系吗!这里我们会发现一种似乎是变得野蛮的教育需要。这种需要变得难以制伏、最后竟爆发为一种呐喊:我就是文化! 在那里,这一被逐出这些机构的、现在却以统治者自居的文化,徘徊在德国人文中学和大学的门前,但它已毫无这些机构的博学和学术,以至于如小说家古茨科夫被理解为人文中学时髦的文学青年的最好样板。

"这样一种堕落的教化寻求是桩严重的事件。令人恐怖的是,我们观察到我们整个学术界和新闻界都打着这种堕落的标记。如果这些堕落的学者不倦地关注,甚至参与新闻界对民众的引诱和败坏,我们还有什么别的方式来公正对待我们的学者吗! 也就是说,我们只能认为,学者的全部学术对于学者的意义,类似于小说的创作对于小说家的意义:对自我的逃避;对教化冲动的禁欲性的

---

① 青年德意志:一般被认为是存在于1830年到1850的一个联系密切、组织良好甚至带有阴谋的创作运动,但实际情况可能并非如此。其代表人物有古茨科夫(Karl Gutzkow)、海涅(Heinrich Heine)和温巴尔格(Ludolf Wienbarg)等,他们反对政治专制和宗教愚昧,倡导政治自由、政治改革、宗教宽容、妇女解放和政教分离,等等。其中有些人更为激进,更具有革命性,因而在1835年,这个运动受到政府镇压,许多人的作品受到禁止。——译注

灭除；对个体的绝望的毁灭。从我们堕落的文学艺术中，从我们学者的、极度膨胀的图书写作狂中，流出的是同样的叹息：哎，我们能够忘记自我！但这办不到。堆积如山的印刷品也无法窒息的记忆，仍会不时地重复着说：'一个堕落的教化追求者！为教化而生，却被教育成非教化！无助的野蛮人，时代的奴隶，为瞬时的锁链所缚者，饥渴者，永恒的饥渴者！'

"哦，这些悲惨的、负有责任的无辜者！因为他们缺乏一种必须为他们每一个人提供帮助的东西，即一种真正的教育机构，从而能够为他们提供目标、导师、方法、榜样和同志，而且，在这种机构内部，真正的德意志精神的那种使人有力、令人振奋的气息就会灌注到他们身上。因此，没有这种机构的支持，他们就会枯萎在荒野之中，并堕落为那个根本上与他们内在结盟的精神的敌人；他们累积罪行，使其罪行高于任何前代；他们玷污洁净，亵渎神圣，崇奉虚假。你们借此就可以清楚我们大学的教育力量，你们也可以严肃自问：你们通过大学来促进什么？促进德意志的博学、德意志创造精神、高贵的德意志认识冲动、德意志的勤奋和自我牺牲以及诸如此类其他民族所嫉妒的美好辉煌的事物；是的，如果那个真正的德意志精神就像孕育着希望和祝福的、闪着电光的乌云一样，在你们所有人顶上飘荡，那么，你们就是在促进这些世界上最美好、最辉煌的事物。但是，你们惧怕这种精神，因此，另一种沉重而压抑的阴霾聚集在你们大学的上空，在此情形之下，你们中一些高贵的年轻人艰难地和近乎窒息般地呼吸着，最优秀的人则走向了毁灭。

"为了驱散这种阴霾，把人们的视野引向德意志精神的云端，本世纪曾经有过一种悲怆的、富有教益的严肃尝试。我们在大学的历史上找不到第二次类似的尝试。谁若是想令人印象深刻地展示我们现在所必须做的事情,那么他将不会找到一个更好的例子。我指的是过去的早期'兄弟会'①

"年轻人从战场中带回了这个出乎意料的、最珍贵的战利品,即祖国的自由。头顶着这个花环的他们,还自负地想到了某种更为高贵的事物。他一回到大学就感到呼吸沉重,感到大学教育上空的气息沉闷、压抑且腐朽。② 他突然瞪大眼睛惊异地看到,在所有种类的学术的伪装之下隐藏着的是非德意志的野蛮;他突然发现他的同学缺乏导师引导,被放任耽于令人厌恶的年轻人的享乐和沉醉之中。他深为愤怒。他带着类似席勒当初在他的学生面前慷慨朗读《强盗》③剧作时可能有的、最高傲的义愤表情,起而反抗;而且,如果席勒用一幅狮子图像和'向暴君开战'的箴言作为他这部剧作的扉页内容,那么他的那些青年追随者本身就是那准备跃起战斗的狮子,而一切'暴君'真的会开始发抖。是的,对于那些胆怯、肤浅的目光而言,这些义愤的年轻人无异于席勒剧作中的强

---

① 兄弟会(Burschenschaft)是一个源于抵抗拿破仑的解放战争的学生运动。第一个兄弟会建立于1815年的耶拿,类似的学生组织很快就在其他大学成立。兄弟会反对反动的政府政策,争取德国统一。在其一个成员刺杀考茨布(August von Kotzebue)之后,兄弟会在1819年受到禁止。结果,兄弟会变成一个秘密组织,并更加激进,甚至在1832进攻法兰克福警察总部。但19世纪下半期,兄弟会的性质有所变化,日益变成一个带有民族主义和反犹性质的社会团体。——译注

② 这里的表述类似席勒《强盗》中卡尔的一些发言,参见《强盗》第二场第一幕。——译注

③ 《强盗》是席勒的第一个剧作,最初出版于1781年。尼采所提的版本是1782年的修订的第二版,也就是通常所指的"狮子版本"。这个版本的"向暴君开战"的箴言上有个凶猛的狮子图像。——译注

盗:他们的怒吼对于恐惧的耳朵而言,无异于斯巴达和罗马变成了女修道院。① 对这些愤而反抗的年轻人的恐惧,要比那些'强盗'不止一次在宫廷里所引起的恐惧更加普遍,更加深远,以至于按照歌德的说法,一位德国王侯将会表达这样的观点:'如果他是上帝,并且预见到了这些强盗的出现,那么他就不会去创造这个世界了。'②

"如此令人费解的强烈恐惧从哪里产生的呢? 因为这些愤而反抗的年轻人在其同学中最勇敢、最有天赋也最纯洁;他们仪容举止大气爽朗,高贵单纯;最为神圣的律令把他们相互联系起来,以寻求更加严格、更加虔敬的卓越。那么,人们恐惧他们什么呢? 这种恐惧在何种程度上是自欺、伪装抑或对正义的真正认识,也许永远搞不清楚,但在对他们的恐惧中,在对他们的荒唐无耻的迫害中,有一种强烈的本能在说话。这种本能对'兄弟会'的刻骨仇恨源于两种原因:首先是因为这个组织本身,因为这个组织第一次尝试建立一种真正的教育机构;其次在于这个教育机构的精神,那种严肃、沉着、坚毅和勇敢的、富有男子汉气概的德意志精神。它源自宗教改革以来被健康保存下来的矿工之子路德的精神。

"现在请思考一下'兄弟会'的命运。如果我问你们:连德国的王侯们也似乎在他们对德意志精神的仇恨中理解了它,那么,当时的德意志大学理解它了吗? 德意志大学勇敢而坚定地用它双臂翼护其最高贵的儿子,并说出'你们必须先杀死我,然后才可以去碰

---

① 在《强盗》第一场,第二幕,卡尔在讲话中认可这些不满的年轻人的领导,并承诺:"我将把德国变成一个共和国,使罗马和斯巴达看起来像修道院。"——译注
② 参见歌德:《与爱克曼的谈话》,周三,1827年1月17日,但歌德并不认同趣闻中王子的观点。——译注

我的孩子'这样的话吗?我期待你们的回答。你们可以借助你们的回答来判断德意志大学是否为真正的德意志教育机构。

"那时的大学生就已预见到,一个真正的教育机构必须扎根多深,也就是必须多深地扎根于一种纯粹伦理力量的内在革新与振作之中。而且,为了学生的荣誉和名声,这一点必须永远向他们不断重复。他在战场也许学会了他在'学术自由'领域内绝对学不到的东西:人需要伟大的引导者;一切教育都开始于顺从。在战场上的胜利欢呼之时,在对其解放了的祖国的深思之时,他发誓要做德意志人。德意志人!现在,他学会了理解他的塔西佗①;现在,他理解了康德的绝对命令;现在,他开始痴迷和陶醉于冯·韦伯的《琴与剑》②的旋律。哲学、艺术甚至古代世界的大门突然向他打开。在一次最值得纪念的流血行动中,也就是,在对考茨布③的谋杀中,他用其深刻的本能和狂热的短视为其独一无二的席勒报了仇。席勒在与这个麻木的世界的对抗中被过早地吞噬。席勒本来可以做他的引路人、导师和组织者,而现在只能对席勒满怀悲愤地加以悼念了。

"这就是那些充满预感的大学生的厄运:他们找不到他们需要

---

① 塔西佗出现在日耳曼精神的名单上,比较难以理解。也许是因为他的《日耳曼尼亚志》。——译注

② 冯·韦伯(Karl Maria von Weber,1786—1826):作曲家和指挥家。其爱国主义的套曲《琴与剑》(die Leier-und Schwertweise)基于一系列关于战争英雄科尔纳(Carl Theodor Körner)的诗歌。科尔纳是个诗人和战士,死于对抗拿破仑的解放战争。——译注

③ 考茨布(Kotzebue,1761—1819):通俗作家,创作了230多部戏剧,被兄弟会的激进成员桑德(Karl Ludwig Sand)刺杀于办公室之中。参见《善恶的彼岸》,第244节。——译注

的引路人和导师。他们自己逐渐变得不确定,意见不一,相互不满;不幸的轻率之举,很快就暴露了他们中间缺乏能够运筹全局的天才。那个不可思议的谋杀除了显示了一种可怕的力量之外,也显示了缺乏引路人的巨大危险。他们如此毫无引导,必将因此而毁灭。

"我的朋友们,我这里想作些重复!所有的教育开始于人们现在欢呼为学术自由的相反的东西,开始于顺从、服从、纪律、臣属和奴役般的服务精神。就像伟大的引导者需要被引导者一样,被引导者也需要引导者:这里主导的是一种相互倾慕的精神等级秩序,也就是一种前定和谐①。这一万物带着其自然的重心所奋力趋向的永恒秩序,恰恰受到了与之背道而驰、但现在却端坐在当代宝座之上的伪文化的干扰和毁灭。它要么企图把引导者贬低为它的仆役,要么使之备受折磨;当被引导者寻求他们被前定的引导者时,它就伏击他们,用其麻醉剂的烟雾来引诱和抑制他们寻求着的本能。但尽管如此,如果命定相遇的双方,也就是引导者和被引导者经过艰苦斗争,带着累累伤痕相聚之时,他们内心会燃起深刻的喜悦之情,就像一个永恒奏响着的竖琴的回声。那种喜悦之情,我只能借助比喻让你们来领悟。

"你们是否曾在某次音乐排练中,留心观察过通常构成德国乐团的那些奇怪、干瘦的好人?我们看到的是任性的'形式'女神的

---

① 前定和谐:莱布尼茨的一个重要哲学观念,他有时自称其哲学体系为"前定和谐系统"。莱布尼茨认为,不同物质如身心之间表面上相互影响,但实际上并非如此,而是从一开始就各自遵循自身的规律,但又自然地相互保持这一种前定的和谐,犹如一个乐队的每一乐师各自演奏作曲家事先为之谱就的旋律,而全乐队就奏出和谐的交响曲。——译注

无常变化！看到的是怎样的鼻子和耳朵，怎样笨拙或干瘦的肢体动作！这里请你们想象一下，假设你们是聋子，从未想到声音和音乐的存在，并且把乐队演奏过程视为纯粹造型艺术来欣赏，那么，由于没有声音的理想化效果的干扰，你们就会看不够这一出中世纪的、粗俗木刻手法的滑稽剧，你们就会看到这出对智人的无害滑稽模仿。

"现在，请想象你们的音乐感重新回归了，你们的耳朵重新打开了，请想象在乐队的高处有一位可敬的、打节拍的指挥以毫无精神和沉闷的方式在行使着自己的责任：刚才那无声的滑稽一幕不复存在了；你们在倾听——但是，沉闷无聊的精神似乎从那位可敬的指挥那里流向他的整个乐队。现在，你们只能看到昏睡倦怠和软弱无力；现在，你们只能听到不准的节奏、平庸的旋律和陈腐的感受。这个乐队在你们看来，就是一帮冷漠阴郁或完全令人讨厌恶心的乌合之众。

"但是，请你们插上想象的翅膀大胆设想，终于有一个天才，一个真正的天才来到乐队中间——你们会立即注意到某种难以置信的东西。这个天才似乎以其闪电般的精神变化，进入到所有这些机械的、没有精神的、半兽的肉体之中，似乎在他们所有人中只有一只魔法之眼向外张望。但现在你们在倾听，在观看——但你们再也听不够了！如果你们现在去观察这个或豪迈激昂或低回倾诉的乐队，如果你们注意到每个肌肉迅速灵活的绷紧和每个姿势的节律的必然，那么你们也会同情性地感受到什么是引导者和被引导者之间的前定和谐，感受到在精神的等级中，每个事物如何迫使我们去建立这样类似的组织。不过，我的比喻是为了让你们领悟到我所理解的真正的教育机构是什么,领悟到为什么我在当代,甚至在当代大学中,根本没有再发现这样一个真正的教育机构。"

为五部未成之作而写的五篇前言[①]

书名[②]:

1. 论真理的激情
2. 论我们教育机构的未来
3. 希腊城邦
4. 论叔本华哲学与一种德国文化的关系
5. 荷马的竞赛

---

① 1872年,尼采送给柯西玛·瓦格纳一个皮装笔记本(U I 7)作为圣诞礼物,内有《为五部未成之作而写的五篇前言》。第一篇前言,即《论真理的激情》,和论文《在非道德的意义上论真理与谎言》处于相同的思想范围;第二篇,即《关于我们教育机构的未来的思考》,是对《论我们教育机构的未来》第二篇前言的一个改写(参前注);第三篇,即《希腊城邦》,可追溯到为《悲剧的诞生》而写的卢加纳笔记(参看残篇10[1]);第四篇,即《叔本华哲学与一种德国文化的关系》,在许多方面与1872年夏至1872年年底(参看科利版第7卷,第417—520页)的哲学笔记有关联;第五篇,即《荷马的竞赛》,与对 Certamen Homeri et Hesiodi[荷马与赫西俄德的竞赛]的语文学研究同源,并在某种意义上补充了第三篇前言的思想。

样稿:U I 7,第1—125页。影印本,W. Keiper,柏林,1943;全本首次出版于施莱希塔所编的三卷本第三卷,第265—299页,慕尼黑,1956年。——编注

② 这里所列的第二和第四篇书名与正文所用书名有些差异。——译注

以诚挚的敬仰

献给柯西玛·瓦格纳女士

并作为对口头和信中问题的回答，

怀着愉快的心情

写于 1872 年圣诞节。

1. 论真理的激情

序　　言

荣誉果真只是用来满足吾人虚荣①的最可口的点心吗？——作为欲望，它可是与最罕见之人、进而与他们最罕见的时刻相关联的。那是一个突然启明（Erleuchtungen）的时刻，在那一刻，人以命令的姿态摊开双手，仿佛是要创造一个世界，从自身创造光芒，向四周喷涌而去。这时，一种使人幸福的确信浸透着他，他确信，那如此将他提升至渺远之境并让他陶醉其中的东西②，即这样一种感受的高度，不该无闻于后世；在这种面向所有后来者的极罕见之启明的永恒必然性中，他看到了其荣誉的必然性；未来所有世代的人类都需要他，并且，那个启明的时刻既然是其最本己之本质的精华和典范，他于是相信自己作为这样一个时刻中人而得以不朽

---

① 原文 Eigenliebe 的字面义为"自爱"。——译注
② 那是一个突然启明……] 草稿：那是一个天才的启明时刻，无论是行动中的人，还是艺术中和知识中的人都是这样。我所认识的荣誉的基本形式是一种本能的、突然的确定性，即那如此难以置信地将我们提升至高处，并让我们陶醉其中的东西。——编注

了,所有其他的东西,则被他作为渣滓、腐化、虚浮和动物性,或者作为累赘而抛弃、而任其逝去。

756　　每当我们看到消逝和毁灭,都会快快不乐,并且时时惊叹,仿佛我们因此而体验到了某种根本不可能的东西。一棵倾倒的大树令我们不快,一座倒塌的山峰折磨着我们的心怀。每个除夕都让我们感到存在与流变的神秘矛盾。① 然而,最深地伤害了德行之士的,却是最高的世界圆满时刻看似没有后裔与承继,仿佛一束短暂的光线那般消逝了踪迹。他的要求毋宁是:那为了让"人"的概念更美地得到传播而曾经存在过一次的东西,也必得永远存在。伟大的时刻构成一条锁链,仿佛山脉,把千万年的人类连成一体,过去某一时代的最伟大之物对我而言依然伟大,荣誉渴求者所抱的信念得以实现,这正是文化的基本理念。②

伟大之物应当永存,这个要求引起了可怕的文化战争;因为一切尚且存活的他者都在喊着:不！惯常、渺小、平庸之物,布满了世界的各个角落,仿佛我们所有人都注定了要去呼吸的沉重的地上空气,烟雾腾腾地围着伟大之物,一头扎入伟大者通往不朽的必经之路,行阻碍、抑制、扼杀、模糊、欺骗之事。这条道路穿过人类的

---

① 未来所有世代的人类都需要他……〕草稿:未来所有世代的人类都需要我们,即他们需要处于最高时刻的我们——因为在那个时候我们完全是我们自己,所有其他的东西都是渣滓、烂泥、虚荣和稍纵即逝。想到耸入云天的山峰崩塌下来是可怕的——正如我们自己会因为一棵大树的倾倒而感伤怀。——编注

② 伟大的时刻……〕草稿:我们把这未被中断的伟大时刻之锁链、这条绵延千年之久的山脉称为教化(Bildung)。一个过往时代的伟大之处对于我来说依然伟大,荣誉寻求者所预感到的信念得以实现,这可是一项使命,是被其传统之困难所限定的教化的问题;参看第二篇《不合时宜的考察》。——编注

大脑！穿过可怜而短命的存在者的大脑,这些存在者被交付给狭隘的需求,总是遇上相同的困境,并在一小段时间费力地抵抗腐败。他们想要活着,以某种方式活着——无论如何。谁想要冒险在他们当中进行那艰难的火炬赛跑呢？伟大者唯有通过这赛跑才能继续存在。① 可总还是有些人醒悟过来,鉴于那伟大者而感欢欣,仿佛人类生活是一桩美妙的事情,仿佛知道这一点必得被视为这悲苦生物最甜美的果实：即知道,曾经有人骄傲而淡泊地度过这一生,另一些人带着沉思,还有一些人则心怀悲悯,然而所有这些人都留下了一种学说：那以最美好的方式度过此生的人并不以生命为重。当平庸者如此沮丧而严肃地看待这段存在的时候,那些人却懂得在他们通往不朽的旅行中向这段存在投以一片奥林匹斯的笑声,或者至少报以一声崇高的嘲讽；他们常常带着反讽（Ironie）走进坟墓——因为,什么是他们身上可供埋葬的呢？

这些荣誉寻求者当中最勇敢的、相信他们的徽章可系于星辰之上的骑士,得在哲学家当中寻找。他并不想让自己的影响及于"公众"、激动众人、获得时人雷鸣般的掌声；孤独地穿过街道属于他的本质。他们的天赋是最罕见的,从某种意义上来说,也是自然当中最不自然的一种,而这甚至还表现在他对于同类天赋的排斥与敌意。他们那自给自足的围墙得是金刚石做成的,这样他们才

---

① 草稿中尚有一段：人类理智中的伟大得以传续！但这不是简单地给转变涂上防腐剂,不只是一种对于稀罕玩意儿的收集——而是一切伟大者的永恒富饶说明了人类对于这种伟大的永恒需求。高贵的行为点燃了高贵的行为——每一位伟人的导电锁链就这样贯穿了几个世纪。无限和无穷尽是伟人的本质——时间无法将他们耗尽。——编注

不致遭到毁坏,因为包括人和自然在内的一切都是与他们相反对的。他们通往不朽的旅程比任何其他人都要更加艰难、更受阻碍,然而恰恰无人能比哲学家更加确信他能达到目的,因为除了站在所有时代大展的翅翼之上,他们根本就不知道还能站在哪儿;因为对当下和眼前之物的蔑视是哲学思考的题中之意。他拥有真理;无论时代的车轮滚向何方,它都不能逃出真理的掌心。

知道这样一种人曾经生活过,是重要的。我们可以举智慧的赫拉克利特为例,他的骄傲绝非人们随随便便所能想象。就其本质而言,每一种求知欲本身看来都是没有得到满足也是无法得到满足的;因此,若不是借着历史的教诲,无人能够相信如此这般王者的自尊,相信如此这般无限的确信,即相信自己是真理唯一的和幸福的追求者。这样一种人活在他们自己的太阳系中;得在这里面寻找他们。毕达哥拉斯、恩培多克勒这样的人也以一种超人的估量,乃至宗教性的敬畏来对待自己,然而同情的纽带——系于对灵魂转世和一切生命的统一的巨大确信——重又将他们引向其他人、引向他们的救赎中去了。以弗所的阿忒弥斯庙宇中的那位隐者①被孤独所充满,对于这种孤独感,我们却只有在极为荒芜的荒郊野岭中才能于惊讶之际对之有所感受。他身上没有喷涌出极强大的同情感,也没有想要帮扶和拯救的欲望:他仿佛一个没有大气层的星球。他的眼睛向内发出熊熊的火焰,向外却是死寂而冰冷的,仿佛只是装装样子而已。妄念和谬误的波浪围绕着他,直接向他那骄傲的堡垒袭来;他怀着厌恶转身而去。可即便内心有感受

---

① 即赫拉克利特。——译注

力的人也要避开这样一幅悲剧性的面孔;这样一个人要是置身一个偏僻的圣地,在诸神的神像群中,在冰冷而伟大的建筑物一旁,看起来或许更可理解。作为人群中的一个人,赫拉克利特是不可思议的;并且当人们看到,他在注意观察吵闹的孩子们的游戏的时候,他一定是在考虑一个任何一位有死者在这种时刻都绝未考虑过的东西——伟大的世界婴孩宙斯的游戏和一种世界毁灭与世界诞生的永恒嬉戏。人类对他而言没什么用处,对他的知识也没有用;一切能够向人们询问、之前的其他智者都费心去询问的东西,对于他来说都是无关紧要的。"我所寻找和探索的是我自己",人们用他所说的这句话来说明对于一则神谕的探索:仿佛他是那句德尔斐格言"认识你自己"的真正践履者和完成者,此外别无他人。

可他从这则神谕中所听到的东西被他视为不朽的和永远值得诠释的智慧,如同女巫的先知言辞那样不朽。这智慧对于极遥远的人类也足够了:尽管他们只会像解释神谕格言那样解释它,仿佛他,仿佛德尔斐神自己,"并不言说,也不隐藏"。仿佛这是他"不带笑容、装饰和油香",而是用"带泡沫的嘴唇"宣示出来的,它必定要渗透到未来的几千年中去。因为世界永远需要真理,因此它永远需要赫拉克利特,尽管他并不需要世界。他的荣誉与他有何相干!"不断向前流逝着的有死者们的荣誉!"正如他以嘲讽的口气所呼喊的那样。这种东西属于歌者和诗人,也属于他之前以"智慧"闻名的那些人——让这些人吞下其虚荣心的最可口的点心吧,对于他来说,这是些过于粗鄙的菜肴。他的荣誉和人类,而不是和他有关;他的自爱①是对真理的爱——正是这个真理告诉他,人类的不

---

① 尼采在这里更侧重的是 Eigenliebe 的字面义,故译为"自爱",而非"虚荣"。——译注

朽需要他，而非他需要赫拉克利特这个人的不朽。①

真理！一位神灵狂热的妄念！真理与人类何干！

并且什么是赫拉克利特的"真理"！

并且它往哪儿去了？一个消散了的梦，和其他梦境一起从人类的脸上被拭去了！——它并不是第一个！

对于我们用骄傲的隐喻称为"世界历史"、"真理"和"荣誉"的东西，一位冷酷的精灵（Dämon）或许首先只会说上这样一段话：

"宇宙闪亮地倾洒，化作无数个太阳系，在其中某个偏僻的角落，曾经有过一个星球，聪明的动物在上面发明了认识。那是世界历史最为高傲也最具欺骗性的瞬间：可也只是一瞬。在自然呼了几口气之后，那星球便冻僵了，聪明的动物也得死去。② 其实也恰得其时：因为无论他们是否已经认识了很多，是否曾经自鸣得意，最后他们都会恼怒地发现他们所有的认识都是错误的。他们在真理的死亡中死去并且诅咒。这就是这种发明了认识并陷入绝望的动物的样子。"

如果人类也只是一种认识的动物，那么这也将是他的命运，真理，那注定了永远会沦为非真理的真理，将会把他带向绝望和毁灭。可人类只适于信仰可达到的真理，信仰满怀信心地向他走来的幻象。他在事实上难道不是靠着不断的受骗而活着吗？自然难道没有把最大多数，甚至最切近之物向他隐瞒吗？比如他自己的身体，他对之只有一种欺骗性的"意识"。自然把他锁闭在这种意

---

① 以上三段可参看《希腊悲剧时代的哲学》第8节及相关注解。——编注
② "宇宙闪亮地……〕参看《论非道德的意义上的真理与谎言》开篇。——编注

识之中,而后把钥匙给扔了。哦,哲学家的好奇心是多么有害呀!他想要有朝一日透过一道裂隙从意识禁室(Bewußtsein-Zimmer)向外、向下看:然后他或许会预感到,人类是如何因为无知而无所谓地位于贪婪、不知餍足、可恶和凶残无情之上,仿佛骑在虎背上耽于梦幻。

"让他耽于梦幻吧",艺术如是呼喊。"快把他喊醒",哲学家怀着真理的激情如是呼喊。可在他以为能够唤醒沉睡者之际,他自己却陷入了一个更深、更有魔力的梦境——他也许会梦见"理念"或是不朽。艺术比知识更有力量,因为它意愿生命,而后者所能达到的最后目标只是——毁灭。——

2.[①] 关于我们教育机构之未来的思考

序　言

　　我对之有所期待的读者须有三种品格。他得是平静的,能够不急不躁地阅读。他不能总是把他自己和他的"教育"夹杂进来。最后,他不能在结尾处期待某种类似结果的东西,期待新的表格。我不承诺为高级文科中学和其他的中学提供表格和新的学习计划,我倒是佩服那些有着超强精力的人,从经验的深度直到真正的文化问题的高度,然后重又下降至最索然寡味的规则和极其精微细密的表格,他们能够走完这整条道路;如果能够的话,我毋宁满足于气喘吁吁地登上一座可观的山峰,在那上面享受更为自由的目光,所以在这本书中我是绝不能让那些表格爱好者得到满足的。尽管我看到了一个时代的到来,在这个时代中,严肃的人们服务于一个完全更新、净化了的教育,并且通力协作重又成为了日常教养——即通往那种教育(Bildung)[②]的教养(Erziehung)——的立

[①] 草稿:《论我们的教育机构的未来》第二篇前言。——编注
[②] 此处 Bildung 在其他语境中也译为教化。——译注

法者；他们此后很可能还需要制作表格；然而这时代还多么遥远啊！在这期间还有什么不会发生呢？也许在这期间，高级文科中学被废除了，甚至大学也可能被废除了，或者至少会有一种对于前述教育机构的全面改造，以至于它的古老表格在后人眼中就仿佛是木桩建筑时代的遗物罢了。

　　这本书是为平静的读者而写的，为那些还没有被我们这个滚动时代中令人头晕目眩的匆忙所吞噬的人而写的，这些人在屈身时代轮下之时也还没有为此而感到一种偶像崇拜的欢娱，因而是为了那些还没有按照对时间的节约或耽误来衡量每一种事物的价值的人。也就是说——为了少数人。而这些人"仍然还有时间"，他们集中一天中最丰硕、最有力量的时刻来沉思我们的教育的未来，并且可以不用为此而感羞愧，他们可以相信自己以一种有益的、值得的方式——即在对未来世代的沉思[meditatio generis futuri]中——度过了一天。这样一个人还没有忘记在阅读的时候去思考，他还知道在字里行间去阅读的秘密，他甚至是如此地挥霍时光，以至于还要去深思读过的东西——或许是在他将书从手中放下许久之后。并且不是为了去写一篇评论或者再写一本书，而只是为了深思！轻率的挥霍者啊！你是我的读者，因为你能有足够的平静，来和作者一起走上一条漫长的道路，这道路的目标，他其实并未看见，而只能信仰，这样后来者——或许会是遥远的一代人——才能用双眼看见，我们盲目地并且只是出于本能地将双手伸向了何方。如果读者相反地认为，需要的只是一次快速的跳跃、一个愉快的举动，如果他以为能够通过国家所引入的一个新的"组织"来达到所有本质性的东西，那么他就既没有理解作者，也没有理解问题的实质。

　　最后要谈的是对读者的第三项也是最重要的一项要求,即他绝不能像现代人那样不断地将他自己和他的"教育"作为某种准绳夹杂进来,仿佛他因此而具备了一切事物的判准。我们祝愿他有足够的教养来低微甚至鄙视地虑及他的教育。然后他大概才能以至为坚定的信念接受笔者的引导,笔者也恰恰只是出于无知和对无知的认识而可以冒险向他说话。他所要揭示的首先无非只是对于我们当下的野蛮状态的独特之处的强烈感受,无非是对于我们眼中的19世纪的野蛮状态与其他野蛮状态的区别的强烈感受。现在他手捧着这本书来寻找那些为一种类似的感受所充溢的人。让我找到你们吧,你们这些罕见的人,我相信你们是存在的!你们无私的人啊,为德意志精神之败坏的痛苦而痛苦的人!你们这些沉思者,你们的双眼无法从一个表面向另一个表面匆忙地窥望!你们这些高尚的人,亚里士多德赞颂你们,因为你们犹疑无为地度过一生,不为功名伟业所累!我向你们发出呼喊。这一次请你们别再蛰居于你们孤独和怀疑的洞穴之中了。想一想,这本书是要成为你们的令官的。当你们有朝一日穿上自己的盔甲亲自出现在战场的时候,谁还会想要回望那曾经呼唤他的令官呢?——

3.①希腊城邦②

序　言

  我们现代人在两个概念上胜过希腊人,对于一个完全奴隶化并因此而对"奴隶"这个字眼恼羞成怒的世界来说,这两个概念仿佛是种慰藉:我们谈论"人的尊严"和"劳动的尊严"。为了将一种不幸的生活不幸地永恒化,我们费尽心机;这可怕的困境逼迫人们竭力劳动,而被"意志"诱惑的人,或者更正确地说,人类理智,还要时不时地把劳动颂扬为某种庄严体面之事。可是,为使劳动具有被尊敬的权利,首先就有必要让生存(Dasein)本身——于生存而言,劳动毕竟只是一种令人痛苦的手段——具有更多一点尊严和价值,多于它迄今为止在严肃的哲学和宗教那里所具有的尊严和价值。在所有千百万人的劳动困迫(Arbeitsnoth)中,除了不顾一切的生存欲望之外,我们还能找到什么呢?正是通过这同一种全能的欲望,已然枯萎的植物把它们的根须扎入无土的岩石!

---

  ①　草稿:10[1]。——编注
  ②　城邦(Staat)一般译为"国家",只当文中特指古代希腊"国家"的时候,才译为"希腊城邦"。——译注

只有一些人能够从这种骇人的生存斗争中脱身,他们随后立刻又让自己被高贵的艺术文化幻觉所占据,而且只是为了不至于走向实践的悲观主义,自然厌恶悲观主义,将其视为真正的不自然(Unnatur)。与希腊世界相比,现代世界所创造的大多只是病态怪诞之物。在现代世界中,个体的人是用许多片段杂乱拼凑而成的,正如贺拉斯的诗学开场白中①那个奇妙的生物一样,在同一个人身上,常常同时显示出生存斗争当中的贪婪和对于艺术的渴求:这种不自然的融合使得前一种欲望不得不在艺术需求面前为自己辩护、贴金。人们因此而相信"人的尊严"和"劳动的尊严"。

希腊人无需这种概念幻觉,他们以惊人的坦诚说到,劳动是一种耻辱——并且还要加上一种更为隐匿、更少被道及却无处不在的智慧:就连人类事物也是一种可耻而又可悲的虚无,是一场"幻梦"②。劳动是一种耻辱,因为生存本身没有价值:可恰恰当这种生存在艺术幻象的诱人装点之下熠熠生辉并看起来确有一种价值的时候,劳动是一种耻辱,这句话却仍旧成立——并且在一种感受之中,即感到为了赤裸裸的继续生活下去而斗争的人不可能成为艺术家。在现代,不是渴求艺术的人,而是奴隶,规定了一般的观念:为了能够生活,作为奴隶,他必定会按照自己的天性为其所有的关系贴上惑人的标签。像人的尊严、劳动的尊严这样的幻象,是向自己隐匿自身的奴隶制度的可怜产物。不幸的时代啊,奴隶需要这样的概念!不幸的时代啊,奴隶被激励去思索自身和自身以

---

① 贺拉斯:《诗艺》,第1—5行。——编注
② 品达:第八首皮托凯歌,第95行。——编注

外的事物！不幸的诱惑者们，他们用知识树上的果实毁灭了奴隶的无辜状态！而今，这奴隶必须用这些易被识破的谎言来维系他日复一日的生活，比如所谓的"人人平等"、"人的基本权利"、人之为人的基本权利，或者劳动的尊严，每个有深刻眼光的人都能识破这些谎言。他甚至被禁止去理解，在哪个程度上、在何种高度上大概才能谈及"尊严"，意即当个体完全超出自身之外，并且不再为了服务于他的个体生存而必须生育和劳动的时候，才能谈及"尊严"。

可即便这个高度上的"劳动"，也让希腊人时而感到它看起来像是耻辱。普鲁塔赫（Plutarch）①曾怀着古希腊的天性说道，没有哪位出身高贵的年轻人，在比萨（Pisa）看见宙斯的时候，会想让自己成为一位菲迪亚斯（Phidias）②，或者在阿尔戈斯（Argos）看见赫拉的时候，会让自己成为一位波利克莱图斯（Polyklet）③；同样，他也不会希望成为阿纳克里翁（Anakreon）、菲利塔（Philetas）或阿尔基洛科斯（Archilochus）④，即便他也非常喜欢他们的诗歌。对于希腊人而言，艺术创造像任何庸俗的手工劳作一样，都落在了劳动这个不光彩的概念之下。当艺术冲动的强迫力量在他身上发作的时候，他就必须要创造，并且得承受那种劳动之困迫。希腊人的这种想法，仿佛一位父亲虽赞赏孩子的美丽和天赋，对于生育的行为却有一种羞愧之反感。对于美的充满快乐的赞叹并未让他忽略

---

① 普鲁塔赫]《伯里克利》2。——编注
② 古希腊著名雕塑家（约公元前490—前430年）：奥林匹亚的宙斯神像是他的作品。——译注
③ 古希腊著名雕塑家和艺术理论家，大约于公元前480年生于阿尔戈斯，卒于公元前5世纪末。——译注
④ 三者皆为希腊抒情诗人。——译注

它的生成(Werden)——像自然中的一切生成一样,在他看来,它是一种强大的困迫、一种对生存的渴求。尽管在生育过程中,人服务于一个高于其个体保存的目标,人们还是把这个过程感受为可耻的、需要隐藏的:这同一种感受也笼罩着伟大艺术作品的产生,尽管它开创了一种更高的生存形式,就像前一种行为开创了一代新人一样。因此,只要人还只是一种广大的意志现象的工具,这种意志现象比他自己在个体之单独形态中所能是的样子要无限的广大,那么羞耻看来就会出现了。

现在我们拥有了一个普遍的概念,在这个概念之下,希腊人关于劳动和奴隶的感受得到了整理。两者都被他们看作一种必要的耻辱,人们为之而感羞耻,在其中既感到耻辱,又感到必要。在这种羞耻感中,隐藏着一种无意识的认识,即认识到真正的目标需要那些条件,可也认识到,在那种需要中有着斯芬克斯天性可怕的、猛兽一般的因素,这斯芬克斯在艺术家自由的文化生活的颂赞中,如此美妙地向前挺出少女的身姿。教化——首先是真实的艺术需求——立于一种可怕的基础之上:而这基础可从渐渐生起的羞耻感中见出。为了给艺术发展提供一个深广富饶的地基,无量众生必须服务于少数人,必须超出他们个体需要的程度之外,奴隶般地承受生活之困迫。通过他们的牺牲,通过他们更多的劳动,那些特权阶级才能逃脱生存斗争,从而去创造并满足一个新的需求世界。

因此,我们必须学会赞同这个听似残酷的真理,即奴隶制是文化的本质要素:诚然,对于生存的绝对价值,这个真理并未留下任何怀疑。它是那只秃鹫,撕咬着普罗米修斯式的文化敦促者的心肝。艰辛度日之人还要过得更加悲惨,这样,一小部分奥林匹斯之人才能创造出艺术世界的作品。那些共产主义者和社会主义者们,连同他们更加苍白的后裔,即每个时代"自由主义者们"的苍白种族,反对艺术、同时也反对古典时代之时,所接近的愤怒之源即在于此。如果文化事实上位于一个民族的心愿之列,如果在此没有不可摆脱的权力起着支配作用、成为个体的法则和藩篱,那么对文化的藐视、对精神贫乏的颂赞、像捣毁圣像一样毁灭艺术权利,就不只是一场被压迫的大众对寄生虫般的个人的反抗:而是拆毁了文化之墙的同情之呼喊;对正义、对同等痛苦的欲求淹没了所有其他的观念。事实上,一种过度的同情有时会在短时间内一下子冲破了文化生活的所有堤坝;同情之爱与和平的彩虹伴随着基督教的第一次大放异彩而出现,在这彩虹之下生出了基督教最美的果实:《约翰福音》。然而,也有例证表明,强大的宗教会在很长一段时间内固着于既定的文化等级,并用无情的镰刀割掉任何还想猛然滋长之物。也就是说,切莫忘记这一点:我们在每一种文化的本质中所找到的同一种残酷,也存在于每一个强力宗教的本质之中,进而言之,普遍地存在于权力的天性之中,权力总是恶的;于是,当一种文化因为向着自由或至少是向着正义的呼喊而摧毁了宗教权利耸入云天的堡垒之时,我们也能很好地理解。在这种可怕的事物情势中想要生存,即必须生存之物,在其本质中是原始痛苦和原始矛盾的摹本,也就是说,在我们的眼中,在这"尘世器官"①中,必须被视为对于生存不知餍足的贪欲和在时间这种形式中永恒的自我矛盾,即必须被视为生成。每个瞬间都吞噬了前一

---

① "尘世器官"] 歌德:《浮士德》第二部,第 11906 行。——编注

个瞬间,每次诞生都是无数个存在物的死亡,生育、生命和谋杀是同一回事。因此,我们可以把壮丽的文化比作沾满鲜血的胜利者,他将失败者作为奴隶缚于战车之上,与他的凯旋车队同行:奴隶们被一种慈悲的力量蒙住了双眼,即便车轮几乎将其碾碎,也还在高呼"劳动的尊严""人的尊严"! 文化,这丰腴的克娄巴特拉,不断地将最宝贵的珍珠扔向她那金黄色的杯子:这些珍珠是对奴隶和奴隶悲苦境况的同情之泪。现代人的娇弱化导致了眼下严重的社会困境,这种娇弱化却也并非出于对那种悲苦的真正的和深刻的怜悯;如果说希腊人有可能亡于他们的奴隶制,那么远为肯定的是,我们将亡于缺少奴隶制:无论是原始基督教还是日耳曼部族,都从未将奴隶制视为有失体统的,更不用说要抛弃它了。中世纪农奴的观念多么崇高地影响了我们,他们内心里对于高等人强健而又温柔的权利和伦理关系,他们那狭隘生存的深思熟虑的围篱——多么崇高——又多么该受谴责!

谁要是能够不无伤感地思索社会的构型,谁要是学会了将社会理解为那些被豁免了劳役的文化人(Kulturmenschen)持续而痛苦的诞生(所有其他人都必须耗尽精力来服务于这些人),那他也就不再会被现代人在国家的起源和意义之上所广布的虚假光环所欺骗了。即,对于我们来说,国家若不是一种工具,使得之前所描述的社会进程得以启动并保证它无障碍地运行,那还能有何意义呢? 无论每个个体的社会冲动已然多么强烈,只有国家的铁爪才能将大众这样强行排列,而后才必定会产生那种社会化学分层及其新的金字塔构造。可是这种突如其来的国家权力(它的目标超越了个体的见识及其利己主义)是从哪儿冒出来的呢? 奴隶,这种盲目的文化鼹鼠,是怎么产生的呢?希腊人在国际法上的天性向我们透露了答案,即便充满了文明和人道,这种天性也没有停止响亮地喊出这样的话语:"战败者,连同妻儿、财物和血液,都归属于胜利者。暴力(Gewalt)赋予最初的权利(Recht),没有任何一项权利在其根基中不是僭越、篡夺和暴行。"

在此,我们重又见到,自然为了形成社会,带着何种无情的固执锻造着残酷的国家工具——即那拥有钢铁之手的征服者,这征服者无非是上述本能的客体化。在此类征服者难以解释的强大和力量之中,观察者感受到,它们只是一种目的的手段,这种目的在它们当中显现却向它们隐藏了自身。仿佛有一种带有魔力的意志从中发出,较软弱的力量如谜一般迅速地与其相连,强力如雪崩一般骤然兴起,这时它们在那创造性内核的魔力之下奇迹般地发生了变化,变成了一种迄今未曾有过的亲合性。

如果我们现在看到,被统治者很快就多么少地关注国家的可怕起源,以至于历史就那种突如其来的、暴力血腥的,并且至少在一个点上无法解释的篡夺之发生给予我们的教导,在根本上就比其他任何事件给予的教导都要糟糕:如果心灵在面对形成中的国家的魔力之时,毋宁不由自主地膨胀起来,在计算理智只能够看到一种力量增长的地方感到了一种无形的深刻意图;如果现在甚至国家都被强烈地看作个人献身与义务的目标和巅峰:所有这一切道出了国家巨大的必然性,自然通过社会实现了它在外观(Scheine)、在天才之镜中的解脱(Erlösung),没有国家这就无法实现。怎样的知识不能克服对于国家的强烈兴趣!倒是可以设想,一个人洞察了国家的起源,从此以后只在远离国家之处寻求他的解救；何处不能看到他的产生纪念碑：荒弃的土地、毁坏的城市、野蛮化的人和折磨人的民族仇恨！国家有着可耻的出身，它对于大多数人而言是持续不断的辛劳之源，在经常重现的阶段中，是吞噬人类的火焰——尽管如此，它也是让我们忘记自己的声音，是激发无数真正的英雄行为的战斗号角，对于盲目而自私的大众来说，它或许是最高的、最值得尊敬的对象，他们也只有在国家生活的非凡时刻才会在脸上现出少有的伟大神情！

然而，鉴于希腊人独一无二的艺术穹顶（Sönnenhöhe），我们必定已经先验地将希腊人构想为"政治人本身"了；而且事实上，像希腊人这样如此可怕地释放政治冲动、如此无条件地牺牲所有其他利益来服务于此种国家本能，这在历史上也是绝无仅有的——人们充其量只能以譬喻的方式并出于类似的理由，将同样的称呼加于文艺复兴时期的意大利人。在希腊人身上，这种冲动是如此过度地充溢，以至于他总要重新开始向自己咆哮，张嘴咬向自己的骨肉。这城邦之间、党派之间血腥的嫉恨，这小型战争中的谋杀欲，踩在被击毙的敌人尸首之上的老虎般的胜利，简言之，那特洛伊的战争和恐怖场景持续不断地重现，荷马充满快乐地沉醉于这番景象，作为真正的希腊人立于我们面前——希腊城邦这种朴素的野蛮，其意义指向何方？在执掌永恒正义的审判席面前他该从何为自己辩护？城邦骄傲而平静地向审判席走去：手上牵着希腊社会这位绝代佳人。他为了这位海伦（Helena）而发动那些战争——哪位胡子花白的法官有资格谴责他呢？——

在此，我们预感到了这种在国家和艺术、政治欲望和艺术创造、战场和艺术作品之间极为隐秘的关联，我们因此而理解了国家：像前面所说的那样，国家只是强迫社会进程的铁爪；要是没有国家，那么，在自然的 bellum omnium contra omnes［一切人反对一切人的战争］中，社会根本就不可能超过家庭的范围，以更大的规模扎下根来。现在，在四处都建立了国家之后，那种 bellum omnium contra omnes［一切人反对一切人的战争］的冲动时而积聚成为民族之间可怕的战争阴云，并仿佛要像闪电一样爆发，爆发得更少却也更加强烈。而在停战时期，社会获得了时间，在 bellum［战争］向内涌聚的影响之下，到处萌芽生绿，从而让闪亮的天才之花趁着不多的温暖时光尽快地开放。

基于希腊人的政治世界，我不想隐藏自己的看法，即在何种当代现象中，我看到了危险的、对于艺术和社会而言同样令人担忧的政治领域的萎缩。如果有人可以一出生就位于人民和国家天性（Volks-und Staateninstinkte）之外，并且只当他们看到国家有助于他们自己的利益的时候，才让国家具有效力：那么，这种人必定会把巨大政治共同体之间尽可能的和平共处设想为国家最终的目的，在这种共同体中，他们可以获得所有人的同意，无限制地追逐自己的愿望。基于头脑中的这种观念，他们会要求政治尽可能地为这些愿望提供保障，另一方面，无法想象他们会违背自己的意愿，比如被一种无意识的天性所引导，而献身于国家目标（Staatstendenz），这是无法想象的，因为他们缺的正是这种天性。所有其他的国家公民都不解自然通过他们的国家天性要达到什么目的，并盲目地跟从这种天性；只有那些位于这种天性之外的人才知道，他们想要从国家得到什么并且国家应该为他们提供什么。因此，这种人恰恰会无可避免地对国家施以巨大的影响，因为他们可以把国家视为一种手段,而所有其他人都臣服于那种无意识的国家目的的权力之下,连他们自己都只是国家目标的手段。而后,为了通过国家手段来实现他们的自私目标的最高要求,首先必须将国家从那种极其反复无常的战争痉挛中完全解放出来,从而让他们可以理性地使用它;他们由此而尽可能有意识地追求一种状态,在其中战争是不可能的。为此,首先要将政治上的特殊欲望尽可能地剪除、弱化,并且通过建立巨大的、份量相当的国家组织及其相互间的保障来使得一种侵略战争绝少成功的可能性,进而使得一般意义上的战争的可能性降至最低:正如他们在另一方面试图从个别掌权者手中夺取关于战争与和平问题的决定权,从而让他们得以唤起大众或其代表人的利己主义一样:为此,他们又必须渐渐消解民众的君主意识。他们通过极其普遍地传播自由－乐观的世界观来实现这个目标,这种世界观的根源在于法国人的启蒙和革命教义,也就是说,在于一种完全非日耳曼的、真正罗曼风格的、平庸而且非形而上学的哲学。我不得不在眼下占支配地位的民族化运动中、在普选权同时的蔓延中首先看到战争恐惧症的影响,甚至在这些运动的背后瞥见那真正的恐惧者,即那些真正国际化的、没有国籍的金钱隐士,这些人天生缺少国家本能,因此学会了将政治作为交易所的手段、将国家和社会作为他们自己发财致富的工具来滥用。针对这种令人担忧的从国家目标(Staatstendenz)向金钱目标(Geldtendenz)的偏移,唯一的对症之药就是战争,除了战争还是战争:在战争的风起云涌之中,人们至少可以清楚地看到,国家并非作为自利个人的保护机构而奠基于对战争恶魔的恐惧之上,而是在祖国和君王之爱中从自身孕育了一种伦理热情,这种热情指向一种远为高远的使命。革命观念被用来服务于一种自利的、无国家的金钱贵族制,如果我把这称为当代政治的危险特征,如果我把自由乐观主义(liberaler Optimismus)惊人的蔓延同时看作落入怪手的现代金钱经济(Geldwirthschaft)的结果,并且把所有糟糕的社会状况、连同各种艺术势在必然的堕落,都看作是从那个根源中萌芽的或者是和它一同成长起来的:那么诸君定要原谅我时时去奏响战争的凯歌。他的银弓发出令人胆战的声响:他像黑夜一样突然降临,他却是阿波罗,是真正的为国家祝圣、净身的神灵。正如《伊利亚特》开头所说的那样,他首先把箭射向骡子和狗。而后射向人类自身,四处都有柴堆驾着尸体,熊熊燃烧。①甚至可以说,战争之于国家,正如奴隶之于社会一样是必要的:谁还想着他能够摆脱这些知识,如果他真诚地探问,希腊艺术的完满之境为何无人可及?

　　谁要是基于至此为止所描述的国家的本质来观察战争及其身着制服的可能性,即战士阶层,他必定会洞察到,战争和战士阶层为我们展示了一副国家的摹本,甚或原型。我们在此看到,作为战争倾向最普遍的影响,混乱的大众被小心翼翼地区分开来,分入军事等级中去,一种"战争社会"的构造像金字塔一般地从中形成,立于一个最宽阔的、奴隶般的最低阶层之上。整个运动的无意识的目标把每个个体强行纳入其枷锁之下,并且还使异质天性的特征仿佛发生了化学变化,直到它们与那个目标相亲合为止。在更高的等级中,已然能够更多地感受到,在这个内在过程中根本上所发

---

　　① 他的银弓……]参看《伊利亚特》第一卷,第47—52行。——编注

生的事情是什么,即军事天才的孕育——我们学会了将其认作开国元勋。在某些国家,比如在斯巴达的来库古①宪法(Lykurgische Verfassung)中,我们能够清楚地看到那个根本的国家观念的痕迹,即孕育军事天才。现在,让我们来想一想原始军事国家最有生机、最为活跃的状态,想想它真正的"工作",并在眼前浮现全部的战争技艺,于是我们就无法不通过这些问题来修正我们无孔不入的"人的尊严"和"劳动的尊严"的概念:以消灭"富有尊严的"人为目标的工作究竟是否也属于工作?尊严概念是否也适用于以这种"富有尊严的工作"为己任的人?或者,难道这些互相极为矛盾的概念没有在国家的这些战争任务中彼此扬弃?我甚至会想,好战的人或许是军事天才的一个手段,并且他们的工作也只是这同一种天才的手段而已;他不是作为纯粹的人和非天才,而是作为天才的手段(他也能够把自己的毁灭作为实现战争艺术的手段来喜爱),才获得了一点点尊严,即因为他是天才的手段而被尊敬。这里在一个个别事例中所展示的东西,却也适用于最广泛的意义:每个人及其全部的行为,只有当他有意或无意地作为天才的工具,才有些尊严;从中立即可以得出这样的道德结论:"人本身"、纯粹的人,既不具有尊严,也不具有权力和义务:只有作为完全被决定的、为无意识的目标而服务的存在者,人才能为他的生存而辩解。

根据这些观察,柏拉图的理想国(*vollkommne Staat*)肯定比其崇拜者中的暖血动物所以为的还要伟大,更不用提那种含笑的优越姿态了,我们的"历史"学者懂得用这种姿态来拒绝这样一颗

---

① 传说中斯巴达的立法者。——译注

古代世界的果实。国家的真正目标是奥林匹斯山上的生存、是天才不断的孕育和准备，与之相比，所有其他的东西都只是工具、手段和条件，柏拉图凭借一种诗性直觉发现了这一点并且作了粗略的描绘。透过彼时国家生活颓唐已极的神首柱，柏拉图在其内里发现了此时仍然具有神性的东西。他相信，人们能够从中取出神像，而且狂暴的、被野蛮扭曲的外表并不属于国家的本质：其政治激情的全部炙热和庄严都投入到了这种信念和愿望中去——这火焰将他灼烧。至于柏拉图没有在他的理想国中将普遍意义上的天才，而只是将智慧和知识的天才置于顶端，艺术天才却被他完全排除在他的国家之外，这是苏格拉底的艺术评判的生硬结果，柏拉图在与自身的斗争中将之变成了他自己的评判。这个缺陷主要是外在的并且几乎是偶然的，它不应阻止我们在柏拉图式国家的整体构造中，分辨出那巨大的象形文字，其中包含着一种深刻的、永远都值得体会的关乎国家与天才之相互关系的秘密学说：我们在这篇前言中已经说出了在我们看来这个秘密文字中所蕴含的东西。——

4.[①] 叔本华哲学与一种德国文化的关系

序　言

　　在心爱而卑鄙的德国,现在教化是如此的废弛,对一切伟大之物的忌妒是如此无耻地盛行,追求"幸福"的竞赛所发出的普遍骚动是如此的震耳欲聋,以至于一个人必得具有一种坚定的信念,几乎是在 credo quia absurdum est[唯其荒谬,所以信仰]的意义上的信念,才能够在这里还希冀一种文化的产生,并首先为这种形成中的文化而工作——教导大众,而非像报刊一样去"迎合大众"。那心中对人民(Volk)怀有不朽忧思的人,必得用力把自己从如今大行其道之物向他们奔涌而来所造成的印象中解放出来,并且让人以为他们仿佛将这些东西都看作是无关紧要的。他们看起来必得是这种样子,因为他们想要思考,因为一种令人作呕的景象和一种杂乱无章的噪音——这种噪音很可能甚至还掺有战争荣誉的号角——扰乱了他的思想,然而最重要的还是因为他们愿意信仰德

---

　　① 参看 19[88.200]。——编注

国精神（das Deutsche），并且可能会随着这种信仰而失去他们的力量。当这些信仰者极力从远处、从高处往下向他们的希望之乡望去的时候，不要责怪他们！他们害怕听到友好的外国人透露出这样的经验，即当他现在与德国人一同生活的时候，必得惊讶，德国人的生活与那些伟大的个人、作品和行动是多么的不相称啊，他友好地学会了将这些伟大之物作为真正的德国精神来尊崇。在德国人不能登峰造极的地方，他就会给人留下比中等水平更差的印象。即便在著名的德国科学中，一些最为有用的持家美德和家庭美德，诸如忠诚、自制、勤劳、谦卑、整洁等，看起来已经获得了自由的发展并且仿佛入了化境，然而，德国科学却绝不是此类美德的结果；切近地来看，在德国，那趋向无限认识的动机，看起来与其说是像一种力量的过剩，不如说是像一种匮乏、缺陷和疏漏，几乎是一种贫乏的、无形式的、无生气的生命的结果，甚至像是对于道德琐碎和毒辣的一种逃避，德国人平常即屈服于这种琐碎和毒辣之下，尽管在科学这样的事务中，它也会突然出现，甚至更加经常地爆发出来。在生活、认识和判断上，作为市民生活真正的能手，德国人长于浅见（Beschränktheit）；当他们要担负一个人、让他超过他们升入崇高之境的时候，他们的举动就像铅锤一样的困难，并且他们像铅锤一样悬挂在真正的伟人之上，将其从苍穹拉向自己，拉向他们可怜的贫乏。这种市井习气（Philister-Gemütlichkeit）或许只是一种真正的德意志美德——对于个别、细小、切近之物的一种内在的专注，并专注于个体的神秘——的蜕变，可是现在，这种发霉的美德却比最显见的恶习还要糟糕；特别是自从人们开始在文学上对这种品质进行自我颂扬并发自内心地喜欢它之后。现在，众

780 所周知的如此富有教养的德国人中的"学者",和众所周知的如此没有教养的德国人中的"市井",公开握手了,并且相互达成了一项协议,规定了人们从此以后得怎样写作、作诗、作画、作曲,甚至哲思,乃至于统治,从而既不与前者的"教化"离得太远,也不与后者的"习气"靠得太近。现在,人们把这称为"当今的德国文化";我们既已知道,他的同乳兄弟,即德国市井,现已无耻地、仿佛带着失落的无辜,在全世界面前承认自己的身份,尚可追问的是,这种"学者"可识别的特征是什么。

现在的学者所受的首先是历史教育:他通过历史意识在崇高者面前拯救自己;市井庸人则通过他的"习气"来达到这一点。不再是历史所激起的热情——如歌德①还能以为的那样——而恰恰是所有热情的熄灭如今成了这些 nil admirari[无可惊异之物]②的惊异者们的目标;可对于这些人我们必须喊道:"你们是所有世纪的小丑!历史只会告诉你们那些你们所配得的!世界在任何时代都充满了零星琐碎和微不足道之物:你们的历史热情所揭示的正是这些,而且恰恰只是这些。你们能够成千上万地冲向一个时代,狼吞虎咽一番——而后又向之前一样饥渴,并且你们能够对你们这种忍饥挨饿的健康方式大加赞颂。Illam ipsam quam iactant sanitatem non firmitate sed ieiunio consequuntur. Dial. de orator. c. 25.[他们所夸耀的那种健康,并不是基于真正的力量,而

---

① 歌德]《准则与反思》495;摘自《威廉·迈斯特的漫游年代》,"漫游者意义上的观察",1829。——编注

② nil admirari] 贺拉斯:《书信》,Ⅰ,6,1。——编注

是基于节欲。(塔西佗,《关于演说家的对话》,第25段)。]①历史无法向你们说出任何本质性的要素,而是带着嘲讽隐匿地站在你们身后,它给予一个人一个国家行动,另一个人一份公使馆报告,还有一个人一个年份或是一个语源或是一个实用的蛛网。你们真的以为能够像加减乘除那样计算历史,并且以为你们那平庸的理智和你们的算术教育足够应付这种计算? 当你们听到别人就众所周知的时代说出了你们前所未闻并且永远无法理解的事物的时候,你们会是多么的恼怒啊!"

现在,如果在这种自称为历史性的、对于真正教化的热忱之外,在敌视、辱骂一切伟大之物的市井习气之外,再加上第三种野蛮而激动人心的协作——那些奔向"幸福"的赛跑者们的协作——,那么这在总体上就会产生一种如此纷乱的叫喊和如此扭曲肢体的骚动,以至于思想者得紧闭耳目逃往最孤独的荒野——在那里,他可以看见那些人永远无法看见的东西,他必会听见从自然的一切深渊和漫天繁星而来向他发出声音的东西。在此,他与那些向他浮现的大问题相攀谈,然而它们的声音听起来既是恼人而可怕的,又是非历史而永恒的。软弱者因其冷酷的气息而退避三舍,计算者穿行其间却没有感受到这些问题。而最糟糕的要数按照自己的方式严肃而费心地与之打交道的"学者"。对他而言,这个幽灵转变成了概念网络和空洞的声音图形。在把手伸向这些问题的时候,他误以为自己拥有哲学,在寻找它们的时候,他围绕

---

① 参看《作为表白者和作者的大卫·施特劳斯》第11节。——编注。
塔西佗的原文应该是在第23段,而非尼采所标的第25段。——译注

着所谓的哲学史爬上爬下——当他最终收集、堆积起了这种抽象概念和陈旧框架的一整片云雾之后——但愿一位真正的思想者能够在途中遇见他——并且吹散了云雾。身为学者,却要致力于哲学,这真是令人绝望的阴差阳错啊！尽管他时常以为,哲学与眼下自诩为"德国文化"的东西之间不可能的联接变得可能了；某一个雌雄双性的造物在这两个领域之间打情骂俏、眉来眼去,造成了彼此两方面的幻觉。然而,如果不愿让自己被迷惑的话,德国人有朝一日会接受一个建议。他们首先应当就他们现在称为"教化"的所有东西自问一下：这真的是所期望的德国文化吗？对于德国精神而言是如此的严肃和有创造性、如此的具有救赎之效,对于德国美德而言是如此的具有净化之功,以至于它在这个世纪唯一的哲学家,阿图尔·叔本华也必得信奉它吗？

　　这儿是你们的哲学家——现在去寻找属于他的文化吧！当你们能够预感到,这对于与这样一位哲学家相适应的文化意味着什么,那么现在你们在这种预感中就已经对所有你们的教化和你们自己——下了断语！

5.荷马的竞赛

序　　言

当人们谈论人道(Humanität)的时候,在根柢上实有这样一种观念,即这是人与自然相分离、使人从自然中突显出来的要素。然而这样一种分离在实际上却是不存在的:"自然的"特性和所谓真正"人性的"(menschlich)特性是无可区分地生长在一起的。在其最高等、最高贵的力量中,人完全是自然,并且承负着自然极其可怕的双重特征。他那可怕的、被视为非人的能力甚或是富饶的地基,只有从这里才能长出激动、行动和功业中所有的人道。

所以,作为古代最为人道的人,希腊人身上具有一种残酷的特征,具有老虎般的毁灭欲:这种特征在夸大至荒诞可笑的希腊人的镜像中,在亚历山大大帝中,也是清晰可辨的,如果我们带着柔弱的现代人道概念走向希腊的全部历史和神话,是必定会感到畏惧的。当亚历山大让人把加沙(Gaza)勇敢的守卫巴蒂斯(Batis)的双足穿透,并将他活活地捆上他的战车,从而在其士兵的嘲笑声中将他来回拖曳[①]:这是那在夜间通过类似的来回拖曳来虐待赫克

[①] 当亚历山大……]根据马哥尼西亚的黑格西亚(Hegesia aus Magnesias),《希腊史学家残篇》(菲利克斯·雅各比编),142,5。——编注

托尔(Hektor)的尸体的阿喀琉斯(Achilles)惹人厌恶的漫画;可即便阿喀琉斯的拖曳也让我们感到伤害和残忍。我们在这当中瞥见了仇恨的深渊。我们也带着同一种感受来面对两个希腊党派血腥的和不知餍足的互相厮杀,比如在科西拉革命(korkyräischen Revolution)①中。当胜利者在一个城市的战役中根据战争的权利处决了所有的男性公民,并将所有的妇女和孩子卖作奴隶,我们在这样一项权利的批准中看到,希腊人将其仇恨的完全释放看作严肃的必然性;在这种时刻,集中而膨胀的感受得到了缓解:老虎蹿上前来,它那可怕的眼睛闪烁着一种放荡的残忍。希腊的雕塑家们为何总是必得在不计其数的重复中一再地描绘战争和战斗?描绘伸展开来的身体,这些身体被仇恨或者被胜利的傲慢张满了渴望,描绘蜷曲成团的伤者和奄奄一息的垂死者?在伊利亚特的战争图景中,为何整个希腊世界都在欢呼雀跃?我担心,我们不能足够"希腊地"理解这一点,担心一旦我们希腊地理解了这一点,我们会为之而感战栗。

　　位于荷马世界这个所有希腊因素的母腹背后的是什么? 在这个世界中,我们已被不寻常的艺术确定性、被线条的宁静和纯洁提升至单纯材料的融合之外:它的颜色因一种艺术幻觉而显得更加明亮、柔和与温暖,它的人物在这种多彩而温暖的光亮中显得更好、更令人喜爱了——然而,如果我们不再让荷马的手来引导和保护我们,而是往回踏入荷马之前的世界,我们会望向何方呢? 只会看入黑夜和恐惧,看到一种习惯了恐怖之物的幻想。这令人厌恶的、可怕的神谱传说所反映的是怎样一种尘世的生存啊:支配着这

---

① 参看修昔底德,第三卷70—85;另可参看《漫游者及其影子》31。——编注

样一种生命的只是黑夜之子,是争吵、爱欲、欺骗、老年和死亡。设想一下比赫西俄德诗歌中沉重的空气还要稠密阴暗的气息,并且没有任何一点从德尔斐和许多诸神府第涌向希腊的那种柔化和净化:且让我们把这种彼奥提亚的(böotische)空气同伊特拉斯坎人(Etrusker)①阴暗的淫欲相混合;而后,这样一种现实将向我们逼取一个神话世界,乌拉诺斯、克洛诺斯、宙斯和泰坦斗争在其中必定会显得像是一种缓和;在这种压抑的氛围中,战斗是解脱和拯救,胜利之残酷是生命呼声的顶峰。并且正如希腊的权利概念事实上是从谋杀和赎谋杀之罪发展起来的,高贵的文化也是从谋杀的赎罪祭坛上取得了它的第一顶胜利花环。那个血腥的时代留下了一道深深泛入希腊历史的波纹。俄尔浦斯、穆塞乌斯(Musäus)及其祭祀的声名显示了,不断地注视着一个战斗和残忍的世界会导致怎样的结果——会导致对生存(Dasein)的厌恶,导致将这种生存视为一场有待救赎的惩罚,相信生存和负罪的存在是同一的。然而这个结论恰恰不是特属于希腊的:在这一点上希腊与印度、与整个东方相遇了。"一种战斗和胜利的生命想要什么?"希腊天才还为这个问题准备了另一个答案,并且在希腊历史的全部范围中给出了这个答案。

要理解这个答案,我们得立足于这样一个出发点,即希腊天才给予那曾经以如此可怕的方式存在的欲望以承认并且视其为合理的:而在俄尔浦斯的转向中包含着这样一种观念,即以这样一种欲

---

① 古代意大利西北部古老民族,也译为埃特鲁斯坎人或伊特鲁里亚人。——译注

望为根柢的生命是不值得活的。战斗和胜利的快乐被认可了:没有什么比从这儿发源的个别伦理概念——如纷争(Eris)和忌妒——的色彩更使希腊世界区别于我们的世界了。

当旅行家保萨尼亚斯(Pausanias)①在他的穿越希腊之旅中拜访赫利孔山(Helikon)②的时候,他见到了希腊人的第一首教谕诗、赫西俄德的《工作与时日》的古本,书写在铅板上,被岁月和天气极严重地毁坏了。不过他还是辨认出,与通常的本子不同的是,它开头没有那一小段对宙斯的赞颂,而是一上来就宣布"地上有两位纷争女神"。这是最值得注意的希腊思想之一,并且仿佛镌刻在希腊伦理的门径之上,值得后来者铭记。"一位纷争(Eris),只要人们能够理解她,就会对她加以称赞,正如另一位要加以谴责一样;因为这两位女神有着截然不同的性情。一位推动恶劣的战争和争执,多么残忍!没有哪位有死者想要吃她的苦头,而是遵照不朽者的决议,在困迫之枷锁中对这给人沉重压力的纷争女神表示尊敬。这一位更加年长,是黑夜所生;另一位则被高高在上的宙斯置于大地之根和人类之中,要好得多。即便笨拙的人也被她激励着去劳动;她让缺少财产的人以富人为榜样,于是他就急忙以相同的方式播种、栽培,把家里布置妥当;邻居与奋力致富的邻居相竞赛。这位纷争女神有益于人类。陶工憎恨陶工,木匠憎恨木匠,乞丐忌妒乞丐,歌手忌妒歌手。"③

---

① IX,31,4。——编注
公元 2 世纪的希腊地理学家和旅行家,著有《希腊志》。——译注
② 传说中缪斯女神的居所。——译注
③ 赫西俄德:《工作与时日》,第 11—26 行。——编注

最后两行谈及 odium figulinum［陶工的憎恨］的诗句在我们的学者看来是不可理解的。根据他们的判断，"憎恨"和"忌妒"这样的谓语只与那恶劣的纷争女神的本性相合；于是他们毫不费劲地就把这两行判定为伪作或者偶然的误植。然而，在此必定是另一种非希腊的伦理在促使他们这样做：因为就这段诗句与有益的纷争女神的关系，亚里士多德①就没有感到任何突兀。并且关于憎恨和忌妒，和我们观点不同的，不只是亚里士多德，而是整个古代希腊世界，他们都持有赫西俄德的看法，将一位纷争女神称为恶的，即那位把人类引向互相敌视、互相毁灭的战斗的纷争女神，然后又将另一位纷争女神赞颂为善的，她作为猜忌、憎恨和忌妒激发人们去行为，但不是去进行毁灭的战斗，而是去进行竞赛。希腊人是好忌妒的，并且不把这种性格感受为缺陷，而是感受为一位慈善的神灵的影响：在伦理判断上，我们和希腊人隔着怎样的鸿沟啊！因为他是好忌妒的，每当有了过多的荣誉、财富、光环和幸福，他也就感到一位神灵的忌妒之眼在盯着他看，并且他是害怕这种忌妒的；在这种情况下，他会警告自己，人类的运气总是易逝的，他害怕自己的幸福，他屈从于神性的忌妒，将最好的东西献为祭品。这个观念并未使他远离他的诸神：相反诸神的意义由此而得到了规定，即人绝不能冒险与神灵竞赛，即便他的灵魂中充满了对任何一个其他活着的存在者的忌妒。在塔缪利斯（Thamyris）②和缪斯、马

---

① 《修辞学》，1388a，16；1381b，16—17；《尼各马可伦理学》，1155a，35—b1。——编注

② 色雷斯的歌者，因超凡的歌技而敢于向缪斯女神挑战，并因此而受到了惩罚，成了盲人并丧失了歌唱技艺。——译注

西亚斯（Marsyas）①和阿波罗的争斗中，在尼俄柏（Niobe）②的动人命运中，表现了人与神，这两种绝不能够相互斗争的力量的可怕对立。

可一个希腊人越是伟大和崇高，虚荣心的火焰就越是明亮地从他那儿迸发出来，折磨着每一个跟他走在同一条道路上的人。亚里士多德③曾以伟大的风格开列过一张这种敌意竞赛的清单：其中最引人注意的例子是，甚至一个死者还能让一个活着的人激起折磨人的忌妒。亚里士多德说的是科洛丰的色诺芬尼与荷马④的关系。如果我们没有设想这种攻击的根本是一种巨大的欲望，比如后来的柏拉图也是这样，即想要让自己取代被推翻的诗人的位置并且继承他的荣誉，那么我们就不能按其强度来理解这种对于民族的诗艺英雄的攻击。每一个伟大的希腊人都传递着竞赛的火炬；每一种伟大的美德都点燃着一种新的伟大。当少年地米斯托克利（Themistokles）⑤因为惦记着米太雅德（Miltiades）⑥的桂冠而无法入睡的时候⑦，他那很早就被唤起的欲望要在与亚里斯

---

① 善吹笛子，他向阿波罗挑战，要用他的长笛和阿波罗的七弦琴一比高下，输给了阿波罗并被活生生地剥皮杀死。——译注

② 底比斯的王后，生有七儿七女，自以为胜过只生有一儿一女的勒托并阻止民众崇拜她，因此而得罪了勒托，儿女分别遭到阿波罗和阿忒弥斯的射杀。——译注

③ 《残篇》（罗斯），《诗学》，残篇7（出自第欧根尼·拉尔修，II 5,46）。——编注

④ 荷马］誊清稿：赫西俄德及荷马。——编注

⑤ 马拉松战役后登上政治舞台，极力主张发展海军，领导希腊海军赢得萨拉米海战。——译注

⑥ 曾领导希腊人赢得马拉松战役。——译注

⑦ 普鲁塔赫：《地米斯托克利》3。——编注

泰德(Aristides)①进行长久的竞赛之后,才激发为他那唯一值得注意的、纯然本能的政治行动的天才,如修昔底德②向我们描绘的那样。当伯利克里的一个著名的反对者被问到,城里最好的摔跤选手是他还是伯利克里,他的回答是,"即便我把他摔倒在地,他也会否认自己被摔倒了,他达到了目的并且说服了那些看到他被摔倒的人。"③这一问一答是多么的典型啊。

如果想要在其朴素的表达中真正不加掩饰地看到那种感受,即感到只要城邦的福祉应当存续,竞赛就是必要的,那只要想一想贝壳放逐法的原初含义:比如像以弗所人放逐赫尔默多(Hermodor)时所表现的那样。"在我们当中没有人可以是最好的;如果某人是的话,那就让他在别处,和别人在一起。"④可为什么没有人可以是最好的呢?因为那样的话,竞赛就终结了,希腊城邦永远的生命根基就会受到损害。后来,贝壳放逐法获得了与竞赛的另一种关系:如果一位竞赛中的大政治家或者党派首领在白热化的斗争中被驱使去使用有害的和毁坏性的手段,并且有发动政变的嫌疑,如果这种危险是显而易见的了,人们就会使用它。然而这个特殊安排的原初意义并不是充当阀门,而是作为一种激励手段:人们摒弃了杰出的个人,这样诸种力量的竞赛游戏又觉醒了:这是一种与现代意义上的天才的"排他性"相反对的观念,但它的预设是,在一

---

① 雅典的陆战专家,与极力主张发展海军的地米斯托克利对立,但在萨拉米海战中两人并肩作战。——译注
② 参看《伯罗奔尼撒战争史》I,90—93。——编注
③ 普鲁塔赫:《伯里克利》8。——编注
④ 赫拉克利特残篇第121,见第尔斯-克兰茨编:《前苏格拉底残篇》。——编注

种事物的自然秩序中,总是存在着许多天才,他们互相激发行为,就像他们也互相持守尺度的界限一样。这是希腊竞赛观念的核心:它憎恨独裁,害怕独裁的危险,作为针对天才的预防措施,它想要——第二个天才。

每一种天赋都得在斗争中展开,希腊的公民教育如是要求;而现代的教育者们最怕的就是所谓的虚荣心的激发。人们把自私①作为"恶本身"来担心——耶稣会士除外,他们在这一方面和古人所见相同,因此大概是我们时代最有现实影响的教育者了。他们看来以为只有自私,即个体性因素,才是最有力量的动因,至于品格的"善恶"则在本质上取决于个体所追求的目标。而对于古人来说,竞赛教育的目标就是整体的福利,即城邦社会的福利。比如,每一个雅典人可以在竞赛中如此地发展他自己,直到给雅典带来最大的益处和最小的损害。它并不像大多数的现代虚荣那样发展至没有测度也无可测度的境地:当年轻人去比赛跑步、投掷或者歌唱的时候,他想着的是母邦的福利;他想要通过自己为母邦增添荣誉;他将裁判尊敬地为他戴上的花环献给他的城邦的诸神。每个希腊人从童年开始就在心中感到一种热切的愿望,想要在城邦间的竞赛中成为获得其城邦福祉的一个工具:他的自私由此而被激发,也由此而被约束和限制。因此在古代世界中,个人是更为自由的,因为他们的目标更加切近更能达到。相反,现代人处处都遇着无限性,就像埃利亚人芝诺所比喻的捷足的阿喀琉斯:无限性阻碍

---

① 德语中"自私"(Selbstsucht)的字面义为"寻求自身",而"虚荣心"(Ehrgeiz)的字面义为"对荣誉的渴求"。注意这一点有助于理解尼采对这两个词的重估。——译注

着他,他甚至超不过一只乌龟。

正如有待教育的青年在相互的竞赛中受教育一样,他们的教育者也在相互竞赛。作为伟大的音乐大师,品达和西蒙尼德怀疑而忌妒地齐肩并进;作为古代世界的高等教师,智术师在竞赛中与其他的智术师相遇;甚至通过戏剧而进行的最普遍的教诲,也要以音乐和戏剧艺术家之间可怕的搏斗的形式给予民众。多么奇怪啊!"艺术家也憎恨艺术家!"而现代人最怕艺术家身上具有个人的斗争欲望,希腊人却只在个人斗争中才认识艺术家。在现代人嗅到艺术作品弱点的地方,希腊人却要寻找其最高力量的源泉!比如柏拉图对话中特别有艺术意味的东西,大多是他与他那时代的演说家、智术师和戏剧家的艺术进行一种竞赛的结果,他发明这些东西是为了最后能够说:"看哪,我那些伟大的竞争者们能够做的我也能做;我甚至能够比他们做得更好。没有哪位普罗泰哥拉像我一样创作了那么美的神话,没有哪位戏剧家创作了像《会饮》那样鲜活而吸引人的整体,没有哪位演说家写下了我在《高尔吉亚》中所描写的那样一场言说——现在我一起拒绝所有这些并谴责所有的模仿艺术!只有竞赛让我变成诗人、智术师和演说家!"如果我们追问竞赛和艺术作品构思的关系,会有什么问题向我们显现出来!——

反之,如果我们把竞赛从希腊生活中拿走,那么我们立刻就会看到那个前荷马的深渊,一种残忍的仇恨与毁灭欲的野蛮状态。可惜的是,当一个伟大的人通过一次无限光辉的行为而突然地脱离了竞赛,并且按照他自己的和他本国人的判断,hors de concours[丧失了竞赛能力],这种现象就会如此经常地出现。这几乎毫无例外的是一种可怕的影响;当人们常常从这种影响得出结论,说希腊人不能承受荣誉和幸福的时候:人们应该更准确地说,希腊人不能够承受没有继续竞赛的荣誉、终结了竞赛的幸福。没有比米太雅德最后的命运更清楚的例子了。马拉松无可比拟的成功将他置于一个孤独的高峰,抬高到远远地超出了每一个共同战斗的人:他感到心中产生了一种对一个与他向来有仇的帕洛斯公民的卑微而强烈的报复欲。为了满足这种强烈的欲望,他滥用了名声、国家财富和公民荣誉,并失去了自己的荣誉。在感到失败之后,他产生了使用卑鄙手腕的念头。他和农神女祭司提墨(Timo)建立了一种秘密的、不信神的联系,在夜里走进了不许任何人进去的圣殿。当他翻过围墙,越来越靠近女神的圣地,突然有一种可怕的惊慌失措的恐惧向他袭来:他感到自己几乎崩溃了,并且无意识地被驱赶了回来,当他要翻回墙外的时候,他摔瘫在地并且受了重伤。围攻者被驱散,人民审判在等着他,一次可耻的死亡在一个光辉的英雄生涯上打下了自己的烙印,让它变得永世黑暗。① 在马拉松战役之后,天界的忌妒攫住了他。当它看到一个人没有任何竞赛的、没有对手的处于孤独的荣誉高峰的时候,神性的嫉妒就产生了。现在,他只有诸神在身旁——所以他就有诸神来反对自己。而这诱使他行僭越之事,他也因此而毁灭。

我们且看,和米太雅德的灭亡一样,当它②通过功绩和幸运从赛道达至胜利女神的庙宇,最高贵的希腊城邦也灭亡了。雅典毁

---

① 他感到心中……]希罗多德:《历史》,第6卷,133—136。——编注
② 指希腊城邦。——译注

灭了联盟者的独立性并且严厉地惩罚被征服者的反抗,斯巴达在伊哥斯波塔米(Aegospotamoi)战役之后以更严厉和残忍的方式在希腊占据着优势,它们也像米太亚德一样,因为行僭越之事而导向了毁灭,这证明了,一旦没有忌妒、猜忌和竞赛的虚荣,希腊城邦就会像希腊人一样蜕化。它将变得罪恶和残忍,变得充满复仇的欲望和不信神,简言之,他将变成"前荷马的"——然后只需要一次惊慌失措的恐惧就可以将它打倒、击溃。斯巴达和雅典把自己交给了波斯,像地米斯托克利和阿尔契比亚德所做的那样;在放弃了最高贵的希腊根本观念(即竞赛精神)之后,他们背叛了希腊精神:而后亚历山大,这位希腊历史粗糙化的复制品和缩略语,发明了全世界的希腊人(Allerwelts-Hellenen)和所谓的"希腊化时代"(Hellenismus)。①

完成于 1872 年 12 月 29 日

---

① 全世界的希腊人和所谓的"希腊化世代"]誊清稿:"波斯的希腊人"。——编注

致《新王国》周刊编者的新年贺词[①]

[①] 原样:音乐周刊。音乐家和爱乐者的喉舌。第4年第3期,莱比锡,1873年1月17日。第38页。——编注

在一篇文辞僵硬并且从任何角度来看都引人忧虑的"致德国知识界的新年贺词"中,阿尔弗雷德·多福(Alfred Dove)先生遭遇了不幸,他最后真的可耻地滑倒了,并在摔倒之际勃然大怒,说了这番话:

"现在,我们得说,在过去的一年中,也有人重又发出了有效的劝告:著名物理学家措纳(Zöllner)在一本就总体印象来说无疑很出色的书中将天文学、知识论和伦理学说融于一处,并出于极纯粹的热情向他的同行发表了一场极其严肃的劝请忏悔的布道,劝他们转向自身、返回其习俗之古老的单纯中去。更尖锐乃至于极其辛辣的是慕尼黑的医生普西曼(Puschmann),他在前不久试图在理论上证明和剖析理查德·瓦格纳的自大狂,对一位在世者进行一种人性的审判,这显然是太过大胆了,可我们仍然能说,他所举出的是最为有罪的一位。这两本书尽管包含了一些有害的愤慨,可就其警示的力量来说,无疑是值得推举的;它们绝不会毫无有用的影响。"

这双最无资格的双手将措纳这个高贵的名字纳入了一个如此令人厌恶的共同体,我们首先要对此表达我们最为郑重的惋惜。而后剩下的就只有惊讶、不断的惊讶了。怎么?多福编辑,或者至少他所虑及的那个读者圈子,难道不是一个怪胎,一个惊人的怪物吗?没有任何另外一位编辑敢于如此自由,如此热情地坦白他对普西曼的爱好,即便最可疑、最败坏的编辑也不会这样,因为他们显然相信这样做是会违反礼节的。那么,多福先生怀着他那"自由的"热情屈身俯就的是怎样一群人呢?是《新王国》的读者们:在这个《新王国》的四壁之内,当编辑和读者聚在一处,他们看起来是陶醉于这种自由的——,在别处,他们所能引起的就只有愤慨和厌恶了。即便真正的丑闻制造者保罗·林道(Paul Lindau),也只能间接地让人猜度到一种或许相似的渴望,如此来将这个经受住了考验的"丑闻-普西曼"(Skandal-Puschmann)纳入他的丑闻共造者的名单之下。即便在这件事上仍然可以说,这里存在着一种需要,并以此来洗清罪责。"当代"需要普西曼——这桩丑闻的制造有它的需要;请原谅需要! 可是,像阿尔弗雷德·多福那样不带需要地把手伸向普西曼,公开地和普西曼握手——如果不是究竟必要的话,这竟是可能的吗?哪位"灵魂医生"能够就此给出诊断?或者还是出于一种必要?那些读者或许向易受影响的阿尔弗雷德·多福施加了某种压力?——提出这些问题可绝非是在玩弄修辞术,在这些问题得到回答之前,让我们先来恭喜慕尼黑的"精神病专家",因为他有了阿尔弗雷德·多福这位新同志,这位同志在那篇新年贺词中同样活似神医和专家。愿他们共同成长、共同繁荣,普西曼和多福,多福和普西曼,par nobile fratrum[神圣的兄弟同盟]! 特别地祝愿他们,像我们俩都许下的新年愿望那样,互帮互助,就最有效的秘密武器尽快地达成一致、取得亲密的共识,这秘密武器就是通过听似科学的市场叫卖来让自己(或者他们所印的纸张)变得名声大噪。可以肯定的是,受到如此庄严礼遇的普西曼精神不会被徒然唤起;从此以后,他将协助阿尔弗雷德·多福先生完成这项艰难的任务,即用精神病学的方式来满足《新王国》读者们做作的趣味癖。

弗里德里希·尼采　教授　博士

希腊悲剧时代的哲学[①]

[①] 可以确定,关于前苏格拉底哲学的笔记,属于1872年夏以后的遗稿。1873年4月,尼采把一份题为《希腊悲剧时代的哲学》(PHG)的付印稿式的文本带到了拜罗伊特(参见年表)。该文本涉及《希腊悲剧时代的哲学》的誊清稿(U I 8),尼采于1874年初将该文稿副本送给了他的学生阿道夫·鲍姆加特纳(Adolf Baumgartner)。在我们所见的鲍姆加特纳副本(D 9)中,尼采所做的修改在最初几页之后就停止了。仅仅在包含尼采亲笔修改的地方,我们才把这个副本(D 9)作为蓝本,否则,无论就正字法而言,还是就标点和分段而言,我们均以尼采的原始手稿(U I 8)为蓝本。后来由彼得·加斯特(Peter Gast)所做的修改,则未予以考虑。《希腊悲剧时代的哲学》有两个前言,第一个出自尼采之手,第二个出自尼采母亲之手。两个前言均被放在了文本的前面。

在编注中,DmN代表尼采的付印稿(U I 8),DmB代表鲍姆加特纳的副本(D 9)。

蓝本:U I 8,第3—104页,以及D 9中尼采的亲笔修改部分。收于克格尔(F. Koegel)出版的大八开本版《尼采著作集》(GAK),第10卷,第1—89页;大八开本版(GA),第10卷,第5—92页。计划与构思:19[89.188.189.190.214.315.316.325];21[5.6.9.11.13.14.15.16.19.];23[1.2.3.5.6.8.12.14-41];26[1.8.9]。——编注

对于离我们较远的人们，我们只需了解他们的目的，就可以从整体上对他们加以褒贬。而对于离我们较近的人们，我们则根据他们用以实现自己目的的手段，对其做出评判：我们往往责难他们的目的，却因为他们实现自己意愿的手段和方式而热爱他们。只有对于它们的创立者而言，哲学体系才是完全正确的。对于所有后来的哲学家来说，这些体系往往是一个巨大的错误，而在智力更为低下的人看来，则是真理和谬误的混合体。但归根结底，这些体系是一个错误，因而，可以弃之不用。所以，很多人对每一个哲学家都要进行非难，因为哲学家的目的不同于他们自己的目的；哲学家是远离他们的人。与此相反，谁喜欢伟人，谁也就会喜欢这些体系，即使它们也是完全错误的：它们毕竟有某种确定无疑之处，有一种个人的情调和色彩。人们可以利用这种情调和色彩获得哲学家的肖像，正如人们可以从一个地方的植物推断出其土壤状况一样。不管怎样，这种生活方式以及这种看待人类事物的方式曾经存在过，因而是可能的："体系"就是这块土壤上的植物，或者至少该体系的一部分是如此，——。

我要简要地讲述那些哲学家的历史：我会仅仅从每一个体系中抽出这样一点，它构成历史必须加以保护的个性的一部分，并且属于不可反驳、不可争辩之列。这是一个开端，旨在通过比较重新获得和复制那些天性，使希腊天性的复调音乐终有一天能够重新响起。它的任务在于阐明我们必须始终加以珍爱和崇敬的东西，也是任何后来的知识都不能从我们这里剥夺的东西：这就是伟人。①

---

① 这是 D9 中出自尼采之手的一页。——编注

这种讲述古希腊哲学家历史的尝试,因其篇幅短小而有别于类似的尝试。之所以能做到这一点,是因为这里所谈到的只是每个哲学家的很少一部分学说,就是说,它是有所取舍的。但是,选出的这些学说,却能最鲜明地体现一个哲学家的个性。相比之下,如果像平常的手册所惯用的那样,悉数列举流传下来的一切可能的原理,则必然会使一个哲学家的个性归于沉寂。这样的叙述会变得极为乏味:因为正是那些个性的东西才使我们对那些被驳倒的体系感兴趣,也只有这样的东西永远不能被驳倒。通过三件轶事,便可给出一个人的肖像。我试图从每个体系中抽出三件轶事,对于余下的,则只能忍痛割爱了。①

---

① 这是 D 9 中出自尼采母亲之手的一页(大概是尼采 1875—1876 年冬季在巴塞尔口授的,当时他的母亲正在那里逗留)。——编注

一

　　哲学不乏反对者。对于他们的反对之声，人们最好还是听一听，特别是当他们劝告德国人的病态①头脑远离形而上学，劝告他们像歌德那样通过自然得以净化、像理查德·瓦格纳那样通过音乐得以康复的时候。② 民族的医生拒绝哲学。所以，谁想为哲学做辩护，谁就必须表明健康的民族为什么需要哲学并且已经运用了哲学。如果他能够表明这一点，也许病人自身会获得这样一种富有成效的见识：为什么恰恰对他们来说哲学是有害的。诚然，有很好的例证表明：即使全然没有哲学，或者只是有限地、几乎是游戏般地运用哲学，健康也可以存在，巅峰时期的罗马人就是这样在没有哲学的情况下生活的。但是③，一个民族患了病，而哲学使这个民族恢复了失去的健康，这样的例子到哪儿去找呢？如果说哲学曾经显露出帮助、拯救和辩解的功能，那么，这种情况也是出现在健康人身上④，而对于病人来说，哲学则总是使其病得更重。如果一个民族已经涣散分化，与其成员处于一种松散的紧张关系之

---

　　① 病态］准备稿：被语词和概念弄得支离破碎的。——编注
　　② 劝告他们……］准备稿：宁可逃避到自然中，或者像理查德·瓦格纳所劝告的那样，通过艺术得以康复和净化。——编注
　　③ 在没有哲学的情况下生活的。但是］誊清稿：巅峰时期的罗马人就是这样在没有哲学的情况下生活的，而且，此后哲学也不过是他们的懒散的施主。——编注
　　④ 在没有哲学的情况下生活的……在健康人身上］准备稿：巅峰时期的罗马人就是这样在没有哲学的情况下生活的，而且，此后也几乎没有哲学。但是没有这种患病的例证，其中，哲学起了治疗的作用：哲学的治疗、觉察和辩解力量只表现在健康人身上。——编注

中，那么，哲学绝不会使这些成员与整体重新紧密地联系在一起①。如果一个人打算画地为牢，为自己筑起自给自足的篱笆，那么，哲学总是会使其愈加孤立，并通过孤立导致他的毁灭。如果不具有完全的合理性，哲学便是危险的：只有一个民族（但也不是每一个民族）的健康，才会赋予哲学这种合理性。

现在，让我们看一看那个最有说服力的例证，从而了解在一个民族那里被称为健康的是什么。作为真正健康的人，希腊人以下述方式为哲学本身做了永久的辩护：他们做了哲学运思，而且比任何其他民族做得都多。② 他们未能适时终止这种运思，因为即使到了垂垂暮年，他们的行为举止仍然像是哲学的狂热追求者，尽管他们所理解的哲学仅仅成了关于基督教教条的虔诚的细节考证和神圣的无谓争辩。由于未能适时终止这种运思，他们便极大地削减了自己对野蛮的后代的贡献，因为作为顽冥不化的青年人，这后代必然会陷于那人工编织的罗网之中③。

---

① 如果一个民族……重新紧密地联系在一起]准备稿：如果一个民族涣散分化了，其成员与整体处于松散的紧张关系之中，或者与整体全无瓜葛，我们就说这个民族是病态的；如果在一个涣散分化的民族中，一种文化为众多的成员所保护、哺育和维护，我们就说这种文化——比如，当前的文化——是病态的。——编注。

② 德国人的病态头脑……任何其他民族]准备稿：像歌德那样劝告好思考的德国人通过自然远离形而上学。但总体上说，必须对哲学的反对者做出反驳：希腊人做了哲学运思，而且比任何其他民族做得都多。毫无疑问，当我们从事哲学的时候，我们并没有充足的理由。但哲学本身通过希腊人——而且，在我看来，也只有通过希腊人——得到了辩护。——编注

③ 削减了……罗网之中]准备稿：他们便极大地减少了自己对野蛮的后代的贡献，因为按照野蛮人的习惯，这顽冥不化的后代必然会陷于其前辈的这些错综复杂的作品之中，并且为了希腊青年人的作品而损害自己的感官。——编注

相比之下，希腊人懂得适时开始，并且比任何其他民族更清楚地提出了这样一种理论，即人们必须在什么时候开始哲学运思。就是说，不像有些从痛苦中推演出哲学的人所臆想的那样，有愁苦才有哲学运思；相反，这种运思是从幸福中，从一种成熟的成年期，从骁勇善战的成年的喜悦中开始的。希腊人在这样的时刻开始哲学运思，对我们了解希腊人本身，了解哲学是什么，哲学应当是什么有很多启发。如果那时的希腊人像当今有学问的庸人所想象的那样，是冷静早熟的实践家和乐天派，或者像没学问的空想家所幻想的那样，生活在感官的享乐之中①，人们绝不会在他们那里找到哲学的源头。他们充其量是一个顷刻流入沙滩或者蒸发为云雾的小溪，决不会是那翻腾着骄傲浪花的宽广的大河。我们所了解的希腊哲学就是这样一条大河。

虽然人们已经一再指出这样一点：希腊人可能从东方异邦发现和学到了多少东西，以及他们可能从那里接受了多少种东西，但是，如果人们把来自东方的所谓老师和来自希腊的可能的学生放在一起，例如，把琐罗亚斯德②和赫拉克利特放在一切，把印度人和爱利亚学派放在一起，把埃及人和恩培多克勒放在一起，甚至把阿那克萨哥拉和犹太人放在一起，把毕达哥拉斯和中国人放在一起，那无疑会出现一个非常壮观的场面。这样一个个地摆放，说明不了多少问题。但只要人们不要我们承受下述结论，上述全部思

---

① 如果那时的……享乐之中]准备稿：如果那时的希腊人像当今有学问的庸人所想象的那样，真的是这种冷静的、无忧无虑的实践家和市侩，或者像没学问的空想家愿意相信的那样，仅仅生活在诱人的艺术享受之中。——编注

② 琐罗亚斯德（Zoroaster）：波斯预言家，拜火教的创始人。——译注

想则尚可忍受:希腊哲学只是舶来品,并不是在本土自然生长出来的;甚至作为异己之物,哲学与其说推动了希腊人的进步,不如说导致了希腊人的毁灭。没有比奢谈希腊人的本土文化更愚蠢的了。确切地说,他们吸收了其他民族的活生生的文化。唯有他们走得如此之远,原因在于他们懂得在其他民族止步的地方,继续前行。他们那富有成效的学习本领令人敬佩。所以,我们应当和他们一样,向我们的邻邦学习,而且,是为了生活,不是为了增长知识;我们应当以学到的一切东西为支撑,从而比邻邦跳得更高。追问哲学的开端完全是无关紧要的,因为无论何处,开始阶段都是粗糙的、未成形的、空洞的和丑陋的。任何事物都只有到较高阶段才会引起人们的注意。谁要是因为埃及哲学和波斯哲学可能更为"源始"并且无疑更为古老,就致力于对它们的研究,从而忽略希腊哲学,那么,他的做法就和下面这些人同样轻率:他们不能心安理得地面对那么美好深奥的希腊神话,直到他们把这些神话追溯到其物理细节,追溯到太阳、闪电、雷雨和云雾,仿佛这样才算追溯到了神话的开端;例如,他们错误地认为,与希腊人的多神教相比,他们在虔诚的印欧语系的人对于一个苍穹的顶礼膜拜中重新发现了一种更纯净的宗教。通往开端的路毫无例外会通向野蛮。谁要致力于对希腊人的研究,谁就应当始终坚持这样一点:在任何时代,过度的求知欲本身和对知识的敌视一样,都会导致野蛮;希腊人通过对生命的关切,通过一种理想的生命需求,遏制了他们原本贪婪的求知欲,因为他们要马上体验他们所学到的东西。希腊人还是作为文化人并且带着文化目标从事哲学的,所以,他们没有出于任何一种土著人的自负重新创造哲学和科学的各种元素,而是马上着手对这些接收的元素加以充实、加强、提高和提炼,从而在一种更高的意义上、在一个更纯的领域内成为了创造者。就是说,他们创造了"典型的哲学家头脑",整个后世再也没有创造出任何本质性的东西。

谈到由泰利斯、阿那克西曼德、赫拉克利特、巴门尼德、阿那克萨哥拉、恩培多克勒、德谟克利特和苏格拉底这样的古希腊大师组成的惊人理想化的哲学家群体,任何一个民族都会感到惭愧。所有这些人都是一个整体,是用一块石头雕成的。在他们的思想和他们的性格之间,存在着严格的必然性。他们没有任何惯例,因为那时还没有哲学家和学者身份。作为当时唯一以知识为生的个人,他们都生活在巨大的孤独之中。他们都具有先人的道德力,并且据此超过了所有后来者。他们用这种道德力去发现他们自己的形式,并通过变形使其日臻完善,达到至纯至大。因为没有任何模式可以帮助他们,从而减轻他们的困难。所以,他们共同构成了一个叔本华所说的与学者共和国相对的天才共和国:一个巨人穿越空寂的时间间隔,向另一个巨人呼唤,任凭在他们脚下爬行的侏儒发出恶作剧般的鼓噪,从容地继续着崇高的精神对话。

我所面临的任务,是就这种崇高的精神对话,讲一讲我们近代的重听症或许可以听到、可以理解的东西。毫无疑问,这样的东西微乎其微。依我看,从泰利斯到苏格拉底这些古代贤哲,在这种对话中谈到了在我们看来构成典型的希腊精神的一切,尽管是以最普通的方式加以谈论的。和他们的性格一样,他们的对话也显示了希腊天才的大致轮廓,而全部希腊历史就是这个轮廓的模糊的翻版,是其朦胧的因而是不清的摹本。如果我们对希腊民族的全部生活做出正确的解释,我们所看到的将始终是反复出现的同一幅肖像,这就是从其最高的天才身上发出的绚丽色彩。同样,希腊大地上最初的哲学体验,即对七贤的认可,是希腊人肖像上一个清晰可见、令人难忘的线条。其他民族有圣徒,希腊人则出贤哲。人们正确地指出,一个民族的性格,与其说表现在这个民族的伟人身上,不如说表现在这个民族认定和尊崇这些伟人的方式上。在其他的时代,哲学家是最敌对环境中的一个偶然的、孤独的漫游者,不是悄无声息地潜行,就是握紧拳头去挣扎。只有在希腊人那里,哲学家才不是偶然的。当他面对世俗化的巨大危险和诱惑,于公元前第六、第五世纪出现的时候,当他仿佛从特洛佛尼乌洞①②走向希腊殖民地的享乐、贪婪、奢华和肉欲的时候,我们可以猜想,他是作为一个高贵的警示者出现的,其目的与在那些世纪悲剧为之诞生的目的是一样的,奥尔弗斯教③的神秘仪式在其所用的奇形怪状的象形文字中加以表现的,也是同样的目的。一般说来,这些哲学家对生命和此在(Dasein)所做的判断,在内涵上要比一个现

---

① 特洛佛尼乌洞(Die Hoehle des Trophonius):位于波伊俄提亚(Boeotia)的勒巴狄亚(Lebadaea),因特洛佛尼乌而得名。在希腊神话中,特洛佛尼乌是著名的建筑师,德尔菲的阿波罗神庙即由他所建。相传他和自己的兄弟阿伽墨得斯(Agamedes)为波伊俄提亚国王建造了一个珍宝库房,二人在进入库房行窃时,阿伽墨得斯落入了国王设下的陷阱。为了不露马脚,特洛佛尼乌割下了兄弟的头颅,自己潜入地洞中,永久地消失了。人们认为特洛佛尼乌死后变成了神,有了预言的能力,他所在的地洞也因此成为可以发布神谕的场所。在《曙光》的前言中,尼采自比特洛佛尼乌,意指自己在道德偏见的地下所做的工作。——译注
② 参见《曙光》前言1。——编注
③ 奥尔弗斯教:公元前7—6世纪出现于古希腊的秘传宗教派别,信奉灵魂轮回,实行禁欲主义,对希腊哲学产生过重要影响。——译注

代判断丰富得多,因为他们所面对的是一个丰富完满的生命;因为和我们有所不同,在他们那里,思想家的情感还没有被下述冲突搞得无所适从:一方面是对生命的自由、美和伟大的渴望,一方面是对真理的追求,而这种真理仅仅追问:生命的价值到底何在?所以,关于哲学家在一个现实的、具有统一风格的文化中所要完成的任务,我们没有资格从我们的状况和体验中妄加猜测,因为我们没有这样的文化。相反,只有一种像希腊文化那样的文化,才能回答哲学家的任务是什么的问题,如我所说,只有这样的文化才能从总体上为哲学进行辩护,因为只有这样的文化才能知道并且证明:哲学家为什么以及如何不是一个偶然随意的、居无定所的漫游者。有一种铁一样的必然性,把哲学家与一种真正的文化联系在一起。但是,如果没有这样的文化,情形会如何呢?此时的哲学家就成了一颗难以捉摸、从而令人惊恐的彗星。如果运气好的话,他也会作为文化太阳系中的一颗主星而发光。所以,希腊人为哲学家做了辩护,因为只有在他们那里他才不是一颗彗星①。

二

在做了这番考察之后,如果我把柏拉图以前的哲学家作为一个密切相关的群体加以讨论,并且准备在这本著作中专就这些哲学家进行论述,应当很容易被人们所接受。柏拉图开启了某种全新的东西。或者,人们可以同样正确地说,与从泰利斯到苏格拉底

---

① 共同构成了……一颗彗星]参见第 1 卷注释,317,18;24[4]。——编注

的那个天才共和国相比,柏拉图以来的哲学家缺少了某种本质性
的东西。谁要是以忌妒之心表达他对那些古代大师的看法,他可
以把他们称为片面的人,而把以柏拉图为首的他们的追随者称为
多面的人。把后者理解为哲学的混合性格,而把前者理解为纯粹
类型,也许更加准确和公正。柏拉图本人是第一个卓越的混合性
格,无论是在他的哲学中,还是在他的个性中,这一点都得到了体
现。在他的理念论中,混合了苏格拉底、毕达哥拉斯和赫拉克利特
的元素,所以,它不是一个典型的、纯粹的现象。作为人,柏拉图也
混合了这几个人的特征:帝王式孤傲知足的赫拉克利特、抑郁而富
于同情心的立法者毕达哥拉斯和洞悉人类心灵的辩证法家苏格拉
底。所有后来的哲学家都是这样的混合性格。在他们表现出某种
片面性东西的时候,它也不是一个类型,而是一幅漫画,犬儒学派
就是一个例子。但更为重要的是,他们是宗派的创立者,而且,他
们所创立的所有宗派都与希腊文化及其迄今为止风格的统一性相
对立。他们以自己的方式寻求一种拯救,但只是为了个别人,或者
最多为了关系密切的朋友和门徒。古代哲学家们的活动则致力于
一种整体上的治疗和净化,虽然他们并没有意识到这一点。希腊
文化的强大进程不应受到阻挡,前进道路上的可怕危险必须加以
清除,哲学家保卫和守候着自己的家园。而柏拉图以后,哲学家则
处于流放状态,并且密谋反对自己的祖国。——关于那些古代哲
学大师,留给我们的材料少得可怜,所有完整性的东西都已遗失,
这真是一种不幸。由于这种遗失,我们本能地按照错误的尺度衡
量他们。柏拉图和亚里士多德从不缺乏评价者和记录者,这个纯
粹偶然的事实使我们厚此薄彼,即更看重这些后来者,反而忽略了

811 他们的前辈。有人认为,书自有其天命,一种书的命运(fatum libellorum)。但是,如果它认为最好把赫拉克利特、恩培多克勒的美妙诗篇以及德谟克利特——古代人把他与柏拉图相提并论,甚至认为他在天赋上比柏拉图胜出一筹——的著作从我们这里收回,作为替代,又把斯多噶派、伊壁鸠鲁主义者和西塞罗塞进我们手中,那么,这种命运一定是极为恶毒的。也许,我们失去了希腊思想及其文字表达的最精彩部分,这是一种天命。谁要是记得埃里金纳①和帕斯卡的不幸,谁要是想一想,甚至就在这个光明的世纪,叔本华《作为意志和表象的世界》第一版也不得不变成一堆废纸,谁就不会对这种天命感到惊讶了。如果有人想为这些事情假定一种奇异的宿命力量,他可以这样做,并且像歌德那样说:"任何人都不要对卑鄙下流之事进行抱怨,因为人们向你诉说的,也正是它的威力。"②奇怪的是,它的力量竟超过了真理的力量。人类难得写出一本好书,其中以大胆的自由唱响真理的战歌,唱响哲学的英雄主义之歌。然而,这本书是流芳百世,还是腐烂发霉、变为泥土,其命运取决于各种微小的偶然事件,取决于一时的头脑发昏,取决于迷信的痉挛和反感,甚至取决于懒于动笔的手指,以及蛀虫和雨天。然而,与其悲叹,不如听一听哈曼③的下述搪塞、安慰之

---

① 埃里金纳(John Scotus Erigena,815—877):中世纪爱尔兰基督教神学家和哲学家,主要著作有《论神的预定》和《自然的区分》等。——译注

② 任何人……它的威力]歌德:《西东诗集》,"烦闷集":"漫游者的安定"。——编注

③ 约翰·格奥尔格·哈曼(Johann Georg Hamann,1730—1788):德国哲学家、思想家,出生于哥尼斯堡,是康德的好友,有"北方术士"之称,也是狂飙运动的先驱。——译注

语,他是向因著作遗失而悲叹的学者说出这番话的,"对于一个用扁豆穿针眼的艺术家来说,为了练习所要达到的熟练性,一堆扁豆还不够吗?对于在古代著作的使用方面不比那个使用扁豆的艺术家强多少的学者们,人们可以提出同样的问题。"①就我们的情况而言,还应补充说,我们并不需要比已经留传下来的文字、轶事和年代更多的东西;甚至我们只需要少得多的材料,就能确定这样一种一般理论:希腊人为哲学做了辩护。——当哲学由真理的天才本身在大街上和市场上宣告出来的时候,一个饱受所谓义务教育之苦却没有文化并且在其生活中没有风格统一性的时代,将不会懂得如何正确地处理哲学。在这样一个时代,哲学毋宁说始终是孤独的散步者博学的独白,是个别人的偶然战利品,是不许别人入内的密室,或者是学术老人与孩童之间无害的闲聊。似乎没有人敢于亲身实践哲学的准则,没有人用那纯粹男人式的忠诚过一种哲学式的生活,而一旦一个古人向斯多噶派宣誓效忠,这种忠诚就会强迫他像斯多噶派分子那样去行动,无论他在什么地方,无论他想干什么。全部现代哲学研究都是政治性的、警察式的,被政府、教会、学院、习俗、时尚和人的胆怯限制在学术的外表,停留于对"但愿"的叹息,或者对"曾经"的认识。这样的哲学没有任何正当性,所以,只要具有起码的勇气和责任感,现代人就应当丢弃它,用类似于柏拉图②的言语放逐它:柏拉图用这样的言语把悲剧诗人

---

① 对于一个……同样的问题]哈曼的这段话出处不详。——编注
② 柏拉图]《理想国》,第 10 卷,605 b—c。——编注

从他的理想国中驱逐出去①。当然,哲学会奋起反驳,就像那些悲剧诗人奋起反驳柏拉图一样。如果什么时候人们强迫其说话,它也许会说:"可怜的民族!如果我必须像一个四处游荡的女巫那样,经过乔装打扮藏匿在你那里,仿佛我是一个女囚,而你们却是我的法官,这是我的错吗?看一看我的姊妹即艺术吧!她的状况和我类似,我们都被错误地推到了野蛮人中间,不再知道如何得救。不错,我们缺乏充分的合理性。但是,主持正义的法官也会对你们进行审判,并且会对你们说:必须先有一种文化,然后,你们才能懂得哲学想要做什么,它能够做什么。"——

三

希腊哲学仿佛始于一个愚蠢的想法,即始于这样一个命题:水是一切事物的本原和诞生地。真有必要冷静而严肃地对待这个命题吗?是的,理由有三:第一,因为这个命题表达了关于事物本原的一些看法;第二,因为在做这种表达时,这个命题没有使用图像和寓言;第三,因为这个命题包含了"一切是一"的思想,尽管只是以萌芽的形式。上述第一个理由使得泰利斯仍然混迹于信徒和迷信的人中间;而第二个理由则使他脱离了这伙人,向我们表明他是一个自然科学家;由于第三个理由泰利斯被认为是第一个希腊哲学家。——如果他说的是:大地由水变化而来,那么,我们得到的

---

① 在这样一个……驱逐出去]参见《不合时宜的考察》,5,282,1—28。——编注

只是一个科学假说,一个尽管错误却难以反驳的科学假说。但他超越了科学的层次。在通过水的假说表达这种统一性表象的过程中,泰利斯①并没有克服当时物理认识水平较低的状况,而至多是跳过了这种状况。泰利斯对于水——更确切地说是潮湿——的产生和变化所做的有限而杂乱的经验观察,很难得出这种非凡的概括,甚至很难产生进行这种概括的冲动。促成这种概括的,是一种源于神秘直观的形而上学信念。在所有哲学家身上,在他们为更好地表达这种信念所做的不懈努力中,我们都能看到这样的信念:这就是"一切是一"②的命题。

值得注意的是,这样一种信念是多么强有力地对待全部经验的:就在泰利斯身上,人们可以看到,当其试图为着自己的诱人目标跨越经验的樊篱时,一切时代的哲学是如何做的。它要先行跳过那些并不牢固的支撑,希望和想象加快了它的步伐。计算性理智则气喘吁吁,笨拙地跟在后面,寻求更好的支撑,以便自己也能达到那更为机灵的伙伴已经达到的诱人目标。人们相信看到了两

---

① 希腊哲学仿佛……泰利斯]付印稿:鲍姆加特纳的副本(DmB):尽管这个想法明显是幼稚的,为什么还有必要如此认真地对待它?——之所以如此,是因为它包含了一个形而上命题,尽管只是以萌芽的形式。如果这个想法是以一个素朴的物理学假说的形式出现的,那么,我们对表达本身和要求得到更精确表达的命题做出区分无疑是合理的。由于他的创造,泰利斯被认为是第一个哲学家——即第一个做出下述尝试的人:用一个在同心圆中旋转并逐渐收缩为点的统一性表象来简化和解释现存世界。——编注

② 一"]在准备稿中接着是这样一段话:比那个水的想法更能显示哲学沉思的诸多其他命题,都在这一命题中得到了表达:实际上,水的想法是以假说的形式对一种形而上假定所做的自然科学表达。泰利斯含蓄地说,只有一种真理,一种真实的质,这就是水或者——他显然指的是——潮湿。——编注

个漫游者站在一块荒凉的石头上,四周是一片奔腾向前的溪流。一个人利用石头敏捷地纵身跃过溪流,纵然他身后的石头也陡然陷落。另一个人则一直不知所措地站在那里,他必须首先为自己建造地基,以便承受他那谨慎而沉重的脚步。在这样的地基未能建造的时候,任何神灵不能帮他跃过急流。那么,什么东西使得哲学思想这样快地达到自己的目标?它与计算的和权衡的思想之间的差别,也许仅仅在于它能更快地跨越较大的空间?不!因为使其实现跨越的是一种陌生的、非逻辑的力量即想象。借助于想象,它欢快地在暂时被视为安全地带的可能性之间进行跨越。有时,它自己在飞跃的过程中也会抓住这些安全地带。一种天才的预感会向它指明这些安全地带的所在,它老远就能猜到这些可证实的安全地带的确切位置。在对相似性的瞬间捕捉和把握方面,想象的力量尤其强大。此后,反思拿来它的尺子和模型,试图用一致性取代相似性,用因果性取代同时景观。但是,甚至在这些程序根本不可能的时候,甚至在泰利斯那里,不可证明的哲学思考仍然具有一种价值。当逻辑和经验的僵硬要达到"一切是水"的命题时,即使所有的支撑都已断裂,即使科学的大厦已经坍塌,总还会有一种剩余物,而一种推动性力量以及未来繁荣的希望就存在于这种剩余物中。

我的意思当然不是说,在一种有限的和弱化的意义上,或者作为一种譬喻,泰利斯的思想可能依然保持为一种"真理"。譬如,人们设想一位站在瀑布面前的造型艺术家,他在迎面喷涌而来的形状中,看到的是水的艺术造型游戏,其中有人和动物的身体、面具、植物、岩石、仙女、怪兽,总之,有所有现存的类型,所以,对他来说,

"一切是水"的命题似乎得到了证实。毋宁说,泰利斯思想的价值恰恰在于它无论如何不是神话的和譬喻性的,在认识到这种思想不可证实之后,同样如此。泰利斯明显不同于当时的其他希腊人,后者只相信人和神的实在,把整个自然视为神-人的外壳、面具和变形,因而是一切实在论者的对立面。对他们来说,人是事物的真理和核心,其他的一切只是幻象和骗人的游戏。正因如此,把概念作为概念来理解,会使他们感到不可思议的困难。与把最人格化的东西也升华为抽象概念的革新者相反,他们总是把最抽象的东西重新归于一种人格。但泰利斯却说:"事物的实在不是人,而是水。"至少就其相信水而言,他已经开始相信自然了。作为数学家和天文学家,他反感一切神话的和譬喻性的东西。尽管还没有明确地达到"一切是一"这样的纯粹抽象,从而还停留于物理表述的层面,但在当时的希腊人中,他已经是一个令人惊愕的例外了。或许最出色的奥尔弗斯教徒具有把握抽象概念、不借助于形象进行思考的能力,而且其程度还要在泰利斯之上。但是,他们只能以譬喻的方式表达那些抽象概念。锡罗斯的费雷居德①在年代和若干物理观念上与泰利斯相近,但他却用结合了神话和譬喻的一种中间方式表达那些抽象概念,比如,他大胆地把大地比作一棵展开翅膀悬在空中的带翼的橡树,宙斯在制服了克洛诺斯②之后,为这棵橡树披上了一件尊贵的锦袍,并亲手在上面绣上了土地、水和河

---

① 锡罗斯的费雷居德(Pherekydes aus Syros,584—530):古希腊神话作者、哲学家,哲学宇宙演化论的先驱。——译注
② 克洛诺斯(Kronos):泰坦神之一,他推翻了天父乌拉诺斯(Ouranos),后来又被自己的儿子宙斯(Zeus)所推翻。——译注

流。与这种几乎不能加以证实的、朦胧的譬喻性哲学思考不同,泰利斯是一个创造性大师,他开始不借助虚构的寓言直视自然的深处。如果说在此过程中他曾经利用科学以及可以证明的东西,但他很快就实现了跳越,这也是哲学头脑的一个典型特征。从词源上说,表示"贤哲"的那个希腊词,可以追溯到 sapio(我品尝)、sapiens(尝味道的人)和 sisyphos(味觉最为敏锐的人)[①]。所以,按照这个民族的信念,一种敏锐的觉察力和识别力,一种非凡的辨别力,构成了哲学家的特有艺术。如果人们把能在其个人事务上获利的人称为聪明人,那么,哲人并不聪明。亚里士多德[②]正确地指出,"人们会把泰利斯和阿那克萨哥拉所了解的东西称为不寻常的、令人惊异的、微秒的、神圣的,然而却是无用的,因为他们并不关心人类的利益。"哲学通过选出和析出不寻常的、令人惊异的、微妙的和神圣的东西,而与科学划清了界线,正如它通过强调无用性而和聪明划清了界线一样。科学没有这种筛选,没有这种敏锐的味觉,在不惜一切代价认识一切事物的盲目欲望的驱使下,投入到一切可以认识的东西之中。与此相反,哲学思想则总是致力于那些最值得认识的事物,致力于伟大和最重要的知识。由于无论在道德领域还是在审美领域,"伟大"的概念都是不断变化的,所以,哲学就从为"伟大"立法开始,就是说,哲学与一种命名活动紧密相连。"这是伟大的",哲学如是说,从而使人类超越了其难以驾驭的盲目的求知欲。它通过伟大这个概念抑制了这种欲望,特别是它

[①] 从词源上说……最为敏锐的人]参见《人性的,太人性的——一本献给自由精神的书》,附录:杂见与格言,170。——编注

[②] 亚里士多德]《尼各马可伦理学》,1141 b 3—8。——编注

认为对于事物本质和核心的最伟大知识是可以达到的,并且已经达到。当泰利斯说"一切是水"的时候,人类就走出了个别科学蠕虫式的盲目触摸和爬来爬去,预感到了事物的最终答案,并通过这种预感克服了低级认识水平的一般限制。哲学家试图让世界的总调在自己身上回响,然后,再通过概念把这个总调呈现出来。当他像造型艺术家那样沉思、像宗教家那样怜悯、像科学家那样窥探目的和因果性时,当他感觉自己膨胀为宏观宇宙时,他仍然保持谨慎,冷静地把自己视为世界的镜子。这是戏剧艺术家所具有的那种谨慎,他把自己化入别人的身体,从别人的身体中说话,又知道把这种变化向外投射,投射到他所写的诗行中。哲学家与辩证思维的关系,相当于这里所说的诗人与诗的关系。为了记录和保持他的着魔状态,哲学家采取了辩证思维。对于剧作家来说,语词和诗行只是用一种陌生的语言结结巴巴地说出了他所体验和看到[①]的东西。同样,用辩证法和科学反思来表达任何一种深刻的哲学直观,尽管这是传达哲学洞见的唯一手段,但却是一个极为贫乏的手段,甚至从根本上说,是向一个不同领域和不同语言的譬喻式的、完全不准确的翻译。因此,泰利斯看到的是存在者的统一性,当他要传达这种统一性时,他却说起了水!

四

通过泰利斯的肖像,哲学家的一般类型还只是从浓雾中开始

[①] 看到]看到的东西,以及他只有通过表情和音乐才能直接说出的东西。尼采的付印稿。在鲍姆加特纳的副本中,"以及……的东西"可能被尼采划掉了。——编注

显现,而对其伟大的后继者的肖像,我们则要清楚得多。作为古代第一个哲学作家,来自米利都的阿那克西曼德是这样写作的,而且,只要其身上的淳朴和天真还没有被令人诧异的要求夺走,任何一个典型的哲学家都会这样写作:以恢宏的碑文字体,句句见证着一种新的体悟,表达出对于崇高沉思的留恋。思想及其形式是通往那最高智慧之路上的里程碑。阿那克西曼德曾经这样简洁而透彻地说道:"按照必然性,事物从何处产生,就必然在何处毁灭。因为它们必须依时间的秩序支付罚金,为其不义接受审判。"这是一个真正悲观主义者谜一般的箴言,是雕刻在希腊哲学界碑上的神谕般的碑文。对此,我们应如何解读呢?

我们知道,我们这个时代仅有的一位严肃的道学先生①在其《哲学小品集》第 2 卷第 327 页提出过一个类似的看法:"评价任何一个人的正确尺度是:他本来就是一个根本不应实存的本质(Wesen),毋宁说,他通过各种各样的苦难以至于死亡为他的此在做出补偿。对于这样一个存在物,人们能够期待什么呢?我们不都是被判了死刑的罪人吗?我们先是通过生命、继而通过死亡为我们的出生做出补偿。"(P.Ⅱ.22.②)谁要是从我们人类一般命运的面貌中读出了这一学说,认识到每一个人生的不幸的基本状况,即没有一个人生经得住近距离的仔细观察,——虽然我们这个已经习惯于传记流行病的时代似乎并不这样看,而是庄严地思考人的尊严——,谁要是像叔本华那样在"印度高空"上听到过此在道

---

① 指叔本华。——译注
② 22]似乎是《哲学小品集》第 2 卷,第 12 章,第 325(不是 327)页注释。——编注

德价值的圣言,谁就会不可避免地制造一种至高的人格化的隐喻,从人生的有限性中得出那种忧郁的学说,并经过改头换面把这一学说应用于此在的一般特征。阿那克西曼德把一切生成视为从永恒存在的一种违法的解放,视为一种必须用毁灭加以补偿的不义,这也许是不合逻辑的,但无论如何是合乎人性的,也合乎前面所说的哲学跳越的风格。已经存在的一切,都会复归于毁灭,无论我们想到的是人,还是水、热、冷。无论何处,只要在特定属性被知觉的地方,我们都可以根据一种特殊的经验证明预言这些属性的毁灭。所以,一种具有特定属性并且由这些属性所构成的本质,决不可能是事物的本源和准则。阿那克西曼德得出结论说,真正的存在者不可能具有任何特定属性,否则,它就必然像所有其他事物一样产生和毁灭。为了使生成免于停顿,本原性存在(Urwesen)必须是不确定的。本原性存在的不朽性和永恒性,不像阿那克西曼德的注释者通常所假定的那样,在于一种无限性和不可穷尽性,而在于它缺乏那些可以导致毁灭的特定的质。正因如此,它也被称为"不定"。被如此命名的本原性存在超越了生成,从而担保了永恒性和自由的生成进程。但是,人们只能以否定的方式指称"不定"所体现的这种最终统一性,即一切事物的母腹,从现存的生成世界不可能为其找到任何称号。所以,可以认为它与康德的"物自身"具有同样的地位。

  这到底是一种什么样的始基(Urstoff)?是气和水之间的一种中间物,还是气和火之间的中间物?谁要是就这样的问题与他人进行争论,谁就根本没有理解我们这位哲学家。同样的话也适用于这样一些人,他们一本正经地追问:阿那克西曼德是不是认为他的始基是所有现存质料的混合。与此相反，我们必须把目光投向最初引用过的那个短句，在那里我们可以得知，阿那克西曼德已经不再以纯物理的方式处理这个世界的来源问题了。当他在多种多样的现存事物中看到大量的不义时，他就——作为这样做的第一个希腊人——大胆地抓住了最为深刻的伦理问题的谜团。某种有权利存在的东西怎么能毁灭！无休止的生成和产生从何而来？大自然脸上那痛苦扭曲的神情从何而来？一切此在领域中永无终止的挽歌从何而来？阿那克西曼德从这个不义的世界，从这个狂妄地脱离了事物源始统一性的世界，逃避到一座形而上学城堡之中，从那里他举目环视，以便在反思性沉默之后，最终向所有存在提出这样的问题：你们的此在价值何在？如果它毫无价值，你们为何存在？我注意到，由于你们的过错，你们才滞留于这种实存（Existenz）之中。你们将不得不通过死亡为实存做出补偿。看啊，你们的大地已经干枯，海洋已经缩减和干涸，山上的海贝向你们表明：大海干涸的范围有多广。现在，火毁灭了你们的世界，它最终将化作蒸汽和烟雾。但这样一个短暂的世界又总是会重新建立起来。谁能使你们摆脱生成的灾难呢？

　　提出这些问题的人，其高高升起的思想不断地撕破经验的绳索，以便迅速升至九霄。这样一个人不可能欣然接受任何一种人生。我们愿意相信这样的传说：他身着特别令人敬畏的服装走来，言谈举止和生活习惯透出一种真正悲剧式的傲慢；他的生活践行着自己的学说，谈吐和着装一样庄严肃穆，举手投足间显示出此在即是一场悲剧，是他生来作为英雄注定要参与的一场悲剧。无论如何，他是恩培多克勒的伟大楷模。他的同胞挑选他去统治一个海外殖民地,——他们也许会感到庆幸,因为这样做一方面可以表示对他的敬意,一方面又可以摆脱他。他的思想也迁移过去,建立了殖民地。在爱菲斯和爱利亚,人们无法摆脱他的思想。而当人们对是否停留在这种思想所处的位置犹豫不决时,他们发现,他们已经被它引到这样一个地方,即他们现在打算在没有它的情况下继续前行。

泰利斯表明了这样一种需要:对多样性的领域进行简化,将其归结为一种唯一现存的质即水的纯粹展开或变形。阿那克西曼德比泰利斯进了两步。他曾经这样自问:"如果真的存在一种永恒的统一性,那么,多样性是如何可能的?"并且从这种多样性之充满矛盾的、自我耗尽、自我否定的特性中提取答案。对他来说,多样性的实存变成了一种道德现象。这种多样性是不正当的,因而不断通过毁灭做出补偿。但他继而又想到了这样一个问题:"因为已经过去了永恒的时间,为什么已生成之物没有消失殆尽?这常新的生成之流从何而来?"他只知道用一些神秘的可能性回避这个问题:永恒生成的根源只能在于永恒存在之中,从存在向一种不义的生成下降的条件始终是一样的,于是,事物就呈现出这样一种状况,即个别存在物从"不定"的母腹中不断涌现,无穷无尽。阿那克西曼德停在了这里,就是说,他停在了深深的阴影之中。这阴影像巨大的幽灵笼罩在这种世界观上面。特定的事物如何能够通过下降从"不定"中产生,暂时的东西如何能够通过下降从永恒中产生,不义如何能够通过下降从正义中产生,人们越是想接近这个问题,阴影也就越大。

五

来自爱菲斯的赫拉克利特走进了笼罩着阿那克西曼德生成问题的神秘阴影之中,并且用一个神圣的霹雳照亮了它。他喊道:"我端详着生成,还没有人这样认真地注视过事物的这个永恒的浪击和节律。我看到了什么呢?规律性,可靠的准确性,始终如一的正确轨道,指向一切违法行为的厄里倪厄斯①,统治着整个世界的公正性,以及恶魔般无处不在的附属于这种公正性的自然力。我看到的不是对生成之物的惩罚,而是为生成所做的辩护。什么时候恶行和堕落会出现在牢不可破的形式和神圣可敬的法则中?哪里受不义的统治,哪里就有独裁、无序、紊乱和矛盾。而在法则,在宙斯的女儿狄克②单独统治的地方,就像这个世界这样,怎么会是过错、处罚和判决的领域,仿佛是所有该诅咒的东西的法场一般?"

从这种直观之中,赫拉克利特提出了两个相互关联的否定。只有同他的前辈的原则进行对比,我们才能看清楚这两个否定。他首先否定了阿那克西曼德对于丰富多彩的世界所做的二重划分,不再区分一个物理世界与一个形而上世界,一个确定性的领域与一个难以解释的不确定性领域。在走出这一步之后,他一发不

---

① 厄里倪厄斯(Erinnyen):希腊神话中复仇三女神的统称,三位复仇女神分别是不安女神阿勒克图(Alecto)、嫉妒女神麦格拉(Megaera)和报仇女神提西福涅(Tisiphone)。——译注

② 狄克(Dike):正义女神,时序或季节三女神之一,另外两位分别是和平女神伊瑞涅(Eirénè)和秩序女神欧诺弥亚(Eunomia)。——译注

可收拾,进而做出了更为大胆的否定:他从根本上否定了存在。因为他所剩下的这个世界,在永恒的不成文法则的庇护下,以有力的节拍上下涌动,在任何地方都没有显示出持存、不可毁灭性和急流中的防波堤。赫拉克利特比阿那克西曼德更为响亮地喊道:"除了生成之外,我什么也没看见。你们不要让自己受骗!如果你们认为在生成和消逝的海洋上看到了固定的陆地,这与你们短浅的目光有关,而与事物的本质无关。你们使用事物的名称,仿佛它们有一种僵硬的持留似的。但是,甚至你们第二次踏入的已经不是你们第一次踏入的那条水流了。①"

作为他的帝王财富,赫拉克利特具有至高的直观表象的能力。对于通过概念和逻辑推理进行的其他表象,对于理性,他显得冷酷、麻木,甚至于敌对,而当他能够用凭直观获得的真理反对上述表象时,他似乎感到了一种快意。在诸如"一切事物始终在自身中包含对立面"②这样的命题中,他就是这样做的,而且做得如此果断,以至于亚里士多德把理性法庭上最重的罪名加到了他的头上,即说他违反了矛盾律。③ 但直观表象包括下述两个方面:首先是在一切经验中向我们迎面而来的丰富多彩的、不断变化着的当前世界,其次是使关于这个世界的任何经验成为可能的条件,即时间和空间。因为虽然时间和空间没有确定的内容,但它们可以不依

---

① 但是……水流了]赫拉克利特残篇第91,12,49a.,见第尔斯-克兰茨编:《前苏格拉底哲学家残篇》。——编注

② 一切……对立面]赫拉克利特残篇第8,10,51,88,126,见第尔斯-克兰茨编:《前苏格拉底哲学家残篇》。——编注

③ 亚里士多德……矛盾律]《论题篇》,159b 31;《物理学》185b 20;《形而上学》,1005b 25,1010a 13,1012a 24,1062a 32,1063b 24。——编注

赖任何一种经验、纯粹自在地在直观中被知觉到，被看到。当赫拉克利特摆脱一切经验，以这种方式考察时间时，他就获得了关于时间的最富启发意义的花押字（Monogramm），其全部要素均属于直观表象的领域。和他一样，叔本华也是以同样的方式认识时间的。例如，他一再宣称：在时间中，只有当一个瞬间吞噬了前一个瞬间即它的前辈，从而自己也同样迅速地再一次被吞噬时，这个瞬间才会存在；过去和将来空如一场梦，而现在则只是二者之间膨胀的、不持续的边界；和时间一样，空间及其在时空中同时存在的一切都只具有一种相对的此在，只是通过和为了另一个和它同类的东西，即另一个同样的存在物而存在。这是一个具有最直接的确定性而且人人可以通达的真理，正因如此，也是通过概念和理性难以达到的。但是，谁要是看到了这一真理，他也就必然马上得出赫拉克利特的结论，宣称现实性的全部本质只是活动，对于它来说，没有其他方式的存在。叔本华表达了同样的看法（《作为意志和表象的世界》，第一卷，第10页）："（物质）只是作为作用填充空间，填充时间。它对直接客体的作用是直观的先决条件，而在此直观中，唯有这一作用存在。每一个其他的物质客体作用于另一个物质客体的结果，只有当后者以不同的方式作用于直接客体时，才能被认识，这种结果只存在于这种作用中。因此，物质的全部本质就是原因与结果。它的存在就是它的作用。可见，在德语中，把一切物质的总括称为现实性（Wirklichkeit）是再恰当不过的，这个词远比实在（Realität）有特色。现实性作用的对象，还是物质。其全部存在和本质只在于合乎规律的变化——变化就是在物质的一个部分中产生另一个部分——之中，因而完全是相对的，它所依据的是一种只在其界线之内有效的关系,如同时间,如同空间。"

　　永恒的唯一的生成,只是不断作用和生成却并不存在的一切现实事物的完全变动不居,赫拉克利特所教导的这个学说是一种可怕的令人昏眩的表象,其影响近似于一个人在地震时的感觉,即丧失了对于牢固的大地的信任。把这种效果转化为它的对立面,转化为崇高和愉悦的惊异,这需要一种惊人的力量。赫拉克利特通过观察真实的生成和消逝过程做到了这一点,他在两极对立概念的形式中把握这个过程,即一种力量分化为两个不同质的、对立的、寻求重新统一的活动。一种质不断地与自身相分裂,分解为它的两个对立面,这两个对立面又不断地相互追求。虽然大众以为认识了某种固定的、完成的和不变的东西,实际上在每一个瞬间,明与暗、苦与甜都像两个角斗者一样彼此交织在一起,其中,时而这一个、时而那一个占有优势。按照赫拉克利特①,蜂蜜同时既是苦的,又是甜的,世界本身是一个必须不断加以搅拌的混合罐。一切生成均产生于对立面的斗争。确定的、我们觉得持续的质,只是意味着斗争的一方暂时占了上风,但斗争并没有就此停止,较量会永远继续下去。一切都依照这种斗争而产生,正是这种斗争显示着永恒正义②。这是一种奇异的、从至纯的希腊泉水产生出来的表象,它把斗争看作一个统一的、严格的、遵循永恒法则的正义的永久统治。只有一个希腊人才会把这种表象当作一种宇宙观的基

---

①　赫拉克利特]残篇第125,见第尔斯-克兰茨编:《前苏格拉底哲学家残篇》。——编注

②　一切……永恒正义]赫拉克利特残篇第80、53,见第尔斯-克兰茨编:《前苏格拉底哲学家残篇》。参见第欧根尼·拉尔修:《名哲言行录》,IX 8。——编注

础。它把赫西俄德笔下善良的厄里斯①转化为世界原则,把希腊个人和希腊国家所拥有的从竞技场和体育场、艺术比赛以及政治派别和城邦间的较量中得来的竞赛思想,转化为一种最普遍的思想,以至于现在宇宙的齿轮都在这种斗争中旋转。每一个希腊人都充满自信地投入斗争,仿佛唯有他是正确的,在每一个瞬间,一个无限确定的判决尺度决定着哪一方获胜。同样,各种质之间也按照不可违反的、为斗争所固有的法则和尺度彼此斗争。虽然人和动物的狭隘大脑相信事物的确定性和持久性,但事物自身绝无真正的实存,它们是对立性质的斗争中两剑相遇所发出的闪光和火花,是胜利的光辉。

叔本华也对一切生成所固有的斗争,对胜利的永恒交替做了如下描述(《作为意志和表象的世界》第一卷,第175页):"恒存的物质必然不断地更换形式,途径是:在因果性的引导下,机械的、物理的、化学的和有机的现象贪婪地竞相出现,彼此争夺着物质,因为每一种现象都想表现自己的理念。这种斗争遍布整个自然,甚至可以说,自然只有通过这种斗争才能存在。"接下来几页对这种斗争做了最为奇妙的说明,只不过叙述的基调始终不同于赫拉克利特,因为在叔本华看来,斗争表明了生命意志的自我分裂,是这种黑暗、抑郁的冲动的自耗,完全是一种可怕的、毫无喜悦可言的现象。这种斗争的战场和对象是物质:各种自然力试图彼此争夺物质,就像空间和时间一样,物质正是时间和空间借助因果性所实现的统一。

---

① 厄里斯(Eris):不和女神,宙斯和赫拉的女儿。——译注

六

当赫拉克利特的想象力用喜悦的旁观者的眼光注视变动不居的宇宙即"现实性",看到在快乐的竞赛中无数对选手在严格的裁判的监督下搏斗时,一种更高的想法油然而生。他再也无法把正在搏斗的一对选手和裁判区分开:裁判自己好像在比赛,竞赛者好像也在进行裁判。不错,因为从根本上说他所知觉到的只是永远居支配地位的正义,所以,他敢于宣布:多样性的斗争本身就是纯粹的正义!而且,从总体上说,一就是多。因为所有那些质在本质上是什么?它们是不朽的神吗?它们是彼此分离的、始终自行活动的本质吗?如果我们所见的世界只知道生成和消逝,而根本不知道持留,也许那些质本应构成一个别样的形而上世界,虽然不是阿那克西曼德在多样性的漂浮面纱下所寻求的那个统一的世界,而是一个永恒的、本质上多元的世界?也许在兜了一个圈子之后,赫拉克利特又一次陷入了他曾强烈地加以否认的二重世界秩序,一个是由无数不朽的神灵和魔鬼——即多种实在——组成的奥林匹斯世界,一个是只能看到奥林匹斯竞赛的硝烟和刀光剑影——即单纯生成——的人类世界?阿那克西曼德恰恰就是从确定的质逃避到形而上学"不定"的母腹之中的。因为这些确定的质不断生成和消逝,他否认它们拥有任何真正的、本质性的此在。但这岂不是说,生成只不过是使永恒的质之间的斗争变得可见而已?也许在事物的本质中根本就没有生成,只有许多真正不生不灭的实在的同时并存。这岂不是说,我们之所以谈论生成,完全是由于人类知识本来就十分脆弱的缘故？

　　这是非赫拉克利特式的道路，也是错误的道路。他又一次呼喊："一即是多。"多种多样可知觉的质，既不像后来的阿那克萨哥拉所认为的那样是永恒的存在，也不像后来的巴门尼德所认为的那样是我们感官的幻觉，它们既不是凝固自主的存在，也不是人的头脑中稍纵即逝的假象。任何人都不能借助辩证的鉴别力或者通过计算猜到只预留给赫拉克利特的那第三种可能性，因为他在此所发明的，即使在神秘的奇迹和出人意料的宇宙隐喻范围内，也实属罕见。——世界是宙斯的游戏，或者用更为物理化的语言说，是火的自我游戏。只有在这个意义上，一才同时是多。——

　　为了首先解释采用火作为一种构成世界的力量，我要提醒人们注意阿那克西曼德以什么方式深化了用水作为事物本原的理论。尽管基本上相信泰利斯，并且强化和扩大了泰利斯的观察，但阿那克西曼德不能确信：在水之前和水之后，没有其他质的阶段。相反，在他看来，湿本身是由热和冷构成的，因此，热和冷应当是水的初期阶段，是更为源始的质。随着它们从"不定"的源始存在中分离出来，便开始了生成。作为物理学家，赫拉克利特秉承了阿那克西曼德的思想，但他对后者的热做出了重新解释，把它看作嘘气、热的呼吸和干燥的蒸气，简言之，看作火热的东西。① 现在，他就这个火所做的陈述，和泰利斯与阿那克西曼德就水所做的陈述是一样的：火通过无数次变化，首先是通过热、湿和硬这三种基本

---

　　①　作为……火热的东西］赫拉克利特残篇第 90,66,64,118，见第尔斯-克兰茨编：《前苏格拉底哲学家残篇》；参见亚里士多德：《论灵魂》，405a 24。——编注

状态,走完生成之路。因为水一部分下降变成土,一部分上升变为火。或者像赫拉克利特仿佛更准确地表述的那样,从海上只升起纯净的蒸气,用以滋养天上的星辰之火;从地上只升起浑浊而模糊的蒸气,用以滋养潮湿。纯净的蒸气是从海到火的通道,而不纯净的蒸气则是从土到水的通道。火的两条变化之路就是这样不断运行的:上升和下降、前进和后退以及二者的同时并存。从火到水,从水到土,从土又回到水,从水再到火。① 如果说在若干最为重要的观念上——比如,火通过蒸气得以保持,又比如,从水中分离出来的,部分是土,部分是火——赫拉克利特是阿那克西曼德的追随者,那么,在下述看法上,他却是独立的,并且与阿那克西曼德相冲突:阿那克西曼德把冷与热相并列,以便让湿从此二者中产生出来,而赫拉克利特却把冷排斥在物理过程之外。当然,对赫拉克利特来说,这样做是必然的,因为如果一切都应当是火,那么,在火的一切可能的变化中,就不可能有它的绝对对立面。所以,他必将把人们称为冷的东西解释为热的等级,并且能够毫不费力地证明这一解释。但是,与对阿那克西曼德学说的背离相比,下述一致性要重要得多:和阿那克西曼德一样,他相信一种周期性循环的世界毁灭,相信另一个世界会不断地从焚毁一切的世界大火中重新产生。那个把世界推向世界大火、把世界分解为纯火的周期,被他以触目惊心的方式刻画为一种渴望和需要,而世界在火中的完全焚毁,则

---

① 他就这个……再到火]参见第欧根尼·拉尔修:《名哲言行录》,IX 9—10;赫拉克利特残篇第30,31,12,见第尔斯-克兰茨编:《前苏格拉底哲学家残篇》。——编注

被他视为一种满足。① 我们还有一个问题,即对于那重新产生的创世冲动、对于那熄灭自身从而恢复多样性形式的冲动,他是如何理解和命名的。下述希腊格言似乎有助于我们思考这个问题:"自满生罪恶(亵渎)"。事实上,人们有时也许会这样想:赫拉克利特会不会是从亵渎中推论出向多样性的回归的。人们应当严肃地对待这个想法:在它的映照下,赫拉克利特的表情在我们眼前发生了变化,他那骄傲的眼光变得黯淡无神,布满皱纹的脸上显露出痛苦的克制和无助,仿佛现在我们懂得了为什么稍后的古代世界把他称为"哭泣的哲学家"了。现在,整个世界进程岂不成了一种亵渎行为?多样性岂不成了亵渎的结果?从纯到不纯的转化岂不成了不义的后果?现在,罪责岂不是被置于事物的核心,因而,虽然生成和个体的世界被免除了对这种罪责的责任,但同时又总是被重新判决要承担它的后果?

七

事实上,亵渎这个危险的字眼是每个赫拉克利特主义者的试金石。在此,他可以表明,他是理解了还是误解了他的导师。在这个世界上,有罪责、不义、矛盾和痛苦吗?

赫拉克利特喊道,有!但只适用于孤立地而非整体地看问题的目光短浅的人,而不适用于洞察一切的神。对于神来说,一切对

---

① 那个把……一种满足]赫拉克利特残篇第65,见第尔斯-克兰茨编:《前苏格拉底哲学家残篇》。——编注

立的事物均汇合于一种和谐,虽然肉眼凡胎看不到这一点,①但赫拉克利特这样的人却是看得见的,因为他近似于沉思冥想的神。在他的火眼金睛面前,他的周围世界不存在一丁点儿不义。甚至像纯火如何可以进入如此不纯的形式这样的基本障碍,也被他通过一种崇高的比喻克服了。一种生成与消逝,一种建设与破坏,没有道德责任,始终如一的清白,只有在这样的世界中才有艺术家和孩童的游戏。因此,就像孩童与艺术家在做游戏一样,永恒的活火也在做着游戏,时而建设,时而破坏,纯洁无邪,——无限的时间以这种游戏自娱自乐。② 它变着花样在水中、在土中堆积起来,就像海边的一个孩子,把沙堆堆起,又将其推倒。它不断重新开始自己的游戏。片刻的满足之后,他又会重新感觉到需要,就像艺术家感觉到创造的需要一样。不是盲动,而是不断觉醒的游戏冲动催生了另外的世界。孩子会偶尔扔掉玩具,但很快又会天真无邪地重新开始。但只要他进行建设,他就会合乎规律地按照内在秩序进行编织、装配和塑形。

只有审美的人才能以这种方式看世界,他从艺术家那里,从艺术作品的产生中看到,多样性的斗争本身如何能够具有规律和法则;艺术家如何既超脱地凌驾于艺术作品之上,又参与到艺术作品之中;必然性与游戏、冲突与和谐如何必须相结合从而产生出艺术作品。

---

① 对于神……这一点]赫拉克利特残篇第 102,51,8,54,见第尔斯-克兰茨编:《前苏格拉底哲学家残篇》。——编注
② 无限的……自娱自乐]赫拉克利特残篇第 52,见第尔斯-克兰茨编:《前苏格拉底哲学家残篇》。——编注

现在,谁还会向这种哲学要求一种带有"你应"的绝对律令的伦理学,或者,谁还会责怪赫拉克利特有这种缺陷!如果人们所理解的自由是这样一种愚蠢的要求,即可以像换件衣服那样随意改变自己的本质(essentia),那么,人就彻头彻尾是必然性,彻里彻外是"不自由的",迄今为止一切严肃的哲学都以应有的嘲讽反驳了这种要求。很少有人能够按照俯视一切的艺术家的眼光自觉地生活于逻各斯之中①,这是因为,"当潮湿的泥浆充满了他们的灵魂"时,他们的灵魂是潮湿的②,他们的眼睛和耳朵,甚至于他们的理智都成了一个糟糕的证人③。至于为什么会这样,没有人追问,正如人们很少追问为什么火变成水和土一样。赫拉克利特没有理由一定要证实(就像莱布尼茨有理由这样做一样)这个世界是最好的世界,对他来说,下面一点就足够了,即这个世界是无限时间之美丽而纯洁的游戏。在他看来,总的说人甚至被视为一种非理性的存在,这与下述看法并不冲突:统领一切的理性法则贯穿于人的全部本性之中。人在自然界根本不占据任何特别优势的位置,自然界的最高现象是火,比如作为星辰的火,而不是幼稚的人④。如果人通过必然性参与到火之中,那么,他就是某种有理性的东西。就

---

① 很少有人……之中]赫拉克利特残篇第1,2,72,见第尔斯-克兰茨编:《前苏格拉底哲学家残篇》。——编注

② 他们的灵魂是潮湿的]赫拉克利特残篇第117第77行,见第尔斯-克兰茨编:《前苏格拉底哲学家残篇》。——编注

③ 他们的……证人]赫拉克利特残篇第107,见第尔斯-克兰茨编:《前苏格拉底哲学家残篇》。——编注

④ 人在自然界……幼稚的人]赫拉克利特残篇第79第83行,见第尔斯-克兰茨编:《前苏格拉底哲学家残篇》。——编注

他由水和土构成而言,他的理性的状况并不是很好。没有这样一种义务:因为他是人,所以,他必须认识逻各斯。但为什么会有水?为什么会有土?对赫拉克利特来说,这个问题要比问为什么人如此愚蠢和不道德严肃得多。在最高和最低的人身上,显示出同样内在的规律性和正义。但是,如果人们要进一步追问赫拉克利特:为什么火不始终是火,为什么它时而是水,时而是土,那么,他仍然只能回答说:"这是一种游戏,对它不要太当真,特别是不要用道德的眼光去看它。"赫拉克利特只是对现存的世界进行了描述,他对这个世界有一种静观的喜悦,艺术家正是用这样的喜悦看待他正在创作的作品的。只有那些因故不满于他对人所做的自然描述的人,才会觉得他阴郁、忧伤、多泪、阴沉、消沉、悲观,总而言之,可恨。但他根本不会在意这些人,不会在意他们的反感与同情、他们的爱与恨,并很可能这样教导他们:"狗总是朝它们不认识的那个人叫"①或者"对于驴来说,糠比金更珍贵"②。

由于这些不满,人们还常常抱怨赫拉克利特文风晦涩。也许从来没有一个人写得比他更清楚、更明朗。当然,他写得十分简洁,所以,对于那些走马观花式的读者来说,的确显得晦涩。但是,如果一个哲学家没有理由隐藏他的思想,或者,如果他不是一个十足的捣蛋鬼,以至于要用文字掩盖自己的思想贫乏,那么,他怎么会故意晦涩地进行写作——人们常常这样指责赫拉克利特——,

---

① 狗……叫]赫拉克利特残篇第97,见第尔斯-克兰茨编:《前苏格拉底哲学家残篇》。——编注

② 对于驴……更珍贵]赫拉克利特残篇第9,见第尔斯-克兰茨编:《前苏格拉底哲学家残篇》。——编注

这是完全无法加以解释的。但正如叔本华所说,人们甚至在日常实际生活事务中,也必须加以注意,通过清楚明白防止可能的误解。那么,人们怎么会允许在最困难、最深奥、几乎无法达到的思想对象上,含糊不清地,甚至令人费解地表达哲学问题呢?说到简洁,让·保尔①提出了一个很好的理论。"如果一切伟大的东西——即在一个非凡的精神看来具有多重意义的东西——仅仅被简洁地和(因而)晦涩地表达出来,素朴的精神宁愿将其宣布为无稽之谈,也不将之翻译为他的思想空洞,总的说来,这是正常的。因为素朴的精神有一种恶劣的能力,这就是在最深刻、最丰富的格言中只能看到自己的日常意见。"顺便说一下,赫拉克利特还是没有逃脱"素朴的精神"。斯多噶派已经把他重新解释为浅薄之辈,把其世界游戏的基本审美直观降低为关于世界实用性的普通思考,而且,还是为了人类的利益所做的思考。因此,在那些人的头脑中,赫拉克利特的物理学变成了一种粗暴的乐观主义,这种乐观主义不断要求所有人友好地喝彩(plaudite amici)。

八②

赫拉克利特是骄傲的,而当一个哲学家骄傲的时候,那是一种伟大的骄傲。他的工作绝不是为了"公众"、为了大众的赞许、为了

---

① 让·保尔(Jean Paul,1763—1825):德国浪漫主义作家和诗人,原名约翰·保尔·弗里德里希·里希特尔(Johann Paul Friedrich Richter),主要作品有《武茨》《希本克斯》《巨神》《少不更事的年岁》等。——译注

② 参见《为五部未成之作而写的五篇前言》(CV)1。——编注

同代人的一致喝彩。孤独地走自己的路,这属于哲学家的天性。他的天赋是最为稀罕的,在某种意义上是最不自然的,甚至与其他同类的天赋也是相排斥、相敌对的。为了不被摧毁和打碎,他的自满自足的城墙必须用金刚石筑就,因为所有的人都在与他作对。他通向不朽的旅途比任何人都要艰辛和坎坷,但没有人比哲学家更确信他能达到旅途的目的地,因为如果不站在一切时代那展开的宽阔翅膀之上,他根本不知道应站在何方;因为无视当前和眼下的东西构成了伟大哲学天性的本质。他抓住了真理:尽管时间之轮在转动,但无论它转向何方,它绝不会逃离真理。关于这些人,重要的是要知道:他们确实曾经存在过。例如,作为一种无根据的可能性,人们绝对想象不出赫拉克利特的骄傲。从本质上说,对于知识的任何一种追求本身似乎总是不能令人满意的和令人失望的。因此,如果不是受到历史的启发,没有人会相信这样一种帝王式的自尊和自负是唯一愉快的真理追求者。这些人生活在他们自己的太阳系中,人们必须到那里去造访他们。毕达哥拉斯和恩培多克勒式的人物也是用一种超人的敬重,甚至用近乎宗教般的敬畏看待他们自己的,但是,与灵魂转世和生命统一性的伟大信念相连的同情纽带,把他们又一次引向他人,引向他们的幸福与拯救。而阿尔忒弥斯神庙①的爱菲斯隐士所具有的那种孤独之感,人们只有在荒凉至极的崇山峻岭间愣神发呆时,才能略微猜到几分。在他身上,没有任何充满同情感的强烈激情和愿望,去帮助、治疗

---

① 阿尔忒弥斯神庙(Artemistempel):古希腊最大的神庙,古代世界七大奇迹之一,位于古希腊殖民城市爱菲斯。赫拉克利特曾隐居于此。——译注

和拯救。他是一颗没有大气层的星辰。他的眼睛向内看皓如明月,向外看则呆滞冷淡,仿佛只是装装样子而已。在他周围,幻觉和错误的波浪直接拍打着他那骄傲的城堡,他却厌恶地扭过脸去,不予理睬。而那些软心肠的人们同样会躲避这样一个仿佛由青铜铸成的面具。在一座僻静的寺院里,在众神像中间,或者在庄严肃穆的建筑旁,这样一种天性也许会显得可以理解。而在人类中间,作为一个人,赫拉克利特则是不近情理的。正如人们所看到的那样,当他注视着吵闹的孩子在游戏的时候,他所思考的绝不是一个人在这样的场合所思考的东西,而是伟大的世界顽童宙斯的游戏①。他不需要人类,甚至连赞同其见解的人也不需要。人们能够从他的见解中探询到什么,他之前的其他贤哲们努力加以探询的是什么,所有这些都不是他的兴趣所在。他轻蔑地谈论这些追问的、搜集的人,简言之,这些"历史的"人②。"我探询和考察过我自己"③,他用人们用来表示探究神谕的一句话谈论他自己,仿佛只有他才是德尔斐神谕"认识你自己"的真正实践者和完成者。

然而,他把他从这个神谕中听出来的东西视为不朽的、具有永恒解释价值的智慧,就像西比尔④的预言一样,法力无边,影响深远。如果人们可以像解释神谕那样,对他像德尔斐神一样"既没表

---

① 伟大的世界顽童宙斯的游戏]赫拉克利特残篇第52,见第尔斯-克兰茨编:《前苏格拉底哲学家残篇》。——编注

② 他轻蔑地……人]赫拉克利特残篇第40第129行(可疑),见第尔斯-克兰茨编:《前苏格拉底哲学家残篇》。——编注

③ 我探询和考察过我自己]赫拉克利特残篇第101,见第尔斯-克兰茨编:《前苏格拉底哲学家残篇》。——编注

④ 西比尔(Sibylle):古希腊神话中的预言女巫。——译注

达,也没隐藏"①的东西做出解释,这对最遥远未来的人类而言就足够了。虽然他在宣布这种神谕般的东西时"没有微笑、修饰和奉承",甚至仿佛是用"愤怒的口吻"②宣布的,但它必定会历经千秋万代,传至未来。由于世界永远需要真理,所以,世界永远需要赫拉克利特,虽然他并不需要世界。他的声誉与他有何关联?正如他以嘲讽的口吻所宣告的那样,声誉如"逝去的流水"!③ 与他的声誉有些关联的是人类,而不是他;人类的不朽需要他,而不是他需要赫拉克利特这个人不朽。他所看到的东西,即生成中的法则和必然性中的游戏的学说,从现在开始必将永远被看到。他拉开了这部最伟大的戏剧的幕布④⑤。

---

① 既没表达,也没隐藏]赫拉克利特残篇第93,见第尔斯-克兰茨编:《前苏格拉底哲学家残篇》。——编注
② 没有……口吻]赫拉克利特残篇第92,见第尔斯-克兰茨编:《前苏格拉底哲学家残篇》。——编注
③ 声誉如"逝去的流水"]赫拉克利特残篇第29,见第尔斯-克兰茨编:《前苏格拉底哲学家残篇》。——编注
④ 他所……幕布]准备稿:但人类从他那里得到了"生成中的法则"的学说,这是一切自然研究的基本信条。——编注
⑤ 幕布]在付印稿(相关准备稿见《为五部未撰著作的五个前言》1)中,接下去是这样一段话:这种最耀眼的声誉,真的不过像叔本华曾经说过的那样,是"我们自尊心最可口的点心"吗?——作为欲望,声誉只与非凡时刻的非凡之人有关。这就是那些顿悟的时刻,这时,一个人仿佛像创世时那样,伸出手臂,光从他自身被创造出来,并从他周身放射出去。在这样的时刻,他满怀一种最令人喜悦的确信:就像那个他超凡脱俗、卓尔不群的东西一样,这一见识的高远与深邃绝不会不为后世所知。这一顿悟为所有后来者所必需,在这种必要性中,这个人预感到了他的声誉的确凿的必然性。人类在其全部未来都需要他。正如那个令他卓尔不群的顿悟时刻就是他最本己天性的缩影和标志,他一方面相信他——作为这一时刻的那个人——是不朽的,一方面把所有其他的东西都作为残渣、垃圾、废物、畜生,或者作为累赘和负重加以抛弃,加以遗忘。我们看到任何一种消失都会感到不满:一所房子的倒塌令我们烦恼,甚至一棵大树

九

赫拉克利特的每一句话都表达了真理的骄傲和尊严,不过这里的真理是直观中的真理,而不是沿逻辑的绳梯向上攀缘的真理;他在西比尔式的狂喜中去看,而不是去窥;去知,而不是去算。在他的同代人巴门尼德那里,则有一个相反的形象与他并肩而立。巴门尼德也属于真理先知的类型,不过,他仿佛是由冰而不是由火构成的,因而周身放射出刺眼的寒光。大概在其晚年的某个时刻,

---

的倒下也令我们沮丧。而这个短暂的尽善尽美的世界竟然没有后继者,就像一束飞逝而过化为乌有的光,这对道德的人造成了莫大的侮辱。他的律令毋宁说是这样的:那曾经存在并使"人"的概念变得更为完善的东西,必定也会永远存在;诸多伟大的时刻形成了一个链条;在这样的时刻中间,一个人类的山脉跨越数千年连为一体;对我来说,这样一个早已过去的时刻的制高点仍然是鲜活的,明亮而伟大;对声誉渴望的预见一定会得到实现。这是人性的基本思想。伟大的东西应当是永恒的,这一要求引发了可怕的人性斗争。因为所有其他还活着的东西喊道:不!作为我们注定都要吸入、弥漫在伟大的东西周围的重空气,那充满了世界每一个角落的普通的、渺小的、卑鄙的和邪恶的东西,带着阻力、抑制、窒息和迷惑,冲上了伟大的东西要实现不朽所必经的道路之上。这条道路经过了人的大脑!经过了可怜的、短命的人的大脑,尽管他们的需要微乎其微,但他们总是不断地产生同样的需要,并且极力争取多活一会儿。他们想活,想活一下,为此他们不惜一切代价!在他们之间进行着一场火炬接力赛,伟大的东西只有通过它才能继续存活下去,谁能设想出这场接力赛呢?不过,总会有几个人觉醒起来,他们会因那种伟大而感到幸福,仿佛人的生命是一件美妙的事情,仿佛认识到下面一点是这些痛苦的植物结出的最美的果实:一个人骄傲而淡然地走过这一生,另一个人带着忧郁,第三个人带着怜悯走过同样的一生,但他们都留下了同样的教训,即谁没有重视生活(Dasein),谁的生活就过得最好。如果说普通人如此沮丧而严肃地对待这一存在跨度,那些人则知道在其通往不朽的旅途上,为这一存在赢得崇高的笑声,或者至少赢得庄严的嘲笑。他们往往是带着嘲讽进入坟墓的——因为他们身上有什么可埋葬的呢!——。——编注

巴门尼德才处于最为纯粹的、摆脱了任何现实性的、全然苍白的抽象之中。在悲剧时代的两个世纪中，没有哪个时期比这个时刻更缺少希腊精神。关于存在的学说就是这个时刻的一个成果。这个时刻成了他自己生命的一块界碑，即把他的生命分成了两个时期。不过，这个时刻同时也把前苏格拉底思想分成了两半：前一半可以称为阿那克西曼德时期，后一半则完全可以称为巴门尼德时期。在巴门尼德自己的哲学思想中，第一个时期同样还具有阿那克西曼德的痕迹。这个时期产生了一个系统的哲学－物理学体系，作为对于阿那克西曼德所提问题的答复。当后来他被那个冰冷的抽象寒战抓住，从而提出关于存在与非存在的最朴素命题时，他自己的这个体系也就成了被他推向毁灭的诸多陈旧学说之一。不过，好像他并没有完全失去对其青年时代这个英俊强壮的孩子的父亲般的怜惜，所以，他才会说："虽然只有一条正确的路，但如果人们打算走另一条路的话，那么，按照其质量和结论，只有我的早期观点是正确的。"他用这样的措辞进行自我辩护，甚至在那部关于自然的伟大诗作中，他也为其早期的物理学体系留下了相当大的空间，而这部诗作的本意是要宣告一种新的观点作为通向真理的唯一路标。这种父亲般的关爱，虽然本来可能是一时疏忽所造成的错误，但在一个完全被逻辑的呆板弄僵了的、几乎变为一架思想机器的性格中，却是仅存的人的情感了。

我觉得巴门尼德与阿那克西曼德的个人交往不是不可信的，而他出自阿那克西曼德的学说，这一点则不仅是可信的，而且是明显的。巴门尼德不相信一个单纯存在的世界和一个单纯生成的世界的完全分离，赫拉克利特对此持有同样的怀疑，从而导致了对存在的根本否定。两个人都在寻求一条出路，以便走出二重世界秩序的完全分离和相互对峙局面。阿那克西曼德借助于向不定、不定者的跳越，彻底避开了生成及其经验的质的领域，而对于像赫拉克利特和巴门尼德这样性格独立的人来说，做这种跳越是不容易的。他们试图尽量先步行跋涉，一直走到这样的地点才进行跳越：即脚下再也没有立足之处，为了不跌落下去，人们不得不跳。两个人反复注视着那个世界，那是阿那克西曼德忧伤地加以指责的世界，是被其视为犯罪场所、视为生成的不义赎罪之所的世界。正如我们已经看到的那样，在这种注视中，赫拉克利特发现：在那种生成中，表现出神奇的秩序、规律性和确定性。他由此得出结论，生成本身决不可能是什么亵渎的和不义之物。巴门尼德则提出了一种完全不同的看法。他对各种质做了相互比较，确信自己发现了这样一点：这些质并不完全是同类的，而是必须被分为两大类。例如，他比较了明与暗，认为第二种质显然只是对第一种质的否定。于是，他区分了肯定的质和否定的质，并努力在整个自然界重新找到并记录这种基本对立。他的方法是这样的：设想一对儿对立的现象，如轻与重、薄与厚、主动与受动，按照明与暗的对立模式对其做出解释。与明相符的是肯定的特性，与暗相合的则是否定的特性。比如，假设他选取了重与轻，那么，轻就属于明这一边，而重则属于暗这一边。所以，在他看来，重只是对轻的否定，而轻则是一种肯定的特性。从这种方法中，已经产生了一种抗拒和无视感官暗示的、抽象的逻辑程序的能力。就感官而言，重似乎确定无误地显示为肯定的质，但这并未阻止巴门尼德给它带上否定的标签。同样，他把与火相对的土、与热相对的冷、与薄相对的厚、与阳相对的阴、与主动相对的受动,都仅仅视为否定。于是,从他的眼光看来,我们的经验世界分成了两个彼此分离的领域:肯定特性的领域(带有明、火、热、轻、薄和主动的性质)和否定特性的领域。后者实际上仅仅意味着另一个肯定领域的缺失与不在场。所以,他把缺乏肯定特性的领域描述为暗、土、冷、重、厚的性质,总之,描述为阴柔、受动性质。他没有用"肯定"和"否定"这样的表述,而是用了"存在者"和"不存在者"这样的固定术语,从而提出了这样的原理:与阿那克西曼德相反,我们这个世界本身包含着一些存在的东西,但也包含一些不存在的东西。人们不应到世界之外,或者仿佛到我们的视域之外去寻求存在者。毋宁说,就在我们面前,就在那生成之中,到处都包含着一些存在的东西,而且这些东西处于活动之中。

但在这里,他还要完成这样一个任务,即准确地回答这个问题:什么是生成?——这就是他为了不跌落必须进行跳越的地方,尽管对巴门尼德这样的天性来说,也许那种跳越本身就被看作跌落。不用说,我们要陷入迷雾之中,陷入隐蔽的质(qualitates occultae)的神秘教义之中,甚至有几分陷入神话之中。和赫拉克利特一样,巴门尼德注视着普遍的生成与变易,他只能这样解释消逝:即它是由不存在者造成的。因为存在者怎么会承担消逝的责任呢!但同样,产生也必须借助不存在者才能实现,因为存在者始终在此,所以,不能从自身中产生,因而不能说明产生。因此,无论是产生还是消逝,都是由否定的特性引起的。但如果说产生就是拥有一个内容,消逝就是失去一个内容,那么,前提是:肯定的特性——就是说,那个内容——同样参与到了两个过程之中。简言之,就有了下述原理:"对于生成来说,存在者和不存在者都是必不可少的。当它们共同起作用时,就有了生成。"但是,肯定的东西和否定的东西怎样彼此照面呢? 作为两种对立的东西,它们岂不是要永远向相反的方向逃遁,从而使得任何一种生成成为不可能吗? 在此,巴门尼德诉诸一种隐蔽的质,一种对立面之间相互接近、相互吸引的神秘爱好,而且,用阿佛洛狄忒①的名字、用经验所熟知的两性关系来象征这两种对立的特性②。阿佛洛狄忒的力量在于,把对立的双方、把存在者与不存在者结合在一起。一种欲望把彼此冲突、彼此仇恨的要素引到一起,结果就有了一种生成。一旦欲望得到了满足,仇恨和内在冲突便会再一次使存在者与不存在者相互分离,那时,人们就会说:"该物消逝了"。——

十

然而,没有人能够在不受惩罚的情况下强占像"存在者"和"不存在者"这样的可怕抽象。人们一旦接触它们,血液就会逐渐凝固。有一天,巴门尼德产生了一个奇怪的念头,仿佛他先前的全部推论都失去了价值,于是,他打算像丢掉装有旧币的钱包一样把那些推理丢在一旁。人们一般认为,在那一天的发明中,起作用的不

---

① 阿佛洛狄忒(Aphrodite):希腊神话中的爱神,即罗马神话中的爱神维纳斯。第二代神王克洛诺斯(Cronus)割下他父亲乌拉诺斯的阳具并抛入爱琴海,从掀起的浪花中诞生了阿佛洛狄忒。——译注
② 阿佛洛狄忒……的特性]巴门尼德残篇第1第27行,见第尔斯-克兰茨编:《前苏格拉底哲学家残篇》。——编注

仅有像"存在者"和"不存在者"这些概念的内在必然性,而且,也有一种外部的影响,即他接触了年老的科罗封人色诺芬①的神学,这是一位游历四方的吟游诗人,是一种神秘的自然崇拜的讴歌者。作为流浪诗人,色诺芬经历了非凡的生活,通过云游,逐渐成为一个阅历丰富和循循善诱的人,善于发问和叙述。所以,赫拉克利特②把他归入博学者之列,归入上述"历史的"天性之列。至于对他来说,向往"一"和"永恒不动"的神秘倾向何时以及从哪儿开始,人们已经无法加以推算。也许它是一个终于在一个地方定居下来的白发老人的思想,在经历了颠沛流离和不懈的学习、研究之后,面对一派神圣宁静的景象,面对在泛神论的源始和谐之中持留的万物,他感到了那种至高与至大。此外,下面一点在我看来纯属偶然:两个人在同一个地方,即在爱利亚共同生活了一段时间,期间,两个人的头脑中都具有了一种统一性的观念。他们没有建立学派,也没有任何共同性的思想可以彼此借鉴,进而继续传播。因为他们那种统一性观念的来源极为不同,甚至截然相反。即使一个人尝试了解另一个人的学说,那么,仅仅为了理解之故,他必须首先把它翻译成他自己的语言,而在这种翻译中,另一种学说的特色必然会丧失掉。如果说巴门尼德完全是通过一种臆想的逻辑结论,从存在和不存在的概念中编织出存在者的统一性,那么,色诺芬则是一个宗教神秘主义者,他连同那种神秘的统一性理应属于

---

① 色诺芬(Xenophanes,公元前570—前475):古希腊哲学家和诗人,爱利亚学派创始人。——译注

② 赫拉克利特]赫拉克利特残篇第40,见第尔斯-克兰茨编:《前苏格拉底哲学家残篇》。——编注

公元前6世纪。尽管他的个性不像毕达哥拉斯那样具有革命性，但在游历过程中，他也有同样的倾向和冲动，去改善、净化和救治人类。他是伦理导师，不过尚处于吟游诗人的程度。后来，他似乎变成了一个智者。在对现存习俗和道德评价进行大胆抨击方面，整个希腊没有人能和他相提并论。而且，他决不像赫拉克利特和柏拉图那样隐退到个人的孤独之中，而是直接面对公众，以愤怒和嘲笑的口吻，严厉谴责了他们对荷马的欢呼赞叹，对体育竞赛荣誉的强烈爱好，对人形石头的顶礼膜拜，尽管还没有像忒尔西忒斯①那样极尽漫骂之能事。个体的自由在他身上发挥得淋漓尽致。把他与巴门尼德更紧密地联系在一起的，与其说是那最终的神圣统一性，不如说是对一切陈规陋习的近乎彻底的摆脱。这种统一性是他在那个世纪一派庄严的景象中看到的，与巴门尼德的存在几乎没有共同的表达和语词，不用说，也没有共同的起源。

更确切地说，巴门尼德是在一种相反的状况中发现其存在学说的。就在那一天，就在这种状况中，他考察了那两个共同起作用的对立面（其欲望和仇恨构成了世界和生成），即存在者和不存在者、肯定特性和否定特性。突然，他心存怀疑地停在了否定特性和不存在者的概念上。某种不存在的东西可能是一种特性吗？或者问这样一个更为原则性的问题：某种不存在的东西可能存在吗？我们马上给予绝对信任的唯一知识形式就是 A = A 这个重言式，否认它无异于神经错乱。坚定地召唤着他的正是这种重言式知

---

① 忒尔西忒斯（Thersites）：特洛伊战争时希腊联军中最丑陋的人，经常惹是生非，骂不绝口。——译注

识:不存在者不存在！存在者存在！突然,他感到一种巨大的逻辑罪恶压在他的生命之上:他曾经一直毫不犹豫地认为,"有"否定的特性和不存在者,用公式表达就是 A = 非 A。恐怕只有完全的思想错乱才会提出这样的理论。虽然像他所认为的那样,绝大多数人都是用同样的思想错乱进行判断的,他自己只不过参与了普遍的反逻辑罪过。但就在他为这种罪过而自责的同时,他也为一种发现的光辉所照耀。此时此刻,他走出了人类的一切错觉,发现了一个原理,即揭开世界秘密的钥匙。现在,他借助于关于存在的重言真理这只有力而可怕的大手,步入了事物的深渊。

在通往事物深渊的路上,他遇到了赫拉克利特,这是一次不幸的邂逅！对于巴门尼德来说,最为严格地区分存在与非存在具有至关重要的意义,这时的他对于赫拉克利特的二律背反游戏一定是深恶痛绝。"我们既存在,又不存在"①,"存在与非存在既同一,又不同一"②,这个命题使巴门尼德刚刚弄清的问题又一次变得晦暗不明,令其勃然大怒。他大声喊道;"让那些仿佛长着两个脑袋却一无所知的家伙见鬼去吧③！在他们那里,一切皆流,包括他们的思想！他们稀里糊涂地盯着事物,但一定是又聋又瞎④,所以才

---

① 我们既存在,又不存在]赫拉克利特残篇第 49a,见第尔斯－克兰茨编:《前苏格拉底哲学家残篇》。——编注

② 存在与……同一]不过不是赫拉克利特残篇,而是巴门尼德残篇第 6 第 8—9 行,见第尔斯－克兰茨编:《前苏格拉底哲学家残篇》。——编注

③ 他大声……见鬼去吧]巴门尼德残篇第 6 第 5 行,见第尔斯－克兰茨编:《前苏格拉底哲学家残篇》。——编注

④ 他们稀里糊涂……又聋又瞎]巴门尼德残篇第 6 第 7 行,见第尔斯－克兰茨编:《前苏格拉底哲学家残篇》。——编注

会这样把彼此对立的事物混淆起来!"群众的无知,经过儿戏般二律背反的粉饰,便被称赞为一切知识的顶峰。对于巴门尼德来说,这是一件可悲的、不可思议的事情。

现在,他沉浸在他那可怕的抽象的冷水浴中。凡真实的东西,必存在于永恒的现在,不能说"它曾在"或"它将在"①。存在者不可能生成,因为它会从何处生成呢?从不存在者吗?但不存在者不存在,不可能产生任何东西②;从存在者吗?存在者只能产生它自己,产生不了别的东西。消逝的情形亦然。它和生成、变化、增长和减少一样,都是不可能的。从总体上说,只有下述命题是有效的:一切可以被说成"它曾在"或"它将在"的东西,都不存在;而对于存在者,决不能说"它不存在"③。存在者是不可分的,因为分割它的第二种力量在哪儿呢?它是不动的,因为它应向何处运动呢?④ 它既不可能无限大,也不可能无限小,因为它是已完成的,而一种已完成的无限性是一个矛盾。所以,它是有限的、已完成的、不动的,在各方面都是平衡的,在每一点上都是完全的,像一个悬浮的球体⑤,但又不在一个空间中,因为那样的话,这个空间就

---

① 凡真实的……将在]巴门尼德残篇第8第5行,见第尔斯-克兰茨编:《前苏格拉底哲学家残篇》。——编注

② 因为……任何东西]巴门尼德残篇第8第7—13行,见第尔斯-克兰茨编:《前苏格拉底哲学家残篇》。——编注

③ 消逝的……不存在]巴门尼德残篇第8第19—21行,见第尔斯-克兰茨编:《前苏格拉底哲学家残篇》。——编注

④ 存在者……运动呢?]巴门尼德残篇第8,22—26行,见第尔斯-克兰茨编:《前苏格拉底哲学家残篇》。——编注

⑤ 所以……的球体]巴门尼德残篇第8第42—44行,见第尔斯-克兰茨编:《前苏格拉底哲学家残篇》。——编注

是第二个存在者了。但是,不可能有多个存在者,因为为了把它们分开,必须有某种不是存在者的东西,这是一个自相矛盾的假定。所以,只有永恒的统一性。

但是,当巴门尼德的目光现在重新落到生成的世界——他早年曾试图通过巧妙的推论把握这个世界的实存——时,他开始对自己的眼睛和耳朵表示愤怒:它们竟然看到、听到了生成。"不要跟随茫然的眼睛,"他这样说出了他的律令,"不要跟随轰鸣的耳朵或舌头,而只用思想的力量加以辨明。"① 就这样,他首次对认识装置进行了极为重要的批判,尽管这种批判是有欠缺的,其后果是灾难性的。他把感觉和抽象思维能力即理性断然分隔开来,仿佛它们是两种截然分离的能力,结果,他就完全击碎了理智本身,促成了"精神"与"肉体"的完全错误的分离。特别是自柏拉图以来,这种分离就像一种灾难压在哲学之上。巴门尼德断言,一切感性知觉只能产生假象,而它们的一个主要假象恰恰就是,它们使人们错误地相信:不存在者也存在,生成也存在。根据经验加以认识的那个世界的全部多样性和丰富性,它的质的变化,其上升与下降的秩序,都被作为单纯的假象和错觉无情地甩在了一边。从这个世界,人们学不到任何东西,因此,人们为迁就这个虚构的、彻底无效的、仿佛是通过感官骗取的世界所做的任何努力,都是徒劳的。谁要是像巴门尼德所做的那样从总体上做出判断,他就不再是一个着眼于细节的自然科学家了。他对现象的关心干枯了,他甚至产生

---

① 不要……辨明]巴门尼德残篇第7第3—5行,见第尔斯-克兰茨编:《前苏格拉底哲学家残篇》。——编注

了一种怨恨,恨自己不能摆脱这种感官的永恒欺骗。现在,真理只能栖息于最苍白、最抽象的普遍性之中,栖息于由最不确定的言语筑就的空壳之中,如同栖息于蜘蛛网之中。我们这位哲学家就坐在这样一种"真理"旁,和抽象概念一样没有血色,全神贯注于一般化的程式之中。蜘蛛还是要吃它的猎物的血,而巴门尼德式的哲学家所痛恨的却恰恰是其猎物的血:被他扼杀的经验之血。

十一

这是一个希腊人,伊奥尼亚革命爆发时大概正值他的鼎盛年。对当时的一个希腊人来说,有可能像逃离一个完全由想象力虚构的公式化一样,逃离异常丰富的现实性,但决不是像柏拉图那样,逃向永恒的理念王国,逃向创世者的工作室,以便欣赏事物那完美的、不朽的原型,而是逃向最冷静、最空洞的存在概念这个僵硬的死一般的沉寂之中。我们要避免按照错误的类比去说明这种独特的事实。这种逃离不是印度哲学家意义上的一种遁世,促成这种逃离的不是对于人生的堕落、短暂和不幸的深刻的宗教信念。其最终目标即存在中的沉寂,不是以下述方式达到的:神秘地进入一种酣畅的、心醉神迷的冥想状态,这种状态对普通人来说是一个谜和一种不快。巴门尼德的思想中丝毫没有印度思想那种醉人的醇香,而在毕达哥拉斯和恩培多克勒身上,这种醇香也许并不是完全感觉不到的。确切地说,在这个时期,上述事实的奇怪之处恰恰在于没有芳香、没有色彩、没有灵魂、没有形式;在于完全缺乏血液、宗教热忱和伦理热情;在于那抽象的公式化——竟然是在一个希腊人身上！特别是在一个神话式思维的、最富动感和想象的时代，竟然有如此可怕的能量去追求确定性。巴门尼德祈祷说：诸神啊，只求赐给我一种确定性。在充满不确定性的海洋上，它也许只是一块薄薄的木板，却足以容我立足！你们把一切生成的、繁茂的、多彩的、繁荣的、虚假的、美丽的、生动的东西都拿走吧，只求赐给我那唯一的、贫乏的、空洞的确定性！

本体论的主旋律在巴门尼德哲学中奏响了序曲①。经验在任何地方都没有向他呈现他所设想的那样一种存在，但由此可知：他可以思想存在，于是他得出结论：存在（Sein）必然实存（existiren）。这一结论基于下述假定：我们拥有一种可以通达事物本质、独立于经验的认识器官。按照巴门尼德，我们的思想材料决不在直观中，而是来自另外的地方，来自一个感觉之外的世界，我们可以通过思想直接进入这个世界。亚里士多德②已经有效地反驳了所有类似的推理程序：实存决不属于本质（Essenz），此在决不属于事物的本质（Wesen）。所以，从"存在"——它的本质（essentia）恰恰就仅仅是存在——的概念中，绝不能推出存在的一种实存（existentia）。如果没有作为其基础的对象，如果不能提供相应的直观——这种对立就是通过抽象从这种直观中推导出来的——，那么，"存在"与"非存在"对立的逻辑真理就是完全空洞的；如果不追溯到直观，它就仅仅是一个概念游戏，事实上，通过它人们得不

---

① 本体论……序曲]准备稿：巴门尼德是本体论证明的发明者。——编注
② 亚里士多德]《后分析篇》，92b 4—11；b 19—25；93a 26—27；91a 1—6。——编注

到任何知识。因为虽然如康德①所教导的那样,真理的纯逻辑标准即一种认识与知性和理性之普遍的、形式的法则相符合是真理的必要条件(conditio sine qua non),因而是一切真理的消极条件,但逻辑不能再进一步,就是说,逻辑不能借助于任何试金石发现那种不涉及形式只涉及内容的错误。但是,只要人们寻求"存在者存在,不存在者不存在"这个对立面的逻辑真理的内容,那么,人们事实上根本不会发现与那个对立面严格对应的唯一现实性。对于一棵树,我既可以把它与所有其他事物进行比较,说:"它存在";也可以把它与另一个时刻的自己进行比较,说:"它将在";最后,还可以说:"它不存在",比如,"它还不是树",如果我看到的是灌木。语词只是代表事物之间以及事物和我们之间关系的符号,因而,在任何地方都不涉及绝对真理。"存在"一词仅仅表示联结一切事物的最普遍关系,"非存在"一词亦然。但是,如果事物的实存本身是不可证实的,那么,事物之间的相互关系,即所谓的"存在"与"非存在"也不能使我们向真理的王国跨进一步。借助于语词和概念,我们永远不会穿越关系之墙,进入事物的任何一种神秘根源之中,甚至在感性和知性的纯形式中,在空间、时间和因果性中,我们也没有获得任何看似永恒真理(veritas aeterna)的东西。对于主体来说,要想超出自身之外去观察和认识某物,是绝对不可能的,以至于认识和存在是所有领域中最相互矛盾的两个领域。如果说当时的理智批判还很肤浅幼稚,所以,巴门尼德还可以幻想从永恒的主观概念达到一个自在的存在(An-sich-sein),那么,在康德以后的

---

① 康德]《纯粹理性批判》,科学院版,Ⅲ,80。——编注

今天,下述做法就是一种十足的无知:在有些地方,特别是在那些想冒充哲学家的孤陋寡闻的神学家中间,"用意识去把握绝对"被视为哲学的任务,比如,黑格尔就曾说过①,"绝对已经存在,否则,它如何能够被寻求?";贝内克②也曾说过,"存在无论如何一定是有的,无论如何一定是我们可以达到的,否则,我们就不可能拥有存在的概念。"拥有存在概念!好像它没有在这个词的词源上提示出最粗陋的经验起源似的!因为存在(esse)本来的意思只是"呼吸",当人使用所有其他事物的时候,他会通过一种隐喻,就是说通过某种非逻辑的东西③,按照人的类比,把他自己呼吸着、活着这样的信念传递到其他事物上去,从而把他们的实存理解为一种呼吸。现在,这个词的源始含义几乎已经消失了,但这样一种习惯则始终在很大程度上得到了保留:人按照自己此在的类比,以人格化的方式,总之,通过一种非逻辑的传递去想象其他事物的此在。但撇开这种传递不谈,对人来说,"我呼吸着,所以,有一种存在"这个命题本身也是完全不充分的,因此,必须对其提出异议,就像人们必须对"行走着,所以,存在(ambulo, ergo sum oder ergo est)"这个命题提出异议一样。

---

① 黑格尔曾经说过]准备稿:臭名昭著的黑格尔可能曾经说过。——编注

② 贝内克(Friedrich Eduard Beneke,1798—1854):德国哲学家和心理学家,主要著作有:《形而上学与宗教哲学》《新心理学》等。——译注

③ 非逻辑的东西]准备稿:无论如何不是逻辑的东西。但呼吸本身并没有证明这种存在:——按照严格的逻辑,我们绝不应从自己的存在中断言任何东西,所以,我们有相当的理由必须相信这一点:由此可知,我们感到喜悦和不快,从而拥有观念——。——编注

十二

比存在者概念内涵更大的另一个概念,同样已经被巴门尼德所发现,尽管在对它的使用上,还没有他的学生芝诺那样得心应手,这就是无限的概念。无限的东西是不能实存的,因为按照这样一种假定,就会产生"既成的无限"这样一个矛盾概念。当我们的现实性、我们的当下世界到处都具有那种"既成的无限"性质的时候,这就意味着这个世界在本质上违反了逻辑,因而也违反了实在,所以,是假象、谎言和幻觉。芝诺特别运用了间接的论证方法。例如,他说:"不可能有从一个地方到另一个地方的运动,因为如果有这种运动的话,就会出现既成的无限,而这是不可能的。"在赛跑中,阿基里斯不可能追上先行一小步的乌龟,因为仅仅为了达到乌龟出发的那一点,他就必须已经跑过无数的、无限的空间,即先跑完那个空间的二分之一,然后四分之一、八分之一和十六分之一,以至无穷。如果他实际上追上了乌龟,那么,这就是一个不合逻辑的现象,所以,无论如何不是真理,不是实在,不是真正的存在,而仅仅是一个假象。因为无限是绝不可能穷尽的。这一学说的另一种流行的表达方式是飞矢不动。箭在飞行的任何一个瞬间都会占有一个位置,在这个位置上它是静止的。无限静止位置的总和就等同于运动吗?无限重复的静止就是运动,从而是其自身的反面吗?在此,无限被用作溶解现实性的硝酸。但是,如果概念是固定的、永恒的和存在的(在巴门尼德看来,存在和思想是重合的),如果无限决不可能是既成的,如果静止决不可能变为运动,那么,箭实际上就根本没有飞。它根本就没有发生位移,根本没有走出静止,也没有任何时间消逝。或者,换句话说,在这个所谓的、表面的现实性中,既没有时间,也没有空间,又没有运动。最后,箭本身也仅仅是一个假象,因为它来自多样性,来自由感官引起的"非一"的幻象。假设箭有一种存在,那它也是不动的、非时间的、没有生成的、凝固的和永恒的——一个不可能的观念!假设运动是真实的,那么,就没有静止,箭不占有位置,也不占有空间——一个不可能的观念!假设时间是真实的,那么,它就不可能是无限可分的;箭所需要的时间一定是由有限数目的瞬间组成的,每一个瞬间一定是一个原子——一个不可能的观念!一旦由经验提供的、由我们这个直观世界得到的内容被视为永恒真理,我们的全部观念就会陷入矛盾。如果有绝对运动,那么,就没有空间;如果有绝对空间,那么,就没有运动;如果有一个绝对的存在,那么,就没有多样性;如果有一种绝对的多样性,那么,就没有统一性。这里,人们可以清楚地看到,借助于这些概念,我们很难触及事物的核心或者解开实在的纽结。与此相反,巴门尼德和芝诺却坚持概念的真理性和普遍有效性,把直观的世界作为真实的、普遍有效的概念的对立面,作为不合逻辑的、矛盾的东西的客观化加以抛弃。在他们的全部证明中,他们都是从这样一个完全无法证明,甚至不大可能的前提出发的:我们在那种概念能力中拥有最高的决定性标准,可以判别存在与非存在,即客观实在性与非客观实在性;那些概念不应按照现实性加以证明和修正——尽管它们是从现实性中得来的——,相反,它们应当对现实性加以衡量和判决,如果现实性与逻辑发生冲突,它们甚至会判决现实性有罪。为了能够赋予那些概念审判权,巴门尼德必须把他所认为的唯一存在归于那些概念。现在,思想和那个非生成的、完满的存在者之球不再被说成是两种不同的存在,因为不允许有存在的二重性。于是,这样一种大胆的思想就成为必然:即把思想与存在解释为同一的。这里,任何形式的直观、象征和比喻都帮不上忙。这种思想是完全无法表象的,但它却是必然的,甚至它要以任何一种感性可能性的缺乏来欢庆对于世界和感官要求的最高胜利。按照巴门尼德的律令,思想和那块圆球状的、完全实心的、凝固不动的存在必然重合为一、完全相同,这令一切幻想相形失色。就让这种同一与感官相对立吧!恰恰这一点担保了它不是来自于感官。

十三

此外,还有两个强有力的人身攻击论证(argumenta ad hominem oder ex concessis)①反驳了巴门尼德。通过这两个论证,虽然真理本身没有得到揭示,但感性世界与概念世界的绝对分离以及存在与思想同一性的非真理性,则得到了昭示。第一,如果在概念中进行的理性思维是实在的,那么,多样性和运动也必然具有实在性,因为理性思维是运动的,而且是从概念到概念的运动,就是说,是在多数实在之间的运动。对此,没有任何异议。绝不可能把

---

① 人身攻击论证,也可译为人身批评论证,指在论辩过程中不是针对对方的论证本身,而是针对做出论证的个人。人身攻击论证有几种表现形式,其中的一种形式是这样的:通过指出论敌无法彻底贯彻自己的主张而反驳对方。尼采这里即是在此意义上使用人身攻击论证的。——译注

思维视为一种僵化的持留,视为统一性的一种永恒不动的自我思维。第二,如果从感觉中只能产生欺骗和假象,如果实际上只有思维与存在的真实同一性,那么,感觉本身是什么呢?同样只能是假象,因为它并不等同于思想,它的产物即感性世界也不等同于存在。但如果感觉本身是假象,那么,它对谁来说是假象呢?作为非实在的东西,它怎么还能欺骗呢?不存在者是不能进行欺骗的。所以,欺骗和假象从何而来的问题仍然是一个谜,甚至是一个矛盾。我们把这些人身攻击论证称为运动的理性的抗辩和假象来源的抗辩。从第一种抗辩可以得出运动和多样性的实在性,从第二种抗辩可以得出巴门尼德的假象的不可能性,前提是:巴门尼德关于存在的主要学说被认为是有根据的。

但是,这种主要学说仅仅意味着:只有存在者存在,不存在者不存在。然而,如果运动是这样一种存在,那么,一般说来在任何情况下都适用于存在者的东西,也就适用于它,结果,运动就是非生成的、永恒的、不灭的,没有增加,也没有减少。不过,要想借助于假象从何而来的问题否定这个世界是假象,要想针对巴门尼德的摒弃,捍卫所谓生成、变化的舞台,捍卫我们多样化的、无休止的、丰富多彩的实存,就必须把这个变化的世界刻画为这些真实存在着的、永远同时存在的本质的总和。当然,在这个假定下,人们还决不能谈论一种严格意义上的变化和生成。但现在多样性拥有一种真正的存在,所有的质都拥有一种真正的存在,运动也不例外。对于这个世界的任何一个瞬间,即使这些任意选出的瞬间彼此相隔数千年,人们也一定能够说:存在于这些瞬间的一切真正的本质都是同时在此的、不变的和不灭的,没有增加,也没有减少。

一千年以后,它们会同样如此,不发生任何变化。尽管世界这一次看上去与另一次完全不同,但这不是欺骗,也不仅仅是假象的东西,而是永恒运动的结果。真正的存在者不断变换着自己的运动方式:时而相互靠近,时而彼此分开;时而向上,时而向下;时而相互交叉,时而乱作一团。

十四

随着这个观念,我们已经向阿那克萨哥拉学说的领地迈出了一步。上述强烈反对巴门尼德的两个抗辩,即运动思想的抗辩和假象从何而来的抗辩就是由他提出的。但在基本原理上,巴门尼德却仍然支配着他以及所有更年轻的哲学家和自然科学家。他们都否认大众意识认为的、阿那克西曼德和赫拉克利特虽然更加审慎但仍嫌轻率地假定的生成和消逝的可能性。这样一种神话般的产生于无和消逝于无,这样一种从无到某物的随意变化,这样一种质的随意变换和更换,从此以后被认为是无意义的。但基于同样的理由,以泰利斯或赫拉克利特的方式,从一中生出多,从单一的基质(Urqualitaet)中生出各种不同的质,简言之,从一个源始材料中导出整个世界,也被认为是无意义的。毋宁说,现在下述本真的问题被提了出来:把非生成的、不朽的存在的学说移植到这个现存世界之上,而又不逃避到假象学说和感官欺骗学说之中。但是,如果说经验世界不应当是假象,如果说事物不应发源于无或者某一种物,那么,这些事物本身必须包含一种真正的存在,它们的质料和内容必定是绝对实在的,而且,一切变化只能涉及这些永远同时存在的本质的形式,即它们的位置、秩序、分类、化合与分解。这就如同掷骰子游戏:那些骰子始终是一样的,但时而这样落下,时而那样落下,它们对我们来说就具有了不同的意义。所有先前的理论都以一种原始元素为根据,作为生成的母腹和根源,无论是水、气、火,还是阿那克西曼德的不定。与此相反,现在阿那克萨哥拉断言:从相同的东西中绝不能产生不相同的东西,而且,变化也决不能从一种存在者中得到解释。无论人们怎样设想对那种假定的质料进行稀释或浓缩,他们绝不能通过这种浓缩或稀释达到他们希望加以解释的东西:质的多样性。但是,如果事实上世界充满了各种最为不同的质,如果这些质不是假象,那么,它们必定拥有一种存在,就是说,必定是永远不生不灭的和始终同时存在的。但它们不可能是假象,因为假象从何而来的问题还没有得到回答,甚至只有否定的回答!先前的研究者们想通过下述方式简化生成的问题:即他们只提出一种实体(Substanz),它在自己的母腹中拥有一切生成的可能性。与此相反,现在的说法是:有无数个实体,但决不再增加或减少,也不再更新。只有运动不断重新向各个方向摇动这些实体,就像掷骰子一样。① 但阿那克萨哥拉从我们思想观

---

① 各个方向〕在准备稿中接着是这样一段话:但是,如果与巴门尼德相反,他通过活跃的〔逻各斯〕奴斯(νοῦς)证明运动,那么,这种运动从何而来? 也许就是从这个奴斯而来? 这正是阿那克萨哥拉的奇妙想法。现在,他必须马上告诉我们,这个奴斯是什么。阿那克萨哥拉没有宣称经验世界是假象,所以,他也没有理由说感觉是欺骗和虚假的预言者。只要感觉向我们显示真实的质,那么,感觉就是真实的,因而也像抽象思想一样言说真理。被巴门尼德所割裂的理智,又被阿那克萨哥拉统一起来了。于是,运动——首先是身体的运动——被他看作实在的东西,不过,他由此了解到:运动与意志行为密不可分,也与愤怒、恐惧和愿望密不可分;所有这些情感引起了意志,继而

念的无庸置疑的前后相继中,反驳了巴门尼德,证明了运动是一种真理,而不是一个假象。这样,我们就以最直接的方式认识了运动和前后相继的真理,我们就是在这种运动和相继中进行思考和拥有观念的。这样,巴门尼德那僵硬的、静止的、无生命的、单个的存在无论如何被从路上清除了。有很多存在者,同样确定的是,所有这些存在者(实存,实体)都处于运动中。变化即运动,但运动从何而来?也许这种运动根本没有触及那众多的、独立的、彼此孤立的实体的真正本质,因而,按照最严格的存在者观念,它岂非必然在实质上不同于那些实体?还是说,尽管如此它们仍属于事物本身?我们面临一个重要的决定:我们将根据我们选定的方向,进入阿那克萨哥拉、恩培多克勒或德谟克利特的领地。人们必然会提出这样一个充满疑虑的问题:如果有多个实体,而且,这些实体都处于运动中,那么,是什么在推动它们?它们是相互推动吗?也许仅仅是重力在推动它们?或者事物自身具有吸引和排斥的魔力?或者运动的原因在这些众多的、实在的实体之外?或者,换一种更为严格的问法:如果两个事物显示出一种前后相继和位置的相互变化,这是由它们本身引起的吗?应当从机械角度还是魔力角度对此做出解释呢?或者,如果情况不是如此,是某个第三者在推动它们

引起了运动。希腊语为他提供了一个词,能够在最宽泛的意义上,把我们所理解的精神、理智、意志、愿望、情感和灵魂等都整合在一起:按照叔本华式的术语,奴斯(Noos)既指理智,又指"意志"。——严格说来,运动是世界上活跃的东西。但是现在在这个世界上,显示出来的不是运动的混乱,而是秩序、美和确定的规律性。把永恒的存在者如此排列起来的究竟是什么?当然也是某种"永恒的存在者",因为我们不断地看到它的活动。而且,我们在我们身上直接地经验到这种活动:只有奴斯能够推动身体,同样,有机界和无机界的运动至少也必然是这种奴斯的后果。——编注

吗？这是一个棘手的问题,因为和阿那克萨哥拉的看法相反,巴门尼德甚至还可以补充道,就算有多个实体,运动的不可能性始终还是可以证明的。就是说,他可以这样说:设想两个自行存在的本质,每一个都具有完全不同的、独立的、绝对的存在——阿那克萨哥拉的实体就是这样的本质——,因此,它们绝不会相互碰撞,决不会相互推动,也绝不会相互吸引;它们之间没有因果关联,没有桥梁;它们互不接触,互不打扰,互不关联。因此,碰撞和那种魔术般的引力一样,都是根本无法说明的。绝对不同的东西,不能彼此施加任何影响,所以,自己不能运动,也不能使他物运动。巴门尼德甚至会补充道:你们唯一能做的就是把运动归于事物本身。但是,那样的话,你们作为运动认识和看到的一切,就仅仅是错觉,而不是真正的运动,因为那些绝对的、独特的实体可以享有的唯一一种类的运动,大概只能是没有任何作用的自我运动。但是,恰恰为了解释交替、位移和变化的作用,简言之,为了解释事物间的因果性和相互关系,你们才假定了运动。然而,恰恰是这些作用并没有因此得到说明,它们还和以前一样是有疑问的。因此,实在看不出假定一种运动有何必要,因为它并没有给予你们想从它那里得到的东西。运动不属于事物的本质,对于事物而言,它永远是异类。

为了逃避这样一种论证,爱利亚学派"不动的一"的反对者受到了一个来自感性世界的偏见的诱惑。每一个真正的存在者都是一个占据空间的物体,都是一块物质,但无论是大是小,总之要在空间中延伸,这一点看上去如此确定无疑,所以,两个或多个这样的团块不可能存在于同一个空间中。在这样的前提之下,阿那克萨哥拉和后来的德谟克利特都假定:当它们在运动中相互连接时,它们必然会相互碰撞；它们会争夺同一个空间；正是这种斗争引起了所有的变化。换句话说，那些完全隔绝的、彻底不同的和永远不变的实体并没有被看作绝对不同的东西，毋宁说，除了一种特有的、特殊的质之外，它们都有一个完全相同的基质，即它们都是一块占据空间的物质。在分享物质这一点上，它们都是一样的，所以，它们才能相互作用，就是说，相互碰撞。一切变化根本不取决于那些实体的不同点，而是取决于它们的相同点，即它们都是物质。这里，在阿那克萨哥拉假定的根基处，存在着一种逻辑错误，因为真正自行存在的存在者必定是完全绝对的和统一的，所以，不允许任何东西被假定为它的原因；而阿那克萨哥拉的所有那些实体都还是有条件的东西，都拥有物质，都已经假定了物质的存在。例如，在阿那克萨哥拉看来，作为实体的"红"就不仅仅是红自身，而是在红之外，还暗含着一块不具有质的物质。只有借助于这块物质，"红自身"才能作用于其他实体，不是通过红的东西，而是通过非红色的、无色的、完全没有质的规定性的东西。假如红被严格地视为红，视为本真的实体自身，因而没有那个基质，那么，阿那克萨哥拉肯定不敢谈论红对其他实体的作用，比如，他根本不敢说这样的话："红自身"通过碰撞把从"肉自身"接受到的运动传递出去。很明显，这样一个真正的存在者是决不能被推动的。

十五

为了正确估价巴门尼德假设中的非凡优点，人们必须看一看爱利亚学派的反对者。如果向他们提出有"多少实体"的问题，何种困窘——巴门尼德逃脱了这些困窘——在等待着阿那克萨哥拉以及所有相信实体多样性的人们呢？阿那克萨哥拉跳了过去，闭上眼睛说：无限多。这样，他至少回避了证明确定数量的基质这个异常困难的问题。因为这些无限多的基质必须没有增加，没有变化，并且永恒存在，所以，在这个假设中存在着一个被认为已结束的、已完成的无限的矛盾。简言之，被巴门尼德用一个存在的令人惊异的原理击溃的多样性、运动和无限性，又从流放地返了回来，把炮弹投向巴门尼德的对手们，旨在给他们造成无法治愈的创伤。很显然，那些对手对于埃利亚派下述思想的可怕威力没有准确的意识："时间、运动和空间不可能存在，因为我们只能把所有这些设想为无限的，而且，既无限大，又无限可分。但一切无限的东西不可能拥有存在，它们不存在。"没有人会怀疑这一点，只要他严格把握存在一词的意义，并且认为自相矛盾的东西——比如，一个已完成的无限——是不可能存在的。但是，如果现实恰恰只能通过已完成的无限的形式向我们显示一切，那么，很显然，现实本身是自相矛盾的，因此，不具真正的实在。"但在你们思想本身中也有前后相继，所以，你们的思想也不可能是实在的，因而，也不能证明任何东西。"如果那些对手想这样进行反驳，那么，也许巴门尼德会像康德①在一个类似场合回答一个同样的指责那样答道："虽然我可以说，我的表象前后相继，但这仅仅意味着：我们意识到它们存在于一个时间次序中，就是说，我们是按照内感的形式意识到它们的。因此，时间不是某种自在之物，也不是客观地附着于事物之上

---

① 康德]《纯粹理性批判》，科学院版，Ⅲ，第62页注释。——编注

的规定性。"所以,必须区分纯思想——它像巴门尼德的存在一样是非时间性的——与对这种思想的意识,后者已经把思想转换为假象的形式,即相继、多样性和运动的形式。可能巴门尼德已经使用了这种方法,此外,斯皮尔①用来反驳康德的话(《思想与现实》,第264页②)一定也可以用来反驳他。"然而,第一,很显然,如果我在我的意识中不同时具有那些前后相继的环节,那么,我就不能对这种相继有任何了解。所以,相继的表象本身绝不是相继的,因而也完全不同于我们表象的相继。第二,康德的假设包含着如此明显的谬误,以至于人们要惊叹他如何能对其视而不见。根据这种假设,恺撒和苏格拉底实际上并没有死,他们活得和两千年前一样好,只是由于我的'内感'的安排,他们才看上去像死了似的。未来的人现在已经活着,如果说他们现在还没有活生生地显现,那么,这同样是'内感'安排的错。这里,问题的关键在于:意识生命本身的开始和终止,连同其全部内感和外感,怎么能只存在于内感的理解力之中?事实恰恰是,人们根本不能否认变化的实在性。如果说它被从窗户逐走,那么,它又会从钥匙孔溜进。人们说:'状态和表象只是看起来在变化',不过,这种假象本身毕竟是某种客观现存的东西,其中的相继具有毋庸置疑的客观实在性,其中确有某物前后相继。——此外,人们必须注意到,只有在下述前提之

---

① 斯皮尔(Afrikan Alexandrovich Spir,1837—1890):新康德主义哲学家,出生于俄国,后移居德国和瑞士。主要著作是《思想与现实:革新批判哲学的尝试》,该书曾对尼采产生一定的影响。——译注

② 斯皮尔……264页]1873—1875年间,尼采曾三次从巴塞尔大学图书馆借阅《思想与现实》(1873)的第一版,后来,他于1877年购买了该书第二版。——编注

下,全部理性批判才可能有根据和理由:我们的表象本身如其所是地向我们显现。因为如果我们的表象不以如其所是的方式向我们显现,那么,人们就提不出关于这些表象的任何有效看法,因而也就不能建立任何认识论以及关于客观有效性的'先验'考察。但毫无疑问,我们的表象本身是作为相继显示给我们的。"

对于这种确定无疑的相继和运动所做的观察,迫使阿那克萨哥拉提出了一个值得注意的假设。很显然,是表象本身在动,它们不是被推转的,没有自身之外的动因。所以,他说,有些事物自身就具有运动的原因和开端。但他接下去注意到,这些表象不仅仅推动自身,而且,还可以推动完全不同的东西——身体。这样,他就通过最直接的经验发现了表象对于广延物质的作用,这种作用作为后者的运动为人所知。他首先确认了这一事实,进而又试图对这一事实做出解释。总之,他有一个关于世界中运动的规范图式。现在,他或是将其看作由进行表象的东西即奴斯(Nous)发动的真正隔绝的本质的运动,或是将其看作由已经被推动的东西发动的运动。他也许没有看到,在第二种方式即运动和碰撞的机械传递这个基本假定中,同样存在一个问题。碰撞作用的平凡性与日常性也许麻痹了他那指向碰撞之谜的眼光。相反,也许他正确地感觉到,表象对于自在存在着的实体的作用在本质上是成问题的,甚至是充满矛盾的,因此,他试图把这种作用归结为一种机械的、在他看来可以说明的推动和碰撞。奴斯一定也是这样一种自在存在的实体,他把它刻画为具有思想这种特质的非常柔软纯净的物质。当然,按照这样被假定的特征,这种物质对于其他物质的作用,与另一种实体对于第三种实体所施加的作用,在种类上完全一样，就是说，是一种机械的、由挤压和碰撞而发生的作用。现在，他无论如何是有了这样一种实体：它自己运动，也使他物运动，它的运动不是来自于外，而且，也不依赖于任何人。现在，应当如何去设想这种自我运动，看来几乎无关紧要了，也许就像非常柔软的、圆形的小水银珠子的来回滚动。在与运动有关的所有问题中，没有比运动如何开始的问题更麻烦的了。因为即使人们可以把所有其他运动看作结果和效果，但还是必须对起初的、源始的运动做出解释。对于机械运动来说，链条上的第一个环节无论如何不可能处于一种机械运动之中，因为这等于求助于荒谬的自因（causa sui）概念。仿佛从一开始就把本己的运动像嫁妆一样给予那些永恒绝对的事物，这同样行不通。因为没有在何处（worauf）和去何处（wohin）的方向，运动便是不可设想的，所以，它只能被设想为关系和条件。但是，如果从本性上说一个事物必然要关涉到在它之外存在的某物，那么，该物便不再是自在地存在的和绝对的。在这种困境中，阿那克萨哥拉认为在那个自行运动着的、独立的奴斯中找到了一种特别的救助。由于奴斯的本质恰恰是那么晦暗不明，足以掩盖这样一个事实：在其假设的根基处同样包含着那个被禁止的自因。对于经验观察来说，下面一点确定无疑：表象不是一种自因，而是大脑的作用。把"精神"即大脑的产物与它的原因分离开来，并且，错误地认为在这种分离之后它依然存在，这必须被看作一种奇特的越轨行为。阿那克萨哥拉正是这样做的。他忘记了大脑及其令人惊叹的本领，忘记了大脑沟回的精细复杂，宣告了"自在的精神"。在所有实体中，唯有这种"自在的精神"随心所欲。这真是一种绝妙的认识！它可以随时使在它之外的事物一下子运动起来,相反,却可以占用相当长的时间致力于自己的事务。——简言之,阿那克萨哥拉允许假定:在太古有一个初始的运动时刻,作为一切所谓生成的起点,就是说,作为永恒实体及其微小部分的一切变化、移动和换位的起点。虽然精神本身也是永恒的,但它绝不会被迫长久地为物质－种子的运动而操心。这样,无论持续的长短,总有一个时间或物质的一个状态,其间奴斯还没有作用于那些物质,它们还是不动的。这就是阿那克萨哥拉所说的混乱时期。

十六

阿那克萨哥拉所说的混乱,不是一个马上就能理解的概念。为了把握它,人们必须首先理解我们这位哲学家形成的关于所谓生成的观念。因为正如阿那克萨哥拉所说,在一切运动之前,所有不同种类的原初－实存(Elementar-Existenzen)的状况绝不会必然产生一切"事物种子"①的绝对混合。他把这种混合想象为一种完全的混乱,甚至直到最小的部分也是如此。在此之前,所有那些原初－实存就像在一个研钵中那样被研磨、分解为粉末原子,以便它们可以在那种混乱中被任意加以搅拌,就像在一个搅拌罐中一样。人们可能会说,这个混乱概念根本没有必要。毋宁说,人们只需假设所有那些实存的一种任意的偶然状况,而无需假设这些实存的一种无限可分性。一种无序的并存就已经足够了,不需要混

---

① "事物种子"]阿那克萨哥拉残篇第4,见第尔斯－克兰茨编:《前苏格拉底哲学家残篇》。——编注

乱，更不用说如此完全的混乱了。那么，阿那克萨哥拉是如何得到这个困难而复杂的观念的呢？如前所述，通过他对经验显示出来的生成的理解。他从自己的经验中首先得出了一个非常引人注目的关于生成的命题，这个命题必然会导致那种混乱的学说。

通过对自然中生成过程的观察，而不是通过对先前体系的考察，阿那克萨哥拉提出了一切产生于一切的学说。这是自然科学家的信念，其基础是多种多样、当然从根本上说又极为有限的归纳。他的论证过程如下：如果对立一方可以产生于对立的另一方，比如，黑色的东西产生于白色的东西，那么，一切都是可能的了。白雪溶化为黑水即是一例。他通过下述方式解释身体的代谢过程：食物中必然包含着肉、血或骨的不可见的微小部分，在代谢过程中，它们彼此分离，同类的部分则在体内结合在一起。但是，如果一切可以生成于一切，固体可以生成于液体，硬可以生成于软，黑可以生成于白，肉可以生成于面包，那么，一切也必定包含在一切之中。在这种情况下，事物的名称仅仅表达了一种实体对其他数量较小的、常常无法察觉的实体所具有的优势。在金中，也就是在人们权且（a potiore）用金这个名称所表示的东西中，也必定包含着银、雪、面包和肉，只不过数量微乎其微，所以，这个整体是按照占优势的实体即金得以命名的。

但一种实体怎么能取得优势并且以大于其他占有物的数量填充一个事物呢？经验显示：只有通过运动，这种优势才能逐渐形成；优势是我们通常叫作生成的那个过程的结果；相反，一切在一切中，则不是那个过程的结果，而是一切生成和运动的前提，因而在一切生成之前。换句话说，经验表明：同类的东西总是（比如，通过代谢)趋向同类的东西,所以,它们本来并不是混为一团的,而是彼此分开的。毋宁说,在我们眼前的经验过程中,同类的东西总是从非同类的东西而来,由非同类的东西推动的(比如,在代谢过程中,肉的微粒来自于面包等),因而,不同实体的混乱状态是事物构成的更古老形式,从时间上说,在一切生成和运动之前。如果一切所谓的生成都是一种分离,都是以混合为前提的,那么,问题在于,这种本来的混合和混乱达到了何种程度。虽然同类相聚的运动过程即生成已经持续了相当长的时间,但人们发现,现在在所有事物中仍然包含着所有其他事物的残余和种子,它们有待于进一步分离,到处存在的只是一种优势。源始的混合必定是一种完全的混合,就是说,直到无限小的部分必定也是混合的,因为分解需要无限的时间。在此问题上,阿那克萨哥拉固守这样一种思想:一切拥有真正存在的事物都是无限可分的,不会丧失自己的特性。

在这种前提之下,阿那克萨哥拉设想,世界的源始实存(Urexistenz)很可能像大量尘埃状的、无限小的、充实的点,其中,每一个点都是特定的和简单的,只具有一种质,然而,每一种特定的质都在无限多单个的点中得到体现。考虑到它们是一个整体的同类部分,而这个整体和它的各个部分也是同类的,亚里士多德把这些点称为"相似部分"(Homoiomerien)①。但是,如果人们把所有这些点、所有这些"事物的种子"的那种原初混乱等同于阿那克西曼德的源始质料,那他们就犯了极大的错误,因为后者即所谓的"不

---

① 相似部分]参见亚里士多德:《物理学》,203a 20;《论天》,302a 31;《论生灭》,314a 19;《形而上学》,984a 13,988a 27。——编注

定"是一种绝对统一的、单一的物质,而前者则是多种质料的聚集体。当然,人们可以像谈论阿那克西曼德的"不定"那样谈论这个多种质料的聚集体,亚里士多德①就是这么做的。它既不可能是白的,也不可能是灰的、黑的或任何其他的颜色,它没有滋味,也没有气味,作为整体既没有量的规定性,也没有质的规定性。阿那克西曼德的不定和阿那克萨哥拉的源始混合之间的共同点,大体上就是这些。但是,除了这种否定的共同点之外,它们也以肯定的方式相互区分:后者是混合的,而前者则是统一的。阿那克萨哥拉至少通过其混乱假设大大领先于阿那克西曼德:他不必从一中推演出多,从存在者中推演出生成者。

当然,在种子的完全混合中,他必须允许一个例外:奴斯那时尚不存在,而且,现在也根本没有与任何事物相混合。因为哪怕它曾只与一个存在者相混合,那么,它就必然在无限分割中存在于一切事物。从逻辑上说,这个例外是非常可疑的,特别是考虑到前面所说的奴斯的物质本性,它显然带有一些神话的味道,看上去甚为武断,但按照阿那克萨哥拉的前提,它却是一种严格的必然性。此外,精神和其他质料一样是无限可分的,只不过它不通过其他质料,而是通过它自己。当它分割的时候,它一边分裂,一边又或大或小地聚在一起,始终保持同样的量和质。此时此刻,在全世界,在动物、植物、人身上是精神的东西,一千年前也是精神,不多也不少,尽管分布有所不同。但在它与一个其他实体发生关系的地方,它决不会与之相混合,而是会自愿地抓住它,任意地活动它、推动

---

① 亚里士多德《物理学》,187a 20—23;《形而上学》,1069b 20—22。——编注

它,简言之,支配它。唯有精神在自身中包含运动,也唯有它在世界中居支配地位,并通过推动实体-种子表明这一点。但是,它向什么方向推动这些实体-种子呢?或者,可以设想一种没有方向、没有轨道的运动?精神的碰撞,以及何时碰撞、何时不碰撞,都是随意的吗?简言之,在运动中起支配作用的是偶然性即最盲目的随意性吗?在这里,我们触及了阿那克萨哥拉思想领域中的最神圣之处。

十七

对于一切运动之前源始状态的那种无序的混乱来说,必须做些什么,才能在不增加新的实体和能量的情况下,从中生成现存世界及其规则的天体轨道、合乎规律的季节和白昼形式、多种多样的美和秩序,简言之,才能从混乱中生成一个宇宙?这只能是运动的结果,然而,这是一种确定的、巧妙安排的运动。这种运动本身是奴斯的手段,而奴斯的目的则是同类物的完全分离。这是一个迄今为止尚未达到的目的,因为开端的无序和混合是无限的。这个目的只有通过一个漫长的过程去争取,而不能通过神话般的魔法一下子达到。如果在一个无限遥远的时刻,下述目的达到了:一切同类的东西都集聚到了一起,各种完整未分的源始实存并存于美的秩序中;如果每一个微小部分都找到了自己的同伴和家园;如果在实体的大分割、大分裂之后,开始了大和平,再也没有任何分裂和分散之物,那么,奴斯就将重新回到它的自我运动,不再分散为时而大些、时而小些的物质,作为植物精神或动物精神漫游世界,居住于其他物质之中。在此期间,上述任务尚未完成,但奴斯为了完成该任务而设想出来的运动方式证明了一种惊人的合目的性，因为通过这种运动，在任何一个新的时刻，上述任务都更接近于完成。就是说，这种运动具有螺旋式旋转的性质：它从无序混合的任何一点开始，以小旋转的方式和越来越大的轨道穿越一切现有存在，无论何处，同类的东西都被抛向同类的东西。首先，这种旋转使一切密的东西靠近密的东西，使一切薄的东西靠近薄的东西，同样，使暗的东西、亮的东西、湿的东西和干的东西靠近它们的同类。在这些普通的性质之上，还有两个更为广泛的性质，即以太（Aether）和空气（Aeer）。前者包括一切热的、亮的和薄的东西，后者则指一切暗的、冷的、重的和坚的东西。通过以太物质和空气物质的分离，作为那个圆周越来越大的旋转之轮的下一个效应，产生了类似于某人在一个平静的湖面上引起一个旋涡那样的情形：重的东西被引向中央，并挤压在一起。同样，在混乱中形成了那个前进着的龙卷风，以太的薄、亮部分向外旋转，阴、重和湿的部分则向内旋转。然后，随着这一过程的继续，水从集聚在内侧的气状物质中分离出来，土又从水中分离出来，在可怕的寒冷的作用下，从土中分离出了岩石。另一方面，在旋转力的作用下，一些石类物质被从地球引开，抛向以太的热和亮的领域。在那里，它们在以太的炽热元素中燃烧，在以太的圆周运动中一起运动。作为太阳和星辰，它们发射出光芒，照亮并温暖着本来黑暗、寒冷的地球。整个构想源自一种惊人的大胆和简单，完全没有沾染那种笨拙的、拟人的目的论，尽管人们常常把这种目的论和阿那克萨哥拉的名字连在一起。这个构想的伟大和骄傲之处恰恰在于，它从运动的圆圈推演出整个生成的宇宙，而巴门尼德却把真正的存在者看成一个静止的、僵死的球体。一旦那个圆圈首先运动起来,在奴斯的推动下滚动起来,那么,世界的一切秩序、规律性和美便都是那个第一推动的自然结果。如果人们对他在这种构想中表现出的对目的论的明智放弃进行责难,轻蔑地把他的奴斯说成是一个解围之神,那么,他们对阿那克萨哥拉是多么不公正啊!毋宁说,恰恰由于他消除了神话的和神学的奇迹干预,消除了人格化的目的和功用,阿那克萨哥拉才能使用类似康德在其天体自然史①中所使用的激扬文字。把宇宙的雄伟和天体轨道的神奇安排,完全追溯到一种简单的、纯粹机械的运动,仿佛追溯到一个运动着的数学图形;不是诉诸一个解围之神的意图和强有力的大手,而是仅仅诉诸于一种振动,这种振动一经开始,其过程就是必然的和确定的,其效果类似于敏锐的洞察力所做的最为睿智的计算,类似于最为深思熟虑的合目的性,尽管实际上并非如此。这的确是一种崇高的思想。康德②说:"我享有这样一种快乐,即看到不是借助于任意的虚构,而是由于确定的运动法则,产生了一个安排得当的整体。这个整体看上去与我们的世界系统如此相像,以至于我不能不认为它就是这个系统。我认为,在确切的意义上,人们在此可以并非傲慢地说:给我物质,我就会从中建造一个世界!"

十八

即使假定那个源始的混合得到了人们的正确理解,这个关于

---

① 即康德的《自然通史与天体理论》。——译注
② 康德]《自然通史与天体理论》,科学院版,Ⅰ,225—226,229—230。——编注

世界建构的伟大草案看来还是会首先遭到若干力学思想的反对。就是说，即使精神在一个地方引起了一个圆周运动，但是，这种运动的延续仍然是难以想象的，特别是因为这种运动应当是无限的，并且应当逐渐带动一切现有物质。人们从一开始就会想到：所有其他物质的压力必然压倒这个刚刚产生的微小的圆周运动；这种情况并没有出现，这是以引起运动的奴斯的存在为前提的，它以可怕的力量突然降临，速度如此之快，我们必须把这种运动称为一个旋涡，德谟克利特同样曾经想象这样一种旋涡。为了不被压在其上的整个无限世界所阻挡，这个旋涡必须无限强，所以，它将会无限快，因为强度本来只能在速度中才能得到显示。相比之下，同心圆越大，运动也就越慢。如果有朝一日，这种运动可以达到无限伸展的世界的尽头，那么，它必然业已具有无限小的旋转速度。相反，如果我们设想，在其初始阶段，运动无限大亦即无限快，那么，开始的圆周也必然无限小。这样，我们就得到了一个作为开端的围绕自身旋转的点，这个点具有无限小的物质内容。但这个点根本解释不了继续运动。即使人们可以设想源始物质所有的点都在围绕自身旋转，整个物质仍然是不动的和未分离的。然而，如果那个受奴斯吸引和推动的无限小的物质点并不围绕自身旋转，而是画一个任意的、大于自身的圆周，那么，这就足以撞击、推动、抛掷、弹回其他物质点，从而逐渐引起一种活跃的、向外蔓延的骚动。在这种骚动中，作为最近的结果，必然发生空气物质与以太物质的分离。正如运动的开始本身是奴斯的一个任意行为一样，这种开始的方式也是奴斯的一个任意行为，因为它画的是这样一个圆圈，其半径是大于一个点的任意数。

十九

当然,人们在此可以提出这样的问题:当时奴斯突然想起了什么,以至于要去撞击无数个点中的任意一个物质小点,使之旋转起来、舞动起来,为什么它以前没想这样做呢?对此,阿那克萨哥拉也许回答说:它有自行决断的特权,可以随意突然开始,它独立自主,而所有其他事物则是由外力决定的。它没有任何义务,因而,也没有任何不得不追求的目的。如果它什么时候开始了那个运动,并为自己设置了一个目的,这也仅仅是——这个问题很难回答,赫拉克利特会补充说——一个游戏。

看来这是始终挂在希腊人嘴边的最终方案和答复。阿那克萨哥拉的精神是一位艺术家,而且是最大的力学和建筑学天才,它用最简单的手段创造出了最壮丽的形式和轨道,仿佛创造了一座移动的建筑,而这无论如何是出自那种存在于艺术家内心深处的非理性的随心所欲。仿佛阿那克萨哥拉指着菲迪亚斯[①],面对宇宙这件巨大的艺术作品,就像面对巴特农神殿一样,向我们喊道:"生成不是什么道德现象,而仅仅是一种艺术现象。"据亚里士多德[②]讲述,对于人生价值何在的问题,阿那克萨哥拉答道:"在于凝视天空和宇宙的整个秩序"。他带着如此神秘的敬畏,如此虔诚地对待

---

① 菲迪亚斯(Phidias,公元前480—前430年):古希腊雕塑家、画家和建筑师,曾监管巴台农神殿的工作,代表作品有《雅典娜神像》和《宙斯神像》等。——译注

② 亚里士多德]《优台谟伦理学》,1216a 11—14。——编注

物理事物，就像我们以同样的心情站在一座古代神庙前一样。他的学说变成了一种自由精神的信仰练习，通过"憎恨并远离无知的群氓"(odi profanum vulgus et arceo)①来自保，谨慎地从雅典最高贵的社会挑选自己的信徒。在雅典阿那克萨哥拉信徒的秘密团体中，民间神话只是作为一种象征性语言才被准许。所有神话、神和英雄在这里只被看作解释自然的象形文字，甚至连荷马史诗都应当是奴斯统治的颂歌，是自然(Physis)的斗争和法则的颂歌。有时，一个声音会冲出这个崇高的自由精神的团体，渗入民间。特别是那位始终胆大妄为、谋求革新的伟大的欧里庇得斯②，敢于通过各种悲剧面具，把像一把利箭穿透百姓意识、后者只有通过滑稽的漫画和可笑的插科打诨才能得以摆脱的东西公诸于众。

但是，最伟大的阿那克萨哥拉主义者是伯利克里③，他是世上最强大、最威严的人。柏拉图④就是为他作证说：只有阿那克萨哥拉的哲学才使他的创造力得到尽情发挥。他作为公众演说家站在他的人民面前，神情优美肃穆宛如一尊大理石的奥林匹斯神像，身披连皱痕都不曾改变的大衣，面部表情没有任何变化，没有笑容，

---

① 憎恨并远离无知的群氓]贺拉斯：《赞歌集》，Ⅲ，1，1。——编注
贺拉斯(Quintus Horatius Flaccus, 公元前65—8年)，古罗马诗人。——译注
② 欧里庇得斯(Euripides, 公元前484—前406年)：古希腊悲剧作家，与埃斯库罗斯和索福克勒斯并称希腊三大悲剧大师，代表作品有《美狄亚》、《特洛伊的妇女》和《醉酒的女人》等。在《悲剧的诞生》中，尼采认为欧里庇得斯造成了希腊悲剧的解体。——译注
③ 伯利克里(Perikles, 公元前495—前429)：古希腊著名政治家，也是古代世界最著名的政治家之一。——译注
④ 柏拉图]《斐德罗篇》，269a—270a。——编注

声调始终浑厚有力,因而,完全不是以狄摩西尼①的风格,而是以伯利克里式的风格演讲着、吼叫着、毁灭着、拯救着。这时,他成了阿那克萨哥拉的宇宙的缩影,成了奴斯的肖像(奴斯为自己建造了这个最美丽、最威严的躯壳),仿佛成了那建造着、运动着、分离着、整理着、通观全局的、艺术的和未确定的精神力量的可见的化身。阿那克萨哥拉②自己曾经说过,因为人具有像手这样令人惊叹的器官,所以,他已经是最理性的存在,或者说,他必定已经包含了比所有其他存在更多的奴斯。他由此得出结论,奴斯按照它强占一个物体的大小和数量,不断从这种物质中建造与自己的质级相当的工具,所以,当它以最大的量出现时,这些工具也就最漂亮、最合目的。奴斯最神妙、最合目的的活动一定是那个圆形的源始运动,因为那时精神还是尚未分化的整体。同样,作为听众的阿那克萨哥拉时常觉得伯利克里演讲的效果就是那种圆形源始运动的一个形象写照,因为他在这里也首先感觉到了一种力量巨大而又井然有序的运动着的思想旋涡,它用若干同心圆逐渐抓住和夺走远近的一切,当它达到自己目的的时候,它已经把整个民族整理得井然有序、层次分明。

在后来的古代哲学家看来,像阿那克萨哥拉那样用奴斯去解释世界的方式是古怪的,甚至几乎是不能宽恕的。他们觉得他好像发明了一件精美的工具,然而却不能正确地理解这件工具,于

---

① 狄摩西尼(Demosthenes,公元前384—前322),古希腊著名政治家、演说家和雄辩家。——译注
② 阿那克萨哥拉……奴斯]亚里士多德:《论动物的部分》,687a 7—12。——编注

是，他们试图补做被发明者所疏忽的工作。他们没有认识到，阿那克萨哥拉那源于自然科学方法之至纯精神的放弃有何意义。这种方法在任何情况下首先提出的问题都是某物何以存在（动力因 causa efficiens），而不是某物为何存在（目的因 causa finalis）。奴斯只是被阿那克萨哥拉用来回答"何以有运动、何以有合乎规律的运动"这个特殊问题。而柏拉图①却指责他说，他本该表明然而却未能表明这样一点：每个事物都最美、最好、最合目的地以自己的方式处于自己的位置。但阿那克萨哥拉却在任何个别场合都不敢宣称这一点，在他看来，现存世界不是可能的最完满的世界，因为他看到了物物相生，并且发现无论在世界上充实的空间的尽头，还是在个别的存在物上，奴斯对实体的分离都未得到执行和解决。对于他的认识来说，找到一种运动就足够了，这种运动可以在简单的持续作用中从一个完全混合的混乱状态创造出可见的秩序。他避免提出为何运动以及运动的理性目的的问题。因为如果奴斯按其本性具有通过运动得以实现的必然目的，那么，它就不再能随心所欲地随时启动运动了。如果它是永恒的，它也就必然永久地为这个目的所决定，于是，也就不会有一个运动尚不存在的时刻，甚至从逻辑上必须禁止为运动设定一个起点。这样，阿那克萨哥拉全部世界观的基础即源始混乱的观念在逻辑上也就成为不可能的了。为了回避目的论所造成的这些困难，阿那克萨哥拉必然最为强烈地强调和保证：精神是随意的。它的全部行为，包括那个源始运动的行为，都是"自由意志"的行为。相反，其余的整个世界都是

---

① 柏拉图]《斐多篇》，97b—98c。——编注

被严格决定的,而且是被机械地决定的,是在那个源始瞬间之后形成的。但那个绝对的自由意志只能被设想为无目的的,其行为方式约略相当于儿童游戏和艺术中的游戏冲动。如果人们指望在阿那克萨哥拉那里发现目的论者常常犯的那种混淆,那就错了。面对非同寻常的合目的性、部分与整体的相互协调,特别是有机体身上的合目的性和协调一致,目的论者假定:为理智而存在的东西,也是由理智所产生的;他仅仅在目的概念的引导下获得的东西,本来也必定是由思考和目的概念形成的(叔本华《作为意志和表象的世界》第二卷第373页)。但与此相反,按照阿那克萨哥拉的想法,事物的秩序和合目的性完全是一种盲目的机械运动的结果。而且,只是为了能够引起这种运动,为了随时走出混乱状态那死一般的寂静,阿那克萨哥拉才假定了那个随心所欲、独立自主的奴斯。他所看重的恰恰是奴斯的这样一种特性:它是随意的,因而它的活动可以是无条件的和非限定性的,既不受原因的引导,也不受目的的支配。

在道德之外的意义上论真理与谎言[①]

[①] 《在道德之外的意义上论真理与谎言》一文是尼采在1873年夏季,根据先前的笔记,向盖斯多夫口授的,这些笔记要追溯至1872年夏季(另可参看《为五部未成之作而写的五篇前言》第一篇);此外还请注意编者在为《希腊悲剧时代的哲学》第8节末尾所写的编注中所交待的异文。

样稿:U II 2,第1—32页。参看19[229.230.258];23[43.44];26[11]。——编注

一

宇宙闪亮地倾洒，化作无数个太阳系，在其中某个偏僻的角落，曾经有过一个星球，聪明的动物在上面发明了认识。那是"世界历史"最为高傲也最具欺骗性的瞬间：可也只是一瞬。在自然呼了几口气之后，那星球便冻僵了，聪明的动物也得死去。[①] ——或许可以虚构一个寓言，但也道不尽人类的理智在自然中所显出的样子是多么的悲惨、虚幻和短暂，多么的无目的和随意；在他存在以前是永恒；当他重又消逝的时候，一切仍然照旧。因为那理智没有超出人类生活之外的更多的使命。它是属人的，并且只有它的拥有者和制造者才把它看得那么庄严，仿佛世界的枢纽在其中转动。可如果我们能够理解蚊虫，我们也会发现，它也怀着这种激情在空中飘游，把自己感受为这个世界飞翔着的中心。自然当中没有什么东西是如此的微不足道，以至于不会在那种认识的力量轻吹一口气之后，马上像一个气囊一样膨胀起来；就像每个搬运工都想要人来赞赏，哲学家，这最骄傲的人，甚至以为宇宙之眼在用望远镜从各个角度密切观望着他的思想和行动。

值得注意的是，这是由理智完成的，而理智恰恰只是作为辅助手段被赋予这些最不幸、最敏感、最短暂的生命，让他们可以在此作片刻逗留；若是没有这个附加物，他们便完全有理由像莱

[①] 参看《为五部未成之作而写的五篇前言》第一篇。——编注

辛之子①那样从生命中逃离。那种与认识和感受相关联的高傲，那置于人类眼睛与感官之上的迷雾，通过在自身中给予认识本身以最谄媚的尊敬，而在生存的价值问题上骗过了人类。其最普遍的效果是欺骗——而其最个别的效果也带有某种相同的特征。

作为个体保存的一种手段，理智在伪装中发挥它的主要力量；因为这是那些无法利用尖角或利爪来进行生存斗争的较为羸弱的个体得以保持自身的手段。② 人类将这种伪装技艺发挥到了极致：蒙蔽、谄媚、谎言和欺骗、背后诋毁、应酬、在虚假的光环中生活、戴上面具、遮遮掩掩的习俗、在别人和自己面前演戏，一言以蔽之，围着那一团虚荣之火不断地来回飞舞，这在人类中已成为一种如此坚固的定则，以至于几乎无法想象在人类当中会产生一种真诚和纯粹的求真欲。他们深深地沉浸在幻相和梦境之中，他们的目光只掠过事物的表面并且看见"各种形式"，他们的感受从未入于真理，而只是满足于接受刺激，仿佛在事物的脊背上玩着触觉的游戏。此外，人终其一生都在夜里受着梦幻的欺骗，对此，他的道德感也从未试图阻碍过：通过坚强的意志消除了鼾声的人应该是有的。对于自己，人类真的知道什么呢？他能够完全地感知自己吗，就像置身一个通体透亮的玻璃房中，哪怕只有一次？自然难道没有向他隐瞒绝大多数的事物吗，甚至他的身体，为了让他远离内

---

① 莱辛之子]参看莱辛在1777年12月31日致艾森堡（J. J. Eschenburg）和1778年1月5日致卡尔·莱辛的信。——编注

莱辛的儿子在出生那天便死了，莱辛备感痛苦，在给朋友的信中称这是因为他儿子的理智，即出生的时候就洞察到人世的痛苦，遂抽身而去了。——译注

② 此处根据叔本华。——编注

脏的蜿蜒曲折、血流的迅速涌动和错综复杂的纤维颤动,将他吸引在一种骄傲而有欺骗性的意识中并且关在里面!然后它把钥匙给扔了:啊,危险的好奇心,它想要有朝一日通过一道裂隙从意识禁室(Bewusstseinszimmer)向外、向下看去,它现在预感到,人类因为无知而无所谓地位于无情、贪婪、不知餍足和凶残之上,仿佛骑在虎背上耽于梦幻。既然如此,那满世界的求真欲又从何而来!

只要个体想在和其他个体的对峙中保存自己,它在一种自然的事物状态中大多就只用理智来伪装:但是,因为人同时出于困迫和无聊而想要社会的和群体的生存,他就需要缔结合约,而后寻求和平,至少要让最野蛮的 bellum omnium contra omnes[一切人反对一切人的战争]从它的世界中消失。这种合约的缔结却是有后果的,这后果看来就是通往那谜一般的求真欲的第一步。也就是说,从今往后什么该是"真理"现在就确定下来了,换言之,事物的一种持续有效且有约束力的名称被创造了出来,并且语言的立法也首次给真理立了法则:因为由此而首次产生了真理与谎言的对立:说谎者使用有效的名称、词语,来把不现实的东西弄成看似现实的;比如他说,我是富有的,而对于其状况的正确描述恰恰该是"贫穷"。通过任意的调换甚至反用名称,他滥用了固定的契约。如果他以有利于己而对他人有害的方式来这样做,那么,社会就不会再信任他并由此而将他排除在外。人类所要躲避的与其说是受骗,不如说是因为欺骗而受害。① 即便在这个层面上,他们所痛恨

---

① 此处参看19[253]。——编注
科利版第7卷第498—499页。——译注

的在根本上也不是欺骗,而是某种类型的欺骗所带来的糟糕、敌意的后果。人们也只在一种类似的、有限的意义上欲求真理。他所欲求的是真理舒适的、保存生命的后果;对于没有后果的纯粹知识他是漠不关心的,对于那些或许有害的、摧毁性的真理他甚至怀有敌对的情绪。此外:那些语言契约又是怎样的呢?它们或许是知识和真理感的见证:名称和事物是相符合的吗?语言是一切实在的适切表达吗?

只有通过遗忘,人才能妄想:他在上述意义上拥有真理。如果他不愿满足于将真理视为同义反复,即视为空壳子,他将永远以幻相来换真理。什么是词语?在声音中对一种神经刺激的模仿。从神经刺激再进一步推理,寻求一个外在于我们的原因,这就已经是对于根据律的一种错误的和不合理的运用的结果了。如果真理在语言的起源中、确定性的视点在命名的时候是唯一决定性的因素,那么我们怎么还能够说:石头是硬的:仿佛"硬"不只是一种完全主观的刺激,仿佛我们知道它还是别的什么!我们将事物分成不同的性①,我们说树是阳性的、植物是阴性的:这是多么任意的委派啊!这与确定性的法则相距何其遥远!我们说一条蛇②:这个名称所关系到的无非是蜷缩,而这也能用来称呼蠕虫。多么任意的界定,多么片面的一会突出事物的这个、一会突出那个特征!把不同的语言摆在一起就能看出,词语绝对无关乎真理、无关乎一种适切的表达:因为否则就不会有这么多的语言了。对于语言塑造者

---

① 德语中名词皆有性,分为阳性、阴性和中性三种。性的规定往往并无道理可讲。——译注

② 德语词 Schlange[蛇]的本义是 die sich Windende[蜷缩着的东西]。——译注

来说,"物自身"(这正可以是无后果的纯粹真理)是完全不可理解的,甚至是完全不值得追求的。他所要标示的只是事物与人的关系,并借助最大胆的隐喻来表达它。先把一种神经刺激改写成一个图像!第一层隐喻。再把图像模仿成声音!第二层隐喻。并且每一次都是从一个领域完全地跳入另一个,跳入一个完全不同的、全新的领域。我们可以设想这样一个人,他完全是个聋子,并且从未感受过声音和音乐:他惊奇地在沙里看到了克拉德尼①的声音图②,发现它的原因是弦的颤动,而后就深信自己知道了人们所谓的声音是什么,我们所有人和语言的关系也是这样。当我们谈论树木、颜色、雪和花朵的时候,我们自以为知道事物本身的某些因素,我们所具有的却无非只是与原本的存在完全不相应的对于事物的隐喻。正如声音显示为沙线图一样,物自身那谜一般的 X 一度显示为神经刺激,进而显示为图像,最后显示为声音。所以,语言的起源绝不是合乎逻辑的,后来的那些追求真理的人、研究者和哲学家置身其中并借以工作和建设的全部材料即便不是起源于幻境(Wolkenkukuksheim)③,也绝不是源于事物的本质的。

我们再来着重思考一下概念的构造:每当一个词语不再被用

---

① 德国物理学家,现代声学的奠基人之一。——译注
② 克拉德尼的声音图]参看叔本华:《作为意志和表象的世界》第二篇,第 119 页。——编注
参见叔本华:《作为意志和表象的世界》,石冲白译,商务印书馆,1982 年,第 368 页。十九世纪,德国物理学家恩斯特·克拉德尼做过一个实验,他在一个小提琴上安放一块较宽的金属薄片,在上面均匀地撒上沙子。然后开始用琴弓拉小提琴,结果这些细沙自动排列成不同的图案,并随着琴弦拉出的曲调不同而不断变幻。这就是著名的"克拉德尼声音图"。——译注
③ 幻境]阿里斯托芬:《鸟》,第 819 行。——编注

来回忆它所源出的一次性的、完全个体化的原始体验,而是同时用来回忆无数或多或少相似的(也就是说严格来讲绝不相同的)体验,即必须适用于全然不同的情况的时候,它就立即变成了概念。每个概念都产生于对不相同者的等同。可以肯定的是,没有哪一片叶子与另一片完全相同,同样可以肯定的是,叶子的概念是通过任意地略去这些个体多样性、通过一种对于差异的遗忘来构成的,而后这唤起了一种观念,即以为在自然中除了各种叶子之外,还有某种名为"叶子"的东西存在,这"叶子"仿佛一个原型,所有的叶子仿佛都是根据这个原型来编织、绘制、测量、上色、打褶、描画而成,却是出自拙劣的手法,以至于没有哪一片是像原型的忠实摹本那样正确可靠的。我们说一个人是诚实的;我们问:他今天的行为何以如此诚实?我们的答案往往是:因为他的诚实。诚实!这还是说:叶子是各种叶子的原因。我们其实根本就不知道一种名为诚实的实在品质,我们知道的毋宁是无数个体化的,因而不相同的行为,我们通过略去不同因素而将其等同,然后称之为诚实的行为;最后我们从中总结出了一种 qualitas occulta[神秘性质],名之为:诚实。

  我们通过对个体因素和现实因素的忽略而得到了概念,我们也通过这个方式得到了形式,可自然却不知有形式和概念,因而也不知有类别,而只知道一个对于我们来说不可通达、无法定义的 X。因为就连我们的个体与类别的对立也是人类中心论的,这种对立并非源于事物的本质,即便我们不敢说它一定与之不符:因为这样说也是教条的,并且作为教条和它的反面一样都是无法证明的。

因此,什么是真理?真理即一群运动着的隐喻、转喻和拟人化,简单来说,即一组以诗意的和修辞的方式被提高、转化和修饰了的人类关系,并且这些关系在长久的使用之后被一个民族视为固定的、规范性的和有约束力的:真理是人们已经忘了其为幻觉的幻觉,是被用坏了的、失去感性力量的隐喻,是磨灭了图案的硬币,它不再被视为硬币,而是被视为金属。我们一直都还不知道求真欲源自何方:因为迄今为止我们听说的只是社会为了存在而设置的义务,所谓真实即使用惯常的隐喻,用道德的语言来说:即出于义务而按照一种固定的契约去说谎,大家一起以一种对所有人都有约束力的方式说谎。可是随后人类忘记了自己的处境;他因而以上述方式无意识地、按照数百年来的习惯说谎——并且正是通过这种无意识、正是通过这种遗忘而达到了真理感。一种对真理的道德情感源于这样一种义务感,即感到有义务将一样东西称为红色,另一样称为寒冷,还有一样称为缄默:人们从其反面,即从无人信赖的、被所有人排斥的说谎者,来向自己证明真理的荣耀、可信赖之处和益处。现在他将自己的行为作为理性之物置于抽象之物的支配之下:他不再被骤然的印象和直观牵着走,不再为此而受苦,他首先将所有这些印象普遍化为更无色彩、更冷漠的概念,从而将其生命和行为的交通工具系于其上。使人类从动物中突显出来的一切都赖于这种能力,即将直观的隐喻抽象为一个图式,或者说将一个图像化为一个概念;因为在那种图式的领域中,那在直观的第一印象之下绝无可能达到的东西变得可能了:建立一个等级森严的金字塔秩序,创造一个律法、特权、隶属和划界的新世界,这个世界与另一个由第一印象组成的直观世界相对立,它更加坚固、

882 普遍、熟知和人性,并因此而调节和命令着另一个世界。每一个直观隐喻都是个体的、没有雷同的,因此是无法被归类的,相反,雄伟的概念建筑所表现出来的则是罗马骨灰存放所那样僵硬的规则,它在逻辑中所散发的是数学所特有的那种严格和冷漠。谁要是闻到了这种冷漠之气,就会难以相信,那像骰子一样骨感而立方,且能像骰子一样摆弄的概念,也只是一个隐喻的残留,那将一种神经刺激化为图像的艺术转化乃是一种幻相,这种幻相即便不是每一个概念的母亲,也是它的祖母。而在这样一种概念骰子的游戏中所谓"真理"即——按照标识的样子使用每一个骰子;数清点数,分对类别,从不违反等级秩序和次序。罗马人和伊特拉斯坎人用僵硬的数学线条分割天空,并将一位神灵逐入这样一个划定的空间,仿佛逐入一个templum[庙宇],就像他们一样,每一个民族头上都有这样一片以数学的方式分割了的概念天空,并且把真理的要求理解为只在其领域内寻找每一位概念神灵。在这一点上,我们可以赞叹人类是强有力的建筑天才,他成功地在运动着的基础之上并仿佛是在流水之上堆起了一座无比复杂的概念教堂;可要在这样一个基础上找到支点,这个建筑的材料得像是蛛丝,得是那么的柔软才能随波逐流,又得是那么的坚固才能不被风给吹散了。作为建筑天才,人类在这个范围内远胜于蜜蜂:蜜蜂将它从自然中收集来的蜡用来建造,人类则用远为精致的概念材料来建造,并且他首先还必须从自身造出材料。在这一点上他是很值得惊叹的——

883 只不过不是因为他的求真欲、求对事物的纯粹认识的欲望。如果一个人把一个东西藏在树丛后面,回头又到那里寻找并且找到了这个东西,这样一种寻找和找到并没有什么值得称赞的;可在理性领域内寻找并且找到"真理"却正是如此。如果我给哺乳动物下了定义，然后在检查完一头骆驼之后说：看哪，这是一头哺乳动物，这虽然揭示了一个真理，但这真理却只有有限的价值，我的意思是说它完完全全是拟人化的，除人以外，它没有包含任何一点可能是"本身真"的、现实和普遍的东西。这样一种真理的研究者所寻求的在根本上只是世界在人当中的变形；他努力地将世界理解为一种属人的东西，并且在最好的情况下也只是为自己争得一种同化的感受。正如星相学家为了服务于人类而观察星辰，并在观察中将星相与人类的幸福和痛苦联系起来一样，这样一位研究者将整个世界作为与人相联系的来观察，作为一个原始声响无限碎裂的回音，作为一个原始图像多样化的摹本，这原始声响和原始图像就是人。他的做法是：将人视为万物的尺度，但是又从这样一个错误出发，即错误地认为这些事物作为纯粹客体直接地呈现在他面前。也就是说，他遗忘了原本的直观隐喻之为隐喻，并将其当作了事物本身。

只有遗忘了那个原初的隐喻世界，只有把那原本在激流中的、从人类想象的原始能力喷涌出来的图像群僵化、硬化，只有通过百折不挠的信仰，即相信这个太阳、这扇窗户、这张桌子是一个真理本身，简言之，只有当人类遗忘了自己是主体并且是艺术地创造的主体之时，他才能带着一些平静、安稳和一致性生活；只要他有一瞬间能够越过这种信仰的狱墙，他的"自我意识"就会立即瓦解了。他已经要花些力气才能承认，昆虫或鸟类所感知到的是完全不同于人类的另一个世界，并且两种世界感知中哪一种更加正确的问题是毫无意义的，因为这已经得用正确的感知作为标尺来衡量，而这意味着要用一个并不存在的标尺来衡量。可在我看来，正确的感知——这或许意味着一个客体在主体当中的适切表达——根本就是一个充满矛盾的谬误：因为像主体和客体这样两个绝对不同的领域之间根本就不存在因果性、正确性，不存在表达，有的最多只是一种审美行为，所谓审美行为指的是一种勾勒性的改写，是吞吞吐吐地翻译成一种完全陌生的语言。可这无论如何都需要一种自由创造和自由发明的中介领域和中介力量。现象（Erscheinung）这个词包含了诸多诱惑，我之所以尽可能地要避免它，是因为：事物的本质并不真的在经验世界中显现。一位失去双手的画家想要通过歌声来表达他眼前浮现的画面，在这种领域的转换中得以表露的东西，总是比事物的本质在经验世界中所表露的仍然更多。甚至一种神经刺激与从中所产生的图像之间的关系本身也绝不是必然的；可当同一幅图像恰好百万次地从中产生，并且经过了许多世代的传承，最后甚至在全部人那里每次都因同一个缘由而显现，于是它最终获得了对于人类而言的同一种含义，就仿佛是唯一必然的图像，仿佛那原本的神经刺激和从中产生的图像之间有着一种严格的因果关系；就像一个永远重复着的梦境完全被感受和被评判为现实一样。可一个隐喻的僵化和硬化完全没有保证这个隐喻的必然性及其独一的合法性。

885　　每一个熟知这种思考的人必定会对所有此类的理想主义（Idealismus）感到一种深深的怀疑，即便他曾经常常对自然规律永恒的一贯性、普遍性和可靠性深信不疑；他下了这样的结论：我们向望远镜世界的高度和显微镜世界的深度探去，所及之处无不是这般确定、完善、无限、合乎规律和没有漏洞的；科学将能够永远成功地向这井下挖去,并且所得的一切将彼此和谐,不会互相矛盾。这与幻想的产物是多么的不同啊:因为如果这是幻想的产物,那么它的虚假和不实在必定会在某个地方被揭穿了。我们可以这样来反驳:如果我们每一个人还有一种不同的感受方式,如果我们自己只能一会像鸟儿、一会像蠕虫、一会又像植物那样知觉,或者如果同一种刺激在我们当中的一个人看来是红色,在另一个人看来却是蓝色,在第三个人那里甚至被听作声音,那么就不会再有人谈论自然的那样一种规律性了,那种规律性只会被理解为一种最高度的主体构造。于是:一条自然规律对我们来说究竟是什么;我们并不就其本身认识它,而只是在其影响中,也就是说在它与其他自然规律的关系中来认识它的,而这些其他的规律又只是作为关系而被认识。因此,所有这些关系总只是复又互相指引,并且就其本质而言,对于我们来说是完全不可知的;我们所熟知的其实只有我们带入的东西,如时间、空间,也就是说连续性关系和数字。但是,一切惊人之处,自然规律中让我们恰感惊讶的地方,需要我们的解释并且能够将我们引向对理想主义的怀疑的地方,却单单的只在于数学的严格性和时空观念的不可间断性。可这却是我们以蜘蛛织网的那种必然性在自身中、从自身制作出来的;如果我们不得不将一切事物置于这种形式之下来理解,那么毫不奇怪,我们在所有事物中所理解到的其实只是这种形式:因为它们身上都必得具有数字的法则,而数字也正是事物中最惊人的东西。在星辰轨道和化学过程中让我们如此印象深刻的一切规律性,与我们自己带入事物当中去的那些特征在根本上是吻合的,我们借此来给自己留下深刻的印象。当然,可以由此得出的结论是,我们的每一种感受借以开始的那种艺术的隐喻构造,已经预设了那些形式,也就是说会在这些形式中完成;只有从这些原始形式的固执出发,才能解释随后从隐喻本身复又建造一个概念建筑的可能性。因为这种概念建筑是在隐喻的基础上对时空关系和数字关系的一种模仿。①

二

从事概念构造的,正如我们所看到的那样,原先是语言,后来是科学。就像蜜蜂一边修建蜂巢,一边用蜂蜜填满蜂巢一样,科学也不断地从事那个巨大的概念骨灰存放所——概念即直观的墓地——的建造,不断修建新的、更高的楼层,加固、净化、更新旧的蜂巢,并特别努力地填充那耸入云霄的木框建筑,将整个经验世界,即人化的世界归入其中。行动中的人已然要将他的生活维系于理性及其概念,从而让自己不被冲走、不至于失去自己,研究者则更是紧挨着科学的塔楼修建他的小屋,从而可以参与其中并在既有的堡垒下寻得庇护。而他是需要庇护的:因为有可怕的力量不断地向他涌来,并用极不相同的牌号传递着完全不同于科学真理的"真理"。

这种构造隐喻的冲动,这种人类的基本冲动,是我们一刻都不

---

① 草稿中尚有一段:没有内容的空间和没有内容的时间在任何时候都是可以设想的:每个概念,即没有内容的隐喻,是对于前一种想法的一种模仿。时间、空间和因果性,其次,改写为图像的原始幻想:前者给了我们所相信的材料,后者给予了它的性质。音乐的比喻。我们如何能够谈论它们?——编注

能脱离的,因为脱离它就意味着脱离了人本身。这种冲动虽然用它暂时的成果,即概念,为自己建造了一个规则而僵硬的新世界来充作堡垒,可它事实上并不能由此而被抑制,并且几乎无法被约束。它为自己寻找一个新的作用领域和另一个河床,并在神话和更普遍的艺术中找到了。它通过设置新的改写、隐喻和转喻来不断地混淆范畴和概念的蜂巢,它不断地显示构造的欲望,把清醒者的现存世界构造得像梦中的世界那样多彩而不规则、那样无前后左右的联系、那样迷人而又永远常新。清醒的人其实只是通过僵硬而规则的概念织物才确信他是清醒的,因此,一旦那种概念织物被艺术撕毁,他也就会相信自己是在做梦了。帕斯卡尔[①]说得对,如果我们每个晚上都做着同一个梦的话,我们就会像对待我们每个白天所看到的事物那样来对待它。他说:"如果一个工匠确信自己每天晚上足足十二个小时都梦见自己是一个国王,那么我相信,他和那个每个晚上十二小时都梦见自己是工匠的国王有着同样程度的幸福。"因为神话具有不断涌现的奇迹,一个为神话所激动的民族,如古代希腊人,他们的白天更像是梦境,而非一位有着清醒的科学头脑的思想家的白天。如果每一棵树一度都能像仙女一样开口说话,如果一位神可以伪装成一头公牛拖走少女,如果人们突然看到女神雅典娜本人在庇西特拉图[②]的陪伴下,坐着一辆美丽的马车穿过雅典的市场——诚实的雅典人是相信这个的——那么

[①] 《思想录》第 6 编,第 386 条(布伦士维格)。——编注
布伦士维格本是《思想录》的权威版本。参见帕斯卡尔:《思想录》,何兆武译,商务印书馆,1986 年,第 171 页。——译注

[②] 庇西特拉图(Pisistratus):雅典僭主,生活于公元前 6 世纪。——译注

每一个时刻就都仿佛是在梦中,一切皆有可能,整个自然都蜂拥在
888　人类的周围,仿佛只是诸神的面具,而诸神以各种形态来欺骗人
类,只是要从中取乐罢了。

可人类自己是有一种不可战胜的让自己受骗的倾向的,当游
吟诗人给他逼真地讲述史诗故事,或者当演员在剧中把国王扮演
得比他在现实中所看到的国王更像国王的时候,他就仿佛沉浸在
幸福之中。理智是位伪装大师,当他能够无害地欺骗而后庆祝自
己的农神节的时候,他才是自由的,才摆脱了他在其他时候的奴隶
身份;他从未这般丰腴、富饶、骄傲、灵敏和大胆。他带着创造的欢
娱混淆隐喻、挪开了分隔抽象之物的界石,比如他把河流称为流动
的道路,能够将人载往他本来要步行去往的地方。现在他从身上
卸下了服役的标识:平时他要沮丧地劳作,来为一个贫乏的个人、
一个渴求生存的人指示道路和工具,并且要像仆役一样为主人抢
夺财物和猎物,现在他成为了主人,可以将贫乏的表情从他的脸上
抹去。与他先前的行为相比,他现在的所作所为都带有伪装,就像
先前的带有对自身的扭曲一样。他模仿着人类的生活,却将其视
为一件好事并且看似还很满足于此。贫乏的人终其一生都要靠抓
住那些非同寻常的概念屋梁和壁板来获得拯救,可是对变得自由
的理智来说,这些东西只不过是他那些最大胆的艺术作品的一个
支架和玩具罢了:当他将其打碎、搞混、讽刺性地将其重新组装,将
不相干的放在一起,又将切近的分开的时候,他明白了,他并不需
要贫乏的权宜之计,他现在不是被概念而是被直觉所引导的。从
889　这些直觉出发没有常规的道路可以通往幽灵般格式和抽象之物的
王国:词语不是为这些直觉而设的,当人们看见它们的时候,要么

沉默，要么就用完全被禁止的隐喻和闻所未闻的概念组合来言说，这样，至少能够通过对旧有概念框架的摧毁和嘲讽，来创造性地应和强大的当下直觉所造成的印象。

曾有过这样一个时代，理性的人和直觉的人比肩而立，一者怀着对直觉的畏惧，另一者则带着对抽象的嘲讽；后者是非理性的，正如前者是非艺术的一样。两者都想要统治生命：前者知道怎么用谨慎、聪明和规则来应对最主要的困境，后者作为"过于欢快的英雄"而看不见这些困境，并且只把伪装成美和假象的生活视为实在的。在直觉人比他的对手更有力、更成功地使用自己的武器的地方，比如在古代希腊，就会在好的情况下形成一种文化，并且艺术奠定了自己对于生命的统治；那种伪装，那种对于贫乏的否定，那种隐喻性直观的光辉[①]，以及那种欺骗的直接性，伴随着这样一种生命的所有表现。房屋、脚步、服饰和泥罐，没有一样表现为生活必需的创造；看起来仿佛在所有这些东西中都应当表现着一种崇高的幸福和一片奥林匹斯的晴空，并且仿佛表现着一种与严肃之物的嬉戏。那被概念和抽象之物所引导的人只能由此来抵挡不幸，而无法从这些抽象之物中为自己强求幸福，他所追求的是最大可能地远离痛苦；相反，置身于一种文化之中的直觉人，除了防御厄运以外，已经准备好从他的直觉中收获一种源源不断的澄明、愉悦和救赎。可是如果他痛苦，他会痛得更加厉害；他也会更经常地痛苦，因为他不知道怎么从经验中吸取教训，总是掉进那个他曾经

[①] 并且艺术奠定了……]原为：这意味着艺术对于生命的统治：直至生命最低微的表达和强有力的直观。草稿。——编注

掉进过的陷阱。他在痛苦中和在幸福中一样地不理性,他大声呼喊,没有慰藉。那些斯多葛的、会从经验中吸取教训的、用概念来统治自己的人是多么不同地面对这同一种不幸啊! 他平常只寻求正直、真理、不被欺骗和不被袭击所惑,现在,在不幸中,他开始使用伪装的技艺,就像另一种人在幸福中所使用的那样;他没有一张抽搐不停的人类的脸庞,而是仿佛戴着一个面具,脸上带有威严的平静,他并不呼喊也不改变他的语调。当乌云密布,倾盆大雨落到他头上,他裹紧大衣,迈着缓慢的步伐在雨中走去。①

---

① 草稿中尚有一段:两者都不关心无结果的真理:哲学家看来是不可思议的。哲学家是反常现象。因而是孤独的漫游者。因而在根本上是偶然的置身于一个民族当中? 当他转向文化的时候,就有毁灭性。这证明了希腊哲学家并非随随便便地是希腊的。草稿。——编注

告德国人书[①]

[①] 原样:D 6。誊清稿中的标题:向统一了的德国人所发的求助与敬告的呼吁。——编注

我们想要被倾听，因为我们像告诫者一样发言，告诫者总有权利发出他的声音，无论他是谁，也无论他的声音在何处响起；而你们诸位被告诫者，你们有权决定，你们是否愿意视你们的告诫者为诚实而明智的人，他们之所以发出告诫，只是因为看到你们身处险境并惊恐于你们是如此的沉默、淡漠和无知。不过，我们却可以就此向自己作证，我们所言句句发自肺腑，并且想要和寻求的只是共属你我之物——即德意志精神与德意志声名的福祉和荣誉。

你们已经听说，去年五月在拜罗伊特庆祝了一个怎样的节日：那儿铺下的是一块强有力的基石，我们相信自己的许多担忧都被一劳永逸地掩埋其下，相信自己至为崇高的希望终于得到了确认——可就今天的状况来看，我们得说，那毋宁是一种妄想罢了。啊，看哪！因为那希望里有着许多妄念：那些个担忧如今依然存在；即便我们绝没有忘了希望，我们今天所发的求助与敬告的呼吁却也表明，我们的担忧是多于希望的。而我们的担忧所指向的却是你们：你们根本不想知道发生了什么，或者干脆出于无知来阻碍事情的发生。尽管这样的无知早就不再成体统；在几乎所有民族的密切关注之下，伟大、勇敢、坚忍不拔的战斗者理查德·瓦格纳已经为那些思想担负了长达数十年的责任，他已经在他的拜罗伊特艺术作品中为它们赋予了最终、最高的形式和一个真正成功的完成，在此之后，如今还有人对此保持着无知，这看起来几乎是不可能的事情。如果你们现在还要阻碍他，即便他仅仅是举起他想要赠送给你们的宝藏：你们这样做是想要得到些什么呢？正是这一点,必须一再公开而紧迫地提醒你们注意,这样你们才会知道什么是时代所需,这样你们也才不再随心所欲地故作无知。因为从现在开始,外国人将成为你们所演的这出戏的观众与裁判;并且在他们的镜子里你们大约能够重新找到自己的形象,正如有朝一日你们将被公正的后人所描画的那样。

假如你们通过无知、怀疑、保密、嘲讽和诽谤成功地把拜罗伊特山丘上的建筑夷为无用的废墟;假如你们决绝地不让已完成的作品变为现实、发生影响、为自己作见证,那么你们就要为后世的评判而感恐惧,正如你们要为德国之外的周围世界的众目睽睽而感羞愧一样。如果一个人在法国,或者英国,或者意大利,不顾一切公共的权力和意见,已经向剧场献上了五部作品,它们具有一种真正伟大有力的风格,从北到南,它们不断地被要求上演、获得欢呼,——如果这样一个人在此之后呼喊到:"现在的剧场与民族精神不相符合,作为公共艺术,它们是一种耻辱!请你们助我为民族精神准备一个场所!"难道不是所有人都会前去襄助吗,哪怕仅仅是——出于荣誉感?确实如此!这里所需要的不只是荣誉感,不只是对恶劣诽谤的盲目恐惧;当你们决定出手相助的时候,你们可以在此一同感受、一同学习、一同了解,你们能够出于心灵的最深处在此一同欢愉。你们慷慨地为你们所有的科学配备了昂贵的实验室:可当德国艺术之冒险的、尝试的精神需要建立这样一个工作室的时候,你们却要无所事事地站在一旁?现在,被理查德·瓦格纳命名为"未来艺术作品"的想法该当变为活生生的、亲眼可见的当下现实了,你们能够从我们的艺术史中举出随便哪一个时刻,其中有着更重要的问题被给予了答案、丰富的经验得到了更丰富的触发?在德意志民族有共识的代表们眼前,散落四处的尼伯龙根巨型建筑(Nibelungen-Riesenbau)循着只有从它的创造者那里才能学到的旋律就地升起,由此而被引发的会是怎样一场思想、行动、希望和才华的运动啊!一场伸展至最遥远、最丰产、最富希望之广阔辽远的运动——谁有足够的胆量,哪怕想要对此有所预感!如果波涛随即重又落下,水平面重又恢复了平静,就像什么都没有发生一样,这原因也决不在运动的发起者。因为如果说我们首先要忧心的是作品的产生,那么第二位的担忧也并不让我们更感轻松,即怀疑我们自己不够成熟、不够有准备、不够有接受力,来将必定惊人的直接影响带向深刻和宽广。

我们相信自己已经注意到,凡是已经对理查德·瓦格纳产生反感、已经惯于对他有反感的地方,都潜藏着一个我们文化的巨大而有益的问题;可如果人们永远只从中获得一种触动,去进行阴暗的挑剔和嘲讽,并且只是如此稀少地获得一种触动,去进行沉思,这就会使我们间或生起一种令人羞愧的怀疑,即著名的"思想家民族"或许已经停止了思想,已经用狂妄替换了思想。只是为了避免把1872年5月的拜罗伊特事件混淆于一座新剧院的奠基,只是为了在另一方面说明,没有任何一座现成的剧院能够与这场行动的意义相应,就得遭遇怎样充满误解的异议;同样,也得花费如此巨大的精力才能使有意或无意的瞎子擦亮眼睛看到,在"拜罗伊特"这个词语中要考虑的不只是一群人,比如一群有着特殊音乐癖好的人,而是整个民族,甚至是超出德意志民族范围的所有被召唤到严肃而积极的参与中来的人,他们所关心的是戏剧艺术的高贵化和纯洁化,他们理解了席勒的美妙预感[①],即悲剧(das Trauer-

---

① 参看席勒于1797年12月29日写给歌德的信。——编注

spiel)有朝一日或许以一种更高贵的形式从歌剧中获得发展。这场艺术行动将艺术思考为高尚和尊贵的,它从德国音乐及其对民间戏剧的神化影响所特别企盼的是一种原本的德国风格的生活之最重要的要求,这场行动在这个程度上被所有参与者的无私奉献的意愿所承担,这些参与者将自己严肃的信仰自白献给了这场行动,只要一个人还一直没有忘记思考——即便复又只是出于荣誉感——他就得将这样一场艺术行动感受为一种在伦理上值得深思的现象并促进它的发展。我们甚至还有着一个更高、更普遍的信念:只有当德国人表现出了他的可怕,并又要通过鼓足他最为崇高和高贵的艺术和文化力量来让人遗忘他曾经的可怕,只有这时,德国人才在其他民族面前显得令人敬畏并带来救治。

此刻,我们必得敦促人们全力以赴地支持一场德意志天才的伟大的艺术行动,恰在这个时刻提醒人们想起我们的这项德意志使命,我们将此视为我们的义务。无论是在何方,只要还有严肃深思的人群在我们这个动荡的时代保存了下来,我们都期待着听到一声欢快悦人的呼喊;尤其不能徒然听到召唤的是德国的大学、学院和艺术学校,他们当就我们所要求的支持独自或集体表态;同样,德意志福祉的政治代表们也有着一个重要的机缘在帝国议会和州议会上去斟酌一番,如果政治和民族热情的强盛欲望,以及写在我们的生活面孔上的对幸福和享乐的追求不该迫使我们的后人记得,在我们德国人最终重新找到我们自身之前,我们已经开始丧失自我,那么现在,这个民族就比在任何时候都更需要德意志艺术崇高的魔力和惊恐来获得净化和圣化。

科利版编后记

悲剧的诞生[①]

尽管《悲剧的诞生》面世后已经整整一百年过去了，但从考订－历史的角度来看，这部著作依然是神秘兮兮的。古典的古代文化研究把尼采的想法当作非科学的东西默然不予理会。然则它本身有更多的成就来保障一种历史学上的真理性吗？流传下来的事实材料始终还是相同的、贫乏的和不可靠的。尤其是，人们根据亚里士多德的《诗学》来说明悲剧起源于酒神颂歌的领唱歌手和羊人剧。而未被驳斥的只有那种联系，即酒神颂歌的起源以及萨蒂尔形象所显示出来的与狄奥尼索斯崇拜的联系。其余的一切都是有待商榷的，或者不明朗的——起初有人断定，"悲剧"（Tragödie）一词的意义就如同"山羊之歌"（Bocksgesang），到最后有人报道说，阿里翁在僭主佩里安德时期把酒神颂歌引入科林斯[②]，而经由公元前6世纪初僭主克里斯提尼的统治，歌颂英雄阿德拉斯托斯之苦难的悲剧合唱歌队，被搬弄到狄奥尼索斯崇拜上了。[③] 然而，在

[①] 科利版《尼采著作全集》第1卷《悲剧的诞生》之"后记"，见该书第901—904页。——译注

[②] 科林斯（Korinth）：古希腊城邦，位于伯罗奔尼撒半岛东北。——译注

[③] 阿里翁（Arion，约公元前7世纪）：相传为古希腊诗人和歌手，酒神颂歌的发明者；佩里安德（Periander，约公元前640—约前560）：科林斯僭主、暴君；克里斯提尼（Kleisthenes，前6世纪）：古希腊雅典城邦著名政治改革家；阿德拉斯托斯（Adrastos）：希腊神话英雄，传说中的阿尔戈斯国王。——译注

悲剧之起源问题上最大的不可靠性却在于这样一种分歧,即:一方面是悲剧与狄奥尼索斯以及狄奥尼索斯崇拜有着无可争辩的联系,另一方面则是流传给我们的悲剧的内容,这两方面之间是不一致的;流传给我们的悲剧的内容只是偶尔让我们看出一种与狄奥尼索斯以及狄奥尼索斯崇拜的关联,本质上却是来自希腊人关于英雄和诸神的神话——也就是说,其来源领域是与史诗相同的。对于这一点,人们在古代就已经感到好生奇怪了。为了说明这种分歧和不合拍,尼采建议我们,把神话把握为尽力逃避其狄奥尼索斯激情的合唱歌队的阿波罗梦幻。的确,这样一来,流传下来的事实材料就通过一种审美心理学的直觉而得到了补充;但莫非我们就可以断言,过去一个世纪里出现的其他阐释是"更加科学、更加学术的"吗?要么,传统的某些元素得到了强调,而其他元素因此被忽视了,要么,人们在寻求一个统一的说明时引入了一些附加的观点,尤其是人种学的观点。于是,人们便来强调仪式的维度了,端出了一种与厄琉西斯宗教秘仪中的"多梅纳"[①]类似的东西——这也许竟是不无道理的,但却带着一个错误,就是要用某种更不熟悉的东西来说明某种不熟悉的东西。还要肤浅得多的做法是,人们谈论在英雄坟头举行的庆祝仪式,抑或谈论那些戏剧性的、神奇地被理解的宗教仪式,那些召唤植物界春天般的复苏和动物界丰盛的繁殖的仪式,最后,人们来谈论一种在狄奥尼索斯崇拜与奥西

[①] "多梅纳"(Dromena):原意为"做了的事情",是厄琉西斯秘仪中一项接近戏剧表演的活动,它被认为是"戏剧"(Drama)的起源。——译注

里斯①崇拜之间的紧密关系,而同时,人们坚持悲剧中仪式性死亡的动机。

然而,尼采的《悲剧的诞生》并不是一种历史学的阐释。恰恰在它表面上似乎作为这样一种历史学的阐释而展开时,它转变为一种对整个希腊文化的阐释了,而且——仿佛它连这种渐趋模糊的视角也不满足——甚至还转变为一种哲学的总体观点了。那么,为什么要戴上这样一个假谦逊的面具呢?在某种意义上讲,尼采的《悲剧的诞生》是一部"极神秘的"著作,因为它要求一种授圣礼(Einweihung)。为了能够深入到《悲剧的诞生》的幻景世界中去,有一些阶梯是人们必须达到和克服的:有一种应该正确地理解的文学的授圣礼,在其中,宗教秘仪被印刷的话语所取代了。所以,《悲剧的诞生》也是尼采最艰难的著作,因为这位秘教启示者(Mystagoge)往往采取理性的语言,并且以此一次次进入到他努力要深入说明的世界里。连风格也透露了这样一种分歧:在《悲剧的诞生》中,尼采说的是德国古典主义的语言,还没有找到他那种全新的、独一无二的、与某种神秘语境相吻合的表达方式:一种风格形式的自主性、完美性,是无助于揭示不可言说的东西的。后来,尼采将在对内容保持距离的过程中发现自己是理智的,并且获得了自己独特的风格。

这还不是全部:那些神秘层次,在《悲剧的诞生》之前发生的,并且限定了该书之理解的神秘层次,并没有持续地增长起来,相

---

① 奥西里斯(Osiris):埃及神话中的冥神。据传奥西里斯传入希腊后,才有了狄奥尼索斯神。——译注

反，它们可以说起源于那些汇合起来、最后在一个全新的幻景中——在于此得到传达的"启示"[①]中——登峰造极的对偶领域。一方面是上古的希腊世界，以博学进行了全方位的深入探究，但更多的是梦想，通过想象把它补充、重构为一种面目全非的生活——后者是以杂乱不堪的话语为基础的，是以品达和悲剧合唱歌队那种毫无联系的结巴话语为基础的。这是一种心醉神迷的狂喜经验，关于古代作者的读物的知情行家正是以这种经验实现了〈对希腊世界的〉接近。而另一方面，类似的是那种作为《悲剧的诞生》之基础的并列的和互补的经验：书面话语在此情形下是现代的，是阿图尔·叔本华的话语，但从中发出的强烈暗示却来自东方印度。事实上，并不是叔本华这位德国哲学家的理智结构对尼采产生了决定性的影响：叔本华乃是另一种经验的中间阶段，是一种整体文化的世界观点的传达者。

如若《悲剧的诞生》的确是以所有这一切为前提的，那就没必要在一种字面的、直接的意义上来接受和评价它的主张和断言了。另外，我们已经说过，这种神秘主义具有文学的烙印：它的仪式乃是阅读，对新幻景的传达是通过书面话语来实现的。这当中存在着一个重要的限制：抓住一种狂喜状态（Ekstase），它似乎完全是从版式符号中突现出来的，并且在其中耗尽自己。同样理所当然的，以此方式形成的尼采的神秘语言，象征性地隐藏于一种关于过去的阐释背后，隐藏于一种关于已经远去的时代的阐释背后：历史

[①] 此处"启示"（Epoptie）语出希腊文 Epopteia，指厄琉西斯秘仪中的最终体验。——译注

学论著的形式好像是由这种秘传的经验机制来承担的,而正是这种内在的观照以奇妙的方式同时唤醒了两个在文字传统之前早已存在的世界,使之获得了新生。而且,在这部历史学论著中,并非偶然的,有关幻景本身的对偶原则——那是其不稳定性和怪异性所测定的一切——采取了苏格拉底这个人名;这个苏拉格底,尼采称之为"特殊的非神秘主义者"(第90页①)。

然则构成尼采《悲剧的诞生》之基础的那种经验所具有的强度,是不能仅仅根据一种文学条件和状况来说明的:一种确实的、被体验的神秘主义力争进入这个结构之中,冲破了历史学论著的界限。这种直截了当的,而非间接的经验的仪式乃是音乐,而且这一点赋予《悲剧的诞生》的内容——它变成关于一个神祇即狄奥尼索斯的现象的叙述——以一种原始幻景的价值,摆脱了它那些文学条件,其实差不多是与后者相冲突的。书中有关《特里斯坦与伊索尔德》第三幕的讨论文字,有关音乐的不谐和音的讨论文字,就是这种直接性的例证。世界心脏中的不谐和音,为尼采本人所体验,作为一种震动、一种剧烈的战栗、一种激动的陶醉而为尼采本人所倾听:这就是他的经验。当叔本华以及那些把构成悲剧之基础的激情解释为原始痛苦的人们,力图使处于戏剧梦想之幻想当中的狄奥尼索斯合唱歌队摆脱这种原始痛苦,使之疏远于生命,这时候,尼采那种音乐的、非文学的激情却证明了"另一种"生命根基,那是"真正的"狄奥尼索斯、具有肯定力量的上帝、一种原始快乐。另一方面,一种文学的神秘主义与一种被体验的神秘主义的

---

① 此处为科利版第1卷之页码。——译注

汇合——仿佛它们是同类的元素——也把一种不和谐带入《悲剧的诞生》的结构之中了：把瓦格纳捧到如此显要的地位上面，采用瓦格纳所主张的若干个论点以及当时德国现实中的另一些偶然元素，这些都是极其严重的后果。在这里，如同后来在其他形式中，尼采相信生活与写作是可以相互结合的，但以这样一种过于紧密的联系，他却犯了幼稚和愚蠢的罪过。

前三个不合时宜的考察[①]

尼采这些年澎湃的内心经历——反映在文学上就是他的《悲剧的诞生》——显现出与时代现实痛苦的冲撞。尼采感觉自己已经被抛出时代的墙外，因此他把自己这种感觉叫作"不合时宜"。这位神秘主义者同时视自己为自己想要成为的那种行动者。远赴时代墙外挖掘宝藏的人，一定会为当今时代带来革新性的力量："但由于我的职业是一位古典语言学家，我必须承认这些：因为我并不知道，古典语言学对我们这个时代还有什么意义，除非它通过自己的不合时宜来对我们的时代产生作用——也就是说，它与我们的时代背道而驰，因而对我们的时代有所影响；但愿它对一个将

---

① 科利版《尼采著作全集》第1卷《1870—1873年巴塞尔遗著》之"后记"，见该书第905—907页。——译注

要到来的时代有所助益。"(第247页)由此,《不合时宜的考察》作为过渡和成熟时期的作品就应运而生了。在此之中,人们可以更加明显地感受到这部作品缺乏一种独特的、不容混淆的风格。而从战斗的角度来看,风格几乎意味着一场论战中的一切。对自己苛刻无情的尼采是深知这一点的,这些年来,他试图形成一种风格但却未能如愿。尼采在这些年过得并不快乐,偶尔他会承认自己距离目标尚且遥远,还会深感自己行动尚不足够。譬如,在论述历史学的第二篇《不合时宜的考察》之结尾处,尼采如是写道:"……我无意向自己隐瞒,正是在其过度的批评中,在其人性的不成熟中,在其从冷嘲热讽到犬儒主义、从傲慢自大到怀疑主义的不断转换中①,我这篇论文提示出了它的现代性,一种以软弱的人格为特征的现代性。"(第324页)

因此,尼采的"不合时宜"对他自己而言仍然过于合乎时宜。即使不看形式,只看特定的内容,尤其是看尼采为自己的论战所选取的讨伐对象,我们也可得出类似的结论。《不合时宜的考察》第一篇就是典型的例证:正是由于《大卫·施特劳斯》"合乎时宜",这篇文章成为了尼采出版过的最弱的作品。那么今天在一个世纪之后,是什么在修剪我们呢?是施特劳斯这个平淡无奇的庸人吗?在他的"新信仰"被尼采剥离掉多余的光环之后,我们如何才能严肃对待这一信仰呢?虽然文章中不乏精彩的部分预示着尼采后来成为独立自主的论战家,但是总体看来,尼采是很难被人理解的。这不仅是因为尼采讨伐的目的不够充分,而且还因为尼采自身教

---

① 正是在……转换中 参见第11卷27[80]。——编注

书先生式的死板迂腐，譬如，他在文章结尾时竟然无聊地整理出了施特劳斯所犯的修辞错误。尼采并不快乐，他在当时还不懂得挑选那些能够守住未来的人作为自己的对手。这一点同样适用于尼采在第二篇《不合时宜的考察》中愤懑且费力讨伐的对象——哲学家哈特曼。

第二篇《不合时宜的考察》标题为《论历史对于生命的利弊》。这篇文章达到了较高的思辨水平，且文章的视角不再带有神秘色彩，而是理性的。虽然文章背后潜在的启发者依然是叔本华，但是尼采作为弟子在这里所看到的远比师父更加犀利。尼采表达的重点明显是：历史带来的"弊"远比它的"利"更加具有决定意义和根本地位。对此的理论的辩护在于这样的事实，即生命在最深层的层面上其实与历史认知截然相反。生命在遗忘中，也就是对当下的完全沉入中繁荣兴盛，而历史认知却建立在回忆之上，建立在持久的记忆之上。历史化的生命是受苦的、落魄的、穷困的、痛楚的、颓败的："……使之成为幸福的都是同样的东西，那就是遗忘的能力，或者用更加学术的话来讲，在一定时间段内非历史地感受的能力。"（第250页）这一基本见解由尼采在这里创造出来，但其影响力已经远远超出了第二篇《不合时宜的考察》讨论的主题。实际上，遭遇这一诅咒的并不仅是历史的认知，整个科学领域、哲学，甚至也许连同艺术学（当其作为一种认知的时候）也都建立在过去的回忆之上，因而不同于直接的生命。另一方面，该篇《不合时宜的考察》在思辨层面是符合它的讨伐对象的。这次论战不是针对一个文化庸人，而是针对现代世界对于历史认知表现出的无限热情。这里，尼采作为论战家可以尽情发挥他的论战技艺，作为"不合时宜之人"可以游刃有余地把自己遥远的、神秘的幻想出来的世界与现实时代对立起来:"仿佛对曾经存在之物都必须保持公正是每一时代的任务! ……要成为评判者,就必须站在比被评判者更高的地方;但你不过是比他们来晚了一些而已。最后走向餐桌的客人本应坐在末座,而你却想坐到首座?"(第293页)

《作为教育者的叔本华》则从另一个角度看待这个时期的斗争,即敬仰的角度。由此,这篇文章的高度从一开始就确定下来。此外,尼采后期也还是喜欢这篇文章,甚至几乎达到偏爱的程度。叔本华被赞颂为真正文化的典范,这种文化与虚假的文化相对,即那些学者和文化庸人的文化以及那种广泛意义上的普通的科学的文化。从思辨的层面来看,这篇文章的基调相比前面两篇《不合时宜的考察》更加柔和,因为尼采在叔本华这里不是要探讨理论的问题,而是要展现这个人物的完美,即一个与自己身处的时代斗争、兼具淳朴、顽强以及正直于一身的真正不合时宜的人物。叔本华放弃从政的事情也被尼采列举为典范行为的代表。尼采认为,国家和文化之间是相互对立的,而布克哈特却在这种对立中承认两者之间的共鸣。国家在本性上与哲学相对,哲学也在本性上与国家相对。真正的哲学家会给国家带来生死存亡的危险:"热爱真理是可怕的、狂暴的。"由此,尼采对其所处时代发出了全面的挑衅:国家想要奴役文化,将文化贬低为国家的工具,并且要让文化将国家讴歌为最崇高的价值。"一场政治革新怎么可能足以使人一劳永逸地变成地球上的快乐居民呢?如果有人真的相信这是可能的,那么他就应该报上名来,因为他确实有资格成为德国大学的一个哲学教授。"

理查德·瓦格纳在拜罗伊特[①]

在尼采这段稍多于一年的生涯里,其已刊作品与未刊遗稿的数量差距是引人注目的,且遗留作品不仅仅胜在数量。在他的已刊著作里,《瓦格纳在拜罗伊特》肯定属于最快被否定的作品之一,因为尼采的自我发展超越了这部作品。但是,这部作品大概却是正面描写瓦格纳的作品中最有分量的一个。尼采自己后来也公开自己对瓦格纳展开了无疑最为猛烈的攻击(《瓦格纳事件》)。如果不带任何偏见地在这两部作品之间做出比较,人们会倾向于《瓦格纳事件》。然而,若因此声称《瓦格纳在拜罗伊特》不够真诚,也是不可以的。彼时的尼采已经一分为二,或者即便没那么糟,他强有力自我发展中本应顺序出现的两个阶段,也痛苦地重叠了。尼采与瓦格纳决裂的一个主要动机此时已经产生,那就是尼采认为瓦格纳本性上其实是一位演员,而且是喜剧演员,虽然尼采在这一本性前隆重地冠上了"热情奔放的剧作家"的称号。与此同时,尼采还用天才的方式认识到瓦格纳现象存在极大的可能,即这一现象能够产生误导的力量,尤其是在非音乐领域——虽然在这之前,尼

[①] 科利版《尼采著作全集》第 1 卷《1870—1873 年巴塞尔遗著》之"后记",见该书第 908—912 页。——译注

采已经开始对瓦格纳展开基本的批评（参见1874年初，第7卷，及这之前的未刊残稿）。此时的尼采已经不再苟同这些巨大可能背后隐藏的世界观。在尼采看来，叔本华的悲观主义以及瓦格纳的所有基督教信仰、激情的放纵尤其是关于德意志特性的一切，都是错的。由此，尼采自己都没有察觉，他在创作《不合时宜的考察》第四篇时正在由瓦格纳的歌颂者变成批评者。然而，这篇文章是特别为1876年夏天拜罗伊特节日剧院落成的剪彩仪式所写，所以尼采必须加以克制。他的内心在斗争，却还是极为费力、备受折磨地努力创作了这篇文章。当时的一些笔记可以证明：草稿的修改、部分已经详细拟定但又没有采用的主题、布满修辞调整、被修改得面目全非的手稿。今天，我们可以重新建构尼采的这份艰辛。比起《瓦格纳在拜罗伊特》的原文文本，尼采遗留的与这篇《不合时宜的考察》相关的丰富材料以及与之相关的其他出版作品，也许更值得我们关注。

在此期间，尼采为了自己并且以更大的从容去追逐着自己的另外想法：他尝试给自己对古希腊的考察赋予形式与表达。也许这是他在巴塞尔时期最自我的抱负，也许他的"不合时宜"的立场的隐性含义就藏在古希腊的考察中：尼采早些年计划完成《希腊悲剧时代的哲学》，现在他打算以"我们语言学家"为题写一篇文章，这些都是在为创作一本更成熟更全面的著作所做的努力。作为最终成果，这部著作应使他的语言学研究走向圆满，同样也应为他漫长的青年时代画上句号，因为他将自己的青春全部献给了孜孜不倦的研究，只为厘清自己在直觉上拥有的阿里阿德涅线团，以便解开希腊之谜。然而，这部著作却成为他在试图出版精心筹备的项目时所遇到的、为数不多的失败之一,类似一场不可思议的终极失败,"最后一本"哲学著作的计划因而泡汤。由此,不仅关于古希腊的考察有最后一篇未能完成,甚至《我们语言学家》这篇"不合时宜的考察"(第8卷,第11—96页)也未能写完,尽管尼采前期为这些文章,譬如为《希腊悲剧时代的哲学》,做出准备的时间远远超出了前面三篇《不合时宜的考察》,因为这三篇文章的每一篇都是在完稿数月后便发表问世。

这样一来,与这些未能完成的计划相关的、丰富的未刊材料其实阅读起来更有意思(第8卷,第11—127页)。尼采在这些材料中主要关注两个常有交集的主题:一是对现代的语言学家的分析,二是对常被称为古典时代的准确研究。尼采无情地攻击了现代的古典语言学家,并且更加明确地阐述了数年前他在《论我们教育机构的未来》中就已提出的攻击理由。现代的古典语言学家在精神上是没有能力去把握古典文化的,古典文化只有少数人能理解,这个圈子无论如何肯定要小于古典语言学家的圈子。此外,尼采的攻击还推及到了古典语言学家这类人的道德品质上。如果他们的确比较聪明,就会把古典语言学变成掩盖古代真实本质的阴谋。也就是说,尼采认为,如果我们对古代的完全原貌进行呈现,那么现代人面对这种图景就会带着战栗和厌恶退缩回去。过去几百年语言学赋予古典文化的整个"人文主义"特质是一种极大的伪造物。对此,尼采通过对立"人性(menschlich)"和"人文(human)",做出了一种直接而独特的阐释。尼采认为,如果将 humanitas 理解为一种从根本上就是善的、有尊严的人之本性,且这种本性自己就排除了一切野蛮、无度和残忍,那么我们可以在任何地方,唯独不能在古希腊寻求这种本性；因为，一旦去古希腊寻求，其真实面貌就会展现出来，从而证明它与人文主义其实是截然相反的。"人文主义"的理解依据毫无例外都是从希腊化了的罗马人的思想中汲取的，但在尼采看来罗马人只能算是古典文化中衰落、没落了的部分。他感兴趣的是希腊，而不是罗马，更确切地说：他感兴趣的是希腊化时期之前的希腊，其核心本质不是"人文"，而是"人性"。"古希腊人的人性（das Menschliche）在于一种明确的质朴，人（Mensch）彰显出这种质朴，国家、艺术、社会、战争法、国际法、性活动、教育、党派也都彰显出这种质朴；这正是所有民族都呈现出的人性，但是在古希腊人这里，这种人性是未曾受到伪装的、非人文性的（Inhumanität）……"（第8卷，3[12]）。"灵魂在行动中是完全可见的，这种可见性就已表明，古希腊人是没有羞耻心的，他们不会良心不安，……他们伴有一种童稚的天真，于是在一切坏事上都自带一种纯洁的特质[……]"（第8卷，3[49]）。但是人们在这种视角下一定会认识到，"精神最伟大的产物有着怎样可怕而邪恶的背景"（第8卷，3[17]）。这里我们就有可能看清狄俄尼索斯精神这一概念是如何发展的，《悲剧的诞生》以叔本华式的消极性来理解这一概念，而此时这一概念已经转向了尼采后期思想中标志性的积极阐释。对早期古典文化这种"人性"层面的澄清也许是由尼采对修昔底德日益增加的兴趣所推动的，他的遗稿残篇可以证实这种兴趣。有着如此人性的古希腊无疑是"不合时宜"的，因此我们可以理解，为什么尼采要提及语言学的阴谋论：要让现代人决意以这样的古典时代为榜样使孩子接受教育，确实是难以想象的。

借助这样的考察，尼采走上了与时代隔绝之路。在他看来，思考自己在这个时代就意味着要思考古希腊人。如果说在《悲剧的诞生》时期思考古希腊人就等于思考了瓦格纳，那么现在已经不是这样的情况了。此外，尼采的思考不仅变得独立，而且也更广阔和成熟了。特别是其关于古希腊文化的理解不再因为先前对艺术的考察而扭曲。这样一种解放开始于1872年对前苏格拉底哲学的第一批全面研究。另一方面，他对真实的、本真的希腊的寻求也将他带回到（公元前）5世纪到（公元前）6世纪的时期。《我们语言学家》中有几处地方特别有趣，尼采在其中提到波斯战争是造成希腊伟大时代终结的原因。并且，尼采认为古希腊成就太大、太令人迷醉，从而释放出了专制的本性，以至于这种本性试图在纯粹政治的领域将希腊统一。雅典的优势地位扼杀了一些重要的精神力量，从而阻碍了前苏格拉底时期所计划的一次重大统一改革。由此，古典时代真正遵循的东西渐行远去，最终封印在一个只留下只言片语、迷雾重重的历史记载的遥远时代。然而，最值得推崇的还是莫过于以此为典范进行的教育。古典时代是人类历史上创造出最多的真正的人物的时期。不过尼采补充道，要让年轻人接受这样一种教诲是荒诞的：只有成熟的男人才能理解这种教诲。抛开这种教育，古典时代的其他全部都应受到批判。这种拒斥的原因也许可以从另一个反瓦格纳的动机的形成过程中找到，这一动机就是对基督教的谴责，而尼采当时谴责的语调已经开始极端："人类最大的亵渎神灵的行为就是让基督教如其可能的样子成为可能，而这是由古典时代造成的。"（第8卷，5[148]）

那么古典时代对于我们来说又是什么呢？在这个问题上，尼采对语言学家（虽然不只针对他们）发起了致命的攻击。"语言学家对古典时代持辩护的立场，或者说他们想要证明古典时代拥有我们这个时代所推崇的东西。然而，正确的出发点恰恰应该与之相反：也就是应当从洞察现实时代的问题出发，然后进行反观——由此，许多在古典时期有失体统的东西就会获得大有深意的必然性。我们必须明白，当我们维护和粉饰古典时代的时候，我们非常荒唐地把自己撇开在外了：必须搞清楚我们自己是什么！"（第8卷，3[52]）"……只有通过认识当下才能获得认知古典时代的动力，没有这种认识，哪儿来的动力？"（第8卷，3[62]）。按照尼采的说法，语言学家们不去认识当下，因而也就不会了解古典时期的问题。我们想要补充说明的是，那些以为认识了当下，然而并没有感受到上述动力的人，也许是因为他们没有理解"现实时代的问题"？

巴塞尔时期遗著[①]

1870—1873年巴塞尔遗著让我们体会到尼采当时紧张而充满激情的探索，这种探索传达出他的文学抱负和雄心的形成。其中显示出那种年轻的急躁心态，尼采力图以此迫使自己获得一种

---

① 科利版《尼采著作全集》第1卷《1870—1873年巴塞尔遗著》之"后记"，见该书第912—919页。——译注

快速的风格成熟，而且，在他努力用一种非专业的语言处理古代问题的尝试中，已经包含着他对自己面对语文学教职产生的危机感的一种预先认识。特别是，我们在他这种抱负中可以见出一种高度的、惩戒性的要求，一种对部分结果的拒绝，一种早就觉醒了的自我批评。当然，在这个文学形式的阶段还缺乏把握和确信。在接下来的几年里，尼采持续地推进，从计划到草稿、草案、片段、暂时的拟稿，最后到付印终稿，在创造性失败情况下则停留在残缺不全的状态上；而在这里，他仍旧努力立即创作出完整的作品，但随即发现它们在形式或制作上是无法达到的。所以，这些著作要么被证明为尼采稍后出版的作品的片面的、不完整的和不成熟的版本，要么表明自己是对一些后来没有为出版进一步加以追踪的课题的处理的尝试。

巴塞尔时期的前三篇著作属于《悲剧的诞生》的艰难的形成史。在1870年夏季所撰写的《狄奥尼索斯的世界观》首次毅然引入阿波罗元素和狄奥尼索斯元素这两个美学范畴。在其1870年年初的演讲中，尼采虽然已经提到狄奥尼索斯崇拜、狄奥尼索斯的自然生活（第521页），但却是在一个既具体又变化的语境中；另一方面，形容词"阿波罗的"只在一种非美学的意义上出现，在那儿令人奇怪地，关于辩证法和科学，尼采谈到了苏格拉底的"阿波罗式的明晰"（第544页）。在《希腊音乐剧》中，尼采还十分关注瓦格纳的论题，这一点妨碍了他进行一种独立的解释。尼采固守于对现代歌剧和法国古典悲剧的批判。作为其反例，古代戏剧则被引证为同时进行的艺术表演的一个融合起来的多样性，在其中，甚至音乐的作用也只不过是达到某个目的的手段。与之相反，在《苏格拉底与悲剧》中,针对苏格拉底和欧里庇德斯的批判是随和地以阿里斯托芬为范本来进行的,显示出一种更大的明确性,其可接受程度和说服力远远超出了《悲剧的诞生》。在这里,欧里庇德斯与其说是悲剧的败坏者,还不如说是悲剧的不成功的革新者,他试图唤醒此间对于雅典观众来说已经变得陌生的悲剧的新生命力,但徒劳无功。依照这篇文章,悲剧的危机乃是引入第二个演员的结果(也就是从埃斯库罗斯开始):从那时起,对白(Dialog)以其辩证的和好辩的效果得以实施,牺牲了合唱歌队,可以说进入一个反狄奥尼索斯的方向中了。并不是说在《悲剧的诞生》中没有这些元素,但在那里,由于有一个固定不变的论题,这些元素显得比较受限制,被这部作品的结构设计削弱了。遗著在课题运用方面有着更大的自由,这一点在《狄奥尼索斯的世界观》中尤为清晰,在其中,"阿波罗的"和"狄奥尼索斯的"这两个概念处于灵活的变动中。首先,它们被等同于"艺术家的"原始本能;在阿波罗元素中,艺术家是拿梦"做游戏",而在狄奥尼索斯元素中,艺术家则是拿醉"做游戏"。可见,游戏(也即演员的活动)把两个体验领域统一起来了。这种理解进而发生了变化(这个重点在《悲剧的诞生》中得到更为清晰的显露),把梦与艺术家的一般创作等同起来了,从而以典型方式把艺术领域归于阿波罗元素;与之对立,狄奥尼索斯元素的更深本性则一直以纯粹内在性为方向,以关于世界痛苦、叔本华式的形而上学意志的预感为方向,也就是以一种神秘元素为方向。在这里,对前悲剧时代之特性的历史刻画,是以一种比在《悲剧的诞生》中更强有力的环节划分和独立方式进行,仿佛在阿波罗时代有着更多的可能性。《狄奥尼索斯的世界观》结束于一种尽管未及展开、但相当有趣的对若干美学课题的考察（诸如"情感""手势""声音语言的象征""呼叫"，等等），原计划是要着眼于一种对整个艺术问题的理论深化，而这是尼采后来在《悲剧的诞生》中放弃了的。

在演讲《论我们教育机构的未来》（作于1872年头几个月）中，尼采这位希腊的阐释者把自己的位置转让给了道德论者。古典古代的重要性虽然也是这里的重点，但不再作为认识对象，而是作为教育工具。古典文化乃是教养的基础，但并不是在现代学校所理解的那个意义上（而且尼采主要是在影射德国的博学）。学校以功利为取向，旨在教育广泛的大众，追求一种学术专门化。此外，学校本质上是隶属于国家的——这一点含着极大的弊端。古典文化乃是所有那一切的对立面，但现代形式的学校却不能促进古典文化的理解，认识古典文化的真正本性；而毋宁说，为此需要一个真正的教育家，他必须也是一位哲学家。事实上在这些演讲的文学外衣下，一位哲学家扮演着一种关键的作用，而且这位哲学家模仿的是叔本华这个范本：阴郁、暴躁、孤芳自赏、好奇、为现实烙上自己的印记，或者孜孜思虑于让自己的重要性得到承认，同时又蔑视和拒绝他周围的一切。尼采以自传方式为自己的阐述装上了全部希望、想象和畏惧，那是他在青年时期转向伟大文化的视域时彻底地经历和忍受过的东西。尽管这些演讲的激情有时不免令人厌烦，文学性的突发奇想偶尔可能缺乏趣味，但有一点尼采无论如何是成功的，那就是：对他自己的心灵状态的介绍。最后，作为《论我们教育机构的未来》这部遗作中最宝贵的元素还是个人性的证词：尼采是这样感受的，二十岁的尼采是这样的，是充满激动而又不失天真。

1872年岁末，尼采把《五个序言》寄给科西玛·瓦格纳。课题始终还是相同的：希腊、教养、哲学；但尼采的眼光在此间已经变得更广阔和更深邃了。一种对艺术的阐释再也不足以完全把握希腊的实在了：关于政治社会结构和哲学的评论拓展了此时尼采的视野。所以，尼采敢于在他的杂文《希腊城邦》中勇敢地触及希腊文化的残暴背景这个棘手的课题。为了使伟大的个体创造得以产生，希腊奴隶制是必需的。这个冷酷的判断在当时尚不能为公众所接受，但在它借以得到辩护的那种坚定性和说服力中，却包含着一种真正的（尽管间接的）开启，开启出了对基督教的敌意。而且奇特之处在于，这种奴隶制的必然性是借助于叔本华的哲学原理来论证的（权力始终是恶的！）。在另一个序言中，关于希腊世界的残暴基础的课题又重现了，但并不是作为对于形而上学痛苦的狄奥尼索斯式直观，而是作为可怕的解放，作为行为的残暴野性：这里尼采指出了希腊竞赛的有益方面（作为治疗手段），赫西俄德的"好战争（Eris）"，竞争心的调控功能，它限制了自然本能的暴戾之气。最后，尼采又指出了哲学与文化之间的性命攸关的关联，其中文化被理解为继续（Fortführung），被理解为过去之伟大的一个"链条"。而且，尽管叔本华始终还充当着哲学家的典范，但尼采的注意力已经从对一个领袖的更有效形象的寻求转移到了前苏格拉底的世界。在哲学家身上，尼采首先想重新找到摆脱当代的路径，找到不可触犯的伟大典范。对尼采来说，希望产生于这样一个事实，即这个典范事实上曾经活在人间。这位作者"所要揭示的首先无非只是对于我们当下的野蛮状态的独特之处的强烈感受，无非是对于我们眼中的19世纪的野蛮状态与其他野蛮状态的区别的

强烈感受。"(第763页)

于是形成了另一部著作，在其中，哲学的理想取代了那个在《悲剧的诞生》中起支配作用的艺术的理想：尼采以巨大的热情致力于这个课题——在那些年的著作当中，这部著作根本上是他最关键的作品，但他没有成功完成这项工作，因为他认为这部草稿不适合于出版。事实上，《希腊悲剧时代的哲学》只是不完全的，只是部分地与原本意图的抱负相称。了不起的是开端：放弃了完整和博学，突出了个性要素。同样有效的是整个导引部分，尼采在其中竭力把古风时期的哲学家与当代区分开来，并且断言，那些哲学家关于生活的判断要比一个现代的判断丰富得多，"因为他们所面对的是一个丰富完满的生命，"而在今天，再也没有人有权进行哲学思考了。这部著作因此表明了一个成熟过程，一个解放过程：尼采逐渐摆脱了瓦格纳，路径是他用作为文化之顶峰的哲学取代了艺术，同时他也摆脱了叔本华，办法是他选择了赫拉克利特为哲学家的原型，以之取代了叔本华。事实上，这部著作最令人信服的内容是献给赫拉克利特的；此外，就尼采本人来说，非理论的做法，对个性要素的预感，则表现为一种冒险，其成果可能是有限的。尼采可能会说，有可能根据三件奇闻轶事来把握一位思想家最内在的本性，但他在此忽视了一点，即：在一位哲学家那里，人格/个性并不完全在于情绪的回响，也还与他的学说的要素融合在一起的。可这个要素在尼采那儿出现得过于短暂，他显示出自己对其他意见的顺从，毫无锋芒。就以赫拉克利特为例，对"生成/变易"的强调并不包含任何真正完全个人地属于这位哲学家的东西；而毋宁说，事关宏旨的只在于一种——此外甚至都不是独特的——对其思想的平庸化。最后关于巴门尼德一章是完全可以不予接受的。在这里我们甚至再也找不到对个性要素的预感了：我们甚至可以心生疑虑，怀疑尼采对爱利亚学派的刻画——寒冷、苍白的抽象、对生命的否定、认识的同义反复——完全是与真相相矛盾的。此外人们也不能断言，从一种流行起来的自然科学的视野来看，这本关于这些前苏格拉底思想家的论著是与尼采的原本企图相称的，就是承诺要与僵化的传统一刀两断。《希腊悲剧时代的哲学》的这样一种普遍的不协调的原因，我们也可以举出尼采的不良习惯，他的信息来自二手或者三手的文献，而且对古今作者一概如此。人们清楚地看到，尼采这种倾向甚至在赫拉克利特那里（后者的可信句子是不难发现的，而且是唯一清晰的）也已经诱使人们经常更喜欢后来的学术报道，而不是希腊思想家的原本残篇。

在《在道德之外的意义上论真理与谎言》一文中，尼采的哲学抱负延伸到了理论领域：在此方向上的尝试后来在 1881 年、1884 年和 1888 年得到了间发性的重复，而且赢得了高度的关注，尽管尼采没有把相关文字收入他自己公开出版的任何一本著作中。尼采在此攻击客观真理概念。真理是"一群运动着的隐喻"（第 880 页）。这种看法是天才的，尽管其胆识和独创性要归因于某种突发性。不过，阐释之秘诀的选择——隐喻——却透露出这个独创解法的片面性，以及这位作为语文学家成长起来的思想家的观点。我们周围的世界是在事物的神秘根基向一种陌生语言的"转译"（Übertragung）中释放出来的，这颇具唯心论意味。尽管"现象"一词被拒绝了，但这个开端仍然是叔本华式的；不过，尼采选择了一种得到准确限定和表达的"转译"形式，后者停泊于语言之抽象，旨在说明一个普遍现象（语言乃是它的一个特殊方面）。换种说法，尼采本人用隐喻术语来说明一切，从而犯了隐喻之罪，因为他所建议的隐喻概念本身就是关于一个至关重要的和普遍的过程的阐释性"隐喻"，这个过程与隐喻相类似，它包括了隐喻，但显示出不同的、更复杂的和难以把握的特征。另一方面，尼采也并没有向我们证明，一位哲学家是不可能逃避隐喻的。

　　在这个时间点上，尼采虽然表明自己是大胆的，但在纯粹思想层面上还是不成熟的。为了确信此点，人们不妨来比较一下《在道德之外的意义上论真理与谎言》中的一个段落与《希腊悲剧时代的哲学》中的一节文字：在前一段落中，尼采把时间把握为主观的（根据康德和叔本华），这就促使他把自然规律阐释为对我们亲自插入事物之中的数、时间和空间的重新发现；而在后一节文字中，尼采出于对"现象"的仇视，赞同性地复述了阿弗里加·斯皮尔①的一段话，按照后者的说法，连续性（Sukzession）具有一种客观的实在性，而康德关于时间之主观性的论点在这节文字中受到了坚决的驳斥。所有这一切似乎都传达出当时尼采的一种摇摆不定和一种理论上的无把握（它们在其他层面上也会更长久地显示出来），这是与他当时对哲学论题的诡辩式的和文学性的占有联系在一起的，按论辩的需要各有不同。

乔尔乔·科利

---

　　① 斯皮尔（Afrikan Alexandrovich Spir，1837—1890）：新康德主义哲学家，生于俄国，后居德国和瑞士。尼采早年在巴塞尔结识了斯皮尔。——译注

尼采手稿和笔记简写表[1]

W I 8　　　四开本。290 页。计划、构思、残篇。有关《善恶的彼岸》以及 1886/1887 年序言的笔记。1885 年秋至 1886 年秋。科利版第 12 卷:2。

D 4　　　　巴塞尔时期遗著原稿。《论我们教育机构的未来》。

D 6　　　　《告德国人书》付印稿,抄写者:海因里希·罗姆德。

D 9　　　　《希腊悲剧时代的哲学》付印稿,阿道夫·鲍姆嘉特纳抄件。

U I 1　　　巴塞尔时期哲学笔记本。四开本。152 页。《希腊音乐剧》和《苏格拉底与悲剧》的誊清稿。布局与残篇。1870 年末。科利版第 7 卷:6。

U I 2　　　巴塞尔时期哲学笔记本。大八开本。234 页。关于《悲剧的诞生》的笔记。构思与残篇。1870 年末—1871 年 4 月。科利版第 7 卷:7。

U I 7　　　巴塞尔时期哲学笔记本。大八开本。136 页。《为

---

[1] 据科利版《尼采著作全集》第 14 卷第 21—35 页的总简写表,此处仅列出本卷编注中出现的尼采手稿和笔记缩写。——译注

五部未成之作而写的五篇前言》的誊清稿。

U I 8　　　　　巴塞尔时期哲学笔记本。四开本。108 页。《希腊悲剧时代的哲学》的誊清稿。

U II 2　　　　巴塞尔时期哲学笔记本。大八开本。250 页。关于《在道德之外的意义上论真理与谎言》的笔记。构思与残篇。1873 年夏季至秋季。科利版第 7 卷:30。

Mp XII 2　　　散页文件夹。《关于我们教育机构之未来的思考》的准备稿,1871—1872 年冬季。科利版第 7 卷:18。

Mp XIII 4　　散页文件夹。关于《不合时宜的考察。第四篇:理查德·瓦格纳在拜罗伊特》的笔记,1875 年夏至 1876 年春。科利版第 8 卷:11,12,14。

译 后 记

《悲剧的诞生》译后记

弗里德里希·尼采(Friedrich Nietzsche，1844—1900)26岁时当上了巴塞尔大学的古典语文学教授。德语区的教授位置不容易。尼采既当上了教授，就不免要显示学问本事。看得出来，少年得志的尼采一开始还是蛮想做点正经学问的，花了不少硬功夫，写下了他的第一本著作：《悲剧的诞生》(*Die Geburt der Tragödie*)，初版于1872年。这却是一本令专业同仁集体讨厌和头痛的书，甚至尼采自己后来也说过，这是一本"不可能的书"，写得不够好，但当时的大人物理查德·瓦格纳却对它赞赏有加，在出版后一个多世纪里，它也一直不乏阅读者和研究者。到如今，我们若要数出尼采留给人类的少数几本"名著"，是必定要把这本《悲剧的诞生》算在里面的。

通常人们把尼采的《悲剧的诞生》视为一部美学或艺术哲学名著，这不成问题，它当然是，而且首先是一部美学的著作，因为它主要就是讨论"希腊悲剧"这个艺术样式及其"生"与"死"的。但我想说，它更是一部一般思想史上的重要著作，而不只是美学的或文艺的。在本书中，尼采借助于希腊悲剧来讨论艺术文化的本质，推崇把"阿波罗元素"与"狄奥尼索斯元素"这两种原始力量交集、融合起来的希腊悲剧艺术，从而建立了他那以古典希腊为模范的宏大文化理想。也因为有了这个理想，尼采的《悲剧的诞生》表面上看来是一部"怀旧之作"，实际上却是有直面现实和指向未来的力量。

在 16 年后写成的"一种自我批评的尝试"一文中，尼采说《悲剧的诞生》首次接近于他自己的一个"使命"，就是："用艺术家的透镜看科学，而用生命的透镜看艺术"。[①] 这话已经透露了尼采的思想姿态定位：审美的但不只是审美的，同时也是生命哲学的，甚至形而上学的。于是我们便可以理解，尼采在书中提出并且多次强调的一个最基本的命题是："唯有作为审美现象，此在与世界才是永远合理的"。（第 47 页）

同样也在"尝试"一文中，尼采指明了《悲剧的诞生》的根本反对目标：古典学者对于希腊艺术和希腊人性的规定，即所谓"明朗"（Heiterkeit）（第 11 页）。德语的 Heiterkeit 一词的基本含义为"明亮"和"喜悦"，英文译本作 serenity（宁静、明朗）；前有"乐天""达观"之类的汉语译名，我以为并不妥当。尼采这里所指，或与温克尔曼在描述希腊古典时期雕塑作品时的著名说法"高贵的单纯，静穆的伟大"（edle Einfalt und stille Größe）相关，尽管后者并没有使用 Heiterkeit 一词。我们在译本中试着把这个 Heiterkeit 译为"明朗"，似未尽其"喜悦"之义，不过，好歹中文的"朗"字也是附带着一点欢快色彩的。另一个备选的中文译名是"明快"，姑且放在这儿吧。

尼采为何要反对"明朗"之说呢？"明朗"有什么不好吗？尼采会认为，那是古典学者们对于希腊艺术和希腊文化的理性主义规

[①] 尼采：《悲剧的诞生》，科利版第 1 卷，第 14 页。以下引该书均在文中标出页码。

定,是一个"科学乐观主义"的规定,完全脱离了——歪曲了——希腊艺术文化的真相,以及人生此在的本相。艺术理想绝不是简简单单的"明朗",而是二元紧张和冲突;人生此在也未必单纯明快、其乐融融,而是悲喜交加的——充其量也就是"苦中作乐"罢。怎么能把希腊的艺术和人生看成一片喜洋洋呢?

尼采要提出自己的艺术原理,来解决文化和人生的根本问题。众所周知,尼采是借助于日神阿波罗(Apollo)和酒神狄奥尼索斯(Dionysus)这两个希腊神话形象来传达自己的艺术观和艺术理想的。阿波罗是造型之神、预言之神、光明之神,表征着个体化的冲动、设立界限的冲动;狄奥尼索斯则是酒神,表征着融合和合一的冲动。展开来说,如果阿波罗表征着一种区分、揭示、开显的力量,那么,狄奥尼索斯就是一种和解、消隐、归闭的力量了,两下构成一种对偶的关系。尼采也在生理意义上把阿波罗称为"梦"之本能,把狄奥尼索斯称为"醉"之本能。

尼采的阿波罗和狄奥尼索斯这两个神祇固然来自古希腊神谱,但其思想渊源却是被尼采称为"哲学半神"的叔本华。有论者主张,在《悲剧的诞生》中,叔本华是权威、隐含主题、榜样和大师的混合。[1] 书中诸如"个体化原理""根据律""迷狂""摩耶之纱"之类的表述均出自叔本华。更有论者干脆说,"尼采的阿波罗和狄俄尼索斯……乃是直接穿着希腊外衣的表象和意志"。[2] 这大概是比较极端的说法了,但确凿无疑的是,《悲剧的诞生》的核心思想是由

---

[1] 贾那维:"叔本华作为尼采的教育者",载《尼采与古典传统续编》,刘小枫选编,田立年译,上海2008年,第427页。
[2] 努斯鲍姆:"醉之变形:尼采、叔本华和狄俄尼索斯",同上书,第469页。

叔本华的意志形而上学来支撑的。

这种学理上的姻缘和传承关联，我们在此可以不予深究。从情调上看，叔本华给予尼采的是一种阴冷色调，让尼采看到了艺术和人生的悲苦根基。在《悲剧的诞生》第三节中，尼采向我们介绍了古希腊神话中酒神狄奥尼索斯的老师和同伴西勒尼的一个格言。相传佛吉里亚的国王弥达斯曾长久地四处追捕西勒尼，却一直捉不到。终于把他捉住之后，国王便问西勒尼：对于人来说，什么是最妙的东西呢？西勒尼默不吱声，但最后在国王的强迫下，只好道出了下面这番惊人之语："可怜的短命鬼，无常忧苦之子呵，你为何要强迫我说些你最好不要听到的话呢？那绝佳的东西是你压根儿得不到的，那就是：不要生下来，不要存在，要成为虚无。而对你来说次等美妙的事体便是——快快死掉"。（第35页）对于短命的人——我们绍兴乡下人喜欢骂的"短命鬼"——来说，"最好的"是不要出生，不要存在，"次好的"是快快死掉，那么，"最不好的"——"最坏的"——是什么呢？上述西勒尼的格言里没有明言，但言下之意当然是：活着。

人生哪有好事可言？人生来就是一副"苦相"——生老病死都是苦。对人来说，最糟、最坏的事就是活着。借着西勒尼的格言，尼采提出了一个沉重无比的生命哲学的问题：活着是如此痛苦，人生是如此惨淡，我们何以承受此在？在《悲剧的诞生》中，尼采追问的是认识到了人生此在之恐怖和可怕的希腊人，这个"如此独一无二地能承受痛苦的民族，又怎么能忍受人生此在呢？"（第36页）尼采一直坚持着这个问题，只是后来进一步把它形而上学化了。在大约十年后的《快乐的科学》第341节中，尼采首次公布了他后期的"相同者的永恒轮回"思想,其中的一个核心说法就是:"存在的永恒沙漏将不断地反复转动,而你与它相比,只不过是一粒微不足道的灰尘罢了!"并且设问:"对你所做的每一件事,都有这样一个问题:'你还想要它,还要无数次吗?'这个问题作为最大的重负压在你的行动上面!"①尼采此时此刻的问题——所谓"最大的重负"——变成了如何面对仓促有限的人生的问题,彰显的是生命有限性张力,然而从根本上讲,仍旧是与《悲剧的诞生》书中提出的生命哲学问题相贯通的,只不过,尼采这时候首次公开启用了另一个形象,即"查拉图斯特拉",以之作为他后期哲思的核心形象。

问题已经提出,其实我们可以把它简化为一句话:人何以承受悲苦人生?

尼采大抵做了一个假定:不同的文化种类(形式)都是为了解决这个人生难题,或者说是要为解决这个难题提供通道和办法。在《悲剧的诞生》中,尼采为我们总结和分析了三种文化类型,即:"苏格拉底文化"、"艺术文化"和"悲剧文化",又称之为"理论的"、"艺术的"和"形而上学的"文化。对于这三个类型,尼采是这样来解释的:"有人受缚于苏格拉底的求知欲,以及那种以为通过知识可以救治永恒的此在创伤的妄想;也有人迷恋于在自己眼前飘动的诱人的艺术之美的面纱;又有人迷恋于那种形而上学的慰藉,认为在现象旋涡下面永恒的生命坚不可摧,长流不息……"(第115页)

在上面的区分中,"苏格拉底-理论文化"比较容易了解,尼采

---

① 尼采:《快乐的科学》,科利版第3卷,第570页。

也把它称为"科学乐观主义",实即"知识文化",或者我们今天了解的以欧洲－西方为主导的、已经通过技术－工业－商业席卷了全球各民族的哲学－科学文化;在现代哲学批判意义上讲,就是苏格拉底－柏拉图主义了。尼采说它是一种"科学精神",是一种首先在苏格拉底身上显露出来的信仰,即"对自然之可探究性的信仰和对知识之万能功效的信仰"。(第111页)简言之,就是两种相关的信仰:其一,自然是可知的;其二,知识是万能的。不待说,这也是近代启蒙理性精神的根本点。这种"苏格拉底－理论文化"类型的功效,用我们今天熟悉的语言来表达,就是要"通过知识获得解放"了。而苏格拉底的"知识即德性"原理,已经暴露了这种文化类型的盲目、片面和虚妄本色。

尼采所谓的"艺术文化"是什么呢?难道尼采本人在《悲剧的诞生》中不是要弘扬艺术、提倡一种"艺术形而上学"吗?它如何区别于与"悲剧－形而上学文化"呢?我们认为,尼采这里所说的"艺术文化"是泛指的,指他所推崇的"悲剧"之外的其他全部艺术样式,也就是人们通常所了解的艺术,而在尼采这里,首先当然是"阿波罗艺术"了。这种"艺术文化"类型的功能,用我们现在的话来说,就是"通过审美获得解放",或者以尼采的讲法,是"在假象中获得解救"。拿希腊来说,尼采认为,以神话为内容的希腊艺术就是希腊人为了对付和抵抗悲苦人生而创造出来的一个"假象世界"。"假象"(Schein)为何?"假象"意味着"闪耀、闪亮",因而是光辉灿烂的;"假象"之所以"假",是因为"美",是美化的结果。希腊创造的"假象世界"就是他们的诸神世界。尼采说:"希腊人认识和感受到了人生此在的恐怖和可怕;为了终究能够生活下去,他们不得不在这种恐怖和可怕面前设立了光辉灿烂的奥林匹斯诸神的梦之诞生"。(第35页)我们知道,希腊神话具有"神人同形"的特征,诸神与人类无异,好事坏事都沾边。于是,以尼采的想法,希腊人正是通过梦一般的艺术文化,让诸神自己过上了人类的生活,从而就为人类此在和人类生活做出了辩护——这在尼采看来才是唯一充分的"神正论"。(第36页)显而易见,旨在"通过假象获得解放"的艺术文化也不免虚假,可以说具有自欺的性质。

在三种文化类型中,最难以了解的是尼采本人所主张和推崇的"悲剧-形而上学文化"。首先我们要问:"悲剧文化"何以又被叫作"形而上学文化"呢?这自然要联系到尼采对悲剧的理解。尼采对希腊悲剧下过一个定义,即:"总是一再地在一个阿波罗形象世界里爆发出来的狄奥尼索斯合唱歌队"。(第62页)希腊悲剧是两个分离和对立的元素——阿波罗元素与狄奥尼索斯元素——的结合或交合。在此意义上,希腊悲剧已经超越了单纯的阿波罗艺术(造型艺术)与狄奥尼索斯艺术(音乐艺术),已经是一种区别于上述"艺术文化"的特殊艺术类型了。而希腊悲剧中发生的这种二元性交合,乃缘于希腊"意志"的一种形而上学的神奇行为,就是说,是一种"生命意志"在发挥作用。尼采明言:"所有真正的悲剧都以一种形而上学的慰藉来释放我们,即是说:尽管现象千变万化,但在事物的根本处,生命却是牢不可破、强大而快乐的。这种慰藉具体而清晰地显现为萨蒂尔合唱歌队,显现为自然生灵的合唱歌队;这些自然生灵仿佛无可根除地生活在所有文明的隐秘深处,尽管世代变迁、民族更替,他们却永远如一。"(第56页)在这里,尼采赋予悲剧以一种生命/意志形而上学的意义。"悲剧文化"

这条途径,我们不妨称之为"通过形而上学获得解放"。

在尼采眼里,前面两种文化类型,无论是通过"知识/理论"还是通过"审美/假象",其实都是对"人何以承受悲苦人生?"这道艺术难题的逃避,而只有"悲剧-形而上学文化"能够正视人世的痛苦,通过一种形而上学的慰藉来解放悲苦人生。那么,为何悲剧具有形而上学的意义呢?根据上述尼采的规定,悲剧具有梦(阿波罗)与醉(狄奥尼索斯)的二元交合的特性。悲剧一方面是梦的显现,但另一方面又是狄奥尼索斯状态的体现,所以并非"通过假象的解救",而倒是个体的破碎,是"个体与原始存在的融合为一"。(第62页)这里所谓的"原始存在"(Ursein),尼采在准备稿中也把它书作"原始痛苦",在正文中则更多地使用了"太一"(das Ur-Eine)一词,实质上就是指变幻不居的现象背后坚不可摧的、永恒的生命意志。悲剧让人回归原始母体,回归原始的存在(生命/意志)统一性,"让人们在现象世界的背后、并且通过现象世界的毁灭,预感到太一怀抱中一种至高的、艺术的原始快乐"。(第141页)在这种形而上学意义上,"原始痛苦"与"原始快乐"根本是合一的。

尼采的《悲剧的诞生》一书实际上只是要解决一个问题:悲剧之"生"和"死",以及悲剧死后的文化出路。或者分述之,尼采在本书中依次要解决如下三个问题:悲剧是如何诞生的?悲剧是如何衰亡的?悲剧有可能再生吗?而与这三个问题相关的依次是三个核心形象:狄奥尼索斯、苏格拉底和瓦格纳。关于狄奥尼索斯与悲剧的诞生,我们已经说了个大概。至于悲剧的死因,尼采从戏剧内部抓住了欧里庇德斯,而更主要地是从外部深揭猛批哲学家苏格拉底，把后者看作希腊悲剧的杀手。于是我们可以想见，在上述尼采否定的二个文化类型——"苏格拉底－理论文化"和"艺术文化"——中，尼采更愿意把"苏格拉底－理论文化"树为敌人，把它与他所推崇的"悲剧－形而上学文化"对立起来。

最后还得来说说第三个问题和第三个形象。悲剧死后怎么办？悲剧有可能再生吗？怎么再生？在哪儿再生？这是尼采在《悲剧的诞生》一书后半部分所讨论的主要课题。尼采寄望于德国哲学和德国音乐。在德国哲学方面，尼采痛快地表扬了哲学家康德、叔本华，说两者认识到了知识的限度，战胜了隐藏在逻辑之本质中的、构成我们文化之根基的"乐观主义"，甚至于说他们开创了一种用概念来表达的"狄奥尼索斯智慧"。（第128页）而在德国音乐方面，尼采指出了从巴赫到贝多芬、从贝多芬到瓦格纳的"强大而辉煌的历程"。（第127页）尼采把悲剧的再生与德国神话的再生联系起来，更让我们看出瓦格纳对他的决定性影响。我们知道，尼采把《悲剧的诞生》一书题献给理查德·瓦格纳，尽管在该书正文中，瓦格纳这个名字只出现了少数几次，但瓦格纳是作为一个隐而不显的形象潜伏于尼采的论述中的。现在，尼采认为，瓦格纳正在唤醒"德国精神"——"有朝一日，德国精神会一觉醒来，酣睡之后朝气勃发：然后它将斩蛟龙，灭小人，唤醒布伦希尔德——便是沃坦的长矛，也阻止不了它的前进之路！"（第154页）这话当然让瓦格纳喜欢，因为它差不多已经把瓦格纳当作"德国精神"的领袖了。

不过，这般大话却让后来的尼采深感羞愧。在"一种自我批判的尝试"中，尼采把他在《悲剧的诞生》一书中对"德国精神"的推崇和赞美引为一大憾事。好好地讨论着希腊悲剧，竟讲到"德国精神"那儿去了，看起来也算是有了一种当下关怀和爱国情绪，但结果却不妙，是败坏了"伟大的希腊问题"。尼采此时坦承："在无可指望的地方，在一切皆太过清晰地指向终结的地方，我却生出了希望！我根据近来的德国音乐开始编造'德国精神'，仿佛它正好在发现自己、重新寻获自己似的……"（第 20 页）看得出来，尼采这番告白不光有自责，更是话里有话，有含沙射影地攻击瓦格纳的意味了。

——当然，这已经是 16 年之后，是与瓦格纳决裂后的尼采了。

最后还要交代一下译事。本书译事始于 2008 年 12 月，其时我刚刚做完了科利版《查拉图斯特拉如是说》的翻译工作；再之前，商务印书馆已于 2007 年出版了由我翻译的科利版《权力意志》两卷本（即科利版第 12 卷和第 13 卷）。这两部属于后期尼采的代表作。我于是想，应该把早期尼采的代表作《悲剧的诞生》一并译出来，头尾接通，方能从整体上把握尼采的思想线路。一时兴起，就译了一部分。但因为当时还承担着别的一些任务，主要有海德格尔的《哲学论稿》、《同一与差异》、尼采的《瓦格纳事件》等，有的已经做完了初译，有的做了个半拉子，所以决定先停下《悲剧的诞生》译事。此后，商务印书馆约我主持《尼采著作全集》的汉译工作，自然得把《悲剧的诞生》译事继续做下去了。

自 2009 年 9 月的冬季学期开始，我在同济大学人文学院开设《悲剧的诞生》研究生专题课（讨论课），便重新来对付这本《悲剧的诞生》翻译。一学期下来，随着课程的进展，也只是完成了前面 9

节而已。2010年冬季学期，我又在同济大学人文学院重新开设这门课程，不得不在暑假里腾出时间来，重新开始翻译此书。两个学期的课堂讨论使我获益不少，也自然增进了我对本书的理解。

本书有好几个英译本，在翻译和课程讨论过程中，我主要参考了道格拉斯·施密斯的新译本：Friedrich Nietzsche, *The Birth of Tragedy*, trans. by Douglas Smith, Oxford University Press 2000。这个英译本对于译者的理解帮助很大，译者并且参考和采纳了英译本的部分注释。特此说明。

尼采的《悲剧的诞生》在20世纪80年代中期就已经有了周国平先生的中译本（收在北京生活·读书·新知三联书店的"现代西方学术文库"里面），译文品质不俗，流传亦甚广，可谓影响巨大，对于80年代的"美学热"和"文化热"起到了推波助澜的作用。我手头还有缪朗山先生的中译本（中国人民大学出版社1979年版）和新近增加的赵登荣先生的译本（漓江出版社2007年版）。在一些译名的翻译和部分段落的校订过程中，我曾参考过上述周国平先生和赵登荣先生的中译本。

我的译文是根据科利版《尼采著作全集》第1卷做的，又根据第14卷补译了相应的编注（均改为当页注），自己也加做了不少中译者注释，因此至少在内容上看，我的译本应该是比前译更完备的一种（篇幅上也已大大增扩了），唯希望在译文品质上也有所提高。自然，译无止境，本人仍盼着方家指正。

译文后半部分（第十六至二十五节）是我在2010年10月—11月客居香港道风山时做的。友人杨熙楠先生以及香港汉语基督教文化研究所其他同仁给予我和家人诸多关照和帮助。参与我的讨论班的博士生们,特别是余明锋、马小虎、曲立伟、高琪、韩玮、张振东等几位同学,就译文中的一些译名提出过一些有益的建议和意见,在此一并致谢。

孙周兴
2010 年 11 月 18 日记于香港道风山
2011 年 3 月 22 日再记于沪上新凤城

《不合时宜的考察》译后记

《不合时宜的考察》(简称《考察》)是尼采继《悲剧的诞生》(简称《诞生》)之后正式发表的四部作品的合集,时间跨度是1873—1876年。它包括《大卫·施特劳斯——自白者与作家》(简称《施特劳斯》)、《论历史对于生命的利弊》(简称《历史》)、《作为教育者的叔本华》(简称《叔本华》)以及《理查德·瓦格纳在拜罗伊特》(简称《瓦格纳》),涉及早期尼采的基本主题如生命、艺术和哲学的关联以及文化、教育和国家的关系。这四部作品,特别是最后两部,对于理解尼采作为哲学家的发展具有某种特殊的意义,并预示着尼采哲学的后来发展。这四部作品的主题延续了《诞生》的关注,探讨如何寻找真正的德意志文化。

尼采认为,普法战争胜利后,德国有教养阶层(实为文化庸人)的自负、自大、自满、苟且和软弱构成了对真正的德意志精神的复兴的阻碍和扼杀。尼采对那些现在的东西(Jetztzeit)带有一种生理上的恶心。他的不合时宜的考察,也意味着对当代的批判态度,意味着这些当代文化会被扫荡,会被真正的德意志精神所代替。尼采批判合乎时宜的一切,同时也在极力寻求、支持和赞扬那些不合乎时宜的东西,并把它与真正的德意志文化联系起来。批判和否定的方面体现在《施特劳斯》和《历史》,赞许和建构的方面呢体现在《叔本华》和《瓦格纳》。

一、文化庸人阻碍了真正的德意志文化/当代德国文化是伪文化

《施特劳斯》是《考察》的第一个考察。尼采在其中强调德国还不存在原创性的文化，但现代的文化庸人却假装他们已经拥有了德意志文化，并借以自满、陶醉和苟且，声称他们就是德意志文化的顶峰，但实际上是德意志伪文化的顶峰。

《施特劳斯》开篇便说，德国在普法战争中对于法国的军事胜利，并不意味着德国文化对于法国的胜利，甚至反而意味着德国文化的失败，德意志精神的毁灭。因为在尼采看来，德国一如既往地缺乏原创性的德意志文化，一如既往地模仿和依赖法国的文化。只有利用取得军事胜利的斗争精神去寻求真正的德意志精神，那么，仅在这种意义上，对法国的胜利才会有利于德意志文化的胜利。

但是，德国的公共舆论都坚信根本不再需要这样一种斗争精神和勇敢拼搏，德国的绝大多数事情都已井然有序，尽善尽美，所急需做的一切早已被发现和做过了。德意志文化的最佳种子或已经到处播撒，或已经发芽滋长，甚至繁荣茂盛了。在文化领域，到处弥漫着满意和吹捧，幸福和陶醉。

不过，在尼采看来，"文化首先是一个民族的所有生活表达中的艺术风格的统一"[①]，但当代的德国却把所有时代和所有地区的

---

① Friedrich Nietzsche: *Sämtliche Werke. Kritische Studienausgabe in 15 Bänden*, Herausgegeben von G. Colli und M. Montinari. KSA. 1. München, Deutscher Taschenbuch Verlag de Gruyter, 1988: 163.

形式、颜色、产品和稀奇古怪之物堆积在自己的周围,像年货市场一样摆满了各种异质的文化,从而使得真正德意志精神面临被这些外来文化吞没的危险。尼采认为,杂多的知识和博学既不是文化的必要手段,也不是它的一个标志,反而意味着某种野蛮,即缺乏统一的风格。德国用这种缺乏统一风格的"文化"并不能战胜任何敌人,至少不能战胜像拥有真正的和创造性的文化的法国。只有当把一种原创性的德意志文化强加给法国时,德国人才可以谈论一种德意志文化的胜利。[①]

既然德国还不存在一种真正的德意志文化,既然德国没有显著地体现一种创造性的和风格统一的文化特征,那么,怎么可能在德国的有教养者和学者中间弥漫着如此巨大的满足和自满呢,怎么会有已拥有一种真正的文化的信念呢。尼采指出,这是因为文化庸人主导了德国,让人觉察不到德国一如既往地缺乏真正的德意志文化,尽管德国取得了对法国的军事胜利。

文化庸人(Bildungsphilister)又称为知识庸人,是指那些自认为是诗人和文化人,但实际上则是其对立面的现代德国文化人。德国的文化庸人认为他们的"教养"是真正的德意志文化的完美表现。无论走到哪里,他们都满怀着这种胜利的情感,并据此来表述自己的要求和主张。他们到处都碰到自己的同类,到处发现他自己的齐一的标记,并据以推测出,德国已经存在着一种统一的德意志教养的风格,因此也存在着一种统一的德意志文化。

---

① Friedrich Nietzsche: *Sämtliche Werke. Kritische Studienausgabe in 15 Bänden*, Herausgegeben von G. Colli und M. Montinari. KSA. 1. München, Deutscher Taschenbuch Verlag de Gruyter, 1988: 164.

文化庸人中断和背离了自路德、歌德、贝多芬及叔本华等人对真正的德意志精神的寻求。他们寄居在这些天才的伟大作品之中，相信真正的德意志精神已经找到，"勿要再继续寻求"①。文化庸人丧失了先前德意志文化天才的忧患意识和斗争精神，每日歌舞不休，虚骄自大，吹破牛皮。他们掌控着学术资源，模仿经典作家出版丛书和文集，然后相互给自己颁奖，就像一只骄傲的公鸡那样，对着自己镜中形象互抛媚眼，一副不可一世的样子，仿佛自己就是顶峰，自己就是德意志文化。实际上，这些文化庸人不过是，

> 一切强有力和创造性的东西的障碍物，一切怀疑者和迷途者的迷宫、一切疲惫者的泥潭、一切奔向高贵目标者的脚镣、一切新生事物上笼罩着的毒雾以及寻求和渴望新生命、新生活的德意志精神的干旱沙漠。②

就像尼采在《论我们教育机构的未来》（简称《未来》）中所指出的那样，文化庸人憎恨天才的主导和真正的文化要求的专制，因此便竭尽全力使那些有望出现的新鲜的和强大的运动停滞瘫痪、麻木迟钝或者解散解体，扼杀、摧残和迫害德意志民族的天才。这些文化庸人的代表之一，就是大卫·施特劳斯。

---

① Friedrich Nietzsche: *Sämtliche Werke. Kritische Studienausgabe in 15 Bänden*, Herausgegeben von G. Colli und M. Montinari. KSA. 1. München, Deutscher Taschenbuch Verlag de Gruyter, 1988: 168.

② Friedrich Nietzsche: *Sämtliche Werke. Kritische Studienausgabe in 15 Bänden*, Herausgegeben von G. Colli und M. Montinari. KSA. 1. München, Deutscher Taschenbuch Verlag de Gruyter, 1988: 167.

施特劳斯本来是个自由思想的神学作家，写过著名的《耶稣传》(1835—1836)，他也因为这个作品而失去了大学工作的机会。他也认为当代文化出现了危机，并试图用科学的物质主义去代替旧的基督教信仰，这主要体现在他晚年1872年的作品《旧信仰和新信仰》之中。这本书在当时引起了学术界的轰动，在1873就出版了第六版，被认为是当代的经典作品。在这本书的附录中，施特劳斯还对德国的经典作家如叔本华、贝多芬等人进行了评论，以显示他的转向与德国古典精神存在关联。

在尼采看来，哲学就是带有某种冒犯性，但施特劳斯的作品不过是在现代科学和哲学的门牌下，去论证其安乐状态具有合理性的庸人哲学，不过是在用新的无神论的理论来论证旧的基督教的价值理念。施特劳斯只想抽取桌布，而想保留桌子上所有什物。他并不相信《圣经》是绝对真实的，自称自己是个科学人，达尔文学说的信奉者，但是人们根本看不出达尔文的学说对他的思想有什么影响。

例如，达尔文认为，人是动物，彼此间存在着能力差异，存在着生存竞争，但施特劳斯却认为，人超越了动物，尽管存在差异，但却有着相同的需要和欲求，应该彼此平等地对待。尼采认为，施特劳斯是在把基督教的价值观塞入达尔文的学说之中，而施特劳斯本来应该从达尔文学说中得出"人与人是狼"的结论。文化庸人想用新的学说去论证他们自己的庸人哲学，而逃避利用新的学说、新的事实去建构新的理论的艰苦工作，也没有去动摇其基督教的价值观。

尼采认为，施特劳斯的书缺乏任何具有冒犯性的东西，也就是说，缺乏任何创造性的东西。施特劳斯缺乏性格与力量却冒充有性格和力量；缺乏智慧却冒充优越和经验老练，不是天才却冒充是天才。

尽管这本书的内容即施特劳斯的信仰自白不具有冒犯性，但作品的形式，即其语言却具有冒犯性。尼采认为，作为作家，施特劳斯的书对德意志语言犯下重罪，玷污了德意志先人传给我们的神圣的、无比宝贵的和不可侵犯的财富即德语。施特劳斯的书充满了流氓黑话，如错误表述、不恰当比喻以及语法混乱等等。

既然《旧信仰和新信仰》从内容到形式都是一个文化庸人的作品，但这样一本书却再版 6 次，居然成为年轻人喜爱的畅销书，被颂扬为当代经典。尼采忧虑到：

> 对于每一个想帮助后代获取当代所缺乏的东西即一种真正的德意志文化的人来说，这是一些可怖的糟糕的条件和前景。对这样一种人来说，大地为灰烬所覆盖，所有星辰都黯淡无光；每一棵枯死的树、每一片荒芜的原野都在向他大声疾呼：不毛之地！毫无希望！春天不会再来这里！[①]

那么，为什么文化庸人不具有创造性呢。一个原因就是他们献身科学、特别是历史科学，过早、太快地吸取太多的历史知识，窒息了生命中本有的创造力。尼采在《历史》进一步解剖施特劳斯等

[①] Friedrich Nietzsche: *Sämtliche Werke. Kritische Studienausgabe in 15 Bänden*, Herausgegeben von G. Colli und M. Montinari. KSA. 1. München, Deutscher Taschenbuch Verlag de Gruyter, 1988:200.

现代文化庸人的灵魂,指出,他们没有能力去创造一种肯定神话、因此促进生命的文化。

二、过多知识伤害了生命的创造力/文化庸人的病理分析

尼采在《历史》开篇借用歌德的话指出,他痛恨一切妨碍行动和生命创造力的东西。他认为,真正的德意志文化暗而不彰,主要是因为青年人的生命的创造力受到了过多的知识特别是历史知识和历史教育的伤害;不受遏制的分析冲动正在摧毁生命创造力发挥所需要的幻象,因此,需要一种非历史的和超历史的视野。

我们知道,自黑格尔把人类文明史视为人的自由和自我意识的发展之后,对于历史知识、历史教育的追求,进而言之对正义或纯粹知识的追求,成为了德国科学发展及教育的特色和骄傲。尼采指出,德国所有人确实都患上了一种疯狂的历史热病,正饱受它的折磨。高估历史的价值,就是在阻碍和贬低生命的价值。历史对于生命存在着利和弊,只有当历史能服务于生命,我们才愿意服务于历史学。

尼采区分了三种服务于生命但也可能伤害生命的历史学路径,即丰碑的历史、崇古的历史和批判的历史。

尼采相信,历史对于生存着的生命的三种服务功能;每个人可以根据不同的目标、力量和需求,去使用一定数量的过去的历史,有时是丰碑的,有时是崇古的,有时是批判的知识。这是一个时代、文化、民族和人与历史的自然的关系,并受其可塑性的要求及限度所调节。个体可以依据这个原则是恰当地使用历史,但永远不能成为生命的纯粹的思考者,即一种渴求知识,并为知识所满足

的人。知识要服务于生命，而不是相反。只有这样，过去才是值得欲求的，才能服务于现在和未来，而不是削弱和根除未来。相反，如果历史被误用，那么就会产生相反的效果，阻碍生命和文化的成长。

尼采认为，这种对于历史的过度追求，对于历史分析的不加限制的推崇，一个根本的弊端在于它摧毁了生命创造力的发挥所需要的必要的幻象。因为生命必须被限制在一定的视野之内，才能够繁荣茂盛，才具有深沉的创造力。

动物生活在现在的瞬间，居住在一个小点状的视野之内，没有对过去的悔恨和烦恼，因而是幸福的。这样一种非历史的感知能力，是更重要和更原始的生命能力，因为只有在它提供的根基之上，一切合理的、健康的和伟大的东西，一切真正人性的东西才能茁壮成长。非历史的感知能力，就像是裹在生命外面的保护云层，就像母亲晦暗的子宫，唯有在它里面，生命才得以孕育，如果云层被破坏，子宫被照亮，生命也将重新遭遇灭顶之灾。这样一种保护云层，就是一种生命的幻象。

如果没有这样一种幻象的保护，如果这个保护性的神秘的幻象被消除了，那么，生命将会受到阳光的直射，而处于一片光的海洋之中；任何一种宗教、一种艺术或一个天才就会枯萎，生命将变得坚硬而且贫瘠。没有幻象，生命就不会繁荣。

因此，尼采认为，有必要对科学，特别是历史科学进行限制，以避免科学统治生命。当科学摧毁了人安身立命的基础，摧毁了他对持久和永恒之物的信念，生命本身也就崩塌了，变得萎靡不振、惶惶不可终日。在生命与科学之间，生命是主宰的力量，因为知识摧毁了生命，知识自身也将一同摧毁。因此，科学需要一种更高的监视和督察,需要一种"生命健康学"。这种生命健康学的一个原理是:用非历史和超历史的能力来治疗历史对生命的压制,治疗历史过度的疾病。①

这里的"非历史的能力"是指一种能够遗忘的艺术和力量,它能够将自己封闭在一个有限的视野之内;"超历史的能力"是指这样一种力量,它能够使目光不再注视生成的过程,而是转向那些赋予人生此在以永恒与稳定的特定的事物之上,转向艺术和宗教。这两种能力是科学的解毒剂。科学的观察方式只看完成的、历史的事物,但看不到持久存在的、永恒的事物。科学与永恒力量如艺术及宗教之间存在着内在矛盾。科学痛恨遗忘,因为遗忘意味着知识的死亡;它希望破除一切视野的限制,将人掷入到所认识的生成的无边无际的光海之中。而在这种光海之中,任何生命都无法生存和繁荣。②

任何更为高级的文化都要求历史的、非历史的以及超历史的视野处于良好的平衡之中。否则,如果科学过度发展,那么,人们对真理的兴趣会停止,因为它给人带来的欢乐很少了;而幻象乃至谬误,由于它们是与快乐联系在一起的,将会渐渐地重新恢复其原来的地盘;这样也可能会导致科学破败,使人重新陷入野蛮状态。于是,科学的力量重新复兴。如此往复不已。

---

① Friedrich Nietzsche: *Sämtliche Werke. Kritische Studienausgabe in 15 Bänden*, Herausgegeben von G. Colli und M. Montinari. KSA. 1. München, Deutscher Taschenbuch Verlag de Gruyter, 1988: 330-331.

② Friedrich Nietzsche: *Sämtliche Werke. Kritische Studienausgabe in 15 Bänden*, Herausgegeben von G. Colli und M. Montinari. KSA. 1. München, Deutscher Taschenbuch Verlag de Gruyter, 1988: 330.

尼采认为,今天的德国人忍受着生命与知识的矛盾,完全感知不到一个真正有文化的民族的教育和教化的特征——只有植根于生命,文化才会生长和繁茂。这一点只有希腊人做到了。

希腊人曾一度发现,他们快要在过去和外来的文化洪流中溺亡,快要在"历史"中沦亡。但他们没有长时间地成为外来文化的不堪重负的继承者和追随者,经过与自己的一番苦战以后,他们甚至成为了其历史的最幸福的丰富者、增值者和提升者,也成为了一切未来文化的先到者和模范。在希腊,一个人可以是有教养者,但同时完全没有历史教养。[1]

相反,在当代德国,教养被等同于历史教养。特别是在教育机构,青年人吸食过量的历史知识,他们被鞭打着走过数千年的历史。他们对战争、外交和贸易政策都并无感知,但人们却认为他们应该开始学习政治史和贸易史了。奇怪的、野蛮的和狂暴的事物如此有力地"团成令人恶心的团",侵入到这些在历史中匆匆奔跑的青年人的灵魂之中。这些学习历史学的大学生,在他们未成年之前就已经明显地承继了一种过早的烦腻与厌倦,成为带着早熟和新知去咕哝着国家、教会和艺术的空谈家,成为对上千种二手感觉的感觉中枢,成为不知真正饥渴为何物的永不饱足的胃。他们的教育不允许他们拥有文化,而只能沦为文化庸人。[2]

---

[1] Friedrich Nietzsche: *Sämtliche Werke. Kritische Studienausgabe in 15 Bänden*, Herausgegeben von G. Colli und M. Montinari. KSA. 1. München, Deutscher Taschenbuch Verlag de Gruyter, 1988:333.

[2] Friedrich Nietzsche: *Sämtliche Werke. Kritische Studienausgabe in 15 Bänden*, Herausgegeben von G. Colli und M. Montinari. KSA. 1. München, Deutscher Taschenbuch Verlag de Gruyter, 1988:326.

人们利用过度的历史感来对付青年,去根除青年的最强的本能,如热情、执拗、忘我和爱。这样一来,青年人会把无限的视野撤回到他自己身上,撤回到那最为渺小的自私自利的王国,并且必然在其中凋萎和干枯。他也许会有小聪明,但达不到大智慧。他听从理性,妥协折中,经营算计,适应事实;他保持冷静,懂得在他人的有利和不利中去寻找他自己或者他的派别的利益。这样一种更加精致和更加聪明的利己主义,使生命的力量陷入瘫痪,并且最终被摧毁。[①] 而那些试图利用批判的历史来重建人性的人都知道,

> 我们所能做的最好的事情就是,用我们的知识去对抗我们的世代相传的继承的本性。甚至用一种新的、更严格的训练去对抗我们自古就接受的教养方式和习俗传统,在自己身上培育新的习惯、新的本能,培育我们的第二本性,以让我们的第一本性凋谢。[②]

尼采认为,这永远都是一种危险的尝试,但我们要认识到,第一本性也曾经在某个时候是第二本性,而且每一个获得胜利的第二本性都会成为第一本性。尼采承诺,如果青年人采取这种批判的态度,那么后来一代就会发现他们是先到者,也就是丰碑的建立

---

① Friedrich Nietzsche: *Sämtliche Werke. Kritische Studienausgabe in 15 Bänden*, Herausgegeben von G. Colli und M. Montinari. KSA. 1. München, Deutscher Taschenbuch Verlag de Gruyter, 1988: 279.

② Friedrich Nietzsche: *Sämtliche Werke. Kritische Studienausgabe in 15 Bänden*, Herausgegeben von G. Colli und M. Montinari. KSA. 1. München, Deutscher Taschenbuch Verlag de Gruyter, 1988: 270.

者。因此，尼采在《历史》号召用一种丰碑的新文化和本性来代替其所批判的没有创造力的生命和文化。①

德国教育的谎言在于使人相信历史教育是必要的，试图用历史教育（追求真理）来阻碍真正的教育（而真正的教育又需要幻象）。因此，必须告诉德国青年关于其贫乏的时代文化的必然真相：德国没有真正的文化的原因，就是他们的历史教育使之变得不可能，就是他们的历史教育摧毁了保护性的必要的生命幻象。

至此，我们可以看出，尼采在《历史》文末把先前的文化批判转为教育批判，并寄希望通过教育机构的改造，来发展青年人的新教育、新本能和新本性。但尼采认为，最有效的办法是青年人能找到自己的教育者。

三、文化天才如何与时代战斗／文化天才如何成为教育者

尼采认为，要寻求更高的自我，就必须与合乎时宜的虚假的时代文化进行斗争，而成功的斗争历程的作品就是真正的文化，就是作为生命幻象的丰碑的历史，因而，这样的英雄历程对于每一个正在成长中的青年都具有教育意义。从这个意义上，不仅存在着作为教育者的叔本华，还存在着作为教育者的瓦格纳。尼采在《叔本华》和《瓦格纳》中重点考察了两位不合时宜的大师，如何与合乎时宜的时代的恶劣风气作战，成为了他们自己，发挥了他们自己的天才，并创作了不合时宜的真正的文化。

---

① Shilo Brooks: *Nietzsche's Culture War: The Unity of the Untimely Meditations*, Palgrave Macmillan, 2018: 111.

如果说，尼采前两个考察主要在于批判的话，阐释了文化庸人如何阻碍了德意志精神的复兴，解剖了虚假的德意志文化如何发荣滋长，那么，从第三个考察开始，尼采从积极的方面探讨了如何去建构真正的德意志文化，也就是说，探讨了天才是如何成长的，如何与其时代进行抗争，并创作和实践自己的作品，达到哲学与生命的统一。也正是在这个意义上，天才同时也行使着作为青年人的教育者的使命。

在尼采看来，现代德国出现了两种不同的追求文化的道路。一条是文化庸人的道路，他们数量众多，受到时代的欢迎，会获得奖赏和花环，有强有力的同类的支持。走上这条道路之人的首要义务就是"协调一致地战斗"，第二个义务则是把所有那些不愿意加入到自己队伍的人视为敌人。第二条是极少数天才所走的道路，其同路人极为少数，路途更加难走、曲折和陡峭。他们还会受到走在第一条道路之人的取笑、引诱和打击，但他们负有创造真正的文化的责任，①必须完成他们命定必须去创作的作品。

尼采这里使用了《未来》中的段落②来描述这两种文化之路。与《未来》一致的是，尼采明确指出，教育的目标不是大众，而是少数被拣选之人的养成，这些人天生就是为了伟大的永恒的作品而来。他们作品就是其教化之旅的结果，也就是文化。因此，尼采认

---

① Friedrich Nietzsche：*Sämtliche Werke. Kritische Studienausgabe in 15 Bänden*，Herausgegeben von G. Colli und M. Montinari. KSA. 1. München，Deutscher Taschenbuch Verlag de Gruyter，1988：402—403.

② 尼采：《论我们教育机构的未来》，彭正梅译，商务印书馆，2019年，第90—92页。

为,有必要以有意识的意志,去替代生命中那"晦暗不明的本能",以防止它被运用于完全不同的目的,防止它被引往绝无可能实现"产生天才"这个最高目标的歧路。①

这是一种神秘的自然的形而上学。自然产生天才即哲学家、艺术家和圣人,其目的就是为了自我认识。也就是,自然向人竞取,而人向天才竞取。在尼采看来,这样一种目的,才是那"晦暗不明的本能"的真正目的,也是文化的真正目的。

因此,文化之旅就是把那"晦暗不明的本能"有意识地转向追求更高自我之旅的意志。而这也意味着要与文化庸人主导的时代进行作战。伟大人物反对他自己时代的斗争,就是这个伟大人物与其自身的疯狂的死战。因为他是与这个时代中阻止他不能成为伟大的东西作斗争,与那些阻止他自由地并完全地成为他自己的东西作斗争。其斗争所针对的是那些不是真正的自我的东西,针对其中不可结合和永远不相容之物的不纯洁的杂乱拼凑,针对合乎时宜的东西与不合时宜的东西的虚假焊接。②

叔本华就是在与时代的这种对抗之中,成为一种钢铁般的丰碑人物。叔本华从少年时代开始就在与那个虚假的、虚荣的、配不上他的"母亲"即时代作斗争。一旦他在自身中战胜了他的时代,他就以惊奇的目光发现栖身于己的天才。他洗清和治愈了自己的

---

① Friedrich Nietzsche: *Sämtliche Werke. Kritische Studienausgabe in 15 Bänden*, Herausgegeben von G. Colli und M. Montinari. KSA. 1. München, Deutscher Taschenbuch Verlag de Gruyter, 1988:387.

② Friedrich Nietzsche: *Sämtliche Werke. Kritische Studienausgabe in 15 Bänden*, Herausgegeben von G. Colli und M. Montinari. KSA. 1. München, Deutscher Taschenbuch Verlag de Gruyter, 1988:362.

本质，并发现自己重新找回他那属于他自己的健康和纯洁。那个继母即时代掩盖他的天才的意图被挫败了，升华了的自然的王国被揭示出来了。① 叔本华挣脱了时代的羁绊，认识到生命是自由的。叔本华的自由是一种挣脱时代以后的孤寂的自由：自由就是孤寂，孤寂就是自由。

尼采指出，天才出现的条件，从总体上而言，部分恰恰就是叔本华成长起来所赖以的条件。叔本华精力充沛地战胜了时代的危险，捍卫了自己，健康和腰杆挺直地走出战斗，成为孤寂的天才。这也说明，对于饱受历史教育、科学教育以及其他合乎时宜的文化的影响的青年人来说，与时代进行成功斗争是可能的，因此，叔本华正是在这点上具有教育意义，可以成为青年人的教育者。

尼采考察了现代以来相继树立起来的三种人的形象即卢梭式人、歌德式人和叔本华式人，这三种形象都将长久地激励必死之人去提升和圣化他们自己的生命。在三种形象中，第一个形象是卢梭式人，拥有最大的火力，无疑能发挥最广泛的作用；第二个形象是歌德式人，只为少数人而设，亦即为具有伟大风格的沉思型的思想家而设；第三个形象是叔本华式人，要求一种只有最积极行动的人才可能进行的沉思。按照尼采对历史路径的区分，我们这里可以认为，卢梭式人体现了一种强调行动的批判的历史，歌德式人体现了一种强调沉思的崇古的历史，而叔本华则体现了一种强调行动与沉思的丰碑的历史。或按照《诞生》的逻辑，卢梭式人是野蛮

---

① Friedrich Nietzsche: *Sämtliche Werke. Kritische Studienausgabe in 15 Bänden*, Herausgegeben von G. Colli und M. Montinari, KSA. 1. München, Deutscher Taschenbuch Verlag de Gruyter, 1988: 362－363.

的狄奥尼索斯,歌德式人是理性的阿波罗,而叔本华式人是文明的狄奥尼索斯,体现了一种融合日神精神的酒神精神。唯有叔本华才能成为真正的教育者,价值的创造者,才能克服时代的相对主义。尼采指出,成为叔本华式人物是我们实存的最高使命,也就是成为你自己。

尼采在《叔本华》的开篇指出,人是一种独特的一次性的存在,因此每个人都负有责任"认识你自己","成为你自己"。但大多数人太过脆弱,借助他们自己的力量无法做到,因此需要一个教育者来帮助我们完成"认识你自己"及"成为你自己"这一艰巨任务,把我们从时代污浊的洪流中举起。

叔本华就像《未来》中被等待的哲学大师,过着孤寂而自由的生活。他必须对时代竖起双耳,保持警惕,起而反抗,并决定"我要坚持我自己!"这也说明,自由也是一种不断的自我克服的永恒过程,因为总有力量在试图引诱他离开自己的洞穴。瓦格纳就离开了自己的洞穴,去寻找和教育自己的人民。

叔本华是成功从当代世界中隐退,保持着自己的独立,瓦格纳也被从德国放逐到瑞士的特里布申,成为隐遁的孤寂的大师。但是,1872年的瓦格纳却选择去德国的拜罗伊特,决定亲自与时代进行积极的搏斗,把拜罗伊特变成德意志精神的复兴之地,一种真正的教育机构,或者说,建立一种艺术家作为国王的艺术的理想国。

在尼采看来,瓦格纳戏剧是古希腊悲剧在当代德国的复兴,体现了一种真正的生命意志及真正的德意志文化。这种艺术对生命是不可或缺的,就像丰碑的历史,它使用神话的虚构来提升人的灵魂。① 瓦格纳的歌剧的悲剧特性可以为现代历史主义所引起的疾病提供治疗。尼采在《历史》中描述了人类妒忌动物能够非历史地生活，忘记时间的流逝和对死亡的恐惧。而瓦格纳歌剧所引起的悲剧意识，也可以帮助人类忘记死亡和时间流逝造成的恐惧，它可以治疗生成引起的伤痛，从毁灭中感受快乐，拥抱其所生活的不断变动的世界中基本的神秘特性。

尼采认为，瓦格纳的悲剧艺术向观众展示了一个更为简化的世界，对生命问题提出了更为简单的解决。生命越加困难，个体就越加热切地需要简化的表象，哪怕就是短暂的瞬间。② 为了使生命之弓不至折断，就需要有悲剧艺术。

瓦格纳的悲剧艺术作为一种拯救和提升生命的艺术，其本质就是一种艺术的哲学思考；瓦格纳在本质上是一位哲学家，一位用声音进行思考的哲学家。在尼采看来，瓦格纳的歌剧并不仅仅是写作，而是把言语表达、姿态以及音乐融为一体的新的哲学思考。例如，《尼伯龙根的指环》就是一个具体的思想体系，尽管不是以概念的形式出现；《特里斯坦与伊索尔德》就是一部所有艺术中真正的形而上学作品。在瓦格纳那里，哲学思考变成了一项诗意的文化创造活动，并不完全是理性的、概念的。

在尼采看来，瓦格纳自己并不属于他的合乎时宜的时代，他的艺术在现代人中间必将找不到家园，因此，他要让他的作品成为

---

① Shilo Brooks: *Nietzsche's Culture War: The Unity of the Untimely Meditations*, New York, Palgrave Macmillan, 2018:190.

② Shilo Brooks: *Nietzsche's Culture War: The Unity of the Untimely Meditations*, New York, Palgrave Macmillan, 2018:191.

"一个神圣的宝库",并"把它交给能够对其更好地做出判断的后代"。尼采悲叹道,

> 他不遗余力且毫不懈怠地保存他的作品,就像处于最后时日的昆虫,为它的卵找到安全的保存之地,操心它的顺利孵化,尽管它永远没有机会看到最终的孵化;它把卵存放在它确信以后能获得生命和食物的地方,然后欣然死去。[①]

但在《瓦格纳》的结尾,尼采否认瓦格纳是未来的先知,而是强调瓦格纳是过去的阐释者和美化者,这样的论述使得整个作品再次回到了第一考察和第二考察,甚至回到了《诞生》中的问题,即像瓦格纳这样的艺术天才如何创造性地使用历史,来创造提升生命的文化。

可以看出,尼采在《瓦格纳》中极力对瓦格纳进行理想化,就是为了与《施特劳斯》进行对比,因为前者才是真正的天才。瓦格纳与历史的关系,不同于学者与历史的关系。前者艺术地使用历史,后者只会科学地使用历史。瓦格纳把历史变成了手中的工具和锤子,用来建立促进生命的文化视野。瓦格纳拥有这种最为强大的力量,即加固、连结和聚拢最遥远的丝线的能力。施特劳斯则精神虚弱,只具有批判能力,但缺乏真正的思想家的综合、建构能力,无法建构一种统一的文化。因此,只有像瓦格纳或尼采理想化的瓦

---

① Friedrich Nietzsche: *Sämtliche Werke. Kritische Studienausgabe in 15 Bänden*, Herausgegeben von G. Colli und M. Montinari. KSA. 1. München, Deutscher Taschenbuch Verlag de Gruyter, 1988:498.

格纳，才超越了施特劳斯这样的文化庸人。

《诞生》与《考察》体现了古典语文学家的尼采作为艺术哲学家的诞生。考虑到《考察》结束于瓦格纳以及对瓦格纳艺术的隐忧，因此，艺术哲学家尼采的诞生，也意味着作为教育者的瓦格纳的退隐，作为教育者的尼采正式登场。这尤其体现在《考察》的写作背景及尼采的成长历程之上。

四、结论：尼采作为天才的诞生/尼采作为教育者的诞生

猩猩的目的是成为人，人的目的是成为超人。只有符合这种目的的文化，才是真正的德意志文化。经过《考察》中的四场精神战斗，年轻的尼采走出了天才瓦格纳的阴影，成功地作为天才、同时也作为教育者而诞生，自己成为了丰碑的历史上的一个丰碑，天才共和国的一员。这也是早期尼采、特别是《考察》的文化批判和教育批判的基本结论。也就是说，《考察》的写作背景恰恰体现了《考察》的结论。这尤其体现在尼采与天才瓦格纳的关系之中。没有瓦格纳的敦促，尼采不会立即去写作我们今天见到的《考察》。《施特劳斯》就是一部遵命之作。

尽管尼采在《诞生》中指出，瓦格纳的艺术中存在着正在复兴的希腊悲剧的本质，但他认为瓦格纳的艺术在美学意义上完全不合时宜，在当代贫瘠的精神世界中，其伟大性注定不会被认可。具有类似不合时宜思想的尼采，把瓦格纳的事业视为自己的事业，把瓦格纳的命运视为自己的命运，并在瓦格纳的命运中去感受自己的不合时宜的思考。自1869年到巴塞尔大学任教后，尼采频繁地造访瓦格纳在特里布申的居所，义无反顾地支持瓦格纳的事业，把

自己的第一本书献给瓦格纳,甚至还想辞去教职来支持瓦格纳的事业。尼采认为,瓦格纳就是现实中的、身边的天才。

天才瓦格纳对于青年尼采来说,就是一个教育意义上的解放者。瓦格纳经常嘲笑新兴中产阶级的庸俗,其作品亦不受时代所欣赏,因为中产阶级不喜欢他的创作。作为瓦格纳的弟子,尼采毫无疑问地加入到瓦格纳的态度之中。《诞生》表明他是瓦格纳的弟子,但也表明,他不是命定的天才或领导,而是被天才瓦格纳所领导。但随着他与瓦格纳的交往,尼采开始表现出自己的创造性。《诞生》表明,他超越了叔本华,甚至比瓦格纳更像是哲学家。这说明,尼采不是天生的天才,而是在学习成为天才。

《诞生》的思辨性以及对古希腊文化的原创性的解释,显示尼采不是一个语言学教授,而是一个哲学家。尼采本想进一步研究古希腊哲学,并计划转入到哲学教学。或者说,尼采想进一步探讨希腊悲剧时期的真正的哲学,因为在尼采看来,"悲剧的隐退"与"哲学的终结"是同一个事件[①]。

1872年,瓦格纳从特里布申搬到了拜罗伊特,去从事自己复兴德意志文化的伟大计划。与瓦格纳地理上的距离,正好也给了尼采从其所好的空间。但瓦格纳只关注自己的事业,并不关注尼采自己的兴趣,他不断催促尼采去拜罗伊特,帮助自己的事业。瓦格纳的夫人也写信给尼采,提醒他要对瓦格纳保持忠诚。

1873年4月,当尼采拜访拜罗伊特,并告诉瓦格纳他的希腊

[①] 孙周兴:"开启一种本源性的诗思关系——论早期尼采的悲剧文化观",同济大学学报(社会科学版),2005年第4期,第21—29页。

哲学的研究计划及进展时，瓦格纳反应很冷淡，建议尼采研究当代文化而不是古希腊。瓦格纳也许并非没有认识到尼采的天赋，他不过是希望尼采用自己的天赋和力量去关注当代文化，帮助自己复兴真正的德意志文化。瓦格纳暗示尼采去批判自己的敌人施特劳斯。既然施特劳斯是瓦格纳的敌人，那么，此时的尼采便把施特劳斯视为自己的敌人。

这就是为什么尼采没有出版他的希腊哲学的研究，转而调整方向，对其当代文化进行不合时宜地考察。当他1873年4月从拜罗伊特回巴塞尔之后，他立即开始写这个作品，5月初就完成了《施特劳斯》初稿，并把它作为瓦格纳的生日（5月22日）礼物送给他。自然，这部作品受到了瓦格纳的高度赞扬，同时也引起社会的巨大关注。尼采由此也欣喜地感受到了自己作为论辩者的天赋。

第二个考察《历史》是尼采1873年秋季动笔。不过，在这个夏天，他刚刚完成《道德之外的意义上的真理和谎言》的文章，并计划把它作为系列考察中的一个考察。《历史》大部分是在10月和11月完成，结论部分是1874年最初几周完成的，并在同年2月出版。相对于第一考察，第二考察几乎无人注意。甚至瓦格纳的夫人也批判其写作风格。罗德认为，尼采的稿子像是不同的片断连缀起来的，太多的逻辑跳跃需要读者去填补，并对尼采的稿子进行阅读和改善，尼采也在最终的版本几乎完全接受了罗德的修改。尼采在第一考察批判施特劳斯没有风格，现在在第二考察中，他自己也遭受了风格上的批判，遭受了作为作家的危机。

第二个考察尽管没有瓦格纳的促进，但还是可以看出瓦格纳的影子。尼采把他的时代的历史文化诊断为西方文明严重的疾病和堕落，特别是德国沉溺于(历史)知识之中，复兴和创造真正的德意志文化几乎是不可能的。尼采认为，创造性行动只对个体是可能的，反对国家具有创造性的黑格尔观点；只有像歌德、叔本华和瓦格纳这样的文化天才才能拯救19世纪的文化堕落。尼采在写作第二考察中自然会在心中把瓦格纳作为原型，认为瓦格纳在特里布申的房子代表了生命和创造力，而巴塞尔大学则代表了历史化的学术研究和历史教育，生产了崇古的文化庸人。而瓦格纳这样的文化天才则采用批判的历史，从而创作丰碑的历史。

在尼采看来，瓦格纳这个创造性的天才，就是行动之人，全力卷入世界，努力用戏剧来复兴德意志文化，典范性地运用历史来创造新的文化。尼采认为瓦格纳的工作比自己的工作重要得多。1874年5月，也就是自从第一次拜访特里布申的第15个年头，尼采在祝贺瓦格纳生日的一封信中谦卑地说，与瓦格纳的第一次相见，就给了他的生命以新的方向：

> 正是您，把我这样一个在黑暗、陌生的道路摸索和磕绊前行之人，逐渐领入光明之道，我深感无比地幸运。因此，我不能不把您奉若父亲。我庆祝您的生日，就像庆祝我自己的生日。[①]

为了证明自己是瓦格纳最喜爱和最忠诚的弟子，尼采还为节日剧院出现经费问题时，写了一个题为《对德意志人的警告》的募

[①] Carl Pletsch: *Young Nietzsche: Becoming a Genius*, New York, The Free Press, 1991:174.

捐文章。尼采在其中指出,"如果政治和民族热情的强盛欲望,以及写在我们的生活面孔上的对幸福和享乐的追求不该迫使我们的后人记得,在我们德国人最终重新找到我们自身之前,我们已经开始丧失自我,那么现在,这个民族就比在任何时候都更需要德意志艺术崇高的魔力和惊恐来获得净化和圣化。"[1] 显然,尼采眼中的"纯粹艺术"就是瓦格纳的艺术,德国的未来艺术。文章最后没有被使用,因为态度过于强硬。

尼采对瓦格纳的感激之情,还体现在第三考察《叔本华》中关于"青年人是多么需要自己的教育者"的感慨之中。不过,我们也可以认为,尼采写《叔本华》,显示他希望从瓦格纳的阴影中解放出来,发现他自己的天赋,成为他自己,并自己成为教育者。如果联系第四个考察《瓦格纳》,那么,后一种看法可能更有道理。不过,这与尼采的感激之情并不矛盾。

1874年秋,尼采想写"我们语文学家"作为第四个考察,以回应他的《诞生》所遭受的消极对待。1875年2月,他还在写这个作品,并想在复活节完成,不过这个作品最终被放弃,原因不明。1874年秋天,尼采就开始为《瓦格纳》的写作做笔记,但直到1875年的秋天和冬天才开始集中去做,并于9月完成了前六个部分,在10月完成了第七和八部分。不过,尼采写信给朋友说,他对这个作品的未来出版感到恶心,并宣布不会出版这个作品。

这主要是因为尼采开始对瓦格纳有了新认识,并对这个作品

---

[1] Friedrich Nietzsche: *Sämtliche Werke. Kritische Studienausgabe in 15 Bänden*, Herausgegeben von G. Colli und M. Montinari. KSA. 1. München, Deutscher Taschenbuch Verlag de Gruyter, 1988:897.

前面部分对瓦格纳的赞美开始感到不满。直到1876年4月,尼采的朋友伽斯特(Peter Gast)认为这个作品值得完成并加以出版,加上拜罗伊特音乐节的临近,尼采才决定再次加工这个作品。在伽斯特的帮助下,尼采在1876年的5月底和6月初完成了最后三个部分。这个作品在7月出版。1876年8月,正值第一次拜罗伊特音乐节,瓦格纳最终完成了他的《尼伯龙根指环》,标志着其艺术生涯的顶峰。《瓦格纳》是献给这次音乐节的。毫无疑问,这个作品受到了瓦格纳的赞扬。

不过,在拜罗伊特逗留期间,尼采对瓦格纳的不满开始增加,他对拜罗伊特是真正现代艺术复兴之地的信念开始消退。他认为,瓦格纳开始向德国公众售卖时髦的合乎事宜的品味,而不是痛击德国合乎事宜的平庸和庸人。拜罗伊特是在为德国文化庸人的成就加冕。他原打算用10年时间写13个考察,但由于对瓦格纳失望,原先计划习作的系列考察也就结束了。现在包括四本小书的《考察》最初是受瓦格纳促进而产生,最后也是结束于对瓦格纳的失望。

早在1874年,尼采就开始在笔记上批判瓦格纳,认为瓦格纳除了创造音乐,还假装是诗人、戏剧家,但实际上,他的音乐、诗学以及编剧都价值不高。瓦格纳在任何方面都并不是天才,其本质上是一个演员。[①] 但尼采在写第一次音乐节的瓦格纳的颂词也就是《瓦格纳》时,他不得不压抑自己对瓦格纳及其作品的态度,把不满情绪倾泻到自己的笔记之中。实际上,即使《瓦格纳》总体上保

---

① Friedrich Nietzsche: *Sämtliche Werke. Kritische Studienausgabe in 15 Bänden*, Herausgegeben von G. Colli und M. Montinari, KSA. 1. München, Deutscher Taschenbuch Verlag de Gruyter, 1988:908-912.

持着对瓦格纳的深切同情和颂扬,细心的读者也能感受到尼采对瓦格纳的某种批判。

尼采当时的笔记显示尼采对于瓦格纳的一种矛盾的态度:草稿的修改、部分已经详细拟定但又没有采用的主题、布满修辞调整、被修改得面目全非的手稿。比起《瓦格纳》的原文文本,尼采的笔记及其他相关材料所透露的对瓦格纳的态度也许更值得我们关注。① 其中一个隐秘的信息是,尼采认为瓦格纳挡住了他的天才之光,他要追求自己的独立性。

自从瑞士移居到德国,瓦格纳就一步一步地堕落了,在每个方面甚至包括反犹主义都变成了尼采所鄙视的人。瓦格纳变了!瓦格纳变成了一个合乎时宜的德国人!瓦格纳从一个孤寂的被流放到瑞士的天才,变成了德意志民族的合乎时宜的文化偶像。在1888年的自传中,尼采说,拜罗伊特是他梦醒了的地方。② 对拜罗伊特,尼采感到非常陌生,而特里布申对他却曾经是一个无比美妙的幸福之地。

尼采与瓦格纳的决裂,表明他认识到他是他自己,认识到他偏离了自己的发展轨道,而现在他想急于回到自己的轨道上来:

> 我那时在拜罗伊特所作的决定就是不仅仅与瓦格纳决

---

① Friedrich Nietzsche: *Sämtliche Werke. Kritische Studienausgabe in 15 Bänden*, Herausgegeben von G. Colli und M. Montinari. KSA. 1. München, Deutscher Taschenbuch Verlag de Gruyter, 1988:908—912.

② Carl Pletsch: *Young Nietzsche: Becoming a Genius*, New York, The Free Press, 1991:201.

裂：我注意到我完全偏离了我的本能，犯了巨大的错误。不管是作为瓦格纳的弟子，还是作为巴塞尔大学的教授，都不过是症状。我因为我对我自己的不耐烦而克服了我自己。我认识到，我迫切需要对自己进行回顾和反思。突然，我惊恐地认识到我已经浪费了太多的时间。①

可以看出，不是瓦格纳变了，而是尼采在成长。《考察》尽管最初是在遵命之中开始的，但随着写作的不断进展，尼采的主体感不断增强，他的天才不断涌动和觉醒。如果说《未来》对年青人屈从大师进行了合理论证，那么，《叔本华》以及《瓦格纳》则显示了尼采在争取成熟以及独立，而那些曾经作为其偶像的天才们则走向了黄昏。

如果说尼采与瓦格纳之间存在着一种父子情结，那么他作为天才的诞生，则意味着某种弑父行为，正如他曾经如此对待自己父亲般的导师古典语文学家里契尔（Ritschl）以及哲学家叔本华。不过，从尼采后来的作品可以看出，瓦格纳仍然在其整个思想历程发挥着某种影响，成为其永远的"痛"。即使是尼采的传记也带有瓦格纳的风格，称自己"为什么如此聪明"，而瓦格纳的传记名称是《我生来如此不同》。

我们知道，每一个真正的原创性的思想家，都需要某种程度的激进的个人独立。《考察》对尼采成长的个人意义，尼采后来也有

---

① Carl Pletsch: *Young Nietzsche: Becoming a Genius*, New York, The Free Press, 1991:203.

所表述。尼采在1884年重新阅读第三考察时说，"我已经在按照我预先为自己勾勒的生活方式而生活。"①尼采坚持认为，第三、第四考察的真正主体就是他自己，他的最内在的历史、他的成长，特别是他的承诺。尽管尼采在试图刻画叔本华和瓦格纳，但我们完全可以不去追究这些刻画在细节上有多少是真实的，因为尼采在根本上刻画的就是他自己。《考察》预示着承诺，而且，从《人性的，太人性的》以后，尼采所做的就是履行承诺。

尼采曾指出，他只写自己已经克服了的人物。也就是说，当他写叔本华时，就表明他已经不是叔本华哲学的追随者了，写瓦格纳时也同样如此。

同样的逻辑，按照尼采自己的理解，《考察》中的叔本华和瓦格纳并不是这些考察的核心关注，就像施特劳斯和哈特曼不是核心关注一样。尼采是借助他们来批判当代文化、教育和教化。施特劳斯是文化庸人的代表，哈特曼是源于黑格尔主义以及过度的历史主义的衰弱的玩世主义的代表，叔本华是真正哲学家的代表，而瓦格纳体现了真正艺术家的本质。尼采后来指出，他从不攻击个体而是利用他们来聚焦更大的问题。他利用叔本华，就像柏拉图利用苏格拉底那样，来展现自己的观点。②他把《瓦格纳》作为他自己的未来，而在《叔本华》中则投射了他自己的最内在的历史。

从上可以看出，《考察》（1873—1876）标志着尼采作为天才的

---

① Shilo Brooks: *Nietzsche's Culture War: The Unity of the Untimely Meditations*, New York, Palgrave Macmillan, 2018:16.

② Shilo Brooks: *Nietzsche's Culture War: The Unity of the Untimely Meditations*, New York, Palgrave Macmillan, 2018:128.

诞生。这一点在1878、1879年两卷本的《人性的,太人性的》中可以看出,尼采突然变成了忠诚于欧洲18世纪启蒙运动的理性主义者,超越了之前复兴真正德意志精神的民族主义而变得更加世界主义,从而很难看出他曾是《诞生》和《考察》的作者了。而在后来的作品中,尼采变成了一个孤独漫步者,与自己的影子对话。但是,他的作品变成了他所理解并追求的真正的德意志文化。

当然,《考察》意味着尼采作为天才的诞生,并不意味着早期尼采与后来的尼采不存在着任何联系。《查拉图斯特拉》中有些主题在《考察》中已经有所预示,如批判自满,更高人性的文化意义,否定和毁灭的积极力量。第二考察甚至包含着永恒复归及谱系考察的思想,而第四考察也出现了类似"超人"以及"权力意志"的概念。

不过,《考察》之间存在着内在联系,并构成了一个整体乐章。第一个考察《施特劳斯》提出了一个主导动机(Leitmotive),触及了很多后面的主题。后面三个考察则是主旋律的一种深潜,然后浮出水面,并进一步发展。因此,可以把《考察》作为一个整体来加以阅读。《考察》不仅公开宣示他要探讨什么问题,而且还暗示他如何去解决这些问题,从教育上去解决这些问题。

具体而言,《叔本华》和《瓦格纳》试图通过促进有利于新的文化天才产生的文化氛围,来重新教育人的本性,恢复其本来的创造力。后两个考察,实际上开启了被《历史》中的历史主义所摧毁的重建过程。同时,后两个考察也为第一个考察《施特劳斯》提供了一种与文化庸人形成了鲜明对比的丰碑的、本真的天才形象。叔本华通过其哲学孕育了一种真正的文化,而瓦格纳则把这种哲学转化为一种鼓舞生命的艺术,提出了一种《施特劳斯》和《历史》所描述的现代庸人文化的解毒剂。

另一方面,我们也可以把《诞生》视为早期尼采的主导动机。它提出了希腊悲剧在当代德国复兴这个主题,四个不合时宜的考察则是其主导动机的进一步深化及发展,探讨其否定的因素及肯定的因素,把主导的文化动机转变为天才如何对抗时代而成长,指出,没有天才的成长和呵护天才成长的教育机构,真正的德意志文化的复兴是不可能的。

叔本华和瓦格纳这样的拯救天才,通过其自我表达的艺术作品、思想、精神,来拯救生命的实存。其作品帮助了受难之人形而上学地理解他们的实存,从而使之能够在一种对其最深沉的渴望及恐惧没有做出充分回应的世界中生存。而如果没有这些哲学、艺术和宗教的天才的作品,这个世界就不会显得更加可以理解,也不会变得更加值得生存。他们简化了世界,他们的认知就是创造,他们的创造就是立法,同时也为未来的时代树立值得向往的自然形象和人类形象。瓦格纳向尼采阐释了这些文化创造者的艺术的方面,而叔本华则阐释了这些文化创造者的哲学的方面。

因此,早期尼采就是在试图把古希腊悲剧、叔本华哲学和瓦格纳戏剧联系起来,这不仅仅是在把哲学加入到语言学作品之中,而是试图把阿提卡悲剧与当代德国文化联系起来,把叔本华和瓦格纳作为他的基本观察点。作为天才的尼采则从其作为教育者的叔本华和瓦格纳那里学习到了如何去创作一种提升生命的文化。

这样,从《诞生》到《考察》,叔本华和瓦格纳作为尼采的教育者而逐渐淡出,而尼采的天才逐渐得到发展,直至自己成为天才。而成为天才,按照丰碑的历史,就是成为教育者。于是,年轻的尼采从寻找教育者,到自己作为教育者开始寻找学生,因为作为查拉图斯特拉的尼采需要向世人教授超人学说。这意味着作为教育者的尼采正式出场。我们知道,历史上伟大的教育者如苏格拉底会与学生对话,佛陀会对学生拈花微笑,而尼采还为学生跳舞,以演示生命的狂放境界。①

最后,作为教育学者,我想指出,在文学尼采、美学尼采、政治尼采、哲学尼采之外,还存在着教育尼采。特别是,早期尼采的观念对于今天强调"文化自信"的中国来说具有一种别样意义:文化庸人所倡导的文化并不是真正的德意志文化;要警惕和痛击文化庸人的文化鼓吹;文化庸人的根本问题在于不知道如何恰当地使用历史;真正的德意志文化的寻求必须与教育变革联系起来;国家不会创造文化,文化的使命在于个体,在于极少数个体的自我教化,而国家的教育机构就是要按照这个原则来加以建设,是国家为了文化,而不是文化为了国家。

不过,尼采没有去探讨,没有国家,这个文化放在哪里呢。皮之不存,毛将焉附。尼采隐含的逻辑似乎是,立人之国,其国必立。这对受尼采哲学影响的 20 世纪 40 年代中国的战国策派而言,是不可接受的。他们把尼采的文化论述作为一种立国、救国的文化战略,提出了一种类似于塞缪尔·亨廷顿《文明的冲突》的思想主张。② 不过,这里可以确定的是,任何一个欲求真正文化的国家,都需要去善待、保护而不是伤害自己的精英。

---

① 彭正梅:"当懒人杀死时代",《博览群书》,2012 年第 4 期,第 32—36 页。
② 李钧:"战国策派:他们到底说过些什么?",《中华读书报》,2011 年 2 月 2 日第 15 版。

令人唏嘘的是，早期尼采，也就是成长中的尼采，由于不合时宜的考察而陷入到彻底的孤独之中。这也许是一种成长的代价。这样一种独孤、仍然奋发的不合时宜的灵魂在叩问世界："我的人民在哪里呢"。《中庸》曾乐观地指出，"君子之道，闇然而日章；小人之道，的然而日亡"。但谁知道呢。不过，需要指出的是，早期尼采的文化批判和教育批判推动了富有德国民族特色的改革教育学和文化教育学的产生，并在世界范围内引起了对现代民主教育及其文化冲突的反思。

《不合时宜的考察》的中文翻译参考了若干英文及中文译本。如 Richard T. Gray（*Unfashionable Observations*，Stanford University Press 1995）和 R. J. Hollingdale（*Untimely Meditations*，Cambridge University Press，1997）的英文译本、李秋零先生（《不合时宜的沉思》，华东师范大学出版社，2007 年）的译本以及韦启昌先生以及周国平先生等人的相关译本，这里对他们的工作表示感谢和敬意。

这里要特别感谢孙周兴先生。感谢孙先生邀请我加入尼采作品的中译工作中。这使我有机会更为细致地了解并体会尼采的教化历程。作为教育研究者，我对此有着深沉的兴趣。感谢我的研究生顾娟、温辉、彭韬、伍绍杨、洪一朵、郭悦娇等对译文的阅读和建议。当然，水平有限，错误难免。恳请方家指正。

彭正梅
2020 年 4 月 6 日
华东师范大学国际与比较教育研究所

《1870—1873年遗著》译后记

德国思想家弗里德里希·尼采（Friedrich Nietzsche, 1844—1900）的头一本书是《悲剧的诞生》（1872年第一版），后来成了一本欧洲哲学-美学的名著。尼采时任瑞士巴塞尔大学的教授，但不是哲学教授，而是古典语文学的教授。且尼采写作此书时才二十几岁，还显稚嫩。从语文学专业角度看，这书写得不算正经，无论立论和规范，都是有些瑕疵的。而语文学界之外，喝彩的声音也不见多，大概只收获了理查德·瓦格纳大师的赞扬——本来这书的动机就来自瓦格纳，也有捧一捧瓦格纳大师的意思。

但无论如何，《悲剧的诞生》却是思想史上的成功之作。其成功之处在于，尼采在是书中构造了一个文化哲学理想，撇开以早期希腊神话和英雄传说为内容的艺术文化，批判后起的科学-理论文化，而推崇具有形而上学性的悲剧艺术。为了解说希腊悲剧艺术的高妙，尼采动用了阿波罗和狄奥尼索斯两个神话形象，认为"阿波罗元素"与"狄奥尼索斯元素"之二元性交合，正是伟大的希腊悲剧的诞生。就此而言，《悲剧的诞生》首先是一本文化哲学著作，然后是一本美学或艺术哲学著作。正是通过《悲剧的诞生》，酒神狄奥尼索斯成了欧洲文化名神，阿波罗-狄奥尼索斯关系成了现代美学的基本关系。

进一步，尼采在《悲剧的诞生》时期形成的文化理想还在于认为：一种好的文化，其中艺术与哲学当有良好的相互区分又相互合作的关系。《悲剧的诞生》虽然也已经兼及希腊哲学，但重点还是在批评苏格拉底，说他是丑八怪、大坏蛋，毁掉了希腊的悲剧文化。我理解尼采的意思，恐怕是说，苏格拉底及其弟子柏拉图不仅葬送了"悲剧艺术"，而且也毁掉了与前者亲如姐妹的"悲剧哲学"。不待说，这种"悲剧哲学"是在苏格拉底之前才可能有的，就是后来海德格尔所讲的前苏格拉底思想了。所以，在写完《悲剧的诞生》以后的几年里，尼采很想清理一下他设想的"悲剧哲学"，为此做了不少笔记（收入科利版《尼采著作全集》第 7 卷中）[①]，也差不多形成了一本小书，即收在《1870—1873 年巴塞尔遗著》中的《希腊悲剧时代的哲学》一文。

如此看来，若要完整理解《悲剧的诞生》时期的尼采思想，甚至可以说，若要完整地理解《悲剧的诞生》一书本身，我们还得多读点书。高要求的读法，是上述科利版《尼采著作全集》第 1 卷和第 7 卷；低要求的读法，或可在《悲剧的诞生》之外，读一读《1870—1873 年巴塞尔遗著》中的部分内容。

尼采《1870—1873 年巴塞尔遗著》收录了长长短短共十篇文章。前四篇（实为五篇）的主题仍旧属于《悲剧的诞生》范围，反映了《悲剧的诞生》一书的形成史，其中也含有相关章节的异文；之后有两个长篇遗著最值得我们关注，一是第五篇《论我们教育机构的

---

① 部分笔记已被译成中文，参看尼采：《哲学与真理（尼采 1872—1876 年笔记选）》，中文节译本，田立年译，上海：上海社会科学出版社，1993 年。

未来》，二是第八篇《希腊悲剧时代的哲学》。

　　本书单行本出版时，译者擅自设定了一个书名《悲剧时代的艺术与哲学》，原版题目《1870—1873年巴塞尔遗著》则被我们立为副标题了。我们希望借此提示尼采巴塞尔遗著的核心内容，此外别无他意。

　　就本书(《巴塞尔遗著》)的译事而言，构成拖沓的竟是我自己。近些年来，我经常把自己的重点研究领域标识为"尼采＋海德格尔＋艺术哲学"——这是实情，我确实是在三线作战，好处是丰富，坏处是困于切换，有时也不免穷于应付。

　　本书译事的分工已经在目录和正文中标出。除了前四篇文章的翻译外，我还对全书译文做了统校工作，包括译名统一、文档格式、注释规范等。

　　感谢彭正梅教授、李超杰教授和余明锋博士的合作。译文有不足处，望识者指正。

孙周兴
2016年2月18日记于沪上同济

关于本卷的编译

我做的尼采《悲剧的诞生》中译本成于2011年，单行本面世已经有好几年了。之后我就计划翻译《尼采著作全集》第1卷整书。《悲剧的诞生》是科利版《尼采著作全集》(KSA)第1卷的第一部分，该卷后面还有两个部分，即《不合时宜的考察》与《1870—1873年遗著》，我约请华东师范大学的彭正梅教授翻译《不合时宜的考察》，又约请彭正梅教授和同济大学的余明锋博士参与《1870—1873年遗著》的译事。《1870—1873年遗著》中的《希腊悲剧时代的哲学》一文，则采用了北京大学的李超杰教授现有的译文。如此，篇幅浩大的科利版《尼采著作全集》第1卷的译事分工就成了。

然而全书译事的完成却拖了好几年。至2016年初，由我和余明锋博士、李超杰教授合作的本书第三部分《1870—1873年遗著》完工，我为单行本重立书名为：《悲剧时代的艺术与哲学》，随即交给了出版社；由彭正梅教授承担的第二部分《不合时宜的考察》却一直未能完成，至2019年端午节才发来译稿。他做的这部分译文原版有350页，译事艰辛，我当然是能理解的。

本卷由多人合作翻译，译文风格自然难求统一。我所做的工作多半限于技术性的加工处理，比如人名和书名的统一，注释的规范化等；或发现一些译文的失误和不当，我径直在电子版上作了修正。

如前所述，本卷其实是由三本书构成的，在科利版《尼采著作全集》中是篇幅最大的一卷（德文版共919页），译成中文恐怕要接近70万字。因此，除了对参与翻译工作的彭正梅教授、李超杰教授和余明锋博士的感谢外，我在此也求请读者对本卷译文提供批评意见，以便我们将来修订时进一步提高品质。

孙周兴

2019年6月16日记于沪上同济

图书在版编目(CIP)数据

尼采著作全集. 第1卷, 悲剧的诞生 不合时宜的考察Ⅰ—Ⅳ 1870—1873年遗著/(德)尼采著; 孙周兴等译. —北京: 商务印书馆, 2023
ISBN 978-7-100-19516-4

Ⅰ. ①尼… Ⅱ. ①尼…②孙… Ⅲ. ①尼采(Nietzsche, Friedrich Wilhelm 1844-1900)—全集 Ⅳ. ①B516.47

中国版本图书馆 CIP 数据核字(2021)第 032656 号

权利保留,侵权必究。

尼采著作全集
第 1 卷
悲剧的诞生
不合时宜的考察Ⅰ—Ⅳ
1870—1873 年遗著
孙周兴 彭正梅 李超杰 余明锋 译

商 务 印 书 馆 出 版
(北京王府井大街36号 邮政编码100710)
商 务 印 书 馆 发 行
北京通州皇家印刷厂印刷
ISBN 978-7-100-19516-4

2023年8月第1版　　　　开本 710×1000 1/16
2023年8月北京第1次印刷　印张 67½
定价:280.00元